JN416101

THE NIV APPLICATION COMMENTARY

NIV 적용주석

데이빗 E. 갈런드 ● 마가복음

솔로몬

Originally Published in the U.S.A. under the title: *Mark*
Copyright © 1996 by David E. Garland
Translation Copyright © 2011 by David E. Garland
Translated by Chae Cheon Suk & Jeong il oh
Published by Permission of Zondervan. Grand Rapids, Michigan
through rMaeng2 Agency, Seoul, Korea
Korean Copyright © 2011 by Solomon Publishing Co.,

NIV 적용주석 시리즈 – 마가복음

2025년 1월 10일 초판 3쇄 발행

지은이 | 데이빗 E. 갤런드
옮긴이 | 채천석 & 정일오
펴낸이 | 박영호
펴낸곳 | 도서출판 솔로몬

주소 | 서울시 동작구 사당로 143
전화 | 599-1482
팩스 | 592-2104
직영서점 | 596-5225

등록일 | 1990년 7월 31일
등록번호 | 제 16-24호

ISBN 978-89-8255-469-8 94230
ISBN 978-89-8255-449-0(세트)

The NIV Application Commentary
Copyright © 1996 David E. Garland

Korean Copyright © 2011
by Solomon Publishing Co., Seoul, Korea

본서의 한국어판 저작권은 알맹2를 통하여
Zondervan과 독점 계약한 도서출판 솔로몬에 있습니다.
저작권법에 의하여 한국 내에서 보호를 받는 저작물이므로
무단전재와 복제를 금합니다.

THE NIV APPLICATION COMMENTARY

DAVID E. GARLAND

NIV MARK

From biblical text... to contemporary life

이 시리즈는 성경의 영원한 메시지를 이 시대에 말하기를 추구하는 목사와 교사들을 위한 필수적인 도구가 될 것을 약속한다.

–빌리 그레이엄

NIV 적용주석 시리즈는 내가 바라는 사역의 열정과 동일한 목표–하나님의 말씀의 온전한 영향을 느낄 수 있도록, 메시지를 현대의 청중들에게 전하는 것–를 공유하고 있다.

–빌 하이벨스, 윌로우 크릭 교회

NIV 적용주석은 '하나님의 말씀을 행하는 자들'을 양육하는 데 헌신하고 있는 목사와 여타 사람들을 위한 탁월한 자료다.

–릭 워렌, 새들백 교회

이 주석 시리즈는 진부하지 않다. 그것은 새로운 시대의 신선함으로, 친구의 포옹처럼 직접적으로 들려지고 전달될 수 있도록, 오래된 강력한 하나님의 말씀을 현재로 가져오는 일을 제대로 해내고 있다.

–유진 피터슨, 리젠트 대학

해석의 실타래에서 제대로 된 적용을 얻기 원한다면, NIV 적용주석은 바로 당신을 위한 것이다! 이 시리즈는 원 의미와 현대적 의미에서 탁월하다. 나는 이 주석을 전적으로 추천한다.

–하워드 핸드릭슨, 달라스 신학교

NIV 적용주석 시리즈는 이전에 학자들이 다루지 않았던 것을 과감하게 다룬다–목사와 교사들이 매일 직면하는 성경적 적용의 실제적 세계로 나아간다. 이것이 바로 좋은 주석 시리즈가 가져야 하는 모든 것이다.

–레잇 앤더슨, 우드데일 교회 목사

이것은 21세기의 설교 주석이다.

—조지 브루샤바르, 베델 대학의 신학교 총장

성경의 세계에서 도시 중심가로 적절히 순회하는 주석이 드디어 나왔다.

—켄트 휴 박사, 일리노이주 휘튼 대학교회 목사

NIV 적용주석은 성경이 무엇을 의미하고, 그것을 어떻게 적용해야 하는지, 또 어떻게 반응해야 하는지를 알기 원하는 독자들에게 크게 봉사한다.

—스튜어트 브리스코, 엘름브룩 교회 목사

NIV 적용주석 시리즈는 하나님의 말씀을 설교하고 가르치는 모든 이들에게 매우 탁월한 도움이 될 것을 약속한다.

—J. I. 패커, 리젠트 대학

NIV 적용주석은 NIV 성경에 기반한 철저하고 권위 있는 주석의 긴급한 필요를 충족시킨다. 이 시리즈를 모든 복음주의 공동체의 도서관과 서재에서 곧 발견하게 될 것이다.

—제임스 케네디 박사, 코랄 리지 장로교회 담임목사

차례

시리즈 서문

NIV 적용주석 시리즈는 독특하다. 대부분의 주석들은 우리들이 사는 이 세상에서 성경의 세계로 거슬러 올라가는 여행을 한다. 이 주석들은 우리를 성경의 세계와 분리시키는 시간, 문화, 언어 그리고 지형의 장벽을 넘어설 수 있게 한다. 하지만 그것들은 과거로의 편도 티켓만을 제공할 뿐이고, 돌아오는 여행은 우리들이 알아서 할 수 있다고 가정한다. 이런 주석들이 성경의 각 권이나 구절의 '원 의미'를 설명하지만 '현대적 의미'를 탐구하는 데는 우리에게 거의 아무런 도움을 주지 못한다. 이런 주석들이 제공하는 정보가 가치가 있기는 하지만, 단지 절반의 임무를 다하고 있을 뿐이다.

최근에 몇몇 주석들이 다소 현대적인 적용을 주석의 목표 중 하나로 포함시켰다. 하지만 그 적용이 자주 피상적이며 도덕적인 데서 그치고 있다. 또 다른 주석집들은 주석이라기보다는 인쇄된 설교처럼 들린다.

NIV 적용주석 시리즈의 주된 목표는 고대의 메시지를 현대의 정황으로 가져오는 어려우면서도 중요한 임무를 가지고서 여러분을 돕는 것이다. 이 시리즈가 완성된 하나의 책으로서 적용에 초점을 맞추지만 저자들은 성경 구절의 원 의미에서 현대적 의미로 나아가는 '과정'을 통해서 독자들이 스스로 생각할 수 있도록 돕는다. 본 시리즈는 주석서이지 대중적인 강해서는 아니다. 이것은 참고서적이지 경건 서적은 아니다.

본 주석은 '원 의미', '상황잇기' 그리고 '현대적 의미'라는 세 항목으로 시리즈의 목표를 이룰 수 있도록 구성되었다.

원 의미

이 항목은 원래의 배경에서 성경의 의미를 이해하도록 돕는다. 여기서는 간결한 형태로 전통적인 주해의 모든 요소들을 논한다. 성경 본문의 역사적, 문학적, 문화적 배경들이 여기에 포함된다. 주석 시리즈의 저자들은 문법과 구문론 그리고 성경 단어들의 의미와 관련한 문제들을 논한다. 시리즈 저자들은 성경구절들의 주요한 개념들을 탐구하고, 성경의 저자들이 이 개념을 어떻게 발전시키는가를 연구한다.

이 항목을 읽고 나면 '원 청중'이 갖고 있었던 문제와 의문, 그리고 관심을 이해하게 되고, 성경의 저자들이 어떻게 이런 이슈들에 대처했는지를 알게 될 것이다. 이런 이해가 오늘날 성경 본문의 합법적인 적용을 행할 수 있는 기초를 제공해준다.

상황잇기

이 항목은 성경의 세계와 오늘날의 세계를 잇는 다리를 놓는다. 즉 성경 본문의 시간적인 측면과 초시간적 측면에 초점을 맞춤으로써 원래의 배경과 현대의 배경을 서로 연결시켜 준다.

하나님의 말씀은 시간적이다. 성경의 저자들은 구체적인 상황과 문제 그리고 질문들에 대해 이야기하였다. 여호수아의 저자는 진노하시는 전사이신 하나님의 손에 난공불락의 도성으로 보였던 여리고의 함락을 이야기함으로써 원 독자들의 용기를 북돋아 주었다(수 6장). 바울은 할례의 결과에 대해서 그리고 율법으로 의롭다함을 얻으려는 위험성을 갈라디아인들에게 경고하였다(갈 5:2-5). 히브리서의 저자는 그리스도가 모세, 아론계열의 제사장들, 그리고 구약성경의 희생제사보다도 우월하시다는 것을 독자들에게 확증하려고 애썼다. 요한은 초기 영지주의의 형태를 가르쳤던 자들의 "영을 시험해 볼" 것을 독자들에게 촉구했다(요일 4:1-6). 이와 같은 경우에 성경의 시간적인 본질이 추상적이 아니라 '구체적'인 상황에서 우리로 하여금 하나님의 말씀을 들을 수 있게 해준다.

하지만 성경의 시간적인 본질은 몇 가지 문제를 낳을 수 있다. 지금 우리의 상황과 난제와 의문들이 성경의 사람들이 직면했던 것들과 항상 직접적으로 연관이 있을 수는 없다. 따라서 성경 시대의 사람들에게 주어진 하나님의 말씀이 항상 우리와 연관이 있어 보이지는 않는다. 예를 들어, 할례가 칭의의 필수적인 요소라고 주장하면서 지금 당신보고 할례를 받으라고 언제 누가 그렇게 주장하였던가? 그리스도가 아론계열의 제사장보다 우월하다는 것에 오늘날 얼마나 많은 사람들이 관심을 쏟고 있는가? 초기 영지주의를 드러내도록 의도된 "실험"이 현대 문화에서 얼마나 가치가 있겠는가?

다행히도 성경은 시간적일 뿐만 아니라 '초시간적'이다. 하나님이 원 청중들에게 말씀하셨던 것처럼 성경 말씀을 통해서 지금 우리에게도 여전히 말씀하신다.

우리는 성경의 사람들과 공통된 인간성을 공유하고 있기 때문에 성경 시대의 사람들이 직면했던 문제들과 하나님이 그들에게 주셨던 해결책 속에서 '보편적인 특징'을 발견한다. 성경의 초시간적인 본질이 모든 문화의 모든 시간에 능력으로 말씀한다.

성경이 시간적이면서도 초시간적인 측면을 갖고 있음을 인식하지 못하는 사람들은 여러 가지 문제에 직면할 수 있다. 예를 들어, 히브리서와 갈라디아서 또는 신명기와 같은 시간적인 성경책으로 인해 지루함을 느낀 사람들은 오늘날 그런 책들이 의미 없어 보이기 때문에 다시는 그것을 읽지 않으려고 할 수 있다. 한편으로 성경의 초시간적인 본질을 확신하고 있지만 시간적인 요소를 분별하지 못하는 사람들은 멜기세덱의 반차를 좇은 제사장에 대해서 "열변을 토하지만" 청중들은 잠을 자고 있고, 설상가상으로 구약성경의 거룩한 전쟁을 오늘날의 하나님의 대적자들에게 물리적인 방식으로 적용하려고 시도할 것이다.

따라서 이 항목의 목적은 성경의 시간적인 본문에서 무엇이 초시간적인지(또는 무엇이 초시간적이 아닌지)를 여러분들이 식별하도록 돕는데 있다. 예를 들어, 구약의 거룩한 전쟁(성전, 聖戰)은 신약의 영적인 전쟁과 어떻게 관련이 있는가? 바울의 주요한 관심이 (그가 갈 5:6에서 말하고 있는 것처럼) 할례가 아니라면, 그는 무엇에 관심이 있는가? 아론계의 제자장직이나 멜기세덱에 대한 논의가 오늘날 우리와 관련이 없어 보인다면, 오늘날 이 구절에 담겨진 가치는 무엇인가? 1세기의 특정 이단을 분별하기 위해 맞추어진 실험으로 오늘날의 "영을 검증"하려면, 어떤 성경적 검증이 더 적합할 것인가?

하지만 이 항목은 성경 본문에서 어떤 것이 초시간적인지를 밝힐 뿐 아니라 초시간적인 것을 발견하는 방법을 알 수 있도록 돕는다. 주석 시리즈의 저자들은 본문에 함축되어 있는 것들을 명시적으로 밝힌다. 그들은 통상적으로 직관적인 과정을 취하여 논리적이고 정리된 방식으로 그것을 설명한다. 할례가 바울의 주요한 관심사가 아님을 우리는 어떻게 알 수 있는가? 성경 원문이나 배경의 어떤 단서가 바울의 진정한 관심이 더 깊은 차원에 속한 것임을 깨닫게 하는가?

물론 우리들과 원 독자들간의 역사적인 거리가 상당히 있는 구절들은 더 많은 취급을 요할 것이다. 하지만 역사적인 거리가 그리 길지 않거나 겉으로 보기에 거의 존재하지 않는 구절들은 덜 주의를 기울여도 될 것이다.

마지막으로 덧붙여 말하고 싶은 것은 이 항목이 성경 본문의 '현대적 의미'를 논의하기 위한 방식을 준비하고 있기 때문에 이 항목과 뒤이어지는 '현대적 의미'

항목간에는 분명한 단절이나 예리한 구분은 주어지지 않는다. 하지만 두 항목들을 종합해서 읽을 때, 여러분들은 성경의 세계에서 오늘의 세계로 이동하는 강력한 감정을 체험하게 될 것이다.

현대적 의미

이 항목은 성경이 처음 작성되었을 때에 그러했던 것처럼 오늘날에도 성경의 메시지가 권능으로 역사하도록 만들어 준다. 당신이 예루살렘, 에베소, 또는 고린도에 대해 배운 것을 시카고, 로스앤젤레스, 또는 런던에서 오늘날 필요한 것들에 어떻게 적용할 수 있는가? 본래 헬라어, 히브리어, 아람어로 전해진 메시지를 우리 자신의 언어로 어떻게 명료하게 전달할 수 있는가? 본래 다른 시대와 문화에 전해진 영원한 진리를 취하여, 유사하지만 다른 필요를 갖고 있는 문화의 사람들에게 어떻게 적용할 수 있는가?

이런 목표를 이루기 위해서 이 항목은 몇 가지 핵심적인 영역에서 도움을 준다.

(1) 이 항목은 원 청중들이 직면했던 상황과 문제 또는 의문들에 상응하는 현대적인 문제들을 식별하도록 돕는다. 현대의 상황이 원 청중들이 직면했던 상황과 좀처럼 일치하지 않기 때문에, 당신의 적용이 연관성이 있으려면 유추적인 상황들을 찾아야 한다.
(2) 이 항목은 성경 본문을 오늘날 적용할 수 있는 다양한 배경들을 탐구한다. 개인적인 적용을 살피기도 하지만, 개인적인 관심을 넘어서서 대체로 사회와 문화에 대해 생각하도록 고무시킨다.
(3) 이 항목은 성경본문을 적용하는 데서 발생할 수 있는 문제나 난관들을 환기시킨다. 그리고 어떤 본문이 적용할 수 있는 다양한 합리적 방식들이 있다면 (즉, 기독교인들이 서로 일치하지 않는 영역이 있다면), 본 시리즈의 저자들은 독자들이 이런 다양한 견해들에 관심을 갖고, 스스로 이런 이슈들에 참여하도록 돕는다.

이런 목표를 추구하는 본 시리즈의 기고자들은 두 가지 극단을 피하였다. 하나는 이 주석이 얼마 지나지 않아 구식이 되지 않도록 너무 구체적인 적용을 피하는 것이고, 다른 하나는 현대인의 삶과 문화와 연관짓지 못하는 아주 일반적인 방식으로 성경 본문의 의미를 논하는 것을 삼가는 것이다.

무엇보다도, 본 주석 시리즈의 기고자들은 이 주석이 도덕책이나 설교집이 되지 않도록 상당한 노력을 기울였다. NIV 적용 주석 시리즈는 바로 써먹을 수 있는 설교 자료집을 제공하려 했다기보다는 당신이 하나님의 말씀을 능력으로 전달할 수 있도록 돕는 도구, 개념, 그리고 통찰을 제공하려 했다. 당신으로 하여금 이 목표를 이룰 수만 있게 한다면, 우리는 이 시리즈의 목적을 이룬 셈이다.

편집자 서문

크리스천의 삶은 시작이 끝보다 더 좋다. 그것은 마가복음서가 본질적인 구조를 통해 우리에게 가르치는 가장 중요한 교훈이다.

유감스럽게도 우리는 시작보다 끝에 더 관심을 갖는 사회에서 살고 있다. 운동경기, 비즈니스 이윤, 그리고 개인 이력서는 마지막 점수와 예금 잔고 그리고 개인의 성취를 칭송한다. 그것은 끝이 시작보다 더 중요한 것으로 본다.

얼핏 보기에 그것이 옳다. 승리, 돈, 그리고 성공은 패배, 빚, 실패보다 삶을 훨씬 쉽게 만들어준다. 가정을 일으키고 난관을 뚫고 나아가는데 관심이 있는 사람들은 끝에 관심을 가질 필요가 있다. 그러나 그것이 합리적이고 매력적일지라도 (특히 싸움에서 승리하고 우리의 은행 잔고가 좋은 직장 때문에 건전할 때), 끝에 너무 많은 강조를 두는 것은 만족스럽거나 건강한 기후를 사실상 창출하지 못한다. 그 "끝"은 환상으로 변할 수 있다. 그것들은 실로 끝이 없고, 새로운 목표와 더 많은 앤딩(ending, 끝)으로 계속 나아가며, 우리에게 항상 만족스러움을 주지 않는 중간 정거장이 된다.

따라서 삶을 끝(앤딩)의 차원에서 묘사하는 것은 인생을 살아가는 가장 좋은 방법은 아니다. 그것은 가장 좋은 세계관이나 철학 또는 신학으로 이끌지 못한다. 그것은 사실상 불만족, 신경질, 그리고 좌절로 이끌기가 쉽다. 우리는 항상 더 많이 승리하고, 더 많이 얻고, 더 많이 성공하기를 원한다. 우리는 '더 많이'에 매달려 만족하지 못하고, 자신을 혹사시킨다. 그러면 다른 방법이 있는가?

그렇다. 데이빗 갤런드가 이 주석에서 보여주는 것처럼 더 좋은 방법은 끝보다 시작에 초점을 맞추는 것이다. 왜 그러한가? 한 가지 이유는 시작이 실제를 묘사하는 더 좋은 방법이기 때문이다. 시작은 삶의 보다 어려운 문제들에 대해서 해답을 주거나 해답에 대한 힌트를 준다. 그것은 고난에 의미를 전달해 준다—내가 지금 고난을 당할지라도, 크리스천의 삶에서 내일은 항상 새로운 시작이다. 그것은 인내를 민감하게 만든다—예수 그리스도 안에서의 삶이 영원한 삶을 약속하기 때문이다. 그것은 덕성의 여왕처럼 올바른 곳으로 소망을 회복시킨다.

이 복음서의 특징 중의 하나는 끝을 하나님께 맡겨두고, 예수 그리스도의 오심이 어떻게 시작에 초점을 맞추게 하는가를 보여준다는 것이다. 어떻게? 예수 그리스도가 모든 새로운 시작을 끝내는 '새로운 시작' 이라는 것을 주로 보여줌으로써 그리한다. 어떤 의미에서 성경의 전체 이야기는 선택한 백성들에게 하나님이 먼저 주시고, 전체 창조가 새로이 시작하고 계속해서 하나님과의 관계를 올바르게 하는 이야기다. 예수 그리스도는 모든 사람들을 단번에 구원하심으로써가 아니라 모든 사람들이 어느 때이고 다시 시작할 수 있는 기회를 영원히 주심으로써 이 과정의 절정을 대변한다. 우리는 소망을 잃지 않는다. 예수 그리스도의 삶, 죽음 그리고 부활이 제공하는 또 다른 기회를 항상 갖고 있기 때문이다.

마가복음의 흥미로운 특징 중 하나는 급격하게 시작하고, 실로 끝이 없다는 사실이다. 학자들은 이런 독특한 특징에 대해 논쟁한다. 나는 이것을 마가가 의도적으로 계획했다는 생각을 갖고 있다—'새로운 시작' 인 예수는 어느 것을 끝낸 것이 아니라, 인간 역사에서 그리고 교회에서 활동하시는 하나님의 이야기가 계속해서 가능케 했다는 것을 보여주는 더 좋은 방법. 이 이야기는 결코 끝나지 않는다. 우리는 그리스도 안에서 제공된 구원으로 살아가고 있고, 더 많은 사람들이 매일 이 실제를 각기 경험하기 시작하고 있다.

물론 궁극적인 새로운 시작은 부활이다. 궁극적인 끝인 죽음은 예수 그리스도에 의해 패배했다. 믿음은 끝과 연합할 때 믿음이 되는 것을 멈춘다. 마가복음의 모든 새로운 시작을 상징하는 것은 부활이고, 예수 그리스도 이후에 끝은 없고, 오직 영원한 삶의 소망스러운 약속만이 있음을 가르치는 것이 부활이다.

테리 C. 먹

저자 서문

30년 전 폴 셔러(Paul Scherer)는 성경을 해석할 때 고민해야할 필요가 있는 현안 문제들을 개략적으로 말했는데, 그것은 본 주석 시리즈가 유념하면서 소개하려고 하고 있는 문제들이다. 그는 본문을 깊이 숙고할 때 결정하려고 하는 것들을 다음과 같이 기록했다.

ⓐ 여기서 일어난 일 그리고 하나님의 말씀이신 예수가 일어난 일을 통하여 우리들에게 말씀하시는 것.
ⓑ 구절의 중심이 되는 주안점은 무엇인가, 곧 그 구절이 관심을 두고 있는 모든 것을 요약하여 방향을 제공하고 있는 것은 무엇인가?
ⓒ 말과 행위가 이루어진 내용의 신학적 의미, 즉 교회가 믿음에 관하여 행한 조직적 사고에서의 위치.
ⓓ 질문에 대한 "답변"이 아니라 대답에 대한 질문으로서 우리의 상황에 가장 가깝게 그리고 가장 긴급하게 자리하고 있는 적실성과 관련성에 관한 신학적 의미의 요지.
ⓔ 부딪히는 전달의 문제, 즉 우리에게 전달되어지고 있는 말씀을 들으려고 할 때 방해가 되는 사상과 경험이라는 위험요소.[1]

이러한 임무와 씨름하는 일은 쉬운 일이 아니지만 놀라운 보상을 가져다준다. 하지만 그러한 일은 위험 가능성을 가지고 있는데, 그 이유는 1세기 상황을 오늘날의 신앙적 관심에 적용하려고 시도하기 때문이다. 알버트 슈바이처는 예수의 독일인의 삶에 대한 자신의 유명한 비평 가운데서 이런 위험들을 강조했었다. 그는 다음과 같이 기록했다.

---

1. Paul Scherer, "A Gauntlet with a Gift in It," *Int* 20(1966): 388.

옛 야곱이 천사와 씨름했던 것처럼, 독일신학은 나사렛 예수와 씨름하고 있고, 그가 축복하실 때까지는 그를 놓아주지 않을 것이다—즉, 그가 우리 시대와 문명에 맞는 독일인의 영으로 그려지는 것을 감당하고 섬기는데 동의할 때까지 말이다. 그러나 날이 밝을 때, 씨름하는 자는 그를 가게 해야 한다. 그는 우리와 함께 개울을 건너지 않을 것이다. 나사렛 예수는 그 자신이 현대화되는 고통을 감수하지 않을 것이다. 역사적인 인물로서 예수는 자기 시대로부터 떠나기를 거부하신다. 그는 "우리의 말로 그리고 우리의 시대를 위한 그대의 이름을 우리에게 말해주시오"라는 질문에 대답하지 않으신다. 하지만 그는 그와 씨름했던 사람들을 축복하신다. 그들이 그들과 함께 그를 취할 수는 없을지라도, 하나님을 대면하여 보고 그들의 영혼에 힘을 얻었던 사람들처럼 그들은 새로운 용기로 그들의 길을 가고, 세상과 그 세력들과의 전투를 할 준비가 되어 있다.[2]

슈바이처가 아마도 그 위험을 과장하기는 했지만, 본문에 대한 현대적 의미를 끌어내려는 시도의 함정들을 명확하게 지적했다. 이러한 이유로 나는 예수를 오늘날의 세계로 이끌어오는 다리를 세우기에 앞서서 마가복음에서 우리가 만나는 예수를 그분이 사셨던 역사적 정황 가운데서 이해하기 위하여 성경 밖의 고대 문서를 사용하였다. 이러한 임무들—이것은 씨름하는 것과 유사하다—은 예수의 이야기가 각 세대와 문명화된 민족들에게 생생하게 말해지고 도전을 가한다면 완성될 것임에 틀림없다.

나는 이 주석을 완성하는 동안 도움을 주신 많은 분들에게 감사를 드리고 싶다. 특별히 잭 쿠하체크, 벨린 베브러지, 그리고 스콧 맥나이트의 격려와 충고에 특별히 감사드린다. 이들은 전체 내용을 읽고 조언해 주었다. 클라인 스노드그래스와 테리 C. 먹은 유익한 도움을 주었다. 신학 석사과정의 강의실에서 잘 정리가 안 된 거친 초고를 읽어준 학생들에게 감사를 드린다. 그들은 브루스 앨런(Bruce Allen), 비키 벨처(Vicky Belcher), 제프 엘리업(Jeff Elieff), 마이클 엘리어트(Michael Elliott), 테리 야스퍼(Terré Jasper), 닙퍼(O. H. Nipper), 롤란드 머써(Jr., Ronald L. Mercer), 길러미너 데네브 드 몬탈보 포드가이스키(Guillermina Deneb de Montalvo Podgaisky), 톰 톤톤(Thom Thronton), 진 화이트(Sean White), 인 쑤(Yin Xu) 등이다. 우리들의 문화적 차이점들이 본문의 의미와 적용에 대해서 흥미 있는 논의들을 하도록 만들어주었다. 내 졸업 동기인 샘 펠레티에르(Sam Pelletier) 역시

2. Albert Schweitzer, *The Quest for the Historical Jesus A Critical Study of Its Progress from Reimarus to Wrede*(New York: Macmillan, 1968), 312.

유익한 통찰을 제공해 주었고 데이빗 드린논(David Drinnon)은 본서의 저술 마지막 단계에서 탁월한 도움을 주었다. 물론 그들은 이 책의 어떤 오류에도 책임이 없고, 다만 본서의 많은 오류에서 나를 구해주었을 뿐이다.

또한 이 주석을 저술하는 동안 임시 목사로 섬겼던 켄터키 주 루이스빌에 있는 크레센트 힐 침례교회, 인디애나 주 크로덜스빌에 있는 제일 침례교회, 그리고 켄터키 렉싱톤에 있는 임마누엘 침례교회에 감사드린다. 그들은 마가복음서를 본문으로 하는 설교를 지극히 공정한 입장에서 들어주었고, 또한 매주 설교해야 하는 그 임무는 나로 하여금 상황을 연결시켜서 본문에 현대적 의미를 이끌어낼 필요성에 대해서 민감하게 만들어주었다. 그들은 매우 친절했고, 유익했으며, 격려해 주었다.

나는 내 삶에 기쁨과 즐거움 그리고 사랑을 전달해 준 나의 자녀들인 사라와 존에게 감사드린다. 나는 이 책을 아내 다이아나에게 헌정하는 바이다. 그녀는 이 분량이 많은 초고들을 읽어주었고, 본 주석에 결혼에 관한 그녀의 의견을 포함시킬 수 있도록 허락해 주었다.

데이빗 E. 갈런드

약어표

AB	Anchor Bible
ABD	*The Anchor BIble Dictionary*
ANRW	*Aufstieg und Niedergang der römischen Welt*
BETL	Bibliotheca ephemeridum theologicarum lovaniensium
Bib	*Biblica*
BibRev	*Bible Review*
BibTrans	*Biblical Translaltor*
BJRL	*Bulletin of John Rylands Library*
BR	*Biblical Research*
BTB	*Biblical Theological Bulletin*
CBQ	*Catholic Biblical Quarterly*
CD	*Church Dogmatics*
ExpT	*Expository Times*
HTR	*Harvard Theological Review*
ICC	International Critical Commentary
Int	*Interpretation*
JAAR	*Journal of the American Academy of Religion*
JBL	*Journal of Biblical Literature*
JJS	*Journal of Jewish Studies*
JSNT	*Journal of the Study of the New Testament*
JSNTSup	Journal for the Study of the New Testament Supplement Series
JTS	*Journal of Theological Studies*
KJV	King James Version
MT	Masoretic Text
NASB	New American Standard Version
NICNT	New International Commentary on the New Testament
NIV	New International Version
NovT	*Novum Testamentum*
NovTSup	Novum Testamentum Supplements

NRSV	New Revised Standard Version
NTS	*New Testament Studies*
PGM	*Papyri graecae magicae*
REB	Revised English Bible
RevExp	*The Review and Expositor*
RSV	Revised Standard Version
RTR	*Reformed Theological Review*
SBT	Studies in Biblical Theology
SBLDS	Society of Biblical Literature Dissertation Series
SNTSMS	Society for New Testament Studies Monograph Series
TNDT	*Theological Dictionary of the New Testament*
TNTC	Tyndale New Testament Commentary
WUNT	Wissenschaftliche Untersuchungen zum Neuen Testament
ZNW	*Zeitschrift für die neutestamentliche Wissenschaft*
ZTK	*Zeitschrift für Theologie und Kirche*

서론

예루살렘의 태양의 섬광 속에서 모든 나라 각처에서 온 유대인들은 서로 헤치고 앞으로 나아가 하나님이 가장 최근에 능력을 나타내신 일에 관해서 말하고 있는 12명의 사도들을 바라보면서 이 말을 듣고 있다. 주님이 바로 이 성에서 십자가에 못 박힌 지 약 50일 후에 베드로라는 이름을 가진 사람이 큰 소리로 일단의 군중들에게 연설하였다. 그는 성령이 자기들에게 오셨고 새로운 시대가 시작되었음을 엄숙하게 선언했다.

> "이스라엘 사람들아 이 말을 들으라 너희도 아는바에 하나님께서 나사렛 예수로 큰 권능과 기사와 표적을 너희 가운데서 베푸사 너희 앞에서 그를 증거하셨느니라 그가 하나님의 정하신 뜻과 미리 아신 대로 내어 준바 되었거늘 너희가 법 없는 자들의 손을 빌어 못 박아 죽였으나 하나님께서 사망의 고통을 풀어 살리셨으니 이는 그가 사망에게 매여 있을 수 없었음이라"(행 2:22-24).

이 설교에서 우리는 일어난 일의 이야기를 보다 충분히 말해주고 있는 마가복음의 기본적인 개요를 발견하게 된다. 예수의 공생애 사역 동안 감추어져 있던 내용이 이제 예수에 대한 기독교인의 신앙적 기초를 공중에게 명확하게 밝혀주기 위해서 대중에게 설명되었다.

복음의 표제

마가복음의 첫 구절(1:1)은 결론부분(16:8)처럼 갑작스럽다. 이 첫 구절은 처음 몇몇 구절의 주제를 소개하고 있는 부제목으로서 기능하고 있는가? 이것은 3절에서 마치고 있는 문장의 시작부분인가? 그렇지 않으면 이것이 전체 작품의 표제(title)인가? 만일 첫 번째 사항이 옳다면, 다음 구절에 뒤따라 나오는 내용은 예수의 사역, 죽으심, 그리고 부활을 시작한다는 사실을 단순하게 선포하고 있는 것이다. 이 경우, 이 복음이 말하고 있는 이야기는 세례 요한의 설교 그리고 예수의 세례와 광야에서의 시험과 함께 시작된다. 그러나 이 복음서 안에 다른 어떤 부제목들이 나타나지 않는데, 이 점이 이러한 해석을 타당성이 없게 만든다. 두 번째 사항은 이 첫 구절을 2-3절에 있는 성서 인용문으로 끝나는 문장의 시작부분으로 취급한다. "하나님의 아들 예수 그리스도 복음의 시작이라 선지자 이사야의 글에." 이 해석은 복음 이야기의 시작이 오래 전에 예고했던 이사야의 약속과 일치한다는 사실을 확언하고 있으며, 이는 이야기의 시작을 요한의 세례로까지 거슬러 올라가는 사도행전에서의 사도의 설교와 어울린다(행 1:22; 10:37; 13:24-25).

이 첫 번째 문장을 해석하는 세 번째 사항은 이것을 복음 전체(1:2-16:18)의 표제로 보는 것이다. "하나님의 아들 예수 그리스도 복음의 시작이라"(완전한 중지). 현대 독자들은 작품의 표제와 저자의 이름을 알리는 매력적인 책 커버들, 잠재적인 구매자의 관심을 끌기 위해 고안된 호소력 있는 생생한 묘사, 그리고 그 내용을 요약하고 물건 구입을 부추기는 활기찬 선전문구에 익숙하다. 현대의 책을 안내하는 페이지들은 제목을 쓴 페이지, 서문, 책 머리말, 독자가 책을 읽어나가기 전에 그 책의 배경 되는 정보를 주는 서론을 가지고 있다. 그러나 고대의 저술가들은 그러한 호화로운 내용들을 가지고 있지 않고, 다만 표제나 서론적 문구로서 작품의 범주에 대해 독자에게 환기시키는 정도다. 첫 구절 "하나님의 아들 예수 그리스도 복음의 시작이라"는 이 작품이 무엇을 말하고자 하는지를 우리에게 말해준다.[1] 이 구절은 즉시 본서가 기록하고 있는 이야기가 일반적이 아니라는 사실을 독자들에게 알려주고 있다.

만일 이러한 해석이 옳다면, 마가복음서 전체는 하나의 시작이 있다. 이러한 해석의 유리한 점은 마가가 갑자기 자기 이야기를 중단하는 당황하게 만드는 종결부분에 빛을 던져준다는 사실이다. 즉 여인들은 놀라 떨면서 무덤으로부터 도망쳐서 아무 말도 하지 못한다(16:8). 마가는 그 이야기를 끝마치지 않고 있는데, 예수의 부활의 소식을 알리는 일과 주님이 자기 제자들보다 앞서서 갈릴리로 가신다는 사실을 알리는 일이 마지막 단계가 아니기 때문이다. 독자는 마지막 구절에서 책을

1. 동사가 나타나 있지 않은 것은 이 첫 구절이 동사가 없는 문장이라기보다는 하나의 표제로서 역할하고 있다는 사실을 보다 타당하게 만들어준다(술어가 없는 잠 1:1; 아 1:1; 전 1:1; 계 1:1의 첫 구절과 비교하라). 이 결과로 2절이 헬라어 문장에서는 어색하게 이어지고 있다. "이것이 선지자 이사야가 기록한 바와 같다…" 그러나 마가가 문법적으로 능통한 것으로 알려져 있지 않다.

손에서 내려놓을 수 없고, 단지 그것을 훌륭한 본문으로 표시한다. 예수 그리스도에 관한 복음의 이야기는 계속된다. 한편 독자는 이 여인들의 두려운 침묵이 사건의 끝이 될 수 없다는 사실을 안다. 다른 무엇인가가 일어나야 하며 그렇지 않으면 우리는 이 복음을 듣거나 읽지 않을 것이다. 다른 한편 독자는 다음과 같은 질문들을 해야 한다. 여인들의 두려움이 어떻게 극복될 것인가? 그들의 입이 어떻게 열릴 것인가? 복음의 말씀이 어떻게 퍼져나갈 것인가? 이러한 질문들에 대한 해답들은 시작부분으로 되돌아감으로써만 발견할 수 있을 것인데, "거기서 독자는 그것이 전적으로 시작일 뿐이라는 사실을 상기하게 된다." 마가는 새롭게 다시 읽혀져야 하고 또 다시 들려져야 한다.[2] 이 이야기의 결론은 시대 끝까지 그리고 땅 끝까지 나아가는 예수 그리스도에 관한 복음 선포의 시작일 뿐이다(13:10; 14:9).[3] 헬라어 '아르케'("시작")는 "여호와를 경외하는 것이 지식의 근본이라"(시 111:10)는 문장에서처럼 어떤 것의 기초 혹은 토대를 의미할 수 있다. 이 복음서는 하나님의 복음의 기원의 단순한 연대기 이상의 것이다. 이것은 복음에 대한 교회의 선포의 근거다.[4]

복음

이 제목은 이 작품(마가복음)이 말하고자 하는 내용을 이해하는데 결정적인 역할을 하는 세 개의 열쇠가 되는 단어들을 담고 있다. 첫 번째 단어인 '복음'은 마가가 기록했을 당시의 문학적 장르를 가리키지 않는다(이 책은 예수의 생애와 가르침에 대한 이야기를 말해주고 있다). 이 단어는 1:14, 15; 8:35; 10:29; 13:10; 14:9에 나타나며 하나님 혹은 하나님의 아들 곧 그리스도로서 예수에 관해서 전파된 내용을 가리킨다. 이것은 본문 가운데 서술되었을 뿐만 아니라 구전 가운데 말해지고 또한 본문을 보충해야 하는 예수 그리스도에 관한 모든 이야기, 즉 예수의 말씀들, 행위들 및 부활과 인류를 구원하시려는 하나님의 행위를 의미하는 모든 내용을 가리킨다.

복음이라는 단어는 대부분의 현대 독자들에게는 물과 같이 친숙한 단어인 반면

---

2. Elizabeth Struthers Malbon, "Echoes and Foreshadowings in Mark 4-8. Reading and Rereading," *JBL* 112 (1993): 229.
3. C. H. Giblin, "The Beginning of the Ongoing Gospel, Mk 1:2-16:8," *The Four Gospels 1992 Festschrift Frans Neirynck*, ed F Van Segbrobroeck, et al. (BETL; Leuven: Peeters, 1992), 2:975-85.
4. Pesch, *Das Markusevangelium*, 1:76. 예수의 죽으심과 부활에 이르기까지 세례 요한의 설교와 활동은 예수에 관한 교회의 설교의 기초다.

에, 이것은 1세기에는 의미의 다양성을 가졌었다. 예수 그리스도에 대한 이야기를 "복음"으로 부르면서 마가는 이 단어를 1세기 독자들 특히 로마를 놀라게 해 주었을 의미를 제공하고 있다. 헬라어로 구약성경의 번역은 이 명사가 파생되는 동사('유앙겔리조')가 전쟁터로부터 가져온 승리의 소식을 선포하는 일에 사용되었다. 그러나 크랜필드는 로마제국의 거민들 대부분은 이 단어를 황제숭배와 연결시켰을 것이라고 보았는데, 황제의 후계자의 탄생, 후계자의 시대의 도래, 그리고 권좌에로의 즉위와 같은 사건들에 대한 선포를 기쁜 소식 혹은 복음이라고 표현했다.[5] 이 제국에서의 기쁜 소식은 "자만심이 강한 사람들의 허세부리는 주장"과 그들의 봉신들의 알랑거리는 아첨을 나타낸다. 아시아의 로마 지방으로부터 나온 자주 인용되는 비문은 아우구스투스 황제의 생일(9월 23일)이 사람들이 문명을 가정할 수 있는 해의 시작을 표시하였다고 선포하고 있다. 이것은 과장된 찬양으로 채워져 있다.

> …그것은 우리가 모든 것의 시작과 동등한 것으로 정당하게 계산할 수 있는 날인데—그 자체와 그 자체의 성격에서는 아닐지라도 어쨌든 그것이 가져다주는 유익에 있어서—그것이 실패하고 재난으로 변하고 있던 모든 것의 모습을 회복시켰고, 또한 만일 시이저가 모든 사람들의 통상적인 축복으로 태어나지 않았다면 멸망을 불러들였을 시기에 쇄신을 우주에 제공해 주었기 때문이다.
>
> 법령은 다음의 사항을 결정한다.
>
> 우리 삶 전체를 지배해온 섭리의 신이 관심과 열정을 나타내 보이며, 그에게 아우구스투스란 칭호를 줌으로써, 그를 온통 인간들 사이에 은혜를 베푸는 사람으로서의 사역을 감당할 덕을 가진 사람으로 묘사함으로써, 그리고 그를 곧 우리와 우리 다음에 오는 사람들을 위해 전쟁을 그치게 하고, 모든 곳에 질서를 창출할 구세주로 보냄으로써, 인간의 삶을 위한 가장 완전한 성취를 정했던 까닭에…그리고 또한 신(아우구투스)의 출생 일이 그를 통하여 사람들에게 전달된 복음의 세계의 시작이었던 까닭에…그 지방 총독인 파울루스 파비우스 막시무스(Paulus Fabius Maximus)는 이제까지 헬라인들에

---

5. C. E. B. Cranfield, *A Critical and Exegetical Commentary on the Epistle to the Romans*(ICC: Edinburgh. T & T Clark, 1975), 1 55.

게 알려져 있지 않았던 아우구스투스를 영예롭게 하는 방법을 고안했는데, 이것은 인간의 삶의 과정을 위한 시간계산이 그의 출생과 함께 시작되어야 한다는 것이다.[6]

이 칙령에서 새로운 소식을 구성하고 있는 내용은 전쟁이 종식되고 이익과 사회질서를 가져다준다는 것이다. 그를 뒤이은 황제들은 자기도취에 더 빠지게 되었고 새롭고도 더 큰 은전을 가져다주는 것으로 선전했다. 이익을 보았던 사람들은 보통 특권을 가지고 세력을 가졌던 그 은전의 수혜자들이었다. 하지만 예수에 관한 복음은 완전히 달랐다. (1) 그것은 하나님 안에서 기원을 가지고 있는데(롬 1:1; 15:16; 고후 11:7; 살전 2:2, 8; 벧전 4:17), 그분이 만물의 시작이요 끝이며 또한 인류의 축복의 원천이시다. (2) 복음은 많은 사람들을 위한 자기 생명을 속전으로 제공하시기 위하여 오신 예수가 말씀하시고 행하셨던 내용과 분리될 수 없다(막 10:45). 로마의 황제들은 희미한 과거에 속한다. 우리는 그들을 어떤 방식으로도 현재의 실체로 생각하지 않는다. "아우구스투스가 누구냐?"라기보다는 "아우구스투스가 누구였느냐?"라고 묻는 것이 더 타당하다. 하지만 예수의 사역은 현재 가운데 머물러 있다. 그 이유는 우리가 "자기를 섬기는 자들의 마음속에서 계속하여 다스리시는 예수는 누구냐?"라고 묻기 때문이다.[7] (3) 예수가 가져다주시는 평화와 은혜는 군사적인 공포를 가지고 저항세력을 쳐부숨을 통하여 오지 않고 십자가에서 그의 죽음을 통하여 온다. 따라서 기독교는 계승하는 각 통치자와 함께 일련의 복음들을 제공하는 것이 아니라 오직 '그' 복음을 제공한다. (4) 은혜는 우주적이며 모든 사람에게 베풀어졌다. 그것은 유대인이든 이방인이든 버림받은 자, 죄인, 그리고 가난한 자에게 제공되며, 소수의 특권층에게만 제공되지 않는다. 이 이야기는 온 세계에 참된 복음이다.

그리스도

복음은 예수 그리스도에 관한 것이다. 그리스도라는 용어는 "기름부음을 받은 자"를 의미하며 헬라인들의 귀에는 생소하게 들렸을 것이다.[8] 마가는 이 단어의 의

---

6. Ernest Barker, *From Alexander to Constantine Passage and Documents Illustrating the History of the Social and Political Ideas 336 B. C - A D 337*(Oxford: Clarendon, 1956), 211-12.
7. George W. MacRae, "Whom Heaven Must Receive Until the Time," *Int* 27(1973), 151.
8. L. W. Hurtado, "Christ," in *Dictionary of Jesus and the Gospels*, ed. Joel B. Green, Scót McKnight, and I. Howard Marshal(Downers Grove, ILL.: InterVarsity, 1992), 106-17을 더 보라.

미에 관한 또 다른 설명을 제공하고 있지 않은데, 이것은 그가 대상으로 하고 있는 독자들이 이미 이 이야기의 상당부분과 더불어 그 단어에 친숙해 있었다는 사실을 암시한다. 그러나 복음서에 있는 많은 인물들이 이 호칭을 말할 것이지만, 나사렛 예수가 그리스도가 되신다는 사실이 무엇을 의미하는지에 대해서 아무런 개념을 가지고 있지 않다. 따라서 이야기가 펼쳐질 때, 그리스도가 무엇을 의미하는지에 대한 모든 선입견을 내어 던져야 한다는 사실이 분명해진다. 우리는 예수의 죽으심과 부활 이후에야 그분이 하나님의 그리스도이시다는 소식의 중대성을 온전히 이해할 수 있다.

그리스도라는 칭호는 재빨리 고유명사의 의미가 되었고, 현대의 독자에게는 그 원 의미가 완전히 잊혀졌다. 오늘날 몇몇 사람들은 "그리스도"가 요셉과 마리아 그리스도의 아들로서 예수의 성(姓)이라고 생각한다. 다른 사람들은 이것을 주님 되심에 대한 어떤 이방의 일반적인 호칭인 것으로 생각한다(샤, 라야 혹은 카이저처럼). 기독교인들은 단순하게 이것이 우리가 믿는 한 사람 오직 그리스도만을 가리킨다고 생각한다. 그러나 예수 당시 헬라어를 사용하는 유대인들은 그리스도(메시야)가 이스라엘의 구속과 관련한 특별한 임무를 수행하기 위하여 하나님에게 기름 부음을 받은 자의 호칭이었다. 이 용어는 아마도 다른 유대인들을 위한 희망의 별자리를 생각나게 했다.

그가 오셨을 때, 그가 어떻게 인식되었는지, 그리고 정확하게 무엇을 하실 것인지 그리스도의 역할에 관한 입장들이 다양했다.[9] 몇몇 좋은 환경에 처해있었던 유대인들은 지금 주어진 신분으로 상당히 만족했고 아마도 세력의 근거를 위협 당했을 때를 제외하고는 그러한 생각에 관해서 주의하지 않았을 것이다. 나머지 백성들 가운데서는 메시야가 이스라엘 국가를 구출함에 있어서 모세와 같은 사람일 것이라는 전반적인 의견일치가 있었는데, 곧 다윗과 같이 예루살렘에 자신의 보좌를 세우고 구약시대의 구속자들이 했던 것처럼(느 9:27) 백성들을 고통스럽게 했던 자들을 무찌르고 공의로 다스리며 나라의 잃어버린 행운을 회복시켜줄 것이라고 생각했다. 하나님의 기름 부음을 받은 자로 알려져 있는 고레스처럼(사 45:1) 메시야는 열국들을 자기 앞에 굴복시킬 것이며 통치하는 동안에 열왕들을 도주케 할 것으로 생각했다. 이스라엘은 더 이상 이방 군주들의 발판이 되지 않을 것이고 세

9. Jacob Neusner, William Scott Green, and Ernst S. Frericks, eds., *Judaisms and Their Messiahs at the Turn of the Christian Era*(Cambridge. Cambridge Univ. Press, 1987)을 더 보라.

계에서 지배권을 가진 본래의 위치를 차지할 것이다. '솔로몬의 시편들'(*Psalms of Solomon*)의 저자는 주전 1세기에 이러한 꿈을 노래했다.

보소서, 주님이시여, 이들을 위하여 왕을 세우소서
  당신에게 알려진 그때에
당신의 종 이스라엘을 다스리도록 다윗의 아들을, 오 하나님이여.
불의한 통치자들을 멸하도록 그에게 힘으로 떠 받쳐주소서
  멸하려고 예루살렘을 짓밟고 있는 이방인들을 몰아내소서
  그가 지혜와 의로 그들을 몰아내도록
  그 기업으로부터 죄인들을
죄인들의 교만을 깨뜨리도록
  토기장이의 항아리처럼
철장으로 그들의 모든 본질을 분쇄하도록
그의 입의 말씀으로 불법을 행하는 열국을 멸하게 하소서
그의 경고에 열국이 그의 존전에서 도망하게 하소서
  그가 그들의 마음의 생각으로 죄인들을 꾸짖게 하소서(17:21-25).[10]

이런 종류의 잘못된 희망이 주후 66년 재난을 몰고 왔던 로마에 대한 폭동을 유발하도록 만들었다. 1세기 유대인 역사가 요세푸스는 "유대인의 반역은 거룩한 성경에 들어있는 야망을 불러일으키는 예언에 대해서 당시에 자기들의 나라에서 어떤 한 사람이 전 세계의 왕이 될 것이라는 뜻으로 오해함으로써 전쟁이 야기되었다"고 주장한다.[11]

분명히 십자가에 못 박혀 사형 당한 사람을 그리스도로 선언하는 것은 초대 기독교인들과 그들의 신앙을 납득시키려고 애쓰고 있었던 유대인 동료들 사이에는 인식상의 불일치라는 혹독한 사건을 일으켰다. 예수는 역사적으로 언급할 만한 가치가 있는 결정적인 승리를 쟁취하시지 않았지만, 복음서들 가운데서는 그가 승리를 쟁취하신 것으로 기록하고 있으며, 이것은 영적 승리였다. 세례 요한은 예수가

10. R. B. Wright, "Psalms of Solomon," in *The Old Testament Pseudepigrapha*, ed James H Charlesworth (Garden City, NY. Doubleday, 1985), 2. 667.

11. 요세푸스는 정확한 해석은 그것이 "유대인의 땅에서 황제임을 선언했던 베스파시안의 주권을 의미하는 것"이라고 주장한다(*J W* 6 5 4 §§ 312-13 ; Tacitus, *Histories* 5 13).

행하신 것보다 이 시대의 유대인 역사에 대한 요세푸스의 기사 가운데서 더 많은 기록을 보유하고 있다. 그가 예수에 관하여 기록한 적은 내용은 후대의 기독교인 필사자들에 의하여 크게 편집되었다. 예수는 지상에서 어떤 통치를 수립하지 않으셨다. 로마는 여전히 검으로 세계를 통치하고 있었다. 마가가 복음서를 기록했을 때, 로마의 거대한 조직은 예루살렘을 약탈하고 성전을 불태움으로써 이스라엘의 반역에 대한 잔인한 응징을 가할 준비를 갖추고 있었거나, 혹은 이미 가했다. 메시야 예수는 오셨고 가셨으며, 황금기는 오지 않았다. 따라서 많은 유대인들은 그를 또 다른 하나의 비참한 실패자로 가볍게 밀어내 버렸다.

더욱 터무니없는 것은 예수가 중죄인처럼 십자가에 사형을 당했다는 것이다. 바울 자신은 십자가에 못 박힌 메시야가 창출해낸 신학적 장애를 인용한다. "나무에 달린 자마다 저주 아래 있는 자라"(갈 3:13; 참조. 신 21:23). 저스틴 마터는 기독교 신앙에 관한 랍비 트뤼포와의 대화에 대한 자신의 기록 가운데서 예수가 메시야였다는 사실을 입증하기 위하여 다니엘 7장을 인용한다. 트뤼포는 이에 설득을 당하지 않고 다음과 같이 반응한다. "선생님, 성경의 이러한 구절들 및 그러한 구절들과 같은 것들은 위대하시고 영광스러운 분이요 영원 전부터 인자(son of man)로서 영원한 나라를 물려받으시는 분을 기다리게 하도록 만들어줍니다. 그러나 이러한 당신이 말하는 소위 그리스도는 영예도 없고 영광도 없고 더 나아가 그는 하나님의 율법 가운데서 가장 극단적인 저주를 받았는데, 그 이유는 그가 십자가에 못 박혀 죽었기 때문입니다."[12] 유대인의 입장에서 볼 때, 십자가에 못 박힌 메시야는 사형당한 죄수를 대통령이라고 부르는 것과 같은 모순이었다.

마가에게 있어서, 예수가 이스라엘의 소망의 성취, 이스라엘을 자유케 하시는 분, 하나님의 통치로 안내하신 분, 하나님 우편에서 영원히 다스리시는 그리스도이셨다는 변증이 없이 말하는 것은, 믿을 수없는 것은 아니더라도, 깜짝 놀라게 하는 일이었다. 바울이 말한 바와 같이, 그리스도인의 복음은 유대인에게는 거리끼는 것이요 이방인에게는 미련한 것이다(고전 1:23). 이방인의 입장에서 이것은 유대인의 속임수에 대한 또 다른 증거로 취급될 수 있었다. 오래 전 키케로는 정복되고 흩어지고 노예가 된 사실을 통하여 하나님의 보호를 누리고 있다는 이스라엘의 신앙과 소망이 얼마나 현실과 동떨어져 있는지를 명확하게 밝혀주었다고 조롱했다.[13] 우리가 사는 오늘날의 상황에 연결하면서 우리는 예수의 사건을 우리의 잘못

12. Justin Martyr, *Dialogue with the Jew Trypo*, 31-32.

된 희망들과 이기주의적 기대감을 들추어내시는 하나님의 아들 그리스도로 되새길 필요가 있다.

하나님의 아들

"하나님의 아들"이라는 문구는 마가복음의 초창기의 모든 필사본에는 나타나지 않는다. 그러나 하나님의 아들로서 예수는 마가복음의 중요한 주제다. 첫 구절 가운데 이 문구가 포함된 것은 서기관이 우연히 빠뜨린 원본일 수 있다는 증거다.[14] 이 호칭은 이야기의 중심축에서 나타난다. 세례(1:11), 변화(9:7), 그리고 십자가에 못박히심(15:39). 귀신들린 자 역시 이 호칭을 부르며 소리쳤고(3:11; 5:7), 예수가 "찬송 받을 자의 아들 그리스도"(14:61)인지 아닌지를 단호하게 물을 때 분노한 대제사장의 입에서 나온다. 예수는 명백하게 "내가 그러하니라"(14:62)고 대답하셨다. 마가에게 있어서, 그리스도와 하나님의 아들이 된다는 것은 하나이며 같은 뜻이다.

시작

하나님은 시작의 하나님이시다. 마가의 복음은 하나님이 자기 아들을 보내심으로써 택하신 백성들과 더불어 다시 시작하시는 것이다. 그러나 복음서의 끝 부분에서 이 일들은 훨씬 더 침울해 보인다. 여인들은 빈 무덤에서 슬며시 빠져나갔고 두려움으로 인하여 아무 말도 하지 못한다. 그러나 실패, 부인, 그리고 두려움이 이야기의 끝은 아니다. 일이 끝나는 것처럼 보일 때, 새로운 시작이 있다. 복음은 다시 시작할 수 있기 때문에 좋은 소식이다. 어떻게 이 의심했던 제자들이 그 수가 증가해 가는 교회의 지도자로서 설 수 있었으며, 사명을 이룰 수 있었는가라고 놀랄 수 있지만, 우리는 그들의 실패가 파멸로 들어가는 것이 아니었음을 알고 있다. 우리에게도 마찬가지다. 하나님은 끊임없이 아무것도 아닌 것으로부터 무엇인가를 만들어내시는 분이시다. 마지막인 것처럼 보이고 애처로워 보이는 그것이 새로운 시작일 뿐이다. 하나님은 아무것도 없는 것으로부터 어떤 것을 끊임없이 만드

---

13. Cisero, *Pro Flacco* 28 67.

14. 필사자들은 책들의 제목을 확대하려는 경향이 있었고, 또한 충분한 고백적인 제목을 제시하려는 경향이 있었다. 따라서 "하나님의 아들"이라는 호칭이 덧붙여졌을 수가 있다. 다른 한편, 기독교 필사자들은 그 단어의 첫 글자와 마지막 글자를 사용함으로써 이 성스러운 이름들(*nomina sacra*)의 축약형을 사용하였다. *ΙΓΧΙΤΓΘΓ*로 기록되었을 수도 있는 어미의 유사성들은 필사자의 눈을 속였고 이 칭호를 빠뜨리게 만들었을 수도 있다.

는 분이시다. 하나님은 계속하여 백성들과 함께 일하시며 백성을 소생케 하실 것이다. 마가는 "첫 구성원들 가운데 어떤 두드러진 능력들이 있었기 때문이 아니라 하나님이 그리스도 안에서 행하신 일들로 인하여 교회가 존재한다"는 사실을 명백히 말하고 있다.[15] 복음은 "너희[우리] 속에 착한 일을 시작하신 이가 그리스도 예수의 날까지 이루실 줄을 우리가 확신하노라"(빌 1:6)고 선언한다.

마가복음의 이야기는 여인들이 소식을 전할 때나 혹은 제자들이 갈릴리에서 예수와 만날 때 끝날 수 없다. 이것은 어째서 그가 다른 복음서 기자들이 행한 것처럼 그 외의 사건을 기록하지 않은지를 설명해 준다. 기독교는 닫힌 책이 아니다. 기독교인 독자들이 하나님의 복음의 계속되는 이야기 가운데서 가장 최근의 장(chapter)이 된다. 그러므로 우리를 위한 질문은 초창기 제자들의 질문과 같을 것인데, "우리는 여기서 어디로 가는가?"이다. 그 다음 단계는 우리에게 달려 있다. 어떻게 우리는 그 이야기를 계속할 것인가? 우리는 두려움 가운데서 위축될 것인가 아니면 담대하게 예수에 대한 복음을 세상에 선포할 것인가?

현대적 의미

복음을 전하면서 우리는 예수 그리스도와 관련되어 있는 메시지의 복음이 무엇인지를 재검토해야 할 것이다. 거짓 복음들이 여전히 많이 있다. 세속세계에서 정치가들은 옛날 황제들처럼 뉴딜, 뉴프론티어, 위대한 사회, 혹은 새로운 세계 질서에 대한 제안과 함께 여기서 다시 행복한 날이 있을 것이라고 약속한다. 전제군주들은 천 년 독일제국(Thousand-Year Reich)과 대약진(Great Leap Forward)과 같은 것들을 개시하였지만, 삶은 여전히 거의 같은 수준에 머물렀다. 압제받는 자는 압제받는 자로 머물러 있고 가난한 자는 여전히 유린당한다. 증오와 편견은 여전히 우리 공동체 내에 존재하고 있다.

종교 세계에서 예수 그리스도에 관한 복음은 훌륭한 충고 정도로 효력이 약화되었다. 백성들은 친절하라, 많이 웃어라, 모든 피조물들을 사랑하라, 긍정적으로 생각하라, 자신에 대해서 관대하라고 권고를 받고 있다. 그러나 예수 그리스도의 참된 복음은 이와는 다르게 훨씬 근본적이고도 강렬하다. 그것은 예수 안에 있는 하나님의 구속 행위와 관계가 있다. 인류에 대한 하나님의 사랑을 드러내고 있으

15. Leon Morris, "Disciples of Jesus," in *Jesus of Nazareth Essays on the Historical Jesus and New Testament Christology*, ed. Joel B. Green and Max Turner(Grand Rapids: Eerdmans, 1994), 124.

며, 인간의 죄와 사탄적인 완악함에 대한 심판을 드러내고 있다.

알버트 아인슈타인은 언젠가 말하기를 "나는 존재하는 모든 것의 올바른 조화 가운데서 자기를 계시하시는 스피노자의 하나님을 믿지, 인류의 운명과 행동에 관련을 두고 있는 하나님을 믿지 않는다"라고 했다.[16] 그러나 복음은 하나님이 인간의 고통과 수치에 매우 깊이 관여하고 계시며, 우리의 구속을 가져다주시기 위하여 하나님의 아들로 하여금 십자가에 치욕을 당하도록 허락하는 하나님이시라고 선포한다. 이것은 하나님의 아들이 십자가에서 고난의 잔을 마실 때에 많은 군중의 떠드는 소리, 주사위를 던지는 군사들, 분노하는 제사장들, 그리고 큰 흑암 가운데서 하나님이 우리에게 찾아오신다는 사실을 밝히고 있다. 가시 면류관과 죽음이라는 치욕 가운데서 우리는 하나님의 위엄과 승리의 면류관을 보게 된다. 복음은 또한 우리와 하나님과의 관계와 우리 서로간의 관계에 새로운 기초를 제공한다. 우리와 하나님과의 관계는 무조건적 용서에 근거하고 있다. 겟세마네에서 예수를 버리고 저주하면서 배반한 불순종자일 뿐만 아니라 두려움으로 인하여 벙어리가 된 제자들일지라도, 그들은 죄사함을 받고 하나님의 능력으로 말미암아 재기할 기회를 가지게 되었다. 예수의 죽음은 종족이나 부족이라는 생물학적 한계 내에서가 아니라, 그분에 대한 믿음에 근거하여 새로운 공동체를 낳는다. 이것은 사랑과 새로운 가족 소속감에 근거한 공동체이다.

십자가에 죽으신 예수가 하나님의 아들 메시야라는 충격은 하나님이 유한한 인간의 기대에 제한될 수 없고, 또한 제한되지도 않으신다는 사실을 분명히 해 준다. 숙달된 과학자들이 오리너구리를 최초에 대영박물관으로 보냈을 때, 그것을 하나의 짓궂은 장난이라고 선언했던, 비 포유동물과 같은 포유동물을 만드신 분이 하나님이시다. 예수 당시 종교전문가들은 예수를 거절했다. 예수가 유대인의 메시야가 되거나 혹은 메시야가 행하실 일에 대한 예상된 개념에 맞아 떨어지지 않았기 때문이었다. 오늘날 우리는 우리의 명령, 우리의 전쟁의 승리, 우리의 대적들을 멸망시키는 것, 영광스러운 성취, 그리고 우리를 높이는 일을 해주시는 메시야를 원한다는 점에서 1세기의 유대인들 및 제자들과 거의 차이가 없다. 그들은 고난을 초월하여 계시고 자기들이 마음에 바라는 것들을 제공해주실 메시야를 원한다. 우리 역시 은혜롭게 그 뜻을 우리의 바람과 필요들에게 맞추시고 온 인류가 아닌 우리

16. W. Russell Hindmarsh, "They Changed Our Thinking: IV Albert Einstein(1879-1955)," 199, *New York Times*에 있는 인용문을 인용함.

를 돕는데 헌신되어진 메시야를 원한다. 마가복음에서 만나는 메시야는 자기 자신들에게 보다 더 관심을 두고, 하나님이나 하나님의 세상의 운명보다는 자기들 개인의 구원과 영생으로 들어감을 보장해주는데 보다 관심을 두고 있는 사람들(10:17)에게 귀에 거슬리는 각성을 하게 하는 분이시다. 마이클 카드(Michael Card)는 "치욕"(Scandalon)에 대한 서정시 가운데서 이러한 실체를 정확하게 표현하고 있다.

> 삶의 좁은 길을 따라 이 완고한 치욕스러운 것이 놓여있다.
> 이 길로 오는 모든 사람들은 기분을 상할 수밖에 없다.
> 어떤 이들에게 그는 하나의 가로막는 장벽이시다,
> 다른 이들에게 그는 길이시다,
> 모두 이들은 믿음의 치욕을 알아야한다.[17]

예수의 사역 기간에도 그러했던 것처럼, 오늘날도 많은 사람들은 예수를 믿지 않고 그가 어떤 분이셔야 하고 또 무엇을 해야 하는지를 말함으로써 그리스도를 자기 자신의 이미지라는 틀 속에 집어넣으려 한다. 그들은 자신들의 문제들에 대해서 매력적인, 간단한 해결을 원한다. 많은 사람들이 치욕을 순화시키려 하고, 십자가를 보석으로 만들며, 그리스도를 자기실현의 선생으로 바꾸려 한다. 마가복음의 복음은 고난당하시고 십자가에서 죽으시는 예수 그리스도에 관한 복음이라는 기본 이야기를 제공할 때, 이 같은 왜곡의 해독제가 된다.

저자

현대의 저자들은 주로 자기들의 작품에 온전한 신임을 두지만 이 복음서의 무명 저자는 하나님의 아들 그리스도 예수에 관한 복음을 나타내기를 원하고 있다. 그는 이 작품으로 인하여 교회로부터 칭송을 받기를 원하지 않는다. 이 복음의 권세와 권위는 이 책의 인간 저자의 명예 혹은 신임으로부터 나오지 않는다. 그럼에도 불구하고 우리는 첫 번째로 손에 펜을 들고 예수에 관한 구전들과 관련한 서술

---

17. Michael Card, *The Name of the Promise Is Jesus Reflections on the Life of Christ*(Nashville: Thomas Nelson, 1993), 81.

을 엮은 사람에 대해서 호기심을 갖게 된다. 가장 이른 시기의 증거는 이 복음서에 마가의 이름을 붙인다. 이러한 증거는 소아시아의 히에라폴리스의 감독 파피아스(Papias)로부터 나온 것인데, 그는 '주님의 신탁들에 대한 해석'(*Interpretation of the Lord's Oracles*; 110-130년 사이에 기록됨)을 썼다. 그의 작품은 분실되었으나 초대교회 역사가 유세비우스는 마가복음에 관한 이러한 흥미로운 언급과 함께 그 일부분을 인용하고 있다.

> 장로는 또한 이렇게 말했다. "베드로의 해석자가 되는 마가는 주님이 말씀하셨고 행하셨던 일들에 대해서 기억했던 것은 무엇이나 정확하게 기록했으나, 순서대로는 아니다." 그가 주님으로부터 직접 듣지도 않았고 또한 그분을 따르지 않았고, 단지 내가 말한 바와 같이, 가르침들을 자기 청중들의 필요에 개작하면서도 마치 주님의 말씀에 대한 연관된 기사를 작성하고 있는 베드로처럼 하였다. 마가는 기억해 냈던 바로 그러한 일들을 기록함에 있어서 오류를 범하지 않았다. 그는 일어난 일에 대한 사전 지식을 갖고 있었고, 그가 들었던 일들 중 어느 것도 빠뜨리지 않았으며, 또 그것들을 거짓되게 진술하지도 않았다.[18]

마가에 관한 대부분의 다른 교부시대의 언급들은 이러한 진술과 상이하다. 우리는 저자로서의 마가, 이 복음서와 베드로의 관계, 그가 "차례대로" 기록하지 않았다는 진술을 간략하게 살펴볼 것이다.

몇몇 현대학자들이 파피아스가 자기가 말하고 있는 내용을 알고 있었는지에 대해서 의문을 갖고 있기는 하지만,[19] 초기에 이 복음서를 마가에게로 돌린 것은 믿을 만하다. 사실이 그러하지 않았다면, 어찌하여 교회는 이 작품에 대한 기록을 열둘 가운데 한 사람이 아니었던 사람에게로 돌리기를 원했겠는가? 헹겔(Hengel)은 확신 있게 "…에 따른 복음"이란 호칭이 어떤 후대의 가필이 아니었고 복음이 다른 공동체에게 배포되었을 그 당시로부터 유래한다고 주장한다. 그들은 청중들로 하여금 읽혀지는 내용을 알고, 또 그것이 서가에 있었을 때에 무슨 내용인지를 알

18. Eusebius, *Ecclesiastical History*, 3.39 15.

19. Black, *Mark*, 82-94, 104-11에 있는 파피아스(Papias)에 관한 광범위한 학계의 요약 내용을 보라. 파피아스가 쓴 현존하는 단편들은 William Schoedel, *The Apostolic Fathers, Vol 5 Polycarp, Martyrdom of Polycarp, Fragments of Papias*(London: Thomas Nelson and Sons, 1967), 89-123에 편리하게 수집되고 번역되어 있다.

수 있도록 하나의 호칭을 필요로 했다.[20] 만약 복음서들이 익명으로 보내어졌다면, 각 공동체는 그것들에 서로 다른 호칭을 부여했을 것이다.

현대 학계 역시 마가와 베드로와의 관계에 관한 파피아스의 진술에 도전을 가하고 있다. 하지만 그것은 역시 용인할 수 있을 것이다(벧전 5:13). 헹겔은 이 복음서의 기록이 이름 없는 사람의 것으로 인식되지 않고, 보다 높은 권위로 호소할 수 있었던 교회 안에서 인정받던 교사의 것으로 인식되었다고 주장한다.[21] 초대 기독교인들이 권위적인 것으로서 용인할 수 있었던 복음서를 어떤 사람이 쓸 수 있었다고 생각하는 것은 신빙성을 확장시킨다. 마태와 누가는 마가의 권위를 증언한다. 그들이 자기들의 복음서를 기록했을 때 마가에 의해 인도를 받았을 것이기 때문이다. 마태는 그의 복음서에서 베드로를 더 크게 부각시키고 있는데, 이것은 그가 이 사도에게 권위를 부여하고 있다는 사실을 나타내 보이는 것이다. 그러므로 마가복음이 파피아스가 기록한 바와 같이 사도 베드로의 가르침을 반영하고 있다고 가정하는 것은 억지가 아니다.

베드로와의 이러한 관계가 곧 이 복음서의 저자는 우리가 사도행전에서 발견한(12:12, 25; 13:4, 13) 바울의 동역자(골 4:10; 몬 24; 딤후4:11) 마가 요한이라는 사실을 의미하지 않는다. 마가는 로마 세계의 헬라어권(마르코스[*Markos*])과 라틴어권(마커스[*Marcus*]) 모두 가운데서 가장 통상적인 이름들 가운데 하나였으며, 초대 교회에는 여러 명의 마가라는 이름을 가진 사람들이 있었을 것이다. 그러므로 마가에 대한 신약성경의 공통점이 없는 언급에 근거한 복음서 기자의 생애에 대한 어떤 공상적인 재미를 금해야할 것이다.

마가가 "베드로의 해석자가 되는 마가가 주님이 말씀하셨고 행하셨던 일들에 대해서 기억했던 것은 무엇이나 정확하게 기록했으나, 순서대로는 아니다"는 파피아스의 진술은 난해하다. "순서대로"(in order)라는 말은 무엇을 의미했는가? 파피아스는 마가복음을 마태의 보다 정돈된 배열 혹은 4복음서에 있는 예수의 생애에 대한 3년간의 연대기적 배열보다는 불합리한 것으로 비교한 것일 수도 있다.[22] 그는 마가를 비판하려는 의도를 가지고 있지 않고 추정된 약점들에도 불구하고 복음을 변호하려는 의도를 가지고 있다.

---

20. Hengel, *Studies in the Gospel of Mark*, 74-81.
21. Ibid., 52. Martin, *Mark. Evangelist and Theologian*, 52-61의 주장과 Black, *Mark*, 201-9에 있는 비평을 더 읽어보라.
22. Ibid., 48-49.

배경

마가복음이 유대인의 전쟁 말기나 그 전쟁 직후에 로마에서 기록되었다는 전통적인 입장은 여전히 이 복음서의 가장 개연성 있는 배경이다.[23] 그것이 작성된 곳이 어디든 간에 마가복음은 긴장감이 감도는 시기에 대한 목회적 반응으로 파악되어야 할 것이다. 교회는 60년대에 중대한 위기에 직면했었다. 기독교인들은 친히 목격한 사람들의 죽음에 대처해야 했었는데, 이것이 예수에 관한 전승들을 보존하고 안전장치를 해야 할 필요성을 만들어냈다. 우리는 타키투스(Tacitus, 아래에 인용됨)로부터 로마에 있는 교회가 사악한 험담과 적대의 대상이었고(벧전 2:15; 3:13-16; 4:12을 보라), 그래서 여러 방면에서 부닥치는 공격들에 대해서 방어를 할 필요가 있었다는 사실을 배운다. 그리스도인들은 잠재적으로 파괴적인 그룹이라는 정부의 의혹에서 벗어나야 했었다. 그들은 또한 교회의 성장을 저해하는 종교적 폭동에 대해 자신들을 방어해야 했다. 자기들의 신앙의 기원에 대해서 그리스도인들이 무엇을 알고 있었던가? 어떻게 그들이 로마 총독의 판결에 의하여 처형당한 자기들의 신앙대상자에게 일어났던 내용을 알지 못한 채 혹은 기사를 가지지 못하고 그릇된 설명에 대해 확신을 가지고 방어할 수 있겠는가?[24] 마가는 교회를 가르치고 헬라 로마세계에서 복음을 선포하는 이러한 임무를 돕기 위하여 베드로와 다른 사람들의 설교의 기록들을 수집했다.

마가는 또한 증가하고 있는 고통스러운 상황에 직면한 그리스도인들을 격려하고 신앙의 기초를 상기시키기 위하여 자신의 복음서를 작성하였다. 동떨어져 있는 지역의 대립을 제외하고는, 그리스도인들은 비교적 주후 64년 이전까지는 무시되었다. 그러나 주후 64년에 대재앙과 같은 화재가 로마를 휩쓴 이후 상황은 근본적으로 변했다. 성읍의 14개 구역 가운데 10개가 파괴되었다. 처음의 충격 이후 여전히 연기가 자욱한 가운데 화재가 네로의 새로운 도시 계획의 일환으로 생겨났다는 소문이 퍼지게 되었다. 네로는 세금 경감, 음식물 배급, 그리고 건축이라는 프로그램으로 그러한 소문을 틀어막으려고 했다. 그래도 소문이 계속 떠돌자 그는 그리스도인들 가운데서 희생양을 발견하였다. 타키투스는 이렇게 기록하고 있다.

---

23. 이러한 배경설정에 대한 전문적 논의에 관해서는 Hengel, *Studies in the Gospel of Mark*, 1-28; Black, *Mark*, 224-50; Joel Marcus, "The Jewish War and the *Sitz im Leben* of Mark," *JBL* 111(1992): 441-62.
24. F. F. Bruce, "The Date and Character of Mark," in *Jesus and the Politics of His Day*, ed. Ernst Bammel and C. F. D. Moule(Cambridge: Cambridge Univ. Press, 1984), 78.

인간의 모든 노력도, 제국의 모든 선물도 그리고 모든 형태의 신을 달래는 행위도 [대로마 제국의] 화재가 황제의 지시에 의하여 일어났다는 풍문을 억누르거나 그러한 믿음을 떨쳐버릴 수 없었다. 그러므로 그 소문을 진압하기 위하여 네로는 범죄자들로 대치하였다. 대중이 그리스도인들로 불렀고 그들에 대한 혐오심으로 인하여 몹시 싫어했던 집단을 극단적으로 무자비하게 형벌을 가하였다. 그 이름이 유래했던 크리스투스는 총독 본디오 빌라도의 언도에 의하여 디베리우스 통치 때에 사형을 받았다. 잠시 동안 제어된 다음에 이러한 파괴적인 미신은 또 다시 재앙의 본거지인 유다뿐 아니라 그 수도 자체에서도 일어났다 그곳은 소름끼치는 그리고 지구의 사방으로부터 몰려온 신분이 낮은 모든 것의 피난처였는데, 거기서 하나의 유행이 일어났다. 따라서 체포는 먼저 [그리스도인이라고] 고백한 사람들에게 이루어졌고, 그 다음에는 발각에 의하여 이루어졌다. 수많은 사람들이 방화범이라기보다는 인류를 미워한다는 이유에서 유죄판결을 받았다. 모든 종류의 조롱을 받으면서 그들은 죽어갔다. 즉 그들은 야생짐승의 가죽안에 감싸여져서 개들에 의하여 찢겨졌고, 다른 사람들은 십자가에 못 박혔다. 해가 졌을 때 또 다른 사람들은 밤에 등잔으로 사용되도록 불이 붙여졌다. 네로는 그러한 광경을 지켜보도록 자기의 정원들을 일반에게 제공했고, 서커스 가운데서 전시를 해주었으며, 전차를 모는 전사의 복장으로 혹은 마차 위에 올라선 사람으로 백성들 속에 섞여 즐겼다. 그런 까닭에 극단적인 그리고 모본이 되는 형벌을 받아 마땅한 중죄인일지라도 공중의 유익이 되지 못한다는 이유로서가 아니라 단 한 사람의 잔인성을 만족시키기 위하여 멸망당하고 있다는 인상으로 인하여 동정심이 일어났다.[25]

그리스도인들에 대한 대대적인 포박은 변질되어갔다. 그리스도인이 되기로 작정하는 그것이 죽음으로 인도해갔다. 이러한 유례없는 고난은 몇몇 사람들에게는 용감한 순교로 나타났고, 다른 사람들에게는 공포심으로 말미암은 허탈감으로 나타났다. 그리스도인들을 신앙 가운데 단단히 묶어두기 위하여 마가는 예수가 직면했던 일과 그들이 직면하고 있었던 일의 유사성을 보여주었다. 그들은 주님이 어떻게 사탄과 전쟁을 치르기 위하여 광야로 이끌려 가셨는지에 대해서 들을 수 있었다(1:12). 마가는 예수가 광야에서 짐승들과 함께 계셨다고 기록하고 있는 유일한 복음서다(1:13). 그리스도인들이 무신론자로 오해되었고 인류를 미워하는 자로 오해를 받았던 것처럼 예수도 마귀와 한통속이 되어있다고 거짓되게 비난을 받았

25. Tacitus, *Annals* 15.44.

다(3:21, 30). 그들이 날조된 죄로 덮어씌워졌던 것처럼 예수도 거짓증인들에 의하여 죄를 덮어씌움을 받으셨다(14:56-59). 그들이 친구들에게 배반을 당하였던 것처럼 예수도 열 둘 중에 하나인 가장 친한 친구에게 배반을 당하셨다(14:43-46).

마가는 또한 독자들에게 예수가 박해가 있을 것이라고 예고하셨음을 상기시킨다(13:1-13). 그는 공개적으로 자신의 고난과 죽음을 말씀하셨고 제자들에게 고난을 피하지 못할 것이라고 경고하셨다. 상황들은 갈수록 더 악화될 것이었다. 십자가를 짊어지는 일은 제자도의 필수적인 부분이다(8:34-39). 그리고 몇몇 사람에게 그것은 문자 그대로 사실이 되었다. 마가는 예수가 자기를 따르는 자들에게 보상을 약속하셨으나 박해를 받을 때에만 그러한 보상이 있을 것임을 약속하셨다고 기록하고 있다(10:29-30). 그는 견딜 수 있는 뿌리를 가지고 있지 못한 사람들은 말씀으로 인하여 처음 박해가 일어날 때에 즉시 넘어진다고 경고하셨다(4:17). 또한 그들이 불로써 소금 치듯 함을 당할 것이고 소금이 맛을 잃으면 다시는 소금이 되지 못하게 된다고 경고하셨다(9:49). 마가는 고난의 법정에 섰을 때 예수의 고난과 완전한 버림당하심을 생생하게 기록한다. 어쨌든 이 복음서로부터 예수는 일순간 잠시 함께 하시지 않은 것처럼 보일지라도 자기를 따르는 자들을 절대로 버리지 않으신다는 사실을 배우게 된다. 풍랑에 흔들리는 배 안에서 제자들은 두려움에 사로잡혀 예수가 자기들이 멸망해가고 있음을 돌아보지 않는다고 생각하지만, 그는 그들과 함께 계셨다. 예수가 말씀하실 때, 바람이 그치고 귀신들이 도망하며 죽은 자는 살아났다.

예수의 임재는 평화를 가져다 줄 뿐만 아니라 가장 극렬한 박해 아래서 그의 행실은 따라야하는 제자들의 모범을 제공한다. 예수는 권세 있는 자들 앞에서 담대하게 자신을 고백하셨다(14:62; 15:2). 그는 파수하는 자들의 끝에 뼈가 달린 채찍을 잠잠히 견디어내셨다. 나중에 그가 어떻게 죽어갔는지를 보고서, 한 로마 군사가 "이 사람은 진실로 하나님의 아들이었도다"라고 고백한다(15:39).

로마에 있는 교회는 적대감에 사로잡힌 박해를 당했을 뿐만 아니라, 온 세상이 내전이라는 폭동과 국가들 간의 전쟁으로 약화되었다. 백성들은 안으로부터의 위기도 경험했는데—곧 거짓된 두려움, 거짓된 소망, 그리고 거짓 선지자들로부터 위기를 당했다. 타키투스는 진지하게 60년대 후반의 혼란스러운 시기를 다음과 같이 기록하고 있다.

내가 지금 기록해 나가려는 역사는 풍요로운 시기 가운데 재난, 전쟁의 공포, 시민들의

> 싸움을 통한 찢김, 평화 가운데서 공포의 시기였다. 네 명의 황제들이 칼에 죽임을 당했다. 거기에는 세 개의 내전, 더 많은 외국과의 전쟁, 그리고 자주 이 두 전쟁이 함께 일어났었다…이탈리아는 전에는 없었던 재난들 혹은 시대가 경과한 후 다시 발생함으로 말미암아 고통을 당했다…인류에게 떨어진 여러 가지 재난들 이외에 하늘과 땅에 불가사의한 조짐들, 뇌성을 통하여 주어진 경고들, 그리고 기쁘고도 침울한, 불확실하고도 분명한 미래의 예언들이 있었다.[26]

그리스도인들은 로마에 있었던 사회적 불안과 투쟁해야 할 뿐만 아니라 내전으로 이끌어간 유대에서 로마에 대한 폭동의 의미를 이해해야 했었다. 주후 66년에 있었던 로마에 대한 유대인의 반란은 처음에는 성공을 거두었으나, 필연적으로 형세는 변했다. 굉장히 많은 로마 군대가 땅을 초토화시키는 정책을 가지고 갈릴리로 들어와서 마가복음 기록 당시에 예루살렘을 포위하고(주후 69년), 혹은 최근에 성읍을 약탈하고 성전을 불태웠다(주후 70년). 로마로 보낸 바울 서신은 로마 기독교 공동체가 예루살렘 공동체와 긴밀하게 연결되었고 예루살렘 성읍의 임박한 멸망 혹은 최근의 멸망이 대부분의 신자들에게 이 세상의 종말의 표시라는 인상을 주었다.

마가는 13장에서 전쟁과 전쟁에 대한 소문, 그리고 성전의 파괴에 관한 예수의 경고를 떠올리게 만든다. 예수는 소동과 성전의 파괴를 예고하고 마지막 날이 아직 이르지 않았다고 경고하신다(13:7, 20, 27). 제자들은 계속하여 영적으로 깨어 있어야 하며 잔인한 적대행위에 직면하여 복음을 계속 전파해야 한다. 택하신 자를 모으기 위하여 인자가 돌아오시는 그날과 때는 아무도 알지 못한다. 그 시기 동안에 예수는 제자들에게 두려움을 극복하고 고난을 통하여 그리고 고난 중에 복음을 증거하라고 상기시키신다. 마가는 그리스도인이 당하는 비인륜적 고난에 대해서 불평하지 않고, 박해가 고백으로 인도할 것이라는 사실을 보여준다 그리스도인의 고백은 다른 사람들의 고백으로 인도한다(15:39).

26. Tacitus, *Histories* 1.2.3.

마가복음의 개요

I. 서언(1:1-13)
  A. 복음의 표제: 하나님의 아들 예수 그리스도 복음의 시작이라(1:1)
  B. 세례 요한의 사역(1:2-8)
  C. 예수의 세례(1:9-11)
  D. 광야에서 시험(1:12-13)
II. 갈릴리에서의 예수의 사역(1:14-8:21)
  A. 갈릴리에서의 예수의 사역(1:14-3:6)
    1. 갈릴리에서의 예수의 사역의 시작(1:14-45)
      a. 예수의 설교의 요약(1:14-15)
      b. 첫 번째 제자들의 소명(1:16-20)
      c. 새로운 가르침: 회당에서 더러운 영을 쫓으심(1:21-28)
      d. 시몬의 장모와 다른 많은 사람들을 고치심(1:29-34)
      e. 갈릴리 전역을 가기에 앞서 한적한 곳에서 기도하심(1:35-39)
      f. 문둥병자를 고치심(1:40-45)
    2. 예수의 판결을 통하여 잠잠해진 논쟁들(2:1-3:6)
      a. 죄사함에 대하여: 중풍병자를 고치심(2:1-12)
      b. 죄들에 대하여: 세리를 부르시고 죄인들과 잡수심(2:13-17)
      c. 금식에 대하여: 예수가 자기 제자들을 변호하심(2:18-22)
      d. 안식일 준수에 대하여: 이삭을 자름(2:23-28)
      e. 안식일 준수에 대하여: 치유와 예수를 죽이려는 음모(3:1-6)
  B. 갈릴리 바다 주변에서의 예수의 사역과 나사렛에서의 거절(3:7-6:6a)
    1. 예수의 사역의 요약적 진술(3:7-12)
    2. 함께 있도록 열둘을 택하심(3:13-19)
    3. 예수가 미쳤다는 예수의 가족의 비난(3:20-21)

4. 예수가 바알세붑의 힘을 빌려 일을 한다는 서기관들의 비난(3:22-29)
5. 자기 가족에 관한 예수의 진술(3:30-35)
6. 바닷가에서 비유로 가르치심(4:1-34)
a. 서론(4:1-2)
b. 씨뿌리는 자 비유(4:3-9)
c. 감추임에 관한 일반적 진술(4:10-12)
d. 씨와 밭 비유에 대한 해석(4:13-20)
c.′ 감추임에 관한 비유(4:21-25)
b.′ 씨 비유들(4:26-32)
a.′ 결론(4:33-34)
7. 갈릴리 바다 양옆에서 능력이 나타남(4:35-6:6a)
a. 폭풍을 잠잠케 하심(4:35-41)
b. 거라사인의 광인을 고치심(5:1-20)
c. 혈루증 여인을 고치고 야이로의 딸을 일으키심(5:21-43)
d. 나사렛에서 예수에 대한 거절(6:1-6a)
C. 예수의 사역이 갈릴리 너머로 확장됨(6:6b-8:21)
1. 열둘을 보내심(6:6b-13)
2. 세례 요한의 죽음에 관한 회상(6:14-29)
3. 열 두 제자들이 돌아옴(6:30)
4. 광야에서 쉼 그리고 오천 명을 먹이심(6:31-44)
5. 물위로 걸으심(6:45-52)
6. 병인 고치신 일의 요약(6:53-56)
7. 장로들의 유전에 관한 경고와 성결에 관한 선포(7:1-23)
8. 수로보니게 여인의 딸을 고치심(7:24-30)
9. 귀먹고 어눌한 자를 고치심(7:31-37)
10. 사천 명을 먹이심(8:1-10)
11. 바리새인들의 표적 요구(8:11-13)
12. 바리새인들과 헤롯의 누룩에 관한 경고(8:14-21)
III. 예루살렘으로 가는 길(8:22-10:52)
A. 벤세다에서 소경을 고치심(8:22-26)
B. 죽으심과 부활에 관한 첫 번째 예고(8:27-9:1)

1. 예수에 관한 베드로의 선언(8:27-30)
2. 죽으심과 부활에 관한 예고(8:31-33)
3. 베드로의 만류와 제자도에 관한 가르침(8:34-9:1)

C. 예수의 변화(9:2-8)

D. 엘리야의 도래에 관한 교훈(9:9-13)

E. 귀신들린 소년을 고치심(9:14-29)

F. 죽으심과 부활에 관한 두 번째 예고(9:30-37)

1. 예수의 예고(9:30-32)
2. 큰자에 대한 제자들의 논쟁과 제자도에 관한 가르침(9:33-37)

G. 제자도와 관련한 말씀 모음집(9:38-50)

1. 다른 사람들을 영접함(9:38-41)
2. 다른 사람을 실족케 하는 일에 관한 경고(9:42-48)
3. 소금에 관한 말씀(9:49-50)

H. 이혼에 관한 가르침(10:1-12)

I. 어린이를 축복하심(10:13-16)

J. 부자를 따르도록 초청하심(10:17-31)

K. 죽으심과 부활에 관한 세 번째 예고(10:32-45)

1. 죽으심과 부활에 관한 예고(10:32-34)
2. 야고보와 요한의 요구와 제자도에 대한 예수의 가르침(10:35-45)

L. 여리고에서 소경 바디메오를 고치심(10:46-52)

IV. 예루살렘에서의 대립과 죽으심(11:1-15:41)

A. 대립(11:1-13:37)

1. 예루살렘 입성(11:1-11)
2. 성전에서 예언자적 행동과 무화과나무 저주(11:12-25)
3. 성전에서의 논쟁(11:27-12:44)

a. 예수의 권위에 대한 도전(11:27-33)

b. 악한 포도원 농부들(12:1-12)

c. 질문들(12:13-37)

i. 가이사에게 세금을 내는 문제에 관하여(12:13-17)

ii. 부활에 관하여(12:18-27)

iii. 가장 큰 계명에 관하여(12:28-34)

iv. 다윗의 자손에 관하여(12:35-37)

d. 서기관들에 대한 고발(12:38-40)

e. 과부의 헌금(12:41-44)

4. 성전 파괴와 마지막 때에 대한 고별 강화(13:1-37)

a. 감람산으로 물러가심과 성전파괴 예고(13:1-4)

b. 성전파괴와 관련한 경고(13:5-23)

i. 미혹하는 자들에 관하여(13:5-6)

ii. 국제적인 전쟁, 지진, 기근(13:7-8)

iii. 기독교인에 대한 박해(13:9-13)

ii′ 멸망의 가증한 것과 유대에서의 전쟁(13:14-20)

i′ 미혹하는 자들(13:21-23)

c. 인자의 오심에 관한 경고(13:24-27)

d. 마지막 시기를 아무도 모른다는 사실을 경고하심(13:28-37)

i. 무화과나무의 비유(13:28-31)

ii. 알지 못하는 날이나 시간에 관한 선언(13:32)

iii. 깨어있는 자와 게으른 문지기(13:33-37)

B. 예수의 수난(14:1-15:41)

1. 예수를 죽이려는 대제사장들과 서기관들의 모의(14:1-2)

2. 예수의 장사를 위하여 한 여인이 기름을 부음(14:3-9)

3. 예수를 배반하려는 유다의 모의(14:10-11)

4. 마지막 성만찬(14:12-26)

a. 성만찬 준비(14:12-16)

b. 열둘 중 하나의 배반에 대한 예고와 제자들의 반응(14:17-21)

c. 떡과 잔을 통한 그의 죽으심에 대한 해석(14:22-26)

5. 감람산에서(14:27-52)

a. 제자들의 흩어짐에 대한 예고와 그들의 반응(14:27-31)

b. 감람산에서 제자들이 자는 동안 예수는 번민하시면서 기도하심(14:32-42)

c. 유다의 배반, 예수의 포박, 제자들의 도망(14:43-52)

6. 법정에서의 예수(14:53-15:15)

a. 산헤드린 공회 앞에서의 예수(14:53-72)

i. 베드로가 멀리서 대제사장의 뜰까지 따라감(14:53-54)
ii. 예수가 산헤드린 앞에서 자신의 신분을 확고히 밝히심(14:55-65)
iii. 베드로가 뜰에서 예수를 세 번 부인함(14:66-72)
b. 빌라도 앞에서의 예수(15:1-15)
i. 빌라도가 예수에 대한 심문에 실패함(15:1-5)
ii. 빌라도가 예수를 석방하는 일에 실패함(15:6-15)
7. 못 박히심(15:16-41)
a. 군사들이 예수를 유대인의 왕이라고 조롱함(15:16-20)
b. 시몬이 예수의 십자가를 지고가다(15:21-22)
c. 예수의 옷을 나눔(15:23-24)
d. 예수가 두 강도들 사이에서 삼시에 못 박히심(15:25-27)
e. 예수에 대한 조롱(15:29-32)
i. 지나가는 자들: 성전을 헐고 사흘에 짓는 자여(15:29-30)
ii. 대제사장들과 서기관들: 다른 사람들을 구원한 이스라엘의 왕(15:31-32a)
iii. 예수와 함께 십자가에 못 박힌 자들(15:32b)
f. 예수의 죽음(15:33-41)
i. 육시에 그 땅에 어두움이 임함(15:33)
ii. 하나님께 부르짖음(15:34)
iii. 엘리야에 관한 마지막 조롱(15:35-36)
iv. 구시의 마지막 부르짖음(15:37)
v. 성전 휘장이 찢어짐(15:38)
vi. 예수를 하나님의 아들이라 고백하는 백부장(15:39)
vii. 갈릴리로부터 예수를 따라왔던 여인들이 그의 죽음을 확인함(15:40-41)
V. 장사와 부활(15:42-16:8)
A. 아리마대 요셉에 의하여 장사되고 여인들이 이를 봄(15:42-47)
B. 무덤에서 여인들에게 부활을 선언하심(16:1-8)

참고 문헌

주석

Anderson, Hugh. *The Gospel of Mark*. New Century Bible. London: Oliphants, 1976.

Cranfield, C.E.B. *The Gospel According to St. Mark*. Cambridge Greek Testament Commentary. Cambridge: Cambridge Univ. Press, 1966.

Derrett, J. Duncan M. *The Making of Mark: The Scriptural Bases of the Earliest Gospel*. Shipston on Stour: P. Drinkwater, 1984.

Gnilka, Joachim. *Das Evangelium nach Markus*. Evangelish-katholischer Kommentar zum Neuen Testament. Zurich: Benziger/Neukirchener, 1979.

Guelich, Robert A. *Mark 1-8:26*. Word Biblical Commentary. Dallas: Word, 1989.

Gundry, Robert. *Mark: A Commentary on His Apology for the Cross*. Grand Rapids: Eerdamans, 1993.

Heil, John Paul. *The Gospel of Mark as a Model for Action: A Reader-Response Commentary*. New York/Mahwah, N.J.: Paulist, 1992.

Hooker, Morna D. *The Gospel According to Saint Mark*. Black's New Testament Commentary. Peabody, Mass.: Hendrickson, 1991.

Iersel van, Bas. *Reading Mark*. Colegeville, Minn.: Liturgical Press 1988.

Juel, Donald H. *Mark*. Augsburg Commentary on the New Testament. Minneapolis: Augsburg, 1990.

Lane, William L. *Commentary on the Gospel of Mark*. New International Commentary on the New Testament. Grand Rapids: Eerdmans, 1974.

Lightfoot, R.H. *The Gospel Message of St. Mark*. Oxford: Clarendon, 1950.

Luccock, Halford E. "The Gospel According to Saint Mark: Exposition." *The Interpreter's Bible*, ed. George Arthur Buttrick, 7:629-917. New York/Nashville: Abingdon, 1951.

Minear, Paul S. *Saint Mark*. Layman's Bible Commentary. London: SCM, 1962.

Mitton, C. Leslie. *The Gospel According to St. Mark*. London: Epworth, 1957.

Moule, C. F. D. *The Gospel According to Mark.* Cambridge Bible Commentary. Cambridge: Cambridge Univ. Press, 1965.

Myers, Ched. *Binding the Strong Man: A Political Reading of Mark's Story of Jesus.* Maryknoll, N.Y.: Orbis, 1988.

Pesch, Rudolf. *Das Markusevangelium.* Herders theologischer Kommentar zum Neuen Testament. Freiburg/Basel/Vienna: Herder, 1984.

Schweizer, Eduard. *The Good News According to Mark.* Richmond: John Knox, 1970.

Stock, Augustine. *The Method and Message of Mark.* Wilmingon, Del.: Michael Glazier, 1989.

Swete, Henry Barclay. *The Gospel Acording to Mark.* London: Macmillan, 1913.

Taylor, Vincent. *The Gospel According to St. Mark.* 2d ed. London: Macmillan, 1966.

Waetjen, H.C. *A Reordering of Power: A Socio-political Reading of Mark's Gospel.* Minneapolis: Fortress, 1989.

특별 연구서

Achtemeier, Paul J. *Mark.* 2d ed. Proclamation Commentaries. Philadelphia: Fortress, 1986.

______. "Mark, Gospel of." *The Anchor Bible Dictionary,* ed. David Noel Freedman, 4:541-57. New York: Doubleday, 1992.

Beasley-Murray, George R. *Jesus and the Last Days: The Interpretation of the Olivet Discourse.* Peabody, Mass.: Hendrickson, 1993.

Best, Ernest. *Disciples and Discipleship.* Edinburgh: T. & T. Clark, 1986.

______. *Following Jesus.* JSNTSup 4. Sheffield: JSOT, 1981.

. *Mark: The Gospel As Story.* Studies of the New Testament and Its World. Edinburgh: T. & T. Clark, 1983.

______. *The Temptation and the Passion.* 2d ed. SNTSMS 2. Cambridge: Cambridge Univ. Press, 1990.

Bilezikian, Gilbert G. *The Liberated Gospel: A Comparison of the Gospel of Mark and Greek Tragedy.* Grand Rapids: Baker, 1977.

Black, C. Clifton. *The Disciples According to Mark.* JSNTSup 27. Sheffield: JSOT, 1989.

______. *Mark: Images of an Apostolic Interpreter.* Columbia, S.C.: Univ. of South

Carolina Press, 1994.

Brown, Raymond E. *The Death of the Messiah*. 2 vols. New York: Doubleday, 1994.

Bryan, Christopher. *A Preface to Mark: Notes on the Gospel in Its Literary and Cultural Settings*. New York/Oxford: Oxford Univ. Press, 1993.

Camery-Hoggatt, Jerry. *Irony in Mark's Gospel: Text and Subtext*. SNTSMS 72. Cambridge: Cambridge Univ. Press, 1991.

Chapman, D. W. *The Orphan Gospel: Mark's Perspective on Jesus*. The Biblical Seminar 16. Sheffield: JSOT, 1993.

Donahue, John R. *Are You the Christ?* SBLDS 10. Missoula, Mont.: Scholars, 1973.

Dowd, Sharon E. *Praryer, Power, and the Problem of Suffering*. SBLDS 105. Atlanta: Scholars, 1988.

France, R.T. *Divine Government: God's Kingship in the Gospel of Mark*. London: SPCK, 1990.

Geddert, Timothy J. *Watchwords: Mark 13 in Markan Eschatology*. JSNTSup 26. Sheffield: JSOT, 1989.

Hengel, Martin. *Studies in the Gospel of Mark*. London: SCM, 1985.

Juel, Donald. *A Master of Surprise*. Minneapolis: Fotress, 1994.

______. *Messiah and Temple*. SBLDS 31. Missoula, Mont.: Scholars, 1977.

Kelber, Werner H. *Mark's Story of Jesus*. Philadelphia: Fortress, 1979.

Kingsbury, Jack Dean. *The Christology of Mark's Gospel*. Philadelphia: Fortress, 1983.

______. *Conflict in Mark*. Minneapolis: Fortress, 1989.

Malbon, Elizabeth Struthers. *Narrative Space and Mythic Meaning in Mark*. San Francisco: Harper and Row, 1986.

Marcus, Joel. *The Mystery of the Kingdom of God*. SBLDS 90. Atlanta: Scholars, 1986.

______. *The Way of the Lord: Christological Exegesis of the Old Testament in the Gospel of Mark*. Louisville: Westminster/John Knos, 1992.

Marshall, Cristopher D. *Faith as a Theme in Mark's Narrative*. SNTSMS 64. Cambridge: Cambridge Univ. Press, 1989.

Martin, Ralph P. *Mark: Evangelist and Theologian*. Grand Rapids: Zondervan, 1972.

Matera, Frank J. *The Kingship of Jesus*. SBLDS 66. Chico, Calif.: Scholars, 1982.

Rhoads, David, and Donald Michie. *Mark As Story*. Philadelphia: Fortress, 1982.

Senior, Donald P. *The passion of Jesus in the Gospel of Mark.* Wilmington, Del.: Michael Glazier, 1984.

Telford, William R. *The Barren Temple and the Withered Fig Tree.* JSNTSup 1. Sheffield: JSOT, 1980.

Tolbert, Mary Ann. *Sowing the Word: Mark's World in Literary-Historical Perspective.* Minneapolis: Fortress, 1989.

Twelftree, Graham. *Jesus the Exorcist: A Contribution to the Study of the Historical Jesus.* Peabody, Mass.: Hendrickson, 1993.

Via, Dan O. Jr. *The Ethics of Mark's Gospel-In the Middle of Time.* Philadelphia: Fortress, 1985.

Williams, Joel F. *Other Followers of Jesus: Minor Characters As Major Figures in Mark's Gospel.* JSNTSup 102. Sheffield: JSOT, 1994.

마가복음 1:1-13

1 하나님의 아들 예수 그리스도의 복음의 시작
이라
2 선지자 이사야의 글에 보라 내가 내 사자를
네 앞에 보내노니 그가 네 길을 준비하리라
3 광야에 외치는 자의 소리가 있어 이르되 너
희는 주의 길을 준비하라 그의 오실 길을 곧
게 하라 기록된 것과 같이
4 세례 요한이 광야에 이르러 죄 사함을 받게
하는 회개의 세례를 전파하니
5 온 유대 지방과 예루살렘 사람이 다 나아가
자기 죄를 자복하고 요단 강에서 그에게 세
례를 받더라
6 요한은 낙타털 옷을 입고 허리에 가죽 띠를
띠고 메뚜기와 석청을 먹더라
7 그가 전파하여 이르되 나보다 능력 많으신
이가 내 뒤에 오시나니 나는 굽혀 그의 신발
끈을 풀기도 감당하지 못하겠노라
8 나는 너희에게 물로 세례를 베풀었거니와 그
는 너희에게 성령으로 세례를 베푸시리라
9 그때에 예수께서 갈릴리 나사렛으로부터 와
서 요단 강에서 요한에게 세례를 받으시고
10 곧 물에서 올라오실새 하늘이 갈라짐과 성
령이 비둘기같이 자기에게 내려오심을 보시
더니
11 하늘로부터 소리가 나기를 너는 내 사랑하는
아들이라 내가 너를 기뻐하노라 하시니라
12 성령이 곧 예수를 광야로 몰아내신지라
13 광야에서 사십 일을 계시면서 사탄에게 시험
을 받으시며 들짐승과 함께 계시니 천사들이
수종들더라

원 의미

서론에서 이미 논증한 바와 같이 마가복음의 첫 구절은 본서 전체의 표제로서 기능한다. 그 다음 12구절들은 이 작품의 머리말로서 기능하고 있으며 세 부분으로 나뉘어진다. (1) 성경의 인용과 세례 요한에 대한 소개(1:2-8), (2) 나사렛 예수의 세례(1:9-11), (3) 광야에서의 예수의 시험(1:12-13).

머리말의 구조

몇몇 학자들은 머리말을 확대하여 1:14-15에 있는 갈릴리에서 예수의 가르침까지 포함시킨다. 그러나 다음의 주장들은 1:14-15을 하나의 새로운 단위의 시작 부분으로 취급하도록 만들어준다. (1) 1:2-13에 있는 각 사건은 같은 장소 즉 광야와 요단강에서 일어나는 반면에 1:14-15에 기록된 내용은 갈릴리에서 일어나며 갈릴리 바다가 1:16에 언급되어 있다. (2) 1:2-13에 있는 각 사건은 성령에 대한 언급을 담고 있는데(1:8, 10, 12), 이것은 이 복음서 다른 곳에서 세 번만 언급된다(3:29; 12:12:36; 13:11). (3) 가장 중요한 점은 1:2-13에 있는 각 세 개의 장면들은 이야기에서 예수 이외의 다른 인물들은 사용 불가능한 특별한 정보를 독자들에게 제공한다.[1] 첫 번째 장면(1:1-8)은 광야에서 세례 요한의 사역이 하나님의 예언의 성취였다는 사실을 강조한다. 외부로부터 들려온 초월적인 음성이 구약성경을 낭송하고 있으며, 뒤따라오는 내용을 구원사의 관점에 두고 있다. 독자는 이제 요한이 하나님으로부터 보내심을 받은 사람이라는 사실을 알고 있다. 그는 자기 뒤에 오시는 권세가 더 크신 분에 대해서 증거하기 위하여 온 사람이고, 예수는 성경에 약속된 보다 능력이 많으신 분임에 틀림없다. 하늘로부터 내려온 초자연적인 말씀은 예수를 사랑하는 아들로 밝히고 있으며 두 번째 장면(1:9-11절)은 성령을 부어주시는 분으로 밝힌다. 세 번째 장면(1:12-13)은 독자에게 예수의 투쟁과 사탄을 무찌름, 광야의 짐승들과 평화롭게 지낸 일, 천사들의 수종을 받으신 일에 대한 초자연적인 그의 확고한 왕권을 제공한다.

이와 대조적으로 예수가 갈릴리에서 하나님의 복음을 전파하시는 선포(1:14-15)는 독자를 다시 땅으로 데려 온다. 그의 공식적인 선포는 신비 가운데 감싸인 것이 아니라 듣는 모든 사람들을 위하여 퍼져나간다.

머리말은 독자들에게 뒤따라오는 드라마에 나타나 있는 다양한 계층의 모든 인물들에게 비밀로 숨겨져 있을 내용에 관해서 간략하게 언급하고 있다. 이것은 마가가 독자들에게 "하늘의 관점"[2]에서부터 받은 예수의 정체와 사명에 대해서 개괄할 때, 자신이 알고 있고 또 믿고 있는 내용을 담고 있다.[3] 하나님께 헌신한 사람들이라도 예수가 누구신가에 관해서 무지하다. 우리 역시 하나님이 무대 배후에서 일들을 지도하고 계신다는 사실을 배우게 된다. 동사인 "그가 보셨다"(10절)가 단

1. Frank Matera, "The Prologue As the Interpretive Key to Mark's Gospel," *JSNT* 34(1988): 5-6은 문학비평의 입장으로부터 1:14에서 내러티브 관점에서 하나의 전환이 일어난다고 주장한다. 2-13절은 오직 독자를 위해서만 특별한 정보를 제공한다. 1:14은 그 이야기에 들어있는 인물들이 보거나 함께 참여하는 공적인 사건들을 설명하기 시작한다.

2. Lightfoot, *The Gospel Message of St Mark*, 17는 "우리는 우리 손에 처음부터 복음전도자가 본서의 중심인물이신 그의 인격과 직위를 이해하도록 하기 위하여 우리가 가지기를 원하는 열쇠를 주었다는 사실을 발견한다"고 기록하고 있다.

3. Hooker, *Mark*, 31-32.

수이고 오직 예수만을 언급할 수 있으므로, 세례 요한조차도 예수가 물에서 올라오실 때 하늘이 열리고 성령이 예수의 위로 비둘기와 같이 내려오심을 목격하지 못한다. 요한은 자기가 이사야 40:3을 이루고 있었다는 사실을 알고 있었던가? 군중들은 세례를 받으려고 오고 있는 다른 회개자들로부터 예수를 분명히 구분할 수가 없었다. 그리고 광야에서 시험을 받는 동안 사탄과의 투쟁을 지켜보는 아무 참관인도 없었다. 오직 독자들만 이러한 정보를 가지고 있다. 이것은 예수의 정체를 평가하는데 결정적이다. 그러므로 이 서론적 장면의 요점은 독자들로 하여금 처음부터 예수가 누구신지를 알게 하려는 것이며, 그가 하나님의 약속을 이루시고 또한 신적인 사명을 이루시기 위하여 오셨다는 사실을 강조하려는 것이다.

본서를 읽고 있는 우리는 예수가 누구신지를 알고 있으므로 우리가 그분을 따르지 않고 순종하지 않으면, 우리를 이야기 가운데 있는 인물들보다 더 큰 죄인으로 만들어준다.

실현된 성경의 약속들과 세례 요한의 사역(1:2-8)

성경의 약속은 실현되었다(1:2-3). 이야기는 성경 본문에서 인용하고 있는 외부로부터 들려오는 한 음성과 함께 시작된다. 요한과 예수가 불시에 나타나는 것으로 보일 수도 있지만, 이러한 성경의 인용은 그들이 하나님의 계획의 청사진으로부터 나타난다는 사실을 밝혀주고 있다. 이 이야기는 복음의 시작이지만 모든 시작은 결과가 있다. 성경을 상호 참조함으로써 마가는 복음이 구약성경에 있는 하나님의 약속과 굳게 연관되어 있고 또한 하나님의 구원활동 이야기의 계속이라는 사실을 밝혀주고 있다. 세례 요한의 약속으로 가득한 설교가 있기 오래 전 이미 약속으로 가득한 이사야의 설교가 있었다. 그것은 하나님이 요한이 나타나기 오래 전에 일들을 계획하셨고, 하나님이 그 구원활동을 시작하신 분이었다는 사실을 보여준다.[4] 선지자들의 소망은 허황된 꿈이 아니었고, 그들의 예언은 여전히 울려 퍼지고 있으며, 하나님에 의하여 실현될 것이다.

이 구절은 마가복음에서 내레이터가 성경이 실현되고 있다는 사실을 우리에게 말해주고 있는 유일한 곳이다(다른 것들은 오직 예수를 통해서만 말해진다). 이것은 출애굽기 23:20; 말라기 3:1; 이사야 40:3으로부터 인용한 본문들의 혼합으로

4. Gundry, *Mark*, 34.

이루어져 있다. 출애굽기 23:20은 출애굽한 백성들이 광야를 통과하여 가나안으로 가는 가운데 사자를 이스라엘 백성들에 앞서 보낼 것이라는 약속을 담고 있다. 이사야 40:3은 광야를 통과하여 하나님의 백성들을 위하여 예비된 최종적인 구원으로 인도하는 제2의 출애굽에 대하여 말하고 있다. 말라기 3:1은 심판의 날이 이르기 전에 하나님이 앞에 가서 길을 예비할 사자를 보낼 것이라는 사실을 경고하고 있다. 성경 후기 유대주의에 들어있는 친숙한 기교를 사용하여 마가는 본래 각기 아무런 관계를 가지고 있지 않은 이러한 본문들을 혼합하고 있다.[5] 마가가 활용할 수 없었던 현대 인쇄술의 관습을 가지고서, 우리는 독자로 하여금 그것을 묵상하고 생각해보도록 난외주 혹은 각주에 이 본문들을 언급했을 수 있다. 이러한 구절들을 인용함으로써 마가는 토라(출애굽기), 대선지자들(이사야). 그리고 소선지자들(말라기)이 말하려고 하는 내용을 확인해주었다고 확증하고 있다.[6] 마가는 아마도 전체 인용문을 원 자료를 밝히지 않고 이사야에게로 돌리고 있는 것으로 보이지만, 이는 그 선지자가 자신에게 특별히 중요하였기 때문이다. 그것은 "'복음의 시작'에 대한 자신의 전체 이야기가 이사야 주제들의 배경에 비추어 이해되어야 할 것"이라는 암시다.[7]

---

5. 조엘 마커스(Joel Marcus, *The Way of the Lord*, 12-17)는 이것이 성경들을 병렬하려는 쿰란 공동체 해석의 특징이며, 출 23:20과 말 3:1은 *Ex. Rab* 32:9 *Deut. Rab* 11:9에 있는 랍비문서에 융합되어 있다고 설명한다. 마커스는 만일 마가가 출 23:20이나 말 3:1을 사 40:3과 융합시켰다면, 그는 MT에 있는 히브리 혹은 아람어 본문과 탈굼 본문에 대한 지식을 가지고 있다고 주장한다. 마가는 1:11(사 42:1/시2:7)에서, 11:17(사 56:7/렘 7:11), 13:24-26(사 13:10/34:4/욜 2:10/겔 32:7-8); 14:62(단 7:13/시 110:1)에서 성경을 융합시킨다. 또한 Howard Clark Kee, "The Function of Quotations and Allusion in Kark 11-16," in *Jesus und Paulus-Festchrift für Werner Georg Kümmel zum 70 Geburtstag*, ed. E. E. Ellis and E. Grässer (Göttingen: vandenhoeck & Ruprecht, 1975), 175-78.
6. Derrett, *Mark*, 46-47.
7. Marcus, *The Way of the Lord*, 20, 또한 R. Guelich, "'The Beginning of the Gospel': Mark 1:1-15," *BR* 27(1982): 8-10. 이사야서는 마가의 이야기를 이해하는데 중요한 배경을 이룬다. 막 1:3에 인용된 사 40:3의 문맥인 사 40:9-10에는 복음전파와 권능으로 오시는 주 하나님에 대한 언급이 들어있다. 하늘의 갈라짐(막 1:10)은 사 64:1에 언급되어 있다. 하늘의 음성(막 1:11)은 사 42:1을 반영하고 있다. 평화롭게 짐승들과 함께 계심(막 1:13b)은 사 11:6-8과 65:25에서 발견된다. 사죄는 이사야서 전체를 통하여 두드러진 주제다. 또한 이사야서가 예수의 사역 가운데 나타난 하나님 나라에 대한 백성들의 몰이해의 이유에 대한 설명으로서 인용되어 있으며(사 6:9-10을 인용하고 있는 막 4:12) 마지막 때의 열쇠가 되는 사항들을 제공한다(사 13:10; 34:4을 인용하고 있는 막 13:24-15). 아마도 이사야서를 인용문의 원 출처로 거론하는 주된 이유는 말라기가 성전으로 오심에 관하여 말하고 있는데 반하여 이사야가 광야에 대해서 말하고 있다는 사실인 것으로 보인다. 마가는 성전을 존중하지 않는다. 성전은 백성들의 준비 장소가 아니라 반역적인 지도자들이 예수의 죽음을 준비하고 있는 장소일 뿐이다. 예수의 길은 광야에서 요한이 준비했던 고난을 통과하는 길이다. 말 3:3을 통하여 미리 예시되었던 정결사역은 전적으로 다른 성전에서 하나님의 임재를 준비한다(Geddert, *Watchwords*, 156을 보라).

세 존재가 마가복음 1:1에 언급되어 있다. 사자를 보내실 분, 길을 준비할 사자, 그리고 그 길이 준비된 자("네 길"). 이 세 존재들은 1:3에서도 나타나 있다. 광야에서 외치는 자, 길이 평탄하게 되어 그 길로 오시는 주님, 그리고 듣는 자들. 그 다음에 따라오는 이야기는 언급하는 자들이 누구인지를 밝히고 있다. "보라 내[하나님]가 내 사자[요한/엘리야]를 네[예수] 앞에 보내노니 저가 네 길을 예비하리라." 이상한 것은 사자가 더 이상 말라기서에 있는 것처럼 하나님을 위하여 길을 예비하지 않고 다른 능력이 있으신 분 곧 예수를 위한 길을 예비하고 있다는 것인데, 그는 이제 주님으로 인정되실 분이다. 이것은 성경에서 약속된 구원과 심판을 가져올 주님의 오심이 "예수 안에서" 일어난다는 것을 의미한다.[8] 그러나 마가복음은 이해하기 어렵고, 그 인용문은 또 다른 의미를 용인하고 있다. 그는 성경에 인용된 사자가 세례 요한이라고 명백하게 말하고 있지 않다. 이러한 사실은 뒤따라오는 내용으로부터 추론해낼 수 있을 뿐이다. 이 인용문은 다음과 같이 의미한다고 해석할 수 있다. 즉 "내[하나님]가 내 사자[예수]를 네[제자들/청중] 앞에 보내노니 저가 네 길을 예비하리라." 이야기가 펼쳐지면서 예수는 제자들을 예루살렘과 죽음(10:32)으로 가는 길로 인도하시며, 그는 그들보다 먼저 갈릴리로 가신다(14:28; 16:7). 우리가 예수께서 그를 따르도록 우리를 위하여 길을 준비하셨다는 사실을 깨닫기 시작하는 것은 두 번째와 세 번째 해석에서 뿐이다.

마커스는 길에 대한 언급이 묵시적 기대감을 수반하고 있다고 주장한다. 그는 이사야서에서 "주의 길"이 하나님의 승리의 행진을 가리키며 그의 능력의 힘찬 현시를 가리킨다고 주장한다. 마가복음 전체 이야기 가운데서 길은 예수가 자기 백성들을 인도하실 승리의 길을 가리킨다.

세례 요한의 사역(1:4-8). 마가는 예수의 전령사 이외에는 요한에 대해서 관심을 가지고 있지 않다. 우리는 그의 근본, 부모, 기적적인 출생, 또는 그의 윤리적 교훈의 내용에 관해서 아무런 정보—독자가 누가복음에서 발견할 수 있는 모든 세부사항들—를 가지고 있지 않다. 마가복음에서 그는 단순히 세례 요한인데,[9] 그는 설교하게 되고 그의 세례는 사죄와 관계를 가졌다.[10] 그의 설교는 보다 능력이 많으신

8. Hooker, *Mark*, 36.

9. 마가는 6:14, 24, 25에서 세례 요한이라는 호칭을 사용한다('밥티존', 분사형).

10. 1:4을 세례가 죄사함을 효력 있게 한다는 사실을 의미하는 것으로 해석할 필요가 없다. 이것을 "죄사함에 근거한 회개의 세례"로 번역할 수 있다. 사죄에 대한 하나님의 행위는 인간의 어떤 행동보다 앞섰다(사 40:2; 렘 31:34; 미 7:18). 스웨트(Swete, *Mark*, 4)는 세례가 이 사죄에 반응하는 것으로서 "회개의 표현과 보증"이라고 해석한다. 세례는 신실한 자를 정결케 했고(사 4:4; 슥 13:1), 그들을 신실한 이스라

분에 대한 약속과 관계되어 있으며, 그 능력이 많으신 분은 그들에게 성령으로 세례를 주실 것이다. 요한은 그의 오심에 대해서 선언만 할 수 있으며 그가 도착하실 때 그들이 반응하도록 백성들의 마음을 준비할 뿐이다. 요한은 그것이 그들 가운데 새로운 마음과 심령을 창조해내도록 그들의 몸에 진흙투성이의 요단강 물에 몸을 적시는 그 이상의 일이 될 것임을 알고 있다. 요한은 물세례가 준비적인 것임을 인정하고 있다. 성령세례가 결정적인 것이 될 것이다.

(1) **세례를 받은 자들의 무리.** 요한은 세례를 받도록 모든 사람으로 하여금 자신에게 오도록 요청한 것으로 보인다. 아무도 심판에서 면제될 사람은 없다. 이것은 특이한 요구다. 유대인들이 이방인들 중에 유대교로 개종하는 자들과 더럽혀진 사람들만 자기들의 부정에 대해서 정결케 하기 위하여 세례를 받아야할 필요가 있다고 믿었기 때문이다(왕하 5:13을 보라. 여기서 엘리사는 문둥병자 나아만에게 요단강에서 자신을 씻으라고 말한다. "씻어 깨끗하게 하라"). 온 이스라엘로 하여금 세례를 받으라고 요청하는 것은 어떤 면에서 온 이스라엘이 더럽혀졌다는 사실을 의미한다. 마가는 우리에게 어찌되었든 그들이 떼를 지어 광야에서 이러한 정결 의식을 받기 위해서 요한에게 나아왔다고 말하고 있다—"온 유대 지방과 예루살렘 사람이 다 나아가." 사실상 그들은 이스라엘이 오래 전 초기단계의 경험을 가졌던 바로 그 장소로 되돌아가고 있는 것이다.

(2) **요한의 옷과 음식.** 마가는 요한의 옷(약대 털과 가죽띠)과 음식(메뚜기와 석청[자연꿀])을 기록하고 있다. 어찌하여 그는 우리에게 보다 중요한 배경이 되는 정보를 무시하는 한편 사소하게 보이는 이런 세부사항들을 말해주고 있을까? 이것은 우리에게 요한이 예루살렘의 고위층에서는 환영을 받는 손님이 될 수없는, 비주류라는 사실을 우리에게 말해주고 있는가? 이러한 묘사는 두 가지 사실을 암시하고 있다. ⓐ 광야에 있는 이와 같은 사람에게 나아간다는 것은 예루살렘의 제도와 문화와의 단절을 필요로 한다.[11] 준비된 길은 안락한 길이 아닐 것이다. 이것은 오랫동안 인정받은 것으로 생각되는 쾌락을 그만둘 것을 요구한다. ⓑ 요한은 엘리야 유형의 선지자다(왕하 1:8; 슥 13:4을 보라). 옷 이미지는 구약성경에서 나온 것이다. 다락 난간에서 떨어져서 치명상을 당한 병에서 회복될 수 있을 것인지를 에그론 신에게 묻기 위하여 보낸 아하시야 왕의 사자들을 엘리야가 중간에 가로막

엘 구성원으로 표시했다. 또한 이것은 그들로 하여금 성령을 받도록 준비시켜주었다(겔 36:25-27; 또한 1QS 1:21-25; 4:20-21).

11. Minear, *Mark*, 48.

고 그들에게 왕이 죽을 것이라고 말했다. 왕의 사자들이 충성스럽게 이 무서운 예고를 왕에게 전달했을 때, 왕은 이러한 선동을 하는 자가 누구인지를 알기 원했다. 그들은 그를 털옷을 입고 허리에 가죽띠를 띤 사람으로 묘사할 뿐이었다. 왕은 부르짖었다. "그는 디셉 사람 엘리야로다."

마가복음의 원 청중들은 상징적 행동을 인식하는데 익숙해있었을 것이다. 우리 문화권에서 만일 한 인물이 다니엘 분(Daniel Boone)의 아메리카 너구리의 털가죽 모자를 쓰거나 아브라함 링컨의 홀태바지를 입고 수염을 달았다면 하나의 빈정거림으로 취급당했을 것이다. 요한에 대한 이러한 묘사는 엘리야를 생각하게 하는데, 이것은 그의 대성공을 설명해주는 것일 수도 있다. 군중들은 아마도 하나님의 임박한 도래를 준비하기 위하여 엘리야가 두 번째 사역을 위하여 다시 나타났다고 믿었을 것이다(말 4:5-6; 막 9:11-13을 보라). 한 공인된 선지자는 그리운 옛날에 그들이 규칙적으로 해왔던 것처럼 나타났는데, 그것은 종말의 시작이 곧 구현될 수 있음을 의미할 수 있었다. 백성들은 자신을 준비하기 위하여 그에게로 몰려왔다. 후대에 나타난 한 랍비는 다음과 같이 말한 것으로 기록되어 있다. "만일 이스라엘이 어느 날 회개한다면, 즉시 다윗의 자손이 올 것이다"(*y. Ta'an.* 1:1, 64a). 마가복음에 있는 문제는 '그들이 진심으로 회개할 것인가?', '다윗의 자손이 올 때 그들이 그를 인식할 것인가?' 그리고 '팔을 벌리거나 악수를 하면서 그분을 영접할 것인가?' 하는 것이다.

(3) **요한의 메시지.** 요한은 복음서에서 단지 두 마디의 말만을 했다(1:7-8; 6:13). 요한의 설교 가운데서 마가가 관심을 가진 유일한 것은 자기보다 능력이 많으신 그분이 오시는데, 그는 성령으로 세례를 주신다는 선언이다. 이러한 진술에서 두드러진 내용은 주로 백성들이 능력이 있거나 힘이 있는 것으로 생각한 지위를 요한이 가지고 있지 않다는 것이다. 그는 마지막에 헤롯의 지하 감옥에 갇힐 것이고 즉석에서 사형이 집행되어 머리가 소반에 담겨져서 만취된 헤롯에게 건네어질 것이다(6:14-29). 만일 그가 권세 있는 자로 간주된다면, 권세에 대한 상투적인 이해는 완전히 바꾸어져야할 것이다. 요한의 경우에, 그는 하나님의 뜻과 하나님이 하시려는 일에 대해 힘찬 선포를 통하여 강한 면모를 과시한 사람이다. 오실 보다 능력이 많으신 그는 하나님의 뜻을 이행하시는 자가 될 것이기 때문에 강하시다. 요한은 외치는 자의 소리 곧 천한 종으로 온다. 예수는 역시 섬기시는 분으로서 사랑받으신 아들로 오신다. 능력이 더 많으신 그는 자기 대적들을 칼로 정복하시는 무적의 용사가 아니시다. 예수는 힘없이 십자가에 죽으실 것이다. 성령 세례는 그의

죽으심 이후에나(이것은 오순절에 대한 지식을 전제로 한다) 혹은 성령을 주시기 보다는 성령으로 말미암아 병든 자를 고치고 권위 있게 가르치시며 귀신들을 쫓아 내시는 그의 사역기간에 발생한다(3:22-30을 보라).[12]

예수의 세례(1:9-11)

9절에서는 유대와 예루살렘으로부터 요한에게 나아오는 군중으로부터 관심의 초점이 갈릴리로부터 오시는 예수에게로 옮겨간다. 마가는 우리에게 이 일이 언제 일어났는지, 예수의 배경, 가문, 혹은 출생(기적으로나 아니면 다른 어떤 방법으로), 하늘의 징조들, 아기를 목욕시킬 때에 이상한 방문객들, 그가 범상한 아이가 아닌 천재라는 사실을 밝혀주는 어린 시절의 사건들에 관해서 어느 것도 말해주지 않는다. 마가가 예수의 탄생과 배경의 상황에 대해 알려주지 않은 것은 아니지만, 그러한 일들의 연대기를 제공하는 것이 그의 목적이 아니다. 따라서 마가가 말하고 있는 모든 것은 예수가 나사렛 출신이고 또한 언급된 유일한 것은 갈릴리로부터 요한에게 온 사람이라는 것이다. 이러한 사항들은 날카로운 대조를 창출해낸다. 시온 성읍 출신의 도회지의 세련된 사람들과 달리 예수는 구약성경에서 언급조차 하지 않은 마을 출신 사람이다. 이야기는 또 다른 대조를 전개시켜 나갈 것이다. 많은 사람들이 나아왔으나, 오직 한 사람만이 그 모든 것이 무엇을 의미하는지를 이해한다.

예수의 나아오심은 강력하게 소개되는 자의 점강법적 입회다. "그때에"(NIV "at the time")라는 도입문구가 성경의 증거가 있기는 하다(삿 19:1; 삼상 28:1). 예수는 요한을 대신하는 보다 위대하신 자이므로 보다 주목을 끄는 외모를 가졌다고 예상할 수도 있었을 것이나, 예수는 능력이 많은 사람들이 가졌을 수 있는 모습으로 나타나지 않으셨다. 또한 하나님의 아들 메시야가 나타났을 때, 그 즉시 군중들의 관심을 사로잡았을 보다 위압적인 모습을 가졌으리라고 예상할 수도 있었으나, 시골 갈릴리에 있는 이름 없는 촌락 출신의 이 메시야는 군중들과 다른 특징을 가지고 있지 않았다. 그는 몇몇 특별한 분위기나 후광을 가지고 나타나시지도 않았다.

마가는 또한 어찌하여 예수가 세례를 받기 위하여 왔는지 말하고 있지 않다. 그

12. Gundry, *Mark*, 38-39, 45.

에게 세례를 베풀 자격이 없다는 요한 편에서의 거부의사도 나타나 있지 않다(마 3:14). 마가는 분명히 어찌하여 예수가 회개의 세례를 받으셔야 하였는지에 대한 신학적 문제로 고민하지 않은 것으로 보인다. 그는 오직 세례 시에 어떤 일이 있었는지를 말하는 데만 관심을 두고 있다.

(1) **하늘이 갈라짐.** 하늘이 열린 일이 포로기의 에스겔의 소명 시에 발생한다. "하늘이 열리며 하나님의 이상을 내게 보이시니"(겔 1:1).[13] 이것은 하나님이 말씀하시고자 하거나 행하고자 하시려는 표시이며, 또한 사람이 하나님의 목적을 재빨리 쳐다보는 통상적인 표징이다. 그러나 마가는 몇몇 역본들이 번역하는 바와 같이 "열리다"('아노이고')라는 단어를 사용하지 않는다. 그 대신 그는 직조물을 찢는 빛의 섬광을 상상할 수 있는 표현인 하늘이 갈라졌다('스키조')고 묘사한다.[14] 이것은 상당한 차이가 있다. 열려진 것은 닫힐 수 있다. 하지만 찢어진 것은 이전의 본래 상태로 쉽게 회복될 수 없다. 예수가 물에서 올라오실 때, 마가는 온 하늘이 찢어졌다고 우리에게 말한다.[15] 여호수아(수 3:7-17; 4:14-17), 엘리야(왕하 2:8), 엘리사(2:14)가 각기 자기들의 능력의 상징으로서 요단강을 갈랐다는 것은 의미심장하다. 그리고 메시야로 자처한 폭도인 드다(행 5:36)가 그 일을 하겠다고 약속했었다.[16] 그러나 예수는 요단강 가에 서지도 가르지도 않으셨다. 하지만 훨씬 더 큰 일이 일어났다. 하늘이 갈라진 것이다. 이것은 우리가 하나님에게 나아갈 수 있다는 표시일 수도 있으나, 유얼(Juel)은 다음과 같이 해석한다. "그것은 우리가 하나님에게로 나아가는 것을 언급하기보다, 더 정확하게 말하면, 하나님이 우리에게 나아오심을 말할 것이다. 하나님은 우리가 선택하든 그렇지 않든 오실 것이다."[17] 장벽들은 찢어져서 열리고, 하나님은 이제 우리 가운데 계시며 제한을 받지 않으신다. 이사야의 소망인 "원컨대 주는 하늘을 가르고 강림하시고 주의 앞에서 산들로 진동하기를"(사 64:1)이 실현되었다.

(2) **성령의 강림.** 메시야는 하나님의 영을 소유하신 분으로 예고되었으며(사

---

13. 요 1:51; 행 7:56; 계 4:1, 11, 19; 19:11; 욥 As 14.2; *2Apoc Bar* 22:1; *T Levi* 2:6; 5:1; 18:6; *T Judah* 24.2을 보라.

14. 이 동사는 예수가 돌아가실 때 성전 휘장이 위로부터 아래로 찢어진 사실을 묘사하기 위하여 15:38에서 다시 사용된다.

15. Minear, *Mark*, 50.

16. Josepus *Ant* 20.5.1 §§ 97-99.

17. Juel, *Mark*, 34. 유얼(Juel)은 다음과 같이 기록하고 있다(*A Master of Surprise*, 34-35): "또 다른 관점에서 본다면, 이 이미지는 가로막고 있는 장벽들이 사라졌고, 성스러운 공간 안에 갇혀있기를 원치 않으신 하나님이 우리의 영역에 갇혀 계시지 않는다는 사실을 암시할 수도 있다."

11:1-2; *Tg Isa* 42:1-4; *Pss. Sol* 17:37; 18:7), 성령은 "비둘기 같이"("비둘기로서 [as]"가 아님) 예수 위에 내려오신다. 이것은 비둘기와 같은 성령이 아니라 비둘기 같이 하강하신다는 뜻이다.[18] 하나님의 통치를 출항하는 하늘로부터 능력의 오심은 독수리나 매와 같이 급습하지 않고 맴돌아 내리는 비둘기같이 조용하고도 부드럽게 오신다. 언젠가 창조 시에 태고적의 물 위에 맴도시던 동일하신 성령(창 1:2)이 이제는 예수 위에 "땅을 혼돈이라는 압제로부터 구원하기 위하여 내려오시고 수세대동안 들리지 않던 음성이 영원하신 작정 가운데서 오래 전에 정하신 결정을 선포하시면서 울려 퍼진다."[19] 많은 사람들이 종말은 창조 때와 같을 것이라고 생각해 왔다. 창조가 새로워질 것이며 낙원은 회복될 것이다. 하나님의 성령이 비둘기와 같이 예수 위에 맴돌며 하강하신 것은 이 새 창조가 시작되었다는 표시였다. 그렇다면 복음의 시작은 새 창조의 시작이기도 하다. 그러나 이번에는 성령이 형체가 없는 허공이 아닌 인류 위에 맴도시면서 오시는데, 이것은 하나님이 인간성을 변화시키시려는 의도를 가지고 있다는 사실을 암시한다.

(3) **하늘로부터 들려온 음성의 선포.** 갈라진 하늘로부터 음성이 울려 퍼진다. "너는 내 사랑하는 아들이라 내가 너를 기뻐하노라." 마가는 예수만 하늘이 갈라지는 것을 보셨다고 설명하고 있으며, 그래서 그 음성이 예수만 들을 수 있는 것이라고 생각할 수 있는데, 그 이유는 그 음성이 3인칭 "이는"(막 9:7과 대조)이 아니라 2인칭인 "너는"이라고 말하고 있기 때문이다. 그러므로 그 음성은 당시 사람들에게가 아닌 예수(그리고 들을 수 있는 특권을 가진 마가복음서의 독자들)에게 말해진 말씀이다. 하늘의 휘장은 갈라질 수 있지만, 계시는 보는 눈이 없고 들을 귀가 없는 사람들에게는 여전히 가려져 있다.

이러한 선언은 구약성경에 익숙한 독자들에게 여러 가지 사실들을 전달해 준다.

ⓐ 구약성경에서 하나님은 순종할 때에 이스라엘에 기뻐하셨다. 성경이 이스라엘에게 돌리고 있는 말씀을 마가는 예수에게로 돌리고 있다. 하나님의 선하신 기쁨은 예수가 하나님의 자랑스러운 사랑의 대상이라는 사실을 의미하는 것이 아니라, "특별한 사명의 대행자"로서 예수에 대한 하나님의 기뻐하심을 의미한다.[20]

ⓑ 몇몇 사람은 이 문구가 성경의 또 다른 "사랑하는 아들" 즉 아브라함이 바쳤던 이삭(창 22:3, 18)에 대한 암시일 수도 있다고 생각한다. 이 사랑하는 아들이 포

---

18. Leander Keck, "Spirit and Dove," *NTS* 17(1970-71): 63.
19. Marcus, *The Way of the Lord*, 74.
20. Gustav Dalman, *The Words of Jesus*(Edinburgh: T. & T. Clark, 1902), 280.

도원의 비유(12:6)에도 나타나는데, 이번에는 죽임을 당한다.

ⓒ 마가의 언어는 시편 2:7과 이사야 42:1을 상기시켜 준다. 시편 2편은 즉위시인데, 이것은 왕이 하나님 백성 위에 왕으로 즉위한 것을 축하한다. "내 아들"은 다윗계열의 이스라엘 왕들에 대한 호칭이다(삼하 7:12-16을 보라). 예수의 세례 시에 들려온 음성을 예수가 자기 백성을 다스리도록 선택되셨다는 사실과 그가 왕으로서 권세를 떠맡으신다는 사실에 대한 선언으로 해석할 수 있다. 그러나 이 즉위는 사적인 것이고, 독자는 다른 사람들이 언제 그를 왕으로 인식하고 인정할 것인지를 의문할 수 있다. 이방인들은 그를 시험하고 조롱하며 유대인의 왕으로 십자가에 못박았다(15:2, 9, 18). 유대인 지도자들은 그를 이스라엘의 왕이라고 조롱했다(15:32). 그러므로 예수는 그들이 그를 십자가에 매달 때 보좌에 오르시지만, 왕이신 분에 대한 아이러니한 인식이 있다. 그 다음에 음성은 구름 가운데서 "이는 내 사랑하는 아들이니"(9:7)라고 선언하시면서 말씀하시는데, 예수는 제자들에게 자신의 부활 이전에는 아무에게도 알리지 말라고 말씀하신다(9:9). 그러므로 예수는 승리하신 다윗계열의 왕이 아니라 고난당하실 분이시다. 그의 죽으심과 부활 후에야 그가 왕 되심을 파악할 수 있다.

ⓓ 본문은 어떻게 해서 예수가 하나님의 아들이신지 혹은 정확하게 말해서 어찌하여 하나님이 그를 기뻐하시는지를 말하지 않는다. 순종하여 요한의 세례의 물을 통과하기 위하여 다른 사람들과 함께 나아오는 것을 제외하고서 그분이 무엇을 하셨던가? 그러나 하나님이 "아주 기뻐하신" 것으로 말해지거나 혹은 "선하신 기쁨"을 표현하실 때 이것은 "하나님의 측량할 수없는 작정"을 가리키는데, 이를 달리 말하면 설명할 수없는 하나님의 선택의 주권과 신비를 가리킨다.[21] 이 선언은 "종말론적 사역을 위한 하나님의 예수에 대한 신적인 선택을 반영한다.[22]

광야에서 시험(1:12-13)

예수에게 성령의 임하심은 내적인 평안 상태를 유발시키지 않는다. 그 충만함은 그분을 보다 깊은 황량한 광야로 이끌어 가고 성경의 개략적 숫자인 40일간 사

---

21. B. W. Bacon, "Notes on New Testament Passages," *JBL* 16(1897). 136-39, "Supplementary Note on the Aorist εὐδόκησα, Mark1.11," *JBL* 20(1901): 28-30(눅 12:32; 고전 1:21; 갈 1:15; 엡 1:4-9; 골 1:19; 벧후 1:17; 참고. 마 17:5).

22. Marcus, *The Way of the Lord*, 74.

탄과 들짐승들의 발톱으로 이끌어간다. 마가는 이 시험을 마태나 누가가 그러했던 것처럼 구체적인 내용을 가진 시험의 연속으로 표현하지 않고, 하나의 중대한 충돌로 표현한다. 사탄이 그를 위하여 다른 길을 준비해 놓고 다른 방향으로 나가도록 설득하려 했을 것이라고 생각할 수 있다.

광야에서 예수가 들짐승과 함께 계셨다는 언급은 몇 가지 사상을 가져다준다. 이것은 아담 이미지를 상상해내도록 만들어주는데, 아담은 땅의 짐승들과 함께 시작했다. 그때에 주께서 땅의 모든 짐승들과 공중의 새들을 만드시고 그들을 아담에게 데려오시고 그것들을 보고 이름을 지어주셨다(창 2:19). 그러나 아담은 곧 낙원에서 쫓겨났고 저주받은 땅을 가는 수고를 해야 했다. 예수께서 짐승들과의 평화로운 관계 속에서 광야에서 시험받으신 일은 낙원의 회복을 지적할 수 있다(사 11:6-9).[23] 그러나 광야는 황무지로 남아있으며, 동산으로 변화되지 않았다.[24] 그러므로 들짐승들에 대한 언급을 폐허와 위험 사상을 전달하는 것으로 해석하는 것이 더 낫다(레 26:21-23; 시 22:12-21; 사 13:21-22; 겔 34:5, 8; 단 7:1-8을 보라). 짐승들은 심술궂은 존재이고 자연히 악한 세력들과 동맹한 세력이다(시 91:11-13).[25] 광야는 경작되지 않은 저주의 장소, 낙원의 상실, 사탄의 통치 영역을 나타낸다. 이제 사탄은 하늘의 권세를 가지시고 천사들을 자신 편으로 삼고 계시는 새로운 아담과 싸워야 한다. 마가는 이러한 호된 시련의 결과를 기록하지 않고 다만 천사가 그분을 수종 들었다고 말한다.[26]

---

23. Richard J. Bauckham, "Jesus and the Wild Animals(Mark 1.13): A Christological Image for an Ecological age," *in Jesus of Nazareth Essays on the Historical Jesus and New Testament Christology*, ed. Joel B. Green and Max Turner(Grand Rapids: Eerdmans, 1994), 3-21.

24. Gundry, *Mark*, 58.

25. 고대의 작품인 *Books of Adam and Eve* 37:1-3에서, 셋과 하와는 낙원의 입구로 갔고, "짐승 곧 한 뱀이 셋을 공격하여 물었다." 하와는 그것을 큰 소리로 꾸짖었다. "저주받은 짐승아! 어찌하여 감히 하나님의 형상을 공격하는 일을 두려워하지 않고 감히 그를 공격하느냐? 그리고 어떻게 너의 이빨들이 강하게 만들어지게 되었느냐?"—Jeffrey B Bibson(in "Jesus' Wilderness Temptation According to Mark," *JSNT* 53[1994]: 21-23)은 짐승들과 함께 있다는 것은 그들과 교제한다는 것을 의미하지 않으며, 그들이 예수에게 복종했다는 사실을 암시한다고 주장한다. *T Ben* 5:2; *T Iss* 7 7; *T Naph* 8:4, 6에서 시편 91편에 있는 하나님의 지키심의 이미지가 신실한 사람들이 천사들에 의하여 보호를 받을 것이며 짐승들이 그들에게 복종하게 될 것이라는 사실을 주장하기 위하여 사용된다. *T Iss* 7.3에 따르면, 들짐승들은 범죄한 사람들에게만 해를 가하는 힘을 가지고 있다.

26. 이와 같은 단어('디아코네오')가 막 1:31에서 "발을 섬기다"를 의미한다. 왕상 19:5-8에서 엘리야는 광야로 도망가서 모든 것을 포기하고 죽고자 하고, 천사가 꿈에 그에게로 와서 두 번 말했다. "일어나서 먹으라." 그가 먹고 마신 후에 그 음식으로 힘을 얻어 40주야를 행하여 호렙산으로 갔다. 출 14:19에 따르면, 하나님의 천사가 광야에서 이스라엘의 앞과 뒤에서 갔다(또한 23:20, 23; 32:34; 33:2).

상황잇기

로버트 스테인(Robert Stein)은 자신의 성경해석서 가운데, 가정 성경공부로부터의 대화를 성경 연구에 삽입해 놓았다. 그 그룹이 마가복음의 서론적 구절을 읽고 그 다음에 그것이 무엇을 의미하는지를 서로 생각을 나누었다. 첫 번째 사람이 말했다. "나에게 이 구절이 의미하는 내용은 모든 사람이 세례를 받을 필요가 있고, 나는 그 세례가 반드시 침례가 되어야할 것이라고 믿습니다." 두 번째 사람이 이에 반응하여 "나는 이것이 모든 사람이 성령으로 세례를 받아야 할 필요가 있다는 사실을 의미한다고 생각합니다." 세 번째 사람이 진지하게 응답하여 말했다. "저는 제 자신이 무엇을 해야 할 지를 확실하게 모르겠습니다." 네 번째 사람은, 만일 사람이 하나님을 만나야 한다면 이 구절은 멀리 나가서 광야에서 자연과 교제를 나누어야 한다는 사실을 의미한다고 주장했다.[27] 이 성경 연구 학도들은 이 구절들이 자기들에게 무엇을 의미하는지를 나누고 있었으나, 마가는 우리에 관해서 말하고 있지 않다. 즉 우리에게 무엇이 일어날 수 있으며, 또 무엇을 해야 하는지를 말하고 있지 않다. 그의 강조점은 요한보다 더 능력이 많으시고, 성령으로 세례를 받으시고, 하늘로부터 들려오는 선언을 들으시며, 광야에서 시험을 받으러 오시는 분에게 있다. 예수는 오래 전에 약속된 자, 메시야, 하나님의 아들, 성령을 주시는 자, 사탄을 이기신 승리자이시다. 이 구절은 세례 요한, 세례의 성격이나 형태, 하나님과의 만남, 사탄을 물리침에 관해서 말하고 있지 않다. 마가는 여기서 우리에게 뒤따르는 모든 사람들 가운데서 중심인물이신 예수를 소개하고 있다. 우리의 해석은 그분에 중점을 두어야 하고, 그의 오심이 무엇을 의미하는지에 관심을 두어야 한다.

초점이 예수에게 있을지라도, 마가는 자신의 서문 가운데서 대부분의 현대인들이 관심을 두고 있는 예수에 대한 배경 되는 모든 세부사항들을 빼놓고 있다. 우리는 이 시점까지 그의 삶 가운데서 일어난 모든 것, 즉 고등교육 수준, 모습, 나이가 얼마였는지 등 이 모든 것들을 알기 원한다—하지만 이 모든 것들은 초점으로부터 우리를 딴 데로 돌리게 하는 것들이다. 6장에 가서야 마가는 예수의 가족과 고향에 관한 배경 되는 정보를 제공해 준다. 그러나 마가는 예수를 평가하는데 본질이 되는 것으로 생각하는 배경을 제공할 성경의 간접적인 암시만으로 본문을 적셔줄 뿐

27. Robert H. Stein, *Playing by the Rules A Basic Guide to Interpreting the Bible*(Grand Rapids, Baker, 1994), 11-12).

이다. 그것들은 보이지 않은 세력이 하나님의 구속의 목적을 이루기 위하여 역사 가운데서 움직이고 있다는 사실을 독자에게 살짝 알려줄 뿐이다.

문제는 우리가 성경에 대한 무지 때문에 이러한 암시들을 놓칠 수도 있다는 사실이다. 가끔 우리는 1세기 청중들이 어떻게 구약성경을 그렇게 익숙하게 알아서 포착하기 힘든 힌트를 찾아낼 수 있었는지 의아해할 수 있다. 성경에 대한 우리의 무지를 그들에게 투사하기 때문이다. 문학적 암시들은 일반적으로 현대의 청중들 편에서는 상실되었다. 한 조사는 많은 사람들이 성경의 첫 번째 책의 이름을 거명하지 못하고, 십계명 가운데 세 목록들, 혹은 예수의 제자들 가운데 두 사람의 이름을 말할 수 없다는 사실이 드러났다. 그러나 성경은 헌신하는 유대인을 교육하기 위한 유일한 본문이었고, 이방인들을 포함하여 그리스도인들이 열심히 공부한 본문이었다는 사실을 기억해야 한다. 만일 기업 연합의 해에 엔디 그리핏 쇼와 같은 대중적인 TV 쇼의 테마 주제곡의 한 마디만을 신호로 띄웠다면, 현대의 청중은 즉시 그것을 알아차렸을 것이다. 그들은 또한 그 쇼에 들어있는 인물들 혹은 사건들에 대한 어떤 암시들을 알아차렸을 것이다. 이러한 현상에 대한 설명을 우리 문화 가운데 있는 시각 대중매체의 깊이 스며든 영향 때문이라고 말할 수 있다. 유대인 문화 가운데 아주 깊이 스며들어 있었던 성경이 잘 알려져 있었다는 사실에 대해서 우리가 무엇 때문에 놀라야 하는가? 이것은 매 안식일마다 읽혀졌다(행 14:27). 삶이 성경을 중심으로 이루어지고 있었으며, 성경을 통하여 지시를 받았다.

더 나아가서 저자들은 주로 낮은 수준의 통상적인 사람들에게 글을 쓰지 않고, 청중들 가운데 모든 사람이 그것들을 알아차리지 못할 것이라는 사실을 알고 있었을지라도, 자주 미묘한 암시들을 포함시킨다. 그러나 그들은 몇몇 사람들이 상당한 지식을 가지고 점점 흥미와 이해를 증가시킬 것이라는 사실을 안다. 그러므로 현대의 청중들로 하여금 이러한 성경적 암시들을 알도록 도움을 주는 것이 중요하다. 이것은 청중들에게 이 이야기가 이스라엘과 모든 피조물의 구속을 위한 하나님의 목적들 가운데 들어있는 훨씬 더 광범위한 배경을 가지고 있다는 사실을 상기시켜준다.

예를 들면, 이 이야기는 거룩한 도성의 성전에서(누가복음에서처럼)나 창세전에 있었던 하나님의 천상 회의에서(요한복음에서처럼)가 아니라 광야(NIV는 "desert")에서 시작된다. 광야 이미지는 구약성경에 근거하여 살고 있던 사람들에게 갖가지 기억들을 상기시켜 준다. "광야"를 언급하고 있는 역본들을 읽는 사람들에게(예를 들면, NRSV, REB) 그 단어는, 들떠서 여행자들로 하여금 스냅사진을 찍기 위하여 고속도로 상에 차를 정지시키도록 만들어주는 거친 숲이나, 번뜩이는 시내들, 눈이 덮인 산들, 그리고 들짐승들(배회하는 들소와 뛰어 노는 영양)이 있는 광야협회 전단지를 통하여 그 모습이 환기되었을 수도 있다. 그러나 유대인들에게 광야/사막은 수많은 다른 이미지들을 상기시켜 주었다. 그곳은 문명화된 지역의 변두리에 있는 단순한 장소 이상이었다. 그곳은 다양한 성경의 기억들과 기대감들을 강하게 자극시켜 주었다. 그곳은 시작의 지점이었다. 이곳은 하나님이 자기 백성들을 이끌어냈던 지역이었고, 요단강을 건너서 약속되었던 땅을 점령했었다. 이곳은 하나님이 그들로 하여금 돌아오도록 하기 위하여 백성들을 달랬던 장소였다(호 2:14). 그곳은 또한 사람이 죄를 피하기 위하여 나갔던 장소이기도 했다. 마카베오2서 5:27에 따르면, 유다 마카베오는 아홉 명의 다른 사람들과 함께 광야로 도망가서 미개한 상태에서 살았고, "그리하여 더럽힘을 받지 않았다." 이사야의 순교 2:7-11(*Martyrdom of Isaiah* 2:7-11)에 따르면, 이사야, 미가, 아나니아, 요엘, 하박국, 그리고 그의 아들 요삽(Josab) 선지자들이 모두 유다의 부패한 곳을 버리고 산악지대인 광야로 갔는데, 거기서 그들은 베옷을 입고 엇나가는 이스라엘을 심히 애통해 하면서 야생풀을 먹었다.

광야는 "악의 세력에 대한 야훼의 미래의 승리를 위한 발판이 되는 근거지"로 생각되기도 했다.[28] 그곳은 몇몇 사람들이 마지막 성전(聖戰)이 치러지고 승리하게 될 장소로 생각하였다(1QM 1:2-3). 그리스도가 광야에 나타나실 것으로 생각되었고(마 26:24), 이곳은 애굽의 거짓 선지자 같은 메시야 예언자가 서식하는 곳이었다(행 21:38). 광야는 종말론적 승리를 위한 하나님의 미래의 승리를 위한 발판이 될 뿐만 아니라, 백성들을 시험하시기 위한 하나님의 실험대이기도 했다. 따라서 이곳은 불순종, 심판, 그리고 은혜의 장소로 기억되었다.

요단강도 역시 환기되었다. 이곳은 유대인들에게 단순한 강 이상이었다. 이곳은 광야와 약속의 땅을 가르는 경계였다. 요한이 장차 오실 능력이 더 많으신 분을 소개할 때, 청중들은 자연히 이를 하나님을 가리키는 것으로 이해했을 것이다. 하나님이 구약성경에서 능하신 분으로서 심판하러 오셔서 성령을 부으시는 분이시

28. Marcus, *The Way of the Lord*, 22. 광야는 첫 번째 출애굽을 능가하는 두 번째 출애굽이 일어날 것이라고 기대되었던 장소다(사 40:3; 겔 20:35-38). 거기서는 서두르거나 두려움 가운데 도망쳐 나오지 않을 것이며(사 52:1-12), 이 광야는 낙원으로 변할 것이다(51:3). Ulrich W. Mauser, *Christ in the Wilderness. The Wilderness Theme in the Second Gospel and Its Basis in the Biblical Tradition*(SBT 39; Naperville, Ill: Alec R. Allenson, 1963), 51.

기 때문이다. 이러한 성경적 이미지는 하나님이 이스라엘을 다시 해방하실 것이라는 기대감을 자극한다. 그러나 마가는 하나님이 이제 자기의 사랑하는 아들을 통하여 행하신다는 사실을 강조한다.

백성의 대중들과 함께 예수가 세례를 받으러 오신 사실은 많은 사람들을 혼란스럽게 만들었는데, 그 이유는 그가 자기 행실을 고치는 악인일 수 있음을 암시하고, 또한 어떤 면에서 요한에게 속하는 사람이었다는 사실을 암시할 수도 있기 때문이다. 그러나 회개를 어떤 악으로부터 돌이키는 것으로만 이해해서는 안 된다. 이것은 적극적으로 하나님에게로 향하는 것으로 이해할 수 있다. 여기서 예수의 회개는 하나님에 대한 개방을 나타낸다. 마가는 예수가 요한에게 세례를 받은 것을 후대의 기독교인의 세례 관습과 연결시키지 않는다. 요한은 이스라엘에 대한 하나님의 심판을 인정하도록 이스라엘을 부르고 있었다. 약속의 물결을 다시 통과해 나가면 새로운 죄사함을 받은 이스라엘이 떠오를 것이었다. 그러므로 예수가 세례를 받기 위하여 요한에게 나오실 때, 그는 이스라엘에 대한 이러한 부름에 동의하고 있는 것이다. 그는 자신의 구원을 구하거나 다가올 진노를 피하고 있지 않다. 그보다 이스라엘의 갱신에 동참하고 세상을 위한 하나님의 펼쳐진 목적의 행진에 동참하고 있는 것이다. 백성들을 구원하고 그 백성들과 동일시되기 위하여 자신의 법적 신분을 포기했던 모세처럼 예수도 죄인들의 신분에 들어감으로써 그리고 그들과 함께 서심으로써 겸비해 지셨다. 그는 그와 같이 소외되고 외로운 이들을 위하여 이후에 죽으실 것이다. 그러므로 그의 세례는 궁극적으로 죽으심으로 인도할 순종이라는 종의 길로 자신을 내보내시는 일이었다(10:38).

예수의 세례에서 우리는 인간과 인간이 아닌 예수 사이의 신비적 조화를 발견하게 된다. 하늘로부터 천둥치는 듯한 승인의 말씀은 예수의 신적 신분을 드러내는 것이지만, 이것은 인성의 겸비한 복종과 연결되어 있다.[29] 예수는 권세를 가진 정복하시는 메시야, 또는 저항할 수없는 능력으로 임하지 않으시고 순종하시어 요한에게 세례를 받으시는 복종하는 메시야로 오신다. 1세기 독자들에게서 특별히 자신을 예외로 두지 않으시고 백성들과 함께 요한에게 오시는 모습은 하나님의 아들 메시야가 헬라종교로부터 친숙해 왔었던 '신-인' 들과 같지 않다는 단서를 제공해준다. 예수의 사역기간 동안 우리는 선풍적 인기를 누리는 대중적인 과시를 예상하지 말아야 한다. 하나님의 나라는 공중에서 울려 퍼지는 사이렌 소리와 터지

29. Bilezikian, *The Liberated Gospel*, 58.

는 폭탄소리와 함께 오지 않고 조용히 그리고 특별하지 않게 온다.

마가는 또한 유감스럽게도 예수가 광야에서 사탄을 이기신 사실에 관해서 아무 말도 하지 않는다. 마가는 단순히 예수가 짐승들 사이에 계시고 천사들이 와서 그분을 수종들었다고 기록하고 있다. 예수는 사탄으로 하여금 떠나라고 명령하지도 않고, 악마가 가랑이 사이로 꼬리를 내리고 도망치지도 않는다. 이 점은 광야 거주가 예수의 악한 세력과의 투쟁에서 제1라운드일 뿐이라는 사실을 의미할 수 있다. 싸움은 끝나지 않았고, 결정적 승리가 아직 오지 않았다. 그러므로 악마의 세력들과의 최초의 대결은 예수의 사역 내내 이어질 것이다. 그러나 동시에 사탄은 이야기에서 다시 나타나지 않으며, 마가는 아마도 악의 결정적인 패배를 묘사하려고 의도하고 있는 것으로 보인다. 예수는 단 한 번의 싸움으로 사탄을 패배시키신다. 이 이야기에 뒤이어 나타나는 내용들은 사탄의 세력을 소탕하는 일이다. 곧 사탄의 인질들의 해방이다.

그 어떤 선택이든 옳다고 할 수 있으니, 하나님의 아들의 출현은 분명히 사탄의 영역에 대한 직접적인 맹폭격이었다. 모든 더러운 영이 그분을 인식하고 그분 앞에서 위축되었다. 귀신을 쫓아낸(축사) 사건은 능력을 가진 자 사탄이 보다 큰 능력을 가진 자에 의해 묶이고(막 3:22-27) 그의 집이 이제 소탕되어질 수 있다는 증거다. 예수가 귀신들과 맞붙어 싸우실 때 그 결과는 의심할 여지가 없다.

광야의 시험의 무대는 하나님의 아들이신 예수의 탁월성도 강화시켜주고 있다. 건드리(Gundry)는 다음과 같이 해석한다.

> 다름 아닌 귀신의 왕 사탄을 통하여 유혹을 받으신다는 것은 하나님의 아들로서의 예수의 신분에 대한 승인을 수반하고 있다. 짐승들의 거주지인 광야에서 예수가 해로움을 당하지 않고 짐승들과 함께 계셨다는 사실은 그분이 세례 요한이 소개했던 것보다 훨씬 더 강하신 자 곧 하나님의 아들이시라는 증거다. 천사들까지 예수를 수종 든다는 사실은 다름 아닌 성령으로 충만하신 하나님의 아들로서 그의 인품을 묘사하는 마가의 묘사에 효과를 더해준다.[30]

마귀, 짐승들, 그리고 천사들 모두가 나름대로 예수가 하나님의 승리를 가져다 주시는 분이라는 사실을 인정하고 있다.

---

30. Gudry, *Mark*, 59.

현대적 의미

마가는 예수의 인성에 대한 증명들을 열거하는 데 관심이 없음을 보여주는데(하지만 마태와 누가는 예수의 인성에 관심이 있다), 그러한 것들이 독자로 하여금 예수의 정체에서 그의 하나님 되심을 놓치게 만들 수 있기 때문이다. 예수의 신분은 가문으로부터 유래되는 것이 아니라 하나님으로부터 온다. 내레이터는 서문에서 이러한 신적인 차원의 접근을 줌으로써 우리로 하여금 이야기에 나오는 여러 당혹해 했던 인물들이 제기했던 질문들에 대한 답변을 사전에 알게 해 준다. 깜짝 놀란 회당의 군중들은 "이는 어찜이뇨 권세 있는 새 교훈이로다 더러운 귀신들을 명한즉 순종하는도다"라고 묻는다(막 1:27). 냉랭한 신학전문가들은 자문한다. "이 사람이 어찌 이렇게 말하는가 참람하도다 오직 하나님 한 분 외에는 누가 능히 죄를 사하겠느냐"(2:7). 놀란 제자들은 "저가 뉘기에 바람과 바다라도 순종하는고!"(4:41)라고 묻는다. 분개한 고향의 군중들은 "이 사람이 어디서 이런 것을 얻었느뇨 이 사람의 받은 지혜와 그 손으로 이루어지는 이런 권능이 어찌됨이뇨"(6:2)라고 묻는다. 화가 난 제사장들은 "무슨 권세로 이런 일을 하느뇨 누가 이런 일 할 권세를 주었느뇨"(11:28)라고 묻는다.

사형집행 부대의 책임자인 백부장이 예수의 죽으심을 볼 때 진리가 갑작스럽게 터져나온다. "이 사람은 진실로 하나님의 아들이었도다"(15:39). 바리새인들은 그가 사탄과 결탁되어 있다고 생각한다. 헤롯이 기껏 생각한 내용은 자기가 저지른 죄 때문에 세례 요한이 다시 살아났다는 것이다. 몇몇 사람은 그가 엘리야라고 생각한다. 다른 사람들은 선지자들 중 한 사람이라고 생각한다(6:14-16; 8:27-28). 제자들은 그의 능력에 사로잡혔지만, 앞의 몇몇 장들 중 많은 부분으로 인하여 그분이 누구신지에 대해서 당황하게 된다. 오직 베드로, 야고보, 요한만 주의 변모에서 이러한 신비에 대해 인식할 수 있도록 허락된다. 그들은 구름 속으로부터 예수가 하나님의 사랑하는 아들이라고 선언하시는 음성을 듣고 산으로부터 내려오는 길에 엘리야(즉, 세례 요한)가 이미 왔다가 간 사실을 알게 된다(9:2-13). 그럴지라도 이러한 체험이 그들을 실패로부터 막아주지 못한다.

이 복음서를 읽고 듣는 우리들은 이 이야기에 나오는 인물들보다도 훨씬 더 많이 안다. 우리는 보다 능력이 많으신 이 앞에 보냄 받은 사자 세례 요한이 그의 신의 끈을 풀 가치도 없다고 고백할 때 예수에 대해서 말하고 있음을 알고 있다. 우리는 그분이 세례를 받으실 때 하늘이 열리고 성령이 그 위에 임하셨다는 사실을 읽어보고, 또한 그가 하나님의 아들이시라는 음성을 듣는다. 이것이 우리가 스토리가 진행되어감에 따라 가끔 벽돌장처럼 꽉 막힌 사람과 같은 제자들에 대해서 화가 나게 되는 이유다. 우리는 그들이 알고 있는 것보다 더 많이 안다. 모든 사람의 생명을 주장하시는 하나님의 아들의 오심은 실체의 조직에 혼돈을 가져왔다. 아마도 첫 제자들에게 그 빛은 너무도 밝아서 그들의 눈이 실체를 바라볼 수 없었을 것이다. 아마도 이것은 모호하지는 않지만, 너무도 의미로 충만해서 그들의 마음이 제대로 이해하지 못했다. 그러나 우리가 예수에 관해서 알고 있다고 해서 우리가 보다 신실하고 보다 분별력 있고 보다 자원하여 우리의 생명들을 드리고 있는가?

마가복음 서론의 단락은 낭독하는 성구집 가운데서 예수 강림 본문으로 자주 사용된다. 따라서 대부분의 그리스도인들은 이것을 구유 안에 있는 한 어린 아기를 위하여 길을 준비하는 것과 연결시키고, 이것이 크리스마스 정신에 영향을 미침으로써 그리스도의 오심을 위해 준비하는 것과 관계가 있다고 상상한다. 그러나 이 본문이 우리를 위하여 그리스도를 위한 길을 준비하는 일을 하도록 요구하고 있는지는 의문스럽다. 분명히 그 길은 천사들이 노래하고 목자들이 경배하고 북치는 소년이 북을 두드리는 구유로 우리를 인도하지 않는다. 세례 요한은 땅을 평평하게 함으로써 말하자면 모든 백성으로 하여금 회개하도록 요청함으로써 그 길을 준비한다. 세례 요한은 겸손하게 구원과 성령의 선물을 자기가 주는 것이 아니고 다른 사람이 주어야 할 것이라고 고백하고 있는데, 이는 현대 설교자들의 훌륭한 모델이다. 그러나 그가 감옥에 갇힘은 예수를 위하여 준비된 그 길이 편안한 길이 아니라는 사실을 명확하게 밝혀준다.

그 "길"('호도스'; 1:2)은 다시 8:27; 9:33-34; 10:32, 52에서 하나의 주제로 나타난다. 이 단락들 가운데서 예수는 숨김없이 말씀하신다(8:32). 즉 그의 길은 예루살렘에서 그리고 외로운 죽음에서 끝날 것이다. 제자들은 그의 죽으심을 준비하는 일에 다소 도움을 준다. 그들은 그분이 예루살렘으로 입성하실 때 길 위에 옷을 깔았다(11:8-10). 그들은 유월절을 준비했다(14:15-16). 한 여인이 그를 위하여 장사를 예비한다(14:8-9). 아리마데 요셉은 예비 일에 무덤에 그의 시체를 장사지낸다(15:42-47). 하지만 그들이 감당했던 대부분의 역할은 실제로 무슨 일이 일어나고 있는지를 알지 못한 해 그들의 역할을 행한다. 이것은 그리스도를 따르는 자들이 하나님의 목적들에 대해 너무나 자주 안목이 어두움에도 불구하고 그 길을 준비하거나 닦을 수 있는지에 대해서 궁금하게 한다. 전체 이야기를 통하여 보면, 제자들은 대부분의 시간을 그분이 인도하는 길로 인도를 받아 가려고 노력하지만,

항상 그의 길에 방해가 되거나 언제나 방향이 잘못되었다. 현대 제자들도 이와 같은 행동을 한다.

마가복음을 다시 읽을 때, 그 길을 준비해야할 사람이 누구인지 분명하게 드러난다. 예수는 맨 앞에 나아가는 사람이나, 혹은 길게 늘어진 행렬을 선도하여 열어놓고(10:32, 52), 인도해 나가는(14:28; 16:7) 사람들로부터는 제외되어야 하는 분이시다. 제자들은 그분이 가신 길을 따라가는 사람들이다(8:34-10:52). 예수의 제자들이 갈릴리 바다 맞은편으로 자기들 스스로 그분을 앞서 가려고 할 때(6:45), 그들은 그 일을 이룰 수 없었다. 그들은 그분이 와서 그들을 구출해줄 때 가서야 그 일을 할 수 있었다. 예수가 그들 앞서 가셔야 한다(6:48). 슈바이처(Schweizer)는 방과 후에 한 친구의 집에 있는 한 어린 소년을 궁지에 몰아넣은 폭설(暴雪)을 한 실례로 든다. 그 소년은 집에 들어가 쉴 수 없다.

> 그의 아버지가 와서 그 강한 어깨로 3피트의 눈을 치우고 길을 만든다. 그 소년은 아버지의 발자국을 따라 뒤따라가는데 완전히 다른 길로 걸어간다. 아버지는 그의 단순한 선생이나 모범자—그렇지 않으면 소년은 아버지의 행동을 따라서 자기 스스로 길을 열어야 했을 것이다—만 아니고 또한 그것은 그 아버지의 대속적 행동도 아니다—그렇지 않으면 그 소년은 자기 친구의 따뜻한 방에서 머물러 있으면서 자기 아버지가 자기 대신 집으로 갈 것이라고 생각했을 것이다.[31]

문제는 예수가 집으로 가도록 우리를 위하여 준비해 두신 길이 우리가 가기를 원하는 길이 아니라는 것이다. 이 길은 힘들고도 고난으로 포장된 길이지만, 그것은 우리가 집에 도착하기 위하여 가야하는 길이다. 만일 교회가 어떤 일을 위하여 그 길을 준비한다면, 그것은 그분이 놓으신 좁은 길을 따름으로써 그리고 전 세계에 복음을 전하면서 행하는 그의 재림을 위한 것이다(13:10).

예수가 준비하신 길을 따르면서, 제자들은 예수가 만나셨던 것과 같은 수많은 대적들을 만날 것이다. 마가는 예수가 광야에서 당했던 시험의 구체적인 내용을 말하고 있지 않다. 그가 금식하셨는가? 금식을 안 하셨는가? 어떻게 그가 사탄의 계략을 피하여 이기셨는가? 마가는 그의 어떤 내적인 투쟁에 관해서도 우리에게

31. Eduard Schweizer, "The Portrayal of the Life of Faith in the Gospel of Mark," *Interpreting the Gospels*, ed. James Luther Mays(Philadelphia: Fortress, 1981), 175.

알려주지 않는다. 오늘날 우리들은 심리학적 드라마에 훨씬 더 관심을 가지고 있다. 예수의 의심과의 투쟁, 그의 목적에 대한 깨달음과의 투쟁, 하나님이 그에게 지워주신 임무에 관한 위탁과의 투쟁[32] 이 모든 것들이 우리 자신의 순례길을 통하여 확인될 수 있다. 그러나 마가복음에서 강조는 예수가 사탄과 싸우신다는 점에 있다. 세례처럼 시험도 우주적 의미를 가지고 있다. 그것은 도덕적 의미에서 시험의 현장이라기보다는 더 능력이 많으신 자와 악의 세력을 붙잡고 있는 자 사이의 거대한 세력의 투쟁 현장이다. 인류의 소망들을 파괴하는 악한 마귀를 병 속으로 밀어 넣는 전쟁이 시작되었던 것이다. 하나님이 인간의 심령을 얻고 그들로 하여금 회개하게 하고 그들의 죄를 자복 하게 하는 것으로 충분하지 않다. 공중의 권세 잡은 자 아래서 조직된 악의 세력들(빌 2:9-10)이 하나님의 나라가 설립되기 이전에 쳐부숴져야 했다. 인간의 삶을 억류하고 불구로 만들고 왜곡시키는 악의 세력을 정복하기 위하여 오래 전에 약속된 하나님의 능력이 세상으로 뚫고 들어온다.

만일 이 전쟁이 우주적인 무대에서 일어난다면 우리는 또한 성경으로부터 식별해 낼 수 있는 우주적 계획을 하나님이 가지고 계시다는 사실을 알게 된다. 오늘날 성경을 읽거나 배우는 일을 지루해하지만, 성경을 깨닫는 일은 절대적으로 중요한 것인데, 그 이유는 하나님의 나라 자체가 의심을 사라지게 하는 방식 가운데 드러나기 때문이다. 하나님의 능력은 광야에서, 약함 가운데서, 그 누구도 아닌 그분 안에서 나타나며, 그분에게서 능력이 나와서 주어지게 될 것이다.

하나님의 활동은 인류로부터 감추어져왔으며 그것이 예수를 통하여 계시되었을 때에라도 많은 사람들이 보지 못할 것이다. 광야를 통과해 나갈 때 보는 자들은 위안을 받을 것이다. 그들은 예수가 이미 거기에 계셨고 그 길을 알고 있다는 사실을 깨달을 것이다. 그들이 해야하는 일은 따르는 것이다.

32. Juel, *Mark*, 37.

마가복음 1:14-15

14 요한이 잡힌 후 예수께서 갈릴리에 오셔서 하나님의 복음을 전파하여

15 이르시되 때가 찼고 하나님의 나라가 가까이 왔으니 회개하고 복음을 믿으라 하시더라

원 의미

요한의 잡힘. 선구자의 사역은 그가 체포됨으로써 완료되었고 예수의 사역은 이제부터 시작되어야 한다. 요한의 체포됨은 예수의 사역을 경사스러운 일로 만들어줄 수 없으며, 또한 요한의 뒤에 오시는 예수도 이러한 세상의 세력과 화합하지 못할 것이라는 사실의 전조가 된다. NIV 역본의 번역 "요한이 감옥에 갇힌 후에"는 독자들로 하여금 예수의 운명과 미묘한 관계를 가지고 있음을 놓치게 만들 수도 있다. 이 본문은 직역하면 "요한이 넘겨진('파라디도미') 후에"이다. 예수 또한 넘겨질 것이다(3:19 ["이는 예수를 판 자러라"는 직역하면 "그를 넘겨준 자"임]; 9:31; 10:33; 14:10, 11, 21, 41, 42, 44; 15:1, 15). 만일 이 이야기를 이미 알고 있다면 혹은 복음서를 다시 읽는다면 두 사람간의 관계는 더 분명해진다. 예수를 앞서 온 요한은 시골 광야에서 단순히 외치는 자가 아님을 인식하게 된다. 그는 이스라엘에 대한 사역에서, 세상의 권세자들과의 운명적 갈등에서, 그리고 그의 참혹한 죽음에서 예수의 선구자다(6:7-13; 9:13).

감옥에 대한 문구가 없이 "넘겨졌다(잡혔다)"란 동사에 대한 모호한 표현은 독자에게 다음과 같이 질문하도록 자극한다. "이 사건의 배후에 실질적으로 누구의 손이 있는 것인가?" 예수는 악한 인간의 음모의 결과로 넘겨진 것인가, 아니면 하나님의 계획의 일부분으로 넘겨진 것인가?[1] 다시 읽어보면, 세상세력을 알지 못하는, 영적 계획으로 일어나는 일에 어두운 사람이라도 요한의 사로잡힘이 복음선포를 준비해 준다는 사실을 알게 된다. 헤롯 안디바는 요한이라는 선지자적인 강적

1. Cranfield, *Mark*, 62을 보라.

이 사라지게 되었다고 생각했을 수 있으나, 실상은 그것은 하나님의 나라의 도래를 위한 준비의 일부이다.

예수의 메시지. 예수는 광야에서의 싸움으로부터 승리하여 예루살렘으로 돌아가셨고 기쁨으로 하나님의 복된 소식을 선포한다. 요한은 단순히 "전파"(1:7)하는 것으로 묘사되어 있으나, 예수는 "하나님의 복음"을 전파하는 것으로 말해진다.[2] 이것은 상투적으로 환기시키는 전파가 아니다. 마커스(Marcus)는 복음이라는 단어가 "무시간적인 영적 실체들"에 대한 선포가 아니라, "복음은 현실 속으로 뚫고 들어오는 사건 즉, 하나님의 새로운 세상을 선포하는 단어다"[3]라고 말한다. 하나님의 나라의 도래는 이 복음서에서 중심 주제다(4:11, 26, 30; 9:1, 47; 10:14-15, 23-24; 12:34; 14:25; 15:43).

예수는 때('카이로스')가 찼을 때 나타나신다(갈 4:4을 보라). 누가는 그 시간을 연대기적으로 "디베료 가이사가 위에 있은 지 열 다섯 해 곧 본디오 빌라도가 유대의 총독으로, 헤롯이 갈릴리의 분봉왕으로, 그 동생 빌립이 이두래와 드라고닛 지방의 분봉왕으로, 루사니아가 아빌레네의 분봉왕으로, 안나스와 가야바가 대제사장으로 있을 때에"(눅 3:1-2)라고 말하고 있다. 마가는 이 일이 인류의 달력 가운데서 정확하게 언제 일어났는지를 말하는 데는 관심이 없다. 그가 계산에 두고 있는 유일한 일은 "하나님 편에서 알려진 시간"이다.[4] 예수는 하나님이 개입을 위해 기다리는 시간이 이미 지났음을 선포하고 있는데, 이것은 하나님이 말씀하시고 역사 가운데서 행하신 모든 일이 결말에 도달했음을 의미한다. 만약 예수가 실제로 하나님의 아들 그리스도이시라면, 하나님의 나라는 가까이 있다. 그러나 하나님이 인간 역사에 들어오실 때 그것은 언제나 생각의 분야가 유한한 인간의 가능성에 의해 제한되고 일시적인 인간 왕의 재직에 의해서만 시간이 특정되는 놀라움과 소문으로서 항상 다가온다. 현재의 순간 가운데서 하나님이 시간과 역사를 지배하시

---

2. "복음"이라는 단어는 내레이터에 의해서(1:1, 14) 그리고 예수에 의해서(1:15; 8:35; 10:29; 13:10; 14:9)만 사용된다. "하나님의 복음"(롬 1:1; 15:16; 고후 11:7; 살전 2:2, 8-9)이란 문구에 들어있는 "하나님의"는 "하나님으로부터 나오는 복음"을 의미하는 주격소유격으로 취급할 수도 있거나 그렇지 않으면 선포하도록 예수에게 위탁된 "하나님에 관한 복음"을 의미하는 목적격 소유격으로 취급할 수도 있다. 8:35과 10:29에서 예수와 복음이 동의어다.

"하나님의 복음"은 1:1-15을 한 단위로 구분하도록 1:1에 있는 서론적 문구인 "하나님의 아들 예수 그리스도 복음"과 인클루시오를 이루지 않는다. 이 둘은 다른 일들을 가리킨다. 첫 번째 것은 예수에 관한 복음이다. 두 번째 것은 예수가 하나님에 관해서 전파하시는 내용이다.

3. Marcus, *The Mystery of the Kingdom of God*, 152.

4. 이 문구는 카이로스에 대한 앤더슨의 정의다(Anderson, *Mark*, 84).

고, 서로 다른 시간을 통하여 역사하신다는 사실을 쉽게 잊어버릴 수 있다.

예수가 하나님의 나라를 선포하셨을 때, 그는 세상을 다스리시는 하나님의 능력의 결정적인 현시가 펼쳐지려 하고 있음을 선언하고 있는 것이다. 하나님의 통치는 공간적 범주가 아니라 하나님이 자신의 쇠하지 않은 목적들을 이루기 위하여 인간사에 능력으로 개입하시는 역동적인 사건이다.[5] 예수의 말씀을 들은 자들은 하나님의 통치라는 사상과 친숙해질 것이며, 그의 선포가 그들의 마음 가운데서 모든 종류의 이미지, 모티프들, 그리고 소망들을 깨우쳤을 것이다. 많은 사람들은 하나님 나라의 도래를 하나님이 은혜와 심판을 가져다주시기 위해서, 이 세상의 일들을 올바르게 하기 위해서, 악과 괴롭히는 세력들을 정복하기 위해서, 이 세상의 통치자들을 내쫓기 위해서, 이스라엘의 나라를 세우기 위해서, 죄를 정복하고 아픔을 근절하기 위해서, 그리고 의로운 자들을 옹호하기 위해서 백성들을 방문하셨다는 사실을 의미하는 것으로 이해했을 것이다.[6] 예수가 하나님의 나라가 무엇인지를 백성들에게 말씀하시는데 많은 시간을 사용하신 사실은 그의 관점이 잘 알려진 사람들의 관점과 다르며, 또 그가 그들의 이해를 정정해 주셔야 했다는 것을 암시한다. 그러나 그는 지금 그 도래를 통보하고 있을 뿐이다.

하나님의 통치가 가까이 왔다 너무도 가까이 와 있어서 마가는 너희가 예수 안에서 그것을 교감할 수 있다고 믿고 있다. 하나님이 창조하신 미래는 시간이 지난 뒤에는 가물거리는 희망이 아니다. 그것은 지금 바로 누릴 수 있다. 이 땅을 통치하고 있는 어떤 재상도 "아무개가 왕이 되었다! 만일 너희가 이를 기뻐하면 그분을 너희 왕으로 받아들여라!"고 선언하지 않을 것이다. 그러한 무관심한, 애매한 선포는 분명히 로마 황제가 보좌에 등극한 소식의 성격을 나타내지 않는다. 아무개가 왕이라는 선포 자체는 복종하라는 암시적 요구를 담고 있다. 하나님이 왕이시라는

---

5. George Elden Ladd, *The Presence of the Future. The Eschatology of Biblical Realism*(New York: Harper and Row, 1974), 218. 라드는 하나님의 나라를 인간들 가운데 그의 다스리심을 이루시기 위하여 하나님이 역동적으로 활동하시는 구속적 통치로 정의하고, 이 시대의 종말에 있을 묵시적 행동으로 나타나실 이 나라가 악을 이기시고, 그 악의 권세로부터 인간을 구출하시며, 그들을 하나님의 통치의 축복으로 이끌어 들이시기 위하여 예수의 인격과 사역에서 인간 역사 가운데 이미 들어오셨다고 설명한다. 하나님의 나라는 두 개의 큰 운동을 포함한다. 역사 내에서의 실현과 역사 종말에서의 완성이다. C. C. Caragounis, "Kingdom of God/Kingdom of Heaven," *in Dictionary of Hesus and the Gospels*, ed Joel B Green, Scott McKnight, and Howard Marshall(Downers Grove, Ill: Inervarsity, 1992), 416-30; Bruce Chilton, ed., *The Kingdom of God in the Teaching of Jesus*(Philadelphia: Fortress, 1984)을 더 읽어보라.

6. Marshall, *Faith As a Theme*, 34. 하나님을 왕으로 고백하는 구약성경의 구절들인 삼상 12:12; 대상 29:11; 시 47; 93; 96; 97; 99; 103:19; 145:10-13; 사 43:15; 렘 10:7; 말 1:14을 보라.

예수의 선포는 그와 같은 절대적 요구를 담고 있다. 그러므로 예수를 통하여 널리 타올랐던 하나님의 통치는 즉시 인간의 다음과 같은 결정과 위탁을 요구한다. 즉 회개, 하나님의 통치에 대한 복종, 그리고 놀라운 일이 발생하고 있다는 믿음이다.

상황잇기

이스라엘은 하나님만이 왕이시라고 고백했다. 그러한 신앙은 다음과 같은 고통스러운 질문으로 이끌어갔다. 만일 하나님이 왕이시라면, 어찌하여 그의 백성이 그러한 비참한 상황에 처해있는가? "나라이 임하옵시며"라고 기도한지 2천 년 후인 오늘날, 그리스도인들도 "만일 하나님의 나라가 왔다면 어찌하여 하나님의 목적이 여전히 실패하는 것처럼 보이는가? 어찌하여 우리의 세계는 아직도 사탄의 폭정 아래서 신음하고 있으며(롬 8:22; 계 6:10), 의인을 압제하는 악인의 세력이 중단되지 않는가?"라고 물을 수 있다. 이것들은 박해를 받고 있는 그리스도인들에게 절박한 문제들이다. 그러나 많은 다른 사람들은 이 세상을 편하게 느껴, 안착하였으며, 하나님이 직접 통치하신다는 감각을 상실하였다.

제2 성전 기간 동안 생겨났던 묵시문학은, 하나님의 대적자들이 성전을 망가뜨리고 많은 유대인들이 이방 문화의 통치와 미혹에 굴복 당하여 배교에 자신을 의탁했던, 세상에서 일어나고 있었던 일을 이해하려는 역사에 대한 새로운 해석을 제공함으로써 이와 비슷한 여러 질문에 답하려고 시도했었다. 그들이 제시한 이러한 기록들과 관점은 절망적인 것처럼 보이는 가운데서 신실한 사람들을 격려하고 위로하려고 했다(마카베오 2서 6:4). 그들은 다음과 같은 질문들에 대한 답변을 제공해 주었다. 어찌하여 악이 세상을 지배하고 있는가? 어찌하여 하나님의 신실한 사람들이 박해를 당하는가? 그것은 보이지 않는 하나님의 영역의 관점에서 문제들을 바라보도록 하기 위하여 과거와 미래라는 보다 광범위한 역사의 관점에서 사건을 바라보는 것이었다. 묵시적 전망은 열국들과 일부 하나님의 백성들이 하나님의 통치를 인정하지 않을 수 있을지라도, 하나님에게 경의를 표하지 않음이 그의 능력을 감소시키지 않는다는 사실을 확증해 주었다.

(1) 묵시적 문서들은 하나님이 인간 사건들의 무관심한 관망자가 아니라 곧 실현될 특별한 종말을 그들로 향하게 하시는 모든 일들 위에 계신 분이시라는 사실을 확인시켜 주었다. 스가랴는 다음과 같이 선포한바 있다, "여호와께서 천하의 왕이 되시리니 그날에는 여호와께서 홀로 하나이실 것이요 그 이름이 홀로 하나이실 것이며"(슥 14:9). 악의 세력이 겉보기에 승리하는 것처럼 보일지라도, 하나님은

결국 이루어지는 인간들에게 감추어진 계획을 가지셨다. 하나님은 하늘에 계셨고, 모든 일이 세상과 바른 관계를 이루고 있지 않았을지라도 그것은 곧 이루어질 것이다. 하나님은 이미 세상의 운명을 결정하셨다.

(2) 하나님의 계획의 다른 요소들은 역사의 특별한 시기에 이루어진다. 따라서 역사는 하나님의 계획이 드러나는 다른 범주들로 배열될 수 있다. 이것은 시간이 측정되어 왔으며, 하나님의 지배 아래 있다는 확신을 심어준다. 오직 하나님만이 진실로 그때가 어느 때인지를 알고 있으며, 하나님에게 가까이 나아가는 사람들은 이 지혜에 관해서 알도록 허락된다.

(3) 세상은 일종의 영적 균질성(entropy)에 휩싸여있다. 인간의 제국들이 일어나서 굳건하게 세워져 있는 것처럼 보이지만, 곧 무너지고 또 다른 인간 제국이 자리를 차지한다. 인간은 아무런 영속성을 가지고 있지 않다. 모든 것은 하나님을 의존하면서 존재하고 있으며, 모든 인간의 자원들이 실패하고 신실한 사람들이 소멸의 위험에 처해 있는 것으로 보일 때, 하나님은 구원을 가져다주기 위하여 들어오실 것이다. 새로운 시대는 긍정적이든 부정적이든 인간의 행동으로부터 오지 않으며, 현 시대로부터 진화하지도 않는다. 새로운 시대는 하나님의 직접적인 개입을 통하여 온다. 인간의 행동은 인간 자신의 특별한 운명을 결정하지만, 세상의 운명에 영향을 주지는 못한다. 그 운명은 전적으로 하나님의 손에 달려있다. 로울리(H. H. Rowley)는 선지자들과 묵시론자들 간의 차이를 이렇게 기록했다. "선지자들은 현재로부터 발생하는 미래를 말한 반면에, 묵시론자들은 현 시대로 들어오는 미래를 말한다."[7]

예수가 하나님의 나라가 가까이 왔다는 하나님의 복음을 선포하셨을 때, 예수가 이 묵시적 관점을 가졌다는 사실을 복음서들은 보여주고 있다. 마가복음서는 세속의 시간과 성스러운 시간이 예수의 오심과 함께 교차한다는 사실을 확언하고 있지만, 역사 가운데 뚫고 들어온 하나님의 통치의 능력은 여전히 감추어져 있고 쉽게 감지되지 않는다는 사실도 확언하고 있다. 하나님의 사자 요한이 넘겨졌다는 선언이 있은 직후에 하나님의 나라가 가까웠다는 선언은 우리가 아직도 모호한 가운데 살고 있다는 사실을 분명히 해준다. 요한은 한 나라의 불법의 희생물이지만, 예수는 복음을 선포하신다. 예수도 역시 넘겨지실 것이지만, 이것은 악한 세력의 파괴와 죄사함을 가져다 줄 것이며, 같은 운명을 당하는 제자들의 삶에 새로운 능

7. H. H. Rowley, *The Relevance of Apocalyptic*, 2d ed. (London: Lutterworth, 1944), 36.

력을 폭발시킨다(13:9, 11, 12). 백성들은 하나님의 통치에 대한 기대와 마가가 비밀 가운데 베일에 가려있던 그 도래를 나타내고 있으므로 그것이 어떻게 분명하게 드러나는지를 재평가해야할 것이다. 하나님의 주권의 상징은 하나님이 그의 대적자들의 뼈를 꺾기 위하여 사용하시는 홀 혹은 철장이 아니라, 하나님의 아들의 피가 흘려진 십자가다. 인간은 한 사람이 생명을 줌으로써만 살 것이다. 그러나 많은 사람들이 습관화된 사고방식을 고칠 수 없고, 이러한 역설을 받아들이지 못할 것이다. 그들은 예수가 누구신지를 인정할 수 없거나 하나님의 통치에 복종하지 않을 것이다. 하지만 하나님의 통치가 영광 가운데서 완전히 드러났을 때, 그때는 너무 늦을 것이다.

현대적 의미

오늘날 복음 전파가 영원한 진리에 대한 증거를 제공하고 있지 못하다. 대중적인 심리학으로부터 나온 성공적인 삶에 대한 묘책들과 자기 자신과 설교자에 대한 좋은 감정을 제공함으로써 즐겁게 하는 이야기들을 가지고 회중을 단순히 만족케 한다. 발터 브루그만은 복음설교란 세 개의 행동으로 된 하나의 드라마라고 주장한다. 이것은 다음과 같다. 즉 (1) 혼돈과 죽음의 세력들과의 투쟁에서 하나님의 결정적 승리, (2) 그 전투에 대한 증인에 의한 승리의 선포, (3) 듣는 사람들의 적절한 반응.[8]

(1) **승리의 선포.** 광야에서 예수가 사탄을 쳐부순 사건은 분명히 무승부로 끝나지 않았다. 그 즉시 뒤따라오는 하나님의 복음의 선포는 승리의 선포이기 때문이다. 하나님이 싸움 속으로 들어오셨다. 세상은 새로운 통치 아래 있다.[9] 예수는 헤롯 안디바가 다스렸고 하나님의 사자들을 위협했던 갈릴리로 가신다. 그는 하늘로부터 말씀하시는 초월하신 하나님이 속박을 받지 않고 성령을 부어주시고 죄사함의 권세와 귀신의 세력을 파하고 모든 질병을 고치시는 권세를 베푸시는, 새로운 실체를 선포하신다. 승리는 예수의 사역 전반에 걸쳐서 명령하시거나 선포하시는 여러 방법으로 울려 퍼진다. "잠잠하라!" "그에게서 나오라!" "깨끗함을 받으라!" "네 죄가 사하여 졌느니라!" "네 믿음이 너를 낫게 했느니라!" "열려라!" "그가 여기 계시지 않고 살아나셨느니라!" 그리스도인들은 패배주의자가 되어서는 안 되

8. Walter Bruggemann, *Biblical Perspectives on Evangelism Living in a Three-Storied Universe*(Louisville: Westminster, 1993), 16-19.

9. R. T France, *Divine Government God's Kingship in the Gospel of Mark*(lOndon: SPCK, 1990).

고 승리가 이미 쟁취되었음을 선포 가운데서 확신 있게 말해야 한다.

(2) **승리의 알림**. 예수는 하나님이 이 세상의 종말을 예비하셨다고 확신하신다. 하나님의 나라는 가까이 왔고 이 세상의 파산된 나라들이 폐지되려 하고 있다. 그리스도인들은 얻게 되는 승리에 대해 증거할 필요가 있다. 예를 들면, 피터 와그너(Peter Wagner)는 월터 윙크(Walter Wink)와 주고 받은 서신 가운데서 과테말라의 라몰롱가(Lamolonga)라는 작은 도시가 복음으로 말미암아 "인류의 빈곤의 중심, 즉 질병, 가난, 전쟁, 알코올 중독, 부부간의 배신행위, 불법"으로부터 "주민의 90퍼센트 이상이 거듭난 그리스도인이 되고 거리마다 술집 대신 교회들이 있는 번영, 건강, 조화 그리고 평화의 공동체"로 변화되었다고 기록하고 있다.[10]

(3) **듣는 자들의 반응**. 수많은 헌금기도가 하나님 나라의 건물을 건축하기 위하여 드려져 왔다. 그런데 얼마 안 되는 우리의 헌금으로 하나님의 나라를 세우지 못하며, 우리의 프로그램으로 그것을 진행시켜 나갈 수 없다는 것은 사실이다. 예수에게 우리가 그리스도와 주님으로 면류관을 씌워드리지 않았다. 하나님이 하셨으며, 지상에서 하나님의 통치는 하나님의 백성들의 미약한 순종에 의존하고 있지 않다. 인류가 하나님의 통치를 가져다주지 않는다. 하나님이 하신다. 인간의 행위들은 하나님의 행동을 창출해 내지 않는다. 그보다 하나님의 행위가 인간의 행위들을 창출해 내고 변화시킨다. 혹은 최소한 마음을 다한 기대감을 가지고 하나님의 행하심을 바라보는 사람들을 만들어낸다.[11] 우리가 할 수 있는 것은 기껏해야 하나님 편에 서느냐 대항하느냐, 사탄 편에 서느냐 대적하느냐, 우리를 위한 하나님의 주도권에 반응하여 회개하느냐 하지 않느냐는 우리의 입장을 결정하는 것이다. 공동체는 회개와 믿음으로 살아가는데 그 이유는 복음서 이야기가 밝혀주는 바와 같이 공동체가 완전과는 너무나 거리가 먼 사람들로 이루어져 있기 때문이다. 교회는 교회 안팎에서 회개에 대한 예수의 호소를 지속시켜 나가야 한다.

그러나 회개에 대한 설교는 오늘날 최소한 네 개의 장애물을 만나게 된다. ⓐ 백성들이 회개의 말을 들을 때 움츠러드는 경향이 있는데, 그 부르짖음이 너무나 자주 다른 사람들에게 장광설이기 때문이다. 경건한 신앙생활의 냉혹한 옹호자들—그들 자신에게 표준을 적용시키는 자들—은 다른 사람들이 죄가 있다고 선언하고 그들에 대한 책망을 쌓아올리는 경향이 있다. 이러한 부정적인 공격은 복음으로

10. Walter Wink, "Demons and DMINs. The Church's Response to the Demonic," *RevExp* 89(1992): 508.
11. John Bowker, *Jesus and the Pharisees*(Cambridge: Cambridge Univ. Press, 1973), 44.

사람들을 이끌기보다는 복음으로부터 자주 멀어지게 한다. 예수의 비유 가운데 나타나는 신실하지만 씁쓸하게 들에서 종노릇을 한 형이 길에 내려와서 타락한 동생을 만났을 때 일어났던 내용과 거의 비슷하다. 탕자는 기다리고 있는 아버지의 품속으로 나아가기보다는 먼 나라와 그의 돼지우리로 재빨리 되돌아가기를 원하게 하는 형의 노골적인 질책을 받았을 것이다. 이와 대조적으로 예수의 회개에로의 부르심은 신랄한 질책이 아니라 충성심을 올바르게 돌려놓기 위한 초청이다. 그는 부르시면서 백성들로 하여금 하나님의 주도적 행위에 반응하기를 바라신다. 하나님은 회개를 가능하게 만드는 새로운 힘을 부여하신다.[12]

ⓑ 우리 세대에 회개를 전함에 있어서 또 다른 문제는 변화할 필요가 있다고 말하는 사람에 대해서 화를 내는 인간의 경향으로 말미암는다. 이것은 우리의 죄된 상태를 진지하게 취급하기를 거절하는 완강한 거절과 융합한다. 우리는 누군가에게 혹은 다른 어떤 것에 죄를 덮어씌우기를 좋아하며, 오늘날 모든 사람은 자신을 희생자 그룹으로 분류하려고 한다.

우리는 아론과 너무도 닮았는데, 그는 금송아지 사건에 대한 책임을 회피하려고 했다. 모세가 어찌하여 이러한 일을 했느냐고 물었을 때, 아론은 "내가 범죄 했고 백성들에게 큰 죄를 범하게 했습니다! 하나님이 생명책에서 내 이름을 지워버려 주시기 바랍니다, 그러나 이 죄를 백성들에게 돌리지 마옵소서"라고 고백하지 않고, 서투른 변명으로 개인의 죄로부터 슬쩍 빠져나오려고 했다. "내가 그들에게 이르기를 금이 있는 자는 빼어내라 한즉 그들이 그것을 내게로 가져왔기로 내가 불에 던졌더니 이 송아지가 나왔나이다"(참조. 출 32:21-24). 다시 말하면, 용광로가 비난을 받아야 한다는 것이다. 실상은 아론이 금을 모으고 연장으로 모양을 만들고, 용광로에 넣어 지켜보며, 받침대에 세우고 온 백성들에게 예배할 축제일이라고 선포함으로써 묵묵히 대리인의 일을 해 나갔다(32:1-6). 아마도 우리의 타고난 교만이 죄를 교묘히 피해 나가고 책임을 전가하게 만드는 것으로 보인다.

이러한 교만은 가장 먼저 아담에게서 그 흉측한 머리를 드러냈다. 아담은 자신

---

12. 후기 랍비 전승(*y Mak* 2:6, 31d)은 죄인들에 대한 가혹한 심판적 접근방식과 "죄인들을 자기 길로 교훈하시고"(시 25:8) "그들에게 회개의 길을 가르치시는" 하나님의 선하심 간의 대조를 묘사한다. "그들은 지혜에게 '죄인에게서 무엇이 그의 형벌입니까' 라고 물었다. 그녀(지혜)는 그들에게 대답한다, '악은 죄인들을 좇아간다' (잠 13:21). 그들이 예언에게 물었다, '죄인에게서 무엇이 그의 형벌입니까?' 그녀(예언)는 그들에게 말했다, '범죄하는 영혼은 죽을 것이다' (겔 18:4). 그들이 찬송 받으실 거룩한 자에게 물었다, '죄인에게서 무엇이 그의 형벌입니까?' 그는 대답했다, '죄인이 회개하게 하라, 그러면 그의 죄가 사해질 것이다.'"

의 죄를 하와와 하나님에게 돌리려 했다. "하나님이 주셔서 나와 함께 하게 하신 여자 그가 그 나무 실과를 내게 주므로 내가 먹었나이다"(창 3:12). 또 하와는 뱀에게 전가시키려고 했다. "뱀이 나를 꾀므로 내가 먹었나이다"(3:13). 죄와 책임에 대한 감각을 잃어버릴 때, 우리도 죄용서에 대한 불타는 갈망을 잃어버릴 수 있다. 만일 우리가 자신에게 문제가 있음을 인정하지 않는다면, 문제의 해결을 위하여 하나님에게 우리의 무릎을 꿇고 나오지 않을 것이다.

ⓒ 오늘날의 문화는 얄팍한 죄관을 가지고 있다. 많은 사람들은 자기들이 하나님에게 반역했다는 감각을 가지고 있지 않다. 일부 사람들은 죄라는 것은 없다고 생각하기까지 하며, 어떻게 역사에서 그렇게 많은 그리스도인들이 자기들의 죄로 인하여 고통을 당할 수 있었는지를 당혹해 한다. 이러한 피상적인 태도는 고대 공동기도서에서 발췌한 "일반 고백기도"를 재서술한 글에 풍자되어 있다.

> 은혜로우시고 자비하신, 쉽게 다가갈 수 있는 아버지 하나님: 우리는 때때로 판단이라는 오류의 죄를 짓습니다. 우리는 유전적인 빈약함과 환경의 불합리 아래서 살아왔습니다. 우리는 가끔 상식과 일치하여 행동하지 못했습니다. 우리는 상황 가운데서 최선을 다했고, 품위의 공통된 표준을 무시하지 않도록 조심해왔습니다. 우리는 우리가 꽤 정상이라고 생각하기를 좋아했습니다. 오, 주여, 우리의 잦은 실수를 가벼이 다루어 주십시오. 완전하지 않다고 인정하는 사람들에게 당신의 부드러운 자아가 같이 있어 주옵소서. 무한한 관용을 따라서 그리해 주십시오. 우리는 이를 당신으로부터 기대하나이다. 이후에 계속하여 해가 없는 행복한 삶을 살도록 그리고 우리의 자존심을 지킬 수 있도록 우리에게 관대한 부모가 되어주소서.[13]

ⓓ 마지막으로, 우리 시대의 문화는 회개에 대한 천박한 입장을 가지고 있다. 회개로의 초청은 실질적인 것을 얻는 회개의 충분한 접붙임을 가지기 이전에 너무나 여러 번 들어왔다. 많은 사람들이 씻고, 악취를 없애며, 다양한 종교의식을 통하여 영적 삶을 영위하고, 하나님 앞에서 자기들의 의무를 행했다고 믿으면서도 무수한 고백하지 않은 죄들을 안에 간직하고 있다. 그들은 다음과 같이 묻는 『햄릿』에 나오는 클라우디우스(Claudius)와 같다. "죄사함 받고 죄에 머물러있을 수 있는가?"

---

13. David Head, *He Sent Leanness*(New York: Macmillan, 1959), 19, William H. Willimon, *Remember Who You Are: Baptism, A Model for Christian Life*(Nashville: The Upper Room, 1980), 53.

(지독한 야망, 왕관, 여왕; 3막, 3장), 그렇지 않으면 오덴(Auden)의 '당분간'(For the Time Being)에서 헤롯 왕과 같이 자랑한다. "나는 죄를 저지르기를 좋아하고, 신은 그것들을 용서하기를 좋아한다. 진실로, 세상은 놀랍게 정돈되어 있다." 혹은 우리는 그 모든 것에 약간의 냉소적이 되어왔을 수도 있다. 사람들이 눈물을 머금은 눈으로 복도를 걸어가지만, 그것이 주의를 끌지 못하는 것으로 보인다—마치 헉크 핀(Huck Finn)의 알코올 중독자 아빠처럼:

> 판사인 대처(Thatcher)가 그에게 금주와 그 같은 일들에 대해서 말했을 때 나이든 술취한 자는 울고 또 울었다. 그는 자기가 어리석었고 하나의 새로운 장을 시작하고 있다고 말했다. 모든 사람이 그를 껴안고 울고 그것이 가장 기록적인 가장 거룩한 시간이었다고 말했다. 그 밤에 그는 이전의 어느 때보다도 더 취했다.

슈바이처는 회개를 인간의 성격이나 행동을 변화시키는 것이 아니라 삶의 전체적인 방향을 바꾼다고 해석한다.[14] 사람은 돌아서야 하는데, 그것은 눈물이라는 카타르시스와 그 삶에서 어떤 약간의 폭발 그 이상의 것을 필요로 한다. 자존심을 희생하는 어떤 내적인 일이 일어날 필요가 있다. 그것은 한 종처럼(막 9:35-36; 10:42-44) 혹은 한 어린아이처럼(10:15-16) 낮은 데로 내려가는 것을 의미할 수도 있고, 기꺼이 자신을 포기하고, 하나님이 자기를 지배하시도록 내어드리는 것을 의미할 수도 있다. 어떤 사람에게는 "쥔 주먹을 펴서 하나님에게 비워드리는" 것을 필요로 한다.[15] 모든 사람에게서 그것은 관점, 기대, 헌신의 변화를 요구한다.

또한 "복음을 믿으라"는 요청은 회개가 그 자체로 끝나지 않고 믿음의 첫 단계라는 사실을 의미한다. 마가복음 이야기의 인물들에서 믿음이 없음은 회개가 없기 때문임에 틀림없다. 삶을 하나님에게로 돌이킨 사람들만이, 그 증거가 강압적이지 않고 배일에 가려져 있으며 역설적이기 때문에 다른 사람들에게는 분명하지 않은, 그 내용을 발견하고 믿게 된다. 마샬(Marshall)은 이성적 믿음과 신뢰간의 차이를 다음과 같이 기록한다.

> 이성적 믿음은 본질적으로 자발적인 것이 아니다. 사람은 즉석에서 임의로 믿기를 선

14. Schweizer, *Mark*, 32.
15. William Peatman, *The Beginning of the Gospel Mark's Story of Jesus*(Collegeville: Liturgical Press, 1992), 15.

> 택할 수 없다. 그것은 증거의 빛 가운데서 그에게 혹은 그녀에게 일어나는 어떤 것이다. 그러나 신뢰는 자발적인 의지의 행동이다. 다시 말하면, 믿음이란 그것이 즉시 사람의 행위에 영향을 미치지 않으면서 존재할 수 있는 반면에, 신뢰는 존재하기 위하여 뒤따라 일어나는 행동을 필요로 한다.[16]

이성적 믿음은 만약 그 믿음이 그 사람이 살아가는 방식에 영향을 미치는 신뢰로 인도되지 않는다면 헛되고 무능하다. 우리는 다음 에피소드에서 이러한 신뢰하는 믿음—제자들의 부르심—을 보게 된다.

16. Marshall, *Faith As a Theme*, 56(51-56쪽에 있는 논의를 보라).

마가복음 1:16-45

16 갈릴리 해변으로 지나가시다가 시몬과 그 형
제 안드레가 바다에 그물 던지는 것을 보시
니 그들은 어부라
17 예수께서 이르시되 나를 따라오라 내가 너희
로 사람을 낚는 어부가 되게 하리라 하시니
18 곧 그물을 버려 두고 따르니라
19 조금 더 가시다가 세베대의 아들 야고보와
그 형제 요한을 보시니 그들도 배에 있어 그
물을 깁는데
20 곧 부르시니 그 아버지 세베대를 품꾼들과
함께 배에 버려 두고 예수를 따라가니라
21 그들이 가버나움에 들어가니라 예수께서 곧
안식일에 회당에 들어가 가르치시매
22 뭇 사람이 그의 교훈에 놀라니 이는 그가 가
르치시는 것이 권위 있는 자와 같고 서기관
들과 같지 아니함일러라
23 마침 그들의 회당에 더러운 귀신 들린 사람
이 있어 소리 질러 이르되
24 나사렛 예수여 우리가 당신과 무슨 상관이
있나이까 우리를 멸하러 왔나이까 나는 당신
이 누구인 줄 아노니 하나님의 거룩한 자니
이다
25 예수께서 꾸짖어 이르시되 잠잠하고 그 사람
에게서 나오라 하시니
26 더러운 귀신이 그 사람에게 경련을 일으키고
큰 소리를 지르며 나오는지라
27 다 놀라 서로 물어 이르되 이는 어찜이냐 권
위 있는 새 교훈이로다 더러운 귀신들에게
명한즉 순종하는도다 하더라
28 예수의 소문이 곧 온 갈릴리 사방에 퍼지더라
29 회당에서 나와 곧 야고보와 요한과 함께 시
몬과 안드레의 집에 들어가시니
30 시몬의 장모가 열병으로 누워 있는지라 사람
들이 곧 그 여자에 대하여 예수께 여짜온대
31 나아가사 그 손을 잡아 일으키시니 열병이
떠나고 여자가 그들에게 수종드니라
32 저물어 해 질 때에 모든 병자와 귀신 들린 자
를 예수께 데려오니
33 온 동네가 그 문 앞에 모였더라
34 예수께서 각종 병이 든 많은 사람을 고치시며
많은 귀신을 내쫓으시되 귀신이 자기를 알므
로 그 말하는 것을 허락하지 아니하시니라
35 새벽 아직도 밝기 전에 예수께서 일어나 나
가 한적한 곳으로 가사 거기서 기도하시더니
36 시몬과 및 그와 함께 있는 자들이 예수의 뒤
를 따라가
37 만나서 이르되 모든 사람이 주를 찾나이다
38 이르시되 우리가 다른 가까운 마을들로 가자
거기서도 전도하리니 내가 이를 위하여 왔노
라 하시고
39 이에 온 갈릴리에 다니시며 그들의 여러 회당
에서 전도하시고 또 귀신들을 내쫓으시더라
40 한 나병환자가 예수께 와서 꿇어 엎드려 간
구하여 이르되 원하시면 저를 깨끗하게 하실
수 있나이다
41 예수께서 불쌍히 여기사 손을 내밀어 그에게
대시며 이르시되 내가 원하노니 깨끗함을 받
으라 하시니
42 곧 나병이 그 사람에게서 떠나가고 깨끗하여
진지라
43 곧 보내시며 엄히 경고하사
44 이르시되 삼가 아무에게 아무 말도 하지말고
가서 네 몸을 제사장에게 보이고 네가 깨끗
하게 되었으니 모세가 명한 것을 드려 그들
에게 입증하라 하셨더라
45 그러나 그 사람이 나가서 이 일을 많이 전파

하여 널리 퍼지게 하니 그러므로 예수께서 다시는 드러나게 동네에 들어가지 못하시고 오직 바깥 한적한 곳에 계셨으나 사방에서 사람들이 그에게로 나아오더라

원 의미

이 단락은 다섯 개의 장면으로 구성되어 있다. 예수는 하나님의 권세를 가지고 네 명의 어부들을 부르신다(1:16-20). 그는 권세 있게 회당에서 가르치시고 두려움을 주는 마귀의 통치를 멸하려 오신 하나님의 거룩하신 자로서 이적을 행사하신다(1:21-28). 그 다음에 그는 시몬의 장모를 고치시고 그 밤에 고침을 받기 위하여 몰려드는 많은 다른 사람들을 고치신다(1:29-34). 치유는 소문이 나게 하였고 다음날 아침에 그는 기도하러 한적한 곳으로 가셨다. 제자들이 그를 찾아냈을 때 그는 하나님의 통치의 복음을 선포하시기 위하여 가버나움으로부터 온 갈릴리로 옮겨가야 한다고 말씀하신다(1:35-39). 그 다음 장면은 문둥병자를 고치시는 그분을 보여주고 있는데, 그 고침 받은 자는 침묵하라는 명령을 지키지 않고 세상에 알림으로써 예수의 소문이 널리 퍼져나갔다.

처음 제자들을 부르신 후, 그 다음 장면은 예수가 가르치고 있는 동안에 회당에서 더러운 귀신이 쫓겨난 사건(1:21-28)과 전파하고 있는 동안에 그 집에서 중풍병자를 고치신 사건을 한데 묶은 한 단위를 형성하고 있다(2:1-12).[1] 이 모두가 가버나움에서 일어난다(1:21; 2:2). 이 두 단락에서 일단의 사람들이 예수가 말씀하신 내용과 다른 사람들 가운데서 행하시는 일에 대해서 질문하고(1:27; 2:6), 권세의 문제가 전면에 나타난다. 서기관들은 이 두 장면 모두에 나타난다. 군중들은 예수가 권세를 가지고 가르치시며 서기관들과 같지 않은 분으로 칭송한다(1:22). 예수는 서기관들의 질문에 반응하여 인자가 죄를 사하는 권세를 가졌다고 선언하신다(2:10). 그의 권세 있는 가르침이라는 새로운 부분을 강조하고 있는 이 두 단락은 모두 군중들이 놀라는 반응을 보이면서 종결된다(1:22, 27; 2:12). "더러운 귀신들을 명한즉 순종하기" 때문이다(1:27). 2:12에 있는 군중의 놀람은 하나님에게 영광을 돌리는 방향으로 나아간다. 그들이 이와 같은 일을 결코 본적이 없기 때문이다. 이 단락은 예수의 초기 사역의 하이라이트를 보고할 뿐 아니라, 하늘로부터 임

1. 다음 단위는 예수가 바다로 돌아가심과 다른 사람으로 하여금 자기를 따르라는 부르심으로 시작된다(2:13-14).

하신 새로운, 성령의 능력의 실제를 보여주고 있다.

제자들을 부르심(1:16-20)

예수는 갑자기 갈릴리 바닷가에 나타나셔서 예고도 없이 어떤 생각을 전혀 갖지 않은 어부들을 제자로 부르신다. 예수는 광야에서 방황하는 고독한 선지자가 되지 않으신다. 지도자이신 메시야로서의 그의 임무는 따르는 자들의 공동체를 만드는 일이다. 베드로와 안드레가 해안에서 그물을 던지고 있었던 것으로 보아서, 그들이 가난하여 배를 소유할 수 없었던 것으로 보이는 반면에, 세베데의 아들들은 호수의 어느 곳이든지 타고갈 수 있는 배를 가지고 있으며, 일을 돕기 위하여 고용한 사람들을 가진 보다 고소득층에 속하는 사람들이다.[2] 그들의 형편이 어떠하든 이 사람들은 회개를 나타내 보이고 있고, 예수의 부르심에 모든 것을 버리고 "돌아서는" 욕구를 나타내 보인다. 그들의 회개는 단순한 내적 변화만이 아니다. 그들은 지금은 아닌 어떤 것으로, 즉 고기를 잡는 어부에서 사람을 낚는 어부로 전환된다.

예수는 그들을 이스라엘 집의 잃어버린 양 가운데 모으는 목자가 되거나 단들을 묶는 일꾼으로 부른 것이 아니라 어부들이 되라고 부르셨다(마 9:36-38). 구약성경의 선지자들은 이 비유를 심판을 위하여 사람들을 모으는 데 사용함으로(렘 16:14-16; 겔 29:4; 47:10; 암 4:2; 합 1:14-17), 예수가 고기를 잡는 일을 선교에 대한 은혜로운 언급으로 사용하신다고 생각해서는 안 될 것이다. 어부가 고기를 낚시로 잡아 올릴 때, 그것이 고기에게는 사활을 결정하는 결과를 가진다. 삶이 이전과 같은 방향으로 나아갈 수가 없다. 이 이미지는 옛 피조물에 심판과 죽음을 가져다주면서 동시에 새 피조물을 약속하시는 하나님의 통치의 변화시키는 능력과 조화된다(롬 6:1-11을 보라). 제자들은 인정을 받는 것을 넘어서서 삶을 변화시킬 강력한 메시지를 다른 사람들에게 가져다 줄 대리인으로 부름 받았다. 예수의 부르심은 그들에게 동일한 효과를 갖는다.

인상적인 것은 예수가 "나를 따라" 오도록 부르신다는 것이다. 선지자들은 백성들을 자기 자신들을 따르라고 부르지 않고 하나님을 따르라고 불렀다(왕상 19:19-21과 비교하라). 예수 당시의 현자들은 결코 백성들이 자기들을 따르라고 부르지

2. Waetjen, *A Reordering of Power*, 78.

않았고, 다만 자기들에게 토라를 배우라고만 불렀다. 그러므로 제자들에 대한 예수의 부르심은 지극히 권위가 있는 부르심이며, 인간들을 향한 하나님의 부르심이라는 성경의 패턴과 조화된다. 즉 그것은 순종이 뒤따라나오는 약속을 가진 명령이다(창 12:1-4을 보라).[3] 이 부르심이 너무도 강력해서 제자들의 삶은 결코 이전과 같지 않을 것이다.

권위 있는 가르침(1:21-28)

깜짝 놀랄 만한 영적 능력으로 부르시는 예수는 능력으로 가르치신다. 회당에서 가르치시는 예수를 묘사하고 있는 다음 장면은 놀란 군중이 그분이 권위를 가지고 가르치신다고 칭찬하며, 갈릴리 지방 전역에 그의 공적을 알리는 소식과 함께 끝마친다. 마가는 예수의 가르침의 내용이 아니라 가르침의 능력을 강조한다. 예수는 가끔 마가복음에서 장황하게 현자와 같은 가르침을 주시지 않고, 간결한 말씀과 극적인 행위를 하신다. 이 장면에서 예수의 가르침은 "축사라는 저항할 수 없는 능력"으로 이루어져 있다.[4]

독자들은 이미 예수의 권위가 세례 시에 오신 하나님의 성령으로부터 유래한 사실을 알고 있지만, 군중들도 예수가 자기들 가운데서 서기관들이 행했던 것처럼 하나님에 관해서 가르치고 있지 않음을 간파한다. 유대교는 책의 종교가 되었고, 서기관은 성서와 전승에 대한 심오한 지식(erudition, 즉 책이나 문서로부터 얻은 해박하거나 심오한 지식)으로 인해 권위를 가지고 있었다. 서기관은 하나님으로부터 오는 직접적 계시를 받았다고 주장하지 않으나, 성경의 해석자였으며, 지식인으로서 영향력을 가졌다. 마가는 예수의 가르치심의 어떤 특성이 서기관들과 대조되어 권위를 나타내 보이시는가를 세밀하게 말하지는 않는다. 그럼에도 불구하고 내러티브는 예수가 자신의 가르치심을 능하신 행위와 연결짓고 있다는 사실을 드러내고 있는데, 이것이 분명히 핵심적인 차이다. 서기관들은 단순히 신학적인 발표만을 한다(2:6-7; 9:11; 12:35). 예수는 하나님의 권위로 사탄의 횡포를 멸하기 위해서 오신다. 그는 마귀에 대해서는 멸망으로 대응하시고 유대교에 대해서는 새

3. Gudry, *Mark*, 70.

4. 건드리가 적절하게 이 사건에 호칭을 붙이고 있는 바와 같다(Gundry, *Mark*, 73). 교사로서의 예수에 대한 마가의 진술에 관해서는 R. T. France, "Mark and the Teacing of Jesus," in *Gospel Perspectives Volume I*, ed. R. T. France and David Wenham(Sheffield: JSOT, 1980), 101-36을 보라.

로운 가르치심으로 대응하신다.[5] 따라서 마귀와 종교 권위자들은 예수로 인해 위협을 당할 것이다.

더러운 영을 가진 사람으로부터 나오는 외침이 예수의 가르치심을 중단시킨다. 대부분의 사람들은 예배 장소로부터 혼란을 일으키는 그자를 몰아내려고 했을 것이지만, 예수는 그 혼란을 일으킨 사람을 구원하려고 행동하신다. 마가복음에서 더러운 악령/귀신에게 고통을 당하는 사람들은 전적으로 무기력한 희생자들이다. 육체의 질병과는 달리 그들은 무기력하여 전혀 도움을 구할 수가 없다. 그들을 지배하고 있는 귀신("그들은 예수가 누구신지를 알았었다." 1:34)은 예수를 자기들을 위협하는 분으로 알고 말한다. 귀신과 천사들만이 내러티브의 이 시점에서 보이지 않는 세계의 비밀을 간파한다. 그들은 예수가 또 다른 한 사람의 축사자가 아니라, 사탄의 지배를 깨뜨리시기 위하여 하나님이 기름을 부으신 분이라는 사실을 인식한다.

더러운 영이 큰 소리로 예수를 안다고 떠드는 말은 당황한 방어 전략이거나 그의 능력을 경외하는 인식으로 간주할 수도 있다. 지식은 능력이며, 더러운 영은 대적의 이름을 선언하는 고전 축사자의 계략으로 다가오는 패망을 빗나가게 하려는 시도일 수도 있다.[6] 더러운 영은 지상에서의 이름인 나사렛 예수와 하나님의 이름인 "하나님의 거룩한 자" 모두를 소리쳐 부르고, 자신의 진영에 많은 비축된 것들을 가지고 있음을 넌지시 암시한다. "우리를 멸하러 왔나이까?" 더러운 귀신의 말을 듣고 있는 헬라화된 청중들이 마귀가 예수의 신분을 밝히면서 우세한 입장을 차지했다고 생각할 것이지만, 예수는 침묵하도록 과감하게 행동하신다고 건드리는 주장한다.[7] 한편으로 더러운 귀신은 예수가 자기의 대적이라는 사실을 순순히 인정하고 있는 것일 수도 있다. 그는 거룩하고, 순전하며, 하나님과 가까이 계시기에, 더러운 영은 이길 수없는 강적을 만난 것이다.[8]

---

5. Geddert, *Watchwords*, 266 n. 55. 윌리엄 맨슨(William Manson, *Jesus the Messiah* [London: Hodder and Stoughton, 1961], 35)은 다음과 같이 기록한다. "랍비들은 가르쳤다, 그리고 아무 일도 일어나지 않았다. 예수는 가르치셨다, 그리고 온갖 일들이 일어났다."
6. "우리가 당신과 무슨 상관이 있나이까?"(직역하면 "당신과 나 사이에 무엇이 있나이까?", 1:24)라는 부르짖음은 왕상 17:18에 있는 사르밧 과부와 삿 11:12에 있는 암몬 사람들의 왕이 사용한 방어적 조치와 같다. 이와 유사하게 *Book of Adam and Eve* 11:2에서, 하와가 마귀에게 "네가 우리에게 무슨 일을 하느냐? 우리가 너에게 어떤 일을 했기에 네가 우리를 속여야 했느냐? 어찌하여 네 악한 원한이 우리 위에 떨어지느냐?"라고 말한다. 이름들은 자주 고대 주술 파피루스 가운데 주문으로 나타난다. 능력자나 대적자의 이름을 아는 것이 사람에게 그것을 쳐부수는데 전술상의 유리한 점을 준다고 믿었기 때문이다
7. Gundry, *Mark*, 76.
8. Guelich, *Mark*, 56-57.

어느 경우든, 예수는 귀신에게 잠잠하라고 말씀하신다. 예수가 회당의 군중 앞에서 공공연히 광고하고 있는 것을 알아차리셨다고 생각할 수도 있다. 더러운 영이 옳다하더라도, 예수는 귀신의 증거를 받기를 원치 않으신다. 그는 정화되지 않고 변화되지 않은 영들의 공허한 고백들을 받아들이지 않으실 것이다. 예수에 대한 귀신의 인식은 다른 사람들을 오도할 뿐이다. 예수의 치유 이적들은 단순히 인간의 육신의 질병을 치료하는 것이 아니다. 그것들은 귀신의 세력에 대한 하나의 전쟁을 나타낸다. 예수는 인간의 영혼들을 약탈해 오고 있는 사탄의 세력을 물리치시고, 그 희생자들을 한 사람씩 자유케 하신다. 그러므로 귀신들은 예수를 고난과 죽음을 당해야 하는 분으로서가 아니라 승리하시는 하나님의 아들로 알고 있다.[9] 따라서 예수는 그들이 침묵하도록 명하신 것이다. 그러나 귀신들은 조용히 떠나지 않는다. 이번에는 "비명을 지르고" 나가는데, 예수가 십자가에서 죽으실 때 부르짖으신 것(15:37)과 별반 다르지 않은 소리다.

증인들은 놀랐으나 더러운 영이 예수에 관해서 선언한 것에 대해서는 놀라지 않는다. 그들은 더러운 영의 말을 들었는가? 그들은 너무나 압도되어서 이해하지 못했기 때문에 할말을 잃어버렸는가? 그들은 여전히 예수의 능력의 원천과 사명에 관해서 무지했고, 비명을 지르는 귀신도 더 이상 그것을 그들에게 드러내지 않을 것이다. 완전한 진리는 십자가에서 고통 가운데서 부르짖으시는 그분에 의하여 드러날 수 있을 뿐이다.

열병을 고치심(1:29-31)

예수는 즉시 회당을 나가서 시몬과 안드레의 집으로 들어갔다. 이 제자들은 예수에게 시몬의 장모에 대해서 말하는데, 그녀는 열병으로 자리에 누워있다. 예수 당시에 열병은 그 자체를 질병으로 여겼지 어떤 질병의 징후가 아니었다.[10] 레위기 26:16과 신명기 28:22에 따르면 열병은 언약을 어긴 자들에게 하나님이 보내신 형벌이었으므로 이 사건은 보다 신학적인 의미를 가졌었다.[11] 신명기 28:22 때문에

9. Achtemeier, "Mark," 4. 533.

10. Julius Preuss, *Biblical and Talmudic Medicine*, trans. F. Rosner(New York: Sanhedrin, 1978), 160. 신약성경에 나오는 열병의 다른 경우에 관해서는 요 4:52과 행 28:7-10(열병과 이질)을 보라.

11. 필로는 그의 글 *On Rewards and Punishments*, 143에서 하나님의 징계의 목록을 확대시켰다. 열병이 그 목록의 첫 번째 자리에 놓여있으며, 필로는 이것과 다른 질병들을 불경건과 불순종의 보응으로 간주했다. 랍비들은 열병을 저주로 판단했다(*b Git.* 67b; *b Shabb.* 66b). 그러나 성경 본문들의 영향으로 인하

몇몇 사람은 열병을 하나님의 개입을 통해서만 고칠 수 있는 것으로서 하나님의 징계로 생각했다. 후기 랍비 전승에 랍비들은 다음과 같이 주장한다.

> 더 큰 것은 하나냐, 미사엘, 아사랴를 위한 기적보다 아픔으로 인하여 이루어진 기적이다. [그 이유는] 하나냐, 미사엘, 아사랴가 관련된 기적은 모두가 진화시킬 수 있는 사람이 붙인 불인 반면에 사람의 아픔은 하늘의 불[과 관련되어 있는 것]이니 누가 끌 수 있겠는가?[12]

암시된 대답은 하나님 이외에 아무도 그것을 끌 수 없다는 것이다.

이 사건에서, 예수는 베드로의 장모에게로 나아가서 손을 잡아 일으키고, 열병이 그녀에게서 떠나간다. "열병이 떠나고"라는 번역은 너무 약하다. 신약 성경에 들어있는 다른 두 열병에 대한 언급이 그러하듯 문자 그대로의 직역인 "열병이 그녀를 포기했다"는 열병의 원인이 초자연적이었다는 사실을 암시한다(귀신을 통해서 야기되었거나 하나님의 징계로 말미암았다는 것이다). 중요한 것은 하늘의 불을 잠재우는 예수의 기적적 능력이다 즉 하나님이나 하나님의 대리자만 행할 수 있는 일이라는 것이다.

베드로의 장모는 그들을 수종듦으로써 완전히 회복되었다는 사실을 입증하고 있다(직역하면, "그녀가 그들을 봉사하고 있다"). 그것은 그녀의 육신이 온전해졌고, 예수에게 그녀가 영적으로 반응했다는 표시다. 그러한 비천한 봉사는 그녀가 천한 사람임을 암시하지 않는다. 천사들도 광야에서 같은 방식으로 예수를 수종들었다(1:13). 섬김은 제자도의 특징이다. 예수는 제자들에게 일부 어려움이 있을지라도 섬김의 도를 이해시키려고 하신다(9:35; 10:41-45). 예수의 여성 제자들은 남성 제자들보다 더 빨리 다른 사람들에게 섬기는 일에 자신들을 내어줄 필요성을 깨달은 것으로 보인다. 마가는 "예수가 갈릴리에 계실 때에 좇아 섬기던 자['그의 필요들을 돕던' NIV]와 예수와 함께 예루살렘에 올라온 여자들"과 같이(15:41), 그의 죽으심을 멀리서 보았던 여인들을 묘사한다. 이 기적은 하나님이 보다 더 잘 섬길 수 있도록 치유하신다는 사실을 드러내고 있다.

여, 그들은 열병을 귀신의 장난으로(예를 들면 달빛 아래서 춤을 춤으로써 생긴, *b Ned.* 41a; *b. Git* 70a) 그리고 하나님의 형벌로(*b. Ber* 34b) 간주했다.

12. b. *Ned.* 41a.

치유의 요약과 예수 자신의 사역에 대한 확증(1:32-39)

안식일이 저녁에 끝나고 그 다음 장면은 온 동네 사람이 문 앞에 모여 있는 모습을 보여준다. 백성들은 모든 병자들과 귀신들린 자를 예수에게로 데려오고, 그는 "많은 사람들"을 고치신다.[13] "귀신이 자기를 알므로 그 말하는 것을 허락지 아니하시니라"는 앞의 1:24에서 했던 내용의 말씀인데, 거기서 악령이 예수의 이름을 거명하였고, 예수는 이를 허락지 않았지만 군중들은 그 치유사역을 널리 알려서 예수의 이름이 갈릴리 전역에 퍼진다(1:28).

그 다음날 아침에는 기도하시려 "한적한 곳으로" 가시는 예수를 우리는 발견하게 된다. 이 명사는 1:3-4에 나타난 "광야에서" 외치는 소리, 1:12-13에 나타난 사탄이 시험하는 장소와 같은 단어('에레모스')다. "광야"는 가버나움 주변 지역을 묘사하는 데는 부적절한 단어지만, 마가복음에서 이 단어는 하나님과 사탄이 생명으로 인하여 다투는 사방을 의미한다. 어쨌든 광야에서 예수의 승리 이후에, 이 단어는 홀로 기도할 수 있고[14] 하나님의 도우심을 받으며, 천사들이 수종드는 장소가 되었다. 한적한 곳에서 기도하기를 원하시는 이러한 모습은 예수가 하나님의 도우심과 상관없이 마술적으로 일하시는 분이 아니라는 사실을 명확히 해준다. 그의 권세, 힘, 능력은 하나님으로부터만 나온다(9:29을 보라).

예수가 홀로 있는 장소에서 다시 시험을 당하시고 있을 때, 시몬과 그와 함께 있는 자들이 그분을 "추적해낸다"('카타디오코', NIV에서처럼 "그를 찾다" 혹은 RSV에서처럼 "그분을 따르다"가 아님). 이 동사는 그들이 예수를 찾아내기 위하여 긴박하게 집중적으로 수색하는 일에 몰두했음을 암시한다. 그들은 예수의 조용한 묵상 시간을 방해하고, 가버나움에 있는 모든 사람이 "그분을 찾고 있다"는 사실을 알린다.[15] 그들은 많은 승리를 이룩하시고 수많은 인파가 따르는 곳으로 돌아가도

---

13. "많은"은 "모든"에 대한 셈어투이다(10:45을 보라; 참고. 마 8:16; 눅 4:40).

14. 마가복음에서 예수는 세 번 기도하시는데 그의 사역 초기인 이곳에서, 중간부분에서(6:46) 그리고 끝부분에서(14:35-36) 언제나 홀로이셨고, 밤에, 긴장의 시기에서였다.

15. "찾다"('제테오')라는 동사는 마가에 의해서 언제나 부정적 의미로 사용된다. 예수의 가족은 그가 미쳤다고 생각했기 때문에 그를 가정으로 데려가기 위하여 찾고 있다(3:32). 바리새인들은 예수로부터 표적을 "구하고" 있는데, 이것은 악한 시대가 했던 일이다(8:11-12). 대제사장들과 장로들은 예수를 어떻게 하면 죽일까 하고 "찾기 시작했으며"(11:18; 참조. 12:12; 14:1) 후에 그를 칠 거짓 증거들을 "찾고 있었다"(14:55). 유다는 예수를 배반할 좋은 시기를 찾고 있었다(14:11). 여인들은 무덤에서 죽은 시체를 찾고 있었다(16:6). 찾는 자들은 언제나 잘못 찾는다. 켈버(Kelber, *Mark's Story*, 22)는 이에 미묘하게 동의하지 않는다. 제자들은 이전 시대의 영광을 재현하기를 원하지만, 예수는 새로운 장소와 미래를 위하여 나아가시고 다른 곳으로 옮겨가려고 계획하신다.

록 그분을 재촉한다. 예수가 이들로 하여금 따르도록 부르셨을 때, 외적인 인기를 염두에 두시지 않았다. 이 사건은 제자들(이들이 여기서 제자들로 불리지 않고 "시몬과 그와 함께 있는 자들"로 불린다)이 예수에게 도움을 주기보다는 많은 고통스러운 일을 만들 것이라는 사실을 처음으로 암시해준다. 그들은 예수의 말씀 때문이 아니라 기적들 때문에 가버나움에서 그를 찾고 있었고, 제자들은 이러한 몰려드는 인파를 만족시켜주기를 좋아했을 것이다. 악단 연주회와 함께 하는 저녁 치유 시간, 즉 어쩌면 그들은 가버나움을 치유 주제 공원으로 발전시켰을 수도 있다. 예수는 군중들의 덧없는 찬사에 관심이 없었고, 가버나움으로 돌아가기를 거절하셨다. 그는 온 이스라엘에게 말씀을 전파하러 가셔야 하기 때문이다. 그는 마을을 떠나서 그 나라를 전파하기 위한 사명을 계속해 나가기 위하여 기도를 통하여 자신을 준비할 한적한 곳을 발견하신다.

복음은 고정되어 있을 수 없다. 복음서 전체를 통하여 예수는 계속하여 자신의 짐들을 꾸리시고 여기저기 여행하신다. 그는 성공에도 불구하고 신적인 목적들로부터 빗나가지 않을 것이며, 한 지역에 국한된 교사나 치유자가 되지 않을 것이다. 따라서 마가는 39절에서 갈릴리 주변을 떠도는 것이 예수에 관한 소문이 아니라 (1:28) 예수 자신이시라는 사실을 우리에게 말하고 있다.

문둥병자를 고치심(1:39-42)

마가는 예수를 회당에서 가르치시고 귀신들을 쫓으시면서 갈릴리를 순회하시는 분으로 기록하고 있으나(1:39), 기적에 관해서는 특별한 의미를 가진 것으로 집중하고 있다. 한 문둥병자가 그에게로 와서 무릎을 꿇고 구한다, "만일 원하시면 저를 깨끗케 하실 수 있나이다!" 우리는 무의식적으로 이 사람의 문둥병을 한센씨병과 동일시하지 않아야 할 것이다. 그 이유는 이 단어가 여러 피부병에 적용되며[16] 의복과 가옥에도 적용된다(레 14:33-57). 문둥병의 징후를 가졌다고 의심되는 사람은 검사를 받기 위하여 제사장에게로 오는데, 제사장만이 그 사람이 질병을 가졌는지, 질병에서 깨끗함을 받았는지를 선고할 수 있었다. 이스라엘의 제사장들은,

---

16. Jacob Milgrom(*Leviticus 1-16* [AB: New York. Doubleday, 1991], 816-20)은 이 히브리어를 피부병("scale disease", 피부에 딱지[비늘]가 생긴 질병)으로 번역한다. J. Baumgarten, "The 4Q Zadokite Fragments on Skin Disease," *JJS* 41(1990): 159, 162; Kenneth V. Mull and Carolyn Sandquist Mull, "Biblical Leprosy: Is It Really?" *BibRev* 8(April 1992): 32-39, 62.

치료법을 알았다고 하여도 질병을 고치기 위한 어떤 권세를 가지지 않았고, 또한 치료를 위한 의식을 제공할 수 없었다는 점에서 다른 종교의 제사장들과는 달랐다. 이스라엘은 치료가 전적으로 하나님의 손에 달려있었다고 믿었다. 그러므로 제사장들은 단순히 정결하고 부정한 것을 선포했을 뿐이다(13:59; 14:57). 그것이 레위기 13-14장이 제사장이 특별한 신체적 증상들, 이를테면 피부색깔 변화, 머리색깔 변화, 침투, 확장, 혹은 피부의 궤양 등이 있는지 혹은 없는지를 확인할 수 있도록 진상을 세부적으로 묘사하고 있는 이유이기도 하다.

만일 제사장이 어떤 특별한 피부 질환을 문둥병으로 선고했다면, 그 병자는 하나님의 명령에 의하여 공동체 내에서 추방되었다(레 13:45-52; 민 5:2-4). 이러한 추방은 질병의 확산에 대한 두려움에서 뿌리내려진 것이 아니라, 종교적 부정의 확산에 대한 두려움에서 뿌리내렸다. 문둥병은 1차적으로 부정의 원천으로 간주되었다. 시체와 같이, 문둥병은 같은 경내에서 발견된 대상물에게 그 불결을 전달할 수 있었다. 결국 그 사람은 살아있는 시체로 간주되었으며, 그의 치료는 죽은 자를 살리는 것과 비교되었다.[17] 문둥병자는 다른 사람들과의 접촉과 관계를 관리했던 엄격한 법규에 따라 구금되었다.[18] 그러나 마가복음 1:40에서 문둥병자는 안전거리를 유지하지 않고 예수를 만나기 위하여 종교상의 금지구역을 뚫고 들어온다. 그는 자신을 고칠 능력이 있고, 또 은혜를 가지셨던 예수에게 그 행운을 맡긴다.

1:41에 호기심을 끄는 의문은 예수가 그 사람을 향하여 "긍휼로 가득 차서"라는 말 대신에 "화가 나다"라고 되어 있다. 예수가 격분하여('엠브리메사메노스', 참조. 14:5) 말씀하셨고 즉시 그를 밖으로 내보내셨기('엑세발렌', 1:43) 때문에 이것이 원문일 수 있다. 만일 예수의 처음 반응이 분노라면, 병자가 다른 사람들과의 접촉을 막는 의식적 울타리를 깨뜨린데 대해서 예수가 불쾌감을 드러내고 있는 것이 아니다.[19] 예수는 질병의 참상을 향한 하나님의 분노를 표현하고 있을 수도 있다(참조. 요 11:33-38).[20] 그 사람을 향한 예수의 동정심은 그의 옷을 만지는 것 가운데 표현되어 있는데, 아마도 처음으로 정결한 사람이 오랫동안 이 사회의 버

17. b. *Sanh.* 47ab.

18. 후대의 랍비 전승은 문둥병자들이 금지된 경내에 들어가는 것에 40대의 채찍질을 선고한다(*b. Pesah.* 67a; *t. B. Qam.* 1:8).

19. *Lev. Rab.* 16:3에 있는 전승에 따르면, 랍비가 "그가 한 문둥병자를 보았을 때, 그에게 돌을 던지고 소리를 쳤을 것이다. '네 곳으로 가서 다른 사람들을 더럽히지 말라.'"

20. 이 분노는 예수의 사탄과의 싸움과 연결되어 있을 수 있으며, 투쟁의 긴장을 반영하였을 수도 있다. 아마도, 인간의 아첨은 만일 예수가 돕지 않으셨다면 다른 사람들이 그에 대해서 판단한 것보다 덜 능력있는 분이었다는 사실을 암시했을 것이다.

려진 사람을 만진 선례가 될 것이다. 예수는 또한 그에게 "깨끗함을 받으라"고 명령하신다. 예수의 말씀에 문둥병이 즉시 그에게서 떠나갔다. 예수는 즉시 그를 보내신다.[21]

이 치유는 다른 사람들로부터 일종의 증거를 필요로 하는 유일한 경우이다. 제사장이 문둥병자를 검사하고 정하다고 선언하기까지는 유대인 사회에서 그가 완전한 기능을 하도록 회복할 수 없기 때문이다(눅 17:14을 보라).[22] "깨끗함을 받으라"는 예수의 말씀은 단순히 문둥병자가 깨끗하다는 사실을 선언하는 것을 의미하는 직설법으로 되어 있지 않다. 동사는 오히려 명령형이다. 예수는 귀신에게 나오라고 명하여 쫓아냈던 것처럼 그 질병을 깨끗하게 하셨다. 그러나 문둥병자는 고침 받기는 했을지라도 자기가 가고 싶은 길을 기쁘게 갈 수가 없다. 모든 치유는 종교적 의식을 통하여 정결케 되어야 했으며 문둥병자는 시간이 걸리고 복잡했다(레 14:1-32을 보라). 이 의식이 완료되기까지, 문둥병자는 사회의 중간지대에 머물렀다. 이러한 이유로, "저희에게 증거로서"를 부정적 의미로 취급하지 않아야 한다. 레인(Lane)은 만일 제사장들이 문둥병자가 정하다고 확증하였는데, "치유를 행한 사람의 인격과 능력을 인식하지 못한다면, 그들은 그들이 제공한 바로 그 증거에 의하여 정죄를 받을 것이다"라고 해석한다.[23] 그러나 예수가 문둥병자에게 잠잠하라고 명령하셨으므로 제사장들이 이 치유의 배후에 있는 사람이 누구인지를 어떻게 알겠는가? 그가 고침 받았고 율법에 기록된 절차들이 진행된 다음에 그들이 그와 관련한 사람들에게 하나의 증거로서 이 명령을 긍정적으로 해석해야할 것이다(호 2:14, 70인경).

잠잠하라는 명령들(1:43-45; 참조. 1:25, 34)

마가복음 1장은 예수의 자주 사용하는 명령들 가운데 하나인 귀신들을 향한 명령과 고쳐준 사람들에게 잠잠하라는 명령을 기록하고 있다(25, 34, 44절). 그는 문둥병자에게 아무에게도 이 기적을 말하지 말라고 명령하시고 서둘러 길을 가셨다.

21. 직역하면, 그가 "그를 내쫓았다"이지만 이 동사는 강요나 불쾌감을 수반할 필요는 없다. 약 2:25에서 이 단어가 "길을 급히 가다"라는 의미를 가지고 있다(또한 마 7:4-5; 12:35; 13:52).

22. *m. Meg.* 3:1; 4:7-10에 따르면, 오직 제사장만이 문둥병자들이 정하다 혹은 부정하다고 선언할 수 있다(레 13:3; *t. Meg* 1:1). 제사장이 무엇을 말해야 할지를 모를지라도, 그는 그것을 말해야 하고, 무엇을 말해야할지를 배워야 하는 사람이다(CD 13:5-6).

23. Lane, *Mark*, 88.

이러한 명령들은 브레데가 주장한 소위 메시야 비밀과는 상관이 없다.[24] 잠잠하라는 명령을 주신 이유는 다른데 있다.

(1) 이 명령은 기적을 행하는 분이신 예수가 감추어지기를 원하신다는 사실을 분명히 드러내고 있다. 이것은 고대 세계에서 다른 기적을 행하는 자들로부터 예수 자신을 구별 짓는 내용이다.[25] 예수는 거짓 선지자들이 했던 것처럼 백성들을 놀라게 하기 위하여 이적을 행하지 않으신다. 당시의 많은 사람들이 순회하는 종교/철학 교사들이 자기의 명성을 세우고 굴러들어올 수 있는 재정상의 성공을 위하여 명성을 추구하는 일을 하고 있었다. 예수는 인기 있는 치료자의 역할을 하는데는 관심이 없었다.

(2) 예수는 인기에 기초한 신앙을 신뢰하지 않으셨으며, 일순간의 아우성이 오래 지속하지 못한다는 사실을 알고 계신다. 그는 또한 하나님의 능력이 기적을 통해서만 계시되지 않는다는 사실도 알고 계신다. 그것은 십자가에서 가장 분명하게 드러난다. 기적만을 원하는 사람들은 아무것도 볼 수 없다.

(3) 예수는 이적의 소식이 잠잠히 지켜지기를 원하신다. 권세자들에 의한 불가피한 파괴를 연기하고 말씀을 뿌릴 수 있기 위해서다. 어떤 사람들을 들은 정보를 믿지 않을 것이다. 단지 예수를 죽이기 위해서 사용할 뿐이다. 또 다른 사람들은 예수의 삶을 시비하고, 그의 자유로운 활동을 제한하며, 사사로이 제자들을 교육할 시간을 주지 않으면서 예수를 평안하게 두지 않을 것이다. 그러나 치유하시는 능력으로 말미암아 일어난 열정을 예수가 억누르려고 노력했음에도 불구하고, 그 소문은 열화같이 퍼져나간다. 그것은 그의 잠잠하라는 명령에 대한 불순종으로부터 오는 것으로서 원치 않은 소문이 예수가 제자들과 함께 하는 중대한 사명을 방해

---

24. William Wrede, *The Messianic Secret*(London: James Clarke, 1971)는 "메시야 비밀"이 예수에게로 거슬러 올라가지 않고, 역사적 예수는 자신에 대해서 어떤 메시야적 주장을 결코 한 적이 없었고, 그가 부활하시기까지 제자들도 메시야로 인식하지 않았다는 사실을 은폐하기 위하여 예수에 대한 이야기 속으로 되돌려 읽은(read back) 복음전도자의 신학적 고안물이었다고 주장했다. 이것은 왜 예수가 지상 사역 기간 동안에 메시야로 환호되지도 않았고 또한 인정받지도 않았는지를 설명해 주었다. C. M. Tuckett(ed.), *The Messianic Secret*(Philadelphia: Fortress, 1983), James L. Blevins, *The Messianic Secret in Markan Research 1901-1976*(Washington, D. C.: Univ. Press of America, 1981)에 있는 서론과 논문들을 더 읽어보라.

25. Hengel, *Mark*, 43. 톨버트(Tolbert, *Sowing*, 227-28)는 "비밀로 해달라는 단락들을 작성하는 저자의 의도는 예수가 알려지지 않은 채로 남아있으면서 군중들을 모으지 않으셨다는 사실을 제안하려는 것이 아니라 비록 명성이 퍼지고 그의 주위에 군중들의 수가 증가하는 것을 피할 수 없을지라도, 예수는 자신이 누구인지 그리고 무엇을 하였는지에 대한 명성이나 영광을 구하지 않으셨다는 사실을 입증하려는 것이다. 명성은 그의 바람이 아니라 운명이었다"라고 주장한다.

한다. 이러한 명령을 불순종할 때마다, 그 다음 장면은 군중들의 쇄도에 대한 언급으로 시작된다. 그는 애원하는 자들과 에워싸며 밀어대는 추종자들의 증가하는 수로 말미암아 압박을 당하며(3:9), 자유로운 활동을 제한받는다. 그는 더 이상 공개적으로 마을에 들어갈 수 없었기에, 백성들은 수 마일을 예수를 찾으려고 돌아다녔다(1:45). 문둥병자가 침묵하라는 예수의 명령에 불순종함으로 예수는 성읍들을 피할 수밖에 없었고, 광야에 숨으셨으나, 얼마 안 가서 사람들이 그곳으로 몰려들어 더 이상 광야가 되지 못한다. 군중들이 사방에서 떼를 지어 예수에게로 몰려들었다(또한 6:32-33; 7:24을 보라).[26] 예수가 가버나움으로 돌아오실 때, 군중이 너무 많아서 심지어 지붕까지 매달려 있었다(2:2, 4). 아이러니하게도 소문을 내지 않으려는 예수의 은폐적인 시도는 그의 명성을 증대시켜 줄뿐이었다.

(4) 마가복음에 관련한 한, '잠잠하라'는 명령은 예수에 대항하여 이루어진 어떤 선동죄도 거짓임을 분명하게 드러내 준다. 예수는 메시야라고 스스로 공언하는 거짓 그리스도와 같지 않게 자신을 위하여 그 호칭을 사취하지 않으신다(13:6). 그는 반복하여 주위에 몰려드는 군중들을 피하고 저지하신다. 따라서 로마는 백성들을 선동하는 일을 조장하는 의도를 가진 유대인의 왕으로 예수를 두려워할 이유가 없었다(15:2-5).

(5) 치유 받은 자들이 잠잠히 있지 못함은 예수의 치료 능력의 소식은 감추어질 수 있는 것이 아님을 드러낸다. 인간은 잠잠할 수 없고, 복음은 땅 끝까지 퍼질 것이다. 그러나 궁극적으로 하나님은 감추어진 것들과 비밀한 것들을 드러내실 것이고, 적당한 시간에 그 비밀은 널리 퍼져나갈 것이다(4:21-23).

상황잇기

예수의 부르심의 능력. 예수는 군중들에게 설교하시지만 따르라는 부르심은 개인들에게 다가온다. 마가는 예수가 어찌하여 시몬과 안드레 그리고 야고보와 요한을 제자로 부르셨는지 혹은 어찌하여 그들이 즉시 반응하기로 결심하였는지 우리에게 말하지 않는다. 요한복음과 누가복음에 있는 첫 제자들을 부르신 기사는 전형적으로 그들의 행위에 합리적인 설명을 원하는 현대의 독자들에게 의미

26. 윌리엄(William, *Other Followers of Jesus*, 134-135)은 귀먹고 어눌한 사람의 불순종(7:36-37)이 있은 후에도 광야에 굶주린 거대한 군중으로 시작한다(8:1). 존 필취(John J. Pilch, "Secrecy in the Mediterranean World: An Anthropological Perspective," *BTB* 24 [1994]: 155)는 "거의 혹은 전혀 사생활을 허락하지 않는 생활은 매우 지치게 하는 것이다"고 지적한다.

를 만들어 준다. 제4복음서인 요한복음에서 세례 요한은 첫 제자들을 예수에게 보낸다(요 1:35-37). 누가복음에서 예수는 그들에게 예비적인 이적을 보여주신다(눅 5:1-11). 그러나 마가의 기사의 어느 부분도 이 어부들이 그물을 던지고 예수를 따르기 위해서 모든 것을 버리고 떠난다는 것을 독자들이 예상할 수 있도록 준비시키지 않았다. 그들이 어떻게 예수가 누구인지를 알았겠는가?

현대의 독자들은 그들의 신속한 반응에 어떤 심리학적 근거를 제공하려고 할 수도 있다. 아마도 그들은 어부로서의 직업에서 아주 어려운 시기에 처해 있었을 수 있고 직업을 바꿀 준비가 되어있었을 수도 있다. 그들은 어느 날 이방의 압제를 풀어주고 새 예루살렘을 가져다주며 그들이 상상할 수 있는 회복은 무엇이든 가져다주는 메시야가 오시기를 바랐었다. 그들은 어떤 종류의 행동을 갈망하여 기회가 오자 서둘러 결단을 내리고 그분을 따랐다. 그들은 삶을 재헌신하기 위하여 예수의 설교를 듣는 동안 결단했었다. 그러나 마가는 그러한 설명을 하지 않고 있기에 마가복음의 본문으로부터 설교할 때, 그러한 심리학적 추측을 해서는 안 될 것이다. 이 사람들은 예수의 권세에 대해서 아무것도 목격하지 않았고 그의 싸움이 어떤 것인지에 대해서 아무런 생각도 하지 않았다. 그들은 자기들의 결심을 숙고하는데 단 며칠도 생각해보지도 않았고, 가족들의 허락을 묻지도 않았으며, 종교 권위자들의 위원회와 상담하지도 않았다. 우리에게 그것은 우연히 지나가는 누군가를 따라나서고, 따르도록 백성들을 갑자기 신호하는 누군가를 따라 떠나가는 믿을 수 없을 만큼 경솔한 결정으로 보일 수도 있다. 그런데 우리는 마가복음에 나타난 그 이상의 어떤 일이 일어났음을 알고 있다 우리는 그러한 세부사항들을 누가복음이나 요한복음으로부터 배운다. 그들은 하나님의 나라가 왔다는 그의 설교를 듣고 믿었음에 틀림없다. 그러나 마가복음의 본문은 우리에게 갑작스러운 부르심과 반응만을 제시한다.

제자들의 갑작스러운 반응에 대한 유일한 설명은 마가가 예수의 부르심의 능력을 강조하기 원한다는 사실이다. 그것만이 그들로 하여금 그분을 따르도록 촉구한다.[27] 예수는 뜻하시는 사람들을 택하시고, 그의 부르심은 순종을 일으키는 "강력한 군대의 명령"과 같이 다가온다. 그러나 그의 부르심은 드라마틱한 소환보다 훨씬 더하다. 로미여(Lohmeyer)는 "예수는 하나님이 명령하시는 것처럼 명하신다…

27. 후커(Hooker, *Mark*, 59)는 이 장면은 "그분이 실행하시는 권능과 권위를 생생하게 담고 있다"고 해석한다. 건드리(Gundry, *Mark*, 67)도 역시 "그러한 종류의 행실을 일으키시는 예수의 능력은 얼마나 큰지"를 설명한다.

그는 어부를 새로운 사람으로 만드신다. 즉 그가 뜻하시는 사람으로 만드신다."[28] 시편 33:9은 하나님의 능하신 말씀을 칭송하여 "그가 말씀하시매 이루어졌으며 명령하시매 견고히 섰도다"라고 기록하고 있으며, 그것은 이 제자들의 반응을 강조하기 위한 배경을 제공한다. 하나님처럼 예수는 말씀하시고 그 일은 이루어진다.

예수는 "나를 따라 오너라"고 말씀하시며 그 말씀은 백성들로 하여금 따르고 그의 편에 가담하도록 순종을 창출해 낸다. 그들은 정체성으로 인하여 이 가족 구성원이 되느냐 저 가족 구성원이 되느냐, 이 고백이냐 저 고백이냐, 이 마을이냐 저 마을이냐가 아니라, 기꺼이 그의 제자들이 되려고 지원한다. 예수는 "잠잠하고 그 사람에게서 나오라"고 말씀하시고 더러운 귀신들은 참패를 당했다(1:25). 예수는 "고요하라, 잠잠하라"고 말씀하시자 바람이 멈추고 아주 잠잠하게 된다(4:39). "달리다굼(이 말은 '내가 네게 말하노니 소녀야 일어나라!'를 의미한다)"이라고 말씀하시니 죽은 자가 일어났다(5:41). "에바다"(이것은 '열려라'를 의미한다)라고 말씀하시자 귀가 열린다(7:34). "이제부터 영원토록 사람이 네게서 열매를 따 먹지 못하리라"고 말씀하시자 무화과나무는 뿌리까지 말랐다(11:14, 20). 예수가 크게 소리 지르시자 성전 휘장이 위로부터 아래까지 찢어졌다(15:38-39).

사람들이 예수를 보기 오래 전에 사람들을 보시며 하나님이 부르실 때에 부르시는 예수의 능력이 이 제자들이 즉시 반응한 유일한 설명이며, 현대의 독자들은 이를 인식할 수 있다. 이 단위는 기독론적 특징을 가지고 있으며, 이 첫 번째 사건은 즉시 다음과 같은 질문을 일으킨다. 이렇게 즉시 순종하도록 만들 수 있는 이 사람은 누군가? 마가가 이 단락에서 기록하고 있는 이적들은 이와 유사한 의문점을 일으킬 수 있다. 이러한 일을 행하는 이 사람은 누군가? 성경적 관점에서 해석했을 때, 그들은 하나님의 나라를 가져오는 분이신 예수가 하나님의 아들로서 유일한 능력을 가지시고 또한 귀신을 제어할 수 있으시며, 죄사함을 주시고 질병을 고치실 수 있는 분이심을 드러내 준다. 이분의 능력 있는 부르심은 오늘날도 여전히 삶을 변화시킨다.

더러운 귀신을 쫓아내심: 축사자 예수. 신약성경은 귀신의 존재를 의심하지 않는다. 많은 사람들은 우리가 지금도 "무엇이 그 속에 들어갔느냐?" 혹은 "네가 무엇에 씌웠냐?"와 같은 말을 하고 있음에도 불구하고, 귀신에 대한 사상에 대해서는

---

28. Ernst Lohmeyer, *Das Evangelium des Markus*(MeyerK: 2 Aufl.: Göttingen: Vandenhoeck & Ruprecht, 1963), 32.

불편한 마음을 드러낸다. 귀신의 세계는 대부분의 현대인들에게 색다르고 기괴해 보인다. 그들은 그것들을 만화처럼 축소해 버리거나 그 존재를 완전히 부정해 버린다. 현대의 과학적인 태도가 우리들에게 강하게 영향을 주고 있고, 귀신들이 과학적인 전차 탐지기 스크린에 자신을 내비치지 않기 때문에 많은 사람들은 지금은 그러한 경우들을 현대 의학적 진보를 통하여 시대에 뒤떨어진 어떤 원시 시대의 잘못된 진단으로 돌려버린다. 만일 마가가 이러한 고통을 당한 자들의 질병에 대해 어떤 의학적인 이름을 붙여주어야 했다면 많은 사람들을 더 기쁘게 해주었을 것이다. 만일 그가 우리에게 예를 들어 회당에 있는 그 사람이 투렛(Tourette) 증후군, 어떤 정신이상의 고통을 당했거나 마약에 대한 나쁜 반응을 가졌었다고 말해주었다면, 이러한 용어들이 보다 우리의 세계관의 일부분이기 때문에 우리로 하여금 주저하지 않게 했을 것이다. 그러나 그 반대로, 이해하지 못하는 모든 것을 귀신의 장난으로 낙인찍는 사람들이 있다. 이 양 입장은 하나님과 싸우고 있는 악의 문제를 하찮게 생각한다.

상황의 다리를 놓는다면, 먼저 마가가 한 사람을 더러운 귀신이 들렸다고 밝힐 때, 의학적인 진단을 하지 않고 있음을 인식해야 한다. 1:32에서, 마가는 아픈 사람들과 귀신들린 자들 사이에 구별을 한다.[29] 귀신들린 사람은 결코 고침을 받았다고 기록되어있지 않고 귀신들이 사람들에게서 나갔다고 말해진다. 마가가 자주 사용하는 표현인 "더러운 귀신"은 종교적 용어이며 영적 진단이다. 구약성경에서 더러운 것은 하나님의 거룩함의 지배에서 벗어났으며,[30] 하나님의 임재로부터 인간을 차단시킨다. 마가는 더러운 영(귀신)에게 질병으로 돌림으로써 그것을 하나님으로부터 사람을 이간질하려는 원수에게 돌려야 할 것이라고 단언한다. 영적 세력들은 인류 가운데서 통솔하는 권한을 가지고 있으며, 인간의 삶을 왜곡시키고 망치게 한다. 또한 인간을 하나님과 다른 인간으로부터 소외시킴으로써 하나님의 목적들을 좌절시키려 한다.

---

29. 병자들과 달리 마가복음에서 귀신에 사로잡힌 사람으로 밝혀진 자들은 특별한 힘을 가지고 있으며(5:4) 극심한 고통을 당한다(5:5; 9:22). 그들은 예수의 임재로 인하여 심하게 동요하는데, 주로 자기들의 공포감을 소리쳐 표현하고(1:24; 5:7), 일종의 상하게 함, 해를 힙임, 그리고 그들이 떠나갈 때 소리를 지른다. Graham Twelftree, *Christ Triumphant Exorcism Then and Now*(London: Hodder and Stoughton, 1985), 71.

30. G. B. Caird and L. D. Hurst, *New Testament Theology*(Oxford. Clarendon, 1994), 109. 바울은 자기의 육체의 가시를 사탄에게서 온 것으로 말하고 있다(고후 12:4). 창 6:1-4; 15:9-11의 해석에 대해서는 *1Enoch* 7:3-4를 보라: "거인들의 영들이 괴롭히고, 압제하고, 파괴하고, 공격하고, 싸우고, 땅에서 파괴 행위를 하고, 고통의 원인이 된다."

둘째로, 베스트(Best)는 귀신들린 것이 악하지만 죄로 취급하지 않는다고 말한다. 귀신의 희생자는 죄가 사함 받았다는 말을 듣지 않는다.[31] 더러운 영은 추방을 필요로 하고 하나님의 개입에 의해서만 나올 수 있다. 일단 인간의 인격들에 침입하여 하나님의 제어하심을 피해 나간 영물도 이제 더 이상 그렇게 할 수 없다. 그것은 더 큰 예수의 능력에 복종하여야 한다.

이 점은 세 번째 요지를 불러일으킨다. 더러운 영이 회당에서 인간을 지배했던 것처럼, 성령이 예수를 지배하셨다(1:10, 12). 하나님의 복음을 전파하는 자는 하나님의 거룩한 자이시다. 거룩과 부정이 맞부딪칠 때, 경쟁이 되지 않는다. 요한이 예고한 그는 즉시 하나님의 성령으로 하여금 더러운 영을 쳐부수도록 역사하게 하셨다. 더러운 영의 추방은 우리가 악한 자와 홀로 전쟁하고 있지 않고 또 도울 자가 없는 희생자들이 될 필요가 없다는 사실을 입증해 준다. 일반적인 축사에 대한 마가의 기사는 특별한 일이 일어나고 있다는 사실을 보여준다. 사탄은 최후에 쳐부숨을 당할 때까지 제한을 받고 있다. 하나님 나라의 도래는 사탄의 속박을 위한 종말의 시작이다. 만일 하나님이 누군가를 위하여 행동하신다면, 그 사람은 괴롭히는 더러운 귀신을 두려워할 필요가 없다. 우리는 이 점을 강조하는 일을 유념해야 한다. 신약성경은 이 시대에 나온 다른 문서와 비교할 때, 귀신이 두려움 가운데서 극적으로 몰락하는 것을 포함한다. 그러한 결과는 하나님이 십자가 위에서 결정적인 승리를 얻으셨고, 또한 성령으로 세례를 베푸시는 보다 능력이 많으신 이가 자기를 따르는 자들을 보호하신다는 사실을 믿는 믿음으로부터 나타난다. 트웰프트리(Twelftree)는 오늘날의 교회가 "초대교회의 모범을 잘 따라서 귀신을 경시하지 않고 귀신을 멸하는 자이신 치료자 예수에게 초점을 맞추어야 한다"라고 제기한다. 그는 칼 바르트의 경고를 인용한다.

> 신학자는…너무나 깊이 귀신에게 집착하거나 몰두해서는 안 된다…그렇게 함으로써 우리가 귀신과 같아지거나 귀신보다 약간 혹은 적잖게 사탄적이 될 수 있는 심각한 위험이 있기 때문이다.[32]

마가복음에서 예수가 귀신을 쫓아내신 일은 하나님의 나라가 왔고 사탄의 영역

---

31. Ernst Best, "Exorcism in the New Testament and Today," *Biblical Theology* 27 (1977). 3. 우리는 자연재해, 지진, 계절풍, 토네이도라고 부르는 악재와 인간의 죄 가운데 들어있는 악 사이를 구분한다.

32. Twelftree, *Christ Triumphant*, 175. 그는 *CD* III/3. 519를 인용하고 있음.

이 패배를 당하고 있다는 부정할 수없는 표시다. 그것들은 일상적인 기적들이 아니라, 이 세상의 필연적인 복종을 나타내며, 하나님의 통치에 대한 그 세력들의 복종을 나타낸다. 타이슨(Theissen)은 예수 이전에 다른 기적을 일으키는 자들이 고대 세계와 이스라엘 가운데 존재했었다고 지적한다. 그러나 오직 예수만 "미래에 있을 우주적 구원에 대한 묵시적 기대와 이적들을 통한 현재의 실상"을 결합시켰다. 타이슨은 "우리는 그 어디에서도 옛 세상의 종말과 새 세상의 시작을 의미하는 지상의 카리스마적 인물이 시행한 기적을 발견하지 못 한다"라고 주장한다.[33] 마가는 예수가 다가올 하나님의 통치와 사탄의 통치의 종말을 선포하고 있을 뿐만 아니라, 일으키시는 이적을 통해서 개인의 삶 가운데서 그것을 현실화시키신다.

마지막 한 가지를 유념해야 할 것이다. 마가는 예수의 능하신 행동이 그의 가르치심과 긴밀하게 연결되어 있다는 사실을 명확하게 밝힌다. 갈릴리 마을과 회당에서 그분을 만났던 사람들이 행했던 것처럼 그러한 큰 능력을 보여주신 그분에게 나아가지는 못할지라도, 우리는 지금도 여전히 예수의 가르침 안에 들어있는 능력으로 나아갈 수 있다. 예수가 죽었을 때, 예수의 가르침이 사라지지 않았다. 그의 가르침은 계속하여 능하신 일을 이루어낸다.[34]

질병을 치유하심: 큰 의사이신 예수. 구약성경과 후기 랍비 문서는 하나님을 조물주, 지배자, 그리고 질병의 치료자로 간주한다.[35] 대부분의 사람들은 질병의 발병을 어떤 중대한 죄에 대한 하나님의 형벌이나 귀신의 능력의 공격으로 돌렸었다. 이러한 질병에 대한 관점이 신약성경 가운데서도 발견된다. 바울은 고린도교인들에 대해서 그들 중 어떤 사람들이 주의 성찬에 대한 죄악된 오용으로 인하여 병들거나 죽어가고 있다고 말한다(고전 11:30; 그리고 행 5:1-11; 12:20-23; 고후 12:7을 보라). 야고보는 "그러므로 너희 죄를 서로 고백하며 병이 낫기를 위하여 서로 기도하라 의인의 간구는 역사하는 힘이 큼이니라"(약 5:16)고 권하고 있는데, 질병과 죄가 관련되어 있다고 믿었기 때문이다. 예수 당시에, 문둥병은 죄에 대한 가장 큰 형벌로 간주되었다.[36] 그것은 고통을 당하는 자가 이웃 사람들이 모르는

---

33. Gerd Theissen, *The Miracle Stories of the Early Christian Tradition*(Philadelphia: Fortress, 1983), 278-79.
34. Achtemeier, "Mark," 5:555.
35. David E. Garland, "'I Am the Lord Your Healer': Mark 1.21-2.12," *RevExp* 85(1985): 327-43.
36. 레 14:34; 26:21; 민 12:1-15; 신 24:8-9; 28:27; 왕하 5:20-27; 15:5; 대하 26:20을 보라. CD 4Q270의 단편들 가운데서 문둥병자들은 범죄자들의 범주에 열거되어 있다. 또한 *b 'Arak* 15b-16a; Lev Rab 17:3에 있는 후기 전승을 보라. 레 13:45에 있는 문둥병자들을 위해 규정된 찢어진 옷을 입으라는 명령은 Targum Onkelos에서 슬픔의 표시로 해석되었는데, 이는 아마도 그가 지금 형벌을 받고 있는 일의 이유가 되는 문둥병자의 불경건한 삶에 대한 슬픔인 것으로 보인다.

죄를 범한 범죄자였음을 폭로하는 표시였다. 그러한 고통은 죄를 다른 사람들로부터 숨길 수 있을지라도, 하나님으로부터는 숨길 수 없다는 사실을 암시했으며, 죄인의 궁극적 운명에 대한 경고로서 역할했다.

거의 모든 사람이 문둥병자를 고쳐 달라고 자비를 구해야하는 죄인으로 분류했을 것이다. 1세기 상황에서 이 이적의 충분한 의미를 이해하기 위해서는 하나님만이 문둥병을 고치실 수 있다는 널리 알려진 유대교의 신앙을 알아야할 필요가 있다. 수리아 나아만 장군의 문둥병을 고쳐달라는 요구에 대한 이스라엘 왕의 절망적인 반응과 비교할 수 있을 것이다. "내가 사람을 죽이고 살리는 하나님이냐 그가 어찌하여 사람을 내게로 보내 그의 나병을 고치라 하느냐?"(왕하 5:7).

마가복음 1장에 있는 문둥병자는 대담하다. 모든 사람이 그가 어떤 죄로 인해 그러한 상태에 있게 되었다고 믿었기 때문이다. 그는 예수가 자기를 그 질병에서 깨끗하게 하시는 능력을 가지셨다고 생각한 점에서 더 대담하다. 문둥병자의 간청 "원하시면"('당신이 요구하시면' 이 아니다)은 예수가 자기 뜻대로 행하실 수 있는 하나님과 같으신 분이라고 생각한다(Wisd. Sol. 12:18). 예수는 이러한 요구에 많은 방법으로 반응하셨을 수 있다. 이스라엘 왕이 말한 것처럼, "내가 너의 죄를 사하고 너의 문둥병을 고치는 하나님이냐?" 혹은 모세가 하나님에게 미리암의 문둥병을 고쳐주시도록 부르짖은 것처럼 중보기도를 하실 수도 있었다(민 12:13). 그렇지 않으면 하나님이 문둥병자의 죄를 사하여 주시고 병을 고쳐주실 것을 바라고서 요단강에서 일곱 번 씻으라고 말하셨을 수도 있었다. 그러나 그 대신에 예수는 하나님처럼 자기 팔을 내밀어[37] 그를 만지시며 "내가 원하노니"라고 말씀하시고, "깨끗함을 받으라"고 명하신다. 현대의 독자들은 죄를 사하는 예수의 권세를 강조하고 있는 이러한 치유의 기독론적 영향을 놓칠 수도 있다. 예수는 죄를 사하시는 권세의 힘으로, 죄로 말미암은 하나님의 형벌로 이해된 문둥병을 고치실 수 있다.

여러 사람들에게 알려지는 것을 피하시려는 예수의 마음은 우리로 하여금 잠시 멈추어 생각하게 한다. 생존이 대중의 이목을 집중시키는데 달려있는 현대 정치가들과 팝스타들과 달리, 예수는 자기 이름을 각인시키기를 원치 않으신다. 오늘날 기적들은 몇 주간의 기사 제목으로 만들어줄 것이고, 그 다음의 관심은 아마도 어떤 새로운 보다 인기 있는 일을 따라가는 백성들일 것이다. 예수의 사명은 견고한 흔적들과 매일 밤마다 11시 뉴스를 위한 새로운 대사건을 제공하는 것이 아니다.

37. 하나님은 자기 손을 내밀어 역사하셨다(출 4:4; 7:19; 8:1; 9:22; 14:16, 21, 26).

그는 하나님을 신뢰하는 백성들의 마음을 뺏어가는 개인의 영광을 좇지 않으신다(2:12; 5:19; 10:18을 보라). 그는 깨달음과 인격적 위탁이 없는 대중의 숭배를 피하기를 원하신다. 이적들은 "새로운 가치를" 가지고 있으며, 받는 사람들에게는 복된 소식이다. 그러나 그것이 복음의 전부가 아니다. 복음은 고난과 죽음을 포함하고 있다.[38] 이 단계에서 군중들은 놀랄 뿐이다. 그들은 첫 번째 원자폭탄의 폭발을 목격했던 사람들과 같다. 능력의 대 폭발이 그들을 놀라게 하지만, 그 폭발이 세상의 모든 것을 변화시킨다는 사실을 충분히 인식하지 못한다. 능력의 대폭발은 죽음이 아니라 생명을 가져다준다.

현대적 의미

제자도. 하나님의 나라는 하나님만이 창조하신다. 그것은 영웅의 노력으로 세워지는 것이 아니다. 그렇다고 그러한 사실이 우리가 수동적으로 앉아서 하나님을 기다릴 필요만 있다는 것을 의미하지 않는다. 예수의 사역 가운데서 역사에 침투하는 하나님의 나라는 제자로서의 복종을 필요로 하며 마음, 목숨, 뜻, 힘, 즉 전인격을 다하기를 요구한다(12:33). 첫 제자들의 부르심은 회개하고 복음을 믿을 뿐만 아니라(1:15) 떠나고 따를 준비가 되어있어야 한다는 사실을 보여준다.

세례 요한과 달리, 예수는 어떤 선택된 장소에서 백성들이 자기에게 오기를 기다리시지 않는다. 그는 "너는 오라, 나를 따르라"는 명령과 함께 따를 자들을 찾으심으로써 주도하신다. 그는 지원자들을 요구하는("메시야: 소수의 선남선녀에 관심이 있으심") 서명 종이쪽지(교회의 소프트볼 게임에 참여하려는 의사를 묻는 것과 같이)를 제시하거나, 흥미를 가진 사람들과 하나님의 나라를 논의하는데 이용할 수 있을 직장시간을 제시하지 않으신다. 제자들 역시 생도가 율법을 배우려고 랍비를 선택하고[39] 종교적 지혜를 받아들이는 것처럼 그분에게 결합하지 않는다. 예수가 제자들을 선택하시지 제자들이 예수를 선택하지 않는다(1:16-20; 2:14; 3:13-14, "자기가 원하는 자들"). 이러한 사실로부터 예수의 제자가 된다는 것은 성취라기보다는 은혜에 더욱 속한다고 결론지을 수 있다.[40] 예수는 그들을 사람 낚는 어부로 일하도록 부르신다는 것을 모델로 보여주신다. 그들은 하나님의 은혜의 그물에 잡혔고 그것이 그들의 삶을 변화시킬 것이다.

38. Anderson, *Mark*, 204을 보라.
39. 한 사람이 한 선생을 택하도록 충고하고 있는 *m. 'Abot* 1:6을 보라.
40. Marshall, *Faith As a Theme*, 136.

제자들의 부르심 가운데서 두 번째 눈여겨볼 만한 요소는 선택된 사람들이 외관상으로 어떤 특별한 준비를 하지 않았다는 것이다. 예수는 사회적으로 가장 두드러지고, 좋은 교육을 받고, 혹은 종교적으로 가장 헌신한 사람을 선택하지 않으신다. 그는 그들을 회당과 같은 어떤 허울 좋은 종교적 배경에서 찾아내지 않으시고, 단지 지나가시면서(1:16; 또한 2:13; 3:7; 4:1을 보라), 그들이 일상생활을 진행해 나가고 있는 매일의 삶 가운데서 찾으신다.[41] 그러나 그의 명령은 안락한 일상 세계를 산산이 부서뜨리신다.

부르심과 이 어부들의 즉각적 응답은 예수께 대한 제자됨이 수반하고 있는 내용의 어떠한가를 보여주며, 중산층의 제자됨이라는 우리의 안락한 세계를 산산이 부서뜨려야 한다는 것을 보여준다. 제자들은 예배 시에 단순히 자리를 채우고, 서약 카드를 써넣는, 때로 성경공부에 모임에 참석하고, 일상적으로 교회의 사역에 도움을 주기 위하여 헌금을 드리는 사람들이 아니다. 제자들은 단순히 엿보는 자들이나 구경꾼들이 아니다. 예수에게 사로잡혔을 때, 전 생애와 삶의 목적이 변화된다.

(1) 제자가 된다는 것은 무조건적으로 예수의 명령을 받아들이는 것을 의미한다. 예수는 절대적 복종과 희생을 요구하신다. 마가복음에서 제자도는 자신의 조건과 편리에 따라 일하는 파트타임 봉사가 아니다. 그분을 따르기 위하여 모든 것을 떠날 준비가 되어야 한다. 시몬과 안드레는 그물을 버린다. 야고보와 요한은 부친과 배를 버리고 따른다(단순히 그물만이 아니다). 베드로는 분명히 그때와 지금 주님에게 상기시켜드릴 필요가 있었다고 느꼈던 희생이 있었다. "우리가 모든 것을 버리고 주를 따랐나이다"(10:28). 그들은 새롭고 예측할 수없는 것을 위하여 미약하건 풍부하건 간에, 자기들의 안정, 심지어 생계까지도 떠나야 했었다. 제자로의 부름은 이치에 맞지 않고, 모욕적인 요구를 당하는 것으로 다가온다. 그것은 너무나도 모험적이고, 반응하는 사람들에게 무모해 보인다. 이 첫 제자들은 자기들이 가지고 있는 지분을 양도하거나 위탁할 시간도 주어지지 않았다. 이러한 첫 제자들이 했던 근본적인 위탁을 할 사람은 거의 없으며, 대부분의 사람들은 예수가 좀더 쉬운 제자도 즉, 계속하여 돈과 성공을 추구하도록 허락하면서도 같은 보상을 약속해주는, 보다 덜 엄격한 범주를 제공해 줄 수도 있다는 희망을 가질 것이다.

41. Schweizer, *Mark*, 48.

나의 외가 조부모들은 1900년대 초에 인도로 가도록 소명을 깨달았다. 나의 외할아버지는 감리교 선교협회의 지원을 받기에 적합하지 않았으나 어쨌든 독립선교사로 가기로 결심하셨다. 만일 외조부모들이 충분한 돈을 모금한다면, 그들이 언어를 배우는 동안 훌륭한 기숙사 학교를 운영할 수 있을 것이라고 주장한 사람에게 채용되었다. 외조부모들은 친구들로부터 인도에 체류할 있는 여행권과 일년간 지탱할 수 있는 돈을 모아서 그 사람에게 보냈다. 그러나 그들이 그곳에 도착했을 때, 기숙학교는 존재하지 않았고 후원 받았던 그 사람은 모든 돈을 갖고 달아나 버렸다는 사실을 알았다. 그들은 돈도, 살아갈 장소도, 일터도 없이 인도에서 충격을 입었다. 그들은 구걸하여 캘커타로 가는 기차를 탔고, 거기서 어떤 선교사들이 그들을 영접해 주었다. 몇 가지 이유로 인하여 그들은 절망하지 않고 아주 성공적으로 감리교 선교회가 요구하는 것에 합격하였다. 그리하여 그들의 후원아래 일을 할 수 있게 되었고, 비하르(Bihar)에서 독립된 사역을 시작할 수 있었다. 그들은 인도에서 36년 동안이나 사역할 수 있었다! 그런데 그들은 아주 막대한 희생을 치렀다—여섯 명의 자녀들 가운데 셋을 질병으로 잃었다. 하지만 그들은 수많은 영적 보상들을 거두어 들였다. 그들이 어떻게 그러한 희생을 치를 수 있었는지에 대해서 많은 설명들을 붙일 수 있었지만, 그들은 그것을 가서 섬기라는 예수의 부르심의 능력으로 돌렸다.

세상과의 우정과 하나님을 향한 섬김 사이에 균형을 유지하기 위하여 갖는 문제는 종교적으로 갈라진 인격, 즉 표준과 확신을 위하여 하나님도 보고 세상도 바라보게 되는 것이다. 성경의 이미지에서, 사람들은 두 마음(두 개의 뜻)을 품고 두 분리된 길을 따라 헛되이 길을 가려고 한다. 하나님과 맘몬을 조화시키려고 할 때, 하나님께 전적으로 위탁할 수 없다. 맘몬은 하나님을 제쳐놓는다. 인간의 안정의 모든 원천을 떠나는 것이 좋은 점은 제자들이 이제 완전히 예수를 의존하는 사람이 된다는 것이다. 백성들은 자기들의 삶을 전적으로 하나님의 손에 의탁하는 큰 기회를 가졌다. 부자가 그러한 기회를 취하기를 거절한 것은 위기이며, 그것은 자신이 너무나도 바랐던 제자됨과 영생을 얻기에 부적격자라는 사실을 드러냈다(10:17-22). 대부분의 인간들은 삶을 지상의 운명에 대한 걱정을 하는데 다 써버린다. 그러나 제자들은 이 세상을 넘어서 영원한 운명을 바라본다. 그것은 하나님의 손에 가장 잘 의탁하는 것이다.

이러한 완전한 위탁으로부터 우리를 가로막는 것은 우리의 실질적인 필요가 물리적이라는 피할 수없는 환상이며, 이것은 물질의 안정에 대한 우리의 이기적인 관심에서 그 결과가 나타난다. 그러나 예수는 더러운 귀신의 속박으로부터 건져내실 수 있을 뿐만 아니라 물질적인 관심으로부터도 우리를 건져내실 수 있다(이를테면 어떤 희생을 치르더라도 우리의 생활 표준을 보존하려는 바람). 그는 우리에게 고기떼를 잡기보다 생명에 보다 소중한 것이 있다는 비전을 심어주신다. 삶의 중심이 하나님 주변에 가 있어야 한다. 그의 부르심의 권위는 우리의 망설임을 내쫓고 하나님에 대한 온전한 신뢰를 일깨워준다. 제자들은 대담한 행동을 취한다. 보물을 찾는 밭에서 일하는 일꾼과 가장 값진 진주를 발견한 진주 상인처럼 제자들은 일생의 기회와 마주친다. 그들은 기회를 잡을 행운이 있는데, 이것은 투자의 단호함을 요구한다. 위탁이 없이는 보물이나 진주를 소유할 수 없다. 그 가격은 비싸다. 그것을 얻기 위하여 모든 것을 팔아야 한다. 투자한 것이 없이는 아무것도 얻지 못한다. 모든 것을 버리면 모든 것을 얻는다. 그러나 예전에 최고의 가치를 가졌던 것이 이제는 하나님의 나라라는 최고의 가치에 비하면 무색해진다.

(2) 예수는 어떤 곳으로 가고 계시며, 제자들로 하여금 자기와 함께 따라오도록 요구하신다(1:18; 2:14; 10:21). 그는 율법의 신학적인 훌륭한 요지에 관한 생생한 논의를 갖고서 제자훈련을 하는 세미나에 끊임없이 참석하도록 부르지 않으신다. 마가복음에 있는 제자도는 이론적 사상을 숙달하는 것이 아니다. 그것은 선교, 즉 예수와 함께 하는 공동선교에 관한 것이다(6:7, 30). 마가복음에 있는 제자들은 제자도가 수반하고 있는 내용을 예수와 함께 동행하면서 배운다. 그들이 예수의 이적들을 보게 되고, 또한 고난에 대해서 배운 것은 길에서다(8:27; 9:33-34; 10:32). 그들은 사람 낚는 어부들인데, 선교하는 중에 보냄을 받을 것이다(6:7-13). 그들이 호수에서 "고기를 원함, 제발 그물로 들어 오세요"라고 광고하는 표지를 설치하고 대대적인 성공을 기대할 수없는 것처럼, 인간들에게도 그렇다. 그들은 항구라는 안전 장소로 퇴각해서는 안 되며 깊고도 사나운 물결로 항해해 나가서 그물을 광범위하게 던져야 한다.

이러한 의견은 연구, 기도, 훈련이 중요하지 않다는 것을 의미하지 않는다. 제자들은 예수의 대적들이 성경을 알지 못하여 그러했던 것처럼, 말씀을 이해하지 못한데 대해서 여러 번 책망을 들었다(12:24). 오늘날 그리스도인들의 문제는 이중적이다. 어떤 사람들은 스스로 연구하는 일을 하지 않으려는 유혹을 받으며, 신학적 성경적 지식을 삶에 적용하려 하지 않는다. 프린스톤 신학교의 한 연구반에서 학생들을 모아서 선한 사마리아인의 비유를 읽어 주었다. 그러고 나서 그들은 그 블록의 어느 건물로 가서 한 시간에 한 사람씩 그 비유에 관해서 짧게 말하도록 지시를 받았다. 그들은 시간을 엄수하도록 주입을 받고 조사원들이 기다리지 않도록 했다. 도중에 그들은 좁은 길을 따라 구부정한 자세를 취한 초라하게 옷 입은 사람이 앉아 있는 것을 보았다. 학생들의 40퍼센트만이 그 사람에게 반응을 보였다.[42]

한편 다른 그리스도인들은 신학적이고 성경적 고려를 하지 않은 채 행동으로 뛰어든다. 1:35-37에서, 제자들은 기도보다는 행동에 보다 더 관심을 두었던 것으로 보인다. 여기서 예수는 행동으로 옮기기에 앞서서 기도하는 분으로 나타나신다. 바쁜 목회자들은 아마도 여기서 쉽게 예수와 동일시할 수 있다. 사역과 교인들의 요구사항들은 자주 연구와 기도를 중단시키고, 하나님 앞에서 마음과 심령을 준비하기 이전에 행동으로 옮기게 유혹한다. 일어날 수 있는 가장 나쁜 일은 그들에게 일시적인 성공이 이루어진다는 것이다. 그리하여 기도와 연구를 사역에 없어도 되는 여분의 것으로 착각할 수 있게 한다. 매우 바쁜 가족 스케줄을 따라가려고 안간힘을 쓰는 부모에게도 같은 것을 말할 수 있다.

(3) 제자도가 무엇을 의미하는가에 관한 마지막 사항은 다음과 같다. 그것은 이야기 가운데서 나중에 밝혀지겠지만, 제자들은 자기개발 프로그램이 아니라 섬김으로 부르심을 받았다는 것이다. 예수는 그들에게 자기를 부인하고 고난을 참고 십자가를 지라고 요구하실 것이다.

예수의 권위와 우리의 권위. 예수가 기적을 일으키는 능력을 나타내시는 첫 번째 장면에서 구경꾼들은 그의 권위 있는 가르치심에 놀랐다. 예수의 권위는 마가복음의 열쇠가 되는 주제다. 그는 교사로서 권위만을 가지신 것이 아니다(1:21-22). 그는 안식일(2:27-28), 죄사함(2:5-12), 더러운 귀신(3:19-27), 자연(4:35-41; 6:45-52), 율법(7:1-13, 14-20), 성전(11:12-33; 12:1-12), 다른 사람에게 나누어주시는 하나님 나라의 비밀(4:10-11)에 대한 권위도 가지고 계신다. 그 다음 장면들—베드로의 장모, 문둥병자, 앉은뱅이 치유—은 예수가 접근하기 불가능한 권위를 가진 인물이 아니라 동정을 가지신 치료자시라는 사실을 보여준다.

예수에 대해서 말하는 것과 같이 기독교 리더십에서 오늘날 많은 사람들이 그들에 대해서도 같은 말을 듣기를 원한다. 즉 권위로 말하고 있다. 그들은 자기들의 모든 말씀에 복종하는 헌신된 추종자들의 유연한 군중을 얻기 위하여 열망한다. 최근의 역사는 어떻게 종교적 지도자들이 권위에 권리를 주장하고, 쉽게 믿고 마

42. Walter Wink, "The Parable of the Compassionate Samaritan: A Communal Exegesis Approach," *RevExp* 76(1979): 203.

음이 산란하며 특권을 박탈당한 사람들을 속일 수 있는지를 우리에게 상기시켜 준다. 권위주의적인 폭언과 함께 고함치며, 빈틈없이 대비하고, 혼음하면서 추종자들을 비참하게도 세뇌시키는 별난 생각을 지닌 사람들이 있음을 인식하는 것은 어렵지 않다. 그러나 보다 전통적인 교회들과 교파들 내에서 위압적으로 말하는 사람들은 어떤가? 그들은 다음과 같이 알린다. "이것은 이의가 있을 수없는 결정입니다. 저는 이것이 하나님의 뜻임을 압니다. 어떤 논란이 있을 수 있을까요?"

오늘날의 종교지도자들을 평가하려면, 우리는 예수의 표준으로 그들을 평가해야 한다. 그들은 평판과 호평에 대한 예수의 반감을 공유하고 있는가? 그들은 일차적으로 세력을 움켜쥐는데, 자기 자신을 위한 제국을 건설함에, 그리고 그들 자신의 필요들을 돕는데 관심을 두고 있는가? 그들은 진실로 순수한 동기에서 주의 이름으로 말하고 있는가? 그들은 부유하고 영향력 있는 사람들만이 아니라 사회 밑바닥의 궁핍한 사람들에게도 다가가는가?

치유와 우리의 사역. 인간은 심리학적 존재이며, 치유는 마음, 몸, 정서, 영을 포함한다. 이 첫 번째 기적은 예수가 하나님의 자비하심과, 백성들의 질병 및 약함 그리고 죄악을 없애시는 목적을 구체적으로 나타내신다는 사실을 보여준다. 문둥병자는 간구한다. "원하시면 저를 깨끗하게 하실 수 있나이다"(1:40). 종교와 사회를 통해서 만질 수없는 사람으로 낙인이 찍힌 사람을 만지기 위하여 손을 내민 사실은 예수의 의지에 대한 어느 의심도 떨쳐버린다. 문둥병자는 자신이 애쓰고 있다는 사실을 그에게 납득시킬 필요가 없다. 질병을 가진 이 사람은 예수에게 불쾌감을 심어주지 않는다. 예수의 "깨끗케 하시는 능력은 그처럼 분명하게 전염시키는 문둥병의 힘보다 훨씬 더 크다."[43]

그러나 만짐과 손으로의 접촉이 우리를 심약하게 만든다. 예수 당시에 관심은 불결문제였다. 오늘날의 관심은 전염이다. 극소수의 사람들만이 1870년에 몰로카이 섬으로 추방된 문둥병자들을 섬기기 위하여 그곳으로 갔었던 다미엔 신부가 했던 희생을 자처할 것이다. 그는 자신이 말한 사제의 직무를 다하기 위하여 문둥병의 악취가 나는 사람들과 함께, 쥐와 파리들이 들끓는 곳에서 흐르는 물이 없이 살았는데, 그것은 곧 하나님이 그들을 저버리지 않으셨다는 사실을 그들로 하여금 알게 하기 위해서였다. 그는 자신이 섬겼던 사람들의 문둥병에 걸려서 문둥병자로 죽었다.

43. Hooker, *Mark*, 79.

이 단락에 나오는 이적 역시 예수가 멀리 떨어져 있고, 접근불가능하며, 분리되어 있는 사람이 아니라는 사실을 드러내주고 있다. 그런데 우리의 문화는 만지지 않는 것이며, 많은 사람들이 다른 사람들로부터 고립되어 살고 있다. 우리는 사생활이라는 장벽으로 다른 사람들로부터 자신을 차단하고 가족 방이라는 내부의 성역으로 숨어버린다. 교회는 가끔 병폐가 만연하고 있고 죄로 신음하는 세상이라는 모진 실체들과의 접촉으로부터 보호하는 안전 보호막이 되는 완전히 무장한 가족생활 센터, 곧 자기네 교인들로만 구성된 곳으로 도피함으로써 같은 일을 행하는 위기에 처해있다. 우리에게 영향을 미치지 않도록 다른 사람들이 우리에게서 멀리 있기를 원한다. 그러나 그리스도의 이름을 소유하고 있는 사람들은 이 사회 가운데 복음을 듣지 못하고 있는 사람들에게 주님의 이름으로 섬겨야 한다.

교회는 미리 판단치 않는 방식으로 섬길 필요가 있다. 성경 시대의 문둥병에 대한 태도는 오늘날 어떤 질병에 대한 우리의 태도와 별 차이가 없다. 어떤 사람들은 죄로 감염되었다고 생각하는 병폐로 괴로움을 당하고 있다. 많은 사람들은 생각하기에 자기보다 더 나쁜 죄를 범한 것으로 생각되는 사람들에 대해서 그들에게 죄가 있다고 선언하며, 죄라는 질병을 공동체와 하나님의 은혜로부터 그들을 벗어나게 하는 저주로 취급한다. 육체 가운데서 자기들의 죄에 대한 정당한 형벌을 받고 있다고 경건하게 선언하고(롬 1:27), 이미 절망한 사람들을 비난하고 배척하는 것이 무엇을 이루겠는가? 그것은 오직 사람들로 하여금 더욱 큰 절망으로 인도할 뿐이다.

분명한 것은 우리의 행실은 우리의 건강의 결과다. 우리는 아무런 문제없이 과학의 법칙이나 하나님의 법들을 반항할 수 없다. 알코올의 남용은 간 경변으로 인도하며, 흡연은 폐기종으로 인도할 수 있다. 그러나 이러한 질병들로 고통당하는 것들을 죄에 대한 하나님이 정하신 심판으로 가혹하게 평가하는 사람들은 난교로 인한 에이즈 균에 감염된 사람들을 하나님의 형벌을 당하고 있다고 선언할 것이다. 그들이 그 질병에 어떤 방식으로 감염되었든 간에 에이즈로 고통당하는 사람들은 이 교회에서 저 교회로 쫓겨 다닌다.[44] 우리는 예배를 방해하는 더러운 귀신

44. 목사요 교단 총회의 전임 회장인 지미 앨런은 에이즈가 어떻게 자신의 가족 네 명을 감염시켰는지에 대한 비극적인 이야기를 말한다(Jimmy Allen, *Burden of a Secret. A Story of Thruth and Mercy* [Nasville: Moorings, 1995]). 그의 며느리는 혈관주사를 통하여 바이러스에 감염되었고, 그것이 그녀의 자녀들 가운데 두 명의 아이에게 옮겨갔다. 역시 목사인 그의 아들이 생활비를 위하여 교회로 돌아왔을 때, 그들은 그에게 사임하라고 요구했었다. 그들은 그 다음에 출석하려고 했던 다른 교회들로부터도 비슷한 퇴짜를 받았다.

이 들린 사람 혹은 숨겨진 죄가 있는 것으로 간주되는 문둥병자 그리고 우리의 단체를 더럽히는 공적인 질병을 원하지 않는다. 심지어 우리가 고통을 당하는 사람들을 목회할 때도, 자기 의라는 태도가 우리의 긍휼을 손상시킬 수 있다. 에이즈 환자들을 다루었던 한 의사는 환자를 치료하기 시작했을 때, 예수의 비유 가운데 나오는 바리새인처럼(눅 18:9-14) 이 질병이 다른 질병들과 다르다는 사실을 가지고 하나님께 자신이 그와 같지 않음을 감사했다고 고백했다. 그는 다음과 같이 기록하고 있다.

> 나는 이 낙인찍힌 사람이 회개했고, 내가 아직 여전히 죄 가운데 있을지라도, 그가 죄 사함을 받았다고 생각지 않았다. 내 마음 속에서 나는 그의 고통과 불가피한 죽음을 인정했다.[45]

예수가 교회 사역의 모델이시라면, 우리는 그가 병으로 고통을 당하는 사람을 결코 비난하지 않으실 것임을 안다. 그는 그들이 죄인들이거나 아니면 그들이 더러운 귀신이 들렸다는 사실을 백성들에게 말하지 않으신다. 그 대신 우리는 하나님의 능력을 신뢰하는 분을 보게 된다. 그는 더러운 자를 만지시며, 쫓겨난 자를 자기 공동체로 회복시켜주시며, 아픈 자를 의미 있는 섬김의 역할로 회복시켜주신다. 그 만지심은 받아들임의 표시다. 그는 백성을 버림받은 자들이나 일종의 오염된 사람으로 취급하지 않으신다. 그는 모든 열병, 특히 영혼의 열병을 고칠 수 있으시다. 분노로 불타오름, 원한, 질투, 불안정한 삶.

오늘날의 치유는 어떠한가? 많은 사람들은 기적적인 치유가 가능하다고 믿지 않는다. 모톤 켈시는 오늘날 치유에 대한 교회의 부정적 태도의 역사적 근원을 개략적으로 진술했다.[46] 첫째로, 과학적 의학적 수단만이 의미심장한 치유를 가능하게 한다고 믿는 사람들이 있다. 약은 몸을 위한 것이고, 종교는 영혼을 위한 것이라고 전제한다. 이 둘을 섞으려는 것은 미신과 사기행위를 낳는다.

둘째로 하나님이 모든 질병을 주관하신다는 것과 그 질병을 죄로 인한 징계로 치부하는 태도가 여타 사람들 가운데 팽배해 있다. 그러므로 아픈 사람들은 그들의 참상으로부터 교훈을 받아야함을 뜻한다. 목회자는 치유하는 역할을 가지고 있

---

45. David L. Schiedemayer, "Choices in Plague Time," *Christianity Today* 31(Aug. 7, 1987): 22.
46. Morton T. Kelsey, *Psychology, Medicine & Christian Healing: A Revised and Expanded Edition of Healing & Christianity*(San Francisco: Harper & Row, 1988).

지 않으며, 고통을 통하여 믿음 안에서 자라가도록 참회를 권하고 도울 수 있을 뿐이다.

세 번째 입장은 신약성경의 역사적 가치를 소중히 하지만 그러한 것들을 오늘날에는 존재하지 않는 치유 기적으로 믿는다. 가장 영향력 있는 개혁자인 루터와 칼빈은 기적이 중단되었다는 접근방식을 취했고, 이들의 영향이 지금도 계속되고 있다. 디어(Deere)는 가톨릭 대적자들이 하나님이 자신들의 교리와 실천을 입증했다는 증거로서 기적을 이야기하는 반면에 개혁자들은 그 어느 것도 호소하지 않았기 때문에 루터와 칼빈이 기적이 중단되었다고 하는 주장을 펼쳤다고 주장한다. 루터와 칼빈은 자기들의 체험 가운데서 기적의 결핍을 어떤 신학적 오류나 영적 결핍으로 돌리지 않았다. 따라서 그들은 신약 성경에 나타난 치유의 은사를 일시적 목적만을 돕는다고 결론지었다.[47] 오늘날의 많은 사람들에게 하나님은 비웃는 자들에게 능력을 나타내시고, 새로 출발한 교회를 도우며, 사도들에게 권위를 부여하기 위한 특별한 능력을 초대교회에 부여해 주셨다. 분명히 복음서들과 사도행전의 상당한 부분이 예수와 그의 제자들이 행한 다양한 기적들을 기록하고 있다. 그러나 오늘날 이적들은 덜 두드러질 뿐만 아니라 많은 교회들 가운데서 실질적으로 사라졌다. 극소수의 신학교만이 이 주제를 다루고 있을 뿐이다. 이러한 이적의 결핍으로 인하여 이적이 중단되었다고 주장하는 자들의 설명은 하나님이 이러한 은사들을 거두어 가셨다는 것이다.[48]

네 번째 입장은 성경적 세계관을 완전히 부인하고 있는데, 이 입장은 초자연적 존재가 지금은 성년이 된 현대의 교육받은 사람들에게는 완전히 생소한 것으로서 자연세계 질서 가운데 개입할 수 없다고 생각한다. 이 입장은 치유하는 이적들이 자연의 법칙을 어기고 있으므로 불가능한 것으로 간주하며, 신약성경의 이적 기사들을 예수를 높이려는 목적을 가진 전설로 취급한다. 켈시(Kelsey)는 이 네 입장들의 영향을 다음과 같이 요약한다.

분명히 가톨릭과 개신교 대부분의 기독교인의 생각은 기독교의 치유에 대한 사상을

---

47. Jack Deere, *Surprised by the Power of the Spirit*(Grand Rapids: Zondervan, 1993), 99-100.
48. 이 문제에 대한 전반적인 대화식 논의에 관해서는 *Are Miraculous Gifts for Today? Four Views*, ed. Wayne A Grudem(Grand Rapids: Zondervan, 1996)을 보라. 본서는 오늘날의 그리스도인들이 주장한 이 주제에 대한 네 가지 다른 입장들을 논하고 있는데, 각기 자신의 특별한 입장의 강력한 옹호자에 의하여 기록되었다.

일소해왔다. 한편으로 의약의 성공이 이적을 불필요하게 만들었고, 다른 한편 현대의 신학이 그것이 유지될 수 없다고 믿도록 만들었다. 무엇보다도 교회는 자연적이고 물질적인 측면에서 자연세계를 취급할 필요성을 받아들였다. 그 다음에 아픔은 하나님이 부여하신 세상의 일부분으로 받아들여왔다. 세대주의는 언젠가 하나님의 가장 큰 선물로 간주되었던 치유가 더 이상 필요하지도 건전해 보이지도 않게 보이도록 이 세상을 구분하는 방법을 발견했다. 끝으로 대부분의 현대신학은 이적이 전혀 발생하지 않는 이유를 광범위한 추론 속에서 아주 분명히 했다.[49]

이적 중단주의자의 접근방식에서의 문제는 이적을 부정적으로 하나님 편에서 일종의 후림 수단으로 해석한다는 것이다. 교회는 이적의 능력을 통하여 시작되었으나, 그것이 후대에는 철회되었다는 것이다. 만일 하나님이 우리의 물리적 영적 완전을 뜻하시고, 하나님의 능력을 우리가 활용할 수 있도록 유지되고 있으며, 우리의 삶에 직접 개입하실 수 있다는 사실을 믿는다면, 오늘날에도 기독교의 치유를 인정해야한다. 기독교인들과 기독교 공동체는 그 능력과 사랑의 도구가 될 수 있다. 오늘날 많은 사람들이 신약성경의 뛰어난 이적을 목격하지 않았으므로, 그 이적이 오늘날에는 불가능하다고 생각할 필요는 없다. 우리는 하나님이 이 세상에서 어떻게 일하시는가는 말할 것도 없고, 광범위한 미생물의 세계도 이해하지 못한다. 그러므로 치유와 관련하여 하나님을 제한하지 않는 것이 최선이다.

동시에 우리는 영 분별을 필요로 하며, 미신과 종교적 사기행각을 거부해야 한다. 우리는 돈을 요구하면서 자칭 기적을 행한다는 자의 즉석치유의 약속을 자동적으로 의심해 보아야 한다.[50] 우리는 구경거리와 같은 분위기에서 어디서나 어느 때나 할 수 있는 치유능력을 과장하거나 터무니없는 주장을 하는 사람을 믿지 않아야 한다. 또한 우리는 낳지 못하는 것을 그 병을 가진 희생자의 믿음의 결핍으로 비난하는 모든 사람을 거부해야 한다. 우리는 의학적 수단을 완전히 혹은 오래된 치료책이라고 무시하게 하는 사람들을 의심해 보아야한다(딤전 5:23을 보라). 또한 공동체가 치유 은사의 시행으로 인해 분열될 수 있음을 조심해야 한다. 대부분의 사람들은 이 은사를 가지고 있지 않기에 우리가 치유를 시행하기보다는 보다 진지하게 중보기도를 하는 방법을 택해야 한다.

---

49. Kelsey, *Psychology, Medicine & Christian Healing*, 24.
50. Ted Schwarz, *Faith or Fraud? Healing in the Name of God*(Grand Rapids: Zondervan, 1993).

마가복음 2:1-12

1 수 일 후에 예수께서 다시 가버나움에 들어
가시니 집에 계시다는 소문이 들린지라
2 많은 사람이 모여서 문 앞까지도 들어설 자
리가 없게 되었는데 예수께서 그들에게 도를
말씀하시더니
3 사람들이 한 중풍병자를 네 사람에게 메워
가지고 예수께로 올새
4 무리들 때문에 예수께 데려갈 수 없으므로
그 계신 곳의 지붕을 뜯어 구멍을 내고 중풍
병자가 누운 상을 달아 내리니
5 예수께서 그들의 믿음을 보시고 중풍병자에
게 이르시되 작은 자야 네 죄 사함을 받았느
니라 하시니
6 어떤 서기관들이 거기 앉아서 마음에 생각하
기를
7 이 사람이 어찌 이렇게 말하는가 신성 모독
이로다 오직 하나님 한 분 외에는 누가 능히
죄를 사하겠느냐
8 그들이 속으로 이렇게 생각하는 줄을 예수께
서 곧 중심에 아시고 이르시되 어찌하여 이
것을 마음에 생각하느냐
9 중풍병자에게 네 죄 사함을 받았느니라 하는
말과 일어나 네 상을 가지고 걸어가라 하는
말 중에서 어느 것이 쉽겠느냐
10 그러나 인자가 땅에서 죄를 사하는 권세가
있는 줄을 너희로 알게 하려 하노라 하시고
중풍병자에게 말씀하시되
11 내가 네게 이르노니 일어나 네 상을 가지고
집으로 가라 하시니
12 그가 일어나 곧 상을 가지고 모든 사람 앞에
서 나가거늘 그들이 다 놀라 하나님께 영광
을 돌리며 이르되 우리가 이런 일을 도무지
보지 못하였다 하더라

원 의미

그 다음 장면은 가버나움 집에 계시는 예수를 묘사하고 있다(2:1). 그 집이 누구의 집인지 분명하지 않지만, 문둥병자가 예수의 명령을 순종하지 않고 치유 받은 사실을 알리고 다님으로써 군중들이 몰려왔고, 예수는 그 집에 조용히 머무를 수가 없었음이 분명하다. 이 장면은 회당에 있었던 더러운 귀신의 축출을 상기시켜 주는데(1:21-28), 그 사건 역시 가버나움에서 일어났었다(1:21; 2:2). 일단의 그룹이 예수가 자기들 가운데서 말씀하시는 내용과 행하시는 일에 대해 의문을 제기하고(1:27; 2:6), 권위의 문제가 전면에 나타난다. 율법 교사들이 이 두 장면에서 모습을 드러낸다. 군중은 예수가 권위를 가지고 가르치시고 유대인 교사들과 같지 않다고 칭찬한다(1:22). 예수는 2:10에서 반응하여 인자가 죄를 사하는 권세를 가지고 있다고 선언하심으로써 이 교사들의 질문에 답변하신다. 이 두 구절들은 군중이 놀라움으로 반응한다는 사실로 마친다(1:22, 27; 2:12). 앞에서 그들은 예수의 권위 있는 가르치심이 새로운 것임을 인식한다. "더러운 귀신들에게 명한즉 순종하는도다." 2:12에서 군중의 놀람은 그들이 하나님께 영광을 돌리는 방향으로 인도된다. 그들이 이와 같은 일을 결코 본 적이 없기 때문이다. 평행들은 새롭게 능력을 부으시는 성령의 실체가 하늘로부터 왔고 예수가 하나님의 권위를 가지고 사역하신다는 사실을 독자에게 상기시켜 준다.

치유와 죄사함

예수가 말씀하시고 있는 집을 둘러싸고 있는 백성들의 밀집된 상태로 인하여 중풍병자의 친구들은 봉쇄를 당했다. 그들은 예수가 그 병자를 고치실 수 있도록 데리고 나가기를 원한다. 그들은 앞을 가로막고 있는 사람들로 인하여 주춤거렸고, 군중들 가운데로 병자를 내려 보내기 위하여 꾀를 내어 지붕을 뚫는다. 기적에 대한 마가의 기사에서 너무나 특징적인 이 흥미를 끄는 세부사항들은 재산을 손상시킨다고 걱정하는 사람들을 깜짝 놀라게 한다. 율법 선생들이 후에 예수를 통하여 그들의 하나님의 특권에 대한 침입으로 말미암아 반감을 느꼈던 것처럼, 집 주인은 이 사람들이 자기 재산을 파괴하고 침입하는 행위를 통하여 반감을 느낀 것으로 상상할 수 있다. 그러나 가버나움에서 나온 고고학적 발굴들은 그 집들이 몰탈이 없는 거친 현무암으로 만들어졌음을 보여주고 있으며, 그것들은 초가지붕만큼 약했다. 경사진 지붕은 나무로 된 가로 지름대 위에 갈대로 만든 멍석, 나뭇가지들, 그리고 말린 진흙이 덧입혀졌었다. 그것은 겨울비가 시작되기 이전 매 가을마다 다시 채워지고 매었어야 했다. 그것은 지붕을 뚫기 위하여 남자들이 잭 해머를 사용할 필요가 없었고 쉽게 고칠 수 있었다.[1]

군중들은 그 중풍병자가 고침을 받기 위해서 극복해야할 장애물들 가운데 하나일 뿐이다. 이야기가 진행되어감에 따라서 독자는 다른 두 개의 장애물들을 발견하게 된다. 율법 선생들의 의심을 가진 회의론자와 예수의 명령을 따라 행동할 그 사람의 잠재적 주저함이다.

지붕을 뚫고 예수 앞에 친구를 내려놓은 그들의 행동은 조용하지만 치유를 위

1. G. H. Dalman, *Sacred Sites and Ways*(New York: Macmillan, 1935), 69.

한 인상적인 청원이고, 예수는 끈기 있는 믿음이 이 사람들로 하여금 애를 쓰게 했다는 사실을 인정하신다.[2] 그들의 요구에 대한 자비로운 허락은 예수가 중풍병자에게 "네 죄 사함을 받았느니라"고 선언하실 때 주어진다. 마가는 이 말씀에 대한 친구들과 당사자의 반응을 기록하고 있지 않고, 다만 율법 교사들의 내적인 염려를 기록하고 있다. 율법 교사들의 "앉아 있음"은 지붕 위에 있는 사람들의 능동적인 신앙의 표현과는 대조가 된다. 율법 교사들은 마음속에 의문을 제기한다. "이 사람이 어찌 이렇게 말하는가 신성 모독이로다 오직 하나님 한 분 외에는 누가 능히 죄를 사하겠느냐"(2:6-7). 그들은 자문한다. "이 사람이 어떤 구속의 권세를 가질 수가 있는가?"

예수의 권위는 이전에 군중들을 통하여 이 율법 교사들의 가르침과 대조되었으나(1:22), 이것은 실제 이야기 가운데서 그들의 첫 번째 출현이다. 율법에 능통한 사람이요 성스러운 전승의 관리자인 그들은 자신들의 임무를 명확한 지침과 경계를 세우는 것으로 본다.[3] 그들은 삶의 모든 영역에서 하나님에게 받아들여지거나 받아들여지지 않은 것이 무엇인지를 결정한다. 백성들로 하여금 하나님의 뜻에 일치하여 살기 위해서였다. 그들은 여기서 오만한 감시자들이지만, 그들은 올바른 관찰을 했다. 하나님만이 죄를 사하실 수 있다.[4] 감히 죄를 사해준다는 말은 신성 모독의 조명이 붙여질 수 있는 하나님의 위엄에 대한 오만한 도전이다.

제사장은 회개, 배상, 희생제사에 근거하여 사죄를 선언할 수 있었다(레 4; 5; 16; 17:11). 그러나 예수는 마치 하나님인 것처럼, 죄를 용서할 수 있다고 선언하고 있는 것으로 보였다. 신학적인 훈련을 받은 사람에게 오직 두 가지 가능성만 있을 수 있다. 예수가 말씀해 오신 하나님 나라의 임재(2:2; 참조. 1:14-15)가 죄사함으로 인도한다. 그것은 이사야 33:22, 24의 실현이다. "대저 여호와는 우리 재판장이시요 여호와는 우리에게 율법을 세우신 이요 여호와는 우리의 왕이시니 그가 우

2. 예수는 행동하는 믿음을 보신다. 결심한 친구들은 예수가 고치는 능력을 가졌음에 틀림없다고 믿었는데, 그것만으로도 그들은 그분에게 접근할 수 있었다. 마가복음에서 믿음은 단순한 믿음 그 이상을 의미한다. 그것은 행동으로 보여준다. 그것은 군중의 장애(또한 10:46-52을 보라), 의식적 금기사항(1:40-45; 5:25-34), 혹은 사회적 거절(7:24-30)로 인하여 좌절되지 않는다.

3. P. von der Osten-Saken, "Streitgespräch und Parabel als Formen markinischer Christologie," in *Jesus Christus in Historie und Geschichte*, ed. G. Strecker(Tübingen: J. C. B. Mohr [Paul Siebeck]. 1975), 376-81. 1:22; 2:6; 3:22; 9:11, 14; 12:28, 38에서 서기관들만이 대적자들로 나타난다. 그들은 2:16과 7:15에서 바리새인들과 함께 나타나고, 8:31; 11:27; 14:43; 15:1에서는 장로들과 대제사장들과 함께 나타난다.

4. 출 34:7; 삼하 12:13; 시 32:1-5; 51:1-4; 103:2-3; 130:4; 사 6:7; 43:25; 44:22; 단 9:9; 슥 3:4을 보라.

리를 구원하실 것임이라…그 거주민은 내가 병들었노라 하지 아니할 것이라 거기에 사는 백성이 사죄함을 받으리라"(또한 렘 31:34; 미 7:18). 그렇지 않으면 그들은 이런 말이 "신성모독의 오만한 행실" 즉, 사형에 해당하는 것으로 결론지을 수 있다(레 24:16).[5] 서기관의 권위적인 설명은 예수의 말씀이 얼마나 얼토당토않고 놀라운지를 독자들에게 알려주고 있다.

예수가 하나님에 대하여 말씀하시는 증거는 이러한 율법 교사들의 말로 표현되지 않은 비난에 대한 그의 반응에서 온다. 그는 영으로 그들이 그렇게 마음속에서 의문했다는 사실을 아신다. 그들의 마음을 아신다는 것은 그분만이 그들의 얼굴에 쓰인 관심을 파악하실 수 있다는 것을 의미하지 않는다. 하나님은 마음을 아시는 분이시며,[6] 예수도 그러하시다(8:16; 12:15). 그는 신성모독의 문제를 자기 자신에 대한 수수께끼 같은 문제로 살짝 피해 가시는데, 다음과 같은 의미의 말씀이다. 즉 "죄사함에 관한 신학적인 선언을 하는 것과, 그가 일어나서 걸어감으로 말미암아 죄가 실제로 사함을 받았다는 사실에 대한 경험적 증거를 제공하는 것 중에 어느 것이 더 쉽겠느냐?"는 것이다.

이러한 반응은 참선지자임을 입증하고, 주께서 말하라고 명령하지 않은 내용을 하나님의 이름을 가장하여 말하는 거짓 선지자를 정확하게 결정하는 성경의 지침과 일치한다. "만일 선지자가 있어 여호와의 이름으로 말한 일에 증험도 없고 성취함도 없으면 이는 여호와께서 말씀하신 것이 아니요 그 선지자가 제 마음대로 한 말이니 너는 그를 두려워하지 말지니라"(신 18:22). 사죄선언이 단순히 무익한 신학적인 실없는 소리가 아니라는 사실을 율법 교사들에게 보여주기 위하여 예수는 인자가 땅에서 죄를 사하는 권세를 가지고 계신다는 사실을 그들이 알도록 앉은뱅이에게 일어나서 걸어가라고 명하신다(2:10-11). 이 말씀은 그들의 경고가 잘못된 것이 아님을 확증해 준다. 예수는 은혜라는 근거에서 죄사함을 대담하게 말씀하신다. 즉 성전에 있는 제사장도 할 수 없고, 심지어 율법도 할 수없는 일을 선언하신다. 어떻게 예수가 하나님의 특권을 떠맡으시고 다짜고짜로 죄사함을 선포하실 수 있는가? 어떻게 하여 그가 하나님을 대신하여 그렇게 놀랍고도 전통에 얽매이지 않은 방식으로 말씀하실 수 있는가? 죄가 어떻게 그렇게 힘들이지 않고 간단하게

5. Marshall, *Faith As a Theme*, 185. 신성모독 문제가 지금은 말하고 있지는 않지만, 이것이 대제사장 앞에서 예수가 심문 받으실 때 공개적으로 다시 나타날 것이며, 그의 사형판결을 가속시킬 것이다.

6. 삼상 16:7; 대상 28:9; 시 139:1-2; 렘 17:9-10; Sir.42:18-20; 눅 16:15; 행 1:24; 15:8; 롬 8:27; 살전 2:4; 계 2:23.

처리될 수 있는가?

인간 치유에 대한 세 번째 장애물은 그 사람 자신의 회의론이다. 다른 사람들에 의하여 초라한 침상에 눕혀져서 옮겨져야 하는 사람이 예수의 사죄의 말씀을 믿고 일어나서 침상을 가지고 가라는 지시를 따라 행할 것인가? 그렇지 않으면, 율법 교사들의 판단을 받아들여서 속으로 "이 사람은 나의 죄를 사할 수가 없어"라고 말할 것인가? 그는 이것은 소망 없는 명령이라고 믿을 것인가: "나는 중풍병자이기 때문에 일어날 수도 아무것도 가지고 갈 수도 없어"? 치유의 이 마지막 장애물은 그 사람이 예수의 말씀에 순종함으로써 친구들과 같은 믿음을 드러내어 모든 사람 앞에서 침상을 팔에 끼고 나갈 때 극복되어진다. 상상해 보면, 군중은 이제 길을 비켜주고 지붕은 하나님에게 영광을 돌리는 가운데 다시 수리될 것이다.[7] 그들의 칭송은 예수가 행하신 일이 커다란 불경죄가 아니라, 하나님께 영광을 돌리려는 이유가 있었다는 사실을 확증해 준다.

인자

예수의 결정적인 선언은 자기 자신을 "인자"로 언급한 것이다. 만일 인자를 호칭으로 간주할 수 있다면, 1세기 유대인들의 마음에 이 호칭을 떠올리게 하려고 의도적으로 기획된 것인지는 일치가 없다(단 7:13; 에녹1서 46-53).[8] 마가복음에서 아무도 예수를 인자로 부르지 않는다. 예수가 제자들에게 "사람들이 나를 누구라고 하느냐?"로 물으셨을 때, "인자"는 그 선택된 말 중에 속하지 않았다(8:27-30). 또한 예수는 법정에서 인자로 선언하신 것에 대해서 비난을 받지 않으셨다. 이 용어의 모호성은 인자가 예수 당시의 사람들이 마음속에 품고 있었던 선입적인 개념이 아니었을 것이다. 따라서 인자는 예수가 스스로에게 의미를 부여한 호칭이다.

---

7. 하나님에게 영광을 돌리는 사람들은 "군중"이 아니라 "모든 사람"이라고 그 신원이 밝혀져 있다. "모든"이 회의적인 율법교사들을 포함하는 것을 의미하는가? 만일 그렇다면 이 사건은 완전히 다른 성격을 가진 논쟁 이야기다. 비밀리에 자기들 마음속에 예수를 의심하였던 사람들은 그분이 행하신 일로 인하여 그 말씀이 타당하다는 사실을 납득하게 된다. 그 증명은 유동성이 있다. 나중에 일련의 논쟁들 이후에 "예루살렘으로부터 내려온 율법 교사들"은 그의 성공의 자원에 관해서 완전히 다른 결론에 도달할 것이다(3:22).

8. 보다 최근의 것으로, Belbert Burkett, "The Nontitular Son of Man: A History and Critique," *NTS* 40 (1994): 514-21을 보라. 또한 I. Howard Marshall, "Son of Man," in *Dictionary of Jesus and Gospels*, eds. Joel B. Green, Scot McKnight, and I. Howard Marshall(Downers Grove, Ill.: InterVarsity, 1992), 775-81을 보라.

그러나 분명한 것은 마가복음에서 이 호칭이 예수가 누구인지를 가장 적절하게 표현하고 있다는 사실이다. 비록 '인자'라는 용어의 의미가 확실히 규정되지는 않을지라도, 우리는 그가 행하신 일을 알게 된다. 그는 죄를 사하는 권세를 가지고 계신다(2:10). 그는 안식일의 주인이시다(2:28). 그는 배반당하시고(14:21, 41), 치욕과 죽음을 당하시어, 제3일에 살아나실 것이다(8:31, 38; 9:9, 12; 10:33). 그는 섬김을 받으려 함이 아니라 도리어 섬기려 하고 자기 목숨을 많은 사람들의 대속물로 주려고 오신다(10:45). 그는 권능의 오른편에 앉으실 것이고 구름을 타고 오시며 자기의 택하신 자를 모으실 것이다(13:26-27; 14:62).

상황잇기

이 장면에서 현대의 독자들을 깜짝 놀라게 하는 것은 전하시는 말씀을 갑자기 중단시킨 데 대한 예수의 최초의 반응이다. 한 사람이 지붕을 뚫고 내려왔을 때, 그의 첫 말씀은, "작은 자야[아들아-NIV][9] 네 죄 사함을 받았느니라"이다. 한 주석가는 네 사람들이 중풍병자를 그의 죄사함을 받도록 하기 위해서가 아니라 치유 받도록 하기 위해서 예수께 데려왔다고 언급함으로써 우리 현대인의 난처함을 말한다.[10] 우리들 대부분은 어떤 의료적인 처치를 받기 위하여 왔을 때, 우리에게 이러한 선언을 하는 의사를 만나면 의욕을 잃어버릴 것이다. 우리는 질병을 바이러스, 박테리아, 혹은 다른 병원체를 통하여 야기된 것으로 보고, 최선의 방법은 의료적 수단이지 죄사함이 아니라고 생각하는 경향이 있다. 우리는 건강을 바른 식생활—고섬유질, 저칼로리 바른 운동—그리고 네 명의 의사들 가운데 세 명의 의사들이 추천하는 바른 치료를 받고 결과적으로 질병 저항 유전자를 얻게 되는 것을 확신한다.

질병의 원인을 찾으려는 의술에 대한 과학적 접근은 환경과 사회적 영적 상황을 간과한다. 우리는 마음, 몸, 영혼간의 고착된 경계선들이 존재한다고 생각한다. 그러므로 하나님 또는 하나님과 우리의 관계는 건강이나 아픔과는 거의 혹은 전혀 관계가 없다고 생각한다. 우리는 중풍환자의 문제를 히스테리적인 신경과민 상태

9. "아들"은 "딸"과 같은 애칭이다(5:34, 41). 그는 제자들을 이 호칭으로 부르신다(10:24). 이 용어는 하나님의 나라를 어린아이와 같이 받아들이는 데 대해서 사용되는 단어다(9:36-37, 42; 10:13-16).

10. Ernst Haenchen, *Der Weg Jesu*(Berlin: Töpelmann, 1966), 101. Pesch(*Das Markusevangelium*, 1:156)은 그 친구들이 죄를 사하시는 자비로운 하나님에 관한 예수의 설교를 듣고, 자기들의 친구를 데려왔다고 주장한다.

에서부터 정신적인 무기력을 야기한 과도한 죄책으로 인한 신체불능 문제로 진단하는, 다양한 해석자들의 시도로 증명된 것이라고 합리적이고 의학적인 설명을 더 좋아한다. 또는 혹자는 예수가 단지 유쾌한 말을 가지고 그를 격려하거나 그의 신뢰를 얻어내려 하고 있다고 생각한다. 어떤 다른 견해는 많은 것들을 오늘날 비합리적인 것으로 혹은 원시시대의 미신으로 제거해 버린다. 그러므로 우리는 죄와 질병간의 직접적인 관련을 전제하고 있는 성경적 세계관과 불편한 관계에 있다.[11]

그러나 중풍병자는 이 기사에서 죄의 결과로 취급된다. 죄를 용서한다는 것은 그 결과인 중풍병을 없애버리는 것이다. 그러므로 치유는 죄사함의 결과로 온다. 우리는 더 이상 예수의 죄사함에 대한 선포로 말미암아 당혹해 하지 않는데, 곧 우리는 그것을 당연한 것으로 여기게 될 것이다. 그것은 죄가 우리로 하여금 넘어지게 하는 신체적인 결과들을 가져왔다는 암시다. 여하튼 질병을 죄와 연관시키는 것은 우리가 피하고 싶은 현대의 함정이다. 우리는 질병과 고통의 모든 원인을 죄에 대한 형벌적 결과로 돌리고, 건강을 성결과 동일시함으로써, 희생당하는 사람을 비난하는 욥의 친구들과 같이 되기를 원치 않는다.

그러나 우리는 마가가 어찌하여 나쁜 일들이 선한 백성과 악한 백성에 모두에게 일어났는지를 설명하는데는 관심이 없다는 사실을 기억해야 한다. 예수의 치유 기적은 강조되어야할 세 개의 통찰력을 보여준다. (1) 첫째로, 또 다시 기독론적인 의미다. 대부분의 유대인들이 믿는 바와 같이 만일 하나님만이 죄를 사하신다면, 그리고 하나님만이 질병을 치유하신다면, 예수는 출애굽기 15:26의 말씀의 성육신이다. "나는 너희를 치료하는 여호와임이라." 치유의 기적은 예수의 신적 기원과 능력을 확인시켜 준다. 또한 그것은 올바른 관점에서 독자로 하여금 십자가를 이해하도록 준비시켜 준다. 예수는 언제나 이적의 능력을 다른 사람들을 위하여 사용하시며, 자기 자신을 위해서는 결코 사용하지 않으신다. 그렇다면 십자가는 능력의 실패가 아니라 다른 사람을 사랑하시는 하나님의 사랑으로 인하여 자원하여 자신을 낮추신 행동이라는 사실을 깨달을 수 있다.

(2) 예수는 죄악된 세상에 죄사함을 가져오기 위하여 보내심을 받았다. 유얼

---

11. 성경은 질병을 죄로 인한 또는 어떤 악한 세력에 의한 징계로서 하나님이 일으키신 것으로 취급한다(출 15:26; 신 7:15; 28:22-28; 32:39; 욥 2:5-6; 시 41:3-4; 103:3; 107:17; 사 19:22; 38:16-17; 57:17-19; 요 5:14; 9:2-3; 행 5:1-11; 12:20-23; 고전 11:30; 약 5:16). 그것은 하나님이 질병을 모두 주장하신다고 가정한다. 후기 랍비 전승에 따르면(b Ned. 41a), "R. Alexandri가 R. Chiyya b. Abba의 이름으로 말했다. 한 아픈 사람이 '그가 네 모든 죄악을 사하시며 네 모든 병을 고치시며'(시 103:3)라고 기록된 것처럼 그의 모든 죄가 사함을 받기까지는 그의 질병으로부터 회복되지 않았다."

(Juel)은 다음과 같이 설명한다. "병을 죄의 능력과 연관시키는 질병에 대한 비밀스럽게 악한 것이 있다. 하나님의 나라의 도래는 이 양자의 종말을 의미한다."[12] 만일 질병을 예수 당시에 사람들이 했던 것처럼 하나님의 징계의 채찍으로 본다면, 하나님은 예수를 통하여 죄사함을 제공하신다. 예수는 구약성경에서 하나님의 존전으로 나오는 것을 방해했던 모든 것들—그것이 인간의 삶을 지배해온 더러운 귀신, 더러운 질병(레 13:45-46), 마비증세(21:17-23), 그리고 죄였든—을 정복하시며, 하나님의 통치를 삶의 전 영역으로 들어오도록 길을 열어주신다.

현대 사회는 질병문제에 대한 기계론적 접근방식을 취하는 경향이 있다. 하나의 기계가 불량일 때, 기계공은 무엇이 잘못인지를 진단하고 잘못된 부분을 제거하거나 조정한다. 우리의 육신이 손상되었을 때, 우리는 무엇이 잘못되어 있는지를 진단하고 잘못된 부분을 제거하거나 바로잡기 위하여 의사를 찾아간다. 이러한 일이 완료된 후에 육체는 다시 정상적으로 기능할 것으로 생각한다. 그러나 인간은 기계가 아니며 수많은 요인들이 건강에 기여를 해준다. 영(Young)은 다음과 같이 기록하고 있다. "복음은 치유가 하나님과, 다른 사람들, 우리 자신들 그리고 우리의 환경과의 관계를 포함한다고 선포한다."[13] 우리의 건강을 파괴할 수 있는 것들 가운데 하나는 무력하게 하는 죄의 짐이다. 그것은 혈액검사나 엑스레이 촬영 같은 것으로 나타나지 않지만, 육체의 질병처럼 유독하다. 이 장면에서 예수는 불구가 되게 하고 움직이지 못하게 하는 죄의 짐을 제거하심으로써 사람들을 건강하도록 회복시키신다.

마가복음의 처음 장면은 예수가 깨어진 세상에 치유를 가져다주기 위하여 보내심을 받았다는 사실을 드러내고 있다. 마가는 하나님의 통치의 도래가 이 타락한 세상을 향하여 약속하고 있는 것과 인류를 위하여 하나님의 이름으로 행하시는 분의 능력이 수반하는 것들을 나타내기 위하여 이러한 기적들을 선별하여 기록하고 있다. 예를 들면, 그것은 예수가 이 중풍병자를 특별한 죄인으로 보신 경우가 아니고, 한 사람의 고통이 그 사람의 죄에 비례하여 온다는 신명기의 가르침을 상기시키는 것도 아니다. 앤더슨(Anderson)이 도움 되게 설명한다. "인간의 타락한 상태와 인간에게 영향을 주는 모든 것 간에 긴밀하고 오래된 연관이 있는데, 하나님의 뜻은 인간이 온전하고 존재의 모든 방면에서 완전해지는 것이다."[14] 아픔은 그 권

12. Juel, *Mark*, 46.
13. John Young, "Health, Healing and Modern Medicine," in *The Gospel in Contemporary Culture*, ed. Hugh Montefiore(London: Mowbray, 1992), 157.

세 잡은 자가 능력으로부터 추방된 옛 시대에 속한다.

예수의 치유사역은 고난과 재난이 닥칠 때 흔히 질문하는 문제들을 바꾸신다. "누가 내게 이 일을 행하였는가?" 혹은 "어찌하여 이 일이 일어났는가?"라고 묻는 대신에 "사죄, 치유, 구원을 나에게 주는 이분은 누구신가?" 그리고 "우리 삶에서 그의 임재는 무엇을 의미하는가?"라고 물어볼 필요가 있다. 그 다음에 이 이적들은 "미래가 제공할 것을 선언하고 시작시킨다. 이적들은 역사의 '약속', 즉 온전하게 회복되고 하나님의 임재에 열려 있는 세계가 있게 되리라는 역사의 '실존'이다"[15]라는 것을 알게 한다. 우주를 더 이상 침략해오는 심술궂은 세력들로부터 공격을 받는 적대적인 장소로 간주할 필요가 없다. 궁극적으로 하나님의 사랑과 은혜가 다스린다.

(3) 마지막으로, 우리는 의학의 공적을 인정할 수 있지만, 과학적 해결법은 질병, 고통, 죽음이라는 모든 문제를 해결하지 못한다는 사실을 지적해야한다. 의미심장한 치유는 그 어느 것도 하나님과의 화목 없이 일어날 수 없다. 우리는 또한 육체적인 웰빙이 기독교 신앙의 본질이 아니라는 사실을 기억해야 한다. 바울의 육체 가운데 들어있는 가시가 이를 증거한다. 아주 신령한 그였기에 그가 하나님께 그 가시를 제거해 주시도록 기도했을 때 그가 치유를 받을 것이라고 기대할 수 있었다. 그러나 아무런 이적도 일어나지 않고, 대신에 바울은 그 가시가 삶을 사는데 필요한 하나님의 은혜가 충분하고 만족하다는 사실을 가르쳐 주었기 때문에 그것을 받아들여야 한다는 응답을 받았다. 또한 그것은 하나님의 능력이 어떻게 인간의 약함 가운데서 온전함으로 인도해 주는가를 증거해 주었다(고후 12:7-9).

상황을 연결짓고, 이 단락으로부터 현대적 의미를 이끌어낼 수 있는 또 다른 방법은 우리 자신들을 이야기 가운데 있는 인물들과 대입시켜 질문을 던져보는 것이다. 월터 윙크는 이러한 성경연구 방법을 유익하게 정리하였다.[16] 그러므로 우리는 자문할 수 있다. 우리로 하여금 다른 사람들이 문둥병자라고 느끼게 하는 것은 어떤 것인가? 우리가 그들을 두려워하는 것은 무엇 때문인가? 접촉할 수없는 문둥병자처럼 우리를 느끼게 하는 것은 무엇인가? 무엇이 우리를 지붕 위에 올라가서 지붕을 뚫고 다른 사람을 치유의 원천으로 데려다주는 돕는 자가 되게 하는가? 우리

14. Anderson, *Mark*, 100.
15. John R. Donahue, "Miracles, Mystery and Parable," *Way* 18(1978): 253.
16. Walter Wink, *The Bible in Human Transformation Toward a New Paradigm of Biblical Study* (Philadelphia: Fortress, 1973), 49-65.

안에 있는 무엇이 우리를 율법의 선생, 곧 차가운 지식, 회의적인 관망자, 판단 전문가와 같게 하는가? 우리 안에 있는 서기관은 우리가 용서받아야할 필요가 있는 죄들을 가지고 있다는 사실을 예수가 상기시켜주기를 원치 않는다. 우리 안에 있는 무엇이 사죄의 말씀을 들어야할 필요가 있는 중풍병자와 같게 하는가? 우리 안에 있는 무엇이 무기력하고 외계 세력에 사로잡혔다고 느끼게 하는가? 이러한 문제들에 대한 답변들이 우리 자신들과 다른 사람들을 보다 분명하게 깨닫도록 인도해 준다.

현대적 의미

만일 예수가 다른 사람들에 대한 사역의 모델이시라면, 우리는 치유를 가져다주시는 죄사함과 하나님과 화목의 기회를 선포하는 분을 보게 된다. 교회는 모든 죄를 깨끗케 하는 사죄의 제공을 말과 행실로 선포할 필요가 있다. 압박을 가하는 죄책이라는 갈피를 못 잡은 가시덤불로 말미암아 질식을 당하는 수많은 영혼들이 있다. 예수의 말씀은 그 혼란을 벗겨내실 수가 있으며 갱신이라는 활기 넘치는 힘을 푸시고 백성들의 삶 가운데 에너지를 공급하실 수가 있다. 프랑스 역사가 율레 미셀레(Jules Michelet)는 중세기에 병자가 도움을 얻기 위하여 교회로 갔을 때 그들이 아픈 것에 대해서 비난을 받았다고 말한다. "일요일에, 미사가 마친 후 다수의 아픈 사람들이 도움을 받으려고 울부짖으면서 왔다 그리고 그들이 들은 것은 다음과 같은 말이었다. '너희는 죄를 지었고 하나님은 너희에게 고통을 주고 계신다. 그분에게 감사하라. 너희는 내세에서 고통을 훨씬 덜 받을 것이다.'"[17] 하지만 병든 자가 예수에게로 왔을 때, 그는 그들을 경멸하지 않으셨고, 하나님의 사죄를 선포하셨으며, 하나님의 사랑을 나타내 보이셨다. 그는 질병의 원인들을 쫓아내셨다: 절망, 죄책, 절망.

오늘날 많은 사람들이 의료수단을 사용하지 않는 이적치유에 대해서 회의적이다. 토마스 제퍼슨은 자신의 책, 『나사렛 예수의 삶과 윤리』(*The Life and Morals of Jesus of Nazareth*)에서 "개화된" 정신에 더 마음에 들게 하기 위하여 복음에 나오는 이적의 모든 요소를 제거했다. 레너드 스윗(Leonard Sweet)은 복음주의 전통에서 의학과 건강에 관한 그의 연구에서 현대 시대의 치유의 기쁨에서 의학은 종교와 도덕적 관심에서 관계를 끊었고, 교회는 "의학과 치료의 문제에서 안전한 거리"

17. Kat Duff, *The Alchemy of Illness*(New York: Bell Tower, 1993), 50.

를 둠으로써 묵인했다고 주장한다. 현대과학의 이적에 대한 생각은 자주 교회와 성직자를 불필요한 것처럼 보이게 만들고 있다. 그러므로 많은 의사들이 성직자가 특히 의학적인 치료가 완료되기 전까지 병실에 참견하고, 환자들이 죄문제에 대해서 염려하게 되는 것을 원치 않는다. 스윗은 다음과 같이 기록한다. "의약이 할 수 있는 모든 것, 즉 인간적으로 가능한 모든 일을 다 했을 때, 종교가 떠맡는 것으로 생각해야 한다."[18]

예수의 치유는 하나님이 치유하시는 분이라는 사실을 드러내고 있으며, 하나님이 믿음과 기도와 함께 의약과 수술을 통하여 역사하실 수 있다는 사실을 드러내고 있다. 우리는 믿음과 기도를 무시해서는 안 된다. 마음과 영이 질병의 발병에 영향을 줄 수 있는 것처럼, 마음과 영이 치유에 효력을 줄 수 있다. 치유는 신체의 규모보다 훨씬 더 큰 어떤 것을 포함하고 있다. 그것은 정신적, 사회적, 영적 특징도 포함한다. 그러므로 믿음, 기도, 사죄에 대한 깊은 의식은 단순히 "종교적 위안들"이 아니다. 스윗은 다음과 같이 제기한다.

> 믿음, 소망, 사랑의 치유 능력은 건강과 의료에 부수적인 것이 아니다. 항생물질처럼 믿음, 소망, 사랑은 조직에 신속하게 스며들어서 자기들의 역할을 천천히 행해 나간다. 치료 혹은 질병의 제거는 의학적 수단을 통해서만 일어나지 않는다. 치유 혹은 사람의 전인적인 환경 속으로의 성공적인 침투는 믿음과의 공동협력 가운데서 일어날 뿐이다. 의학적 치유는 과학을 통하여 나타난 하나님의 지식이다. 영적 치유는 믿음을 통하여 나타난 하나님의 치유다. 그것은 같은 지식이고, 같은 하나님이다.[19]

---

18. Leonard I. Sweet, *Health and Medicine in the Evangelical Tradition*(Valley Forge, Pa.: Trinity Press International, 1994), 142.
19. Ibid., 142.

마가복음 2:13-3:6

13 예수께서 다시 바닷가에 나가시매 큰 무리가
나왔거늘 예수께서 그들을 가르치시니라
14 또 지나가시다가 알패오의 아들 레위가 세관
에 앉아 있는 것을 보시고 그에게 이르시되
나를 따르라 하시니 일어나 따르니라
15 그의 집에 앉아 잡수실 때에 많은 세리와 죄
인들이 예수와 그의 제자들과 함께 3)앉았으
니 이는 그러한 사람들이 많이 있어서 예수
를 따름이러라
16 바리새인의 서기관들이 예수께서 죄인 및 세
리들과 함께 잡수시는 것을 보고 그의 제자
들에게 이르되 어찌하여 세리 및 죄인들과
함께 먹는가?
17 예수께서 들으시고 그들에게 이르시되 건강
한 자에게는 의사가 쓸 데 없고 병든 자에게
라야 쓸 데 있느니라 나는 의인을 부르러 온
것이 아니요 죄인을 부르러 왔노라 하시니라
18 요한의 제자들과 바리새인들이 금식하고 있
는지라 사람들이 예수께 와서 말하되 요한의
제자들과 바리새인의 제자들은 금식하는데
어찌하여 당신의 제자들은 금식하지 아니하
나이까
19 예수께서 그들에게 이르시되 혼인 집 손님들
이 신랑과 함께 있을 때에 금식할 수 있느냐
신랑과 함께 있을 동안에는 금식할 수 없느
니라
20 그러나 신랑을 빼앗길 날이 이르리니 그날에
는 금식할 것이니라
21 생베 조각을 낡은 옷에 붙이는 자가 없나니
만일 그렇게 하면 기운 새 것이 낡은 그것을
당기어 해어짐이 더하게 되느니라
22 새 포도주를 낡은 가죽 부대에 넣는 자가 없
나니 만일 그렇게 하면 새 포도주가 부대를
터뜨려 포도주와 부대를 버리게 되리라 오직
새 포도주는 새 부대에 넣느니라 하시니라
23 안식일에 예수께서 밀밭 사이로 지나가실새
그의 제자들이 길을 열며 이삭을 자르니
24 바리새인들이 예수께 말하되 보시오 저들이
어찌하여 안식일에 하지 못할 일을 하나이
까?
25 예수께서 이르시되 다윗이 자기와 및 함께
한 자들이 먹을 것이 없어 시장할 때에 한 일
을 읽지 못하였느냐?
26 그가 아비아달 대제사장 때에 하나님의 전에
들어가서 제사장 외에는 먹어서는 안 되는
진설병을 먹고 함께 한 자들에게도 주지 아
니하였느냐?
27 또 이르시되 안식일이 사람을 위하여 있는
것이요 사람이 안식일을 위하여 있는 것이
아니니
28 이러므로 인자는 안식일에도 주인이니라

3:1 예수께서 다시 회당에 들어가시니 한쪽 손
마른 사람이 거기 있는지라
2 사람들이 예수를 고발하려 하여 안식일에 그
사람을 고치시는가 주시하고 있거늘
3 예수께서 손 마른 사람에게 이르시되 한 가
운데에 일어서라 하시고
4 그들에게 이르시되 안식일에 선을 행하는 것
과 악을 행하는 것, 생명을 구하는 것과 죽이
는 것, 어느 것이 옳으냐 하시니 그들이 잠잠
하거늘
5 그들의 마음이 완악함을 탄식하사 노하심으
로 그들을 둘러 보시고 그 사람에게 이르시
되 네 손을 내밀라 하시니 내밀매 그 손이 회
복되었더라

6 바리새인들이 나가서 곧 헤롯당과 함께 어떻
게 하여 예수를 죽일까 의논하니라

원 의미

"곧"(그리고 즉시)이라는 문구가 산재해 있는(1:21, 23, 28, 29, 31, 42, 참조. NASB) 앞 단락에서, 마가는 예수의 명성과 인기가 삽시간에 퍼지고 있음을 보여주었다. 그 다음에 본 단락(2:13-3:6)에서, 종교적 대적자들로부터 급속하게 일어나는 예수에 대한 대적을 마가는 보여주고 있다. 이 단락은 유대인의 의식법과 관습과 관련한 네 개의 논쟁들로 이루어진 하나의 범주로 이루어져 있다. 마지막 논쟁을 제외한 각 논쟁은 대적자들이 제기한 질문들로 이루어져 있는데, 이에 대해서 예수는 선포 혹은 금언 투의 말씀으로 대답하신다.

(1) "어찌하여 세리 및 죄인들과 함께 먹는가?"(2:16)에 대해서는 다음과 같은 자명한 이치의 말씀으로 대답하신다. "건강한 자에게는 의사가 쓸 데 없고 병든 자에게라야 쓸 데 있느니라 나는 의인을 부르러 온 것이 아니요 죄인을 부르러 왔노라 하시니라." (2) "요한의 제자들과 바리새인의 제자들은 금식하는데 어찌하여 당신의 제자들은 금식하지 아니하나이까?"라는 질문에는 새로운 천으로 낡은 옷에 붙이지 않는다 혹은 새 포도주를 낡은 가죽 부대에 넣는 자가 없다는 잠언적 말씀으로 대답하신다(1:19, 21-22). (3) 어찌하여 제자들이 안식일에 하지 못할 일을 하느냐는 질문(2:24)에 대해서는 "안식일이 사람을 위하여 있는 것이요 사람이 안식일을 위하여 있는 것이 아니니", "인자는 안식일에도 주인이니라"(2:27-28)는 선언으로 대답하신다.[1] (4) 마지막 논쟁에서 예수는 자기를 힐문하는 자들에 대해서 역습하시고 논쟁을 자극하신다. 예수는 그의 행동을 감시하기 위해 모인 사람들에게 안식일에 관한 질문을 하신다. "안식일에 선을 행하는 것과 악을 행하는 것, 생명을 구하는 것과 죽이는 것, 어느 것이 옳으냐?"(3:4). 바리새인들은 대답을 하지 못한다. 예수가 한 사람을 건강하도록 고쳐주셨을 때, 그들이 한 유일한 반응은 그분을 죽이기 위하여 헤롯당원들과 모의하는 것이다(3:6).

1. 2:18-22과 2:23-28에서 우리는 평행적인 형태를 가진 질문(2:18, 24), 주장(2:19-20, 25-26), 그리고 이중적 질문—첫 번째 질문(2:21, 27), 두 번째 질문(2:22, 28)—이라는 평행적 형태를 발견한다.

세리 레위를 부르시고 그의 집에서 만찬을 드심(2:13-17)

예수는 다시 바닷가로 가신다. 해변을 따라 걸어가실 때(1:16), 그는 다시 한 사람을 택하시고 따라오라고 말씀하신다. 이번에 사람은 세금 징수원인데, 어부들이 자기들의 그물로 일하고 있을 때처럼, 세무서에서 부지런히 자기 일을 하고 있던 알패오의 아들 레위다. 레위는 정식 세무서 직원이 아니고, 헤롯 안디바를 위하여 여행도로의 교차지점에 앉아서 통행료, 관세, 부과금, 통관세를 받는 사람이다. 세금 징수원들은 부정직과 부당한 가격으로 유명했다. 그들은 습관적으로 자기들에게 할당된 것보다 더 많이 거두어들였고, 언제나 규정대로 하지 않고 거짓된 가격과 명목을 붙였다.[2] 세리들은 어떤 일의 제자로서 지원할 자격이 없었는데, 그 이유는 대부분의 유대인들이 그들을 정당하고 바른 금액보다 더 많은 돈을 갈취한 사람들로 밀어냈기 때문이다.[3]

레위가 네 명의 어부들이 부름을 받았던 것과 동일한 방식으로 부름을 받기는 했을지라도, 그의 이름이 3:17-18에 있는 제자들의 목록에는 나타나지 않는다. 마태복음 9:9에서 마태가 세관에서 부름을 받았는데, 그 이름이 네 번 나오는 열 두 제자의 목록에 나타난다(마 10:2-4; 막 3:18; 눅 6:13-16; 행 1:13). 야고보 역시 이 네 모든 목록 가운데 나타나는데, 그는 알패오의 아들 야고보라고 밝혀져 있으며, 이는 아마도 그를 세베대의 아들 야고보와 구별시키기 위한 것으로 보인다(3:18). 알패오의 아들 레위를 열 두 제자들 가운데 한 사람으로 확증할 수 있을까? 이러한 문제는 쉽게 해결하기 어렵다. 한 설명은 시몬 베드로가 시몬과 베드로(게바)로 알려진 것과 같은 방식으로 이 세리가 레위와 마태라는 두 이름으로 알려졌을 수도 있다는 것이다. 마가복음은 레위라는 이름을 사용하고 있는 반면에 마태복음은 마태라는 이름을 사용한다. 또 다른 해결점은 야고보와 레위가 형제들이거나, 두 이름을 가진 한 사람일 수도 있다는 것이다. 몇몇 고대 본문들은 여기서 레위 대신에 야고보로 읽음으로써 모순점을 극복하고 있다.[4]

그러나 제자들의 목록과 레위간의 관계를 밝히려는 관심은 우리로 하여금 마가

2. John R. Donahue, "Tax Collectors and Sinners: An Attempt at Idendification," *CBQ* 33(1971): 39-61을 더 보라.
3. Minear, *Mark*, 60.
4. D. Θ, 565, f^{13}(346 제외), Tatian.

의 본문이 드러내고 있는 어떤 것을 놓칠 수 있게 만들 수 있다. 만일 레위가 마가복음에 들어있지 않은 바와 같이 열 두 제자에 가입되지 않아야 한다면, 예수의 부르심은 열 두 제자들에게 한정되지 않은 것이다. 예수가 베드로, 안드레, 야고보, 요한을 부르신 것처럼 세금 징수원을 부르심은 독자로 하여금 예수를 따르는 일이 "모든 사람들"에게 열려있음을 상기시켜 주는 것이다.[5] 좋지 않은 평판에도 불구하고 한 사람의 지위 혹은 계급은 예수의 부르심을 받고 이에 응답할 때, 그것은 불리한 조항이 아니다. 이 해석은 2:15에 있는 "그를 따랐던 많은 사람들이 있었으니"라는 진술을 통하여 강화된다.

레위는 다른 제자들이 그랬던 것처럼 신속하게 응답하여 예수를 따르지만, 그의 순종은 과거와의 보다 근본적인 단절을 표시하고 있다. 다른 제자들은 언제나 어부의 직업으로 돌아갈 수 있지만(요 21:3), 자기의 지위를 잃어버린 세금 징수원은 그렇게 할 수 없다. 그 다음 장면은 레위가 많은 다른 세리들과 예수를 따르는 죄인들과 함께 "자기 집"에서 식사하는 장면이다(2:15 이하). 마가복음에서 "집"은 예수와 연결되어 있다(레위가 '그'[예수]를 따르고 '그의' 집에 있는 상에 앉아있다; 2:1; 3:19; 7:17, 24; 9:33; 10:10). 그렇다면 예수는 사회 천민들의 초라한 집단의 무리를 대접하고 있는 것이다.

다시 말해서, 예수는 죄인들에게 회개하라고 설교하는 것 이상의 일을 하고 있는 것이다. 그는 그들과 친구가 되신다. 이 장면은 예수가 "정상적으로는 신앙과 거의 또는 전혀 관계 없는"[6] 사람들을 끌어오는 "자석과 같은 힘"을 소유하고 계신다는 사실을 암시한다. 한편으로, 신앙과 관계가 있는 사람들은 주로 이러한 종류의 백성들을 끌어 들이기를 원치 않는다. 공개적으로 죄인을 받아들이는 이러한 모습은 바리새인들을 섬뜩하게 한다. 그들의 당혹한 모습이 예수로 하여금 병든 자에게 의원이 필요하다고 말씀하시게 한다. 어떤 의사도 병든 자들과 대화를 나누어 보지 않고 그 질병이 완전히 고쳐지기를 기다리지 않는다. 의사처럼 예수는 소위 죄인들이라는 질병을 극복하는 치유를 행해 주신다.

예수를 단순히 소문난 죄인들과 식사를 하고 즐기는 사람으로 보아서는 안 된다. 그들은 경건주의자 그룹, 이를테면 바리새인들에 의하여 "죄인들"이라는 딱지가 붙었다. 이러한 딱지는 본래 거룩함에 대한 바리새인들의 지침을 주의하지 않

5. Anderson, *Mark*, 103.
6. Gundry, *Mark*, 125.

고 이방인들과 사귐으로 인하여, 혹은 무두장이나 세리와 같은 블랙리스트에 오른 상거래에 종사함으로 인하여 경멸감에서 나온 것이다. 말씀의 충만한 의미에 있어서 예수를 따른다는 것은 회개와 순종을 필요로 한다. 병든 자에게 접근하시는 예수의 목적은 그들의 삶을 치유하고 변화시키려는 것이지, 그들을 모아서 즐거운 시간을 갖고자 한 것이 아니다. 예수는 백성들의 부류를 성과 속, 정결과 불결, 의인과 죄인으로 분류하지 않으시고, 하나님의 은혜와 사랑의 날개아래 모으신다.

금식의 문제(2:18-22)

예수는 세리들과 죄인들과 친구가 되실 뿐만 아니라, 그들과 함께 먹고 마신다(마 11:19). 그러나 요한의 제자들과 바리새인들은 예수의 행동에 대해 질문하는 것이 아니라 예수의 제자들이 금식하지 않는가를 묻는다. 요한의 제자들과 바리새인들은 금욕적 행습으로 다른 사람들로부터 자기들을 구분지어 왔다. 예를 들면 예수의 비유 가운데서 바리새인들은 다른 사람들과 같지 않음을 감사하고 이레에 두 번씩 금식하고 있는 사실을 하나님께 자랑한다(눅 18:12).

금식에 관한 질문은 세 개의 비유적인 대답을 이끌어낸다. 첫 번째 응답은 예수의 설교와 은혜로운 활동과 더불어 다가온 하나님의 나라는 장례식이 아니라 결혼잔치라는 사실을 나타낸다. 아무도 즐거운 잔치 자리에 분위기를 끼얹는 엄격한 얼굴의 금식자들을 원치 않는다. 그러한 즐거운 분위기에서 금식은 적절하지 않을 뿐만 아니라 불가능하다. 어쨌든 예수는 신랑을 그들에게서 취하여갔을 때 금식이 더 어울리는 때라고 말씀하시는데, 이는 그의 고난과 죽으심에 대한 완곡한 표현이다. 그러나 심지어 그러한 사건까지도 영구적 상태로 지속되지 않을 것이다. 부활의 즐거움이 모든 근심과 슬픔을 변화시킬 것이다.

두 번째와 세 번째 답변들은 예수의 사역의 의미를 예증하기 위하여 일상생활로부터 은유들을 끌어오고 있다. 옷을 꿰매고 새 포도주를 포도주 부대에 붓는 표상들은 행복한 주부를 위한 충고를 제공하고 있지 않다. 포도주를 붓기 위하여 부대들을 미리 씻어내고 축축하게 하여 그 부대를 준비하는 방법에 대해서는 아무런 언급이 주어져 있지 않다. 의복을 씻었을 때 찢어지고, 새롭고 더 강한 옷감은 오그라든다. 낡은 천 조각은 이미 늘어날 만큼 늘어났기에 이제 낡아서 더 이상 늘어날 수없는 천은 새로운 천이 늘어날 때 터져 버린다. 요점은 분명하다. 예수가 가져다 주시는 새로운 것은 옛것과 어울릴 수 없음이다.[7] 그는 하나님의 혁신적인 규정에 어울리지 않는 낡은 체계를 그냥 그대로 수선하기 위하여 오시지 않았다. 그는 옛것의 단순한 개혁자가 아니라 옛 것을 변화시키는 분이시다. 옛것에 대해 양보와 조정과 타협이 있을 수 없다. 옛것은 단순히 바리새인들의 유대주의로 표현되지 않는데 그 이유는 요한의 제자들과 유대주의가 같이 언급되고 있기 때문이다. 이전의 논쟁에서 죄인들에 대한 비난과 배척 그리고 이 논쟁에서 금식의 관습으로 예증되어 있는 옛것은 새로운 것을 담을 수 없다. 옛것과 새것이 합쳐지면 둘 다 망가질 것이다.

뒤따라오는 사건에서 예수는 안식일 법과 같은 것들은 인간을 위하여 만들어진 것이지 인간이 법을 위해서 존재하지 않는다고 말씀하신다(2:27). 음식법은 불필요하다. 중요한 것은 마음의 정결이다(7:19-23). 이웃사랑이 희생제사보다 더 크다(12:23). 성전은 파괴될 것이고, 손으로 만들어지지 않은 새로운 성전이 그것을 대신하여 세워질 것이다. 갈라짐의 소리는 복음을 통하여 분간할 수 있다. 하늘이 갈라지는 일이 세례 시에 일어났다(1:10). 대제사장 가야바는 예수가 그리스도요 찬송 받으실 하나님의 아들이라고 말씀하시는 것을 듣고 자기 옷을 찢었다(14:63). 성전 휘장은 예수가 십자가에서 죽으실 때 위에서 아래로 찢어졌다(15:38). 이러한 갈라짐은 "옛것의 종말과 새것의 탄생"을 상징한다.[8]

두 번의 안식일 논쟁(2:23-3:6)

이 단락은 두 번의 안식일 논쟁과 더불어 마친다. 첫 번째 논쟁(2:23-28)은 여기서 일종의 종교적 수사관으로 기능하고 있는 것으로 보이는 바리새인들이 제자들이 밭을 통과하여 지나갈 때 곡식을 자르는 것을 보았을 때 일어났다.[9] 법은, 낫을 사용하지 않는 한, 누구든지 (특히 궁핍한 자) 곡식이 자라고 있는 이웃의 밭에서 이삭을 잘라먹도록 허락했지만(신 23:25), 바리새인들은 이것을 추수하는 행위 곧

7. Gundry(*Mark*, 134)는 그것이 불화를 만들어내는 예수의 권위 있는 교훈의 저항할 수없는 능력이라고 주장한다. "요점은 오직 새것의 능력에 있다. 마가는 이 말씀을 예수의 권위 있는 말씀이 모든 논란을 종식시킨다는 사실을 암시하기 위하여 기록하고 있다. 그 말씀들은 상반되는 내용을 허용하지 않는다. 그것들은 모든 의심의 문을 닫아버린다. 이 이야기는 논쟁이 없이 끝난다."

8. Hooker, *Mark*, 101.

9. 누군가의 밭을 가로질러 간다는 것은 왕을 제외하고 모든 사람들에게 불법이다. 만일 이러한 행동이 왕권에 대한 공적인 선포라면 이 점은 안식일 법에 대한 해석 문제와 예수의 권위 문제에 초점을 맞추기 위하여 감추어져 있다.

안식일을 범하는 행위로 규정했다(*m. Sabb.* 7:2). 그러한 일들을 제자들이 소홀히 한 것은 그들의 무지나 부주의 때문이든 그렇지 않든 간에 제자들의 선생이신 예수에게 부정적으로 작용했다. 따라서 바리새인들은 그에게 직접적으로 도전을 가했다.

예수의 첫 번째 반응은 다윗의 선례를 상기시켜 주는 것이었다. 다윗은 진설병, 즉 거룩한 곳에서 제사장들만 먹어야 했던 제물의 가장 거룩한 부분(레 24:5-9; *Lev. Rab.* 32:3)을 먹음으로써 율법을 범하였다.[10] 성경은 그를 비난하지 않음으로써 그의 행동을 암암리에 인정한다. 그러나 다윗은 단순히 굶주린 사람만은 아니었다. 그는 이스라엘의 왕이 되고, 메시야의 조상, 그리고 왕-메시야의 예표가 될 것이었다. 그의 개인적인 권위가 그의 행동을 합법화했다. 진설병과 관련한 엄격한 법규가 살기 위하여 도망치던 다윗을 위하여 무시될 수 있었다면, 마가가 다윗의 주님으로 묘사하고 있고(막 1:2-3; 12:35-37) 또한 하나님 나라의 도래를 선포하고 있는 훨씬 더 긴급한 상황에 있는 예수(와 그의 동반자들)를 위해서는 그 거룩한 법규가 훨씬 더 무시될 수 있다.[11]

논쟁의 두 번째 부분은, 하나님이 다른게 아닌 인간의 행복을 위하여 안식일 개념을 창조하셨다는 전제를 가지고, 다른 방향에서 이루어진다. 하나님이 안식일을 인간들의 "7일간의 수고로부터 해방되는, 은혜로운 선물이 되게 의도하셨으므로,

---

10. 예수의 답변은 이 사건에 연루된 제사장이었던 아히멜렉이 아닌 아비아달을 가리켜 말씀하고 있다(삼상 21:1-6에 의하면). 아비아달은 아히멜렉의 아들인데, 그 아비아달은 단순히 사울 왕이 명하여 제사장들을 대량으로 학살하던 사건을 보고 그곳을 피해 나왔던 사람이다. 구약성경에서 이 두 제사장들 사이에 혼동이 있었거나(삼상 22:20; 30:7; 삼하 8:17; 대상 18:16; 24:6), 다른 곳에 있는 아비아달의 언급에 대한 설명을 서기관이 잘못 생각했음을 암시한다. 이 본문은 다윗이 아비아달에게 왔으나 이 사건이 아비아달이 대제사장이었을 때 일어났음을 말하고 있지 않다. 아비아달은 특별히 대제사장으로 밝혀져 있고 아히멜렉이 그러했던 것처럼 단순한 제사장 그 이상이었다. 이 단어는 이름의 시조를 따라 연대를 정하는 관례를 반영하고 있으며(눅 3:2), 아비아달은 다윗의 통치 동안에 대제사장이었고 특히 다윗과 연결되었다. 또 다른 대안적 설명은 12:26의 '에피 투 바투'('떨기나무')란 문구가 출애굽기에 있는 구절을 가리키는 것처럼 헬라어 문구인 '에피 아비아달'을 사무엘서에 있는 일반적인 단락을 가리키는 것으로 설명하는 것이다(J. W. Wenham, "Mark 2:26," *JTS* 1[1950]: 156이 그렇게 말함). 또 다른 설명은 이 불일치를 사무엘상하서, 열왕기상, 역대상에 나오는 구약성경의 기사들 가운데 삽입된 두 개의 전승의 탓으로 돌린다. 하류급의 전승이 아비아달과 아히멜렉의 역할을 뒤바꾸었고, 예수와/혹은 마가가 그것을 받아들였다는 것이다(M. K. Mulholland, "Abiathal," in *Dictionary of Jesus and the Gospels*, eds. Joel B. Green, Scot McKnight, and I. Howard Marshall [Downers Grove, Ill.: InterVarsity, 1992], 1.).
11. 이 사건은 듣는 자들이 이미 율법에 대한 권위 있는 해석자로 알아채고 있다는 사실과 그의 주장과 지시에 흥미를 가지고 있었음을 가정하고 있다. 이 주장은 회심하지 않은 사람에게 확신을 주었을 것 같지는 않지만 그리스도인의 확신과 행습을 강화시켜주었을 것이다. 율법주의자들은 법규들과 주장들에 더 숙달해 있고, 언제나 서술부분에는 어려움을 가지고 있는 것처럼 보인다. 다윗의 경우와 같은 사건을 가지고 그들이 무엇을 할 수 있겠는가?

안식일을 무거운 짐으로 만들거나 하나님의 자비라는 거저 주시는 과정을 방해하는 것으로 율법을 해석하는 사람은 단지 하나님과 그의 목적에 대한 무지를 드러낼 뿐이다."[12] 인간의 우선권은 인간이 의식상의 격식들에 순응할 필요성보다 인간의 필요성에 더 가치를 둘 것을 항상 요구한다. 바리새인들은 만일 제자들이 안식일을 위하여 어떤 음식이 준비되지 않았다면, 아무것도 먹지 말고 지내야 한다고 주장했을 것이다.[13] 비록 허락된 것에 대한 바리새인들의 협소한 해석을 어기는 것일지라도 예수는 배고픈 사람들이 안식일에 무엇인가를 먹는 것은 하나님의 뜻을 어기는 것이 아니라고 제기하신다.

논쟁의 세 번째 부분은 인자가 안식일의 주인이시라는 결정적인 선언으로 이루어져 있다. 이 단락은 "바리새인들이…말하되"(2:24)라는 진술로 시작한다. 결론 부분에서 그들이 말하는 내용은 별 차이가 나지 않았다는 사실이 확실해진다. 이 시점까지 내러티브는 예수의 권위가 율법 선생들의 권위보다 훨씬 더 능가한다는 사실을 드러내 주었다. 이 진술은 주님이신 인자께서 합법적인 것과 비합법적인 것, 허용할 수 있는 것과 허용할 수없는 것, 그리고 바리새인들에 의해 제정된 관습이나 전승들을 폐하거나 무효라고 선언하실 수 있는 분이심을 대담하게 확증한다. 안식일의 인간 중심적 목적을 명확하게 밝히신 분이 예수이시며, 그의 말씀은 결정적이다.[14] 자기들의 규칙과 법규, 쓸모없는 비판과 다툼을 가지고 있는 바리새인들은 하나님의 뜻을 잘못 해석하고 있다.

안식일에 대한 두 번째 논쟁(3:1-6)은 얼마나 쉽게 규율들이 백성들을 건강으로 회복시키는 길에 끼어들 수 있는지를 드러냄으로써 율법의 인간주의적인 목적을 논증해준다.[15] 이것은 또한 예수의 대적자들의 참된 성격을 폭로한다. 이것은 예수의 모든 움직임을 살피면서, "예수를 고발하려 하여 안식일에 그 사람을 고치시는가 주시하고 있었다"는 언급과 함께 시작된다(3:2). 그들은 치유하시는 그의 능력을 문제 삼고 있지 않다. 즉 치유는 지금 발생할 수 있다고 가정한다. 단지 안식일에 치유를 행하여 안식일 법에 대한 자기들의 해석을 어기는지 여부를 보기 원하고 있다. 안식일 법 위반은 신성모독 죄와 같이 사형에 해당했다(출 31:14). 이 단

---

12. G. B. Caird and L. D. Hurst, *New Testament Theology*(Oxford: Clarendon, 1994), 47.
13. 제자들은 배가 고픈 채로 가려고 하지 않았고, 안식일에 금식하기로 되어 있지도 않았다(Judith 8:6; *Jub.* 50:12, *m Sabb* 16:2; *m Ta'an* 1:6; *b Sabb* 118-19을 보라).
14. Gundry, *Mark*, 142.
15. 예수는 앞에서 안식일에 병을 고치셨고(1:21-28, 29-31), 아무도 반대의견을 제기하지 않았다

락은 예수를 죽일 계획을 세우기 위해 바리새인들이 헤롯 당원들과 세력을 규합하는 것으로 마친다. 그가 무엇에 대해서 죄가 있다는 것인가? 안식일에 병을 고치는 일이다! 이것은 예수에 대해서 또는 안식일에 허용될 수 있는 것에 대해서보다는 대적자들에 대해서 더 많은 것을 드러내준다.

예수는 그의 행동에 대한 면밀한 조사에 직면하여 망설이지 않으셨다. 그 대신 대적자들을 사로잡고 있는 마음의 완악함에 대해서 올바르게 분개하는 방향으로 나아가신다. 마음의 완악함은 이 대적들이 오늘날의 관용어가 의미하는 것처럼 냉정한 마음을 가졌다는 것을 의미하지 않는다. 마음은 어떤 결정을 하는 자리였다. 그러므로 마음의 완악함은 도덕적 그리고 종교적 의미를 가졌고, 이해력의 부족―어떤 영적 진리에 대해 무감각해진 마음의 굳어짐―과 하나님의 뜻을 업신여기는 불순종을 가리켰다.[16] 예수가 말씀하시고 행하시는 그 어떤 것도 바리새인의 마음을 감싸고 있는 도덕적 불감증이라는 두꺼운 갑옷을 뚫을 수없는 것처럼 보인다. 손 마른 사람의 손은 종교적 조사관의 메마른 영과 비교가 되지 않는다. 그러나 예수는 의도적으로 그 마음을 뚫고 들어가려는 마지막 시도로 자극하는데, 그것은 예수가 신속하게 처리하지 않는 유일한 치유이적이다.

예수는 메마른 손을 가진 사람을 그들 가운데 서라고 요구하신다.[17] 여기서는 비밀 엄수에 대해서 염려하지 않는다. 예수가 그에게 움직일 수없는 팔을 펴라고 명령할 때, 중풍병자에게 말씀하셨던 것처럼 "네 죄가 사하여졌느니라"고 말씀하실 수도 있었으나, 그 사람이 예수의 명령에 순종할 만큼 충분한 믿음을 가졌을 것이라고 생각된다. 암시된 죄사함과 치유하시는 권세는 예수가 하시는 일에 깔려있지만, 이 기사에서는 강조되어 있지 않다. 관심의 초점은 예수의 임재가 거룩한 날의 준수에 무엇을 의미하는지에 있다. 분명히 메시야는 안식일을 기념하기 위해서 오신 것이 아니라 생명을 구원하러 오셨다.[18]

3:4의 도전적인 질문으로 예수는 선을 행하는 일과 악을 행하는 일, 생명을 구원하는 일과 생명을 죽이는 일을 둘러싸고 있는 문제를 말하고 있다. 이 문제는 그

16. 성경의 관용어에서 이 단어는 살찐 마음을 가진, 목이 곧은, 눈이 먼, 귀가 먼과 동의어다.

17. J. D. M. Derrett, "Christ and the Power of Choice(Mark 3:1-6)," *Bib* 65(1984): 172는 회중이 기도하러 일어서서 기도하는 중에 이 사람이 두 손을 어깨 위로 올리고 손을 앞으로 향하여 폈을 때 일어섰을 것이라고 주장한다. 한편 손 마른 사람은 자주 어떤 죄를 짓기 위하여 손을 뻗친 것에 대한 형벌이었다(시 137:5; 슥 11:17을 보라). 여로보암이 자기에게 반역적인 말을 하는 선지자에 대하여 어떤 행동을 하려고 했을 때, 그의 손이 말라버렸다(왕상 13:4-6). 그의 그러한 상태는 하나님의 지적을 피하지 않은 고백하지 않은 죄의 증거로 간주되었을 것이다(시 32:1-5을 보라).

18. Minear, *Mark*, 63.

자체의 대답을 갖고 있다. 선을 행하는 일은 어떤 날들에 제한되어있지 않다. 예수가 질문하는 방식은 신명기 30:15-19을 상기시켜준다. "보라 내가 오늘 생명과 복과 사망과 화를 네 앞에 두었나니…내가 생명과 사망과 복과 저주를 네 앞에 두었은즉 너와 네 자손이 살기 위하여 생명을 택하고." 안식일일지라도 옳은 일을 해야 한다. 어느 때라도 고통을 완화시킬 수 있으며, 선을 행하는 일을 삼가는 것은 악을 부추기는 것이요 생명을 죽음에 내어주는 것이다.

예수가 이 사건에서 행하신 일에 대한 날카로운 비판적인 반응은 전혀 정당하지 않다. 말로 치유하는 것은 안식일을 위반하는 것이 아니다. 그는 아무런 연고나 약을 준비하지 않았고, 어느 것도 가져오지 않으셨다. 예수는 다만 바리새인들의 율법에 대한 지나치게 적용한 해석을 어긴 것이다—이러한 안식일에 대한 독자적인 적용을 하는 감시자들은 사람을 고치기를 원한다면 성스러운 날을 더럽히는 기미를 피하기 위하여 그 다음날 돌아와야 한다고 주장했다.[19] 그가 또 다른 날까지 고통을 당하는 것이 무슨 문제인가? 그들은 예수에게 적대감을 가졌고 정신적 장애를 가지고 있다. 완강한 저항을 하면서 만약 그의 말씀이 하나님의 뜻과 일치하지 않는다면, 그 사람은 고침을 받지 않을 것인데 그 이유는 죄를 사하시고 고치시는 분이 하나님이시기 때문이라는 사실을 그들 스스로 생각해보지 않았다. 이러한 비판자들은 너무나 맹목적으로 냉소적이어서 예수가 거룩한 날에 선을 행하시고 생명을 구원하실 때에 화가 났으나, 바로 그날에(3:6에 있는 "곧") 이들은 세속적인 세력들을 규합하여 그분을 해치고 죽일 음모를 꾸미는 일에 있어서는 양심의 가책을 전혀 느끼지 않았다. 빛은 그늘을 만들어내며, 예수의 임재는 가끔 백성들 가운데 가장 나쁜 일이 일어나게 한다.

헤롯당 사람들은 헤롯 안디바를[20] 섬기는 사람들이다. 헤롯은 요한을 잡아 가두었고 결국 목 베어 죽였다. 그들은 사회와 정치의 현상유지를 걱정했었는데, 그것은 종교를 통하여 잘 유지되었다. 공동 대적이 세속적인 헤롯 사람들로 하여금, 진리가 아닌 자기 이익을 추구하는데 경건하고, 종교적 극단주의자들과 함께 은밀히 결탁하게 만든다. 공개적으로 일하시는 예수와는 달리 그들은 비밀리에 음모를 꾸

19. 그 남자가 죽을 위험이 없고 만성질병으로 고통을 당하고 있으므로, 그의 고통은 기다릴 수 있다는 것이다. 모든 랍비들은 생명을 구원하는 일이 안식일보다 우선한다는 사실에 동의한다(*m. Yoma* 8:6을 보라). 그들은 이러한 결론에 대한 성경의 근거에 대해서는 의견이 일치하지 않는다(*Mekilta Shabbata* 1 on Ex.31:12을 보라).

20. Josephus, *JW* 1. 16.6§ 319; *Ant.* 14.15.10§450.

민다. 그분을 죽이려는 일당들은 15:1에서 절정에 도달할 것이고, 그때에 또 다른 세력을 가진 그룹이 예수를 죽이려고 모의를 하며 성공하게 된다(그들이 생각하기에).[21] 신랑을 빼앗길 것이라는 예수의 말씀(2:20)은 이제 보다 불길한 성격을 취하게 된다.

상황잇기

마가복음서의 이 단락은 하나님이 헌신자들로부터 어떤 행실을 기대하시는지에 대한 종교 학자들의 전통적 기대감들에 예수가 어떻게 도전을 가하시는가를 드러내주고 있다. 예수는 죄인들로 알려진 사람들과 교제하심으로써, 제자들이 안식일의 규칙들을 준수하지 못함으로써, 그리고 안식일에 병을 고침으로써 논쟁을 유발하신다. 오늘날 많은 사람들이, 우리가 바리새인들의 보잘것없는 경건으로 간주하고 있는 내용에 대하여 예수가 화합하지 않은 것이 당연하다고 생각하지만, 이 단락을 이해하기 위하여 중요한 문제들을 검토해 보아야만 한다. 예수를 향한 비판의 배후에는 무엇이 존재하고 있었는가? 예수의 동기는 무엇이었는가? 그는 안식일에 자기 차를 씻고 풀을 깎는 것처럼 종교적 집회에서 단순히 자기 코에 손가락을 대고 쓰다듬었는가? 그렇지 않으면 어떤 보다 심각한 일이 진행되었는가? 심각한 일이 진행되고 있었다는 후자가 확실히 맞다. 예수는 귀족적인 형태로 된 율법을 쓸모없는 것으로 던져버리지 않으셨다. 이 사건들은 독자에게 두 개의 화합할 수없는 종교적 견해, 즉 냉혹한 충돌을 하고 있는 종교생활의 두 방식을 제공해 준다. 하나는 죽음으로 인도하고, 다른 하나는 생명으로 인도한다.

각 사건은 대조를 이룬다. 레위의 부르심과 예수의 죄인들과의 잔치는 죄인들을 멀리하고 불경한 사람을 팔의 길이만큼 멀리하는 종교상의 태도와 하나님의 복된 소식, 곧 모든 오는 자들을 환영하시는 그분 사이에 대조를 나타내 보이고 있다. 금식에 관한 질문은 영혼을 속박처럼 생각하는 종교적 행실들과 기쁨을 가지고 솟아오르도록 허용하고 있는 종교적 체험 간의 차이를 드러낸다. 안식일에 관한 논쟁은 긍휼이 없는 규칙들을 가지고 자비를 시들게 하는 종교적 견해와 오히려 인간의 필요를 규칙 위에 두는 견해 사이의 충돌을 드러낸다.

죄인들과의 교제. 죄인들 및 세리들과의 사귐은 바리새인들로부터 요란한 불평이 일어나게 자극했다. 때때로 마가는 제자들이 손을 씻지 않는다고 바리새인들이

21. 시 37:31-33; 사 29:20-21; 렘 20:10-11을 보라.

트집을 잡을 때처럼(7:3-4), 독자를 위하여 대적들의 배후에 깔려있는 이유를 설명한다. 그러나 여기서는 바리새인들이 예수가 죄인들과 사귄 것을 왜 저항했는지를 마가가 설명하지 않고 있는데, 아마도 부정한 자들과의 사귐이 최소한 위험하다는 생각이 유대 문화권을 넘어서 널리 퍼져 있었기 때문일 것이다. 많은 사람들은 그들의 죄악이 감염될 수도 있다고 두려워했다. 죄인들과의 사귐은 또한 사람의 평판을 훼손했을 것이다. 사람들이 어느 시대나 유유상종하게 되어 있고, 어느 무리와 어울리느냐에 따라서 그 사람을 알아볼 수 있기 때문이다(그러나 9:4을 보라). 그러나 우리의 상황과 유사한 것들을 조명하기 위해서 예수의 행동으로 인해 바리새인들이 왜 모욕을 받았는지를 검토해 보는 것이 유익하다.

"바리새"라는 단어는 도덕성을 조작하는 위선자를 가리키고 율법적으로 흠을 잡아내려는 사람들을 가리키는 것으로 영어로 전이되었다. 이 단어는 "내가 너보다 더 거룩한 사람", "설교를 아주 좋아하는 사람", "경건한 체 하는 사람", "스스로 의로운 자"와 동의어로 생각되었다. 이러한 생각은 바리새주의의 부정확한 풍자이며, 하나님이 잡다한 종류의 바리새인 유형의 사람들만을 제외하고 모든 종류의 죄인들에게 은혜를 베푸신다는 개념을 존속시킬 수가 있다. 바리새인을 위선주의자들의 무리로 간단히 처리하지 않아야 한다. 마가복음에서 그들은 위선가이기보다는 죄인들이다.

바리새인들("분리된 자들"을 의미함)은 주로 율법에서 제사장들과 성전에만 관련된 의식적인 정결에 대한 관심을 일반 유대인의 삶에까지 확장시키려고 진지하게 힘썼던 사람들로서 대부분 토라에 관심을 쏟은 평민들로 이루어진 당파들의 집합체였다.[22] 그들의 이러한 동기는 하나님의 명령을 이루기 위한 것이었다. "너희는 거룩하라 이는 나 여호와 너희 하나님이 거룩함이니라"(레 19:2). 그들은 특별히 주로 거룩과 속됨의 차등에 따라 물질, 시간, 사람들을 분류했던 정결 규칙들에 매여 있었다. 허용된 것이나 금지된 것, 정한 것이나 부정한 것을 알고 결정할 수 있게 하는 것은 거룩하고 성별된 백성인 유대인으로서 정체감에는 필수적이었다.

---

22. 오늘날 논란이 되어 있는 바리새인들에 대한 다양한 입장들에 관해서는 다음의 책들을 보라. Jacob Neusner, *From Politics to Piety*(Englewood Cliffs, NJ.: Prentice-Hall, 1973); Elias Rivkin, *The Hidden Revolution The Pharisees' Search for the Kingdom Within*(Nashville. Abingdon, 1978); Anthony J. Saldarini, *Pharisees, Scribes and Sadducees in Palestinian Society*(Wilmington, Del.: Michael Glazier, 1988); E. P. Sanders, *Jewish Law From Jerusalem to the Mishnah*(Philadelphia: Trinity Press International, 1990); idem, *Judaism Practice and Belief 63 BCE-66CE*(philadelphia: Trinity Press International, 1992); Günter Stemberger, *Jewish Contemporaries of Jesus*(Mineapolis: Fortress, 1995).

그들의 정결에 대한 관심은 농경법칙에까지 확장되어 나갔다. 그들은 무엇을 먹을 수 있는지를 규정하였을 뿐만 아니라 먹을 수 있는 그릇과 같이 먹을 수 있는 사람까지도 규정하였다.

또한 바리새인들은 십일조가 붙는 식량에까지 세심한 관심을 가졌다. 이것은 그 음식물을 의식적으로 정결한 상태에서 먹을 수 있음을 암시했다. 그들은 관습을 지키지 않는 사람과 악한 사람을 피했다. 음식을 정당하게 십일조를 드리지 않거나 준비되지 않았다는 사실을 정당하게 두려워했기 때문이다. 그들의 거룩함에 대한 관심의 요지는 구체적인 회개와 적절한 의식을 통하여 사하여질 때까지는 죄인들을 멀리해야 한다는 확신이었다.

예수가 죄인들과 대담하게 사귐은 새롭고도 별난 것이었다. 경건한 자들은 악행하는 자와 사귀지 말라는 성경 전체에 주어진 교훈을 어기는 것으로 이 행실을 해석하기 쉬웠다. 시편기자는 다음과 같이 말하지 않았던가? "복 있는 사람은 악인들의 꾀를 따르지 아니하며 죄인들의 길에 서지 아니하며 오만한 자들의 자리에 앉지 아니하고"(시 1:1). 후기 랍비전승은 이러한 태도를 극단적으로 취급했다. 현자는 "설사 토라로 죄인들을 인도할지라도 그들과 사귀지 말라"고 말한다(*Mekilta Amalek* 3 to Ex. 18:1).

다시 말해서, 바리새인들은 예방적인 차원에서 죄인에게 접근하는 태도를 제시했다. 그들은 백성들을 불결하고 부도덕하지 않게 보호할 것이라고 여겼던 법규들을 만들고 강화시키기를 원했다. 하지만 예수는 불결과 부도덕을 회개시키면서 창조적인 측면에서 죄인들에게 접근하는 태도를 제시했다. 백성들을 향한 바리새인들의 태도는 닫힌 문과 "입장불가"라고 기록된 표지로 이루어진, 성소에 들어가서 누가 제사장의 봉사를 할 수 있는가에 관한, 법규를 정해놓고 있는 에스겔 44장에 의하여 규정되었다고 주장할 수 있었다. 예수의 태도는 약하고 병들고 잃어버린 양을 찾아 아름다운 초장에서 먹이는 목자를 말하고 있는 에스겔 34장에 의하여 규정되었다(34:4, 12, 16). 바리새인의 경건은 악한 죄인들과 접촉하기에 앞서서 그들이 구체적으로 회개하였다는 증거를 요구했다. 예수는 그렇게 하지 않으셨다. 바리새인들이 죄인들을 경시했던 반면에(눅 18:18), 예수는 그들을 찾으셨다(19:10). 식사는 누구에게는 허용되고 누구에게는 허용되지 않는다는 면에서 사회적 경계들을 형성했다. 그렇지만 예수는 죄인들과 함께 먹음으로써 그들을 받아들이시는 하나님의 사랑의 구체적인 표시를 주셨고, 회개는 은혜라는 수단으로 온다는 사실을 전하셨다.

이 에피소드는 오늘날 적용할 수 있는 네 가지 사실을 드러내고 있다. (1) 죄인들은 하나님의 사랑을 받을 만한 사람이 되기 위하여 먼저 어떤 일을 해야 할 필요가 없다는 사실이다. 그들은 자격 있는 사람이 되고, 예수를 따르기 위하여 강렬한 이력서를 제출할 필요가 없다.

(2) 예수는 죄인들과 함께 먹음으로써 죄인의 생활 스타일을 용서하시는 것이 아니라, 이러한 사람들과 그들의 생활스타일이 변화될 수 있다는 사실을 입증하신다. 2세기 후반에 살았던 기독교에 대한 강력한 이교도 비평가인 켈수스(Celsus)는 어떤 근본적인 변화를 경험하기가 불가능하다고 믿었기 때문에 그리스도인들이 의도적으로 죄인들에게 호소했던 사실에 대해 놀랐다.[23] 이 기독교인들은 자신들의 삶을 변화시켰던 방식으로 죄인들에게 하나님의 은혜를 전달했던 주님의 패턴을 오직 따를 뿐이었다. 그들이 야비하거나 희망이 없는 사람으로 보일지라도, 냉대를 받거나 무시를 당하지 않아야 했다. "죄인들"을 향한 자기 의에서 나온 경멸은 그들을 거의 도울 수 없고 소외와 증오심을 조성할 뿐이다.

(3) 예수는 사람들을 차별하지 않으시고 서열과 백성들을 분류하는 모든 체계를 배제하신다—그 점이 정결의 지위를 얻기 위하여 열심히 일했던 바리새인들에게 불편한 마음을 갖도록 작용했다(빌 3:5-6). 예수는 (쿰란 공동체에서처럼) 완전한 공동체 구성원들만 식사를 같이하는 문을 열어놓으신 것이 아니다. 모든 사람들에게 문을 열어놓고 계시며, 어디서나 모일 수 있게 하신다: 그의 집에서(아니면 세리의 집에서), 호수의 양편에 위치한 광야에서, 문둥병자의 집에서, 그리고 다락방에서.

(4) 예수는 문둥병자들이나 죄인들로부터 전염되는 것을 두려워하지 않으시고, 그 대신 하나님의 은혜와 능력이 그들에게 전염되게 하셨다. 예수는 죄인들로 인해 더럽혀지지 않으시며, 오히려 그들을 축복으로 변화시키신다. 만일 신앙생활의 목적이 의식적으로나 교리적으로 정결을 보존하는 것이라고 믿는다면, 잠재적인 오염자들로 모든 다른 사람들을 보는 경향이 있게 된다. 예수는 이러한 관점을 배격하신다. 그는 그의 거룩함을 안전하게 지켜야 할 것으로서가 아니라 세리를 제자로 변화시키시는 "하나님의 초자연적인 변화의 능력"[24]으로 간주하신다.

그러므로 첫 번째 사건은 두 개의 대조되는 신앙입장을 묘사하고 있다. 한 입장

---

23. Origen, *Against Celsus*, 3.59-65을 보라.

24. Walter Wink, *Engaging the Powers Discernment and Resistance in a World of Domination*(Minneapolis: Fortress, 1992), 117.

은 엄격한 경계선을 긋고 하나님의 은혜와 능력으로부터 거절을 당하도록 사람들을 제외시키는 사람들이고, 다른 입장은 모든 사람들에게 문을 열어주는 사람이다. 불행스럽게도 온 세대를 걸쳐서 교회들과 교인들의 태도를 지배해온 것은 예수의 입장이 아니라 바리새인들의 신앙입장이었다. 사람들은 여전히 모든 죄인들을 받아들이시는 예수의 행동으로 인해 부끄러움을 당하고 있다. 당시의 상황을 연결해 보면, 오늘날 예수의 사랑하고 환영하는 정신보다는 예수의 대적자들의 심판적이고 격렬한 태도를 훨씬 더 많이 갖고 있는 것을 보게 된다.

금식. 금식에 관한 문제는 금식을 명령하지도 않았고, 금식을 금하지도 않았다는 것을 포함한다. 예수가 금식에 관하여 가르치신 내용은 '디다케'(교령집)에서 완전히 오해되었다. 그 문서는 금식이 필요했을 때 그날들을 바꾸었지만, 율법주의적 견해는 유지했다. "당신의 금식이 외식주의자들과 같이 되지 않게 하라. 외식주의자들은 월요일과 목요일에 금식하지만, 당신은 수요일과 금요일에 금식하라" (*Did.* 8:1). 마가복음의 이 장면에서 금식에 관한 질문은 예수의 도래와 더불어 새로운 시대가 밝아왔다는 사실을 간접적으로 확언시켜주는 기회를 예수에게 제공해 준다. 그는 이스라엘의 소망을 이루려 오신 신랑이시다. 만일 이것이 사실이라면, 예수가 단순히 신앙적인 행동의 법규들을 가르치거나 강화시키기 위하여 오신 것이 아님이 분명하다. 규율집은 너무 작위적으로 엄격해졌다.

자발적인 금식 행위가 유대교에서 여러 개념들과 결합되었는데,[25] 예수의 견지에서 그것은 하나님 나라의 도래와는 조화되지 않았다. 금식은 귀신들에 대한 두려움과 관련되었고, 일부 사람들은 금식으로 귀신들을 격퇴시킬 수 있다고 생각했다. 말씀으로 귀신을 쫓아내시는 예수의 능력과 예수가 사탄을 묶는 것은 이러한 생각을 틀린 것으로 만들어 주었다. 어떤 사람들은 금식이 궁극적으로 하나님에게 감동을 주고 하나님의 뜻을 움직이도록 하기 위하여 의도된 자기 부인의 공적으로 사용했다. 말하자면 금식을 하지 않으면 하나님이 취소하실 수 있는 어떤 좋은 것을 주시게 하기 위하여 금식했다는 것이다. 그러나 어떻게 인류에 대한 하나님의 가장 큰 선물이 있는데 금식할 수 있겠는가? 예수의 사역은 하나님의 호의를 얻기 위해서 또는 하나님으로부터 인간의 몫을 얻기 위해서 금욕 행위를 할 필요가 없다는 사실을 분명히 밝혀주고 있다.[26]

---

25. Johannes Behm, "νῆστις κτλ," *TDNT* 4:929-31.

26. 아래 9:29의 논의를 보라.

어떤 사람은 죄를 속하기 위하여 혹은 국가에 떨어질 재앙을 피하기 위하여 금식했다.[27] 만일 금식이 은혜를 촉구하고(삼하 12:22-23) 죄사함을 얻는 수단으로 사용되었다면, 그것은 불필요하다. 예수는 구원하시기 이전에 어떤 경건의 행위를 요구하지 않고 백성들을 죄에서 해방시키셨고, 질병들을 치유하셨으며, 귀신을 쫓아내셨기 때문이다. 하나님 앞에서 자신을 낮추기 위하여 행해진 금식이 인간들 앞에서 자기를 높이기 위하여 행해지도록 쉽게 변질될 수 있었다. 예수는 다른 사람들의 박수갈채나 칭송을 얻기 위한 쇼로 변질된 신앙적 행위를 배격하신다(마 6:1-6, 16-18). 만일 금식이 경건의 표지로 사용된다면(눅 18:11-12), 죄인들로 가득 찬 잔치 자리에서는 부적절하다.

물론 예수는 금식을 전적으로 배제하지는 않으신다. 금식은 사랑하는 자를 잃은 데 대한 슬픔과 연결되었고,[28] 하나님 나라의 도래가 슬픔을 종결시켜주지도 않는다. 예수의 죽음이 슬픔의 원인이 될 것이지만, 그의 죽으심과 부활은 죽음의 의미를 변화시킬 것이다.

우리는 소망 없는 다른 이들과 같이 슬퍼하지 않아야 한다(살전 4:13). 따라서 예수의 모든 제자들은 그의 지상사역 동안뿐만 아니라 오늘날까지도 슬픔의 성품이 아니라 기쁨의 성품으로 특징지어진다.

그리스도인들은 슬픔, 죄의 짐, 혹은 죽음의 공포로 말미암아 억압을 당해서는 안 된다. 세리들과 죄인들과 함께 하는 즐거운 교제에 대해서 눈살을 찌푸리거나, 찬양하면서 팔을 들어올릴 수없는 흥을 깨는 사람이 되어서는 안 된다. 그리스도인의 영성은 영을 솟아오르지 못하게 하는 속박이 아니다. 죄를 사하시는 분의 오심, 죄인들과의 잔치 그리고 다가올 영광에 대한 기대에 대한 환희는 우리의 삶의 분위기와 전망에 영향을 미칠 것이다. 우리는 삶의 모든 과정에서 그리스도인의 체험에 스며들어있는 방법을 깨달아 알기 위하여 신약성경에 있는 기쁨에 대한 언급들을 살펴볼 필요가 있다.

안식일 준수. 안식일 논쟁은 궤변을 말하는 종교주의자들로부터 나온 법규로 말미암아 제한을 받을 때 하나님의 인류에 대한 목적이 방해를 받는다는 것을 보여

27. *Psalms of Solomon* 3:6-8에 따르면, 의인은 "금식을 통해서나 또는 자기 영혼을 낮춤으로써 무지[의 죄들]에 대해서 속죄할 수 있고, 주님은 모든 경건한 사람과 그의 집을 정결케 하실 것이다." *Apocalypse of Elijah* 1:21-22에서, 금식은 죄를 면하고, 질병을 고치며 귀신을 쫓아내는 것으로, 그리고 하나님의 보좌에까지 영향을 미치는 것으로 기록되었다.

28. 삼상 31:13; 삼하 1:12; 3:35; 12:21; 왕상 21:27; 에 4:3; 시 35:13-14; 69:10; 사 58:5을 보라.

준다. 하나님은 안식일을 거룩하게 지켜야 한다고 명령하시는데, 그렇다면 사람이 해야 할 일은 무엇인가? 그 대답에 대한 부정적인 형태인 "너는 일하지 말라"는 또 다른 문제를 일으켰다. 일로 분류되어지는 것들이 정확하게 무엇인가? 바리새인들은 이 명령을 범할 수 있었던 방식을 확대하려는 경향을 가진 사람들을 대변했다.

미쉬나는 다양한 안식일 규례들을 소개하는 두 개의 소책자를 포함하고 있다. 짐을 구성하고 있는 내용을 규정하고 있는 사바트(Shabbat)와 안식일의 쉬는 장소를 구성하고 그것을 어떻게 확장시키느냐를 규정하고 있는 에루빈(*Erubin*)이다. 미쉬나 하기가(*Mishinah Hagiga*) 1:8은 다음과 같이 인정한다. "안식일, 축제일 제사들, 신성모독에 대한 법규는 머리털에 매달려있는 산과 같다. 성경은 불충분하고 법규들은 많기 때문이다." 시편 50:3에 대한 미드라쉬는 하나님께 가까이 갈수록 제한을 받을 수 있도록 보다 엄격한 법규가 필요하다고 말한다. 부정적인 것들과 궤변적인 맹신(예를 들어, 죽음의 위기에 처했을 때만 궁핍한 사람을 돕거나, 한 손으로 매듭을 풀 수 있을 때에만 그것을 풀 수 있다는 등)을 쉽게 상상할 수 있다. 또한 랍비문서는 예수의 입장과 영적 유사성을 가지고 있는 안식일의 즐거움과 장엄함에 관한 아름다운 훈계들로 산재해 있다.[29] 기독교회의 역사는 바리새인들이 거친 율법주의라는 시장에서 한 모퉁이를 차지하지 않았다는 사실을 드러내고 있다.

예수 당시 유대인들에게 있어서 안식일은 단순한 법규준수의 문제 이상의 의미를 가지고 있었다. 안식일 준수는 야훼의 거룩함을 영화롭게 하는 방법으로 간주되었다(출 20:8-11; 신 5:12-15). 그것은 또한 성스러운 시간, 곧 인간의 일이 있기 전에 시작의 시간으로 즐거이 들어가는 것을 나타내었다. 안식일은 "시간의 성소"였다.[30] 안식일은 또한 모든 열국 중에서 이스라엘의 성별의 표시로 간주되었다. 안식일 준수는 다른 나라들에 대한 유대인의 정체성을 강화시켜주는, 이스라엘을 독특한 나라로 만들어 주었고, 이방문화에 동화되는 것을 막아주는 방파제역할을 해주었다.[31] 디아스포라 유대인들에게 안식일 준수는 신앙고백에 해당되었고,[32] 하

29. *Mekilta Shabbata* 1 to 출 31:13.

30. Abraham Joshua Heschel, *The Sabbath. Its Meaning for Modern Man*(New York: Farrar, Straus and Giroux, 1951), 29.

31. George B. Caird and L. D. Hurst(*New Testament Theology* [Oxford: Clarendon, 1994], 386-87)는 다음과 같이 설명한다. "그러므로 안식일은 유대인들로 하여금 이방인 이웃 국가들의 신앙과 행습들에게 빠지지 않게 하는 중요한 거의 유일한 안전장치였으며, 이러한 안전장치를 제거한다는 것은 유대교의 종말을 의미했다. 바리새인들은 자기들이 이스라엘의 실존 자체를 위하여 투쟁하고 있다고 믿었다.

나의 국가적 정체성의 표시였다. 저스틴 마터(Justin Martyr)의 유대인 트뤼포(*Trypho*)와의 대화(10단락)에서 랍비 트뤼포는 이 세상에서 기독교인의 생활방식에 대해서 놀라움을 표시했다. 그는 다음과 같이 말한다.

> 그러나 이것은 우리가 아주 당황한 내용이다. 저희는 경건한 사람으로 고백하고 있고 스스로 다른 사람들보다 더 낫다고 생각하지만 다른 사람들로부터 특별히 분리되지 않았고, 절기들과 안식일을 준수하지도 할례의식도 행하지 않으며, 열국들과 삶의 양태와 다르지도 않다.

바리새인들은 여기서 예수의 제자들이 안식일 준수의 법규들을 위반한데서 화가 났고, 예수는 그들의 마음이 완악한 것을 슬퍼하셨다. 신앙적 비판자들에 대한 문제제기를 관철하기 위하여 예수는 두 번째 에피소드에서 의도적으로 자극적인 일을 행하신다. 그는 회당의 군중들이 집으로 간 다음에 개별적으로 한편 손 마른 사람을 쉽게 고치실 수도 있었을 것이다. 예수가 바리새인들이 보는데서 안식일에 손마른 자를 고치신 것은 이 대적들을 더욱 자극하려는 것이 아니라 그들로 하여금 어떻게 올바르게 신앙적인 사람이 되는지의 두 충돌하는 입장을 깨우치기 위한 것이다. 그는 당면해 있는 진정한 문제를 그들이 대면하게 하신다. 즉 하나님이 건강함을 원하시느냐 죽음을 원하시느냐는 것이다. 만약 하나님이 건강함을 원하신다면 어찌 거룩한 날일지라도 백성들의 삶 가운데서 선을 행하는 일을 유감으로 생각하실 수 있는가? 규율과 사람 가운데서 어느 것이 더 중요한가? 예수는 안식일의 보편적인 측면을 강조하시고("안식일은 인류를 위하여 만들어졌다, 2:27 NRSV), 안식일이 가질 수 있는 다른 의미들을 간과하신다.

바리새인들의 접근방식은 의식과 제도를 핵심적인 것으로 취급한다. 만일 율법이 불명료한 것들을 포함하고 있다면, 그것을 구체적으로 만들어야 하고, 그렇게 함으로써 모든 때에 무엇을 해야 하는 지에 대해서 정확하게 알고 누가 위반죄를 짓고 있는지를 알게 해야 한다. 그러한 접근방식은 쉽사리 일종의 노예화가 된다(갈 4:10; 골 2:16). 즉 종교를 위한 종교가 된다. 이러한 경건주의자는 모든 악보대로 연주를 하지만 아름다운 음악을 연주하지 못하는 잘못 배운 피아노 학생과

32. 유대인들의 엄격한 안식일 준수는 너무나 널리 알려져 있어서 아우구스투스 황제가 유대인들까지도 안식일에 그들이 어떤 날에 부지런히 했던 것처럼 금식하지 않는다고 말했다(Suetonius, *Augustus* 76.2).

같고, 외운 각본대로 암송하지만 확신을 심어주지 못하는 B급 영화 배우와 같으며, 스텝을 조심스럽게 밟아나가지만 마음껏 춤을 추지 못하는 댄서와 같다. 부정적인 면, 특히 다른 사람들에 대한 법규들의 긴 점검 목록을 좋아하는 일은[33] 신앙생활을 노래하거나 기뻐하지 않는 번거로운 고된 일로 만들고, 종교적인 의무들을 연약한 죄인들을 내쫓는 장애물로 만들 수 있다.

엄격한 율법주의의 실질적인 위험은 종교적인 세부사항들에 대해 까다로운 사람이 될 때 하나님이 만족해하신다고 생각하는 쪽으로 오도할 수 있다는 것이다. 그것은 헨리 필딩의 소설 『톰 존즈』(*Tom Jones*)에서 그 이름이 그의 성격을 나타내주는 설교자 트와쿰즈(Thwackums) 목사로 경건한 신자를 변하게 할 수 있다. 원리에 대한 집착이 개인에 대한 관심보다 더 가치가 있을 수가 있으며, 예수에 대한 계속되는 음모가 보여주는 바와 같이 그 원리에 대한 집착은 여러 방법 가운데서 가장 치명적이 될 수 있다. 파스칼은 "사람들은 결코 그들이 신앙적인 확신에서 행할 때만큼 그렇게 철저하게 그리고 즐거움으로 악을 행하지는 않는다"(팡세, 894)고 말했다. 기독교인들은 자기들이 믿고 있는 바가 진리라는 것을 절대적으로 헌신한 사람들이며, 이 진리를 위반하는 사람은 기꺼이 공격하는 사람들이다.

예수의 접근방식은 사람들에게 우선순위를 두고 있다. 그는 먼저 "무엇이 법규이고, 내가 무엇을 해야 한다고 백성들이 생각하는가?"라고 묻지 않으시고 "누가 도움을 필요로 하는가?"를 물으신다. 그는 종교와 법규들이 그 자체에 목적이 있지 않다고 생각하신다. 하나님은 인류의 이익을 위하여 율법을 주셨다. 이웃사랑에 그 모든 의도가 요약되어 있고, 이웃사랑은 모든 희생제물을 쌓아두는 것보다 더 가치가 있다(12:32-33). 율법을 주실 때 하나님이 가지신 의도를 알지 못한다면 율법을 정확하게 해석할 수 없다. 예수의 가르치심은 안식일 준수가 무자비하게 단순히 의식적인 규정을 유지하는 것을 요구치 않으신다는 것을 분명하게 밝히신다. 그는 율법을 호위하는 기사가 아니시다. 윌리몬(Willimon)이 말하는 바와 같다. "권위와의 충돌은 법규(rules)들에 대한 것이 아니라 다스리시는 자(who rules)에 대한 것이다."[34] 오히려 예수는 율법이 하나님의 의도에 일치할 때 그것을 실천하셨다(1:44; 3:4; 7:8-13; 10:3-9; 12:29-31). 그는 따르는 자들에게 하나님의 뜻을

33. "The Devil's Dictionary"에서 Ambrose Bierce는 기독교인을 "신약성경이 이웃의 영적 필요에 놀랍게 어울리는 신적 영감을 받은 책으로 믿는 사람"으로 정의하고, 네 번째 계명에 대한 기독교인의 판은 "제 7일을 기억하고 네 이웃으로 하여금 그것을 완전히 지키게 하라"이다.

34. William H. Willimon, "Lord of the Sabbath," *Christian Century* 108(1991): 515.

실천하고 하나님을 위한 더 큰 임무를 이행해 나갈 때, 불신앙적인 외양에 관심을 두거나 사소한 위반을 정죄하는 일에 대해서 두려워할 필요가 없다고 말씀하신다.

이 단락을 주일날 그리스도인들에게 무엇이 허용되고 무엇이 허용되지 않은지를 규정하기 위하여 사용하는 일을 조심해야 한다. 그것은 여기서의 목적이 아니다. 그러한 지침을 얻기 위해서는 다른 곳을 찾아야 한다. 안식일에 대한 논쟁들은 예수가 율법의 주인이시라는 사실을 확증하고 대적자들의 사악성을 드러내기 위하여 의도되었다. 초대 기독교인들은 이 가르침을 예수가 "특별한 날과 달과 절기와 해"(갈 4:10)를 지켜야만 한다는 횡포에서 우리를 자유롭게 하신다는 사실을 입증하는데 사용한 것으로 보이며, 많은 사람들이 안식일을 준수할 의무를 느끼지 않았다.

유대인들이 안식일의 의미를 창조의 비밀과 연결하고, 역사 가운데 있는 사건, 즉 애굽으로부터 하나님의 이스라엘에 대한 구출에 연결하는 것으로 확대하였듯이, 그리스도인은 그리스도의 부활을 축하하는 날로 안식일을 바꾸었다(계 1:10).[35] 그들은 한 사건을 기념했고,[36] 안식일을 쉼으로 간주하지 않고 예배로 간주했다. 그러나 바울은 그리스도인들간에 존재하는 차이점들을 인정한다. "어떤 사람은 이 날을 저 날보다 낫게 여기고 어떤 사람은 모든 날을 같게 여기나니 각각 자기 마음으로 확정할지니라"(롬 14:5). 그는 사람이 하나님에 대한 의무를 이행하는 방법에 있어서 다른 사람을 판단하지 않을 것을 주장하신다. 하나님은 사랑이시며 양쪽 모두를 사랑하신다. 만일 어떤 사람이 자신이 하는 일("각각 자기 마음으로 확정할지니라", 14:5)을 통하여 단순히 외적인 압력에 동의하지 않고, 행한 일에서 주님께 영광을 돌리거나 감사를 드리고 있다고 생각한다면, 그 사람은 죄책이 없다.

죄인들, 금식, 그리고 안식일에 대한 예수의 태도가 경건주의자들에게 위협적인 것이었음은 놀랄 일이 아니다. 예수의 태도는 겉치장의 종교적 행실—그들의 특색—에 대한 여유를 거의 주지 않는다. 이 단락을 오늘날의 배경으로 끌어들임에 있어서, 대적자가 여전히 바뀌지 않고 존재한다는 사실을 우리는 발견하게 될

---

35. 안식일과 주일에 관한 논쟁에 관해서는 Donald A. Carson, ed., *From Sabbath to Lord's Day: A Biblical Historical, and Theological Investigation*(Grand Rapids: Zondervan, 1982); Tamara C. Eskenazi, Daniel J. Harrington, and William A. Shea, eds., *The Sabbath in Jewish and Christian Traditions*(New York: Crossroad, 1991).

36. 창조의 제7일에 있었던 하나님의 안식에 대해서 상기시켜주는 출 20:11과 안식일을 출애굽과 연결시키고 있는 신 5:15을 비교하라.

것이다. 오늘날 많은 사람들이 자기들의 정결에 대한 편견과 소중히 해온 습관이 도전을 받는다면, 이들 못지않게 화를 낼 것이다.

현대적 의미

이 단락에 나오는 장면들을 다시 살펴볼 때, 다음과 같은 질문을 할 수 있다. 무엇이 예수가 원하는 모습에 속하지 않는가? 그 대답은 분명해진다. 죄인들을 분류하고 배제하는 것, 형식적인 금식과 슬퍼함, 다른 사람들을 위한 선을 가로막는 종교적 관습들. 예수가 원하는 모습은 죄인들과 사귀는 것, 기쁨, 그리고 다른 사람들을 돕는 일이다.

죄인들과 사귐. 다른 종교들은 인간들이 하나님을 연구한 결과다. 기독교는 그 자체가 하나님이 인간들—비록 세상이 가장 무가치하다고 생각하는 사람들일지라도—을 찾으시는 것을 나타낸다. 세리와 죄인들은 문둥병자와 중풍병자만큼 치유와 죄사함을 필요로 한다. 예수가 갑자기 자기를 따라오라고 레위를 부르신 사건이 주는 놀라움은 그가 이와 같은 사람을 부르신다는 충격을 통하여 확대된다.

이 사건은 역사를 통하여 우리가 구원받을 수없는 사람으로 분류하는 다른 사람들을 끊임없이 배제하고 무가치하게 보려는 경향이 하나님의 백성들 사이에 있다는 사실을 드러낸다. 우리는 하나님이 선택하신 사람들이 대부분 우리와 같다고 믿고, 예수가 하나님의 통치를 위하여 멸시받고 부정한 사람들에게로 가셨다는 사실을 잊는 경향이 있다. 윌리엄 캐리(William Carey)는 가서 만국백성들을 제자 삼으라는 제자들에게 주어진 사명이 아직도 구속력이 있는지 없는지에 대해서 1787년에 노스햄프턴 목회자 협회(Minister' Fraternal of the Northhampton Association)에서 질문을 했을 때 신약시대 때와 유사한 저항을 받았다. 존 릴렌드 시니어(John Ryland Sr)의 치욕적인 반응은 아니오였다. "자리에 앉게 젊은이. 당신은 광신자야! 하나님이 이교도를 개종시키기를 원하실 때, 자네와 나와 상의하지 않고 그 일을 하실 것이네." 나는 교인들에 의해 "이런 종류의 사람들"의 저항의 벽돌로 얻어맞은 전도에 열심을 내는 많은 젊은 목사들을 알고 있다.

오늘날 많은 그리스도인들이 1세기 바리새인들과 같은 태도를 마음속에 가지고 있다는 사실을 인정하지 않는다. 우리는 "나 같은 죄인 살리신 그 은혜 놀라워"라고 노래 부르지만, 마음속에 오직 우리와 같은 종류의 인간만을 염두에 두고 있다. 동일한 은혜가 우리가 참으로 형벌을 받아 마땅하다고 생각하는 사람들을 구원하시는 데까지 확대된다는 사실이 우리를 너무도 놀라게 만든다. 그러나 외부에서 우리를 바라보는 사람들은 그러한 편견을 재빨리 간파한다. 암브로스 비어스(Ambrose Bierce)는 『악마의 사전』(*Devil's Dictionary*)에서 "복음전도자"를 "복음을 가진 자, 특히 (종교적인 의미에서) 우리의 구원과 이웃의 천벌에 대해 우리에게 납득시켜주는 복음의 소유자"로 정의했다. 모든 사람이 자신의 자리를 가지고 있고, 그들을 받아들이는 경계선들 안에 머물기를 기대한다고 많은 사람들은 여전히 믿는다.

나는 공원의 주간 임대 이동 트레일러에서 선교목회자로 일한 한 신학생을 알고 있다. 그가 지원하는 모(母)교회의 주일학교 축제에 참가하기 위해서 30명 이상의 어린이들을 데려갔을 때, 편견을 가진 눈들과 마주쳤고 아이들이 지원하는 교회의 "정기적인" 어린아이들과 분리되었다는 사실을 신속히 확인시켜주는 계획에 마주쳤다. 또 다른 경우에 한 교회의 전도 프로그램은 한 사람당 30달러를 부담시키는 피크닉을 계획했다. 이 친목회는 그러한 고가의 티켓을 감당할 여유가 있었던 종류의 사람만 나타나서 회중에 참석할 수 있었다. 그 교회는 다른 사람들을 전도하기 원했으나 오직 "좋은" 사람들만 전도하기를 원했다.

현대의 교구민들은 아마도 만일 목회자가 자신들의 기록되지 않은 관례를 어겼다면 바리새인들과 같이 흥분할 것이다. 그들은 자신의 목회자가 홍등가에 잘못된 군중과 지내는 것을 묵인할 수 있는 경우가 있는데, 만약 그가 이들에게 복음을 증거 하는 덧없는 노력을 하고 있다고 확신한다면 말이다. 그러나 만일 목회자가 규칙적으로 그 일을 갖고, 또 더 나쁘게는 목사관에 저녁식사를 위하여 그 지역의 창기집의 여자나 선술집에 매일 밤 모이는 사람들을 초대했다면 달라질 것이다. 복음을 증거 하기 위하여 그들에게로 나아가는 것과, 그들이 자기들처럼 회개할 필요가 없는 의로운(건강한) 사람인 것처럼 하나님이 사랑하는 존중하고 수용할 만한 사람들인 것처럼 취급하는 것은 완전히 별개의 문제다. 그것은 불의한 사람으로부터 의로운 사람을 분간해낼 수가 없도록 종교적인 혼란을 만들어낸다. 그러한 일은 만일 이러한 장벽들이 유지되지 않는다면 사회가 무너질 것이라고 믿는 사람들을 위협한다.

그러나 이것은 정확히 예수가 하신 일이며, 그렇게 하심으로써 그는 사람이 기꺼이 같이 식사를 하지 않으려는 사람들을 구원할 수 없다는 사실을 명확하게 밝혀주신다. 예수의 설교는 새로운 교제의 영역을 창출해내신다. 죄인들이 분류가 되는 수단인 낡은 범주들이 예수의 사역과 더불어 임하는 하나님의 나라의 도래와 함께 무너진다. 율법에 대한 자기들의 해석으로부터 유래한 전승을 꼼꼼하게 순종하는 사람들이 의로운 사람들은 아니다. 그들은 시험을 치르고 스스로 등급을 매겨서 A+를 주고 그 외의 모든 사람을 낙제점수를 주었다. 그들의 시험은 하나님이 낙제점수를 주시며 퇴짜를 놓으신다. 이제 문제는 복음을 받아들이든가 거절하든가, 예수를 따르든가 거절하든가의 여부다. 예수는 "나는 의인을 부르러 온 것이 아니요 죄인을 부르러 왔노라"라고 말씀하신다(2:17). 복음의 목적으로는 부를 만한 의로운 사람이 없다는 사실이 분명해진다. 제자들이라는 핵심 서클을 포함한 모든 사람이 하나님의 영광에 이르지 못했다.

그러므로 바리새인들의 종교성향을 우리가 조심해야 한다. 그것은 내향적이고도 상향적이며, 자기중심적 이기주의를 낳는다. 즉 하나님은 우리들에게만 관심이 있고 다른 이들에게는 관심이 없다. 이러한 케케묵은 태도가 딘 조나단 스위프트(Dean Jonathan Swift)의 가곡에 나타나 있다.

> 우리는 하나님의 택하신 소수요
> 다른 모든 사람들은 저주를 받을 것이라
> 너희를 위한 지옥의 방은 충분히 있고
> 우리는 천국을 억지로 갖지 않는다.

예수의 사역의 방향은 하향적이고 외향적이며, 교회는 단순히 사람들을 예수에게로 데려오기보다 예수를 사람들에게로 데려가야 한다는 사실을 암시한다. 이러한 정신은 요한 웨슬리의 좌우명 가운데 드러나 있다. 그는 "전 세계는 나의 교구다"라고 말했다. 레너드(Leonard)는 웨슬리를 다음과 같이 관찰한다.

> 그는 행동했고, 당시에 조용하고 귀족적인 성공회로부터 축출을 당하였으며, 큰길과 울타리에서 복음을 전하면서 "보다 천한 사람들이 되었다." 언덕에서 그리고 도시 광장에서 복음을 가지고 영국의 풀밭과 시장에 서서, "사회적 지위가 있는 사람들"이 도덕적 변화 혹은 영적 체험을 할 수 없다고 치부해버렸던 하층민들에게 소위 "야외 설교"를 하였다. 웨슬리의 설교를 듣고 빈민과 노동자 출신의 많은 사람들이 믿고 변화되었으며, 그는 낮은 계층의 평신도 설교자들을 채용함으로써 국교도 사람들을 당혹하게 했다.[37]

37. Bill J. Leonard, *Way of God across the Ages Using Christian History in Preaching*(Greenville, N C. Smith

그것이 토니 캠폴로(Tony Campolo)가 말한 이야기에서 얻을 수 있는 정신이다. 그는 비행기를 타고 호놀룰루로 갔고, 그곳에서 잠이 오지 않아서 심야식당에서 일단의 매춘부들이 말하는 내용을 엿듣게 되었다. 한 사람이 자기 친구들에게 다음날 자신이 서른아홉 번째 생일이라고 말했다. 또 다른 사람이 경멸하듯 "너 뭐 원하니? 생일 파티라도 해달라는 말이니?"라고 응수했다. 그녀는 방어막 속으로 자신을 숨기면서 "나는 평생 동안 한번도 그런 것 해본 적이 없어. 무엇 때문에 이제야 그런 것을 기대하겠어?"라고 말했다. 그 말이 캠폴로에게 충격을 주었고, 그 다음날 깜짝 파티를 하려고 식당 주인과 계획을 꾸몄다. 케이크를 굽고 모든 일이 준비되었다. 그녀의 몇몇 친구들이 부르는 "생일축하합니다"라는 노래가 울려 퍼졌고, 전혀 예측하지 못했던 이 여인은 너무나 놀랐다. 그녀는 누군가가 자기를 위하여 많은 수고를 했을 것이라는 사실에 감동하였다. 그녀는 케이크를 상품으로서 집으로 가져갈 수 있는지를 물었다. 그녀가 떠났을 때, 캠폴로는 기도했다. 그녀의 구원을 위하여, 그녀의 삶의 변화를 위하여, 그리고 하나님이 그녀를 위하여 선하신 일을 해주시도록 말이다.

그 기도는 식당주인을 놀라게 했고, 그는 적대적인 태도로 "당신, 목사라고 왜 내게 말해주지 않았소. 당신 어느 교단에 속해 있소?"라고 물었다. 그는 아침 3:30에 모이는 매춘부들을 위한 생일파티를 개최했던 교회에 속해있다고 대답했다.[38] 그 대답은 외부인들로부터 오는 회의론과 맞닥뜨릴 수도 있다. 그와 같은 교회는 없다. 또한 그것은 내부인으로부터 오는 경멸과 마주칠 수도 있다. 우리는 결코 그와 같은 일을 하지 않을 것이다. 그러나 그것은 예수가 잃어버린 자들와 멸시를 받은 자들과 사귀면서 행하신 일과 같다. "우리는 제사장들 가운데서 그분을 찾는 반면에, 그는 죄인들 가운데 계시다. 우리가 자유민들 가운데서 그분을 찾는 반면에, 그는 죄수이시다. 우리가 영광 가운데서 그분을 찾는 반면에, 그는 십자가에서 피를 흘리고 계신다.[39]

토마스 롱(Thomas Long)은 큰 도시에 있는 한 모텔에 머물고 있었는데 엘리베이터 문에 다음과 같은 글귀가 붙어있는 것을 보았다고 말한다. "오늘 저녁 파티 있음! 210호. 오전 8시. 아무나 오시오!" 그는 야릇한 사람들의 무리를 상상할 수

---

and Helwys, 1991), 51-53.

38. Tonny Campolo, *The Kingdom of God Is a Party*(Dallas: Word, 1990), 3-9.

39. Gerald O' Collins, *Interpreting Jesus*(London: Geoffrey Chapman, 1983), 74에서 Carlos Alberto Libanto Christo의 글을 인용함.

가 있었다—피곤한 세일즈맨, 힘든 일꾼, 지친 여행객, 그리고 호기심을 가진 사람, 즉 개인적으로 지루한 일들을 깨뜨릴 수 있는 것들을 찾으면서, 약간의 축제와 어떤 자극적인 일이 있기를 바라는 부류의 사람들 말이다. 하지만 그러한 표지는 사실상 짓궂은 장난에 불과하였다. 그는 그것이 너무 나쁘다고 생각했다.

> 한 순간, 모텔에 머물고 있는 우리들은 단순히 우리 모두가 초대받은 어딘가에서 계속하고 있던 파티 즉, 그것이 우리가 문안에 걸어들어 갔을 때 우리가 과거에 했던 것과 차이가 없는 파티이거나 혹은 우리를 오도록 동기부여를 한 파티; 권태, 고독, 호기심, 책임, 교제를 하려는 열망, 혹은 단순히 와서 무엇이 일어나고 있었는지 보고 싶은 바람에서 온 파티; 우리가 도착한 다음에 우리에게 일어났었을 것과 같이 집안에서 우리를 감동시킨 것과 거의 상관이 없었던 파티일 수도 있었던 가능성에 의하여 난처해했다.[40]

성경 본문은 예수가 그러한 파티를 열기를 기뻐하시고, 그것은 감쪽같이 속이는 파티가 아니라고 말하고 있다. 그러므로 그의 교회에 속해있는 사람들은 이와 같은 일을 하기를 바래야할 것이다. 그러나 너무도 자주 교회는 모든 사람을 초대하는 표지판을 내려버린다.

기쁨 대 슬픔. 예수의 사역은 광야에서 수많은 군중을 먹이셨을지라도 금욕적 금식보다는 식탁교제와 더 결속되어 있다. 금식에 관한 문제는 우리로 하여금 종교의식과 규칙의 목적을 질문하게 만든다. 금식이나 어느 종교적 훈련도 하나님의 은혜, 사죄, 회개를 이끌어내지 못한다. 하나님의 은총을 얻어내거나 영원한 생명을 이루고자하는 시도로서 세상의 삶의 기쁨들을 포기하는 것을 배격해야 한다(골 2:16-23). 단순히 우리에게 부과된 외적인 규칙들—어떤 시즌이기 때문에 하는 금식—을 따르는 것을 배격해야 한다. 교회력이 우리의 신앙적인 헌신을 지배하지 않아야 한다. 금식은 그것이 어떤 규칙에 언급되었을 때가 아니라 영적 관심이 너무도 깊어서 음식을 먹는 일이 문제가 되지 않을 때만 의미가 있는 것이다. 우리 자신들을 다른 사람들로부터 분리하여 그 위에 두려는 목적으로 행하는 모든 영적 고행은 배격해야 한다.

만일 우리가 다른 사람들에게 주기 위해서(예를 들면, 굶주린 사람들을 돕기 위한 라이스 보울[Rice Bowl] 프로그램은 '밥공기' 라는 의미로 작은 돈을 모아서 굶

40. Thomas G, Long, *Shepherd and Bathrobes*(Lima, Ohaio : C. S. S. Publishing, 1987), 68-69.

주린 사람을 돕는 프로그램으로 돈을 보내는 것) 또는 자기중심주의에서 벗어나기 위해서 금식한다면 그것은 좋은 일이다. 사실상, 금식은 어느 때나 우리 자신을 만족시키려고 우리 자신을 소비하는 노력들에서 우리 영혼들을 깨끗하게 하도록 도울 수 있다. 그러나 다음의 사실을 기억해야할 필요가 있다. 즉 사람은 금식을 통하여, 혹은 구제물을 다른 사람들에게 줌으로써, 혹은 그리스도인의 생활방식과 결속된 다른 어떤 활동들을 통하여 성도가 되지 않는다. 이러한 것들을 하나님의 선하심에 대한 감사로 가득한 마음을 가지고 행할 때에만, 우리는 참된 찬양을 하나님께 드릴 수 있다.

우리는 지금 마가복음에 기록된 사건이 기쁨의 축하연과 다른 사람들과의 잔치라는 문맥에서 나타나고 있다는 사실을 염두에 두어야 한다. 사람이 금식을 홀로 할 수 있지만, 축하연을 홀로 할 수는 없다! 우리의 종교적인 규칙들의 한 가지 목표는 하나님에 대한 헌신을 다른 사람들의 마음을 끌 수 있게 해야 한다는 것이다.

주일성수. 교회 역사를 통하여 예수의 긍휼에 대한 표준은 예수에 대한 바리새인들의 대적들의 특징을 설명해 주었던 엄격하고도 단호한 법전보다 주일성수에 영향을 덜 주었다. 과거 시대에 주일성수에 특징을 이루었던 음침한 종교적 특성이 로버트 그래이브즈(Robert Graves)의 시 "교회에서 떠나온 소년"(The Boy Out of Church)에 묘사되어 있다.

나는 안식일을 사랑하지 않아
구원의 행진을 하는
엄숙한 사람들의
거품과 형식

찰스 디킨스의 소설 『작은 도릿』(*Little Dorrit*)에서 아더 클렌넘(Arthur Clennam)은 어린아이인 자기가 씁쓸하게 지옥에 간다고 위협을 받았을 때 주일을 얼마나 미워했는지를 상기하고 있다. "그는 하루 세 번 도덕적으로 다른 소년에게 자유를 빼앗은 선생들의 감시에 의하여 예배실로 행진해갔고, 저녁식사에 한두 온스의 품질이 떨어지는 양고기를 얻기 위하여 소화할 수없는 설교라는 두 식사를 교환했다…모든 날들이 무익한 괴로움과 고통이었던 수많은 주일들이 있었다…"

오늘날은 주일성수 법이 나라 전역에서 폐지되면서 그 엄격함이 거의 사라졌다. 광고자들은 주말을 다른 맥주 상표나 스포츠 이벤트를 위하여 사용하고 있으며,

많은 사람들이 주말동안 다양한 오락을 누리고 있다. 그런데 그들이 놓치고 있는 것은 영적 갱신의 시간이다. 우리는 현대의 서커스 게임의 스코어만 알고 하나님을 알지 못하는 세계에서 살고 있다. 어떤 사람은 안식일 혹은 주일의 무시를 몇몇 국가들에서 생명력 있는 기독교의 붕괴와 연결시킨 반면에, 교회는 법적인 안식일이 없었던 1세기에 괄목할 만한 성장을 이룩했다. 1세기의 기독교인들은 일하기 전이나 일한 후에 예배를 드렸다. 우리는 복종을 강요하기 위하여 성문에 군사들을 주둔시켰던 느헤미야처럼 엄격한 준수를 다시 수립할 필요는 없다(느 13:15-22). 우리는 이 세상에서 안식일 법에 대한 노예적인 복종을 지워줄 필요가 없다. 노예적인 복종이 오염을 제거하고, 삶의 리듬을 회복시켜주며, 사람들로 하여금 숨을 고르기 위한 기회를 주는 유익이 있을지라도, 하나님에게 영광은 되지 않는다. 우리는 안식일을 선물로(2:27) 그리고 선을 행하는 시간으로(3:4) 예수의 자유케 하는 안식일에 대한 비전을 회복할 필요가 있다.

기독교인의 주일은 신앙의 토대인 예수의 부활이라는 역사적 사건을 축하하는 예배의 날로서 시작되었다(고전 15:17). 안식일처럼 주일은 휴식의 날이 되었다. 휴식의 날은 하나의 선물이다. 1세기 알렉산드리아 유대인 공동체의 뛰어난 학식 있는 필로(Philo)는 안식일에 일을 하지 않는 유대인의 관습을 옹호했다. 그는 안식일 준수가 자기들 편에서 어떤 게으름으로 인한 것이 아니었다고 강조했다. 그 주장은 다음과 같다.

> 안식일은 계속적이고도 끝없는 수고로부터 떠나서, 또한 낡은 행실들을 갱신하기 위하여 정규적으로 산출된 휴식 체계를 가지고 육신을 새롭게 함으로써 인간의 긴장을 완화시켜준다. 잠깐의 휴식은 단순한 평범한 백성에게만 아니라, 더 강한 힘으로 힘을 뒤에서 모으려는 운동경기자들로 하여금 활발하고도 끈기 있게 앞에 놓인 임무들을 떠맡게 해준다.[41]

금세기에 아브라함 헷셀은 전문적인 시대를 위하여 안식일의 가치를 심도 있게 표현하고 있다. 안식일은 공간이 아닌 시간을 축하할 수 있는 날이다. 현대 기술 사회는 공간에 대한 정복을 자랑할 수 있지만, "존재라는 본질적인 요소" 즉, 시간은 정복하지 않았다. 시간은 "목표가 소유하지 않고 존재하는 것이며, 갖지 않고 주는

41. Philo, *On the Special Laws* 2.60.

것이며, 지배하지 않고 나누는 것이며, 복종시키는 것이 아니라 일치하는" 존재의 영역이다."[42] 많은 사람들은 모든 삶을 물질적인 소유를 획득하면서 보내지만 성스러운 시간들을 약화시키고 있다. 모든 사람들은 "땅으로부터 나오는 이익을 짜내거나" 보다 많은 재산을 축적하려는 성공으로의 열광적인 추구를 제쳐 두는 시간이 필요하다. 헷셀은 다음과 같이 결론짓는다.

> 일주일의 6일간 우리는 공간의 폭정 아래 살아간다. 안식일에 우리는 시간의 거룩함으로 조율을 맞추기 위하여 힘쓴다. 안식일은우리가 시간 속에서 영원한 것을 나누어 갖기 위하여, 창조의 결과에서 창조의 신비로, 창조의 세계에서 세상의 창조로 변화시키기 위하여 부르심을 받은 날이다.[43]

우리 문화에서 거룩함과 연결시킬 수 있고, 우리의 영적 배터리를 재충전시킬 수 있는 날이라는 이 선물을 잃어버렸다. 우리의 매일의 투쟁은 경제적 승리를 낳을 수 있지만, 우리의 삶을 영적 불모지로 만들 수 있다. 릴리 톰린(Lily Tomlin)은 경주하는 쥐처럼 수고하는 것은 비록 당신이 이겼다고 할지라도 당신은 여전히 하나의 생쥐일 뿐이라고 말했다. 우리는 영혼을 고상하게 만들 시간이 필요하며, 이 선물을 누려야 한다. 그러나 조심해야 한다. 마가복음에 기록된 사건은 선물이 무거운 짐들로부터 다른 사람들을 자유케 하기보다, 부가적인 짐을 지우는 법규들로 말미암아 수포로 돌아가게 할 수 있는지를 보여준다.

안식일의 엄격한 준수는 그들 세계에서 유대인들을 이방인들로부터 구분 짓는 역할을 했다. 그리스도인들도 역시 주변 세계에 동화되지 않아야 하며, 예배의 날과 나머지 날을 준수하는 것이 다른 사람들로부터 자신을 구별하고 믿음을 증거하는 방법이다. 물질주의의 신에게 엎드려 경배하거나 오락적인 노리개 감을 쌓으라는 요청에 기울이지 않고, 그리스도인은 하나님에게 경배하고 믿음을 기념할 예배시간을 따로 떼어둔다.[44]

날과 시기에 대한 준수가 크리스천들을 다른 사람들로부터 구분하는 유일한 요소는 아니다. 예수가 확증하시는 것은 안식일이 선을 행하기 위해 있다는 것이다. 예수는 안식일을 거룩하게 지켜야 한다는 율법을 비판하신 것이 아니다. 그는 안

42. Heschel, *The Sabbath*, 1.
43. Ibid., 10.
44. David T. Williams, "The Sabbath: Mark of Distinction," *Themelios* 14(1989): 98.

식일이 일을 삼가는 시간이라기보다는 선을 행하는 시간이 될 수 있음을 단순히 확증하신다. 기준은 의식이 아니라 자비다. 중요한 것은 어떤 것을 해야 되느냐 하지 않아야 되느냐가가 아니라 우리가 행하고 있는 것이 궁핍한 사람들을 돕고 있느냐 방해하고 있느냐다. 악을 행하는 것은 어느 날이라 할지라도 항상 금지된다. 선을 행하는 것은 어느 날과 상관없이 항상 필요하다.[45] 기독교인은 선한 일을 행함으로써 구별되어야 한다. "이 기독교인들이 얼마나 서로 사랑하는지를 보라!"고 초대 교회에 대하여 한 외인이 관찰했던 것처럼 말이다.

45. Lohmeyer, *Markusevangelium*, 68

마가복음 3:7-35

7 예수께서 제자들과 함께 바다로 물러가시니
갈릴리에서 큰 무리가 따르며
8 유대와 예루살렘과 이두매와 요단 강 건너편
과 또 두로와 시돈 근처에서 많은 무리가 그
가 하신 큰 일을 듣고 나아오는지라
9 예수께서 무리가 에워싸 미는 것을 피하기
위하여 작은 배를 대기하도록 제자들에게 명
하셨으니
10 이는 많은 사람을 고치셨으므로 병으로 고생
하는 자들이 예수를 만지고자 하여 몰려왔음
이더라
11 더러운 귀신들도 어느 때든지 예수를 보면
그 앞에 엎드려 부르짖어 이르되 당신은 하
나님의 아들이니이다 하니
12 예수께서 자기를 나타내지 말라고 많이 경고
하시니라
13 또 산에 오르사 자기가 원하는 자들을 부르
시니 나아온지라
14 이에 열둘을 세우셨으니 이는 자기와 함께
있게 하시고 또 보내사 전도도 하며
15 귀신을 내쫓는 권능도 가지게 하려 하심이
러라
16 이 열둘을 세우셨으니 시몬에게는 베드로란
이름을 더하셨고
17 또 세베대의 아들 야고보와 야고보의 형제
요한이니 이 둘에게는 보아너게 곧 우레의
아들이란 이름을 더하셨으며
18 또 안드레와 빌립과 바돌로매와 마태와 도마
와 알패오의 아들 야고보와 및 다대오와 가
나나인 시몬이며
19 또 가룟 유다니 이는 예수를 판 자더라
20 집에 들어가시니 무리가 다시 모이므로 식사
할 겨를도 없는지라
21 예수의 친족들이 듣고 그를 붙들러 나오니
이는 그가 미쳤다 함일러라
22 예루살렘에서 내려온 서기관들은 그가 바알
세불이 지폈다 하며 또 귀신의 왕을 힘입어
귀신을 쫓아낸다 하니
23 예수께서 그들을 불러다가 비유로 말씀하시
되 사탄이 어찌 사탄을 쫓아낼 수 있느냐
24 또 만일 나라가 스스로 분쟁하면 그 나라가
설 수 없고
25 만일 집이 스스로 분쟁하면 그 집이 설 수 없고
26 만일 사탄이 자기를 거슬러 일어나 분쟁하면
설 수 없고 망하느니라
27 사람이 먼저 강한 자를 결박하지 않고는 그
강한 자의 집에 들어가 세간을 강탈하지 못
하니 결박한 후에야 그 집을 강탈하리라
28 내가 진실로 너희에게 이르노니 사람의 모든
죄와 모든 모독하는 일은 사하심을 얻되
29 누구든지 성령을 모독하는 자는 영원히 사하
심을 얻지 못하고 영원한 죄가 되느니라 하
시니
30 이는 그들이 말하기를 더러운 귀신이 들렸다
함이러라
31 그때에 예수의 어머니와 동생들이 와서 밖에
서서 사람을 보내어 예수를 부르니
32 무리가 예수를 둘러 앉았다가 여짜오되 보소
서 당신의 어머니와 동생들과 누이들이 밖에
서 찾나이다
33 대답하시되 누가 내 어머니이며 동생들이냐
하시고
34 둘러 앉은 자들을 보시며 이르시되 내 어머
니와 내 동생들을 보라
35 누구든지 하나님의 뜻대로 행하는 자가 내
형제요 자매요 어머니이니라

원 의미

이 단락에서, 여전히 군중들이 예수에게 고침을 받기 위해 떼를 지어 몰려들고, 귀신들은 놀라서 움츠려 들며, 예수의 고된 사역의 행로는 계속된다(3:7-12). 그는 복음을 전하시고 축사사역을 하는 사역이 확장되어 나가도록 추진하시고, 당시의 이스라엘의 지도부의 사역을 대신하도록 하기 위하여 훈련을 받을 열두 명을 세우신다(3:13-19). 예수의 가족들이 그의 사역을 방해하려고 하고, 예루살렘으로부터 온 교사들이 예수에게 밀어닥치는 군중들을 보면서 비방 운동을 한다. 예수는 이들에게 반응하는 가운데, 그들이 예수를 통하여 역사하시는 하나님의 성령을 훼방하는 용서받지 못할 죄를 짓고 있다고 빗대어 말씀하신다(3:20-35). 이스라엘에서 가르치고 분별하는 권위를 가졌다고 생각하는 사람들이 스스로 영적으로 부적격자임을 드러낸다.

율법 교사들의 예수에 대한 공식적인 도전은 독자로 하여금 이스라엘의 참된 지도자들이 누구인지를 결정하도록 만들어준다. 3:35에 있는 예수의 선언도 누가 참 하나님의 백성인가, 즉 누가 메시야의 가족인가라는 의문을 불러일으킨다.

예수의 사역 요약(3:7-12)

예수는 바리새인들과 헤롯당이 취한 위협(3:6)으로부터 물러가셔서 제자들과 함께 바다로 돌아오신다(3:7, 9).[1] 예수의 사역에 대한 마가의 간단한 요약은 앞 단락으로부터 나온 주제들을 되풀이하고 있다. 그의 놀라운 이끄는 힘, 치유하시는 놀라운 능력, 그에 대한 귀신의 겁에 질린 인식.

예수는 음모자들을 벗어날 수는 있으나, 몰려오는 거대한 군중을 피할 수 없다.[2] 군중들이 온 유대와 예루살렘으로부터 세례 요한에게로 왔었으나(1:5), 예수에게로 나오는 자들은 더 멀리 떨어진 지역에서도 온다: 갈릴리, 유대, 예루살렘, 이두메, 요단강 건너편, 두로와 시돈(3:8) 옛 이스라엘의 점령지에 해당하는 지역(사 43:5-6을 보라). 병든 자와 고통을 당하는 자가 그의 만져주심을 기다리지 못하고 이제는 몸을 그분에게 내던진다. 이러한 백성들의 넘쳐나는 쇄도는 예루살렘으로부터 온 율법 교사들의 냉혹한 판단과는 완전히 반대였으며, 이는 어찌하여

1. Swete(*Mark*, 54)는 트인 해변이 마을의 협소한 거리보다 더 안전했다고 주장한다.
2. 예수는 경계하시고 그들이 자신에게 몰려드는 경우에 배로 피신하셔야 했다(3:9). 그들은 그가 식사하실 수 없도록 그의 집으로 몰려들었기에(3:20), 집에서 거의 궁지에 몰렸다.

그들이 그렇게도 예수에 대하여 골치 아파했는지를 설명해준다. 예수의 솟구치는 인기는 대중들에게서 현 권력자들의 권위를 손상시키는 것으로 위협이 느껴진다.

많은 군중들(3:7, 8에서 두 번 강조됨)이 들었던 내용으로 인하여 예수에게 몰려들었으나 그들이 예수가 말씀하시는 내용에 관심을 가지기보다는 "행하시는 일"(3:8)에 관심을 더 두었다고 마가가 믿고 있다고 생각하는 것이 옳다. 본성상 군중들은 거의 진리를 깨닫지 못한다. 귀신들과 독자만 예수가 진실로 누구인지 그리고 어떤 능력으로 일하시는 지에 대한 비밀한 정보에 접근한다. 그럼에도 불구하고 군중들은 나름대로 듣고 있다(3:8). 백성들은 듣고 반응하며, 예수는 제자들로 하여금 결정적으로 전파하도록 제자들을 보내신다(3:14). 예수에 관한 말씀은 권세를 받은 대리인들을 통하여 널리 퍼져나갈 것이고, 보다 광범위한 청중에게 퍼질 것이다. 그들이 어떻게 듣느냐의 문제는 4:1-34에서 취급될 것이다.

더러운 귀신들은 즉시 그분을 알아보고, 항복하여 그분 앞에 엎드리며,[3] 그의 정체를 누설한다. 그분을 "하나님의 거룩한 자"(1:24)로 크게 외쳤던 이전의 마귀와는 달리 더러운 귀신들의 인식에서 나온 부르짖음은 그분을 "하나님의 아들"로 인정하고 있는데, 이것은 세례 시에 하늘로부터 들려온 음성에 더 가깝다(1:11). 귀신들의 음성은 언제나 불규칙하다. 귀신들은 바른 고백을 하지만 하나님의 아들의 임재에 대해서 결코 "나는 만족한다"고 말하지 않는다. 마가는 설사 영향이 있다하더라도 마귀들의 부르짖음이 이 이야기에서 군중들이나 제자들에게 주는 영향을 설명하지 않는다. 그들로 하여금 자신을 알리지 말라고 하신 것과 같이 예수는 비밀을 누설하지 말아야 하는 동기에 더 관심을 더 가지신다.

귀신으로 하여금 잠잠하게 하는 일은 그의 정체에 대한 때 이른 누설을 막으려는 시도보다 더 중대하다.[4] 귀신들의 광란은 결코 계시의 수단이 될 수 없다. 그리고 귀신들에 대한 그의 꾸짖음은 그들에 대한 그의 권세를 보여준다. 1세기의 정황에서 귀신들이 이름을 인정하여 외치는 것은 불길하다고 생각되었을 것이다. 원독자들은 귀신들이 필연적으로 예수에게 경의를 표하는 것이 아니라 그의 거룩한 이름을 부름으로써 그를 조정하려고 시도하고, 자신들의 손아귀에 있는 사람들을 그가 구원하는 것을 방해하기를 바라고 있었다고 생각했을 것이다. "자기를 나타내지 말라고 많이 경고하시니라"란 번역은 너무 약하다. 예수는 단순히 그들에게

3. 군중들은 "그에게 엎드리고"('에피핍토') 귀신들은 "그 앞에 엎드린다"('프로스핍토').

4. 예를 들면, Swete, *Mark*, 57을 보라.

재갈을 물리려고 하는 것이 아니다. 동사 '에피티마오'는 자주 "꾸짖다"로 번역되지만, 심지어 이것도 그 의미를 적절하게 포착하고 있지 못하다.[5] 예수는 또한 바람과 바다를 "잠잠하라"고 꾸짖으시며(4:39), 폭풍을 가라앉히는 것같이 귀신들을 제어하신 것은 그가 그것들을 압도하셨다는 표시다. 그러므로 그는 한마디 말씀으로 귀신을 쫓아내시고 잠잠케 하신다.

열둘을 세우심(3:13-19)

장면은 바다로부터 산으로 옮겨진다. 거대한 군중은 예수가 자기에게로 나아오기를 원했던 사람들을 가까이 초청하시면서 그 숫자가 줄어든다. 이러한 부르심은 고침을 받으려고 혈안이 되어 따르는 사람 및 이러한 기이한 사건들의 광경을 보는 일에 몰두한 사람들과 특별한 임무를 가진 제자들로서 그분을 따르도록 부르심을 받은 사람들을 구분해준다. 예수는 나아온 이 그룹으로부터 따로 "열둘을 세우셨다." '포이에오'란 동사는 "만들다"나 "세우다"를 의미하며, 성경의 주제들을 상기시켜준다. 하나님은 이스라엘을 인도하도록 모세와 아론을 "세우셨"으며(삼상 12:6), 모세는 유력한 자들을 백성의 우두머리로 "세웠다"(출 18:25). 인간들을 세우시고, 이름을 부르시는 선택의 주권이 하나님에게 속하는 것처럼(사 43:1, 주께서 이름을 불러 세우시고 부르셨다) 열둘을 세우시고 이름을 부르시는 주도권은 예수에게 속한다.[6] 열둘은 이스라엘의 열 두 지파의 회복을 가리키는 상징적인 의미를 가지고 있는데, 예수는 그들을 지도자로 세우신다.[7] 열둘을 선택한 행위에 함축되고 있는 것은 예루살렘의 권세자들에 대한 거부다.

열두 제자들의 이름의 목록은 그들의 신분, 배경, 혹은 종교적 훈련에 대해 실마

---

5. Howard Clark Kee, "The Terminolgy of Mark's Exorcism Stories," *NTS* 14(1968): 232-46; J. Kilgallen, "The Messianic Secret and Mark's Purposes," *BTB* 7(1977): 60. 이 입장은 Guelich(*Mark*, 148-49)의 도전을 받았는데, 그는 귀신들이 그리스도와 투쟁을 할 능력을 가지고 있지 않았고, 마가가 진술한 문제는 그들이 예수를 하나님의 아들로 알았고(1:34; 3:11), 또한 그들이 그 사실을 알리기를 원하지 않았다고 주장한다. 그들의 고백이 교리적으로 옳든 그렇지 않든 귀신들의 극적인 계시는 예수가 누구신지를 주위에 드러내지 않는다. 그가 자기를 십자가 죽음에 내어주심이 그를 하나님의 아들로 계시한다(15:39).
6. 요 15:16을 보라; 참고. 사 49:1; 렘 1:5; 암 7:15; 갈 1:15.
7. 민 1:1-19, 44을 보라, 거기서 하나님은 모세에게 "[그를] 돕도록(개역개정='함께하도록')" 각 지파로부터 한 사람씩을 택하여 "이스라엘 종족들의 우두머리들"의 대표자로 세우라고 명령하신다(1:16). 그 사람들은 자기들의 부족에 따라(1:18) 군복무를 하는 가운데 그들 조상들의 집을 대표하도록(1:44) 임명되었다. 열둘의 상징적 의미의 중요성은 교회가 유다를 대신하여 한 사람을 세울 필요성을 느낀 사실에서 드러난다(행 1:15-26).

리를 제공해 주지만, 예수는 처음 세 명의 제자들에게는 별명을 붙여주신다. 시몬은 베드로('페트로스'는 "반석"을 의미함)란 이름이 주어지고, 앞에서 세베대의 아들들로 소개된 야고보와 요한은 "우레의 아들들"로 불린다. 이러한 이름들의 원인이 되었던 내용이나 사람들에 관하여 계시해 주는 내용—그들의 성격, 신앙, 혹은 그들의 미래 역할—은 추측만 할 수 있을 뿐이다.[8] 가룟 유다는 이 목록 가운데서 가장 뒤에 나오며 예수가 아닌 교회가 붙여준 이름인 반역자와 동일하다.

열두 제자들의 사명은 이중적이다. 마태복음은 이 세상 끝날까지 제자들과 함께 있으리라는 예수의 약속으로 끝맺고 있다(마 28:20). 그와 대조적으로 마가는 "[예수]와 함께" 있는 제자들의 임무를 강조한다(막 3:14; 행 1:21-22). 그것이 무엇을 의미하는가? 가장 중요한 것은 그의 사역의 증인들로서 열두 제자들을 나타내고 있고, 그들은 그분에게서 배우고 그분에 관한 전승을 전달하고 입증하는 자격이 부여된 자다(눅 1:2). 핵심 서클을 이루는 베드로, 야고보, 요한은 복음서에서 중요한 시점에 예수와 함께 한다. 예수가 야이로의 딸을 죽은 자 가운데서 일으키실 때(5:37), 그가 산에서 변화되실 때(9:2-13), 그리고 겟세마네에서 기도하실 때(14:33)이다. 예수와 함께 있는 임무는 언뜻 보기보다 더 어려운 일이다. 이 열둘은 예수와 함께 시간을 보내는 것과 참으로 예수와 함께 있는 것 사이에는 차이가 있다는 사실을 배워야할 것이다. 예수와 함께 있다는 것은 그가 그들을 어디로 인도하시든지 따라가야 하며 사역의 노고와 군중들의 괴롭힘(3:20; 6:31-33), 그리고 그분이 당하는 것과 같은 쓰라린 고통을 함께 져야 한다(10:39).

또한 하나님은 다른 사람들과 접촉하시고 깨닫게 하시고 고치시기 위하여 인간 협력자를 필요로 하기 때문에 열둘을 세우셨다. 그들의 두 번째 임무는 설교하고 귀신들을 쫓아냄으로써 예수의 사역을 확장하는 사명을 이루는 것이다. 그와 그들의 관계는 다른 사람들에게 유익을 주기 위하여 인도하는 것이다. 그들은 단순히 이러한 능력이 나타나는 것을 받는 목적뿐만 아니라 다른 사람들에게 능력이 나타나도록 통로가 되는데 있다. 그러나 설교와 귀신을 쫓는 임무가 마가복음에서 열두 제자들에게만 국한되어 있지 않았음을 유념해야할 것이다. 치유를 받은 거라사인의 광인은 주께서 자기에게 행하신 일을 데가볼리에 있는 가족에게 전하라는 말

8. 이 문화에서 "이름이 그러하면 그 사람됨도 그러하다"라고 생각되었다(Hans Bietenhard, *ὄνομα*, *TDNT* 5.254). 보아너게는 헬라어에서 아무런 의미가 없고, 이는 아마도 아람어에서 음역한 것으로 보인다. 그것은 "감정의 아들들"을 의미할 수 있는데, 이것은 그들이 화를 잘 내는 젊은이들임을 암시하는, 흥분 잘하는 혹은 "분노의 아들들"임을 의미한다.

씀을 듣는다(5:19-20; 7:36을 보라). 다른 사람들—제자들을 따르지 않는 한 남자로 밝혀져 있다—은 예수의 이름으로 귀신을 쫓아냈다고 기록되어 있다(9:38-39). 다른 사람들에게 주어지지 않은 열두 제자들의 독특한 기능(5:18-19)은 예수와 함께 있는 것이다.

예수의 가족에 대한 반응과 바리새인들(3:20-35)

마가는 예수의 행한 일을 듣고 온 위엄에 눌린 군중들 주변에 있는 두 개의 다른 그룹들을 언급하고 있으나(3:8, 21), 그들은 아주 다른 의도를 가지고 온다. 예수의 가족은 예수의 주변에 모이기 위해서가 아니라 둘러싸기 위하여 침입해 들어온다. 백성들로부터 그리고 당국자들로부터 주목을 받지 않게 하기 위하여 그를 침묵하게 만들려는 의도다. 그들은 고관들에 의하여 자극을 받을 수도 있지만, 그를 위험으로부터 보호하려고 혹은 덜 고상하게는 가족의 명예를 구하려는 잘못된 바람에 의하여 충동되었을 수도 있다. 예루살렘으로부터 온 서기관 당국자들은 예수를 비방하고 그의 행동을 고의로 방해하려는 비열한 의도를 가지고 온다. 이 두 그룹은 충격적인 질책을 받는다.

이 단락은 마가의 괄호로 묶는 기술(삽입하기)의 첫 번째 사례인데, 여기서 내러티브는 하나의 이야기로 시작하지만 결론이 내려지기 이전에 다른 것에 의해 중단된다. 3:20-21에서, 예수의 가족은 그를 붙잡으러 밖으로 나가는데, 그들이 "그가 미쳤다"고 말하기 때문이다. 그들의 행동은 예수가 바알세붑에게[9] 사로잡혔다고 주장하면서 예루살렘으로부터 내려온 율법 교사들과 그러한 비난에 대한 예수의 반박을 묘사하고 있는 3:22-30의 기록으로 알려진다. 3:31-35에서, 카메라는 도착하여 예수를 찾고 있는 그의 모친과 형제들에게로 다시 돌려진다. 그리고 예수는 가족이 무엇을 의미하는지를 재해석하신다. 이 괄호로 묶는 기법이 이 내러티브 가운데서 가족의 떠남과 도착 사이에 때맞춰 나온다. 그러나 보다 중요한 것은 이 기법이 두 분리된 이야기들을 유사한 요지로 만들고 있다는 것이다.[10] 예수의

9. 바알세붑이란 단어의 기원은 모호하지만, 마가는 분명히 그를 "귀신들의 왕"으로 이해하고 있다.

10. 다른 실례들은 5:21-43; 6:7-31; 11:12-25; 14:1-11; 14:53-72에 나타난다. Paul J. Achtemeier("Mark As Interpreter of the Jesus Tradition," *Int* 32 [1978] 346)는 다음과 같이 기록한다. "다른 전승 안에서 한 전승을 괄호로 묶음으로써, 그는 다른 전승에서보다도 한 전승에서 보다 분명하게 어떤 요지를 공유하고 있다고 생각하고 있음을 우리에게 말하고 있다." 그것은 그들의 메시지를 보다 예리하게 해명하거나 극적인 긴장을 고조하고, 아이러니를 창출하며, 강조를 더해주는 것과 같은 수사학적 효과를 가진다. 또한

가장 가까운 친척들과 예루살렘으로부터 온 신학 전문가들은 예수에 관한 잘못된 추측을 제공한다(참조. "그들이 말했다," 3:21-22). 아이러니하게도 그 둘 다 진리에 대한 어떤 암시도 가지고 있지 않다. 예수의 사역을 제어하려는 노력 사이에 바알세붑과 관련한 비난을 삽입한 것은 그의 사역을 틀어지게 하거나 방향을 고치려는 시도가 사탄이 그리하는 것처럼 그의 명예를 훼손하는 죄로서 아주 심각하다는 점을 입증한다. 예수가 사역하지 못하게 막는 것은 베드로가 갑자기 내러티브 가운데서 뒤늦게 깨달은 바와 같이(8:33) 사탄적이다.[11]

예수의 모친과 형제들은 친근한 방문이 아니라, "그를 잡기를" 원했다. 동일한 동사('크라테오')가 마가복음의 다른 곳에서는 "강제로 붙잡다"를 의미한다(6:17; 12:12; 14:1, 44, 46, 49, 51). 그들은 예수가 당국자들과 논쟁을 하고 물러나올 때를 밖에서 기다리다가 지치게 된다. 예수와 밀접한 집단은 그들의 첫째 충성심이 하나님의 뜻을 행하는 사람들로 구성되어 있으며, 그는 그들을 자기 형제, 자매, 모친들로 여기신다. 그분을 부르고 찾는 그의 생리학적 가족은 깨달음이 없이 하나님의 뜻을 대적하고 외인들이 되었다.

가족의 방문에 대한 예수의 반응은 자극적이었다. 그것이 수세기에 걸쳐서 인정받고 있는 지혜에 역행하는 것이기 때문이다. 가족은 사회와 경제생활의 기초이며 한 사람의 정체성의 원천이다. 1세기 지중해 세계는 개인의 정체가 근본적으로 한 그룹의 구성원으로서의 정체성이었다(복수의 구성원에서 개인의 정체). 성경에서 가정생활과 관련한 족보들과 법들은 가족 혹은 부족(그리고 촌락)에서 구성원의 중요성을 보여준다. 구약성경에서 "삶"은 "가정"과 거의 교환적으로 사용되었다. 한 사람의 가정은 한 사람의 삶이며, 가정을 버리거나 가정에서 쫓겨나는 것은 그의 생명을 잃는 것이었다(눅 14:26).

그러나 예수는 하나님을 믿는 삶은 일차적으로 가문, 재산, 명예의 보존과 연관되었던 생리적 가족 관계로 정의되지 않는다(Sir. 26:19-21을 보라)는 것을 보여주신다. 한 사람의 궁극적 헌신은 새로운 거룩한 가족의 머리이신 하나님에게 주어지게 되며, 이 가족 구성원이 된다는 것은 인종, 계층, 성별에 관계없이 모든 사람들에게 열려있다. 유일한 요구사항은 그들이 하나님에 대한 예수의 위탁을 공유한다는 것이다. 예수가 "누가 내 어머니이며 동생들이냐?"고 물으셨을 때 그것은 우

James R. Edwards, "Markan Sandwiches: The Significance of Interpolations in Markan Narratives," *NovT* 31(1989): 193-216을 보라.

11. Edwards, "Markan Sanwiches," 210.

리에게 그의 가족에 대한 무례한 무시로 생각되지만(또한 눅 11:27-28을 보라), 그리스도에 대한 충성으로 인하여 자기 가족들을 잃은 첫 그리스도인들에게 위로가 되었을 것이다(마 10:35-39; 눅 12:51-53을 보라). 그들은 가족이 없는 것이 아니라 믿음의 더 큰 가족의 일부가 되었다고 위로받았을 수 있다(막 10:28-30을 보라). 그러나 심각한 비난들이 예수께 퍼부어진 상황을 볼 때, 이 새로운 가족 구성원이 된다는 것은 그 대가를 치러야 한다는 사실을 암시한다. 예수에 대한 헌신은 학대와 박해를 가져다주는 것으로 보인다.

장면이 예루살렘으로부터 온 성난 율법 교사들에게로 옮겨간다. 거룩한 도성에서 권력을 잡고 있던 사람들은 대중의 인기를 얻고 있는 이 교사, 설교자, 치료자와 관련한 소문들이 이분의 사역을 둘러싼 거룩한 분위기를 조사하고 폭로하기 위하여 대리인들을 파견할 만한 충분한 이유가 된다고 생각했음에 틀림없다. 예수는 권력을 잡고 있는 사람들에게 경고와 분노를 만들어낼 수 있는 조직체계 밖의 인물이고, 이 비판자들은 조용히 비밀리에 모의를 갖지 않고 공개적으로 공격을 가한다. 그들은 예수가 귀신들을 성공적으로 쫓아낼 수 있는 분이라는 사실을 인정하지만[12] 그의 성공적인 축사를 하나님이 아닌 사탄과의 특별한 관계에서 나온 결과라고 주장한다. 그가 바알세불이 사로잡혔다(3:22). 그는 더러운 귀신이 들렸다는 것이다(3:30).

한편, 백성들은 자기들이 두려워하고 이해할 수없는 내용을 자주 사탄의 탓으로 돌렸다. 율법 교사들(서기관)은 거룩한 전통을 조롱하는 사람과 자기들의 권위에 아부하지 않는 사람을 사탄의 활동에 종사하는 대리자일 뿐이라고 결론지었다. 다른 한편, 그들은 악의를 가지고 예수를 악마의 자식으로 낙인찍음으로써 먹칠하려 하고 있다.[13] 예수가 성령을 훼방하는 것으로 그들을 경고하시기 때문에 후자가 그 경우에 해당하는 것으로 보인다. 종교 지도자들은 귀신들이 인정하고 경험한 내용(이분은 성령으로 능력을 힘입은 하나님의 아들이시다)을 가능한 것으로 인정하지 않는다. 예수의 사역이 사탄의 나라와 관련이 있다고 그들이 주장한 것은 부분적으로 옳지만, 그것이 사탄의 나라의 발전이 아니라 붕괴와 관계가 있다는 분명한 사실을 그들은 인정하기를 꺼린다.

---

12. 마가복음은 그들이 분명히 더러운 귀신들을 쫓아낼 수 있는 사람이라는 사실을 암시하고 있다(1:27).

13. 같은 일이 세례 요한에 관해서 말해진바 있다(마 11:18; 눅 7:33). 이러한 고발은 불길한 것이다. 후기 랍비전승에 따르면, 예수는 마법을 시행하고 백성을 오도한 것으로 사형선고를 받았다(*b Sanh* 43a; 107b; *b Sota* 47a, *t Sabb* 11:15; 또한 Justin, *Dial* 69:7을 보라).

예수는 대적자들에 대해서 직접적인 언급으로 반응하지 않으시고(2:10, 28) 다만 비유로 말씀하신다(3:28). 이 비유는 그들의 비난의 어리석음을 드러내고 진리의 길을 열어준다. 축사가 치유를 가져다주고 해로운 것이 아니므로, 악한 세력이 널리 퍼져있는 자비의 행위들 가운데 곁들여있고 다른 사람들에게 그 노예를 살육할 권한을 부여했을 것이라고 그들이 참으로 생각하고 있는지 여부를 예수는 묻는다. 만일 그들의 비난이 옳다면, 사탄의 나라는 어떤 지배권 모의에 종사한 적대하는 당파들간의 충돌이나 사탄이 비이성적으로 스스로에게 가하려는 행동으로 인하여 무너질 것이다. 그러나 만일 예수가 사탄의 능력을 힘입어 일하시지 않는다면 또 다른 설명을 할 수 있는데, 곧 더 강한 자가 강한 자를 묶고 그의 집을 약탈하고 있는 것이다.[14] 일어나고 있는 일은 사탄의 계열들 가운데서 일어난 내란의 결과가 아니라 외부로부터의 직접적인 공격의 결과다.

이 비유는 우화다. 강한 자는 사탄이다. 더 강한 자는 하나님으로부터 오셔서 사탄의 강한 진을 늑탈하시고 그를 결박하신 예수이시다.[15] 이 우화는 요한이 자기보다 더 능력이 많은 이가 오실 것이라고 선포한 서론부분을 상기하게 만든다. 바꾸어서 말하면, 그는 사탄보다 더 강하신 분이다. 마가는 광야에서 받으신 시험을 자세히 기록하고 있지는 않지만, 그분이 분명히 그 집을 늑탈할 수 있도록 강한 자를 결박하였음에 틀림없다. 이 비유는 성경으로 교육받은 자로 하여금 하나님이 능한 자를 이기실 것이라는 이사야 49:24-25에 있는 약속을 기억하도록 자극한다.

용사가 빼앗은 것을 어떻게 도로 빼앗으며
  승리자에게 사로잡힌 자를 어떻게 건져낼 수 있으랴?
  여호와가 이같이 말하노라
  용사의 포로도 빼앗을 것이요
    두려운 자의 빼앗은 것도 건져낼 것이니
이는 내가 너를 대적하는 자를 대적하고
  네 자녀를 내가 구원할 것임이라.

하나님의 나라의 도래로 전쟁은 단지 사소한 압제자들과 그 통치자들에 대한 것

14. 강조는 약탈을 하는 강한 자의 능력에 있지 않고, 그분이 약탈할 것이라는 확실성에 있다.
15. "결박하다"란 동사가 5:3에서 다시 나타나는데, 거기서 마가는 소위 거라사인의 광인을 마을 사람들이 심지어 쇠사슬로도 결박할 수 없었다고 설명하고 있다.

이 아니라 온 인류를 사로잡아 노예로 삼은 사탄의 나라에 대해 수행된 전쟁이다.

예루살렘으로부터 내려온 율법 교사들과의 이러한 대면은 종교적 대적자들을 대하는 예수의 접근방식에 하나의 전환을 이룬다. 앞 단락은 "객관적인 기적의 현시들과 공개적인 설명들이 유대인 종교-정치 지도자들을 설득하여 예수의 편으로 끌어들이는 일에 있어서 별 효과가 없었다는 사실"을 드러내준다.[16] 능력과 권세의 현시는 죄 문제를 해결 받아야 할 필요가 있는 사람들에게만 확신을 주었을 뿐이다. 따라서 예수는 더 이상 자신의 주장들을 입증하기 위한 증거를 그들에게 제공하지 않으시고, 또한 성경으로부터 나온 논증으로써 그들을 설득하려 하지 않으신다. 그는 바리새인들의 영향을 받는 지역에서 벗어나서 6:2의 나사렛에 있는 자기 본가로 돌아오시기까지 다시 회당으로 들어가지 않으신다.[17]

비록 예수가 그들에게서 물러나시고 있을지라도, 이후부터 그들을 대면하실 때에 정면대응을 하지 않으실 것이다. 게덜트(Geddert)는 예수의 전술의 대조적인 면을 강조하기 위하여 제자들의 행동에 관해서 2:23-28과 7:5-13에서 바리새인들이 일으킨 문제제기에 대한 예수의 반응과 비교한다. 질문들은 유사하다. "보시오 저들이 어찌하여 안식일에 하지 못할 일을 하나이까?"(2:24), "어찌하여 당신의 제자들은 장로들의 전통을 준행하지 아니하고 부정한 손으로 떡을 먹나이까?"(7:5). 첫 번째 사건에서 예수는 성경으로부터 이끌어낸 설명을 주신다(2:25-26). 두 번째 사건에서 그는 그들의 질문을 무시하시고, 그 대신 성경을 사용하여 그들을 외식하는 자들이라고 몹시 꾸짖으시며 그들의 모든 전승은 하나님이 본래 명하신 의도에서 벗어나게 한다고 풍자하신다(7:6-13). 그는 끝까지 남아 자신의 초청에 응답하여 나아온 군중들과 제자들에게만 설명을 주신다(7:14-23).

한편으로, 바리새인들은 예수에 대한 음모를 꾸미고 있는 가운데 세속의 헤롯 당원들과 동맹하게 되었고, 이들은 "어떤 정직한 질문자들로 취급되기를" 스스로 포기하였다.[18] 그들의 강퍅한 마음도 역시 그들로 하여금 사탄 편에 서게 만들었다. 예수는 더 이상 이 지도자들을 신앙으로 설득하여 이끌어 내려는 시도를 하지 않으시고, 그의 에너지를 자원하여 따르고 있는 사람들에게 쏟으실 것이다. 그러나 예수는 공공연하게 적대하지 않는 사람들에게 접근하시어 그들을 변화시키신다.

16. Geddert, *Watchwords*, 42.

17. Ibid., 44.

18. Ibid., 43. 11:27-12:44에서, 예수는 더 이상 대적들이 가하는 고발까지도 변호하지 않으시지만, 그들에 대한 공세적인 입장을 취하신다.

예수는 "객관적인 증거들"을 제공하시는 방식을 수정하시고, 만일 그들의 심령이 옳다면 싹이 터서 결국에 열매를 맺게 될 옥토와 같은 마음속에 씨를 심기 시작하신다.[19]

상황잇기

커다란 군중의 자극적인 반응, 귀신들의 놀라는 반응, 예루살렘 지도자들의 두려움의 반응, 그리고 예수의 가족들의 걱정스러운 반응을 묘사하고 있는 이 단락은 다시금 예수가 누구신가에 대한 질문을 전면에 부각시킨다. 예수는 하나님의 성령을 통하여 역사하시는가 사탄의 속임수를 통하여 역사하시는가? 사람들은 그 차이를 어떻게 말하는가? 이것은 그분을 반대하고 저항하는 사람들에 대한 냉정한 질문들을 발생시킨다. 하나님의 성령이 능력 있게 역사 하시는 이분에 대한 반응의 방식은 무관심의 문제가 아니다. 누가 그분을 따를 수 있고 또 따를 것이냐의 문제 그리고 예수가 그들에게 기대하시는 것이 무엇이냐의 문제가 역시 발생한다.

이 단락은 거대한 군중으로 시작하여 그분과 함께 있도록 부름 받은 제한된 열두 제자 그룹으로 축소된다. 이는 그분 주변에 모여든 사람들의 이름을 거명하면서 하나님의 뜻에 복종하는 사람이 그의 가장 가까운 가족이라는 말로 끝난다. 문맥을 연결짓기 위해서 세 개의 주요한 문제에 집중해야 한다: 성령훼방(사함을 받지 못하는 죄로 규정됨), 제자들의 임무가 우리와 어떻게 연결되는가, 그리고 가족에 대한 새로운 정의.

예수에 대한 반대. 마가복음의 독자는 "예수가 누구인가?"라는 기독론적 문제들과 계속 마주치게 된다. 이 단락의 상반부(3:7-19)에서 백성들은 이스라엘 전역에서 예수에게로 몰려들고, 귀신들은 그를 하나님의 아들로 알아보고 부복하며, 그는 귀신들린 많은 사람들을 고치신다. 단락의 하반부(3:20-35)에서, 예수에 대한 저항이 그 인기에 비례하여 가중된다. 예수의 가족이 자기들의 집에서 그곳으로 오며, 예루살렘으로부터 온 율법 교사들이 다가온다. 예루살렘으로부터 온 율법 교사들은 예수가 악마의 대리자라고 주장하고(3:22), 그의 가족은 "그가 미쳤다"고 생각하는데, 일부 사람들은 이러한 현상을 자주 귀신이 들린 것으로 치부하였다. 율법 교사들도 실제로 예수가 더러운 귀신이 들렸다고 주장한다(3:30). 예수에

19. Ibid., 43-44.

대한 반응들 간의 완전한 대조는 독자로 하여금 누가 옳은가를 결정하게 만든다.[20] 예수가 귀신들린 자를 자유케 하시는 하나님의 아들인가, 귀신이 들렸거나 사탄의 대리자인가? 그가 신성모독의 죄가 있는가(2:7), 예루살렘으로부터 온 신학적인 권위자들이 신성모독의 죄가 있는가?

이 단락을 현대의 우리 문화로 이끌어옴에 있어서, 예수가 하나님의 아들이시라는 사실을 백성들에게 확신시켜 주기 위해서 우리는 어떻게 해야 하는가를 묻게 된다. 가장 좋은 방책은 무엇인가? 심각한 적대관계에 직면해서 뒤로 물러나는 것(3:7; 13:14을 보라), 우리를 삼키려는 군중들과 박해자들로부터 도망하기 위해서 배를 보존하는 것(4:36)이 상책인 경우가 있을 수 있다. 또한 정면공격이 효과적일 때가 있을 수 있다. 대체로 우리는 수수께끼 같은 비유를 가지고 강팍한 대적들의 주장을 보다 효과적으로 논박할 수 있다. 이것은 그들의 영혼을 구원하기보다는 대적들을 이기기 위하여 고안된 이론적 논증이나 소리치는 논쟁을 하는 것보다 진리 자체를 더 발견하려는 마음으로 이끌어간다. 대적들에 대하여 예수가 비유를 사용하신 것은 참된 사랑의 한 방법이다. 그는 단순히 논쟁으로 그들을 참패시키기를 원치 않으시고, 그들로 하여금 그와 함께 생각해 보도록 권유하기를 원하신다. 예수가 흥미로운 이미지들을 사용하시는 것은 그들이 이해할 수 있고, 그들이 하나님께 기꺼이 마음을 열려 한다면 진리로 그들을 깨우칠 수 있는 공통된 근거를 제공해 준다.[21]

그러나 이 단락을 읽는 많은 독자들은 사함 받을 수없는 죄의 문제로 인하여 곁길로 나아가게 된다. 예수는 대적자들이 성령훼방 죄를 범하고 있다고 말씀하시는데(부정 대명사 "누구든지"를 유의하라, 3:29), 그는 이것을 사함을 받을 수없는 죄로 규정하신다.[22] 그러한 혹독한 발언은 수천 년 이상 관심의 대상이 되어왔고, 또 실족하여 교회를 떠난 많은 교인들이 그러한 죄를 범했다고 괴로워해 왔기 때문에 특별한 관심을 필요로 한다. 첫째로, 사람들은 성령훼방 죄에 해당하는 내용이 예수 그리스도의 사역 가운데 나타난 하나님의 성령의 활동에 대한 악한 부인이라는 사실을 인정하지 않는다. 즉 성령을 더러운 귀신으로 말하고 하나님의 성령이 타락한 세상에서 악한 세력들을 진압하기 위하여 그리고 사탄의 노예상태가 되어 있는 인간들과 제도들을 해방하기 위하여 직접적으로 인간들을 통하여 역사 하시는

20. Lane, *Mark*, 28.

21. Ernst Fuchs, *Studies of the Historical Jesus*(London, SCM), 129.

22. *Jub* 15:34과 대조하라, 거기서 사함 받을 수없는 죄는 자신의 아들들에게 할례를 행하지 않은 죄다.

사실을 부인하는 것이다. 예수는 이 죄가 사함을 받을 수 없다는 단호한 주장을 하신다. 둘째로, 사람들은 성령의 역사를 거절하거나 방해하는 것이 끔찍한 죄라는 사실을 강조하기 위하여 예수께서 과장법을 사용하셨다는 사실을 인정하지 않는다. 그들은 이 말씀을 문자 그대로 받아들여서 몇몇 행동들만이 사함을 받을 수 없다고 가정한다. 맥닐(McNeile)은 심각한(혹은 도전적인) 죄가 구약성경에서 자주 "용서받을 수없는 것"(민 15:30-31; 삼상 3:14; 사 22:14)으로 말해졌다는 사실을 설명하면서 다음과 같이 말한다.

> 만약 주께서 한 사람의 유대인으로서 유대인들에게 말씀하셨고, 당대에 유행하던 표현 스타일을 사용하셨다면, 그리고 그것이 구약성경에서 나온 것이라면, 예수가 그 능력으로 역사하신 성령에 대하여 모독하는 것이 끔찍한 죄—사람을 모독하는 죄 이상으로—라는 사실을 의미하셨거나 그렇게 이해되었을 것이다.[23]

문제는 그리스도인들이 자주 이러한 말씀의 부정적인 면—즉, "영원한 죄책"—을 붙잡고 긍정적인 진술—"사람들의 모든 죄와 훼방들이 사함을 받을 것이다"—은 소홀히 여긴다는 것이다. 흠정역(KJV)의 "영원한 저주의 위험에 처해있다"(3:29)가 분명히 우리의 주의를 끈다. 이 구절이 너무나 많은 사람들로 하여금 불필요한 번민을 하게 하였으므로, 어떤 이는 우리의 죄가 아무리 많다할지라도 하나님의 사랑, 은혜, 오래 참으심은 결코 바닥이 나지 않는다는 사실을 지혜롭게 강조한다. "아버지께서 내게 주시는 자는 다 내게로 올 것이요 내게 오는 자는 내가 결코 내쫓지 아니하리라"(요 6:37).[24] 복음은 하나님이 우리에게 용서받을 수없는 것처럼 보이는 죄라도 용서하신다고 선언한다.

성령훼방 죄를 용서받을 수없는 것으로 만드는 내용을 문맥으로부터 살피는 것이 도움이 될 것이다. 백성들이 무지함으로 예수를 거절하는 것이 그 하나이지만, 그분이 일하시는 능력을 공격하는 것은 보다 심각하다는 사실을 배울 필요가 있다. 만일 사람이 약하다면 격려를 받을 수 있다. 만일 무지하다면 정보를 받아 깨달

---

23. Alan Hugh McNeile, *The Gospel According to St Matthew*(London. Macmillan, 1915), 179. Matthew Black (in *An Aramaic Approach to the Gospels and Acts* [3d ed.: Oxford: Clarendon, 1967], 140 n. 3)은 "죄"라는 단어가 "유죄 판결"을 의미하는 단어의 기초가 되는 아람어에 대한 오역에서 유래한 것이라고 주장한다. Gundry, *Mark*, 183에 있는 이 입장에 대한 비평을 보라.
24. E. M. Blaiklock, *The Young Man Mark Studies in Some Aspects of Mark and His Gospel*(Exeter: Paternoster, 1965), 31.

을 수도 있다. 그런데 만일 사람이 의도적으로 눈을 감고 귀를 막으며 도움을 거절한다면, 어떻게 할 수 있겠는가? 회개로 인도될 가능성을 스스로 끊어버렸다. 예수의 대적자들은 진리를 들을 수 있는 귀를 막아버렸다. 그들이 선이라고 말하는 것은 다른 사람들을 예수에게서 멀어지게 하고 자신의 권위를 보호하고 제자가 되는 것을 거절하게 하는 악한 것이었다. 하나님은 이러한 죄까지도 사하시기를 기뻐하시지만, 그들은 하나님의 사죄로부터 스스로를 닫아버렸다. 이것은 한번의 행동이 아니고 성령의 사역을 경멸하는 지속적인 상태다.

만일 소위 사함을 받을 수없는 죄를 의도적으로 하나님의 능력과 사죄를 경멸하는 것으로 이해한다면, 자기들이 사함을 받을 수없는 죄를 지었다고 걱정하고 두려움을 느낀 교회의 성도들에게 도움이 될 수 있다. 그들이 그것을 두려워하고 있다는 것은 그들이 그러한 죄를 범하지 않았다는 사실을 입증하는 것이다. 예수는 신성모독죄가 사함을 받을 수 있다는 사실을 확증하시고 있으며(3:28), 바울의 증거도 그것을 확증하고 있다. 그는 예수를 배척하던 율법 교사들과 다름이 없었고, 그리스도인들을 유대주의 체계를 파괴하는 사탄적인 암적 존재인 것으로 비방했던 사람이었다(갈 1:13-14). 그는 자신이 예전에는 훼방자였다고 밝히고 있다(딤전 1:13). 그는 하나님의 직접적인 개입을 통하여 새로운 이해를 갖게 되었다. 그가 주님을 계속 경멸하였다면, 용서받지 못하였을 것이다. 그가 반응할 수 있었던 기회를 잃어버렸기 때문이 아니라 그의 마음이 점점 더 완고해지고 강퍅해져서 생활방식이 죄악 가운데 더욱 자리하였을 것이기 때문이다.

만일 사람들이 이 문제를 잘못 이해할 소지가 있다면 복음서들에서는 하나님의 사죄를 강조하는 편에서 오류를 범하는 것이 더 안전하다는 사실을 암시하고 있다. 그러나 이 죄의 끔찍한 성격은 하나의 경고로서 강조되어야할 경우일 수도 있다. "누구든지 성령을 모독하는 자는"(3:28[29])과 "누구든지 하나님의 뜻대로 행하는 자가"(3:35)란 평행적 문구들은 하나의 행실에서 또 다른 행실로 옮겨갈 수 있다는 사실을 암시한다. 예루살렘으로부터 온 율법 교사들이 성령 훼방 죄가 있다는 사실과 조상들의 전승에 지나치게 열심이었던(갈 1:13-14; 빌 3:5-6) 예전에 바리새인이었던 바울이 자신을 과거에 훼방자였다고 고백하는 사실은 시사하는 바가 많다. 이 기사에서 예수를 잘 알고 하나님에 관해서 가장 많이 알아야할 사람들이 그분을 대적하는 자들이 되고 있다.[25] 아마도 오늘날 이러한 죄를 범할 가능

25. Achtemeier, "Mark," 4.549.

성이 가장 많은 사람들이 신학자들, 성경에 능통한 사람들, 그리고 교회의 지도자들일 것이다. 그들 역시 다른 사람들에 대하여 신성모독이라는 비난을 퍼붓는다.

마가의 괄호로 묶는 기술의 사용은 예수의 사역을 방해하려는 그의 소중한 가족이 행한 시도를 훼방 죄로 연결짓는다. 성령에 대한 훼방 죄는 쉽게 분간할 수 있는, 단순히 하나님의 성령을 비방하는 것만이 아니다. 그 죄는 또한 하나님의 성령의 사역을 뒤엎으려는 시도인데, 이것은 분간하기가 쉽지 않다. 그것을 파악하기가 더 어려운 이유는 성령을 훼방하는 죄를 짓는 사람들이 예수와 아주 가까운 사람들이고 스스로 자기들이 최선의 의도를 가지고 행동하고 있다고 확신하는 사람들이기 때문이다. 이 본문을 읽는 지극히 적은 수의 사람들만이 서기관들의 비방과 예수의 가족을 통하여 그의 사역을 방해하려는 파괴적인 행위 간의 마가의 괄호로 묶는 기술을 통하여 이루어진 관계를 깨달을 수 있다. 후자(가족)의 죄는 확실히 성령에 대한 훼방 죄다. 예수와 친밀한 사람이라고 생각하여 그분을 찾고 부르는 사람들은 자기들의 소원들 혹은 기대들과 반하는 성령의 사역을 손상시키는 시도를 제어해야할 것이다. 예수의 가족에 속한 사람들까지도 무의식중에 대적자들과 동맹할 수 있고, 따라서 갈라진 집은 서 있을 수가 없다.[26]

제자들의 임무의 영속성. 원 제자들은 주가 행하신 일들과 사역들을 증거하기 위하여 주와 함께 있도록 선발되었다. 예수와 함께 한다는 것은 그들이 그의 능력의 사역을 확장해 나갈 수 있도록 주님이 자기들의 주님이심을 배운다는 사실을 의미한다. 이러한 점에서 우리의 임무는 그들의 임무와 서로 교차한다. 마가는 독자들이 실패를 통하여 배울 수 있다는 사실을 믿고 있다. 열두 제자들은 성자 직이나 보좌에 앉도록 부르심을 받지 않았고 또한 독자들을 위한 모델로서 섬기는 이상적인 제자도를 보여주도록 부름 받지도 않았다. 마가복음에 있는 이 열두 사람의 행실은 인간은 어떤 사람이든 자유로 선택할 권한을 가졌고, 그러면서도 자주 하나님의 동역자가 되는 일에 실패한다. 예를 들면, 예수는 유다를 배반자로서가 아니라 열둘 중에 한 사람으로 택하셨다. 그러나 유다는 스스로 그분을 저버리기로 택하였고 그분을 대적자에게로 넘겨주었다. 이 복음서에서 베드로의 이야기는 그가

26. 분명히, 예수의 가족은 부활 후에 새로운 깨달음을 갖게 되었고(행 1:14을 보라) 그의 형제들은 복음운동에 지도자들이 되었다(행 15장; 21:17-26; 고전 9:5, 그리고 야고보서와 유다서를 보라). 그러므로 우리는 이 본문을 예수의 친가족을 혹평하기 위하여 사용해서는 안 될 것이며, 이 이야기에서 우리는 그의 가족에 가장 뒤늦게 가세한 자로 알고 해석해야할 것이다. 만약 예수에게 가장 가까운 사람들이 그를 오해하고 그의 사역을 훼방을 놓을 수 있었다면, 우리는 당연히 그의 십자가와 부활 후까지도 같은 실수를 저지르기 쉽다. 그러므로 우리는 이러한 실수를 하지 않도록 주의해야할 것이다.

반석과 같지 않은 사람임을 보여준다. 그는 메시야적 역할에 관해서 예수와 말다툼할 때 훨씬 더 우둔해졌고(8:32-33), 또한 주님을 세 번 부인할 때(14:66-72)에 싹을 내는 씨가 적대적인 조사의 나약한 조명 아래서도 시들어버리는 돌짝밭의 흙과 같았다(4:5-6, 16-18). 우레의 아들들은 예수가 보좌에 앉으실 때 풍성해질 것이라고 생각하는 영광과 부를 동경하고 있음을 보여주었다. 그들은 왕의 좌우편 가장 좋은 자리에 앉기를 원한다.

열두 제자들의 실패에도 불구하고, 그들을 부르시는 하나님의 목적은 좌절되지 않을 것이며, 하나님의 능력은 여전히 그들을 통하여 예수의 사역을 증가하는 일을 하실 수 있다. 제자들은 모든 무지와 연약함과 실수를 행하지만 그의 사역을 확장해 나가기 위하여 그들을 통하여 일하시려는 하나님을 향한 주님의 패턴을 따르기를 배워야할 것이다. 예수만이 우리의 모델이시다. 그분과 함께 한다는 것은 그의 긍정적인 모범으로부터 배우는 것을 의미한다.

그러므로 예수와 함께 한다는 것은 그 말이 의미하는 것보다 훨씬 더 어려우며, 우리는 상황잇기를 하는 가운데, 제자도의 임무를 약한 것으로 바꾸지 않도록 주의해야할 것이다. "동산에서"와 같은 예수와 함께 함을 기뻐하는 많은 찬송가들은 어떤 목가적인 배경에 거하며 그분과 교제를 나누는 기쁨만을 생각하는 방향으로 우리를 잘못 이끌어갈 수 있다. 마가복음서의 열두 제자들은 예수를 여기저기 좇아다니느라고 한곳에 체류할 시간이 거의 없었다. 예수와 함께 하는 것은 탁월한 기쁨, 칭송 받는 권위, 그리고 승리적인 귀신축출이 아니었다. 겟세마네에서 예수와 함께 있는 것(14:33)은 분명히 소풍이 아니었다.

예수와 함께 하는 것이 그의 고통을 나누어 가지는 것을 요구하므로, 오히려 제자들은 우리처럼 그분으로부터 떠나가려는 유혹을 받을 것이다. 유다는 예수를 저버리고 검과 곤봉을 들고 오는 "무리들"과 함께 겟세마네로 온다(14:43). 그는 아주 무력해 보이고, 사랑으로 다스리는 분과 함께 고난을 당하기보다는 폭력으로 다스리는 자들 편에 섰다. 무장한 자들이 와서 예수를 포박할 때, 모든 제자들은 예수가 그 운명을 홀로 당하시도록 저버리고 도망한다. 대제사장의 뜰에서 두려워하고 있는 베드로는 갑자기 "그 나사렛 사람"과 함께 있었던 사람으로 지적을 받자(14:67), 강렬하게 부인한다. 그는 군중으로부터 피하여 예수를 체포하는 자들의 일당과 함께 앉아서 따끈한 불로 몸을 녹인다(14:54). 예수와 함께 있다는 것이 그의 고통과 역경을 함께 하는 것을 의미한다는 사실은 귀신을 제어하는 권세를 갖는 흥미로운 기대에만 마음을 빼앗길 수 있는 사람들에게 분명하게 인식되어야할 것이다. 바울은 고린도 교인들에게 다음과 같은 내용을 기록하여 보냈을 때, 예수와 함께 하고 예수가 우리와 함께 하시는 것이 무엇을 의미하는지를 충분히 이해하고 있었다. "우리가 항상 예수의 죽음을 몸에 짊어짐은 예수의 생명이 또한 우리 몸에 나타나게 하려 함이라 우리 살아 있는 자가 항상 예수를 위하여 죽음에 넘겨짐은 예수의 생명이 또한 우리 죽을 육체에 나타나게 하려 함이라"(고후 4:10-11).

제자들의 임무는 악에 대한 하나님의 승리를 선언하고, 다른 이들을 구원하는 것이기도 하다. 사탄과의 싸움은 계속되고 있다. 예수가 말씀하신 결박당한 강한 자와 약탈당한 집의 이미지는 우리로 하여금 사단이 완전히 파멸 당했다고 결론짓도록 이끌어간다. 그러나 우리가 주변에서 보고 심지어 우리 자신 속에서도 보게 되는 뒤틀려진 육신과 마음 그리고 도덕과 제도적인 수치가 이러한 결론이 잘못된 것이게 만든다. 이 이미지는 하나님의 나라를 설립하는 것이 아무런 노력 없이 되는 것이 아니고 투쟁과 갈등을 필요로 한다는 사실을 암시해준다.

그러므로 사탄의 속박당함과 사탄의 계속된 힘 사이에는 긴장이 존재한다. 사탄은 복음서에 있는 또 다른 전초전(시험, 축사)에서 패배 당했으나 여전히 손해를 입힐 수 있는 상당한 전쟁 수행 능력을 가진 자로서 계속 저항할 것이다. 예루살렘으로부터 온 율법 교사들을 통한 예수에 대한 비방이 그것의 생생한 증거다. 이것은 벌지(Bulge) 전투와 비교될 수 있을 것인데, 당시에 히틀러는 마지막 결정적인 도박을 하였다. 그는 유럽의 성공적인 침략 이후에 연합군의 진격을 멈추게 하려고 자기의 모든 병력을 그 전투에 투입했다. 예수의 사역 가운데서 임한 하나님의 나라의 도래는 악한 세력의 종말의 시작일 뿐이다. 사탄은 굳은 길가 땅에 떨어진 씨를 삼킬 수 있지만(4:15), 그것은 사탄보다도 잘못된 것을 듣는 자에게 더 과실이 있다. 약탈된 집은 다이너마이트 폭파가 준비된 건물과 같다. 다이너마이트가 폭발할 때, 건물은 잡석과 먼지 무더기 가운데 붕괴되기 이전에 잠시 동안 서있을 뿐이다. 제자들은 대적을 물리치고 파괴할 영력을 약속 받았다. 그들은 누가 진정한 원수인지를 알 수 있는 영적 분별력이 필요하다.

가족을 재정의 하심. 예수는 가족에 관해서 많은 것을 가르쳐 주시지 않았고, 가정생활을 위한 모델도 제공해주지 않으셨다. 많은 사람들이 가족관계에 대하여 그분이 말씀하시는 내용을 혼란스럽게 생각했다. 대부분의 사람들이 이 본문이 어머니날이나 가정을 향상시키는 주제의 이상(ideal)임을 깨닫지 못하고 있다. 핵가족을 묶어주는 구조가 너무나 진부한 시대에, 예수가 그의 가정을 거부한 것이 아니라 우리가 어떻게 가족 구성원들과의 관계를 가져야하는지에 관한 비결들을 주셨기를 바랄 수 있다. 예수는 가족으로부터 도외시 당하셨고, 가족들은 그분을 미쳤고 어리석게도 자기의 삶을 내던져버리는 자로 본다. 우리는 오늘날 가정생활을 강화시켜주기 위하여 이 단락에 기록되어 있는 가족에 대한 예수의 특별한 관점을 어떻게 사용할 수 있는가?

어네스트 르낭(Ernest Renan)은 19세기에 기록된 그리스도의 생애에서 예수가 "혈족관계를 거의 돌보지 않았다"고 결론지었다. 그는 예수의 태도를 "인간, 혈족, 사랑, 조국이라는 모든 것들을 하찮게 여긴 "자연 질서에 대한 대담한 반란"으로 규정했다.[27] 자기 모친과 형제들에 대한 무뚝뚝한 반응과 예수를 즉시 따르면서 부친을 장사지낼 수 있도록 시간을 달라는 사람에 대한 매정한 반응("죽은 자들이 그들의 죽은 자들을 장사하게 하고 너는 나를 따르라," 마 8:22)은 예수가 가족관계를 강화시켜주기보다는 손상시키려고 했다는 의견에 무게를 더 실어준다고 보았다.

그러나 자기들의 책임들을 율법을 이용한 궤변을 통하여 부모들에 대한 의무를 교묘히 빠져나간 사람들에 대한 예수의 강렬한 비난(막 7:6-13), 치료받은 거라사인의 광인을 가족에게로 돌려보냄(5:18-19), 그리고 이혼에 대한 예수의 비난(10:1-12)은 르낭의 결론이 과장되었다는 사실을 드러낸다. 예수의 급진적인 이미지는 선례가 없지는 않다. 그것은 이전의 관계들을 저버리도록 개종을 요구했던 엄격한 유대주의의 유일신론적 종교 전승 가운데서 발견되고, 또한 그리스-로마 세계의 다양한 철학적 전통 속에서도 발견된다. 추종자들은 보다 나은 선을 위하여 가족의 결속을 부차적인 것으로 만들라는 명령을 받았다. 모든 다른 충성은 뒤에 두어야 한다.[28]

상황을 연결하기 위하여 생리적 가족결속의 의미에 대한 예수의 재평가를 정통으로 검토해 볼 필요가 있다. 만일 우리가 핵가족을 더 행복하고 안전하게 만들려는 방법을 이기적으로 찾는다면, 여기서 많은 것을 발견할 수 없을 것이다. 만일 우리가 가족을 위한 하나님의 더 웅대한 목적을 찾는다면, 어찌되었든 특히 외롭고 가족이 없는 사람들을 위한 복음을 발견할 것이다. 예수는 하나님의 목적에 대한 절대적 충성을 드러내 보이시고 있으며, 그것을 제자들에게도 요구하신다. 그는 자주 생리적 친인척을 통하여 유발된 배타심과 이기심을 거부하시고, 이름 모를 군중들이 그분에게 그리고 서로에게 가족이 될 수 있음을 주장하신다.[29] 그들은 더

---

27. Ernest Renan, *The Life of Jesus*(A. L. Burt, 1897), 97-98.
28. Stephen G. Barton, *Discipleship and Family Ties in Mark and Matthew*(SNTSMS 80' Cambridge: Cambridge Univ. Press, 1994), 23-56, 220-21.

큰 가족의 일부분이 되었으며, 하나님을 향한 그들의 위탁을 통하여 수립된 결속력은 피로 이루어진 결속력보다 더 강하다(10:28-30; 롬 16:13; 빌 2:19-22; 몬 10절을 보라).

이 단락의 첫 부분에서 예수는 자기가 원하셨던 사람들을 초대하셨다(3:13). 혹자는 예수가 그들을 원치 않기 때문에 그를 따르기 원하는 사람들이 다른 길로 갈 수 있다는 사실을 의미하는 것으로 이것을 잘못 생각할 수 있다. 그러나 이 단락의 끝 부분은 문을 넓게 열고 있음을 보여준다. 누구든지 하나님의 뜻대로 행하는 사람은 그의 가족 구성원이 될 수 있으며, 그는 가족 개념을 핵가족과 씨족이라는 생리적 친인척 관계를 초월하여 재규정하신다. 생리적 가족관계는 선택에 기초하지 않지만, 하나님의 가족구성원이 되는 것은 선택에 기초한다. 새 메시야 가족의 구성원이 되는데 유일한 요구사항은 하나님에게 순종하는 것이다. 하나님의 명령들은 예수가 가르치시고 행하신 것으로 규정되어 있다.

현대적 의미

성령 훼방죄. 대적자들이 예수에 대항하여 일으키는 비난은 예수를 실패한 개혁자, 영원한 윤리적 진리를 말했던 시골뜨기 교사, 혹은 떠돌이 견유학파 설교자로 만들려는 사람들을 부추긴다. 예수의 도전들에 대한 깊이 숨어있는 적대심에 대한 유일한 타당성 있는 설명은 예수가 행한 일이 그를 통한 하나님의 성령 역사의 현시였다는 사실을 선포해야 했다는 점이다. 루이스(C. S. Lewis)는 예수의 주장을 들었을 때 두 가지 선택사항만이 있다는 사실을 인정했다.

> 순전히 한 인간이었고 예수가 말씀하신 것과 같은 종류의 말을 한 사람은 위대한 도덕교사가 아닐 것이다. 그는 미치광이거나 자신이 삶은 달걀이라고 말하는 사람과 같은 수준의 사람－지옥의 마귀－일 것이다. 당신은 선택해야 한다. 이 사람이 하나님의 아들이었고 지금도 하나님의 아들인가, 아니면 미친 사람이나 그보다 더 상태가 나쁜 사람인가. 당신은 그분을 어리석은 사람으로 치부할 수 있고, 그에게 침을 뱉고, 그분을

29. Louis Feldman(*Jew and Gentile in the Ancient World* [Princeton: Princeton Univ. Press, 1993], 196-99)은 기독교가 "모든 본질적인 면에서" 유대교와 다르다고 주장한다. "유대인들은 역사적으로 자기 자신들을 한 백성, 한 국가, 한 가족으로 규정해왔으며, 그러므로 우리는 유대인으로 태어난 사람을 한 유대인 어머니를 가진 사람으로 규정한 탈무드의 규정[*b Qidd* 68b]을 이해할 수 있다(신조적인 규정이 아닌 생리적인 규정). 종교는 그 나라의 격식이다." 다른 한편, 기독교는 "국가적 관계를 상관하지 않는 첫 번째 종교"였으며 이로 인하여 고대 비평가들에 의하여 공격을 받았다.

> 마귀라고 죽일 수 있다. 그러나 그리하지 않고, 당신은 그분 발 앞에 엎드려 그를 주와 하나님으로 부를 수도 있다. 그러나 위대한 인간 교사가 되시는 그분에게 터무니없는 생각으로 나오지 말아야 한다. 그는 아무렇게나 해도 되는 분이 아니시다. 그는 그것을 의도하지 않으셨다.[30]

교회는 예수의 이 대적자들이 했던 것처럼 공개적으로 성령을 욕되게 하지는 않지만, 성령에 대한 교회의 훼방 죄가 보다 교활한 형태를 취할 수도 있다. 이 심각한 죄와 연결되어 있는 것이 예수의 가족들이 예수를 그의 목적으로부터 방향을 돌리게 하려는 시도와 같다. 교회는 역사 가운데서 수차례 이와 같은 범죄를 저질렀다. 고전적인 실례는 도스토예프스키의 『까라마조프의 형제들』에 나오는 종교재판소장이다. 종교재판소장은 공개적으로 예수를 실패한 사람으로 간주하고, 그와 그의 교회가 "당신의 일을 바로잡아주고, 그것을 기적, 신비, 권위로 바르게 잡아주었다.…우리는 땅의 모든 나라를 당신에게 보여주면서 그가 당신에게 제공했던 마지막 선물 즉, 그분으로부터 당신이 모욕하고 거절했던 내용을 취했다.[31]

위험한 일은 우리가 이러한 심각한 죄를 다른 사람들—우리의 앙숙들—에게서만 보고 우리들에게서는 보지 않는다는 사실이다. 예수에게 속하는 사람들을 비방하는 것은 예수를 사탄과 혼동하는 것만큼 위험하다. 교회 역사는 신학적 논쟁자들을 훼방자들이라고 낙인찍고 지독한 욕을 퍼붓고 파문하고 사형시킨 사람들을 많이 가지고 있다. 만일 대적들을 어떻게든 본래적인 악인 혹은 인간 이하의 사람으로 규정한다면, 그들을 없애는 것을 정당화하기가 쉽다. 원수를 사탄적이라고 말할 때, 그것이 어떻게 악마 같든지 간에, 그 악마를 제거하기를 원하는 일은 무엇이든지 합리화할 수 있다.

율법 교사들이 하는 예수에 대한 비방은 그분을 낙인찍는 극단적 위험성을 드러낸다. 그들은 예수와 예수가 행한 능력을 비판하는 일에서 진실할 수도 있다. 누군가가 지옥은 배반당했다고 느끼는 것과 같은 종류의 종교를 가진 신자와 같이 분노를 가지고 있지 않다고 말했다. 종교 단체들 가운데 다른 사람들에 대한 사악한 비판은 여러 동기에서 유래한다. 근본적으로 새로운 어떤 것에 대한 진실한 고민, 이단으로 보이는 것에 대한 참된 경고, 혹은 다른 것들을 악한 자들로 낙인찍음

---

30. C. S. Lewis, *Mere Christianity*(London: Fontana: 1960), 52-53.
31. Fyodor Dostoevsky, *The Brothers Karamazov*, trams. Constance Garrett(New York: Random House, 1929), 305).

으로써 우리가 선한 자들에게 속해있다는 사실을 재확인하기 위한 바람. 율법 교사들은 율법, 자기들의 전승, 자기들의 이해관계를 보호하려고 했다. 그들은 하나님과 성경이 자기들 편에 있다는 사실을 확고하게 믿었을 수도 있다. 그러나 그들은 심히 잘못되었고, 그들의 견해는 자신들과 다른 사람들에게 치명적인 것이었다.

그러한 사람들이 여전히 우리 가운데 존재하고 있으며, 그들은 여전히 치명적이다. 세상 끝 날에 그들은 자기들이 하나님의 성령의 사역을 훼방했다는 사실을 깨달아 알 것인가? 이 본문을 다루는 사람들은 다른 사람을 손가락으로 지적하면서 비난하는 일을 조심해야하며, 이상하고 놀라운 방식으로 역사하시는 성령을 훼방하는 죄가 있지는 않는지 물어야할 것이다. 우리의 자존심, 사리사욕, 완고함이 성령께서 행하시는 일에 대한 우리의 판단을 흐리지 않도록 성령의 분별력을 달라고 기도해야할 것이다.

악을 제어하는 권세. 사도들은 단순한 권세만 주어지지 않았고 선한 일을 행하는 즉 귀신들을 쫓아내는 권세를 받았다. 이는 우리가 교회들 가운데서 축사를 행하거나 이러한 일을 위하여 사역자들을 훈련시킬 필요가 있다는 사실을 의미하지 않는다(선교현장에서 이러한 현상들을 충족시키기 위하여 잘 준비하는 것이 유익하다고 말하는 많은 선교사 친구들이 있다). 그것이 의미하는 바는 교회가 하나님의 능력을 단순히 말하는 것에서 그쳐서는 안 된다는 사실이다. 교회는 능력의 증거를 나타내는 공동체가 되어야한다.

다시 말해서, 교회는 그분을 단순히 고백하는 것으로 그치지 않는 공동체가 되어야 한다. 귀신들도 고백하는 일을 한다. 교회는 구원을 위하여 다른 종교적 선택사항을 사람들에게 제공하면서 지나가는 사람들을 바라보고 있는 방관자의 자리에 앉아있어서는 안 된다. 교회는 인생이라는 전투장에서 악에 대항하여 맞서서 대적하는 임무를 가지고 있다. 예수는 개인적인 악보다 더 큰 악과 맞서 싸우고, 백성들을 속박하는 것이 무엇이든지 그들을 구원하기 위하여 제자들을 보내신다. 다음과 같이 물을 수도 있다. 삶을 변화시키는 이러한 능력에 대한 증거가 교회 안에 어디에 있는가? 토마스 아퀴나스는 교황 이노센트 2세를 알현하는 것으로 기록되어 있다. 그때에 아퀴나스는 거대한 양의 돈을 세고 있는 교황에게 다가갔다. 교황은 이렇게 자랑했다. "보게, 토마스, 교회는 이제 더 이상 '은과 금은 내게 없거니와' 라고 말할 수 없게 되었네"(행 3:1-10). 아퀴나스가 이렇게 대답했다, "사실입니다, 교황님, 그렇지만 교회는 이제 '일어나 걸어라' 고 말할 수도 없게 되었습니다."[32] 교회가 오늘날 악의 세력에 대항하고 있는지 그렇지 않은지를 물을 수 있어야 한다.

어떤 사람은 치유와 축사의 의미를 확대하면서 이적을 지나치게 강조하였다. 이적은 분명히 예배에 흥분을 더해주고, 극적인 효과를 더해주지만, 감정 자극의 흥행가들에 의하여 사기행위와 사리사욕에 문을 열어준다. 속이는 목회 사기꾼들이 서투르게 흉내 내도록 매스컴이 이에 대한 풍부한 소재를 제공해 주었다. 교회는 언제나 대중들을 자기들의 유익에 교묘하게 이용하는 비열한 사람들을 경계해야 한다. 일반적으로 이런 자들의 사역은 악으로부터 사람들을 끌어내기보다는 돈을 끌어 모으기 위하여 고안된 곡예로 변질되고 있다. 그 쇼에서 자주 간과되고 있는 것은 개인, 제도, 그리고 사회 전체를 붙잡고 있는 내적 악이다. 오늘날 교회는 자주 소수의 물리적인 질병을 가진 백성들을 치유하는 전문성을 가진 허풍꾼들을 배치시키지만, 백성들의 영혼을 좀먹는 악 앞에서는 침묵하고 별 도움을 주지 못하고 있다.

많은 사람들은 편안한 기독교라는 조개껍질 속으로 후퇴하기를 더 좋아한다. 대학살 기간 동안 자기들의 생명의 위협을 무릅쓰고 유대인들을 구출하기 위하여 살았던 소수의 의로운 이방인들에 대한 데이빗 귀시(David Gushee)의 놀라운 기사는 사회를 혼란케 했다. 그것이 소수의 그리스도인들이 전 유럽을 휩쓴 악에 어떻게 대항했는가를 기록하고 있기 때문이다. 히틀러가 한 일은 지배적으로 기독교인들이 많았던 그 나라의 공범들(=백성들)과 함께 수행되었다. 데이빗 귀시는 전쟁 이전에 나치 통치 하에서 3억 인구 가운데 90퍼센트가 그리스도인이었고 60퍼센트가 자신들을 "매우" 혹은 "다소 좋은" 신앙인이었다고 기록하고 있다. 그러나 유대인들을 구출하기 위하여 활동했던 사람들의 수는 1퍼센트도 안되었다. 그의 결론 가운데 하나는 특히 당황하게 만든다. "소위 자신을 기독교인이라고 밝힌 유럽에 있는 많은 구조자들과 기독교 신앙과의 무관계성은 놀라운 발견이다." 구조자들 중 소수만이 "그들이 교회에서 받은 몇몇 지시에도 불구하고" 유대인들의 구조를 위해 행동했다. 헌신된 폴란드 가톨릭 신자인 렉흐 사르나(Lech Sarna)는 교회에 참석한 후에 고통을 느꼈다. 그는 다음과 같이 울부짖었다, "나는 두 세계를 잃어버릴 것이 분명하다. 그들은 유대인을 지켜주었다는 이유로 나를 죽일 것이고, 그 다음에는 유대인을 도왔다는 이유로 천국을 잃을 것이다."[33] 교회는 사람들이

---

32. F. F. Bruce, *The Book of Acts*(NICNT, rev. ed.; Grand Rapids. Eerdmans, 1988), 77-78.

악을 인식하고, 어떤 대가를 치르더라도 악을 도전하는 교인들의 도덕적 형성에 책임이 있다.

영화 쉰들러 리스트는 운터스트룸휘러(*Unter-sturmführer*) 아몬 괴트(Amon Göth)가 이끄는 크라코브 플라초브 집결 수용소 내에서 매일 일어난 폭력과 공포를 잘 설명해주고 있다. 생존자들은 그 폭력의 매우 역겨운 행위들을 일반 대중이 다 볼 수 있도록 필름에 묘사할 수가 없었다고 진술하고 있다. 생존한 사람들 가운데 많은 이들이 그 영화의 기초가 되는 작품의 저자인 토마스 케닐리(Thomas Keneally)에게 자신들의 이야기를 온전히 진술하지 못했다. 그 영화는 쉰들러쥐덴(Schindlerjüden)의 삶을 이어서 살았던 엘리노 J. 브레처(Elinor J. Brecher)에게 자신들의 이야기를 진술하도록 몇몇 사람들에게 용기를 주었다. 그녀가 기록한 한 가지는 아몬 괴트의 하녀로 봉사했던 헬레나 스테른리히트 로젠즈바익(Helena Sternlicht Rosenzweig)의 이야기인데, 그녀는 집에서 꽃들을 배열한 일에 대해 진술한다. 그 지휘관은 동거하는 연인에게 그 꽃들이 얼마나 아름다웠는지를 말했다. 동거녀는 하녀 헬레나를 지적하며 그녀가 그 꽃을 거기에 두었다고 말했다. 그 지휘관은 돌아서서 헬레나를 보고 말했다. "비록 그녀가 일을 잘 하고 있더라도, 나는 그녀를 미워한다. 그녀는 유대인이다."[34] 우리는 누가 더 나쁜 수감자인지 알지 못한다 고통을 가하는 사람을 위하여 꽃을 정돈하는 고통을 당하는 유대인인지 아니면 고통을 가하는 자인지. 교회는 편협된 신앙, 불관용, 지방색, 맹목적 애국, 인종차별주의, 성차별이라는 악한 것들을 축출해야 한다. 이 모든 것들은 인류를 감옥에 가두고, 다른 사람들에게 고통을 가하는 일에 헌신하라고 강요한다.

우리로 하여금 세상으로부터 물러나거나 우리 가운데 있는 악을 무시하라는 유혹이 있다. 이런 사실을 테네시 윌리엄스의 뜨거운 양철지붕 위의 고양이에 나오는 그레나다에 있는 성 바울 교회의 목사 투커(Tooker)가 예증한다. 그는 증오, 불신, 욕망, 탐욕, 그리고 남용(욕지거리)이 범람한 교회에서 한 가족으로 섞인다. 그는 그런 잘못된 것들은 아랑곳하지 않는다. 그는 다만 교회 건물의 개량을 의미하는 교회 증축에 관해서만 말을 한다. 세상에서 도피하고 있다는 전자의 선택사항은 수도사들에 관한 루터의 쓰라린 언급에 나타나 있다.

---

33. David P. Gushee, *The Righteous Gentiles of the Holocaust A Christian Interpretation*(Mineapolis. Fortress, 1994), 165.
34. Elinor J. Brecher, "*Schindler's Legacy True Stories of the List Survivors*(New York: Plume/Penguin, 1994), 64.

> 사람이 도피하여 수도사가 될 때, 그것은 마치 "휴! 백성들이 얼마나 질이 나쁜가! 그들의 상태가 얼마나 가증한가! 나는 구원받을 것이고, 그들은 악으로 치달려가게 하라!" 만일 그리스도께서 그렇게 도망하시어 거룩한 수도사가 되었다면, 누가 우리를 위하여 죽었을 것이며, 누가 우리 같은 비참한 죄인들을 위하여 속죄하실 수 있었겠는가? 엄격한 도피생활을 하고 있는 수도사들이 그리할 것인가?[35]

그리스도는 하나님의 능력으로 악과 정면으로 대결하도록 세상으로 우리를 보내셨다.

예수와 가족. 가족에 관한 예수의 진술은 우리가 가족에게 헌신하고 섬기는 방법에 대한 막대한 반발을 불러올 수 있다. 1930년대에 있었던 대공황 시기에 포레스트 카터의 기사에서 할아버지는 "내가 너와 혈연관계다"라는 문구를 사용하는 목적을 손자에게 설명한다. 그것은 사랑하고 이해한다는 것을 의미했다.

> 할아버지는 이전에 "친척"(kinsfolks)은 너희가 이해했고, 함께 이해하는 사람들을 의미했고, "서로 사랑하는 사람들"을 의미했다고 말했다. 그러나 사람들은 이기적이 되어서, 이제 가족은 단순한 혈족관계만을 의미하게 되었다. 그러나 실제로는 가족이란 결코 그것을 의미하지 않았다.[36]

예수의 가르치심은 이와 유사한 이해를 반영한다. 그의 입장은 우리가 듣기를 원하는 것과는 근본적으로 다르다. 커다란 미국의 도시에 사는 두 갱단원들에 대한 리포터의 인터뷰는 이와 유사한 사상을 반영하고 있으나, 가족결속에 대한 악용된 이해를 반영한다. 그들은 친사촌 간이어서 같은 가정에서 할머니를 통하여 함께 양육을 받았으나, 어쩐 일인지 결국 서로 다투는 갱들이 되었다. 그들은 자기들의 갱단의 상황이나 명령이 요구한다면 서로 해치기를 주저하지 않았을 것이라고 고백했다. 갱 가족에 대한 헌신은 혈연관계에 대한 결속을 능가했다. 그들은 가족을 혈연관계에 따르기보다는 자기들의 공동 목적에 따라 규정했다. 예수의 가족에 대한 정의도 이와 유사하다. 우리가 공유하고 있는 하나님을 향한 결속은 생리적 인척관계보다 우리를 더 긴밀하게 묶어준다. 그렇지만 갱 가족과 하나님의 가

35. Martin Luther, "On the Councils and the Churches," *Works of Martin Luther*(Phiadelphia: Muhlenberg, 1931), 5:161.

36. Forrest Carter, *The Education of Little Tree*(Albuquerque: Univ. of New Mexico Press, 1976), 38.

족 간의 중요한 차이는 하나님의 뜻을 실천하고, 다른 사람들에게 해악을 끼치는 것이 아니라 선을 이루는 일에 헌신하는 것이다.

전 세계가 즉각적인 통신수단과 초음속의 여행을 통하여 더욱 가까워지고 있을 때, 우리는 더욱 분리되는 것처럼 보인다. 가족에 대한 예수의 정의는 일가 친척관계 밖의 사람들을 형제와 자매로 포용한다. 그의 이해는 세상을 둘러싸고 있는 도시들과 나라들 간에 흉측하게 머리를 쳐들고 있는 파괴적인 동족의식과 인종간의 투쟁을 반대한다. 만일 그리스도인들이 가족에 관한 예수의 말씀을 기쁘게 받아들인다면, 그리스도인들이 다른 그리스도인들을 치는 비극적인 살육은 거의 일어나지 않을 것이다. 콜린 파웰(Colin Powell) 사령관은 전쟁을 치르기 전날 밤에 두려운지를 질문 받았던 한 젊은 아프리카-미국인 병사에 대한 이야기를 들려준다. 그는 다음과 같이 말했다, "저는 두렵지 않습니다. 제가 두려워하지 않는 이유는 제가 가족과 같이 있다는 것입니다." 그는 자기의 어깨를 백인, 흑인, 황인으로 구성된 나머지 부대원 사람들을 향해서 들먹였다. "그들이 저의 가족입니다. 우리는 서로 돌봐줍니다." 그리스도 교회의 구성원들은 적대하는 세계로 복음을 들고 갈 때, 매일의 삶에서 닥치는 투쟁에 부딪칠 때, 그와 같은 말을 할 수 있어야 할 것이다.

한편으로 가족에 대한 예수의 정의는 답변을 제공해주는 대신에 많은 사람들에게 문제를 만들어낸다. 하나님의 뜻을 행하기 위한 헌신은 생리적 가족과 하나님 간에 뒤틀리는 선택을 하도록 강요할 수도 있다. 편집자가 저자 자신이 친히 쓴 것으로 언급한 『성 퍼페투아와 펠리시타스의 순교』에서 퍼페투아의 회상은 초창기 그리스도인들이 경험했던 분열된 충성들을 생생하게 진술하고 있다. 그녀는 아프리카에 닥친 박해 동안에 "황제들의 복리"를 위하여 희생하기를 거절했다는 이유로 감옥에 갇혔다. 그녀의 아버지는 그녀에게 신앙을 철회하라고 간청했으나, 그녀는 자신이 그리스도인이라는 사실 이외에 다른 어떤 존재가 될 수 없다고 응답했다. 그녀의 아버지는 "'그리스도인' 이라는 말에 너무도 화가 나서 마치 그녀의 눈을 파낼 것처럼 다가왔다"(3:3). 후에 그는 딸에게 이렇게 간청했다.

> 딸아 내 흰머리를 보고 긍휼을 베풀어라 네 아비인 나를 불쌍히 생각해라, 만일 내가 네 아버지라고 불릴 만한 자격이 있다면, 내가 너를 네 모든 형제들보다 더 사랑했다면, 내가 너를 네 생애의 이 청춘기까지 양육하였다면 긍휼히 여겨다오. 사람들의 비난을 받도록 나를 내던지지 말아다오, 네 형제들을 생각해라, 네 엄마와 숙모를 생각해라,

네 아기를 생각해라, 네가 가버린 다음에 그들은 살지 못할 것이다. 네 자존심을 포기해라! 너는 우리 모두를 망칠 거야! 어떤 일이 네게 일어난다면, 우리는 다시 마음대로 말도 못할 것이다(5:2-4).

그녀는 아버지의 이런 간청을 거절했고, 그녀의 마지막 대답은 그녀가 이전에 그녀의 노예인 펠리시타스의 자매가 되었다는 것이다(18:2).[37] 그들은 서로를 껴안고 신앙 때문에 죽음을 당했다. 본 훼퍼는 다음과 같은 글을 썼을 때 한 사람의 신앙이 고통스러운 결정을 하지 않으면 안 되었던 상황으로 이끌어갈 수도 있다는 사실을 알았다. "아버지나 어머니, 아내나 자녀, 국가나 전통 중 어느 것도 하나님의 부르심의 순간에 그 사람을 막지 못한다. 그 사람이 고립되더라도, 오직 눈을 오직 그리스도에게만 고정시켜야 한다는 것이 그리스도의 뜻이다."[38]

어떤 사람은 하나님을 향한 헌신을 억제하는 인척 관계를 끊지 않으면 안 될 수 있을지라도, 그리스도인은 삶 가운데서 특별한 사람들 즉 우리를 지원해주고 서로 의탁하고 맡기는 사람들로 이루어진 가족을 여전히 필요로 한다. 우리는 홀로 살도록 창조되지 않았고, 가족과 더불어 살도록 창조되었다. 어거스틴은 우리의 삶 가운데서 특별한 사람들의 특별한 사랑은 이웃들인 다른 모든 사람들에 대한 보편적 사랑을 훈련시켜준다고 믿었다.[39] 린든 존슨이 자신의 텍사스 농장으로 은퇴하기 위하여 워싱톤을 떠났을 때, 그는 어찌하여 그 도시를 떠나기를 원하느냐고 질문을 받았다. 그는 다음과 같이 대답했다. "저쪽에서는 아플 때 안부를 물어주고, 죽을 때 울어줍니다." 백성들은 공동체를 필요로 하고 누군가가 그들을 돌봐주기를 원한다.

사회과학은 하나님이 창세기 2:18에서 말씀하시는 내용을 확증한다. "사람이 혼자 사는 것이 좋지 아니하니." 연구결과 개인의 소외, 심지어 핵가족의 소외까지도 육체의 질병, 자살, 정신과 입원, 알코올 중독, 어려운 임신, 우울, 근심, 유아 학대, 가정폭력, 다발사고와 같은 문제들로 얼룩지는 것과 서로 관련이 있다.[40] 가끔

37. Herbert Musurillo, *The Acts of the Christian Martyrs*(Oxford : Clarendon, 1972), 106-31.
38. Dietrich Bonhoeffer, *The Cost of Discipleship*(New York : Macmillan, 1963), 105.
39. Gilbert Meilaender, *Friendship A Study in Theological Ethics*(London : Univ. of Notre Dame Press, 1981), 16-24에서 인용함.
40. 예를 들면, Sidney Cobb, "Social Support As a Moderator of Life Stress," *Psychosomatic Medicine* 38(1976) : 300-14 ; N. D. Colletta and C. H. Gregg, "Adolescent Mothers' Vulnerability to Stress," *Journal of Nervous and Mental Disease* 169(1981) : 50-54 ; James Garbarino, "Using Natural-Helping

사람들은 다른 사람들에게 둘러싸일 수 있지만, 여전히 고독을 느낀다. 그들이 어떤 사람에게 속하거나 어떤 사람이 자기들에게 속한다는 사실을 느끼지 못하기 때문이다. 예를 들면, 연구자들은 만일 불충분한 음식의 공급원을 공유해야 하는 상황 가운데서 한 생쥐를 상이한 일단의 쥐들과 함께 넣어둔다면 그 이방인 생쥐는 혈압이 고도로 상승한다. 그러나 같은 쥐를 같은 규모의 그룹 안에 형제 자매 생쥐들을 똑같이 부족한 양의 음식과 함께 넣어둔다면 그 쥐의 혈압은 상승하지 않는다.[41] 생쥐들은 주변에 자기 가족이 있다면 스트레스를 조절할 수 있었지만, 다른 혈족 사이에 끼어있다면 그렇게 할 수 없었다. 다른 연구조사는 사람들도 차이가 없다는 사실을 보여주고 있다. 사람들은 인생이 가져다주는 스트레스를 견디는데 도움을 줄 가족을 필요로 한다. 그리고 가족이 없을 때 교회는 한 가족 내에서 소외감을 돕거나 바로 잡아줄 필요가 있다.

너무나 많은 사람들이 여러 가지 이유로 가정을 잃고 이방인들로 둘러싸여 외로움을 느끼는 문화에서, 우리는 이 단락의 긍정적인 면을 강조해야한다. 프랑스의 소설가 앙드레 지드(André Gide)는 『지상의 양식』(*Les nouvelles nourritures*)에서 많은 사람들이 공유하는 고독한 마음가짐을 고통스럽게 표현했다. "가족들이여! 나는 당신들을 혐오하노라! 닫힌 가정들, 잠긴 문들, 행복에 대해 질투하는 사람들." 폐쇄되었다고 느끼는 사람들에게 예수의 말씀은 복음이다. 예수는 자기를 따르는 자들을 친척의 경계를 초월하는 가족 안으로 이끌어 들이신다.[42]

우리는 혈연이라는 경계를 넘어서는 하나님의 공동체 내에서 특별한 가족관계를 일구어낼 필요가 있다. 수천 명 또는 이백 명의 회중이라도 확장된 가족 의식이 없다면 서로 간에 가족이 될 수는 없다. 그 거대한 가족 내에서 친밀한 가족관계가 있을 필요가 있다. 토마스 헬위즈(Thomas Helwys)는 자신의 책 『영국인의 신앙에

Networks to Meet the Problem of Child Maltreatment," in *Schools and the Problem of Child Abuse*, eds. R. Volpe, M. Breton, and J. Mitton(Toronto: Univ. of Toronto Press, 1979); B. H. Gottlieb, "Social Networks and Social Support in Community Mental Health," in *Social Networks and Social Support*, ed. B. H. Gottlieb(Beverly Hills, Calif.: Sage, 1981); Marc Pilisuk, "Delivery of Social Support: The Social Inoculation," *American Journal of Orthopsychiatry* 52(1982): 20-31; Marc Pilisuk and Susan Parks, "Social Support and Family Stress," *Marriage and Family Review* 6(1983): 137-56; D. Scheinfeld, D. Bowles, S. Tuck, and R. Gold, "Parents' Values, Family Networks and Family Development: Working with Disadvantaged Families," *American Journal of Orthopsychiatry* 40(1970): 413-25.

41. J. Henry and J. Cassel, "Psychosocial Factors in Essential Hypertension: Recent Epidemiological and Animal Experimental Evidence," *American Journal of Epidemiology* 104(1976). 1-8.

42. 십자가 위에서 자기의 사랑하는 제자와 모친과의 사이에 하셨던 일과 같다(요 19:26-27).

대한 선언』(*Declaration of Faith of English People*)을 출판했을 때인 1612년에 이 점을 다시 인식하였다. 이 책의 열여섯 번째 항목은 교회의 규모가 "성도들 모두가 영육간의 사랑의 의무를 이행할 수 있도록 하기 위하여" 작아야 한다고 주장한다. 그러나 큰 교회라도 서로 간에 하나의 가족으로서 기능을 하는 작은 모임(셀모임)이 있을 수 있다. 교회는 소외를 없애고, 가족관계를 개선하도록 도울 뿐만 아니라, 신앙으로 결속된 새로운 가족관계를 이룩하려고 힘쓸 필요가 있다. 가정사역 프로그램은 핵가족을 위한 사역이나 그 필요를 충족시켜주는 일에 초점을 맞출 뿐만 아니라, 그 가족으로 하여금 가족이 없는 사람들을 섬기고 포용하도록 해야 할 것이다. 우리 교회의 가족들은 핵가족들이 미치지 못하는 사람들에게 사역의 수단이 되어야 한다.

그러므로 가정에 관한 예수의 말씀은 모든 사람에게 복음이 된다. 그것은 목적의식과 사명감을 심어줌으로써 가정의 방이라는 닫힌 벽들을 넘어서 유대를 강화하도록 도움으로써 핵가족을 강화시켜준다. 가정이 없는 사람들—입양을 기다리고 있는 특별한 돌봄이 필요한 아이, 정신적으로 병든 가정 없는 나이 어린 성인, 16세에 혼자 된 미혼모, 자녀들보다 오래 살고 있는 노인, 추한 이혼의 충격에서 정신적으로 살아남기 위하여 노력하는 직장을 가진 여성, 자식을 일시적으로 양육해 주는 가정을 필요로 하는 생활고와 싸우는 홀로된 엄마들—은 이 말씀으로부터 위로를 얻을 수 있다. 그리스도인의 결혼의 목표는 가정을 친밀함의 섬, 즉 세상에 사는 다른 사람들로부터 폐쇄된 곳으로 만드는 것이 아니라, 인류를 위한 가정으로 만드는 것이다.

바울이 도망한 종인 오네시모를 자기 아들이라고 선언하고, 이전 주인에게는 형제라고 말한 것처럼(몬 10, 16), 가정을 통해서, 교회는 사람을 변화시키는 용납하는 사랑을 확장해 나가야 한다. 즉 교회는 우리 문화에서 도피하고 실족한 사람들을 "우리의 자녀들"로 변화시키는 포용하는 사랑으로 확장해 나가야 한다.

에즈베리 대학의 학장인 데이빗 기어트슨(David Gyertson)은 이러한 종류의 은혜가 어떻게 자기의 삶을 변화시켰는지를 증언하고 있다. 그의 부친은 그가 열 살 때 가족을 버렸고 3년 후에 어머니가 그를 가정에서 내쫓아버렸다. 그의 삶은 겸손한 목사 부부가 그를 받아들였을 때 변화되었다. 그들은 시편 27:10에 있는 복음을 그에게 전해주었다. "내 부모는 나를 버렸으나 여호와는 나를 영접하시리이다." 이 가정은 그와 성경말씀만을 나눈 것이 아니라 삶을 공유하고, 그를 아들처럼 받아들이고, 그에게 하나님의 사랑의 모델이 되어주었다. 만일 교회가 가정이 무엇인지에 대한 예수의 사상을 진지하게 취급한다면, 교회의 임무들 가운데 하나는 아버지이신 하나님과 서로간의 관계를 원하는 모든 사람들을 위하여 자리를 만들어 주는 가정들을 이루는 것이요 양육하는 것이다. 이것은 주일 아침에 단순히 한 좌석에 앉고 예배 후에 도너츠로 교제하는 것만이 아니라, 성도들이 우리의 부모, 자녀, 형제자매가 되도록 해야 한다. 우리는 서로간의 책임을 받아들이고, 서로 의탁하며 받아들여야 한다.[43] 교회는 세상에서 상처를 받은 사람들을 공동체로 받아들임으로써 치유를 받도록 해야 할 것이다.

---

43. 이 단락과 연루된 다른 작품을 보려면 David E. Garland and Diana R. Garland, "The Family: Biblical and Theological Perspectives," in *Incarnational Ministry: The Presence of Christ in Church, Society, and Family: Essays in Honor of Ray Anderson*, ed. Christian D. Kettler and Todd H. Speidell(Colorado Springs: Helmers and Howard, 1990), 226-40.; Diana S. Richmond Garlan, "An Ecosysmetic Perspective for Family Ministry," *RevExp* 86(1989): 195-207; idem, *Church Agencies. Caring for Children and Families in Crisis*(Washington D. C.: Child Welfare League of America, 1994); Rodney Clapp, *Families at the Crossroads. Beyond Traditional and Modern Options*(Downers Grove, Ill.: InterVarsity, 1993)을 보라.

마가복음 4:1-20

1 예수께서 다시 바닷가에서 가르치시니 큰 무리가 모여들거늘 예수께서 바다에 떠 있는 배에 올라 앉으시고 온 무리는 바닷가 육지에 있더라

2 이에 예수께서 여러 가지를 비유로 가르치시니 그 가르치시는 중에 그들에게 이르시되

3 들으라 씨를 뿌리는 자가 뿌리러 나가서

4 뿌릴새 더러는 길 가에 떨어지매 새들이 와서 먹어 버렸고

5 더러는 흙이 얕은 돌밭에 떨어지매 흙이 깊지 아니하므로 곧 싹이 나오나

6 해가 돋은 후에 타서 뿌리가 없으므로 말랐고

7 더러는 가시떨기에 떨어지매 가시가 자라 기운을 막으므로 결실하지 못하였고

8 더러는 좋은 땅에 떨어지매 자라 무성하여 결실하였으니 삼십 배나 육십 배나 백 배가 되었느니라 하시고

9 또 이르시되 들을 귀 있는 자는 들으라 하시니라

10 예수께서 홀로 계실 때에 함께 한 사람들이 열두 제자와 더불어 그 비유들에 대하여 물으니

11 이르시되 하나님 나라의 비밀을 너희에게는 주었으나 외인에게는 모든 것을 비유로 하나니

12 이는 그들로 보기는 보아도 알지 못하며 듣기는 들어도 깨닫지 못하게 하여 돌이켜 죄 사함을 얻지 못하게 하려 함이라 하시고

13 또 이르시되 너희가 이 비유를 알지 못할진대 어떻게 모든 비유를 알겠느냐

14 뿌리는 자는 말씀을 뿌리는 것이라

15 말씀이 길 가에 뿌려졌다는 것은 이들을 가리킴이니 곧 말씀을 들었을 때에 사탄이 즉시 와서 그들에게 뿌려진 말씀을 빼앗는 것이요

16 또 이와 같이 돌밭에 뿌려졌다는 것은 이들을 가리킴이니 곧 말씀을 들을 때에 즉시 기쁨으로 받으나

17 그 속에 뿌리가 없어 잠깐 견디다가 말씀으로 인하여 환난이나 박해가 일어나는 때에는 곧 넘어지는 자요

18 또 어떤 이는 가시떨기에 뿌려진 자니 이들은 말씀을 듣기는 하되

19 세상의 염려와 재물의 유혹과 기타 욕심이 들어와 말씀을 막아 결실하지 못하게 되는 자요

20 좋은 땅에 뿌려졌다는 것은 곧 말씀을 듣고 받아 삼십 배나 육십 배나 백 배의 결실을 하는 자니라

원 의미

바닷가에서 하신 예수의 이 비유는 "많은 비유들"이라는 문구를 통하여 구분되는 커다란 단락을 이루고 있다(4:1-34). "예수가 여러 가지를 비유로 가르치시니"(4:2), "이러한 많은 비유로 그들이 알아들을 수 있는 대로 말씀을 가르

치시되"(4:33). 핵심 단어들이 이 단락 전체에 걸쳐서 나타나지만,[1] 가장 중요한 것은 "듣다"('아쿠오')라는 동사다. 이것은 30회 나타난다(3, 9[2회], 12[2회], 15, 16, 18, 20, 23[2회], 24, 33절). 이것이 씨뿌리는 자의 비유를 괄호로 묶어놓고 있다. "들으라"(3절), "들을 귀 있는 자는 들으라"(9절). "들으라"는 명령은 신실한 유대인들이 매일 낭송했던 신앙고백인 "쉐마"(신 6:4; 막 12:29을 보라)의 첫마디 말씀이다. 같은 명령이 예수의 비유의 서문에 붙어있으므로 그의 말씀이 "과거에 이스라엘에게 주셨던 하나님의 말씀과 연속선상에" 서 있다는 사실을 암시한다.[2] "듣다"는 동사는 어찌하여 모든 것을 비유로 말씀하시는지를 설명하면서 이사야 6:9로부터 나온 인용문 가운데 두 번 나타난다. (직역하면) "듣기는 들어도 깨닫지 못하게 하여"(4:12).

듣는다는 사상은 씨뿌리는 자(혹은 흙)의 비유에 대한 해석에서 핵심적인 단어다. 각 유형의 밭은 말씀을 듣지만 다르게 반응한다(4:15, 16, 18, 20). 좋은 밭에 대해서는 "듣는"이라는 분사가 현재시제로 되어있는데(20절), 듣는 행위가 계속될 필요가 있다는 사실을 암시한다. 들으라는 명령은 등잔비유를 마감하고("들을 귀 있는 자는 들으라", 23절), 헤아림의 비유에 선행한다("너희가 무엇을 듣는가 스스로 삼가라", 24절). 강화의 말씀을 통하여 울리고 있는 이 중심사상은 "표면 아래를 살펴보라", 그리고 "그들이 듣고 보는 내용의 내적 의미를 분별하라"는 명령이다.[3] 모든 사람이 들을 수 있지만, 예수가 말씀하시는 내용을 모든 사람이 깨달아 아는 것은 아니다.

너무나 많은 사람들에게, 예수의 말씀은 한 귀로 듣고 한 귀로 나가버린다. 첫 장면에서 예수는 모든 군중을 가르치시지만(4:1-2), 마감하는 장면에서는 분열이 듣는 자들 가운데서 나타난다(4:33-34). 그는 그들이 깨달아 알 수 있도록 많은 비유로 "말씀하셨고", 사적인 모임에서 제자들에게 모든 것을 설명해 주셨다. 이 강화는 어떻게 그리고 왜 그 분열이 일어났는가를 설명해 주며, 그것은 독자들에게 경고로서의 역할을 한다. 마가의 관심은 독자들이 경청하고 숙고하여 하나님 나라

1. "씨뿌리는"이 4:3, 4, 14, 15[2회], 16, 18, 20, 31, 32절에 나타나며 그리고 이것이 "말씀을 뿌리는 것"(14절)으로 설명되어 있다. "씨"라는 명사는 26, 27절에 나타나고, 4, 5, 7, 8, 15, 16, 18, 20, 31절에 언급되어 있다. "말씀"은 14, 15[2회], 16, 17, 18, 19, 20, 33절에 나타나고(2:2; 5:36을 보라), "흙"("땅")은 4:2, 5, 8, 20, 26, 31절에 나타난다.

2. Hooker, *Mark*, 125는 Birger Gerhardsson, "The Parable of the Sower and Its Interpretation," *NTS* 14 (1968): 165-93의 주장에 의존한다.

3. Geddert, *Watchwords*, 82. 이 동사가 6:11, 14, 20, 29; 7:25, 37; 8:18; 9:7; 12:29; 13:7에 나타난다.

의 성격과 그것이 세상에서 진행되어 나가는 방식이 마치 그들이 외인들이었던 것처럼 현혹된 상태에 머물게 함으로써 그들을 어물정하지 않게 하는 것이다. 이 단락은 교차 평행을 이루고 있다.[4]

A. 내러티브의 서론(4:1-2)
  B. 씨 비유(4:3-9)
    C. 숨김에 관한 일반적 진술(4:10-12)
      D. 첫 번째 비유 해석(4:13-20)
    C.′ 숨김에 관한 비유들(4:21-25)
  B.′ 씨 비유들(4:26-32)
A.′ 내러티브의 결론(4:33-34).[5]

우리는 비유를 연구하면서 두 개의 단위로 나눌 것이다. 씨뿌리는 자의 비유(4:1-20)와 그 나라의 감추임(4:21-34).

씨뿌리는 자의 비유(4:1-9)

장면은 예수가 군중들을 끄는 힘에 대한 또 다른 언급으로부터 시작된다. 그들은 이제 너무나 많아서 해변에 대대적으로 모여든 그들 모두를 대면하기 위하여 이전에 비상시의 탈출구로 준비시켜 놓았던(3:9) 배를 이용하셔야 했다(4:1). "바닷가"('게')로 번역된 단어는 문자 그대로 직역하면 "흙"(혹은 "땅")을 의미하며, 깊은 땅을 갖지 않은 흙(4:5) 그리고 씨가 뿌려진 "좋은 흙"(4:8, 20; 또한 4:26, 28, 31을 보라)에 대해서도 동일하게 사용된 단어다. 그러므로 "땅"에 있는 군중들은 뿌리고 계시는 예수의 말씀을 받는 자들로 이해할 수 있다.

마가는 이제껏 예수가 가르치셨다는 사실을 말해왔으나(1:21, 27; 2:13), 이것은 예수의 가르치심에 대한 긴 기록을 제공해 주고 있는 복음서의 첫 번째 경우이다. 예수는 그들을 "비유로" 가르치시고 있으며(4:2),[6] 첫 번째 비유는 그의 가르

4. 역순으로 반복되어 있는 반전된 평행절 혹은 평행적 사상들의 교차.
5. Greg Fay, "Introduction to Incomprehension. The Literary Structure of Mark 4:1-34," *CBQ* 51(1989): 65-81.
6. "많은 유사한 비유들"(4:33) 가운데서 우리는 단지 다섯 개의 비유와 한 개의 해석만을 읽어볼 수 있다.

치심에 관한 비유로 주어진 것이다. 예수가 4:13에서 제자들에게 하신 질문은 이 비유에 대한 이해가 어느 정도 그의 모든 가르침의 의미를 푸는데 도움을 준다는 사실을 암시한다. 그러나 4:10-12에서 비유로 가르치시는 이유에 관한 그의 설명은 말씀을 뿌리는 일이 듣는 자들의 반응과 일치하지 않는 문제에 관한 빛을 던져준다는 사실을 암시한다. 앞의 이야기(3:31-35) 가운데서 예수의 인격과 사명은 내부인과 외부인 사이에 구분을 만들어냈었다. 즉 자신을 그분과 함께 하기 위하여 위탁하고 하나님의 뜻을 행하려고 헌신하는 사람들과 그분을 이해하지 못하고 그의 사역을 망치고 훼방 놓으려고 한 사람들. 이 단락에서 예수의 가르치심은 내부인과 외부인을 분리하는데(4:11), 곧 하나님 나라의 비밀을 배우려고 예수의 주변에 모여든 사람들(4:10, 34)과 그렇지 않은 사람들이다.

씨뿌리는 자의 비유와 포도원을 소작한 악한 농부의 비유는 마가복음에서 두 중요한 비유들이다. 둘 다 예루살렘의 종교적 권세를 잡은 자들로부터의 도전이 있은 후에 나온다(3:20-35; 11:27-33). 이 두 비유들은 예수의 사역에서 일어나고 있는 내용을 해석하는데 결정적인 실마리를 제공한다. 포도원 농부의 비유는 포도원의 열매를 거두러 오신 아들 예수에 대한 거절을 비유하고 있으며, 그의 죽음을 미리 알린다. 씨뿌리는 자의 비유는 그분이 뿌리는 말씀에 대한 다양한 반응들을 평가하고 있으며, 그의 말씀과 행위에 동반하는 오해와 더불어 이해하고 반응하는 사람들 사이에서 일어날 추수를 미리 알리고 있다.

씨뿌리는 자의 비유를 처음 읽으면 다음과 같은 질문을 하도록 자극한다. 좋은 씨를 길가에 뿌리고, 바위지역에 뿌리며, 가시밭에 뿌리고 있는 이 농부는 얼마나 부주의한 사람인가? 한 영향력 있는 해석은 이 장면을 팔레스타인에서 곡식을 재배하여 자라게 하는 일에 좌절한 농부의 실제적인 모습으로 그리고 있다.[7] 뿌리는 일이 밭을 가는 일보다 앞선다고 제기된다. 광범위한 살포방식으로 인하여 씨들은 길에, 돌이 많은 땅에, 가시덤불 사이에 떨어진다. 밭은 씨가 뿌려진 다음에 갈게 될 것이다. 이 비유는 실망적인 시작과 성공적인 끝을 대조시키고 있다고 말해진다. 씨뿌리는 농부를 좌절케 하는 다양한 장애들은 빈곤과 깜짝 놀랄 추수(30, 60,

---

비유('파라볼레')란 단어는 구약성경에 나오는 마샬이란 히브리어 단어와 연관되어 있는데, 그 단어는 간단한 대중적인 어록, 윤리적 금언, 신탁, 지혜 강화들 혹은 간단한 발언, 경멸하는 그리고 풍자적인 어록, 알레고리, 수수께끼, 그리고 우화에 대해서 사용될 수 있다. 더 자세한 내용에 관해서는 K. R. Snodgrass, "Parable," in *Dictionary of Jesus and the Gospels*, eds. Joel B. Green, Scot McKnight, and I. Howard Marshall(Downers Grove, Ill.: InterVarsity, 1992), 591-601을 보라.

7. Joachim Jeremias, *The Parables of Jesus*(rev. ed.; New York: Charles Scribner's Sons, 1963), 11-12.

100배의 추수 양은 산출, 즉 수확된 추수에 비하여 뿌려진 씨의 비율을 생각할 때)의 대조를 오로지 드러내기 위해서 진술된 것이다. 예레미야스는 다음과 같이 결론을 내린다.

> 인간의 눈에는 농부의 많은 수고가 쓸모없고, 반복된 실패로 결과가 나타나는 무익한 것으로 보일지라도, 예수의 마음은 기쁨이 넘치는 확신으로 가득 차 있다. 그는 하나님이 시작을 만드시고, 모든 기대나 상상을 초월하는 추수의 보상을 가져다주신다는 사실을 알고 있다. 희망 없는 시작에서 오는 모든 실패와 반대에도 불구하고 하나님은 약속하신 성공적인 결말을 가져다주신다.[8]

예레미야스가 실제 팔레스타인의 배경과 비유의 요점을 재구성하기 위하여 사용하고 있는 정보는 비유 자체에서 나오는 것이 아니라 그보다 훨씬 후대에서 기원하는 모호한 랍비문서에서 나온 것이다. 그의 재구성은 비유들이 실제적이어야 한다는 그르치기 쉬운 기준에 근거한 불필요한 시도다. 달리 말해서, 그것들은 알레고리(풍유)이며, 많은 학자들은 예수가 알레고리를 사용하지 않으셨다고 생각한다.[9] 예레미야스에 반대하여, (1) 뿌리는 일이 반드시 가는 일보다 앞서지 않았다는 사실을 유의하라. 정상적인 농사관습에서 밭은 씨가 뿌려지기 이전에 준비가 되어졌고 작업이 계속되고 있었을 것이다. (2) 30, 60, 100배의 소출은 단일한 밭의 다량의 소출을 나타낼 수 없다. 소출은 개개의 식물이 산출한 열매를 나타낸다.[10] (3) 이러한 숫자들은 놀랄만한 추수를 표현하고 있지 않다. 창세기 26:12에서 이삭이

---

8. Ibid., 150.
9. 이러한 가정들을 도전하고 있는 비유해석 역사에 관해서는 Graig L. Blomberg, *Interpreting the Parables* (Downers Grove, Ill. InterVarsity, 1990)을 보라. 비유는 씨를 뿌리는 팔레스타인 사람의 방법을 자세히 말하고 있는 점에서 사실적이지만, 밭을 가는 일을 언급하지 않은 점에서, 어떤 소출은 나쁜 토양에서도 나온다거나 좋은 토양이 새들이나 가시들로부터 오는 위험에 직면하지 않는다는 것에 있어서는 덜 실제적이다.
10. 본문의 차이가 4:8, 20에 나타난다. 가장 좋은 독법은 '헨'(하나)인데, 이것은 각 식물을 가리킨다. 하나가 30개의 곡식을 산출하고 또 다른 것은 60개, 또 다른 것은 100개의 곡식을 산출한다. 플리니(Pliny)는 가지의 이삭을 가지고 있는 밀은 100개의 알곡을 산출했다고 언급했다(Natural History 18. 21. 94-95; 또한 18. 40. 162을 보라. Theophratus, *Enquiry into Plants* 8. 7. 4; Varro, *On Agriculture* 1. 44. 1-3, Strabo, *Geography* 10. 3. 11, Columella, *On Agriculture*, 2. 9. 5-6). John H. Martin, Warren H. Leonard, and David L. Stamp(*Principles of Field Crop Production*[New York: Macmillan, 1976], 436)는 밀은 "주로 전형적인 꽉 찬 밭의 상황에서 두 세 개의 새싹들을 산출하지만, 넓은 공간의 비옥한 흙에서 자라는 각 식물들은 30에서 100개의 새싹을 산출할 수도 있다"고 기록하고 있다. 통상적인 밀의 평균 이삭은 14-17개의 새싹들 가운데서 25-30개의 낱알들을 맺는다. 큰 싹은 50-75개의 낱알들을 맺을 수도 있다.

백배나 얻었다는 것은 의로운 자들에게 주어지는 정상적인 축복이다.[11]

만일 놀라운 수확에 관해서 말하지 않아야 한다면, 요점은 무엇인가? 제4에스라서 8:41에 있는 평행절은 예수의 비유와 비교되었던 상황에 빛을 던져줄 수도 있다.

> 농부가 많은 씨들을 땅에 뿌리고 수많은 묘목들을 심지만, 그 뿌려진 모든 것이 적기에 올라오지 않고 심겨진 모든 것이 뿌리를 내리지 못하는 것처럼, 세상에 뿌려진 사람들이 모두 구원을 받지는 못할 것이다.

제4에스라서에 있는 농부에 대한 비유의 요점은 뿌려진 모든 씨가 번성하지는 않는다는 사실이다. 즉 모든 사람이 구원받지는 않을 것이다. 이 점이 간결하게 진술되어 있다(4에스라 3:20; 8:6; 9:17, 31, 34을 보라). 대조적으로 예수의 비유는 씨의 실패와 그 이유를 묘사하는데 두드러지게 집중하고 있다(헬라어로 97개의 단어 중에 68개 단어가 그렇다). 그러므로 추수가 비유의 유일한 초점은 아니다. 비유가 한곳에서 풍성한 성공을 거두었다는 사실보다 대부분의 장소에서 전혀 쓸모없이 되었다는 사실에 더 강조를 두고 있기 때문이다.[12]

비유의 처음부터 끝까지 이어지는 내용은 씨와 그 씨를 받는 흙에 대한 언급이다. 비유의 세부사항들은 좋은 씨가 전적으로 흙에 의존하고 있다는 사실을 암시하고 있으며, 이러한 구성은 이 비유가 경건한 유대인들이 당연한 것으로 여기는 하나님 나라의 기적적인 추수를 기술하지 않고, 그 나라를 받아들이는 사람들의 종류를 기술하고 있음을 암시한다.[13] 파종은 그 땅이 산출을 내든 그렇지 않든 땅의 성격을 드러내 준다. 추수 역시 기적적인 어떤 것이 아니라 통상적인 것이다. 만일 그렇다면 이 비유는 예수의 사역을 받아들이는 일을 평범한 농부가 씨를 뿌릴 때 일어나는 일에 비교하고 있는 것이다.

요컨대, 이 비유는 닥치는 대로 뿌리는 길, 돌밭, 가시밭, 그리고 좋은 땅에 씨를 뿌리는 씨뿌리는 자를 묘사하고 있다. 그는 가장자리 땅을 경작하고 굉장히 높은

---

11. Sib. Oracles 3:261-64: "하늘에 계신 분은 모든 이들에게 공통되게 이 땅과 그들의 가슴 속에 신실함과 탁월한 이성을 주셨다. 이 가운데 오직 비옥한 땅만이 백배의 열매를 맺고, 하나님의 양을 생산한다" (Marcus, *Mystery*, 42-43).
12. 어떤 사람은 손실들은 절정이 되는 추수에 대한 언급 앞에서 긴장감을 조성하는데 도움을 주고 있다고 주장할 수도 있다.
13. Matthew Black, "The Parables as Allegory," *BJRL* 42(1959-60): 278.

확률의 차이에도 불구하고 수고를 한다. 실패의 비율은 당연할 뿐만 아니라 좋은 땅에 떨어진 씨로부터 거두어들인 좋은 수확에 비교도 할 수 없다. 땅의 성격을 고려하면, 보통 농부는 좌절과 실패를 당하지만, 마지막에는 자기의 수고에 대한 보상을 받는다. 씨가 좋은 땅에서 번성하여 열매를 거두어들이는 추수. 예수는 이 비유에서 자신이 실패와 성공을 충분히 예상하고 있다고 암시하고 있지만, 성공의 이유보다는 실패의 이유에 주의를 더 집중하신다.

땅이 차이가 나게 산출하는 것처럼, 이 비유는 여러 점들을 지적하고 있다.[14] 사이더(Sider)는 예수의 이야기식 비유들과 여러 직유들은 너무도 복잡하여 하나의 사상으로 한정지을 수 없었다고 주장한다. 예수는 단 하나의 요점을 전달하기 위하여 정교한 유추들을 발전시킨 것이 아니라 "한번에 여러 것들을" 주장할 수 있었기 때문에 그것들을 사용하셨다.[15] 1세기 팔레스타인의 배경과 또한 마가복음의 상황과는 상관없는 불합리한 풍유적 의미를 모든 세부사항들에게 적용하지 않도록 조심해야 한다. 그러나 비유들이 사상의 다양한 훈련을 일으키는 많은 이미지들을 자극하기 위하여 고안되었다는 사실을 제외시키지 않아야 한다. 비유로부터 합리적으로 다음의 생각들을 얻어낼 수 있다.

(1) 이 비유를 말하고 있는 사람이 누구이며 그 사람을 향한 자세가 어떤가가 이 비유를 어떻게 이해하는 지에 대해서 세상에서 크게 달라지게 한다. 비유 자체는 전혀 의미를 가지지 않는다. 즉 한 농부가 나가서 씨를 뿌리고 실패하기도 하고 많은 수확을 하기도 한다. 그래서 어쨌단 말인가? 그것은 어떤 교사가 어떤 청중들을 가질 수 있었던 결과를 나타낼 수 있었다. 그러나 구약성경에서 씨를 뿌리는 것은 하나님의 사역에 대한 하나의 은유다. 하나님은 이스라엘로 하여금 갱신하도록 씨를 뿌리실 것이라고 약속하신다(렘 31:27-28; 겔 36:9; 호 2:21-23; 4에스라 8:6; 9:31).[16] 만일 사람이 비유를 말하는 자에게 신앙적 헌신을 가지고 있다면, 이스라엘을 다시 심겠다는 하나님의 약속과 예수의 사역 사이에 연결을 지을 수 있

14. Blomberg(*Interpreting the Parables*, 68-69)는 다음과 같이 해석한다. "예수의 비유들은 다른 명백한 비유 작품들과 아주 유사한데 그것들 가운데 많은 것들도 역시 알레고리(비유)로 인정되어야 한다. 복음서의 비유들은…알레고리들이며 그것들은 아마도 각기 여러 교훈들을 가르치고 있는 것으로 보인다. 이것은 모든 세부사항들이 어떤 것을 나타내야 한다는 것을 의미하지 않는다."

15. John W. Sider, "Proportional Analogy in the Gospel Parables," *NTS* 31(1985): 18-19; 또한 그의 최근에 출간된 책, *Interpreting the Parables A Kiterary Analysis of Their Meaning*(Grand Rapids: Zondervan, 1995)을 보라.

16. 또한 2 Apoc. Bar. 70:2; 1 Enoch 62:8; Ignatius, *To the Ephesians* 9.1을 보라.

을 것이다. 극히 소수만이 깨달을 것이라는 암시는 예수가 마지막 때에 하나님의 씨뿌리는 자로서 오신다는 것이다. 마가는 그의 사역을 말씀을 뿌리는 것으로 규정하였다. "우리가 다른 가까운 마을들로 가자 거기서도 전도하리니 내가 이를 위하여 왔노라"(1:38). "나는 의인을 부르러 온 것이 아니요 죄인을 부르러 왔노라"(2:17). 씨를 뿌린다는 이미지는 예수가 이스라엘을 새롭게 하시려고 오신다는 사실을 암시하고, 또한 그의 가르치심에 반응하는 방식이 그 사람의 포함과 배제의 여부를 결정한다는 점에서 아주 큰 의미를 지닌다.

(2) 씨뿌리는 자가 추수의 소망을 가지고 척박한 땅에까지도 임의대로 씨를 뿌린다. 누군가 그에게 질문을 할 수 있을 것이다, "어찌하여 거기에 씨를 뿌립니까? 어찌하여 손실을 내다보지 않고 아까운 씨를 장소를 가리지 않고 뿌리고 있습니까?" 그러나 농부는 어떤 씨가 쓸모 없이 되어버릴 수도 있다고 해서 씨를 뿌리는 일을 중단하지 않는다. 씨뿌리는 자는 씨가 떨어지는 곳이 어디든 그 씨가 되는 대로 흩어지는 것을 두려워하지 않는다. 비록 어떤 종류의 사람들에게 말하는 것이 지방 고속도로의 통행로에 밀이 자라나는 것과 같을지라도, 다른 사람들에게는 2인치의 화분에서 밀을 자라나게 하려는 것과 같을지라도, 그리고 또한 '형제 토끼'(Brer Rabbit)의 찔레 밭에서 밀이 자라게 하는 것과 같을지라도 씨는 뿌려질 것이다. 아주 너그럽게 말이다. 오직 씨를 뿌려야만 추수할 것이 있다. 하나님이 적당한 시기든 적당하지 않은 시기든 비를 내려주시는 것처럼, 예수도 좋은 땅이든 나쁜 땅이든 말씀을 뿌리신다. 그러므로 이 비유는 원리상 아무도 제외시키지 않는 아낌없이 주는 씨뿌리는 자를 묘사한다. 마가복음에 나오는 바리새인들로부터 배우는 내용으로부터, 만일 그들이 뿌리는 과정을 조절했다면, 그들은 씨가 떨어지는 지역을 과감하게 제한함으로써 잃어버려진 자를 잘라버리려고 하였을 것이라고 우리는 상상할 수 있다. 그들은 분명히 문둥병자, 죄인, 그리고 세리들을 씨를 낭비할 만한 가치가 없는 쓸모없는 땅이라고 제외시켰을 것이다. 바꾸어서 볼 때, 바리새인들은 씨(말씀)를 받아들일 만한 구석이 거의 없는 땅일지라도, 예수는 여전히 관대하게 씨를 뿌리신다.

(3) 이 비유는 탐욕스러운 새들, 척박한 땅에 내리쬐는 강렬한 뜨거움, 수많은 가시들로 말미암아 야기된 실망스런 결과들이 있음에도 불구하고 농부는 좋은 땅으로부터 소출을 얻게 된다. 농부는 씨를 낭비하기 위해서가 아니라 추수물을 얻기 위하여 밖으로 나간다. 하나님의 말씀은 실패하지 않을 것이다(사 55:10-11). 따라서 밖으로 드러난 실패, 불신앙적인 무지, 태만, 혹은 파괴적인 반대에 대해서

실망하지 않아야 한다. 추수가 좋은 땅의 반응으로부터 올 것임을 확신할 수 있다.

(4) 이 비유는 예수의 사역 가운데 있는 하나님의 나라의 출현은 옛 시대를 즉시 뒤집어놓는 극적인 갑작스러운 도래를 통하여 오지 않는다는 것을 드러낸다. 악은 그리스도의 오심과 더불어 즉시 자취를 감추지 않으며, 백성들은 보편적으로 반응하지 않는다. 씨는 삼켜지고, 시들어지며, 질식되기 쉽기 때문에 실패를 예상할 수 있다. 이 이슈는 어찌하여 예수가 비유로 가르치시는가에 대한 설명, 즉 비유와 그 해석 사이에 삽입된 단락 가운데 두드러져 있다(4:10-12). 몇몇 사람들은 진리가 어떻게 다가오든 그 진리를 거절할 것이다. 그들은 보지만 아무것도 보지 못할 것이며, 듣지만 아무것도 이해하지 못할 것이다.

(5) 이 비유는 열매를 맺는 일(4:8에서 "결실하였으니"로 번역됨)이 하나님 나라의 본질적인 표지라는 사실을 분명히 한다. 본문은 성장 이전에 열매 맺음을 언급하고 있다. 예수의 가르치심은 하나님의 명령을 순종하도록 명하고 있으며, 열매를 맺은 사람들은 그의 부르심을 주의하여 듣고 그의 뜻을 행한다(3:35). 하나님은 이 열매를 추수할 것을 기대하신다(12:2을 보라).[17]

비유 가운데 들어있는 교훈에 대한 설명(4:10-12)

예수가 제자들에게 둘러싸여 있을 때 그들은 비유에 대해서 예수에게 묻고, 그의 대답은 그들을 외인들과 따로 떼어 놓는다. 그들에게는 하나님 나라의 비밀이 주어진 반면에 외인들에게는 모든 것이 비유로 주어진다(또한 3:31-32, 34). 따라서 이사야 6:9-10이 그의 수수께끼 같은 가르침을 정당화하기 위하여 인용된다. 우리는 먼저 하나님 나라의 비밀이라는 용어의 의미를 검토하고, 그 다음에 예수가 의도적으로 외인들을 외부에 있기 만들기 위하여 진리를 가린다는 사실을 암시하는 것으로 보이는 난해한 말씀을 살펴볼 것이다. 마지막으로 우리는 그 나라의 회원이 되는 사람의 자격을 밝혀낼 것이다.

하나님 나라의 비밀. 비밀이라는 단어는 설명할 수 없고 이해할 수없는 어떤 것을 전달해주지만, 그것은 성경적 어원에서는 다른 색깔을 가지고 있다. 그것은 알 수 없는 어떤 것 혹은 비밀한 어떤 것을 가리키는 것이 아니라, 하나님의 계시에 의해

17. 열매를 맺는 것은 성경에서 풍성한 이미지다. 사 27:6; 겔 17:23; 요 15:8, 16; 롬 7:4; 빌 1:11, 22; 골 1:6, 10; 딛 3:14; 히 6:7; 12:11, 벧후 1:8.

서만 전달받을 수 있는 것을 가리킨다.[18] 마가복음에서 이것은 인간의 이해로는 덮여져 있고, 하나님에게는 알려져 있는 하늘의 진리를 가리킨다. 그것은 "불가해하다는 의미에서의 비밀이 아니라, 모든 사람이 아직 모르고 있다는 점에서 비밀이다."[19]

마가는 이 하나님 나라의 본질이 무엇인지를 우리에게 구체적으로 말하지 않는다. 본문을 주의 깊게 읽어보면, 그 비밀이 예수의 인격과 말씀 그리고 사역 안에서 베일에 가려진 방식으로 다가오고 있는 하나님 나라와의 관계를 가지고 있다는 사실을 암시해준다.[20] 예수의 정체성의 신비와 하나님 나라의 비밀 간에는 차이가 존재한다. 메시야로서 그리고 하나님의 아들로서 예수의 정체성의 신비는 복음서 서문에서 독자들에게 밝혀졌다. 그 나라의 비밀은 예수의 십자가와 부활로 인도해줄 말씀 사역이 하나님의 결정적인 종말론적 행위라는 사실을 백성들이 보지 못한다는 사실이다. "사람들의 일을 생각하는" 자들은 실패가 승리로 변하고, 거절당한 사람이 사실은 모퉁이 돌이며, 부활하신 자가 "십자가에 못박힌"(16:6) 예수라는 사실을 깨닫지 못한다.[21] 그러나 하나님 나라의 비밀을 소유하고 있는 사람은 결국에는 다른 사람들이 볼 수없는 것을 보게 된다. 하나님 나라는 단순히 기적을 통하여 진행되어 가지 않고 고난과 박해를 통하여 진행되어 간다. 마지막 단계에 가서야 하나님 나라가 공개적으로 모든 사람이 보도록 드러날 것이다(4:22).

예수가 비유들을 비밀로 특징짓고 있기 때문에, 모든 사람들은 그것을 이해하기 위하여 그의 해석을 필요로 한다.[22] 그러나 예수는 (직역하면) 신앙공동체 밖에 있는 사람들에게 "오는 모든 것들"이 "비유로" "알려진다"고 말씀하신다(4:11). 이 비유들은 불투명하기에 특별한 통찰력을 필요로 하는 유일한 것들은 아니다. 오히려 기적을 포함하여 모든 것이 해석을 필요로 한다(3:22-30; 6:51-52; 8:14-21을 보라). 게덜트(Geddert)는 "4:35-8:26의 사건들은 모두 실질적으로 그 자체

---

18. Marcus, *Mystery*, 46. 이러한 개념의 배후에는(그리고 여기서) 하나님의 비밀에 대한 구약성경의 사상이 들어있다(욥 15:8; 시 25:14; 잠 3:32; 암 3:7). 크랜필드(Cranfield, Mark, 152)는 다음과 같이 기록하고 있다. "하나님의 생각과 길은 인간의 길과 같지 않고, 그것들은 그의 비밀인데, 곧 인간의 지혜로 명확하게 아는 것이 아니라 그가 택하시는 사람들에게만 주께서 드러내주실 수 있는 것으로서, 회당에서 주의 깊게 들은 모든 사람들에게 친숙한 것이었다."

19. R. T. France, *Divine Government*, 36-37.

20. Cranfield, *Mark*, 153.

21. Geddert, *Watchwords*, 154.

22. 수동태는 비밀을 가르쳐 주시는 하나님을 가리킨다. 그것은 "사람들이 자기 자신의 통찰력으로 발견하는 어떤 것이 아니다. 그것은 하나님의 계시에 의해서만 알려질 수 있는 것이다"(Cranfield, *Mark*, 154).

를 넘어서서 도래의 과정에 있는 하나님 나라를 가리키고 있는 비유와 같은 사건들이다.[23]

4:11에 있는 "비유로"란 문구는 4:2에서 사용된 것과는 다른 의미를 갖는다. 이 단어는 이제 난해한 문제들을 의미한다. 계시는 완악하고 천박하고 무관심한 마음을 가진 사람들에게는 수수께끼와 같고 난해한 문제들이 된다. 그리고 최종적인 결과는 당황케 하는 것이다. 따라서 하나님의 비밀의 계시는 세상의 무지를 드러내고, 그 무지가 놀라서 당황하는 그룹들에 확실히 드러난다. 종교 권력자들, 바리새인과 율법교사들(서기관들)(2:1-3:6; 3:22-30), 예수의 가장 가까운 친척들(3:31-35), 심지어 그의 제자들(8:14-21). 그들은 인간의 관점과 가능성으로부터만 일들을 깨닫고 평가하는 낡은 방법에 몰두하고 있다. 그들은 보지만 특별한 것을 보지 못한다. 이러한 사람들은 우둔한 두뇌로 말미암아 희생을 당하는 것이 아니라, 마음의 완악함으로 희생을 당한다. 그러므로 이 비유들은 이해를 하는 제자들에게는 하나님 나라의 비밀을 계시해 주지만 다른 사람들에게는 영적 무지를 낳는 "두 날 가진 칼"이다.[24] 에드워즈(Edwards)는 다음과 같이 설명한다.

> 비유들은 추격하는 애굽 군사들로부터 도망하는 이스라엘 백성을 구별한 구름과 같다. "한편으로는 어두움을 다른 편에는 빛을 가져다주었다"(출 14:20). 애굽인들의 마음을 강팍하게 만들었던 그 구름이 이스라엘을 보호해 주었고, 이스라엘로 하여금 바다를 통과해 나가는 길을 만들어 주었다. 애굽을 어두움에 감싸도록 하였던 것이 이스라엘에게는 계시였다.[25]

외인들은 예수의 이적과 가르치심에서, 혹은 죽음에서 하나님 나라의 계시를 보지 못한다. 오직 내부인만, 비록 그들이 가끔은 수수께끼 같은 은폐로 말미암아 혼란을 당하기는 하지만, 진리를 깨달을 수가 있다.

그러므로 그 비밀은 말씀을 듣고 따름으로써 예수께 반응하는 사람들에게만 계시된다. 들으라는 예수의 도전은 공개적인 비유들 가운데서만 나타나며, 따로 모여서 설명하는 자리에서는 나타나지 않는다. 내부인들이 이미 듣고 좀더 듣기 위

---

23. Geddert, *Watchwords*, 76; 또한 Marshall, *Faith As a Theme*, 62을 보라.
24. Joel Marcus, "Mark 4:10-12 and Marcan Epistemology," *JBL* 103(1984): 566.
25. James R, Edwards, "Markan Sandwiches: The Significance of Interpolations in Markan Narratives," *NovT* 31(1989), 215.

하여 반응하여 예수께로 나왔기 때문이다. 제자들은 다른 사람들보다 더 영리한 사람이 아니고, 스스로 비밀들을 해명하는 능력을 가진 것도 아니다. 이 비밀은 그들에게 "주어진" 것이다. 그 깨달음은 예수의 해석이 그들을 위하여 비밀을 열 때 은혜로 다가온다.

이사야 6:9–10로부터의 인용. 이사야서로부터 인용한 내용은 오랫동안 주석가들을 씨름하게 만들었다. 예수가 의도적으로 진리를 숨기는 불분명한 말씀으로 이해하기 어렵게 만듦으로써 백성들을 추려내고 있다는 사실을 암시하고 있기 때문이다. 이사야서 본문의 정황은 이것이 무엇을 의미하는지를 해석하는데 도움을 준다. 하나님이 징벌을 시행하시기까지 듣는 자들의 마음을 강퍅하게 하실 것이라고 미리 경고하면서도 하나님은 선지자에게 설교하라고 말씀하신다.[26] 그 명령은 아이러니와 조소로 넘친다. 하나님은 신실한 선지자를 믿음 없는 백성들에게 설교하도록 부르신다. 비유들에 대한 예수의 설명은 같은 아이러니한 어조를 가지고 있어서 다음과 같이 번역할 수 있다. "그들이 보지만 깨닫지 못하도록, 실로 듣지만 이해하지 못하도록 하기 위해서다. 그들이 바라는 최종적인 일은 돌이켜서 그들의 죄가 사함 받는 것이기 때문이다."[27] 이사야 시대에 백성들은 그 땅과 예루살렘에서 많은 사람들이 죽기까지 그 메시지를 이해할 수 없었다(사 6:11-13). 이사야 당시에 사실이었던 것은 예수의 시대에도 사실이다. 당시는 숨김과 고통의 시기이며, 이해를 위해서는 파괴—하나님의 아들의 죽음과 예루살렘의 황폐—를 기다려야할 것이다.[28]

내부인과 외인들. 외인들과 대조되는 내부인들을 만들어주는 요소는 무엇인가? 커모드(Kermode)는 외인은 "겉으로 보기에 제멋대로, 바깥에서 실망하여, 좌절한" 상태에 머물러 있는 것으로 보인다는 사실을 주장한다.[29] 그러나 이것은 본문

---

26. C. F. D. Moule("Mark 4:1-20 Yet Once More," *Neotestamentica et Semitica*, eds. E. E. Ellis and M. Wilcox [Edinburgh. T. & T Clark, 1969], 99-100)는 사 6:9-10이 목적절임에도 불구하고, 자기의 메시지를 깨닫지 못하게 하라는 선지자에 대한 하나님의 지시는 아니었다. "그것은 매우 강력한 직설법 문장에 의한 것처럼 기껏해야 필연적인 것을 진술하는 활발한 방법으로서 이 마지막 문장을 취급하는 것이 오직 이치에 합당하다." 후커(Hooker, *Mark*, 128)는 다음과 같이 해석한다. "유대인의 사상은 목적과 결과 사이에 구별을 흐리는 경향이 있었다. 만일 하나님이 주권자이시라면, 물론 일어난 일은 그것이 이상하게 보이든 그렇지 않든 그의 뜻일 것임에 분명하다."

27. B. Hollenbach, "Lest They Should Turn Again and Be Forgiven: Irony," *BibTrans* 34(1983): 320.

28. 에스겔 선지자 역시 눈으로 보았지만 보지 못했고 귀로 듣기는 했어도 듣지 못했던 백성들을 견디어야 했다(겔 12:2-3). 그들은 그의 심판의 선언을 귀담아 듣지 않았다. 그들은 그것이 단지 먼 시대에 적용된다고 믿었기 때문이었다(12:27). 그는 백성들이 자기의 설교를 분명치 않은 수수께끼와 비유뿐이라고 생각하고 있다는 사실을 개탄한다(17:2; 20:49).

을 잘못 판단하고 있는 것이다. 한 사람과 다른 사람을 구분하는 핵심적인 요소는 내부인은 정직한 구도자로서 예수의 주변에 모여든다는 사실이다(막 4:10). 제자들은 비유에 대한 설명이 필요하다는 점에서 외인들과 차이가 없지만, 그들은 설명을 들으려고 예수에게 오기로 결심을 한다는 사실에서 외인들과 차이가 있다. 그들은 역시 그 비유들을 혼란스러워 하지만, 진지하게 질문을 하고 있다.[30] 결정적인 차이는 내부인들은 무관심하지 않다는 사실이다. 이 비유 단락의 결론부에서 마가는 예수가 이 비유들을 제자들에게 사석에서 설명해주시고 있다. 제자들이 예수에게로 와서 설명해달라고 요구하고 있기 때문이다(4:34). 예수가 이 일을 사석에서 하셨다는 사실이 그가 다른 사람들을 배제하려고 의도하고 있음을 의미하지 않는다. 외인들은 단순히 비판적이어서 명확한 의미를 얻기 위하여 예수 주변에 모인 제자들과 합세하는 것을 꺼린다.

그러나 내부인이 된다는 것은 모든 것을 안다는 것을 의미하지 않는다. 내부인은 자기들의 삶을 구원하리라는 지식을 가지고 있다는 의미에서만 선별된 사람이다. 그러나 내부인들은 좌절과 속임을 당할 수도 있고, 들었던 것을 유념해야 한다. 말본(malbon)은 "널리 알려진 패턴은 이것이다. 즉 들으라, 이해하느냐? 또 다시 들어라! 보아라. 이해하느냐? 다시 보아라."[31] 내부인들과 외인들은 나사로를 부자로부터 갈라놓은 것과 같이 다리로 연결할 수없는 틈으로 분리되어 있지 않다. 소위 외인들은 내부인이 될 수 있다. 그렇지 않다면, "하나님의 왕권에 대한 복된 소식을 전파하는 전체 사명은 지독한 날조이다."[32] "그분을 둘러싸고 있는 열두 제자들과 다른 사람들"(4:10)을 폐쇄된 그룹으로 생각해서는 안 된다. 소위 내부인들도 외인이 될 수 있다. 그렇지 않다면, 배후에 숨겨져 있는 것을 분별하도록 듣고 있는 것을 주의하라고 경각시킬 이유가 없었을 것이다.

이야기가 진행되어가고 있을 때, 제자들의 몰이해(7:17-18; 8:14-21, 27-33; 9:9-13, 30-32; 10:23-31, 32-45; 11:20-25)와 무지(4:35-41; 6:45-52; 9:2-8; 14:17-25, 32-43)가 그들이 외인이 되어가고 있는 위험에 처해있음을 보여준다. 특

---

29. Frank Kermode, *The Genesis of Secrecy*(Cambridge. Havard Univ. Press, 1979), 227-29.
30. 쿰란 문서에 유사한 사상이 표현되어 있다. 1QS 5:11-12에 따르면, 언약 밖에 있는 악한 자들은 스스로 오류를 범하여 감추어진 것들을 알기 위하여 그의 명령을 살피거나 검토하지 않는 사람들이다. 그들이 계시된 일들을 멸시하였기 때문이다.
31. Elizabeth Struthers Malbon, "Echoes and foreshadowings in Mark 4-8: Reading and Rereading," *JBL* 112(1993): 225.
32. France, *Divine Government*, 40.

히 그들은 십자가와 부활의 비밀을 충분히 깨닫지 못하고 있다. 마지막에는, 그들 중 한 사람이 대적자와 배반자가 된다. 또 다른 한 사람은 그분을 부인한다. 그분을 죽도록 남겨두고 모두가 도망친다. 다른 한편, 외인으로 뚜렷하게 드러난 사람이 내부인들의 신앙을 보여준다. 혈루증을 앓던 여인(5:34), 수로보니게 여인(7:29), 간질병 환자의 아버지(9:24), 제자들을 따르지 않은 축사자들(9:38-41), 아이들의 어머니들(10:13-16), 소경 바디메오(10:46-52), 예수에게 기름을 부은 여인(14:3-9), 그리고 로마 백부장(15:39).

소경 바디메오는 "길옆에"(10:46) 앉아 있었는데, 그곳은 씨들이 뿌리를 내리기 전에 사탄이 그 씨들을 물고 가버리는 것으로 생각되는 곳이다(4:4, 15). 그곳을 제자들이 되기에 유망한 지점으로 간주할 수는 없지만, 바디메오는 예수를 외치고 그를 따른다(8:27; 9:33-34; 10:32). 제자들의 오해에서 우리는 좋은 소식을 발견할 수 있다. 만일 우리가 모든 비밀을 온전히 이해하지 못하고 있다면, 이러한 첫 번째 제자들도 마찬가지이고,[33] 예수는 보다 통찰력 있는 사람들을 구하기 위하여 그들을 내치지 않으신다는 점이다. 그러나 거기에는 우리로 하여금 열매를 맺지 못하는 일이 없도록 엄중한 권고도 들어있다.

씨뿌리는 자의 비유에 대한 설명(4:13-20)

마가복음서의 문맥은 설명이 없이는 이해할 수 없다는 것을 가정하고,[34] 예수가

33. James G, Williams, *Gospel Against Parable Mark/s Language of Mystery*(Sheffield Almond, 1985), 63.

34. 언젠가 학자들은 예수가 풍유를 사용하지 않으셨으며, 비유들은 해석이 필요하지 않다고 주장했다. 그러므로 그들은 비유가 해석을 포함하고 있을 때는 초대교회가 해석을 덧붙인 것이라고 생각했다. 씨뿌리는 자 비유에 대한 해석은 예수에게로 거슬러 올라간다고 강력히 주장할 수 있다.

(1) '도마의 복음' 가운데 나타난 비유는 해석을 포함하고 있지 않고, 몇몇 학자들은 그것이 초창기 전승에 대한 독립된 증거라고 가정한다. 이러한 가정은 의심스러우며, 이 작품이 의도적으로 예수의 가르침을 비밀스러운 것으로 유지하기 위하여 설명을 삭제하기 때문에 해석이 누락될 수 있었다. (2) 몇몇 사람은 이 비유들에 대한 풍유적 해석은 시대의 마지막에 기적적인 수확과 관계가 있는 종말론적인 요소를 누락하고 있다고 주장한다. 이 주장은 만일 그것이 이 비유의 핵심논지가 아니라할지라도, 논점을 피하고 있다. 이 해석은 비유와 균형을 이루지 않는다. 만일 강조가 풍성한 수확에 있다면, 그 해석은 비유 가운데서 받고 있는 것과 같은 관심을 보인다. 또한 그것들이 비유 가운데서 받는 것과 같은 손실에 관심을 보이고 있다. (3) 그 해석은 초대교회의 표현형식을 담고 있는데, 그것은 이 비유를 선교 상황에서 전형적으로 일어나는 내용을 묘사하기 위하여 그 자체의 배경에다 적용시켰다. 이러한 판단은 제한된 통계적 근거에 기초하고 있으며, 예수가 자신의 사역에 대한 백성들의 반응을 반영하고 있지 않았다고 생각한다. 백성들의 반영은 후대의 교회만이 했었던 어떤 일이었다. 예수의 비유는 교회의 용어에 영향을 미쳤거나 해석에서 그 용어가 아람어에서 헬라어로 번역되었던 시대에 사용되는 용어를 통하여 영향을 받았다고 상상할 수 있다. (4) 마지막으로, 씨의 운명에 대한 해석은 복음서의 다른 곳에 있는 예수의 가르치심과

질문하는 사람들을 위하여 그 설명을 제공하신다. 헬라시대 문서에서 씨뿌리는 자는 선생에 대한 이미지다. 그리고 흙은 학생들에 대한 이미지다. 독자들은 쉽게 그 관계들을 파악했을 것이지만, 거기에 결정적인 차이가 있다. 씨뿌림이 유대인의 전통 가운데서 하나님이 하시는 일에 대한 확고한 은유였으므로, 예수의 비유는 교육을 통한 심령의 개량에 관한 것이 아니라 이스라엘의 갱신에 관한 것이다. 비유의 해석은 씨에 불행스러운 결과를 낳은 것이 학생의 제한된 정신적 기질(헬라의 비유에 주어진 이유들)이 아니라는 사실을 보여준다. 그것은 하나님과 사탄 사이의 우주적인 투쟁, 박해, 윤리적(지적인 것이 아님)인 빈곤으로 말미암아 야기되었다.

마가복음에서 "귀를 기울이라", "들으라"는 도전이 비유를 시작하고 마치고 있다(4:3, 9). 설명 부분은 모든 흙이 그 말씀을 들었다는 사실을 강조한다(4:15, 16, 18, 20). 씨뿌리는 자는 성공적으로 씨를 뿌렸다. 그 다음에 일어나는 일은 흙에 달려있다. "뿌리다"라는 동사는 두 가지 의미에서 사용되었다. 씨를 흩어지게 하는 측면에서 뿌리다, 그리고 씨가 심겨진 땅의 입장에서 뿌려지다. 이 해석은 듣는 자가 어떤 추수를 산출할 것인지의 여부에 대한 문제를 불러일으키며, 그리하여 씨뿌리는 자의 비유가 흙의 비유로 바뀌지게 된다. 이 비유는 씨의 소출이 전적으로 그것이 좋은 땅에 심어지느냐 아니면 나쁜 땅에 심어지느냐에 달려있다는 사실을 보여주고 있다. 농업의 세계에서 영적인 실체로 움직이면서 이 비유는 말씀(씨)의 수용이 듣는 자의 마음의 선재하는 영적 상태와 직접적으로 연관이 있으며, 그 해석은 그들 가운데 있는 특별한 차이들에 매달린다.

길('호도스')에 뿌려진 씨는 사탄이 비록 묶여있을지라도 무관심하게 듣는 사람들에게 위험이 된다는 경고로서 역할한다. 두 왕국은 인간의 영혼을 얻기 위하여 심하게 투쟁하고 있으며, 사탄은 예루살렘으로부터 내려온 율법교사들, 헤롯당원들, 그리고 대제사장들과 같은 유형의 사람들을 좋아한다.[35] 그들은 예수의 말씀

부조화하고 있지 않으며, 또한 m *'Abot* 5:10-15에 있는 같은 내용들은 여섯 개의 단락을 담고 있는데, 그것들은 각기 듣는 청중들의 각기 네 다른 유형들을 포함하여 네 가지 다른 유형의 백성들로 분석하고 있다(5:12). W. D. Davies and Dale C. Allison, Jr(*The Gospel According to Saint Matthew* [ICC; Edinburgh: T. & T. Clark, 1991], 2:376)은 이 평행적인 내용으로부터 다음과 같은 결론을 내린다. "예수 시대에 이미 그것이 백성들 중 네 다른 계층들을 가리킨다고 주장하는 것이 전통적이었다고 상상할 수 있고('Abot R. Nat A 40), 이것이 씨뿌리는 자의 비유의 배경의 일부분일 수도 있다.

35. 유대인의 문서는 또한 사탄을 한 마리의 새 혹은 새들과 동일시한다. Jub. 11:5-24; 1Enoch 29:5; *T Ben* 3:4; *Apoc Abr* 13; *b Sanh* 107a.

을 듣지만, 즉시로 그분을 죽이기를 원한다(3:22; 11:18). 어떤 이들에게는 예수가 무슨 말씀을 하시고 무슨 일을 할지라도, 아무런 유익을 주지 못할 것이다. 그들은 예수가 병자를 고치시고 귀신들을 쫓아내는 일들을 보지만, 검은 마법 혹은 바알세붑을 통하여 그가 사역한다거나 미쳤다고 결론짓는다. 그들이 듣지 못한 이유에 대한 설명은 사탄이 그들로 하여금 그 나라에 대항하도록 만들었다는 점이다. 사탄이 그들을 지배하고 있지 예수가 지배하고 있지 않다(3:22). 의미심장하게도, 마가는 제자들이 길('호도스')에 있을 때 그들 중에 누가 크냐(9:33-34), 누가 그의 영광스런 보좌의 우편과 좌편에 앉느냐(10:32-41)에 관해서 논쟁함으로써, 예수가 자신의 죽음과 부활에 관하여 계시해주신 비밀을 이해하지 못했다는 사실을 드러내 보여준다.

돌밭에 떨어진 씨는 즉시 자라서 말씀을 기쁨으로 받는다. 그러나 뚫고 들어갈 수없는 바위 층이 흙으로부터 영양을 빨아들이려는 씨로 하여금 뿌리를 깊이 내리지 못하게 만든다. 기쁨의 좋은 시기가 지나가고 고난과 박해의 시기가 올 때, 식물은 시든다. 그러한 사람들의 믿음은 "아침 구름이나 쉬 없어지는 이슬"(호 6:4)과 같다. 이런 사람들은 믿음에 약간의 도전만 가해도 쉽게 떨어져 나간다(직역하면, "분개하게 된다").

예수의 이야기 가운데서 우리는 그의 가르치심과 기적을 보고 놀라고, 그가 예루살렘에 오심을 즐거워하는 일시적으로 타오르는 불꽃과 같은 군중들을 보게 된다(12:37). 그러나 그들은 믿음에 깊이 뿌리를 내리지 못하고 고난이 지평선에 떠오를 때, 재빨리 꺼져버린다. 너무나도 빨리 반응을 보였던 제자들까지도 압력이 가해질 때, 재빨리 떨어져나갈 것이다. 예수는 마지막 성만찬에서 이러한 위험을 경고하신다(14:27, 29). 그의 예언은 그가 포박을 당한 후 제자들이 생명을 보존하기 위하여 도망갔을 때 실현된다. 그들은 고난이 있음을 알게 될 때 자기들의 생명의 안전과 보존에 사로잡힌다. 베드로(반석)는 그 자신을 더 이상 믿지 않는다. 그는 안전거리를 유지하면서 예수를 따라 대제사장의 정원으로 들어가지만, 한 계집아이가 가하는 부드러운 비난에 직면해서 시들해진다. 그는 박해라는 뜨거움을 견디지 못하고, 주님을 세 번이나 부인한다. 돌밭은 한 사람의 신앙이 다가오는 시련과 환란을 견디려면 깊어져야 한다는 사실을 경고하는 역할을 한다.

세 번째 흙은 비옥하지만 너무나 잡초가 많아서 좋은 씨가 결국에는 질식한다. 예수는 자주 자신의 가르치심 가운데서 질식시키는 가시와 같은 것들에 대해서 경고하신다. 세상에 대한 근심, 부를 좋아함, 다른 것들에 대한 욕망이다. 헤롯의 이야기는 말씀을 즐거이 듣는 사람에 대한 하나의 실례를 제공하지만(6:20), 자기의 영예와 권세를 보존하려는 더 큰 관심은 그의 들음이 하나님을 위하여 열매를 맺을 기회를 없애 버린다(6:21-29). 물질적인 부에 대한 이 부유한 통치자의 관심은 어떻게 인간이 예수의 제자로의 부르심을 차단해 버리는지에 대한 분명한 실례를 제공해준다(10:17-22). 가룟 유다의 이야기는 부는 아닐지라도 돈이 어떻게 열두 제자들 가운데 한 사람까지도 얽어매어서 잘못된 선택을 하게 만드는지의 또 다른 실례를 제공해준다. 그는 얼마간의 은을 약속 받고 자기의 주인을 팔아넘긴다(14:10-11).

예수의 가르치심은 좋은 땅과 나쁜 땅을 함께 보여준다. 사람은 단순히 그 땅이 열매를 맺기 때문에 좋은 땅이라는 사실을 안다. 나쁜 땅과는 대조적으로 좋은 땅은 올바르게 듣는다. 건드리(Gundry)는 결정적인 차이를 이끌어낸다. 좋은 청중은 사탄이 채가지 못하도록 말씀을 즉시 받아들인다. 좋은 청중은 박해에 의해서 시들지 않도록 온 마음으로 받아들인다. 좋은 청중은 다른 것에 대한 관심이 들은바 말씀을 질식시키지 못하도록 특별하게 받아들인다.[36] 나쁜 땅에서 세 개의 다른 방법으로 씨가 실패를 하는 것처럼, 좋은 땅에서는 세 가지 다른 방식으로 성공한다. 그러나 이 비유와 해석은 이런 다양한 성공의 이유에 관한 것으로는 확장해 나가지 않는다.

상황잇기

이 비유의 메시지를 오늘날 우리 시대로 이끌어오는 과정에서 우리는 먼저 하나님의 나라를 알게 하는 비유적 방법에 초점을 맞추어 연구하고, 나아가서 비유에 대한 설명들이 일으키는 문제들을 살펴볼 것이다. 제자들과 예수 주변에 모여든 사람들은 비유에 관해서 물었다. 우리는 어찌하여 예수는 메시지들을 외인들에게는 숨기기 위하여 고안한 것처럼 보이는 수수께끼로 말씀하셨는가를 알기를 원한다. 어찌하여 예수는 구원을 주는 하나님과의 관계로 의도적으로 사람들이 오지 못하도록 장벽을 고안하셨는가? 마지막으로 우리는 다양한 의미들을 가지고 있는 이 비유의 내용을 논의할 것이다.

하나님 나라를 알게 함. 상황을 연결함에 있어서, 진리를 영적으로 굳은 사람들로부터 숨기고자 하는 비유의 목적을 피하기는 어려울 것이다. 비유들은 단순한 점

36. Gundry, *Mark*, 206.

을 예증하기 위하여 고안된 나태한 마음이나 눈에 보이는 도움을 위한 수수한 이야기들이 아니다. 교훈적인 방법을 갖는 비유들은 단조로운, 명제적 가르침과는 정반대를 형성한다. 가르침은 간접적이고, 비유들이 가지고 있는 우리를 위한 의미를 찾기 위하여 상상과 생각의 투자를 요구한다.[37] 만일 그러한 투자를 하기를 거절한다면, 예수의 비유에서 아무런 의미를 발견하지 못할 것이다.

그러나 비유들은 단순한 교훈적 방법에 그치지 않는다. 예수는 단순히 하나님에 관한 새로운 개념을 드러내거나 모든 사람이 이미 믿고 있는 내용을 확인시키기 위해서 오시지 않았고, 백성들로 하여금 하나님과 생명에 관한 전체적인 관점에 혁명을 일으키기 위하여 오셨다. 마가복음에서 비유들은 비밀을 계시하면서 동시에 숨기는 하나님의 계시의 한 형태다. 그 비밀은 너무나 커서 평범한 진술로는 완전히 표현할 수 없다. 클라우드-아드리안 헬베티우스는 『드 르에스프릿』(*De l' Esprit*)에서 다음과 같이 기록한다. "거의 모든 철학자들이 동의한다, 언젠가 명백한 용어로 축소되었던 가장 탁월한 진리들도 현실로 바뀌고, 그럴 경우에 백은 백이고 흑은 흑이다라는 명제에 지나지 않는 것을 제공한다." 비유들은 왕국을 진정으로 알게 하는 수단이다. 비유들은 유연성이 있는 마음을 필요로 하며, 객관적인 증거가 없이 다가오는 하나님의 나라와 같은 거대한 개념을 붙잡기 위하여 열린 마음을 필요로 한다. 비유들을 깊은 차원에서 이해할 수 있는 유일한 방법은 대담하게 자기들의 세계와 관련시키는 것, 새로운 눈으로 하나님을 보려고 하는 것, 그리고 그 비전이 자신의 존재를 변화시키게 하는 것이다. 비유들은 언제나 생생한 회화적 언어를 사용함으로써 모호한 어떤 것을 보다 분명하게 만들지는 않는다. 반대로 비유들은 혼란스럽게 만들 수도 있다. 만일 무관심하고, 비유들이 의미할 수 있는 내용과 그것들을 말하는 사람에 관심을 가지지 않는다면, 혹은 모든 사실들이 이루어지기까지 어떤 결정을 거절한다면, 그는 안개 가운데 머무를 것이다.

그러나 만일 사람이 무관심하지 않고 이해하기 위하여 노력한다면, 마음에서 비유들을 곰곰이 생각하고 해석을 들으려고 나아오게 된다. 오직 그때에 비유는 하나님과 세계에 대한 우리의 생각을 변화시키고, 영적 통찰력으로 인도하는 일을 할 것이다. 우리는 "수수께끼를 말하는 자에 대한 정중한 충성심에서"[38] 그것이 의미하는 바를 유일하게 배울 수 있고, "감각을 이용한 자료를 넘어서서 보고 듣기를

37. France, *Divine Government*, 30.

38. F. C. Synge, "A Plea for the Outsiders: Commentary on Mark 4:10-12," *Journal of Theology of South Africa* 30(1980): 55.

배움으로써"[39] 터득할 수 있다. 궁극적으로 지적 재능을 통해서만 비밀을 깨달을 수 없다. 하나님은 그 비밀을 진리에 대해서 마음을 연 사람들에게만 주신다.

하나님의 진리를 계시하는 이러한 간접적인 수단들은 우리를 거북하게 만들 수도 있다. 교사로서 그리고 설교자로서 우리는 명확하지 못하다고 비난받기를 원치 않는다. 우리는 조심스러운 개요를 제공할 수도 있고, 모든 사람의 이해를 돕기 위하여 긴 설명을 할 수도 있다. 만일 사람들이 혼란에 빠진 상태에 머물러 있다면, 우리는 다소 실패했다고 느낀다. 얼마나 많은 설교자들이 예수가 하셨던 것처럼 의도적으로 모호한 메시지를 전달하고, 그 다음에 교회 응접실에서 설명을 듣기 위하여 몰려오는 값진 질문자들을 기다리고 있는가? 그러나 우리도 복음의 진리를 이해하지 못할 수 있으며, 만일 모든 것이 단순하고 명료하다고 생각한다면, 그 능력의 어떤 것을 잃어버렸음을 본문은 암시한다. 그것이 우리가 행하고 있는 것과 헌신한 제자들을 만들려고 하는 방법을 재검토하도록 인도할 수 있다. 예수는 군중들로 하여금 더 이해하기 쉽도록 힘쓰지도 않았고, 더 평안함을 느끼게 만들려고 하지도 않았다. 그의 수수께끼 같은 가르침은 단지 호기심만을 가진 사람들을 진지한 마음을 가진 사람들과 분리시키고, 오직 종교적인 지엽적인 문제만을 추구하는 사람들을 진정으로 하나님을 찾는 사람들로부터 분리하는 역할을 하였다. 그는 진정한 믿음을 이끌어내는 일에 전념하셨고, 마가복음에서 믿음은 드러난 진리와 감춰진 진리 사이에 긴장을 조성한다.

게덜트는 마가가 복음서를 작성하면서 이러한 수수께끼 같은 방법을 사용했다는 자극적인 주제를 제공한다. 이 복음서에 관해서 학자들을 아주 당황하게 했던 신비한 비밀, 의도적 모호성, 그리고 베일에 가린 실마리들은 마가복음서 기자가 깊이 있는 신학을 전달하고 또한 앞으로 생겨나게 될 제자들을 도전하기 위하여 선택한 의도적 수단이었다고 그는 주장한다. 그는 "모호하게 말씀하시고 청중들로 하여금 명백하지 않은 점들을 스스로 깨닫도록 초대하면서, 또한 하나님의 조명이 청중들이 필요로 하는 이해를 가져다주실 것이라고 굳게 믿는 마가복음의 예수를 좇아서 스스로 모델이 된다."[40]

이 단락은 하나님의 나라를 선포함에 있어서 우리의 목표와 방법들을 반성하게 만든다. 우리는 보다 깊은 하나님에 대한 진리 지식으로 사람들을 인도하고 있으

39. Geddert, *Watchwords*, 255.

40. Ibid., 256.

며, 그들의 헌신을 더욱 깊게 하고 있는가? 그렇지 않으면 단지 통계학적 지식만을 이용하고 있는가? 매스마켓팅(mass-marketing: 판매자가 모든 잠재적 수요자에 대하여 취하는 마케팅 형태 또는 관행-옮긴이) 통계학을 사용하여 고객들을 끌어 모으기 위하여 예배를 운영해왔던 교회들은 최소한 씨가 발아하기 전에 그 씨를 삼키려는 사탄을 타도하는 일에는 성공을 했다. 그렇게 하지 않으면 결코 교회의 문지방을 밟지 않을 사람들이 와서 듣게 했다. 그러나 이러한 교회들도 보다 전통적인 패턴을 따르는 교회들처럼 사람들을 모집은 시켰으나, 신앙에 가장 적은 희생만을 지불하는 출구 신자들만을 양산했다. 제자도에 있어서 그들의 성장은 영적 생활보다는 물질적인 안정과 위로를 위한 갈망을 축복해달라는 하나님을 향한 갈망으로 인해 방해를 받게 될 것이다.

몇몇 연구들은 베이비 붐(Baby Boomer, 세계 2차대전 후 갑작스러운 다출산 시대에 태어난 사람들-옮긴이) 세대의 교회 참석의 붐은 이제 김이 빠졌음을 암시해주고 있다. 최근의 기록은 그들이 이제 한 달에 네 번이 아니라, 매 4주에서 6주마다 한번 교회에 출석하고 있음을 보여주고 있고, 그들의 봉사가 점점 줄어들고 있다는 사실을 보여준다. 초신자들은 구도자 단계를 넘어서야 한다! 우리는 어떻게 그들이 하나님의 분명한 형상으로 초점을 맞출 수 있는 제자들로 만들 수 있는가? 우리는 어떻게 그들이 듣는 바를 유념하는 하나님의 분명한 명령을 분간할 수 있는 제자들로 만들 수 있는가? 이것이 교회의 중요한 임무이며, 마가복음이 전달하고자 하는 것이다.

복음의 부끄러운 것. 반드시 이루어야 하는 한 가지는 복음의 부끄러움이 무엇을 의미하는지를 알아야 한다는 사실이다. 맥크러켄(McCracken)은 비유들이 "교훈의 형태가 아니라 진리를 방해하도록 고안된 걸림돌의 형태"라고 주장한다.[41] 이것은 그 자체가 우리에게는 부끄러운 것이다. 기묘한, 환상적인, 터무니없는, 그리고 불쾌한 요소들은 모든 것이 제자리에 평안하게 있는 세계를 흩어버리는 목적을 가진 비유들에 있어서 중요한 부분이다. 맥크러켄은 이 비유들은 요점들을 전달하거나 표현하기 위하여 고안된 것이 아니라, 청중이나 독자들로 하여금 움직임을 필요로 하는 위기 혹은 충돌에 직면하여 내적인 행동을 촉진하기 위하여 고안되었다고 주장한다. 신약성경 용어에서 그 위기는 '…이든/그렇지 않으면'의 명제(제안)다—

41. David McCracken, *The Scandal of the Gospels. Jesus, Story and Offense*(New York/Oxford: Oxford Univ. Press, 1994).

즉, 넘어지든 변화되어지든, 우리가 원하는 잘못된 관습을 행하든, 변화되든. 위험한 부분은 우리가 죄를 최소화하고 그것에 익숙해지는 것이며, 그것을 숨김없이 인정하지 않고, 진리와의 귀찮은 충돌을 편리하게 회피한다는 것이다.[42]

부끄러움(수치)은 비록 그것이 진리로 나아가는 길을 가로막을 수도 있고 하나님으로부터 멀어지게 할 수 있는 장애물일 수 있을지라도 하나님을 만나고 신앙을 가지는데 필수적인 부분이다. 그것은 마음의 숨겨진 욕망을 드러내는 위기를 조장한다. 상처를 받는 것이 죄를 드러내고, 언제나 인간의 욕망을 대적하시는 하나님에게로 돌아가게 할 수 있다. 만일 사람이 하나님을 간절히 열망한다면 그 사람은 상처를 통하여 발전하고, 하나님께로 더 가까이 나아갈 수 있다. 만일 그 사람의 감정의 열망이 최고의 주권을 가지고 통치하면, 그 사람은 하나님으로부터 소외될 것이다. 우리는 이 비유들과 예수의 설명에서 무엇이 걸림이 되는지 물어보고, 왜 그렇게 느끼는지를 검토할 수 있다. 우리의 걸림돌은 하나님의 방식이 우리의 방식과 같지 않다는 사실을 발견하는데서 오는가?

씨뿌리는 자와 토양. 우리는 예수의 비유들이 다양한 의미들에 열려 있어서 한 비유가 한 요점에 제한되도록 한정되어 있다고 느낄 필요가 없다. 한 요점만이 있다는 독단은 해석자를 구속시켜서 비유들의 효과를 제한시킬 수 있다.[43] 씨뿌리는 자의 비유는 여러 관점에서 검토해볼 수 있다. 어떤 사람은 말씀을 선포하는 즉 뿌리는 일의 관점에서 비유를 생각해 볼 수 있다. 씨뿌리는 자는 풍유적으로 해석되지 않는다. 예수는 "나는 씨뿌리는 자다"고 말하지 않으신다. 이러한 불명확성은 말씀을 뿌리는 예수 곁에 있는 사람들에게 이 비유를 적용할 수 있도록 만들어준다(3:14을 보라). 마가의 교회와 우리의 교회에서 씨를 뿌리는 임무는 계속되고 있으며, 반응의 다양성과 그 이유는 거의 달라지지 않았다.

또한 이 비유는 낙심하고 있는 시대에 있는 교회의 사명을 분명히 하는데 적용할 수 있다. 그것은 씨뿌리는 자들이 씨를 뿌리기만 하고 흙의 본질에 대해서는 아무것도 하지 않는다는 사실이다. 이 비유는 갈고 거름을 주고 잡초를 제거하고 새들을 쫓기 위하여 허수아비를 세우는 일까지도 아무런 언급이 없다. 이 비유에서

42. 4:12에 있는 '히나', 즉 "을 위하여"를 잘 해명하기 위한 모든 시도들 속에서 이것의 사례를 볼 수 있다.

43. J. Dominic Crossan(in "Parable," *ABD*, 5-152)은 너무 멀리 나아간다. "해석되어야 하는 것이 비유의 운명이고, 그 해석들은 다양하다. 그 다양성이 멈출 때, 비유는 죽으며 비유를 행하는 자는 침묵하게 된다." Walter Wink(*Transforming Bible Study*[Nashville: Abingdon, 1980], 161)은 다음과 같이 말한다. "한 요지 이론(one-point theory)의 오류는 학자 자신들이 비록 각자가 알고 있었다고 확신할지라도 무엇이 요지인지에 대해서 동의할 수 없었다는 사실이 분명해지는 순간에 드러날 것이다."

씨뿌리는 자는 그가 뿌리고 있는 흙에 대해서는 책임이 없다.

또한 이 비유를 흙의 관점에서와 올바르게 들을 책임이라는 관점에서 바라볼 수 있다. 개개인은 자기들이 어떤 종류의 흙인가, 열매를 맺을 수 있는 흙인가 아니면 열매를 맺지 못하는 흙인가에 대한 책임이 있다. 예수가 행하신 기적들을 숨기는 것은 불가능했다. 그 말씀은 예루살렘을 포함하여 어디에나 도달했고, 율법 전문가들이 사건들을 탐색하기 위해서 보냄을 받았다. 예수는 공개적으로 가르치셨다. 그러나 모든 사람이 예수가 말씀하시고 행하신 일들과 하나님의 나라의 도래를 연결지은 것이 아니다. 비유의 모호성이 그들의 회개하지 않은 완고함만큼이나 듣는 자들의 불신앙에 영향을 주지 않는다. 이러한 완고함이 그들을 하나님 나라의 비밀을 깨닫지 못하게 만든다. 정말 깨닫기 어려운 것은 십자가에 못박혀 죽으신 나사렛 예수가 온 세상의 주님이시라는 사실이다(16:6). 우리는 이기적인 욕망을 강요하는 다른 주인들에게 충성하기 때문에 무지하게 된다.

현대적 의미

우리는 이 비유를 하나님의 말씀을 뿌리는 자로서 우리의 역할에 적용할 수 있다. 많은 교회들은 "구도자"로 분류된 사람들을 더 쉽게 끌어오기 위해서 예배를 조정하고 있다. 그렇지만 하나님 나라를 선포하시는 예수의 방법은 우리로 하여금 어떤 목적으로 이 일을 하고 있는가라고 묻게 한다. 세 의견이 교회성장 문제와 관련하여 제공될 수 있다.

(1) 비유 가운데서 씨뿌리는 자는 흙을 미리 판단하지 않는다. 그는 씨를 닥치는 대로 뿌린다. 흙이 장래성이 있는지, 씨를 뿌리는 것이 시간을 낭비하는 것은 아닌지를 사전에 결정하지 않는다. 말씀 전파는 반응이 괜찮은지 살펴보고, 소출을 최대한으로 확보하기 위하여 메시지를 수정하는 시험판매가 아니다. 씨를 뿌리는 일은 어떤 타켓 그룹들을 세울 것인가, 우리와 같은 종류의 사람들만을 방문할 것인가에 대한 관심이 전혀 없다. 경계선 밖에 씨가 뿌려질 것인가에 대한 두려움이 없다.

교회성장 세미나에서 와그너(Wagner)는 복음에 대한 이해력을 최대화하는 데는 시간, 직원, 돈이라는 자원을 초점에 맞추어야 한다고 주장했다.[44] 비록 그가 저

44. C. Peter Wagner, *Church Growth and the Whole Gospel A Biblical Mandate*(San Francisco: Harper and Row, 1981), 77-78.

항하는 사람들을 지나가지 않고 친절하게 조용히 씨를 뿌려야 한다고 주장하고는 있을지라도,[45] 이 비유는 우리가 하나님의 주권이나 성령의 역할을 우선해야한다는 것을 주의시키고 있다. 농부는 씨를 뿌리는 일이 위험하다는 사실을 알지만, 그것이 그로 하여금 씨를 뿌리지 못하게 하지는 않는다. 그 위험은 우리가 환경이 좋지 않은 도심지의 척박한 토지에서의 사역을 버리고, "보다 비옥한 외곽도시로 도피하려고 결심할 때, 우리의 양심을 달래고 게으름을 정당화하기 위하여 교회 성장의 원리로 숨을 수도 있다는 것이다.

이 비유는 올바른 곳에 떨어진 씨가 열매를 맺는다는 점을 지적하고 있다. 이러한 사실로부터 예수가 씨뿌리는 자들에게 좋은 수확을 보장해 주는 올바른 곳에만 씨를 뿌리라고 충고하고 있다고 추론해서는 안 된다. 사람들의 마음속에 말씀을 뿌릴 때, 그 씨가 발아하기까지 그 상태가 옳은지를 어떻게 알겠는가? 인간의 심령을 다룰 때 수확에 대한 희망을 포기하기에 앞서서 얼마나 오랫동안 기다려 왔는가? 아도니람 허드슨은 회심자를 만들기 이전에 7년간을 소비했다. 이 비유는 씨를 멀리 그리고 널리 흩어버리는 낭비하는 씨뿌리는 자가 되라고 초청한다.

(2) 비유의 설명은 성공이 하나님으로부터 온다는 사실을 암시해 준다. 예수는 하나님 나라의 비밀에 대한 통찰력이 하나님이 주시는 것이라고 확증하신다. 씨를 뿌리는 자로서 우리는 씨 뿌림에서 오는 어떤 성공을 자신에게로 돌릴 수 없고 또 어떤 실패에 대해서 낙심해서도 안 된다. 사역의 연합에 대해서 고린도 교인들에게 말한 바울의 주장은 적절하다(고전 3:5-9).

> 그런즉 아볼로는 무엇이며 바울은 무엇이냐 그들은 주께서 각각 주신대로 너희로 하여금 믿게 한 사역자들이니라 나는 심었고 아볼로는 물을 주었으되 오직 하나님이 자라나게 하셨나니 그런즉 심는 이나 물주는 이는 아무것도 아니로되 오직 자라게 하시는 이는 하나님뿐이니라 심는 이와 물주는 이는 한가지이나 각각 자기가 일한 대로 자기의 상을 받으리라 우리는 하나님의 동역자들이요 너희는 하나님의 밭이요 하나님의 집이니라.

어떤 사람은 한 유형의 흙이 우세한 곳에서 사역할 것이지만, 특별히 소출이 많은 밭에서 수고할 때, 그 성공을 자랑해서는 안 된다. 한 전승은 팔레스타인의 농부

45. C. Peter Wagner, *Strategies for Church Growth*(Ventura, Calif.: Regal 1987), 88-89.

가 자기의 일을 이런 기도로 시작했다는 사실을 말해주고 있다.

주님, 제 일은 붉은 곳입니다[붉은 빛을 띤 흙을 가리킴]
푸르름은 당신 것이옵니다
우리는 갈지만, 열매를 주시는 분은 당신이옵니다.[46]

(3) 씨뿌리는 자는 성공하도록 부름 받은 것이 아니라 신실하도록 부름을 받았다. 씨뿌리는 자로서 우리는 성공 즉, 추수를 목적으로 한다. 그러나 위험스러운 일은 성공이라는 외적인 표시에 너무나 소모하여서 오랜 기간 그들을 지원하여줄 뿌리 깊은 근본적인 체계를 가지고 회심자들을 얻지 못한다는 것이다. 우리는 거대한 수와 재정적인 성공을 거둔 사람들에 관한 자랑을 읽거나 듣는다. 사람들은 자주 성공을 숫자로 판단한다. 특히 미국 사람들은 큰 것이 더 좋고 거대한 수의 사람이 모인 것이 성령의 임재의 확실한 표시라고 생각한다. 그러한 추론은 실패가 숫자로 측정되고 빈약한 수의 반응은 성령의 부재의 한 표시로 해석된다는 것이다. 제자들의 영적 발전에 대한 이러한 생각의 위험성은 그것은 우리에게 가장 낮은 영성을 제공할 것이며, 이것은 대량의 수에 호소하며 청중들의 죄와 세계관은 도전하지 않는다.

최근의 한 신문의 인터뷰 기사는 장기간 방송되고 있는 유흥 TV쇼를 만든 사람이 "거듭났다"는 사실을 기사화했다. 그러나 그는 회심했다고 해서 그것이 방송에서 어떤 새로운 도덕적 표준으로 이끌어주지는 않았다고 주장했다. "그 일이 나에게 해준 것은 기껏해야 내 개인의 삶에 마음의 평화를 주고 있다는 것이며, 나는 목사가 농담과 일화들로 가득한 훌륭한 설교로 나의 시선을 사로잡는 것을 즐기고 있는 것이다." 우리는 『신곡』(*The Divine Comedy*)에서 겁쟁이 설교자들에 대한 단테의 비난을 상기할 수 있다.

이제 그들은 농담과 익살을 가지고 설교하러 나아가며
  사람들이 크게 웃을 수 있게 만든다,
사람들의 기분은 좋아지고[만족해함], 그들에게 더 이상의 요구는 없다.[47]

46. Henri Daniel-Rops, *Daily Life in the Time of Jesus*(Ann Arbor: Servant, 1980), 233.
47. *The Divine Comedy*, "Paradise" 29. 115-17, trans. H. R. Hulse(New York: Holt, Rinehart and Winston, 1954), 462.

마샤 윗튼(Marsha Witten)은 이웃에 있는 한 새 교회로부터 교묘하게 직접 배달된 권유 편지를 받은 사실을 기록하고 있다. 그 편지는 자신의 교회를 "당신의 필요를 충족시켜주기 위하여 고안된 새로운 교회"라고 허풍을 떨었고, "당신을 매주 향상시켜주는 긍정적이고도 실제적인 메시지들"이 있다는 말을 덧붙였다. 그 주제는 자기 자신에 대하여 안심하는 방법, 영적 저하를 극복하는 방법, 완전하고도 성공적인 삶을 사는 방법, 돈 문제를 다루는 방법, 스트레스를 처리하는 방법 등에 관한 것이었다. 그녀는 "그 교회가 교인들이 얻을 수 있는 사회적 정신적 기쁨의 즐겁고도 실제적인 목록을 제공했으나, 고통과 영적 투쟁에 대해서는 말할 것도 없고 신앙과 하나님에 대한 것은 아무것도 없었다"고 진술했다.[48] 말씀을 뿌리는 신실한 씨뿌리는 자가 되기 위하여 전반적인 복음－편안하고 삶을 향상시키려는 우리의 이기적인 관심으로부터 떠나게 하는 불편하게 하는 부분들 포함하는－을 설교할 필요가 있으며, 발생할 일이 무엇이든 일어나게 할 필요가 있다.

대적하는 나라는 싸움을 걸 것이고, 세계는 일률적으로 생산적인 일을 하지는 않는다. 말씀은 역경과 반대에 부딪친다. 모든 사람이 팔을 넓게 벌리고 하나님의 말씀을 받아들이려고 하지 않는다. 많은 사람들이 하나님의 말씀을 경멸한다. 똑같은 태양이 얼음을 녹이기도 하고 진흙을 벽돌처럼 단단하게 만들기도 한다. 바울은 그것을 경험하였다. 그는 고린도후서 2:15-16에서 다음과 같이 기록한다. "우리는 구원받는 자들에게나 망하는 자들에게나 하나님 앞에서 그리스도의 향기니 이 사람에게는 사망으로부터 사망에 이르는 냄새요 저 사람에게는 생명으로부터 생명에 이르는 냄새라 누가 이 일을 감당하리요." 우리 신실한 사역자들이 사역을 하여도 거의 반응이 없을 때, 하나님에 대한 소명이 낙심하지 않게 할 필요가 있다. 이사야는 메시지에 대해서 백성들이 반응하지 않는 것을 설교를 하지 않으려는 구실로 사용하지 못하게 하는 모델을 제공해준다.

가끔 사람들은 말씀에 대해서, 비행기가 이륙하기 전에 비상시에 해야 할 일에 대해 알려주는 스튜어디스의 지시사항에 대해서 반응하는 비행기 승객들처럼 반응한다. 스튜어디스는 승객들에게 그들 앞에 있는 좌석의 포켓(호주머니)에 있는 카드를 보고 듣고 따르라고 요구하지만 대부분의 사람들은 그 지시들을 부주의하

48. Marsha G. Witten, *All Is Forgiven The Secular Message in American Protestantism*(Princeton: Princeton Univ. Press, 1994), 3-4.

게 무시해버린다. 그들은 대화에 마음을 빼앗기고, 책을 읽으며, 창문을 쳐다보고, 그렇지 않으면 곁잠에 든다. 스튜어디스는 지루하지만 그 모든 것들을 참으면서 셀 수 없을 만큼 여러 번 그러한 행동을 하지만, 실상은 그녀가 생사 문제를 다루고 있는 것이다. 하지만 사람들이 들으려고 하지 않는다고 해서, 그 어떤 비행사도 스튜어디스로 하여금 비행에 대비한 지시를 건너뛰라고 하지 않는다. 좋은 흙에서 열매를 내는 씨의 능력이 씨뿌리는 자에게 속하지 않으므로, 실패처럼 보이는 것, 불신앙의 어두움, 혹은 파괴적인 반대 등에 대하여 낙심하지 않아야 할 것이다. 미니어(Minear)는 확실하게 관찰한다. "만일 어떤 사람이 소경인 것으로 드러난다면, 그것은 당신의 일이 아니라 하나님의 일이다. 만일 그들이 듣는 귀를 가지고 있지 않다면, 당신은 그들에게 말씀을 전하지 않고서는 그들이 그런 자들인지를 결코 알지 못할 것이다."[49]

말씀의 전파가 받아들여지지 않을 수도 있으나, 그것은 여전히 능력을 소유하고 있는 상태를 유지한다. 가끔 우리가 퇴보 중에 있을 때 하나님의 말씀이 실패하고 있다고 생각하기가 쉽다. 우리의 신앙이 어둠 속에서 휘파람을 불지 못하고, 확증할 만한 큰 성공이 나타나지 않을 때 절망 속으로 빠질 수도 있다. 그러나 여론과 승리적인 반응이 우리가 믿는 바의 진리를 결정하지는 못한다.

우리는 또한 이 비유를 좋은 흙이 되어 말씀을 받아야 하는 인간의 책임에 적용할 수도 있다. 흙은 그 성격을 고칠 수 없지만, 인간은 할 수 있다. 이 비유는 스스로 토양 검사를 할 필요가 있다는, 듣는 자에 대한 경고로서 역할하고 있다. 내부인들이 쉽게 외인이 될 수 있고, 소출을 낼 수없는 흙처럼 될 수도 있다. 나쁜 흙을 나쁘게 만드는 위험들을 항상 유념하고, 이 비유에 나타난 실패가 각기 다른 단계에서 온다는 사실도 염두에 두어야 한다. 어떤 씨는 즉시 사라지고 땅속에 들어가지도 않는다. 어떤 것은 종국에 가서 사라진다. 즉 땅속으로 들어가지만 뿌리에서 말라버린다. 어떤 씨는 땅으로 깊이 뿌리를 박고 자라지만 궁극적으로 가시덤불에 의하여 질식한다.[50]

때때로 우리는 길에 있는 딱딱한 흙과 같을 수 있다. 씨(말씀)를 받지만 뿌리를 내리지 못한다. 삶의 중심부에 말씀이 닿지 않은 상태에 머물러 있을 수 있다. 우리는 이해하지 못하고, 또 이해를 하는데 필요한 일을 하려고 하지 않는다. 루이 암스

49. Minear, *Mark*, 70.

50. J. Dominic Crossan, *Cliffs of Fall Paradox and Polyvalence in the Parables of Jesus*(New York: Seabury, 1980), 47.

트롱은 언젠가 재즈를 정의하라는 질문을 받았다. 그는 다음과 같이 대답했다, "이 사람아, 당신이 그것이 무엇인지를 묻는다면, 당신은 결코 알지 못할 걸세." 많은 사람들은 재즈가 무엇인지에 관심을 갖지 않는다. 그래서 그것이 무엇인지를 발견하는 일에 관심을 두지 않는다. 많은 사람들이 하나님의 복음에 관심을 두지 않는다. 하지만 분명한 차이는 예수가 말씀하신 것이 삶의 모든 부분과 하나님과 사람의 영원한 관계에 영향을 미친다는 사실이다.

가끔 우리는 얇게 뿌리를 내린 흙처럼 되어지는 위험에 처하기도 한다. 박해나 환란의 어떤 기미가 우리가 갖고 있던 신앙을 시들게 한다. 만일 자기들의 번호판 숫자들이 게슈타포 같은 경찰에 의하여 기록되었다는 것을 알고, 또한 그들의 삶, 재산, 그리고 자녀들이 신앙 때문에 위협을 받았다는 사실을 안다면, 얼마나 많은 사람들이 교회 안의 의자를 가득 메울 것인가? 누군가가 일어서서 헤아림을 당한다는 것은 용기를 내야 하며, 또한 헤아림을 당한 이후에도 계속하여 결심을 꺾지 않는 것은 더 많은 용기를 내야 한다.

마가복음 13장에 있는 예수의 강화는 환란이 어떤 지루한 우회도로가 아니라 그리스도의 제자들에게 중심도로와 같다(9:49, "사람마다 불로써 소금 치듯 함을 받으리라", 10:30, "박해를 겸하여 받고", 살전 3:1-3)는 것을 드러내준다. 예수는 압제로부터 자유를 얻을 것이라고 약속하지 않으셨고, 오히려 그러한 일을 많이 받을 것이라고 말씀하셨다. 마가복음은 압제를 저항하는 용기는 깊이 뿌리박은 신앙으로부터 나온다고 주장한다. 우리가 하나님의 나라에 들어가려면 많은 고난을 통과하여야 한다(행 14:22). 그렇다면 우리는 환난을 준비해야 한다. 많은 사람들이 기적의 날에는 즐거워하지만 환란의 때에는 그들의 신앙이 시험을 받는다(약 1:2-3, 12; 벧전 1:6-7; 4:12). 하나님과의 가장 깊은 동행은 우리가 압제 아래 있지만 당면한 고통 너머를 바라볼 때에 온다. 하나님과의 동행은 고통을 특권으로 변화시킨다(행 5:41-42; 빌 1:6, 29을 보라).

세 번째 위험은 신앙을 방해하는 물질주의의 위험이다. 교회 안의 많은 사람들이 두 길을 함께 가기를 원하며 즉, 부(富)도 가지고(혹은 최소한 평안을 주는 둥지) 하나님에게도 신실한 이 둘을 동시에 동등하게 추구한다. 예수는 이것을 한 사람이 두 주인을 섬기려는 것에 비교하셨다(마 6:24)—두 갈래로 갈라지는 길을 동시에 따르려는 것처럼 무익한 일로 말씀하셨다. 예수는 그러한 일이 언제나 인기가 있고 하나님에 대한 헌신을 방해한다는 사실을 아셨다.

피터 드 프리즈(Peter de Vries)는 자신의 소설 『매커럴 쇼핑센터』(*The Mackeral*

Plaza)에서 연 4회 세금 할부 혹은 세 번째 차에 대한 지불 날짜가 다가오고 있는 것을 알지 못하면서 그날그날 호화로이 삶을 살아가는 사람들을 묘사하고 있다. 그들 대부분은 우리가 바라는 것들은 언제나 얻는 것보다 초과한다는 유명한 금언을 익히 알고 있으며, 또한 소비 지향적 사회에서 다른 사람을 위해 희생과 섬김을 요구하는 신앙은 곧 뒷좌석을 차지한다는 것도 잘 알고 있다. 하나님에 대한 헌신의 상태는 만족하면서도 자기들이 가진 것으로는 만족하지 못하는 사람은 가져갈 만한 가치 있는 수확을 결코 얻지 못할 것이다. 구입자들에게 성공으로 가는 길을 편하게 해주고, 원기 왕성하고 아름답게 되며, 거대한 돈을 벌 수 있고, 무한한 능력을 소유하고, 다른 사람들을 지배한다고 약속하고 있는 책들이 시장을 범람하고 있는 재고과잉은 우리가 얼마나 자기중심적 시대에 살고 있는가를 보여준다. 많은 기독교들이 하나님과 동행하면서 세상 것들에 대한 관심으로 무겁게 짐을 지고 있어서, 곧 퇴보하거나 떨어져 나가게 된다. 그들은 자기들의 삶의 표준을 희생하기를 두려워함으로써 하나님에 대한 깊이 뿌리박힌 헌신이 요구하는 위험을 감수하려고 하지 않는다.

목사들이라고 해서 이러한 유혹에 면제가 될 수는 없다. 한 은퇴한 목사가 졸업한 다음에 무엇을 해야 할 지를 고민하는 한 젊은 신학생에게 다음과 같이 조언했다. "여보게, 돈이 있는 곳을 찾아가게. 하나님은 어디에나 계시네." 이러한 태도는 오직 먼저 그의 나라를 구하지 않는 제자들을 양성하고 엉겅퀴가 자라는 흙을 준비시켜줄 뿐이다. 그들은 먼저 좋은 교육을 받아야 하고, 먼저 좋은 직업을 가져야 하며, 먼저 결혼하고, 먼저 좋은 사람들로 둘러싸인 좋은 지역에 좋은 집을 구입해서, 먼저 아이들을 낳고, 먼저 좋은 것들로 자기 집을 꾸미는 등등을 해야 한다고 믿는다.[51] 이 모든 다른 것들이 먼저 오고 그 다음에 하나님이 온다.

이 비유는 나쁜 흙이 나쁘게 만든다는 것을 밝혀준다. 햇빛이 내리쬐는 딱딱한 길은 회개하기를 원치 않는 사람들을 나타낸다. 돌밭인 흙은 고난이 없는 삶만을 원하는 탈락자들이다. 가시들이 많은 땅은 인생이 돈을 벌고 가장 좋은 것을 얻는 데 온통 휩싸여있는 사람들이다. 그러나 이 비유는 풍성한 소출을 가져다주는 좋은 흙을 좋은 것으로 만들어주는 것이 무엇인지를 밝혀주고 있지는 않다. 30배, 60배, 100배는 무엇인가? 예수는 우리에게 실패한 이유를 말씀하고 있지만 성공의

51. Søren Kierkegaard, "The Instant, No. 7," *Kierkegaard's Attack Upon "Christendom" 1854-1855*, ed. W. Lowrie(Princeton: Princeton Univ. Press, 1944), 208-11.

정확한 형태는 말씀하지 않는다. 이 비유는 어떻게 좋은 땅이 되는가를 말하고 있지 않다. 우리가 어떻게 듣는지 주의하라고 말씀하실 뿐이다.[52] 마가복음서 전체를 읽은 후에 그리고 예수의 모범으로부터 배운 후에 우리는 알 수 있을 뿐이다.

52. 신 11:13-17을 보라. 이것은 만약 그 땅이 물질적인 추수를 산출하려 한다면 하나님을 향한 단일한 마음의 순종을 명한다. 영적 소출에도 같은 사항이 요구된다.

마가복음 4:21-34

21 또 그들에게 이르시되 사람이 등불을 가져오
는 것은 말 아래에나 평상 아래에 두려 함이
냐 등경 위에 두려 함이 아니냐
22 드러내려 하지 않고는 숨긴 것이 없고 나타
내려 하지 않고는 감추인 것이 없느니라
23 들을 귀 있는 자는 들으라
24 또 이르시되 너희가 무엇을 듣는가 스스로
삼가라 너희의 헤아리는 그 헤아림으로 너희
가 헤아림을 받을 것이며 더 받으리니
25 있는 자는 받을 것이요 없는 자는 그 있는 것
까지도 빼앗기리라
26 또 이르시되 하나님의 나라는 사람이 씨를
땅에 뿌림과 같으니
27 그가 밤낮 자고 깨고 하는 중에 씨가 나서 자
라되 어떻게 그리 되는지를 알지 못하느니라
28 땅이 스스로 열매를 맺되 처음에는 싹이요
다음에는 이삭이요 그 다음에는 이삭에 충실
한 곡식이라
29 열매가 익으면 곧 낫을 대나니 이는 추수 때
가 이르렀음이라
30 또 이르시되 우리가 하나님의 나라를 어떻게
비교하며 또 무슨 비유로 나타낼까
31 겨자씨 한 알과 같으니 땅에 심길 때에는 땅
위의 모든 씨보다 작은 것이로되
32 심긴 후에는 자라서 모든 풀보다 커지며 큰
가지를 내나니 공중의 새들이 그 그늘에 깃
들일 만큼 되느니라
33 예수께서 이러한 많은 비유로 그들이 알아들
을 수 있는 대로 말씀을 가르치시되
34 비유가 아니면 말씀하지 아니하시고 다만 혼
자 계실 때에 그 제자들에게 모든 것을 해석
하시더라

원 의미

이 강화의 동심적 구조[1]는 우리로 하여금 4:21-25에 있는 등잔과 헤아림에 관한 처음 두 비유들이 4:10-12에 있는 비유들에 관한 설명을 보완해 주고 있다는 사실을 알게 해 준다. 그것들은 예수가 열 두 제자들과 그 둘러싼 사람들이 비유에 관해서 사적으로 물어보았을 때 그들에게 명백하게 말한 내용을 표현해주고 있다. 비유의 두 짝인 땅에 뿌려진 씨(4:26-29)와 땅에 뿌려진 겨자씨(4:30-32)는 씨뿌리는 자의 비유(4:3-9)와 유사한 것들이고, 숨겨진 하나님의 나라라는 주제를 발전시키면서 서로 보완해주고 있다.

1. 앞의 189쪽을 보라.

등잔 비유(4:21-23)

그 나라를 숨김으로써 그 나라를 드러나게 하시는 하나님의 방법은 인간의 방법들과 기대감에 어울리는 방법으로 하나님이 일하시는 것을 좋아하는 사람들을 혼란스럽게 한다. 등잔 비유는 하나님의 목적이 빛처럼 어두움 속에서 가려지지 않고 모든 사람에게 드러난다는 사실을 확증하고 있다. 헬라어 본문은 직역하면 "등잔이 오느냐?"로 되어 있으며, 이것은 예수를 "오시는" 등잔으로 암시한다(요 9:5과 비교하라).[2] 현재는 비밀한 것이 많은데, 이는 등잔에 어떤 잘못된 점이 있어서가 아니라 하나님이 그것을 의도하시기 때문이다('히나', "위하여"가 4:21-22에 네 번이나 나타난다). 역설적이게도, 감추어진 것이 그 숨기는 과정에서 분명하게 드러난다.[3]

다시 말해서 하나님의 영광은 수수께끼 같은 비유들, 약함, 고난당함, 죽음을 통한 연약한 방법을 통해서 간접적으로 드러난다. 예수님과 하나님의 통치 사이에 있는 관계의 비밀은 그의 십자가의 죽으심과 부활 이후—그의 지상 사역 이후—에 더 분명해 질 것이지만, 심지어 그때에도 암흑을 모색하고 있는 사람들은 계속 그 관계를 인식하지 못할 것이다. 많은 사람들은 종말 때까지 무지 가운데 머물러 있을 것이다. 그들의 눈이 이 세상을 사랑하는 욕망에 현혹되어 소경이 되어 있고, 그들의 귀가 이 악한 세대의 시끄러운 소리로 막혀있기 때문이다.

헤아림의 비유(4:24-25)

헤아림의 비유는 백성들이 빛에 반응하는 방법을 가리킨다.[4] 부익부빈익빈이라는 경제적 원칙 역시 영적 생활에도 통한다. 잘 듣지 않는 사람들은 늪지대에 빠진 사람이 무관심과 무지라는 늪에 점점 더 빠져들어 가는 것처럼, 그들이 가진 모든 것을 다 잃어버리는 무산자가 될 것이다. 잘 듣는 사람은 하나님의 목적들에 대해 더 많은 설명을 들을 것이며, 이해의 매우 풍성한 보화를 소유할 것이다. 이 비유는

---

2. Lane, *Mark*, 165; Hooker, *Mark*, 133. 1:7, 24, 38; 2:17, 10:45에 있는 예수의 오심에 관한 진술을 보라.
3. 욥 12:22, "어두운 가운데에서 은밀한 것을 드러내시며 죽음의 그늘을 광명한 데로 나오게 하시며."
4. 예수 당시에 여러 물건들은 팔기 전에 미리 포장된 분량으로 구매되지 않았고, 표준 규격화된 그릇으로 측정되었다. 상인은 소비자들에게 너그럽거나 인색할 수 있었다. 이 말은 하나님(하나님의 수동태를 사용하여)이 너그러운 자에게 보상하시고 속이는 자에게 징계하실 것이라는 소비자의 바람을 반영하고 있다.

경고와 약속 모두를 담고 있으며, 독자로 하여금 그들이 어떻게 듣는지 그리고 그 말씀과 빛에 어떻게 반응하는지 주의하라고 권고한다. 우리는 진리에 접근하고, 진리에 귀가 먹은 상태로 돌아가지 않도록 조심해야 한다. 그것을 무시하는 사람은 모든 것을 잃을 것이다. 지금 감추어있는 것에 믿음을 거는 사람은 모든 것을 얻는다.

땅에 뿌려진 씨의 비유(4:26-29)

땅에 뿌려진 씨 비유에서 예수는 또 다시 하나님의 일들을 농부의 일상세계에 비교하신다.[5] 농부는 씨를 심고, 가서 자기의 일상적인 일을 해 나간다. 즉 잠을 자고, 일어나고, 밤과 낮이 오간다.[6] 그러는 동안 씨는 싹을 내고 길게 자라난다—"어떻게 그리 되는지를 알지 못하느니라"(직역하면, "그가 모르는 동안", 4:27b). 농부가 그것이 어떻게 자라는지를 모른다는 사실은 그가 자라는 원인을 모른다는 것이며, 그 과정을 모른다는 것을 의미한다.[7] 씨는 그 자체 안에 성장의 비밀을 가지고 있으며, 땅은 "스스로"('아우도마테', 4:28a) 소산을 내는 것으로 말해진다. 이 단어는 "보이는 원인이 없이", "이해할 수 없이", 혹은 "하나님을 힘입어"로 번역하는 것이 가장 좋을 것이다. 경건한 유대인들은 식물의 성장을 하나님의 기적적인 사역으로 생각하고, 단순히 자연법칙의 결과로 생각하지 않기 때문이다.[8]

씨에서 잎으로, 이삭으로, 그 다음에는 완전한 알곡으로의 성장(4:28b)은 서둘러서도 안 되고 뛰어 넘어가서도 안 되며, 지연될 수도 없는 정해진 성장의 순서임을 암시한다. 이러한 순서는 땅 아래서 발생한 일이 어떻게든 바깥으로 보이게 될 것이라는 사실을 가정하고 있다. 씨가 충분히 자랐을 때, 농부는 즉시 낫을 곡식에

---

5. 이것은 마가복음에만 나오는 유일한 비유이지만, 같은 내용이 1 Clem 23:4; *Gos Thom* 21, *Ap Jas.* 12:22-31에서도 발견된다.
6. 이러한 순서는 팔레스타인의 시간 관점을 반영하고 있는데 거기서 날은 아침이 아니라 밤에 시작된다. 14:30에서 마가는 자기의 청중이 시간을 이런 식으로 말하지 않는다는 사실을 인정한다. 그는 "그래, 바로 오늘"이라고 덧붙임으로써 베드로가 "오늘" 그를 세 번 부인할 것이라는 예수의 선언을 분명히 한다.
7. 농부가 모르는 내용에 원인이 되지 못한다는 것이며, 이 세부 사항은 그 농부를 그리스도를 나타내는지 아니면 하나님을 나타내는지를 풍유화 하는 해석을 어렵게 만든다. 따라서 이 선택 사항들은 논의 가운데서 배제될 것이다.
8. Beasley-Murray, *Jesus and the Last Days*, 439. Nils Dahl("The Parables of Growth," in *Jesus in the Memory of the Early Church* [Minneapolis: Augsburg, 1976], 147은 다음과 같이 기록한다. "유대인들과 기독교인들에게 유기적 성장은 홀로 성장하게 하시는 하나님의 창조사역의 다른 면에 지나지 않았다."

대는데, 추수 때가 되었기 때문이다. 흥미롭게도 "익다"에 대한 통상적인 헬라어 단어가 사용되지 않았다.[9] 그 대신 그 열매는 직역하면 "그 자체를 내다", "자신을 건네주다"('파라디도미')로 말해진다. 그 결론은 요엘 3:13로부터의 인용이 될 수도 있다. "너희는 낫을 쓰라 곡식이 익었도다 와서 밟을지어다 포도주 틀이 가득히 차고 포도주 독이 넘치니 그들의 악이 큼이로다"(렘 51:33; 계 14:15을 보라). 요엘서의 문맥은 심판을 받게 될 이방인들의 과도한 악에 대한 판단이다. 그들은 판결의 골짜기에 서 있고, 여호와의 날은 가까웠다.

이 비유가 하나님의 나라에 관하여 예증하고 있는 내용은 여러 해석들을 양산하게 된다. 이 비유에 주어진 호칭들의 다양성이 그 모호성을 입증해 준다. 씨의 성장, 비밀리에 자라는 씨, 스스로 자라는 씨, 점점 자라는 씨, 인내하는 농부들, 확신을 가진 씨뿌리는 자, 믿지 못하는 농부, 익은 알곡, 그리고 토양의 자생성.[10] 이 비유는 사이더(Sider)가 균형 잡힌 유비라고 부르는 내용의 한 실례다. 농부가 추수에 대비해야 하는 것처럼 인간들은 하나님의 나라의 도래에 대비해야 한다. 그러나 듣는 사람은 무엇을 추리해야 하는가?[11] 해석자는 씨에 무슨 일이 일어났는가에 초점을 맞추어야 하는가? 만약 그렇다면 씨의 성장에 대한 것인가 아니면 마지막 날의 추수에 대한 것인가? 해석자는 농부가 하고 있는 일에 초점을 맞추어야 하는가? 만약 그렇다면 씨가 스스로 자라나는 동안 농부의 무활동에 초점을 두어야 하는가? 아니면 추수 때 있을 농부의 갑작스러운 행동에 초점을 두어야 하는가?

이 비유의 열쇠가 되는 요소로 밝혀진 내용에 의존하면서, 다양한 해석들이 제공되어왔다. 하나의 해석은 추수를 기다리는 동안 씨가 성장한다는 필연성에 대한 농부의 확신을 강조한다. 이 비유는 뿌림으로 시작하고 추수로 마친다. 이러한 대조는 씨를 뿌린 다음에 추수가 뒤따라오는 것처럼 하나님의 나라가 뒤따라온다는 개념을 전달해 주었을 수도 있다. 농부는 씨가 뿌려지고, 흙에서 자라서 태양을 쬐었으므로, 단순히 추수가 있을 것이라고 믿는다. 예레미야스는 예수의 사역이라는 정황 속에서 예수께 이 확신을 적용시킨다.

> 하나님의 시간이 가까워 오고 있다는 흔들리지 않는 확신은 예수의 가르침의 본질적 요소다. 하나님의 시간이 다가오고 있다. 그뿐만 아니라 그것은 이미 시작되었다. 이렇

---

9. 두 개의 중요한 헬라어는 '아크마조'(계 14:8) 혹은 '페페이로스'(창 40:10)이다.
10. Claude N. Pavur, "The Grain Is Ripe: Parabolic Meaning in Mark 4:26-29," *BTB* 18(1987): 21을 보라.
11. John W. Sider, "Propositional Analogy in the Gospel Parables," *NTS* 31(1985): 18-19.

> 게 예수의 삶의 시작에서 종말이 이미 암시되어 있다. 이러한 사명과 관련하여 그 어떤 의심도, 멸시도, 신앙의 결핍도, 인내도, 모든 실패를 무시하고 아무것도 없는 데서부터 하나님이 예수의 시작을 완성으로 이끌어 가신다는 확신을 흔들 수 없다. 모든 외적인 양상에도 불구하고, 필요한 모든 것은 하나님을 진지하게 생각하고, 상고하는 것이다.[12]

땅에 뿌려진 씨는 그곳에서 자기의 미래를 진행시켜 나가며, 그 씨의 성장은 저항할 수 없고 확실하다. 이러한 확실성은 외적으로 드러나는 거부와 실패로 말미암아 좌절하였던 제자들을 격려할 수 있었다.

두 번째 해석은 씨가 열매를 내고, 잎이 땅을 뚫고 나와서, 줄기가 되며, 그 다음에 이삭이 곡식으로 찰 때까지 인내의 증거로서 농부가 일어나고 잔다는 세부 설명들을 해석한다. 이 비유는 하나님의 나라를 열망하면서 기다리는 사람들에게 농부처럼 서두르지 않는 인내를 갖도록 격려한다. 추수가 하나님이 주시는 선물인 것처럼 땅은 스스로 소산을 내고, 농부는 그 방법을 모른다. 하나님의 나라도 그러하다. 식물의 성장을 억지로 만들 수는 없다. 농부들이 할 수 있는 일은 기껏해야 모든 것을 하나님께 맡겨놓고 자신의 일상적인 일을 계속해 나가면서 곡식이 추수를 위해 준비되기까지 참고 기다리는 것이다. 씨는 하나님의 사자들을 통하여 뿌려졌고, 이제 그 말씀을 듣는 자는 하나님이 확실히 행하실 일을 기다리는 것이다(애 3:26을 보라). 이와 유사한 사상이 야고보서 5:7-8에 단순하게 기록되어 있다.

> 그러므로 형제들아 주께서 강림하시기까지 길이 참으라 보라 농부가 땅에서 나는 귀한 열매를 바라고 길이 참아 이른 비와 늦은 비를 기다리나니 너희도 길이 참고 마음을 굳건하게 하라 주의 강림이 가까우니라.

세 번째 해석은 씨가 싹을 내는 동안 농부의 무활동의 의미를 다르게 해석하는 것이다. 그것은 농부가 그 과정에 영향을 줄 수 없다는 사실을 암시할 수도 있다. 이 비유는 땅이 스스로 생식한다는 사실을 강조하고 있으며, 씨의 발아와 그 씨의 성장은 농부의 능력, 활동, 지혜와 관계가 없다. 추수까지 이끌어 가는 성장은 하나

---

12. Joachim Jeremias, *The Parables of Jesus*(rev. ed.; New York. Charles Scribner' s Sons, 1963), 153. 이러한 해석이 갖는 문제는 마가복음에서 예수가 수많은 군중들을 얻는데 놀라운 성공을 하셨다는 것이다. 이러한 일들은 꽤 전도가 촉망한 것처럼 보인다.

님으로부터 나오고, 인간의 자원, 원조, 혹은 능력과는 상관없는 씨의 내적인 힘으로 인하여 일어난다. 그것은 하나님의 나라란 "인간의 불신앙이 막을 수도 없고 인간의 노력이 도울 수도 없는" 것임을 전달해준다.[13] 인간들은 하나님의 나라가 각자의 삶에 침입해 들어올 때, 반응만 할 수 있을 뿐이다.

네 번째 해석은 과정의 감추임을 강조한다. 이 비유는 그 나라가 너무나 많은 사람들에게 감추어져 있는 일이라는 사실을 가르칠 수도 있다. 어떤 것은 땅속에서 일어나는데, 머지않아 눈에 완전히 보이게 될 것이다. 그 나라는 성장이 사람들에게 감지될 수 없기 때문에, 그 중요성이 아직 모든 사람들에게 인식되지 않을지라도, 그 역사는 시작되었다. 무시될 수 있는 씨가 땅 속에서 어떤 일을 발생시키고 있다. 그 씨가 잎이 피는 단계에 있을 때, 숙련된 사람의 눈으로만 무슨 일이 일어날지를 알 수 있다. 그러나 밭이 무르익었을 때, 그것은 도저히 무시할 수 없다.

또 다른 해석은 과정의 갑작스러운 결론에 집중한다. 밀이 자라가고 있는 동안 농부의 무활동은 열매가 무르익은 추수 때에 이루어지는 갑작스러운 부지런한 행동과 대조를 이룬다. 어떤 사람은 예수가 종말론적 추수가 시작되었음을 선포하려고 의도하셨다고 주장한다. "때가 왔다"(1:15). 이스라엘을 다루시는 하나님의 오랜 세월의 역사가 그 절정에 이르렀다. 삶의 지루한 일상생활은 지체할 수없는 시간의 긴박성으로 인해 깨어나야 한다. 다른 사람들은 그것을 추수 때의 행동에 대한 요청으로 해석한다. 농부는 씨가 어떻게 자라는지 알지 못하지만, 어떻게 거두어들이는지는 알며, 그는 결정적인 때가 도달하는 때에 행동으로 재빨리 옮겨야 한다. 만일 제자들이 추수사역에 가세할 계획을 세우고 있다면, 먼저 그 나라가 예수의 사역 가운데서 실현되어가고 있음을 인식해야 한다.

이 비유의 의미를 결정함에 있어서, 마가복음에 있는 문맥이 열쇠가 되는 요인임을 인정해야 한다. 이 비유는 겨자씨와 긴밀하게 연결되어 있으며, 앞서 있는 등잔과 헤아림의 비유들과 같은데, 그것들이 해석을 하는데 서로 도움을 준다. 이 두 비유에 씨뿌림이 있다. 씨는 "땅에" 흩어진다(4:31). 이 두 비유에서 씨의 성장의 결과는 종말론적 의미를 가지고 있다. 추수를 모아들이기 위하여 낫을 댄다(4:29; 욜 3:13). 그리고 하늘의 새들은 모든 가지들의 가장 큰 가지에 보금자리를 만든다(4:32).[14] 두 비유들은 농부가 어떻게 그러한 변화가 일어나는지를 헤아릴 수 없고,

13. Geddert, *Watchwords*, 76.

14. 가지들 가운데 새들이 깃든다는 것은 '요셉과 아스낫'(*Josepg and Asenath*) 15:6에서 하나님의 백성에 이방인들의 가입을 상징한다. "그리고 더 이상 너는 아스낫이라 불려지지 않을 것이며, 너의 이름이 '도

가장 작은 씨들이 아주 가망성이 없는 것처럼 보일지라도, 그 씨가 자체 안에 내재하는 결과들을 산출해낼 것이라는 사실을 암시한다.

겨자씨 비유는 성장과정을 언급하고 있지 않으며, 그 과정에 어떤 갑작스러운 결론이나 마지막에 있을 강렬한 행동도 언급하지 않는다. 그것은 추수에 참예하라고 요청하지도 않는다. 또한 작은 씨가 가지가 뻗어나가도록 기다리는 인내에 대한 어떤 암시도 없다. 그 대신 이 비유는 씨가 땅에 뿌려졌을 때 일어날 급진적인 변화를 예상하지 못하게 할 정도로 작은 크기를 지적하고 있다. 숨겨짐의 개념과 땅에 뿌려진 씨의 비유에서 발견할 수 있는 추수의 불가피성에 대한 확신의 개념은 동반하는 겨자씨 비유와 잘 어울린다.

이 두 비유들은 하나님 나라의 마지막 출현이 있기 전에 그 나라의 도래에 대하여 방심할 수 있는 작은 것들을 소개하고 있다. 하나님의 목적은 하나님의 방법으로 이루어진다. 하나님은 가망성이 없음에도 불구하고 자신을 하나님에게 기꺼이 의탁하는 사람들에게만 그 목적의 비밀들을 위탁하신다. 하나님의 나라가 치욕과 패배, 그리고 십자가를 통하여 전진해 나아간다는 사실을 믿을 수 있는가? 나무에 달린 나사렛 예수가 실제로 산 자와 죽은 자의 심판자라는 사실을 믿을 수 있겠는가?(행 19:38-43)

겨자씨 비유(4:30-32)

다음 비유는 밭에 뿌려져서 알곡과 함께 자라나는 일년초인 겨자씨 덤불 표상을 사용한다. 그 씨들이 작다는 것은 잘 알려져 있었으나(마 17:20), 예수는 하나님의 나라를 겨자씨와 비교하지 않으시고 겨자씨에 무슨 일이 일어나는지를 비교하고 있다.[15] 하나님이 겨자씨라는 작은 알갱이를 6-10피트의 관목으로 변화시켜 나가듯이(막 4:32; 마태복음과 누가복음에서 이것은 하나의 나무가 된다), 하나님이 예수의 죽음과 부활을 통하여 이루실 일은 지극히 놀라운 일이 될 것이다. 씨들 가운데 가장 작은 것이 가장 큰 관목으로 자라고, 또 이런 일이 일어나는 방법은 신비에 싸여 있다.[16] 겨자씨의 DNA 구조에 대한 현대 과학적 지식까지도 그 성장의

피성'이 될 것인데 그 이유는 네 안에 많은 열국들이 피난처로 정하고 네 날개 아래 거하며[막 4:32에 있는 것과 같은 동사인데, 그것은 '보금자리'를 의미한다], 많은 열국들이 너를 통하여 은신처를 얻을 것이다." 또한 시 104:12, 16-17; 겔 31:3, 6; 단 4:9-12, 21-22을 보라.

15. Lane, *Mark*, 171.

비밀을 밝혀내지 못하고 있다. 그 씨는 그 안에 급진적으로 다른 어떤 것으로 변화시켜 나갈 수 있는 힘을 가지고 있다. 그것이 씨의 단계에 있을 때 경험적 증거에 기초한 가능성으로 판단할 수는 없다. 지극히 작은 씨를 대수롭지 않은 것으로 기각시킬 수 없다. 그것은 그 자체 안에는 무시할 수없는 어떤 것으로 발전해 나가서 결국에는 하늘의 새가 깃들이도록 성장하는 능력을 가지고 있다.[17]

예수는 하나님 나라의 진리가 그와 같다고 말씀하신다. 뿌리는 단계, 즉 복음의 시작 기간에(1:1), 우리는 예수가 그 자신과 하나님 나라에 관해서 말씀하시는 내용이 진리라는 믿음의 도약을 만들어야 한다. 하나님의 나라는 이미 예수의 사역 가운데서 존재하고 있으나 숨겨져 있고 삼가는 단계에 있다. 많은 사람들은 이러한 눈에 띄지 않는 모습이 온 열국에 퍼질 하나님의 능력과 통치를 드러낼 것이라고 상상하지 못할 것이다. 종교 전문가들도 그것을 잘못 판단했다. 심지어 예수의 가족도 그것을 오해했다. 마지막 단계에서 시작과는 근본적으로 다른 모습을 드러낼 것이지만, 하나님이 줄곧 일해오신 것을 보지 못했던 사람들에게 그때는 너무 늦을 것이다.

결론(4:33-34)

이 내러티브의 요약 부분은 이 비유가 시작되었던 것과 같이 그들에게 많은 비유로 말씀을 가르치시는(4:2) 이 비유의 단위를 결론짓고 있으나, 결론부는 "그들이 알아들을[직역하면, '듣다'] 수 있는 대로"라는 문구를 덧붙인다. "사람이 어떻게 들을 수 있는가?" 예수가 제자들에게 따로 설명해 주셨다는 언급은 한 사람의 제자로서 그에게로 와서 설명을 주의하여 듣고 보다 깊은 이해를 가져야 한다는 사실을 밝혀주고 있다. 비유들은 이성의 이해를 무시하는 불교식의 선(禪)이 아니

16. 플리니는 겨자씨를 "건강에 특히 유익한"것으로 설명하지만, 그것이 완전히 제멋대로 자란다고 설명한다. "비록 그것이 이양됨(옮겨 심어짐)으로써 개량된다고 할지라도, 그것이 일단 뿌려지면, 그 씨가 떨어질 때 즉시 발아하는 것처럼 장소를 거의 옮길 수 없다"(*Natural History* 19: 170-71). 예수가 원치 않은 곳에 대신 들어앉는 경향이 있는 잡초를 그 나라와 비교하고 있는지를 물을 수 있다. 그는 그것이 칡과 같다고 말씀하고 계시는가? 그러나 이 이미지는 부정적으로 해석되어서는 안 될 것이다. 마가는 이것을 교회의 전세계적 선교라는 거대한 성공을 가리키는 것으로 이해한다.

17. 겨자씨 관목이 대부분 속이 비어있으므로, 그것은 새들에게 보금자리로서 적절한 장소를 제공해 줄 수 없으며, 많은 역본들은 '카타스케누' 란 동사를 "[새의] 횃대" 혹은 "[새가] 앉는 나무"로 번역하는 편을 택한다. 그러나 이 동사는 "보금자리를 정하다", "거하다", "투숙하다", 혹은 "살다"를 의미한다. 명사형 '카타스케노시스' 는 마 8:30과 눅 9:58에서 보금자리로 사용되었다.

라, 하나님의 아들이 대부분의 사람들에게 이해되지 못하고 거절당하여 십자가에 죽을 때, 하나님의 통치가 예수 안에서 예수를 통하여 성취되었을 때 놀라운 비밀을 적절하게 깨달을 수 있는 진리를 언어로 표현한 유일한 형태일 뿐이다.

히브리서 4:12에 있는 하나님의 말씀에 대한 묘사도 이 비유들에 적용된다. 그것들은 듣는 자들의 마음의 생각과 뜻을 분별한다. 그것들을 이해하기 위해서는 단순히 지적인 것만으로 되지 않는다. 그 이상을 필요로 한다. 그것은 사람의 마음속에 말씀에 대한 복종을 필요로 한다. 예수는 청중의 영적 지각을 잴 수 있도록 비유를 사용하신다. 그는 죽음을 당할 메시야를 영적 식별을 통해서만 식별할 수 있다는 사실을 알고 있기 때문이다. 십자가에 달리신 그리스도가 세계를 정복하신다는 메시지는 이해력을 가지고 말씀을 듣지 않고 제자들처럼 예수 주변에 모이기를 거절하는 사람들에게는 수치스럽고 어리석은 수수께끼다.

상황잇기

예수가 복음서들에서 하나님의 나라가 무엇과 같은지를 비유로 설명하시면서 아주 많은 시간을 보내셨으므로, 어떤 사람은 하나님의 통치에 대한 그의 비전이 통상적인 것과는 아주 다른 것임을 믿었다고 추리할 수도 있다. 그는 그 비전이 다른 사람들 가운데서 일깨워지도록 생생하고도 사고를 자극하는 이미지를 사용하셨다. 예수는 "하나님의 나라가…와 같으니라"란 진술로 시작하시면서, 하나님의 통치가 무엇인지를 설명하려고 신적인 권위를 가지고 말씀하신다. 그는 어떻게 하나님의 통치가 그 자체를 드러내고 있으며, 세상에서 역사 하는지에 관해서 신화들을 제거하려고 하시는데, 이것은 대다수의 사람들이 거의 이의 없이 받아들이고 있다. 라이트(Wright)는 하나님의 나라에 대한 예수의 선포는 이중적으로 개혁적인 것이었다고 주장한다. 하나님이 왕이 되시었다고 말하는 것은 반란의 기치를 올리는 것이었다. 소중히 했던 국가의 제도들, 희망들 그리고 의사일정들을 한꺼번에 손상시키는 것은 그것들을 소중히 했던 이스라엘 사람들로부터 고통을 자초하는 것이었다. 그는 다음과 같이 기록하고 있다.

> 예수는 구약의 예언들, 이스라엘의 옛 희망들을 성취하고 있다고 주장하시고, 그것들을 근본적으로 타파하시는 방법으로 그 일을 하시었다. 예수는 하나님의 나라는 여기에 있지만 너희가 이루어져 가고 있다고 생각하는 것과 같지 않다고 말씀하시는 것으로 보인다.[18]

상황을 연결하면서, 예수의 가르치심이 바로잡아 주어야 할 필요가 있는 이 세상에서 하나님이 어떻게 행동하시는 지에 관한 우리가 받은 전승을 상고해 보아야 할 것이다. 거기에 우리의 교훈에 관한 어떤 혁명적인 것이 있는가? 우리는 이 비유들을 억지로 우리의 선이해적인 신학적 사고로 맞추고, 그것들로 하여금 그 일-하나님에 관한 우리의 신화들과 환상을 타파하는-을 하지 못하게 하는가?

이 비유들을 해석함에 있어서 두 개의 함정을 염두에 두어야할 것이다. 첫째로, 우리는 승리주의자의 관점으로부터 그것들을 해석하지 않도록 조심해야할 것이다. 몇몇 사람들이 겨자씨 비유를 이해하고 있는 것처럼, 예수는 그 씨의 작음을 자기 사역의 미미한 시작에 비교하시는데, 그것은 결국 어떤 깜짝 놀랄 만한 것으로 나타날 것이다. 되돌아보면, 교회는 지금 예수가 염두에 두셨던 그 거대한 시기에 와있다고 생각하도록 유혹을 받을 수도 있다. 우리는 우리 자신들에게 "만약 주의 처음 제자들이 우리가 지금 알고 있는 것을 알았다면"이라고 유혹을 받을 수도 있다-나사렛 예수의 운동이 세계를 휩쓸었으며 이제는 우리가 속할 수 있는 운동 가운데서 얼마나 영광스럽게 나타나고 있는가. 갈릴리 주변에서 방황하던 제자들이라는 단지 초라한 선원들로부터 시작하여,[19] 교회는 수백만 달라 예산을 가진 거대한 조직체, 웅장한 건물, 그리고 전 세계를 누비고 다니는 선교사들을 파송하는 거대한 교단들로 꾸준히 성장했다.

우리도 역시 하나님의 나라를 "하늘까지 닿고", "우리 이름을 내는" 우리 자신의 인간적 열망 및 기구들과 동일시한다. 우리는 지나치게 거대한 운동과 강력한 기구들에 감명을 받는 경향이 있는데, 이 비유들은 오늘날의 악한 시대에서 하나님 나라의 임재의 모호성을 강조하는 이러한 오류에 대해 경고하고 있다. 19세기에 땅에 뿌려진 씨 비유는 하나님 나라의 꾸준한 진화개념으로 해석되었는데, 곧 결국 하나님의 뜻이 이루어지기까지 지상 사회가 발전한다는 것이었다. 브루스(A. B. Bruce)는 이 비유를 "자연법칙에 따른 발전, 또 그로 말미암아 계속하여 지나가야 하는 단계들"을 가리키는 것으로 해석했다.[20] 그렇지만 세계대전은 하나님의

18. N. T. Wright, *Who Was Jesus?*(London: SPCK, 1992), 98-99. 그는 예수가 하나님의 나라에 대한 견해를 전달하기 위하여 비유들을 사용하였는지는 의심할 여지가 없다고 말한다. "만일 너무나 많은 백성들이 이중적 개혁의 암시를 깨달았다면, 그는 5분 이상을 말씀하지 않았을 것이다."

19. 마가는 예수의 운동을 작은 것으로 묘사하지 않았다. 예수가 가는 곳마다 그는 사방으로부터 모여온 거대한 군중으로 둘러싸였으며 너무나 많아서 예수는 음식 먹을 겨를도 없었고 밟힐 위험도 있었다.

20. A. B. Bruce, *The Parabolic Teaching of Christ*(London. Hodder & Stoughton, 1882), 120.

뜻에 일치하는 방향으로 인류가 불가피하게 발전한다는 이러한 신화를 재빨리 깨버렸다.

겨자씨 비유의 표상은 어떤 승리주의적인 해석을 제어하게 만든다. 예수의 묘사는 하나님의 나라가 계속하여 실패처럼 보일 수도 있음을 암시해 준다. 씨들 가운데 가장 작은 씨가 모든 관목들 가운데 가장 큰 나무가 되지만, 그 관목은 여전히 하나의 관목이다. 이 비유는 거대한 레바논의 백향목과 같은 하나님으로부터의 어떤 웅장한 것을 기대하는 사람들에게 하나의 책망이 될 수도 있다(겔 17:22-24; 시 104:12, 16-17; Sir. 24:13; 1QH 6:14-17; 8:4-8). 미국에서 300년 되고 높이가 300피트 직경이 30피트가 되는 붉은 고목이 아직도 자라고 있는데, 이 나무는 그 나라가 무엇과 같은지에 대한 우리의 이미지에 비교될 만한 가장 좋은 자랑스러운 나무인 것으로 여길지 모른다.

그러나 그 나라는 우리의 기대나 설명과 어울리지 않는다. 세상에 뛰어난 백향목이 되기를 원하고 보다 많은 박수갈채를 받고 메시야적인 인물이 되기를 원하는 사람들에게, 이 세상에서 나타나는 것과 같은 하나님의 나라는 대부분 실망스러운 것이 될 것이다. 하나님의 나라는 암암리에 온다. 그리고 종말에 모든 것이 마침내 드러날 때 예수 운동이 하나님의 사역이라는 사실을 믿을 수 있을 것이다. 하나님의 나라는 예수의 오심과 더불어 임했다. 그것은 감추어져있지만 볼 수없는 것은 아니다. 대부분의 사람들이 그것을 보지 못했다. 그들은 모든 잘못된 것들을 모든 잘못된 곳에서 찾고 있었다. 시대는 여전히 바뀌지 않았다. 사람들이 하나님과 삶의 의미를 찾음에 있어서 계속해서 잘못된 것들에 관심을 고정시키고 있기 때문이다.

이 비유들을 해석함에 있어서 두 번째로 주의할 사항은 그것의 주제문제에 관한 것이다. 예수는 하나님의 통치에 관하여 말씀하신다. 몇몇 사람들은 겨자씨와 같이 작은 신앙을 소유한데 대한 예수의 진술(마 17:20; 눅 17:6)을 개개인의 영적 신앙을 가리키도록 하기 위하여 겨자씨 비유와 연결시켰다.[21] 작은 신앙은 처음에 작은 것으로부터 시작하여 커다란 것으로 자랄 것이다. 그러나 예수의 비유는 보다 광범위한 문제에 관심을 두고 있다. 그것은 하나님 나라와의 관계를 가지고 있는데, 우리는 이것을 개인의 영적 성장으로 제한시켜서는 안 될 것이다.

우리는 아마도 이 이미지가 너무나 당혹스럽기 때문에 이 비유들을 하나님의

---

21. Bruce, *Parabolic Teaching*, 125-43로부터 유래한 인기 있는 해석임.

나라에 대해 발생하는 내용을 묘사하고 있는 것으로 생각하기를 싫어하는 경향이 있는 것 같다. 우리는 하나님의 나라를 조용히 자라는 씨나 관목으로 변하는 씨가 아닌 강한 요새를 가진 성령과 불에 결합시킨다. 비유에 사용된 표상은 너무나 평범하다. 빛을 비치는 등잔, 헤아리는 잔, 뿌려진 씨다. 어떤 사람은 평범한 것에서 감동을 받아 그 안에 특별한 어떤 것을 깨달을 수도 있다. 어떤 다른 사람은 그것을 단순히 평범한 것으로 내던져버릴 수도 있다. 그러나 마가복음 4장에 있는 비유들의 평범한 표상은 의미심장하다. 빌레치키안(Bilezikian)은 예수가 사용하시는 이미지를 다음과 같이 기록하고 있다.

> 그것은 행진하는 군대, 영웅적 행동, 용맹스러운 업적의 이미지가 아니라, 비천한, 씨를 뿌리고 경작하고 추수하는 소박한 이미지다. 씨는 흩어지고 떨어지고 땅에 심겨지고 갖가지 운명에 빠진다. 하나님의 나라는 눈에 두드러지게 나타나지 않고, 도전적이고 진취적이지 않고, 비천하고 비난받기 쉬운 것으로 나타난다. 그 씨는 역경, 거절, 지체, 손실을 당한다. 이 비유들은 순간적인 우주적 승리에 대한 약속을 담고 있지 않다.[22]

능력의 눈부신 행사가 언제나 실제적인 힘의 표시는 아니다. 예수가 묘사한 바와 같이 하나님의 통치는 나아가는 길에 있는 모든 것을 소탕해버리는 어떤 거대한 조직체가 아니다. 하나님의 통치를 나타내는 표지들은 관목으로 크게 성장하고 공중의 새들을 끌어들일 때에라도 믿을 수 없을 만큼 겸손한 존재로 나타난다. 그것이 그렇게도 많은 사람들이 그 존재를 간과하고, 능력을 과소평가하며, 그들의 삶에 대한 그 나라의 선언을 대수롭지 않게 여기는 이유이다.

이 비유들이 우리의 배경에서 말하도록 하기 위해서 우리는 이 비유들로부터 떠오르는 다음 두 가지 주제들을 강조해야할 것이다. 하나님 나라의 감추어짐, 그리고 비록 하나님 나라가 감추어져 있을지라도 그것이 역사하여 하나님이 원하시는 추수를 수확하게 된다는 확신. 시작이 끝을 미리 결정한다. 우리는 씨가 뿌려진 시작과 마지막 단계가 분명하게 드러나는 하나님의 모든 목적들이 성취되는 종말 사이에 긴장의 시기에 살고 있다. 이 시기동안에 좌절할 수도 있고, 보다 안정된 것으로 보이는 것을 바라보려는 유혹을 받을 수도 있으며, 혹은 보다 미래가 보장되는 것으로 보이는 다른 어떤 존재를 따르려는 유혹을 받을 수도 있다(마 11:3; 눅

22. Bilezikian, *The Liberated Gospel*, 74.

7:19). 그렇지만 마지막까지 담대하게 신실한 사람들은 구원을 받을 것이다(막 13:13). 그들은 씨뿌림의 의미를 깨달을 것이고, 무화과나무가 잎을 내는 것을 볼 것이다(13:28-29).

이 비유들은 우리의 사역에서 성령이 사라졌다고 느끼는 사역의 시간에 적용하면 적절하다. 이 비유들은 하나님의 나라가 능력 있게, 전달자의 기술이나 능력에 의존하지 않으며, 때로 눈에 보이지 않게 일하신다는 진리를 전달한다. 우리는 예수가 세상을 바라보시는 방법으로, 즉 뿌려진 씨가 어디서나 추수할 준비되어 있는 것으로 우리의 세계를 바라볼 필요가 있다.

현대적 의미

세상에서 하나님의 통치의 역사는 거의 헤드라인을 장식하지 않는다. 그것은 외인들에게는 논리에 맞지 않는 것처럼 보이며, 하나님은 너무나 자주 조용히 그리고 인간의 눈이 간과하는 방식으로 역사하기 때문에 내부인들에게도 논리가 맞지 않는 것처럼 보인다. 이 단락에 있는 비유들은 하나님 나라의 감추어진 성격을 강조하고 있다. 거의 혹은 전혀 증명할 수 없거나 수량화할 수 없음으로 하나님의 목적이 성취되어진다는 것을 인식하기 전에, 그것은 하나님에 의해서만 주어지는 영적 분별력을 필요로 한다. 멘켄(H. L. Mencken)이 진술한 바와 같이, 문제는 "교육을 받고, 교화를 받고, 가까이서 보기를 갈망하는 무리가 섞인 군중이 확실성들을 요구한다는 것이다. 이것이 진실이고 저것이 거짓이라는 사실이 명확하게 그리고 약간 귀에 거슬릴 정도로 말해져야 한다."[23]

멘켄은 확실성은 없지만 예수의 비유는 그 결론을 논하고 있다고 계속해서 말한다. 우리는 하나님의 나라가 세상에서 우리가 알지 못하는 방식으로, 그리고 경험적 증명이나 수학적 공식에 속하지 않는 방식으로 역사하고 있다는 사실을 확신할 수 있다. 우리의 제한된 관점에서 볼 때, 비록 우리가 하나님의 계획 가운데서 살아가고 있을지라도, 하나님의 웅대한 계획을 알지 못한다. 바울은 빌립보 교인들에게 자신의 최근의 투옥이 그들이 믿었던 것처럼 복음의 커다란 후퇴가 아니었음을 재확인하기 위하여 글을 썼다. 오히려 그의 투옥은 복음의 진보에 도움을 주었다. 온 시위대 안이 복음을 들었고 그의 그리스도인 친구들이 보다 담대하게 복음을 전했다(빌 1:12-14). 하나님은 우리가 보기에 구부러진 길인 것처럼 보이는

23. H. L. Mencken, "Arnold Bennett," in *Prejudices: First Series*(New York: Alfred A. Knopf, 1919), 46.

것으로 바르게 이끌어 가셨다는 사실이 더 분명하게 드러났다.

하나님이 이 세상에서 그 목적을 이루시는 방법의 비밀—너무나 자주 조용히 그리고 신비적으로—은 지금의 상황에도 적용된다. 우리는 생명을 내어줌으로써 생명을 얻고, 낮춤으로써 능력을 얻으며, 패배를 당함으로써 승리를 얻는다(사 52:13-53:12을 보라). 세상은 다른 표준을 가지고 생명을 취하면서 활동하고, 다른 사람에게 권력을 행사하면서, 정복하기 위하여 정복하려고 한다(계 6:2). 세상이 하나님의 임재와 다스리심에 대해서 무지하다는 것은 놀랄 일이 아니다.

예수의 사역을 특징지었던 감추어진 성격은 조롱과 심한 적대감으로 둘러싸여 있었던 초대교회 상황에 적용되었다. 다른 사람에게 하나님에 관한 진리를 확신 있게 드러내기 위하여 그들이 가리킨 것은 무엇이었던가? 그들은 십자가와 하나님이 예수를 죽은 자 가운데서 일으키셨다는 소식을 지적할 뿐이었다. 십자가 위에 나귀 머리를 가진 낙서그림의 모습을 그렸던, 그리고 그것에 다음과 같은 설명문, 즉 "알렉사메누스는 그의 신에게 경배하노라"를 기록했던 2세기의 사람처럼 많은 사람들이 비웃었다. 마가의 공동체는 "무기력, 고통, 그리고 죽음이라는 극단적 상황으로 내몰렸으나, 그 약함 가운데서 하나님의 영광이 드러났다는 사실"을 발견했다.[24]

우리의 상황도 다르지 않다. 하나님의 목적들이 예수의 십자가와 부활에서 드러나지만 많은 사람들이 소경된 상태에 머물러 있다. 세상의 지혜를 소중히 여기는 사람들과 보증된 증거를 얻으려 하는 사람들은 아직도 십자가를 어리석은 것으로 본다. 그러나 그 나라를 볼 수 있는 사람들에게, 하나님의 어리석음과 하나님의 약함은 미래의 승리를 필연적으로 가져오고 하나님의 통치의 최절정을 가져올 하나님의 능력이 된다. 그것이 씨의 단계나 잎의 단계에 있을 때, 감추어진 것에 자기의 모든 삶을 과감하게 의탁하는 특별한 믿음을 필요로 한다. 그랜트(Grant)는 이 믿음이 무엇과 같은지를 이해하도록 도움을 준다.

> 믿음은 증거의 한계를 넘어서 믿는 것을 의미한다—증거에도 불구하고가 아니라—증거를 넘어선다. 믿음은 본래 한층 더 높은 증거의 발견을 의미하며, 단순한 외적 증거 이상의 보다 미묘한 타당성의 발견을 의미한다. 덕행이 그 자체의 보상인 것처럼, 믿음도 같은 방법으로 그 자체의 증거를 제공해 준다. 이것은 믿음이 외적이고도 보일 수

---

24. Marcus, *The Mystery of the Kingdom*, 151.

있는 증거를 제공한다는 것을 의미하지 않으며, 그 증거는 여전히 영적으로 이해되는 영적인 것이다. 만져서 알 수 있는 증거에 의존하는 믿음은 분명히 용어상 모순이며, 또한 실제로 시인이 말한바와 같이 증거를 통해서 믿음으로 주조되는 것은 불신앙이다. 믿음은 신뢰, 모험, 자기 위탁을 의미한다. 그리고 그 증거들은 여전히 "보이지 않는 것들"이다.[25]

모든 열국의 사람들이 보호를 받을 수 있고 거기에 달린 분의 널리 펴진 팔 아래서 영원한 안식을 얻을 수 있도록 하기 위하여, 하나님이 어떻게 홀로 십자가라는 천한 나무를 높이시는가를 보는 것은 믿음을 필요로 한다.

(1) 이 비유들은 절망을 극복하는 확신을 심어줄 것이다. 씨가 땅에서 겨울을 나는 것처럼 땅 아래서 일어나는 일을 볼 수 없을 때 우리는 용기를 잃게 된다. 관찰자들은 쉽게 이러한 움직임을 기각시키는데, 즉석의 만족과 결과들을 얻기 원하는, 서두르고 실용주의적인, 우리 시대에서는 특히 그러하다. 지극히 사소한 실패도 우리를 절망감으로 이끌어갈 수 있다. 거의 모든 선교사들이 극복할 수없는 것처럼 보이는 좌절로 말미암아 낙담되었다고 말하는 "가장 암울했던 시절"의 이야기를 가지고 있다. 즉 부적합이라는 감정, 완전한 패배에 대한 감정이 그들을 사로잡았었다. 예를 들면, 1800년대 로버트와 메리 마펫(Robert and Mary Moffat)은 이렇다할 성공 없이 보츠아나의 쿠루만(남아프리카)에서 선교사로 수년간을 일했다. 로버트는 그것을 "화강암 바위로 된 지면을 개간할 수 있는 땅으로 변화시키려고 일하는 농부"에 비유했다. 그의 아내는 울부짖었다. "우리가 가장 작은 열매라도 볼 수 있다면, 우리는 힘쓰고 있는 궁핍과 수고의 한 가운데서 기뻐할 수 있었을 것이다. 그러나 사실 우리 손은 자주 축 늘어진다."[26]

같은 절망감이 클라렌스 존즈(Clarence W. Jones)에게도 닥쳤다. 그는 1920년대 후반에 남아프리카에서 라디오 복음전도에 개척사역을 시작하도록 하나님의 부르심을 받았다. 그는 하나님이 크신 일과 능하신 일들을 행하시도록 구하고 기대했었다. 그렇지만 초창기에 모든 기회의 문이 닫힌 것처럼 보였고, 그의 열정은 시들해졌다. 그는 낙심하고 상처를 받았으며, "완전히 부적합하고 실패했다는 감정을 떨쳐버릴 수가 없었고, 남아프리카에 대한 그의 관념이 그를 바보처럼 보이게 만

25. F. C. Grant, *The Earliest Gospel*(Nashville: Abingdon, 1943), 85-86.
26. Ruth A. Tucker, *From Jerusalem to Irian Jaya A Biography of Christian Missions*(Grand Rapids: Zondervan, 1983), 144-45.

들었다고 분통을 터트렸다." 그는 자기의 사역을 당장에 그만두기로 결심하고, 해군에 등록하였으나 거절당했다—아이러니하게도 결함이 있는 비전 때문이었다.[27]

많은 낙심한 목회자는 하나님이 흙에서 하시는 일을 보지 못하고, 궁극적인 실패처럼 보이는 일 가운데서 승리를 상상하지 못하게 하는 근시안적 영적 비전으로 말미암아 고통을 받는다. 우리는 영원은 고사하고 다음 주를 알 수 없으며, 하나님의 목적들이 열매를 맺기까지 기다리지를 못한다. "사람이 무엇으로 심든지 그대로 거두리라"(갈 6:7)는 잠언은 주로 부정적으로 적용되었다. 한 주 동안에 귀리를 뿌리고 주일에 곡물을 거두지 못한 것 때문에 기도할 수는 없다. 행위는 결과로 나타난다. 그러나 뿌린 대로 거둔다는 원리는 긍정적인 의미에서도 사실이다. 이 비유는 우리가 하나님의 씨를 뿌릴 때, 그 목적을 이룰 것이라고 확신시켜준다. 우리는 하사품을 추수하는 사람이 아니다. 그것은 우리의 추수가 아니다(고전 3:6-9). 추수는 하나님에게 속한다.

(2) 이 비유들은 씨의 성공이 우리의 미미한 수고에 의존하지 않는다는 사실을 밝혀준다. 추수의 확신에도 불구하고—그런데 그 규모가 전혀 언급되어 있지 않다—우리는 여전히 그것이 어떻게 되어 가는지에 대해서 모른다. 성공은 전파하는 사람들에게 달려있지 않고, 하나님에게 달려있다. 예수까지도 추수에 대해서 누가 거기에 들어있을지 그리고 그 규모가 얼마나 될 것인지 완전한 조종권을 갖지 않으셨다.. 그러므로 복음의 증거만이 필요하다. 반응에 대해서는 걱정하지 않아도 된다. 그렇다고 사람들이 어떻게 응답하는지에 대해서 무관심하라는 것을 의미하는 것이 아니라, 단지 우리가 반응을 조작하려고 애쓸 필요가 없다는 것이다.

씨는 우리의 도움이 없이 자라지만, 예수가 우리의 비활동이나 게으름을 고무시키신 것이 아니다. 또한 이러한 원리가 예를 들어 바울이 잠을 자지 못하고 자신의 교회에 대해서 염려하였다고 말했던 것을 우리가 하지 못하게 하지도 않는다(고후 11:27-28). 예수의 비유는 그 나라가 우리의 원대한 계획이나 최신의 계획에 의하여 더 진전된다고 생각하지 못하게 경고한다. 교회성장 전문가들은 우리로 하여금 전략을 상세히 계획하도록 돕기 위하여 일들을 짜내려고 한다. 그들의 사역은 유익하지만 추수는 하나님의 주권에 속한다. 우리가 씨를 자라게 하지 못한다. 우리는 그것이 어떻게 자라는지도 모른다 우리의 삶도 마찬가지다. 가끔 우리의 열광적인 활동이 우리가 하나님을 얼마나 신뢰하는지를 숨기는 연막이 될 수도 있

27. Ibid., 373-74.

다. 우리는 하나님의 뜻이 이루어지기 이전에 우리가 그 일을 조종할 필요가 있다고 느낀다. 이 비유는 우리가 이룰 필요가 있거나 이룬 내용에 관심을 집중하는 일을 그치고 하나님이 이루시고 계시는 일을 생각해 보도록 만들어준다. 그것은 그 씨가 흙 속에서 하는 일을 하도록 우리가 그 씨를 신뢰하게 한다.

(3) 이 비유들은 인내하는 믿음을 격려해 준다. 인스턴트 시대에 아이들이 자기들의 부모에게 다음과 같이 물을 수 있다. "왜 전자레인지가 그렇게 시간이 오래 걸리나요?" 기다리는 것을 참지 못한다. 우리는 언제나 서두른다. 어떤 사람은 밭을 갈고, 씨를 심고, 추수를 거두고, 탈곡을 하고, 케이크를 굽는 모든 일을 한번의 봉사로 다될 것을 기대한다. 예수의 비유는 즉석 성장을 약속하지 않고 있다. 하나님이 성장을 하게 하시고, 뒤따르는 정해진 순서를 서두르거나 앞지를 수가 없다. 씨로 하여금 그 일을 하도록, 말씀이 설득하고 회심시키도록 허용하기를 배워야 한다. 그러므로 사건들이 인간의 조종 밖에 있으므로 모든 근심이 쓸데없다. 정해진 때에 최고점에 도달하게 하실 하나님을 바라볼 수 있도록, 우리는 인내를 경작할 필요가 한다.

열광적으로 종말의 때를 추측하는 시대에는 인내가 필수적이다.

달(Dahl)은 다음과 같이 기록한다.

> 하나님이 구원에 대한 계획과 일치하는 새로운 시대의 출발과 세상의 종말을 이끌어 가시는 일련의 사건들은 정하신 순서에 따라서 하나님이 유기적 삶의 영역에서 베풀어주시는 성장과 일치한다.[28]

엘리야가 먼저 와야 한다. 인자가 고난을 받아야 하고, 복음은 모든 열국에게 전파되어야 하며, 제자들은 고난을 당해야 하고, 심판이 예루살렘에 임할 것이다. 그 때에 우리는 하나님의 정한 시간에 오시는 주의 재림을 기다린다.

---

28. Dahl, "The Parables of Growth," 154.

마가복음 4:35-41

35 그날 저물 때에 제자들에게 이르시되 우리가
저편으로 건너가자 하시니
36 그들이 무리를 떠나 예수를 배에 계신 그대
로 모시고 가매 다른 배들도 함께 하더니
37 큰 광풍이 일어나며 물결이 배에 부딪쳐 들
어와 배에 가득하게 되었더라
38 예수께서는 고물에서 베개를 베고 주무시더
니 제자들이 깨우며 이르되 선생님이여 우
리가 죽게 된 것을 돌보지 아니하시나이까
하니
39 예수께서 깨어 바람을 꾸짖으시며 바다더러
이르시되 잠잠하라 고요하라 하시니 바람이
그치고 아주 잔잔하여지더라
40 이에 제자들에게 이르시되 어찌하여 이렇게
무서워하느냐 너희가 어찌 믿음이 없느냐 하
시니
41 그들이 심히 두려워하여 서로 말하되 그가
누구이기에 바람과 바다도 순종하는가 하였
더라

원 의미

4:35에서 시작되고 6:6a에서 끝나는 커다란 단락에서, 예수는 갈릴리 바다 근처에서 대부분의 시간을 보내시고 호수 건너편으로 여행하기도 하신다. 첫 번째 에피소드에서 공포에 질린 제자들은 잠든 예수를 깨운다. 그 다음에 이어지는 에피소드에서 예수는 한 소녀를 죽음이라는 잠으로부터 깨우신다(5:39). 예수는 생을 위협하는 외적인 폭풍을 잔잔케 하고 영혼을 위협하는 고통과 슬픔이라는 내적 폭풍을 잔잔케 하는 능력을 소유한 분으로 나타나신다. 우리는 이 장면들에서 예수가 사탄의 세력과 쇠약하게 하고 더럽히는 질병을 다스리실 뿐만 아니라 자연과 죽음의 세력들을 주관하시는 분이라는 사실을 배우게 된다. 예수가 행하시는 이러한 능력 있는 사역에도 불구하고, 이 두 번째 단락(3:7-6:6a)은 자기 고향에서 거절을 당하셨다는 기록(6:1-6a)으로 끝나고 있는데, 이는 첫 번째 단락(1:14-3:6)이 바리새인들과 헤롯당원들에 의하여 당하신 것으로 끝나는 것과 같다(3:6). 씨뿌리는 자의 비유가 밝히고 있는 바와 같이 많은 사람들이 듣지만 열매를 맺지 못한다.

4:35-6:6a의 개관

이 단락(4:35-6:6a)에서 여러 주제들이 떠오른다. 죽음이라는 모티프가 대부분의 사건들을 관통하여 흐르고 있다. 예수는 평범한 폭풍을 잠잠케 하신 것이 아니라 배를 침몰시키고 위협하는 "성난 돌풍"을 잠잠케 하신다(4:37). 그는 유대인들이 악과 하나님이 격돌한다고 믿었던 장소인 바다에서 죽을 위기에 처해있는 제자들을 구출하신다. 호수 건너편 거라사인의 땅에서 예수는 약간에 귀신들린 자를 축사한 것이 아니라 수많은 군대귀신에게 희생을 당한 자를 축사하신다(5:1-20). 아무도 이 흉측한 사람을 제어할 힘이 없었기에 그는 사회로부터 쫓겨나서 죽음의 영역인 무덤들 가운데서 살아야 했다. 보다 환영하는 사람들이 있는 지역에 돌아와서 예수는 열두 해 동안 의사들을 괴롭혀왔고, 삶의 활력을 빼앗긴 만성질병을 앓고 있었던 한 여인을 구원하신다(5:24-34). 그녀는 거의 죽을 지경에 있었다. 예수는 병에 걸린 아이를 낫게 하실 뿐 아니라, 소녀를 죽음에서 일으키신다(5:35-43). 메시지는 분명하다. 예수는 인간의 생명을 파괴할 수 있는 어떤 위협에도 한결 같으시다.

앞의 이적과 비교하여, 마가는 지금 예수에게 고침 받은 사람들에 관한 훨씬 더 많은 정보를 우리에게 제공하고 있다. 각 인물들은 '필사적인' 감정에 사로잡혀 있다. 제자들은 극단적인 곤란을 당하고, 예수가 주무시는 동안에 갑작스러운 풍랑으로 어쩔 줄을 모른다. 귀신들린 남자는 다른 사람에게 매를 맞고 쇠사슬에 매였고, 이제는 스스로 내적인 혼란을 제거하기 위한 필사적인 시도로서 돌로 자기 자신을 치고 있다. 더러운 군대귀신은 이 귀신들린 사람으로 하여금 예수에게로 달려가도록 자극하고 귀신을 물리치기 위한 노력으로 그분 앞에 부복한다(5:6). 거라사인의 지방의 주민들은 예수가 자기들의 생업을 파괴하기 이전에 떠나도록 간구한다. 죽음의 문턱에 와있는 소녀의 아버지가 딸을 회복시켜 달라고 필사적으로 도움을 간구 하면서 예수의 발 앞에 엎드린다(5:22). 정상적인 사회적 기능을 하지 못하게 하는 고통 때문에 효과 없는 치료에 삶 전체를 낭비해온 여인과 마찬가지로 그는 아주 필사적이다. 혈루증을 앓던 여인은 기적이라는 필사적인 희망을 가지고 예수의 겉옷을 만진다. 삶 가운데서 예수의 능력을 받아들이기 위하여 열려있는 대부분의 사람들은 자신들의 필사적인 필요를 인식하고 있는 사람들이다. 그의 능력에 마음이 열려있지 않은 사람들은 자신들이 그것을 필요로 하지 않는다고 스스로 확신하고 있는 사람들이다.

이 기사들 가운데 나타나는 세 번째 공통적인 모습은 두려움과 믿음간의 대조이다. 그러한 능력을 가진 사람은 압도적인 기쁨을 발생시켰을 것이라고 사람들은 기대할 수 있으나, 많은 사람들은 예수에게 두려움으로 반응한다. 제자들은 믿음을 가지지 못하고 바다의 돌풍의 위협을 받았을 때 공포에 떨었다. 예수가 그들의 믿음 없음을 꾸짖으시는데, 믿음은 여기서 예수의 능력에 대한 신뢰를 의미한다. 이제 그들은 바다를 조용하게 만든 그의 능력으로 말미암아 말을 못하고 두려워했다(4:41). 거라사의 주민들은 제어할 수 없었던 귀신들린 사람이 바른 정신으로 돌아와서 예수의 발 앞에 앉아있는 것을 보고 두려워했다(5:15). 혈루증을 가진 여인은 예수가 누가 자기를 만졌는지를 알아보기 위하여 뒤를 돌아보실 때, 그리고 자기에게 일어난 일을 깨달았을 때 깜짝 놀랐다. 그녀는 용기를 내어 그분에게 고백하고(5:33), 예수는 구원받을 만한 그녀의 믿음을 칭찬하셨다(5:34). 예수는 회당장에게 그의 딸이 죽은 소식을 듣고 두려워말고 오직 계속하여 믿기만 하라고 말씀하신다(5:36). 마지막으로 예수가 나사렛에서 멸시를 받으시고 그들의 믿음 없음을 인하여 이상히 여기신다(6:6a). 믿음은 그의 능력을 받아들이는 문을 활짝 열며, 그 믿음이 모든 두려움을 내어 쫓는다.

바다의 폭풍(4:35-41)

이 단락은 호수 건너편으로 배를 타고 가라는 제자들에 대한 예수의 지시로 시작된다. 이 명령에 순종하려면 군중을 떠나 배로 예수를 모시고 가야 한다(4:36a). 예수와 함께 한 "다른 배들"은 그 그룹이 열두 제자들만 배를 타고 간 것이 아니라는 사실을 의미한다(4:36b). 이 단락에서 배는 "해안의 안전한 곳에 서 있는 다른 추종자들 및 큰 무리들과는 분리된, 예수와 친밀한 교제를 나누면서 여행하는 사람들의 이미지"를 보여준다.[1] 제자들은 자기들의 배에 예수를 모시고 가고 있는 것으로 보이는데, 아마도 이 그룹 가운데 들어있는 어부들이 배를 항해하는데 숙달된 사람들이었기 때문이다. 그렇지만 아이러니하게도 그들은 예기치 않은 폭풍으로 말미암아 공포심을 가졌고, 반면에 목수인 예수(6:3)는 고물에서 바닥에 깔기 위하여 사용된 모래부대(직역하면 '쿠션') 위에서 조용히 잠들어 있다. 온 종일 강팍한 심령을 가진 사람들에게 말씀을 전하는 힘든 일을 마치시고 예수는 육신적으

1. James G. Williams, *Gospel Against Parable Mark' s Language of Mystery*(Sheffield. Almond, 1985), 100.

로 완전히 지쳐 있다고 우리는 상상할 수 있다. 그러나 성경에 항시 마음을 맞추고 있는 사람들은 그의 평화로운 휴식 배후에 보다 깊은 의미를 포착할 수 있다. 예수가 바다를 출렁이게 하고 배에 물이 가득 차게 만드는 노한 폭풍우 가운데서 주무신 것은 두려워하고 있는 제자들과는 대조적으로 그분이 하나님을 신뢰하고 계시다는 표시이다(욥 11:18-19; 시 3:5; 4:8; 121:3-4; 잠 3:23-26).

그러나 제자들은 그분이 걱정 없이 주무시는 것을 그들의 행복을 보장해주는 하나님에 대한 신뢰의 증거로 해석하지 않았다. 그들은 그것을 위기의 때에 예수가 자기들의 안전에 대해 전혀 관심을 가지지 않은 표시로 본다.[2] 그들은 어떤 점에서 예수가 자기들의 곤경에 책임이 있는 것처럼 불평조의 성난 소리로 그를 깨웠다. 그들의 질문은 수긍의 대답을 예상한 것이다. "당신께서는 죽어가고 있는 우리를 돌보아야하지 않겠습니까?"(4:38). 그러나 이러한 질문은 그들이 그의 무관심한 것처럼 보이는 태도에 초조해했음을 암시한다. 이러한 태도를 가지고 있던 제자들이 겟세마네에서 심히 염려하시는 그분에 대해서 깨어서 자신과 함께 기도하라고 권하는 말씀을 무시하고 잠들 것이라는 쓰라린 아이러니가 드러날 것이다(14:37; 40-41). 그들은 그때에는 졸았는데, 하나님을 신뢰해서가 아니라 마가가 말하고 있는 바와 같이, 눈이 심히 피곤하였기 때문이다(14:40). 예수는 훨씬 더 위급한 시간에 "너희가 아직도 자느냐?"라고 하시면서 그들을 책망하신다. 그들이 잤다는 것은 그들이 그가 죽음을 당하시는 사실을 심각하게 생각하지 않았다는 사실을 보여준다. 깨달을 수 없도록 눈이 둔한 초기 징후들이 그들을 삼키려는 폭풍을 만나 두려워하고 있는 이 장면 가운데 나타난다. 이것은 제자들이 시편기자가 시편 107:23-32에서 주의 일을 보지만 그 용기가 녹아버리고 자기들의 지혜의 목적에 취한 사람들처럼 흔들리는 자와 같다는 사실을 보여준다.

이에 그들이 그들의 고통 때문에 여호와께 부르짖으매
　그가 그들의 고통에서 그들을 인도하여 내시고
광풍을 고요하게 하사
　물결도 잔잔하게 하시는도다
그들이 평온함으로 말미암아 기뻐하는 중에
　여호와께서 그들이 바라는 항구로 인도하시는도다

2. Marshall, *Faith As a Time*, 216-17.

여호와의 인자하심과
  인생에게 행하신 기적으로 말미암아 그를 찬송할지로다(28-32).[3]

예수가 잠에서 깨신 것은 하나님의 특권과 하나님의 통치의 상징으로서 잠에 관한 또 다른 성경적 주제를 상기시켜 주신다.[4] 이사야 51:9-10은 예수의 잠에 대해서 보다 많은 빛을 던져준다.

깨소서 깨소서 능력을 베푸소서
  여호와의 팔이여
옛날 옛 시대에
  깨신 것 같이 하소서
어찌 주가 아니시며 라합을 저미시고
  용을 찌르신 이가
어찌 주가 아니시니이까 바다를,
  넓고 깊은 물을 말리시고
바다 깊은 곳에 길을 내어
  구속 받은 자들을 건너게 하신 이가.[5]

예수의 쉬심은 제자들이 아직도 깨닫지 못하는 그의 신적 주권에 대한 또 다른 표식이며, 폭풍우의 엄청난 세력은 그가 일어나서 말씀하실 때 즉시 정복당했다. 그는 그들의 근심 섞인 부르짖음에 말씀으로 바람을 꾸짖음으로써 응답하신다.[6] 그가 말씀 한마디로 큰 폭풍우를 잠잠하게 변화시켰다는 것(4:39)은 바다를 창조하신 하나님만이 하실 수 있는 일을 행하시는 권세를 그가 가졌다는 것을 보여준다(창 8:1; 욥 26:12; 시 65:7; 74:13-14; 89:9; 93:3-4; 104:5-9; 106:9; 114:3; 사 50:2; 나 1:4; 2Macc. 9:8). 예수는 하나님과 똑같이 바다 곧 혼돈과 악의 장소

---

3. 또한 시 69:1-2을 보라.
4. B. F. Batto, "The Sleeping God. An Ancient Near Eastern Motif of Divine Sovereignty," *Bib* 68(1987), 153-77.
5. 또한 시 44:23-24을 보라.
6. KJV에 있는 번역, "고요하라, 잠잠하라"는 예수의 말씀의 능력을 충분히 드러내지 못하고 있다. 예수는 귀신들에게 잠잠하라고 말씀하실 때와 같이 꾸짖으신다(막 1:25; 3:12; 9:25). 2Enoch 40:9; 43:1-3; 69:22; Jub 2:2을 보라.

에 대한 지배권을 가지고 계신다. 제자들이 그러한 권능을 가지고 계신 분과 바다를 건너고 있다는 사실을 이해만 했더라도, 그들은 모든 두려움이 근거가 없는 것이라고 고백했을 것이다. 제자들의 신앙은 계속해서 자라야 하고 삶의 어려운 상황을 통하여 단단한 강철처럼 단련되어야만 했다.

바다가 조용해진 다음에 예수는 제자들의 병적인 흥분을 책망하신다. "어찌하여 이렇게 무서워하느냐 너희가 어찌 믿음이 없느냐?" 여기서 믿음은 예수의 인격 안에 나타난 하나님의 능력에 대한 믿음을 가리킨다. 이 사건은 그들의 예수에 대한 전적인 의존을 드러낸다. 그는 그들의 피난처요 능력이요 곤란 중에 언제나 만날 도움이요, 그들의 위로이시다. 그는 지금도 압제자들이 바다의 풍랑과 같이 큰 소리로 부르짖을지라도 그들의 분노를 잠잠케 하실 수 있다. 따라서 그들은 두려워하지 않아야 한다(시 46:1-3; 사 51:12-16). 믿음은 분명히 나면서부터 가지고 나온 것이 아니다. 믿음은 대부분 상황에 따라서 썰물처럼 밀려갔다가 밀물처럼 밀려올 수 있으며, 어쩌면 위기 상황에서 보통 실족할 수도 있다. 제자들의 두려움과 믿음의 결핍에도 불구하고, 예수는 폭풍을 제어하시고 그들의 삶을 보존하신다. 하물며 사람들이 믿음을 보인다면 그가 어떤 일을 하시겠는가?

그러나 폭풍우가 잠잠해진 다음에도 제자들의 두려움은 누그러지지 않는다. 그 대신에 그들의 두려움은 배에 함께 타고 계시는 그분, 즉 바다에 대한 신적 지배력을 행사하신 분에게로 옮겨져서 그 두려움이 더 강화된다. 비유들에 대한 예수의 설명은 제자들에게 기적과 같은 불길한 것들을 준비시켜주지 않았다. 이 사건과 어느 정도 평행을 이루고 있는 요나 이야기에서 선원들은 그 선지자가 바다를 만드시고 땅을 말리는 하나님을 섬기고 있기 때문에 놀랐다(욘 1:5-6). 제자들의 두려움은 예수가 바다에 대해서 갖고 있는 신적인 지배력을 보고서 발생한다(시 89:9).[7] 비록 그들이 예수의 위대한 행적을 보고 들을 기회가 주어졌고, 또한 하나님의 나라의 비밀이 주어졌음에도 불구하고, 그들은 여전히 의심과 두려움에 사로

7. Hooker, *Mark*, 140. Gundry(*Mark*, 245-46)는 "마가가 유비의 방식으로 구약성경을 사용하고 있다"고 주장하고, 마가복음에 있는 기사와 요나서에 있는 기사간의 의미심장한 차이를 지적한다. 예수는 하나님의 낯을 피해 도피하고 있지 않고 하나님이 어떤 경고로서 폭풍을 보내신다는 암시가 없다(욘 1:3-4, 10). 예수는 배 밑창이 아닌 고물에서 주무시고 있다(1:5). 제자들은 선원들처럼 폭풍과 투쟁하고 있지 않으며, 누가 재앙을 불러왔는지를 알아보기 위하여 제비를 뽑지도 않는다(1:5, 7). 반면에 요나가 갑판 위에서 바다로 던져졌을 때 잠잠해지고 그가 말할 때 잠잠해지지 않는다(1:15). 예수는 하나님에게 기도하지 않고 바다를 향하여 직접 말씀하시며, 그의 말씀이 바다를 조용하게 만든다. 두 기사를 함께 읽어보면 이야기들의 차이점은 요나서보다 더 큰 어떤 것이 여기에 나타나 있음을 보여준다(마 12:41; 눅 11:32을 보라).

잡혀 있다. 이제 그들은 폭풍우와 바다를 모두 잠잠하게 하실 수 있는 그의 신적 능력을 목격했다.

신비적 능력 앞에서 제자들의 두려움은 당연하지만, 그들은 그 같은 능력을 행사하시는 분에 대한 막연한 약간의 지식만을 여전히 가지고 있다. 그 빛은 그들이 눈으로 보기에는 너무도 밝아서 그것을 온전히 수용할 수가 없다. 혹자는 바다에서 구출 받았던 제자들을 애굽으로부터 구출 받았던 이스라엘 백성들과 비교할 수도 있을 것이다. 하나님이 능한 손으로 압제자들로부터 이스라엘을 구원하신 다음에, "이스라엘은 여호와께서 애굽 사람들에게 행하신 그 큰 능력을 보았으므로 백성이 여호와를 경외하며 여호와와 그의 종 모세를 믿었다"(출 14:31). 현재 마가복음의 본문에서 발생하는 질문은 제자들의 두려움이 새롭고 더 큰 구원자에 대한 절대적인 믿음으로 변화될 것인지의 여부다.

상황잇기

폭풍을 잔잔케 하신 사건은 마가복음에서 소위 첫 번째 대자연에 대한 기적이다. 앤더슨(Anderson)은 현대의 과학적 회의론은 현대인들로 하여금 "치유와 축사에 대해 덜 소심하게" 만들고 있다. 그렇기 때문에 자연의 이적을 불가능한 것으로 제해버리기보다는 "몇몇 과학적 유비들을 만들거나" 몇몇 심리학적인 설명이 주어지고 있다.[8] 현대 과학자들은 단순히 이 이야기를 어떤 사건에 대한 전설적인 과장이나 과장된 확대로 취급하지 않는다. 한편으로 19세기 접근방식이 오늘날도 여전히 살아남아 있다. 그 당시 학자들은 하나님이 불변의 자연의 법칙을 창조하시고, 그것이 마치 시계의 움직임처럼 자동적으로 움직이게 하셨다고 생각했다. 데이빗 흄(David Hume)은 『인간 이해에 관한 물음』(*Enquiry Concerning Human Understanding*)에서 기적을 인간법칙의 위반으로 규정하고, 그것이 불가능하다고 생각했다.

우주를 지배하는 이러한 법칙의 교리는 해석자들로 하여금 기적 가운데서 실제로 일어난 일의 보다 합리적인 설명을 찾지 않으면 안 되도록 했다. 자연의 물리적 법칙의 중단이 일어날 수 없기 때문이었다. 예를 들면, 파울루스(H. E. G. Paulus)는 예수가 바다에게 말하지 않았고 다음과 같이 소리만 쳤다고 주장하면서 그 기적을 설명한다. "이 얼마나 무시무시한 폭풍이냐! 곧 지나갈 것이다." 제자들은 그

8. Anderson, *Mark*, 142.

말을 폭풍우가 갑작스럽게 잠잠해진 원인으로 잘못 이해했다는 것이다. 이러한 종류의 자연적인 설명을 믿는다면, 마가가 기록하고 있는 것처럼 예수가 말 한마디로 바다를 잔잔케 하셨다고 믿는 것보다 더 경솔하게 믿는 것이다. 현대인들은 더 이상 기적과 초자연의 개념을 믿을 수 없다고 말하는 학자들의 권위적인 선언에 대해서 다시 한번 생각해 보아야할 것이다. 쓸모없다면서 기적을 믿지 않는 이러한 "현대인"에 속하지 않는 수많은 예외적인 사람들이 있다. 이러한 단언이 일반인들이 아니라 대다수 어느 정도 교육을 받고 지식인인 "문화적인 종교를 경멸하는 자들"에게 해당한다.

오늘날 대부분의 사람들은 예수의 이적을 취급함에 있어서 무엇이 가능하고 불가능한지를 사전에 결정하지 않아야 한다는 사실을 인정한다. 우리는 결코 어떤 일이 분명히 일어날 수 없다고 미리 판단하지 않아야 한다. 만일 우리가 이적적인 요소들을 잘 교육받은 현대인들의 마음에 더 잘 통하는 어떤 자연스러운 설명으로 바꾸려 한다면 요점을 놓치는 것이다. 반복된 측정을 통하여 입증하려는 현대 과학적 세계관은 많은 사람들로 하여금 삶의 기적적이고 영적인 중요성을 보지 못하게 한다. 예를 들면, 어떤 학자가 더러운 귀신의 문제에 관하여 다음과 같이 말한다. "결론적인 답변은 과학자들이 이 분야에 참된 발견에 도달하도록 한층 진보된 과학적 발전을 기다려야 한다."[9] 과학은 속이는 말들을 들추어내는데 유익하다. 하지만 어떤 것이 반복될 수 없고 측정되지 않는다면 사실이 아니라는 것이 과학의 근본 가정이기 때문에, 과학이 이적의 진리성에 대한 최종적인 표준이 될 수 없다.

본훼퍼는 믿기가 어렵다고 불평하는 사람들에 대해서 흥미로운 논의를 한다. 그는 그들이 단순히 지식적인 문제들로 씨름하지 않고 있다고 주장한다. 오히려 그것은 "의도적이든 무의식적이든 불순종"의 표식이라는 것이다. 그는 이런 식으로 신앙의 위기에 적절히 반응하는 한 목회자를 상상하여 말한다.

> "당신은 불순종하는 사람이다, 당신은 당신의 삶을 당신 자신의 지배 아래에 두고 유지하려고 한다. 그것이 당신이 그리스도에게서 듣고 그의 은혜를 믿는 일을 가로막고 있다. 당신은 그리스도의 음성을 들을 수없는데, 그 이유는 당신이 고의적으로 불순종하기 때문이다. 당신은 마음 어디에선가 그의 부르심을 듣기를 거부하고 있다. 당신

9. Raoul Syx, "Jesus and the Unclean Spirits: The Literary Relation Between Mark and Q in the Beelzebul Controversy(Mark 3:20-30)," *Lauvain Studies* 17(1992), 180.

의 문제는 당신의 죄들이다…오직 순종하는 자만 믿을 수 있고, 믿는 자만 순종할 수 있다."[10]

자연에 관해서 흔히 알고 있는 내용에 반하기 때문에 기적을 현대인이 거부하는 것은 우리가 하나님에 관해서 거의 알고 있지 못하고 있음에도 불구하고 자연에 관해서 모든 것을 알고 있다고 추측한다.

아울러 이적들이 복음서들 가운데 기록된 것과 같이 일어났음을 입증하는 결정적 증거를 수집하려는 시도로 말미암아 요점을 놓칠 수 있다. 시도된 과학적 증거에 대한 끝없는 다량의 증거들이 기적까지도 죽일 수 있다. 이적은 하나님이 그것을 통하여 우리에게 말씀하실 때에만 이적이다. 부크너(Buechner)는 이적을 "믿음을 강화시켜주는 사건"이라고 정의한다.[11] 이적은 말씀보다 더 크게 말할 수도 있으나, 언제나 명확하게 말하지는 않는다. 마가복음에 있는 이적은 자주 불명료하다. 그런데 신앙인의 눈에는 모든 것이 보이고, 소경의 눈에는 치유나 축사가 단순히 예수가 마귀의 마법사로서 일한다는 사실을 입증하는 증거가 된다(3:22, 28-29).[12]

마가복음에서 자연에서 일어나는 이적은 제자들이 하나님의 아들로서의 예수에 대한 완전한 정체를 깨닫는데 결정적인 실마리를 제공한다. 예수의 손짓과 부르심에 기꺼이 응하여 조그만 배에 합승하고 그의 명령에 따라 건너편으로 간 사실은 주님과의 새로운 관계에 대한 그들의 열린 마음을 보여준다. 비유들과 그것들에 대한 설명이 모든 것을 해명해 주지 않는다. 바다에서의 이적이 제자들로 하여금 진리를 따라 더 멀리 행진할 수 있도록 지적해준다. 하나님의 능력이 예수를 통하여 역사한다. 또 다시 부크너는 정곡을 찌르는 다음과 같이 말을 기록한다. "하나님에 대한 믿음이 이적으로부터 나오기보다는 하나님에 대한 믿음으로부터 이적이 나오는 경향이 있다."[13]

그런데 이 중대한 이적을 경험할 때조차도 제자들은 여전히 혼미한 가운데 있고, 즉시 올바른 결론을 내리지 못한다. 바다에서의 구출은 예수가 누구인지를 보여

---

10. Dietrich Bonhoeffer, *The Cost of Discipleship*(New York: Macmillan, 1963), 76.
11. Frederick Buechner, *Listening to Your Life*(San Francisco: Harper & Row, 1992), 304.
12. 유대인들에게 출애굽은 구원의 큰 이적이었으나, 요세푸스는 이에 대한 한 애굽 사람의 설명을 "추방당해서 수리아 변방으로 쫓겨간 반역 문둥이들과 죄인들의 축출"이라고 인용하여 기록하고 있다(*Ag Ap* 1:26-27).
13. Buechner, *Listening to Your Life*, 305.

주고 삶의 위협을 받는 사람들에게 그가 무엇을 할 수 있는지를 드러내준다. 예수는 혼돈의 세력을 지배하는 권세를 가지시고, 그 어떤 폭풍이 그들의 삶을 통하여 날뛸지라도 그들을 구출할 수 있다. 바람과 바다를 다스리시는 예수의 지배권은 "사탄의 통치가 더 이상 없을 때"가 무엇과 같을지를 보여주고 있다.[14] 새 하늘과 새 땅에 대한 요한의 환상에서 바다는 없다(계 21:1; 4:6; 15:2; 20:13을 보라).

복음서의 내러티브에서 상황을 연결짓는 일에 있어서, 우리는 세 가지 질문을 해 볼 수 있다. 그것은 예수에 관하여 무엇을 드러내 보여주고 있는가? 인간의 궁지에 관해서 무엇을 드러내주고 있는가? 그러한 궁지에 대하여 그것은 어떤 해결책을 제시하는가? 위엄에 눌린 제자들이 다음과 같이 질문할 때 핵심 되는 문제를 드러내고 있다. "그가 누구이기에 바람과 바다도 순종하는가!"(4:41).

엑트마이어(Achtemeier)는 다음과 같이 본질을 파헤치는 해석을 한다. "바람과 바다의 복종은 단순히 능력의 현시만이 아니다. 그것은 예수가 극단적인 위기의 한 가운데서 구세주이심을 제자들에게 나타내 보여주시는 신현적 사건이다." 첫 번째 질문에 대한 대답은 예수가 "대항하는 어두움의 세력을 정복하시는" 하나님의 능력을 갖고 계신다는 사실이다.[15]

이사야 43:1-10을 마가복음의 이야기와 비교해보면, 마가복음의 고차원적인 기독론을 알 수 있다. 하나님이 행하기로 약속하신 것을 이사야가 선포하고 있는 것을 예수가 마가의 이야기에서 행하고 계신다.

이사야 43장	마가복음
1 야곱아 너를 창조하신 여호와께서 지금 말씀하시느니라 이스라엘아 너를 지으신 이가 말씀하시느니라 너는 두려워하지 말라 내가 너를 구속하였고 내가 너를 지명하여 불렀나니 너는 내 것이라	예수가 열 두 제자들을 세우시고(3:12) 제자들의 이름을 불러 모으셨다 (1:16, 20; 2:14; 3:16-18)
2 네가 물 가운데로 지날 때에 내가 너와 함께 할 것이라 강을 건널 때에 물이 너를 침몰하지 못할 것이며 네가 불 가운데로 지날 때에	제자들이 물을 통과하여 지나갈 때 예수가 그들과 함께 하시고(4:36) 바다에서 위기때에 그들을 구원하신다 그들이 불로 해함을 당하지 않는다는 확신이 9:49에 반영되어 있다 "사람마다 불로 써 소금 치듯 함을 받으리라"

14. James Kallas, *The Significance of the Synoptic Miracles*(London: SPCK, 1961), 78.
15. Paul J. Achtemeier, "Person and Deed: Jesus the Storm-Tossed Sea," *Int* 16(1962): 176.

타지도 아니할 것이요 불꽃이 너를 사르지도 못하리니	
3 대저 나는 여호와 네 하나님이요 이스라엘의 거룩한 이요 네 구원자임이라 내가 애굽을 너의 속량물로, 구스와 스바를 너를 대신하여 주었노라	예수가 제자들에게 자기를 많은 사람을 위한 대속물로 주신다고 선언하신다(10:45)
4 네가 내 눈에 보배롭고 존귀하며 내가 너를 사랑하였은즉 내가 네 대신 사람들을 내어 주며 백성들이 네 생명을 대신하리니	
5 두려워하지 말라 내가 너와 함께 하여 네 자손을 동방에서부터 오게 하며 서방에서부터 너를 모을 것이며	예수가 제자들의 겁냄을 책망하시고 회당장(5:36)과 제자들에게 두려워 말라고 말씀하신다(6:50)
8 눈이 있어도 보지 못하고 귀가 있어도 듣지 못하는 백성을 이끌어 내라	4:12; 8:18을 보라. 예수가 두 소경을 고치시고(8:22-26; 10:46-52) 귀머거리를 고치신다(7:31-37)
10 나 여호와가 말하노라 너희는 나의 증인, 나의 종으로 택함을 입었나니 이는 너희가 나를 알고 믿으며 내가 그인 줄 깨닫게 하려 함이라 나의 전에 지음을 받은 신이 없었느니라 나의 후에도 없으리라	예수가 물 위를 걸어서 제자들에게 오실 때, 그분은 "내로라[혹은 내가 그로라]"고 말씀하신다(6:50)

이사야 43:11-12에 있는 결론은 다음과 같이 선언한다,

나 곧 나는 여호와라,
　나 외에 구원자가 없느니라
내가 알려 주었으며 구원하였으며 보였고
　너희 중에 다른 신이 없었나니
그러므로 너희는 나의 증인이요 나는 하나님이니라 여호와의 말씀이니라.

마가는 독자들로 하여금 예수에 관해서 동일한 결론을이끌어내게 했을 것이다. 예수는 자기 백성을 구원하시는 분이오, 그의 손안에서 그들은 안전하다.

본문은 또한 인간의 곤경에 관해서도 계시해 준다. 우리는 우리를 멸망시키려고 애쓰는 혼돈의 세계에 둘러싸여 있는 타락한 세계에 살고 있다. 우리의 신앙은

약하다. 우리는 누구를 의지해야 하고 무엇을 의지해야 하는지를 알지 못하고 있다. 폭풍을 잠잠케 하시는 예수의 능력은 이 인간의 곤경에 해결책을 제공하신다. 그가 하나님의 능력을 소유하고 있고, 신앙공동체를 돌보고 계신다는 사실을 의지함은 특별히 어두움의 세력이 공동체를 삼키려는 것처럼 보일 때 위안을 준다. 요한계시록 1:9-20에 처음으로 묘사된 그리스도의 모습은 이와 유사한 특징을 보여준다. 요한은 성경에서 '옛적부터 계신 자'의 성격을 나타내고 있는 이미지로 승귀하신 인자를 묘사한다. 인자는 하나님의 호칭 즉 "처음이요 나중"이라는 호칭을 가지시고, 그 손에 사망과 음부의 열쇠를 쥐고 계신다고 선언하신다. 하나님의 두려우신 능력으로 예수는 교회들 가운데 서 계신다.

현대적 의미

우리는 모든 것이 조용할 때 여유 있게 용기가 있다고 주장한다. 우리는 구출 받아야 할 긴급한 필요성을 느끼지 않을 때 하나님의 구원의 능력에 대한 믿음을 가질 수 있다. 그러나 우리가 극단적인 압력을 받게 될 때, 예수가 자기 백성들을 돌보시고 극단적인 위기에서 보호하신다는 용기와 확신이 신속하게 사라질 수 있다. 마가는 극단적인 압박과 노도광풍과 같은 박해에 직면해 있는 공동체들을 위하여 자신의 복음서를 기록했다. 마커스(Marcus)는 이 복음서 기록자가 공동체로 하여금 "자기들을 삼켜버릴 것 같은 파도치는 혼돈으로부터 눈을 들어 하늘의 보좌에 앉아 계신 분, 즉 모든 폭풍 가운데서 절대적인 권력을 가지고 계신 그분을 바라보는데 집중하도록 하기 위하여 이 책을 의도했다"고 주장한다. 그는 계속하여 말한다.

> 이러한 비전에 비추어, 귀신들과 인간들의 난폭한 대적은 그것이 처음에는 극심한 것처럼 보이지만 실제로는 불신앙적인 머리만 살짝 흔드는 정도의 가치를 갖는 현상이다. "통치자들이 어떻게 감히 살아 계신 하나님을 대적할 수 있겠는가? 그들은 자기들이 대항하고 있는 자가 누구인지를 알지 못하고 있는가?…악마적 세계에 대항하여 전쟁을 지휘하시는 예수의 무적의 능력에 대한 마가의 묘사는 그의 공동체로 하여금 대적들에 대한 두려움을 극복하게 할뿐만 아니라 시편[2편]에 울려 퍼지는 하나님의 웃으심과 합류하도록 만들어준다. 원수의 세력들로 하여금—그들이 생각하기에—죽음에 이르게 할 정도로 악한 일을 하게 내버려두라. 곧 그들에게 하나님의 웃으심이 임할 것이다.…[16]

교회 역사를 통하여 신자들은 배로 밀려드는 파도로 인해 맹렬한 공격을 당했던 제자들에 대한 이 기사를 포착하여 그것을 교회 이미지에 적용했다. 터툴리안은 2세기에 "그 작은 배가 교회의 모습으로 나타나며, 교회는 바다 가운데서, 말하자면 세상의 물결로 말미암아 그리고 박해와 유혹으로 말미암아, 평안을 얻지 못하고 있다"고 해석했다(*On Baptism* 12). 이것을 오늘날의 상황에 적용하면, 우리는 신앙 공동체를 위협하고 두려움으로 마비시키고 있는 폭풍들을 열거할 수 있다. 우리는 우리의 눈을 소동을 넘어서 만물을 통치하는 분에게로 향함으로써 사실상 바다에서 네 번의 파선을 당했던 바울과 같은 확신을 가져야 한다(고후 11:25; 또한 행 27:39-44). 바울은 박해의 극심한 위험에 직면하여 자신이 완전히 깨어지고 살 소망이 끊어지는 것처럼 느꼈다(고후 1:8-10). 그는 이렇게 고백한다. "우리가 사방으로 우겨쌈을 당하여도 싸이지 아니하며 답답한 일을 당하여도 낙심하지 아니하며 박해를 받아도 버린바 되지 아니하며 거꾸러뜨림을 당하여도 망하지 아니하고"(4:8-9).

마가복음에 있는 이 기사는 아직도 사탄의 영향 아래 있는 세상에서 곤경에 처해 있는 인간의 상황을 다루고 있다. 대적들이 채질을 하고 교회가 실패를 하고 있는 것처럼 보이는 때가 여러 번 있다. 커밍스(E. E. Cummings)가 이러한 걱정을 표현한 바와 같다. "왕 그리스도시여, 이 세상은 모두 새고 있고, 생명을 보호하는 것들은 아무도 없나이다." 그러나 예수는 이 죽을 생명의 위험으로부터가 아니라 영원한 멸망으로부터 이미 우리를 구원하셨다. 이러한 사실에 대한 신뢰가 용기와 신뢰심을 가지고 모든 위험을 극복하게 한다. 우리의 배가 대적의 물결에 흔들리고 물에 잠길 때, 우리는 어떻게 처신할 것인가? 우리는 정신을 잃고 신앙을 상실한 것으로 인해 제자들처럼 책망을 받을 것인가? 예수가 하나님이시고 사망을 통과해 나가는 중에도 우리를 보호할 것이라는 사실을 아는 것이 우리로 하여금 무엇을 준비하게 하는가?

폭풍을 잔잔케 하신 일은 하나님이 통치하신다는 사실, 즉 인간의 내부이든 외부이든, 무엇이든 간에 "사탄의 적대하는 세력들은 하나님의 거룩한 자이신 예수를 통하여 무너진다"는 사실을 선언하는 예수와 관계가 있다.[17] 그는 황폐함을 몰고 오는 세력들이 침략한 혼돈세계에 하나님의 통치를 회복시키신다. 그러나 대부

16. Macus, *The Way of the Lord*, 76.
17. Kallas, *The Significance of the Synoptic Miracles*, 91.

분의 사람들은 파괴하려고 으르렁거리는 자신들의 작은 세계와 폭풍우에 대해 걱정한다. 각자의 상황 가운데서 많은 사람들은 아주 다른 종류의 물결에 휩싸여 있다고 느낀다. 제자들처럼 그들도 도와달라는 부르짖음에 하늘로부터의 냉혹한 침묵만 흐른다고 느낀다. 삶은 단지 바다를 통한 위험만이 아니라 다양한 위험으로 가득하다.

예수가 평화롭게 주무시는 동안 제자들의 절망은 시련의 때에 주님이 함께 하시지 않으신다는 교회의 느낌과 개인의 버려짐의 느낌과 유사한 것처럼 보일 수도 있다. 우리는 보다 처참하게 신랑이 사라졌다고 느끼거나(2:20) 그가 여기에 계시지 않다(16:7)고 느낄 때가 있다. 태풍이 우리의 삶을 휩쓸어갈 때, 예수는 우리의 곤경에 냉담하고, 고물에서 주무시거나 안 계시는 것처럼 보일 수도 있다. 직업이나 건강이나 친구들을 잃어버린 많은 사람들은 예수가 의도적으로 자기들의 불운을 무시하고 관심을 보이고 있지 않다고 느낄 수 있다. 두려움은 하나님이 돌보지 않는다는 절망감으로 이끌어간다.

아메리카의 첫 번째 외지 선교사인 아도니람 허드슨은 아내가 죽은 다음 불과 수개월 후에 딸 마리아가 죽었을 때 깊은 낙심에 빠졌다. 그의 슬픔은 더욱 증가되었다. 딸이 아픈 동안 아내와 함께 그 딸을 돌보지 못했기 때문이었다. 영적 절망의 물결에 잠긴 그는 울부짖었다. "하나님은 나를 너무도 모른척하시는구나. 나는 그를 믿지만, 그분을 발견할 수가 없구나."[18]

폭풍우의 기적은 예수가 문제를 즉시 해결하셨기 때문에 우리가 어떻게 인내하면서 역경을 이겨내느냐를 가르치지 않는다. 이 이야기에서 강조는 예수가 누구신가에 있지, 제자들이 부르짖을 때마다 초조해 하는 제자들을 위기에서 그가 어떻게 구원하시는가에 있지 않다. 삶에서 일어나는 모든 폭풍을 잠잠케 하는 이적적인 개입을 기대할 수는 없다. 폭풍들은 누구도 피할 수없는 삶의 일부분이다. 잠잠한 바다는 없으며, 모든 선원들은 갑작스러운 일이 일어날 것을 예상하는 법을 배워야 한다. 혼돈이 우리의 삶을 공격하고, 그것이 아주 갑작스럽게 일어날 수 있다. 한 순간 모든 것이 잘되어 나가다가, 갑자기 사방이 지옥과 같을 수 있다. 어부들이었던 제자들은 갑작스런 돌풍이 호수를 위협한다는 사실을 알고 있었지만, 그것들이 나타났을 때 쉽게 대처하지 못했다. 루이스(C. S. Lewis)는 고난에 대해서 다른

18. Courtney Anderson, *To the Golden Shore. The Life of Adoniram Jusdson*(Grand Rapids: Zondervan, 1972), 391.

사람에게 강의를 했으나, 그것이 실제로 그의 삶에 닥쳤을 때, 쉽게 참아낼 수 없었다. 사랑하던 사람의 죽음, 갑작스런 퇴직, 친구의 배신, 소중히 여겼던 모든 것을 파괴하는 뒤틀린 것들의 맹공격은 우리가 마치 태풍을 만난 작은 조가비인 것처럼 삶을 휘젓는다.

유리피데스는 이렇게 기록했다. "바다의 폭풍을 피하여 항구에 도착한 사람은 복이 있도다. 고통으로부터 헤쳐 나온 사람은 복이 있도다"(Euripides, *Bacchae* 2.901-2). 유리피데스는 인생에서 으르렁거리는 돌풍으로부터 사람들을 구원하시는 자비로우신 하나님을 알지는 못했다. 그는 참된 행복이란 인생의 폭풍을 잠잠케 하실 수 있는 예수를 따름에 있다는 사실을 알지는 못했다. 마가복음을 읽으면, 우리를 폭풍 '으로부터' 구출하는 것이 아니라 폭풍을 '통해서' 구출하시는 구세주를 의지하는 법을 배우게 된다.

기독교는 세상의 불확실성과 불안정으로부터 도피하는 피난처가 아니다. 어떤 사람은 너무나도 소심하여 첫 단계에서 배 안으로 들어가지 못할 수도 있다. 다른 사람들은 배가 출항하지 않고, 해변의 안전지대에 피해 있기를 바랄 수도 있다. 하지만 그럴지라도 그들은 노도하는 악령들을 만난다(5:2). 인생에서 안전한 곳은 없으며, 예수와 함께 있을 때만 안전을 누릴 수 있다. 예수에게서만이 이 세상이 알지 못하고 줄 수없는 평온함을 발견할 수 있다.

그리스도인은 예수가 강한 자와 싸워서 이기셨다는 사실을 알고 있다. 그리스도인은 예수가 사나운 폭풍을 잠잠케 하셨기에 자연적인 것이든 초자연적인 것이든, 삶과 죽음으로부터 두려워할 이유를 가지고 있지 않다(롬 8:31-39).

마가복음 5:1-20

1 예수께서 바다 건너편 거라사인의 지방에 이
르러
2 배에서 나오시매 곧 더러운 귀신 들린 사람
이 무덤 사이에서 나와 예수를 만나니라
3 그 사람은 무덤 사이에 거처하는데 이제는
아무도 쇠사슬로도 맬 수 없게 되었으니
4 이는 여러 번 고랑과 쇠사슬에 매였어도 쇠
사슬을 끊고 고랑을 깨뜨렸음이러라 그리하
여 아무도 그를 제어할 힘이 없는지라
5 밤낮 무덤 사이에서나 산에서나 늘 소리 지
르며 돌로 자기의 몸을 해치고 있었더라
6 그가 멀리서 예수를 보고 달려와 절하며
7 큰 소리로 부르짖어 이르되 지극히 높으신
하나님의 아들 예수여 나와 당신이 무슨 상
관이 있나이까 원하건대 하나님 앞에 맹세하
고 나를 괴롭히지 마옵소서 하니
8 이는 예수께서 이미 그에게 이르시기를 더러
운 귀신아 그 사람에게서 나오라 하셨음이라
9 이에 물으시되 네 이름이 무엇이냐 이르되
내 이름은 군대니 우리가 많음이니이다 하고
10 자기를 그 지방에서 내보내지 마시기를 간구
하더니
11 마침 거기 돼지의 큰 떼가 산 곁에서 먹고 있
는지라
12 이에 간구하여 이르되 우리를 돼지에게로 보
내어 들어가게 하소서 하니
13 허락하신대 더러운 귀신들이 나와서 돼지에
게로 들어가매 거의 이천 마리 되는 떼가 바
다를 향하여 비탈로 내리달아 바다에서 몰사
하거늘
14 치던 자들이 도망하여 읍내와 여러 마을에 말
하니 사람들이 어떻게 되었는지를 보러 와서
15 예수께 이르러 그 귀신 들렸던 자 곧 군대 귀
신 지폈던 자가 옷을 입고 정신이 온전하여
앉은 것을 보고 두려워하더라
16 이에 귀신 들렸던 자가 당한 것과 돼지의 일
을 본 자들이 그들에게 알리매
17 그들이 예수께 그 지방에서 떠나시기를 간구
하더라
18 예수께서 배에 오르실 때에 귀신 들렸던 사
람이 함께 있기를 간구하였으나
19 허락하지 아니하시고 그에게 이르시되 집으
로 돌아가 주께서 네게 어떻게 큰 일을 행하
사 너를 불쌍히 여기신 것을 네 가족에게 알
리라 하시니
20 그가 가서 예수께서 자기에게 어떻게 큰 일
행하셨는지를 데가볼리에 전파하니 모든 사
람이 놀랍게 여기더라

원 의미

예수는 호수 한쪽에서만 제한적으로 이적을 일으키지 않으신다. 그는 하나님의 통치를 선포하시고 하나님의 은혜를 거라사인의 지역을 포함하여 멀리 그리고 널리 보여주신다.[1] 돼지를 기르는 지역으로 호수를 가로질러 가는 것은 단순히 운동 삼아 산책하는 것이 아니다. 예수는 대적의 점령 하에 있는 외부인의 영역에서 권리를 주장하기 위하여 과감하게 발걸음을 디디시고, 이 세상에서 하나님의 통치는 확대해 나가도록 의도되어 있다는 사실을 드러내고 있다. 이어지는 대결은 바다든 땅이든 어느 곳이라도 사탄과의 투쟁이 있게 될 것임을 보여준다.

귀신들린 자와의 만남(5:1-5)

예수가 배에서 내렸을 때, 그는 즉시 귀신들에게 붙잡힌 또 다른 사람과 대면하게 된다. 가는 곳마다 화학적 촉매 작용을 하는 사람처럼, 예수의 거룩한 임재는 불결한 사람으로부터 즉각적인 반응을 유발시킨다. 그런데 이 귀신들은 두려움으로 움츠려들지 않고, 그 사람을 예수에게 돌진하도록 만든다. 마가만이 이 사람의 상황에 대한 생생한 기사와 그가 어떻게 취급되었는지를 제공하고 있다. 이러한 묘사는 "제자들의 배가 그러했던 것처럼 그가 귀신들에 의하여 폭풍이 몰아치는 사람과 같다"는 사실을 계시해준다.[2] 그 사람이 거하는 곳은 시체가 있는 더러운 곳이고,[3] 그 사람 자신이 더러운 귀신들의 처소이다.[4] 그는 죽은 자를 위하여 남겨놓은 음식을 먹으면서 무덤에서 살아남았을 수도 있다. 누덕누덕한 옷 조각들은 그의 생명의 파멸을 상징했다. 날뛰는 행실은 그가 살았던 공동체에 위협을 주었던 것으로 보인다. 그들은 그를 묶어둘 수 없었고, 족쇄와 철사줄과 같은 사슬을 끊을 정도로 힘이 강했다(5:3).

이 귀신들린 사람의 사나운 힘에 대한 설명은 5:5에 되풀이된다. 즉 아무도 그를 제어할 힘이 없었다. 여기서 사용된 헬라어 단어('다마조')는 야생동물을 길들이는데 사용되었으며, 보다 나은 번역은 "아무도 그를 복종시킬 수 없었다"이다. 분명히 이 귀신들린 사람은 제멋대로 돌아다녔다. 그를 제어하려는 모든 시도도 허사였기 때문이다. 그는 거칠었고, 철장이나 철로 된 사슬 이상으로 강한 힘만이

---

1. 현대의 예라쉬인 거라사는 호수로부터 30마일 지점에 있었다. 본문은 거라사에 의하여 지배를 받는 영토인 것처럼 말하고 있다. 아마도 원래 이곳은 이제 케르사(Kersa) 혹은 쿠르시(Koursi)로 불리는 동쪽 해안에 있는 도시를 가리켰을 것으로 보인다. 이것은 데가볼리의 한 구역으로서 거라사로 더 잘 알려진 도시에 대한 후대의 오류였다. 바다로부터 거라사의 거리가 가다라(Gadara) 혹은 게르게사(Gergesa)에서 있었던 사건을 가리키고 있는 본문상의 이문들을 불러일으켰을 수도 있다.
2. Minear, *Mark*, 73.
3. 무덤들은 자주 동굴 가운데 위치해 있었고, 귀신들의 소굴로 알려져 있었으며, 산은 위험한 곳으로 생각되었다.
4. Waetjen, *Reordering of Power*, 114.

그를 제어할 수 있었다. 동사인 "길들이다"의 번역이 본문에 대한 또 다른 범위를 열어준다. 주로 인간에게는 "길들이다"는 말을 적용하지 않는다. 야생동물(혹은 혀, 약 3:8)에게만 해당한다. 사람들은 그를 야생동물처럼 취급하고, 그는 동물처럼 행동한다.

그는 사회에서 부랑자로 추방을 당했고, 돌로 자기 몸을 상하면서 밤새도록 부르짖는 그의 비명소리에도 잠을 방해받지 않고 잘 수 있는 자(시체)와 함께 거해야 한다.[5] 그는 구원을 위하여 탄식하고 있는 피조물 전체의 축소판이다(롬 8:22). 그는 시체의 썩어져 가는 뼈들 가운데서 아무도 그를 사랑해 주지 않고 사랑할 사람도 없는 상태에서 일생을 살아가도록 정해져 있다. 악한 영들은 언제나 인간성을 손상시키고 삶을 파괴한다.

더러운 귀신들과의 충돌(5:6-13)

마가는 예수와 이 못쓰게 된 사람을 조종하는 악령(들)간의 긴장감 있는 충돌을 제공해 주고 있다. 수가 혼란스럽게도 단수(5:7, 9, 10)에서 복수(5:9, 12, 13)로 전환하고 있는 것은 악령들이 그 사람을 대변자로 사용하고 있다는 사실과 그가 모든 귀신들이 거주하는 악마의 만신전이라는 사실을 암시한다. 외관상으로 볼 때, 명확한 순서는 알 수 없으나, 예수는 악령을 명하여 그 사람에게서 나오라고 말씀하셨던 것으로 보인다(5:8). 인간의 역사 속으로 들어오는 실체를 파악할 수없는 인간들과는 달리(4:41), 악령들은 언제나 예수의 기원을 인정하며(1:24; 3:11; 또한 약 2:19을 보라), 그의 임재 앞에서 두려워 떤다. 그들은 심히 우월한 화력과는 상대가 되지 않는다는 것을 알고 있다.

그러나 이 귀신들은 귀찮게 한다. 쫓아냄을 당하지 않으려는 필사적인 저항 속에서 이들은 축사자의 속임수라는 가방으로부터 나온 작전을 가지고 교착상태를 만들어내면서 순간적으로 성공을 거두는 것처럼 보인다. 이들은 말만으로 쫓아낼 수 있는 귀신이 아니다. 그들은 술책을 부리고 있으며, 그 투쟁은 재미있는 기사를 만들 뿐만 아니라, 예수의 궁극적인 승리를 더욱 의미심장하게 만든다.[6] 그럼에도

5. 그는 분명히 괴롭힘을 당하는 고립된 상황에서 외치는 발광한 영혼으로 간주되어온 사람이었을 것이다. 이 저능한 사람은 밤에 홀로 밖으로 나가서 장지에서 잠들었고, 그의 옷은 찢겨졌고, 그가 받은 것은 잃어버렸다(*t Ter* 1.3; *y Ter* 1:1, 40b; *b Hag* 3b), 그러나 만약 이런 일들이 비정상적인 태도로 행해졌다면 그러한 사람은 미친 사람으로 간주되었다.

불구하고 축사는 투쟁을 필요로 한다.

우회적인 작전은 예수 앞에 귀신들린 사람으로 하여금 스스로 엎드리게 한다. 이러한 행동이 거짓 경배이든 확신하는 복종이든 악령은 예수로 하여금 자기들을 떠나도록 설득하는 속임수를 쓴다. 귀신들에게 붙들려있는 사람은 큰 소리로 "나와 당신이 무슨 상관이 있나이까?"(참조. 1:24)라고 외치고, "지극히 높으신 하나님의 아들 예수여"라고 이름을 부름으로써 그분을 지배하려고 시도한다. 앞에서 언급한 바와 같이, 다른 사람들을 지배하는 권력을 가진 사람은 그들의 이름을 안다. 그들이 예수의 이름을 선포하였을 때, 그들은 실제로 "우리는 당신의 의중을 간파했다"고 말하고 있는 것이다. 또한 그들이 이 불쌍한 사람을 참을 수 없게 괴롭혔음에도 불구하고, 예수에게는 자기들을 괴롭히지 말도록(아마도 그들을 멸하지 말도록, 1:24) 하나님의 이름으로 예수에게 탄원한다. 그들은 자신들을 보호하기 위하여 하나님의 이름을 불러 하나님의 아들을 잠잠하게 하려고 구한다.

예수는 귀신의 이름을 물음으로써 주의를 딴 데로 돌리게 하는 그들의 속임수를 받아넘기시는 것으로 보인다. 그러나 악령은 이름 대신 숫자를 말함으로써 그 질문에 답을 피한다. "내 이름은 레기온(로마의 군대단위)이니이다"(5:9)는 로마의 한 레기온의 숫자(6,000명의 보병과 120명의 기병으로 이루어짐)다. 이 사람은 최소한 2,000마리의 돼지를 미치게 할 수 있는 한 군단의 귀신들에게 사로잡혀 있다(참조. 5:15, "군대 귀신 지폈던 자").[7] 이러한 이유로 인해 5:12-13에서 삼인칭 복수동사와 복수형 "악령들"(5:13)로 수가 전이한다. 예수와 귀신들 간의 정신을 집중케 하는 지혜의 싸움의 결과는 악령들이 익숙한 환경을 떠나게 될 것을 염려하는 것으로 나타난다. 유대인의 관점에서 볼 때, 대부분 이방 지역이 귀신들의 고향으로 이해된다. 그들은 그곳이 자기들의 영토인 것으로 생각하지만 예수의 사역에 나타나는 하나님의 나라는 모든 땅에까지 그 권세가 미친다. 안전한 사탄의 보호령은 없다.

1세기에는 악령들이 목적 없이 떠돌아다니는 것으로 싫어했다는 통속적인 믿음이 있었다. 그들은 허공을 싫어했고, 어떤 곳에 서식하기를 원했다. 인간 숙주(宿主)가 가장 좋았다. 그렇지 않으면 돼지 떼에게 들어가서 서식할 것이다. 메마른 땅에 떠도는 것보다, 만일 땅 귀신이라면 바다에 있기보다, 어떤 물질을 더 좋아한

6. Gundry, *Mark*, 251.

7. Minear, *Mark*, 74.

다(마 12:43; 눅 11:24).[8] 그러므로 악령들은 산중턱에서 먹고 있는 많은 돼지 떼에게 보내달라고 요구한다.

예수는 그 요구를 들어주시는 아주 자비로우신 분으로 보이지만, 그것은 놀라운 결말로 이끌어간다. 그리스도인들은 "너희 대적 마귀가 우는 사자 같이 두루 다니며 삼킬 자"(벧전 5:8)를 찾으므로 근신하여 깨어있으라고 경고를 받는다. 마귀는 돼지 떼까지도 삼킬 준비를 하고 있다. 이 귀신들은 그들이 거주하고 있는 곳이 무엇이든 그 안에 열광의 경련을 일으키고, 그들이 피하기를 원하는 바로 그 일을 일으킨다. 통합된 군단의 힘은 본능 없는 짐승인 돼지들이 쇄도하여 떠도는 쥐 떼처럼, 바다로 내려가서 물 속으로 들어가게 하고, 거기서 그들과 악령들은 멸망당한다.[9] 제자들이 탄 배를 거의 침몰시킬 뻔했던 바다의 멸망시키는 세력이 이제 돼지들을 삼켜버린다.[10] 방금 전에 바다에 대한 지배력을 나타내셨던 예수(4:39, 41; 비교. 시 65:7; 88:9; 106:9; 107:23-32)는 그들을 쫓아내는데 있어서 일일이 악령들의 이름을 알 필요가 없었다. 그 자폭 귀신들은 "자신들의 계획에 희생제물이 되었고 무저갱 속으로 곤두박질치고 들어간다."[11] "다른 사람을 놀리면 오히려 자

---

8. *T Sol* 5:11은 항변한다. "내가 물을 끼얹는다고 비난하지 말라."

9. 어떤 주석가들은 미치광이가 돼지들 가운데서 미친 듯이 소리를 지르고 달리기 시작하여 그들로 하여금 흩어지게 했다고 주장함으로써 돼지 떼가 몰려간데 대해 합리적인 설명을 한다. 그러나 마가복음에서 귀신들은 결코 조용히 물러가지 않는다(1:26). 그리고 그들은 자기들이 거주하는 곳마다 그곳을 파멸로 이끌어가도록 만든다. 레인(Lane, *Mark*, 186)은 다음과 같이 해석한다. "하나님의 피조물을 파멸시키는 것이 그들의 목적이며, 인간을 멸망시키는 일이 중단되자, 돼지와 함께 자기들의 목적을 이루었다." 어떤 주석가들은 또한 귀신들이 마을 사람들로 하여금 예수를 대적하도록 하기 위하여 복수심에 불타서 돼지들을 멸망시켰다고 주장한다. 만일 사실이 그러하다면 귀신들은 성공한 것이다.

10. 몇몇 사람은 이 기사를 로마인들에 관한 혁명적 교훈 이야기로 각색하려고 한다. 폴 윈터(Paul Winter, *On the Trial of Jesus* [Berlin/New York. Walter de Gruyter, 1974], 180-81)는 주후 70년에 예루살렘을 멸망시켰던 제 10번째 로마군단의 기장은 멧돼지의 형상을 지니고 있었다고 지적했다. 그는 이 이야기가 호수에서 수영하다가 빠져죽은 어떤 로마 군단들로부터 유래되었다고 주장했다. 도미닉 크로싼(J. Dominic Crossan, *Jesus A Revolutionary Biography* [San Francisco. Harper, 1994], 89-91)은 이 이야기가 개별적으로 귀신들린 사람의 모습을 한 로마인들의 식민지 압제행위로부터 유래한 것이라고 주장함으로써 이 이론을 확장해 나간다. 사실상, 많은 사람들이 로마 군대의 속박을 격심하게 느꼈고 그들을 다름 아닌 바다에 빠진 로마군단들로 보기를 좋아했을 것이다. 그러나 이 이야기는 그러한 점을 전달하기 위하여 고안되었다고 보기는 어렵다. 만일 *Testament of Solomon* 11:1-6에 있는 이 기사와 두드러지게 유사한 사건이 마가복음서에 있는 이 기사에 영향을 주었다면 내재된 정치적 메시지는 없다. 만일 그 유사한 사건이 복음서의 사건과 무관하다면, 이 기사는 로마에 대한 어떤 암시도 없이 귀신들의 군단 개념에 대한 증거를 제공하고 있는 것이다. 마가가 볼 때, 하나님의 백성이 직면하고 있는 악은 로마군대의 압제보다 훨씬 더 심각하다.

11. Robert G. Hamerton-Kelly, *The Gospel and the Sacred Poetics of Violence in Mark*(Minneapolis: Fortress, 1994), 93.

신이 놀림감이 된다."[12] 유대인의 입장에서 볼 때, 이 장면은 하나의 웃음거리이다. 즉 더러운 귀신들과 더러운 짐승들이 모두 일시에 제거되었고, 인간은 깨끗함을 받았다.

마을 사람들과의 충돌(5:14-17)

그 사람의 회복에 대한 마을 사람들의 반응(5:15-17)은 놀랍다는 것이다. 마을 사람들이 도착할 때, 그들은 돼지 떼에게 일어난 일에 놀란 것이 아니라 이 사람이 이제 의복을 입고 올바른 정신을 가진 것에 놀란다. 그들은 그 사람의 회복을 기뻐하지 않고 두려워했다. 심히 온전치 못했던 자가 예수의 발 앞에 앉아있는 것을 본다는 것은 얼마나 두려운 일인가? 마을 사람들은 필사적으로 그를 쇠사슬과 족쇄로 제어하려고 했으나 모든 것이 허사였다. 이제 예수가 말씀 한마디로 귀신들의 사슬로부터 그를 자유하게 하셨다. 제자들도 예수의 큰 능력에 두려움을 표현했고(4:41), 자기들과 함께 한 이분이 누구인지 놀라워했었다.

하지만 이 마을 사람들은 예수가 그러한 능력을 가진 사실에 대해서는 상관하지 않는 것으로 보인다. 그들은 단지 그가 가기만을 원한다. 그들은 자기들의 마을로 오시도록 환영하기는커녕 그분을 냉대한다(5:10). 마을 사람들은 이제 예수가 그 지역을 떠나도록 간구한다. 그들은 귀신들을 쫓아낼 수 있는 사람과 함께 있기보다는 인간을 포로로 잡고 짐승들을 멸하는 악한 세력과 함께 있는 것을 더 편하게 생각한다. 그들은 제멋대로 날뛰면서 이웃을 공포에 떨게 하는 귀신들린 기묘한 사람과는 함께 잘 지낼 수 있다. 그러나 예수의 능력을 소유한 사람과는 호수만큼의 거리—바다의 건너 편 만큼의 거리—를 유지하기를 원한다. 그들은 예수를 귀신들보다 더 위험한 존재로 그리고 귀찮은 존재로 생각한다.

귀신들은 자신의 영역을 지키는 경향이 있지만, 예수가 소유한 것과 같은 그러한 능력을 가진 사람을 누가 제어할 것인가? 귀신들의 요구를 인정해주셨던 것처럼, 예수는 이제 마을 사람들의 요구를 인정하여 그들을 떠나가신다. 이 어리석은 마을 사람들은 보아도 보지 못하고 들어도 듣지 못하는 외인들이다(4:10-12). 그들은 예수가 제공해 주시는 도움을 인정하지 않고, 그분으로 하여금 머물도록 초대하거나 아프거나 마귀 들린 사람들을 데려오지도 않는다(8:16; 9:32). 그들은 그

12. Minear, *Mark*, 74.

들의 구출과 구원의 원천을 쫓아낸다. 백성들은 자기들의 사업에 영향을 미치지 않는 한에서, 종교를 관용할 수 있다(행 16:19; 19:24-27).

회복된 사람에 대한 예수의 지시(5:18-20)

관심이 귀신들렸던 사람에게로 옮겨가고, 그 사람의 예수에 대한 두려움은 귀신들의 추방과 함께 사라졌다. 그는 제자들의 위치에 앉아서(눅 10:39; 행 22:3), 제자들이 하는 것처럼 "예수와 함께 있기를" 요구한다(3:14). 마을 사람들은 예수가 떠나시기를 구했다(5:17). 이 사람은 예수와 함께 있기를 구한다(5:18). 이 기사에 있는 또 다른 놀랍고 미묘한 성격은 예수가 그의 간청을 사절할 때에 나타난다 이 요구는 이 이야기에서 예수가 인정하지 않은 유일한 것이다. 마가는 이러한 거절에 대해서 어떤 설명도 하지 않는다.[13] 이 사람의 요구에 대한 예수의 거절이 나쁜 소식인 것처럼 보이지만, 그것은 가족의 환대, 장소와 정체성에 대한 의식, 그리고 목적의식을 동경했던 사람에게는 좋은 소식일 수 있다.[14] 예수는 그가 가족을 회복시킬 수 있도록 그를 집으로 보내신다.

예수는 하나님이 어떻게 그에게 자비를 베풀어주셨는지를 전파하라고 말씀하심으로써 그가 지금까지 지켜온 침묵하라는 요구와 반대로 나가신다. 왜 그러한가? 그가 이방인들 가운데서는 메시야 의식의 고조를 두려워하지 않기 때문인가, 아니면 이 장소가 말씀을 뿌리기 시작하는 어떤 증인을 필요로 하기 때문인가? 예수는 사람들이 동네를 떠나기를 원하는 바람을 인정할 수 있었으나, 그의 임재라는 심령을 흔드는 증거를 그곳에 남겨놓으신다. 군대귀신을 가졌던 불명예스러운 이 사람은 남아서 하나님의 은혜로 자신이 어떻게 구원을 받았는지를 선포한다. 그 결과 예수에 관한 복음이 데가볼리로 전파되어 확장해 나간다.[15] 그 사람의 증거로 말미암아 발생한 성공은 돼지들 가운데 들어갔던 귀신들로 인해 발생한 성공

13. 아마도 마가는 무덤들 가운데서 살고 돼지들에게 둘러싸여 살고 있는 이방인이라는 사실을 생각하도록 만든다. 이방인으로서 그는 아직 이스라엘의 선교를 위한 예수의 계획에는 어울리지 않는데, 이는 유대인인 예수가 이방인의 영토에서 잘 어울리지 않고 떠나도록 요구를 받은 것과 같다.

14. 마가복음에서, 예수는 자신이 고쳐준 누군가에게 제자로서 자신을 따르라고 결코 요구하신 것이 없다.

15. 데가볼리에 있는 성읍들 목록은 부정확하지만 대부분 다메섹, 라바나, 디우스, 카나타, 스키도볼리, 가다라, 힙포스, 펠라, 거라사, 빌라델피아를 포함한다. 그 도시들은 수리아의 로마 통치자의 행정관할 아래에 있었고 문화와 종교에 있어서 헬라적 생활방식으로 말미암아 그들 주변의 환경과는 달랐다. 요세푸스의 글들은 유대인들과 이들의 관계는 적대적인 관계였다고 암시한다(*Life* 64 §§ 341-42; 74 § 410).

보다 예수가 누구신지를 밝히는데 더 큰 효과를 가져온다. 5:19-20의 기독론적 정교함을 간과하지 않아야 한다. 예수는 그 사람에게 말씀하신다, "집으로 돌아가 주께서 네게 어떻게 큰일을 행하사 너를 불쌍히 여기신 것을 네 가족에게 알리라" (5:19). 이 사람은 단순히 자기에게 일어난 이적에 관해서 백성들에게 말한 것이 아니라, 그 이적이 무엇을 의미하는지를 말한다. 주께서 역사 하셨다. 하지만 예수가 그를 치유해주신 분이고, 그 사람은 예수가 자기를 위하여 행하신 일들을 알린다(5:20). 예수에게 있어서 하시는 모든 일들은 하나님께 영광이 돌아가도록 계획되었다. 마가에게 있어서 예수는 주님과 동일한 호칭이다(1:3; 12:36-37). 예수가 행동하시는 곳에 하나님이 행동하신다.[16]

상황잇기

이 기사는 이야기를 우리 시대로 이끌어오는데 두 가지 이슈를 일으킨다. (1) 이것은 선행적 은총의 한 실례로서 역할한다. (2) 귀신의 종된 사람과의 충돌은 우리가 이 메시지를 우리 시대의 문화권으로 성공적으로 전달하기 전에 신중한 분석이 필요하다. 문화적 만남은 다양한 특징을 가졌는데, 각기 현대의 다른 상황으로 적용하여 말할 수 있다.

선행적 은총의 실례

이사야 65:1-5a은 이 이야기에 대한 흥미로운 배경을 이룬다.

나는 나를 구하지 아니하던 자에게 물음을 받았으며
　나를 찾지 아니하던 자에게 찾아냄이 되었으며
내 이름을 부르지 아니하던 나라에
　내가 여기 있노라
　내가 여기 있노라 하였노라
내가 종일 손을 펴서
　자기 생각을 따라
옳지 않은 길을 걸어가는

16. Marcus, *The Way of the Lord*, 40.

패역한 백성들을 불렀나니
곧 동산에서 제사하며
벽돌 위에서 분향하여
내 앞에서 항상 내 노를 일으키는 백성이라
그들이 무덤 사이에 앉으며
은밀한 처소에서 밤을 지내며
돼지고기를 먹으며
가증한 것들의 국을 그릇에 담으면서
사람에게 이르기를 너는 네 자리에 서 있고 내게 가까이 하지 말라
나는 너보다 거룩함이라.[17]

이 구절들이 마가복음에 있는 이야기와 평행을 이루고 있다는 사실을 즉시 알아챌 것이다. 귀신들에 대한 언급(5:2; 사 65:3), 무덤 사이에 거주(5:3, 5; 사 65:4a), 가까이 하지 말라는 경고(5:7; 사 65:5a), 그리고 돼지들에 대한 언급(5:11; 사 65:4b). 이사야서의 이러한 배경은 예수가 이방의 행습이 넘치고 하나님의 이름을 부르지 않는 곳에 다다르신다는 사실(사 65:1)을 밝히는데 도움을 준다. 초대교회 공동체에 이 이야기는 복음이 이스라엘이라는 거룩한 경계를 넘어서 이방 세계로 확대될 것이라는 사실을 입증해 준다.

이 경우는 오늘날의 교회에는 해당되지 않지만, 이 사건을 이사야서의 내러티브와 나란히 읽으면 하나님 나라의 전파를 지배하는 선행적 은총이라는 신학적 원리를 나타낸다. 하나님은 인간들에게로 나아가심에 있어서 호수 건너편 돼지들과 귀신들로 가득한 불결한 땅에 거주하는 사람들까지 주도권을 잡고 일하신다. 하나님은 전혀 그분을 찾지 않은 자들 혹은 하나님에게 돌아오려고 생각지도 않았던 자들을 찾으신다. 시편기자는 말한다. "내가 환난 중에 여호와께 부르짖었더니 내게 응답하셨도다"(시 120:1). 귀신의 일관성 없는 부르짖음은 구체적으로 신이 아닌 공중을 향한 것이다. 당연히 그들은 응답을 받지 못한다. 그는 하나님을 찾지 않고, 치료를 구하지도 않는다. 귀신의 세력에 사로잡힌 그는 치유가 다가올 때에 그 치유까지도 저항한다. 그가 거주하고 있는 영역도 역시 저항한다. 그러나 우리는 하나님의 자비와 사랑의 능력이 존재하고 있다는 사실도 알지 못하고 또 그것이

17. Franz Annen, *Heil für die Heiden*(Frankfurt: Joseph Knecht, 1976), 182-84.

그들의 삶에 들어올 때 우선해서 저항하는 사람들을 붙잡아 변화시키시는 하나님의 능력을 보게 된다.

다양한 면을 가진 기사

우리의 세계와 다리를 놓기 위해서, 이 이야기에 들어있는 사건은 다양한 면을 가졌다는 사실을 인식하는 것이 도움이 된다. 예수는 이 이야기에서 각기 다른 세 인물들을 만난다. 예수가 물리친 악령, 고친 사람, 놀라는 마을 사람들이다. 이들은 각기 요구를 한다. 귀신들은 같은 곳에 머물게 해줄 것과 자기들을 근처에 있는 돼지 떼에게 들어가게 해달라고 요구한다. 마을 사람들은 예수에게 자기네 마을에서 떠나달라고 요구한다. 귀신들렸던 사람은 예수와 함께 있게 해 달라고 요구한다. 예수는 귀신들렸던 사람의 요구를 제외하곤 모든 요구를 들어주신다.

귀신과의 충돌. 교활하고 죽음을 초래하게 하는 악령들에 대한 예수의 승리는 마가복음의 주제 중 하나로 돌아간다. 즉 인간을 노예 삼아 비인간화시키고 있는 실체의 어두운 면인 귀신에 대한 예수의 제어능력을 살핀다. 예수는 호수의 반대편으로 건너가시고, 놀라운 영향력을 가지고 있는 악령들의 가장 가혹한 상황들까지도 해결하시는 힘을 가지고 계신다. 이 이야기는 그 사람의 귀신들린 격렬한 성격을 강조하고, 쫓겨나가지 않으려는 귀신들의 큰 숫자가 축사의 어려움을 예고한다. 그 사람은 마귀가 하나의 개인 체육관으로 사용하는 것으로 보이는 귀신의 세력의 지배 하에 있다. 예수의 축사 기사를 당시 헬라-로마 세계의 축사 이야기와 비교하면 한 가지 사실이 두드러진다. 예수가 귀신을 쫓아내기 위하여 다른 축사자들이 사용한 어떤 특별한 기술—묘한 비법, 비밀기도, 별난 처방, 혹은 귀신들의 이름에 대한 지식이나 방해하는 천사 같은 것들—을 의존하지 않는다. 그분 개인의 능력만으로 귀신들을 쫓아낸다.

그러나 오늘날 많은 보수적인 사람들은 2,000마리의 무고한 짐승들의 무자비한 몰사로 보이는 내용을 기록하고 있는 귀신에 대한 이야기들을 회피한다. 이 이야기는 또한 동물학대 방지 협회의 목표들을 공감하는 사람들에게 반감을 일으키는 것처럼 보인다. 어떤 사람은 묻는다. "무엇 때문에 이 무고한 돼지 떼가 죽어야하는가?" 따라서 설교자들은 이 구절을 설교하기를 기피하는 경향이 있다.

사실상, 만일 하나님이 떨어지는 모든 참새들을 아신다면, 언제 돼지들이 익사할지도 아신다고 의아해한다. 그러나 참새들에 관한 예수의 교훈의 말씀은 단 2센트의 가치도 없는 새들을 하나님이 아시고 돌보신다는 것이다. 따라서 새들보다 더 가치 있는 인간들에 관해서는 얼마나 더 돌보시겠는가?(마 10:29-31) 예수의 시각에서 볼 때, 이 사건에서 발광한 사람은 2,000마리의 돼지들보다 더 가치가 있는 존재다. 현대 청중들은 자주 이 점을 놓치는데, 그들이 무고한 짐승들의 몰사와 누군가의 재산의 손실 문제에 더 예민하기 때문이다. 그러므로 예수가 짐승들을 바다에 빠져 몰사하도록 넘겨주지 않았다는 사실을 명백히 할 필요가 있다. 악령들이 돼지들로 하여금 멸망으로 치달리도록 광분시켰지 예수는 아니다.

돼지새끼, 살찐 돼지, 어린 암돼지, 갓난 돼지와 같은 영화 속 인물들이 우리의 마음을 사로잡았으며, 우리는 돼지들에 대한 아무런 반감을 느끼지 않는다. 따라서 유대인들의 돼지들에 대한 반감에 대한 배경은 어찌하여 그것들의 참혹한 몰사가 눈물보다는 환호를 불러일으켰는지 설명하는데 도움이 된다. 이 짐승들에 대한 깊은 반감은 돼지고기를 먹지 말라는 성경의 지침과 관계가 없다(레 17:7-8). 1세기 팔레스타인에서는 돼지고기가 유대인의 특별한 관습을 근절시키기 원했던 이방인들에 의한 잔인한 유대인 박해와 연결되었다. 마카베오 1서 6:18-31과 7:1-42에 있는 한 기사는 유대 조상들의 신앙을 거절하는 상징적 행위인 돼지고기를 먹도록 강요하였을 때, 극단적인 고문을 당하고 신앙을 타협하기를 거절했던 사람들의 용기를 신랄하게 묘사하고 있다. 그러므로 돼지들은 이교주의와 박해를 생각나게 하는 지울 수없는 것이었다. 이 기사를 듣고 유대인들은 돼지들의 멸망을 압제의 세력에 대한 하나님의 궁극적 옹호의 표시로서 환호했을 것이다. 우리 문화에서 짐승들과 연결된 이와 유사한 현상을 없을지라도, 현대 독자들은 아마도 만일 귀신들이 미친 듯이 날뜀으로써 몰사한 짐승들이 선(腺)페스트를 옮기는 쥐들의 무리 혹은 독사의 보금자리였다면 다시 생각했을 것이다.

비록 짐승들의 몰사를 해소할 수 있을지라도, 이 사건에서 귀신들과의 불편한 관계는 여전히 남아있을 수 있다. 현대 매체를 통해서 판단해 볼 때, 현대인들은 천사들에게 관심을 두고 있는데, 아마도 그 이유는 그들이 너무나 자비롭고 모든 종파에 해당하기 때문일 것이다. 그러나 그들은 마귀들을 어떻게 생각하는지 확실하지 않으며, 많은 사람들이 이 성경적 주제를 거의 무시하는 쪽을 택한다. 그러므로 몇몇 현대 청중들은 축사개념을 버리기 때문에 이야기의 요지를 놓치고 있다. 이와는 대조적으로, 피터 와그너는 인간 개인들이 경험한 다양한 부분들에서의 세력들과의 진정한 싸움에 관해서 확신 있게 글을 쓰고 있다.[18] 그는 귀신들이 실재하고, 창조되었고, 인격적 존재라는 사실에 대해서 의문을 품지 않는 오늘날 많은 그리스도인들의 견해를 반영하고 있다. 성경이 그러한 실체들이 존재한다고 인정한 것으로 취급하고 있으므로, 그들도 그렇게 한다. 그들은 예수의 귀신들과의 싸움이 우리 현대 과학의 접근방식이 측정하거나 파악할 수없는 실상을 반영하고 있다고 생각한다.

하지만 초자연적인 악한 존재가 개인들의 삶을 지배한다는 개념을 고대의 미신적 산물로서 취급하는 많은 다른 사람들과 우리는 어떻게 교감할 수 있는가? 그러한 사람들은 아마도 이 사람의 상태를 묘사하는 의학 용어에 더 편한 느낌을 가질 것이며, 정신의학자들은 여러 가능한 정신이상들을 제안할 것이다. 다른 사람들은 이 사람의 상태를 화학적 불균형, 어린 시절의 학대받은 역사, 혹은 어떤 폭력으로 인해 발생한 버릇으로 돌릴 수 있다. 이러한 상태를 하나의 과학적 이름을 붙임으로써, 아마도 우리는 그것을 이해할 수 있고 조종할 수 있다고 믿는다. 그러한 진단들은 초자연적 현상에 이해심이 없는 사람들에게 보다 매력적인 것으로 중시할 수 있지만, 그들은 악의 문제를 해결하지 못한다. 우리는 귀신의 이름들을 바꿀 수는 있지만, 이것을 통하여 그들을 정복할 수 없으며, 악을 상실케 하지 못한다. 린하르트(Leenhardt)가 통찰력 있게 관찰한 바와 같다. "우리는 과거의 귀신들을 다시 이름 짓고 있지만, 그들을 좇아내지는 않았다."[19]

귀신에 관해서 1세기 세계관을 회중 가운데서 재현하려고 할 필요는 없다. 그것은 우리의 임무가 아니다. 그러나 우리는 하나님에게 대적하고, 삶을 파괴하고, 손상시키고, 좌절시키고, 흉측하게 하는 초자연적 세력에 직면해 있다는 사실을 사람들에게 일깨울 필요가 있다. 다니엘 대이 윌리엄스(Daniel Day Williams)는 악이 "자기 자아 너머의 세력으로부터 나온다는 믿음은 인간의 노력만을 통하여 극복하기를 바라는 인본주의보다 더 실제적일 수 있다"고 기록했다. 그런 믿음이 보다 실제적일 뿐만 아니라, 성경의 시각에서 나온 것으로서 본질적이다. 이것은 고지식하게도 불가피한 인간의 진보에 믿음을 두는 것과, 하나님 없이도 잘해 나갈 수 있다고 속아서 생각하는 일을 방지해 줄 것이다. 가끔 비극적 사건들이 악이 개인의 심령들 가운데 잠복해있는 존재라는 사실을 인정하게 만들어준다. 윌리엄스는 알프레드 웨버(Alfred Weber)가 두 세계 대전 가운데서 유럽에서 경험했던 일들의 기록을 인용한다.

---

18. C. Peter Wagner, *Warfare Prayer Strategies for Combatting the Rulers of Darkness*(Ventura, Calif.: Regal, 1992).
19. F. Leenhardt, "An Exegetical Essay: Mark 5:1-20," in *Structural Analysis and Biblical Exegesis*, 1990), 9.

그것은 마치 어떤 땅에서 올라온 세력과 같았다. 이전에는 아무도 주목하지 못했던 행동의 거인들, 교활함, 권력에 대한 굶주림이 용의 다수의 이빨들과 같이 솟아 나오는 것처럼 보였다.[20]

한 신문의 칼럼니스트는 데이 케어 센터(day-care center, 미취학 아동 · 고령자 · 신체장애자 등 각 집단에 대해 전문적 훈련을 받은 직원들이 가족 대신 주간에만 돌보는 기관–옮긴이)를 포함하여 많은 무고한 백성들을 살육한 테러리스트의 폭탄투하에 반응하여 다음과 같이 글을 썼다. "우리가 거주하고 있는 이 지구 이외에 어느 우주에서 이러한 종류의 악이 일어나는가?" 초자연적 악의 세력에 대한 믿음은 악의 원천을 우리가 해결할 수 있는 범위 안에 있게 만들고, 인간이 홀로 그것을 패배시킬 수 있다고 스스로 속지 못하게 해준다. 사람들은 피조물이 타락했고 구속받아야할 필요가 있다는 사실을 인식할 필요가 있다. 그럴 때 구속할 능력을 가지신 그분을 바라볼 것이기 때문이다. 그러므로 거라사인의 귀신들린 자의 사건은 회의론자들과도 관련이 있다. 그것은 윌리엄 폴크너의 소설 『압살롬 압살롬』에서 로사 콜드필드(Rosa Coldfield)가 "사건들의 심장부에 있는 아픔"이라 불렀던 것을 하나님이 그리스도를 통하여 근절시키고 있는 사실을 보여주고 있다.

또한 귀신들린 자와 악마적인 자 사이에 면밀한 구별을 해야 할 것이다. 신약성경에서 귀신들린 개인은 불쌍히 여김을 받고 압제에서 자유함을 받을 희생당한 사람이다. 그러한 사람은 결코 책망을 받지 않고, 결코 회개하라는 말을 듣지도 않으며, 죄가 사함 받았다는 말을 듣지도 않는다. 귀신들린 사람은 누군가 그들을 간섭하지 않거나 그들이 숨어 들어간 집을 방해하지 않으면 결코 호전적이지 않다.

그러나 사탄적인 자는 또 다른 문제다. 사탄의 앞잡이에 사로잡힌 사람과 사탄의 역할을 하는 사람 사이에는 차이가 있다. 사탄적인 사람은 침략적이고, 책임을 져야하는 존재이며, 죄책이 있다. 사탄적인 자는 희생시키는 자이다. 그런 자는 구속될 필요가 없다. 이러한 존재는 심판 받아야 한다. 죄와 곤경 사이에 직접적인 관계가 존재한다. 사탄적인 자는 하나님의 뜻에 복종하도록 회개할 필요가 있다. 예를 들면 우리는 비참하고 절망적인 삶 가운데서 다른 희망을 보지 못하기 때문에 마약으로 돌아간 마약 남용자와, 단순히 다른 사람의 고통을 이용하여 이익을 보고 잘 살기 위하여 마약을 파는 판매상 사이에 차이가 있다는 사실을 인정한다. 그

20. Daniel Day Williams, *The Demonic and the Divine*, ed. Stacy A. Evans(Minneapolis: Fortress, 1990), 9.

러나 이러한 유추도 적합하지 않은데, 그 이유는 신약성경에서 사탄적인 사람의 곤경과 그가 범했을 수 있는 죄 사이에 직접적인 인과 관계가 존재하지 않기 때문이다. 귀신들린 사람이 자기의 삶을 지배하도록 귀신들을 초청했다는 암시가 없다. 그러므로 귀신들린 사람들은 회개하라는 말을 듣지 않는다. 그들이 필사적으로 필요로 하는 것은 그들의 삶으로 들어와서 지배할 새롭고도 자비로운 능력이다. 이것이 곧 이 이야기 가운데서 그리스도가 난파한 한 사람에게 제공하고 있는 것이다.

미친 한 인간의 투쟁. 인간의 삶을 점령할 수 있는 파괴적인 사탄의 세력은 이 이야기 가운데서 중요한 내용이다. 모든 사람이 미친 사람으로 간주하는 인간과 예수의 싸움의 관점에서 이 이야기를 접근할 수 있다. 다른 사람들은 이 사람을 희망이 없고, 공포를 조장하며, 광포한 괴물로 취급하였다. 다른 사람들이 그에게 너무나 폭행을 가했으므로, 예수를 볼 때 그는 자기에게 고통을 가하는 또 하나의 인간—즉, 무자비하게 얻어맞은 개처럼 혹은 심히 학대를 받은 어린아이처럼—으로만 본 것이다. 악이 너무도 완전히 그의 삶을 점령해왔으므로, 그것이 그 사람의 인격으로 간주되고 있다. 악이 실체에 대한 그의 지각력을 왜곡시킨다. 이 사람은 자기 정체성이 없다. 그는 자기가 누구인지 알지 못한다.

그러나 그가 예수의 능하신 자비와 마주쳤을 때, 완전하게 회복된다. 주님과의 만남은 그로 하여금 다시 가족을 가지고, 가정을 가지며, 삶 가운데 사명을 가진 인간이 되게 만든다. 그는 더 이상 다른 사람들이 길들여야 할 필요가 있다고 생각하는 짐승이 아니라, 자기 삶 가운데서 하나님의 은혜의 폭발을 선포하도록 부름을 받은 인간이 된다. 어떻게 예수는 이 광포한 낙오자를 말씀 한마디로 건전하고 잘 균형 잡힌 인간으로 변화시킬 수 있는가? 이 사건은 회심 가운데서 일어나는 일에 대한 완전한 예증이다. 루이스(C. S. Lewis)는 회심 이전의 자기 삶을 "욕망이라는 동물원, 야망들의 아수라장, 두려움의 온상, 귀여운 증오의 하렘(harem)"으로 묘사한다. 이어서 그는 "나의 이름은 레기온(군대)이었다"라고 말하면서 이 축사 이야기의 이미지를 상기시킨다.[21]

귀신들린 집단과의 투쟁. 마가는 다른 사람들이 이 사람에게 대해서 어떻게 제어하려고 했는지를 자세히 기록하고(5:3-4), 그 다음에는 이 장면을 보려고 몰려든 사람들이 마을을 떠나도록 예수에게 구한 것을 묘사한다. 이러한 세부사항들은 단순히 이 내러티브에 덧붙여서 꾸며주는 것이 아니라, 이 사건도 예수의 마을 사람

21. C. S. Lewis, *Surprised by Joy*(New York/London: Harcourt Brace Jovanovich, 1955), 226.

들과의 충돌과 관계가 있다. 때리고, 사슬로 묶고, 다른 인간들을 비인간화하는 것이 집단이다. 집단은 힘을 어떻게 행사하고, 미친 사람을 어떻게 맥을 못 추게 하며, 재산을 어떻게 보호할 것인가를 안다. 그러나 집단은 다른 종류의 권세를 행사하는 예수와 같은 사람을 두려워한다. 집단은 인간이 온전하게 회복되는 데는 전혀 무관심하다. 만일 그들이 치러야할 대가가 너무 높다고 생각하면 특히 그렇다. 한 사람이 귀신들린 데서 고침 받은 것보다 돼지들을 더 아까워한다.

이 단락은 또한 악의 사회적 성격에 관한 면을 보여준다. 사회들은 정상적인 사회를 방해한다고 인간쓰레기 더미에 버려진 불쌍한 사람들에게 분노의 형벌을 내리는데 몰두한다. 이 집단은 어느 것도 해결하지 못하고, 오직 고뇌만을 만들어내는 문제들에 대해서 폭력적인 해결책을 선택한다. 그들은 예수의 긍휼과 자비의 방법을 무시한다. 폭력과 돈만을 아는 사회를 드러내 주고 있는 이 기사의 단면은 무시되어서는 안 될 것이다. 윙크(Wink)는 이렇게 문제제기한다.

> 나를 괴롭게 하는 것은 "허공에 있는" 귀신들과의 싸움을 시도함으로써 복음주의자들과 은사주의 신자들은 구조 가운데 있는 귀신의 원천을 대체로 무시한다는 점이다. 그렇게 함으로써 그들은 이 세력들에 이름을 붙이고, 가면을 벗기고, 변화시키기 위해서 없어서는 안 될 견고한 정치적 경제적 분석을 하지 못한다.[22]

이 상황을 우리의 삶에 가져옴에 있어서, 우리는 이 이야기를 제시하는 모든 세 가지 다른 견해를 취급하거나, 하나나 둘에 초점을 맞출 수 있다. 그러나 우리는 인간의 힘이 제어하기에 불가능한 악을 쫓아내시는 예수의 능력에 초점을 맞추는 일을 게을리 할 수 없다.

현대적 의미

오늘날 대부분의 서구사회 사람들은 귀신들의 영향을 두려워하지 않는다. 그러나 만일 현대의 영화와 소설이 시사하는 바가 있다면, 오늘날의 사람들은 초자연적 악이 독단적으로 보이는 방법으로 인간에게 달라붙고 공격하는 싸움터에 있다는 불안감을 가지고 있다.

22. Walter Wink, *Engaging the Powers Discernment and Resistance in a World of Domination*(Minneapolis. Fortress, 1992), 314.

영화제작자들과 소설가들은 공상과학 스릴러와 공포 이야기에서 이 현대의 거북함에 편승한다. 줄거리에는 한 음흉한 외계의 세력이 장면에 돌출한다. 그것은 보통 어떤 모양으로 변형할 수 있고 또한 개인 그리고 결국에는 전 세계를 파괴시키는 경향이 있는 불멸의 존재 형태를 보통 취한다. 다른 영화들은 지역 전체를 두려움으로 떨게 하고, 황폐시키려고 위협하는 치명적인 불치의 질병의 창궐과 관계가 있다. 또 다른 것들은 아홉 번이나 살아나서 희생자들을 짓밟기 위하여 계속 반복하여 나타나는 살인괴물을 주제로 한다. 악인들은 주로 어떤 강력한 수단이나 과학적 무기를 통하여 처리되는데, 이것이 영화를 끝나게 하지만 결코 그 문제를 완전히 해결하는 것은 아니다. (소위) 빛의 세력들이 어두움의 세력에 맞붙게 하는 이러한 영화들의 전쟁은 하나님의 목적들 혹은 악을 이기는 능력에 대한 지식을 전혀 보여주지 못하고, 하나님이 어떻게 악을 쳐부수는지에 대해서도 알지 못한다. 그들은 인간들이 우리 가운데 있는 악을 쫓아낼 능력과 재주를 가지고 있다고 가정한다.

마가는 악의 원천에 대한 완전히 다른 그림을 제공하고 있으며, 그것이 어떻게 극복이 되는지를 보여준다. 악은 인류를 붙잡고 있는 사탄의 세력으로부터 나온다. 그것은 우리의 힘으로 깨뜨릴 수 있는 어떤 것이 아니다. 그것을 정복하기 위해서는 보다 큰 초자연적 능력—하나님의 능력—을 필요로 한다. 마틴 루터의 말이 시의적절하다.

우리의 힘을 신뢰했다면
우리의 싸움은 실패했을 것이다.
(내 힘만 의지할 때는 패할 수밖에 없도다)

오직 그리스도 안에서만 우리는 "폭풍우로부터 은신처"를 구할 수 있으며, 개인뿐만 아니라 전 국가와 대륙을 압도하는 사탄의 세력을 이길 수 있는 능력을 얻을 수 있다. 마가복음의 기사에서 이 악이 예수가 조용히 한마디의 말씀을 하실 때 즉시 처리된 사실을 우리는 볼 수 있다. 모든 종류의 폭력은 예수로 인한 것이 아니라 악령들을 통해서 일어난다. 마가는 예수의 자비로우심을 강조하고 있지, 고함쳐서 악을 내쫓는 능력을 강조하고 있지 않다(5:19).

축사는 하나님의 통치가 밖으로 드러나는 보이는 단면이다. 예수는 마귀의 세력을 참패시키신다. 그리스도 안에 있는 사람들은 마귀의 능력을 이길 수 있다. 오늘날 우리들은 마귀들을 두려워할 필요가 없다.[23] 또한 그리스도 안에 있는 사람들은 타락한 세상에서 사건들의 슬픈 상황을 탄식할 필요가 없다. 우리는 하나님이 우리 편이라는 사실을 인식하면서, 다른 사람들을 포로로 사로잡는 이러한 능력들에 대항하여 확신 있게 전쟁에 가담할 수 있다.

시드니 페이지(Sygney Page)는 초자연적 세계에 대한 믿음이 새롭게 활력을 주고, 투쟁과 승리에 대한 성경의 강조를 새롭게 함으로써 우리는 얻는 것이 많다고 주장한다. 그러나 그는 여러 중요한 주의사항들을 제공한다.[24]

(1) 만일 과장되었다면, 그러한 믿음들은 두려움과 과대망상증을 낳는다. 우리는 모든 바위나 나무의 배후에 아무런 죄가 없이 그 옆에 무심코 서 있는 자를 습격하려는 귀신들이 있는 것으로 보아서는 안 된다. 마가복음에서 축사는 정반대의 형태를 보여준다. 대적하는 세력들은 주로 단 한마디로 정복을 당한다. (2) 모든 일을 귀신의 장난이라고 비난하려는 유혹을 받을 수 있고, 그로 인하여 인간의 책임을 회피할 수 있다. 사람들이 귀신들이라고 부르는 어떤 것들은 단순히 인간의 사악함의 표명일 수 있다. (3) 오늘날 귀신들에 관한 표현들이 미신적이고 유사 기독교적인 것에 가깝다. 귀신에 관한 주장을 분별해야하며 액면 그대로 받아들여서는 안 된다. (4) 성경은 귀신들의 이름을 거론하거나 분류하려는 일을 피하고 있으므로 그러한 추측을 피해야 한다. 우리는 그들의 이름을 앎으로써 그들을 정복할 수 없다. (5) 귀신이 들린 일은 드문 일이다. 우리는 모든 이상한 행동을 귀신의 짓으로 설명해서는 안 되며, 인간에 대한 모든 대적을 귀신의 일로 돌려서도 안 된다. 자신들의 노력을 세상을 놀라게 하는 귀신들과의 전쟁에 초점을 맞추고 귀신들의 희생자들을 구출하는데 초점을 맞추는 사람들은 그리스도인들이 자기 자신이나 마음에 쏟아야 하는 보다 현실적인 영적 전쟁을 게을리 할 수도 있다. 오늘날 사람들은 귀신들의 군대보다는 욕망, 매력, 멸망으로 이끄는 충동적 욕구의 군대에 보다 많은 지배를 받는 것으로 보인다.

이 이야기는 예수를 만나서 온전하게 회복된 귀신들린 자의 관점에서 볼 수도 있을 것이다. 귀신들에 대한 이야기에 불편을 느끼는 사람들은 당황하여 그것을 건너뛰지 않아야 할 것이다. 본문은 또한 그것을 정신착란 상태와의 투쟁으로 보

---

23. Everett Ferguson, *Demonology of the Early Christian World*(New York/Toronto: Edwin Mellen, 1984), 170-71.
24. 다음에 따라오는 다섯 개의 사항은 그의 책 *Powers of Evil A Biblical Study of Satan and Demons*(Grand Rapids: Baker, 1995), 269-70)로부터 인용한 것이다.

게 한다. 이 사람은 귀신이 들어가서 살고 있고, 미숙한 두려움과 격분에 영향을 받는 영혼이다. 그는 자기의 내적인 고통을 덜어보려고 헛되게 몸을 스스로 상하게 하고 있다. 이 사람이 예수를 볼 때, 그는 또 다른 고통을 주는 자로만 보게 되는데, 그 이유는 그의 구속을 가로막는 어떤 것이 그의 존재 속으로 침투했기 때문이다. 사탄의 결박은 인간의 사슬보다 훨씬 더 강하다. 그는 바보가 말하는 이야기인 윌리엄 폴크너의 소설 『음향과 분노』(*The Sound and the Fury*)에 나오는 두 살 난 사람의 정신을 가진 거세된 남자 벤지(Benjy)와 아주 유사하다. 벤지는 오랜 시간 동안 울부짖고, 그의 형 제이슨(Jason)은 그를 조용하라고 때린다. "그때에 벤은 다시 무기력하고 아주 길게 울부짖는다. 아무런 내용도 없고 단지 소리만 지를 뿐이다. 그런 일은 항상 있어 왔고, 불공정과 슬픔이 행성들의 결합에 의해 순간적으로 소리가 된다."[25] 벤지처럼 마가복음 5장에 있는 이 사람은 커다란 신음소리를 내는 것을 제외하고는 자기의 고통을 표현할 방법을 알지 못하는 비참한 상태에 있다. 그것이 안으로부터 나오는 고통이든, 사람들이 그를 조용히 하게 하기 위하여 때리는 시간에 나오는 것이든, 자신을 돌로 상하게 할 때 나오는 것이든, 그 고통은 깊다.

우리는 이 혼란스러운 사람 속에서 우리 자신들을 볼 수 있다 즉 다른 사람들에 의해 매 맞고, 인생의 암울한 무덤에서 살면서 내적으로 전쟁을 하며, 고독을 느낀다. 로리(Lowry)는 예수에 대한 이 사람의 반응을 다음과 같이 의역한다.

> 저는 제 안에 6,000명의 군인들이 있는 것 같은 느낌을 받습니다.…가끔 그들은 모두 왼쪽으로 행진하고, 가끔은 오른쪽으로…가끔은 서로 전혀 다른 방향으로 나갑니다. 저는 한 곳으로 끌려가다가 그 다음에는 다른 곳으로 끌려갑니다. 제 안에 군대가 있고, 저는 전쟁에 지고 있다고 생각합니다.[26]

만일 우리가 이 심히 고통을 받은 사람에게서 우리 자신을 발견한다면, 우리는 구원이 다른 사람—버려진 그리고 거품을 흘리며 발작하는 사람—에게 필요한 것이 아니라는 사실을 깨달을 수 있다. 복음의 능력은 우리를 위한 것이다. 우리는 학

---

25. Gail R. O'Day, "Hope Beyond Brokenness. A Markan Reflection on the Gift of Life," *Currents in Theology and Mission* 15(1988), 250에 의하여 논평됨. 인용문은 Faulkner의 책 359에서 끌어온 것이다.
26. Eugene L. Lowry, "Cries From the Graveyard: A Sermon," in *The Daemonic Imagination Biblical Text and Secular Story*, eds. Robert Detweiller and William G. Doty(Atlanta Scholar, 1990), 30-31.

대당한 사람일뿐이다. 비록 우리가 이치가 닿는 말, 잘 유지된 가정, 그리고 빈틈없는 옷차림 뒤에 그 사실을 숨길 수 있을지라도 말이다. 그러나 구원은 예수가 우리의 인생의 해안에 도착하실 때, 우리에게 올 수 있다. 바다에 임한 큰 평온함(4:39)은 지금은 옷을 단정히 입고 예수의 발 앞에 앉아있는 이 사람을 통제하고 있는 큰 평온함(5:15)과 어울린다.

문제는 구원을 필요로 하는 사람들이 자주 가장 거세게 저항한다는 것이다. 심한 고통을 당했던 이 사람은 자기의 귀신들을 너무 멀리 보내지 않기를 구했는데, 이것은 그가 구원받기를 원치 않았다는 사실을 드러낸다. 그는 "그 군대"가 가까이 머물러 있기를 원한다. 프로이드는 환자 안에 어떤 것, 곧 "모든 수단을 동원하여 치유에 대항하여 방어하고 아픔과 고통에 매달려있기를 원하는 세력"이 있다고 말한다.[27] 많은 상담자들은 환자들에게서 이러한 저항을 경험했다. 사람들이 치유를 받으려고 찾아와서 변하기를 원한다고 말하고는 스스로 변화에 대해서 심각하게 저항한다. 어떤 사람들은 자기들이 알고 있는 귀신들 안에서 안정을 찾으며, 그것들로부터 구원받는 것을 두려워한다. 이 기사에서 예수의 인내에서 위안을 얻을 수 있다. 그는 마귀의 도피적인 전술에 말리지 않으며, 마귀로부터 이 사람을 구하는 싸움을 포기하지 않는다.

이 사건은 또한 초자연적인 능력을 저항하는 공동체와 관계가 있다. 그들은 무정하게도 그 사람의 회복에 대해서 냉담하다. 개인 가운데 본성적으로 미쳐 날뛰는 악의 비인격적 세력과 전체 공동체 안에서 악의 세력을 마주치는 것은 완전히 다르다. 전체 사회와 제도가 악의 손아귀에 잡히고, 그것을 전혀 인식하지 못할 수 있다.

우리는 사회가 이 귀신에게 사로잡힌 사람을 같은 방식으로 취급하는지의 여부를 물을 수 있다. 우리는 사람들을 때리고 사슬에 매고 그들을 우리 가운데서 쫓아내어 그들이 당대의 무덤과 동일한 자리에서 스스로를 갇히게 만드는가? 그들은 보통 우리가 위험한 사람이라고 낙인찍은 사람들이다. 대체로 우리는 그들의 상태에 대한 책임을 지려고 하지 않는다. 그들의 문제에 대한 모든 비난을 그들에게로 돌린다. 우리는 그들을 사회 병폐의 속죄양으로 만듦으로써 발뺌한다. 그것은 그들의 문제지 내 문제가 아니라는 것이다. 우리는 그들이 인생이라는 공동묘지에서 극심한 고통을 받으며 숨게 만든다. 우리는 그들을 멀리하기 위하여 무력, 돌담, 철

27. Leenhardt, "An Exegetical Essay: Mark 5:1-20," 95에서 인용.

장, 그리고 경찰의 단속에 무작정 의존한다.

보다 나은 정부의 프로그램, 더 나은 주택, 감옥의 개혁이 어느 정도 고통을 경감시켜주기는 할지라도, 이것들이 그러한 문제들에 대한 해결책은 아니다. 고독한 절망 가운데서 살아가고 있는 사람들은 예수를 만나야 하고, 삶을 변화시키기 위하여 부딪치도록 허용해 주어야 한다. 그러나 교회들은 주로 이러한 고통을 받은 사람들이 보다 평안한 자리에 정착하기 위하여 모이는 장소들을 피했다. 누가 그리스도를 그들에게로 모시고 올 것인가? 그들이 예수 그리스도를 만나나, 직업, 멋진 주택, 혹은 좋은 학교가 없을 때, 그리고 은밀한 차별이 여전히 우세할 때, 중요한 문제들은 여전히 남아있는 것이다. 복음전도란 사회적 관심과 손을 마주잡고 나아가는 것이다.

해결책은 밖에서 오는 능력이지만, 어떤 사람은 그 능력을 자기들의 삶에 나타나게 하고, 그것을 사회에 풀어놓는 것을 두려워한다. 치유, 사랑, 그리고 복음전도는 대가가 있고, 많은 사람들은 그 대가를 지불하려 하지 않는다. 아마도 사람들은 많은 돼지들을 잃는 대가를 치르고 치유를 받는 것을 두려워할 것이다. 고통을 당하는 사람들을 위한 최소한의 관심은 가치가 있다. 예를 들면, 성경학 교수인 캘빈 스토우(Calvin Stowe)는 자기보다 더 국제적으로 유명한 아내요 또한 노예제도에 대한 신랄한 고발 소설인 『톰 아저씨의 오두막』(*Uncle Tom' Cabin*)의 저자인 해리엣 비쳐 스토우(Harriet Beecher Stowe)의 그늘 아래서 살았다. 그녀가 영국을 여행했을 때, 남편인 그는 반 노예제도의 날에 참석하기 위하여 모인 거대한 군중 앞에서 설교했다. 그는 청중들에게 확고한 말로 그들이 위선자들이라고 말했다. 그들은 노예제도가 영국에서 오래 전에 사라졌다는 사실을 자랑했었으나, 미남부 주의 노예가 거두어들인 목화의 80퍼센트를 영국이 샀다. 그는 만일 영국 사람들이 그 목화를 불매하였다면 노예제도가 미남부 주에서 사라질 것이라고 말하고 그는 다음과 같이 물었다. "여러분은 기꺼이 노예제도를 없애기 위하여 여러분들의 이익금들 가운데 1페니를 희생할 용의가 있습니까?" 군중들은 '우' 하고 야유했다.[28]

28. C. Douglas Weaver, *A Cloud of Witnesses*(Macon, Ga.: Smyth & Helwys, 1993), 139-40.

마가복음 5:21-43

21 예수께서 배를 타시고 다시 맞은편으로 건너
가시니 큰 무리가 그에게로 모이거늘 이에
바닷가에 계시더니
22 회당장 중의 하나인 야이로라 하는 이가 와
서 예수를 보고 발아래 엎드리어
23 간곡히 구하여 이르되 내 어린 딸이 죽게 되
었사오니 오셔서 그 위에 손을 얹으사 그로
구원을 받아 살게 하소서 하거늘
24 이에 그와 함께 가실새 큰 무리가 따라가며
에워싸 밀더라
25 열두 해를 혈루증으로 앓아 온 한 여자가
있어
26 많은 의사에게 많은 괴로움을 받았고 가진
것도 다 허비하였으되 아무 효험이 없고 도
리어 더 중하여졌던 차에
27 예수의 소문을 듣고 무리 가운데 끼어 뒤로
와서 그의 옷에 손을 대니
28 이는 내가 그의 옷에만 손을 대어도 구원을
받으리라 생각함일러라
29 이에 그의 혈루 근원이 곧 마르매 병이 나은
줄을 몸에 깨달으니라
30 예수께서 그 능력이 자기에게서 나간 줄을
곧 스스로 아시고 무리 가운데서 돌이켜 말씀
하시되 누가 내 옷에 손을 대었느냐 하시니
31 제자들이 여짜오되 무리가 에워싸 미는 것을
보시며 누가 내게 손을 대었느냐 물으시나이
까 하되
32 예수께서 이 일 행한 여자를 보려고 둘러 보
시니
33 여자가 자기에게 이루어진 일을 알고 두려워
하여 떨며 와서 그 앞에 엎드려 모든 사실을
여쭈니
34 예수께서 이르시되 딸아 네 믿음이 너를 구
원하였으니 평안히 가라 네 병에서 놓여 건
강할지어다
35 아직 예수께서 말씀하실 때에 회당장의 집에
서 사람들이 와서 회당장에게 이르되 당신의
딸이 죽었나이다 어찌하여 선생을 더 괴롭게
하나이까?
36 예수께서 그 하는 말을 곁에서 들으시고 회
당장에게 이르시되 두려워하지 말고 믿기만
하라 하시고
37 베드로와 야고보와 야고보의 형제 요한 외에
아무도 따라옴을 허락하지 아니하시고
38 회당장의 집에 함께 가사 떠드는 것과 사람
들이 울며 심히 통곡함을 보시고
39 들어가서 그들에게 이르시되 너희가 어찌하
여 떠들며 우느냐 이 아이가 죽은 것이 아니
라 잔다 하시니
40 그들이 비웃더라 예수께서 그들을 다 내보내
신 후에 아이의 부모와 또 자기와 함께 한 자
들을 데리시고 아이 있는 곳에 들어가사
41 그 아이의 손을 잡고 이르시되 달리다굼 하
시니 번역하면 곧 내가 네게 말하노니 소녀
야 일어나라 하심이라
42 소녀가 곧 일어나서 걸으니 나이가 열두 살
이라 사람들이 곧 크게 놀라고 놀라거늘
43 예수께서 이 일을 아무도 알지 못하게 하라고
그들을 많이 경계하시고 이에 소녀에게 먹을
것을 주라 하시니라

원 의미

예수가 호수를 건너 돌아오실 때, 한 회당장이 즉시 그분 앞에 엎드렸다. 제자들을 제외하고 이 사람은 본 복음서에서 이름—야이로—이 거론된 극소수의 사람들 가운데 한 사람이다. 그는 예수의 발 앞에 엎드려 필사적으로 자기 집에 오셔서 딸에게 손을 얹어 고침 받게 해 달라고 요구하고 있다(5:22-23). 이는 거라사인들이 자기들의 해안을 떠나도록 예수에게 구했던 바로 그 태도다. 예수는 허락하시지만, 소녀에게 급히 가시던 길이 이름 모를 여인으로 말미암아 방해를 받는다. 그녀는 혈루증을 치료받으려고 필사적이었으므로 몰래 예수에게 다가가서 건강을 회복하리라는 희망을 가지고 그의 옷자락을 만진다.

12년 동안 그 여인의 고통은 그녀에게 가장 큰 필요로 다가왔고, 그래서 그녀는 예수의 도우심을 받기를 간절히 바랬다(9:21; 눅 13:11; 행 3:2; 9:33; 14:8). 본문은 그녀의 혈루의 성격을 구체적으로 밝히지 않고 있지만, 소변에 피가 섞여 나오는 것과 관련이 있는 것으로 추정할 수 있다. 이것이 그녀로 하여금 의식적으로 불결하게 만들었다(레 15:25-33을 보라).[1] 그 여인의 문제를 정상적인 삶의 일부분인 정규적인 월경 주기와 혼돈해서는 안 될 것이다. 그녀의 계속되는 혈루는 병적인 것이었는데, 이것이 그녀를 아주 심각하게 만들었다. 이 여인의 불결은 문제가 해결되기까지는 다른 사람에게 불결이 전염될 수 있었다. 누구든지 그녀와 함께 눕거나 그녀의 의자에 앉거나 그녀를 만짐으로써 접촉하는 자는 부정하게 되고 목욕을 하고 의복을 빨아야 했다.[2] 그녀의 혈루는 그녀로 하여금 사회에서 축출 당하도록 만들었다. 그것이 그녀를 유출을 하는 사람으로서 불결을 지니고 있는 주원인으로 만들었기 때문이다.[3] 그러므로 그녀는 제의적 불결을 겪는 사람으로서 문둥병자와 유사하며 정상적인 사회관계에서 베제되었다.[4]

1. 피는 성전에 있는 제단을 정결케 하는 유일한 요소이며, 죄를 정결케 했으나, 또한 백성들에게 중대한 오염물질이기도 했다(레 12:7; 15:19-24, 20:18). 에스겔 36:17은 백성들의 죄악됨을 다음과 같이 묘사한다. "나 보기에 그 행위가 월경 중에 있는 여인의 부정함과 같았느니라." 그리스-로마 세계에서는 월경 중에 있는 여인을 만지는 것은 해로운 것으로 간주되었다(Pliny, *Natural History* 7. 64). 유대교에서 있었던 정결 문제에 관해서는 Hannah Harrington, *The Impurity Systems of Qumran and the Rabbis Biblical Foundations*(SBLDS 143; Atlanta: Scholars, 1993)을 보라.
2. 어떻게 다른 사람들이 그녀의 상태를 알았느냐고 자주 질문된다. 작은 촌락으로 이루어진 사회에서는 친구들과 가족, 의사 혹은 이혼을 통해서 누설되었다.
3. Jacob Milgrom, *Leviticus 1-16*(AB; New York: Doubleday, 1991), 745.
4. 월경에 관한 미쉬나의 소책자는 니다(*Nidda*)라고 이름 붙여졌는데, 이것은 "추방된 자"를 의미한다. 요세푸스(Josephus, *JW* 5:5.6§227)는 성전이 월경을 하는 동안 여인들에게는 차단되었다(또한 *Ag Ap* 2.103-4; *Ant* 3.11.1§261을 보라)고 보고한다.

이 여인은 생명에 필수적인 피를 몸으로부터 배출하는 썩어져 가는 사멸성의 표시를 가지고 매일 살아가면서 육체적으로 고통을 받고 있다.[5] 그녀는 자신이 오염체임을 알면서 사회적으로 정신적으로 고통을 당하고 있다. 그녀가 효력이 없는 의사의 치료에 돈을 소비하여 궁핍하게 되었기 때문에 그녀의 곤경은 가중되었다.[6] 의사들의 실패는 예수가 다른 사람들이 치유에 실패했을 때 성공하실 수 있음을 강조하고, 그 치유방법은 담대한 믿음 이외에 아무것도 대가를 치를 필요가 없다는 사실을 강조한다. 예수는 방금 전에 아무도 제어할 수없는 군대 귀신들린 사람에게서 귀신을 쫓아내셨다. 이제 그는 어느 의사도 회복시킬 수없는 여인을 고치시고, 모든 희망이 사라진 소녀를 일으키신다.

이 여인은 이 질병을 자기 삶의 몫으로 받아들이기를 거절하고, 대담하게 예수의 옷을 만짐으로써 스스로 그 문제를 해결하기를 시도한다(만짐이 네 번 언급됨, 5:27, 28, 30, 31). 그녀가 예수의 옷을 만진 첫 번째 사람은 아니다. 이전에 마가는 질병에 걸린 많은 사람들이 그분을 만지기 위하여 앞으로 나왔다고 말하고 있다(3:10). 그리고 6:56에서 마가는 사람들이 그분에게 옷가라도 만지게 해달라고 간구하고, 그분을 만지는 자마다 나음을 입었다고 기록한다.[7] 다른 점은 이 여인이 아무도 볼 수 없도록 살그머니 와서 예수를 불법적으로 만졌다는 사실을 아무도 모르게 군중 속으로 살며시 사라지기를 원했다는 점이다. 그녀가 예수를 만질 때, 즉시 권능이 나간 것을 아시고 예수는 주변에서 밀치고 있는 군중 가운데서 누가 자기를 만졌는지 물으심으로써 제자들을 어리둥절하게 하신다.[8] 제자들은 사실상

5. 밀그롬(Milgrom, *Leviticus* 1-16, 1002)은 육신의 부정에 관한 법은 네 가지 현상에 초점을 맞추고 있다고 지적한다. 즉 죽음, 피, 정액, 피부병이다. "이것들의 공통적인 특징은 죽음이다. 성기에서 흐르는 피와 정액은 생명의 힘과 그 생명을 손실 곧 죽음을 나타낸다." 몸의 소모, 곧 모든 성경적으로 불결한 피부병의 공통된 특징은 피와 정액의 손실처럼 죽음의 과정을 상징한다.

6. 그 여인의 상태를 치유하기 위한 의사의 치료 목록은 *b Sabb* 110a에서 볼 수 있다.

7. 한 사람의 능력이 입는 것이나 만지는 것 통하여 전달된다는 신앙은 행 5:15과 19:12에도 나타나 있다. 후테르(M. Hutter, "Ein altorientalischer Bittgestus in Mt9:20-22," *JNW* 75 [1984]: 133-35)는 이 여인의 행동이 마술적인 믿음을 반영하는 것이 아니라 열정적으로 기도하는 것을 의미한다고 주장한다(삼상15:24-27).

8. 이러한 세부 사항들은 권능이 그분 자신의 조절 너머에 있는 어떤 것임을 암시한다. 하나님이 그것을 지배하고 계신다. 크랜필드의 해석(Cranfield, *Mark*, 185)이 유용하다.

예수 안에 있고 그분으로부터 나오는 능력은 인격적 하나님의 권능이다. 비록 주님이 이러한 경우에 스스로 결정을 하지 않으시고(최소한 그렇게 보인다), 하나님이 하신다. 하나님은 주님 자신의 능력을 조절하신다. 그는 여인에 관해서 아신다. 예수 안에서 역사 하시는 그의 능력의 효력에 대한 그녀의 믿음을 칭찬하시기를 기뻐하신다. 비록 그녀의 믿음이 분명히 매우 불완전하고 또한 마술적인 개념에 가까운 위험한 믿음일지라도 말이다. 치유는 자동적으로 일어나지 않고, 하나님의 자유로우신 인격적인 결정에 의하여 일어난다. 또한 Gundry, *Mark*, 270을 보라.

단순한 인간들로서 이렇게 말한다. "우리가 어떻게 알겠습니까? 모든 사람이 당신을 만지고 있습니다." 그러나 오직 한 사람만이 치유를 받았고 그녀는 두려움에 사로잡힌다.

수많은 일들이 그녀를 불안하게 했을 수 있다. 그녀는 제의적 불결성을 가지고서 감히 예수를 만짐으로써 유대인의 결례를 어긴 데 대한 죄책감을 가질 수 있다. 그러나 독자들은 예수가 의식상의 불결로부터 결코 피하지 않았다는 사실과 그의 능력이 그것을 극복할 수 있고 반전시킬 수도 있다는 사실을 알고 있다. 이 여인은 불법적으로 예수로부터 능력을 훔쳤다고 생각하고, 그녀의 재앙이 어떤 방법으로 그분에게 전이될 수도 있다고 두려워하였을 수 있다. 그녀는 축복이 아니라 호통을 예상했을 수 있다 그러나 마가는 그녀의 두려움을 그녀에게 일어난 일을 안 것과 연결시킨다(5:33). 예수의 놀라운 능력으로부터 치유를 경험했으므로, 그녀는 그의 능력을 인식하고 두려워하고 있다. 이것은 이전에 제자들이 호수에서 그가 폭풍을 잔잔하게 하신 능력을 보고 두려워했던 것과 같다(4:41). 회당장처럼 그녀는 이제 그분 앞에 엎드린다.

어찌하여 예수는 그녀가 행한 일에 주의를 환기시키시는가? 그녀가 공개적으로 곤혹을 충분히 당하지 않았는가? 그는 조용히 눈짓하면서 그녀로 하여금 평안하게 가게 할 수 없었던가? 그녀를 들추어내심으로써 야기된 공적인 곤혹감은 그녀를 위한 그의 개인적 배려를 상징한다. 그는 그녀가 살짝 빠져나가거나 무명의 사람으로 남아있기를 원하지 않으신다. 예수는 그녀가 고침 받았을 때, 그녀를 고쳐주신 분이 그녀를 알고 있고 그녀를 돌보신다는 사실을 알면서 떠나게 하기를 원하산다. 그녀는 시간을 내어 소개할 만한 가치가 있는 사람이다.

그것은 치유가 거저 오는 것이 아니라는 사실을 보여준다. 예수는 그녀가 믿음을 가지고 모든 것이 밝혀진 상태에서 길을 가게 하신다. 그러한 행동은 의사들이 했던 것처럼 그녀를 파산하게 하는 것이 아니라, 그녀가 예수에게 빚을 졌고 그분이 그녀의 치유의 장본인임을 공개적으로 인식하게 한다. 그녀가 자신을 밝힐 때, 예수는 그녀에게 축복하시고 그녀의 믿음이 그녀를 건강하게 만들었다고 선포하신다. 그렇다면 예수의 옷에 있는 어떤 마술적 성격이 아니라, 믿음이 그녀의 치유와 구원을 실현시킨다.[9] 그는 그녀를 이스라엘의 딸로 회복시켜주시고 평안히 가

9. Robert G. Hamerton-Kelly(*The Gospel and the Sacred Poetics of Violence in Mark* [Minneapolis: Fortress, 1994], 94)가 잘 설명하고 있다. "믿음의 행동은 군중들로부터 손을 뻗어서 예수를 만지는 것이며, 그 다음 일어서서 그의 명령에 순응하여 신원을 밝히는 것이다.

라고 말씀하신다(삿 18:6; 삼상 1:17; 삼하 15:9; 행 16:36).[10] 이것은 단순히 가라는 말씀이 아니다. 신약성경의 평화 개념을 이루고 있는 히브리어는 샬롬이다. 이것은 완전, 안녕, 번영, 안정, 우호관계, 구원을 망라한다.[11] 예수는 이 평강을 그녀에게 주신다(마 10:13; 행 10:36을 보라).

한편, 마음이 애타는 아버지는 오래 기다리다 지쳤을 것이다. 그가 이러한 지체에 대해서 무엇을 생각했는지 우리는 단지 상상만 할 수 있을 뿐이다. 죽을지도 모르는 나쁜 소식을 받을 것을 염려하고 있을 때, 좋은 소식(구원과 건강)을 듣는 사람들과 함께 기뻐하기가 어렵다는 것을 느낀다. 예수가 이 여인으로 인하여 지체하고 있을 때 야이로는 안달이 났었을까? "어찌하여 이분이 빈둥거리고 계시는가? 내가 첫 번째 순서인데, 내 문제를 먼저 봐주셔야 하는데." 야이로는 이 이름 모를 여인만큼 도움이 필요했으며, 아마도 그는 이 여인으로부터 어떤 것을 배우고, 자기 딸이 살아나도록 하기 위하여 보다 나은 대비를 할 수 있었을 것이다.[12]

그 역시 아주 나쁜 소식이 들려올 때, 예수에 대한 믿음을 공개적으로 나타내 보여주어야 한다. 나쁜 소식을 가지고 온 사람은 대놓고 말한다. "당신의 딸이 죽었나이다 어찌하여 선생을 더 괴롭게 하나이까?" 마이어는 다음과 같이 해석한다. "여기에 나타나 있는 잠재의식적 메시지는 예수가 하나의 교사일 뿐이라는 것이며, 죽음은 그분이 가질 수 있는 능력이 어떤 것이든 그의 한계를 나타낸다는 것이다."[13] 그러나 여인이 믿음으로 두려움을 극복하였던 것처럼, 야이로도 "두려워하지 말고 믿기만 하라[즉, 계속하여 믿으라]"는 말씀을 듣는다. 그는 처음에 예수에게 올 때 믿음을 보여주었는데, 지금도 계속하여 믿어야 한다. 그런데 죽음에 당면한 지금 특히 죽음이 자기의 사랑하는 딸을 덮친 이 때에 어떻게 믿음을 견지할 수 있는가? 여인이나 야이로나 모두 믿음이 절망 중에서도 의지하는 어떤 것이라는 사실을 드러내고 있다.

---

10. 고통을 당했던 여인은 자신이 고침을 받았을 때 성전에 희생제물을 가져갔을 것으로 생각되지만(레 15:29-30), 예수는 문둥병자에게도 그러하셨던 것처럼 이러한 희생제물에 대해서 언급하지 않으신다(막 1:44). 유출병이 있는 사람은 그 사람이 사회에 다시 받아들여지기 이전에 같은 공식적인 절차를 밟아야 했다.
11. T. J. Geddert, "Peace," in *Dictionary of Jesus and the Gospels*, eds. Joel B. Green, Scot McKnight, and I. Howard Marshall(Downers Grove, Ill.: InterVarsity, 1992), 604; P. B. Yoder, *Shalom The Bible's Word for Salvation, Justice and Peace*(Newton, Kans.: Faith and Life, 1982)을 보라.
12. Camery-Hoggatt, *Irony*, 138-39.
13. John P. Meier, *A Marginal Jew. Rethinking the Historical Jesus. Volume Two: Mentor, Message, and Miracles*(New York: Doubleday, 1991), 2:786.

야이로는 그 말씀에 순종하여 예수를 자기 집으로 인도해간다. 그러나 그의 믿음은 여전히 죽은 소녀를 애도하기 위하여 이미 모인 사람들의 통곡하는 소리에 다시 도전을 받는다. 그들은 여인의 믿음을 가지고 있지 않고 아버지의 믿음을 손상시켰을 것이다. 소녀가 죽은 것이 아니라 자고 있다는 예수의 선언은 비웃음과 조롱을 당한다. 그들은 미친 사람들이 아니다. 그들은 사람이 죽은 때를 잘 알고 있다. 물론 그녀는 죽었다. 그러나 예수는 극심한 폭풍을 아주 잔잔하게 변화시킬 수 있으시며, 사나운 짐승 같은 사람을 조용하고 점잖은 사람으로 변화시키시며, 죽은 자를 조용히 자고 있는 사람으로, 경멸하여 웃는 자를 기뻐하여 웃는 자로 변화시킬 수 있다. 예수는 그 무신론자들을 밖으로 내보내신다. 냉소적인 군중들을 위한 기적은 없을 것이다.

공개적이지 않게 사적으로 소녀의 부모와 베드로, 야고보, 요한과 함께 예수는 "달리다굼" 하시면서 소녀의 손을 잡아 일으키신다. 이 간략한 아람어를 번역하면, "어린 소녀야 일어나라!"인 이 말씀은 예수가 어떤 알아들을 수없는 주술을 중얼거린 것이 아니라 정상적인 언어를 발설하고 있다는 사실을 듣는 자들에게 분명히 밝히고 있다.[14] 아마도 전승은 그것을 소녀를 일으키신 예수의 말로 보존했던 것으로 보인다. 음식을 제공한 것은 그 아이가 실제적으로 살아났고, 육신을 떠난 영혼이 아니라는 사실을 보여준다(눅 24:39-43). 이 사실을 비밀로 하라는 명령은 예수께서 야유가 갈채로 바뀌는 것에 관심을 두고 있지 않으셨음을 드러낸다. 그는 계속하여 명성을 피하셨고, 다만 믿음을 가진 자들에게만 반응하신다. 예수가 부활되기까지 생명을 주시는 하나님의 능력을 충분히 이해할 수 없다.

후커(Hooker)는 예수의 명령에 아이러니가 있음을 말한다. 후커는 예수가 부모에게 어떤 일이 일어났는지에 관해서 아무에게도 알리지 말라고 말씀하시지만, 그럼에도 불구하고 여인을 군중 속에서 이끌어냈다고 주장했다. 그녀는 완전히 비밀리에 고침 받으려고 애썼으나 예수는 그녀의 회복을 혼자서 간직하도록 허락하지 않으셨다. 여인의 고통이 치유 받았다는 증거는 공개적으로 볼 수 있거나 놀라움의 원인이 될 수 없었다는 차이가 있다. 군중은 그녀의 역사를 알지 못할 수 있고 그녀가 고침 받았다는 사실을 그녀의 말로만 생각할 수도 있다. 그 아이의 정반대되는 경우는 또 다른 문제다. 깡충거리며 건강하게 살아 돌아다니는 시체의 갑작

14. 아마도 예수는 그 소녀의 이름을 불러 "달리다(Talitha)야, 일어나라!"라고 말씀하셨을 수도 있다. Max Wilcox, "Talitha Cumi," *ABD* 6:309-10을 보라.

스런 출현으로 말미암아 중단된 장례절차는 중요한 기사거리였을 것이지만, 증인들은 그 소식을 비밀로 유지해야한다는 말을 듣는다.[15] 이 사건은 요한복음에 나오는 나사로를 살리신 사건과 완전히 대조가 된다. 예수는 자기 친구가 병들었다는 소식이 들렸을 때 의도적으로 시간을 낭비하면서 그가 죽어 장사되고 몸이 부패하기 시작하기까지 시간을 끄신다(요 11:1-46). 그 지연은 이적을 더욱 놀라운 것으로 만든다.[16]

몇몇 사람들이 주장한 바와 같이 "예수가 그에게로 몰려들어오는 거대한 군중들로부터 피하기 위하여 그 사건의 발각을 지연하기를 원하신다(5:24, 31)"는 주장은 타당성이 없어 보인다.[17] 그는 모여서 우는 자들에게 죽은 그녀를 살리겠다고 말씀하지 않으시고 그녀가 죽은 것이 아니라 잔다고 하셨다. 그는 죽은 자를 살린 사실이 널리 알려지기를 원치 않으신다. 그 이유는 이중적이다. (1) 부활의 이적에 대한 신앙과 시점이 맞지 않는다. 예수가 죽은 자 가운데서 살아나시기까지는 기다려야 한다(9:9). 사람들은 예수의 사역과 죽음에 대한 전체적인 그림을 보아야 한다. 지금은 그가 죽음에 가까이 가려하지 않으신다. 부모와 그 딸은 일시적인 유예를 받는다. 예수는 자신의 죽으심과 부활을 통하여 사망의 입에서 완전한 구원을 가져다주실 것이다. (2) 예수가 기적을 일으키는 자, 놀라운 기사를 행할 수 있는 마술적 치료자로서만 알려질 위험이 있다. 사람들은 커다란 그림과 그분이 하시는 모든 일들이 어떻게 하나님 나라의 선포와 연결되는지를 보는 안목을 잃어버릴 것이다.

상황잇기

상황을 연결함에 있어서 세 개의 문제들을 조심스럽게 살펴보아야 한다. (1) 마가는 "샌드위치 모양으로 삽입하는" 기교를 두 번째로 사용하고,[18] 우리는 두 이야기가 확실하게 드러났을 때 보여주는 메시지를 살펴야 한다. (2) 우리는 각 치유에 나타난 정결 문제를 보아야 한다. (3) 예수는 이 두 경우에 커다란 성공을 거두셨지만, 우리는 질병과 죽음이 인생의 정상적인 부분임을 알고 있다. 예수의 능력이 우리들로 하여금 그것을 면할 수 있게 하지 않는다. 본문을 해석하는 자는

15. Hooker, *Mark*, 151.
16. F. Watson, "Ambiguity in the Marcan Narrative," *Kings Theological Review* 10(1987) 11.
17. Gundry, *Mark*, 277.
18. 3:20-35 주석을 보라. 거기서 마가의 이러한 형태상의 특징이 처음으로 나타난다.

어린 소녀가 죽은 가운데서 살아나는 사건이 하나님이 마지막 날에 그리스도 안에 있는 모든 자들에게서 죽음의 강력한 압제를 느슨하게 하실 때를 가리켜주고 있다는 사실을 강조해야 한다.

(1) 회당장의 열두 살 난 소녀를 살린 사건은 열두 해를 혈루증으로 고통 받은 여인의 치유를 둘러싸고 있다. 두 번째 사건이 소녀의 죽음이 일어나도록 시간이 지나가기를 기다리는 반면에, 두 기사들은 주제적으로 유사하다. 그것들의 요점은 마가가 의도한 바와 같이 서로 결합하여 해석할 때 보다 강한 흥미를 불러일으키며 분명해진다. 그러므로 이 기사들을 서로 분리시켜서 따로 파악하려는 유혹에 이끌리지 않아야 한다.

여기서 예수와 상호작용하고 있는 두 주요 인물들은 경제적, 사회적, 종교적 범위에서 서로 반대편에 서 있다. 야이로는 남성, 회당의 지도자다. 저명한 남자로서 그는 이름을 가지고 있다. 야이로는 영예를 가지고 있고, 그가 아주 예의를 갖추고 있을지라도, 직접적인 요구사항을 가지고 예수에게 공개적으로 접근할 수 있다. 이와 대조적으로 여인은 이름이 없고 그녀의 병은 그녀를 의식적으로 부정하게 만든다. 그녀는 걸어 다니는 오염덩어리다. 그러므로 그녀의 질병은 그녀를 공동체에서 분리시켰고, 그녀로 하여금 회당에 들어가는 것을 어울리지 않게 만들며, 성전은 당연히 들어갈 수 없다. 그녀는 아무런 영예도 없고, 숨어서 다니며, 예수의 뒤로 다가와서 치유를 훔치는 식으로 얻어내야 한다고 생각한다.

더 나아가서 야이로는 대가족을 가지고 있고, 따라서 자산가다. 고생에 찌든 여인은 그녀의 치료비로 인하여 궁핍해졌다. 그녀의 질병이 아이를 가질 수 없게 만들고, 결혼은 불가능하다.[19] 이 두 사람이 공동으로 나누어 가지고 있는 유일한 것이 있다면, 이들은 예수에 관해서 들었고, 치료를 필사적으로 갈망하고 있으며, 다른 어떤 것을 선택할 여지가 없다는 것이다.

야이로는 그분 앞에 엎드려 자기 집에 오셔서 "어린 딸"을 만져서 낫게 해주기를 구함으로써 예수의 관심을 얻어낸다. 비록 그가 존경받는 종교지도자일지라도 예수 앞에 와서 무릎을 꿇고 간절히 구하는 문둥병자와 다름이 없다(1:40). 여인 역시 부정의 원천이라는 점에서 문둥병자와 다름이 없으며, 예수의 허락도 없이 뒤로 와서 그의 옷자락을 비밀리에 만짐으로써 문제를 스스로 해결하려 한다. 야이로와 여인은 예수와의 접촉이 치유 받는데 충분하다고 믿는다(5:23, "그 위에 손

19. Marshall, *Faith As a Theme*, 104.

을 얻으사"; 5:28, "내가 그의 옷에만 손을 대어도").

이렇게 서로 다른 두 사람들의 이야기에 나타나는 특징은 남자가 되고, 의식적으로 정결하고, 높은 종교상의 직위를 가지고 있으며, 자산가가 되는 것이 예수에게 접근함에 있어서는 아무런 이점을 제공하지 않는다는 사실을 보여준다. 여성이 되고, 불결하고, 불명예스럽고, 빈곤한 사람이 되는 것이 도움을 받는데 아무런 장애가 되지 않는다. 하나님은 언제나 권리와 특권을 잃어버리고 압제받고 가난한 자들 편에 서신다. 하나님의 나라에서는 아무도 어엿한 인물이 될 수 없다. 다시 말해서, 하나님과 예수가 사용하시는 유일한 것은 그 사람의 믿음이다. 건강함, 완전함, 구원이 이미 그 외의 모든 많은 것들을 가지고 있는 행운의 소수에게만 베풀어지지 않는다.

예수는 아무도 고상한 사람과 대조하여 천한 자로 지정하지도 않으신다. 믿음이 영예를 가진 자나 불명예를 가진 자나 정한 자나 부정한 자나 모두를 건강과 구원으로 이끄시는 예수의 은혜로운 능력으로 문을 열어주도록 만든다. 모든 사람이 예수 앞에서 동일하다. 야이로가 예수에게 전체적으로 적대감을 보이고 있는 유대인 권력기구의 일원이라는 사실을 유념해야할 것이다. 적대하는 단체의 지도자로서 그의 위치가 예수의 사랑을 받는 일에 부자격자가 되지 않는다. 그는 자신이 갖고 있는 그 어떤 사회적 지위도 내려놓고, 도움을 위한 필사적인 간청으로 예수 앞에서 기꺼이 낮추고 있기 때문이다.

(2) 이 두 이야기에서 예수는 의식적 부정의 더럽힘(피흘림과 죽음)을 극복하고 반전시킬 능력을 가지고 계신다. 부정에 관한 유대인의 법은 하나님의 거룩함의 영역을 침입하지 못하게 막으려고 했다. 예수의 사역은 하나님의 거룩함이 인간의 부정으로 말미암아 영향을 받지 않는다는 사실을 보여준다. 마가복음 전체를 통하여 볼 때, 예수가 부정한 것과 접촉하시지만, 그것이 그분을 부정하게 만들지 않는다. 오히려 정반대로 예수가 부정을 정결하게 하신다. 그는 문둥병자를 만져서 깨끗하게 하신다. 무덤 주위로 지나가시면서 군대귀신들을 돼지 떼에게 들어가게 하신다. 예수는 혈루증을 가진 사람에게 만짐을 당하나 그녀가 오히려 건강하게 된다. 죽은 소녀를 만지시어 생명을 돌아오게 하신다. 예수는 유출병을 가진 사람의 오염에서 자기를 정결케 하실 필요가 없으며, 죽은 시체와의 접촉으로 인한 오염에서도 자신을 정결케 하실 필요가 없다(학 2:13). 그는 그것을 이기신다.

실로, 우리는 이 중요한 개념을 정과 부정간의 구별을 그렇게 날카롭게 구분하지 않는 우리 문화로 가져오는데 어려움을 겪는다. 그러나 우리는 어떤 질병들을 흉하지 않은 것으로 어떤 질병들은 흉한 것으로 취급한다. 예를 들면, 우리는 심장병을 앓고 있는 사람들에 대해서는 비난을 하지 않는다. 하지만 우리는 성병에 감염된 사람들은 아주 다르게 간주한다. 만일 우리가 보다 친밀한 사람들이 이와 동일한 인물들이라고 생각한다면, 아마도 이 기사의 원래 충격을 되찾을 수 있을 것이다. 회당장은 잘 자란 사람이고, 몸차림이 깔끔하고, 부유한 사람이었을 것이다. 여인은 그 정반대였을 것이다. 다른 사람에게 눈살을 찌푸리게 하고, 입술을 비쭉이게 했을 것이다. 그녀는 규칙들을 만들고 돈을 버는 사람들에 의해 좌우되는 사람이다. 그녀는 다른 사람들이 더러운 것으로 판단하고, 삶을 비참하게 만드는 질병으로 인하여 고통을 받고 있다. 이러한 인물들을 현대인의 대응하는 모습으로 그리는 시도는 질문을 일으키게 만든다. 예수가 그보다 가치 있는 사람의 생명을 위험에 빠뜨릴 수도 있을 때, 이와 같은 여인을 위하여 일부러 멈추어 시간을 보내실 수 있는가? 아무리 경멸스러울지라도, 예수의 사랑과 능력은 그 어느 것도 극복하시는가?

(3) 이 기사들은 세 번째 문제를 제기한다. 즉 죽음에 대한 예수의 승리다. 이 단락에서 선포되는 복음은 예수의 임재로 폭풍이 가라앉고, 귀신들이 달아나며, 질병이 고쳐지고, 죽음이 그 힘을 잃는다는 것이다. 5:39에서 예수는 소녀의 죽음을 단순히 자는 것으로 선언하신다. 이것은 어떤 세심한 의료상의 진단, 위로를 주는 완곡어법, 혹은 일반적인 종말론적 희망이 아니다. 예수는 그것을 잠이라고 부른다. "이 특별한 경우에 그 소녀를 살려내심으로써 죽음을 잠과 같은 일시적인 것으로 만들 것"이기 때문이다.[20] 그러나 동시에 우리는 아주 진실하고 필사적인 믿음일지라도 모든 사람이 죽음으로부터 고침을 받고 구원을 받지 못한다는 실상을 유념해야한다. 사람은 고통의 순간을 넘어서 예수의 능력의 영원한 의미를 바라보아야 한다. 그 능력은 하나님의 나라와 관련되어 있다. 그것은 현재 드러나 있지만, 아직 완전히 드러난 것은 아니다. 이 세상에 있는 동안에 우리는 질병과 죽음의 고통을 받을 것이다. 우리의 믿음은 과거에 있었던 존재로 단순히 회복하는 것이 아니라, 죽음을 정복하는 하나님의 능력을 믿는 것이다. 우리는 하나님이 우리와 함께 하신다는 믿음의 확신을 가지고, 매일의 생존이라는 비극과 맞설 수 있다.

---

20. Meier, *A Marginal Hew*, 2. 844, n. 26.

현대적 의미

밴스톤(Vanstone)은 예수의 사역의 효과를 다음과 같이 잘 묘사한다.

> 그는 이곳저곳을 돌아다니시면서 뒤에 변화된 장면과 상황의 흔적을 남겨놓으신다 어부들은 더 이상 자기들의 그물 곁에 있지 못하고, 백성들은 건강하게 회복되었으며, 비판자들은 어리둥절하게 되고, 폭풍은 잠잠해졌고, 굶주린 자는 배부르며, 죽은 소녀는 살아났다. 예수의 임재는 능동적이고 즉시 변화시키는 임재다. 그는 결코 단순한 방관자가 아니시다. 사건들을 기다리는 자가 아니라 언제나 장면을 변화시키는 자이시며 주도하시는 분이시다.[21]

이 두 장면 가운데 들어있는 치유사건들은 믿음을 통하여 예수의 능력을 자기의 것으로 만들 수 있다는 사실을 보여준다. 믿음의 행위는 한 사람을 건강하게 만들 수 있다. 회당장과 여인은 고침을 받은 다음(after)에 믿음으로 나아가지 않는다. 그들은 치유로 인도했던 선(prior) 믿음을 가졌다.[22] 이러한 두 믿음의 모델들을 검토함으로써 믿음이 무엇과 관련되는지에 대한 더 깊은 통찰을 얻을 수 있다.

(1) 믿음은 하나님의 능력의 문을 열어준다. 믿음은 전혀 능력이 없는 사람들에게 하나님의 능력을 가져다 준다. 믿음이 구원한다. "네 믿음이 너를 치료하였으니 [구원하였으니]"(5:34). 믿음은 불완전한 것이 될 수 있고, 과감할 수 있으며, 약화될 수 있고, 두려움과 걱정에 매달릴 수 있다. 믿음이 효과적으로 보이는 것은 그것이 올바르게 예수와 하나님에게로 향하게 하기 때문이다(11:22). 이 아버지의 딸과 여인을 구원한 것은 그들의 믿음이 예수에게로 향해져 있었기 때문이었다.

(2) 믿음은 어떤 장애물이라도 극복하는 끈기를 보여준다. 여인은 군중을 헤치고 나아갔고, 그녀가 가질 수 있었던 수치와, 만짐으로써 예수나 다른 사람들을 오염시킬 수 있다는 두려움을 극복해 나간다. 회당장은 자기 딸이 죽었다는 슬픈 소식을 개의치 않고 애곡하는 자들의 비웃음을 무시했다. 그는 모든 반대적인 상황임에도 불구하고 자기 딸이 단지 자고 있을 뿐이라는 예수의 판단을 의존했다. 믿음은 두렵고 떨림에도 불구하고, 위협하고 있는 군중 가운데서 앞으로 나아가며

---

21. W. H. Vanstone, *The Stature of Waiting*(New York Seabury, 1983), 17-18.
22. 톨버트(Tolbert, *Sowing*, 169)가 이를 잘 개진한다. "고침을 받았기 때문에 믿음을 갖는 것이 아니라 고침을 받기 위하여 믿음을 가진다. 마가복음에 있는 이적들은 믿음을 일으키기 위한 표징으로 의도된 것이 아니다. 그보다 그것들은 믿음의 실체를 볼 수 있는 열매들이다."

고칠 수 있는 예수의 능력을 인정한다. 믿음은 조롱하고 비웃는 사람들에게 대항하여 앞으로 나아가며, 두려움과 멸시에 굴복하지 않는다.

(3) 믿음은 행동으로 나타난다. 믿음은 예수에게 자기 친구를 데려오기 위하여 지붕을 뚫는 사람들처럼 나타나는 어떤 것이다. 믿음은 무릎을 꿇고, 간구하며, 만지기 위하여 손을 뻗는다. 예수에 대한 신념이 치유를 가져다주는 것이 아니라, 행동으로 옮기는 예수에 대한 믿음이 치유를 가져다준다. 한 남성도 한 여인도 예수를 메시야나 심지어 선지자로도 밝히지 않는다. 그들은 그분이 누구인지를 정확하게 밝히지 않지만, 그분이 치유의 능력을 가졌고 그들의 믿음을 기꺼이 검증하실 것임을 믿는다. 랍비 전승은 출애굽기 14:22을 이스라엘 백성들이 바다로 들어간 후에야 그들의 코까지 찬 물이 나뉘어졌고 마른 땅을 드러냈음(*Exod. Rab.* 21:10)을 의미하는 것으로 해석한다. 이러한 해석은 정확하게 믿음이 무엇을 말하는지를 파악하고 있다. 믿음은 기다려서 물이 갈라질 것인지 아닌지를 본 다음에 발걸음을 내딛는 것이 아니다. 믿음은 하나님이 필요로 하는 것을 행하실 것을 믿고 발을 내딛는 것이다.

우리는 본문을 오늘날에 적용함에 있어서 중요한 문제를 눈여겨보아야 할 것이다. 예수의 옷을 만지기만 하여도 자신이 낫게 될 것이라는 여인의 믿음은 마술의 낌새가 있다. 오운(Aune)은 다음과 같이 기록하고 있다. "여인의 치유 이야기에 표현된 사상은 마법과 유사하고, 그것들은 그리스-로마의 마술 개념의 본질을 가지고 있다.[23] 그러한 미완성의 믿음은 우리를 불편하게 만들 수도 있다. 이는 후원자들에게 TV에 그들의 손을 대라고 요구하거나 치유하는 옷의 천 조각 혹은 거룩한 기름을 담은 유리병을 위하여 돈을 보내라고 요구하는 오늘날 기적 행상인들을 생각나게 할 수도 있다. 그러나 우리를 미신이라고 공격을 가하는 것을 예수는 믿음이라고 부르신다. 그는 그녀의 행동을 신뢰에 근거한 것으로 해석하신다. 이것은 예수의 변화시키는 능력으로 나아가기 전에 우리가 세련된 지적 혹은 신학적 명석함을 필요로 하지 않는다는 사실을 의미한다.

그러나 실제로 중요한 일이 일어나기 위해서—믿음이 실질적인 믿음이 되기 위해서—는 인격적인 만남이 중요하다. 헬라세계에서 치유의 능력은 비인격적인 것으로 간주되었으며, 마법은 인간의 이익을 위하여 비인격적인 힘에 의존했다. 예수가 군중 가운데서 여인으로 하여금 누구인지 밝히고, 그녀가 치유 받은 사실을

23. David Aune, "Magic in Early Christianity," in *ANRW*, vol 2, pt 23(berlin: Walter de Gruyter, 1980), 1536.

공개적으로 시인하게 하실 때 그것은 아주 급작스러운 치유 도식이 아닌 인격적 만남으로 바뀐다. 사람은 믿음을 비밀로 간직할 수 없다. 믿음은 공개적 입증을 필요로 한다. 여인의 믿음은 여인에게 부드러운 사랑으로 말씀하시고, 그녀를 한 사람의 인격으로 돌보시는, 예수 안에서 그 인격이 드러나신, 하나님을 향한 것이다. 우리가 원시적인 것으로 판단할 수 있는 믿음을 관용할 필요가 있지만, 그것을 예수와의 직접적인 만남과 보다 깊은 차원으로 이끌어갈 필요가 있다.

(4) 믿음은 필요로 하는 무엇이나 예수가 충족시켜 주시기에 충분하다는 사실로 인해 강화된다. 회당장과 여인은 자기들의 곤경을 금욕주의적으로 취급하지 않고 예수를 통하여 치유 받으려고 필사적으로 매달렸다. 여인은 그냥 지나치지 않고 기회를 잡는다. 이 본문을 연구한 어느 학도는 특이한 결론을 이끌어낸다. 이 여성 학도는 예수가 정결의 장벽과 사회적 장벽을 무너뜨렸다고 박수갈채를 보내지만, 예수가 "비록 그 여인이 피를 흘리고 있었을지라도 그녀를 있는 그대로 받아들였어야 했다. 만일 실제로 그런 일이 일어났었다면, 나는 그것이 진정한 이적이라고 부르고 싶다"고 언급한다.[24] 본문의 여인이 이런 언급에 어떻게 반응했을지 궁금하다. 그녀의 문제는 피 흘림을 부정한 것으로 취급했던 조상들의 체계가 아니었다.[25] 그녀는 육체적으로 아프고 치유를 필요로 하고 있었다. 그녀는 예수가 자기의 질병을 치유해 주실 것이라는 확신을 가지고 그분에게로 나아간다. 그녀는 소심하고, 수치를 느끼고, 치유를 위하여 대담하게 예수에게 나오기를 두려워하는 사람들에게 하나의 모델로서 역할을 한다. 필사적인 마음이 예수에게로 나아가게 한다. 마틴 루터가 하나님의 은혜에 대한 자신의 통찰력이 자신이 "용변을 보고 있을 때"(auff diser cloaca, 즉, 가장 무력한 상태) 왔다고 언젠가 설명했다. 조지(George)는 이 어구가 전적인 무력함과 하나님에 대한 의존 상태를 나타내는 흔한 비유였다고 지적한다.

> 그밖에 다른 어디에서 우리가 약하고 난처할 수 있겠는가?…은혜에 대한 바람이 피할 수없는 하나님의 가까이 계심의 확신 속에서 응답되는데, 그것은 정확히 그러한 약한 상태—거지처럼 우리가 다른 이의 자비에 몸을 내던질 때, 즉 겸손해질 때—가 아닌가?[26]

---

24. Hisako Kinukawa, "The Story of the Hemorrhaging Woman(Mark5:25-34) Read From a Japanese Feminist Context," *Biblical Interpretation* 2(1994), 292.
25. Tal Ilan(*Jewish Women in Greco-Roman Palestine An Inquiry into Imageand Status* [Texte und Studien zum antiken Judentum 44; Tübingen. J. C. B. Mohr(Paul Siebeck), 1995], 102)은 랍비들에게 월경이 에덴에서 하와가 지은 죄에 대한 형벌로 간주되었다고 설명한다.

악, 병듦, 어린아이의 죽음은 우리의 세상에서 계속해서 존재한다. 만지는 모든 사람이 치유되지 않으며, 믿음을 가진 사람들이 여전히 의사로부터 다음과 같은 끔찍한 말을 듣는다. "당신의 어린 딸이 죽었소." 어찌하여 사랑이 많으신 하나님이 악을 계속 존재하게 하시는가 혹은 어찌하여 납득이 안 가는 일이 아직도 일어나고 있는가에 대한 설명을 이 단락은 제공하지 않는다. 그것은 하나님이 고난을 당하는 사람들과 슬픔을 당하는 사람들 편에 서 계신다는 사실을 확언해 줄 뿐이다. 기적이 모든 비참한 상황마다 일어나지는 않지만, 그것이 하나님의 구원하시는 능력을 감소시키지는 않는다. 정서적 고통에 대한 치유 이적도 역시 이적이다. 만일 하나님이 모든 상황마다 개입하신다면, 우리는 절대로 믿음을 훈련하지 않을 것이다. 사드락, 메삭, 아벳느고가 자기들을 괴롭히는 사람에게 다음과 같이 선언했을 때, 그들은 어떤 모든 비극에도 불구하고 우리가 가질 수 있는 믿음의 종류를 표현했다(단 3:17-18).

> "왕이여 우리가 섬기는 하나님이 계시다면 우리를 맹렬히 타는 풀무불 가운데에서 능히 건져내시겠고 왕의 손에서도 건져 내시리이다 그렇게 하지 아니하실 지라도 왕이여 우리가 왕의 신들을 섬기지도 아니하고 왕이 세우신 금 신상에게 절하지도 아니할 줄을 아옵소서."

어린 소녀가 지금은 죽음을 면했으나 죽음을 완전히 면제받은 것은 아니다. 여인이 지금은 고침을 받았으나 나이가 들어가면서 새로운 우환을 만날 것이다. 그러나 하나님이 그리스도의 부활로 죽음을 정복하셨다는 사실을 우리가 알기에 죽음에 직면해서도 두려움을 이길 수 있는 힘을 가지게 된다. 조지는 루터의 삶 가운데서 가장 어려웠던 시절 중 하나를 상기시켜준다. 단지 열네 살밖에 안된 그의 사랑하는 딸 막달레나(Magdalena)가 전염병에 걸렸다.

> 비탄에 잠긴 그는 그녀의 침대 옆에 무릎을 꿇고 그녀를 고통에서 건져내 줄 것을 하나님에게 구했다. 그녀가 죽고 목수들이 그녀의 관 뚜껑에 못을 박을 때, 루터는 다음과 같이 소리쳤다, "망치질을 그만두시오! 최후 심판 날에 아이가 다시 살아 날거요."[27]

---

26. Timothy George, *Theology of the Reformers*(Nashville Broadman, 1988), 105.
27. Ibid.

마가복음 6:1-6a

1 예수께서 거기를 떠나사 고향으로 가시니 제
자들도 따르니라
2 안식일이 되어 회당에서 가르치시니 많은 사
람이 듣고 놀라 이르되 이 사람이 어디서 이
런 것을 얻었느냐 이 사람이 받은 지혜와 그
손으로 이루어지는 이런 권능이 어찌됨이냐
3 이 사람이 마리아의 아들 목수가 아니냐 야
고보와 요셉과 유다와 시몬의 형제가 아니냐
그 누이들이 우리와 함께 여기 있지 아니하
냐 하고 예수를 배척한지라
4 예수께서 그들에게 이르시되 선지자가 자기
고향과 자기 친척과 자기 집 외에서는 존경
을 받지 못함이 없느니라 하시며
5 거기서는 아무 권능도 행하실 수 없어 다만
소수의 병자에게 안수하여 고치실뿐이었고
6 그들이 믿지 않음을 이상히 여기셨더라

원 의미

예수는 자신의 특별한 사역이 놀라운 성공을 보이기 시작한 지역에서 떠나 고향으로 가신다. 마가는 결코 예수가 이리저리 옮겨 다니는 이유를 설명하지 않는다. 우리는 다만 예수가 갈릴리 전역에 복음을 전파하려는 의도를 가지고 계시며(1:38-39), 어떤 한 지방에 머무르기를 원치 않으며, 또한 자주 쇄도하는 군중을 피하려 하셨음을 알고 있을 뿐이다(3:9; 4:36; 6:31, 45-46). 예수의 가족은 이미 그분이 미치지 않았으면 정신에 혼란이 왔다고 믿었기 때문에 그분을 붙잡아 가정으로 데리고 가려고 했다는 사실만을 제외하고는 성공할 잠재력이 충분히 있을 것으로 보였을 것이다(3:21, 31). 또 다시 예수는 안식일에 회당에서 가르치시며(6:2a; 1:21, 39; 3:1을 보라), 이번에도 "많은 사람들이 듣고 놀랐다." 독자는 예수가 다른 곳에서도 놀라게 하셨다는 사실에 당연하게 여기겠지만(1:22; 2:12; 5:20), 이 동네에서는 그 놀라움이 곧 의혹으로 변한다.

진리에 대한 암매상태는 많은 형태를 가지며, 예수에게 가장 가까이 있는 사람들이 그분이 누구인지를 이해하는데 있어서 가장 유리한 위치에 있는 것이 아니다. 그들은 예수의 지혜와 행위의 근원에 대해서 혼란이 왔고 이렇게 자문한다(6:2b), "이 사람이 어디서 이런 것을 얻었느냐?" 마가는 예수의 가르치심의 내용이나 얼마나 능력 있는 일들을 그가 행하여 동네 사람들의 호기심을 자극하였는지에 대해서는 말하고 있지 않으나, 그 이적들은 필수적으로 그의 가르치심과 지혜에 연결되어 있다(1:27). 그 질문은 지혜가 예수에게 주어졌고 그의 손으로 기적을 행한 것으로 가정하고 있다. 그들이 확인할 수없는 것은 자기들이 아주 잘 알고 있는 이 사람이 어디서 이런 능력을 얻을 수 있었느냐는 것이다. 그들의 이러한 문제에 대한 편견은 그들이 결코 결정적인 질문을 해보지 않았다는 사실을 의미한다. "이 모든 것이 무엇을 의미하는가?" 그러한 질문에 대한 대답이 궁극적으로 그들을 그 원천에 대한 답변으로 인도해줄 것이다(3:27을 보라). 그들은 예수의 이적의 배후에 무엇이 있는지를 알고자 하지 않고, 그가 주목할 만한 사람이 될 수 없다는 자기들의 개인적인 선입견을 확증하려는 바람에 따라 생각한다.

예수에 관한 그들의 의문은 그의 가르침과 행하심으로 말미암아 당황하게 된 사람들이 제기한 일련의 질문들 가운데 그 세 번째다. 첫째, 회당에 모인 사람들은 묻는다. "이는 어찜이냐?"(1:27), 그 다음에 몇 사람의 율법 교사들 그리고 예수의 제자들이 자신들에게 물었다. "그가 누구이기에?"(2:7; 4:41). 이제 그 질문은 그의 행하심과 가르침의 기원과 원천과 관계가 있다, "이 사람이 어디서 이런 것을 얻었느냐?" 고향의 군중들은 예루살렘으로부터 내려온 율법교사들 이상으로 더 나아가지 못하고, 그 이유를 바알세붑에게로 돌림으로써(3:22) 사함을 받지 못하는 죄를 범한다. 그들은 단순히 자기들 가운데서 자라난 이 사람 안에서 하나님이 그렇게 극적으로 역사하실 것 같지 않다고 생각한다. 그들은 겨자씨의 지극히 작은 크기 너머로 나아가지 못하고 그 외에는 아무것도 볼 수가 없다.

예수는 오랫동안 짓밟혀진 땅에 있고 마을 주민들은 자기들이 알아야할 모든 것과 그의 가족 배경을 모두 알고 있다고 믿는다. 그러한 지식이 아무것도 그분에 관한 두려운 어떤 것을 생각해보도록 해주지 않는다. 그분이 세례를 받고 사역을 하기 이전에 예수의 탄생과 생활환경은 마가에게는 중요치 않았다. 마가는 예수가 나사렛에서 나왔다는 사실만을 우리에게 전하고 있다(1:9). 독자는 뒤늦게 우연한 다음과 같은 질문으로부터 예수의 배경에 관해서 보다 많은 것을 배운다, "이 사람이 마리아의 아들 목수가 아니냐 야고보와 요셉과 유다와 시몬의 형제가 아니냐?" 이러한 세부사항들은 예수에 관한 복음에 중요하지 않고 단지 우리의 호기심을 유발한다.

'테크톤'(이 단어는 전통적으로 목수로 번역됨)은 나무, 금속, 혹은 돌로 일을 하는 사람이다. 그는 건축가, 벽돌공, 목수일 수도 있다. 예수 당시 팔레스타인의 상황에서 이 단어는 아마도 나무로 일을 하는 잡역부를 나타냈을 것이다. 그는 거의 모든 것을 할 수 있는 기술을 가졌을 것인데, 이를테면, 멍에를 매어 밭을 가는 기술, 가구들을 만들고, 찬장, 걸상, 긴 의자, 작은 건물의 건축, 특히 대들보 만들기, 창문 격자, 문짝, 빗장 등을 만들 수 있다. 예수는 기술적으로는 숙련공이었고 육체적으로는 건강했음에 틀림없다. 마이어는 다음과 같이 주장한다. 섬세하고도 병약한 모습이 자주 그림 성화를 통하여 우리에게 전해져왔으며, 할리우드 영화들은 거의 그의 어린 시절부터 30세 초반까지 나사렛의 목수('테크톤')의 성장시절을 거의 재생해주지 못했다.[1] 그의 형제들의 이름—야고보, 요셉, 유다, 시몬—은 족장들의 이름이고 또한 유명한 마카베오의 형제들의 두 이름이며, 이들은 율법을 엄격하게 준수했고 이스라엘의 구속을 기다렸다는 사실을 암시해준다. 예수의 자매들은 이름이 거론되지 않았고 숫자도 언급되지 않는데, 이는 여성들이 남성들에게 묻히고 많은 주시를 받지 못했던 고대의 편견을 반영하고 있다.

나사렛 사람들은 예수를 "마리아의 아들"로 밝히고 있다. 주로 남자는 자기 아버지의 아들로 밝혀진다.[2] 어떤 사람들은 그분을 그의 모친의 아들로만 밝힘으로써 그분을 헐뜯고 있으며(삿 11:1-2) 아마도 예수의 탄생의 상황이 의심스러웠다는 소문을 상기하는 것이라고 주장했다.[3] 또 다른 사람들은 그들이 요셉의 첫 번째 아내에게서 낳은 요셉의 자녀들로부터 그를 구별 짓기 위하여 마리아의 아들로 언급하고 있다고 주장했다.[4] 또 다른 사람들은 그들이 그의 부친이 살아있지 않기 때문에 이런 방법으로 언급하고 있으며, 지금 그들과 함께 거주하고 있는 그의 모친과의 친밀성을 표현하고 있다고 주장한다. 첫 번째 사항은 거의 지지를 받지 못하고 있다. 두 번째 사항은 가능하지만, 마지막 사항이 가장 개연성이 있는 것으로 보인다. 그 이유는 그의 형제들과 자매들에 대한 언급이 그가 단순히 "그 지방사람"임을 강조하고 있기 때문이다. 그는 목수로 잘 알려져 있다. 모든 사람이 자기들 가운데 살고 있는 그의 형제와 자매들을 알고 있다. 그들은 자기들이 예수를 잘 알고

---

1. John P. Meier, *A Marginal Jew Rethinking the Historical Jesus*(New York. Doubleday, 1991), 1.281.
2. 다른 본문들은 "목수와 마리아의 아들" 혹은 "목수의 아들"로 되어 있다. 이러한 독법들은 마 13:55과의 유사성에서 유래된 것으로 보인다(또한 눅 4:22; 요 6:42).
3. 마이어(Meier, *A Marginal Jew*, 1:222-27)는 이 "갑작스런 언급"을 예수의 탄생과 연관된 어떤 도덕적 추문을 암시한다는 해석에 반대하는 강력한 논증을 제공한다. 그것은 단지 예수를 잘 알고 있다는 뜻을 전달해주고 있을 뿐이다.
4. 리차드 벅햄(Rechard Bauckham, "The Brothers and Sisters of Jesus: An Epiphanian Response to John P. Meier, *CBQ* 56 [1994]: 698-700)은 열거된 형제들과 자매들이 요셉의 첫 번째 아내의 자녀들이라고 주장한다. 이 지역 사람들은 두 명의 아내들에게서 낳은 한 남자의 아들들을 구분했을 것이다. 가족의 상황을 알지 못했던 나사렛 밖에서는 예수가 단순히 요셉의 아들로 지칭되었을 것이라고 벅햄은 주장한다.

있는 사람이라고 생각한다. 이 사람은 우리와 줄곧 함께 있어왔던 마리아의 아들일 뿐이다.

예수에 대한 그들의 생각은 어떤 당혹스러움을 암시한다. 설교하고 병을 고치면서 다니고 있는 그는 자기를 누구라고 생각하는가? 이 사람이 우리가 너무나도 잘 알고 있는 사람들의 형제가 아니냐? 그의 자매들이 여기서 우리와 함께 살고 있지 않느냐? 그들의 질문은 "그래"라는 대답을 예상하는 헬라 방식으로 표현된 것이다. 그러나 주의 깊은 독자는 다른 차원에서 그 질문에 대한 대답이 보다 복잡하다는 사실을 알 것이다. "아니다, 그렇지 않다." 마가에게 있어서 그의 지혜와 능하신 일들의 원천에 관한 질문의 해답은 예수는 하나님의 아들이라는 것이다(1:1, 11; 9:7; 15:39). 그리고 예수는 이미 오직 아버지의 뜻대로 행하는 자만이 그의 모친이요 형제요 자매라고 밝혀주셨다(3:34-35).

예수의 기원에 대한 그들의 분석의 결론은 그가 그들을 당혹스럽게 한다는 것이다. 그들은 그가 가르친 내용을 통하여 혐오감을 갖게 된 것으로 보이지 않는다. 그들의 질문은 그의 기원과 관계가 있으며, 그들은 이 사람이 인간적으로 누구인지 알고 있으며 그가 어디 출신인지를 알고 있다고 생각한다.[5] 복음에 대한 멸시가 다시 나타난다. 예수의 가족 혹은 업종에 관해서는 놀랄 만한 혹은 진귀한 것이 없고, 그의 비천한 기원은 그를 지혜를 가진 어떤 큰 인물로 받아들이기 어렵게 만든다. 어떻게 그렇게 평범한 인물이 그런 놀라운 일을 행하고 지혜로운 말을 할 수 있는가? 우리와 그렇게 잘 알고 있는 사람이 어떻게 하나님의 기름부음을 받은 자가 될 수 있는가? 이것은 이러한 선한 것이 나사렛에서 나올 수 없다는 사실을 인정하는 것과 같다(요 1:46).

아마도 친밀성이 경멸성을 낳는 것으로 보인다. 회담에서 전문가는 주로 아주 멀리서 온 사람들이다. 나사렛에 사는 사람들은 "세상 관점에서" 예수를 알고 있으며(고후 5:16), 그들의 "그분과의 친밀성이 그분을 참되게 아는데 장애물이 된다. 그것이 그의 평범함이라는 베일을 통과하여 그분을 바르게 보기 어렵게 만들기 때문이다."[6] 그들은 그를 단순히 자기들과 같은 그 지역의 시골뜨기로 본다.

아마도 어떤 사람들은 그가 장인(匠人)이기 때문에 거절한 것으로 보인다. 유대

5. 마샬(Marshall, *Faith*, 192)은 다음과 같이 기록한다. "그들의 불신앙은 예수의 말씀의 특성을 인식하지 못한데 있거나 그의 기적의 실체를 인식하지 못한데 있는 것이 아니다. 오히려 이 지혜와 능력의 참된 원천을 인정하기를 거절하고(2절) 또한 그들에게 드러난 그의 유일한 정체성을 받아들이기를 거절한데 있다(3절)."

6. Cranfield, *Mark*, 193.

인들은 손으로 하는 노동자들을 존중하지만, 어떤 사람은 공부하는데 헌신한 서기관과 손으로 일을 하는 노동자를 예리하게 구별한다. 시락서 38:24-34에 따르면, 서기관의 지혜는 공부하는 여유의 기회를 가진 반면에 장인들은 너무 많은 일에 매달리고 있어서 지혜롭지 못하다고 말한다. 기술자는 밤낮으로 노동하고 자기의 일에 대해서만 말할 수 있을 뿐이다. 따라서 "장인들은 재판석에 앉지 못하고 법정의 결정을 이해하지도 못한다. 그들은 규율이나 판결을 설명하지 못하고 또한 그들을 지도자들 가운데서 발견할 수가 없다(시락서 38:33). 본 단락은 율법을 배우기 위하여 자신을 헌신하는 사람이 얼마나 다른지를 강조하면서, 계속하여 39:1-11에서 서기관을 찬양하는 데로 나간다.

예수는 선지자가 고향에서 존경을 받지 못한다는 옛 격언을 상기시키면서 그의 동네사람들의 회의론에 대해서 답변하신다(6:4). 그것은 그들의 불신앙에 대한 설명을 주고 있는 것이지, 변명이 아니다. 그의 반응은 이 복음서에서 처음으로 선지자라는 단어가 예수에게 적용된다는 사실을 보여주며, 그것은 성경에서 선지자들과 결합된 이미지를 환기시켜 준다. 예수는 선지자처럼 오셨고, 선지자처럼 거절당하셨다. 이 말씀은 그가 선지자의 피할 수없는 운명을 당할 것이라는 사실을 암시하며, 세례 요한의 순교가 곧 묘사될 것이다(6:17-29). 자신의 고향에서 예수가 거절당하신 사실은 그분이 구원하러 오신 자기 백성에 의한 거절—예루살렘에서 절정에 도달할 거절—을 예고하고 있다.

마가는 예수가 소수의 사람들을 고치는 일을 제외하고 나사렛에서 이적을 행할 수 없었고, 그분이 그들의 믿지 않음을 이상히 여기셨다는 언급으로 이 사건을 마무리 짓는다(6:5-6a). 예수의 동료 백성들은 그가 선지자의 차원으로 나타나신다는 것을 생각하지 않는다. 그런데 하물며 그들이 어떻게 예수에 관한 완전한 진리를 이해하기 시작할 수 있겠는가? 그분과 동네 사람들은 서로 어안이 벙벙하다. 독자도 그들이 믿지 않을 것이라는 사실에 놀랄 수도 있다. 나사렛에서 예수에 대한 부정적 반응은 돼지들과 이방인들이 거주하던 땅과 거반 차이가 없다는 사실을 보여주고 있으며, 독자들은 이전에 거라사인의 광인이라고 알려졌고, 자기 동네에서 증거해야 하는 그 사람이 직면할 어려움을 더 잘 인식할 수 있다. 예수는 다시 회당에 들어가지 않고 군중들이 사방에서 몰려올 수 있는 들로 가실 것이다(참조. 6:6b).[7]

상황잇기

마귀가 예수의 정체성에 대해 외치고 인간이 예수의 정체성에 대해 의문할 때 마가의 기사에서 한 요점과 대조적 요점이 발전해 나간다.[8] 나사렛 회당에 모인 사람들이 예수가 어떤 분인지를 묻는 질문을 제시하는 일련의 사람들 중에 마지막 사람들이다.

귀신의 부르짖음		인간의 질문	
1:24	"나는 당신이 누구인 줄 아노니 하나님의 거룩한 자니이다."	1:27	"이는 어찜이냐 권위 있는 새 교훈이로다."
1:34	"귀신이 자기를 알므로 그 말하는 것을 허락하지 아니하시니라."	2:7	"이 사람이 어찌 이렇게 말하는가 신성 모독이로다 오직 하나님 한 분 외에는 누가 능히 죄를 사하겠느냐?"
3:11	"당신은 하나님의 아들이니다."	4:41	"그가 누구이기에 바람과 바다도 순종하는가?"
5:7	"지극히 높으신 하나님의 아들 예수여 나와 당신이 무슨 상관이 있나이까?"	6:3	"이 사람이 마리아의 아들 목수가 아니냐 야고보와 요셉과 유다와 시몬의 형제가 아니냐 그 누이들이 우리와 함께 여기 있지 아니하냐?"

선언과 질문의 이러한 교차적 패턴은 독자로 하여금 어찌하여 인간들은 이런 사실을 볼 수없는지를 묻게 만들며, 또한 그들이 볼 수 있을 것인지를 의문하게 만든다. 귀신들이 즉시 그리하는 것처럼 무엇이 사람들로 하여금 이 사람이 하나님의 아들이라는 사실을 인식하도록 만들어 줄 것인가? 예수를 여전히 인식하지 못함으로 우리도 오늘날 현대 사람들에게도 동일한 질문을 해야 할 것이다.

건드리는 자신의 권위 있는 주석에서, 마가가 "십자가의 수치에 대응하는 예수의 지혜와 능력의 기원을 밝힘으로써(참조. 마 11:6; 동일한 내용, 눅 7:23)" 예수에 의해 실족케 되는 함정에 빠지지 않도록 "백성을 구출하기 위하여" 자신의 복

7. "회당"이란 단어는 서기관들이 첫 번째 자리를 앉는 자격을 갈망하는 곳(12:39)과 그의 제자들이 혹평을 받는 곳(13:9)으로 다시 언급된다.

8. Kingsbury, *Christology*, 86-87.

음서를 기록했다고 주장한다.[9] 진리는 믿음의 눈으로 바라볼 수 있기 이전에 치욕을 통과해야 한다. 나사렛 사람들은 예수의 권위에 대한 풍부한 증거를 가졌으나, 그들이 그의 적당한 증명서로 취하고자 했던 과거의 평가를 얻기 못했기 때문에 거절했다. 상황을 연결지음에 있어서 우리는 치욕을 지적하고, 고수해야할 것이다.

미국의 경향은 유명한 사업가, 정치가 혹은 굴욕적인 밑바닥으로부터 나온 명사, 자수성가한 남녀가 성공이라는 사회적 지위에 오르기 위하여 빈곤의 그물로부터 헤쳐 나온 사실을 듣기를 기대한다. 많은 사람들이 명예의 상징으로서 자기들의 비참한 배경을 달고 있다. 예수 당시에 세계는 엄격하게 제한된 계열에 의하여 서열이 정해져 있었다. 사회의 변동성은 제한되어 있었고, 사람이 태어났을 때 가지고 있었던 계급의 한계 안에 머물러 있어야 했다. 위대한 사람으로 대우받기를 바란다면, 귀족가문, 즉 "태생이 좋은" 사람이 되는 것이 필수였다.[10]

예를 들면, 자기의 생애에 대하여 독자들에게 그 자격을 말하는 요세푸스의 소개말을 비교해 보라. 그는 자신을 귀족 가문의 후예로 밝히기 위하여, 자기 족보에 대한 간략한 개요를 말한다(*Life* 2 § 7; *J. W.* 5.9.4 § 419). 그는 가장 높은 계층으로 간주되는 제사장 후손이다(*Life* 1 § 1; *J. W.* 1.1.1 § 3; 3.8.3 § 352; 5.9.4 419; *Ag. Ap.* 1 § 54). 그는 또한 모친 편으로 왕족, 즉 하스모니안 가문임을 주장한다(*Life* 1 §§ 2-4). 그는 율법에 대한 정확한 지식에 있어서 모든 동료들보다 능가하고, 유일하게 헬라 청중들을 위하여 성경을 해석하는 역량을 가졌다고 자랑한다(*Ant.* 20. 12. 1 §§ 262-65). 그러므로 예수와 관련하여 최고의 하나님이 그렇게 비천한 동네, 가족, 직업출신의 사람에서 오셨다는 사실은 고대세계에서는 하나의 충격이었다. 우리는 나사렛 고향 사람들이 물었던 질문을 할 수 있을 것이다. 어떻게 이 예수가 감히 자기 조상들보다 뛰어날 수 있는가?

마가는 예수의 비천한 기원 문제를 완화시키지 않고 오히려 그것을 강조한다. 그는 우리에게 그분이 스타덤에 오르실 것을 예고해 주는 예수의 귀족적인 족보적 혈통에 대하여 아무것도 말해주지 않고, 다만 그 당시 백성들이 그의 배경에 대하여 아무런 두드러진 것을 인식하지 못하고 있다는 사실만을 말해준다. 아무도 명확하게 그분을 경이로운 분으로 알아채거나, 그분에 대하여 다음과 같이 말한 사람은 없다. "저는 언제나 당신이 메시야로 성장하셨다는 사실을 알았습니다." 아무

9. Gundry, *Mark*, 292.
10. Steve Mason, *Josephus and the New Testament*(Peabody, Mass.: Hendrickson, 1992), 36.

도 젊은 예수에 대한 우리의 초상화에 아름다움을 더해주는 후광을 눈치 채지 못한다. 마가에 따르면, 가족들까지도 그의 신적인 임무를 인식하지 못한다. 같은 동네 사람들은 스스로 그분과 동등하다고 생각하고, 그분을 단순히 이웃집의 시골 젊은이 직공으로 간주한다.

헬라인과 로마인들은 노동자를 천한 사람으로 보았다. 아덴의 웅변가 세군더스(Secundus)는 "나무 못(wooden nail)"이라고 조롱을 받았는데, 그가 목수의 아들이었기 때문이다. 켈수스(Celsus, 2세기 후반)는 단순히 목수였다는 사실로 인하여 예수를 경멸하면서, 그의 사역을 십자가 처형에 연결시키면서 비꼬았다. 따라서 오리겐은 복음서들이 결코 예수를 손으로 일하는 분으로 묘사하고 있지 않다고 반박한다(Origen, *Contra Celsum*, 6.36). 그리스-로마 세계에서 엘리트들은 그러한 수공업에 종사하는 사람들이 교육을 받지 못하고 천한 사람이었다고 생각했고, 마가복음 당시의 사람들은 비천한 목수가 능하신 하나님의 아들일 수 있다는 사실을 믿기 위하여, 그러한 것들이 가질 수 있었던 편견을 극복해야 했었다.[11] 많은 사람들은 어떻게 하나님이 그렇게도 하잘것없어 보이는 사람을 통하여 말씀하시고 역사하실 수 있는지를 깨달을 수 없었다.

현대적 의미

우리는 수년간 예수의 배경과 관련한 본래의 수치를 제거하고, 목수로서의 그의 직업을 낭만적으로 묘사하려는 경향이 있었다. 오늘날 몇몇 사람들은 그분을 이음보와 대들보를 만드는 날품팔이 목수나 돌을 가지고 일하는 거친 건축 노동자보다는 둘러싸인 도시들 가운데서 대 건축물의 도목수로 상상한다. 외경적인 예수의 유아 복음서들은 예수에 관한 온갖 종류의 환상적인 이야기들을 창작해 내면서, 그의 유년기를 신동으로 칭송하려고 한다.

현대 설교자들은 예수가 고등학교에서 인기 운동종목의 스타요 학급의 졸업식 대표연설가였으리라고 주장했다. 예수의 배경에 보다 고상한 어떤 것을 주입하려는 시도는 우리가 아직도 세상의 판단 기준과 위신에 대한 관심에 영향을 받고 있다는 사실을 보여준다. 그러한 표준은 언제나 하나님의 사자들과 방식들을 정확하게 인식하는데 실패한다.[12] 앤더슨(Anderson)이 지적하는 바와 같이 나사렛 출신

11. 기능공의 평범한 주변에는 품위 있는 것은 아무것도 없다는 키케로의 해석들을 보라(Cicero, *An Essay About Duties*, 1.41 ; 2.225).

12. Juel, *Mark*, 91.

의 사람들은 "그 신임이 모든 사람에게 명확하게 드러나는 거의 영광스러운 초자연적 예수를 원하며, 비천한 가족 구성원이고, 마가의 증언에 따르면, 그의 길이 십자가의 길인 이 사람의 인간성 가운데서 하나님이 자신을 나타내신다는 사실을 믿기를 거부한다."[13]

오늘날도 차이가 없다. 만일 예수가 신분증명서를 발급 받았다면, 그의 직업은 메시야가 아닌 목수로 올라있을 것이다. 그는 노동자 계층이다. 수년 전에 나온 한 대중가요를 바꿔서 쓴다면, 그는 오늘날 우리에게 다음과 같이 물을 수 있다. "만일 내가 목수였다면, 당신은 그것과 상관없이 나를 믿겠나요?" 그의 옷, 스타일, 그리고 배경은 구세주를 상류사회의 가정에 두기를 원하는 사람들에게는 당황하게 만들 수 있다. 한 설교자가 큰 미국 도시의 부유한 교회들 가운데서 초대받아 설교하였을 때, 그는 정규적으로 입수한 대체적인 평가를 기록하고 있다. 그는 다음과 같이 기록하고 있다.

> …마중하는 사람들과 여타 교인들은 이발 형태, 면도, 넥타이, 셔츠, 양복, 그리고 구두에 대해 머리부터 발끝까지 노골적으로 훑어보았다. 나는 사람들이 평소에 격식 없이 대강 훑어보는 것을 의미하지 않는다. 그들은 엑스선(x-ray)으로 검사한다. 이 모든 것은 2초 안에 이루어졌지만, 매우 선명한 2초다.[14]

만일 예수가 노동자 복장을 입은 것을 보여주었다면, 그가 받을 수 있는 대우는 상상할 수 있을 것이다.

다른 사람들이 어떻게 자기를 대하였는지에 관한 바울의 글과 고도로 성공적인 복음 전도팀을 위한 광고를 비교해볼 수 있을 것이다(고전 4:9-12). 그 팀은 자기들을 "능력, 힘, 성공, 영감 그리고 동기에 대하여 세상의 가장 훌륭한 팀으로" 기록하였고, 자기들이 국내의 잡지와 텔레비전에 나오는 사람이었다고 자랑하였다. 이와 대조적으로 바울은 경기장에서 사형 언도를 받은 사람과 같은 "구경거리"로 간주되었다. 그는 어리석은 자로, 약한 자로, 헐벗은 자로, 매를 맞고, 정처가 없고, 일하다 지친 노동자, 그리고 만물의 찌끼로 판단되었다.

그러나 보이는 것이 다가 아니다. 바울은 사람을 인간적인 표준으로 판단한다

---

13. Anderson, *Mark*, 161.
14. Joel Gregory, *Too Great A Temptation. The Seductive power America's Super Church*(Fort Worth: The Summit Group, 1994), 38.

면, 틀린 대답을 찾아낼 것이라고 말한다(고후 5:16을 보라). 그러나 하나님의 관점에서 복음 전달자를 바라본다면, 흙으로 만들어진 그릇에 하나님의 보물이 들어있는 것을 볼 수 있을 것이다. 그들이 깨어진 그릇과 같이 보일 수도 있으나, 그 깨어진 금이 안으로 하나님의 빛이 통과해 들어오게 만들어준다. 그때에 능력이 하나님에게 속한다는 사실을 알 수 있다(고후 4:6-12). 미운 오리새끼 이야기 가운데 들어있는 교훈이 이에 적합하다. 우리가 다른 사람들을 외모로 판단할 때, 치명적으로 잘못하는 것이다. 예수를 외모로 평가하는 사람들은 그분에 관한 진리를 놓친다. 또한 그의 위임을 받은 사자들을 잘못 판단할 수 있다.

우리는 또한 예수의 가르침과 이적이 자동적으로 믿음을 낳지 않는다는 사실을 유의해야 할 것이다. 이적은 확실하게 만들어주는 명백한 표식이 아니다. "이적들은 예수의 사명과 권위에 대한 분명하고도 거칠 것 없는 견해를 가져다주지 못한다."[15] 이런 경우에 이적은 회의와 의심으로 이끌어갈 수 있다. 예수의 고향에 있었던 믿음의 결핍은 이전의 장면들 가운데 나왔던 사람들이 보여주었던 믿음과 두드러진 대조를 이룬다(5:23, 28, 34, 36). 불신앙에도 불구하고 몇몇 이적이 일어났기 때문에 믿음이 이적에 반드시 필요한 것은 아니지만, 믿음이 회당장 야이로를 위한 이적보다 앞섰고, 혈루증 여인을 위한 이적보다 앞섰다(3:1-6; 4:35-41; 6:35-44).

예수는 명예나 인정을 요구하지 않으신다. 그는 말씀을 뿌리기 위하여 오셨지 존경을 받으러 오지 않으셨다. 그러나 예수의 지혜를 믿어야할 지에 대한 신임과 관련하여 제기된 주저함은 나사렛 동네 사람들로 하여금 그분을 통하여 오는 하나님의 축복을 받지 못하도록 가로막았다. 본문은 의심과 회의가 전체 공동체에 악영향을 미친다는 사실을 보여준다. 그것은 다른 사람들에게 나타나야할 하나님의 능력을 잘라버린다. 나사렛에서 많은 사람들은 계속하여 불신앙 가운데 머물렀기에, 소경과 절름발이와 귀머거리는 그런 고통 가운데 살았다.

그들의 예수에 관한 거절과 그분이 "아무 권능도 행하실 수 없어 다만 소수의 병자에게 안수하여 고치실 뿐이었다"는 사실은 예수가 백성들의 믿음을 떠나서는 이적을 행하시기가 어렵다는 것을 암시한다. 본문은 우리로 하여금 "왜?"라고 묻도록 촉구한다. 나사렛 사람들은 이미 예수의 이적을 알고 있었으나 믿기를 거절했다. 그들의 냉소주의가 아픈 자들을 치료하기 위하여 그분에게 데려오는 일을

---

15. L. W. Countryman, "How Many Baskets Full? Mark 8:14-21 and the Value of Miracles in Mark," *CBQ* 47(1985), 562.

막아버렸다. 소수의 사람들만이 예수에게 나왔고, 그는 그들을 고쳐주셨다. 의심은 믿음을 교란시킨다. 불신앙은 확실하게 믿기를 거부한다. 마가는 예수의 고향을 하나님의 통치라는 은혜로우신 선물을 박탈당하게 만들었던 완고한 불신앙 가운데서 곤경을 당한 곳으로 묘사한다. 회의적이고 냉소적인 사람들과 함께 일했던 사람들은 그러한 사람들을 믿게 만드는 것은 육체적으로 아픈 사람들을 낫게 하는 것보다 더 놀라운 이적이라는 사실을 인식한다.

마가는 그분이 나사렛으로 가실 때, 그의 제자들도 함께 갔다고 말한다(6:1). 그들의 임무의 일부분은 예수와 함께 하는 것이지만, 예수와 함께 하는 것은 또한 배우는 기회를 제공하기도 한다. 그들은 예수의 가르침과 이적에 대한 무반응으로부터 거절이 최소한 언제 어디서든 예상된다는 것을 배우게 된다. 그렇지만 거절이 세상의 끝은 아니다. 실패는 복음의 씨를 뿌리는 사람에게는 공통적인 체험이다. 예수는 당황하였으나, 그것으로 인하여 실망하지 않고 계속하여 다른 마을과 동네로 나아가신다. 제자들이 자기네 마을로 사명을 받아 보냄을 받았고, 저항과 비웃음과 의심을 당하게 되었을 때, 이 교훈이 유익할 것이다(6:7-13). 기독교인 선교사들도 역시 회의주의에 부딛힐 때 예수의 생애에 있었던 이 에피소드로부터 위로를 받을 수 있다.

이 단락은 또한 그리스도인으로 자라온 사람들이 다른 종교로 돌아섬으로써 삶의 문제에 대한 해답을 찾는 오늘날의 현상에 적용할 수 있다. 어찌하여 많은 그리스도인들이 삶에서 도움을 구하기 위하여 혹은 의미를 찾기 위하여 젊은 시절의 신앙보다는 다른 어떤 곳으로 돌아서는지 놀랄 수밖에 없다. 예수에 관한 이야기를 익히 잘 아는 것이 모욕을 낳는가? 그의 이야기가 지루한 것이 되었는가? 우리의 경외감을 상실하였는가? 낯설고 이국풍에 대한 매력이 새롭고 다른 내용 가운데서 진리를 찾도록 이끌어 가는가? 우리는 나사렛 회당을 둘러쌓았던 태도를 조심해야 한다. "나는 내 어린 시절에 배운 성경 이야기를 통하여 그분을 이미 알고 있어. 그가 지금 나에게 무엇을 가르칠 수 있겠는가?"

마가복음 6:6b-30

6b 이에 모든 촌에 두루 다니시며 가르치시더라
7 열두 제자를 부르사 둘씩 보내시며 더러운
귀신을 제어하는 권능을 주시고
8 명하시되 여행을 위하여 지팡이 외에는 양식
이나 배낭이나 전대의 돈이나 아무 것도 가
지지 말며
9 신만 신고 두 벌 옷도 입지 말라 하시고
10 또 이르시되 어디서든지 누구의 집에 들어가
거든 그곳을 떠나기까지 거기 유하라
11 어느 곳에서든지 너희를 영접하지 아니하고
너희 말을 듣지도 아니하거든 거기서 나갈
때에 발 아래 먼지를 떨어버려 그들에게 증
거를 삼으라 하시니
12 제자들이 나가서 회개하라 전파하고
13 많은 귀신을 쫓아내며 많은 병자에게 기름을
발라 고치더라
14 이에 예수의 이름이 드러난지라 헤롯 왕이
듣고 이르되 이는 세례 요한이 죽은 자 가운
데서 살아났도다 그러므로 이런 능력이 그
속에서 일어나느니라 하고
15 어떤 이는 그가 엘리야라 하고 또 어떤 이는
그가 선지자니 옛 선지자 중의 하나와 같다
하되
16 헤롯은 듣고 이르되 내가 목 벤 요한 그가 살
아났다 하더라
17 전에 헤롯이 자기가 동생 빌립의 아내 헤로
디아에게 장가 든 고로 이 여자를 위하여 사
람을 보내어 요한을 잡아 옥에 가두었으니
18 이는 요한이 헤롯에게 말하되 동생의 아내를
취한 것이 옳지 않다 하였음이라
19 헤로디아가 요한을 원수로 여겨 죽이고자 하
였으되 하지 못한 것은
20 헤롯이 요한을 의롭고 거룩한 사람으로 알고
두려워하여 보호하며 또 그의 말을 들을 때
에 크게 번민을 하면서도 달갑게 들음이러라
21 마침 기회가 좋은 날이 왔으니 곧 헤롯이 자
기 생일에 대신들과 천부장들과 갈릴리의 귀
인들로 더불어 잔치할새
22 헤로디아의 딸이 친히 들어와 춤을 추어 헤
롯과 그와 함께 앉은 자들을 기쁘게 한지라
왕이 그 소녀에게 이르되 무엇이든지 네가
원하는 것을 내게 구하라 내가 주리라 하고
23 또 맹세하기를 무엇이든지 네가 내게 구하면
내 나라의 절반까지라도 주리라 하거늘
24 그가 나가서 그 어머니에게 말하되 내가 무
엇을 구하리이까 그 어머니가 이르되 세례
요한의 머리를 구하라 하니
25 그가 곧 왕에게 급히 들어가 구하여 이르되
세례 요한의 머리를 소반에 얹어 곧 내게 주
기를 원하옵나이다 하니
26 왕이 심히 근심하나 자기가 맹세한 것과 그
앉은 자들로 인하여 그를 거절할 수없는지라
27 왕이 곧 시위병 하나를 보내어 요한의 머리
를 가져오라 명하니 그 사람이 나가 옥에서
요한을 목 베어
28 그 머리를 소반에 얹어다가 소녀에게 주니
소녀가 이것을 그 어머니에게 주니라
29 요한의 제자들이 듣고 와서 시체를 가져다가
장사하니라
30 사도들이 예수께 모여 자기들이 행한 것과
가르친 것을 낱낱이 고하니

원 의미

회개를 전파하기 위한 제자들의 파견(6:6b-13) 그리고 예수에게 돌아온 그들의 보고(6:30-32)가 세례 요한의 죽음기사(6:14-29)를 가운데 끼고 펼쳐진다. 이 두 사건들은 서로 완전히 별개로 분리되어 있으나 마가는 의도적으로 그것들을 함께 묶어놓고 있다.

제자들의 전도

예수는 이스라엘 백성으로 하여금 회개하라고 요청하시면서 공생애 사역을 시작하셨다(1:14-15). 이제 그는 그들이 회개치 않은 마을로 가서 회개를 전파하고 귀신들을 쫓아내고, 아픈 자에게 기름을 바르도록 보내심으로써 선교를 확대해 나가신다. 예수는 그들에게 더러운 귀신들을 이기는 권세를 부여하시고(3:15을 보라) 두세 증인이라는 요구사항에 맞게 둘씩 여행하도록 임명하시고(민 35:30; 신 17:6; 19:15; 고후 13:1; 딤전 5:19) 몇 가지 보호적인 방책을 그들에게 제공하신다. 예수가 그들에게 전파하러 나아가라고 명령하실 때, 예를 들면 우리는 그들이 더러운 귀신을 만났을 때 어떻게 해야 하는지에 대해서 세부적인 충고를 하실 것이라고 예상할 수 있다. 그러나 그는 여행을 위하여 짐을 꾸리지 말라는 내용을 지시하신다. 그는 그들에게 지팡이를 가지고 신을 신으라고 허락하시지만, 양식을 가지지 말고 거지의 주머니를 가지지 말며 전대에 돈을 가지지 말고, 갈아입을 옷을 가지지 말라고 하신다.

어찌하여 그들은 기본이 되는 도구도 없이 가볍게 여행을 해야 하고, 어찌하여 유일하게 지팡이와 신을 신어야 하는가? 어떤 사람은 이 명령을 성전과 예루살렘의 임박한 위급한 일과 연결시킨다. 예를 들면, 케어드(Caird)는 이스라엘이 "기로에 서 있다"고 예수가 믿었다고 주장한다. "그 나라는 국가적 운명에 대한 두 개념 사이에 선택을 해야 하고, 선택의 시간이 너무나도 짧았다"는 것이다.[1] 긴급하다는 인식이 예수의 사역을 펼치는데 영향을 주었겠지만, 어떻게 제자들이 양식도 없이 빨리 여행할 수 있을 것인가? 이 목록은 그들의 선교의 성격에 관한 것을 반영하고 있다. 음식과 숙박을 다른 사람들의 공급에 전적으로 의존한 것이고, 선교하러 간다는 것은 극한 가난의 표현이다.[2] 그들은 일등급 여행을 하고 있지 않다. 그들은

---

1. G. B. Caird and L. D. Hurst, *New Testament Theology*(Oxford: Clarendon, 1994), 361.

그 땅을 점령하는 침략군처럼 가고 있지 않다. 열두 제자들은 보다 겸비하게 나아가서, 생계유지를 위하여 전적으로 하나님을 의지해야 한다.[3] 그들은 가난한 자로서 가난하고 굶주린 자들에게 가야 한다. 미니어(Minear)가 말하는 바와 같이, "약함과 빈곤이 사람들이 회개할 선포의 효과적인 수단이다(고전 2:3-5)."[4]

하나님이 이사야에게 다가오는 심판의 표식으로서 전쟁터의 죄수들처럼 벗은 몸과 발로 걸어가라고 지시하신 것처럼(사 20:2-4), 제자들의 빈곤은 이스라엘에게 닥칠 심판에 대한 예언적 경고로 의도되었을 수 있다.[5] 예수가 그들에게 가지라고 허락한 지팡이는 단순히 여행자의 지팡이를 가리킬 수도 있으나, 모세의 지팡이로 시작하여 그것은 하나님이 이스라엘을 다루시는 역사에서 풍부한 이미지를 가지고 있다(출 4:2-5, 20). 그것은 열두 지파의 지팡이와 관련되었을 수도 있으며(민 17장) 지파의 지도자의 권위 혹은 선지자의 권위의 상징일 수도 있다(왕하 4:29). 그것은 이스라엘의 언약적 갱신과의 어떤 상징적 관계일 수도 있다(또한 겔 20:37; 37:15-28을 보라). 제자들은 이스라엘로 하여금 하나님에게로 돌아오라고 불러야 한다.

예수는 보내는 열두 사람들에게 제공된 첫 번째 거처지를 받아들이라고 지시하시고, 더 좋은 곳을 발견할지라도 옮기지 말라고 하신다. 이러한 위탁의 증거는 그들 자신이 아니라 선교에 그들이 헌신한 증거이다. 그것은 또한 선교에 방해가 될 더 좋은 숙소로 이동함으로써 그들이 받게 될 질투를 줄여줄 것이다. 예수는 다수의 받아들임이나 거절을 예상한 것으로 보이며, 그는 거라사인들이 자신을 거절하였을 때에 하셨던 것처럼 행하라고 그들에게 지시하신다. 만일 한 장소에서 그들을 영접하지도 그들의 말을 듣지도 않으면, 발에서 먼지를 떨어버리고 그곳을 떠나야 한다. 논쟁하면서 헛되이 낭비할 시간이 없다.[6] 이스라엘 땅에서 이러한 행동은 예언으로서 역할한다. 수수께끼이기는 하지만, 만일 그들이 말씀에 반응하지

---

2. 눅 15:22; *b Besa* 32b; *b Shabb* 52a.

3. 이 명령은 이스라엘 백성이 사막으로 들어가기 전 그들에게 주어진 내용과 평행을 이룬다(출 12:11). 이스라엘 백성들은 유월절 식사를 "너희는 그것을 이렇게 먹을지니 허리에 띠를 띠고 발에 신을 신고 손에 지팡이를 잡고 급히 먹으라 이것이 여호와의 유월절이니라"고 명령을 받았다. 이스라엘이 광야에서 하나님의 공급하심을 통하여 생계유지를 했듯이 제자들도 그렇게 될 것이다.

4. Minear, *Mark*, 80.

5. Ulrich Luz, *Das Evangelium nach Matthäus*(Mt8-17) (Evangelisch-katholischer Kommentar zum Neuen Testament; Zurich: Benziger/Neukirchener, 1990), 2:97.

6. 유대인들은 이방 땅으로부터 이스라엘 땅으로 돌아올 때 자기들의 발에서 먼지를 떨어 버렸다(*m Obol* 2:3; *m Tohar.* 4:5).

않는다면, 이곳이 이방 땅이고, 하나님의 나라에서 끊어질 것이라는 경고다.

열두 제자들의 선교는 극적이고도 간곡한 방식으로 지금 회개해야할 필요가 있는 이스라엘의 심각성을 전달한다. 회개의 메시지는 하나님이 통치하신다는 것이다. 만일 그들의 마음에 든다면, 하나님의 통치를 받아들이라고 메신저들은 이스라엘을 초대하지 않는다. 그들은 백성들에게 중간지대가 있을 수 없도록 예스(yes) 아니면 노(no)를 가지고 도전한다. 만일 메시지를 거절한다면, 그들은 치유 받고 구원받을 기회를 스스로 박탈당할 것이다. 만일 완강한 반항을 계속한다면, 그들은 하나님의 심판을 당할 것이다.[7]

마가는 우리에게 제자들이 예수의 명령을 순종했다고 말한다. 그들은 회개를 전파하고, 귀신을 쫓아내며, 병든 자에게 기름을 바른다.[8] 그러나 마가는 그들의 선교의 결과가 성공적이었는지 그렇지 않은지를 전혀 말하고 있지 않다. 어째서일까? 가장 좋은 대답은 마가가 그것을 예수의 죽으심과 부활 이후에 제자들에게 주신 선교의 준비로 보기 때문이다. 그것은 그들에게 선교사명에 헌신하면서 완전한 자기희생의 필요성을 소개하고 있다. 또한 그들에게 거절의 실상을 알려준다. 즉 말씀의 뿌림이 어떤 땅에서는 수확하지 못할 것임을 예상해야 한다는 것을 의미한다. 그러므로 그것은 뒤따라오게 될 예수의 운명에 관한 그의 가르치심을 그들에게 준비시킨다.

세례 요한의 죽음(6:14-29)

마가는 갑자기 세례 요한의 처형을 자세히 이야기하고 있는 과거 회상으로 제자들의 선교에 대한 기록을 중단한다. 그것은 예수의 점증하는 명성이 고위층에 이해관계에 대한 파문을 일으킨 불길한 소식과 함께 시작된다.[9] 세례 요한의 죽음의 배후에 숨어있는 섬뜩한 설명들과 관련한 검토는 헤롯이 예수가 죽은 자 가운데서 부활한 세례 요한일 수도 있다고 생각하고 있는 이유를 설명해 준다. 이 기사는 두 부분으로 나뉘어진다. 요한의 포박과 투옥의 배후에 있는 이유(6:17-20), 그

---

7. Pesch, *Das Markusevangelium*, 1.329; Gnilka, *Das Evangelium nach Markus*, 1:240.

8. 기름은 의약의 가치를 가졌다(사 1:6; 눅 10:34; 약 5:14-15).

9. 마가복음에서 헤롯으로만 밝혀져 있는 헤롯 안디바는 헤롯대왕이 사마리아인 말타체(Malthace)와의 사이에 낳은 아들이었고, 주전 4년부터 주후 39년까지 갈릴리와 베레아(Perea)라는 작은 나라의 왕(tetrarch)이었다. 테트락(tetrarch)은 "그 나라의 4분의 1의 통치자"를 의미한다.

리고 그의 처형에 대한 야비한 기사(6:21-29).

예수의 제자들이 물었던 질문, "저가 누구이기에"(4:41)는 이제 헤롯 왕실이 그분에 대한 소식으로 왁자지껄하고 있는 것처럼, 정치적 상류사회의 관심을 일깨우고 있다. 아마도 열두 제자의 선교는 예수의 명성을 확대시킨 것으로 보이는데, 그 이유는 헤롯이 그의 이름을 들었기 때문이다(6:14; 9:37-41; 13:6, 13을 보라). 우리는 두려워한 헤롯이 긴급 각료회의에서 소문이 퍼진 이 새로운 위협적인 선지자에 관한 여러 추측들을 듣고 있다는 인상을 받는다. 그들은 예수의 고향에서 제기되었던 것과 같은 기본적인 질문을 묻고 있다. "이 사람이 행하는 능력을 어디서 얻게 되었느냐?"

헤롯은 나사렛 회당에 있던 사람들보다 더 진리에 가까이 접근한다. 예수가 "죽은 자 가운데서 살아난…세례 요한"(6:14)이라는 평가와 그가 "내가 목 벤…죽은 자 가운데서 살아난 요한"(6:16)이라는 헤롯의 의견은 그가 엘리야나 구약의 선지자들 중에 하나라고 생각하는 다른 사람들의 추측과 같은 맥락을 이룬다. 헤롯은 예수의 능력이 신적인 행위 즉 부활로부터 와야 한다고 믿는다. 옛날의 선지자들처럼 선지자들이 해외에 있다가 다시 활동하거나, 최근에 처형된 사람이 다시 일어난다면, 인간에 대한 하나님의 다루심의 새로운 세대가 시작되었다. 그러나 헤롯은 그분에 관해서 더 알아보려고 행동하지 않는다. 나사렛의 회의적인 사람들처럼 그도 역시 그의 놀라운 행사들을 듣고서도 그의 추종자가 되려는 생각을 가지지 않는다.[10] 헤롯의 두려움은 하나님에 대한 두려움이 아니다. 그가 들었던 내용이 그로 하여금 어떤 소스라침, 하루나 이틀 밤잠을 자지 못하도록 만들 수도 있지만, 그에게 다른 어떤 영향은 미치지 못한다. 그는 "네가 회개를 외치는 한 선지자를 죽이자마자 또 다른 자가 대중들을 선동하기 위하여 별안간 나타났구나"라고 생각할 수도 있다.

"헤롯 왕"(6:14)과 같은 사람을 고민하게 만들었던 일 가운데 하나는 예수와 그의 제자들이 하나님의 나라를 선포하고 있었다는 것이다. 그것은 결국 단순한 메시지가 된다. 하나님이 왕이시고, 헤롯(그리고 그 외 어느 누구든)은 왕이 아니라는 것이다. 마태복음 14:1과 누가복음 3:19; 9:7은 헤롯의 호칭을 분봉(tetrarch)왕

---

10. 아마도 헤롯은 미신적인 성격과 결합된 의외로 많은 시간동안 작용하고 있는 죄책감을 나타내 보이고 있는 것 같다(Cranfield, *Mark*, 207; 참고. Macbeth, "Out, damned spot!"). 크랜필드의 결론은 헤롯 안디바가 쟁반 위에 담아져서 전달된 요한의 실제 머리를 보았고 그가 다시 살아났다고 생각하여 공포감을 가질 수 있음에도 불구하고 그가 아무것도 하지 않는다는 사실을 강조한다.

이라고 정확하게 언급한다. 왕으로 칭하고 있는 마가의 호칭은 덜 전문적인, 통속적인 용법일 수도 있거나, 그것이 의도적으로 풍자적인 말일 수도 있다. 아우구스투스(=아우구스도) 황제는 특별히 헤롯 안디바의 부친 헤롯대왕이 죽었을 때 그 왕의 호칭을 그에게 주기를 거절했고, 이전의 왕국(헤롯대왕이 다스리던 왕국)은 나뉘어져서 생존한 아들들에게 분할되었다.[11] 소문에 의하면, 그의 아내 헤로디아는 조카 헤롯 아그립바가 주후 37년에 가이우스 칼리굴라 황제에게서 왕 호칭을 받았을 때에 너무나 질투가 나서 남편에게 왕의 호칭을 요구하도록 충동질했다고 한다. 그의 요청은 궁극적으로 대적들이 헤롯 안디바가 무기의 재고를 숨겼다고 보고했을 때 그의 해임과 축출로 이어졌다.[12] 마가는 헤롯 안디바가 탐욕을 품었고, 그의 파멸로 이끌었던 그 왕의 호칭을 붙여줌으로써, 헤롯의 왕으로서의 허세를 경멸하여 비웃고 있을 수도 있다.[13]

자신의 대적자요 선지자인 요한을 대우한 헤롯의 태도는 이스라엘 관리들이 선지자들을 대우했던 방식의 전형적인 사례를 제공해준다. 그는 겸비하고 거룩한 선지자에 반하여 과장된 허세에 빠진 사람이며(6:20), 너무나 소심하여 세례 요한에 대하여 어느 것도 하지 못한다. 그것은 구약성경 전체를 통하여 흐르는 왕과 선지자간의 갈등을 상기시켜 준다. 참 선지자인 요한은 두려움 없이 강력하고 대담하게 그들의 죄와 맞선다. 이상하게도 헤롯은 이세벨 유형의 여자인 아내 헤로디아의 분노로부터 요한을 보호하기를 원하고 있으며 그를 구금해 둔다.[14]

요한의 구금과 처형기사는 헤롯의 커다란 불경건의 죄를 강조해주고 있다.[15] 첫째로, 요한은 이복형제의 아내였던 질녀와 결혼한데 대하여 공개적으로 헤롯 안디

11. Josephus, *Ant.* 17.18.1§188; 17.9.4§§224-271; 17.11.4§318, J.W. 2.2.3§§20-22; 2.6.3§§93-95.

12. Josephus, *Ant.* 18.7.1-2§§240-56; *J.W.* 2.9.6§§181-83.

13. Lane, *Mark*, 211.

14. 마가는 요한이 어디에 구금되어 있었다가 처형을 당했는지는 말하지 않는다. 요세푸스는 그곳이 마케루스(Machaerus) 헤로디움(Herodium)의 남동쪽 13마일 지점의 사해 동쪽 남동 베레아(Perea) 군대 지휘본부로서 역할했었던 성채에 있었다고 말한다. 요세푸스는 그 성채를 호화로운 것으로 묘사했다(J. W. 7.6.2§§171-77). 고고학자들은 연회를 열기에 알맞은 커다란 식당과 여인들이 연회가 열리는 동안 식사를 하였던 한 작은 식당을 발굴해 냈다(Gundry, *Mark*, 313-14).

15. 채프먼(Chapman, *The Orphan Gospel*, 186)은 군주로서 헤롯 안디바의 나쁜 평판을 잘 요약하고 있다.

> 유대인들은 그의 부친을 미워했다. 안디바는 로마와 깊은 연관을 맺었고 유대인들은 로마를 미워했다. 그의 모친은 사마리아인이었고, 유대인들은 사마리아인을 미워했다. 그는 도시와 성읍들을 건축 혹은 개축했고 로마의 왕실의 이름을 따라 그것을 이름 지었다. 티베리아에 사람들을 거주시키기 위하여, 그는 신하들을 강제로 그곳에 거주하게 했다(오늘날의 팔레스타인의 다툼은 그 이동이 얼마나 광범위하게 이루어졌는지에 빛을 던져준다). 티베리아에서 그는 왕궁을 짓고, 제2계명을 어기면서 그것을 짐승모양의 조각으로 장식하였다.

바를 책망한다.[16] 요세푸스에 의하면, 헤롯 안디바가 로마로 가는 길에 그녀와 함께 머물렀을 때, 그는 그 여자와 사랑에 빠졌고 철면피하게 결혼을 제안했었다. 헤로디아는 이러한 결혼이 사회적 승진임을 감지했고, 이웃의 나바티아의 통치자 아레다 4세(Aretas IV)의 딸인 그의 아내와 이혼하는 조건으로 결혼에 합의했다. 그 이혼은 수년 후 분노한 아레다와의 국경전쟁을 유발시켰고, 그것은 헤롯에게 심각한 군사력을 잃는 결과를 가져왔다.[17] 그의 재혼은 본국에서 종교적 저항에 불을 붙였다. 그것이 근친상간으로 규정되었기 때문이다(레 18:16; 20:21).

아이러니하게도 헤롯의 어린 의붓딸이 성적 충동을 유발하는 춤을 추어서 그를 홀리게 했는데, 그것 역시 근친상간의 음욕의 기미가 있는 것이었다. 요한은 첫 번째 근친상간으로 이끌었던 음욕을 인하여 헤롯을 책망하고, 의붓딸을 향한 헤롯의 불타오른 욕망의 결과가 요한의 처형으로 나타난다. 그러므로 헤롯은 금기사항을 무시하는 사람으로 나타난다. 헤롯의 궁전에서 음탕한 행위는 경건한 유대인에게는 수치스러운 것으로 생각되었으며, 유대인들은 생일을 이교의 축일로 보았다.[18] 그 파티는 이교주의로 가득했다. 남성들의 파티에 춤을 추는 소녀가 있고(헤로디아는 거기에 없다), 술 취한 왕은 한 여인의 분부대로 행하고, 즉흥적으로 일어난 생각에 따라 한 선지자가 목 베임을 당한다.

헤로디아는 당연히 권력의 자리에서 자신을 제거하도록 요구했던 사람에 대하여 원한을 품고 있다. 헤로디아는 자기 딸을 헤롯의 마음을 사로잡기 위하여 춤을 추도록 보냄으로써 딸의 품위를 희생시키고, 딸이 와서 그녀와 의논할 때, 대적인 예언자를 제거할 기회를 잡는다. 기뻐한 왕은 충동적으로 혹은 술에 취하여 왕의 너그러움을 나타내기 위하여 관례적으로 사용하는 말로서 나라의 절반을 주겠다고 약속한다(왕상 13:8; 에 5:3, 6; 7:2). 로마의 앞잡이인 헤롯은 그 나라의 절반을 줄 권한을 가지고 있지 않다.[19] 이와 대조적으로 예수는 제자들에게 하나님 나라의 능력이라는 선물을 주시는데, 이것은 다른 사람들에게 치유를 가져다준다.

---

16. 헤로디아는 헤롯 대왕(안디바의 이복 형)과 마리암 사이에 태어난 헤롯의 아들들 가운데 한 사람인 헤롯 아리스토불루스(Aristobulus)의 딸이었고, 그러므로 헤롯 안디바의 이복 질녀(조카딸)였다. 헤롯 빌립과의 분규 문제에 관해서는 Harold W. Hoehner, *Herod Antipas*(SNTSMS 17; Cambridge Univ. Press, 1972), 131-36을 보라.
17. Josephus *Ant.* 18.5.1§§109-15.
18. *m 'Abod Zar* 1.3.
19. 헤롯 안디바가 포로가 되어 귀양 갔을 때, 자기의 왕국 모두를 잃어버리고 그것이 아그립바에게 주어졌음을 아는 사람들은, 누구든지 이러한 무모한 약속이 아이러니한 것이었다는 사실을 알게 된다.

헤롯 안디바는 하나님의 선지자들 중 한 사람을 죽음으로 이끌어가는 자신의 초라한 나라를 제공하고 있다.[20] 예수가 흔들리는 갈대라고 부르고(마 11:7) 여우라고 부르는(눅 13:32) 헤롯은 왕실의 술책에 연루되어 있는 자기 아내에 의하여 스스로 농간에 빠져들었다. 그는 요한의 생명보다는 자기의 무모한 맹세를 지키는데 명예를 부여하여 그가 두려워하고 그 말을 즐겁게 들었던 선지자를 죽임으로써 끝낸다. 한 통치자가 다른 사람의 뜻에 복종하여 죄 없는 사람을 처형한 것이 마지막이 아니다.

헤롯과 파티에 참석한 사람들에게 전달된 접시에 올려진 섬뜩한 요한의 머리는 이미 과도하게 타락한 연회를 더욱 오염시켰다. 요한은 악한 여인의 속임수에 의하여 그리고 그녀의 무능하고도 방탕한 남편에 의하여 죽음을 당한다. 참수된 요한이 소위 왕이라는 이 사람보다 더 힘이 있다. 헤롯의 끔찍한 범죄는 오명으로 살아남아 있을 것이지만, 요한의 도덕적 잘못에 대한 책망과 회개로의 요청은 여전히 능력의 통로 가운데서 울려 퍼지고 있다.

사도들이 돌아옴(6:30)

6:30에서 열두 제자들은 이 복음서에서 처음이자 마지막으로 사도들이라고 불렸다. 이 칭호는 그들의 기능을 어떤 영속적인 직분이나 지위라기보다는 보냄 받은 사람들로 보고 있다. 그들은 예수가 그들에게 행하라고 주신 특별한 사명을 이루고, 이제 그분에게 보고한다. 그러므로 사도들의 선교는 요한의 죽음에 대한 기사를 괄호로 묶고 있다. 앞에서 우리가 이미 살펴본 바와 같이(3:20-35; 5:21-43), 이러한 괄호로 묶는 기교를 인식하는 것은 마가의 신학적 목적을 밝히는데 결정적인 역할을 한다. 삽입은 제자들을 보냄과 제자들의 돌아옴 사이의 중간에 일어난 일을 제공하는 그 이상의 일을 하고 있다. 그것은 양쪽의 절반들을 해석하는데 도움을 준다.[21] 그것은 하나님의 메신저들에게 닥쳐올 고난을 예조해준다. 요한에게 일어난 일이 예수가 사역을 하는 동안 그에게 일어날 것이며, 제자들이 사명을 행할 때 그들에게도 일어날 것이다.

나사렛에서 자신을 선지자로 동일시하심으로써(6:4) 예수는 자신과 선지자들

---

20. Minear, *Mark*, 80.
21. James R. Edwards, "Markan Sandwiches. The Significance of Interpolation in Markan Narratives," *NovT* 31(1989): 196.

의 운명을 연결시킨다. 요한의 처형에 대한 기록이 그 다음에 뒤따라온다. 마가는 성령으로 세례를 주실 그의 길을 예비하기 위하여 회개의 세례를 전파하였던 선구자로서 요한에 대해서 말해왔다. 그는 요한의 탄생(눅 1:5-25) 혹은 예수가 행하시고 있었던 일에 관한 주저하는 듯한 의심(참조. 마 11:2-6)의 상황을 언급하지 않는다. 또한 요한은 마가복음에서 요한복음에서 그가 하는 것과 같은 예수에 대한 두드러진 증인으로서의 역할을 하지 않는다(1:15, 19-35; 3:22-30; 5:33; 10:41).

이 복음서에서 요한의 역할의 핵심이 되는 것은 그가 전파하러 나갈 때 그에게 일어난 일이다(막 1:4). 그것은 예수가 복음을 전파하러 나가실 때 그분에게 일어날 일을 예시한다(1:14). 요한이 넘겨진 것처럼(1:14; "잡힘") 예수도 넘겨질 것이다(3:19; 9:31; 10:33; "배신당하심"). 요한이 배후에서 그를 죽이려고 음모를 꾸몄던 사람의 선동 아래서 달가워하지 않는 정치 지도자에 의하여 처형을 당했던 것처럼(6:14-29), 예수도 배후에서 그를 죽이려고 계획을 꾸민 대적하는 지도자들의 선동에 의하여 내키지 않은 정치 지도자를 통하여 사형언도를 받으실 것이다(14:1-2; 15:1-2, 11). 헤로디아가 자기의 악한 계획을 진행시켜 나갈 기회를 잡았던 것처럼(6:21), 유다가 예수를 배반하여 대제사장들에게 넘겨줄 기회를 찾을 것이다(14:11). 헤롯이 자신의 무모한 제안의 반응에 꼼짝 못하게 되었던 것처럼(6:23-26), 빌라도도 한 죄수를 놓아준다는 자신의 제안에 대한 반응에 놀라게 될 것이다(15:6-15). 요한의 끔찍하고도 수치스러운 죽음은 예수의 끔찍하고도 수치스러운 죽음의 전조가 된다.

예수가 십자가에서 죽으실 때, 마지막 순간에 그를 비웃던 사람들은 그가 엘리야를 부른다고 생각하고 그 선지자가 그를 구하기 위하여 극적인 형태로 올 것인지를 보려고 기다리고 있었다. 예수는 이미 세례 요한을 이미 온 엘리야로 밝히셨다. "그러나 내가 너희에게 이르노니 엘리야가 왔으되 기록된 바와 같이 사람들이 함부로 대우하였느니라 하시니라"(9:13). 이 메시지는 분명하다. 만일 그들이 회개를 외쳤던 주의 사자(1:4)에게 이러한 일을 하였다면, 그들은 역시 회개를 외치신 주님(1:15)에게도 그러한 일을 할 것이다.

요한의 죽음은 인자의 고난의 전조가 되지만, 열두 제자들의 보내심과 그들의 돌아옴은 그의 죽음에 대한 기사를 가운데 끼워놓고 있다. 그러므로 요한의 처형은 제자들의 선교에 죽음의 그림자를 드리워주고 있다. 하나의 기사를 괄호로 묶는 것은 세례 요한에게 일어난 일이 적대적인 세상에서 같은 회개의 메시지를 전파하는 사람은 누구에게나 일어날 것이라는 사실을 암시한다(6:12). 그들 역시 넘겨질 것이다(13:9, 11-12). 그들 역시 왕들 앞에 설 것이다(13:9). 예수의 사역이 요한이 갇힌 다음에 시작된 반면에(1:14), 제자들의 복음전파는 요한이 죽은 다음에 시작된다.

귀신들을 쫓아내고 병든 자를 치유하는 제자들의 성공에도 불구하고, 죽음과 악은 세상 지평에 나타나 있는데, 인류가 악하고 하나님이 왕이시라는 메시지를 저항하고 있기 때문이다. 앞으로 세워질 왕들은 이 메시지를 전복(반역)적이라고 생각할 것이며, 그것을 근절시키기 위하여 자기들의 능력이 닿는 한 모든 일을 할 것이다. 이적을 행하는 능력이 그들을 고난과 죽음으로부터 면제해 주지 않을 것이다. 세상은 고하를 막론하고 악랄한 사람으로 가득해 있다. 이들은 하나님의 사자들과 동요를 일으키게 하는 그들의 메시지를 제거하려고 할 것이다. 그러나 그것은 성공하지 못할 것이다. 이 세상의 주관자들의 압제는 끝날지라도, 하나님은 끝나지 않으신다. 세상은 요한과 같은 선지자들을 쉽게 제거할 수 없다. 죽은 자를 살리시고 제자들을 신실하게 남아 있게 하시는 하나님 때문이다. 이 세상의 수많은 악에도 불구하고 하나님의 나라는 전진한다.

상황잇기

제자들의 선교 기사에 삽입된 요한의 처형에 대한 상황을 관찰해보면 제자들의 선교의 의미를 알 수 있다. 한 악한 왕비와 무기력한 분봉 왕에 의한 요한의 처형이라는 섬뜩한 기사를 단순히 흥미를 끄는 여담으로 해석해서는 안 될 것이다. 다른 곳에서 사용된 마가의 괄호로 묶는 기법의 사용은 그가 두 기사들이 서로 간의 해석에 도움을 주도록 하기 위하여 제자들의 선교를 위한 파송으로 요한의 죽음의 주변을 둘러쌌다는 사실을 암시한다. 헤롯의 허약성과 헤로디아의 음모 그리고 요한의 죽음 기사는 제자들의 선교와 어떤 관계를 가지고 있다. 이를 인식하는 것이 이 단락을 오늘날의 사회로 가져오려는 우리의 시도에 도움을 준다. 이 단락은 선교를 어떻게 할 것이냐에 관한 것이 아니라 제자들의 선교의 성격과 관련한 것이다.

(1) 예수의 특이한 지시는 선교가 극도의 긴급성을 가지고 실행된다는 사실을 드러낸다. 선교하는 과정에서 제자들의 모든 행위—그들의 선포, 그들의 치유, 그들의 생계유지, 그들의 주거—가 예수의 권세를 가지고 간다는 사실, 회개로의 요청을 별생각 없이 무시할 수 있는 일상적인 설교가 아니라는 사실을 다른 사람들에게 보여준다. 그들의 메시지를 경멸하는 것은 무서운 결과를 가져온다.

(2) 요한의 죽음 기사는 권세들의 지배 아래 있는 세상을 향한 선교가 위험으로 가득 차 있다는 사실을 보여준다. 제자들도 거절을 당하고 어쩔 수 없이 한 지역을 버려야할 수 있을 뿐만 아니라, 그들도 실제로 처형당할 수도 있다. 진정한 왕이 하나님일지라도, 세상의 통치자들은 또 다른 왕에 관한 설교를 듣기 원하지 않는다. 그들은 자기들의 죄를 대면하고 싶어 하지 않으며, 기사들을 행하는 사람들의 능력 혹은 죽은 자를 살릴 수 있는 자의 능력까지도 두려워하지 않는다. 그러한 왕들이 통치했던 세상 속으로 그리스도를 위하여 선교를 해나갈 때 죽음을 당할 가능성은 멀리 떨어져 있지 않다. 그것이 현실이다.

현대적 의미

우리의 모든 필요들을 공급하기 위하여 우리가 언제나 하나님을 의지해야 하는 반면에, 제자들을 파송하시면서 준비나 양식 없이 선교하러 가라고 하시는 예수의 지시는 오늘날 적용하기가 아주 어렵다. 극소수의 교회나 선교기관만이 어떤 지원도 없이 자급선교를 하도록 선교사들을 보낸다. 선교사들은 가기 전에 자신의 재정지원 후원자를 구성하라고 요구를 받을 수도 있다. 또 다른 사람들은 교단이나 교회가 협력하여 주는 풍부한 재정지원을 받는다. 부유한 나라 출신의 선교사들은 그들이 전파하는 사람들의 호의에 전적으로 의존하도록 기대하면서 나가지는 않는다. 공격과 유혹이라는 이중적 위험으로부터 어느 정도 보호를 해주는 둘씩 나가라는 현명한 충고와는 달리 이 단락은 우리에게 선교에 대해서 상세히 설명하기보다는 그리스도를 위한 선교의 성격에 관해서 더 알려주고 있다. 본문을 자세히 검토해보면, 우리는 오늘날 적용할 수 있는 제자들의 선교에 관한 다음과 같은 원리들을 이끌어낼 수 있다.

(1) 제자들의 선교는 세상에서 예수의 사역의 확장이다. 그들은 그리스도의 음성과 행동으로 나아간다. 예수가 그 모든 것을 다하지 않으실 것이다. 그는 사역이 일어나는 일을 돕기 위하여 제자들을 보내신다. 그들은 그의 이름으로 가고, 그가 가르치신 것을 전하며, 그의 능력으로 일한다. 그는 긍정적인 반응을 얻기 위하여 공손히 애걸하라는 것이 아니라 하나님의 권위로 다른 사람들을 회개로 초청하라고 보내신다.

(2) 선교 임무에 헌신하여 개인의 위로를 중요하게 여기지 않는다. 예수가 제자들을 보내실 때, 그들이 가장 좋은 숙박시설을 가지기보다는 메시지 전파에 더욱 집중하기를 바라신다. 그들은 휴가여행을 가라고 보냄을 받은 것이 아니라 다른

사람들의 생사문제의 임무를 부여받았다. 그들은 사람들의 관심을 사로잡아야 할 뿐 아니라 신뢰도 얻을 필요가 있다. 사역자의 관심이 자신의 안일을 구하는 것임이 드러나게 될 때 사람들은 생사에 대한 긴급한 메시지를 가져다준다고 주장하는 사자들을 진지하게 대하지 않을 것이다. 호화로운 삶에 대한 관심은 메시지의 진정성을 훼손시킬 뿐이다. 만일 제자들이 때때로 발에서 먼지를 떨어버려야 한다면, 어떤 세상과의 연루에서 자유로워야 한다. 그들이 가치와 쾌락으로 사회의 힘의 구조 가운데서 지반을 굳힐수록 세상에서 구분되기 어렵고 하나님의 심판을 가리킬 수가 없다.

그러므로 자신에 대한 헌신이 아니라 사명에 대한 헌신이 하나님을 섬기는 사람들에게 절대적으로 필요하다. 어떤 학도들은 마음속에 풍성한 사례금을 받거나 자기들의 큰 성공에 대해서 칭찬하게 될 대형 교회를 이루려는 마음을 가지고 신학교를 떠난다. 덜 부유한 교회들은 자기들을 도와줄 누군가에게 구걸을 한다. 극소수의 졸업생들이 세워진 교회들이 없는 장소로 가서 무에서 시작하기를 원한다. 우리가 그러한 임무를 돕기 위하여 희생하기를 꺼려한다면, 어떻게 세계 복음화를 위하여 기도할 수 있겠는가? 우리가 색유리 커튼 뒤에 은신처를 구하려고 한다면 어떻게 다른 사람들에게 복음이 닿기를 기대할 수 있겠는가? 예수가 우리를 부르실 때, 그는 우리를 밖으로 내보내신다. 그는 성공을 약속하거나 질병, 더럽힘, 혹은 압제자들로부터 보호하실 것이라고 약속하지 않으신다. 우리는 언제나 우리가 갈 곳을 선택할 권한이 없다. 그곳은 이웃집일 수도 있다. 그곳은 죽음의 문턱일 수도 있다. 그리스도와 다른 사람들을 섬기는 자가 되기 위하여 우리는 자신에 대해서 죽어야 하는데, 이것에 대해서는 예수가 후에 이 복음서에서 확대하여 말씀하실 것이다(8:34-37). 다른 사람들을 섬기기 위한 부르심에로의 응답은 위험한 직분이지만, 그것을 무시하거나 비웃는 것은 더 위험하다.

(3) 제자들의 선교는 단순히 복음을 전파하는 일이 아니라, 사람들의 삶 가운데 치유와 구원의 복음을 실행하는 일이다. 제자들은 사람들에게 믿을 어떤 새로운 것을 제공하지 않으나, 눈에 보이게 그들의 삶을 변화시키는 것을 제공한다. 복음은 단순히 영혼구원에만 관련되어 있지 않고, 물리적인 치유와도 관련이 있다. 만일 사람들이 자주 그러하듯 "그것이 나에게 무엇을 해 줍니까?"라고 묻는다면 그 대답은 명확하다. 치유와 회복이다.

(4) 사람들이 먼저 믿고 제자들의 사역에 대한 대가를 기꺼이 지불하기를 원한다면, 예수는 그 사람들에게 축복을 부여할 것을 제자들에게 위임하지 않으신다.

제자들은 어떤 조건 없이 궁핍한 사람들에게 다가가서 접촉해야 한다. 그들을 가장 돈이 벌린다고 약속하는 곳으로 보내지 않으시고 가장 큰 궁핍이 있는 곳으로 보내신다.

(5) 우리는 고난의 한 가운데서 승리의 징후를 보아야할 것이다. 게덜트(Geddert)는 마가가 1:14과 6:14-29에서 "파멸에 대한 불길한 경고"만을 주려는 의도가 아니라, 독자로 하여금 어두운 구름 가운데서 "은빛 내면의 결과"를 분별하도록 도움을 주려하고 있다. 악의 세력은 요한의 잡힘과 죽음으로 음울한 패배를 가져다주는 것처럼 보이지만, 요한의 처형은 하나님의 메시지를 침묵하게 하지 않는다. 예수와 같은 열두 명의 사자들이 일어나서 나가서 복음을 전파하고 치유하며 귀신들을 쫓아낸다. 게덜트는 다음과 같이 설명한다. "하나가 거절당했으나 일은 계속되고 확장된다. 그 나라는 인간의 반대에 의하여 정지될 수 없다."[22] 아이러니하게도 요한을 죽인 자까지도 자신이 궁극적으로 승리할 것인지를 의심했고(6:16), 그것은 옳았다. 하나님의 사자에게 죽음이 하나님의 목적을 패배시키지 못할 것이다. 터툴리안의 유명한 금언인 "순교자들의 피는 교회의 씨앗이다"가 키에르케고르가 말한 바와 같이 이제 적용된다. "폭군은 죽는다 그리고 그의 통치는 끝난다. 순교자는 죽는다 그리고 그의 통치는 시작된다." 하나님은 죽은 자를 살리시고 새로운 증인들이 이생에서 제자들을 대신하도록 일으키신다.

마지막 두 개의 특주: 발에서 먼지를 떨어버리라는 예수의 지시와 "인내"라는 주제. 제자들의 발에서 먼지를 떨어버리라는 예수의 지시는 제자들의 선교가 날카로운 안목을 가져야할 것임을 암시한다. 그것은 하나님의 통치를 거절하는 사람에게 영원히 유죄판결을 내리는 것이 아니라, 그렇게 하는 것이 얼마나 심각한지를 전달해준다. 그것은 또한 메신저로 하여금 자유롭게 다른 곳으로 가도록 허락해준다. 우리는 다른 사람들을 하나님 나라로 들어오도록 강요할 수도, 유혹할 수도, 위협할 수도 없다. 각 사람은 스스로 결단해야 한다. 예수는 사람들이 복음을 거절할 수 있고, 또 거절할 의지를 갖고 있다는 사실을 인정하고 있지만, 발의 먼지를 떨어버리는 행동은 그들의 거절의 중대성을 납득시킨다.

오늘날, 이 교훈은 딜레마를 만들어준다. 전도열매가 없는 지역에서 발에서 먼지를 떨어버릴 때와 꾹 참고 잃어버린 자를 계속 찾기를 해야 할 때를 어떻게 결정할 것인가? 그의 지상 사역 기간동안 예수와 제자들은 이스라엘로 하여금 회개하

22. Geddert, *Watchwords*, 157.

도록 요청할 짧은 기간만을 가졌었다. 그러므로 그의 사역에서 시간이 없는 긴박함은 이 명령을 오늘날 우리에게 덜 적용하게 만든다. 결과들이 즉시 나타나지 않거나 백성들이 공공연히 적대적일지라도 우리는 한 곳에서 오랫동안 머무르는 사치를 갖는다. 물론 책을 접고 재정착하는 것이 필요할 때가 있을지라도, 단순히 어렵다고 해서 이동하기 위한 핑계로 이 구절을 사용해서도 안 된다. 그러나 몰래 기어들어 오는 복수의 영을 갖지 않고, 하나님 나라의 메시지를 경멸하는 중대한 위험에 대해서 우리는 어떻게 표현하겠는가? 얼마나 우리는 누군가가 다음과 같이 말하는 소리를 들었는가? "나는 그들에게 다 보여주었다 내가 내 발에서 그곳의 먼지를 털었다." 선교사역은 결코 끝나지 않는 일이며, 한 장소를 실패한 장소로 기록하거나 또 다른 곳을 성공한 장소라고 기록하는 것을 조심해야 한다.

요한의 죽음 기사는 귀신들을 쫓아내고 병든 자를 고치는 일이 일어나는 흥분의 쇄도에 찬물을 끼얹는다. 예수가 제자들을 위험한 세상으로 보내는 것은 분명하다. 그들은 단순히 무시만이 아니라 훨씬 더 위험한 일을 당할 수 있다. 헤롯은 즐거이 세례 요한의 말에 귀를 기울였다고 기록되어 있다. 요한은 기쁨과 당혹감을 모두 이끌어냈다(사도행전에 나오는 바울과 벨릭스를 보라). 얼마나 자주 하나님의 메시지가 사람들로 하여금 자기들을 크게 뒤흔드는 것들에 대해서 듣기를 바라게 만드는 특이한 능력을 발휘하는가? 외관상으로 헤롯은 하루 종일 설교를 들었을 수도 있다. 그러나 많은 사람들처럼 그는 회개하기를 완강하게 저항했고, 순종하기에는 너무도 나약했다. 그 대가가 그에게 너무나 컸을 것이다. 그는 아내, 춤을 추는 파티, 그리고 세력의 남용을 포기해야 했을 것이다.

그러나 요한의 메시지를 듣고 그가 의인이었다고 인정하는 것은 헤롯의 죄책의 극악성을 더욱 크게 증대시키는 역할만 할 뿐이었다. 들음에 관한 주제는 6:14-20을 괄호로 묶는 6:14과 20절에 다시 나타난다. 예수의 씨뿌리는 자의 비유의 표준에 따르면, 헤롯은 나쁜 땅으로 제한된다. 그는 기쁨으로 듣지만 아무것도 하지 않는다. 그는 요한을 선지자로 존경하지만 무모한 맹세를 했고, 아내의 사악한 요청을 거부할 만한 충분한 용기를 갖지 못했다. 자신의 체면을 구했지만 영혼을 잃어버린 소심한 왕에 의해 두려움이 없는 한 선지자가 죽임을 당한다.

헤로디아 편에서 그녀는 요한에게 말씀을 듣기를 거절하고 이 다루기 힘든 선지자에게 자기 남편이 매혹당한 것을 걱정했을 것이다. 그녀는 남편을 사로잡고 권력을 쥐기 위하여 자기의 딸까지도 기꺼이 희생하는 야심가다. 그녀는 전혀 빛나는 어버이다운 모습이 아니다. 의붓아버지와 손님들 앞에서 도발적인 춤을 추게 한 것에서 그 딸이 무엇을 배웠을까? 딸이 헤로디아에게 요한의 머리를 줄 때, 그 모친의 기뻐하는 모습에서 무엇을 배울까? 분명히 헤로디아는 공개적으로 자기 딸에게 공교하고, 냉혹하며, 잔인하라고 가르치지는 않았을 것이다. 그러나 그녀는 자신의 행동을 통하여 그 딸에게 그렇게 가르쳤다. 많은 부모들이 말보다는 행동을 통하여 자기 자녀들에게 의사를 전달했다. 나는 내가 원하는 것을 얻기 위하여 기꺼이 너를, 너의 순수성을, 그리고 너의 자존심을 희생시키겠다. 자녀들은 발랄하게 악한 부모를 극복할 수 있지만, 대체로 그렇지 못하고, 그 부모들로 인해 자녀들은 깨어진 삶을 산다.

마가복음 6:31-44

31 이르시되 너희는 따로 한적한 곳에 가서 잠
깐 쉬어라 하시니 이는 오고 가는 사람이 많
아 음식 먹을 겨를도 없음이라
32 이에 배를 타고 따로 한적한 곳에 갈새
33 그들이 가는 것을 보고 많은 사람이 그들인
줄 안지라 모든 고을로부터 도보로 그곳에
달려와 그들보다 먼저 갔더라
34 예수께서 나오사 큰 무리를 보시고 그 목자
없는 양 같음으로 인하여 불쌍히 여기사 이
에 여러 가지로 가르치시더라
35 때가 저물어가매 제자들이 예수께 나아와 여
짜오되 이 곳은 빈 들이요 날도 저물어가니
36 무리를 보내어 두루 촌과 마을로 가서 무엇
을 사 먹게 하옵소서
37 대답하여 이르시되 너희가 먹을 것을 주라
하시니 여짜오되 우리가 가서 이백 데나리온
의 떡을 사다 먹이리이까
38 이르시되 너희에게 떡 몇 개나 있는지 가서
보라 하시니 알아보고 이르되 떡 다섯 개와
물고기 두 마리가 있더이다 하거늘
39 제자들에게 명하사 그 모든 사람으로 떼를
지어 푸른 잔디 위에 앉게 하시니
40 떼로 백 명씩 또는 오십 명씩 앉은지라
41 예수께서 떡 다섯 개와 물고기 두 마리를 가
지사 하늘을 우러러 축사하시고 떡을 떼어
제자들에게 주어 사람들에게 나누어주게 하
시고 또 물고기 두 마리도 모든 사람에게 나
누시매
42 다 배불리 먹고
43 남은 떡 조각과 물고기를 열두 바구니에 차
게 거두었으며
44 떡을 먹은 남자는 오천 명이었더라

원 의미

흥분한 군중들이 계속하여 예수를 둘러싸면서 그와 그의 제자들은 음식 먹을 겨를도 없게 된다. 그는 배로 제자들과 함께 물러가시고 광야의 해안으로 가심으로 약간의 휴식을 얻는다(3:9을 보라). 군중들은 호수 주변을 뛰어다님으로써 그리고 그 목적지로 배를 앞서감으로써 피해가려는 그분을 따라잡았다. 이러한 예수에 대한 쉴 사이 없는 추적은 그가 얼마다 대중들에게 인기를 얻고 있는가를 보여준다. 예수는 뒤쫓아 다니는 사람들에 대해서 어떤 염증을 보이지 않는다. 오히려 그들에게 연민을 느끼셨다. 그들이 "목자가 없는 양과 같았기" 때문이다. 그들의 필요에 대한 예수의 첫 번째 반응은 그들을 가르치는 것이다.[1]

마가는 그의 복음서를 기록하는 전반적인 경향에 따라서 군중들에 대한 예수의 가르침을 충분히 기록하는 일을 자제하고 있으나 여기에 광야에서 있었던 이적을 통하여 군중들을 먹이신 일을 기록하고 있다. 오랜 가르침 후에 제자들은 날이 늦었고, 그들이 음식을 구하기 어려운 한적한 곳에 있다는 우려를 표현한다. 제자들은 군중들이 스스로 먹을 것을 사 먹을 수 있도록 보내라고 예수에게 권한다. 제자들은 군중들이 먹을 것을 가져야 한다는 이타적인 관심이나 자기들만 마지막에 조용히 먹을 수 있도록 이기적 바람을 통하여 자극되었을 수 있다(3:20; 6:31). 예수는 제자들이 갖고 있던 얼마 안 되는 음식을 가지고 군중들을 먹이도록 명하심으로써 그들을 놀라게 한다. 그는 그들에게 이전에 아무런 떡을 가지지 말고 선교하러 가서 다른 사람들의 대접에 의존하여 생활하도록 말씀했었다(6:8). 이제 그들이 이 군중들에게 보답해야 한다.

제자들은 다시 기적의 규모를 강조하는 놀라워하는 사람들로서 기능하고 있다(4:41; 5:31을 보라). 그들은 광야에 있다는 사실을 강조하고(1:3-4, 12-13), 자기들이 어떻게 그렇게 많은 수를 먹일 수 있겠느냐고 묻는다. 군중들을 먹이려면, 최소한 하루 일꾼이 200일 동안 일하고 받는 임금에 해당하는 200데나리온이 필요했다(마 20:2). 예수는 또 그들에게 이전에 돈을 가지지 말라고 지시했음으로(6:8), 어디서 그들이 갑자기 이 모든 사람들을 먹이기 위한 현금을 모을 수 있겠는가? 그들은 돈도 없고 자기들이 먹을 수 있는 음식까지도 충분하지 않았으며, 다만 보리떡 다섯 개와 물고기 두 마리를 가지고 있다. 그들의 불평은 필요로 하는 것은 무엇이든지 공급하실 하나님의 능력을 예수가 가지고 계시다는 어렴풋한 깨달음도 그들이 없음을 드러내 보이고 있다.

그들의 부르짖음은 성경에서 익히 들어본 것이다. 하나님이 한 달간 이 백성들(남자만 60만 명)을 먹일 것이라고 말씀하셨을 때, 모세는 다음과 같이 이의를 제기했다. "그들을 위하여 양 떼와 소 떼를 잡은들 족하오며 바다의 모든 고기를 모은들 족하오리이까?"(민 11:22). 엘리사가 자기 종에게 일단의 선지자 무리를 먹이라고 요구할 때, 그는 주저하면서 "제가 어찌 이것을 백 명에게 주겠나이까?"(왕하 4:43a)라고 말했다.

광야에서 먹인 사실은 여러 성경의 주제들을 생각나게 한다. (1) 그것은 하나님

---

1. 후커(Hooker, *Mark*, 165)는 다음과 같이 해석한다. "예수는 군중들에게 연민을 느끼셨고 지도자가 없는 이스라엘 백성들을 먼저 풍성한 가르침을 주심으로써 돌보시고 그 다음에 풍성한 음식을 주신다." 6:34을 예수가 그들을 "많은 것들" 대신에 "오랫동안" 가르치셨다고 번역할 수 있다(5:23, 43; 6:20; 9:26에 있는 '폴라'의 사용을 보라).

의 기적의 음식공급을 상기시킨다. 제자들은 매우 적은 것으로 시작하고, 오천 명이 만족할 정도로 충분하게 마친다. 열두 바구니에 모아진 부스러기는 풍성함과 기적의 규모를 보여준다. 그들은 시작했던 것보다 훨씬 더 많은 양을 확보하면서 마친다. 이 이적은 모세에 대한 하나님의 응답을 상기시켜 준다. "여호와의 손이 짧으냐 네가 이제 내 말이 네게 응하는 여부를 보리라"(민 11:23). 또한 자기 종에 대한 엘리사의 대답을 상기시켜 준다. "여호와의 말씀이 그들이 먹고 남으리라 하셨느니라"(왕하 4:43b). 양식을 먹인 사실은 실현될 구원을 축하하는 하나님의 잔치로 지금 오라는 이스라엘을 향한 이사야의 부름을 또한 반영하고 있다.

오호라 너희 모든 목마른 자들아
  물로 나아오라
돈 없는 자도 오라
  너희는 와서 사 먹되
돈 없이, 값없이 와서
  포도주와 젖을 사라
너희가 어찌하여 양식이 아닌 것을 위하여 은을 달아 주며
  배부르게 하지 못할 것을 위하여 수고하느냐
내게 듣고 들을지어다 그리하면 너희가 좋은 것을 먹을 것이며
  너희 자신들이 기름진 것으로 즐거움을 얻으리라(사 55:1-2).

갈릴리의 대중들을 위한 예수의 잔치는 메시야의 잔치를 예조하고 있으며, 고위 관리들, 지휘관들, 갈릴리의 유지들을 위하여 베푼 술 취하고 방탕한 헤롯의 잔치와 대조된다(6:22).[2] 이국풍의 음악 그리고 춤추는 소녀들을 동반한 헤롯의 잔치는 궁극적으로 인간의 배고픔을 만족시킬 수 없다. 헤롯은 접시 위에 얹어져서 그에게 가져온 세례 요한의 머리와 함께 죽음만을 가져올 뿐이다(6:28). 그의 종복들은 다른 사람들을 가두고(6:17) 처형한다(6:27). 광야에서 예수가 제공한 음식만이 인간의 욕구를 만족시켜 준다. 예수는 생명을 주는 떡을 가져다주시는데, 풍족하게 먹고 남는다. 그의 제자들은 다른 사람들을 먹이고 섬긴다.

---

2. John Bowman, *The Gospel of Mark. The New Jewish Christian Passover Haggadah*(Studia postbiblica 8; Leiden: Brill, 1965), 155.

(2) 먹이는 일은 이스라엘 백성들의 출애굽과 그들이 광야에서 양식을 먹은 사실을 상기시켜 준다. 광야 모티프는 예수가 새롭고도 더 큰 출애굽을 인도하시는 새롭고도 더 위대하신 모세임을 암시한다.[3] 모세처럼 예수는 백성들을 가르침으로 그리고 이적적인 양식으로 먹이신다. 목자 없는 양의 이미지는 모세가 백성들을 약속의 땅으로 인도하지 못할 것이라고 들었을 때, 하나님에게 후계자를 임명해 달라는 그의 호소를 상기시켜 준다.

> 모세가 여호와께 여짜와 이르되 여호와, 모든 육체의 생명의 하나님이시여 원하건대 한 사람을 이 회중 위에 세워서 그로 그들 앞에 출입하며 그들을 인도하여 출입하게 하사 여호와의 회중이 목자 없는 양과 같이 되지 않게 하옵소서(민 27:15-17).

예수는 재빨리 목자 없는 군중을 조직하고, 그들을 직사각형 식으로(6:40) 그룹별로 모이게 하는데, 이는 질서 있는 형태로 그들을 먹이기 쉽게 하기 위해서다. 보다 함축성 있게 그것은 이스라엘의 진영을 반영하고 있다(출 18:21, 25을 보라; 참조. 1QS 2:21-22; 1QSa 1:14-15, 27-2:1; CD 13:1-2). 떡과 물고기는 만나와 메추라기와 평행을 이룬다(출 16장; 민 11:6; Wis. 19:12). 소수의 작은 물고기는 민수기 11:4-6에 나오는 백성들의 독한 말로 불평하는 일과 연관될 수도 있다.

> 그들 중에 섞여 사는 다른 인종들이 탐욕을 품으매 이스라엘 자손도 다시 울며 이르되 누가 우리에게 고기를 주어 먹게 하랴 우리가 애굽에 있을 때에는 값없이 생선과 오이와 참외와 부추와 파와 마늘들을 먹은 것이 생각나거늘 이제는 우리의 기력이 다하여 이 만나 외에는 보이는 것이 아무것도 없도다 하니.

그러므로 예수는 광야에서 모세가 할 수 없었던 것을 백성들에게 제공해 줄 수 있다. 모세는 기아를 당할 위기에서 동요를 일으키고 있는 불만을 가진 백성들과 다투어야 했었다. 예수 주변에 모인 사람들은 모두 만족을 얻었다. 거두어 들여서 그 이튿날까지 보관할 수 없었던 만나와는 달리 예수가 주신 떡은 모아 보관할 수 있었다.

---

3. 후대의 한 랍비 전승은 예수 당시에 있었던 신앙을 묘사하고 있다. "이전의 구속자[모세]가 만나를 내려오게 했다고 진술된 것처럼, 보라 내가 너희를 위하여 하늘로부터 양식을 비같이 내리리니[출 16:4]라고 진술되어 있는 것처럼 후대의 구속자도 만나를 내려오게 하실 것이다.…"(*Eccl Rab* 1:9).

(3) 예수는 바다를 건너서 제자들에게 안식을 주기 위하여 이곳으로 인도하셨다(6:31). 광야에서 하나님의 안식의 예비는 성경에서 되풀이하여 발생하는 주제다(시 95:7-11; 사 63:14; 렘 31:2; 히 3:7-4:13).

(4) 시편 23편 역시 오천 명을 먹이신 사건에 반영되어 있다. 예수는 백성들을 불쌍히 여기셨는데, 왜냐하면 그들이 목자 없는 양과 같았기 때문이다. 그의 행동들은 시편 23편의 첫 구절을 반영하고 있다. "여호와는 나의 목자시니 내게 부족함이 없으리로다"(사 40:10-11을 보라). 목자의 주된 임무는 양들을 음식과 물로 이끌어 가는 것이다. 예수는 백성들이 멸망해 가는 것을 개의치 않는 쓸모없는 목자들과 같지 않다(렘 23:1-2; 겔 34:1-10; 슥 11:15-17). 그는 그들이 "부족함이 없도록" 자기 양들을 먹이는 참 목자시다(시 95:7; 사 40:10-11; 렘 23:3-4; 겔 34:11-31; Pss. Sol. 17:40). 무리들은 크래커 한두 조각을 갖는 것이 아니라 굶주림을 완전히 해소하는 충분한 도움을 얻었다.[4] 예수는 그들을 푸른 초장에 누이신다(막 6:39; 참조. 시 23:2). 마가가 이곳이 광야라고 두 번 말하였는데, 군중들이 푸른 카펫 위에 기대어 있다고 하는 것에 독자들은 놀랄 수 있다(6:31-32, 35). 목자가 양떼를 위하여 물이 많은 바다 옆에 있는 좋은 초장을 발견한 것처럼, 메마른 광야는 갑자기 푸르다(막 6:32-33, 45; 참조. 23:2). 그러나 가장 중요한 것은 예수가 그들의 영혼을 소생시키시고 그들을 가르치심으로써 이들을 바른 길로 인도하고 있다는 것이다(막 6:34; 참조. 23:3).

(5) 다섯 번째 성경의 반영은 엘리야/엘리사 시대에 나타난다. 일부 사람들은 이미 예수가 엘리야일 수도 있고(6:15) 혹은 선지자들 가운데 한 사람일 수도 있다고 생각했다. 그가 권위를 가지고 말씀하시고 이적들을 행하시기 때문이다. 엘리야와 엘리사처럼 예수는 북이스라엘에서 사역하시고 기록보다는 말로 하시며, 제자들을 모으신다. 엘리야는 사르밧 과부를 위하여 기적적으로 음식을 제공하고(왕상 17:8-16) 그녀의 죽은 아들을 살려냄으로써 하나님의 능력을 중재했다. 엘리사는 자기 종의 항의에도 불구하고, 보리떡 20개로 100명의 선지자 무리를 먹였다(왕하 4:42-44). 예수는 다섯 개의 떡으로 5,000명을 먹이신다. 만일 이 사건이 구약성경의 거룩한 선지자들의 사역을 상기시키는 것을 의미하는 것이라면, 우리는 예수 안에서 엘리야와 엘리사보다 더 큰이를 여기서 보게 된다.

(6) 마지막으로, 양식을 먹이는 기사는 마가복음에 나오는 마지막 성만찬에 대

4. 예수는 사 25:6에 예상된 공들인 잔치를 준비해주시는 것이 아니라 단순한 자양물을 공급하신다.

한 전조이다. 떡을 가지사, 축사하시고,[5] 떼어 그것을 제자들에게 주시는 행동(6:41)은 마지막 성만찬석에서 하신 행동과 조화된다(14:22). 이러한 행동이 통상적인 행동일지라도, 마지막 밤에 하신 예수의 행동에 친숙한 독자(고전 11:23-24을 보라)는 성만찬의 행위와 연결짓지 않을 수 없을 것이다. 오천 명을 먹이시고 남은 풍성한 양식은 더 돌아갈 만큼 충분히 있다는 사실을 의미한다. 예수의 가르침을 듣기 위하여 온 사람들과 떼어진 떡을 나누어 먹은 사람들은 똑같은 충성한 축복을 받을 것이다.[6]

마가는 그의 이적들과 함께 나타나는 군중들의 놀라움에 대해서 언급하지 않는다. 그들은 이적이 일어났다는 사실 자체도 알지 못했던 것일까? 그들이 속임수의 이적으로 단순히 식사를 하였고, 그것이 실제로 일어나지 않았는가?(요 2:9-10을 보라. 참조. 왕하 4:42-44) 그들은 풀을 만드신 분을 생각하지 않고 단순히 풀을 뜯어먹는 말 못하는 양과 같은 사람들인가? 변변찮은 적은 음식으로 그 많은 떡을 나누어주었던 제자들은 이적이 일어나고 있다는 사실을 알고 있었음에 틀림없지만, 배에서 일어난 그 다음 에피소드는 그들이 그 의미를 이해하지 못했으며, 그 이적이 그 일을 행하신 분에 관해서 무엇을 말하는지 알지 못했다는 사실을 보여준다.

상황잇기

많은 현대 학자들은 양식을 먹이신 이적을 합리화하려고 했다. 어떤 사람은 가망성 없는 수단에 호소한다. 그들은 예수가 광야 가운데 숨겨진 비밀 양식 저장고를 가졌었다고 주장한다. 그는 떡이 숨겨진 비밀 동굴 입구에 서 있었고, 군중들은 어떤 이적이 일어나고 있는 것으로 생각하도록 속임을 당했다는 것이다. 이러한 어처구니없는 설명은 양식을 먹은 데 대한 군중의 반응을 언급하지 않는 본문을 간과하고 있다. 또 다른 사람은 "부유하고 경건한 부인들이 어떤 정해진 날에 백성들에게 복음을 전파하려는지를 그분에게 늘 묻곤 했으며, 그들이 그분이 지시하신 지점으로 배고픔을 견딜 수가 없었던 군중들을 위하여 수많은 떡 바구니들과 건어물을 보내드렸다"는 것이다.[7]

---

5. 유대인들은 자기들의 음식을 축사하지 않고 음식의 공급자이신 하나님에게 감사하였다.
6. 대하 31:10에서 남겨진 풍요와 많은 공급은 성전에 드리는 백성들의 큰 헌신으로 인한 것이다. 그런데 광야에서 예수가 양식을 먹인 사건에서 백성들은 하나님의 은혜로운 하사품을 얻기 위하여 아무것도 드리지 않았다.
7. Albert Schweitzer, *The Quest for the Historical Jesus. A Critical Study of Its Progress from Reimarus to Wrede*(New York. Mavmillan, 1968), 328-29. Pierre Nahor(Emilie Lerou), Jesus에서 재인용.

또 다른 사람들은 예수가 제자들에게 자신들이 먹기 위하여 이기적으로 숨겨두었던 양식을 나누어주라고 명하셨다고 보다 이성적으로 주장했다. 이러한 관대성을 목격한 군중들은 자신들이 갖고 있는 것을 다른 사람들과 나누었다는 것이다. 바클레이(Barclay)는 "이것은 사람들의 영혼 속에 들어있는 사랑에서 생겨난 이적이다. 그것은 사람들의 영혼 속에 있는 우정의 자각에서 나온 이적이다. 그것은 기독교의 영원한 이적인데, 그로 말미암아 잡다한 남녀로 구성된 군중이 그리스도 안에서 하나의 가족이 된다고 말한다."[8] 또 다른 사람들은 군중들 가운데 수많은 사람들이 구전 전승에서 크게 과장했다고 주장함으로써 이 이적을 설명했다. 슈바이처는 그것이 하나의 성찬 식사였다고 주장했다. 즉 다가올 종말론적 잔치의 표시로서 각자가 자그마한 조각을 받았다는 것이다.[9]

이 모든 합리론적인 설명들은 이적에 대한 배제라는 선입견을 가지고 본문에 접근한다. 그것은 이와 같은 일이 실제로 일어날 수 있는가 하고 묻는 현대의 과학적 회의주의와 일치한다. 그러나 그것은 마가가 강조하기를 원하는 기독교적 관점을 놓치고 있다. 마가가 강조하고자 하는 것은 여기에 모세와 같지만 모세보다 큰 분이요, 엘리야 및 엘리사와 같지만 이 선지자들보다 더 크신 분이 계시다는 것이다. 이스라엘 백성들이 모세와 아론에게 광야에서 빈약한 양식에 관해서 불평하였을 때 그들은 다음과 같이 대답했었다. "우리가 누구냐 너희의 원망은 우리를 향하여 함이 아니요 여호와를 향하여 함이로다"(출 16:8). 이 말은 하나님께서만 광야에서 양식을 가져다주실 수 있다는 고백이다. 오천 명을 먹이신 사건 가운데서 마가는 예수가 하나님의 권능을 행사하시고 그것을 무리의 선을 위하여 사용하신다는 사실을 보여준다(시 78:52-55). 그는 백성들의 영적 육적 삶의 필요들을 공급하시는 참 목자이시다.

또한 이 사건은 가르침을 사회적 관심과 결합시킬 필요성을 강조한다. 하나님이 광야에서 이스라엘 백성들의 육적 영적 필요들을 무시하지 않으셨던 것처럼, 교회는 이 두 가지 필요 중 어느 한쪽도 무시할 수 없다. 예수는 생명의 떡을 공급해 주신다. 그는 백성들에게 영혼을 먹이시는 떡을 제공하시며, 육신의 필요들을 만족시켜 주는 떡도 제공하신다. 큰 군중에게 성경의 교훈들을 제공하고 배고픈 상태로 가게 하는 것은 아주 적은 일을 하는 것이다. 배고픈 사람들을 훌륭한 신앙

8. William Barclay, *And He Had Compaassion on Them*(Edinburgh: The Church of Scotland, 1955), 163.
9. Albert Schweitzer, *The Mystery of the Kingdom of God*(New York. Macmillan, 1950), 103-6.

적인 제자들로 만들 수 없다. 그들이 육신적 생존에 몰두하기 때문이다. 다른 한편, 영적 도전을 통하여 그들의 심령을 채우지 않고 배만을 채우는 것은 역시 적은 일을 하는 것이다. 이 둘은 함께 이루어져야 한다.

현대적 의미

양 무리에 대한 선한 목자로서 예수에 대한 이미지가 이 양식을 먹이시는 에피소드 가운데 두드러져 있다. 본훼퍼는 웅변적으로 목자 없는 백성들의 곤경을 기술하고 있다. "질문은 있으나 대답이 없고, 근심이 있으나 위로가 없으며, 양심의 고뇌가 있으나 구출이 없고, 눈물이 있으나 위로가 없고, 죄가 있으나 죄사함이 없다." 그들은 복음을 기다리고 있으나, 그들이 가진 것은 기껏해야 하나의 충고뿐이었다. 본훼퍼는 "양 무리의 목자가 없다면 서기관들, 율법의 헌신자들, 설교자들과 그 나머지 사람들이 무슨 소용이 있겠는가?"라고 묻는다.[10]

백성들이 목자 없는 양과 같다고 말하는 것은 이스라엘의 종교지도자들을 엄중하게 도전하시는 말씀이다(슥 11:5, 15-17). 그것은 돌아보는 제사장들이 충분하지 않았다는 것이 아니다. 그들이 너무나 많아서 교대제를 사용해야 했다(눅 1:8-9). 문제는 종교 지도자들이 그들이 마땅히 해야 할 일을 하지 않고 있었다는 것이다. 예수는 성전이 얼마나 큰 돌들로 이루어졌는지, 얼마나 거대한 예산이 있었는지, 얼마나 많은 사람들이 기도나 희생제사에 참석했는지에 관심을 두지 않으셨다. 그분이 관심을 두신 것은 오직 이러한 종교적 행사의 결과였다. 그가 보신 것은 모든 종류의 종교적 관료주의 가운데 둘러싸인 영적으로 그리고 육적으로 굶주린 백성들이었다. 그들은 영적으로 기아에 허덕이고 있었고, 동시에 물질적으로 궁핍했으며, 아무도 돌보지 않는 것처럼 보였다. 예수는 오늘날도 같은 것들을 보실 것이다. 그는 사람들의 필요들을 보시면서 동시에 그것들을 바로잡기 위하여 움직이신다.

오늘날 대부분의 청중들은 목자의 직무 사항에 대해서 모르고 있다. 레나 볼터링(Lena Woltering)은 목자는 "울타리가 없을 때만 필요하다. 그는 어떤 희생을 치르더라도 양과 함께 있으면서, 보호하고, 들판을 그들과 함께 걸어가는 사람이다. 그는 단지 양을 기르는 사람만이 아니다." 목자는 물과 음식으로 양을 인도하고 양들의 상태를 유념한다(창 33:13). 목자는 자기들의 품안에 없는 양들을 모은다(사 40:11). 잃어버린 양을 찾는다. 그리고 잃어버린 양을 발견했을 때, 어깨에 메고 우

10. Dietrich Bonhoeffer, *The Cost of Discipleship*(New York: Macmillan, 1963), 224.

리 안으로 데려온다(눅 15:5). 목자는 약탈자들과 도둑들로부터 양들을 지킨다. 그 직무는 더럽힘을 당하고 힘든 직업이다. 볼터링은 자신들을 "양 무리의 돌보는 사람들"이라고 보는 감독들을 혹평하고, 그들을 "양고기를 기르는 농부들"보다 더 하찮은 사람들이라고 낙인찍었다. "그들은 울타리에 울타리를 세우고, 자기 감시하에 양 무리를 가두어서 들판으로 걸으려는 그들의 발을 더럽히지 않게 했다."[11] 그들은 목자라는 어려운 임무를 우월성과 계급의 위치로 변질시키고 자신들을 영혼들로부터 격리시킨다. 당시에 방종하고 무책임한 목자들에 대한 에스겔의 혹평(겔 34장)은 오늘날 다른 백성들을 먹이기보다는 지배하고 짓밟기를 원하는 사람들에게 적용할 수 있다.

이 사건은 예수가 제자들이 쉼을 필요로 한다는 것을 인식하고 있음도 보여준다. 사람은 하루 24시간 다른 사람들을 위하여 봉사할 수는 없다. 목회자들도 자신을 위하여 시간을 낼 필요가 있다. 예수의 "너희는 따로 한적한 곳에 가서 잠깐 쉬어라"는 말씀은 지친 일꾼들에게 아주 중요한 말씀이다. 그러나 이 사건은 또한 우리가 쉬려고할 때 자주 우리보다 영적으로 육신적으로 더 굶주린 사람들을 발견하게 된다. 목회자들의 쉼에 대한 필요는 강력하기에, 고통을 당하고 있는 가난한 자를 빈손으로 돌려보내려는 유혹을 받게 된다.

우리는 제자들이 했던 것과 같은 항의를 듣거나 발설하였을 수도 있다. 그들의 모든 필요에 관한 어떤 일을 하기에는 우리에게 너무나 많은 희생이 있다. 그들로 하여금 스스로 돌보게 하자. 그들은 우리의 책임이 아니다. 우리가 사실상 말하고 있는 것은 우리들이 "그들을" 돌본다면, 앞으로 우리가 쓰기에도 충분한 돈이 되지 않을 것이라는 점이다.

예수의 제자들은 군중들의 배고픔과 음식의 부족을 한탄하면서 그들을 그냥 보내려고 하고 있다. 우리가 행하는 모든 것이 사회의 문제를 지적하고 한탄하는 것이라면 우리의 의무를 다한 것이 아니다. 어떤 이들은 사회의 병적인 문제들을 세부 항목별로 나눈다. 그러나 교회는 이런 문제들에 대해서 어떤 일을 행하도록 세상으로 부름을 받았다. 우리는 많은 사회적 문제들의 근저에 있는 영적 필요들을 위하여 봉사해야 하고, 궁핍한 사람들을 위하여 물질 원조를 확대해 주어야 한다. 우리가 돌아보는 어디에나 굶주린 군중들의 필요 즉, 양식이 거의 없거나 전혀 없는 곳을 발견하게 된다. 예수는 우리에게 그들을 먹이라고 지시하신다.

---

11. *Salt of the Earth* 15(July/August, 1995): 34에서 인용.

야고보가 올바로 지적하고 있다. "만일 형제나 자매가 헐벗고 일용할 양식이 없는데 너희 중에 누구든지 그에게 이르되 평안히 가라, 덥게 하라, 배부르게 하라 하며 그 몸에 쓸 것을 주지 아니하면 무슨 유익이 있으리요"(약 2:15-16). 그리고 장로 요한은 요한 1서 3:17-19에서 다음과 같이 주장한다.

> 누가 이 세상의 재물을 가지고 형제의 궁핍함을 보고도 도와 줄 마음을 닫으면 하나님의 사랑이 어찌 그 속에 거하겠느냐 자녀들아 우리가 말과 혀로만 사랑하지 말고 행함과 진실함으로 하자 이로써 우리가 진리에 속한 줄을 알고 또 우리 마음을 주 앞에서 굳세게 하리니.

굶주리고 궁핍한 사람을 혼자서 꾸려나가도록 보내버리는 것은 문제를 해결하는 것이 아니다. 예수는 제자들이 가지고 있는 것을 다른 사람들에게 나누어 줄 때 이적을 일으키신다. 교회는 영적으로 물질적으로 굶주린 사람을 방치해서는 안 된다. 이 기사 가운데서 제자들은 그 일이 불가능하고 너무나 비용이 크다고 생각할 때 좌절하였다. 제자들이 믿음을 가지고 하나님의 공급하심에 맡길 때만 그 직무를 이행하게 되며, 모든 사람들을 풍성하게 공급한다.

예수는 제자들이 세상에서 그의 사역을 나누며 무리들에 대한 책임을 취할 것을 명하신다. 우리가 자원이 고갈되고 당연히 쉼을 필요로 하는 때, 예수는 우리에게 이렇게 말씀하신다. "너희가 그들에게 어떤 것을 주어라." 제자들은 언제나 다른 사람들의 종—단순히 자기가 아니라 다른 사람들을 먹이도록 부르심을 받은 종—이다. 이 기사에서 배우는 교훈은 분명하다. 너희들은 언제나 교회를 먹이는데 충분한 것을 가질 것이다.[12]

하지만 현대의 제자들은 예수의 첫 번째 제자들과 차이가 없다. 물리적으로 재정적으로 다 써버릴 때조차도 예수의 제자들은 다른 사람들을 도울 자원들을 가지고 있다는 사실을 보지 못한다. 그들은 제한된 자원의 불가능한 문제들로 씨름하며 하나님의 가능성을 발견하지 못한다. 우리는 "할 수 있는 일은 하나도 없습니다. 그들을 돌려보내소서"라고 말하기 전에 얼마나 많은 빵 덩어리들을 가지고 있는지 먼저 "가서 살펴보아야" 할 것이다.

---

12. Bruce Chilton, *Feast of Meanings Eucharistic Theologies from Jesus Through Johannine Circles*(NovTSup 72; Leiden: Brill, 1994), 128.

황량한 광야에 있는 수많은 굶주린 군중들을 위하여
너희는 얼마나 많은 빵 덩어리들을 가지고 있느냐?
네 구세주 예수가 지금도 너에게 물으신다.
그들의 궁핍하여 부르짖는 소리가 그의 귀에 도달하였도다.[13]

우리는 "계산해 보았더니 충분하지 않다"라고 말하기 전에 다른 사람들을 돕는 믿음을 감행할 필요가 있다. 그리스도인들이 대체로 자기들의 수입의 약 3퍼센트를 교회에 바치고 그들의 시간을 조금이라도 사역에 바친다면 우리는 충분히 가지고 있고, 활용할 수 있다는 사실을 알게 될 것이다. 아마도 (바클레이가 해석하는 바와 같이) 이적이 일어날 것이다. 인간의 마음들과 돈지갑은 우리가 다른 사람을 위한 사역을 시작할 때 열릴 것이다. 이 단락은 하나님의 선물과 능력과 결합된 긍휼은 백성들의 영적 물질적 필요들을 충족시켜줄 수 있다는 사실을 확인시켜 준다.

13. Marian E. Dyle, "Loaves and Fishes." Hillyer Hawthorne Straton, *Preaching the Miracles*(New York/Nashville: Abingdon, 1950), 53.

마가복음 6:45-56

45 예수께서 즉시 제자들을 재촉하사 자기가 무
리를 보내는 동안에 배 타고 앞서 건너편 벳
새다로 가게 하시고
46 무리를 작별하신 후에 기도하러 산으로 가시
니라
47 저물매 배는 바다 가운데 있고 예수께서는
홀로 뭍에 계시다가
48 바람이 거스르므로 제자들이 힘겹게 노 젓는
것을 보시고 밤 사경쯤에 바다 위로 걸어서
그들에게 오사 지나가려고 하시매
49 제자들이 그가 바다 위로 걸어오심을 보고
유령인가 하여 소리 지르니
50 그들이 다 예수를 보고 놀람이라 이에 예수
께서 곧 그들에게 말씀하여 이르시되 안심하
라 내니 두려워하지 말라 하시고
51 배에 올라 그들에게 가시니 바람이 그치는지
라 제자들이 마음에 심히 놀라니
52 이는 그들이 그 떡 떼시던 일을 깨닫지 못하
고 도리어 그 마음이 둔하여졌음이러라
53 건너가 게네사렛 땅에 이르러 대고
54 배에서 내리니 사람들이 곧 예수신 줄을 알고
55 그 온 지방으로 달려 돌아다니며 예수께서
어디 계시다는 말을 듣는 대로 병든 자를 침
상 째로 메고 나아오니
56 아무 데나 예수께서 들어가시는 지방이나 도
시나 마을에서 병자를 시장에 두고 예수께
그의 옷 가에라도 손을 대게 하시기를 간구
하니 손을 대는 자는 다 성함을 얻으니라

원 의미

예수는 충분히 먹은 군중들이 흩어지기 전에 배를 타고 벳세다로 건너가도록 제자들을 재촉하신다. 마가는 예수가 제자들로 하여금 닻을 올리고 떠나가도록 재촉할 필요가 있었던 이유를 설명하지 않고(요 6:15과는 대조적으로), 다만 그가 군중들을 돌려보내시고 산으로 올라가서 기도하신다(1:35).

주님과 헤어진 제자들은 물결과 싸우면서 호된 시련을 겪는다. 풍랑이 이전처럼 그들의 생명을 위협하지는 않지만(4:35-41), 그들은 수 시간 노를 저은 다음에도 바람과 싸우면서 호수 한 가운데서 곤경에 빠져있음을 알게 된다. 예수는 그들의 힘씀을 아시고(어두움 가운데서도 초자연적으로 생각하셨을 것이다) 밤 사경쯤(새벽 3-6시) 바다 위를 걸어서 그들에게 합세하신다. 예수가 먼저 군중들의 허기를 채우지 않고 그들을 가르치셨던 것처럼(6:34), 먼저 그들을 곤경으로부터 구출해 주지 않고 그들 옆을 지나치시면서 어떤 것을 가르치려고 하신다. 그들의 눈과 귀는 그것을 보지도 듣지도 못했고, 다만 환영, 즉 유령만을 본다. 물결과 바람이 아니라, 물위로 지나가시는 예수의 모습이 그들을 공포에 떨게 한다.

바람이 예수에게 장애물이 되지 않고, 물결이 그가 바다 위를 걸어가시는데 확실한 디딤판을 제공한다. 그러나 물결을 밟는 것은 하나님만이 하실 수 있는 일이다(욥 9:8; 사 43:16; 51:10; Sir. 24:5-6). 예수가 물결을 가로질러 걸어오고 있을 때, 그는 창조주 하나님의 무한한 능력을 가지고 계신다. 하박국 3:15에서 바다를 밟으시는 하나님의 이미지가 자기 백성을 구원하시기 위하여 바다의 혼돈을 제어하시는 그의 능력을 전달해 준다(시 77:19-20; 사 51:9-10).

예수가 "그들을 지나가기를 원하셨다"(6:48 직역)는 마가의 설명은 해석자들에게 혼란을 가져다주었고 여러 해석들을 낳았다.

- 예수가 제자들을 추월할 것을 의도하시고, 장난스럽게 그들을 놀랍게 해주려고 하신다. 그러나 그냥 휙 지나가 버리고 그들로 하여금 몸부림 치고 놀란 상태로 내버려두시는 것은 다소 무자비한 것처럼 보이며, 모든 것이 장난에만 관심이 있는 것처럼 보인다.
- 예수는 지나가려고 하시지만 제자들의 애씀을 보실 때 그렇게 하지 않으신다. 이러한 입장에서의 문제는 그가 바다 위로 걸어오시기 전에 이미 제자들이 곤경에 빠져있음을 아셨다. 그런데 어찌하여 그분이 그냥 지나가려고 하셨을까?
- 예수가 그들의 믿음을 시험해 보려는 것이다. 그러나 그러한 시험은 어떤 내용을 포함하고 있는가?
- NIV는 동사 '델로'("바라다", "뜻하다")가 보조동사 '멜로'("하려하다")의 기능을 하고 있다는 입장을 취한다. "그는 그들 옆을 지나가려 했었다." 동사의 이러한 용법의 증거는 너무 빈약하므로 이 해석을 타당성 있게 만들어주지 못한다.
- 이 문구는 예수의 의도에 대한 제자들의 잘못된 인상을 가리킨다는 것이다. 즉 그들은 예수가 자기들을 그냥 지나가시려고 의도하신 것처럼 생각했다는 것이다. 그러나 본문은 이것을 말하고 있지 않다.
- 몇몇 사람은 예수가 단순히 그들 옆으로 가려고 의도하셨다고 주장함으로써 문제를 해결하려고 한다.
- 예수는 바다 위로 걷는 것을 보이기를 원하셨으나 알아채지 못하기를 바랐다

는 것이다 메시야 비밀에 대한 저자의 신학에 어울린다. 예수가 도움을 받을 길이 없는 제자들을 놀라게 하고, 그 다음에 안개 속으로 사라지려는 것은 적절한 이유가 아니다.

• 또 다른 견해는 아모스 7:1-8:3로부터 그 실마리를 취하여 이 문구를 은유적으로 해석하는 것이다. 즉 예수가 어려움 가운데 처한 자기 제자들을 돕기 원하셨다.[1]

이러한 설명들 가운데 그 어느 것도 이 문구를 적절하게 설명하거나 해결하지 못하고 있지만, 마지막 설명이 구약성경의 배경에서 예수의 행동을 해석하는 이점을 지니고 있다. 이 기사는 바다에서 제자들의 구출에 관한 것이 아니다. 그들이 기가 꺾이기는 했으나 위기에 처한 것은 아니다. 바다위로 걷는 것이 정상적인 죽을 인간이 할 수없는 일이므로 제자들을 지나쳐 가시려는 예수의 의도는 어떤 세속적인 목적과 연관되지 않는다. 동사 '파레르코마이' ("지나가다")는 하나님과 연관될 때 신현을 가리킨다. 구약성경은 하나님이 "메시지를 전달할 목적으로 선택된 개인이나 그룹이 있는 이 땅의 영역에 놀랍게 그리고 잠시 출현"하셨다는 사실을 기록하고 있다.[2]

이 동사는 구약성경에서 두 개의 열쇠가 되는 구절 가운데 나타난다. 출애굽기 33:19-34:7에서 모세는 하나님에게 당신의 영광을 보여 달라고 요구하고, 하나님은 이에 응답하여 그 앞으로 지나가시면서 정체를 밝히신다.

> 여호와께서 이르시되 내가 내 모든 선한 것을 네 앞으로 지나가게 하고 여호와의 이름을 네 앞에 선포하리라 나는 은혜 베풀 자에게 은혜를 베풀고 긍휼히 여길 자에게 긍휼을 베푸느니라 또 이르시되 네가 내 얼굴을 보지 못하리니 나를 보고 살 자가 없음이니라.
>
> 여호와께서 또 이르시기를 보라 내 곁에 한 장소가 있으니 너는 그 반석 위에 서라 내 영광이 지나갈 때에 내가 너를 반석 틈에 두고 내가 지나도록 내 손으로 너를 덮었

1. Harry Fleddermann, "'And He Waanted to Pas by Them' (Mark 6:48c)," *CBQ* 45(1983): 389-95. Fleddermann은 암 7:8과 8:2에 있는 "지나가시다"(NIV, "spare[인정을 베풀다]")를 대재앙을 돌리시려는 하나님의 의도를 표현하는 것으로 해석하고, 여기 마가복음에 대해서 다음과 같이 주장한다. "의역이면서도 정확한 번역은 이것일 것이다. '그리고 그가 그들을 구원하기를 원하셨다.'"
2. John P. Meier, *A Marginal Jew. Rethinking the Historical Jesus, vol. 2 Mentor, Message, and Miracle*(New York Doubleday, 1994), 2.996, n. 118.

다가 손을 거두리니 네가 내 등을 볼 것이요 얼굴은 보지 못하리라.

…여호와께서 구름 가운데에 강림하사 그와 함께 거기 서서 여호와의 이름을 선포하실 새 여호와께서 그의 앞으로 지나시며 선포하시되 여호와라 여호와라 자비롭고 은혜롭고 노하기를 더디 하고 인자와 진실이 많은 하나님이라 인자를 천대까지 베풀며 악과 과실과 죄를 용서하리라….

그리고 열왕기상 19:11-12에서 여호와께서 엘리야에게 바위에 서 있으라고 명하시는데, "그 이유는 여호와께서 지나가시기 때문이다."[3] 이러한 구절들로부터 예수가 자기 제자들을 지나가시기를 원하실 때 그는 그들이 하나님으로서 그의 초월적 위엄을 보이시고 그들에게 확신을 주기를 바라신다.[4]

하나님은 완전히 자기를 보이실 수 없으나, 예수는 하실 수 있다. 바다 위에서 그들에게 걸어오시는 그는 광야에서 광주리를 떡으로 가득 채우는 단순한 모세의 계승자가 아니시다. 오직 하나님만 바다 위를 걸으실 수 있으며, 예수의 인사는 제자들의 두려움을 완화시키는 "안녕!" 정도가 아니다. 그는 그들에게 자기 계시에 대한 하나님의 공식문구인 "나이니라(I am)"로[5] 정체를 나타내신다. 이사야 43:1-13은 이 구절을 해석하기 위한 배경으로서 의미가 있다. 제자들은 예수로부터 물을 통과하여 지나가도록 명령을 받았고, 예수는 그들과 함께 계신다(사 43:2).

"나 여호와가 말하노라 너희는 나의 증인
  나의 종으로 택함을 입었나니
이는 너희가 나를 알고 믿으며
  내가 그인 줄 깨닫게 하려 함이라

---

3. 70인경에서 동사 '파레르코마이'는 신현을 가리키기 위하여 사용된다. 창 32:31-33에서 하나님의 얼굴이 야곱 앞으로 "지나가셨는데" 그때는 그가 천사와 씨름을 하고 있었다(삼하 23:3-4을 보라). 욥 9:8, 11은 "그가…바다 물결을 밟으시며 그가 내 앞으로 지나시나 내가 보지 못하며 그가 내 앞에서 움직이시나 내가 깨닫지 못하느니라"로 되어 있다. 또한 여호와의 영광이 지나가심을 언급하고 있는 단 12:1을 보라. 참조. 암 7:8; 8:2.
4. 사경은 하나님이 자기 백성들에게 아침 일찍이 전달하신다는 사실을 기억한다면, 그때가 중요한 시점임을 알게 된다. 배리 블렉번(Barry Blackburn, *Theios Aner and the Markan Miracle Traditions* [WUNT 2/40: Tübingen: J. C. B. Mohr(Paul Siebeck) 1991], 146)은 다음과 같이 기록한다. "그렇게 예수는 구약성경(그리고 신약성경)에서 야훼처럼 자신의 구원하시는 능력을 '프로이'[땅]에 나타내신다"(또한 출 14:24; 시 46:5; 사 17:14을 보라).
5. 출 3:14; 신 32:39; 시 115:9; 128:5-6; 사 41:2-14; 43:1-13[2절: "네가 물 가운데로 지날 때에 내가 너와 함께 할 것이라"]; 44:1-5, 46:4; 48:12; 51:9-16; 52:6; 요 8:58을 보라.

나의 전에 지음을 받은 신이 없었느니라
　나의 후에도 없으리라
나 곧 나는 여호와라
　나 외에 구원자가 없느니라"(사 43:10-11)

여기에 4:41에서 "그가 누구이기에 바람과 바다도 순종하는가?"라고 했던 제자들의 질문에 대한 답변이 나타나 있다. 이분은 "나이니라"고 말하실 수 있는 하나님이시다. 그러나 그 대답을 제자들은 귀담아 듣지 못한다.

예수는 배에 올라타실 때, 신적 권능을 나타내 보이신다. 그의 단순한 임재가 몰아치는 바람을 그치게 하고, 제자들이 계속 항해할 수 있게 한다. 그러나 그들의 염려는 가라앉지 않는다. 마가는 제자들의 두려움과 놀람에 대한 훌륭한 설명을 제공해준다. "이는 그들이 그 떡 떼시던 일을 깨닫지 못하고, 도리어 그 마음이 둔하여졌음이러라"(6:52). 이 두 사건들은 연결되어 있다. 그들이 떡에 관해서 이해하지 못하는 것은 무엇을 말하는가? 그것이 물 위로 걸으시는 것과 어떤 관계가 있는가? 미니어(Minear)가 "제자들이 하나님의 임재와 사람들에 대한 그의 돌보심… '그리스도의 얼굴에 있는' 하나님의 계시의 충만한 영광을 보지 못하고 있다"고 해석했을 때 그는 정곡을 찌른 것이다.[6] 그들은 식사 때 선포된 축복의 말씀, 곧 "당신을 찬양하나이다, 오, 우주의 왕이신 우리 하나님 여호와여, 주는 땅으로부터 떡이 나오도록 하시나이다"가 예수에게 적용된다는 사실을 인식하지 못하고 있다. 강퍅해진 심령의 상태는 불순종, 둔감함, 그리고 완고함을 가리키며, 그것은 예수의 대적들의 상태이다(3:5; 그리고 엡 4:18을 보라). 마가는 마가복음 8:17에서 이 묘사를 반복한다. 제자들은 삶의 자세에서 예수보다는 예수의 대적들에게 더 가깝다. 그러나 그들과 대적들 간의 차이는 상당하다. 제자들은 혼란스럽고 무지하나, 예수에게 적대감을 가지고 있지 않다.

예수는 제자들을 벳세다로 보내시지만(6:45), 그들은 게네사렛에 도착한다.[7] 아마도 예수가 배에 타셨을 때는 바람이 잠잠해졌지만, 바람으로 말미암아 코스가

6. Minear, *Mark*, 84. 레인(Lane, *Mark*, 238)은 제자들이 "이 사건이 그 사건 자체를 넘어서 예수의 인격의 비밀을 지적해 주었다는 사실을 깨닫는데 실패했다. 그들이 예수 안에 나타난 하나님의 행위에 진실 되게 열려있기 않았기 때문에 그들을 위한 떡의 이적의 의미를 깨닫지 못하고 다만 기적만을 보았다."

7. 벳세다는 갈릴리 바다의 북동쪽에 있는 바다였다. 게네사렛은 디베랴와 가버나움 사이에 있는 갈릴리 바다의 북서쪽에 있는 인구밀도가 높은 평야였다.

다른 곳으로 가게된 것으로 보인다.[8] 아마도 마가는 독자로 하여금 코스를 벗어난 사실에 들어있는 어떤 의미를 깨닫기를 원한 것으로 보인다. 그들이 떡에 관해서 이해하지 못했던 것처럼(6:52) 벳세다로 갈 수 없었고, 나중까지 이 목적지에 도착하지 못한다(8:22). 그러는 동안 예수의 활동은 제자들을 깨닫도록 돕기 위한 의도된 두 번째 일련의 능하신 사역을 이룬다.[9] 그들의 실패에도 불구하고 예수는 결코 제자들을 포기하지 않으시고, 그들이 이해할 수 있도록 전체 과정을 통해 이끄신다. 그는 제자들이 즉시 그 일들을 깨닫도록 요구하지 않으신다. 그들은 인간의 강퍅함으로 기울어지는 본래의 성향이나 하나님이 예수 안에서 그들 가운데 계신다는 난해한 실체를 깨닫지 못한다고 해서 정죄를 당하지 않을 것이다. 그는 자신을 온전히 노출하지 않으신다. 완전한 이해는 그의 죽으심과 부활 이후에 이루어진다.

백성들이 예수를 인식할 때, 그들은 침대 위에 있는 병든 자를 끌고 와서 그의 옷자락이라도 만지게 해달라고 애걸하면서 몰려와 고침을 받는다. 어떤 사람은 예수에 대한 이런 추종은 이적에만 관심을 가지고 있는 사람들의 소경됨의 표시일 뿐이라고 주장한다.[10] 만일 그렇다하더라도 예수는 그들의 오해를 은혜로 대하시면서 그들을 치유하신다. 예수에 대한 추종은 예수의 선풍적인 인기를 보여주고 있다. 제자들은 그분이 어떤 분인지를 확실히 알지 못하지만, 게네사렛 사람들은 그분이 고치는 능력을 가졌다고 확신하였다. 그들도 역시 자기들을 고치는 분을 완전히 이해하지 못하였으나, 예수의 능력에 대한 그들의 큰 믿음은 제자들의 작은 믿음과 대조된다.

상황잇기

예수가 물위로 걸으신 사건을 충분히 이해하기 위해서, 본문의 배후에 있는 구약성경의 모티프들을 이해해야 한다. 이 구약성경의 배경은 상황을 연결짓는 것을 더 어렵게 만들 수도 있다. 이러한 전승에 우리가 익숙지 못할 뿐 아니라, 세부사항들을 문자 그대로 해석하려는 경향과 혼합되어 우리로 하여금 그 상징적 의미를 놓치게 만든다. 그러므로 이 사건을 깊이 보지 못한다. 예수는 친구들

8. 건드리(Gundry, *Mark*, 346)는 예수가 제자들에게 합세하시기 이전에 바람에 의하여 가려고 했던 벳세다에 도착하기에는 너무 멀리 떠밀려갔다고 주장한다.

9. Elizabeth Struthers Malbon, "The Jesus of Mark and the Sea of Galilee," *JBL* 103(1984): 363-77; "Echoes and Foreshadowings in Mark 4-8: Reading and Rereading," *JBL* 112(1993): 226-37을 보라.

10. Schweizer, *Mark*, 143.

을 놀라게 하려고 재미있는 속임수로 물 위를 걸으신 것이 아니다. 그의 행동은 제자들과 성경에 조예가 깊은 독자에게 그분이 누구신지를 전달해주고 있다. 그는 몸부림치는 제자들을 구출하기 위하여 신적인 인물로 오신다.

예수가 어찌하여 제자들의 옆을 지나치기를 원하셨던가를 이해하기 위한 대안적 해석들은 중요한 의미를 포착하는 일에는 덜 노력을 기울인다. 많은 현대의 청중들에게는 생소한 구약성경의 이미지들을 설명할 필요가 없기 때문에 대안적 해석들은 더 매력적일 수 있다. 하지만 이런 해석은 마가가 묘사하고 있는 것의 중요한 의미를 놓치는 다소 세속적인 장면을 그리고 있다. 이것은 당황한 제자들에게 나타나시는 예수의 신적인 모습의 자기 노출이다.

이 신현은 하나님의 임재를 맛보는 전통적인 장소인, 환상이 제한을 받지 않는 곳으로 보이는, 산에서 일어나지 않는다. 전통적으로 위험한 폭풍과 불길한 세력이 일어나는 장소로 보았던 깊은 바다에서는 그 환상이 두려움과 뒤섞여진다. 그러나 바다는 하나님이 홍해를 가르시고 자연과 인간들이라는 맹렬한 세력 모두에 대해 자신의 신적 권세를 보이셨을 때, 이스라엘의 가장 큰 구원의 무대였다. 예수가 물위로 걸으시는 사건에 대한 마가의 기사에 들어있는 구약성경의 모티프들은 혼돈의 물에 대한 창조주와 구세주로서 하나님의 지배권을 상기시켜 준다. 예수는 하나님처럼 물 위를 걸으시며 참되신 하나님처럼 말씀하신다. "내니 두려워하지 말라." 예수는 제자들로 하여금 자신의 정체에 대한 실마리를 주는데 도움을 주기 위하여 거룩한 모습을 제자들에게 보여주기를 원하신다. 그들은 위대한 선지자나 초인적 영웅을 따르고 있는 것이 아니라, 하나님의 아들을 따르고 있다. 그는 어느 인간도 할 수없는 일을 하시고, 앞으로 하실 것이다. 즉 인류를 사탄과 죄의 속박에서 구속하실 것이다.

그러나 이적이 언제나 믿음을 일으키지 않을 뿐 아니라 항상 의사를 전달해 주는 것도 아니다. 뮤지컬 드라마 지저스 크라이스트 슈퍼스타에서 헤롯이 예수에게 "내 수영장에서 물위로 걸어보라"고 비웃는 것처럼 이 특별한 이적을 진부한 것으로 만들 수 있다. 많은 사람들이 이 이적의 기독론적 의미를 깨닫지 못할 수 있고, 그런 점에서 떡에 대해서 이해하지 못한 제자들과 같이 될 수 있다. 예수는 친구들을 놀라게 하려고 눈에 보이는 어마어마한 곡예를 하지 않으신다. 그보다, 이 이적은 하나님이 육신을 입고 우리를 방문하셨다는 사실을 입증한다. 쇠약한 할리우드가 이 스릴 넘치는, 무릎을 꿇게 만드는 실체를 포착할 수 없고, 거룩함에 대한 경외심을 잃어버린 현대의 그리스도인들은 그냥 지나칠 수 있다. 하나님이 예수 그리스도 안에서 우리를 만나신다고 믿음을 고백하는 사람들까지도 예수가 물 위를 걸으셨다는 사실을 믿기 어려운 일로 생각할 수 있고, 그것을 경건한 전설로 제쳐 버리거나 어떤 합리적인 설명을 찾으려고 한다. 그러한 시도들은 의미와 능력을 가진 이 본문의 골자를 제거해 버리려 한다. 그리스도인은 예수 그리스도를 통하여 하나님을 안다고 고백한다. 이 기사에서 마가는 성육신 하신 하나님으로서 제자들에 대한 예수의 자기계시를 묘사하고 있다. 그러나 그는 "그들이 파악하기 어려운 놀라운 임재로" 오신다.[11]

우리는 예수 그리스도 안에서 하나님을 만날 뿐만 아니라 그분을 통하여 우리 자신에 대해서도 배운다. 이적에 대한 반응에서 제자들의 두려움과 이해의 결핍은 하나님과 접촉할 때 인간의 상태에 대해서 어떤 것을 말해준다. 제자들은 유령을 보고 있다고 생각했다. 그들은 떡에 관해서 이해하지 못했고, 마음이 둔감했다. 우리는 이전에 이적을 베푸셨던 하나님을 거의 보지 못하거나 그의 축복, 풍성한 선물, 혹은 임재를 인식하지 못한다. 상황을 연결함에 있어서 우리는 하나님이 우리를 만나셨지만 우리가 때로 너무 우둔하여서 그것을 깨닫지 못하는 우리의 과거로부터의 이와 유사한 체험을 되새겨보아야 한다. 엠마오로 가던 제자들처럼 우리는 그분이 우리 삶에 나타나셨던 분임을 회고함으로써 인식할 수 있다(눅 24:13-35).

이 이적에서 놓칠 수없는 한 가지가 있다. 예수가 분명히 자기 제자들을 돌보신다는 것이다. 그는 그들의 곤고함을 아시고, 호수의 가장 깊은 부분에서 고생하고 있던 칠흑 같은 밤에 그들에게 오신다. 그는 그들이 그 모든 것이 무엇을 의미하는지를 알지 못하고 다만 두려워 뒤로 물러설 때도 인내를 보여주신다. 꾸짖음도 없으시고 고요한 확신만이 있다. 그러고 나서 그는 안전하게 항구에 도달하게 하신다. 제자들은 모세가 그리하였던 것처럼 하나님의 뒷모습을 본다. 그들은 그 아들의 모습 속에서 하나님의 모습을 보았다. 그는 고요함과 구원을 가져다주시는 구세주이시다. 이 사건을 자신들의 곤고한 상황에 적용하였을 때 그 안에서 큰 위로를 얻었던, 이 이야기를 들은, 초대 기독교인들을 상상할 수 있다. 롤린슨(Rawlinson)이 이를 상상하여 다음과 같이 기록하고 있다.

> …약한 심령들은 주님이 그들의 운명을 포기하지는 않으셨는지 의아하게 생각하거나, 그리스도의 실체를 의심하기 시작했을 수도 있다. 그들은 이 이야기에서 주님이 자신

11. Fleddermann, "And He Wanted to Pass by Them," 395.

들을 "저버리지 않으시고", 보이지 않게 살피시고 있으며—유령이 아니라, 바람과 물결의 주인이신 살아계신 분—"밤 사경에라도" 자신들을 구원하기 위하여 분명히 신속하게 오실 것임을 배운다.[12]

현대적 의미

예수가 군중들과 제자들로부터 물러가신 일은 모든 인간이 혼자 있으면서 쉬거나 기도할 필요가 있다는 사실을 보여준다(1:35; 6:31). 그러한 시간 속에서 우리는 우리 자신들을 대면하여 볼 수 있고, 가장 분명하게 말씀하시는 하나님의 음성을 들을 수 있다. 불행하게도 많은 교구민들이 사역자들의 그러한 시간을 갖는 경험을 소중히 여기지 않음으로써 많은 사역자들이 혼자만의 소중한 경험을 갖지 못하고 분주히 일하고 있다. 목사의 연구는 보다 자주 교회 사무실로 알려져 있다. 우리는 분주함을 소중히 하며, 그것으로 우리의 유능함을 측정한다. 교회 달력에서 홀로 있으면서 묵상하는 계획표는 지극히 적고 주로 빽빽하게 가득 찬 활동들이다. 많은 사람들은 자기들의 소맷자락과 마음 줄을 계속하여 당기는 사람들로 둘러싸여 있다고 느끼고 있으며, 영적 배터리를 연구, 기도 그리고 휴식을 통하여 재충전할 시간을 결코 가지지 않는다. 활동의 회오리바람은 그들을 최고로 돌려대고, 그들은 결국 육신적으로는 지친 뼈가 되고 영적으로는 마른 뼈가 된다. 그들은 제자들처럼 느낄 수 있는데, 곧 바람을 거스려 열심히 노를 젓지만 어디에도 도착하지 못하고, "나이니라"고 말씀하시고 외치시는 하나님을 보지 못한다.

우리가 이 단락에서 역경을 당하여 예수에게서 멀리 떨어져 있다고 느끼고, 노를 저으면서 고통을 받는 제자들의 관점에서 볼 수 있다. 많은 사람들이 교회를 섬길 때, 그런 방식을 느낄 수 있다. 그들은 계속하여 노를 젓지만 아무런 진척이 없는 것처럼 보인다. 강풍에 맞설 때에는 낙심이 시작된다. 그들은 표류하고 있다고 느끼고, 어찌하여 그들이 처음 장소였던 해안을 떠났는지를 의문할 수 있다. 노를 젓는 사람들은 지치고, 그 다음에는 맥이 빠진다. 또는 반복된 일에 빠져서 예수의 능력의 계시와 그의 돌보심을 보지 못한다.

어떤 사람은 예수를 보지 못할 때에도 그가 그들을 돌보시고 필요한 시간에 오신다는 사실을 알고 위로를 받을 수 있다. 그는 루이스(C. S. Lewis)의 『나니아 연대기』에 나오는 사자/그리스도인 아슬란과 같다. 그는 경고도 없이 바다를 건너서

12. A. E. J. Rawlinson, *St. Mark*(Westminster Commentaries; London: Methuen, 1925), 88.

그를 필요로 하는 시간에 정확하게 나타난다. "아무도 아슬란이 오는 것을 볼 수 없었을지라도, 그는 그들 가운데 있었다."[13]

예수는 제자들을 바다에서 구출하실 뿐 아니라, 그들이 계속 항해하게 하신다.[14] 그의 오심은 요한계시록에 나오는 일곱 교회들에게 보내는 편지와 같다. 교회들은 주께서 그들이 참아온 것을 아신다는 말씀을 받고 계속하여 견디라는 격려를 받는다. 주님은 에베소 교회의 일하고 애쓰고 참은 것(계 2:2), 서머나 교회의 고난과 궁핍(2:9), 사탄의 세력 가운데 있는 버가모의 신실한 증인(2:13), 두아디라의 참고 견딤(2:18), 그리고 빌라델비아의 작은 능력(3:8)을 아신다. 그는 그들의 투쟁에서 그들을 구조해주시지 않으시고, 만약 그들이 끝까지 신실하면 승리할 것이라고 약속하신다. 그들은 노 젓는 일을 열심히 해야 하지만, 생명의 바다로 건너서 마지막 목적지에 도달하는 능력은 그들의 몫이 아니다. 그것은 하나님에게 속해있다. 내가 멤버로 속해 있는 교회는 은사가 있는 두 명의 친구들이 작성한 교회 찬송을 가지고 있다. 마지막 절이 마가복음에 있는 이 단락의 의미를 내포하고 있다.

> 바람의 방향은 우리의 선택이 아니라오
> 잔잔함과 강풍은 예측하기 어렵다오
> 대양은 우리 앞에 넘실거리고
> 우리 배는 작고 약해 보이오.
>
> 주의 신비는 사납고 번쩍이며
> 알지 못하는 해안으로 우리를 이끈다오
> 주의 항구에 도달하기까지
> 희망과 용기를 넘치게 하시오.[15]

예수의 갑작스러운 출현에 대한 제자들의 반응은 이 이적을 혼란스럽게 하는

---

13. C. S. Lewis, *The Horse and His Boy*(London: Penguin, 1965), 182; Richard A. Burridge, *Four Gospels One Jesus?*(Grand Rapids: Eerdmans, 1994), 35.
14. Best, *Following Jesus*, 232을 보라.
15. "We, O God, Unite Our Voices" (*The Crescent Hill Hymn*), by Grady Nutt and Paul Duke. 허락을 받아 게재함.

요소다. 그들은 그를 인식하지 못하고, 그가 없는 것보다 그가 있음으로 오히려 더욱 놀란다. 그는 바람과 바다라는 강한 세력을 지배하시는 하나님의 능력으로 오신다. 그는 영광과 능력 가운데 계시는 자신을 알리심으로써 그들을 안심시키려 하신다. 그렇지만 그것이 그들의 마음을 가라앉히지 못한다. 오히려 그들은 지각을 잃고 놀라며 혼란에 빠진다. 그리스도는 자주 우리가 깨닫지 못하고 놀라게 하는 방식으로 우리 삶을 지나쳐 가실 수도 있다.

현 시대에 바람같이 몰아치는 대적에 둘러싸여 있는 어두움의 시기에서 몸부림치고 있는 동안에 우리는 어떻게 그분을 볼 수 있을까? 처음 제자들이 그러했던 것처럼 회상을 하는 가운데 명확하게 되어질 수 있다. 우리는 그 끔찍한 시기에 하나님의 임재 가운데 있었고, 그리스도께서 자기 영광을 우리에게 보여주셨다고 깨닫게 된다. 우리는 너무나 눈이 어둡고, 그것을 바라보기에 너무나 무디어졌다. 우리는 낙심과 큰 두려움의 시기에 그리스도가 사랑과 능력을 보이시면서 고난의 물결을 가로질러 우리를 인도해 가시면서 지나가고 계신 것을 깨달아야 할 것이다.

우리는 신현들을 목격하는 시대에 살고 있지 않다는 사실을 인정해야 한다. 어떤 사람은 오늘날 외계인들에게 유괴 당했다가 그들의 우주선에서 쫓겨났다고 주장할 수도 있지만, 거의 사람들은 삼층 천에 사로잡혀 환상을 보았다고 공언하지 않는다. 대부분의 사람들은 어느 것도 믿지 않고 이 모두를 속이는 것이라고 제쳐버릴 것이다. 하나님이 더 이상 이런 식으로 만나지 않을 수 있다. 십자가와 부활이 하나님의 가장 분명한 계시이기 때문이다.

우리의 비전이 약하고, 흐릿하며, 우리가 하나님의 임재에 조율을 맞추지 않은 탓일 수도 있다. 아마도 역사의 서로 다른 시대에 하나님에 대한 인간의 환상에는 서로 다른 강렬함이 있을 것이다.

마가복음 7:1-23

1 바리새인들과 또 서기관 중 몇이 예루살렘에
서 와서 예수께 모여들었다가
2 그의 제자 중 몇 사람이 부정한 손 곧 씻지
아니한 손으로 떡 먹는 것을 보았더라
3 (바리새인들과 모든 유대인들은 장로들의 전
통을 지키어 손을 잘 씻지 않고서는 음식을
먹지 아니하며
4 또 시장에서 돌아와서도 물을 뿌리지 않고
서는 먹지 아니하며 그 외에도 여러 가지를
지키어 오는 것이 있으니 잔과 주발과 놋그
릇을 씻음이러라)
5 이에 바리새인들과 서기관들이 예수께 묻되
어찌하여 당신의 제자들은 장로들의 전통을
준행하지 아니하고 부정한 손으로 떡을 먹
나이까
6 이르시되 이사야가 너희 외식하는 자에 대
하여 잘 예언하였도다 기록하였으되: 이 백
성이 입술로는 나를 공경하되 마음은 내게
서 멀도다
7 사람의 계명으로 교훈을 삼아 가르치니 나를
헛되이 경배하는도다 하였느니라
8 너희가 하나님의 계명은 버리고 사람의 전통
을 지키느니라
9 또 이르시되 너희가 너희 전통을 지키려고
하나님의 계명을 잘 저버리는도다
10 모세는 네 부모를 공경하라 하고 또 아버지
나 어머니를 모욕하는 자는 죽임을 당하리라
하였거늘
11 너희는 이르되 사람이 아버지에게나 어머니
에게나 말하기를 내가 드려 유익하게 할 것
이 고르반 곧 하나님께 드림이 되었다고 하
기만 하면 그만이라 하고
12 자기 아버지나 어머니에게 다시 아무 것도
하여 드리기를 허락하지 아니하여
13 너희가 전한 전통으로 하나님의 말씀을 폐하
며 또 이같은 일을 많이 행하느니라 하시고
14 무리를 다시 불러 이르시되 너희는 다 내 말
을 듣고 깨달으라
15 무엇이든지 밖에서 사람에게로 들어가는 것
은 능히 사람을 더럽게 하지 못하되
16 사람 안에서 나오는 것이 사람을 더럽게 하
는 것이니라 하시고
17 무리를 떠나 집으로 들어가시니 제자들이 그
비유를 묻자온대
18 예수께서 이르시되 너희도 이렇게 깨달음이
없느냐 무엇이든지 밖에서 들어가는 것이
능히 사람을 더럽게 하지 못함을 알지 못하
느냐
19 이는 마음으로 들어가지 아니하고 배로 들어
가 뒤로 나감이라 이러므로 모든 음식물을
깨끗하다 하시니라
20 또 이르시되 사람에게서 나오는 그것이 사람
을 더럽게 하느니라
21 속에서 곧 사람의 마음에서 나오는 것은 악
한 생각 곧 음란과 도둑질과 살인과
22 간음과 탐욕과 악독과 속임과 음탕과 질투와
비방과 교만과 우매함이니
23 이 모든 악한 것이 다 속에서 나와서 사람을
더럽게 하느니라

원 의미

손을 씻는 규례와 음식법에 대한 논쟁은 두 부분으로 나누어진다. 첫 번째 부분(7:1-13)은 손을 씻지 않고 먹는 문제에 대하여 예수와 바리새인들과 서기관들 사이의 논쟁을 기록하고 있다. 이 종교 지도자들은 하나님이 예수를 통하여 역사 하시는 이적을 전혀 염두에 두지 않고 대수롭지 않은 문제에만 집중한다. 예수는 광야에서 풍성한 양식을 가지고 이적으로 군중들을 먹이셨으나 그들은 오직 더러운 손으로 떡을 먹는 일에 관해서만 재잘거린다. 예수는 제자들의 행위에 관한 그들의 하찮은 불평을 그들의 전승 전반에 대한 신랄한 비판을 하는 방향으로 나아가신다. 두 번째 부분(7:14-23)은 더럽힘이 외적인 어떤 접촉으로부터 나오는 것이 아니라 오직 안으로부터, 즉 개인의 마음으로부터 나온다는 군중들에 대한 예수의 놀라운 선포로 이루어져 있다. 그는 정결과 부정의 성격에 관해서 제자들에게 따로 설명하면서 이러한 근본적인 주장을 계속해 나가신다.

장로들의 유전에 대한 논쟁(7:1-13)

자기 자신들을 전승의 수호자로 간주하는 성난 바리새인들과 서기관들(율법의 교사들)은 예수의 제자들이 손을 씻는 규례를 노골적으로 준수하지 않은 것을 대적하면서 예수를 공개적으로 공격한다. 이것은 율법교사들(서기관들)이 예수의 영향을 규칙 파괴자로 안달하면서 "예루살렘으로부터" 두 번째로 온 것을 보여주고 있고(3:22을 보라), 이것은 궁극적으로 예수를 죽음으로 이끌어갈 예루살렘에서 그에 대한 적개심을 예시하고 있다. 이 논쟁에서 그들은 바리새인들과 함께 나타난다(2:16을 보라).[1]

논쟁을 이해하기 위하여 잠시 바리새인들의 계획을 간략하게 논의할 것이다. 그들은 많은 사람들이 상상하는 바와 같이 유대인 사회에서 권력의 중개인들이 아니라 자기들의 도덕성에 대한 비전과 율법에 대한 순종을 이스라엘에게 부과하려고 애쓰고 있었다. 정결을 유지하는 것이 그들이 실천해야할 의무 가운데 중요한 항목이었다. 손을 씻는 일에 대한 불일치(논쟁)는 위생상태와는 관계가 없었고, 다만 정결의 문제였다.[2] 이 바리새인들은 분명히 예수와 제자들이 자기들의 경건의

---

1. "예루살렘으로부터 온" 이 거만한 시찰자들은 아마도 워싱턴 D. C.로부터 온 관료들이 오늘날 어떤 거처들에서 행하는 것과 같은 경멸감을 일어나게 했을 것이다.

표준에 따르기를 바랐었다. 그들은 백성들 가운데 순종을 촉진시키려고 했으며 예수와 같은 인기 있는 예언자적 인물이 그것을 타파하기 위하여 나타났을 때 초조했었음에 분명하다. 그들에게 예수는 종교적으로 옳지 않았고, 그들의 율법에 대한 그의 대범한 태도는 부드럽게 흐르는 거룩한 공동체에 대한 그들의 환상을 위협했다.[3] 그분이 그들의 전승의 권위와 타당성에 문제를 제기하였으므로, 그의 커다란 인기 역시 그들의 영향력의 영역을 위축시키도록 위협했다. "장로들의 유전"은 성경에 없는 법이었고, 손을 씻는 것이 성경에 명시되지 않았으므로 그들은 특별히 그것에 관해서 변호를 해 왔을 수 있다.[4]

마가복음 7장에 나오는 논쟁은 더럽힘의 문제를 둘러싸고 일어난다. 바리새인들은 "더러운" 손으로 음식을 먹는데 대해서 제자들을 비난한다("common"[흔한]은 "거룩", "하나님께 대한 헌신"과 반대다). 마가는 "부정한 손"은 "씻지 않은 손"을 가리킨다고 설명하고(7:2), 이러한 관습에 익숙하지 않은 독자들을 위하여 유대인의 의식적 씻음에 관한 삽화적 설명을 삽입한다(7:3-4).[5] 레위의 법체계는 부정한 것을 만지거나 눕거나 앉거나 걸침으로써 사람, 그릇, 의복, 심지어 집에까지도 옮길 수 있는 것으로 보았다. 부정의 층(두께)은 씻음으로 제거될 수 있었다.

유대인의 씻음에 대한 간략한 설명은 그 비난의 심각성을 설명해주고 있다.[6]

---

2. 예수가 손을 씻지 않은 사실에 관한 이와 유사한 불평은 바리새인의 집에서 식사할 때 일어났다(눅 11:37).

3. 이러한 문제에 관한 감정은 강한 것일 수 있었다. *b Sota* 4b에 있는 후대의 전승에 따라서 한 랍비가 이를 표현한 바와 같이, "먼저 손을 씻지 않고 떡을 먹는 사람은 마치 그가 창기와 성관계를 한 것과 같다."

4. 후기 랍비 전승은 그것이 성경적 근거를 가지지 않았다고 주장했다. *b Ber* 60b에 따르면 "자기 손을 씻을 때, 그는 다음과 같이 말해야할 것이다, '자신의 계명들을 가지고 우리를 성결하게 하시고 손을 씻음에 관하여 우리에게 명령하신 그는 찬양을 받으실지어다.'"

5. "바리새인들과 모든 유대인들은…"이라는 설명은 복음서의 청중에 관한 암시적인 힌트를 제공한다. 그들을 "모든 유대인들"로 언급하고 있는 것은 마가가 유대인의 전통을 잘 알지 못하고 있는 이방 청중들을 상정하고 있음을 암시한다. 모든 유대인이 하고 있는 일을 유대인들에게 설명하지는 않는다.

6. 2세기와 3세기 미쉬나에 편찬되고, 4세기와 5세기의 팔레스타인과 바벨론 탈무드에 확장된 랍비 전승들은 손을 씻는 실효성, 즉 물의 양, 손의 위치, 사용되는 그릇의 형태에 관한 규칙들을 담고 있다.

바리새인들과 모든 유대인들은 씻지 않으면 먹지 않는다는 7:3에 있는 설명에 "손을"은 직역하면 '주먹으로'('퓌그메')인데 아주 난해한 문구다. 그 단어의 모호성으로 인하여 여러 본문은 그것을 삭제했고, 몇몇 현대 번역본들(이를 테면 NIV)은 그것을 번역하지 않았다. 여러 번역상의 이문들이 그 의미를 "자주", "철저하게", "한 순간에", "주먹을"로 번역하려고 한 것으로 두드러지게 드러났다. 몇몇 역본들은 그것을 씻는 방법을 가리키는 것으로서, "팔목까지", "주먹으로"(주먹을 다른 손으로 문지르면서), 혹은 "찻잔 모양의 손으로"(손가락들이 약간 벌어진 주먹과 같은 형태)를 가리키는 것으로 이해한다. 다른 사람들의 해석은 "손바닥의 물(혹은 주먹의 물)을 의미하는 물의 양을 가리키는 것으로 말한다. 실효성이 있는 양의 물(*m Yad* 1.1-2, 2.3; *b Hull* 106ab)과 붓는 방식(*m Yad* 2.1; *b Sabb* 62b)을 규정하고 있는 후기 랍비 전승은 이 단어가 물의 양과 씻는 수단을 모두 가리킨다는 사실을 암시하였던 것으로 보인다.

"바리새인들과 모든 유대인들"이라는 진술은 유대인이라면 손, 잔, 그릇을 씻는다는 사실을 암시한다. 만일 예수가 이 전승을 공격하고 있다면 그는 유대인 됨이 무엇을 의미하는지를 재정의하시는 것이다. 더 나아가서 정결의 경시는 심각한 것인데, 부정은 죽음과 귀신의 영역에 속하는 것으로 생각되고, 따라서 하나님과 교제를 파괴하기 때문이다.[7] 그러한 관심을 경시하는 것은 예수가 하나님과의 교제를 방해하는 것이 무엇인지를 재규정하고 있다는 사실을 의미한다.

예수는 제자들의 행실을 정당화하거나 설명하려 하지 않고, 도전하는 자들을 비판하신다. 그는 이사야가 그들이 간사하게도 하나님의 명령 대신에 자신들의 말을 가르치는 위선자들일 뿐임을 멋지게 예언했음을 선언하신다. 바리새인의 관점에서 손을 씻음은 하나님에게로 가까이 가게 만드는 경건의 표시였다. 그러나 예수는 그들의 씻음이나 입술로 하는 섬김을 하나님이 전혀 관심을 갖지 않으신다고 주장한다. 그는 따로 제자들에게 하나님은 정결한 마음에서 나오는 도덕성에만 관심을 두신다고 설명하실 것이다.

위선에 대한 비난은 당혹스러움을 야기한다.[8] 바리새인들은 그들에게 긴급한 관심의 문제에 관해서 물었는데, 정결 문제들과 장로들의 유전에 신중한 관심을 보이는 것이 본질적으로 외식적인 것으로 보이지 않는다. 그러나 그들은 공개적으로 예수에게 도전했고 그로 말미암아 그분을 무능한 교사라고 모욕을 주려고 했다. 만일 제자들이 정결 규례들을 어겼다면, 그가 제자들의 교사로서 책임을 져야 했다. 그 상황은 예배를 중단시키면서 담임목사에게 다음과 같이 질문하는 교단의 지도자들의 파송을 받아 온 내빈들과 유사할 것이다. "어찌하여 당신의 회중은 기도하는 동안에 눈을 감거나 머리를 숙이거나 말을 중단하지 않소? 그것은 당신이 너무 훈련을 못시키고 그들을 가르치지 않았기 때문이지요?" 좋은 평판이 가장 높은 권위가 되는 문화권에서 바리새인들이 그분을 공개적으로 모욕 주려고 하고 있음을 이해한다면, 예수가 단순히 그 문제를 비켜가지 않고 그 상황에 대한 명령으로 돌아가고 있다는 사실을 깨닫는데 도움이 된다. 그는 그들의 완고하고도 피상적인 종교성이 하나님의 명령을 정면으로 어기도록 만드는 것이라고 드러내신다.

---

7. 이 문제가 바나바 린다스를 통하여 명확하게 표현되었다(Barnabas Lindars, "All Foods Clean Thoughts on Jesus and the Law," *Law and Religion*, ed B. Lindars [Cambridge: James Clarke & Co., 1988], 65): "금기사항을 어기는 것은 상황을 회복시키는 정당한 절차가 필요한 공식적 예배에 실격 사유가 될 뿐만 아니라, 하나님과의 인격적 관계를 깨뜨리는 것으로서 내적 양심을 더럽히는 것이다."

8. 유사한 공격이 사해사본에서 바리새인들에 대해서 퍼부어졌다. 찬양하는 자는 율법을 번지르하게 바꾸었던 거짓교사들과 거짓 선견자들에게 욕을 퍼붓는다(1Qh 4.14-15).

예수는 반격하여 말씀하시는 가운데, 장로들의 전승이 어떻게 하나님의 뜻을 파괴하고 있는가를 보여주는 극단적인 실례를 인용한다. 하나님은 자녀들로 하여금 자기들의 부모를 공경하라고 명령하시고, 유대의 전승에는 부모를 공경하는 일을 더 자세히 설명하고 있다. 전승은 부모들에게 육신적인 필수품들을 제공해 드리라고 요구한다.[9] 그런데 그들의 시범 사례에서, 바리새인들은 부모들이 자녀로부터 기대할 수 있는 생활비가 "고르반", 즉 하나님에게 바쳐진 것이라는 사실을 부모들에게 알림으로써 그 책임을 회피하도록 아들에게 허락해주었고, 그러므로 해서 그것이 부모를 섬기는데 사용될 수 없게 했다.

"고르반"은 하나님을 위하여 재산을 제쳐놓는데 사용되는 봉헌공식문구였고, 그것으로 소득을 얻는 것은 금지되었다. 예수의 관점에서 볼 때, 부모를 공경하라는 십계명의 명령은 서원들을 영예롭게 하라는 명령보다 더 높은 것이다. 바리새인들의 전승은 서원에 대한 신성한 의무가 부모의 생계유지권보다 능가한다고 주장함으로써 방향을 바꾸었다.[10] 아들은 부모를 도울 수 있는 모든 것을 하나님에게 드렸기 때문에 어떤 도움을 드릴 수 없다고 말할 수 있으나 예수는 그렇게 하는 것은 하나님에게 죄를 짓는 것이라고 주장하셨다.

예수는 악의가 있어서 그렇게 했든 그렇지 않든 그러한 서원은 자동적으로 실효성이 없는 것이라고 생각하시는데, 그 이유는 그것이 부모를 공경하라는 하나님의 명령을 거역하는 것이기 때문이다. 율법을 빠져나가는 교묘한 구멍에 호소함으로써 하나님의 명령에서 벗어날 수는 없다. 예수는 이러한 율법에 까다로운 사람들을 사랑의 요구보다는 율법의 정밀함에 더 관심을 두고, 기록된 율법보다는 기록되지 않은 전승에 더 헌신하게 하며, 부모를 돌보기보다는 재산에 더 관심을 두는 사람들이라고 폭로한다. 그들이 자기들의 전승을 가지고 하나님의 뜻을 제쳐두었기 때문에(7:8, 13), 예수는 그들의 전승을 폐지시켜 버린다. 이 논쟁에서 예수는 서기관들의 법보다는 하나님의 율법의 옹호자로 나타나신다.

---

9. *b. Qidd* 31b.

10. 서원이 이루어진 시간부터, 재산은 성스러운 것으로 따로 보관된다. Josephus Ant 4.4.4 §§ 72-73; *Ag Ap* 1. 166-167에 있는 설명을 보라. 분별이 없는 것이든 아니면 무가치한 것이든 바리새인들은 서원을 갚는 것이 부모에 대한 의무를 이행하는 것보다 더 큰 의무였다는 입장을 옹호하였을 것이라고 생각된다. 후대의 랍비들은 그러한 서원을 무효로 하는데 너그러웠다(*m Ned* 8:1-9:1을 보라). 그러나 포크(Z. W. Falk, "On Talmudic Vows," *HTR* 59 [1966]: 311)는 다음과 같이 설명했다. "예수가 그 서원을 불법적인 것으로 생각한 반면, 랍비들은 그것을 다만 무효로 할 수 있는 것으로 생각했다."

정결에 관한 공적 개인적 설명(7:14-23)

예수는 어찌하여 제자들이 더러운 손으로 먹느냐는 바리새인들의 질문에 답변하지 않으신다. 그 설명은 군중들에 대한 일반적인 선언(7:14-15)과 그에 대해 질문하는 혼란스러운 제자들에게 집에서 하신 개인적인 지시에 나온다.

일반적인 선언은 바리새인들이 제기한 문제를 넘어서서 나아간다. 그들이 부정한 음식에 관해서 묻지 않고 부정한 손에 관해서만 물었기 때문이다. 우리는 부정한 손이 음식을 더럽힌다는 바리새인의 의견을 거부하시는 예수의 열정적인 반응으로부터 추론할 수 있다. 그는 이제 더럽혀진 것과의 접촉이 한 사람을 더럽힌다는 주장을 노골적으로 거부하면서 한 걸음 더 나아가신다. 그는 장로들의 유전의 타당성을 도전할 뿐만 아니라, 음식법의 합법성까지도 도전하신다.[11] 예수는 손을 씻는 세부사항들에 대해서만 바리새인들과 다른 것이 아니다. 그는 하나님의 율법에 대한 그들의 전반적인 접근방식을 부정하신다. 그들은 피상적인 부정(不淨)과 경건에만 관심을 두고 있다. 그렇지만 예수는 손을 씻음으로써 씻어버릴 수없는 내적인 부정에 관해서 관심을 두신다. 그들은 하나님을 닮고 하나님에게 열려진 참된 거룩함은 내적인 거룩함임을 이해하지 못한다.

예수의 군중들을 향한 직설적인 선언은 제자들을 혼란스럽게 하며, 그들이 개인적으로 집에 왔을 때 "그 비유"에 관해서 묻는다(7:17). 이 말은 외인들에게는 모든 것을 "비유로" 말하는 4:11에 있는 예수의 말씀을 상기시켜 준다. 제자들은 외인들에 더 가까워지고 있는가? 예수는 다음과 같이 대답하실 때, 그의 낙담스러운 마음을 표현하신다. "너희도 이렇게 깨달음이 없느냐?" 그의 대답은 군중들이 그의 선언의 의미를 깨닫지 못했다는 사실을 당연하게 인정하신 것으로 생각하지만, 제자들은 지식의 어떤 표를 가지고 있다고 가정하신다. "무엇이든지 밖에서 들어가는 것이 능히 사람을 더럽게 하지 못함을 알지 못하느냐?" 이 질문은 "예"라는 대답을 기대한다. 그들은 어떤 것을 알고 있지만, 이 지식을 논리적인 결론으로 이끌어갈 수 없다. 그것은 유대인으로서 그들의 조망에 근본적인 전환을 필요로 한다.

예수는 아둔한 제자들을 인정하지 않지만, 그들이 이해하지 못할 때 한층 더 깊은 설명을 통하여 그들을 무장시키는 방식을 따른다. 음식을 먹었을 때 일어나는 현상을 그들에게 상기시킴으로써 그는 말씀하시고자 하는 요지를 설명하신다. 음

11. 레 11; 신 14:3-20을 보라.

식은 소화기관을 통과하여 변으로 나간다.

많은 사람들은 7:19b을 논리를 매듭짓는 내레이터의 글로 취급한다. NIV는 이러한 해석을 반영한다. "이러므로 (예수께서) 모든 음식물을 깨끗하다 하시니라." 그러나 "이러므로 (예수께서)…하시니라"란 문구는 본문에 발견되지 않는다. 여기서 사용된 문구는 직역하면 "모든 음식물을 깨끗하게 하는"이라고 번역된다. 남성주격 분사, "깨끗하게 하는"(오메가를 가진 '카타리존')은 7:18에서 "그가 말씀하시니라"를 수식한다. 그러나 잘 입증된 이문은 남성주격 중성분사를 보유하고 있다(오미크론을 가진 '카타리존').[12] 이것이 가장 난해한 독법이므로 가장 나은 것일 수도 있다.[13] 음식은 다소 배설 과정에서 깨끗하게 되었다는 사실을 확증할 것이다. 이 독법은 그것을 추천할 수 있는 두 가지를 가지고 있다. 어찌하여 모든 음식이 깨끗하다고 선포했던 예수로부터 나온 그러한 극적인 선포가 교회들 가운데서 이 문제에 대한 후대의 논쟁을 잠재우기 위하여 인용되지 않았는지를 설명해준다.[14] 예수의 설명은 모든 음식이 정결하고, 그것들이 어느 정도 깨끗하게 나온다고 명확하게 선언하고 있지 않다.

더 나아가서, 이 진술은 배변된 음식에 대한 랍비들의 관점과 어울린다. 미쉬나에 따르면 배설물은 비록 그것이 불쾌한 것일 수는 있을지라도 의식적으로 불결하지는 않다.[15] 이 놀라운 판단은 예수의 주장의 열쇠일 수도 있다. 익살스러운 선회를 하면서 예수는 만일 음식이 사람을 더럽힌다면 어찌하여 그것이 변으로 나갈 때 부정한 것으로 간주되지 않느냐고 주장한다—최소한 바리새인의 전승을 따라

12. 장모음 '오-'와 단모음 '오'의 발음상의 차이는 현대 헬라어에서는 사라졌고, 이 두 문구가 성경의 본문이 인쇄되고 있었을 때에는 같이 발음되었던 것으로 보인다. 서기관들이 복사 시에 우두머리가 커다란 소리로 읽을 때 복사를 하고 있었다면 쉽게 우발적인 오류를 범했을 수 있다.

13. Bruce J. Malina, "A Conflict Approach to Mark 7," *Forum* 4(1988): 22-24.

14. 예수의 권위 있는 말씀에 호소하는 것이 행 15장; 갈 2:11-14; 그리고 롬 14-15장에서 압도적인 논증이 되었을 것이다. 하이키 레이세넨(Heikki Räisänen, "Jesus and the Food Laws: Reflections on Mark 7:15," *JSNT*16[1982]: 79-100)은 음식에 대한 예수의 설명들의 "실제적인 역사"가 없다는 것으로부터 그가 결코 그것들을 말씀하지 않았다고 주장한다. 그는 이 문구들이 "오래 전 이방선교에서 밟은 실제적인 단계에 대한 신학적인 변호"(89)를 제공하기 위하여 전승에 덧붙여졌다고 주장한다. 그러나 이러한 음식에 대한 언급이 없다고 주장하는 것은 예수의 논증의 애매함과 불가해한 성격 탓일 수도 있다.

15. *m Maksh* 6:7; *t Miqw.* 7:8. 요세(R. Jose)는 다음과 같이 질문한 것으로 알려져 있다. "변이 불결한가? 그것이 정결의 목적을 위한 것이 아닌가?"(*y Pesah* 7:11). '자브'(설사를 하는 사람)의 변까지도 *Sifra Mes Zab* § 1:12-13에 따르면 부정하지 않다. 이와 대조적으로 쿰란 분파들은 신 23:12-14과 겔 4:12-15의 영향을 받아 그것을 부정한 것으로 생각했다(*J W.* 2.8.9 §§148-49; 1QM 7:3-7; 11QT 46:15-16을 보라). Hannah K. Harrington, *The Impurity Systems of Qumran and the Rabbis Biblical Foundations* (SBLDS 143; Atlanta: Scholars, 1993), 100-103에 있는 논의를 더 읽어 보라.

서? 더럽힘은 음식과는 다른 원천으로부터 오는 것임에 틀림없다. 예수의 논리는 정과 부정과 관련한 바리새인의 법규들로부터 가져온 것인데, 그것은 더럽힘의 진정한 원천에 대한 그의 결론적 말씀을 세워준다. 제자들이 걱정해야할 유일한 더럽힘은 손이 아니라 마음과 관계가 있으며, 변으로 끝나는 음식이 아니라 사람 내면으로부터 새어나오는 악한 생각들과 관계가 있다. 마음으로 들어가지 않는 것은 사람을 더럽히지 않는다. 마음은 동기, 생각, 의도의 중심부이다. 그러므로 음식의 취급이 마음을 정하고 부정하게 만들 수 없다. 그것은 하나님에게 문제가 되는 내적인 정결과 관계가 없다("내면"적인 것, 7:21, 23).

마음으로부터 나오는 악덕 목록은 다른 사람들을 해치는 행실을 다루고 있다. 일반적인 "악한 생각들" 다음에 헬라어 목록들은 복수형의 행동들을 가리키는 여섯 개의 명사들과 특징을 가리키는 단수형의 여섯 개의 명사들을 포함한다. 처음 여섯 개는 세 개의 평행적인 행동들로 나누어진다.

음란	간음
도적질	탐욕
살인	악독

두 번째로 나오는 여섯 개의 항목—속임, 음탕, 질투, 비방(신성모독), 교만, 우매함(도덕적 불감증)—은 가장 감지하고 치료하기 어려운 영적인 더럽힘을 반영하고 있다. 이러한 부정을 씻어내기 위하여 컵 모양을 한 손에 부어진 소량의 물가지고는 되지 않는다.[16]

상황잇기

모든 공동체는 하나님의 말씀을 실제 삶의 상황에 적용해야 하고, 전승은 이러한 임무에서 어쩔 수 없이 발전한다. 예수가 그러한 전승을 거절하지 않으셨다는 사실을 유념해야할 것이다. 사회는 그 기능을 위하여 전승을 필요로 한다. 스턴(Stern)은 의미심장한 사실을 지적한다.

16. 레인(Lane, *Mark*, 254, n. 40)은 렘 17:9-10을 인용하고 있다. "만물보다 거짓되고 심히 부패한 것은 마음이라 누가 능히 이를 알리요마는 나 여호와는 심장을 살피며 폐부를 시험하고 각각 그의 행위와 그의 행실대로 보응하나니."

> 한 나라는 법규 없는 조직을 통하여 운영될 수 없다. 이와 같이 유대 국가는 성문 토라만으로 운영할 수 없었다. 질서 있는 토라의 적용과 함축된 전승개념 없이 국가를 제대로 운영할 수 없었다. 그러나 나라의 법규가 헌법에 반하거나 대신할 수없는 것처럼, 전승도 역시…하나님의 말씀을 거스를 수 없고 변경시킬 수 없다.[17]

예수는 우리가 포도주를 보관하기 위하여 포도주 가죽부대—형식과 전승—가 필요하다고 인정하신다. 그렇지 않으면 우리는 포도주스의 웅덩이 가운데서 뒤죽박죽이 될 것이다. 그는 낡아지고 상처를 입기 쉬우며, 그래서 그것들이 더 이상 의도했던 목적에 사용될 수없는 포도주 가죽부대에 관해서만 경고하신다. 전승은 다른 사람들과 관련된 방법에 관한 윤리적 명령들에 표현된 하나님의 목적에 반할 때 악이 된다. 전승은 백성들이 하나님의 직접적인 명령에 순종하기보다 그 전승들을 떠받치기 위하여 더욱 헌신할 때 부패된다. 펠리칸(Pelikan)이 그러한 사실을 빈틈없이 개진한다. "전승은 죽은 자의 살아있는 신앙이요, 전승주의는 살아있는 자의 죽은 신앙이다."[18] 전승을 푸른 게(blue crab, 미국 동해안의 식용 바다 게)의 껍데기에 비교할 수 있다. 생명을 유지하고 성장하기 위하여 게는 때로 그 껍데기를 벗어야 하고, 새로운 껍데기를 만들어낼 때까지 게는 지극히 상처를 입기 쉽다. 그러나 만일 그 껍데기가 너무 강하고 딱딱해지면 게는 그것을 벗을 수 없다. 그래서 그 껍데기 속에서 게는 죽는다. 안전과 평안을 느끼게 하는 전승이 사라지는 것은 큰 걱정을 야기할 수 있다. 그러나 "단단한 껍데기"가 되어버린 전승에 매달리는 것은 치명적이 될 수 있다.

20/20 영적 가늠자를 가지고 우리는 쉽게 바리새인들의 전승이 어떻게 하나님의 뜻을 훼방했으며, 신앙을 질식시켰는지를 알 수 있다. 우리는 손의 정결, 항아리, 움푹 파인 접시들에 관한 그들의 전승을 중대성이 없는 문제에 어리석게도 집착한 것으로 신속하게 제쳐버릴 수 있다. 그러나 그 상황을 우리의 상황과 연결짓기 위하여 우리는 이러한 상황의 배후에 있는 진정한 관심을 이해해야 한다. 우리는 그것과 우리의 종교성과 연관시킬 수 있기 위하여 어째서 그것이 그들에게 중요했는가를 묻기 전에 그들의 문제점들을 경멸해서는 안 된다. 그러므로 우리는 먼저 논쟁을 일으켰던 손을 씻는 관습을 살펴보고, 그 다음에 장로들의 유전의 배

---

17. David H. Stern, *Jewish New Testament Commentary*(Clarksville, Md.: Jewish New Testament Publications, 1992), 92.
18. Jaroslav Pelikan, *The Vindication of Tradition*(New Haven: Yale Univ. Press, 1984), 65.

후에 있었던 목적들을 분석할 것이다. 그러고 나서 그것들이 어떻게 그 같은 위험들로 더럽힐 수 있게 하는 우리의 전승과 닮았는지를 파악할 것이다.

출애굽기 30:19-21(40:12을 보라)에 있는 법규는 성막에서 섬기는 제사장들만 손을 씻도록 요구하였다. 이 법은 또한 제사장들이 먹도록 허락되었던 희생제물의 거룩한 음식을 존중하도록 요구하였다. 그들과 가족에 속한 모든 사람이 의식상으로 정결할 때만 이 음식을 나누어 먹을 수 있었다(민 18:8-13). 그런데 바리새인들의 전승은 이 법을 단순히 성전에서 섬기는 제사장들에게만 아니라 그 땅에 있는 모든 사람에게 확장시켰고, 또한 거룩한 제물만이 아니라 모든 음식에까지 확장시켰다. 바리새인들은 법이 규정하는 내용보다 지나치게 그 이상으로 거룩하려고 애썼다. 한 사람의 가정이 그의 성곽이라는 금언을 변형시켜서 바리새인들은 한 사람의 가정이 그의 성전이라고 믿었다.[19] 이 진술은 과장적인 표현이지만, 이것은 그들에게 정결문제가 얼마나 중요한가를 전해준다. 하나님은 백성들을 향하여 "너희는 거룩하라 이는 나 여호와 너희 하나님이 거룩함이니라"(레 19:2)고 명령하셨다. 바리새인들에게 거룩은 성전 영역에만 제한되지 않았고, 성전으로부터 그 등급이 내려가면서 전 영토에까지 확장되었다(*m. Kelim* 1:6-9을 보라).[20]

바리새인들은 손을 씻는 것을 장로들의 유전에 속하는 것과 동일시했으나(막 7:5; 갈 1:14을 보라), 예수는 그것을 비하적으로 "사람들의 전승"이라고 말씀하신다(7:8). 그러나 바리새인들과 그들의 영적 후계자들은 그들의 전승을 하나님이 모세에게 전달하신 것이라고 믿었다(*m. 'Abot* 1:1-2). 이 전승은 레위기와 민수기

19. Stern, *Jewish New Testament Commentary*, 92.

20. 바리새인들에 대한 최근의 논의는 유대주의에 대한 두 명의 영향력 있는 학자들인 제이콥 뉴스너(Jacob Neusner)와 샌더스(E. P. Sanders)간의 논쟁을 중심으로 진행되어왔다. 뉴스너는 바리새인들은 마치 성전에서 제공한 것처럼 음식을 취급해야 한다고 주장했다고 말한다(*From Politics to Piety The Emergence of Pharisaic Judaism* [Englewood Cliffs, 1973]). 샌더스는 바리새인들에 대한 그의 정의를 "순수 음식 클럽"으로 반박한다. 그는 "그들이 그들 자신의 음식이 성전에 있는 제사장들이 순수한 것처럼 간직되었다고 믿는 한 순간의 믿음을 위한 것이 아니었고 제사장들과 그 가족들이 성전 밖에서 먹은 음식(거제)처럼 순수하지도 않았다"고 주장한다(*Judaism Practice & Belief 63 BCE-66 CE* [Philadelphia: Trinity Press International, 1990], 184-236). 마틴 헹겔과 롤랑드 데인즈(Martin Hengel and Roland Deines, "E. P. Sanders' 'Common Judaism,' Jesus, and the Pharisees," *JTS* 46 [1995]: 1-70)는 중간 노선을 제공한다. 그들은 "바리새인들이 제사장들과 같은 수준에 둔다는 의미에서 성전 안과 성전 밖의 제사 직원에게 요구되었던 정결의 여러 상태를 '본받기를' 원치 않았다"고 동의한다. 그럼에도 불구하고 그들은 다음과 같이 주장한다. "…거룩해야하는 기본적인 법규가 모든 백성들에게 적용되었으므로, 바리새인들은 연루되었던 내용을 성서와 전승으로부터 추론해내기를 원했고 그 다음 이것을 그 나머지 것을 위한 하나의 실례로 하여 살아갔다"(47). 또한 샌더스에 대한 Bruce Chilton, *Feast of Meanings Eucharistic Theologies From Jesus Through Johannine Circles*(NovTSup 72; Leiden Brill, 1994), 159-68의 비평을 보라.

에 있는 정결법의 틈을 메우고 언급하고 있지 않은 부분을 채우려고 시도한 비 성문화된 법으로 이루어졌다. 그것들이 성경의 명시적이거나 암시적인 자료에 대한 논리적 분석에 근거하여 결정되었으므로, 바리새인들은 그것들을 성경에 근거를 둔 것으로 생각하여 권위에 있어서 동일한 것으로 간주했다.

우리는 기독교 공동체에서 전승의 발전과 유사성들을 가지고 있는 이 전승의 발전의 배후에 있는 세 개의 목적들을 밝혀낼 수 있다.

(1) 장로들의 전승은 이스라엘이 일상생활 가운데서 도달할 수 있었던 어떤 것 곧 하나님에게 거룩해야 한다는 기본적인 요구사항을 만들려고 시도했다. 바리새인들은 몸 전체를 씻는 성경의 요구를 단순히 손을 씻는 행위로 축소하는데 있어서 꽤 자유로웠다(레 15; 16:26, 28; 17:15-16; 22:1-7). 그들은 율법의 요구들을 의미론적으로 해석하지 않았다. 이 경건한 해석가들은 거룩하기 위하여 평민들을 위한 구체적인 지침을 제공하기를 바랐다. 그들은 하나님의 명령을 회피하지 않고 적용할 수 있게 하고 있다고 생각했다. 그 전승은 평민들이 경건한 삶을 살 수 있도록 금지되었던 정결 혹은 부정을 입안했던 지침을 주기 위하여 고안되었다.

(2) 장로들의 유전은 국가를 둘러싼 이방의 영향들이 유대교로 침입(잠식)하는 것을 방지하기 위하여 의도되었다(레 20:1-7을 보라). 이 태도는 아리스테아스의 편지(Letter of Aristeas) 가운데 표현되어 있는데, 그것은 "우리를 깨어지지 않는 울타리, 철로 된 벽으로 둘러싸여서 어떤 문제에도 다른 백성들의 것과 혼합되지 않도록 몸과 영혼을 순결하게 유지하고, 거짓된 신앙으로부터 보존하며, 모든 피조물 위에 계시는 전능하신 하나님만을 예배하게 하는" 율법 가운데서 크게 기뻐하는 것이다. 장로들의 유전은 백성들로 하여금 스스로 멸망하도록 결정된 씻지 않는 유목민의 무리로부터 분리하기 위한 의식적인 노력을 하도록 격려해 준다. 침수와 손을 씻는 행동은 이 세대의 마지막 날에 옳다고 인정받게 될 하나님의 선민이 누구냐를 보여주었던 눈에 보이는 적극적인 행위였다.

바리새인들은 에스더로 하여금 국적을 밝히지 말라고 충고했던 모르드개(에 2:10, 20) 같지 않고 자기들의 독특한 거룩함을 보존하고 선포한 다니엘과 같이 행동했다. 의식상의 정결에 관한 관심은 헬레니즘(당시 세속적인 휴머니즘)의 공격으로부터 이스라엘을 차단시키려는 바람에서 유발되었다. 해링톤은 다음과 같이 기록한다. "정결법은 그들을 분명하게 비이스라엘로부터 이스라엘을 구별시켰기 때문에 강조되었으며, 이스라엘을 우주적 영적 관념에서가 아니라 역사와 혈통에 육신적으로 예속하는 것으로 규정하였기 때문에 강조되었다."[21] 율법은 적절한 장소에 모든 사람과 물건들을 간수하는 세심하게 세워진 경계들로 정돈된 코스모스(우주)라는 환상을 만들어냈다. 이 모든 구별들이 유대주의의 독특한 성격을 보존하고, 잡종화되는 것을 보호해 주는데 중요하게 되었다.[22] 그러한 것들을 중요한 것으로 만듦으로써, 그들은 그룹의 정체성을 보강할 수 있었고, 율법에 대한 헌신을 증진시킬 수 있었다.

(3) 전승은 하나님이 세부적인 것들을 명하셨다고 가정하고, 하나님을 만족시키기 위해서는 그러한 것들을 연구하고 행해야 한다는 것이다. 후대의 구전 법률은 보다 구체적으로 설명하고 있는데, 예를 들면, 손을 씻는 법뿐만 아니라 식사하는 동안에 더럽히지 않기 위하여 냅킨을 어디에 두어야 하는지, 언제 기도를 해야 하는지, 그리고 언제 어떻게 청소를 해야 하는지도 설명한다. 이것들은 종교와 관련해서는 하찮은 것처럼 보일 수도 있다. 그러나 뉴스너(Neusner)는 삶을 실제로 조절할 수 있는 하찮은 것들까지 그것이 확대될 수 있었기 때문에 그 율법의 주장들이 중요하다고 반박한다. 만일 누군가가 "전능하신 하나님에게 제가 어떻게 나아갈 수 있습니까?"하고 물었다면 시편기자는 "손이 깨끗하며 마음이 청결하며…"(시 24:4)라고 대답한다. 그러나 그렇게 행하려면 정확하게 무엇을 해야 하는가? 랍비들은 먹을 때, 전능하신 하나님의 보좌 앞으로 나아갈 때, 손을 씻어야 하고, 오른 손에는 포도주를 들고 왼손에는 기름을 들어야 한다고 말할 것이다. 그것이 인간이 해야 할 일이라는 것이다. 뉴스너는 "그렇게 함에 있어서, 안내 법규들이 있음을 알게 될 것이다. 이 법규들은 존경과 경외심을 나타내주고, 하나님의 존전에서 마음을 모두고 신중하게 해준다"[23]라고 말한다.

이 전승은 일상생활에서 거룩함의 의미를 제공하고, 하나님을 상기시켜 주며, 어떻게 구체적으로 하나님에 대한 헌신을 보일 수 있는지를 제공한다. 바리새인들은 하나님이 질서를 창조하셨고, 인간사는 오직 만물이 정돈되었을 때만 번영한다고 단언했다. 따라서 그들은 통제능력을 상실하지 않도록, 엄격한 규칙들, 정돈된 계획들, 그리고 본문의 적용에 관한 주의 깊은 토론들을 선호했다. 그들의 관점에서 볼 때, 예수는 완전히 통제력을 잃었는데, 왜냐하면 그는 그들의 규칙을 무시하고 그 경계들을 넘어갔기 때문이다.

---

21. Harrington, *Impurity Systems*, 164.
22. Jub. 22. 16을 보라. "여러분 자신들을 열국으로부터 분리시켜라…", 그리고 행 10:28, "유대인으로서 이방인과 교제하며 가까이 하는 것이 위법인 줄은 너희도 알거니와."
23. Jacob Neusner, *Invitation to the Talmud*(San Francisco: Harper & Row, 1984), 81.

장로들의 바리새적인 유전과 기독교의 유사점들은 무엇인가?

(1) 기독교 공동체도 구체적으로 틈새를 채워주고 그들이 해야 할 일과 하지 않아야 할 일이 무엇인지에 대해 지시하는 구전을 가지고 있다. 예를 들면, 누군가 이렇게 물을 수 있다, "우리가 총 수입의 십일조인가 아니면 순익에 대한 십일조인가? 우리가 정원에서 거두어들인 산물의 십일조도 드려야 하는가? 교회는 복권 당첨의 십일조도 받아야 하는가?" 이러한 질문들에 대한 대답은 주로 성경에 명확하게 나타나 있지 않고, 하나님을 영화롭게 하고 구체적으로 일을 할 수 있게 하는 전승으로부터 나온다. 우리가 무엇을 해야 하고 언제 그것을 해야 할지를 알 수 있도록 말이다. 그러나 우리가 그러한 일들의 결정을 신성불가침으로 취급하고 엄격하게 적용할 때, 우리는 위험을 자초한다.

(2) 기독교 공동체도 역시 다른 사람들과 대조하여 자기들의 정체성을 강조하기 위하여 하나 혹은 다른 것들을 강조할 것이다. 간혹 어떤 특별한 관습을 강조할 것이다. 가끔은 독특한 교리를 강조할 것이다. 이러한 전승을 붙잡고 그들은 자기들이 이러한 종류의 사람들이며 "그들"("그들"이 누구든지 간에)과 같지 않음을 분명히 하기를 원할 것이다. 위험은 우리가 우리의 독특성과 정결을 하나님의 말씀을 대신하는 하나의 우상으로 돌릴 수도 있다는 사실에 있다. 수년 전에 내가 가르쳤던 신학교의 한 교수가 어떤 특별한 신앙에 관한 가르침에 대하여 도전을 받았다. 그는 자신이 가르친 요점을 입증하기 위하여 성경구절 하나하나를 인용하면서 그 비판자를 압도했다. 그러나 그 비판자는 수긍하기를 거절했다. 불만에 차서 그는 다음과 같이 외쳤다. "그것이 성경일 수는 있으나, 침례교는 아닙니다."

우리의 유산을 유지한다는 것은 우리의 진리에 대한 비전에 신실 하려고 하는 것처럼 가치 있는 것일 수 있다. 외부로부터 오는 오염을 피해가려고 교리적 성결을 강조하는 것은 비열한 것이 아니다. 그러나 우리는 공동체를 너무나 좁게 만들어 인류의 99퍼센트를 배제했던 바리새인들의 함정에 빠지지 않도록 해야 한다. 기독교 공동체들은 다른 사람들과 접촉할 수없는 자기들의 신학적 덕목을 보존하기 위하여 장벽들을 아주 높고 두껍게 세울 수 있다. 예수 당시에 순종에 대한 외적인 표시—안식일 준수, 음식법 준수 그리고 할례, 손을 씻는 일—는 선민을 "안에" 있는 사람들로 선을 긋는 표지들(badges)이 되었다. 그런데 이와 같은 표지들이 다른 사람들이 하나님의 은혜와 용납의 범주로 들어오지 못하게 하는데 사용되었다.

마가는 사람들과 물질들을 정하고 부정한 것으로 분류하는 것을 도전하는 예수의 전체 사역을 보여준다. 정결과 부정의 법은 경계들을 세우고, 바리새인들은 스스로를 경계선을 지키는 자들로 세워놓았다. 문둥병자들, 죄인들, 그리고 유출병을 가진 자들을 멀리하고, 안식일 규칙들을 따르고 정결한 음식을 먹기 전에 손을 씻어라. 그들은 어떤 종류의 공동체와 질서를 변호했다. 예수는 그들의 정결규례들을 공격함으로써 그리고 진정한 부정은 의식적 결핍이 아니라 도덕적 결핍이라고 주장함으로써 그 경계를 넘어가셨다. 법칙이라는 울타리를 가지고 거룩함을 세울 필요는 없다. 그 반대로 하나님의 거룩함은 모든 방향으로 퍼져나간다. 그것은 오염되지 않고 닿는 모든 것을 변화시킨다. 어거스틴이 말한 바와 같이, "빛은 오염을 뚫고 지나갈지라도 오염되지 않는다." 예수는 문둥병자를 만지실 때, 혈루증 여인을 만지실 때, 그리고 시체를 만지실 때, 이 능력을 나타내신다. 그는 부정하게 되지 않고 그 대신 정결하게 하며 생명으로 회복시키신다. 바리새인들과 예수의 논쟁은 종교적 준수가 상식과 공통된 예의와 충돌하지 않아야 할 것을 보여준다.

(3) 기독교 전승은 또한 세부적인 것들에 대한 장로들의 관심과 유사한 것들을 가지고 있다. 확실한 방법으로 일들을 행해야 한다. 교회 역사와 지역 교회들에서 무엇이 그들의 관습을 어기는 것으로 인식되었는지에 대한 모든 종류의 논쟁들이 발생했다. 세례는 확실한 방법으로 시행되어야 한다. 성찬식 의식은 어떤 규정을 따라야 한다. 우리는 이러한 세부사항들에 너무나 초점을 맞추어 터널의 환상을 발전시키고 웅대한 계획을 놓치는 위험에 빠지지 않도록 조심해야 한다. 형식과 사소한 일에 쉽게 말려들어 율법의 보다 무게 있는 명령들—광대하고 무한한 원리들, 이를테면 공의, 자비, 믿음의 시행과 같은 것(마 23:23-28, 즉 의와 인과 신)—을 간과할 수 있다.

수년간 설교자들은 자신들을 환기시켰던 것들을 이해하려고 하지 않고 바리새인의 전승의 사소한 관심을 비웃었다. 많은 사람들이 다른 문화권에서 수세기 후에 살아갈 사람들에 의하여 자신들의 전승이 쉽게 비웃음을 당하게 될 것임을 인식하지 못하고 있다. 상황을 연결하기 위하여 우리는 부모 사랑과 이웃 사랑 가운데 표현된 하나님의 뜻과 모순될 수도 있는 우리 자신들의 경건한 관심을 반성해 보아야 한다. 그러한 반성은 위험요소를 제기한다. 비판할 수없는 신성한 것들을 문제 삼는 사람은 일반적으로 예수와 같은 운명에 직면할 것이다.

바리새인들의 정결 체계는 하나님이 성전에 살아 계시고, 성경의 율법은 제사장들이 어떻게 거룩하신 하나님에게 접근하고 그 의무들을 어떻게 이행할 것인가에 관한 지침을 제공해 주었다는 가정에 근거했다. 그들이 이렇게 율법을 일반적인 삶에 적용한 일은 하나님에게 나아가야 하는 제사장들이 아닌 성스러운 성전 경내 밖에 있는 사람들에게까지도 그것을 확장시켰다. 그들의 요구에 복종하는 것은 가능하기는 하지만 쉽지 않았다. 그러나 예수는 모든 사람들이 하나님에게 나아갈 수 있게 만드셨고, 심지어 바리새인의 결례를 행하지 않은 사람들까지도 가능하게 하셨다. 제사장이 될 필요도 없었고 제사장인체 할 필요도 없었다. 성전 경내에 있는 것과 하나님에게로 나아가는 것은 아무런 관계가 없다. 문제가 되는 것은 당신의 내부로부터 온다.

현대적 의미

이 단락을 해석하면서 기독교가 죽은 것과 같이 되고 율법주의처럼 될 수 있을 때, 우리는 1세기 유대교를 죽은 글자로, 율법주의에 파묻힌 것으로 얕잡아 보지 않도록 조심해야할 것이다.[24] 기독교인 역시 신앙의 본질에 전승을 추가하고, 그것들을 율법적으로 적용하며, 마치 그것들이 하나님이 영원히 제정하신 것처럼 취급한다. 그들은 누군가가 그 전승들을 도전하거나 훼손하면 예수 당시의 바리새인들이 했던 것 못지않게 괴로워하거나 분노를 느낀다. 우리는 현대의 정결에 대한 관심의 의미, 경계들을 세우는 문제, 그리고 위선의 위험을 살펴볼 것이다.

(1) 오늘날 대부분의 기독교인들은 음식이 종교적 더럽힘에 속한다고 믿지 않는다. 많은 사람들은 어떤 도덕적 가책 없이 돼지고기 소시지를 먹고 치즈버거(금지된 고기와 낙농우유 제품의 혼합)를 먹는다. 다만 높은 콜레스테롤, 화학적 부가물, 패스트푸드를 레스토랑에 저장하기 위한 가축을 사육할 열대 우림의 파괴만을 걱정할 뿐이다. 그러나 바리새인들에게 너무도 소중했던 부정의 문제는 오늘날의 삶과 관련성이 없다. 정결은 사람, 물질, 시간을 정돈하고 분류하는 방법과 관계가 있다. 정결 법규들은 사람, 물건, 장소들에 순수한 것 아니면 오염된 것, 어울리는 것 혹은 어울리지 않는 것, 부정해지기 쉬운 것이나 부정의 원인으로 분류한다.[25]

오늘날 많은 사람들이 그러한 개념들을 걱정하지 않는다고 생각할 수도 있지만, 정결의 배후에 있는 근본 개념은 모든 사람이 익히 잘 알고 있는 것이다. "있어야 할 곳에 있어야할 것."[26] 우리는 그것이 제자리에 있지 않은 것처럼 보일 때, 어떤

24. 우리가 오늘날 업신여기어 율법주의라고 부르는 것이 바리새인들에게는 하나님의 뜻을 매일의 삶에 적용하려는 진지한 노력이었다는 사실을 인정해야 한다. 모든 율법은 해석을 필요로 한다.
25. Jerome H. Neyrey, "The Idea of Purity in Mark's Gospel," *Semeia* 35(1986): 92.
26. Ibid., 93.

것이 "불결하다"고 판단한다. 불결은 "잘못된 것이 잘못된 때에 잘못된 곳에서 나타날" 때에 발생한다.[27] 예를 들면, 많은 사람들이 7월 4일(미국 독립기념일)에 폭죽을 터뜨리면서 즐긴다. 그러나 주의 성만찬이 거행되는 동안 폭죽을 쏴 올린다면, 동일한 사람들이 괘씸한 일로 간주할 것이다. 그러므로 우리가 그것들을 완전히 의식하든 그렇지 않든 간에 무엇이 정하고 불결한지에 대한 분명한 개념을 가지고 있다. 불결, 질병, 죽음에 대한 보편적인 반감이 이러한 이해관계들을 지배한다. 사람이 불결로 간주하는 것은 많은 형태를 취할 수 있다. 위험한 부분은 예수 당시의 바리새인들이 했던 것처럼, 종교적 방어 자세를 발전시킬 수 있고, 불결을 멀리하는데 그 모든 것이 소모될 수 있다는 사실에 있다.

많은 사람들이 바깥세상과 평균적인 크리스천들에게는 아무것도 아닌 것에 생사와 관련된 것인 양 뜨거운 종교적인 논쟁에 참여한다. 근본적인 문제는 적절하거나 순수하거나(이것이 그 사람의 신성한 전통이 된다) 부적절하거나 불결하다고 생각하는 것과 관계가 있다. 조나단 스위프트(Jonathan Swift, 『걸리버 여행기』 작가)는 달걀을 큰 끝 부분에서 깨야 하느냐 아니면 작은 끝 부분에서 깨야 하느냐에 대한 소인국 사람들의 전쟁에서 이 소심함을 풍자화 했다.[28] 개리슨 케일러(Garrison Keillor)는 자신의 종교적 유산을 기술할 때 동일한 일을 한다. 그는 『워비곤 호수의 나날들』(*Lake Wobegon Days*)에서 불결과의 교제를 피함으로써 거짓된 교리로부터 순수성을 유지하고 있다고 믿었던 "배타적" 그룹 출신이라고 말한다. "우리는 우리와 교제했던 사람들이 믿음의 모든 부분들에서 철저한 사람이었다고 확신한다." 그런데 불행스럽게도 그는 같이 일을 시작한 사람들이 "서로 총을 겨누었다"고 기록한다.

> 매우 학자적이고 완벽한 문자주의자들인 그들은 외부인에게는 실로 아주 사소한 것으로 보이지만, 자기들에게는 신앙에 결정적인 것들을 논쟁하기 시작하면서 다음과 같은 질문을 한다. 만일 신자 A가 잘못된 교리를 가지고 있는 C와 어느 정도 교제한 신자 B와 교제하고 있다면, D는 오염을 피하기 위하여 비록 A가 그 교리를 가지고 있지 않을지라도, A와의 교제를 끊어야 하는가?
>
> 옳은 대답은 "그렇다"이다. 그러나 몇몇 사람은…D가 A와 말만하고 B와 끊도록 그

27. Ibid., 92.
28. Luccock, "The Gospel According to St Mark: Exposition," 7.750에서 인용.

를 권고해야할 것이라고 느꼈다. 달리 느꼈던 사람들은 신속하게 그들과의 관계를 끊었다.[29]

많은 사람들은 그들 자신의 종교적 전승에서 이 풍자를 인식할 것이다. 이런 결과는 순결은 안에 있고 불결은 밖에 있다는 난공불락의 벽을 세움으로써 공격받지 않는 기독교로 전환시키고자 헌신한 교회에 나타난다. 순결에 대한 관심이 복음전도에 직접적으로 영향을 준다. 이런 폐쇄된 체계는, 종종 인간들과의 교제와 하나님과의 진정한 교제를 차단시킨다. 로이 피어슨(Roy Pearson)은 하나님이 교회를 대중 속에서 그들의 삶을 어지럽힌 사람들과 뒤섞여지도록 의도하셨다.

> 교회는 안락한 환경에서 또는 깨끗한 손으로 그 일을 할 수없는 굴뚝 청소부와 같다는 사실이 너무 오래 소홀히 되어 왔다. 이런 의미에서 정결이 경건의 옆에 올 수 없다. 더러움이 옆에 와야 한다. 부정, 고통, 슬픔, 선입견, 변절이 옆에 와야 한다.[30]

예수는 아직도 출석하지 않는 사람들을 위하여 교회를 운영하기를 원하는 사람과 같다. 우리가 어떻게 그들을 배제하기보다 가족으로 받아들일까? 그의 가르침은 바울이 고린도 교인들에게 그들 앞에 진설되어 있는 것은 무엇이든지 먹으라고 충고하고(고전 10:27), 로마 교인들에게 "무엇이든지 스스로 속된 것이 없으되"(롬 14:14)라고 말했을 때 기독교 선교 사역에 직접적 충격을 주었다. 다른 사람을 판단하는 일을 그만 두라(14:4, 10, 13). 그들의 길에 거쳐 넘어지게 하는 장애물을 두기를 멈추라(14:13). 분리의 장벽보다는 조화 가운데 살기를 배우며(15:5), 서로 세워주라(14:19). 만일 손님들이 자신들의 종교적 표준에 맞지 않아서 우리가 그들에게 제공한 음식 앞에서 코를 돌린다면, 우리가 어떻게 반응할 것인지를 상상할 수 있다. 우리의 음식을 그들이 거절한다면, 우리가 다소 불결했고 어느 정도 상대할 수없는 사람이라는 사실을 암시하는 것이 아닌가? 그것은 우리가 그들의 메시지를 듣기 어렵게 될 것이다. 이 단락을 적용하면서 우리는 스스로 물어 보아야 할 것이다. "우리와 접촉하는데 있어서 '더럽고' 부적합하다는 것을 다른 이들에게 전달하고 있는 미묘한 방식이 있는가? 그것이 그들을 복음전도하는 우리의 능

29. Garrison Keillor, *Lake Wobegon Days*(New York: Viking, 1985), 105.
30. Roy Pearson, "The Unangelic Mission of the Church," *Congregations* 21(July/August 1995): 25.

력을 어떻게 방해하고 있는가?"

이 단락에 나오는 문제들은 또한 종교적 정체성의 문제와 관계가 있다. 그것은 다음과 같은 질문을 제기한다. 하나님의 백성인 우리를 하나님 백성이 아닌 다른 사람들과 구별시켜주기 위해서 무엇이 적합하며 무엇이 적합하지 않은가? 우리가 이방 문화에 적대적인 정체성을 갖지 않도록 모든 것에 경계를 긋지 않음으로써 또 하나의 위험이 잠복해 있다. 정결에 대한 관심은 경계 표시들이다. 그러나 바리새인의 전승에 대한 예수의 비난에서 우리는 그들의 그려진 경계가 지나치게 사랑을 질식시켜버렸다는 사실을 깨닫게 된다. 세속성은 우리 삶에서 하나님을 제외시켜 버리지만, 우리는 세상을 하나님의 사랑으로부터 제외시키지 않도록 주의해야 할 것이다. 한 저자는 다음과 같이 기록한다.

> 하나님은 우리가 만들고 조심스럽게 보호하는 경계들을 항상 존중하지 않으신다. 신학적인 시각으로 선을 긋는 것이 좋은 목적으로 기능할 수 있다. 좋은 사람과 나쁜 사람을 구분하는 것은 도움이 될 수 있다. 바깥쪽에 있는 사람이 누구인지를 알지 못한다면 당신이 안쪽에 있는지를 알기가 어렵기 때문이다. 하지만 하나님은 이런 종류의 우려를 고의적으로 경시하신다. 아낌없이 주는 넘치는 은혜는 외부 영역으로도 넘쳐나게 흐르기 때문이다.[31]

예수는 마가복음의 다음 장면에서도 이방인인 수로보니게 여인에게 은혜를 베푸심으로써 이런 경계들을 넘어가신다.

바리새인들은 정결로 인해 다른 사람들이 자신들이 하나님의 백성임을 알았을 것이라고 믿었다. 손, 잔, 항아리를 씻음, 율법에 맞는 음식을 먹음, 안식일 준수. 바울은 다음과 같이 말했을 때 예수의 가르침의 취지를 이해했다. "하나님의 나라는 먹는 것과 마시는 것이 아니요 오직 성령 안에 있는 의와 평강과 희락이라"(롬 14:17). 오늘날 그리스도인들은 "우리의 사랑으로 우리가 그리스도인임을 그들이 알 것이라"고 노래한다. 그리스도인이 항상 그런 식으로 살지는 못하지만 사랑과 도덕성을 비추어주는 마음의 내적 정결은 악하고 구부러진 세대에서 그들을 두드러지게 할 것이다.

예수는 이 단락에서 위선자들인 바리새인들을 질책한다. 바리새인들은 위선의

31. Donald W. McCullough, "Serving a Wild Free God," *Christianity Today* 39(Apr. 3, 1995): 17.

시장에 한 모퉁이만 차지하고 있는 것이 아니라, 계속해서 교회를 괴롭히고 있다. 예수는 하나님의 뜻에 명백히 반대되는 행위만 질책하신 것이 아니라, 참된 성품의 표현이 아닌 것을 하나님께 도덕적이고 기쁘시게 하는 것으로 간주하는 어떤 시도도 거부하셨다 나무도 좋고 열매도 좋다 하든지 나무도 좋지 않고 열매도 좋지 않다 하든지 하라(마 12:33).

가장 불명예스러운 위선자들은 외적인 경건을 나타내 보이면서 그들 안에 악을 숨기고 있는 사람들이다. 유다가 복음서 가운데서 그 위선자 범주에 가장 잘 어울리는 사람이다. 그는 애정과 영예를 예수에게 나타내 보이면서 겟세마네까지 오지만, 이 모두가 자기의 선생을 포박하기 위하여 이용하는 야비한 행동이다. 또 다른 위선자들은 다른 사람들을 속이는 것처럼 자기 자신을 속인다. 꼼꼼한 바리새인들이 이 범주에 가장 잘 어울린다. 예수가 그들을 외식하는 자들이라고 부르실 때, 그는 하나님이 명령하시는 것을 정확히 행하려는 마음과 바람이 얼마나 쉽게 타락할 수 있고 하나님이 요구하시는 것을 무시할 수 있는가를 들추어내신다. 바리새인들의 입술의 섬김과 종교적 몸짓은 스스로 경건하다고 생각함으로써 다른 사람들과 그들 자신을 어리석게 만든다.

종교적인 사람들이 모든 규제들을 순종하고 모든 정확한 교리들을 기계적인 방식으로 믿는 것은 쉬운 일이나 그들의 마음이 그곳에 있지 않다. 그들은 내적인 정결의 문제는 완전히 무시한 체 외적인 정결만을 증거하는 종교적 행위를 행하는데 집중할 수 있다. 외식하는 자들은 아주 조심함으로써 이것이나 저것을 행함으로써 하나님이 요구하시는 모든 것을 행했다고 스스로 속을 수 있다. 그들은 규칙들을 행하지만, 그것들을 다른 사람들을 짓밟는데 사용할 수 있다. 얼마나 여러 번 그리스도인들은 목록에 있는 악행들을 무시하고 사소한 경건적 요소들에 집중하고 있는가? 그들은 손에만 영향을 주고 마음은 결코 건드리지 못하는 종교로 끝난다. 외적인 형태와 신학으로는 옳을 수 있지만 그리스도의 영은 가지고 있지 않을 수 있다는 사실을 교회는 다시 상기할 필요가 있다.

아름다운 덕은 규칙들과 교리에 대한 철저한 준수로부터 온다기보다는, 내적인 정결, 내면이 변화된 삶으로부터 온다.

마가복음 7:24-30

24 예수께서 일어나사 거기를 떠나 두로 지방으
로 가서 한 집에 들어가 아무도 모르게 하시
려 하나 숨길 수 없더라
25 이에 더러운 귀신 들린 어린 딸을 둔 한 여자
가 예수의 소문을 듣고 곧 와서 그 발아래 엎
드리니
26 그 여자는 헬라인이요 수로보니게 족속이라
자기 딸에게서 귀신 쫓아내 주시기를 간구하
거늘
27 예수께서 이르시되 자녀로 먼저 배불리 먹게
할지니 자녀의 떡을 취하여 개들에게 던짐이
마땅치 아니하니라
28 여자가 대답하여 이르되 주여 옳소이다마는
상아래 개들도 아이들이 먹던 부스러기를 먹
나이다
29 예수께서 이르시되 이 말을 하였으니 돌아가
라 귀신이 네 딸에게서 나갔느니라 하시매
30 여자가 집에 돌아가 본즉 아이가 침상에 누
웠고 귀신이 나갔더라

원 의미

예수는 갈릴리 윗부분으로 뻗어있는 두로 지역으로 여행하시면서 한 집에 들어가 은거하려 하신다. 마가는 어찌하여 그가 이 지역으로 여행하려고 결심하셨는지 혹은 어찌하여 신분이 밝혀지지 않기를 바라셨는지 말하지 않는다. 아마도 그는 따로 제자들을 가르치기를 원하신 것으로 보이지만(9:30-31을 보라), 그들은 이 장면에서 나타나지 않는다. 아마도 그는 분노한 대적자들로부터 숨기거나 단순히 쉬기 위하여 사람들로부터 벗어나기를 원하신 것으로 보인다(6:31). 한 가지 사실은 확실하다. 예수의 은둔이 오랫동안 알려지지 않은 상태가 될 수 없었다. 그의 명성이 사방에 퍼져나갔고 특별히 이 이방 지역에까지 퍼져나갔기 때문이다. 그가 일찍이 갈릴리에서 사역을 시작하실 때, 이 지역으로부터 사람들이 물밀 듯이 몰려왔었다(3:8). 이제 그가 부근에 계시다는 말이 새어나갈 때, 딸이 귀신에게 희생을 당하고 있는 한 여인이 즉시 도움을 구하고자 달려 나오기 시작한다. 우리는 그녀가 예수를 찾을 때에 그녀의 믿음의 표지와 그녀가 예수가 계신 곳을 감식할 때에 그녀에게 있는 마음의 결단을 보게 된다.

마가는 그 여인을 헬라 사람이요 수로보니게 여인으로 묘사한다(7:26). 이러한 반복된 표현은 마가가 독자로 하여금 무엇인가 간파하게 하기 위하여 사용하는 두 단계(two-step) 진행방법이다. 제1단계는 대요를 표현하고, 제2단계는 보다 구체적인 사항과 주로 결정적인 요소를 담고 있다.[1] 그녀는 이방의 이교도인데, 그것은 이 이야기에서 하나의 새로운 사상을 소개한다. 그녀는 구약성경이 부요하고 불경건한 이스라엘의 압제자인 것으로 여겼던 성읍에서 예수를 맞는다(사 23장; 렘 47:4; 겔 26-28; 욜 3:4; 암 1:9; 슥 9:2). 1세기에 대부분의 유대인들(요 18:28; 행 10:28)은 의문의 여지없이, 유출병 환자가 그러하듯, 이방인들은 만짐을 통하여 유대인들을 더럽혔다는 선입견을 가졌다. 그들은 더럽힘을 레위기 11-15장에 있는 부정들의 목록으로 말미암아 야기된 것이 아니고 어떤 타고난 것으로 간주했다.[2] 이방인들은 그들이 단지 이방인이었기 때문에 부정했다. 그러므로 이 이방 여인의 겸비한 청원은 극적인 긴장감을 유발한다. 예수는 이스라엘 사회에서 내어 쫓긴 부정한 사람에게 그리 하셨던 것처럼 이 두로 출신의 여인에게도 자비를 베푸실 것인가?

예수와 이 이방 여인 사이의 대화는 많은 놀라운 사실들을 제공한다. 첫째로, 예수는 우리가 언제나 여상하리라고 상상하는 붙임성 있는 친구가 아니다. 그는 즉시 모진 모욕으로 그녀의 호소를 거절하신다. "자녀로 먼저 배불리 먹게 할지니 자녀의 떡을 취하여 개들에게 던짐이 마땅치 아니하니라"(7:27).[3] "먼저"라는 단어는 이방인들도 약간의 희망을 가지고 있다는 사실을 암시하지만, 당분간 이 여인은 자기 차례가 오기까지 참고 기다려야 한다. 예수는 바울이 확증한 바와 같이 이스라엘의 우선권을 주장하신다. "먼저는 유대인에게요 그리고 헬라인에게로다"(롬 1:16; 2:9-10). 예수는 이스라엘의 메시야로 오시고, 그 여인은 이방인으로서 그분으로부터 은혜를 받기 위하여 새치기할 권한이 없다.

두 번째 놀라운 사실은 여인이 자신의 호소에 대해 친절하지 않은 이러한 대답을 듣고도 포기하지 않았다는데 있다. 그녀는 자녀들이 먼저 먹고 그 다음에 개들이 남은 것을 먹는다는 예수의 전제를 받아들인다. 그녀는 재빠른 재치로 응답하여 예수의 비유를 확대하여 말한다. "주여 옳소이다마는 상아래 개들도 아이들이

---

1. David Rhoads, "Jesus and the Syrophoenician Woman in Mark: A Narrative-Critical Study," *JAAR* 62 (1994): 352-53.

2. *t Zb* 2.1, *m Pesah* 8.8: "힐렐 학파는 말한다. 할례에서 이탈하는 사람은 무덤으로부터 이탈하는 사람과 같다." *b'Abod Zar* 36b을 보라.

3. "그들이 모두 원하는"은 오천 명을 먹이신 결과(6:42)와 사천 명을 먹이신 결과(8:8)를 묘사한 동사다.

먹던 부스러기를 먹나이다"(7:28). 이 재치 있는 여인은 예수의 수수께끼와 같은 말씀의 의미를 즉시 파악하고 있는데, 이것이 세 번째 놀라움을 포함하고 있다. 마가복음에 나오는 예수의 말씀을 듣는 대부분의 사람들은 어떤 설명을 하지 않은 그의 수수께끼 같은 말씀을 깨닫지 못한다. 무엇이 실제로 사람을 더럽히는가에 관한 난 문제는 예를 들면 제자들을 통하여 정면으로 문제가 제기된다. 이와 대조적으로 이 여인은 지체 없이 비유 가운데 나타난 "자녀들"이 이스라엘을 나타내고 "개들"은 이방인을 나타낸다는 사실을 인식한다. 이스라엘은 하나님의 자녀로 이해되었다.[4] 어떤 사람은 "개들"이라고 모욕함으로써 불결하고 우상숭배를 하는 이방인들을 경멸했다.[5] 그녀는 그 수수께끼와 같은 말씀의 의미를 이해하고 받아들였다. 이스라엘은 이방인들보다 앞서며 이방인의 때는 아직 오지 않았다.

그러나 암시된 모욕이 그녀를 고통스럽게 하지 않았다. 그 대신 그녀는 그의 선교에 관한 건설적인 교환을 함으로써 이야기 가운데서 예수와 대화하는 첫 번째 사람이 된다. 그녀는 다른 사람들이 자기보다 유리한 위치를 차지하는 것을 이기적인 마음으로 우려하지 않고 있으며, 이스라엘의 우월성을 기꺼이 인정하는 그녀의 인정은 네 번째 놀라움으로 이끌어간다. 그녀는 그의 거절을 받아들이지 않고, '안 된다' 고 대답한 것으로 취급하지 않는다.

그 어머니는 예수가 거리를 배회하는 잡종 개가 아닌 그 집 주위를 뛰어다니는 애완견을 암시하셨다는 마음을 가졌다. 그녀는 분명히 개의 역할을 받아들였고 음식을 구하면서 그분에게 다가간다. 그러나 그녀는 수수께끼 같은 말씀 가운데 들어있는 '먼저' 에 주어진 강조를 논박한다. 그녀는 논리적으로 개의 주인이 자녀의 입에 있는 음식을 빼앗아 그것들을 개에게 던져주지 않고 부스러기를 던져준다고 설득한다. "작은 부스러기"("작은 개들"과 어울리는 지소사[작음을 지칭하는 접미사])는 음식을 칠칠치 못하게 먹는 동안 상으로부터 떨어진다. 상아래 있는 개들은 자녀들이 조그만 한두 개의 음식조각을 떨어뜨렸을 때 그것을 얻어먹는다. 따라서 그녀는 장만한 음식 전체를 요구하지 않고, 작은 개를 위한 예수의 능력의 작은 부스러기를 요구한다.

---

4. 신 32:6; 사 1:2; 렘 31:9; 호 11:1; 롬 9:4; Jub. 1::28; *m 'Abot* 3.15 "이스라엘은 사랑을 받는 자다. 그 이유는 그들이 하나님의 자녀로 부름 받았기 때문이다. 기록된 바와 같이 그들이 하나님의 자녀로 부름 받았다는 사실이 그들에게 알려졌다는 점에서 그 사랑은 훨씬 더 크다. 너희는 주 너의 하나님의 자녀다[신 14:1]."

5. *Pirqe R El* 29, "우상숭배자들과 함께 음식을 먹는 사람은 누구나 개와 함께 음식을 먹는 사람과 같다. 개가 할례를 받지 않는 것처럼 우상숭배자도 역시 할례를 받지 못했다."

여인의 반응은 제자들이 이해한 것보다 예수가 제공하는 떡에 관한 것을 더 많이 이해하고 있다는 사실을 드러내고 있다. 제자들은 오천 명을 먹이신 사실을 보았고(6:31-44, 52) 사천 명을 먹이신 사실을 볼 것이지만(8:1-10), 여전히 예수가 제공해 주신 떡을 이해하지 못하고 있다(8:14-21). 그 양식을 먹어보지도 못한 그녀가 만찬의 식사 자리에서 떨어지는 떡 부스러기만이라도 받아먹기를 구하고 있다. 그녀는 하나님의 자비를 강제할 수 없다는 사실을 알고, 예수가 그녀에게 말할 때 무례를 범하지 않는다. 그녀는 음식을 먹게 되는 일이라면, 가족 중에 개의 서열이라도 기쁨으로 받아들인다.

예수는 누그러뜨리시고 그녀의 요구를 허락하신다. "이 말을 하였으니 돌아가라 귀신이 네 딸에게서 나갔느니라"(7:29). 이제 작은 개는 작은 소녀로 인정을 받는다. 많은 주석가들은 예수가 여인의 재치 때문에 누그러지셨다고 생각한다. 그러나 그녀는 자녀가 귀신에게 사로잡혀있기에 재치 게임에는 관심이 없다. 여느 부모들처럼 그녀는 필사적으로 그녀가 고침받기를 원하고 있으며, 그것을 얻기 위하여 인내로 나아갈 것이다. 그녀의 재치 있는 대답은 진정한 겸손을 표현하고 있다. 그녀는 자녀와 개의 차이를 인정한다. 그녀는 유대인의 우선권을 인정한다—떡은 당연히 자녀들인 이스라엘에게 속한 것이다. 그녀는 부수러기와 같이 된 어린 딸을 구하기 위하여 기꺼이 개처럼 자신을 낮춘다.

이렇게 자신을 낮추는 겸비함은 제자도의 핵심적인 요건이며, 예수의 제자들이 배우기 어려웠던 문제였다(9:35-37; 10:44). 그들은 하나님의 나라를 "어린 자녀로" 받아들여지는 것을 괴로워한다(10:15). 그녀는 하나님의 나라를 작은 개로서 들어가는 것을 염려하지 않는다. 그녀는 개처럼 무엇이 허락되든지 간에 다 삼킬 것이다. 그런데 그녀는 부스러기를 얻지 않고, 자신이 예수에게 구했던 바로 그것을 얻는다. 예수가 귀신이 그녀의 딸에게서 떠났다고 말씀하실 때, 그녀는 확실하게 하기 위하여 그분으로 하여금 자기와 함께 집으로 가셔야 한다고 강요하지 않는다. 그녀는 믿음을 가지고 왔을 때와 같은 믿음을 가지고 떠난다. 마가는 그녀가 집으로 가서 귀신이 떠나가고 아이가 침대에 누워있는 것을 발견한다는 사실을 기록하면서 이 장면을 끝맺는다(7:30).

7장은 씻지 않은 손으로 식사를 함으로 인하여 제자들에 대한 바리새인의 질책과 함께 시작했다 이것은 표면적으로는 경건하지 못한 제자들이 너무나 불결하므로 바리새인의 식탁에서 같이 식사를 할 수 없다는 것을 말해준다. 그것은 이제 정/부정에 이를 때, 그 사닥다리의 가장 낮은 단계에 있을 개들에게 제공되는 떡 부스러기로 끝마친다. 독자는 하나님이 어느 누구가 부정하느냐 혹은 얼마나 하나님으로부터 멀리 떨어져 있는 것처럼 보이느냐에 상관없이 이방인들을 치유하실 것이라는 암시를 이해할 것이다. 어떤 사람을 잘못된 인종, 국가사회 계층 혹은 잘못된 종교적 배경 출신으로 제쳐놓을 수도 있지만, 이와 같은 것들 중에 어느 것도 하나님의 자비로운 치유를 받는데 방해가 되지 못한다. 겸손한 믿음을 가진 사람들은 떡을 받을 것이다.

상황잇기

이 필사적인 어머니에 대한 예수의 퉁명스러운 반응은 오랫동안 독자들을 어리둥절하게 만들었다. 왜 귀신들린 딸을 고쳐달라고 호소할 때 그가 그렇게 퉁명스럽게 행동하시는가? 그녀는 구하고, 찾고, 두드린다. 왜 그는 개들에게 떡을 던짐에 관하여 말씀하시는가? 그녀는 떡에 관해서 요구하지 않는다. 그녀는 자기 어린 딸을 위하여 도움을 구하고 있다. 어떻게 예수는 병든 딸을 하나의 개에 비교하실 수 있는가? 그는 유일한 합법적인 식사를 하는 사람들은 이스라엘 백성들이라고 말하고 있는 것처럼 보인다. 가치가 있든 자격에 미치지 못하든 다른 사람들은 그분에게서 아무것도 기대할 수없는 것으로 보인다. 그는 거룩한 것을 개에게 주지 않을 것이다.

이 장면은 우리의 정의에 대한 감각을 당혹스럽게 한다. 왜 예수가 도움을 구하는 이 이방인의 부르짖음에 보다 민감하게 반응하지 않으시는지 우리는 이해할 수 없다. 그녀가 이방인으로 태어나서, 두로 지역에서 살고 있으며, 문화적으로 헬라적인 것은 어찌할 수 없다. 우리는 예수가 바리새인들과 사두개인들에게 거칠게 대하는 것은 상관하지 않는데, 그것이 당연하다고 믿기 때문이다. 하지만 절망적인 한 어머니에게 거칠게 대하는 것은 그분답지 않아 보인다. 그는 뻔뻔스러운 어조로 두드러졌던 견유학파 철학자들과 아주 흡사하게 행동하시는 것처럼 보인다. 따라서 예수의 거친 반응에 당황한 사람들은 그분이 "개"라는 별칭을 사용한 것을 미화하기 위하여 여러 설명들을 제공해왔다.

어떤 사람은 예수가 부드러운 어조를 가진 목소리로 말씀하셨다고 주장한다. 맥닐(McNeile)은 다음과 같이 주석한다. "그러나 만일 그 말이 그녀에게 들려졌다면, 반 유머러스한 어조가 그 신랄한 어조를 상쇄했을 것이다."[6] 프랑스(France)는

6. Alan Hugh McNeile, *The Gospel According to Matthew*(London: Macmillan, 1915), 231.

다음과 같이 기록한다. "기록된 말씀은 눈의 반짝임을 전달할 수 없고, 그것은 그녀가 어떻게 반응하는지 알아보기 위하여 한 유대인으로부터 그녀가 기대할 수 있는 종류의 어투로 예수는 그녀를 익살스럽게 묘사하고 있었다고 할 수 있다."[7] 다른 사람들은 "개"라는 단어의 지소사형의 사용이 의미가 있다고 주장한다. 이것은 식탁주변을 뛰어 돌아다니는 자녀의 개들이지, 마을의 외곽을 배회하는 야생집단이 아니다(눅 16:21). 그러나 제멋대로 놀아나는 가정의 애완용이든 거리의 잡종개든 개는 개다. 대부분의 사람들은 이 별칭을 예수가 온화하게 말씀하셨든 그렇지 않든, 친밀한 애정 어린 별칭으로 이해하지 않았을 것이다.

다른 사람들은 이 사건이 예수가 사역의 범위를 가지고 스스로 자신과 투쟁하고 있었다는 사실을 반영한다고 생각했는데, 그가 자신의 사역이 이스라엘 백성에게 한정되었다고 믿었다는 것이다. 이방인들은 이스라엘에 대한 하나님의 목적이 완성되었을 때에만 그 무리에 들어오게 될 것이다(사 19:19-25; 66:19-20; 미 4:1-2; 슥 8:20-22). 어떤 사람은 예수가 여기서 이 상황에서 무엇이 하나님의 뜻이냐는 물음을 놓고 씨름하고 있었다고 가정한다. 그분이 이스라엘에 대한 선교에 단 하나의 목적을 가진 것에서 방향을 전환해야할 것인가? 테일러(Taylor)는 "예수의 마음속에 그분 자신의 범위에 관해서 하나의 긴장이 있다…그리고 어떤 의미에서 그는 여인뿐만 아니라 자기 자신과도 말씀하고 있었다"고 상상한다.[8] 여인의 대답은 아마도 그의 의구심을 누그러뜨리고, 그의 선교사역이 보다 넓은 범위로 이방인들을 포함할 수 있도록 눈을 열어주었다는 것이다. 아마도 마가는 이방인들에 대한 같은 의구심을 가지고 있을 수 있는 원 독자들로 하여금 같은 결론에 도달할 수 있도록 이 이야기를 포함시키고 있다는 것이다. 예수의 마음을 읽으려고 하는 이러한 해석의 문제점은 본문에 그렇게 해석할 만한 근거가 없다는 것이다. 예수는 이전에 거라사에 있는 이방 땅으로 그 경계선을 넘어갔고, 이방인들을 접촉하는 일에 아무런 우려도 갖지 않았던 것으로 보인다. 그는 그들을 거절하지 않으셨다. 그들이 그분을 거절했었고, 그분으로 하여금 그 지역에서 떠나라고 요구했었다(5:1-20).

또 다른 해석은 예수가 여인의 믿음을 시험하기 위하여 일시적으로 도움을 주는 것을 보류하시고 있다고 주장한다. 그는 그녀의 요구를 들어주는 것이 완전히

---

7. Richard T. France, *Matthew*(TNTC; Grand Rapids: Eerdmans, 1985), 247.
8. Taylor, *Mark*, 350; 또한 Cranfield, *Mark*, 247을 보라.

배제된 것이라고 명백하게 말씀하지 않으신다. 크랜필드는 이 단락에 대한 칼빈의 주석을 인용한다. 예수는 "그녀의 열심을 자극하고 열정에 불을 붙이기"를 원하셨다. "그 문이 그녀에게 닫혀졌지만, 그녀를 거의 배제하려는 목적이 있는 것이 아니라 믿음에 대한 보다 열정적인 노력을 통하여 그녀가 해온 길을 헤쳐 나가도록, 말하자면, 갈라진 틈새를 통하여 일을 추진해 나가도록 하는 것임"을 직관적으로 그녀는 이해한다.[9] 만약 이것이 믿음의 시험이었다 하더라도, 예수는 시험에 통과한 것에 대해서 그녀를 칭찬하지 않으신다. 그녀가 믿음으로 행동한다고 추정할 수 있지만, 혈루증 여인의 치유와 달리(5:34), 마가는 그것을 특별히 언급하지 않는다.[10] 그녀가 시험에 실패했다면 무슨 일이 일어났을까? 만일 그녀가 간질병자의 아버지처럼(9:24) 믿음이 약했다면 어땠을까? 어찌하여 예수는 회당장에게 하셨던 것처럼 그녀의 믿음을 북돋아주지 않으셨는가?(5:36) 이러한 해석은 해결만큼 많은 문제를 불러일으킨다.

다른 사람들은 이 이야기가 예수의 삶 속에서 투영한 순전히 교회의 고안물이라고 주장함으로써 약한 여자를 무례하게 대한 예수의 책임을 면하려고 한다. 그들은 이방선교에 대한 교회의 투쟁이 이 사건에 나타나고 있다고 주장하며, 이방인들에 대한 적대감은 나쁜 평판을 얻는 교회의 보수적인 집단의 태도를 반영하고 있다고 제기한다.[11] 의심할 여지없이, 정과 부정에 대한 율법주의적 구별에 대한 포기가 이방인 선교에 문을 열어놓았고, 이 이야기는 이방인들의 가입에 대한 암시를 가지고 있다. 그러나 우리에게 곤란한 것을 초대교회의 원시적인 이해에 대한 흔적으로 제쳐놓는 것은 본문에 대한 오만한 해석이다.

그럼에도 불구하고, 우리가 이 본문을 이방인을 받아들임에 대한 초대교회의 긴장을 반영한다는 사람들의 편에 둘 때 이러한 견해로부터 통찰력을 이끌어낼 수 있다(행 10:1-11:18). 이 사건은 예수가 유대 광야에서 오천 명을 먹이신 사건 다음에 그리고 더러운 손으로 음식을 먹는다는 바리새인들의 논쟁 및 안으로부터 나오는 것만이 사람을 더럽힌다는 그의 설명 다음에 나타난다.[12] 정과 부정에 관한

---

9. Cranfield, *Mark*, 248-49.

10. 레인(Lane, *Mark*, 262)은 이방인인 그녀가 하나님의 능력을 나타내기에는 부적절한 미신이나 마술에 대한 신앙을 가지고 접근했기 때문에 예수가 응답하지 않으셨다고 주장한다. 이 주장은 예수의 옷을 만짐으로부터 그 치유가 온다고 생각했던 혈루증 여인은 마술적 의도를 반영하고 있지 않다고 말하는 것인가?

11. Anderson, *Mark*, 191.

12. 후커(Hooker, *Mark*, 182)는 빈틈없이 다음과 같이 해석한다. "만일 정결이 사람의 태도에만 의존한다면

바리새인들의 관심은 잘못된 것이다. 그 다음에 그는 이방 영토로 물러가시고, 거기서 이방여인이 그를 찾아온다. 이러한 만남 후에 예수는 데가볼리에 있는 이방 영토로 나아가시고, 거기서 귀 먹고 벙어리 된 사람을 고치고, 사천 명을 먹이신다. 로즈(Rhoads)가 인정하고 있는 바와 같이 "이 에피소드는 근본적으로 이방 영토로 건너가심에 관한 것이다."[13] 그것은 독자에게 도전한다. "하나님 나라의 복음의 보편성에 제한을 두지 말라."[14] 그 나라의 능력은 이스라엘이라는 좁은 영토에만 제한될 수 없으며, 온 백성들을 포함한다. 오늘날 이 본문은 1세기 유대인들이 이방인들을 보았던 것과 같은 방식으로 여인들을 보는 사람들에게 의미를 전달해준다. 이 여인은 예수를 이해하고 있으며(마가복음 이야기에서 아주 드문 일), 그분을 창조(건설)적으로 논쟁에 뛰어들게 한다.

예수의 퉁명스러운 반응에 대한 또 다른 설명은 그것을 두로와 갈릴리간의 사회경제적 관계의 탓으로 돌린다. 두로라는 도시는 갈릴리로부터 경제적 문화적 영향을 받는 시골로부터 나오는 산물을 보급 받는 반면에(행 12:20), 그 양식을 재배했던 사람들은 자주 굶주렸다. 경제적으로 두로는 갈릴리로부터 양식을 가져갔다. 이 두 지역을 가르는 자연적인 경계들이 없었으므로 갈릴리인들은 정치적으로 지속적인 위협을 주는 자로 두로를 인식했다. 두로인들과 유대인들 간의 적대감은 두로 출신 사람들은 "우리의 철천지 원수다"는 요세푸스의 진술 가운데 반영되어 있다(*Ag. Ap.* 1 § 70). 로마에 대한 유대인의 폭동이 발발하였을 당시에 그는 두로인들이 많은 유대인을 죽이고 가두었다고 기록하고 있다(*J. W.* 2.18.5 § 478). 그러므로 이 여인은 단순한 한 사람의 이방인이 아니고, 특별한 원수들의 불쾌한 계층 가운데 한 사람이었다.[15] 그녀는 이방인의 아주 뻔뻔스러움을 가지고 도움을 받기 위하여 갈릴리 유대인 치유자에게 구하고 있다. 이것은 마더 테레사가 운영하는 은신처로 부유한 브라만(인도의 상류층 사람)이 멋진 리무진을 타고 와서 멈추고 서는 자신의 병든 아이를 위하여 기도하기 위해서 테레사에게 그녀의 하층민을 남겨두고 떠날 것을 주장하는 것과 유사할 것이다. 이 자가 친절하게 대우를 받지 않았다면 우리는 놀랐을까? 만약 이 여인이 권력을 휘두르는 상류사회 출신이었다

유대인과 이방인의 구별은 실패한다. 유대인들이 악한 생각을 낳을 수 있고, 이방인들이 선한 생각을 낳을 수 있다(참조. 롬 2:13f.)."

13. Rhoads, "The Syrophoenician Woman," 363.

14. Ibid., 370.

15. Gerd Theissen, *The Gospels in Context Social and Political History in the Synoptic Tradition* (Minneapolis: Fortress, 1991), 72-80을 보라.

면 자기와 자기 딸을 개라는 말로 표현하는 말을 그녀가 받아들인 것은 "더욱 놀라운 일"이 될 것이다.[16]

마가는 언뜻 보기에 우리의 감성들을 아주 흔들어놓는 이 이야기에 들어있는 문제들에 대해서는 안중에도 없는 것 같다. 우리는 예수가 모든 요구를 다 들어주시고, 모든 사람을 고쳐주셔야 할 의무가 있다고 생각한다. 우리의 선입견은 이방인들이 유대인들과 똑같이 중요하다는 것이다. 유대인들의 대부분이 메시야를 거절한 반면에 많은 이방인들은 기쁘게 응답할 것이라는 사실을 이미 알고 있기 때문이다. 우리는 예수를 탈유대화 하는 경향이 있으며, 하나님의 선택의 특별성에 마음이 상한다. 우리는 문맥으로부터 우리와 유사하게 경멸을 받는 사람을 탄원자로 상상함으로써 편견을 드러낸다.

상황을 연결하면서, 우리가 흔히 생각하는 예수의 기사도의 결핍을 완화시키려고 시도하지 않아야 할 것이다. 예수는 의도적으로 명예롭지 못한 사람이 되는데, 이것은 사람들의 길에 넘어지게 하는 장애물을 던지는 것이다. 그는 바리새인의 면전에서 그들을 외식하는 자들이라고 부름으로써 모욕을 주고, 그들이 좋아했던 전승을 비웃으며, 또한 이 이방여인을 개로 비유하면서 모욕을 주고 있다. 우리는 예수가 도움의 문을 열 수 있기 전에 이런 수모를 감당하고 극복하여야 한다.

우리는 스스로 자문할 수 있다. 이 이야기에서 무엇이 우리를 불쾌하게 하였으며, 우리는 어떻게 반응할 것인가? 이에 대한 대답은 우리 자신에 관해서 많은 것을 드러낼 것이다. "만일 그것이 그분이 느끼는 방식이라면, 나는 도움을 얻으려고 절대로 그분에게 가지 않을 것이다"라고 말할 수도 있다. 아무도 외식하는 자들, 악한 세대, 독사의 자식들, 회칠한 무덤, 여우들, 개들이라고 불려지기를 좋아하지 않는다. 우리의 자존심이 다시 도움을 구하지 못하도록 우리를 밖으로 내치고 중단케 한다. 우리는 하나님의 은혜와 도우심을 받기에 특별하고 또한 가치가 있는 자들이라고 스스로 확신하기 때문에, 우리를 성나게 하지 않을 우리가 만들어놓은 신들에게로 돌아갈 것이다. 참으로 우리가 결사적일 때에만, 우리 자신을 낮추는 것을 포함하여 하나님의 도우심을 얻기 위하여 그 어떤 일도 할 것이다.

주님의 거절에 대처하는 여인의 태도가 이 단락의 열쇠다. 그녀는 빈손으로 왔기에 아무런 권리주장도 하지 않는다. 그녀는 공로도 없고 우선권도 없으며, 칭찬받을 아무것도 없다. 그녀의 태도는 오늘날 많은 사람들 사이에 만연한 도도한 "당

16. Gundry, *Mark*, 378.

신은 나에게 빚졌다"는 태도와 대조된다. 그녀는 자신의 경우가 특별한 취급을 받을 예외성이나 압력이 있다고 주장하지 않는다. 그녀는 예수가 이스라엘 땅에 있지 않다고 지적하지도 않는다. 그가 어떻게 그녀를 돕기 위하여 떡을 유대인들에게서 취할 수 있을 것인가? 한편으로 그녀는 자신이 너무나 가치가 없어서 그 어느 것도 받을 가치가 없다고 생각함으로써 예수의 이적적인 능력으로부터 자기를 차단하지도 않는다. 그녀는 그의 판단을 받아들이고 은혜를 얻는 애걸자로서 엎드린다.

상황을 연결함에 있어서, 우리는 어떻게 이 본문이 현대의 독자들을 불쾌하게 하는지 유념할 필요가 있지만, 우리는 그 신랄함을 제거하려고 하지 않아야 할 것이다. 우리는 있는 그대로 예수가 이 말씀을 우리에게 하신다고 상상하고 우리의 반응을 보이도록 해야 할 것이다. 무엇이 우리로 하여금 우리가 행하는 방식으로 반응하게 하는가? 그렇다면 우리는 예수가 철천지원수나 특권층의 대적자에게 이 말씀을 하고 계신다고 상상할 수 있는가? 다른 사람들의 거절에 대한 우리의 반응은 어떨까? 이러한 질문에 대한 진실한 답변은 우리로 하여금 하나님의 도우심을 받지 못하게 하거나 다른 사람들에게 복음을 들고 나가지 못하게 하는 문제에 대해서 빛을 던져준다.

마가복음에 있는 다른 수많은 사람들처럼 이 여인은 국적, 국경, 사회계층을 초월하여 예수의 위대한 끄는 힘으로 인하여 그에게 나아온다. 그녀는 그분으로부터 어떤 것을 원하기 때문에 나아온다. 그녀는 그분이 떡—더러운 귀신의 압제에 시달리는 마음의 아픔으로부터의 삶의 해방—을 제공하신다는 사실을 안다. 그녀는 구세주이신 예수가 보다 의미를 가진 떡—영원한 생명과 악의 세력으로부터의 영원한 해방—을 제공해 주신다는 사실은 아직 모른다. 이 떡을 얻기 위해서는 우리가 기꺼이 우리의 삶을 완전히 그분에게 드리는 것을 필요로 한다. 이 여인은 모든 사람 중에 가장 낮은 사람이 되고(9:35) 주께 부복한다는 것(10:43)이 무엇을 의미하는지에 대한 모델로서 기능한다. 이는 유대인이나 헬라인이나 모든 제자들이 필요로 하는 것이다.

현대적 의미

딸을 둔 어머니에 대한 예수의 반응은 이스라엘의 특별한 선택을 나타낸다. 이스라엘은 구원사에서 중심적 위치를 차지하고 있다. 그럼에도 불구하고 이 사건은 이방인들에 대한 유대인의 고대의 편견의 핵심을 건드린다. 그것은 또한 유대인의 우월성에 대한 이방인들의 불쾌감을 둔감하게 한다. 이전의 논쟁(7:1-23)

에서 예수는 정과 부정에 관한 전통적인 구별을 일소하였다. 결사적인 마음을 가진 어머니를 이야기하고 있는 이 기사에서 예수는 그녀의 믿음으로 유대인과 이방인 간의 구별을 일축하신다. 예수의 가장 가까운 제자들 중 많은 사람들이 음식법에 대해 깊이 스며든 경외심을 쉽게 무시할 수 없었던 것처럼(행 10:1-33), 너무나 많은 제자들이 이방인들에 대한 고대의 편견에서 벗어날 수 없었다.

다음과 같은 민요가 있다.

얼마나 기묘한지
하나님이
유대인을
선택하신 것은

이에 대해 레오 로스텐(Leo Rosten)은 다음과 같이 응답했다.

기묘하지 않다
하나님이
고임(Goyim, 열국)으로
임('im; 유대인을 풍자함)을 화나게 하신다.[17]

종교적 가르침으로 말미암아 길들여지고 사회의 불일치로 말미암아 조장된 다른 사람들에 대한 편견은 쉽게 인간의 마음에 대한 영향을 포기하지 않는다. 고대 세계는 편견으로 가득해있다. 현안 문제들과 그룹들은 변했지만, 편견으로 기울어지는 경향은 현대 세계를 여전히 붙잡고 있다. 편견은 평화에 대한 희망을 묵살시키고, 혐오를 받고 기피하는 사람들에게 복음을 들고 나아가려는 그리스도인들의 관심을 질식시킨다. 옥스퍼드 대학을 졸업한 모건 갓윈(Morgan Godwyn)은 1665년에 버지니아에 와서 그곳과 바르바도스 섬에서 교구민들을 섬겼다. 그가 노예들의 회심을 도우려고 애썼을 때, 노예 주인들로부터 저항을 받았다. 그는 그들이 한 목소리로 저항했다고 기록했다. "뭐야, 그러한 자들은? 그 검은 개들이 기독교인이 돼? 그들이 우리처럼 된다구?"[18]

---

17. *The Penguin Dictionary of Modern Humorous Quotations*, ed. Fred Metcalf(London: Penguin, 1986), 139.

편견은 외인 그룹에 대한 불신으로부터 나오며, 우리로 하여금 그들의 신앙과 행동에 대해 거짓말을 하게 만든다. 그것은 그들의 사회적 경제적 성공에 대한 분개, 이러한 지역들에서 그들과의 경쟁에 대한 두려움, 혹은 단순히 그들이 다른 것을 선택했기 때문에 시작된다. 선동가들은 희생양에게 불행을 뒤집어씌우기 위하여 이러한 두려움을 붙잡고 있다. 수로보니게 여인을 현대의 선입견의 대상으로 대치함으로써 우리는 이 단락을 편견에 대한 잘못된 공격에 사용할 수 있다. 청중은 예수가 그러한 어조로 말씀하시고, 그녀가 너무나도 필사적으로 원하는 것을 돕지 않는다고 생각하고 격분할 수도 있다. 그 다음에 청중은 이 동정적인 인물이 우리의 혐오스러운 증오와 멸시를 자극하는 그룹에 속하여 있다고 깨달을 수도 있다. 그것은 청중으로 하여금 새로운 빛으로 편견을 보게 해줄 것이다. 이 단락은 모든 인간들이 귀신의 세력들과 질병들이 우리를 쳐서 상하게 할 때와 같은 절망을 가지게 된다는 사실을 인식하게 해준다. 모든 사람 곧 지위가 높은 자나 낮은 자, 부자나 가난한 자, 도시인이나 시골사람, 유대인이나 이방인이나 모두가 도움을 바라고 있다. 예수는 겸비한 믿음을 가지고 오는 사람을 아무도 거저 돌려보내지 않으신다.

다른 사람들에 대한 편견은 자만심의 한 형태다. 이 여인이 유대인들에게 보내진 떡 중에서 부스러기를 얻기를 구할 때, 그녀는 편견을 쫓아내는 가장 큰 겸손을 나타내 보인다. 그녀는 다른 사람들이 가진 특권을 빈정대지도 또 괴로워하지도 않는다. 그녀는 유대인들이 하나님의 축복을 공유하고 있는 것을 분개하지 않는다. 그녀는 자신의 위치를 받아들이고, 모든 사람들이 마땅히 그러해야 하는 것처럼, 죄인과 가난한 자와 궁핍한 자로 나아온다. 드와이트 무디(D. Moody)는 예수가 자기로 가득한 사람을 제외하고는 아무도 그냥 돌려보내지 않으신다고 말한 것으로 유명하다. 그녀는 이방의 우상숭배자(idolater)였을 수는 있으나 나-숭배자(I-dolatry)의 희생을 당하지는 않았다. 그녀는 자신의 믿음에 대해 칭찬을 기대하고 나오지 않았고 병든 딸의 치유를 바라고 왔다. 그녀는 자신이 받아들여질 수 없다는 것을 인정한다. 예수의 사역은 그들이 누구이든, 종사하고 있는 곳이 어디든, 하나님이 보상받을 가치가 있는 사람에게 그를 보내시지 않고 궁핍한 자를 돕도록

---

18. H. Shelton Smith, *In His Image, But Racism in Southern Religion, 1780-1910*(Durham, N.C.: Duke Univ. Press, 1972), 11, citing *The Negro's and Indian's Advocate, Suing for their Admission into the Church Or a Persuasive to the Instructing and Baptizing of the Negro's and Indians in Our Plantations. To which is added, A Brief Account of Religion in Virginia*(London, 1680), 61.

보내신다는 사실을 계시해준다. 하나님은 스스로 궁핍하고 가치가 없는 존재임을 고백하는 사람들을 도우신다.

끌레르보의 버나드는 다음과 같이 말했다.

> 커다란 은혜가 얻어질 수 있는 것은 겸손이 그것을 보증할 때뿐이다…그래서 당신이 굴욕을 받고 있다고 느껴질 때, 그것을 은혜가 가까이 오고 있다는 확실한 보증의 표시로 여기라. 멸망이 오기 전에 마음이 교만으로 부풀어 오르는 것처럼, 영광을 받기 전에 마음이 굴욕을 당한다.[19]

그는 다음과 같이 결론지었다. "우리로 하여금 유일하게 은혜를 받아들이게 해주는 것은 즐거움과 참된 겸손을 소유하는 것이다."[20] 이 이야기에 나오는 겸손한 여인은 자기 학대의 소유자가 아니다. 그녀는 과감하게 도움을 구하고 거저 돌아가지 않는다. 그녀는 지붕을 뚫고 친구를 예수 앞으로 내린 사람들과 같다. 그녀는 가차 없이 군중들을 뚫고 나아가서 예수의 옷을 만진 여인과 같다. 그녀는 부끄러움 없이 정의를 위하여 악한 재판장의 법정에 매일 나와서 소리쳐 구하는 과부와 같다. 그녀는 단념하지 않는다. 그녀는 딸의 도움을 구하기 위하여 완강한 결단력을 보이고 있다. 그녀는 자신이 무가치하다는 것을 알지만, 그것이 자신과 딸이 고침을 받을 가치가 있다는 믿음을 갖지 못하게 하지 않는다.

많은 사람들은 자기들을 무례하게 대할 때 떠나가 버리거나 상대를 모욕하려는 유혹을 심하게 받을 것이다. 누가 개와 비교되기를 원하겠는가? 누가 다른 사람들이 자기를 나약함의 구경거리로 보기를 원하겠는가? 우리는 우리 자신을 위하여 혹은 자녀들을 위하여 그렇게 필사적인 것을 느끼지 않을 때 그냥 떠나가 버린다. 우리는 우리 손으로 그 문제를 처리하거나 다른 수단들을 발견할 수 있다고 자신한다. 어거스틴은 말하기를, 교만이 천사들을 마귀로 바꾸었고, 사탄은 하나님으로부터 그리고 하나님의 도우심으로부터 우리를 분리시켜 놓는데 좋은 방책으로 교만을 사용한다. 교만은 엎드리지 않도록 무릎을 뻣뻣하게 만들고, 겸손히 탄원을 올리면서 부르짖지 못하도록 우리의 목소리에 재갈을 물린다.

---

19. Sermon 34:1, in *The Works of Bernard of Clairvaux. Volume Three. On the Song of Songs II*, trans. Kilian Walsh(Cistercian Fathers 7; Kalamazoo, Mich. Cistercian Publications, 1976), 160-61.
20. Ibid., 34:3(p. 162).

마가복음 7:31-37

31 예수께서 다시 두로 지방에서 나와 시돈을
지나고 데가볼리 지방을 통과하여 갈릴리 호
수에 이르시매
32 사람들이 귀 먹고 말 더듬는 자를 데리고 예
수께 나아와 안수하여 주시기를 간구하거늘
33 예수께서 그 사람을 따로 데리고 무리를 떠
나사 손가락을 그의 양 귀에 넣고 침을 뱉어
그의 혀에 손을 대시며
34 하늘을 우러러 탄식하시며 그에게 이르시되
에바다 하시니 이는 열리라는 뜻이라
35 그의 귀가 열리고 혀가 맺힌 것이 곧 풀려 말
이 분명하여졌더라
36 예수께서 그들에게 경고하사 아무에게도 이
르지 말라 하시되 경고하실수록 그들이 더욱
널리 전파하니
37 사람들이 심히 놀라 이르되 그가 모든 것을
잘하였도다 못 듣는 사람도 듣게 하고 말 못
하는 사람도 말하게 한다 하니라

원 의미

예수의 여행 일정은 시돈을 통과해서 그 다음에 데가볼리 지역의 우회로를 지나서 갈릴리 바다로 다시 돌아오는 것이다. 호기심을 끄는 우회로는 아무도 모르게 지나가려는 예수의 시도의 일환일 수도 있거나(7:24) 이방여인과의 만남이 데가볼리 영토의 중간 부분을 통과해서 지그재그로 길을 가게 가신 것으로 보인다.

두로, 시돈, 그리고 데가볼리에 대한 언급은 예수가 이방인의 영토를 지나갔다는 사실을 강조한다.[1] 갈릴리에 있는 유대인 군중들이 병든 사람들을 예수에게로 데리고 왔던 것처럼(1:22; 8:22; 9:20), 이방의 군중들도 귀먹고 말이 어눌한 사람을 데려와서 그에게 손을 얹도록 구한다(5:23; 6:5; 8:22, 25). 예수는 치유활동을 구경꾼들을 위한 사건으로 만들기를 원치 않으신다. 따라서 그는 그 사람을 군중들로부터 따로 불러 이끄신다.[2] 그는 자기를 알리는 것을 삼가시고, 자신의 사역을

1. 채프먼(Chapman, *Orphan*, 171-72)은 마가가 지도가 작성되기 이전의 문화권에서 살았고, 예수를 "지역적으로보다는 문화적으로" 위치를 밝히려고 의도하고 있을 수도 있다. 그는 문화적으로 "이방 분위기 가운데 있으면서" 한편으로는 갈릴리 바다 해변에 계시다.

대활극으로 만드는 것에 관심이 없으시다.

이 귀머거리를 고침에 있어서 예수는 단순히 말로만 고치는 것이 아니라 행동으로 고치신다. 이 생생한 기사는 신비롭고 극적인 분위기를 자아낸다. 그는 귀를 여는 것을 상징하는 행동으로서 그 사람의 양 귀에 손가락을 집어넣으신다. 그 다음에 침을 뱉어 그의 혀에 대신다. 이는 혀의 풀림을 상징한다. 그러고 나서 예수는 능력의 원천인 하늘을 바라보시며(오천 명을 먹이기에 앞서서 축사하실 때에 하셨던 것처럼, 6:41), 깊이 탄식하신다. 이는 기도의 행동이다. 크랜필드는 탄식을 "사탄의 권세에 대한 전쟁을 수행하시는 예수의 강력한 정서를 암시하며, 그것은 간곡하게 기도하시면서 하나님의 도우심을 구하고 있는 것이다"라고 해석한다.[3] 마가는 예수의 치유의 말씀인 "에바다"를 기록하고 있는데, 이것은 독자가 어떤 주문을 외는 것으로 오해하지 않도록 "열려라"로 번역하고 있다. 이 말이 있은 직후에 곧 그 사람의 귀가 열리고 혀가 풀린다. 그는 이제 분명하게 말을 하지만, 예수는 "그들에게"(마가는 구경꾼들이 누구인지를 밝히지 않는다) 아무 말도 하지 말라고 하신다. 자신의 목소리를 되찾은 사람에게 잠잠하라고 요구하는 것은 우리에게 이상하게 들릴 수도 있다(1:44; 5:43; 8:26; 9:9).

예수는 폭풍과 귀신들과 질병에 명령하실 수 있지만, 백성들에게 잠잠하라는 명령은 쇠귀에 경 읽기였다. 잠잠하라는 그의 명령에 순종하지 못한 것은 예수가 하시는 일이 너무나도 선풍적이어서 그것을 침묵케 하려는 시도는 가망이 없었다는 사실을 드러낸다. 그러나 그 잠잠하라는 명령은 특별한 주의가 필요한 것을 독자들에게 강조한다. 후커가 말하고 있는 바와 같이 이 이적들은

> 예수의 죽으심과 부활 이후에야 그 완전한 실체가 되어지는 그리스도인의 신앙—봄, 들음, 부활—을 상징한다. 이러한 육신의 치유들은 실제로 지금 단계에서는 완전한 이해를 가지고 말할 수 없다. 그것들은 여전히 미래에 남아있는 사건들과 영적인 변화를 앞서서 가리키고 있기 때문이다.[4]

구경꾼들이 예수가 행하신 일에 관하여 흥분하여 떠들어 댈 수 있었지만, 그것이 의미하는 내용의 중대성은 좇아가지 못한다. 그들은 완전한 그림을 볼 수 있도

2. 죽은 아이는 사적인 장소에서 일어났고(5:37, 40), 또 다른 소경은 사적인 장소에서 치유를 받았다(8:23).
3. Cranfield, *Mark*, 252.
4. Hooker, *Mark*, 185.

록 퍼즐의 모든 조각들을 가지고 있지 못하다. 후커는 계속하여 말한다. "이 비밀 엄수의 주제는 예수의 사역에서 무슨 일이 일어났었는지에 대한 충분한 의미를 이해할 수 있는 사람은 부활하신 주님을 믿는 사람들뿐이다는 사실을 강조한다."[5] 가서 말하라는 명령은 부활 이후에 온다(16:7).

그럼에도 불구하고 예수에 대한 칭송의 합창은 비록 그들이 그것을 충분히 알지 못할지라도 진리를 선포한다. 성경의 풍경의 윤곽으로부터 예수의 이적을 해석할 때, 또 다시 예수가 하나님이 하시는 일만을 한다는 사실을 깨닫게 된다. 예를 들어, 하나님은 모세의 변명에 대해서 다음과 같이 응답하셨다. "누가 사람의 입을 지었느냐 누가 말 못 하는 자나 못 듣는 자나 눈 밝은 자나 맹인이 되게 하였느냐 나 여호와가 아니냐?"(출 4:11). 여기서 예수의 행동은 하나님과 동일한 능력을 가지고 계신다는 사실을 보여준다.

백성들이 놀라서(사 29:14을 보라) 예수를 "그가 모든 것을 잘 하였도다 못 듣는 사람도 듣게 하고 말 못하는 사람도 말하게 한다"(막 7:37)는 말로 칭송할 때, 그들의 말은 성경을 반영하고 있다. 첫 번째 반영은 창세기 1:31에 나온다. "하나님이 지으신 그 모든 것을 보시니 보시기에 심히 좋았더라 저녁이 되고 아침이 되니 이는 여섯째 날이니라." 두 번째 반영은 선지자 이사야의 글에 나타나 있는데, 그는 하나님이 백성들의 육적 영적 불구를 치료하실 것이라고 약속한다. "그때에 맹인의 눈이 밝을 것이며 못 듣는 사람의 귀가 열릴 것이며 그때에 저는 자는 사슴같이 뛸 것이며 말 못하는 자의 혀는 노래하리니"(사 35:5-6a).[6] 성경에 반영된 이러한 사실들은 창조물을 회복하실 것이라는 하나님의 약속을 상기시켜주고 있으며, 그것들은 약속된 갱신이 예수와 함께 시작된다는 사실을 암시한다. 놀라운 사실은 이 회복이 이방의 영토 가운데서 일어난다는 것이다. 이방인들이 하나님의 회복 프로그램에 포함될 것이다.

상황잇기

오늘날 독자들은 예수가 어떤 한 사람의 귀에 손을 넣으시고, 침을 뱉으시며, 혀에 손을 대시는 일에 관한 설명들을 별스럽고 난해한 것으로 볼 수도 있다. 그러나 고대 세계에

5. Ibid.
6. 7:32에서 "말을 더듬는 자"(could hardly talk)로 번역된 헬라어 '마길랄로스'는 신약 성경에서 여기만 나오고, 사 35:6의 칠십인경에 나오는 드문 단어다. 이 단어가 이 구절을 반영하기 위하여 의도적으로 선택되었다.

서 치유는 실제 손으로 행동하는 조치였다. 군중은 귀먹고 말을 더듬는 사람에게 그의 손을 얹어달라고 요구했었고(7:32), 그는 그들의 기대를 이루어주셨다. 오늘날의 문화에서 우리는 의사들이 어떤 절차를 거치고 장치를 사용할 것을 예상한다. 의사들이 우리의 기대에서 벗어나면, 우리는 이 방문이 시간과 돈의 가치가 있었는가를 의아하게 생각하거나 되묻게 된다. 고대세계의 사람들은 치료자가 회복을 가져다주는 의도가 있는 행동을 취하기를 기대했었다. 말리나(Malina)는 "서방 문화에서 이와 같은 외적 행동은 전문적인 관점에서 확실하게 관찰되었다…"고 말한다.[7] 만약 예수가 의사들에게서 흔히 보는 이경(otoscope)과 혀 압자를 사용했었다면, 우리는 그것들을 그렇게 혐오감을 갖고 보지 않을 것이다. 레인(Lane)은 예수가 치유를 기대하는 귀머거리에게 무언가 보여주기를 의도했었다고 주장한다.[8] 예수는 그 사람에게 말을 할 수 없었다. 그가 들을 수 없었기 때문이다. 그래서 그는 그를 위하여 행동하기로 의도하였다는 것을 실행하신다. 아마도 이러한 행동은 치유의 어려움을 암시하는 것으로도 보인다. 그 사람의 질병의 치유는 복잡한 경우다.

귀머거리와 말이 어눌한 사람의 치유는 8:22-26에 나오는 소경의 치유와 유사하다. 이 두 경우에서 다른 사람들이 예수에게 문제의 개인들을 데려오고, 그들은 예수가 그 사람에게 손을 얹거나 만지기를 원한다(7:32; 8:22). 예수는 두 번 모두 군중들로부터 따로 떨어져서 이적을 행하시고, 자신의 침을 사용하신다(7:33; 8:23). 두 이적은 단계적으로 일어난다. 먼저 귀에 그 다음에 혀이고(7:33), 먼저 부분적인 시력이고, 그 다음에 완전한 시력이다(8:23, 25). 두 번 모두 예수는 널리 알리는 것을 금하신다(7:36; 8:26). 이사야 35:5-6(또한 29:18; Wis. 10:21을 보라)이 이 두 치유를 분명하게 알린다. 이것은 예수가 하나님의 창조 능력을 나타내 보이신다는 것을 시사한다.

군중은 육신의 치유에 관해서 흥분하지만, 영적 치유가 보다 중요하고 어렵다. 이사야는 백성들의 영적 무능을 표현하기 위하여 소경과 귀머거리를 은유로 사용한다(사 6:9-10; 29:18; 32:3; 35:5-6; 42:18-20; 43:18; 50:5).[9] 두 이적들은 영적 차원에서 듣고 말하고 볼 수없는 제자들이((8:17-18) 어떻게 듣고 말하고 시력

7. B. J. Malina, *Biblical and Social Values and Their Meanings. A Handbook*(Peabody, Mass. Hendrickson, 1993), 95.
8. Lane, *Mark*, 266.
9. 또한 렘 5:21; 6:10; 겔 12:2; 슥 7:11; 행 7:51; 롬 11:8을 보라.

을 회복할 것이냐는 패러다임으로 역할 한다.

여기서 말이 어눌한 자처럼, 제자들의 혀들도 역시 두려움으로 막혔거나(16:8), 입이 열렸을 때, 아주 잘못된 것들을 말한다(9:5-6; 14:66-72). 예수는 군중들을 "여러 가지로"(6:34) 가르치셨고 계속하여 "들으라"(7:14)고 권고하신다. 그러나 제자들은 어떤 이해력을 가지고 듣지 못하고(6:52; 7:18), 예수가 그들을 따로 불러 가르치셨을 때조차도 깨닫지 못한다. 8:18에서, 예수는 제자들이 눈을 가지고 있으나 보지 못하고 들을 귀가 있으나 듣지 못함을 탄식하신다. 그들의 눈과 귀가 열리고 그들의 혀가 풀리는 것은 이적에 버금간다. 그것은 군중의 소란을 피하여 사적인 곳에서 일어날 것이다. 예수는 귀머거리 되고 말 못하는 자를 먼저 그의 귀를 열고 그 다음에 혀를 고치심으로써 치유하신다. 그는 제자들에게도 같은 일을 하실 것이다. 그는 먼저 그들이 하나님이 말씀하시는 것을 들을 수 있도록 하기 위하여 그들의 귀를 열어주실 것이다. 그 다음에 하나님이 말씀하실 것을 그들이 말할 수 있도록 그들의 혀를 풀리게 하실 것이다.

만일 성경의 반영들이 의도적이고 이 이적을 해석한다면, 그리고 만일 마가가 이 에피소드를 제자들에게 영적으로 일어날 필요가 있는 일을 위한 패러다임으로서 내러티브의 조직 속에 짜 넣었다면, 이 이적이 육신의 치유와 관계가 있었던 것처럼 영적 치유와도 상당히 관계가 있다. 그러므로 이 이적을 오늘날 많은 그리스도인들의 영적 상황에, 즉 영적 귀머거리 됨이라는 인간의 계속되는 곤경에 적용할 수 있다. 영적으로 귀머거리 되고 벙어리 된 사람에서 하나님의 음성을 듣고 하나님의 말씀을 다른 사람들에게 말하는 사람으로의 변화는 쉬운 일이 아니다. 어떤 사람에게 그것은 신속하고 극적일 수 있다. 많은 사람들에게 그것은 시간이 걸릴 수도 있다. 그러나 예수는 이전에 결코 들어보지 못한 것을 들을 수 있도록 새로운 청력과 이전에 결코 본 적이 없는 것을 들을 수 있도록 새로운 시력을 주신다. 주님이 귀를 여시게 할 때, 우리는 박해에 직면해서도 고난당하는 종을 따를 수 있게 강해진다(사 50:4-11을 보라).

현대적 의미

우리는 이 내러티브를 영적 귀머거리 됨이라는 인간의 곤경에 적용할 수 있다고 제기했었다. 그 사람은 육신적인 들음에 손상을 받았지만, 귀머거리와 영적 불구를 결합시키는 성경의 배경과 제자들이 귀를 가지고 있으나 듣지 못한다는 마가의 언급(8:18)은 우리로 하여금 이런 적용을 하게 만든다. 성 암브로스(St.

Ambrose)는 다음과 같이 말했다. "우리가 믿는 모든 것은 보거나 들음으로 온다. 봄은 자주 기만당할 수 있지만, 들음은 보증자로서 역할 한다."[10] 예수가 그의 말씀을 들음에 대해서 너무나 많은 강조를 하고 있으므로, 사람의 귀가 열리는 것은 매우 중요하다(4:3, 9, 12, 15, 18, 20, 23, 24, 33; 7:14; 8:18; 9:7). 베토벤은 다음과 같은 말을 남기고 죽었다. "나는 천국에서 들을 것이다." 그는 자신의 육신의 청각의 회복을 소망했다. 이 땅에서 영적으로 하나님의 말씀을 듣지 않고서는 천국에서는 결코 그것을 들을 수가 없다.

성경에 영적 청각장애가 하나님의 백성들에게 적용된다. 오늘날 하나님의 백성들도 귀가 하나님에게 항상 열려있지 않다. 그들은 소음이 된 떨림만 들을 수도 있고, 모호한 푸념으로 말할 수도 있다. 아마도 우리 문화 가운데서 우리는 끊임없는 텔레비전의 단조로운 소리와 라디오의 요란한 소리로 말미암아 하나님의 음성에 귀가 막혔을 것이다. 아마도 현대 생활의 서두름과 북적거림이 우리에게서 하나님의 음성을 몰아낸 것으로 보인다. 그리스도인들은 보다 분명하게 들을 필요가 있고, 분명치 않은 발음을 치료할 필요가 있다. 마가의 내러티브는 예수가 날뛰는 군중들로부터 따로 불러 가르치심으로써 제자들의 소경됨과 청각 장애를 치유하려고 하신다는 사실을 보여준다. 현대 그리스도인들은 한적한 곳으로 물러가서 하나님의 말씀을 새롭게 듣고, 그것을 다른 사람들에게 보다 분명하게 말할 수 있기 위하여, 막혀버린 귀를 뚫는 예수의 능력의 이적을 생각해볼 시간들이 필요하다.

영적 청각 장애는 세상의 상태이기도 하다. 복음을 말하기 위하여 어떻게 헤쳐나가는가? 하늘을 바라보시고 탄식하시며 아람어로 소리치시는 예수를 묘사하고 있는 마가의 기사는 이적의 어려움을 강조한다. 내가 한 신학교에서 초빙교수로 있었을 때, 응급실로 소환을 받았고, 거기서 한 새로 온 학생이 극렬한 위 통증에 시달리고 있었다. 그는 일본 사람으로 청각 장애인이었고, 청각 장애 사역 프로그램에서 연구하기 위하여 최근에 이 학교로 왔었다. 그는 의사들의 그 사람의 주변에 모여 묻고 말하는 것을 듣거나 이해할 수 없었기 때문에 괴로움 중에 놀란 표정을 지었다. 나는 그와 이야기 할 수 없다는 것에 한숨을 지었다. 그러다가 수화를 알고 있는 누군가가 도착했을 때, 나는 안도의 한숨을 쉬었다. 그러나 그 학생은 아직 미국식 수화를 배우지 못했었다. 우리는 무엇이 틀렸으며 의사가 하려고 하는 일이 무엇인지를 몸짓을 해가면서 이야기하려고 일종의 유치한 수화를 해야 했다.

---

10. *Commentary on St. Luke*, 4:5.

이 상황은 이상적이지는 않았지만, 전달은 가능했다. 아마도 교회는 일반적으로 이해할 수 있는 언어를 통하여 이해할 수없는 사람들에게 복음메시지를 몸짓―사랑의 행위들―으로 전달할 필요가 있다. 교회는 그리스도가 사랑하신 것처럼 사랑하고, 확신이 필요한 사람들을 어루만지며, 치료를 위해서 생생하게 기도할 필요가 있다.

예수가 이 사람을 고치신 방법은 오늘날 이적에 몰두해있는 사람들과 비교하는데 유익한 표준을 제공해준다. 예수는 의도적으로 이 사람을 군중으로부터 불러내어 한적한 곳으로 데려가셨다. 왜 예수가 그렇게 하였는지는 상상만 할 수 있을 뿐이지만―이 특히 어려운 치유 때문에 비밀리에 할 필요가 있었는가?―그 결과는 분명하다. 한적한 곳에서 그는 그 고통당하는 자의 필요와 바람에 완전히 몰두할 수 있었다. 초점은 그 사람과 그 사람의 필요에 있었지 예수에게 있지 않았다. 아마도 예수는 그 사람이 이적 전시의 일부분으로 사용되기를 원치 않으셨으며, 그는 자신의 개인적 영광과 수입을 더해주기를 바라지 않았다.

그는 한 고통당하는 사람을 듣고 말하게 해주기를 원했다. 치유를 다른 사람들에게 보이도록 하기 위하여 의도적으로 군중들을 모으는 현대의 치유자들과의 대조가 두드러진다. 고통당하는 자의 개인적 필요들을 이용하여 그들이 각광을 받기를 원하고 있지 않는지 의심스럽다. 우리는 우리 자신을 위한 명성을 얻기 위하여 사역하는가 아니면 다른 사람에게 선을 행하기 위하여 사역을 하는가를 항상 물어야할 것이다.

마가복음 8:1-26

1 그 무렵에 또 큰 무리가 있어 먹을 것이 없는
지라 예수께서 제자들을 불러 이르시되
2 내가 무리를 불쌍히 여기노라 그들이 나와
함께 있은 지 이미 사흘이 지났으나 먹을 것
이 없도다
3 만일 내가 그들을 굶겨 집으로 보내면 길에
서 기진하리라 그 중에는 멀리서 온 사람들
도 있느니라
4 제자들이 대답하되 이 광야 어디서 떡을 얻
어 이 사람들로 배부르게 할 수 있으리이까?
5 예수께서 물으시되 너희에게 떡 몇 개나 있
느냐? 이르되 일곱이로소이다 하거늘
6 예수께서 무리를 명하여 땅에 앉게 하시고
떡 일곱 개를 가지사 축사하시고 떼어 제자
들에게 주어 나누어주게 하시니 제자들이 무
리에게 나누어주더라
7 또 작은 생선 두어 마리가 있는지라 이에 축
복하시고 명하사 이것도 나누어주게 하시니
8 배불리 먹고 남은 조각 일곱 광주리를 거두
었으며
9 사람은 약 사천 명이었더라 예수께서 그들을
흩어 보내시고
10 곧 제자들과 함께 배에 오르사 달마누다 지
방으로 가시니라
11 바리새인들이 나와서 예수를 힐난하며 그를
시험하여 하늘로부터 오는 표적을 구하거늘
12 예수께서 마음속으로 깊이 탄식하시며 이르
시되 어찌하여 이 세대가 표적을 구하느냐
내가 진실로 너희에게 이르노니 이 세대에
표적을 주지 아니하리라 하시고
13 그들을 떠나 다시 배에 올라 건너편으로 가
시니라
14 제자들이 떡 가져오기를 잊었으매 배에 떡
한 개밖에 그들에게 없더라
15 예수께서 경고하여 이르시되 삼가 바리새인
들의 누룩과 헤롯의 누룩을 주의하라 하시니
16 제자들이 서로 수군거리기를 이는 우리에게
떡이 없음이로다 하거늘
17 예수께서 아시고 이르시되 너희가 어찌 떡이
없음으로 수군거리느냐 아직도 알지 못하며
깨닫지 못하느냐 너희 마음이 둔하냐?
18 너희가 눈이 있어도 보지 못하며 귀가 있어
도 듣지 못하느냐 또 기억하지 못하느냐?
19 내가 떡 다섯 개를 오천 명에게 떼어 줄 때에
조각 몇 바구니를 거두었더냐 이르되 "열둘
이니이다"
20 또 일곱 개를 사천 명에게 떼어 줄 때에 조
각 몇 광주리를 거두었더냐? 이르되 일곱이
니이다
21 이르시되 "아직도 깨닫지 못하느냐?" 하시
니라
22 벳새다에 이르매 사람들이 맹인 한 사람을
데리고 예수께 나아와 손 대시기를 구하거늘
23 예수께서 맹인의 손을 붙잡으시고 마을 밖으
로 데리고 나가사 눈에 침을 뱉으시며 그에
게 안수하시고 무엇이 보이느냐 물으시니
24 쳐다보며 이르되 사람들이 보이나이다 나무
같은 것들이 걸어가는 것을 보나이다 하거늘
25 이에 그 눈에 다시 안수하시매 그가 주목하
여 보더니 나아서 모든 것을 밝히 보는지라
26 예수께서 그 사람을 집으로 보내시며 이르시
되 마을에는 들어가지 말라 하시니라

원 의미

"그 무렵에"란 문구는 사천 명을 먹이신 이적을 바로 앞의 사건들(7:24-37)과 느슨하게 연결짓고 있으며, 이 사건을 같은 이방인 배경에 두고 있다(7:31). 예수는 다시 가르치는 일을 하고 계시지만, 마가복음서의 형태가 그러하듯이 예수의 가르치심의 내용은 기록되어 있지 않다.

사천 명을 먹이심(8:1-10)

군중들에 대한 예수의 불쌍히 여기심은 두 번째로 큰 군중을 먹이시도록 이끌어 간다(8:2; 6:34을 보라). 그들은 먹을 것이 없이 그분과 함께 있은 지가 사흘이었다. "사흘"은 그들이 크게 굶주렸다는 사실을 강조하고 있는데, 예수의 말씀을 듣기 위하여 먼 거리에서 여행하여 옴으로써 그 굶주림이 더욱 증가되었다. 그들은 집으로부터 멀리 떨어진 황량한 지역에 있었고, 예수는 만일 먹이지 않고 그들을 그냥 돌려보내면 그들이 실신할 수도 있을 것임을 걱정하신다. 이러한 세부적인 기록은 예수의 사람을 끄는 커다란 힘을 강조한다. 백성들은 그에게로 몰려들기 위하여 광야로 나왔고, 한마디의 불평도 없이 3일 동안이나 기꺼이 굶주렸던 것이다.[1]

이 두 번째 군중을 먹이신 이적은 첫 번째 먹이셨던 이적과 비교하게 만든다. 이 두 사건은 광야에서 일어나며(6:35; 8:4), 마가는 각 군중의 곤경이 예수의 동정을 자극한다고 설명한다. 이 두 먹이심은 그러한 큰 무리를 먹이기 위한 양식의 조달에 관해서 예수와 제자들 간의 의견교환을 다루고 있다. 첫 번째 사건에서 제자들은 그러한 거대한 군중을 위하여 떡을 사야하는 막대한 비용을 걱정한다(6:37). 두 번째 경우에 그들은 근처에 군중들이 떡을 사먹기에 적합한 장소가 없다고 초조해한다(8:4). 이러한 의견들은 모두가 예수가 역사 하시는 이적의 범위와 그가 문제를 해결하기 위하여 어떤 일을 하실 수 있다는 그들의 불안의 범위를 강조한다. 예수는 제자들에게 그들이 얼마나 많은 것을 가지고 있느냐고 물으시고(6:38; 8:5), 그들의 빈약한 양식은 그 일이 불가능하다는 사실을 제자들에게 확신시켜줄 뿐이다. 이 두 사건들에서 예수는 그들이 찾아서 모아온 것을 축사하시고

1. 십자가와 부활 이후에 이 복음서를 읽으면서 우리는 이 삼일을 예수의 십자가 사건 이후에 인류의 굶주림을 구하기 위하여 기다리는 또 하나의 삼일과 연결시킬 수도 있다.

그것들을 군중들에게 분배하신다(6:41; 8:6). 이적을 통하여 군중은 배부르게 먹고 제자들은 그 남은 것을 풍성하게 거둔다(6:42; 8:8). 두 번째 먹이신 사건에서 먹은 숫자가 오천 명에서 사천 명으로 떨어진 반면에, 떡과 고기들은 각기 떡 다섯 개와 생선 두 마리에서(6:41)에서 일곱 개의 떡과 생선 두어 마리로 증가한다(8:5, 7). 남은 떡 바구니 숫자는 열두 개로부터 일곱으로 줄어든다(6:43).

많은 사람들은 이 두 개의 사건에 나오는 숫자들에 풍유적인 의미를 부여하거나[2] 남은 부스러기를 모으기 위하여 사용된 광주리를 예수가 처음에는 유대인들에게 두 번째는 이방인들에게 제공하신다는 주장을 입증하기 위하여 서로 다른 단어들의 의미를 강조한다.[3] 숫자들에 대한 풍유적 해석은 신빙성이 없으나, 이방의 영토에서 있었던 두 번째 배경은 마가가 수신자들을 이방인들로 이해하고 있음을 시사한다.[4] 예수가 어떻게 정결의 경계들을 넘고 사회적 장벽들을 넘었는지를 마가가 기록한 다음에 그 즉시로 이 먹이신 사건이 일어나고 있음을 유념하라. 유대인의 정결 관습은 유대인과 이방인들의 결합에 주된 장애물이었지만, 예수는 이러한 관심들을 그다지 중요하지 않은 것으로 제쳐버렸다(7:1-23). 수로보니게 여인의 딸의 치유는 이방인들이 이스라엘 자녀들로부터 떡을 빼앗지 않고도 배를 채울 수 있는 가능성을 열어놓는다(7:24-30).

따라서 문맥은 예수가 유대 군중들에게 제공했던 기적의 능력과 가르침으로 배불릴 수 있는 동일한 기회를 이방인 무리들이 이제 얻을 수 있다는 것을 암시한다. 우리는 이방인들이 그리스도의 은혜를 나누어 가진다는 것이 유일한 공명정대한 일이라고 생각할 수도 있지만, 마가의 유대인 시각에서 볼 때, 이방인들의 가입은 하나님의 마지막 시대 통치의 표식이다. 이적은 예수가 단순히 "모세와 다윗 같은

---

2. 어떤 사람은 첫 번째 먹이신 사건에 나오는 다섯 개의 떡이 율법의 다섯 책을 나타내고 열두 바구니는 이스라엘의 열 두 지파를 나타낸다고 주장한다. 두 번째 먹이신 사건에 나오는 일곱 개의 떡은 헬라파 집사들 일곱을 가리키거나(행 6:1-6) 모든 사람들에게 명령된 노아시대 일곱 개의 계명들(공의, 우상숭배, 신성모독, 부도덕, 살인, 도적질, 살아있는 짐승을 먹음)을 나타낼 수도 있다. 이 숫자들은 삼상 21:1-7(막 2:25-26)과 연관되었을 수도 있는데, 그 본문은 다윗이 열두 개의 떡을 발견하고, 그 중 다섯 개를 광야에 있는 자기 부하들을 먹이기 위하여 취하고 일곱 개를 남겼다(Tolbert, Sowing, 183). 어떤 사람들은 4,000명을 나침반의 네 지점들의 천배로 해석한다.

3. '코피노이'(개역은 "바구니"로 번역함, 6:42; 8:19)란 단어는 '주브널'(Juvenal3:14; 6. 542)에 의하여 유대인들과 연결되지만, 그것이 흔한 단어인 '스푸리데스'(개역에서 "광주리"로 번역됨, 8:8, 20)를 이방인의 바구니로 만들지는 않는다.

4. 광야 지역을 가리키기 위하여 사용된 단어와 다르다. 6:35에서, 마가는 칠십인경에서 통상적으로 사용된 문구인 '에레모스…토포스'를 사용한다. 8:4에서 마가는 그 지역을 '에레미아'로 묘사하고 있는데 이것은 칠십인경에 다섯 번만 나온다. 채프먼(Chapman, *Orphan*, 62-65)은 이것이 이방 지역 곧 황폐화된 장소를 가리킨다고 주장한다(사 60:12; 겔 35:4, 9; Wis. 17:17; Bar. 4:33).

'어떤' 구속자, '어떤" 메시야가 아니라,[5] 그는 이스라엘 백성을 넘어서 온 세계에 구속을 제공하시는 '그' 구속자이시다.

6:34에서 예수는 비참한 이스라엘에 대한 고전적인 묘사인 목자 없는 양으로 군중의 특징을 말씀하신다(민 21:17; 왕상 22:17; 겔 34:5). 제자들이 예수에게 어떻게 해야 할 지를 물을 때 그들은 군중의 필요에 대해서 관심을 불러일으키는 사람이 된다(6:35). 두 번째 먹이신 사건에서 예수는 많은 사람들이 아주 멀리서 왔다는 사실을 언급하시면서, 군중의 굶주림에 관해서 관심을 불러일으키신다(8:2-3). 만일 마가가 이방인 독자들로 하여금 이 먹이심에서 자기 자신들을 보도록 의도하고 있다면, 예수가 그들의 큰 궁핍을 인식하시고 제자들에게 그들을 먹이라고 촉구하시는 것에서 위안을 얻을 수 있다.

현재의 기사는 제자들이 여전히 신앙의 정체 상태에 있다는 사실을 뚜렷하게 보여준다. 그들은 광야에서 있었던 오천 명을 먹이신 첫 번째 이적의 순간에 있었지만, 예수에게 또 다시 이렇게 묻는다. "이 광야 어디서 떡을 얻어 이 사람들로 배부르게 할 수 있으리이까?"(8:4) 그들의 질문에 대한 대답은 분명하다. 예수로부터 나온다. 제자들은 이해력에서 느리고 예수로부터 아무런 이적을 기대하지 않으면서 해답을 얻기 위하여 암중모색하고 있다. 또 다시 예수는 인내하시면서 제자들로 하여금 양식을 살필 수 있게 하셨다. 그들은 불충분한 양식일지라도, 예수 안에서 전 세계를 먹이기에 충분하다는 사실을 깨닫지 못하고 있다.

표적을 구함(8:10-12)

양식을 먹이신 후에, 예수는 제자들과 함께 달마누다로 가시는데, 이곳은 광범위한 고대 문서에서 그 누구도 언급하지 않는다. 가장 개연성 있는 생각은 그곳이 막달라 지역의 정박지를 가리킨다는 것이다.[6] 바리새인들의 파견단인 것으로 보이는 자들이 예수가 상륙하실 때에 그에게 말을 걸면서 하늘로부터 오는 표적을 보여라고 자극한다. "그가 깊이 탄식하시며"(7:34을 보라)란 어구는 다시 시험을 받는데 대한 예수의 실망감을 반영한다. 바리새인들은 그의 신실성을 도전하고 그를 괴롭힌다.[7] 예수의 반응에 대한 두 번째 부분의 영역본은 그의 단호한 부정을 빠뜨

5. Chapman, *Orphan*, 66.
6. James F. Strange, "Dalmanutha," *ABD* 2:4.
7. Jeffrey B. Cibson, "Mark 8:12a. Why Does Jesus 'Sigh Deeply?'" *BibTrans* 38(1987): 122-25.

리고 있다. 그 본문은 문자 그대로 번역하면, "만일 표적이 이 세대에게 주어질 것이라면"이다. "하나님이 나를 치시기를", 혹은 "내가 하나님의 저주를 받기를"이라는 자신에 대한 저주의 위협을 생략하고 있기는 하지만, 이것은 맹세 공식문구의 일부분이다. 이 맹세의 단편은 아무런 표적이 이 세대에 주어지지 않을 것이라고 단호하게 말하는 것이다. 이것은 어떤 일이 있어도 그것이 일어나지 않을 것임을 강력하게 전달해주고 있다.

어찌하여 예수는 바리새인들에게 하늘로부터 오는 표적을 주기를 반대하시는가? 구약성경에서 표적은 불신임을 받은 선지자 혹은 논란이 되는 주장을 증명하고 확증하는 공적인 사건이었다. 어떤 주장자가 이상하고, 놀랍고, 의례적이지 않은, 혹은 모세의 율법과 대립되는 행동을 하거나 말을 하였을 때 표적이 요구되었다.[8] 이 표적은 우연히 일어나지 않고 예고되어 일어났으며, 그것으로 의심스러운 구술이나 주장의 합법성을 입증했다. 그것은 어떤 화려하거나 이적적인 것들로 구성되지 않을 수 있었으나, 일어날 일의 예고와 일치해야 했었다.[9] 어떤 사람은 예수가 단호하게 마가복음에서 어떤 표적들을 주기를 거절하신다고 주장하나 그것은 부정확하다. 예를 들면, 율법교사들(서기관들)이 예수가 중풍병자의 죄가 사해졌다고 선포함으로써 신성모독을 하였다고 속으로 중얼거렸을 때, 그는 어떤 일이 일어나게 하심으로써 자신의 주장을 입증하셨다(2:1-10). 8:11-12에서 예수가 표적을 주기를 거절하신 이유는 두 가지 문제를 포함하고 있다. "하늘로부터 오는 표적"이란 표현의 의미와 이 대적자들의 도전적인 성향.

(1) "하늘로부터 오는 표적"은 표적의 창조자—하나님으로부터 오는 표적—를 가리키지 않는다. 성격상 표적은 하나님으로부터 왔으므로, "하나님으로부터 오는 표적"이란 문구는 중복적이다. 바리새인들은 특별히 "하늘로부터 오는 표적"을 요구한다. 그들은 마음속에 자기들이 요구할 수 있는 표적들과는 다른 형태의 특별한 표적을 생각하고 있다. 깁슨(Gibson)은 "하늘로부터 오는 표적"은 "하나님의 선민을 위한 도움 혹은 위로의 출발 그리고/혹은 하나님이 대적자들과 자기 백성을 위협하는 사람들에게 내리시기로 작정하신 진노를 구체화하고 전조하는 묵시적 현상"을 가리킨다.[10] 바리새인들로 묘사되는 이 세대는 대적자들로부터 이스라엘의 구출과 대적자들의 파멸을 알려줄 어떤 것을 행하도록 요구한다. 하늘로부터

---

8. 왕하 20:1-10; 사 7:10-11, 18-25; 38:1-20; 요 2:13-18; 6:26-31을 보라.
9. Jeffrey B. Gibson, "Jesus' Refusal to Produce a 'Sign' (Mark 8:11-13)," *JSNT* 38(1990): 38-40.
10. Ibid., 45-47.

오는 표적은 "어조에 있어서는 묵시적이고, 성격에 있어서는 승리적이며, 하나님이 이스라엘을 위하여 노예상태에서 구출하심으로 역사 하셨던 전능한 구원의 행위의 구현"이었다.[11]

아이러니하게도 이 요구는 이적적인 먹이심, 즉 이방인들의 멸망이 아니라 축복을 가리켜 주었던 이적이 일어난 다음에 나온다. 예수는 바리새인들에게 "하늘로부터 오는 표적"을 주기를 거절하신다. 하나님은 이스라엘의 대적들을 치고 그 나라에 세계에 대한 정치적 지배력을 주시기 위해서가 아니라, 온 인류를 위하여 십자가에서 생명을 내어 주기 위해서 예수를 보내셨기 때문이다. 예수는 하나님의 목적과는 다른 행동과정을 취하도록 하는 압력에 순응하지 않을 것이다.

(2) 바리새인들은 이미 예수의 능력의 원천에 대해 마가복음 1-2장에서 풍성한 증거를 받은바 있으며, 이제는 그를 미혹하기 원하는 비방자들로서 온 것이다. 예수가 그들을 "이 세대"로 소개하실 때, 이 문구는 광야의 완고하고 불순종하는 세대를 상기시켜 준다(신 32:5, 20; 시 95:10-11). 하나님을 안다고 주장하고, 하나님의 율법을 다른 사람들에게 가르친다는 사람들이 이미 예수를 통하여 하나님이 보여주신 표적을 인정하지 않는다. 그들이 영적으로 소경이었기 때문이다.

그들을 눈멀게 하는 것이 무엇인가? 그것은 예수의 인습에 매이지 않는 행위인가? 자기 자신들의 권세와 신분을 보존하려는 관심인가? 그들의 생명이 없는 믿음인가? 하나님이 그러한 수수께끼 같은 형태로 역사 하시지 않을 것이라는 그들의 회의론인가? 하나님이 이방인들을 멸하시고 그들을 먹이지 않기를 바라는 그들의 바람인가? 예수가 그러한 표적을 행하지 못할 때 그를 곤란에 빠뜨리고자 하는 그들의 욕망인가? 많은 다른 사람들이 그 나라의 군대의 승리라는 구체적인 표적을 보기를 바라는 백성들의 바람들에 영합할 것이다. 예수는 거짓 선지자들과 적그리스도들이 사람들을 미혹하기 위하여 표적과 기사들을 보일 것이라고 말씀하신다(13:6, 22). 그러나 예수는 이 세대에 그의 십자가 사건 이후에 빈 무덤을 통하여 울리는 바람을 제외하고는 하늘로부터의 요란한 표적을 이 세대에 주지 않을 것이다.

제자들의 몰이해(8:13-21)

제자들도 예수가 그들에게 보여주셨던 표적들을 분간할 줄을 몰랐다. 마가는

11. Ibid., 53.

바다에서 세 번째 일어난 사건을 기록해놓고 있는데, 거기서 예수가 그들 가운데서 행하신 일의 의미를 파악하지 못한 사실이 아주 분명해진다. 그들의 안목이 흐려졌다는 사실은 그들이 아직도 얼마나 많은 것들을 주님에게서 배워야 하는지를 보여준다.

첫 번째 배에서 일어난 사건(4:35-41)에서 예수는 바다를 잔잔케 하시고, 제자들의 믿음 없음을 꾸짖으셨다. 폭풍에 대한 그들의 두려움은 예수에 관한 놀라움으로 변했다. 폭풍을 잔잔케 하실 수 있는 이 분은 누구인가? 두 번째 배에서 일어난 사건에서도 그들은 두려워 떨었는데, 이번에는 예수가 파도 위로 걸어서 오는 것을 보고 그리한다. 마가는 그들의 두려움을 "이는 그들이 그 떡 떼시던 일을 깨닫지 못하고 도리어 그 마음이 둔하여졌음이러라"(6:52)는 기록으로 설명한다. 이제 이 세 번째 배에서 일어난 사건에서 예수는 그들이 떡을 가지고 오지 않은 것을 두고 다투고 있음을 책망하시고, 그들의 마음이 강퍅해지고 눈이 멀고 귀가 있어도 듣지 못함을 질책하신다(8:17-18). 큰 무리를 먹이고 바다를 헤쳐 나간 것은 제자들에게 "예수가 누구인지를 알고, 그분을 통하여 오는 능력의 성격과 원천을 이해하는" 특별한 기회가 주어졌다.[12] 그러나 제자들은 이해로 더 가까이 나가지 못하고, 그 모든 일들로 혼란한 상태에 있다.

배에서 일어난 이 마지막 장면은 "배에 떡 한 개밖에 그들에게 없고"(8:14) 제자들이 떡을 가져오기를 잊었다는 어색한 문구로 된 언급으로 시작된다. 어찌하여 떡이 없는 것과 떡 한 개가 있는 것 간의 모순이 나타나고 있는가? 그들은 떡 한 개를 가지고 있다는 사실을 잊었던가?(그들이 떡이 없다고 즉시 논쟁하기 시작하고 있으므로, 8:16) 그들은 한 개의 떡을 가지고 있다는 사실을 알지도 못하고 있는가? 그렇지 않으면 한 개의 떡으로는 필요로 하는 식사로는 불충분하다고 생각하고 있는가? 가장 타당한 것은 마가가 암시적으로 예수를 그 한 떡으로 언급함으로써 독자를 애타게 하고 있는 것으로 보인다. 어떤 분명한 선례가 없이, 다음 구절은 다음과 같이 계속된다. "예수가 경고하여 이르시되 삼가 바리새인들의 누룩과 헤롯의 누룩을 주의하라 하시니"(8:15). 마가는 독자들이 예수를 떡 하나로 수천 명을 먹이시는 풍성한 떡으로 증가시킬 수 있는 분으로 인식하기를 원한다(요 6:48-51; 고전 10:16-17). "바리새인들의 누룩과 헤롯의 누룩"에 관한 예수의 갑작스러운 경고는 문맥 가운데 끼어 들어온 것으로 보인다. 어떤 사람은 8:16이 만약 8:14

12. Elizabeth Struthers Malbon, "The Jesus of Mark and the Sea of Galilee," *JBL* 103(1984), 364.

다음에 따라왔다면 의미가 더 잘 통한다고 주장한다. 그러나 이 경고는 떡 부족에 관해서 걱정하는 제자들의 위험성을 분명히 지적한다. 구약성경에서 누룩은 타락을 상징했고, 악의 전염시키는 힘을 상징했다. 쥐메(zyme)를 "이스트, 즉 효모"로 한 번역은 효모와 누룩이 같은 것이고, 1세기 유대인들이 가졌던 부정적 개념을 모호하게 만든다. 효모는 반죽 덩어리를 부풀어 오르게 하는 싱싱하고도 유익한 내용물이고, 빵이 상쾌하고 순한 성격을 갖게 한다. 고대세계는 보다 위험한 누룩을 사용했다. 그것은 앞선 주간에 가루반죽 덩어리의 일부분을 취하여 적절한 상태로 보관하고, 발효의 과정을 증진시키기 위하여 즙을 더하여 만들어졌다. 그러나 이러한 가정에서 만든 부풀게 하는 효소는 건강을 해칠 수 있는 위험으로 가득 찼다. 그것이 쉽게 부패될 수 있었기 때문이다. 그 다음에 그것은 나머지 반죽 덩어리와 함께 구워질 때 독을 퍼뜨린다. 따라서 그것은 떡 반죽 전체를 감염시킬 수 있었다.[13] 그것이 바로 예수가 대적들을 가리켜 사용하시는 개념이다.

바리새인들과 헤롯은 공동으로 하찮은 존재로 보인다. 즉 하나는 종교적 의무들에서 터무니없는 존재였고, 다른 하나는 죄에 함몰된 존재였다. 그들은 다른 사람들을 감염시킬 수 있는 악독한 흠을 가지고 있다. 예수는 중독성이 있는 흠이 무엇인지를 명확하게 밝히지 않고 있으나, 문맥은 증거가 있음에도 불구하고 믿지 않으려는 그들의 완고한 거부를 지적한다. 그들은 진리가 그들의 면전에서 돋보이게 드러날지라도, 그 진리를 환영하기는커녕 인정하지조차 않는다. 헤롯과 그의 무리들은 예수의 능력 있는 사역들을 들을 때 믿지를 않았다(6:14-16). 바리새인들은 믿으려고 위탁하기 이전에 예수가 그들 자신의 목표와 열망에 적합한 표적을 제공해야 한다고 주장하고 있다.

그러므로 예수는 제자들에게 이와 같은 교활한 불신앙의 희생이 되지 않도록 경고하신다. 그 다음 식사를 어디에서 할지를 걱정하는 그들의 걱정은 바리새인과 헤롯의 말을 듣지 말라는 경고의 말씀에 귀를 막게 하고 소경이 되지 말라는 경고의 말씀에 눈이 어두워지게 한다. 세속적인 관심들이 그들로 하여금 지나치게 빗나가게 하고 그 미묘한 관계를 깨닫지 못한다. 그들은 끊임없이 부족한 자원들에 관해서 초조해 하고 있다 군중을 먹이려면 너무나 많은 돈이 들 것이고, 황량한 장소에서는 이 군중이 떡을 얻을 길이 없으며, 그들은 떡을 가지고 있지도 않다. 그러

13. 플루타크(Plutarch, *Roman Questions* 289F)는 "누룩은 그 자체가 부패의 산물이며, 그것이 섞인 가루반죽 덩어리를 부패시키고…부풀게 하는 전 과정이 부패 중 하나인 것으로 보인다. 어쨌든 누룩이 너무 지나치면, 완전히 가루 반죽 덩어리를 시게하고 상하게 한다." Pliny, *Natural History*, 18-26을 보라.

한 것들에 대한 걱정이 예수가 그들 가운데서 무엇을 행하셨는지를 바라보고 깨닫지 못하도록 가로막고 있다. 그것은 마치 초창기의 광석 라디오로 주파수를 맞추어 듣는 것과 같아서, 그들이 듣는 모든 것은 잡음에 압도된 직직거리는 희미한 소리에 불과하였다.

예수는 제자들에게 어찌하여 모두 떡에 관해서만 말다툼을 하느냐고 묻고, 그들(그리고 독자)의 기억을 되살리기 위하여 최근의 사건들을 재빨리 상기시키고 있다. 그는 자신이 오천 명과 사천 명을 먹였을 때 얼마나 많이 남았는가를 그들이 상기할 것을 촉구하신다. 그들은 쉽게 그 숫자들을 상기할 수 있었지만, 그 떡을 만드신 분과 함께 지금 배 안에 있다는 사실을 상기하지 못한다. 이 장면은 거의 우스꽝스럽다. 예수는 구천 명을 먹이셨고, 남은 것은 거의 제로다. 제자들이 음식을 분배하는 일에 가담했고, 나머지 것들을 모으는 일을 하였으며, 그것들이 열두 바구니와 일곱 바구니에 가득 했다. 그들이 이 두 사건을 바로 곁에서 보았지만, 그것이 그들의 마음속에서 슬며시 사라져버리고, 13명을 위한 점심 준비를 하기에 충분한 음식을 가지고 있지 못한 것에 관해서 걱정하는 멍청이처럼 되고 있다. 예수가 그들의 기억을 되살릴 때까지도, 그들의 마음이 완고해졌으므로 여전히 완전히 이해하지 못하고 있다.

예수는 외관상 광야에서 떡을 먹이신 사건들이 제자들에게 모든 것을 설명하는 열쇠가 되는 사건들이라고 믿고 있다. 그러나 그것들은 그분이 행하신 다른 이적들이 그리하였던 흥분의 쇄도를 일으키지 않았다. 마가는 어떤 사람이 놀랐다고 기록하지 않는다. 제자들만이 이적을 행하기 이전에 예수가 그렇게도 많은 사람들을 먹이시려는 생각을 마음속에 품고 계셨다는 사실에 놀랐다. 그들이 남은 것을 모았을 때, 그들은 그것을 수월하게 넘긴 것으로 보이고, 다음과 같이 묻지 않는다. "그렇게도 적은 것을 가지고 수천 명을 먹일 수 있는 이분은 누구인가?" 이 사건의 의미가 분명히 그들에게서는 사라졌으나, 예수는 길을 걸어가면서 그들이 예수를 하나님의 능력으로 역사하시는 분으로 인식하도록 그러한 사건들을 지적해 주어야한다는 사실을 암시하신다. 그들은 속 좁은 공포(놀람)로 자신의 작은 세계의 늪지에 빠져서 자기들 가운데로 뚫고 들어오시는 하나님의 통치를 보지 못한다.

예수는 결코 제자들을 포기할 수 없고, 분노를 표현하시는 때라도 그들을 향한 희망을 여전히 붙들고 계신다. "아직도 깨닫지 못하느냐?" 예수는 4:12에 있는 외인들을 보기는 보아도 보지 못하며 듣기는 들어도 깨닫지 못하는 사람들로 정의하신다. 그러므로 제자들은 예수의 이적에 대하여 외인들처럼 반응하고 있다(8:17-

18). 그러나 몇몇 해석자들이 주장하는 것처럼, 그들은 내부인로서 자신들의 위치를 상실하지 않을 것이다. "아직 아니"는 결국에 그들은 깨닫고 알게 될 것이라는 사실을 암시한다. 비록 그러한 일들이 쉽게 다가오지는 않을지라도 말이다. 바리새인들과 달리 그들의 문제는 알기를 거부하는 것이 아니라, 예수가 죽으시고 부활하시기까지 그들이 깨달을 수 없다는 것이다. 게덜트가 마가복음에 나오는 제자들의 상태를 다음과 같이 올바르게 기술하고 있다.

> 우둔하고 불신앙적일지라도 예수를 따르는 자들은 꾸준히 가르침을 받는다. 만일 그들이 예수가 이끄시는 모든 길을 따라 간다면 결국에는 '자료 수집가'에서 '의미 분석가'로 변화될 것이다. 그것은 예수를 위한 결정이냐 예수를 대항하는 결정이냐에 따라 전적으로 달라진다.[14]

그러나 만일 그들이 바리새인들과 헤롯의 불신앙적인 누룩에 넘어간다면, 그들은 결코 깨닫지 못할 것이다. 만일 그들이 예수를 따라 계속 길을 간다면, 그들의 현재의 빈약한 이해의 자원은 증폭할 것이다.

소경 치유(8:22-26)

그 다음 사건은 벳세다에서 신원을 알 수없는 사람들이 예수에게 만져주심을 바라고 한 소경을 데리고 온 사실을 기록하고 있다. 마가는 생생한 필치로 예수가 소경을 마을 밖으로 데리고 나가서 눈을 고치기 위하여 눈에 침을 뱉고 처음에 부분적으로만 고쳐주신다. 예수는 그 소경된 사람에게 의사가 하는 방식을 따라서 치유가 성공적이었는지를 묻는다.

마가는 소경이 초보단계의 시력을 얻었으나, 초점이 흐려져 있는 치유의 첫 단계를 기술한다.[15] 그는 사람들을 볼 수 있지만, 사람들이 나무처럼 걸어다니는 것같이 보인다. 그때에 예수는 자신의 손을 소경의 손에 얹음으로써 완전한 치유를 가져다주는 절차를 반복하신다. 세 개의 동사가 그 사람의 점진적인 시력 회복을 묘

14. Geddert, *Watchwords*, 69.

15. 헬라어 동사 '아나블레포'(8:24)는 NIV에 번역되어 있는 바와 같이 "쳐다보다"(6:41; 7:34; 16:4을 보라)를 의미할 수 있지만 시작장애를 가리키기 위하여 사용했을 때 그것은 "시력을 되찾다"를 의미한다(10:51, 52을 보라). E. S. Johnson, "Mark viii 22-26. The Blind Man from Bethsaida," *NTS* 25(1979), 376-77을 보라.

사한다. 그는 눈을 크게 뜨고('디아블레포'), 그의 시력은 회복되며('아포카디스테미'), 모든 것을 분명하게 볼 수 있게 된다('엠블레포'). 그 다음에 예수는 그를 자기 집으로 보내며, 그에게 마을로 들어가지 말라고 명하신다. 그는 계속하여 자신의 치유사건을 불필요하게 공개하는 것을 피하시고 예루살렘으로 올라가기까지 마을과 촌락을 삼가신다. 그는 제자들을 가르치는 방향으로 초점을 맞추어가면서, 군중과의 접촉을 점점 줄인다.

그 사람이 시력을 즉시 회복하지 않았으므로, 독자는 그의 시각장애가 심하게 고치기 어려운 것이었다는 인상을 받게 된다. 이 이적은 가장 어려운 경우까지도 고치실 수 있는 예수의 능력을 보여준다. 제자들로 하여금 깨닫도록 하기 위한 예수의 노력을 묘사하고 있는 마가복음의 문맥은 이 특이한 2단계 치유에 의미를 더해준다. 소경의 치유는 제자들의 영적 시작장애에 대한 두 사례 사이에 나타난다 (8:14-21; 8:31-33). 시각장애에 대한 이러한 물리적인 치유는 제자들의 시각에 대한 영적 치유를 위한 패러다임으로서 역할 하는데, 이것 역시 점차적이고 힘들게 이루어진다.[16]

우리가 이 복음서의 중간 지점에 도달할 때, 전반부는 예수가 하나님의 능력을 부여받으신 메시야라는 사실을 인식하지 못하는 제자들의 무능에 초점이 맞추어져 있음을 알게 된다. 그것이 마침내 제자들의 대변자인 베드로에 의하여 예수가 그리스도이신 사실이 밝혀질 때, 제자들은 자신들의 이해력에 새로운 장애물과 마주친다. 본서의 하반부는 이 메시야가 고난을 당하고 죽어야 하고, 그의 부활에서 메시야임이 입증되어야 한다는 사실을 이해하기 불가능했다는 사실을 드러내준다.

예수가 소경에게 "무엇이 보이느냐?"고 물으실 때처럼, 제자들에게도 "너희는 나를 누구라 하느냐?"라고 물으실 것이다. 베드로는 어떤 것을 본다. 예수의 모든 능하신 사역과 행실이 있은 후에, 그는 섬광과 같은 통찰력을 얻는다. "주는 그리스도시니이다"(8:29). 치유의 첫 단계가 완료되었다. 그러나 그 다음 문장에 나오는 예수의 호된 책망이 보여주는 것처럼(8:33), 베드로는 부분적인 시력만을 가졌을 뿐이다. 베드로는 보지만 걸어 다니는 나무와 동일한 것을 본다. 베드로와 제자들은 모든 것—메시야께서 고난당하시고 죽어야 한다는 사실—을 분명하게 보기

---

16. Ibid., 370-83; Frank J. Matera, "The Incomprehension of the Disciples and Peter's Confession," *Bib* 70(1989), 153-72. Elizabeth Struthers Malbon은 그것이 "예수가 제자들이 더욱 분명히 볼 수 있도록 반복하여 두 단계로 일을 하시는 4:1-8:21로의 회귀를 암시한다"고 주장한다("Echoes and Foreshadowings in Mark 4-8. Reading and Rereading," *JBL* 112[1993]: 225-26).

전에 두 번째 만지심을 필요로 한다.[17]

그 다음 주요 단락인 8:27-10:52은 예수가 제자들의 영적 청각장애와 시각장애를 치유하시기 위한 노력에 집중하시는데, 이것은 치유의 한 과정에서 더욱 필요한 부분이다.[18] 누구든지 십자가와 부활 이후에야 하나님의 통치가 고난당하시고 처참한 죽음을 당하시는 예수의 인격 안에서 온다는 당황케 하는 신비를 이해하게 될 것이다. 부활은 시력과 생명 모두를 회복시키시는 하나님의 능력을 계시해줄 것이다.

상황잇기

예수가 바리새인들에게 하늘로부터 오는 표적을 주기를 거절하신 이유를 면밀히 조사하는 일은 우리의 현재의 상황을 연결짓는데 도움이 될 것이다. 이 단락에 대한 게덜트의 논의는 가치가 있다.[19] 그는 첫째 하늘로부터 오는 표적을 보여 달라는 외침은 악한 백성들로부터 왔다고 지적한다. 그들은 "이 세대"(8:12)를 나타내는데, 계속하여 예수에게 도전하고 제자들로 하여금 예수를 부끄러워하도록 부추기고(8:38), 또한 믿음이 없다(9:19). 이러한 백성들은 오직 논쟁하기만을 좋아하고, 다른 사람들을 당황스럽게 하기 위하여 시험한다. 그들은 자기들이 믿거나 믿지 않을 상황을 하나님에게 지시할 수 있는 것으로 생각한다. 그들은 어떤 모호하거나 역설적인 것은 받아들이지 않을 것이다. 이 대적자들은 믿음을 결정하는데 어떤 의심도 제거해줄 수 있는 반박할 수 없고, 모호하지 않은, 눈에 보이는 증거를 원한다. 따라서 그들이 예수로부터 원하는 것은 믿음의 필요성을 제거해버린다. 게덜트가 말하는 것처럼, "그들은 자기들이 원하는 어떤 종류의 표적이든 요구할 수 있고, 그 다음에 비판적인 거리를 유지하면서 자기들의 의향에 어울리도록 일어난 자료로부터 어떤 결론을 이끌어낼 수 있다고 생각했다."[20] 예수는 무엇을 행하시든 간에 이 완악한 대적자들을 확신시킬 기회가 거의 없다는 사실을 인식하신다.

둘째로, 표적에 대한 요구는 너무나 늦다. 예수는 대적자들이 자기를 죽일 음모

17. 베드로는 그의 세 번 부인한 사건에서 심각한 영적 시각 장애의 퇴보를 겪는다(14:66-71). 그는 두 번 예수를 알지 못한다고 말하고, 한번은 이해할 수 없다고 말한다. 그는 약해진 영적 시각의 완고한 경우를 나타내 보이지만 예수는 이를 치유할 수 있으시다.

18. Guelich, *Mark*, 420.

19. Geddert, *Watchwords*, 32.

20. Ibid., 68.

를 꾸미기 시작할 때까지 회의적인 대적자들을 끈기 있게 설득하셨다(3:6). 이 일이 있기 전에, 예수는 "그들이 비난할 때 그의 행동을 조심스럽게 변호하고, 그들이 권위를 도전할 때, 그의 권위를 드러내 주신다."[21] 그는 고침 받은 문둥병자를 그들에게 보여주는 증거로 보내셨다(1:44). 그는 중풍병자로 하여금 걸으라고 명령하심으로써 죄사함을 선포하시는 권위를 확증하셨는데, 그것은 거기 있는 모든 사람이 입증할 수 있는 것이었다(2:10). 도전을 받았을 때, 그는 왜 자신이 죄인들과 함께 먹는지(2:17), 왜 제자들이 금식을 하지 않았는지를 설명하셨다(2:19-22). 그는 소위 안식일을 범했다는 비난을 구약성경의 선례에 호소함으로써 정당성을 입증하셨다(2:25-28). 그러나 그들은 이 증거와 그의 설명을 거절하고, 그를 죽이려고 모의하였고, 그의 평판을 해치려고 시도했다. 결국, 예수는 이제 그들을 향한 자신의 접근을 그친다. 그는 무슨 말을 하거나 행동을 하든 그들이 믿지 않으므로, 어떤 다른 증거를 그들에게 주기를 거절하신다. 그런 까닭에 그들이 하늘로부터 오는 표적을 요구하는 만용을 가질 때, 퉁명스러운 반응을 보이신 것이다.

세 번째로, 예수는 그들이 사탄이 했던 것처럼 그분을 유혹하려 하고 있으므로, 그들의 요구에 따르기를 거절하신다. 마귀의 시험은 하나님에게 순종하느냐 순종하지 않느냐의 선택을 하도록 제공한다. 그들은 하나님의 뜻에 일치하는 것이 아니라 자기 자신의 바람과 목적에 적합한 표적을 강요함으로써 성령을 사물화(私物化) 하려고 한다. 깁슨(Gibson)에 따르면, "하늘로부터 오는 표적"은 이스라엘의 대적들의 멸망과 함께 오는 이스라엘의 구원과 관계가 있다. 그들은 그분에게 "승리주의—마가에 따르면 신적인 사명이라는 긴급한 일에 신실한 분으로 남아있기를 원한다면, 예수에게 금지되었던 활동의 유형—를 옹호하고 주도하며 참여하기를 원한다."[22]

바일지키언(Bilezikian)은 문제를 분명하게 지적한다. "그들이 원하는 그 같은 종류의 메시야는 절대로 오지 않을 것이다. 그들은 하늘의 능력을 힘입어 자기들의 지상에서의 계획을 실현시킬 뜻을 이행해주는 슈퍼맨을 찾기로 결심했다. 그들이 꿈꾸는 메시야…."[23] 그들이 바라는 메시야는 세상의 폭군들을 몰아내고 자기들을 새로운 폭군으로 임명할 공허한 꿈속의 메시야다. 그들은 자신들이 참된 것으로 원하는 증거를 예수가 주기를 원한다. 예수는 그들이 자기를 사기꾼이요 더

21. Ibid., 41.
22. Gibson, "Jesus's Refusal," 55.
23. Bilezikian, *The Liberated Gospel*, 66.

욱 나쁜 사람으로 거부할 것임을 아시면서, 그들의 거짓된 희망에 부합하지 않으신다. 외부인과 내부인들은 목사들과 교회들에 자기들의 잘못된 기대에 순응하고 자기 멋대로의 공상들을 소중히 길러주도록 강한 압력을 발휘할 수 있다. 이러한 압력에 저항하고 하나님에게 순종하는 상태로 머물기 위해서는 하나님의 뜻에 대한 명확한 비전과 흔들리지 않는 헌신, 그리고 끊임없는 기도가 필요하다.

어찌하여 예수가 바리새인들에게 그들이 선택하는 표적을 주기를 거절하고 있는지에 대한 네 번째 이유는 하나님 나라와 믿음의 성격과 관계가 있다. 하나님의 나라는 믿음과 분별력을 행사할 사람들을 필요로 한다. 바리새인들이 요구하는 표적은 증거가 모호할 때 하나님이 지금 무엇을 하시고 있는지를 식별하고 믿음에 모험을 감행할 필요를 제거한다. 마가복음 13장에 있는 표적을 나타내는 선지자들에 관한 경고는 표적들(이것은 선민까지도 속일 수 있다)을 가짜로 제공하는 사람들을 밝히고 있다(13:21-22).

사람들은 그것을—확실한 표적—원한다(고전 1:22을 보라). 그들의 어리석은 희망이 그들을 속기 쉽게 만들어 "여기를 보라!" "저기를 보라!"고 외치는 자들을 만든다. 예수의 십자가 주변에 모인 구경꾼들은 그가 진실로 그리스도라는 사실을 믿을 수 있도록 그에게 극적인 능력의 쇼를 보이면서 내려오라고 요구한다(15:28-32). 예수는 조롱하는 자들로 하여금 믿도록 어떤 일을 행하는 것을 배격하신다. 우리는 그가 자신을 이 십자가에 내어주시는 그 길로부터 그리고 그의 부활에 대한 기록으로부터 진리를 분별해 내야 한다. 그 어떤 천사의 무리도 하늘로부터 나팔을 불며 내려와서 예수가 왕이시라는 소식을 전하지 않을 것이다. 예수를 믿는 모험을 감행한 선택된 자들을 모으는 세상 끝에 이를 때에는 믿지 않는 자들은 너무 늦을 것이다(13:27).

표적을 구하고 조롱하는 자들은 모든 세대마다 나타날 것이다. 그들은 계속하여 자기들의 요구를 외치고, 증거를 요구하며, 하나님의 신실하심을 신뢰하는 신앙을 모든 증거에 반하여 조롱한다. 윌리엄 블레이크(William Blake)는 조롱하는 자들에 대해 이렇게 기록했다.

> 볼테르와 루소여, 조롱하고 조롱하라,
> 조롱하고 조롱하라! 그것은 모두가 헛됨이니
> 너희는 모래를 바람을 향하여 던진다.
> 또 바람은 그것을 다시 되돌려 보낸다.

또 모든 모래는 신적인 광선에 반사된
보석(Gem)이 된다
다시 불려온 그것들은 조롱하는 눈을 멀게 한다
그러나 그것들은 여전히 이스라엘의 좁은 길에서 빛난다.[24]

각 시대는 볼테르와 루소를 대신할 새로운 이름들로 채울 수 있다. 그리스도인의 각 세대는 그들의 요구를 만족시키려 하고, 세상의 증거의 표준들에 어울리는 확증을 제공하려는 유혹을 거절해야 한다. 세상은 보이는, 속세의, 승리적인 실체들을 원한다. 마가복음에 따르면, 영적 진리는 그러한 요구에 응답하지 않는다. 예수의 사례로부터 우리는 이것을 배워야한다. 그는 다른 사람들을 믿도록 하기 위하여 증거를 제공하라는 모든 용납할 수없는 요구들을 거절하셨다. 불가지론자들의 조롱은 일반적으로 하나님에 대한 자기들의 분노를 반영하고 있다. 이들과 열매 없는 논쟁에 연루되기보다 예수의 모범을 따르고 이들을 거부해야 한다. 예수는 하나님에게 순종하는데 위탁함으로써, 자기 생명을 다른 사람들을 위한 희생제물로 드림으로써, 자신의 믿음을 입증하셨다.

제자들은 이 장면에서 잘 행동하지 못하고 일을 잘못되게 할 것이다. 마가복음에서 그들은 그들의 귀에 들리지 않게 방해하는 어떤 것을 가지고 있는 것처럼 보인다. 예수의 암시, 경고, 심지어 그의 이적적인 행사들까지도 그들의 귀를 뚫고 들어가지 못한다. 그것은 소경에게 윙크하고 귀머거리에게 속삭이는 것과 같다. 제자들은 범죄소설에 나오는 영리한 형사의 이해가 더딘 동료－홈즈의 왓슨 혹은 포이롯의 헤이스팅스－와 같았다. 그들은 진리를 깨닫지 못하고, 엉뚱한 방향으로 나아간다.

그러나 제자들의 깨닫지 못하는 우둔함이 그들이 구제불능으로 무지하다는 것을 의미하지 않는다. 그들은 (일부 학자들이 주장하는 것처럼) 마가의 대적들의 이단적 위치를 나타내지 않는다. 마가는 제자들을 이해하는 사람들(4:11-12)로 한편으로는 이해하지 못하는 사람들(6:51-52; 7:19; 8:17-21)로 표현한다. 그들이 모든 것을 깨닫지 못한 점은 부활 이전에 인간 지혜의 영에 지배를 받은 사람들, 곧 하나님의 길을 계시하는 하나님의 성령을 받지 않은 사람의 상태를 반영하고 있

24. *The Complete Poetry and Prose of William Blake*, ed David V. Erdman; rev. ed.(Berkeley/Los Angeles: Univ. of California Press, 1982), 477.

다. 바울이 기록한 바와 같다. "하나님이 자기를 사랑하는 자들을 위하여 예비하신 모든 것은 눈으로 보지 못하고 귀로 듣지 못하고 사람의 마음으로 생각하지도 못하였다"(고전 2:9). "이와 같이 하나님의 일도 하나님의 영 외에는 아무도 알지 못하느니라"(2:11). 그러나 고린도 교인의 상황이 보여주는 바와 같이, 성령을 받은 사람들까지도 심하게 잘못될 수 있고, 자의적이 될 수 있다. 그러므로 예수의 제자들은 마가 당시의 교회에 있었던 제자들과 현대의 제자들의 본보기를 보여주는 사례인데, 이들은 확실히 우둔하고, 혼동하지만 때로 통찰력을 갖기도 한다. 제자들의 주된 문제는 그들이 영적으로 눈이 멀어 있을 뿐 아니라 자신들이 소경이라는 사실을 인식하지 못하고 있다는 것이다.

본문은 제자들의 암매상태에서 독자들이 자신들의 암매상태를 볼 수 있다면 그 과업을 다하는 것이다. 만일 우리가 "어떻게 제자들이 그렇게도 아둔할 수 있었던가?"라고 묻는다면, 그 즉시 우리 자신에게 같은 질문을 해볼 필요가 있다. 제자들은 사물을 바라보는 전통적인 방식의 먼지로 덧입혀진 그리고 자기들의 꿈과 야망이라는 굴곡으로 말미암아 왜곡된 유리를 통하여 희미하게 보았다. 우리가 들여다보는 이 유리도 차이가 없다. 우리는 하나님이 행하시는 일을 볼 수 있기 이전에 그들과 똑같은 치유를 필요로 하며, 그 치유는 첫 시도에서 얻지 못할 수도 있다. 많은 사람들이 영적 무감각이라는 치명적인 경우로 고통 하는 것으로 보이는 교회나 교단의 사람들로 인해 좌절했다. 우리는 우둔한 제자들을 향하여 참으신 예수의 인내의 모범으로부터 교훈을 배울 수 있다. 재판과 죽음을 당하시는 동안에 제자들이 비참한 실패를 하였으나 그는 결코 그들을 포기하지 않으신다. 극소량의 떡으로 수천 명을 위한 잔치로 변화시키신 그는 마비된 제자들의 돌 같은 마음과 완고한 정신을 변화시키실 수 있고, 그리하여 그들은 세계로 복음을 전파하며 나갈 것이다.

예수는 제자들이 불신앙이라는 부패에 영향을 받기 쉽다는 사실을 인정하신다. 마가복음 8:14-21은 불신앙이 세속적인 문제—세상 것들에 대한 걱정—에 마음을 빼앗기게 될 때 누룩처럼 부풀어 오르기 시작한다는 사실을 보여준다. 제자들이 충분한 떡을 가지고 있지 않다는 걱정에 사로잡힐 때, 독자들은 올바르게 "어찌하여 그들은 그렇게도 불안을 느껴야 하는가?"라고 올바로 질문을 던질 수 있다. 그들은 그들을 돌보시고 그들의 필요만이 아니라 다른 사람들의 필요도 만족시키시는 능력을 보이신 분과 여행하고 있는데, 그들은 모든 것을 어리석게 걱정하고 있다. 상황을 연결함에 있어서 현대의 제자들의 사소한 걱정들은 단지 어리석고도 불필요한 것으로 보인다는 사실을 지적할 필요가 있다.

우리가 제자들처럼 물질적인 풍요에 관심을 집중하게 되었을 때 여러 위험들이 일어난다. (1) 충분히 제공해 주시는 예수의 능력을 의심하기 시작하고, 다른 자원들을 바라보려는 유혹을 받을 수 있다. (2) 다른 사람들과 다툼으로써 근심을 드러내기 시작하는데, 그 다툼은 공동체를 무너뜨린다. (3) 매일의 양식에 대한 끝없는 추구는 하나님의 뜻에 순종하지 못하게 만든다. 만일 제자들이 떡을 추구하는데서 눈을 들어 올린다면, 하나님이 예수 안에서 그들이 필요로 하는 모든 양식을 제공해 주신다는 사실을 깨달을 것이다.

예수는 제자들의 상태를 분석하시고, 그 상태를 마음이 완고하고 눈이 멀고 귀가 닫힌 상태라고 진단하신다. 그들은 어떤 사실을 이해할 수없는 외인들과 거의 차이가 없으며(4:11-12) 예수의 완고한 대적자들(3:5)과도 거의 차이가 없다. 헹겔(Hengel)은 유익한 설명을 한다. "그것은 대표로서 당하는 대속적인 죽음을 향하여 나아가는 예수의 과정에 수반되는 보편적 불순종이다."[25] 제자들의 실패는 바울의 주장을 예증한다. "차별이 없느니라 모든 사람이 죄를 범하였으매 하나님의 영광에 이르지 못하더니"(롬 3:22b-23).

현대적 의미

이 사건들은 하나님이 예수를 통하여 역사 하고 계심을 대적자들과 제자들이 눈이 멀어있는 것으로 묘사한다. 영적 시각장애는 많은 원인으로 인해 발생한다. 하나님이 행하시는 것이 무엇이고, 그것이 어디로 인도한다는 것을 깨달아 알게 되는 것은 교회의 건물을 구상하는 것과 같다. 건축가가 조망을 조사하고, 그 건물이 어떻게 보일지에 관한 상상도를 가진다. 이 지점이 성소가 있을 지점이다. 이곳이 강단이 있을 곳이다. 이곳이 성가대석이 있을 곳이다. 등등. 건축가와 친하게 지내는 자는 덤불, 흙더미, 바위들을 보게 될 것이다.

예수는 하나님의 나라가 무엇과 같은지에 대한 비전을 가지고 있다. 제자들은 아무리 열심히 자기들의 눈을 집중한다 하더라도 아무것도 보지 못한다. 모든 것이 그들에게는 황량한 풍경과 같이 보인다. 그들은 흑암 중에 머물러 있을 수도 있겠지만, 예수는 자신의 비전을 의지하도록 그들에게 요구하신다. 그들은 자원들이 너무나 보잘것없이 보이므로 의심할 수도 있고, 또한 그들은 자신들의 축복들을

25. Hengel, *Studies in the Gospel of Mark*, 35.

세어볼 수 있는 과거에 누렸던 하나님의 풍성한 공급을 기억하지 못한다. 그들은 보다 많은 증거를 얻을 때까지 자신들의 헌신을 보류할 수도 있다. 그들은 길을 가다가 떡을 가지고 있지 않다고 생각하기 때문에 마음이 약해지고, 포기하고 낙담할 수도 있다. 그들은 최근의 문화적 유행을 통하여 영감을 받은 눈이 휘둥그레질 만한 프로그램으로 빈 좌석을 채우려고 시도할 수도 있다. 그들은 결코 만족시킬 수없는 영적인 잡동사니 양식을 나누어주는 것으로 끝낸다.

마샬(Marshall)은 합리적 믿음(belief)과 신뢰(trust)간의 차이를 개괄적으로 설명한다. 그는 합리적인 믿음은 "비자발적"인데, 그 이유는 증거가 믿음을 추진하기 때문이라고 지적한다. 다른 한편 신뢰는 자발적 의지의 행동이다. 객관적인 증거가 없을 때에도 신뢰한다. 슈바이처(Schweizer)는 그것을 한 약혼자가 자신의 상대가 신실하다는 사실을 신뢰하는 것과 비교한다. 상대가 신실하다는 명백한 증거를 수집하기 위하여 사설탐정을 고용할 수 있으나, 이 같은 일을 하는 것은 사랑과 신뢰에 근거해야 하는 건전한 관계를 파괴할 것이다.[26]

믿음은 존재하지만 한 사람의 행동에 영향을 주지 않을 수 있다. 비행기를 타고 나는 것이 자동차를 타고 고속도로를 여행하는 것보다 훨씬 더 안전하다는 통계학적인 증거를 믿을 수 있지만, 하늘을 나는데 대한 두려움이 비행기를 이용한 여행 예약을 가로막을 수 있다. 한편으로 신뢰는 어떤 행동으로 그 결과가 나타난다. 믿음과 신뢰는 서로 얽혀있다. 마샬은 이렇게 진술한다.

> 모든 믿음은 적어도 소량의 신뢰와 관련이 있으며(예를 들면, 한 사람의 인식력에 대한 신뢰), 반면에 신뢰받는 자의 성품이나 신뢰행위 자체에 본래 들어있는 유익에 대한 최소한의 확신이 없다면, 신뢰의 행동은 터무니없을 것이다. 다시 말해서 모든 인간의 판단은 상황에 의존하는 다양한 규모 가운데 들어있는 합리적인 혹은 비합리적인 요소 모두를 포함하는 복잡한 성격을 가지고 있다.[27]

그것은 '…라고 믿는 믿음'과 '…을 믿는 믿음'이다. 그리스도인은 예수가 그리스도요, 하나님의 아들이라고 믿으며, 그분이 그들이 필요로 하는 모든 것에 충분하시다고 믿으며, 그때에 그들은 믿음으로 산다.

---

26. Schweizer, *Mark*, 159.
27. Marshall, *Faith As a Theme*, 55.

슈노벤(Schoonhoven)은 다음과 같은 예증을 제공한다.

어떤 단단히 맨 밧줄을 타고 걷는 사람이 나이아가라 폭포를 가로질러 가려고 한다고 공언했다. 거대한 군중이 모였다. 그는 손과 발에 분말초크 가루를 바르고, 균형을 잡기 위하여 사용했던 장대를 양손으로 잡고 확신 있게 그 밧줄을 가로질러 나아갔다. 그는 가로질러 갔을 뿐 아니라 되돌아오기까지 했다. 관중은 서서 놀라워했고 박수로 응수했다. 그 사람은 장대 없이 다시 그 일을 하겠다고 선언했다. 또 다시 그는 성공적으로 갔다가 돌아왔다. 그가 밧줄에서 뛰어내려 관중에게 돌아서서 묻기를 얼마나 많은 사람들이 자신이 세 번째로 그곳을 건너가는데 이번에는 외바퀴 손수레를 가지고서 그 일을 할 수 있을 것이라고 생각하는지를 물었다. 어떤 사람은 확신을 가지고 반응한 반면에 다른 사람들은 회의적이었다. 그는 그 일을 하려고 출발했고 아주 손쉽게 해냈다. 그 다음에 그는 관중들에게 시멘트가 가득한 외바퀴 손수레로 같은 일을 자신이 할 수 있다고 믿는지를 물었다. 이번에는 군중들이 큰 확신을 가지고 할 수 있다고 응답했다. 또 다시 그는 믿을 수 없을 만큼 쉽게 그 곡예를 해냈다. 이러한 네 차례의 외줄 타기를 성공적으로 마친 그는 관중들에게 자기가 수레로 한 사람을 그 위험스러운 공간을 가로질러갈 수 있을 것이라고 믿는지를 물었다. 그 반응은 만장일치였다. 그는 그 일을 할 수 있었다. 그들의 반응에 대하여 그는 한 신사에게 돌아서서 "좋습니다, 친구여, 갑시다"라고 말했다.[28] 과연 그가 그 외줄타기에 동승했을까!

28. Calvin R. Schoonhoven, "The 'Analogy of Faith' and the Intent of Hebrews," in *Scripture, Tradition, and Interpretation*, ed. W. Ward Gasque and William Sanford LaSor(Grand Rapids. Eerdmans, 1978), 110, n. 14.

마가복음 8:27-9:1

27 예수와 제자들이 빌립보 가이사랴 여러 마을
로 나가실새 길에서 제자들에게 물어 이르시
되 사람들이 나를 누구라고 하느냐
28 제자들이 여짜와 이르되 세례 요한이라 하고
더러는 엘리야, 더러는 선지자 중의 하나라
하나이다
29 또 물으시되 너희는 나를 누구라 하느냐 베
드로가 대답하여 이르되 주는 그리스도시니
이다 하매
30 이에 자기의 일을 아무에게도 말하지 말라
경고하시고
31 인자가 많은 고난을 받고 장로들과 대제사장
들과 서기관들에게 버린 바 되어 죽임을 당
하고 사흘 만에 살아나야 할 것을 비로소 그
들에게 가르치시되
32 드러내 놓고 이 말씀을 하시니 베드로가 예
수를 붙들고 항변하매
33 예수께서 돌이키사 제자들을 보시며 베드로
를 꾸짖어 이르시되 사탄아 내 뒤로 물러가
라 네가 하나님의 일을 생각하지 아니하고
도리어 사람의 일을 생각하는도다 하시고
34 무리와 제자들을 불러 이르시되 누구든지 나
를 따라오려거든 자기를 부인하고 자기 십자
가를 지고 나를 따를 것이니라
35 누구든지 자기 목숨을 구원하고자 하면 잃을
것이요 누구든지 나와 복음을 위하여 자기
목숨을 잃으면 구원하리라
36 사람이 만일 온 천하를 얻고도 자기 목숨을
잃으면 무엇이 유익하리요
37 사람이 무엇을 주고 자기 목숨과 바꾸겠느냐
38 누구든지 이 음란하고 죄 많은 세대에서 나
와 내 말을 부끄러워하면 인자도 아버지의
영광으로 거룩한 천사들과 함께 올 때에 그
사람을 부끄러워하리라

9:1 또 그들에게 이르시되 내가 진실로 너희에게
이르노니 여기 서 있는 사람 중에는 죽기 전
에 하나님의 나라가 권능으로 임하는 것을
볼 자들도 있느니라 하시니라

원 의미

이 복음서의 급속히 진행되는 속도가 이 커다란 단위에서는 그 속도가 의도적으로 느려진다(8:22-10:52).[1] 예수는 더 이상 마을에서 마을로 호수의 건너편에서 이편으로 움직이면서 나아가지 않으신다. 그는 이제 "길에서" 제자들

1. "즉시(= 곧)"라는 단어가 1:1-8:26에서 32회나 나타나지만, 이 단위(8:27-10:52)에서는 단지 네 번만 나타나는데, 그중에 귀신들린 소년의 치유(9:15, 20, 24)에서 세 번 나타난다.

을 가르침으로 인도하신다. 그 여행은 이제 배를 제자들을 가르치는 교실로 대치시킨다. 여러 주제들이 이 단위 가운데서 나타난다.

(1) 예수는 제자들에게 자신에게 다가올 고난, 죽음, 부활에 관한 분명한 가르침을 제공함으로써 자신의 임무에 대한 비밀을 벗기신다. 그들이 그분을 메시야로 인식하기 시작하면서 비늘이 그들의 눈에서 떨어져 나가기 시작한다. 이 단락의 시작 부분에서 베드로는 예수를 그리스도로 선언한다(8:29). 끝부분에서 바디메오가 그를 다윗의 자손이라고 큰 소리로 부르짖는다(10:47). 그들이 옳지만, 부분적으로만 옳다. 질문은 "예수는 누구인가?"에서 "하나님이 하라고 보내신 일이 무엇인가?"로 옮겨간다. 예수는 세 번이나 자기의 고난의 필요성을 제자들에게 설명하심으로써 메시야가 된다는 것이 무엇을 의미하는지에 대한 새로운 정의를 전해주려고 하신다(8:31-38; 9:30-37; 10:32-45). 의미심장하게도 그는 자기의 고난을 "비유로"(4:33)가 아니라 "명백하게"(8:32) 말씀하신다. 그의 가르침의 요점은 메시야 왕이 거친 십자가로부터 다스릴 것이라는 사실이다. 전통적으로 학자들은 이 구절들을 수난 예고라고 불렀지만, 그 용어는 예수께서 자신의 변호와 부활도 예언하고 있음을 간과한 것이다.

(2) 예수는 제자도에 필요한 조건을 상세하게 설명하신다. 그것은 구속의 수단으로서 뿐만 아니라 만일 제자들이 진정 그의 제자가 되기를 원한다면 짊어져야 하는 삶의 방식으로서 반드시 필요하다. 그들 역시 고난을 당할 것이고, 희생에 대한 어떤 부르심을 회피하는 더 쉬운 길을 가려는 유혹을 받을 것이다. 고난당하는 지도자를 신실하게 따르는 사람은 누구나 날지 못하는 미운 오리처럼 미움의 대상이 될 것이다.

(3) 그 "길"('호도스')은 이 단락에서 내내 결정적인 역할을 한다. 예수는 제자들에게 길을 가리켜 주지 않고, 스스로 그 길을 걸어가시면서 그들에게도 그 길을 걸어가라고 지시하신다. 마가는 길을 따라가는 이정표를 기록하고 있다(8:27; 9:33-34; 10:17, 32, 46, 52).

- 예수는 가이사랴 빌립보로 가는 "길에서" 자기가 누구라고 생각하는지를 제자들에게 물으신다. 그는 자기에게 닥칠 운명을 처음으로 말씀하신다(8:27).
- 9:33-34에서 그는 제자들에게 "길에서" 논쟁하였던 것이 무엇이었는지를 물으신다.
- 예수가 "길을 가시려고" 하실 때(10:17), 한 사람이 급히 그를 가로막고 영생

을 얻기 위하여 무엇을 해야 하는지를 묻는다. 그 대답은 다음과 같이 되돌아온다. 네가 가진 모든 것을 팔아서 가난한 자들에게 주고 예수가 가는 길을 따르라.

- 마가는 예수가 10:32, 즉 자신의 고난과 죽음에 대한 세 번째이자 마지막 선언 직전까지 제자들을 어디로 인도하시는지를 말해주지 않는다. 그는 그들을 예루살렘으로 "가는 길"로 인도하신다. 그분이 가는 행렬을 따라 가는 사람들은 예언을 모호하게 감지한다. 그들은 놀라고 두려워한다. "갈릴리를 통한 축제적인 순회"는 이제 예루살렘으로 가는 "암울한 행렬"이 된다.[2]
- 이 단락의 마지막 장면에서 예수는 "길가에" 앉아있던 소경 바디메오를 고치시고(10:46), 그는 "길에서"(10:52) 예수를 따른다.

돌아보건대, 독자는 십자가의 그늘이 어떻게 모든 여행에 나타나는지를 깨닫게 되며, 모든 표적들이 골고다를 가리키는 길을 따라 예수가 제자들을 인도해 가고 있음을 이해하게 된다.

(4) 이 단락은 예수의 능력이 어떻게 약한 것과 섞여있는지를 보여준다. 마가가 기록하고 있는 사건들에서 능력의 결핍은 없다. 오직 선별된 제자들만 예수의 변화된 영광을 보며(9:2-8), 그는 계속하여 귀신들을 쫓아내시고(9:14-29) 병든 자를 고치신다(10:46-52). 제자들을 따르지 않는 사람들까지도 그의 이름의 능력이 귀신을 쫓아내는데 효력이 있다는 사실을 발견한다(9:38-41). 그러나 예수는 세상의 권세에 대한 모든 권리주장을 포기하시고, 기꺼이 학대에 순응하신다. 그는 체포되어, 조롱을 당하시고, 죽음에 넘겨질 것이다. 그는 하나님의 계획에 복종하실 것이다. 하나님의 능력이 약함 가운데 나타날 것이다. 마가는 짐승의 강력한 수단에 종사하는 세상의 권세자들이 궁극적으로 능력을 나타내기를 모두 포기하시는 어린양에게 정복을 당할 것이라는 사실을 강조한다.

(5) 제자들의 결점들이 이 단락에서 한층 더 두드러진다. 모든 장면에서 그들의 소경됨이 참혹하게도 분명하게 드러난다. 예수가 자신의 임박한 고난과 부활에 관해서 제자들에게 교훈을 주실 때마다, 그들은 어떤 면에서 그들의 완전한 이해력의 결핍을 보여준다. 첫 번째 경우에, 베드로는 예수가 고난을 받으실 것이라는 사실을 생각하고 계신 것을 공개적으로 저지한다(8:32-33). 두 번째 경우에, 모든 제

2. Bilezikian, *The Liberated Gospel*, 102.

자들이 누가 큰 자인가에 관해서 은밀히 말다툼을 한다(9:33-34). 마지막 경우에, 야고보와 요한이 하나님의 나라에서 권세와 영광의 자리에 앉게 해 달라고 요구하는데, 이것이 다른 제자들을 분노하게 만든다. 그들은 경쟁에서 우위를 차지하기 위한 이러한 요구에 대해서 서로 흥분한다. 그들은 지배하는 자들이 되기를 원하고 있기 때문이다(10:35-41). 제자들의 완고한 우둔함이 예수로 하여금 매 경우에 참된 제자도의 특성에 관해서 진술하도록 길을 열어준다(8:34-38; 9:35-37; 10:42-45). 많은 사람들은 두 소경의 치유가 이 단락을 둘러싸고 있는 한 쌍의 북엔드(책이 쓰러지지 않게 하는 책꽂이) 형태를 취하고 있다고 주장했다(8:22-26; 10:46-52). 반면에 길에서 예수는 제자들로 하여금 죽음에도 불구하고가 아니라, 죽음으로써 진정한 하나님의 메시야가 되신다는 것을 깨닫도록 돕기 위하여 두 번째와 세 번째 도움을 주신다.

메시야이신 예수(8:27-33)

첫 번째 교훈의 과정은 가이사랴 빌립보의 위치가 아닌 것으로 보이는 곳에서 일어나는데, 이곳은 성지와 이방영토 사이의 경계선상에 위치해 있으며, 자연의 신 판(Pan)과 제의적으로 연결된 것으로 유명하다. 헤롯 대왕이 로마 황제를 숭배하기 위하여 여기에 거대한 대리석 신전을 건축했고, 그의 아들 헤롯 빌립이 그 도성을 확장하고 황제 시저(Caesar, 케자르)를 영화롭게 하려고 가이사랴(Caesarea)로 개칭했다. 시저(케자르)의 권세를 행사하는 로마의 한 통치자가 이 그리스도를 사형시킬 것이지만, 부활은 로마 제국의 토대 자체를 흔들고 하나님의 능력을 나타내기 시작할 것이다. 예수가 그리스도라는 베드로의 인식은 한 이방의 식민지 예루살렘으로부터 멀리 떨어진 곳에서 일어난다. 예수는 여기서 거룩한 도성인 예루살렘으로 나아갈 것이고, 거기서 그가 십자가에서 고난을 당하실 때, 그들은 그를 그리스도로 조롱할 것이다(15:32).

예수는 제자들을 시험하는 질문을 하심으로써 그들을 가르치신다. 첫 번째 질문은 이것이다(8:27). "사람들이 나를 누구라고 하느냐?" 제자들은 여론의 호의적인 평가를 보고한다. 거리에 있는 사람이 예수에 대한 호평을 가지고 있다. 그들의 견해는 그가 바알세붑에게 사로잡혔다고 보는 그의 숙적들인 비방자들을 화나게 한다. 그의 친척들은 그가 미쳤다고 생각하고 걱정한다. 나사렛의 예수의 동향 사람들의 편견은 그가 단순히 자기들과 같은 사람들 가운데 한 사람이라고 생각한다. 대부분의 사람들은 예수를 세례 요한이나 엘리야와 같은 선지자의 부류 가운데 둔다. 이러한 의견들은 독자에게 예수에 관한 헤롯의 높은 추측을 상기시켜 주고 있는데, 그것은 세례 요한, 엘리야 혹은 선지자들 중 한 사람이라는 것이다(6:14-15). 파멸과 어두움을 선포하도록 하기 위해서든 파멸과 여명을 선포하기 위해서든, 백성들은 최소한 하나님이 그분을 보내셨다고 믿는다.

그러나 이 백성들은 과녁을 제대로 맞추지 못했다. 예수는 하나님이 백성들에게 파송하신 사자들의 긴 열 가운데 있는 단순한 사람이 아니다. 그러므로 예수는 더 자세히 묻는다. "너희는 나를 누구라 하느냐?" 이제까지 제자들은 그분을 "선생"이라고만 불러왔지만(4:38), 그들은 스스로 자문해보았다. "그가 누구이기에?"(4:41). 베드로는 그룹 가운데 앞으로 나와서, 그들이 보아왔던 모든 일들과 뜻이 맞는 대답을 한다. "주는 그리스도시니이다"(8:29). 그의 고백은 이 복음서의 정 중앙에 나타난다. 이 구절은 예수의 능력이 너무나 두드러지게 나타나는 이 복음서의 전반부와 그의 약함이 두드러지게 나타나는 후반부 사이에 요체로서 역할을 한다.

메시야와 결합된 당시의 기대를 고려하면, 이 고백은 의미심장한 신앙의 도약을 나타낸다. 예수가 메시야였다는 사실은 명확해 보인 것은 아니었다. 몇몇 사람들이 고침을 받았고, 많은 사람들이 양식을 얻어 먹었지만, 이스라엘은 아직도 이방인의 통치에서 벗어나지 못했다. 1세기에 대부분의 유대인들은 메시야가 다윗의 자손으로서 하나님이 이스라엘을 대적들로부터 구원하도록 능력을 부으실 왕일 것이라고 믿었다. 이 왕과 같은 인물은 다윗처럼 승리자일 것이며, 솔로몬같이 지혜로운 분일 것이다. 이 소망이 솔로몬의 시편 17:21-25에 표현되었다.

보소서, 주님, 그리고 그들을 위하여 왕을 일으키소서,
  다윗의 아들, 당신의 종 이스라엘을 다스릴
  당신에게 알려진 시기에, 오 하나님.
불의한 통치자들을 멸하도록 그를 힘으로 떠받치소서
  그녀(예루살렘)를 멸망하도록 짓밟는
  이방인들로부터 예루살렘을 청결하게 하도록,
  지혜와 의로 몰아내도록
  기업으로부터 죄인들을,
죄인들의 오만을 쳐부수도록
  하나의 진흙 항아리처럼,

철장으로 그들의 모든 재산을 산산조각 내도록,
그의 입의 말씀으로 불법을 행하는 열국들을 멸하도록,
그의 경고에 열국들이 그의 앞에서 도망할 것이며,
또 그분이 죄인들을 그들의 마음의 생각들까지 정죄할 것이나이다.[3]

더 나아가서 4에스라서 저자는 독수리를 이길 다윗의 자손으로부터 나올 사자로 메시야를 묘사한다(4Ezra 12:34). 그는 세상을 심판할 것이고, 이스라엘의 신실한 남은 자를 구원하실 것이다. 예수는 이러한 소망들 가운데 그 어느 것도 제공해주지 않았으나, 베드로는 그럼에도 불구하고 확신으로 가득 차 있다. 예수는 하나님의 나라를 가르쳐왔고, 베드로는 이제 왕의 이름을 터득했다고 확신한다. 그러나 베드로와 나머지 제자들은 그분이 어떻게 보좌에 오르실 것인지, 혹은 그분이 어떻게 대적들을 이기실 것인지 어림잡지 못한다. 예수는 하나님이 예상치 못한 방법으로 이러한 목적들을 이루실 것이라는 사실을 깨달을 수 있도록 하기 위하여, 그들의 눈을 뜨게 하려고 노력하신다. 마테라(Matera)가 말한 바와 같다. "예수는 가장 예상치 못한 방법으로 예상된 메시야다."[4]

독자는 베드로의 대답이 복음서 제목으로부터 나온 정확한 것이라는 사실을 안다(1:1). 그것은 획기적인 약진으로 보인다. 그는 마침내 이해했고, 독자는 제자들이 결국 그들의 끊임없는 무감각을 떨쳐버리기 시작했다는 사실을 예상할 수 있다. 비밀은 곧 밝혀질 것이다. 그러나 예수는 베드로의 고백을 확증하거나 그의 통찰력에 대하여 칭찬하지 않으신다. 그 대신에 그에게 아무에게도 말하지 말라고 자제시킨다(8:30). 동사('에피티마오')는 "경고하다"나 "비난하다"보다는 "저지하다(rebuke)"로 번역해야할 것이다. 마가는 같은 동사를 예수가 귀신들을 잠잠하라고 저지하시는 것을 묘사하기 위하여 사용한다(1:24-25; 3:11-12). 그리고 그 단어가 8:32-33에도 나타나는데, 거기서 이 단어가 NIV에서 "Rebuke"('책망하다, 저지하다')로 번역되었다. 예수는 여전히 신분을 숨길 수 있도록 베드로가 좀더 자세히 알지 못한 채로 있거나, 아니면 그리스도가 의미하는 내용에 대한 베드로의 이해가 잘못되어 교정을 필요로 하기 때문에 그가 잠잠하도록 저지할 수 있다. 예수는 그의 정체성을 이해할 수 있는 능력이 제자들보다 더 부족한 무리들에게 베드

3. Trans. by R. B. Wright, "Psalms of Solomon," in *The Old Testament Pseudepigrapha*, ed James H. Charlesworth(Garden City, N. Y.: Doubleday, 1985), 667.

4. Matera, *The Kingship of Jesus*, 145.

로의 불완전한 견해가 침투하는 것을 원치 않았을 수 있다.

후자의 이유 때문이라는 사실이 뒤따라오는 내용으로부터 입증된다. 베드로를 저지한 후에 예수는 고난 받는 것이 인자에게 필수적이라는 사실을 설명한다(8:31). 그리고 그들에게 명백하게 말해진(8:32) 이러한 선언은 그들을 이해할 수 없는 혼란 속으로 던져 넣었다. 예수는 새로이 발견한 베드로의 신앙을 보다 높은 차원의 신앙으로 인도하기 위하여 도전하신다. 인자의 고난, 거절, 그리고 죽으심은 모두가 하나님의 감추어진 구원의 길과 관계가 있다. 그 비밀은 예수가 그리스도이지만 메시야로서 해야 할 일과 관계가 있다—혹은 그보다는 그에게 되어질 일과 관계가 있다. 오직 유대 국가의 세력을 쥔 실력자들이 예수를 죽인 다음에야 확증이 있게 될 것이다.[5]

예수는 단순히 미래에 대한 사건을 예고하기 위하여 제자들에게 자신의 사명을 설명하시는 것이 아니라, 일어나려고 하는 일이 하나님의 계획을 이룬다는 것을 제자들에게 증거하기 위하여 설명하신다.[6] 제자들은 이 계획이 자기들이 기대하는 필요조건과 역행하고 있기 때문에 이 사실이 밝혀진 후에야 이해할 수 있다. 큰자가 된다는 고상한 비전이 그들의 눈을 채우고, 군중들의 환호하는 시끄러운 소리가 고난과 죽음에 대한 예수의 가르침을 한 귀로 듣고 다른 귀로 날려 보내도록 그들의 들음을 막아버린다. 그것이 그들 모두에게는 하나의 혼란이다.

베드로는 무엇이 필수적이고 무엇이 필수적이 아닌지에 대해서 예수에게 직설적으로 말함으로써 깜짝 놀랄 증상을 보인다. 그는 예수에게 메시야가 언젠가 고난당할 것이라고 생각하는 잘못된 생각을 갖지 말라고 "저지한다." 그의 저지는 예수의 메시야직의 성격에 대한 무지와 예수의 가르침에 대한 심한 침해를 드러낸다. 바울은 십자가가 유대인에게는 거리끼는 것이요 이방인에게는 미련한 것이라고 말했는데(고전 1:23), 베드로는 고난당하는 메시야라는 거리끼는 것에 넘어진 첫 번째 사람이다. 벳세다 출신의 소경과 같이 비늘이 오직 부분적으로 그의 눈을 덮고 있었다. 메시야에 관한 선입견적인 개념은 그의 시력을 흐리게 하고, 그는 인간적 견지에서만 일들을 평가한다. 그는 예수의 큰 능력의 현시가 그분이 메시야임에 틀림없다는 사실을 의미한다고 이해하기 시작하지만, 어떻게 예수의 수난이

5. "삼일 후"는 하나님이 개입하시는 시간에 대한 표준적인 문구다(창 22:4; 42:17; 출 15:22; 왕하 20:5; 호 6:2; 욘 2:1을 보라).

6. Lane, *Mark*, 296. "그것이 필수적이다"('데이')란 동사는 하나님이 예수의 고난, 죽으심, 그리고 부활을 통하여 하나님의 나라를 세우시려는 목적을 가지고 있다는 사실을 표현하고 있다(또한 9:12; 14:21을 보라).

그의 정체성과 연관되는지에 대해서는 어떤 이해력을 가지고 있지 않다. 그는 그리스도가 강력한 압제로 하나님의 백성을 붙잡고 있는 세력들을 무너뜨림으로써 평화와 의의 통치를 이룰 것이라고 생각한다. 본래 그리스도는 영예와 영광을 받기로 정해진 승리자시다. 바다와 더러운 귀신을 잠잠하게 하고, 말 한마디나 만짐을 통하여 병든 자를 낫게 하며, 떡 몇 개로 수천 명을 먹이는 예수의 놀라운 능력을 가진 사람은 누구나 영광과 우주적인 존경을 받게 된다. 땅에서 죄를 사하고(2:10), 안식일에 허용할 수 있는 것이 무엇인지를 결정하는(2:28) 사람은 누구나 땅에서 고난을 당할 필요가 없다는 것이다. 그러한 메시야가 어떻게 거절을 당하고 폭력에 희생을 당하는 자가 될 수 있는가? 베드로에게 고난당하는 메시야란 있을 수가 없다. 메시야는 자기를 대항하는 자들에게 형벌을 내리면서 승리하는 영웅으로 오실 것이다.[7] 그는 창세기 49:11에 대한 예루살렘의 탈굼(Targum Yerushalmi)에 표현된 희망들을 가지고 있었을 수도 있다.

> 메시야이신 왕은 얼마나 아름다우신지, 그는 유다의 가문으로부터 나타나실 것이다! 그는 허리를 동이고 나아가서 대적들에 대항하여 전쟁의 대열을 갖추고 열왕들을 그들의 장수들과 함께 죽이시고, 그 어떤 왕이나 장수들도 그 앞에 서지 못할 것이다. 그는 살육 당한 자들의 피로써 산을 붉게 만들 것이며, 그의 옷은 피에 적실 것이다….[8]

그러므로 베드로는 예수와 엇갈린 목적들을 보이고 있고, 다른 제자들과 함께 그는 예수가 어떻게 메시야로서의 직무를 이행하실 것인지 그리고 그들이 어떻게 그분을 따르는 자들로서 이득을 얻게 될 것인지에 대한 사적인 안건을 부과하기를 원한다. 그는 인간적인 통치를 기대하고 있는 반면에, 예수는 하나님의 통치를 위하여 그들을 준비시키려 하고 있다. 그는 인간의 관점에서 생각하고 있는 반면에, 예수는 하나님의 뜻을 찾고 있다. 이러한 갈등은 독자로 하여금 어떻게 베드로와

---

7. France Watson("Ambiguity in the Marcan Narrative," *Kings Theological Review* 10[1987]: 13이 이를 잘 진술하고 있다.

> 베드로가 표현하고 있는 바는 단순히 앞서 일어났던 내용으로부터 나온 결론이 아니고, 미래의 희망으로부터 나온 것이다. 예수는 이제 충만한 의미에서 영광스러운 새로운 시대를 열어가기 위하여 자기의 능력을 행사하기 시작할 것이라는 것이다. 그는 사탄의 권세에서 개개인들을 자유케 하실 뿐만 아니라, 지상에서 사탄의 모든 지배권을 제거하실 것이다. 이러한 방법으로, 이제까지 예수의 사역을 특징지어 주었던 비밀성, 오해, 그리고 거절은 없어질 것이다. 새 시대를 가져오는 자에게는 어떤 모호한 구석이 없다.

8. Martin Hengel, *The Zealots*(Edinburgh: T. & T. Clark, 1989), 277로부터 인용함.

다른 제자들이 십자가의 치욕을 극복하며 하나님의 능력의 변화된 비전을 볼 수 있을 것인지를 의아해 할 것이다. 그것은 예수의 정체를 밝히기 위한 탐구가 그가 그리스도시라는 고백과 함께 끝나지 않는다는 사실을 밝혀준다. 제자들이 예수가 고난과 죽음의 필요성을 받아들이지 않는다면, 그가 실제로 누구인지를 알 수 없고, 또한 그들이 자기들의 그러한 운명을 받아들이지 않는다면, 그의 제자가 될 수 없다.

이러한 시각장애를 치유하기 위한 예수의 두 번째 만지심은 두 번째 "저지"(8:33)와 함께 시작된다. 그는 돌아서서 제자들을 보시고 베드로를 "사탄"이라고 부른다. 이 대원수가 예수의 가장 뛰어난 제자 가운데 나타난다. 베드로는 하나님의 계획을 반대하는 쪽으로 자신을 내어주었는데, 그는 그것을 알지 못하고 스스로 사탄의 뒤에 정렬해 섰다. 그 사탄은 일찍이 예수의 길을 조종하기를 시도하며 성령을 침해하도록 유혹한바 있다(1:13).[9] 사탄은 간교하게도 예수를 죽음으로부터 돌이키도록 하기 위하여 제자인 베드로를 이용하고, 그를 죽음으로 몰아가기 위하여 다른 제자를 이용한다.

어찌하여 마가는 예수가 돌이키셨다고 말하고 있는가?(8:33) 그가 베드로의 오해를 다루기 위하여 "길에서" 가다가 멈추어야 했는가?(5:30을 보라) 예수가 베드로를 꾸짖으실 때, 그분이 제자들을 같이 보셨다는 것은 예수의 고난에 관한 베드로의 견해가 혼자만의 생각이 아니라는 사실을 의미할 수도 있다.[10] 한편으로 다른 제자들은 주인의 뒤에서 예의 바르게 따라오고 있었지만, 베드로는 예수 앞에 또는 나란히 갔을 수도 있다.[11] 어느 경우든 예수는 자신의 갈 길을 막으려 한 베드로를 공개적으로 꾸짖으시고 있다. 베드로가 이러한 그릇된 일을 한 것에 대해서 공개적으로 꾸짖음을 당한 일이 여기가 마지막이 아니다(갈 2:11-14을 보라). 베드로는 예수와 같은 도상을 따른 것으로 생각되지만, 그의 인간적인 동정심이 그로 하여금 자기 방식대로 예수가 행동하도록 방해한다. 예수는 그를 유력자로 택하지 않으셨다. 베드로는 예수를 뒤좇아 가야 한다. 그는 주님의 뒤에 있는 열로 돌아갈 필요가 있고, 그분을 뒤에서 따를 필요가 있다. 그것이 바로 예수가 처음에 그를 부

9. 우리는 후에 사탄이 여기서 베드로를 통하여 말하는 것처럼, 예수가 베드로를 통하여 말할 것임을 배우게 된다. 그는 제자들에게 법정에 넘겨지게 되면 말하는 것을 두려워할 필요가 없을 것인데, 그 이유는 성령이 그들을 통하여 말씀하실 것이기 때문이라고 말씀하신다.

10. Best, *Following Jesus*, 24-25.

11. Gundry, *Mark*, 451.

르실 때 하라는 것이었다(1:17; 즉 예수보다 앞서가지 말고 뒤를 따르라는 것이다 −옮긴이). 마가의 메시지는 분명하다. 제자는 예수의 호칭을 깨닫는 것 그 이상을 해야 한다. 그것이 예수를 따르는 일의 첫 단계일 것이다. 그 다음 말씀은 예수를 따르는 일이 요구하는 내용을 분명하게 밝혀준다(8:34-38).

제자도의 요구사항들(8:34−9:1)

예수가 제자도의 요구사항들과 기대치를 말씀하실 때, 제자들과 함께 군중들을 부르시고 누구든지 기꺼이 그의 조건들을 받아들이도록 문을 열어 놓으신다. 그는 세 가지 요구사항들을 그들 앞에 제시하신다(8:34). 요구사항들을 받아들여야 하는 근본적 이유(8:35-37), 엄숙한 경고(8:38), 그리고 확실한 약속(9:1).

세 가지 요구사항들. (1) 예수는 만일 제자들이 자기를 따라오기를 원한다면 그들 자신을 부인해야 한다고 주장하신다. 그는 제자들에게 자신들에 대한 어떤 것을 부인하라고 말하지 않고 자아와 자기 승진의 야망을 부인하라고 요구하신다. 제자됨은 정규적인 직무를 벗어난 활동으로 행하는 시간제 사역이 아니다. 하나님은 삶에서 사소한 것들만을 내어주는 것을 거부하신다. 그는 그 사람의 삶에서 지배적인 위치를 요구하신다. 자기를 부인하는 사람은 "내 뜻대로 마시고 당신의 뜻대로 되어지기를"이라고 말하기를 배운 사람이다.

(2) 예수는 제자들이 십자가를 지기를 요구하신다. 이러한 생생한 표상은 예수의 십자가와 부활 이전에는 이상하게 들렸음에 틀림없지만 위험과 희생을 전달해 주었을 것이다. 공개적인 처형은 두드러진 특징이었다. 키케로(Cicero)는 십자가를 잔인하고 혐오스러운 형벌, 노예들에게 가한 극단적인 고문들 가운데 가장 혹독한 것, 그리고 두려운 것으로 묘사했다.[12] 로마인들은 형을 선고받은 사람으로 하여금 십자 모양으로 가로지른 들보를 처형장으로 운반하도록 했고, 그곳에서 그것을 처형 말뚝에 고정시켰다. 제자들에게 자기 십자가를 지라고 요구하심으로써 예수는 그들에게 경멸을 받고 죽음을 받은 자의 계열에 기꺼이 가입하기를 기대하신다. 그들은 생명을 포기하는 시점까지 자기들을 부인할 준비가 되어야 한다.

(3) 예수는 제자들에게 스스로 택한 길이 아닌 그분이 택하신 길을 따르라고 말

12. Cicero, *Against Verres* 2.5.64, 165; 5. 66, 169; *Pro Rabiro* 5. 16. 타키투스(Tacitus, *Histories* 4. 11)는 그것을 "노예의 형벌"로 묘사했고 요세푸스(Josephus, *J. W.* 7.6.4 § 203)는 그것을 "죽음 중에서 가장 비참한 것"으로 불렀다.

쓸하신다. 예수는 그분이 행하신 일들을 보고 놀라워하면서도 그의 모범을 따르지 못하는 호위자를 원치 아니하신다. 그가 예견하시는 행진은 드문 광경이다. 그분 뒤에 따라가는 제자들, 각기 지고 가는 십자가. 이 이미지는 제자들이 그들의 생명들을 내어줌에 관하여 그가 말씀하는 내용을 포함하여, 그의 가르치심을 복종해야 한다는 사실을 의미한다.

합리적 이유. 예수는 사람의 생명을 확보하려는 기본적인 인간의 바람을 그러한 희생을 하기 위한 합리적 이유로 호소한다. 인간들은 자기들의 삶을 보장받으려 하지만, 주로 실패하도록 정해진 길을 택한다. 예수는 사람의 영혼을 성공적으로 구원하기 위하여 역설적 원리를 제시하신다. 생명을 구원하기 위하여 생명을 잃어야 한다. 인류는 보다 큰 창고 안에 상품을 쌓아둠으로써 자기들의 생명을 보호하기 위하여 무익한 시도를 하지만, 이 삶에서 획득한 어느 것도 하나님으로부터 그 영혼을 값 주고 살(속죄) 수 없다. 만일 우리가 그분과 복음을 위하여 우리 생명을 포기하면, 우리는 그것이 포함하고 있는 유일한 생명, 곧 하나님으로부터 오는 생명을 얻을 것이다.

엄숙한 경고. 그 다음에 예수는 제자들에게 심판에 관하여 경고하신다. 각 사람은 재판관 앞에 설 것이다. 이 경고는 인자가 아버지의 영광 가운데서 오실 때에 재판관으로 오실 것임을 암시한다(마 25:31-32을 보라). 그는 제자들이 이 세상 안목에서의 수치, 곧 십자가에 못 박힌 메시야를 피하지 말라고 경고하신다. 그들은 고난과 수치를 당하고 있는 그분 편에 서야 한다. 그렇지 않으면 다가오는 영광스러운 시대에 그분 편에 서지 못할 것이다. 예수를 향한 개인의 자세가 마지막 판결을 결정할 것이다.

예수는 자기를 따르는 자들을 신실한 사람이 되도록 설득하기 위하여 심판의 위협을 사용하신다. 부끄러움에 처한다는 것은 하나님의 옹호를 받는 것의 반대다(시 25:3; 119:6; 사 41:10-11; 렘 17:18). 세상 법정(이 복음서에서는 헤롯 안디바, 대제사장의 산헤드린, 그리고 로마 통치자 빌라도를 의미한다)의 판결로 놀라는 사람들은 영원한 운명을 결정하는 하늘 법정의 결정을 보다 더 두려워해야 한다. 덧없는 시간을 손에 채찍을 잡고 있는 힘 있는 폭군들은 무서운 형벌을 가할 수 있으나, 그들을 유화시키고 울타리에 양다리를 걸칠 수는 없다. 세상과 그 독재자의 호의를 얻는다는 것은 하늘의 은총을 잃어버린다는 것을 의미한다.

심판에서 하나님을 적대하는 대항자들의 극단적 무능성이 하나님에게 답변하도록 법정에 그들이 끌려나올 때 드러날 것이다. 그들과 함께 가편 투표를 한 사람들도 자기들이 멸망을 선택했다는 사실을 발견할 것이다. 그들은 이 악하고 음란한 세대의 지상에서 약간 더 생명을 연장하는 것을 지옥에서 영원히 사는 것과 바꿀 것이다. 하나님을 섬기는데 자기 생명을 제공한다는 것은 세상에서 몇 년을 잃어버리는 것을 의미하지만, 그 결과는 영광을 받으신 인자와 함께 영원히 살 것이다. 예수는 그분을 고백하는 것이 우리를 더 행복하게 만들 것이라고 말하지 않고, 그것이 우리를 하나님의 심판으로부터 구원할 것이라고 말씀하신다. 지혜의 더 나은 부분은 비록 그것이 우리를 세상에서 치욕으로 이끌어간다고 할지라도 예수의 길을 따르는 것이다. 다른 선택은 하나님의 유죄판결로 이끌어간다. 이 경고는 베드로가 주님에 대한 증오가 가득한 법정에서 동일한 담대한 고백을 할 수 없을 때 그 급소를 찌르게 된다(14:66-72; 또한 13:9을 보라).

확실한 약속. 예수는 그들 중 몇 사람이 죽기 전에 능력으로 오는 하나님의 나라를 맛볼 것이라는 엄숙한 약속(9:1)과 함께 제자도의 요구사항에 대한 첫 번째 결론을 내린다. 고난은 영원히 계속되지 않을 것이다. 인자의 부활(8:31)과 그분이 거룩한 천사들과 함께 영광 중에 오심(8:38)은 십자가의 수치로부터 오는 그 고통을 제거할 것이다.

해석자들은 "능력으로 오는 하나님의 나라"에 상응하는 사건이 무엇인지에 일치하지 않는다. 그것은 인자가 아버지의 영광 가운데 거룩한 천사들과 함께 오심에 대해서 언급하고 있으므로 마지막 때를 가리킬 수 있다(8:38; 또한 13:26-27을 보라).[13] 그것은 마가가 다음 구절들에서 설명하고 있는 변화산 사건을 가리킬 수도 있다(9:2-8). 두 구절이 시간적으로 연결되어 있다("엿새 후에", 9:2). 그리고 세 명의 선택된 제자들이 엘리야와 모세와 함께 있는 예수의 빛나는 모습을 보는데 이것은 그의 "거룩한 천사들"과 함께 영광 중에 출현하시는 임박한 출현을 예시한다.

그러나 왜 그러한 극적인 예고, 즉 "몇 사람은 죽음을 맛보지 않을 것이다"라는 말이 단 일주일 후에 변화산 사건이 일어나는 때를 가리킬 수 있는가? 어찌하여 "한 주간 내에"라고 말하지 않으시는가? 변화산 사건은 그 실질적인 성취라기보다는 이 약속의 실현을 가리키는 것으로 의미가 더 통한다. 이 문구는 예수의 고난과 죽음의 최종 결과 즉 부활을 가리킬 수도 있다.[14] 이 구절은 8:31에서 시작된 단위

13. E. Nardoni, "Redactional Interpretation of Mark 9:1," *CBQ* 43(1981): 373-74이 그렇게 주장함.
14. J. J. Kilgallen, "Mark 9:1 The Conclusion of a Pericope," *Bib* 63(1982): 81-83.

를 결론짓고 있는데, 그때에 예수는 처음으로 자기의 고난, 죽음, 그리고 부활을 선포하신다. 이 단락은 역전을 약속한다. 일부는 그의 무능한 죽음이 영광스러운 입증으로 변화된 것을 볼 수 있을 것이고, 예수 안에 있는 하나님의 능하신 통치의 증거를 증언할 것이다. 프랑스(France)는 예수가 단 하나의 사건을 가리키지 않았고 일련의 사건들을 가리켰을 수도 있다고 주장한다. 예수의 변화, 죽으심, 부활, 그리고 승천, 오순절 사건, 그리고 성전의 멸망. 씨가 줄기를 내고, 이삭을 내고, 충분히 익은 낟알을 내는 것을 보는 것처럼 제자들 가운데 몇 사람은 단계별로 그의 예언의 성취를 보게 될 것이다. 그 나라의 능력이 부인할 수 없이 보여질 것이다.[15]

해석가들을 혼란스럽게 하는 문제가 계속된다. 만일 예수가 파루시아(재림)를 가리킨다면, 그는 그것이 제자들의 생애 중에 일어날 것이라는 잘못된 확신—이 신앙은 1세기에 기록하고 있는 마가가 가졌던 믿음임—을 표현하고 있다. 그러나 13장에서 보여주는 바와 같이 마가는 아무도 주의 날을 정확하게 맞추어 알지 못할 것이라고 강조한다. 예수는 그것이 곧 있을 것이라고 보증하지 않으신다. 가장 좋은 선택사항은 9:1에 있는 약속이 본 이야기 내에서 그리고 부활 후에 일어나는 사건들 가운데서 어느 정도 실현되었다고 생각하는 것이다.

이 결론은 또 다른 문제들을 일으킨다. "본다"는 무엇을 의미하는가? 그것은 물리적 인식, 지적인식, 혹은 둘 다를 가리킬 수도 있다. 예수가 십자가에 죽으실 때, 곁에 서 있던 사람들은 "보고 믿을 수 있도록" 예수가 십자가에서 내려오라고 조롱한다(15:32). 그들은 예수가 엘리야를 통하여 이적적으로 구출되는 것을 보기를 원한다(15:36). 그러나 백부장은 그가 죽는 방식을 "보고", 그를 하나님의 아들이라고 선언한다(15:39). 그의 부활 후에 제자들은 갈릴리로 가면 그를 "볼" 것이라는 약속을 받는다. 능력으로 오는 하나님의 나라를 보는 것은 예수의 죽으심과 부활을 가리킨다. 9:1에 있는 헬라어 분사 "임하는 것"('엘렐리두이안')은 완료형으로 되어 있고, 동사 "본다"라는 행동 이전에 발생하는 옴(a coming)을 가리킨다. 하나님의 능하신 통치의 보이는 현시는 백성들이 기대하는 형태로 나타나지 않는다. 그것은 감추어진 비밀로 온다. 십자가와 부활은 권능과 영광의 의미 그리고 하나님이 이 땅에 자신의 통치를 수립하실 방법을 변화시킨다.

그러므로 더 이상 인간들은 일반적으로 생각하는 방식으로 능력과 영광을 생각하지 않아야 한다. 권력자들 아래서 갇힌 많은 사람들은 하나님이 세상에서 행하

15. France, *Divine Government*, 66-76.

시는 것을 보지 못하고 심판을 받을 것이다. 다른 사람들은 대낮에 흑암, 성전 휘장의 찢어짐, 텅 빈 무덤, 부활하신 주님과의 재회로 능력으로 오시는 하나님의 나라를 볼 것이다.

상황잇기

이 장면은 사람이 틀리면서도 동시에 옳을 수 있다는 사실을 보여준다. 베드로는 놀라운 고백을 하고, 예수는 똑같이 놀랍게 그에게 잠잠하라고 저지하신다. 베드로는 아직도 이 메시야가 하나님의 대적들에게 죽임을 당하기로 정해졌다는 사실을 이해하지 못한다. 예수가 그 소식을 전할 때, 베드로는 반대를 외친다. 이해하지 못하고 의심하는 베드로를 쉽게 비난할 수는 없다. 그의 신앙 배경이 예수가 예고하시는 것을 예견할 수 없었다. 고난당하는 메시야라는 메시지는 부조리한 것이었다. 저스틴 마터(Justin Martyr)는 2세기의 사람들의 다수가 어떻게 기독교 신앙을 보았는지를 기록하고 있다. "우리의 미친 짓은 십자가에 못 박힌 사람을 불변하고, 영원한 하나님, 세상의 창조주 다음의 두 번째 자리에 두었다는 사실에 있다고 말한다"(*First Apology* 13:4).

예수는 도전하고 있는 숙적들의 거짓된 기대와 싸웠을 뿐만 아니라, 그의 사명을 수정하기를 원하는 가장 가까운 지지자들의 탐욕적인 공상들과도 싸웠다. 사탄은 여러 모양으로 가장한다. 바리새인들은 예수가 단호히 메시야적인 어떤 일을 함으로써 참된 메시야임을 명백하게 입증하라고 유혹한다. 그들은 그분이 이스라엘의 원수들을 무너뜨릴 것이라는 분명한 표지들을 제공하기를 원한다. 만약 그렇지 않으면 그들은 그를 또 다른 실패한 메시야적 인물(행 5:36-37)로, 속이는 자로 대적할 것이다. 예수는 그들의 압력을 거부한다. 그 다음에 사탄은 베드로의 뽐내는 간섭을 자극한다. 베드로는 "주는 그리스도시니이다"라는 A+ 대답을 한 아주 지혜로운 학생에서, 메시야가 해야 하고 하지 않아야 할 것에 대한 베드로 자신의 기대에 예수가 맞추어야 한다고 주장할 때에 열등생으로 재빨리 떨어진다.

그러므로 예수는 바리새인들의 눈먼 적대감과 제자들의 눈먼 열정 모두를 대항해야 한다. 바리새인들은 동기를 잃어버린 자들이다. 다메섹 도상에서 눈을 멀게 하는 짧은 섬광이 있더라도 그들이 예수가 하나님의 메시야이심을 확신하지 못할 것이다. 오히려 예수는 꾸준히 가르침을 받아왔거나 메시야의 역할에 관해서 믿어왔던 제자들을 가르치는 일에 에너지를 집중하신다. 그들은 어렵게 배움을 터득할 것이다. 아무것도 그들이 기대하거나 원하는 대로 일어나지 않는다. 모든 사람은 다른 사람의 생명을 취해서가 아니라 자신의 생명을 줌으로써 승리가 온다는 고통스런 지식을 갖게 된다.

윙크(Wink)는 제자들의 "소경됨을 보고 듣고 반응하는 이익조건부와 경험조건부의 방법"을 추적한다. 그는 각각의 눈으로 하나씩 두 개의 다른 모습들을 보게 하면서 대상자들이 입체 환등기를 돌렸던 실험과 비교한다. 실험대상자들은 그들의 문화적 상황에 친숙한 그림만을 보는 것을 기록했다. 그는 다음과 같이 보고한다.

> 한 야구선수의 모습이 한 눈으로 지나치고, 다른 눈으로 투우사가 지나쳤을 때, 멕시코 사람들은 투우사를 본 것을 기록했고, 북아메리카 사람들은 야구선수를 보았다. 스페이드의 이례적인 붉은 여섯을 본 실험대상자들은 애매한 육신적 불안정을 경험할 것이지만, 그것을 스페이드 여섯으로 밝힐 것이다. 우리는 거기에 있는 것이 아닌 우리가 보도록 훈련받은 그것을 보는 경향이 있다.[16]

같은 일이 베드로에게 일어났다. "그리스도"란 단어와 고난과 죽음에 관한 예수의 말씀이 스크린에 투영된다. 베드로는 모호한 불안감이 상승하는 것을 느낀다. 그는 깊은 혐오를 느낀다. 이것은 있을 수 없다. 우리의 성향이 우리가 보기를 원하는 것을 보고, 듣기 원하는 것을 듣게 만든다. 설교자들은 매주별로 이런 방법으로 반응하는 회중을 경험할 수도 있다. 예를 들면, 설교자는 하나님의 풍성한 사랑에 대한 설교를 할 수 있고, 어떤 사람은 죄인들을 엄하게 다룬 것에 대해서 또한 십계명에 대한 순종의 결핍을 다룬 것에 대해서 그(설교자)를 축하한다.

상황을 연결지음에 있어서, 우리는 베드로처럼 얼마만큼 예수에 대한 우리의 열망을 넓혀야 하는지 민감해야 한다. 우리는 실제로 스크린에 무엇이 있는지를 깨닫지 못한다. 그러므로 이 본문은 고난과 희생이라는 주제에 대한 예수의 가르침을 우리 자신의 선입견에 맞추어 수정하기 원하는 많은 방법들을 진지하게 검토하게 한다. 만일 예수의 반응이 어떤 암시를 주고 있다면, 이는 그의 순수한 요구를 혼합하는 것은 신랄한 책망을 받아야 한다는 것이다.

예수의 날카로운 책망은 듣는 자에게 충격을 줄 수 있다. 교회들은 자랑스럽게

16. Walter Wink, "The Education of the Apostles. Mark's View of Human Transformation," *Religious Education* 83(1988): 287.

자기들의 건물에 마태복음에 나오는 예수의 "내가 이 반석 위에 내 교회를 세우리니"라는 칭찬을 새겨 넣을 수 있지만, 잘 보이는 곳에 "사탄아 내 뒤로 물러가라"는 그의 말씀을 둘 사람은 거의 없을 것이다. 교회는 칭찬보다는 책망의 말씀을 들을 필요가 있다. 문제는 그것이 공개적일 때, 우리가 비판을 듣기를 좋아하지 않는다는 것이다. 많은 사람들은 책망을 하나의 거절로 취급한다. 그러나 베드로에 대한 예수의 책망은 그분이 그를 물리친다는 의미가 아니다. 꾸짖는 것은 중요한 교수법이었다. 쿰란 문서에서 하나님의 징계는 공동체 구성원을 위한 의무와 영적 성장을 위한 의무로 간주되었다. 그것은 하나님에게 감사할 어떤 것이었다. 책망은 이해를 위한 도전으로서 주어지며 회개로 인도한다. 아무도 책망 받기를 원하지 않지만, 확신의 달래는 말은 인간적인 것에 마음을 설정함으로써 자신의 영혼과 다른 사람들의 영혼을 위험하게 하는 사람들을 도울 수 없다.

이 단락은 제자도의 혹독함을 잘 아는 사람들을 도와줄 것이다. 예수는 자기를 부인하고, 자기 십자가를 지고, 자기들을 구원하려고 자기의 생명을 잃으며 증거하는 일에 용감한 제자들을 부르신다. 많은 사람들이 텔레비전을 보는 방법—휴게실에서 손에 리모콘을 가지고 앉아서 불쾌하고 지루하거나 혹은 요구하는 것이 화면에 나타날 때마다 채널을 돌리려 하고 있는—으로는 제자로서 살 수 없다. 우리 문화에 대한 텔레비전의 영향에 대한 폭로를 쓰는 가운데 포스트먼(Postman)은 다음과 같이 기록하고 있다.

> 나는 기독교가 지나친 그리고 심각한 종교라고 말한다고 해서 내가 잘못을 저지르고 있다고 믿지 않는다. 기독교가 편하고 즐거운 것으로 전달될 때, 그것은 전혀 다른 종류의 종교다.[17]

공상과학 TV 쇼의 인기에 대해 비평한 한 배우가 그것이 이 시대의 영성 추구에 문을 두드렸다고 말했다. "사람들은 초월성에 굶주려 있고, 당신들이 하나님을 느낄 때 갖는 신비감과 흥분을 그들은 찾는다." 예수는 제자들에게 흥분을 느낄 많은 기회들을 제공하셨으나, 제자됨과 진정한 영성은 그 이상의 것들을 포함한다. 인간은 하나님을 자기만족을 위한 하나의 일용품으로 변질시키지 않도록 조심해야 한다.

17. Neil Postman, *Amusing Ourseles to Death*(New York: Viking, 1985), 121.

(1) **자기 부인**. 우리는 자기 부인의 요구를 금욕주의—기뻐하는 것을 자기 자신에게 부인하는 것—나 자기 훈련과 혼동하지 않도록 주의해야 한다. 금욕주의와 자기 훈련은 그리스도인이 되는데 불필요하다. 베스트(Best)가 이를 적절하게 설명한다.

> 그것은 자기의 어떤 것에 대한 부인이 아니라 자아 자체의 부인이다. 그것은 자기주장, 자신의 존재에 대한 가치부여, 자신의 삶, 사람이나 하나님 앞에서 자신의 위치, 삶 가운데서 인간의 특별한 위치에 대한 고유의 권리들과 특권들, 혹은 보통 인류에 속한 것으로 믿어진 것들의 반대다.[18]

따라서 일년 중 한 계절 말하자면 사순절과 같은 계절에 자기부인을 한정시킬 수 없다. 그것은 자신의 의지를 다른 존재의 의지에 매일 복종하는 태도이기 때문이다. 자신을 부인하는 사람들은 자기들을 노예로 만들려하는 "나"에게 "아니요"라고 말하고 자기들을 생명으로 인도하는 하나님에게 "예"라고 말한다. 본훼퍼(Bonhoeffer)는 자기 부인을 다음과 같은 방식으로 정의한다.

> 자기를 부인하는 것은 그리스도에 대해서만 의식하고 자신에 대해서는 더 이상 의식하지 않는 것이며, 앞서 가시는 그분만을 보는 것이며, 너무나 힘들어서 가지 못하는 길이란 없다. 한 번 더, 자기 부인이란 오직 "그분이 길을 인도하시고, 그분을 가까이 따르는 것이다."[19]

우리는 매일 하나님의 주도권과 지배권에 우리 자신을 열어두어야 한다. 자기 부인은 수많은 모양을 취할 수 있다. 제자들이 그러했던 것처럼 어떤 사람에게는 그것이 직업과 가족을 떠나는 것을 의미할 수도 있다. 자존심이 강한 사람에게는 그것이 신분과 명예에 대한 야망을 포기하는 것을 의미한다. 욕심이 많은 사람들에게는 그것이 부에 대한 욕망을 포기하는 것을 의미한다. 자아만족을 추구하는 사람은 편안함에 대한 애정을 포기해야 한다. 폭력적인 사람은 보복에 대한 갈망을 끊어야한다. 바로 그와 같은 것들이다. 사람들은 자기들의 생명을 하나님에게

---

18. Best, *Following Jesus*, 37.
19. Dietrich Bonhoeffer, *The Cost of Discipleship*(New York: Macmillan, 1963), 97.

드리는 것을 방해하는 것을 가장 잘 안다. 모든 교회 역시 자신들을 부인하기를 배울 필요가 있다. 곧 볼링장과 농구코트를 가진 새 오락 센타를 건립하기보다 다른 고통을 당하는 회중을 돕기 위하여 십일조를 드리는 것, 선교를 위한 돈을 보내기 위해서 새로운 성가대 가운을 만들지 않고 그대로 섬기는 것 등이다.

(2) **십자가를 짐.** 십자가는 복음의 심장이며 십자가를 지는 것은 제자도에서 중심이 되는 요구사항이다. 만일 그가 그리스도라면, 그는 자기를 뒤따라오고 순종하기를 기대하신다. 그는 우리 삶의 수수한 적응을 요구하지 않으시고, 우리 행실의 완전한 헌신을 요구하신다. 그는 우리를 십자가를 지라고 부르신다.

십자가를 진다는 것은 생명을 희생하기까지 자기의 희생을 요구한다. 그러나 자기희생으로의 부름은 오늘날 너무나 많은 교회들과 텔레비전 사역에서 빈약한 상품이 되고 있다. 오늘날의 복음 행상인들과 다르게 예수는 제자들에게 자기실현의 다양성들, 영적 체험의 도취나 지적인 격려를 제공하지 않는다. 그는 그들에게 십자가를 제공하신다. 그는 그들이 그 십자가를 좋아하는지 그렇지 않은지를 사이즈를 재보라고 권하지 않으신다. 그는 여분의 소득을 얻기 위하여 지고 갈 지원자들을 요구하지 않으신다. 이 특별한 요구는 제자들을 칭송받는 자들과 분리시킨다. 제자들은 찬송가 가사 가운데 있는 바와 같이 놀라운 십자가, 그리스도의 십자가의 영광, 험한 십자가를 사랑해야 한다. 그들은 순종에 있어서 예수와 같이 되어야 하고 십자가로 살아가야 한다.

네 십자가를 지라는 것은 고난의 학교에 입학해야 한다는 것을 의미한다. 건드리(Gundry)가 해석하고 있는 것처럼, 그것은 "제 자신을 부끄러움에 처하게 하고, 적대적인 무리에게 내어줌을 당하는 것"을 의미한다.[20] 제자들은 그분이 메시야라는 고백에 자기들의 삶의 못을 박고 고난의 길에서 그분을 따라가야 한다. 칭송하는 자들은 그를 메시야로 인정하고 또한 하나님의 아들로 인정하지만, 그가 순교로 이끌어가는 특별한 길로 따라오라고 부르실 때 그들은 완강하게 버틴다. 알버트 카무스의 소설 『나그네』(*The Stranger*)에서 한 성직자가 불신자들에게 믿음에 관해서 확신을 심어주기를 힘쓰면서 한 서랍을 열어서 은 십자가를 취한다. 그 다음에 그는 그것을 머리위로 올려 흔들어 보이면서 자신의 주장을 보강한다. 그러나 예수는 우리에게 그 십자가를 흔들라고 부르지 않고 그것을 지라고 부르셨다.

상황을 연결함에 있어서, 십자가가 무엇을 의미하는지에 대한 거짓된 개념을

20. Gundry, *Mark*, 436.

도전해야할 것이다. 많은 사람들에게 십자가는 자주 몸에 지니고 가끔은 차는 패션 액세서리, 보석의 한 조각이 되었다. 다른 사람들에게 그것은 군대의 영웅주의를 위한 장식품이다. 빅토리아 십자가, 철십자가. 또 다른 사람들은 자기들이 차고 있는 십자가를 어떤 육신적인 고통으로 간주하고, 가족 가운데 있는 어떤 문제 혹은 뜻밖에 찾아온 어떤 재앙으로 본다. 예수가 사람들을 귀신들린 상태에서, 질병에서, 자연의 파괴하는 힘으로부터 구원하시기 때문에 십자가는 "비인간적 억압"에서 오는 어떤 것이 아니다.[21] 십자가는 그리스도인의 신앙과 증거를 대항하는 인간들이 야기한 억압을 나타낸다. 그것은 삶의 아픔과 고통을 참고 견디는 것을 가리키지 않는다.[22] 우리는 우리 자신보다 다른 사람들의 고통에 더 관심을 둘 때에만 그리스도를 발견한다.

우리는 또한 인류의 의미심장한 부분에서 십자가가 만(卍) 휘장(*Hakenkreuz*)으로 표시된 왜곡된 나치주의를 자극한 슬픈 사실이 있다. 데이빗 스턴(David H. Stern)은 십자가가 자신에 대하여 가지고 있는 고통스러운 연관을 다음과 같이 기록하고 있다.

> 많은 그리스도인들에게 십자가는 그들이 가지고 있는 소중한 것 모두를 나타낸다. 나는 자신들의 신앙을 상징하기 위하여 그것을 사용하는 것을 반대하지 않는다. 그러나 수세기 동안 유대인들은 유대인의 메시야를 따른다고 주장하는 사람들에 의하여 십자가의 표식 아래 죽임을 당했다. 그러므로 나에게 십자가는 유대인들에 대한 박해를 상징한다. 예수를 구세주로 여기는 유대인으로서 내 백성을 위한 고통을 느끼고 있는 나는 신약성경의 신앙을 나타내기 위하여 내 안에 십자가를 갖지 않을 것이다.[23]

스턴은 십자가란 단어를 "처형 말뚝"으로 번역하기를 더 좋아한다. 사람이 이것을 이런 방식으로 번역할 때, 그것은 우리가 이 문구를 적용하는 천박한 방식을 배제할 것이다. 결국에 나치에 의하여 교수형을 당한 디이트리히 본훼퍼는 다음과 같이 기록했다. "십자가는 모든 그리스도인에게 주어져 있다.…그리스도가 한 사

---

21. David Rhoads, "Losing Life for Others in the Face of Death: Mark's Standards of Judgment," *Int* 47(1993): 363.
22. Eduard Schweizer, "The Portrayal of the Life of Faith in the Gospel of Mark," in *Interpreting the Gospels*, ed. James Luther Mays(Philadelphia: Fortress, 1981), 173.
23. David H. Stern, *Jewish New Testament Commentary*(Clarkscille, Md.: Jewish New Testament Publications, 1992), 41.

람을 부르실 때, 그분은 그 사람에게 와서 죽으라고 명하신다."[24] 골고다까지 예수를 따른다는 것은 지루한 우회도로가 아니다. 그것은 간선도로다. 우리가 스스로 택하지 않은 좁은 길을 따라 그가 우리를 인도할 때, 우리는 준비하라는 소망을 가질 수 있다.

(3) **십자가의 거치는 것.** 이 에피소드는 어떻게 십자가가 거치는 것, 특히 메시야가 행하기로 되어 있는 것을 알고 있다고 가정하는 사람들에게 거치는 것이 되는지를 제시하고 있다. 세상의 지혜는 언제나 십자가를 제쳐버린다. 그것이 얼마나 많은 희생을 치르든지 간에, 그것이 다른 사람들을 얼마나 헤치든지 간에, 다른 사람들을 섬기는 사랑은 우리 자신의 이익을 추구해야 한다고 믿는 세상 지혜와 정면으로 충돌한다. 예수는 관습적인 지혜를 반대하신다. 자신을 주는 그의 사랑은 그리스도의 가장 헌신된 제자들에게까지도 영원한 신비로 남아있다.

예수는 영혼을 구원하는 방법에 대해서 역설적인 충고를 하신다. 사람이 자기 생명을 잃어야 그것을 구할 수 있다. 제자들은 자기들을 죽음으로 몰아넣는 바로 그 십자가를 붙들어야 한다. 이 진리는 대부분의 사람들이 살아가는 길을 도전한다. 풋볼 코치 뉴트 로크니(Knute Rockne)는 "나에게 좋은 손실자(loser)를 보여주시오, 그러면 나는 당신에게 한 손실자(loser)를 보여주겠소"라는 말은 영향력 있는 태도를 반영하고 있다. 사람은 모든 희생을 치르고서 이긴다. 한 지역의 스포츠 인물은 다음과 같은 말을 인용했다.

> 사람들은 당신이 그리스도인이면, 당신은 무기력하고 전혀 신경 쓰지 않는다고 생각한다. 만일 당신이 하나님을 안다면 그것은 잘못되었다. 그것은 잘못된 방식이다. 하나님은 승리자이시다. 하나님은 결코 지지 않으신다. 그것이 그가 하나님이신 이유다.

그러나 어떻게 하나님이 이기시는가? 우리가 이 단락을 우리 시대로 이끌어 올 때, 얼마나 자주 우리의 사고가 하나님의 방식 대신에 인간의 방식을 반영하고 있는가를 살핌으로써 유익을 얻을 것이다.

---

24. Bonhoeffer, *The Cost of Discipleship*, 99.

현대적 의미

예수는 "너무나 새롭고 독특하시며, 너무나 크시고 기묘하게 보이셨으므로" 당대의 전통적인 부류에는 맞지 않았다.[25] 오늘날도 마찬가지다. 현대 학자들은 예수를 자기들 자신의 이미지로 만드는 경향이 있으며 그 과정에서, 그가 그들의 삶에 영향력을 미칠 수 있는 어떤 영원한 주장을 제거한다. 어떤 사람은 그분을 압제받는 평민의 사회적 해방을 가져다주려는 일단의 무법자들을 모은 혁명가로 묘사한다. 다른 사람들은 그분을 함축성 있는 금언을 내뿜는 순회하는 비폭력적인 교사로 묘사한다. 또 다른 사람들은 유대교를 개혁하려는 카리스마적 치료자로 묘사한다. 이러한 억측들은 모두가 학문적인 전문가의 의견으로 옷 입혀진 것으로서 예수 당시 사람들의 가장 좋은 생각들보다 더 진리에 가깝지 못하고 미디어가 자주 이러한 의견들을 이용할 것이다. 브라운(Brown)은 이러한 종류의 미디어는 "열정적으로 제시될 수 있고, 라디오, 신문, TV 캐스터들은 시청자들을 불쾌하게 할 수 있는 예수의 신앙적 주장들에 관한 입장을 취하도록 요구하지 않는다"[26]고 지혜롭게 지적한다.

많은 사람들은 예수를, 비현실적일지라도, 윤리적 교사로 묘사하는데, 그의 잊을 수없는 다른 뺨을 돌려대라, 먼저 돌로 치지 말라, 그리고 네 이웃을 사랑하라는 말씀을 무척 재미있는 말씀으로 조장한다. 그러나 마가가 묘사하고 교회가 고백하는 예수는 단순히 갈릴리의 거룩한 사람, 훌륭한 선생, 열정을 가진 선지자, 평민 지도자, 백성들로 하여금 상식과 자연법에 따라서 살도록 외치시는 떠돌이 견유학파의 사람이 아니다. 이 모든 선택사항들은 역사적 예수에 대한 최근의 학자들에 의하여 제안된 것들이다. '그는 하나님의 아들이시다.' 우리는 그분을 하나님이 우리의 삶에 두신 것들을 피해가게 만드는 비종교적 범주 속에 집어넣을 수 없다. 그는 하나님이 그로 하여금 고난을 당하시고 그의 죽음과 부활을 통하여 자기 백성을 구원하시기 위하여 보내신 메시야이시다.

예수는 메시야라는 결정적인 표적을 가지고 자신의 주장을 입증하라고 도전하는 대적자들의 기대에 저항하셔야 했다. 그는 또한 메시야가 해야 할 것으로 생각된 일에 대한 통속적인 기대감에 영향을 받은 가장 가까운 제자들의 희망찬 생각을 피하셔야 했다. 그들은 축사를 행함에 있어서 솔로몬 같고, 광야에서 떡을 준비

25. Luccock, "The Gospel According to St. Mark, Exposition," 7. 773.
26. Brown, *The Death of Messiah*, 1:677-78.

함에 있어서 모세와 같고, 이방인들로부터 약속의 땅을 회복하는 정복을 이끌어갈 여호수아와 같고, 모든 이스라엘의 대적들을 발등상으로 만듦으로써 승리의 나라를 세움에 있어서 다윗과 같은 사람을 기대했다. 그를 따르는 적은 무리의 기대에 부응하라는 예수에 대한 유혹은 그들이 실망하여 떠나지 않도록 장엄해야 했다. 그러나 예수는 비록 자신이 홀로 죽음을 당할지라도 하나님의 뜻만을 행하려 결단하신다. 모든 사람의 와플(케이크의 일종; 알맹이 없는 말에 대한 은유–옮긴이)에 시럽을 붓지 않고, 하나님께 순종하기로 하신 그의 위탁은 목사가 어떤 존재가 되야 하고 어떻게 해야 한다고 생각하는 여타 사람들의 기대에 순응하라는 동일한 종류의 압력에 직면하고 있는 현대 시대의 목사들을 위한 모델로서 기능한다.

많은 교회 교인들이 목사를 자기들을 영적인 봉우리의 최고봉에 올려놓기 위하여 고용한 노무자로 취급하고 감시한다. 그들은 실리를 얻기 위하여 CEO(최고경영자)를 보유한 주주와 같이 행동한다. 기대들은 다양하다. 어떤 사람은 목사가 교인들이 복도에까지 넘쳐 날 정도로 교회에 즉각적인 성공을 가져오기를 기대한다. 버트릭(Buttrick)이 신랄하게 진술하고 있는 것처럼, 많은 사람들은 목사가 "고통을 받는 마음을 속박에서 풀어줄 수 있는…프로이드와 같은 지혜로운 현명한 상담자가 되고", 사회적인 문제들로부터 외국의 정치까지 모든 뜨거운 감자인 정치적 문제와 관련하여 교구민들의 정치적으로 옳거나 혹은 옳지 않은 편견에 맞추는 활동가들이 되기를 기대한다. 버트릭은 대부분의 인간들이 "사회적인 인정을 열망"하고 있으므로 목사들이 얼마나 쉽게 사회적인 기대의 덫에 걸릴 수 있는지를 관찰한다. 따라서 목사들은 "모든 사회적 기대들을 무시하고, 하나님이 우리의 매일 새로운 상황 가운데서 우리의 사역의 경계를 정하시게 하기가" 어려움을 발견하게 된다. 그들은 "불확실성에 굴복하는 것"이 훨씬 더 쉽다는 것을 발견한다. "만일 충분한 사람들이 우리를 향하여 호의적으로 말하고 행동한다면", 무리들과 교제를 누리고 진정 존중해야 할 것을 적은 것으로 치부할 것이다. "사회적 칭의"가 이신칭의보다 획득하기가 더 쉽다. 이신칭의는 하나님을 믿는 "무자비한 신뢰의 문제"이기 때문이다. 목사는 무리를 떠나고 하나님이 명하신 방향으로 가야할 때가 있는 외로운 직무다.[27]

십자가에 못 박힌 그리스도를 설교하고, 그대로 산다는 것은 거절과 비웃음을

27. David Buttrick, *The Mystery and the Passion. A Homiletic Reading of the Gospel Traditions*(Minneapolis: Fortress, 1992), 115-16.

자초할 것이라는 사실을 의미한다. 바울은 이것을 잘 이해했다(고전 4:9-11).

> 내가 생각하건대 하나님이 사도인 우리를 죽이기로 작정된 자 같이 끄트머리에 두셨으매 우리는 세계 곧 천사와 사람에게 구경거리가 되었노라 우리는 그리스도 때문에 어리석으나 너희는 그리스도 안에서 지혜롭고 우리는 약하나 너희는 강하고 너희는 존귀하나 우리는 비천하여 바로 이 시각까지 우리가 주리고 목마르며 헐벗고 매맞으며 정처가 없고.

이러한 고독한 좁은 길을 따라가는 사람들은, 예수의 완전한 파멸에 열중했던 냉담한 대적자들은 말할 것도 없고, 멋대로의 둔한 제자들을 가르치며 느끼셨던 예수의 고통을 알 것이다. 오늘날 그리스도인들은 제자들의 고통을 아시고 그들을 신실하라고 외치시는 주님의 모범으로부터 배울 수 있다.

토마스 아켐피스(Thomas à Kempis)는 다음과 같이 말한다.

> 오늘날 예수는 그의 하늘나라를 사랑하는 많은 사람들을 가지고 있지만, 자기 십자가를 지는 사람은 거의 가지고 있지 않다. 안락함을 사모하는 사람은 많지만 고통을 바라는 사람은 거의 없다. 예수는 자기의 잔치를 나누어 줄 많은 사람들을 찾지만 그를 위하여 어떤 고통을 자원하여 당할 사람은 거의 없다. 떡을 떼면서 예수를 따르는 사람들은 많이 있지만 고난의 잔을 마시려는 사람은 거의 없다. 그의 도덕성을 존경하는 사람은 많지만 그의 십자가의 모욕을 당하면서 따르는 사람은 거의 없다. 그들에게 거스르는 것이 없는 동안은 예수를 사랑하는 사람이 많지만, 그들이 그분으로부터 안락함을 받는 동안은 그분을 찬송하고 축복하는 사람은 많지만, 예수가 그들로부터 숨으시고 잠시 떠나 있어야 할 때, 그들은 불평하고 깊은 영적 곤경에 빠진다.
>
> 자신의 안락을 위해서가 아니라 예수를 위하여 예수를 사랑하는 사람들은 위로가 충만할 때와 마찬가지로, 고통과 번민의 때에도 그분을 찬양한다.[28]

예수는 충성을 고백하고 당당하게 승리를 말하지만 희생하기를 바라지 않는 지원자들을 가지고 자신의 군대의 행렬을 채우려고 의도하지 않으셨다.

---

28. Thomas à Kempis, *The Imitation of Christ*, trans. Ronald Knox and Michael Oakley(New York. Sheed and Ward, 1959), 2 9(pp. 76-77).

마가의 첫 독자들은 문자 그대로 그리스도인이 됨으로 인하여 죽음이라는 전망에 직면했고, 마가복음서 기자는 용기를 가지고 그러한 운명을 대면하고, 물러나라는 유혹을 저항하도록 격려하기를 원하고 있다. 오늘날 대부분의 그리스도인들은 그러한 물리적인 위험을 당하며 살지 않는다. 그러나 많은 사람들이 믿음으로 맞서야 할 때, 당혹스러움을 피하도록 유혹을 받는다. 스테픈 카터(Stephen L. Carter)는 미국에서 지배적인 정책에서 신앙을 지키기 위하여 우리는 "공개적으로 가끔은 사적으로, 신앙이 그들에게 아무런 문제가 아닌 것처럼, 종교적으로 신실한 사람들이 그렇지 되지 않도록 압력을 가하는 정치적이고 법적인 문화를 창출했다"고 주장했다.[29] 많은 사람들은 군중을 대항하여 그리스도를 위하여 일어서는 것이 어렵다는 사실을 안다. 예수는 비밀스러운 제자도를 선택하라고 제기하지 않으신다. 그는 담대한 고백을 요구하신다. 미니어(Minear)가 주장하는 것처럼, "그들의 다가오는 신앙에 대한 고백은 예수의 고백처럼 교회에서가 아니라 법정에서 있게 될 것이다.[30] 만일 우리가 압력이 거의 없는 상황에서 증거 하는데 신실하지 못하다면, 우리의 삶이 사선에 있게 되면 거의 참됨을 입증하지 못할 것이다.

우리는 그리스도를 위한 삶을 감행하기보다 세상적으로 안정을 추구하려는 유혹에 직면한다. 인생의 유일한 목표가 물질적 번영에 있는 사람들은 살 가치가 있는 그 생명을 잃는다. 다른 사람들을 위하여 희생하는 사람들은 그것을 얻는다. 많은 사람들은 이 세상이 제공해 주는 안정을 얻기 위하여 자기를 헌신하지만, 안전을 느끼는 것과 안정한 것 사이에는 차이가 있다. 주변을 물질적인 상품들로 채우는 사람들은 철저한 보험과 평안을 주는 비상금의 축적이 안정을 느끼게 할 수도 있다. 그들은 자기 자신에게 다음과 같이 말하는 어리석은 부자와 같다. "또 내가 내 영혼에게 이르되 영혼아 여러 해 쓸 물건을 많이 쌓아 두었으니 평안히 쉬고 먹고 마시고 즐거워하자 하리라"(눅 12:19). 하나님의 현실에서 볼 때, 그들은 천둥치는 폭풍우에 눈을 감고 이불 아래 어린아이들과 같다. 죽음에 이르기까지 그리스도를 위해 사는 사람들은 하나님이 주시는 완전한 안전에서 쉼을 얻는다. 온 세상 모든 것을 얻으려고 온 몸을 던지는 사람들—부지런히 도끼를 갈고, 세상의 성공이라는 사다리를 오르고, 명성을 달성하고, 호화로움을 얻으려는 자들—은 참된 성취를 보지 못할 것이다. 그들은 다음과 같이 질문하는 자신을 발견할 것이다.

29. Stephen L. Carter, *The Culture of Disbelief. How American Law and Politics Trivializes Religious Devotion* (New York: Basic Books, 1993), 3.

30. Miear, *Mark*, 95.

"나는 정상에 도달했다, 첫째가 되었다, 그래서 어쨌단 말인가?"

고대인들이나 현대인들 모두 이러한 공허한 감정을 경험했다. 루시어스 셉키무스 세베루스(Lucius Septimus Severus, 146-211)는 다음과 같은 말을 하고 죽었다. "나는 모든 것을 해보았지만, 모든 것이 아무것도 아니었다. 작은 납골만이 사람의 남아있는 모든 것을 담을 것이다. 사람에게 전 세계는 너무나 작았다." 데이빗 롯지(David Lodge)의 소설 『데라피』(*Therapy*, '치료')에서 주요한 성품 치료사는 그에게 자기 삶 가운데서 모든 좋은 것들의 목록을 한 란에 기록하고 다른 란에는 나쁜 것들의 목록을 기록하도록 요구한다. 그는 좋은 란에 다음과 같이 기록했다. "직업적으로 성공함, 유복함, 좋은 건강, 안정된 결혼, 자녀들이 성인의 삶을 성공적으로 시작함, 좋은 집, 대단히 좋은 차, 내가 원하는 만큼의 휴가시간." 나쁜 란에 그는 단 한 가지만 기록했다. "대부분의 시간에 불행을 느낀다."[31]

이생에서 승진만을 노리는 것은 자신에게 훨씬 더 가치 있는 것을 돌이킬 수 없이 잃어버리는 방향으로 인도할 것이다. 장례식에서 "그는 내가 아는 한 가장 부유한 사람 아주 지독한 사람이었다?"고 누가 말해주기를 원하겠는가? 오늘날 많은 사람들은 약간의 진지한 영혼 추구를 해본다면, 스스로 빈손이 되어 있음을 발견할 것이다. 그들은 지극히 쓸모없는 것들을 위하여 자기들의 영혼을 팔아넘겼다. 하나님에게 삶을 드리는 그리스도인들은 자기 성취를 추구하지 않음으로써 자기 성취를 얻는다. 윌리엄 폴크너의 『어느 수녀를 위한 진혼곡』에서 낸시 마니고(Nancy Mannigoe)는 간단한 방식으로 예수는 "당신이 죄를 짓지 말 것을 말하지 않는다. 그는 단지 당신이 하지 않기를 요구하신다. 그는 당신에게 고난당하라고 말하지 않는다. 그러나 그는 당신에게 기회를 주신다. 그는 당신이 할 수 있다고 생각하는 가장 좋은 것을 주신다. 그리고 그는 당신을 구원할 것이다."[32]

우리는 보다 기분 좋은, 곧 기독교의 덜 엄격한 이형(異形)으로 대치함으로써 예수의 단호한 명령들을 피하려는 유혹에 직면한다. 오늘날 많은 사람들은 영원한 명령들이 아닌 선택들을 원하고 있는 것으로 보인다. 우리는 소비 중심의 사회에서 살고 있고, 많은 사람들은 삶의 다른 국면들처럼 종교생활도 그렇게 하려고 한다. 그들은 "내가 여기서 무엇을 얻을 것인가?"를 알기 바라면서 하나의 구매자로서 교회에 나온다. 그들은 즐거운 예배, 젊은이 프로그램, 훌륭한 자녀 교육프로그

31. David Lodge, *Therapy*(New York. Viking, 1995), 23.
32. William Faulkner, *Requiem For a Nun*(New York: Random House, 1951), 278.

램, 멋진 시설, 필요할 때마다 주어지는 목회적 돌봄, 적어도 괜찮은 설교가 있는 풀(완전한) 서비스 교회를 원한다. 그런데 최고를 원하지만 그것을 구입하기 위하여 언제나 기꺼이 지불하려고 하지는 않는다. 그들은 메뉴를 정하고 샐러드와 디저트는 선택사항인 종교를 선호하지만 순종의 엄격한 요구를 가진 메인 요리는 좋아하지 않는다. 그들은 영웅 정신이나 희생을 요구하는 어떤 것을 피한다. 그러나 루프(Roof)는 어떤 희망을 제공한다. 그는 많은 사람들이 "인격적 증진, 혹은 자기 자신의 확장을 발견할 수 있다면, 무엇을 하게 될지라도 혹은 얼마나 많이 대가를 치를지라도, 그들 자신을 헌신하는 방법을 찾는데 굶주려 있다"[33]고 말한다. 교회는 자기 관용적인 도피주의를 제공함으로써 구도자들을 유혹하려고 하지 말고 복음의 분명한 요구들을 제시함으로써 이 굶주린 자들에게 다가가야 할 것이다.

예수는 인자가 죽은 자 가운데서 살아남으로써 하나님에 의하여 그 정당성을 입증 받을 것이고, 아버지의 영광으로 다시 오실 것이라고 약속하신다. 비록 바울이 "지금은 구원의 날이로다"(고후 6:2)라고 선언하고 있을지라도, 마치 주의 날이 이미 온 것처럼(살후 2:2) 우리가 이미 완전한 하나님의 나라 안에서 살고 있다는 지나치게 뜨거워진 영적 망상을 조심해야할 것이다.

하늘나라는 아직 오지 않았고, 우리의 영광도 아직 오지 않았다. 바울은 그날이 이미 실현되었다고 믿고, 부요하며, 왕처럼 다스렸던 "영적으로 지혜롭다는" 고린도 교인들에게 도전을 가했다. 고난에 대한 목록에서 그는 현시대가 능력과 영광에서 충족되었거나 부요한 시대는 아니라고 주장했다. 오히려 그때는 굶주리고, 정처가 없고, 박해를 받고, 욕을 당하는 시기이다(고전 4:8-13). 그리스도인의 그리스도의 형상으로의 변화는 부활과 새 창조에 가서야 일어날 것이다. 이생에서 받은 성령은 실질적인 변화가 아니라, 미래의 변화에 대한 첫 할부금일 뿐이다(고후 1:22; 5:5; 엡 1:14). 자신의 고난 속에서 바울은 그리스도의 죽으심과 부활 모두에 대한 증거를 제공하고 있다고 주장한다(고후 4:10-11).

---

33. Wade Clark Roof, *A Generation of Seekers*(San Francisco: Harper, 1992), 247.

마가복음 9:2-13

2 엿새 후에 예수께서 베드로와 야고보와 요한
을 데리시고 따로 높은 산에 올라가셨더니
그들 앞에서 변형되사
3 그 옷이 광채가 나며 세상에서 빨래하는 자
가 그렇게 희게 할 수 없을 만큼 매우 희어졌
더라
4 이에 엘리야가 모세와 함께 그들에게 나타나
예수와 더불어 말하거늘
5 베드로가 예수께 고하되 랍비여 우리가 여기
있는 것이 좋사오니 우리가 초막 셋을 짓되
하나는 주를 위하여, 하나는 모세를 위하여,
하나는 엘리야를 위하여 하사이다 하니
6 이는 그들이 몹시 무서워하므로 그가 무슨
말을 할지 알지 못함이더라
7 마침 구름이 와서 그들을 덮으며 구름 속에
서 소리가 나되 이는 내 사랑하는 아들이니
너희는 그의 말을 들으라 하는지라
8 문득 둘러보니 아무도 보이지 아니하고 오직
예수와 자기들뿐이었더라
9 그들이 산에서 내려올 때에 예수께서 경고
하시되 인자가 죽은 자 가운데서 살아날 때
까지는 본 것을 아무에게도 이르지 말라 하
시니
10 그들이 이 말씀을 마음에 두며 서로 문의하
되 죽은 자 가운데서 살아나는 것이 무엇일
까 하고
11 이에 예수께 묻자와 이르되 어찌하여 서기관
들이 엘리야가 먼저 와야 하리라 하나이까
12 이르시되 엘리야가 과연 먼저 와서 모든 것
을 회복하거니와 어찌 인자에 대하여 기록하
기를 많은 고난을 받고 멸시를 당하리라 하
였느냐?
13 그러나 내가 너희에게 이르노니 엘리야가 왔
으되 기록된 바와 같이 사람들이 함부로 대
우하였느니라 하시니라

원 의미

예수는 베드로, 야고보, 요한을 데리시고 성경에서 특별계시를 받는 전통적인 장소인 높은 산으로 가신다. 마가복음에서 더 큰 계시는 그것을 보는 자의 숫자가 더 적다. 세 명의 남성 제자들이 예수의 변화를 보고, 그분을 따르는 세 명의 여성들이 빈 무덤을 발견하고 예수의 부활에 대해서 처음으로 알게된다(16:1-8).

여기서 언급된 세 제자들은 이 복음서에서 두드러지게 묘사되어 있다. 그들은 맨 처음 부르심을 받았고(1:16-20), 그들의 이름이 열두 명의 목록의 맨 앞에 나온다(3:16-17). 예수는 또한 죽은 야이로의 딸을 살리실 때 함께 데리고 가신다(5:37-

43). 베드로는 처음으로 예수가 그리스도라고 고백하고(8:27-30), 야고보와 요한은 자기들과 예수 사이의 가까운 관계를 이용하여 그의 능력의 나라에서 권세의 자리에 앉고자 시도하게 된다(10:35-45). 겟세마네에서의 암울한 시기에 예수는 이 세 사람을 데리고 가셔서 이들로부터 떠나 따로 기도하신다(14:33). 그때 그들은 그의 큰 고민과 마음의 동요를 보게 되고, 이제 "보다 순수하고 보다 밝은 본체로 변화되신" 그의 영광을 본다.[1] 그들은 또한 예수의 세례 시에 말씀하셨던 것과 같은 하나님의 음성을 듣고, 그분을 하나님의 유일하신 아들로 알게 된다. 그러므로 이러한 선별된 제자들은 복음서의 서언의 독자들과 악한 귀신들만 알고 있는 예수에 관한 정보를 받는 본 복음서의 첫 번째 인물들이다.

변화(9:2-8)

마가는 내러티브에서 독자를 위하여 시간이나 날짜를 말해주지 않는다. 그는 대부분의 사건들을 "즉시(='곧')" 혹은 "그리고"로 소개하고 있지만, 변화산의 기사는 연대기적인 언급인 "엿새 후에"로 시작한다. 시기에 대한 이러한 구체적인 시간을 기록하는 것은 모세가 산에 올라가서 하나님 앞에 뵈옵기 전에 엿새간의 준비를 상기시켜 준다(출 24:15-16). 변화는 모세의 시내 산으로 올라감과 내려옴과 유사하다(출 24; 34:29-35).

예 수	모 세
예수가 세 제자들을 데리시고 산에 오르시다(막 9:2).	모세가 세 명의 이름이 거명된 칠십 명의 장로들과 함께 산에 오르다(출 24:1, 9).
예수가 변화되시고 그의 의복이 광채가 나며 희게 되다(막9:2-3).	하나님과 대화한 후에 산에서 내려올 때 모세의 피부가 빛난다(출 34:29).
구름이 드리워진 상태에서 하나님이 베일에 싸인 형태로 나타나시다(막 9:7).	구름이 드리워진 상태에서 하나님이 베일에 싸인 형태로 나타나시다(출 24:15-16, 18).
한 음성이 구름으로부터 들려오다(막 9:7).	한 음성이 구름으로부터 들려오다(출 24:16).
백성들이 예수가 산으로부터 내려오자 그를 보고 놀란다(막 9:15).	백성들이 모세가 산으로부터 내려오자 그가 가까이 오는 것을 두려워하다(출 35:30).

이러한 출애굽기 24장과 34장의 반영은 모세 예표가 마가의 변화산 기사 형성에 기초가 되어 있다는 사실을 시사한다.[2] 예표론은 성경에 기록되어 있는 하나님의 선행하는(prior) 구원활동이 후시대의 사건을 예시한다는 사실을 가정한다. 그렇다면 이러한 선행하는 사건은 후대의 사건들을 묘사하고 이해하기 위한 패러다임이 되었고, 마가는 성경적으로 학식 있는 독자가 두 사건들 간의 결합을 깨닫기를 기대하고 있다. 시내 산에서 모세에게 일어난 일은 예수의 변화의 의미에 빛을 던져준다. 유대 전승들이 모세가 시내 산으로 올라간 것을 하나의 즉위로 해석하였으므로 주의 변화와 유사한 그것들은 예수를 왕으로 예고해준다. 마커스는 "유대 성인전(聖人傳)의 모세처럼 예수는 왕이시다. 진실로 하나님 자신의 통치에 참여하는 왕이시다."[3]

연대기적인 "엿새 후에"라는 언급 역시 변화산 사건을 앞의 사건과 정확하게 연결 지어 준다. 베드로가 예수를 그리스도로 고백하고, 예수는 자신의 미래의 고난을 공표하신다. 예수는 인자가 거룩한 천사들과 함께 아버지의 영광으로 올 때에 닥칠 심판에 대해서 경고하시고, 거기에 있던 몇 사람이 죽기 전에 능력으로 임하는 하나님의 나라를 볼 것이라고 약속하신다(8:27-9:1). 변화산 사건은 이 사건이 있은 후 7일째에 일어나며 예수의 고난에 대한 선언과 수난 주간의 끝에 일어나는 그분이 약속하신 부활 영광을 미리 맛봄과 연결된다.[4] 흰옷이 부활에서 의로운 자의 성격을 나타내고 있으므로, 예수의 옷으로부터 발산되는 비현세적인 백열은 부활을 암시한다.[5] 예수는 제자들과 함께 산에서 내려오실 때, 특별히 인자의 부활을 언급하신다(9:9).

그러므로 변화산 사건은 예수가 당하실 고난이 그의 영광과 조화되는 것임을

---

1. Tolbert, *Sowing*, 204.
2. Marcus, *The Way of the Lord*, 82; Joachim Jeremias, "*Μωυσῆς*," *TDNT* 4.867-73, n. 228에서 인용함. *Bib Ant* 11:15-12:1에서는 모세가 변화된 모습으로 산에서 내려온 것(출 34:29-35)이 그가 올라간 후 즉시 뒤따라오도록 하기 위하여 성경의 이야기를 형태를 바꾸어 말한다. 또한 Dale C. Allison Jr., *The New Moses. A Matthean Typology*(Minneapolis Fortress, 1993), 243-48.
3. Marcus, *The Way of the Lord*, 92. 벧후 1:16-18에 있는 변모에 대한 언급은 그것을 하나의 즉위로 묘사함.
4. 마가복음의 서술에서 '때'에 대한 구체적인 다른 유일한 언급은 14:1에 나타난다. 대적들이 그분을 죽일 음모를 꾸밀 때, 대제사장들은 유월절이 "이틀 후에" 올 것이라고 언급하는데, 이것은 세 번째 날이다. E. L. Schnellbächer, *KAI META HEMERAS HEX*(Markus 9:2), *ZNW* 71(1980): 252-57.
5. 행 1:10; 계 3:4; 4:4; 7:9, 13-14, 그리고 1Enoch 62:15-16; 2 Enoch 22:8을 보라. 단 10:4-11:1에 있는 "세마포 옷을 입은 사람"에 대한 환상과 옷이 "희기가 눈 같은" 옛부터 항상 계신 이(단 7:9)와 비교하라. 16:5에서 무덤 곁에 있는 청년이 흰옷을 입었다. 또한 단 12:3, 4; 4Ezah 7:97; 2Apoc Bar 51:3, 5, 10, 12; 1Enoch 38:4; 39:7; 104:2; 마 13:43을 보라.

확증하는 역할을 한다. 이 장면은 입체영상도형(hologram)과 같은 기능을 한다. 짧은 순간 동안 제자들은 고난이라는 베일을 통과하여 하나님의 영광이 비친다는 진리를 흘끗 본다. 그것은 예수가 십자가에서 굴욕을 당하신 후에 하나님이 그를 영광스럽게 보좌에 오르게 하실 때를 예조한다. 이 다가오는 광휘의 흰 섬광은 지금 마가의 첫 독자들을 뒤덮고 있는 환란의 검은 구름을 밝게 비추고, 그분을 따르고 고난을 당하는 사람들이 그렇게 헛되게 끝나지 않을 것이라는 예수의 약속을 확증해 준다.

세 번째 주제는 예수와 대화하는 엘리야와 모세의 출현과 관계된다. 마가가 대화 내용을 전혀 기록하고 있지 않으므로, 중요한 요소는 그들이 예수와 함께 나타난 사실이다. 그러나 이 장면에서 이들의 구체적인 역할은 알아내기가 어렵다.[6] 아마도 모세는 율법을 대표하고, 엘리야는 선지자들을 대표하는 것으로 보인다. 만일 이것이 사실이라면, 이 "구원 역사의 정상 회담"은 예수의 가르치심에 권위를 더해준다. 예고된 그의 고난은 율법과 선지서들과 일치하고, 또한 그것들에 의하여 예고되었다.[7] 구름으로부터 들려온 음성이 아들에게 순종하라는 명령을 할 때 엘리야와 모세가 말을 하지 않고, 나중에 시야에서 사라지고 있기 때문에 이 장면을 예수가 그들의 사역을 완성하고 능가하신다는 사실을 의미하는 것으로 해석할 수 있다. 레인(Lane)이 진술하는 바와 같이, "그의 말씀과 행위는 모든 과거의 계시를 초월한다."[8]

이러한 해석은 두 가지 문제점으로 말미암아 신임을 받지 못한다. 엘리야가 성경을 기록한 선지자가 아니고 선지자들을 대표하기에는 비정상적인 선택으로 보인다는 것이며, 마가가 엘리야를 모세보다 먼저 언급하고 있다는 것이다. 모세가 첫째요 또한 가장 위대한 선지자로 간주되었는데, 어찌하여 그가 두 번째로 나오는가? 산에서 내려오는 길에서 나눈 대화(9:11-13)가 그 대답을 제공해준다. 제자들은 종말에 관한 서기관의 기대들을 재인용하고 있으며, 그들은 엘리야가 만물의

---

6. 엘리야와 모세는 모두 산에서 하나님의 신현을 체험했다. 두 사람 모두 자신들의 순종으로 인하여 고통을 당했던 신실한 종들이었고, 하나님의 백성들에게 거절을 당했으며, 하나님에 의하여 옹호를 받았다. 유대인 전승은 이 두 사람이 죽지 않았다고 주장했다. 엘리야는 불병거 가운데서 하늘로 올림을 받았고(왕하 2:11), 후대의 유대인 해석가들은 신 34:6의 "오늘까지 그의 묻힌 곳을 아는 자가 없느니라"를 출 34:28의 "모세가 여호와와 함께…거기에 있으면서"와 결합시키고, 모세가 죽음을 경험하지 않았다고 결론지었다(Philo, *Questions and Anowers on Genesis* 1.86).

7. Myers, *Binding*, 250.

8. Lane, *Mark*, 321.

회복이 있기에 앞서서 열쇠가 되는 역할을 해야 한다고 주장한다. 엘리야와 모세는 모두 종말론적 인물들이다. 모세는 이스라엘의 첫 번째 구원자였고, 백성들은 모세와 같은 선지자가 나타나서 이스라엘을 구원해줄 것을 기대했다(신 18:15). 엘리야는 마지막 때와 하나님의 이스라엘에 대한 궁극적인 구속의 여명기에 나타나는 것으로 생각되었다.[9] 이 두 사람이 말라기 4:4-6에 언급되어 있다.

> "너희는 내가 호렙에서 온 이스라엘을 위하여 내 종 모세에게 명령한 법 곧 율례와 법도를 기억하라."
> "보라, 여호와의 크고 두려운 날이 이르기 전에 내가 선지자 엘리야를 너희에게 보내리니"
> "그가 아버지의 마음을 자녀에게로 돌이키게 하고 자녀들의 마음을 그들의 아버지에게로 돌이키게 하리라 돌이키지 아니하면 두렵건대 내가 와서 저주로 그 땅을 칠까 하노라 하시니라."

그러므로 높은 산에서 예수와 함께 그들이 나타난 것은 이스라엘의 마지막 구속에 관한 유대인의 소망을 일깨워주고, 또한 그 시간이 이루어졌다는 사실을 암시한다. 하나님의 나라가 가까웠다(1:15).

네 번째 주제가 이러한 광경에 대한 베드로의 무분별한 반응에서 떠오른다. 그는 무심코 은신할 건물에 대해서 떠들어 댄다. "랍비여 우리가 여기 있는 것이 좋사오니 우리가 초막 셋을 짓되 하나는 주를 위하여, 하나는 모세를 위하여, 하나는 엘리야를 위하여 하사이다." 놀랍게도 그가 방금 전에 그분을 그리스도로 고백하고, 그의 변화를 보았을 때, 예수를 랍비라 부른다.[10] 은신처(초막, 천막 혹은 장막)를 짓고자하는 그의 바람 역시 복잡한 특징을 갖는다. 7:3-4에서 우리가 유대인의 관습을 보게 되는데, 독자는 그것들에 대해서 설명을 들어볼 필요가 있으며, 또한 베드로가 무엇을 의도했는지는 상상만 할 수 있을 뿐이다. 초막은 출애굽을 상기시키고, 초막절을 우회적으로 언급한 것인가?(레 23:39-43) 그것들은 군대의 사기를 기대하여 "이스라엘아 각각 장막으로 돌아가라"는 고대의 외침을 상기시켜주

---

9. *Deut Rab* 3:17(10:1에 대한)에서, 하나님은 모세에게 말씀하신다. "내가 선지자 엘리야를 보낼 때 너는 너희 둘이 함께 와야 할 것이다." 제4에스라서는 "취함을 당한 자들, 그리고 그들의 출생으로부터 죽음을 맛보지 않은 사람들"을 보는 것은 시대의 끝의 표시로 열거한다(4Ezrah 6:25-26).

10. 11:21; 14:45을 보라.

기 위하여 의도된 것인가?(삼하 20:1; 왕상 12:16; 대하 10:16) 베드로는 이곳 산에서 메시야의 지휘본부를 세우기를 원하고 있는가? 아마도 그는 다만 이 복된 순간을 연장하고, 장막들이 신적 존재들의 거처로 간주되었으므로 세 인물들에게 친절을 베풀기를 원한 것 같다(출 25:1-9; 행 7:43; 레 21:3). 그는 "하나님과 그의 천상의 수행원들이 세상에 거주하실 종말론적 안식이 이미 시작되었다"고 잘못 믿고 있는가?[11] 만약 그가 그렇게 믿었다면 이 마지막 안식이 일어나기 이전에 예수가 고난을 통과하셔야 한다는 사실을 깨닫지 못한 것이다.

마가는 단 한 가지만을 분명하게 밝히고 있다. 베드로가 무서워했기 때문에 자신이 무슨 말을 하고 있는지 알지 못하고 있다는 것이다(9:6). 이러한 설명은 베드로가 마음속에 품고 있는 것은 무엇이든 그의 소견은 잘못된 조언이라는 사실을 밝혀준다. 그는 계속하여 인간적인 시각에서 사물을 보고 반응하며, 두려움이 계속하여 그의 마음을 어둡게 하고 있다. 만일 세 개의 초막을 짓겠다는 제안이 이 3인을 받들어 모시고자 하는 바람을 암시한다면, 그는 예수를 엘리야와 모세와 동등한 자리에 두는 오류를 범한 것이며, 그의 실질적인 신분을 인식하지 못한 것이다. 엘리야와 모세는 비록 그들이 위대한 자들이었을지라도, 하나님의 영광을 예수와 함께 동등하게 갖지 못한다. 모세는 인간의 완악한 마음을 돌이키게 할 수 없었고(10:5), 엘리야는 복수심에 굴복 당했다(왕하 1:9-12; 또한 눅 9:51-56을 보라). 하나님의 아들만이 인간의 곤경에 해결책을 주시며, 그분만이 이스라엘과 인류를 위한 하나님의 목적을 이루실 것이다. 그러므로 엘리야와 모세는 사라지고 예수만이 제자들 앞에 서 계신다. 그때에 하나님은 혼탁하고 두려움으로 가득한 마음을 보다 깨끗하게 만들기 위하여 개입하신다.

예수는 자신의 고난과 죽음에 대해서 분명하게 말씀하셨다(8:31). 이제 하나님이 아들에 관하여 명백하게 말씀하신다. "이는 내 사랑하는 아들이니 너희는 그의 말을 들으라"(시 2:7; 삼하 7:14을 보라).[12] 구름으로부터 들려온 음성은 말하지 않고 있는 엘리야나 모세보다 더 높은 권위를 나타내며, 이전에 베드로의 고백이 정확했음을 확증한다. 톨버트(Tolbert)는 이 장면이 시각—예수가 빛난 옷을 입으셨고, 엘리야와 모세가 나타나서 그분과 함께 있고 구름이 가리는 것—에 너무나 많은 강조점을 두고 있지만, 음성은 그들로 하여금 "그분을 바라보라"고 명령하지

11. Schweizer, *Mark*, 182.

12. 덮는 구름은 주의 임재를 나타낸다. 출 16:10; 19:9; 24:15-18; 33:7-11; 34:5; 40:34-35; 신 31:15; 왕상 8:10-11; 대하 5:13-14; 시 97:2; 겔 1:28; 10:3-4; 2 Macc. 2:8을 보라.

않고, 그의 말을 들으라고 명하신다는 점에서 아이러니를 지적한다.[13]

그러나 예수는 아무 말도 하지 않으신다. 그때에 그들이 들은 것은 무엇인가? 베드로와 나머지 제자들은 침묵을 지켜야 하고, 예수가 자신의 고난에 관해서 말한 내용에 마음—이 사건이 있기 7일전과 그들이 산에서 내려온 직후—을 두어야 한다, 첫 번째 경우에 예수는 인자가 많은 고난을 "받아야 한다"고 선언하신다(8:31). 두 번째 경우에 그 인자가 많은 고난을 받고 멸시를 당할 것이라는 사실이 "기록되었다"고 선언하신다(9:12). 엘리야가 이미 왔고 그들은 그에게 폭력을 가했다. 인자도 같은 취급을 당할 것이라고 예상할 수 있다(9:12-13). 그러므로 하나님의 통치가 메시야의 죽음을 통하여 앞으로 나아간다는 선언이 변화산 사건을 둘러싸고 있다. 예수의 나타나심, 하나님의 영광으로 옷 입으심, 구약의 위대한 성인들의 참석, 하나님의 음성에 의한 선언은 궁극적인 옹호에 대한 보증을 제공함으로써 고난에 관한 이러한 선포의 우려를 제거하지만, 그것이 그분과 그분을 따르는 모든 사람을 위한 고통의 필요성을 제거하지는 않는다.

엘리야에 관한 문제(9:9-13)

그들이 내려올 때, 예수는 세 제자들에게 인자가 죽은 자 가운데서 부활할 때까지 보고 들은 것에 관해서 침묵하라고 명하신다(9:9). 하나님이 그들에게 또 다른 퀴즈 하나를 주셨고, 그 그림은 신속하게 구체화되지만, 그 비밀의 모든 조각들이 앞뒤가 잘 들어맞기까지 공개적으로 선포할 것은 아니었다. 아직 길의 종점에 도달하지 않았고, 메시야로서 예수의 임무가 그분 앞에 놓여있다.

언젠가 어떤 이는 침묵하라는 예수의 지시를 순종한다. 마가는 제자들이 이 말씀을 굳게 지켰지만, 죽은 자 가운데서 부활하신다는 말씀에 관해서는 혼란해진다. 어떤 해석가들은 제자들이 부활이 무엇을 의미하는지를 이해하지 못했다고 주장한다. 하지만 그들은 근본적인 유대인의 확신에 대해 무지한 아덴 사람들과 같지 않았다(행 17:19, 32). 대부분의 1세기 유대인들은 부활을 믿었다(막 12:18-27). 헤롯까지도 그것을 알고 있다(6:14, 16). 그러므로 "죽은 자 가운데서 살아날"이라는 문구는 일반적인 의미의 부활을 가리키지 않고, 특별히 인자가 죽은 자 가운데서 살아나시는 것을 가리킨다(9:9).

---

13. Tolbert, *Sowing*, 206.

자신이 고난을 당해야 한다는 예수의 가르치심이 아직 충분히 이해되지 않았으므로 제자들은 난처해지지만, 그것이 왜 예수가 그들에게 침묵을 지키라고 지시하시는지를 설명해준다. 그들은 아직도 예수에게 귀를 기울이지 않고 율법 교사들과 그들의 의견에 귀를 기울이고 있다. 제자들은 바라는 여호와의 크고 두려운 날이 메시야의 찬란한 지상의 나라를 출발시키기 이전에, 엘리야가 먼저 와야 한다는 서기관들의 의견(말 4:5-6에 근거한)의 권위에 호소한다. 그들은 인자가 죽은 자 가운데서 살아난다는 것이 어떻게 이러한 예정표에 잘 들어맞는지를 놓고 혼란에 빠진다. 만일 메시야가 나타나는 여호와의 날 이전에 엘리야가 온다면, 메시야가 어떻게 죽을 수 있고, 또 부활할 필요가 있겠는가? 그들의 혼란스러움은 하나님의 계획이 인자가 고난을 당하고 죽는 일을 수반한다는 점을 예수가 계속하여 그들의 머릿속에 반복하여 주입했다는 사실을 보여준다.

예수가 엘리야의 도래에 관한 서기관의 가르침과 일치하는 것처럼 보일 수도 있지만(9:12), 그는 엘리야가 이미 왔다는 선포를 통하여 방향을 바꾼다. 분명히 그는 마가가 엘리야의 복장을 입고 오는 것으로 묘사한 세례 요한을 염두에 두고 계신다(1:6). 마태복음 17:13은 분명한 연결을 시도하고 있지만, 마가는 독자로 하여금 그것을 스스로 생각해 내도록 모호한 상태로 남겨놓는다. 받은 견해와는 반대로 예수의 말씀은 엘리야의 도래가 메시야의 행복한 나날로의 접근을 알리지 않는다는 사실을 의미한다. 만일 메시야가 실제로 왔다면, 제자들은 그가 "모든 것을 회복한다는 것"이 무엇을 의미하는지를 다시 생각해야 한다. 그들은 더 이상 종말론적 승리주의 측면에서 생각할 수 없다.

말라기 4:6에 따르면 엘리야의 사명은 아비들의 마음을 자녀들에게로 회복하는 것이었다(또한 Sir 48:10을 보라). 세례 요한/엘리야는 모든 유다와 예루살렘이 자기들의 죄를 고백하고 세례를 받기 위하여 왔을 때(막 1:5) 목적을 성공적으로 수행했는가? 그렇지 않으면 아주 많은 사람들이 회개하기를 거절했기 때문에 그는 실패를 했는가?(11:31을 보라) 만일 그가 실패했다면, 말라기 예언이 멸망을 예고했으므로 그 땅에 재앙의 징조가 된다. 하나님이 마음을 돌이키도록 하기 위하여 엘리야를 보내시는데, "돌이키지 아니하면 두렵건대 내가 와서 저주로 그 땅을 칠 것이다"(말 4:6). 마가복음 13:12에 따르면, 이러한 변화는 일어나지 않았다. 예수는 "형제가 형제를, 아버지가 자식을 죽는 데에 내주며 자식들이 부모를 대적하여 죽게 하리라"(막 13:12)고 예고하시고, 그 땅의 모든 곳보다 더 가장 거룩한 장소인 성전은 곧 무너질 것이라고 경고하신다(13:2).

9:12에 있는 예수의 대답을 하나의 질문으로 강조할 수 있는데, 그렇다면 이것은 그의 대답에 상당히 빈정된 의미를 부여해 준다. 예수는 대답한다. "엘리야가 메시야 이전에 온다면, 그가 모든 것을 회복한다는 것이 사실인가? 그렇다면 어떻게 인자에 대해서 그가 많은 고난을 받고 거절을 당해야 한다는 사실이 기록되었는가?"[14] 이 대답은 이 세대의 마음이 너무나 완고하다는 사실을 암시한다. 힘 있는 자들이 너무나 완강하다. 사탄의 간계가 너무나 강렬하다. 게다가 성경에 숨겨진 하나님의 계획은 먼저 고난을 그 다음에 옹호를 요청한다. 엘리야인 요한은 원한으로 인하여 감옥에 갇히고 변덕에 의해 사형을 당하고 장사되었다. 종말론적 기대들은 완전히 예상치 못한 방법으로 실현되었다. 엘리야가 먼저 와야 하고, 이미 왔지만, 그들은 자기들이 원하는 방법대로 그에게 행했다. 그러나 제자들은 예수가 옳은 것인지를 아직도 의문시하고 있다. 메시야가 어떻게 거절을 당하고 고난을 당할 수 있다는 말인가? 예수는 그들의 기대들이 모두 틀렸다고 대답하신다. 엘리야는 고난과 죽음의 방식으로 예수 앞에 나아간다.

상황잇기

마가의 1세기 청중은 고통과 세상의 불안정만을 알았었다. 고난에 대한 선언들 가운데 놓여있는 변화의 사건은 세 가지 기능을 한다. (1) 이것은 종말론적 승리주의라는 거짓된 희망을 폭로한다. 마가복음의 독자들은 조만간 어느 시기에 왕들처럼 통치할 것을 기대하지 않아야 한다(고전 4:8을 보라). (2) 그것은 위로와 궁극적 옹호의 희망을 제공한다. 끔찍한 고난에도 불구하고, 그들은 예수와 함께 영광을 받을 것이다(롬 8:17-18). (3) 그것은 하나님의 아들로서 예수의 신성을 계시한다. 메시야는 구약의 가장 위대한 성도들을 능가하신다.

마가복음에서 인자에 관한 예수의 가르침은 예수 당시의 많은 사람들이 상상한 바와 같이 그가 단순한 영광과 능력의 인물이 아니라는 사실을 계시한다. 인자는 죄를 사하는 권세를 가지고 계시며(2:10), 안식일의 주인이시며(2:28), 능력의 오른편에 즉위하실 것이며(14:62), 큰 능력과 영광을 가지고 구름 가운데 오실 것이다(13:26). 그러나 인자는 또한 배반과 치욕을 당하고, 굴욕을 당하며 죽을 것인데(8:31, 38; 9:9, 12; 10:33; 14:21, 41), 그 이유는 그가 자기 생명을 많은 사람들을 위한 대속물로 주려고 오셨기 때문이다(10:45). 그의 모든 영광 가운데서 예수를

14. Gnilka, *Markus*, 2:41-42; Marcus, *The Way of the Lord*, 99.

보려면 어떻게 그의 능력이 고난과 융합되어 있는지를 알아야 한다.

변화산 사건을 예수의 십자가 사건과 비교해 보면 이 진리가 분명해진다. 이 두 사건들은 영광과 죽음이 얼마나 서로 얽혀있는지를 보여준다. "비하되고 승귀된, 성도들에게 둘러싸여 계시고, 죄인들에 의하여 조작되어지고, 빛을 입으시지만 그럼에도 어두움의 옷으로 감싸 있는" 예수를 보게 된다.[15] 데이비스(Davies)와 앨리슨(Allison)은 유사한 내용과 대조되는 내용을 유용하게 기록해 놓았다.[16]

- 산에서 나타난 영광은 사적인 현현인 반면에 십자가의 고난은 공개적인 광경이다.
- 예수는 산에서 구약의 두 선지자인 엘리야와 모세에게 둘러싸여 있고, 골고다에서는 두 강도 사이에 있다.
- 산에서 예수의 옷은 영광 가운데 빛난다. 골고다에서 병사들은 그분에게서 옷을 취하여 가지는데, 이는 그의 굴욕을 증가시킨다.
- 세 사람의 남성 제자들이 가까이서 그의 영광을 바라보고, 세 사람의 여성 제자들이 멀리서 그의 고난을 바라본다.
- 구름 가운데서 들려온 하나님의 음성이 예수가 하나님의 아들임을 선언하고, 그를 처형하는 사람들 가운데 한 사람인 로마 백부장이 그가 죽은 뒤에 그가 하나님의 아들이라고 인정한다.
- 이 두 장면에서 엘리야에 대한 문제가 제기된다. 산에서 내려오면서 예수는 제자들에게 엘리야가 이미 왔는데, 사람들이 그를 마음대로 대했다고 알려준다. 예수가 십자가에 달려 고통 중에 있을 때, 사람들은 마지막으로 그분을 조롱한다. "가만 두라 엘리야가 와서 그를 내려 주나 보자"(15:36). 지각 있는 독자라면 그들이 모두 틀린 생각을 가지고 있다는 사실을 안다. 종말 때까지 이스라엘의 구원은 없을 것이며, 오직 소수만이 골고다에 나타난 하나님의 영광을 식별할 것이다.

제자들이 변화산에서 본 것은 예수의 어렴풋하게 비치는 옷에 있는 영광에 대한 약속이다. 그들이 산에서 내려와서 일상생활로 들어갈 때 들어야할 필요가 있

15. W. D. Davies and D. C. Allison, Jr., *The Gospel According to Saint Matthew*(ICC: Edinburgh. T. & T. Clark,1991), 2:706.

16. Ibid., 2:706-7.

는 내용은 고난에 대한 요구, 즉 십자가와 죽음의 길이다. 성경의 영웅들은 시야에서 사라진다. 장엄함이 약해진다. 하나님이 아들을 통하여 말씀하실 때를 제외하고는 하나님의 음성은 조용히 새어나온다. 환상들은 왔다가 가지만, 말씀은 남아 있다. 그들은 산에서 예수의 눈부신 영광에 대해 짧게 바라보지만 그들의 눈이 너무 부셔서 온전히 이해하지 못한다.

해석가들이 빠지는 함정은 영광스러운 광경에 몰두하고 어두운 고난은 잊으려는 유혹이다. 베드로가 경솔하게 말했을 때, 그의 외치는 소리는 이러한 유혹을 예증한다고 할 수 있다. 크리소스톰은 베드로가 "이러한 일시적 축복이라는 안정 가운데 정착하기를 원했고, 그래서 십자가를 지고 예루살렘으로 내려가시는 것을 막고 싶었다"고 해석했다.[17] 마가는 예수의 첫 제자들이 그의 고난이 그의 영광과 모순 되지 않는다는 사실을 깨닫기를 바라고 있다. 모세와 엘리야는 유대인의 전승에 의하면 죽음을 피했었을 수도 있다. 그렇지만 메시야는 피하지 않을 것이다. 예수의 죽음이 성경에 기록되어 있고, 그 죽음이 필요하다는 사실을 제외하고는 왜 인자가 고난을 당해야 하는지에 대한 설명을 예수는 하지 않는다. 하지만 인간들이 하나님의 사랑, 하나님의 능력 그리고 하나님에 대한 완전한 순종을 보다 분명하게 깨달을 수 있도록 인자로 하여금 고난을 당하게 하시고 일으킬 것을 하나님이 목적하셨다는 사실을 우리는 추측할 수 있다.

마가의 메시지를 신실하게 전달하기 위하여 예수의 영광과 고난을 양면적으로 설명해야 하고, 다른 것을 희생하여 하나를 강조해서는 안 된다. 이 둘은 서로 손잡고 나아간다. 메시야의 고난은 상상한 것보다 훨씬 더 클 것이지만, 그의 영광도 그러할 것이다. 본문은 해석자로 하여금 약함과 굴욕이 어떻게 능력과 영광과 조화되는지를 생각해보도록 유도하고 있다. 바울이 기록한 바와 같이, "그리스도께서 약하심으로 십자가에 못 박히셨으나 하나님의 능력으로 살아 계시니 우리도 그 안에서 약하나 너희에게 대하여 하나님의 능력으로 그와 함께 산다"(고후 13:4). 또한 우리가 예수의 말씀을 듣지 못하고, 교사들로부터 받은 전승이 이 세상에서 역사 하시는 하나님에 관하여 얼마나 혼동하게 하는지를 깊이 생각하게 만들도록 해야 한다.

1세기 그리스도인들은 헤롯과 같은 지도자들이 하나님의 사자들에게 자기 마

---

17. *Homilies in Matthew*, PG 59, 552. Leopold Sabourin, *The Gospel According to St. Matthew*(Bombay: St. Paul, 1983), 2:704, n. 33에서 인용함.

음대로 할 수 있었던 세상에서 살았다. 변화산 사건은 미래를 엿보도록 만들어 주지만, 오직 엿보는 것뿐이다. 우리는 여전히 지상의 권세가 하나님의 말씀을 가지고 그들을 대항하는 신자들을 앙갚음하는 세상에 살고 있다. 많은 그리스도인들은 신앙 때문에 고난을 당하고, 어떤 이는 그것을 피할 수도 있다. 전쟁, 기근, 사로잡힘, 그리고 선민이 모든 열국으로 복음을 전달할 때, 곁길로 나가도록 유혹하는 거짓 선지자들의 소리에 모두 조심해야 한다. 영광이 그리스도인들을 기다리고 있지만, 너무 성급하게 축하를 하지 않아야 한다. 그리스도인들은 산에서 살지 않고 혼동과 폭력이 지배하고 있는 골짜기로 내려와서 거기서 사탄과 계속하여 싸움을 해야 한다. 하지만 고난 중에 하나님의 임재가 빛을 발한다.

현대적 의미

대부분의 독자들은 간질병을 가진 소년과 씨름하지만 고치지 못하고 결국 경멸하는 대적들과 기분을 상하게 하는 군중들에게 둘러싸여 기운이 빠진 제자들과 무거운 발걸음을 내딛기보다는 산꼭대기에서 영광 가운데 평안히 있는 제자들과 같이 되기를 더 좋아할 것이다. 그러나 우리는 대부분의 삶을 죽음의 그림자가 우리 위를 맴도는 골짜기 아래서 보낸다. 존 번연은 『천로역정』에서 육체로 살아가시는 그리스도께서 굴욕의 골짜기 가운데 시골집을 가졌었다고 말했다. 실패와 반대의 순간에 사람들은 쉽게 절망의 희생물이 될 수 있다. 그러나 밝은 빛과 같이 우리 앞에 묘사된 진리를 체험했던 시기를 상기하는 것은 우리로 하여금 안팎으로부터 믿음의 도전을 받는 암울한 시기를 극복하게 할 수 있다.

하나님이 나타나셔서 우리 마음을 비추는 순간들은 다양한 사람들에 따라서 여러 형태를 취하지만, 그 순간들은 우리 앞에 놓인 난관들을 통과하게 하고 반대에 직면하여 견딜 수 있게 해준다. 이에 대한 모범을 베드로후서 1:16-18에서 발견할 수 있다.

> 우리 주 예수 그리스도의 능력과 강림하심을 너희에게 알게 한 것이 교묘히 만든 이야기를 따른 것이 아니요 우리는 그의 크신 위엄을 친히 본 자라 지극히 큰 영광 중에서 이러한 소리가 그에게 나기를 이는 내 사랑하는 아들이요 내 기뻐하는 자라 하실 때에 그가 하나님 아버지께 존귀와 영광을 받으셨느니라 이 소리는 우리가 그와 함께 거룩한 산에 있을 때에 하늘로부터 난 것을 들은 것이라.

또 다른 모범은 천로역정의 여행 동료들이 하늘의 도성이 언제 존재했는가를 의심하기 시작했을 때 일어난다. 순례자는 "우리가 클리어(Clear) 산의 꼭대기로부터 그것을 보지 않았습니까?"라고 소리치면서 격려를 한다.[18]

문제는 막달라 마리아가 동산에서 주님에게 매달릴 수 없었던 것처럼 우리가 이러한 환상에 매달릴 수 없다는 것이다(요 20:17). 이스라엘 자손들은 만나를 간수하기 위해 건조시킬 수 없고, 베드로는 초막을 짓고 이러한 복된 순간을 기념할 수 없었다. 현세의 삶은 모두 하늘의 환상이 될 수 없다. 가끔은 기억이 시들해지고, 그것이 실체였는지 의심할 수도 있다. 그것이 모두 신기루나 환상이었는가? 그러나 우리 주님의 말씀은 계속하여 남아있다. 우리는 예수의 말씀에 계속하여 귀를 기울여야 한다. 그의 말씀은 흥분시키는 환상의 순간이 희미해질 때 우리를 지탱시켜 줄 수 있다.

그리스도인들은 자기들을 기다리고 있는 영광을 너무나 성급하게 축하하지 않도록, 마치 슈퍼볼(미식축구 왕좌 결정전)의 마지막 순간에 실책을 범한 미식축구 선수같이 되지 않도록 경각심을 가져야 한다. 한 미식축구 선수는 승리를 눈앞에 둔 골라인 근처에 가까이 왔을 때, 공을 잡고 조롱하는 몸짓으로 승리의 춤을 추기 시작했다. 그런데 난데없이 상대편의 선수가 달려와서 2야드 선상에 있는 그의 손으로부터 공을 쳐냈다. 안쪽 전위를 맡은 사람에 의해서는 거의 달성될 수없는 영광스러운 순간인 터치다운을 위해 골라인을 통과할 기회를 그의 이른 축하로 날려버렸다. 마가는 영광이 올 것이라고 분명히 밝히고 있지만, 그런 순간에도 우리는 하나님의 사자와 종들을 파괴하려는 적대적인 세상에서 살며 주를 섬기고 있다.

과학자들은 어린이들이 네 살이었을 때 했던 흥미로운 실험을 가지고 훗날의 성공여부를 예고했다. 한 연구원이 어린이를 각기 한 방으로 초대하여 그 아이에게 마쉬멜로를 준다. 그 연구원은 아이에게 그것을 즉시 먹을 수 있다고 말하지만, 자신이 잠시 심부름을 가야 한다고 그 자리를 떠난다. 만일 그 아이가 연구원이 다시 돌아올 때까지 마쉬멜로를 먹지 않고 기다린다면, 그 아이는 두 개의 마쉬멜로를 가질 수 있다. 어떤 아이들은 즉시 마쉬멜로를 먹어버리고, 다른 아이들은 몇 분 동안만 기다린다. 또 다른 아이들은 두 번째 마쉬멜로를 갖기 위하여 연구원이 돌아올 때까지 기다린다. 연구원이 바깥에 있는 동안에 아이들은 그 유혹을 이길 수 있는 모든 일을 한다. 마쉬멜로를 먹기를 자제하는 어린이들은 성장하여 보다 조

18. Luccock, "The Gospel According to St. Mark. Exposition," 7.775.

절하고, 보다 인기가 있고, 보다 모험적이고, 보다 신뢰 있고, 보다 믿을 수 있는 사람이 된다.[19] 굴복한 아이들은 보다 고독하고, 스트레스에 약하고, 도전을 피하는 것으로 보인다. 그리스도인들은 매일의 상황 가운데서, 고통의 한 가운데서 명랑하고, 자신만만하고, 쾌활하며, 도전에 기꺼이 대응하는 삶을 살 수 있도록 연기된 만족을 배울 필요가 있다.

오늘날 교회에 속해있는 많은 사람들이 일종의 성경 건망증을 가지고 있다. 그들은 부, 행복, 영광을 약속하고 있는 부분들만 기억하고 자기희생, 고난, 자신의 십자가를 질 것을 요구하는 말씀은 잊어버리거나 귀를 기울이지 않는다. 그들은 고난 101은 건너뛰기를 원하고, 영광 909의 앞선 자리로 나아간다. 마가복음은 메시야가 십자가를 져야 하고, 굴욕을 당하며, 폭력을 행치 않아야 하며, 그의 제자들도 그리스도의 이름을 지니며 살아간다면 같은 일을 당해야 한다고 강조한다. 그러나 마가복음의 제자들은 그렇게 하기를 주저한다. 그들은 지금 모든 것을 갖기를 원한다. 그들은 더러운 귀신을 제어하는 능력을 갖기를 원하고(9:28), 위대하게 되고(9:34), 다른 사람들을 지배하고(9:38; 10:13), 그분을 따름으로 보상을 받고(10:28), 그의 영광의 오른 편과 왼편에 앉기를 원한다(10:37). 그러나 그들이 그분과 이러한 것들을 공유하려면, 지상에서 그의 고난도 공유할 수 있어야 한다는 사실을 먼저 그분으로부터 배워야 한다. 바울이 말하고 있는 바와 같이 우리는 "자녀이면 또한 상속자 곧 하나님의 상속자요 그리스도와 함께 한 상속자니 우리가 그와 함께 영광을 받기 위하여 고난도 함께 받아야 할" 사람들이다(롬 8:17).

19. Daniel Goleman, *Emotional Intelligence*(New York Bantam, 1995), 80-83.

마가복음 9:14-29

14 이에 그들이 제자들에게 와서 보니 큰 무리
가 그들을 둘러싸고 서기관들이 그들과 더불
어 변론하고 있더라
15 온 무리가 곧 예수를 보고 매우 놀라며 달려
와 문안하거늘
16 예수께서 물으시되 너희가 무엇을 그들과 변
론하느냐?
17 무리 중의 하나가 대답하되 선생님 말 못하
게 귀신 들린 내 아들을 선생님께 데려왔나
이다
18 귀신이 어디서든지 그를 잡으면 거꾸러져 거
품을 흘리며 이를 갈며 그리고 파리해지는지
라 내가 선생님의 제자들에게 내쫓아 달라
하였으나 그들이 능히 하지 못하더이다
19 대답하여 이르시되 믿음이 없는 세대여 내가
얼마나 너희와 함께 있으며 얼마나 너희에게
참으리요 그를 내게로 데려오라 하시매
20 이에 데리고 오니 귀신이 예수를 보고 곧 그
아이로 심히 경련을 일으키게 하는지라 그가
땅에 엎드러져 구르며 거품을 흘리더라
21 예수께서 그 아버지에게 물으시되 언제부터
이렇게 되었느냐? 하시니 이르되 어릴 때부
터니이다
22 귀신이 그를 죽이려고 불과 물에 자주 던졌
나이다 그러나 무엇을 하실 수 있거든 우리
를 불쌍히 여기사 도와 주옵소서
23 예수께서 이르시되 할 수 있거든이 무슨 말
이냐 믿는 자에게는 능히 하지 못할 일이 없
느니라 하시니
24 곧 그 아이의 아버지가 소리를 질러 이르되
내가 믿나이다 나의 믿음 없는 것을 도와 주
소서 하더라
25 예수께서 무리가 달려와 모이는 것을 보시고
그 더러운 귀신을 꾸짖어 이르시되 말 못하
고 못 듣는 귀신아 내가 네게 명하노니 그 아
이에게서 나오고 다시 들어가지 말라 하시매
26 귀신이 소리 지르며 아이로 심히 경련을 일
으키게 하고 나가니 그 아이가 죽은 것 같이
되어 많은 사람이 말하기를 죽었다 하나
27 예수께서 그 손을 잡아 일으키시니 이에 일
어서니라
28 집에 들어가시매 제자들이 조용히 묻자오되
우리는 어찌하여 능히 그 귀신을 쫓아내지
못하였나이까?
29 이르시되 기도 외에 다른 것으로는 이런 종
류가 나갈 수 없느니라 하시니라

원 의미

예수의 축사 사건의 네 번째이자 마지막인 이 사건은 변화산의 아래쪽 장면을 나타낸다. 이 단락은 네 개의 장면으로 구성되어 있다. 첫 번째 장면(9:14-19)은 군중들이 힘없는 제자들의 주변에 모여든 것으로 시작하여 논쟁을 하고, 그것은 믿음 없는 세대에 대한 예수의 탄식에서 절정을 이룬다. 두 번째 장면(9:20-

24)은 예수가 필사적인 소년의 아버지와 대면하고 믿음 없음에 대한 그의 심금을 울리는 고백에서 절정을 이룬다. 세 번째 장면(9:25-27)은 소년을 괴롭게 하고, 그를 쳐서 죽은 자같이 만든 귀신을 예수가 쫓아내실 때 믿음이 역사하고 있음을 보여준다. 마지막 장면(9:28-29)은 제자들이 축사를 하지 못한 사실로 돌아와서, 그것을 기도가 충분치 못한 사실과 연결시킨다.

예수는 산 위에서 나타났던 장엄한 영광을 떠나서 인간의 일상생활과 귀신과의 싸움으로 다시 돌아가신다. 그는 제자들이 율법 선생들과 논쟁에 휘말린 것과 큰 군중이 둘러싸고 있음을 발견한다. 한 소년으로부터 귀신을 쫓아내려다가 실패한 제자들의 시도는 말다툼을 불러일으켰다. 예수는 제자들이 귀신을 쫓아내도록 임명하셨고(3:15; 6:7), 그들이 과거에는 성공했지만(6:23-24), 이런 어려운 경우는 만나지 못했다. 마가는 생생한 필치로 소년의 무서운 고통을 묘사한다. 그는 말을 못하고, 그를 땅으로 내동댕이침을 당하고, 입에 거품을 일으키며 이를 갈고 널판자처럼 뻣뻣한 사람으로 만드는 발작으로 말미암아 고통을 당했다. 그의 고통에 대해 현대 의학적 명칭을 붙이려는 시도는 그의 고통의 배후에 있는 악을 해소하지 못한다. 소년의 아버지는 고통스럽게 호소한다. "내가 선생님의 제자들에게 내쫓아 달라 하였으나 그들이 능히 하지 못하더이다[그렇게 할 만큼 그렇게 강하지 않았나이다]"(9:18; 참조. 5:4; 14:37). 예수의 제자들은 역량이 부족하다는 사실이 드러났고, 그로 인해 나타난 소란은 그들의 부적절성을 보여주며, 그들로 하여금 공개적인 수치를 당하게 한다. 그들과 다투는 신학 교사들은 악령들과 대면했을 때 역시 무능했다.

예수가 산으로부터 내려왔을 때, 군중들은 두려워하면서 그에게 뛰어와서 인사를 한다. 그들을 놀랍도록 자극한 것은 그의 갑작스러운 출현인가, 그의 권위 있는 모습인가 아니면 그의 외모에서 나온 어떤 것 즉 변모로 말미암아 잔존해 있는 어떤 영향 때문인가?(출 34:29-30을 보라) 마가는 우리에게 아무것도 말하고 있지 않다. 대신에 그는 제자들의 명백한 실패의 모습에 집중한다.

이 시끄러운 논쟁은 예수로 하여금 다음과 같이 말씀하게 한다. "믿음이 없는 세대여 내가 얼마나 너희와 함께 있으며 얼마나 너희에게 참으리요…"(9:19). 이 탄식은 믿음이 없고 다툼을 좋아하는 군중들에 대한 격분을 표현한 것이다(신 32:5; 20; 사 65:2; 렘 5:21-23; 빌 2:15을 보라). 예수는 나사렛 사람들의 불신앙 때문에 그곳에서 아무런 능하신 일을 행하실 수 없었고(막 6:6), 이제 군중들과 그의 제자들의 믿음의 결핍이 아무런 일도 할 수 없게 만든다. 예수는 "불신앙만 보이고 있는 이 세상에서 한 진정한 신자의 고독과 번민"을 비탄 속에서 표현하고 있다.[1] 그의 탄식은 또한 긴급성을 표현한다. "언제까지?"는 서투른 제자들을 탈락시켜야 한다는 바람을 전달한 것이 아니라, 제자들의 굳은 마음을 완화시키고 악을 내쫓을 수 있는 능력을 보다 온전하게 숙지시키기에는 그에게 너무 적은 시간이 남아 있다는 것을 가리킨다. 시간이 짧다. 그들이 언제 터득할 것인가? 제자들의 무능력과 군중들의 불신앙에 직면하신 예수는 당혹스러워서 단념해 버리지 않고, 즉시 상황을 바로잡기 위하여 행동을 취하신다.

두 번째 장면(9:20-24)에서 백성들은 귀신들린 아이를 예수에게로 데려오고 소년의 아버지는 예수와 중심무대에 서 있게 된다. 예수는 소년을 사로잡고 있는 귀신과 대화를 하지 않고 그 대신 마음에 쓰라림을 가진 아버지에게 직접 물으신다. 동일하게 필사적이었던 수로보니게 여인이 그 믿음을 나타내 보인 것을 우리가 알고 있기는 하지만, 예수는 처음으로 축사를 위한 조건으로서 믿음을 요구하신다. 이 축사의 중심에는 귀신과의 투쟁이 아닌 믿음을 위한 투쟁이 들어있다(참조. 5:1-13). 믿음을 짚어보시는 예수의 질문은 문제의 가혹성을 드러내고, 또한 동정을 구하는 아버지의 부르짖음을 유발한다(9:22). 소년은 불이나 물 속에 집어던짐으로써 그를 멸망시키려했던 악령에 너무나 오랫동안 사로잡혀 있었다. 그는 또한 말을 못하여 모든 인간의 의사소통으로부터 단절되어 있다. 그가 예수의 존전에 나올 때, 악령은 능력을 행사하여 이 소년을 발작하도록 놀라게 만들어서 이 소년은 땅에 누워 입에 거품을 품는다.

제자들의 처참한 실패에 뒤이어 자기 아들의 새로운 고통을 보는 것은 소년의 아버지의 마음을 더 고통스럽게 하였고, 예수가 그의 제자들보다 더 나은 어떤 일을 할 수 있다는 믿음을 소진하게 하였을 것이다. 그러나 그는 모든 희망을 잃어버리지는 않았고, 간절하게 예수에게 간청한다. "무엇을 하실 수 있거든." 그의 호소는 만일 예수가 하실 수 있다면, 어떤 일도 마다하지 않을 것이라는 사실을 의심하지 않지만, 예수가 그러한 치명적인 경우를 극복하실 수 있는지에 관한 확신이 없다. 그의 신중한 희망은 대담하게 주장했던 문둥병자의 말과 극적으로 대조가 된다. "원하시면 저를 깨끗하게 하실 수 있나이다"(1:49). "무엇을 할 수 있으면"이라는 호소의 암시적 회의론은 예수의 날카로운 대답과 부딪친다.[2] 그의 능력은 문제

1. Lane, *Mark*, 332.
2. 헬라어 본문은 직역하면 "그(The), 만일 당신이 할 수 있다면"(9:23a). 예수는 아버지가 표현한 의심을 반복하시고 그것을 도전하신다. 마샬(Marshall, *Faith As a Theme*, 116-17)은 그것을 다음과 같이 잘 의역한

시되지 않는다. "믿는 자에게는 능히 하지 못할 일이 없느니라"(9:23). 이 확언은 믿음이 어떤 일을 이룰 수 있다는 것을 의미하는 게 아니라, 믿음을 가진 사람들은 "하나님의 능력에 한계를 두지 않는다"는 것을 의미한다.[3]

예수가 "믿는 자"를 선발하실 때, 그는 누구를 염두에 두고 계시는가? 그는 이적을 일으키는 사역자들의 믿음을 가리켜 말하고 있는가, 아니면 이적들을 추구하는 사람들의 믿음을 가리켜 말하고 있는가? 그 대답은 둘 다이다. 제자들과 달리 이적을 일으키는 자로서 예수는 그의 강한 믿음으로 인하여 무한한 능력을 소유하고 계신다. 그러므로 예수는 소년을 도와줄 수 있는 일에 대해서 그 아버지가 한계를 긋고 있는 것을 꾸짖고 있는 것이다. 그러나 간구자들은 예수에 대한 믿음을 가질 필요가 있고, 과감한 믿음은 복음서에서 그분에게 치유를 호소하는 사람들 모두의 특징이었다(1:40-45; 2:1-10; 5:21-43; 7:24-30; 10:46-52).

이적을 행하는 자와 이적을 일으키기를 호소하는 자의 믿음이 성공으로 인도한다. 아버지는 믿음이 없는 세대에 속하지만, 우리는 이 믿음을 가지도록 훈련을 시키는 그분을 보게 된다. 믿기를 거부하는 나사렛 사람들과 달리 이 아버지의 불신앙은 개전의 기미를 가진 것이다. 그는 믿을 수가 없지만 이적과 불가능한 것을 기대하는 믿음을 요청할 정도로 필사적이다. 그는 산에서 있었던 환상을 엿보지 않았고, 그의 통렬한 부르짖음인 "내가 믿나이다 나의 믿음 없는 것을 도와주소서"는 수세기를 거쳐 같은 싸움을 하고 있는 사람들의 심금을 울려왔다. 그는 의심하는 한 사람으로서 도움을 청한다.

세 번째 장면(9:25-27)은 귀신에게 그 소년으로부터 나가고, 다시는 그에게 들어가지 말라는 명령을 하시면서 귀신과 싸우시는 예수를 묘사한다. 예수의 임재가 귀신을 아첨하는 복종이나 광분으로 던져 넣음으로써, 반항적인 마지막 순간에 그는 어린 희생자를 난타질한다.[4] 경련으로 몸부림을 친 후에 소년은 죽은 자처럼 됨으로써 많은 사람들이 그가 죽었다고 생각한다. 당장 그때에는 악화된 상태에서 더 악화된 것처럼 보이고, 옛 재담인 "수술은 성공이었지만 환자가 죽었다"가 이

다. " '만일 할 수 있다면' 에 관한 한, 나는 믿는 사람에게는 모든 것들이 가능하다는 사실을 너에게 말한다." 레인(Lane, *Mark*, 333)도 그것을 다음과 같이 의역한다. "너의 아들을 돕는 나의 능력에 관한 너의 소견에 대하여, 모든 것이 행하는 나에게 있지 않고 너의 믿는 능력에 달려있음을 나는 너에게 말한다." 그러므로 제자들이 믿음이 없는 이 세대에 포함된 유일한 사람들이 아니다.

3. A. E. J. Lawlinson, *St. Mark*(Westminster Commentaries; London. Methuen & Co. 1931), 124.

4. 많은 사람들은 예수에 대한 귀신의 저항이 마가복음에서 이야기가 진전해감에 따라 증가하고 있다고 주장했다.

상황에 적용된다.[5] 그 소년은 "파리해졌다"(9:18). 그러나 예수는 앞에서도 "마른 자"를 고치셨다(3:1, 3, 5). 귀신이 소리를 지르지만 예수는 그 이전에 그 병자를 고치셨다(1:23-24; 3:11; 5:7-8). 경련은 그치고 소년은 마치 죽은 자처럼 보이지만, 예수는 이전에 죽음도 다루셨다. 예수는 야이로의 죽은 딸에게 하셨던 것처럼 그의 손을 잡으시고(5:41; 1:31을 보라) 일으키신다. 마가가 부활과 관련한 어휘를 사용하고 있음을 놓쳐서는 안 될 것이다. "그분이 그를 일으키셨다"('에게이렌'; "그분이 그의 발을 일으키셨다"), 그리고 "그가 일어났다"('아네스테'; "그가 일어섰다"). 예수는 귀신을 쫓아내시고 소년에게 새 생명을 주셨다.

마지막 장면(9:28-29)에서, 제자들은 어떤 한 집의 사적인 자리에서 자신들의 실패를 반성해보기를 원한다. 마가는 소년의 구원에 대한 아버지나 군중의 반응에 대해서 아무것도 말하지 않는다. 모든 것이 예수를 따르는 자들을 위한 교훈에 집중되어 있다.[6] 아버지와 말을 주고받는 동안 믿음의 중요성을 강조하는 반면에, 제자들과의 대화는 기도의 필요성을 강조한다(9:29). 예수의 반응인 "기도 외에 다른 것으로는 이런 종류가 나갈 수 없느니라"는 그들이 기도를 하지 않았기 때문에 실패했다는 사실을 암시한다. 제자들은 자기들끼리 그리고 대적자들과 논쟁하는데 너무 바빠서 기도하지 못했다.

예수가 더러운 귀신을 쫓아내기 전에 기도를 올리지 않으셨으므로, 그가 염두에 두고 있는 기도는 어떤 마법적인 기원이 아니라 하나님과의 가깝고도 지속적인 관계다. 마가는 예수가 정규적으로 열정적인 기도를 하셨다고 암시해 준다. 그는 기도하러 홀로 밖으로 나가셨으나(1:35; 6:45-46), 제자들이 자신들의 일정에 사로잡혀 그분을 방해했다. 예수가 특히 그들로 하여금 자기와 함께 기도하라고 요구하셨을 때, 그들은 잠을 잤다(14:37-40). 그러므로 독자들은 제자들의 부정적 사례를 통해 기도를 게을리 하고 스스로의 힘으로 활동하려고 하는 자들에게 무슨 일이 일어나는지를 알 수 있게 된다.[7] 예수의 긍정적 사례는 믿음과 기도의 지배를 받는 삶만이 악령으로부터 오는 위협을 격퇴할 수 있다는 사실을 보여준다.

본문의 이문은 9:29에 있는 기도라는 요구사항에 "그리고 금식"을 덧붙인다.[8]

---

5. Chapman, *Orphan*, 111.
6. 예루살렘으로 여행하는 동안에 일어나는 두 이적들은 제자도를 위한 교훈들을 전달해 준다.
7. 이러한 제자들이 아이러니하게도 "당신의 이름으로 귀신을 쫓아내는" 외부인의 성공적인 축사행위를 금지시켰다고 예수에게 보고하는 뻔뻔스러움을 가지고 있다. 그들이 이렇게 한 이유는 "그가 우리들을 따르지 않는 사람이었기" 때문이었다(9:38).

이 독법은 두 가지 이유로 문맥에 적합하지 않다. (1) 예수가 신랑을 취하여 가기 전까지는 금식을 부적절한 것으로 이미 제쳐두셨다(2:18-20). 그런 그가 어떻게 지금 그의 대적들이 이전에 말했던 것처럼 금식하지 않았기 때문이라고 제자들에게 흠을 잡을 수 있겠는가? (2) 이런 독법 즉, 금식을 문맥에 집어넣는 것은 하나님으로부터 능력을 얻는데 성공적인 일로 금식을 바꾸어놓는다. 이 사건은 믿음과 기도의 필요성을 강조하고 있다. 그것은 하나님에 대한 완전한 의존을 수반한다. 능력은 기도 속에서 하나님과의 관계에서 파생하고, 자기고행의 상급이 아닌 은혜의 선물로 온다.[9]

상황잇기

산에서 내려온 후에 예수와 세 명의 제자들을 맞이하는 귀신들린 자의 사건(복마전)은 아래쪽의 혼돈, 소음, 알력으로부터 멀리 떠나서 영광의 자리로 돌아가서 초막을 짓도록 베드로에게 새로운 자극을 줄 수도 있었다. 그러나 제자들은 자신들의 실패로부터 혹은 믿음이 없는 세대로부터 자신들을 격리시킬 수 없다.

이 사건은 마가복음에 나오는 다른 축사사건과 다르며, 그 차이점들을 살펴봄으로써 중심 되는 관심이 어디에 있는지를 알게 된다. 그것은 귀신을 쫓아내는 예수의 능력에 많은 초점을 두지 않고 우리의 시선을 제자들의 실패(단락의 시작과 끝에서)와 아버지의 믿음의 필요성으로 돌리게 한다(중간 부분에서). 중요한 순간은 예수의 선언이다. "믿는 자에게는 능히 하지 못할 일이 없느니라"(9:23)와 "기도 외에 다른 것으로는 이런 종류가 나갈 수 없느니라"(9:29)이다. 그러므로 우리의 해석은 우리와 실수하는 제자들 그리고 그 사람의 도와달라는 부르짖음과 믿음 사이의 평행적 내용에 초점을 맞추어야 할 것이다 그 모두가 오늘날 우리의 세계로 옮겨오기가 쉽다.

이 생생한 기사는 제자들이 바로 우리들과 같다는 사실을 보여준다. 실패에 둘러싸임, 지나치게 논쟁하려함, 기도생활의 훈련부족, 그리고 하나님과 가까이 행하는 시간을 갖기보다 기교를 더욱더 배우려함. 이 사건은 또한 제자들이 홀로 있을 때 얼마나 나약한지를 보여준다. 우리는 이러한 실패들로부터 교훈을 얻을 수 있다.

---

8. 그것은 빈약한 사본의 지지를 받고 있으며, 금식이 초대교회의 관심이었기 때문에 덧붙여졌다(행 13:2; 14:23). 행 10:30과 고전 7:5의 몇몇 본문 가운데서는 "기도"에 "금식"이 덧붙여졌다.

9. Hooker, *Mark*, 225.

제자들은 자신들의 잘못으로부터 배우기를 원하고 있다. 그들이 예수에게 "우리는 어찌하여 능히 그 귀신을 쫓아내지 못하였나이까?"라는 질문은 1세기 세계의 축사에 관한 가정으로부터 나온 기본적으로 잘못된 개념을 드러내고 있다. 이 질문은 "우리"에게 강조를 두고 있으며 자기들의 전문적인 기술과 능력을 의지하기를 바라고 있음을 드러내고 있다. 그들은 일을 실패케 만든 그들의 기술에 어떤 문제가 있는지 궁금했을 수 있다. 고대 세계에서 마법사, 마술사, 축사자들은 바람직한 결과를 이루기 위하여 적절한 신의 능력을 주문으로 불러일으키는 말과 행동의 올바른 결합에 집중하려 하였다. 그들은 강한 신의 이름들을 사용하면서 비밀스러운 주문을 외우고, 신비로운 행동을 하며, 특별한 도구들의 사용을 섞어서 행했다. 그것은 모두가 기교의 문제였다. 알라딘의 요술램프를 가진 사람이 세 가지 소원을 이루기 위하여 그것을 단지 문지르기만 하면 되는 것처럼, 성공을 위하여 사랑이나 헌신과 같은 신에 대한 관계를 필요로 하지 않았다.

요세푸스는 귀신축사에서 솔로몬의 훌륭한 솜씨를 칭찬했을 때, 축사에 대한 이러한 입장을 설명한다.

> 하나님이 치유의 유익과 사람들의 치유를 위하여 귀신들에 대해서 사용했던 기술의 지식을 그에게 주셨다. 그는 또한 질병이 완화되도록 만드는 주문을 작성했고, 귀신들린 사람들이 그 귀신들을 쫓아내어 다시는 돌아오지 못하게 하는 축사의 형식들을 뒤에 남겨놓았다.[10]

그 다음에 그는 로마 사령관 베스파시안 앞에서 엘르아잘(Eleazar)이 행한 축사를 묘사한다.

> 솔로몬이 처방한 내용에 기초한 봉인된 고리를 귀신이 들린 사람의 코에 넣고, 그가 그것을 냄새 맡았을 때, 그의 코를 통하여 귀신을 쫓아냈고, 또한 그 사람이 넘어졌을 때, 솔로몬의 이름을 말하면서 그리고 그가 작성한 주문을 낭독하면서 그 귀신이 다시는 그에게로 들어가지 말도록 간청했다. 그 다음에 구경꾼들에게 확신을 주고, 그들에게 자기가 이 능력을 가졌다는 사실을 입증하려고 엘르아잘은 약간 떨어져서 물이 가득한 컵 혹은 발 대야를 두고 귀신에게 명령했고, 귀신이 그에게서 나간 단계에서, 그것

10. *Ant* 8.2.5. § 45.

(컵)을 뒤집어엎도록 명령했으며, 그가 그 귀신을 떠나게 했다는 사실을 구경꾼들에게 알렸다.[11]

제자들에 대한 예수의 대답은 그의 축사행위가 어떤 비법이나 주문과 관계 없다는 사실을 명확하게 밝힌다. 제자들은 축사의 상세한 내용을 배우기 위하여 코스를 밟거나 어떤 종류의 축사 연구실에서 그 기술을 연마할 필요가 없다. 레인(Lane)은 다음과 같이 해석한다. "제자들은 예수로부터 받은 은사(6:7)가 자기의 지배 하에 있고, 자기들의 재량에 따라 그것을 행사할 수 있을 것이라고 믿고자 하는 유혹을 받았다. 이러한 태도는 불신앙의 미묘한 형태로부터 나온다. 사람이 성공을 하면 그는 하나님에 대한 의존이 아니라 자기 자신과 자신의 기술을 의존하게 만든다."[12] 그렇기 때문에 마샬(Marshall)은 제자들이 "우려되는 이기적인 마음"과 "잘못된 자아신뢰"의 죄가 있음을 지적한다. 그는 다음과 같이 해석한다.

> 아마도 그들은 치유와 축사의 능력을 의존하는 기도를 통하여 위임받은 권위를 실현하려는 예수로부터의 사명을 매번 새로이 시작하기보다는 그들 자신의 자율적인 소유로 간주하였던 것으로 보인다. 그렇다면 마가는 자아신뢰적인 낙관주의가 믿음과 같이 "느껴질" 수도 있지만, 그것은 사실상 불신앙이라는 것을 주장하고 있다. 그것은 인간의 무능이라는 선행조건과 하나님에 대한 기도를 통한 의존을 간과하고 있기 때문이다.[13]

제자들이 부족하다는 사실을 깨달을 때에만 자신들이 아무것도 소유한 것이 없다는 사실을 배운다. 믿음이 없는 세대에 속하는 사람들은 악령을 쫓아내지 못한다. 능력은 전적으로 그분에게 속해 있고, 그래서 기도 생활을 통하여 그분으로부터 매 시간마다 능력을 새로이 받아야 한다. 그러므로 "내가 믿나이다, 나의 믿음 없는 것을 도와주소서"라고 구하는 태도는 고난당하는 자와 마찬가지로 치유자에게도 동일하게 필요하다.

이 단락의 두 번째 요점은 예수와 자기 아이를 제자들에게 데려온 아버지와의 대화로 돌아선다. 절망적인 믿음을 위한 아버지의 투쟁은 믿음의 특성을 명쾌하게

11. *Ant* 8.2.6. §§ 47-48.
12. Lane, *Mark*, 335 : 또한 Cranfield, *Mark*, 305을 보라.
13. Marshall, *Faith As a Theme*, 223.

밝혀주고 있으며, 동시에 우리 인간의 곤경에 관해서 많은 것을 보여준다.

현대적 의미

이 단락을 현대적 의미로 표현하면서 우리는 사역의 상황에서 실패의 원인들을 발견해내기 위하여 제자들의 실패와 우리의 실패 간에 유사한 내용을 살펴볼 것이다. 우리는 아버지의 필사적인 도움의 필요성과 이를 위한 부르짖음을 살펴보고, 그 사람과 예수 사이에 교환되고 있는 내용이 믿음에 관해서 무엇을 말하는지를 살펴볼 것이다.

제자들의 실패와 기도의 필요성

우리는 귀신들린 소년을 고치지 못하는 제자들의 실망스런 실패보다는 영감을 주는 예수의 변화산 사건에 대한 제자들의 체험을 더 좋아할 수도 있다. 그러나 예수는 도움을 요청하는 소리가 가장 크게 들리는 그곳으로 내려가기를 요구하신다. 그곳이 우리의 믿음을 실천으로 옮기는 장소이기 때문이다. 영감을 주는 대화와 찬양으로 충전을 받고 헌신된 그리스도인으로 뭉쳐진 성경 사경회에 참석하는 것이 실패 의식이 매일의 벗이 될 수 있는 삶의 참호들을 힘들게 걷는 것보다 더 매력을 가진다.

실패는 나쁜 것, 두려운 것으로 보일 수 있다. 그러나 우리가 어떻게 반응하느냐에 따라서 그것은 긍정적인 교훈을 얻는 기회가 될 수 있다. 우리가 얼마나 온전히 하나님을 의지해야 하는가를 더 깊이 깨닫게 된다면, 실패는 하나의 교훈을 얻는 순간이 될 것이다. 그것은 또한 우리 삶에 피할 수 없이 다가오는 파선, 몰락, 재난에 보다 잘 대처할 수 있게 해준다. 명설교라는 칭찬만을 듣고 멋진 통계학적인 성장에 갈채를 받고 있는 젊은 목사들은 자신들의 능력으로 말미암아 성공하고 자기들이 스타적인 매력이 있다고 생각하는 우를 범할 수 있다. 제자들이 나중에 다른 성공적인 축사자들을 제지한 것(9:38)이 그들이 이 점에 대해서 느리게 배우는 사람이라는 사실을 암시할지라도 실패는 겸손을 가르칠 수 있다.

그러나 실패는 또한 부정적인 결과들을 낳을 수 있다. 실패는 논쟁으로 이끌어갈 수 있다. 문제점을 고치기보다는 다른 사람들에게 허물을 돌리려 할 수도 있다. 우리는 우리의 실패들을 흡족하게 바라보는 대적자들과 반목할 수도 있다. 제자들은 이 함정에 빠졌다. 그들은 대적들과 말다툼을 했고, 반면에 소년의 아버지는 아들의 고통을 마음 아파하면서 옆에 서 있었다. 냉소적인 사람들은 이것이 교회의 통상적인 상태를 반영하고 있다고 주장할 것이다. 보통 교인들이 사람들을 돕거나 기도하기보다는 논쟁을 하는데 더 많은 시간을 보낸다. 사람들이 그리스도를 따르는 사람들에게 도움을 구하러 오지만, 그들은 사사로운 논쟁을 한다.

필사적인 어려움에 봉착해 있는 대부분의 사람들은 해석의 훌륭한 점들에 대한 학적인 논쟁이나 의심 가는 이단들에 대한 신학적인 논쟁들에 대해서는 무관심하다. 그들은 도움을 원한다. 너무나 많은 사람들이 하나님과 교회로부터 돌아섰는데, 그 이유는 세상을 믿음으로 이끌어 들이기보다는 교회 내에서 그리고 세속 세계와의 논쟁에서 이기는데 더 관심을 가진 사람들의 속 좁은 언쟁 때문이다. 우리가 누가 옳은가 그른가 그리고 누가 잘못이 있는가를 논쟁하는 동안에 세상은 악의 손아귀에서 도움을 받지 못한 채 서 있다. 다른 사람들과 작은 논쟁에서 이길 수도 있지만, 사탄과의 전쟁은 진다. 우리는 아마도 우리 교회 공동체 내에서 이러한 결점의 직접적인 사례들에 대해서 생각할 수 있을 것이며, 이 이야기를 이 상황에 적용할 수 있을 것이다. 우리가 살고 있는 세상에서 교회는 더 이상 많은 사람들에게 도움을 받기 위하여 가야할 장소로 보이지 않는다. 왜 그럴까? 그것은 교회가 너무나 하늘나라에 마음을 빼앗기거나, 혹은 틀에 박힌 문구로 어떤 실제적인 도움을 주지 못하는 논쟁에 참여하고 있기 때문인가?

우리는 우리로부터가 아니라 예수로부터 도움을 얻기 위하여 사람들이 온다는 사실을 잊어서는 안 될 것이다. 소년의 아버지는 예수에게 "내 아들을 선생님께 데려 왔나이다"(9:17)라고 말한다. 그는 그 아이를 제자들에게 데려오지 않았다. 예수는 "그를 내게로 데려 오라"(9:19)고 말씀하신다. 복음은 고통 중에 있는 사람을 데려오고, 그들이 소망을 우리가 아닌 예수에게 두게 한다. 그들은 필사적인 깊은 감정을 가지고 나온다. 루이스 스메드즈(Lewis B. Smedes)는 자신이 뒤늦게 이러한 통찰력을 얻게 되었다고 고백한다.

> 보통 사람들처럼 주일에 그들은 우리 교회로 나왔으나, 나는 초기에는 그들을 알지 못했었다. 나는 지금 왜 내가 그들을 알지 못했는지를 안다. 나는 그들이 보통 사람이 되는 것을 원치 않았던 것이다…나는 그들이 나의 예언자적인 말씀이 그들에게 지워주는 세계 정의의 짐을 질 강한 어깨를 가진 영적인 운동선수가 되기를 원했었다. 그러나 내가 그들에게 고귀한 약속들을 제공하고 하나님의 말씀이라는 과감한 명령으로 그들에 외쳤을 때, 그들 중에 많은 사람들은 비밀리에 기도하고 있었다. "오 하나님, 이 주

> 간에 제가 잘 헤쳐 나갈 수 있다고 생각하지 않습니다 저를 도와주옵소서!"…그들이 공통으로 가지고 있는 것은 모든 것이 잘못되어 있다는 느낌인데, 그것이 대부분의 그들에게 문제가 되어 있는 점이다. 그들이 필사적으로 필요로 하는 것은 삶의 중심이 올바르다는 것을 아는 믿음의 이적이다.[14]

제자들의 능력의 실패 원인은 마지막 장면에서 명확하게 드러난다. 그들은 결핍된 믿음을 가졌었고, 기도가 충분치 못했다. 그들의 기도는 약했다. 나우웬(Nouwen)은 이것이 교회에서 심각한 문제가 되었다고 주장한다.

> 우리는 영성과 사역을, 기도와 예배(service)를 분리시키는 유혹에 빠졌다. 마귀들은 말한다. "우리는 너무 바빠서 기도하지 못하고, 필요한 것들이 너무 많아서 참석하지 못하고, 사람이 너무나 많아서 반응을 주지 못하고, 상처들이 너무 많아서 고쳐주지 못한다." 기도는 사치요, 자유로운 시간에 해야 할 일이요, 일이 없는 날이나 휴가기간에 할 일로 되어 있다.[15]

예수가 염두에 두고 있는 기도는 "단순한 경건의 연습이 아니다." 그보다 그것은 "친밀한 기도가 솟아 나오는 하나님에 대한 완전한 의존감"이다.[16] 기도생활은 효과적인 사역과 손을 맞잡고 나아간다. 기도는 잘 받아 들여져서 하나님으로 하여금 행동하시게 만든다. 특별한 기도를 재빨리 발설함으로써 그 순간에 얻을 수 있는 것이 아니다. 그 순간이 올 때를 기도하는 생활을 통하여 준비해야 한다. 다른 사람들에 대한 전문적인 사역을 자신의 영적 상태와 분리할 수 없다. "사역은 8시부터 다섯 시까지 하는 하나의 직업이 아니라, 주요한 삶의 방식이다."[17] 그 삶의 방식은 기도로 충만해야 한다.

기도했을 때조차도, 교인들을 쇠약하게 하거나 치명적인 병에 맞설 때, 전적으로 도울 이가 없다고 느낄 때가 있다. 너무나 자주 우리는 왜라고 물으면서 그리고 대답들을 찾아내려고 시도하면서, 바퀴를 돌린다. 우리의 시간을 기도하는 가운데

---

14. Lewis B. Smedes, *How Can It Be All Right When Everything Is All Wrong?*(New York: Harper & Row, 1982), 80-81.
15. Henri J. M. Nouwen, *The Living Reminder Service and Prayer in Memory of Jesus Christ*(New York. Seabury, 1977), 12.
16. Cranfoeld, *Mark*, 305.
17. Henri J. M. Nouwen, *Creative Ministry*(Garden City: Doubleday, 1978), xxiii.

보내고, 동료 신자들에게 의료 청구서, 식사, 자녀들을 돌보는 일을 해줌으로써 기도를 행동으로 전환하는 것은 좋을 것이다. 우리가 모든 순간에 우리의 부족함을 예민하게 감지할 때, 그가 우리에게 더욱더 말씀하시며 더 잘 사용하신다. 나우웬은 기도란 "자기를 비우고 하나님의 존전에서 무익하게 되며, 그리하여 모든 것이 은혜이고 노력한 대가가 아니라는 근본적인 믿음을 선포하는 길이다"라고 말한다.[18]

제자들이 어린 소년을 지배하는 귀신을 쫓아내는 일에 실패했을 때 완전히 빈털터리이고 쓸모없는 자들임을 느꼈다. 그들은 앞으로는 실패하지 않고 우스꽝스럽게 보이지 않도록 하기 위하여 자신들을 채우는 방법을 배우기 원해서 예수에게 왔다. 예수가 그들에게 가르치신 내용은 우리에게 적용된다. 모든 치유가 하나님으로부터 오고 하나님께 전적으로 의존해야 한다는 무가치함과 실패로부터 제자들은 배울 필요가 있다.

필사적인 소년의 아버지와 믿음의 필요성

소년의 아버지의 고통은 우리의 상황과 유사하다. 그 아버지는 자녀들이 어떤 유해한 질병으로 고통을 당하거나, 어떤 중독의 세력에 사로잡혔거나, 갱들과 사회 폭력의 세력에 의존하여 살아가는 자녀들을 무력하게 바라보고 있는 오늘날의 많은 부모들과 같다. 그들은 도움을 받기 위하여 어디로 가야 할지 모르고, 분노, 좌절, 그리고 걱정을 하고 있다. 아버지들은 가장 깊은 영혼 가운데서 자녀들이 구원받을 수 없다면 그들을 죽일 어떤 것이 그 자녀들의 삶을 지배하고 있음을 두려워한다.

우리 역시 쓰레기 같은 사회에서 그들을 휘감는 가치기준으로 말미암아 몸부림을 치는 자녀들이 우리 사회에서 점점 더 많아지고 있음을 본다. 절망이 그들을 마약과 알코올의 불 가운데로 내던지고 그들을 절망에 빠지게 한다. 십대들은 사춘기 식욕부진이라는 세력에 사로잡혔고, 부모들은 자녀들 옆에서 해답을 찾으며 그들이 아플 것을 걱정하면서 무기력하게 서 있다. 그들의 최선의 노력은 헛되다. 더 나쁜 것은 자녀에게 아무런 관심을 보이지 않거나 아무런 도움을 줄 수 없다고 느끼는 부모들이 있다는 것이다. 우리가 기도함으로 자녀들을 하나님의 존전으로 데

18. Nouwen, *The Living Reminder*, 52.

리고 올 때 그 해답이 주어지기 시작한다.

믿음에 대한 가장 맹렬한 도전은 사랑하는 사람이 고통을 당하거나 죽을 때, 특히 그들이 매우 어려서 그러한 일을 당할 때 다가온다. 모든 희망들이 좌절될 때, 하나님의 자비로운 개입을 감히 다시 바라보기가 어렵다는 것을 발견하게 된다. 마가복음 9장에 있는 아버지는 거의 모든 희망을 포기했던 지점에 이르렀을 때 예수가 그에게 믿음을 가지라고 격려하신다. 믿음은 한 사람의 삶 가운데 새로운 능력을 불어넣지만, 몇 가지 조심해야 할 것들이 제기된다.

(1) 어떤 사람들은 다른 사람들에게 너무나 그럴듯하게 "믿음만 가져라" 고 말하고, 믿음의 거대한 능력에 관한 입술만의 진부한 의견을 말한다. 믿음생활을 해 나간다는 것은 결코 쉽지 않으며, 비극들이 그 사람의 삶을 내려칠 때 신앙생활은 더 어려워진다. 소년의 아버지의 정신적인 혼란은 의심의 절망이 얼마나 쉽게 뒤섞여 믿음의 힘을 맥 빠진 죽으로 만들어버리는지를 보여준다. 우리는 마가복음 4:40과 6:6로부터 의심과 믿음이 상호 배타적이라는 인상을 가질 수 있다. 믿음을 가지든지 불신앙이라는 혼란상태에 빠진다. 이 아버지의 호소인 "내가 믿나이다 나의 믿음 없는 것을 도와 주소서"와 예수의 믿음을 가지라는 명령(5:36)은 대부분의 신자들이 경험하는 믿음에 관한 역설을 보여준다. 마샬(Marshall)이 진술하는 바와 같이, "모든 믿는 자들 가운데는 신앙과 불신앙간의 긴장이 있으며, 믿음은 단지 하나님의 도우심으로 존속할 뿐이다."[19] 체스터톤(Chesterton)은 다음과 같이 기록했다.

> 인간 가운데는 항상 사라지기 직전에 있으나 사라지지 않는 어떤 것, 항상 분명하게 작별인사를 말하지만 끝없이 떠나지 않는 확신, 항상 낚아채질 것 같아 뻗으나 낚아채지지 않는 끈이 있다.[20]

믿음은 언제나 불리하고 약해 보이지만, 그럼에도 불구하고 모든 정복자보다 오래 생존한다. 이 아버지는 그리스도에게 적은 믿음으로 매달리고 있고, 적은 믿음을 가진 사람으로서 도움을 구하고 있다. 예수는 어떤 일이 이루어지기 전에 그에

19. Marshall, *Faith As a Theme*, 121.
20. G. K. Chesterton, *G. F. watts*(London: Duckworth, 1904), 98.

게 강한 믿음을 요구하지 않고, 다만 하나님이 자신을 통하여 결정적으로 행하실 수 있다는 사실을 의지하기를 기대하신다.

(2) 드와이트 무디는 세 종류의 믿음이 있다고 말했다. 깊은 물에 빠진 사람이 필사적으로 헤엄을 치는 사람처럼 투쟁하는 믿음이 있고, 배의 난간에 매달리는 사람과 같은 믿음이 있으며, 배 안에 안전하게 있으면서 손을 뻗어 다른 사람이 들어오도록 돕는 안식하는 믿음이 있다. 많은 사람들이 이 아버지와 같이 투쟁하는 믿음을 가지고 있다. 불행 속에서 놀라운 일이 일어날 것을 믿기 때문에 그 믿음은 하나의 투쟁이 된다. 많은 사람들은 모두가 이 세 종류의 믿음을 체험하고 있으며, 그 사이를 오간다. 삶의 폭풍이 배를 침몰시키고 빠지게 하는 것을 느낄 때까지 우리는 안식하는 믿음을 가질 수 있다. 마가복음은 독자로 하여금 안식하는 믿음으로 인도하려고 의도하고 있으나, 그러한 믿음은 하나님의 도움을 통해서만 얻을 수 있음을 보여주고 있다.

(3) 믿음은 겸비한 의존을 요구한다. 아버지는 거만한 태도로 오지 않고 머뭇거리면서 와서는 겸비하게 더듬거리며 말한다. 그는 자신의 영적 빈곤을 감추려고 포장하거나 믿음을 꾸미려고 하지 않는다. 그는 믿음을 도약시켜 하늘로부터 오는 어떤 표적을 요구하지 않고 하나님께 빈손을 내밀며 그 손을 채워주시도록 구하고 있다. 깊은 대양 가운데서 필사적으로 물을 헤쳐 나가는 사람처럼 구명조끼를 던져달라고 예수에게 호소하고 있다. 이 아버지는 "하나님으로부터 모든 것을 기대하고, 자신의 경건이나 능력으로부터 아무것도 기대하지 않는다"는 믿음을 보인다.[21] 예수는 "제가 믿습니다, 그러나 저는 믿음이 없습니다"라고 말하는 사람의 겸비한 진실성을 제쳐버리지 않으신다. 그는 요구한 것을 승인해 주신다.

(4) 믿음은 선물로 오는 것이며, 예수의 능력을 통하여 유지된다. 이 능력은 그 소년을 붙잡고 있는 악령을 쫓아낼 수 있다. 믿음은 "단번에 획득된 안전한 소유"로 간주할 수 없다. 그 아버지가 자기 자신의 믿음의 능력에 의존하지 않고 예수의 도우심을 구했던 것처럼 모든 시대의 제자들은 그들에게 믿음을 주시는 예수의 도우심에 의존해야 한다.[22] 하나님은 믿음을 도우시며, 치유도 행하신다.

(5) 믿음과 기도는 능력 있는 조화를 이룬다. 믿음은 단지 내적인 편안함이 아니다. 그것은 인간의 실상을 변화시킨다. 그러나 예수의 말씀을 "무한한 하나님의 능

21. Eduard Schweizer, "The Portrayal of the Life of Faith in the Gospel of Mark," in *Interpreting the Gospels*, ed. James Luther Mays(Philadelphia: Fortress, 1981), 178.

22. Marshall, *Faith As a Theme*, 121-22.

력이 인간의 믿음으로만 나타난다는 일반적인 원리"로 해석하지 않도록 조심해야 한다.[23] 우리 문화에서, "단지 믿기만 하라"는 문구는 거의 모든 것에서 믿음에 적용할 수 있고, 또한 무엇이든 믿는 믿음이 어떤 사람에게 최상의 능력을 공급해 주는 하나의 원리라는 사실을 가정한다. 그런데 10:27과 14:36에서 예수는 이 능력을 하나님의 것으로만 돌린다. 마샬은 유익한 분석을 제공해주고 있다.

> 마가가 보기에, 능동적이든 수동적이든 믿는 자는 자신의 구체적인 상황에서 하나님의 능력의 개입에 한계를 두지 않기 때문에 믿는 자에게 모든 것이 가능하다. 믿는 자들의 믿음의 실존은 하나님으로 하여금 그 상황에서 활동하시게 하는 근거다. 믿음은 하나님이 행동하시게 하는 것이기 때문에, 사실상 중요한 것을 하나님에 대한 믿음으로 돌리는 것은 합법적이다.[24]

23. Ibid., 119.
24. Ibid., 120.

마가복음 9:30-50

30 그곳을 떠나 갈릴리 가운데로 지날새 예수께
서 아무에게도 알리고자 아니하시니
31 이는 제자들을 가르치시며 또 인자가 사람들
의 손에 넘겨져 죽임을 당하고 죽은 지 삼 일
만에 살아나리라는 것을 말씀하셨기 때문이
더라
32 그러나 제자들은 이 말씀을 깨닫지 못하고
묻기도 두려워하더라
33 가버나움에 이르러 집에 계실새 제자들에게
물으시되 너희가 길에서 서로 토론한 것이
무엇이냐 하시되
34 그들이 잠잠하니 이는 길에서 서로 누가 크
냐 하고 쟁론하였음이라
35 예수께서 앉으사 열두 제자를 불러서 이르시
되 누구든지 첫째가 되고자 하면 뭇 사람의
끝이 되며 뭇 사람을 섬기는 자가 되어야 하
리라 하시고
36 어린 아이 하나를 데려다가 그들 가운데 세
우시고 안으시며 제자들에게 이르시되
37 누구든지 내 이름으로 이런 어린 아이 하나
를 영접하면 곧 나를 영접함이요 누구든지
나를 영접하면 나를 영접함이 아니요 나를
보내신 이를 영접함이니라
38 요한이 예수께 여짜오되 선생님 우리를 따르
지 않는 어떤 자가 주의 이름으로 귀신을 내
쫓는 것을 우리가 보고 우리를 따르지 아니
하므로 금하였나이다
39 예수께서 이르시되 금하지 말라 내 이름을
의탁하여 능한 일을 행하고 즉시로 나를 비
방할 자가 없느니라
40 우리를 반대하지 않는 자는 우리를 위하는
자니라
41 누구든지 너희가 그리스도에게 속한 자라
하여 물 한 그릇이라도 주면 내가 진실로 너
희에게 이르노니 그가 결코 상을 잃지 않으
리라
42 또 누구든지 나를 믿는 이 작은 자들 중 하나
라도 실족하게 하면 차라리 연자맷돌이 그
목에 매여 바다에 던져지는 것이 나으리라
43 만일 네 손이 너를 범죄하게 하거든 찍어버
리라 장애인으로 영생에 들어가는 것이 두
손을 가지고 지옥 곧 꺼지지 않는 불에 들어
가는 것보다 나으니라
44, 45 만일 네 발이 너를 범죄하게 하거든 찍어
버리라 다리 저는 자로 영생에 들어가는 것
이 두 발을 가지고 지옥에 던져지는 것보다
나으니라
46, 47 만일 네 눈이 너를 범죄하게 하거든 빼버
리라 한 눈으로 하나님의 나라에 들어가는
것이 두 눈을 가지고 지옥에 던져지는 것보
다 나으니라
48 거기에서는 구더기도 죽지 않고 불도 꺼지지
아니하느니라
49 사람마다 불로써 소금 치듯 함을 받으리라
50 소금은 좋은 것이로되 만일 소금이 그 맛을
잃으면 무엇으로 이를 짜게 하리요 너희 속
에 소금을 두고 서로 화목하라 하시니라

원 의미

이 단락은 닥칠 고난과 부활에 대한 예수의 두 번째 선언으로 시작된다. 또 다시 제자들을 앞질러 항해한 것이 암시되어 있으며, 그들이 "길로"(9:33) 여행을 계속하자마자, 누가 가장 크냐에 대해서 다투기 시작한다. 제자들에게서 근절하기 어려운 둔감함이 예수로 하여금 제자도의 요구사항에 대해서 더 가르치지 않을 수 없게 만든다. 표제어들이 말씀들을 꿰어 연결시켜 주고 있다. "이름으로"(9:37, 38, 39, 41), "죄를 짓게[실족케]하다"(9:42, 43, 45, 47), "불"(9:43, 48, 49), 그리고 "소금"(9:49, 50).

예수의 고난과 부활에 대한 두 번째 예고(9:30-37)

예수는 또 다시 갈릴리를 통과해 가시지만 그의 공생애 사역이 마쳐가고 있기 때문에 아무도 알게 하기를 원치 않으신다. 그는 하나님이 자신과 제자들에게 요구하시는 고난과 죽음에 관해서 적은 무리의 제자들에게 계속하여 사사로이 가르치실 필요가 있었다. 성공은 이 소수의 사람들을 훈련시키는 일에 달려있는데, 그들은 놀라워하는 군중들로부터 환영을 받는 것이 아니라 세계에 복음을 전파할 것이다. 그분이 자신의 죽으심과 부활에 관해서 두 번째 예고를 하실 때, 제자들은 침묵을 지킨다. 그들은 그분이 무엇을 말하고 있는지를 이해하지 못하고 있지만, 그것이 무엇을 의미하는지를 묻기를 두려워한다(9:32). 만약 어떤 말을 한다면 베드로가 이전에 그러했듯이 책망을 받을까 조심스러워했거나(8:33), 그들이 잘 모르는 상태에서 살기를 더 좋아했을 수 있다. 그들은 이런 부분에 직면해서 예수를 바라보는 불쾌한 현실을 이해하기를 원치 않았을 수도 있다.

그러나 두려움이 예수가 예고한 사건들에 대한 그들의 반응들을 점진적으로 지배할 것이다(14:50-52, 66-72; 16:8). 예수는 여기서 자신의 고난에 대한 예전의 선언에 새로운 사항을 덧붙인다(8:31): 그는 "인자가 사람들의 손에 넘겨질 것"이다(NIV, "사람들의 손들 속으로 배반당할 것이다"). 제자들은 그분을 배반할 사람이 누구인지를 걱정하지만, 그들은 누가 가장 높은 자리에 올라갈 것이냐에 관해서 서로 말다툼을 한다(9:33-34).

그들이 가버나움에 도착했을 때, 예수는 그들이 길에서 논의한 것이 무엇이었느냐고 물으심으로써 그들의 말다툼과 오해를 드러내신다. 이 질문은 그들을 당황하게 하여 잠잠하게 만든다. 그는 그들이 또 다른 논쟁을 하였음을 파악하셨다. 그들은 떡을 잊었다는 사실에 대해서 자기들끼리 논쟁했었다(8:16). 그들이 귀신들린 자에게서 귀신을 쫓아내지 못하였을 때 율법 교사들과 논쟁했었다(9:14). 그들은 자기들을 따르지 않는 사람들이 성공적으로 귀신을 쫓아낸 사람들과 논쟁을 벌일 것이다(9:38). 그들은 예수께 대한 터무니없는 헌신을 보이고 있는 여인에게 분개하고, 그것을 쓸모없는 일이라고 비난한다(14:4-5). 이런 경쟁적 정신은, 베드로가 자신이 예수에게 신실하게 남아있는 다른 모든 제자들보다 능가할 것이라고 자랑할 때 마지막으로 거행된 성만찬을 더럽힌다(14:29). 본 단락에서 제자들은 능력 많으신 해방자이신 메시야 곁에서 영광을 받을 위치를 얻으려고 획책을 쓰고 있다. 마가가 그리고 있는 모습은 희-비극적인 특징을 가지고 있다. 예수는 희생적인 죽음의 길을 묵묵히 걸어가고 있는 반면에, 태도가 흐트러진 제자들은 그분 뒤에서 행렬의 순서를 정하려고 애쓰면서 서로 밀고 당긴다.

이러한 논쟁이 비이기적인 섬김에 대해서 예수가 가르치시도록 문을 열어주고 있으며, 마가는 예수가 가르치기 위하여 앉으셔서 열 두 제자들을 부르신다는 사실과 관련지음으로써 그 중요성을 설명한다. 예수가 처음으로 자신의 고난에 대해서 말씀하셨을 때, 자기 목숨을 구하려고 하는 자는 잃을 것이요 주를 위하여 자기 목숨을 잃는 자는 생명을 얻을 것이라고 그들에게 말씀하셨다(8:35). 이제 그는 또 다른 역설을 가지고 설명하신다. 즉 첫째가 되고자 하는 자는 모든 사람의 마지막이 되어야 하고 모든 사람의 종이 되어야 한다. 제자들은 여전히 화려한 비전을 가지고 있으며, 누가 하라고 시키면 그대로 하는 종이 되는 것에 대해서는 생각을 하지 않고 있다. 그들은 십자가를 지고 고난당하는 종 메시야를 따를 준비가 되어 있지 않은 의기양양한 야망에 사로잡혀있다.

이 교훈을 강화하기 위하여, 예수는 그들 가운데 어린아이 하나를 세우고 선언하신다. "누구든지 내 이름으로 이런 어린 아이 하나를 영접하면 곧 나를 영접함이요." 예수는 여기서 닮아야할 모델로 어린아이를 세우신 것이 아니다. 예수의 문화는 어린아이들에 대해서 낭만적인 개념을 갖고 있지 않았다. 어린아이들은 여기서 특히 순종하고, 의지하고, 단순하고, 죄가 없고, 순결하고, 비이기적이고, 또는 겸손한 자들로 간주하여 인용하고 있는 것이 아니다. 어린아이는 힘도, 지위도, 권리도 갖고 있지 않았다. 어린아이는 의존적이고, 약하고, 전적으로 아버지의 권위에 복종한다. 예수는 여기서 궁핍하고 천한 자를 나타내기 위하여 그러한 어린아이를 선택하신다. 만일 사람이 위대한 사람이 되기를 원한다면, 예수 자신이 그러했던 것처럼 하찮은 사람으로 취급되는 사람들에게 관심을 쏟아야 한다. 예수는 자신의

"위대한" 제자들에게 약한 자들에게 겸손한 섬김을 보일 것을 요구하신다.

예수는 그 다음에 또 다른 역설을 가지고 말씀하신다. 자기를 따르는 자들이 어떤 지위도 없는 자들을 섬길 때, 그들은 예수를 영접하고 예수 자신을 보내신 하나님을 영접하는 것이다. 그들이 할 수 있는 가장 위대한 일은 잊혀지고 하찮은 사람 즉 영향력이 없고, 권리가 없고, 우선권이 없고, 하나님이 없으면 중요하지 않은 사람으로 간주되는 사람들을 섬기는 것이다. 마가는 아무도 중요 인물로나 하잘것없는 사람으로 취급해서는 안 되는 공동체를 묘사하고 있다(고전 12:12-26). 하나님 앞에서 어린아이처럼 작고 하찮다고 느끼는 것은 회개를 불러일으킨다.

알지 못하는 축사자(9:38-41)

요한이 예수에게 자신 있게 어떤 사람이 예수의 이름으로 귀신을 쫓아내는 것을 보고 자신들이 그 사람을 금하였다고 선언한다.[1] 그들이 간섭한 이유는 무엇인가? "그가 우리 중 한 사람이 아니기 때문"이었다. 이 불평은 아이러니로 가득하다. 제자들은 최근에 축사를 실패했으나, 자기들의 팀 구성원이 아니었던 어떤 사람을 서슴없이 행하지 못하게 금지시켰다. 예수는 제자들이 금지시킨 일을 칭찬하지 않으시고 오히려 꾸짖으신다. "금하지 말라"(9:39).

이러한 반응은 모세가 여호수아에게 한 대답을 상기시켜준다. 여호수아는 이스라엘의 지도자(모세)에게 예언의 자격이 없는 선지자들에게 어떤 조치를 취할 것을 요구했다. "내 주 모세여, 금하소서!" 모세는 다음과 같이 응답했다. "네가 나를 두고 시기하느냐 여호와께서 그의 영을 그의 모든 백성에게 주사 다 선지자가 되게 하시기를 원하노라!"(민 11:26-29).[2] 제자들이 예수를 위하여 질투를 하고 있는가 아니면 자기 자신들을 위하여 질투를 하고 있는가? 그들은 자신들을 필수불가결하고 존경받는 사람으로 만들어줄 축사 시장에서의 독점을 원하고 있는가? 반면에 예수는 모든 사람들이 자기 이름으로 사탄을 쫓아내는 축사자들이 되기를 원하고 계시는가?

---

1. Harry Fledderman, "The Discipleship Discourse(Mark 9:33-50)," *CBQ* 43(1981): 66은 마가가 단순히 "어떤 사람"으로 알려져 있는 낯선 축사자에 관해서 자세히 묘사하는데 관심이 있다고 설명한다. 마가는 제자들의 반응과 그들의 태도에 대한 예수의 교정에만 관심을 주고 있다는 것이다. 그는 다음과 같이 해석한다. "누가 크냐에 관한 논쟁처럼 낯선 축사자에 대한 에피소드는 다투는 제자들의 태도를 반영한다. 이 두 경우에 예수가 개입하신다. 제자들의 배타주의는 제자들의 자기 본위주의 적인 것으로 거부된다."
2. Myers, *Binding*, 261에서 인용함.

고대 세계에서 축사자들은 그 일을 한다고 생각한 어떤 신들의 이름을 사용하였다. 마가의 기사에서 어떤 축사자의 성공을 너그럽게 봐주신 데 대한 예수의 설명은 신학적인 것이 아니라 실천적인 것이다. 그는 그들이 능력 있는 일을 하기 위하여 자기 이름을 사용하고 후에 자신을 나쁘게 말할 수 없다고 말씀하신다. 예수의 이름의 능력을 인정하는 사람은 누구나 예루살렘으로부터 온 율법 교사들이 하였던 것처럼 예수가 바알세붑을 통하여 일한다고 비난하지 않을 것이다(3:22).

그러고 나서 예수는 자기를 대항하지 않는 모든 사람들을 자기편에 폭넓게 포함시키고 있다. 그는 자신과 제자들이 악에 대항하여 생사가 달린 싸움에 참여하고 있음을 아시고, 그 싸움에 기꺼이 참여할 동맹자들을 받아들일 준비가 되어 있으시다. 예수는 선한 자가 그와 관계없는 범주로부터 올 수 있는 가능성을 인정하신다. 악에 대항하는 전투에서 예수의 이름을 부르는 세력들(행 3:6, 16; 4:7, 10, 30)은 자기들 간의 격렬한 전투에 의해서만 약화될 뿐이다. 이렇게 교리에 얽매이지 않은 개방성은 대적들과의 전쟁에서 이기기보다 누가 우리 편이고 누가 우리 편이 아니냐라는 한계를 설정하는데 열중하는 사람을 난처하게 할 것이다. 대적은 "우리 중에 없는" 사람이 아니라 사탄 중에 있는 사람이다.

요한이 경쟁자의 능력 있는 사역에 대해서 걱정하고 있는 반면에 예수는 긍휼의 겸손한 행동으로 옮겨간다. 그는 제자들에게 그의 이름으로 시원한 물 한잔을 주는 사람들은 복을 받을 것이라고 말씀하신다(9:41). 그 보상은 단순히 누군가에게 친절을 베풂으로써 오는 만족이 아니라 종말론적 보상이다. 시원한 물 한잔의 이미지는 그리스도의 이름을 가진 사람들은 고통스러운 상황에 처하게 되고, 단 물 한잔이라도 얻어먹으려고 필사적인 상황에 처하게 될 것임을 암시하고 있다. 나중에 예수는 그들이 박해를 받고 모든 사람에게 미움을 받을 것이라고 경고하실 것이다(13:13). 물 몇 잔을 얻기가 힘들 것이므로, 그때에 제자들은 박해에 가담하지 않고 다만 가장 기본적인 친절이라도 베푸는 사람들의 중립성을 더욱 감사하게 될 것이다.

다른 사람을 실족시킴에 관한 경고(9:42-48)

예수는 그리스도인에게 단순히 최소한의 호의를 보이는 외부인들에 대해서 보상할 것을 약속하시지만(9:41) 그리스도인들에 관해서는 그분을 믿는 소자를 실족케 한다면 엄중한 심판을 받을 것이라고 경고하신다. 예수는 요점을 지적하기 위하여 과장법을 사용하신다. 그들은 자기 목에 연자맷돌을 매고 바다 밑에 던짐을 받는 것이 더 나을 것이다.[3] 무엇보다 더 낫단 말인가? 예수는 결론을 말하고 있지 않지만 그 공백을 쉽게 메울 수 있을 것이다. 하나님이 다른 사람을 범죄케 하는 사람들에게 행할 심판을 받는 것보다 바다에 빠지는 것이 더 낫다. 다른 사람 위에 군림하거나 무시하는 큰 자의 깨어지기 쉬운 자아보다는 소자의 연약한 믿음에 하나님이 더 많은 관심을 보이신다는 사실을 추리할 수 있다.

일련의 금언들은 제자들에게 외부인들보다는 내적인 악을 더 두려워할 필요가 있다는 사실을 경고하고 있다. 다시 예수는 과장법을 사용하신다. 만일 너희 손/눈/발이 너로 하여금 실족하게 하거든 그것들을 잘라버려라.[4] 유대교는 신체의 절단을 금했다(신 14:1; 왕상 18:28; 슥 13:6). 예수는 자기를 따르는 자들에게 문자 그대로 이런 신체의 절단을 행할 것을 의도하지 않으셨고, 자신을 위하여 눈이라도 빼어내려는 갈라디아인들의 자원하는 마음에 대한 바울의 언급도 이와 마찬가지다(갈 5:15). 가끔 신체의 절단이 중죄에 대한 형벌로 대치되었고, 처형보다는 자비로운 것으로 생각되었다. 불구가 되고 병신이 되는 것이 죽는 것보다 낫다. 예수는 이 원리를 제자들의 영적 생활에 적용하신다. 지옥(게헨나)의 불 가운데 던져지는 형벌을 받기보다는 우리를 죄로 이끄는 우리 삶의 모든 부분들을 잘라버리고 예방책을 취하는 것이 더 낫다.[5]

소금(9:49-50)

예수는 이 단락의 가르침을 소금에 관한 두 잠언으로 결론지으신다. 첫 번째 문구인 "사람마다 불로써 소금 치듯 함을 받으리라"는 마가복음에만 나타난다. 이 말씀에 대한 초창기 해석이 이문 가운데 나타난다. "네 모든 소제물에 소금을 치라"

---

3. 맷돌은 고대 세계에서 낯익은 물건이었다. "큰 연자 맷돌"로 번역된 이 문구는 직역하면 "나귀의 연자 맷돌"이다. 회전하는 맷돌은 무거운 윗돌을 돌리기 위하여 무거운 짐을 지는 짐승을 필요로 한다.
4. 눈은 탐욕, 인색, 질투 등의 원인이다. 손(자위행위)과 발(성기의 완곡어)로 하는 간음에 대해서 말하고 있는 *b Nid* 13b를 보라.
5. "게헨나"라는 용어는 고대에 어린아이들이 가나안 신들에게 희생제사로 드려진 화장장으로 사용되었던 예루살렘의 남쪽 골짜기를 가리키는 힌놈의 골짜기를 의미한다(왕하 23:10; 렘 32:35). 이 깊은 골짜기가 후에 불이 계속하여 타오르고 있는 곳으로서 쓰레기 버리는 곳이 되었고 그 이름이 불같은 형벌의 장소와 결합되었다. *b 'Erub* 19a에서 게헨나는 일곱 개의 이름을 가지고 있다. 지옥(스올; 욘 2:3), 멸망(시 88:12), 구덩이(멸망의 구덩이; 시 16:10), 소란의 구덩이(시 16:10), 더러운 흙(시 40:3), 사망의 그늘(시 17:10), 지하세계.

(레 2:13). 소금은 정화의식에 사용되었으며(겔 16:4; 43:24), 이런 해석을 취한 자는 불을 박해와 연결시켜, "소금이 희생제물을 정결하게 하는 방식으로 그리스도인 공동체를 정결케 한다"[6]는 것이다. 이 해석은 복음서에 나오는 예수의 다른 말씀들과 잘 어울린다. 예수는 제자들에게 십자가를 지라고 요구하셨고(8:34), 야고보와 요한에게 그들이 자기 잔을 마시고 자신의 받는 세례를 받을 것이라고 약속하신다(10:39). 모든 제자들에게는 그들이 "박해를 겸하여" 받는다고 약속하신다(10:30). 만일 끝까지 견딘다면(13:13), 그들이 당하는 고난은 그들을 멸하는 것이 아니라 하나님을 위하여 그들을 성결하게 될 것이다.

소금에 관한 두 번째 말씀은 두 부분으로 나뉜다. 전반부의 "소금은 좋은 것이로되 만일 소금이 그 맛을 잃으면 무엇으로 이를 짜게 하리요"(9:50a)는 사람이 소금을 독특한 짠맛을 통하여 인식한다는 사실을 추정한다. 만일 소금이 음식을 짜게 하지 못한다면, 그것은 소금이 아니요 쓸데없는 것이다.[7] 이 같은 사실을 제자들에게도 적용할 수 있다. 만일 그들이 예수가 요구하시는 독특한 성품을 나타내지 않으면, 그들은 참된 제자가 아니며 예수에게 아무런 쓸모없는 자가 된다.

소금에 관한 말씀의 후반부의 "너희 중에('너희 속에'가 아님) 소금을 두고 서로 화목하라"(9:50b)는 동의대구법으로 되어 있다. '너희 중에 소금을 두라'는 말은 소금을 나누어 가지라는 것을 의미하는데, 이것은 교제와 평강이라는 상황 가운데서 함께 식사를 하는 것을 가리킨다(스 4:14; 행1:4). 사람들이 식사를 함께 나누어 먹을 때, 그들은 다른 사람들과 평화를 누린다.[8] 그러나 이 강화는 제자들이 자기들의 지위에 관해서 그들 사이에 논쟁을 하고(9:33-37), 외부인이 예수의 이름을 사용하는 것을 제자들이 금하는 일로부터 시작하여, 다른 신자들을 실족하게 하는 데 대한 예수의 경고로 이어진다. 그러고 나서 이 결론적인 말씀은 제자들의 교제의 모델로서 평화로운 교제를 제시한다.[9]

상황잇기

제자들은 자기들의 싸움을 덮어두려 하고 또한 야망을 침묵으로 감추고 있을지라도 주님으로부터 그 어떤 것도 숨길 수가 없다. 예수는 제자들이 각기 지배하기를 원하고 사

6. Hooker, *Mark*, 233; 벧전 1:6-7; 4:12-19을 보라.
7. Pliny, *Natural History* 31.44.95에 따르면 소금은 그 맛을 잃어버릴 수 있었다.
8. Fleddermann, "Discipleship," 73.
9. Ibid.

회적 서열을 다투고 있음을 알고 있다. 누가 크냐에 대해서 그들이 논쟁함으로 말미암아 예수는 위대함을 측정하는 방법을 재정의 하고 공동체 관계를 지배하는 표준을 명확하게 말씀하신다. 이 단락은 기독교인 공동체가 자만심을 뽐내는 대신에 겸손의 심령을, 배제보다는 다른 사람들을 받아들임을, 불손한 오만 대신 겸손을, 그리고 다툼과 분리 대신에 조화로운 관계를 구현해야한다는 사실을 가르치고 있다. 제자들의 행실은 또 다시 독자로 하여금 하지 않아야 할 것을 배우도록 만드는 부정적인 사례로서 역할 한다.

크게 됨에 관하여. 제자들은 자기 중요성의 감정을 오해했다. 그들은 다른 사람들이 자기들을 섬기기 위하여 위대하게 되기를 원한다. 어떤 교회는 공동체 내부나 외부에 있는 사람들을 모든 곳에서 효과적으로 지배하기를 원하는 프리마돈나(주연배우)로 가득 차 있다. 모든 사람들은 직분을 완성하기 위하여 노력하기보다 다른 사람들을 지도하는데 지나치게 바쁘다. 이 성가신 자만심이 외부인들과의 싸움으로 넘쳐난다.

여기에 나오는 장면은 아이러니하다. 마가는 귀신들을 쫓아내지 못하면서도 다른 사람이 예수의 이름을 사용하여 귀신들을 성공적으로 쫓아내는 사람을 저지하는 일에 얼굴이 붉어지지 않는 제자들의 혼란스런 행동을 기록했다. 마가는 제자들이 그 사람을 저지하는 이유를 설명한다. "우리를 따르지 않는 자."[10] 그들의 이론적 설명은 자신들을 특별한 자로 간주하려는 이기적인 바람을 무심코 드러낸다. 그들은 자기들의 위치를 선별된 그룹으로 보존해 두기를 원하고 있으며, 권세를 나누어 갖기를 원하지 않고 있다. 그렇게 하는 것이 자기들의 지위를 저해할 수도 있기 때문이다. 그들은 마치 예수의 이름에 대한 특별한 판권을 소유한 것처럼, 그 이름을 독차지할 권리를 갖기 원한다. 다른 사람들은 그 권리를 사용하기 이전에 제자들에게 문의해야 한다. 이 같은 태도가 오늘날 교회에서 나타난다. 만일 우리가 그것을 할 수 없다면, 우리는 다른 사람들도 그것을 하지 않기를 원한다.

제자들은 하나의 성직자 계급제도를 세우기를 원하고, 그것이 하나님의 권리에 의하여 자기들의 것이 된 것처럼, 하나님 나라의 권세를 모두 자기 자신들에게로 유지하기를 원한다. 이러한 엘리트주의적 견해는 많은 그리스도인들을 감염시킬 수 있고, 속좁음과 파당을 위한 행동으로 이끌어간다. 이러한 교회 내에 있는 자만,

10. 요한이 홀로 예수에게 말하고 있으므로, 이것이 왕들이 사용하는 "우리(we: 왕들은 장엄복수형으로서 '우리' 라는 호칭을 사용한다-옮긴이)" 인가?(참조. Myers, *Binding*, 261)

자기칭찬, 자기영광 정신을 비판하는 것은 매우 조심스러운데, 그것으로 더럽혀진 사람들은 자기들의 권세를 단호히 휘두르기 때문이다. 오직 사랑과 겸손의 정신을 발하는 사람들과 기꺼이 그 결과들을 취하려는 사람들만이 자신들의 영향력을 오만하게 주변에 나타내려고 하는 사람들을 도전하고 도울 수 있을 것이다. 그리스도를 따르는 모든 사람들은 하나님이 어떻게 지위를 정하는지를 배워야 한다. 하나님은 세상에서 사람들이 하는 방법과는 다르게 사람들을 평가하신다. 우리는 유산(전통), 지위, 부, 직책과 같은 것들을 바라보는 경향이 있다. 하나님은 자기를 내어주는 섬기는 자를 찾으신다. 하나님의 눈에 첫째가 되기를 원하는 사람은 누구나 모든 사람의 종이 되어야 한다. 자신을 첫 번째 위치에다 두는 사람은 누구나 꼴지가 될 것이다. 하나님에게서 꼴찌가 되는 것은 그 사람의 영혼을 위태롭게 하는 것이다.

다른 사람들과의 조화. 낯선 축사자에 얽힌 사건은 다른 문제를 일으킨다. 제자들은 분명히 하나님의 능력을 자신들에게로만 제한할 수 없다. 하지만 그들은 그렇게 시도하고 있다. 그들은 자기들의 방법이 하나님이 축복하신 유일한 방법이라고 가정할 수도 있다. 다른 사람들이 그 일을 올바르게 하지 않는데, 그것은 우리의 방법으로 하지 않거나 그들이 우리에게 존경을 표하지 않는다고 의미할 수도 있다. 이러한 편협함은 하나님이 우리가 너그럽게 봐주는 사람들과 우리의 표준들을 가장 먼저 충족시켜준 사람들을 통해서만 하실 수 있다고 주장한다. 우리는 일들이 일어나게 하는 사람들—발의자와 선동자—이 되기를 원하고 있으며, 그에 따라 인정받기를 원한다.

낮아짐에 대한 깊은 감정은 하나님이 누구나 사용하실 수 있고, 그들이 우리 팀이 아닐지라도 하나님을 위하여 성공하는 다른 사람들을 칭찬한다는 것을 이해한다. 예수의 반응은 그분과 함께 다니는 제자들이 다른 사람들과도 같이 잘 지내야 한다는 사실을 암시한다. 그는 하나님의 통치를 모든 사람들에게 허용하실 뿐 아니라, 또한 그의 이름으로 오는 사람을 받아들이시며, 자기 이름의 능력을 누구나 사용하기를 승인하신다. 이 에피소드 가운데서 내부인과 외부인간의 장벽이 흐려지게 된다. 어거스틴은 다음과 같이 말했다. "하나님이 가지신 많은 사람들을 교회가 가지고 있지 않고, 교회가 가지고 있는 많은 사람들을 하나님이 가지고 계시지 않다."

그러나 이러한 모호성은 본문을 오늘날에 적용하려고 할 때 문제를 야기한다. 제자들이 예수의 이름으로 행한 치유와 제자가 아닌 사람이 예수 이름으로 행한 치유 사이에 존재하는 질적인 차이는 무엇인가? 우리는 좋은 일이 우리의 범주 바깥의 집단으로부터 올 수 있다는 사실을 인정해야 하지만, 얼마나 먼 집단으로부터 오는가? 사람이 한계를 그을 수는 없는가? 그리고 만일 그렇다면 어디서 어떻게 그을 수 있는가? 우리의 그룹과 상관없이 일하는 다른 사람들에 대한 이러한 관대함(개방성)은 많은 사람들을 불편하게 만들 수도 있다. 그것은 너무나 넓은 마음을 가진 것이고 관대한 것처럼 보인다. 교회는 주의 이름으로 일하는 어느 누구도 인가해야 하는가? 이러한 수용은 교리적 무관심으로 이끌어갈 수 있지 않을까? 악령을 쫓아내기 위하여 예수의 이름을 사용했다가 실패했던 스게와의 아들들의 기사는 예수의 능력을 도용하려는 외부인들을 향한 덜 관대한 태도를 드러낸다(행 19:13-16). 우리는 예수의 이름을 사용하여 실패한 사람을 거절하고 성공한 사람을 받아들여야 하는가? 아니면 성공한 사람도 악마적일 수 있는가?

우리는 다른 사람들에 대해서 개방할 수 있지만, 영들을 분별하는 책임을 가져야 한다. 이 문제에 있어서 두 핵심되는 사항이 우리를 도울 수 있다. (1) 우리는 우리 자신의 동기를 검토해야 한다. 우리가 저들을 질투하기 때문에, 우리 자신의 영역을 보호하기 위한 걱정 때문에, 혹은 다른 사람들이 우리를 따르기를 주장하기 때문에 다른 사람들을 대항하는가? (2) 우리는 진정한 원수가 누구인지를 인식해야 한다. 우리의 공통적인 대적은 인간의 삶을 사악하게 파괴하는 악이다. 손에 손잡고 이 악과 투쟁하는 선교사들은 자주 다른 부대 출신이지만 같은 대적과 싸우고 있는 군사들과 대결하기보다 협력하는 것이 도리에 맞다. 우리와 가까운 범주밖의 다른 사람들이 우리가 얻을 수 있는 모든 친구들을 필요로 하고 있는 세상에서 우리들의 친구들이 될 수 있다는 사실을 기뻐하지 않아야 하겠는가? 다른 사람들과의 속 좁은 논쟁을 하는 사람들은 누가 원수인지 그리고 대적이 아주 명석하게 우리를 혼란시키면서 우리의 싸움의 계획을 붕괴시키기 위하여 얼마나 쉽게 방어선의 배후를 침투하는지를 잊어버릴 수도 있다. 우리가 다른 사람과의 논쟁에 휘말리고, 내부적으로 자신의 지위를 가지고 논쟁할 때, 진짜 원수와의 전쟁에서 승리를 얻을 수 없다.

마지막으로 조심해야 할 것이 있다. "우리를 반대하지 않는 자는 우리를 위하는 자니라"(9:40)는 문구를 쉽게 오해할 수 있다. 하나님이 요구하시는 것은 다른 사람들이 예수와 그의 제자들에게 적대감을 보여주지 않는다는 것을 의미하지 않는다. 가족의 슬픔을 완화시키기 위해서 지푸라기라도 움켜쥐려는 목사들은 그리스도와의 명백한 관계를 가지지 않았던 사람들을 칭찬하기 위하여 장례식에서 이 구절을 읽는다. 적어도 사랑하는 고인은 그리스도에게 철면피하게 대항하지 않았기에 그들은 하나님이 이러한 중립성을 영원한 축복으로 보상해줄 것이라는 사실을 넌지시 말한다. 그러나 마가는 그리스도인들이 모든 사람에게 미움을 받고(13:13), 간신히 시원한 물 한잔이라도 받을 수 있는 희망을 가졌던 쓰린 박해적인 상황 가운데서 글을 쓰고 있다(9:41). 그러므로 이 진술은 공공연한 적대적 환경에서만 적용할 수 있다.

신앙에 대한 맹렬한 박해를 알고 있는 사람들은 이것이 무엇을 의미하는지를 잘 이해할 것이다. 나치로부터 유대인들을 보호하고 숨겨주기 위하여 생명의 위험을 무릅쓴 몇몇 사람들을 회고해 볼 수 있다. 그와 같은 위험을 무릅쓰지는 않았지만 작은 일들을 한 사람들이 있는데, 그들은 자신들이 알고 있는 유대인 가정을 숨겨주고 있는 사람들을 신고하지 않은 사람들과 같다. 쫓김을 당하고, 어떤 도움을 제공한 사람을 배신하려고 할 때, 사람들은 자그마한 친절 곧 다정하게 중립을 지킨 사람들에게 감사한다. 이것이 초대 그리스도인들의 상황이었고 예수의 말씀을 설명하는 것이다. 그러므로 이 진술을 구원의 한 원리로 변질시켜서는 안 될 것이다.

근본적인 수술. 손과 발을 잘라버리고 눈을 파낸다는 극단적인 이미지는 충격적이다. 예수가 자기 학대를 격려하고 있지 않을지라도 일부 그리스도인들은 예수의 말씀을 문자 그대로 취하여 스스로 불구로 만들었다(오리겐과 같은 사람은 스스로 거세했다). 그러나 현대의 독자들은 자기를 불구로 만드는 일로 경고를 받을 필요가 있다. 대부분의 사람들은 예수의 말씀에 완전히 다른 두 가지 반응을 보일 것이다. 어떤 이들은 예수가 그러한 잔인한 이미지를 사용한 것을 불쾌하게 생각하고, 그분을 또 다른 잔인한 사람, 곧 자기를 따르는 자들로부터 광신적인 충성을 요구하는 특이한 지도자로 제쳐버린다. 그들은 그의 말씀을 추종자들로 하여금 규칙을 지키도록 하기 위해서 소름끼치는 위협을 한 것으로 해석한다. 다른 사람들은 예수가 과장법을 사용하고 있다고 인정할 것이며, 그들은 손, 발, 눈에 대한 덜 공격적인 어떤 것으로 대치할 것이다. 그들이 옳다. 예수는 자신이 말하고 있는 내용을 글자 그대로 의미하지 않으셨다.

그러나 이 후자의 해석은 예수가 훨씬 덜한 어떤 것을 요구하신다고 뜻을 전달한다. 그렇다면 해석자는 얼마나 덜한 것을 예수가 요구하시는가를 결정해야 한다. 손, 발, 눈 대신에 우리가 무엇을 잘라내야 하는가? 오늘날 어떤 사람들에게 텔레비전을 끄는 것이 눈을 뽑아내는 것만큼 나쁠 것이다. 이러한 질문에 대답을 할 때

조심해야 한다. 우리는 그 말씀의 날을 너무나 무디게 하여 그것을 유의하지 않을 수도 있다—다른 사람들은 그 말씀을 문자 그대로 취급하여 극단적으로 취할 수도 있다. 우리의 문화는 그런 식의 방법을 좋아한다. 우리는 죄의 가혹함을 완화시키기를 좋아하고, 지옥의 공포를 누그러뜨리며, 세상과의 평화로운 타협을 하면서 살기를 좋아한다. 그러나 예수는 삶을 편한 상태에 두려고 하는 제자들을 경각시켜 주기 위해서 의도적으로 거칠고 수치스러운 이미지를 선택하신다. 다른 사람들에 대한 무관심, 다른 사람들이 죄를 짓게 유도함, 그리고 자신의 삶 가운데 있는 죄에 대한 느슨한 경시는 자신의 구원을 위태롭게 한다. 이 이미지를 덮어버리고 예수의 경고를 억제하지 않도록 조심해야 한다.

현대적 의미

예수는 끊임없이 자기 갈채를 피하셨지만, 제자들은 다른 사람들보다 너무도 자주 높아지기를 바랐다. 만일 예수가 제자들에게 처음으로 물었던 "너희가 길에서 서로 토론한 것이 무엇이냐?"라는 질문을 오늘날 주를 따르는 자들에게 하셨다면 그 대답은 확실히 당황스러울 것이다. 그리스도인들은 여전히 두드러지려고 온갖 책략을 꾸미고 있다. 권력을 휘두르려는 고삐 풀린 사람이 여전히 교회 가운데서 그리고 교단의 정책 가운데서 공동체의 교제를 파괴하고, 그리스도인의 사랑이라는 중요한 골자를 빼버리고 있다. 예수의 시대나 지금이나 달라진 것이 없다. 고상한 이상을 품고 공부를 시작한 신학교 학생들이 자주 교회와 교단들에 만연하고 있는 정치적인 더러운 수법들로 인해 환멸을 느낀다. 어떤 목사들은 그러한 책동에 환멸을 느껴 목회사역을 떠나고, 다른 사람들은 재빨리 그런 게임을 하는 법을 배우며, 또 다른 사람들은 예수가 야망을 거부하신 것이 아님을 올바르게 인식하고, 위대한 주인이 되기보다는 교회에서 가장 큰 종이 되려고 열망함으로써 그것을 고상하게 승화시킨다.

불행하게도 너무나 많은 지도자들이 자신의 지위를 높이기 위하여 교회에서 자기들의 직분을 이용한다. 교회들에 대한 광고판과 텔레비전 광고는 목사를 하나님과 예수보다 더 높은 서열에 올려준다. 심지어 하나님과 예수는 언급도 하지 않는다. 교인들도 자신들의 섬김에 대한 온전한 인정을 얻는데 마찬가지로 민감하다. 교회 주보나 소식지 가운데 누군가의 이름을 언급하기를 잊어버리면 곧 그것에 대해서 말을 듣게 될 것이다. 그런가 하면 많은 사람들이 이타적으로 교회에서 섬긴다. 그들은 자기들에게 요구된 어떤 일도 마다하지 않을 것이고, 설사 어떤 일을 하라고 요청을 받지 않을지라도 감정이 상하지 않을 것이다. 설교자들은 예수의 말씀을 깊이 새기고, 이타적으로 서로 일할 수 있도록 다른 사람들을 고무시킬 필요가 있다. 그들은 모범을 제시함으로써 가장 효과적으로 그 일을 할 것이다.

교회를 위한 지도자들을 발굴함에 있어서, 위원회와 감독들은 주로 동료들이나 상관들이 기록한 그들의 신원증명서를 고려한다. 그러나 사무관과 관리인과 같은 그들의 지도자 아래서 일해 온 사람들에게 문의하는 것이 더 현명할 수도 있다. 그들이 자기 권위 아래 있는 사람들을 어떻게 대했는지 알아봄으로써 그 사람의 참 정신을 발견할 수 있다. 만일 지도자들이 자신이 평가받을 것이라는 사실을 안다면, 그들은 이러한 사람들을 다르게 취급할 수도 있다. 예수는 하나님이 우리를 평가하심에 있어서 이러한 일들을 찾아보신다는 사실을 암시하는 것으로 보인다.

제자들은 이 단락에서 다른 사람들의 면전에서 안 된다는 표시를 보이는 집게 손가락을 흔든 것으로 나타났다. 그들은 자기들이 알지 못하는 축사자가 자기들의 허락 없이 일하는 것을 금한다. 그들은 부모들이 자기 자녀들을 예수에게 데려오는 일도 곧 금할 것이다. 어린아이의 모범은 기독교 공동체에서 오만함을 막기 위하여 의도되었다. 진정한 위대성은 사람들, 즉 중요한 사람으로 간주된 사람들이 아닌 단순한(하찮은) 어린아이와 같은 사람을 돌보는 것을 의미한다.[11]

예수는 어린아이를 거의 존중을 받지 못하고 궁핍하며 사회적으로 하찮아 보이고 쉽게 무시되는 작은 자들의 상징으로 사용하시는데, 그들은 어느 누구를 알거나 저항할 수없는, 상처받고 지배 받는 사람이다. 그들은 교육을 받지 못한 사람들, 가장자리에 있는 사람들, 예배에 빠졌을 때 아무도 보고 싶어 하지 않는 사람, 꾸준하지만 교제에는 받아들여지지 않은 사람들이다. 지도자들은 스스로에게 그리고 다른 사람들에게 내심 이렇게 말할 수도 있다. "우리는 그들을 필요로 하지 않는다. 그들은 너무나 많은 시간을 차지한다. 그들은 예산을 소모한다. 우리는 우리의 에너지를 보다 중요한 사람이나 일에 쏟아야할 필요가 있다" 등등. 높고 힘 있는 사람을 섬기기로 헌신한 사람들에게(이들은 특별한 관심을 주는 것에 관대한 지원으로 보상해준다), 이러한 비천한 교인들은 관심 이외의 사람으로 쉽게 지워버릴 수도 있다. 그러나 이러한 작은 자들은 그들의 주인의 눈에도 보잘것없는 자들이 아니다. 보잘것없는 가족구성원이 없는 것처럼 보잘것없는 교회 구성원도 없다. 이들은 예수가 돌보시고, 하나님이 그들을 통하여 일하시는 장본인이다.

11. Moule, *Mark*, 75.

잘 알지 못하는 축사자에 관한 본문을 하나님이 오직 자기들을 통해서만 행하신다고 생각하는 공동체에 주는 유익한 교정으로 사용할 수 있다. 기독교 세계는 점차적으로 분리되어가고 있다. 소위 자유진영은 소위 복음주의 진영을 자기들을 모욕한다고 두려워하고 있으며, 복음주의 역시 그 반대로 생각한다. 각 진영은 다른 진영을 깊이 의심하고 그리스도인들을 배타적인 계급의 차원에서 본다. "당신은 나와 다르고 나는 당신과 다르기 때문에 당신을 경멸한다"고 말하는 우월적 태도를 우리는 견제해야 한다. 그 지역의 다른 교회들에 대해서 어떻게 느끼는지를 당신 자신과 당신의 교인들에게 물어봄으로써 이러한 정신을 밝혀낼 수 있다. 이웃에 있는 다른 교회가 자신의 교회에 출석하고 있는 교인을 흡수할지라도, 사역에 성공하도록 기도할 것인가? 그들이 다른 교파일지라도 성공을 위하여 기도할 것인가?

빌 레너드(Bill Leonard)는 『하나님의 마지막 그리고 유일한 소망』이란 책에서 1948년에 전한 연차총회 설교를 담고 있다. 설교자는 하나님이 오직 자기 그룹을 통해서만 일하실 수 있다는 사실을 의심하지 않았다. "나는 신약성경의 원리에 입각한 세계복음 전도를 마지막 희망, 가장 훌륭한 희망, 유일한 희망이 이 총회에 대표로 참석한 남침례교 사람들이라는 사실을 이전 어느 때보다도 더 강하게 확신하고 있다."[12] 여기서 남침례교도가 아닌 사람들은 아무것도 아닌 것으로 보인다. 우리는 마가복음의 본문을 통하여 하나님의 계획에서 우리의 역할과 다른 사람의 역할에 대해서 더욱 겸손하게 반성해 보도록 해야 할 것이다.

우리는 이 세상에서 하나님의 선교가 우리 자신보다 더 크다는 사실을 인정해야한다. 우리는 진짜 원수가 누구이며 우리 가운데서 그리고 다른 사람들 가운데서 누가 축출되어야 하는지를 인식할 필요가 있다. 1265-66에 몽골 제국은 아시아를 흑해로부터 태평양까지 팽창시켜나갔고, 쿠빌라이 칸은 마르코 폴로에게 로마에 있는 기독교를 자기 궁정에서 기독교를 가르치도록 100명의 사람들을 보내달라고 설득하였다. 그리스도인들은 무분별하게 서로 싸우고 있었고, 100명은 고사하고 한 명이 이 거대한 궁전에 도착하는데 28년이나 걸렸다. 이미 은퇴한 황제가 말했다. "너무 늦었네, 나는 우상숭배에 빠져서 너무 늙어버렸어."[13]

악과 전쟁을 하면서 우리는 우리가 속한 특정한 그룹이 세상에 있는 유일한 그

12. Bill J. Leonard, *God's Last and Only Hope. The Fragmentation of the Southern Baptist Convention*(Grand Rapids Eerdmans, 1990).

13. C. Douglas Weaver, *A Cloud of Witnesses*(Macon Smyth & Helwys, 1993), 52-53.

룹은 아니라는 사실을 인정해야 한다. 그때에 우리는 같은 그리스도를 주와 구세주로 섬기지만 다른 방언을 말하고, 우리가 강조하는 것과는 다른 성경의 부분들을 강조할 수 있는 다른 사람들로부터 배울 수 있다. 아마도 우리가 우리의 표식을 내려놓을 때, 모두 함께 그리스도의 종이라는 사실을 인식할 것이며, 그때에 우리는 그분을 섬기면서 경쟁하기보다는 협력하는 길을 발견할 것이다.

우리의 확신을 타협하지 않고서도 다른 사람과 (소금을 가지고) 교제를 할 수 있다. 우리는 같은 생각을 갖지 않을 수 있으나, 그리스도 예수 안에서 같은 마음을 가질 수 있다(빌 2:1-4). 우리의 일치는 하나님의 능력이 이 세상을 감염시키고 있는 악과 혼돈을 몰아낼 수 있다는 표식이 될 것이다.

마가복음 10:1-16

1 예수께서 거기서 떠나 유대 지경과 요단 강
건너편으로 가시니[1] 무리가 다시 모여들거늘
예수께서 다시 전례대로 가르치시더니
2 바리새인들이 예수께 나아와 그를 시험하여
묻되 사람이 아내를 버리는 것이 옳으니이까
3 대답하여 이르시되 모세가 어떻게 너희에게
명하였느냐?
4 이르되 모세는 이혼 증서를 써주어 버리기를
허락하였나이다
5 예수께서 그들에게 이르시되 너희 마음이
완악함으로 말미암아 이 명령을 기록하였거
니와
6 창조 때로부터 사람을 남자와 여자로 지으셨
으니
7 이러므로 사람이 그 부모를 떠나서
8 그 둘이 한 몸이 될지니라 이러한즉 이제 둘
이 아니요 한 몸이니
9 그러므로 하나님이 짝지어 주신 것을 사람이
나누지 못할지니라 하시더라
10 집에서 제자들이 다시 이 일을 물으니
11 이르시되 누구든지 그 아내를 버리고 다른
데에 장가 드는 자는 본처에게 간음을 행함
이요
12 또 아내가 남편을 버리고 다른 데로 시집 가
면 간음을 행함이니라
13 사람들이 예수께서 만져 주심을 바라고 어린
아이들을 데리고 오매 제자들이 꾸짖거늘
14 예수께서 보시고 노하시어 이르시되 어린 아
이들이 내게 오는 것을 용납하고 금하지 말
라 하나님의 나라가 이런 자의 것이니라
15 내가 진실로 너희에게 이르노니 누구든지 하
나님의 나라를 어린 아이와 같이 받들지 않
는 자는 결단코 그곳에 들어가지 못하리라
하시고
16 그 어린 아이들을 안고 그들 위에 안수하시
고 축복하시니라

---

1. "그가 거기서 떠나 유대 지경과 요단 강 건너편으로 가시니…"라는 문구는 많은 주석가들이 지적하고 있는 것처럼 자연적인 지리적 순서를 역행으로 하고 있다. 사본들의 대다수가 "그리고"를 "요단의 먼 쪽을 통과하여"로 변경함으로써 그것을 수정하려는 관심을 표현하고 있다. 몇몇 해석가들은 원문, 즉 더 어려운 독법을 마가 편에서 모호한 지리적 지식의 탓으로 돌린다. 다른 사람들은 이러한 언급이 마가가 서술하고 있는 것보다 유대에 더 오래 머문 사람의 어떤 지식을 반영하고 있다고 주장한다. 또 다른 사람들은 유대가 궁극적인 여행의 목적지였다는 사실을 마가가 암시하기 위하여 서투른 표현을 사용하고 있다고 주장한다(7:31; 11:1; Gundry, *Mark*, 529). 슈바이처는 "예수가 고난으로 나아가고 있다는 사실을 의도적으로 보여주기 위하여" 유대가 맨 앞에 나오고 있다고 주장하면서 신학적 전개를 제공한다(Schweizer, *Mark*, 202). 가장 좋은 해결책은 이 문구를 이 지역에 대한 부정확한 언급으로 간주하는 것이다. 채프먼은 본문을 읽으면서 "지도적인 독법의 관점의 문제점"에 대해서 경고한다. 그는 현대 지도가 한 지역을 그리는 구체적인 경계선을 가지고 있는 반면에 당시에 그 땅은 그것을 가지고 있지 않았다고 주장한다. 또한 거기에는 다른 지역으로 들어가는 여행자들에게 보이는 표지판이 없었기에 사람이 새로운 행정상의 구역으로 들어갔을 때 그것을 정확히 알지 못했다. 그는 '오리온'(지역[region]으로 번역됨)이라는 단어가 보다 정확하게 "영역" 혹은 "지역"(neighborhood)으로 번역되며, "유대와 요르단을 건너"를 문화적으로 밀착된 지역으로 묘사한다고 주장한다(Chapman, *Orphan*, 171).

원 의미

예수가 자신을 숨기려고 노력하심에도 불구하고(9:30), 군중들은 가버나움으로부터 유대로 여행하실 때 줄곧 그분에게 모여들었다. 바리새인들도 끊임없이 그분을 시험함으로써 무익하게 대적하고 있는데, 이것은 그분을 죽이려는 음모를 상기시켜준다(3:6). 그들은 이런 식으로 그분을 잘못되게 하기를 바란다.

이혼에 관한 질문(10:1-12)

바리새인들이 예수에게 던진 독특한 질문은 이혼에 관한 것이지만, 사실은 이 문제에 관한 예수의 법적인 견해 이상의 어떤 것에 관심을 두고 있다. 대부분의 유대인들은 한 남자가 자기 아내와 이혼할 절대적 권리를 가졌다고 생각했다. 후대의 랍비들은 이혼이 합법적이었는지가 아니라 다만 무엇이 이혼에 대한 합법적인 근거들이었는지에 관해서 논쟁하였다. 구약성경에 있는 말라기의 고고한 이혼 반대–"나는 이혼하는…자를 미워하노라"(말 2:16)–는 '요나단 탈굼'(*Targum Jonathan*)에 있는 아람어 역에서는 제멋대로 바꾸어졌다. 즉 "만약 네가 그녀를 싫어하면, 그녀와 이혼하라."

어찌하여 바리새인들이 이 특별한 문제로 시험하는지는 분명하지 않다. 그들은 성경에 대한 그의 다른 접근방식의 증거를 필요로 하지 않는다. 그들의 질문은 성경의 특성과 상식에 거스르는 혐오적인 교사로 그를 폭로하기 위하여 고안한 책략일 수 있다. 그들이 헤롯 가문의 반감을 일으킬 이혼에 관한 어떤 것을 말하도록 자극하기 위하여 시도하고 있을 수 있다. 이혼은 헤롯가문에 민감한 주제였고, 세례 요한의 생명을 위험에 처하게 했던 것처럼 예수를 위험에 처하게 할 수 있었던 핑계거리였다. 요한의 헤롯 안디바의 이혼에 대한 지적, 자기 형제의 아내인 헤로디아와의 재혼은 그를 포박하고 처참한 죽음에 이르게 하였다(6:17-29). 바리새인들은 헤롯당원들과 동맹을 하고(3:6; 12:13) 베레아의 헤롯의 관할구역에서 예수의 명예를 손상시키려 했다.[2] 그러나 마가복음의 문맥에서 이혼에 관한 예수의 진술은 9:33에서 시작된 주제를 계속 이어 나가고 있다. 예수는 제자들을 위한 엄중한 요구들을 진술하고 있고, 이혼에 대한 가르침은 하나님의 통치가 개인에게 미친다는 근본적인 주장들을 한층 극적으로 묘사한다.

2. Lane, *Mark*, 354.

예수는 전형적으로 역공함으로써 대적들의 공격을 받아넘긴다. 바리새인들이 이혼이 적법한지에 대해서 물을 때, 그는 그들에게 "모세가 어떻게 너희에게 명하였느냐?"고 물으신다. 이 대답은 문제를 구체적이지 않은 남편에 관한 가설에서 바리새인들을 향한 하나의 명령으로 이슈를 수정하게 만든다. 그것은 또한 바리새인들의 율법에 대한 전반적인 접근방식에 들어있는 치명적인 결함을 폭로한다. 그들은 율법에서 "이것은 나로 하여금 무엇을 하라고 하는가?" 혹은 보다 무뚝뚝하게 진술하면, "내가 무엇을 벌 받지 않고 해낼 수 있는가?"라고 묻는다. 율법의 미묘한 차이들에 이렇게 몰두함으로 말미암아 일차적으로 이웃에 대한 사랑에 관심을 두고 있는 하나님의 뜻을 궁극적으로 무시한다(12:31). 그들은 책임이 아닌 권리에 관심을 두고 그것이 다른 사람에게 어떤 영향을 주든지 간에 행위에 대한 율법적인 면책을 추구한다. 그들은 이혼할 수 있는 남편의 권리에 관해서만 묻고 아내의 필요—그것이 아내와 자녀들에게 영향을 미치는 일과 아내가 이혼을 반대할 권리를 갖고 있지는 않는지—에 대해서는 관심이 없다. 예수의 질문은 율법적 청렴이라는 마스크의 배후에 숨어 있는 죄악된 마음을 폭로한다.

바리새인들은 이혼절차를 덮어두고 있는 모세의 규정사항들을 인용하면서, 예수의 역질문에 대답한다. 모세는 남편이 이혼 증서를 자기 아내에게 주고 나서 이혼을 허락했다.[3] 신명기 24:1-4의 지침은 이혼문제를 완전히 남편의 결정에 일임하고 있다. 그 지침은 이혼의 근거를 말하지 않고 있고, 또한 그것을 찬성하지도 않는다. 그것은 단지 아내를 버릴 것을 결정하여야 할지 아닐지를 남편에게 제한을 둔다. 율법은 냉정하게 아내가 추잡한 행위의 죄가 있어서 그녀의 남편의 눈에 은총을 입지 못하면, 혹은 그가 단지 그녀를 좋아하지 않는다면, 그는 반드시 그녀에게 이혼증서를 주어야 하지만, 그녀가 다른 사람의 아내가 된 후에는 절대로 그 여인과 재혼해서는 안 된다고 말한다.

예수는 역공하여 바리새인들을 궁지에 몰아넣었다. 그는 모세가 명한 것이, 남편들의 완악한 마음에서 나오는 부수적인 결과를 감소시키고자 고안된 타협조건이었을 뿐이라고 주장하신다. 그것은 부득이하여 아내가 재혼했을 때 아내를 간음이라는 비난으로부터 해방시켜 준다. 그리고 남편이 그녀를 자기 아내라고 주장함으로써 그녀의 재혼을 파괴하려는 첫 남편으로부터 보호해 주었다. 그것은 아내

3. '아포스타시온' 이라는 단어는 "한 사람의 권리를 어떤 것에 양도한다는 개념"을 담고 있는 파피루스 가운데 들어있는 율법 용어다(Cranfield, *Mark*, 319).

교환과 같이 보일 수 있는 일을 저지했다. 그러므로 율법은 이혼과 관련한 사회적 대혼란을 최소화하기 위하여 의도되었다.

예수의 추론의 흐름은 분명하다. 만일 이 문제에 대한 모세의 규정이 인간의 마음의 완악함에 그 뿌리를 두었다면 하나님에 대한 의도적인 반항은 하나님의 뜻을 반영할 수 없다. 모세가 이혼을 규정하기 위하여 율법을 주었을 수도 있으나, 이혼은 결혼에 대한 하나님의 뜻이 아니다. 그러므로 신명기 24:1-4에 있는 규정들을 하나님이 아내를 버리는 것을 너그럽게 봐주고 있다거나, 만일 문자 그대로 그 지침을 따를 경우 하나님의 심판을 받지 않음을 의미하는 것으로 해석해서는 안 된다. 이혼은 인간의 마음의 완악에서 기원하였음으로 하나님 보시기에 범죄행위다.

바리새인들은 모세가 무엇을 허락했는지가 아니라 하나님이 무엇을 명령하셨는지를 깨달을 필요가 있다. 율법에 대한 바리새인들의 접근방식은 틀렸다. 결혼에 대한 그들의 접근방식도 틀렸다. 그들은 결혼관계의 파탄에 관점을 두고 시작하여 그것을 끝내는 올바른 절차를 조사한다. 예를 들면 후대의 미쉬나 소논문 책자 '깃틴'(*Gittin*, 이혼 증서)은 아내에게 결혼의 해고통지를 주는 절차의 대요를 설명하고 있다. 이와 대조적으로, 예수는 창조 시에 가지셨던 하나님의 의도의 관점에서 그리고 결혼관계의 초기에 가졌던 부부의 의도의 관점에서 결혼을 말씀하신다. 신명기 24:1-4에서는 결혼에 관한 하나님의 진정한 의도를 발견할 수 없고, 같은 모세의 책인 앞의 창세기 1-2장에서 발견할 수 있다.

따라서 예수의 대적자들은 결혼에 관한 성경과 하나님의 뜻 모두를 오해했다. 하나님이 남자와 여자를 창조하시고, 한 육체가 되도록 결합시키셨다. 둘을 함께 결합시킨 분이 하나님이시므로 그는 연합의 주님이시다. 낡은 물건을 내버리듯이 원치 않은 아내를 내쫓는 식으로 누가 결혼의 주인으로 남자를 만들었는가? 하나님은 아무도 버리지 않으신다. 남편은 설사 법적인 절차를 갖는다할지라도 배우자를 버려서는 안 된다. 그러므로 바리새인들의 질문에 대한 대답은 "아니오. 남편이 아내를 버리는 것은 합법적이지 않다." 숨겨져 있는 계약 문구에서 도피적인 문장을 찾으려는 차원에서가 아니라 하나님의 뜻의 차원에서 말이다. 예수는 시락서 25:26에 표현된 관점, 즉 "만일 그녀가 당신의 지시대로 가지 않는다면, 그녀를 너에게서 떠나보내라"를 정면으로 반박하신다. 그의 주장은 아내에 대한 존엄성과 가치를 제공한다. 그녀는 남편이 마음대로 버릴 수 있는 부속물이 아니다.

제자들이 개인적으로 설명을 해달라고 요구할 때, 평소 그리하셨던 습관처럼, 예수는 부가적인 설명을 주신다(4:34; 7:17; 9:28, 33). 그분이 이혼과 결혼에 관하여 말하고 있는 내용은 더욱더 진전된 것이며, 바리새인들이 손을 씻는 문제를 일으킨 다음에 음식법에 대한 그의 사적인 설명(7:17-23)과 같이 혁명적이다. 예수가 바리새인들이 금한 씻지 않은 손으로 먹는 것을 허락하시고 그들이 허락한 이혼을 금지하신다는 사실을 발견하게 된다. 그는 이혼이 틀렸다고 주장하실 뿐만 아니라 이혼 후에 하는 재혼이 훨씬 더 나쁘다고 선언하고, 그것을 간음으로 분류하신다. 신명기 24:3-4은 남편이 재혼한 이후에 또 다시 이혼한 이전의 아내와의 재혼을 금지하고 그것을 가증한 것으로 분류한다. 예수도 이혼한 후에 어떤 사람과 재혼하는 것을 간음으로 낙인찍는다.[4] 이혼은 마음의 완악함에서 나오고, 그것은 보다 완악한 마음으로 인도해 간다.

마가는 마태가 기록하고 있는 바와 같이(마 19:10) 이 말씀에 대한 제자들의 충격적인 반응을 기록하고 있지 않지만, 예수의 말씀은 놀라움을 일으킬 수밖에 없었을 것이다. 이혼 증서는 이혼 후에 간음으로 고소 받지 않도록 재혼의 자격을 가져다주었다. "보라, 당신은 어떤 남자에게도 가는 것이 허락되었다(*m. Git.* 9:3). 예수는 이러한 규정을 거부하시고, 아무리 정확하게 격식을 차려 이혼절차를 밟는다 할지라도 결혼이라는 결속이 깨어져서는 안 된다고 주장하신다.[5]

어린아이에 대한 축복(10:13-16)

어린아이들에 대한 예수의 관심이 이혼에 관한 그의 진술 직후에 뒤따라온다. 여인들과 어린아이들 모두 힘이 없음으로 인하여 학대받고 혹사당할 수 있다. 예수의 다음 말씀과 행동은 작은 자 문제(9:42)로 되돌아가면서 어린아이에 대해 가치를 둔다. 여인과 어린아이 모두 존중과 돌봄을 받아야 한다.

어떤 이들은 앉은뱅이와 소경을 예수에게로 데리고 왔다. 이제 부모들이 어린

4. 이혼에 관한 예수의 설명은 아내의 이혼과 재혼에 대한 금지를 포함한다. 유대교에서 한 여인은 특별한 상황을 제외하고는 그녀의 남편과 이혼할 수 없었다. 그러나 그녀는 남편이 자신과 이혼하도록 부추기는 행동을 할 수 있었다. 기독교인들은 예수의 가르치심을 여인들이 이혼할 권리를 가졌었던 헬라배경에 적용할 수 있었다. 세네카는 로마 상류계층의 부인들의 쓸쓸한 모습을 묘사하고 있다. "참으로 아무 여인도 이제는 이혼당하는 것을 부끄러워하지 않을 것인데, 어떤 구별된 그리고 고상한 부인들은 시간에 의해서가 아니라 자기들의 결혼에 의하여 햇수를 계산하고, 결혼하기 위하여 이혼하고 이혼하기 위하여 결혼한다"(*On Benefits* 3.16.2).

5. Craig S. Keener, *"And Marries Another" Divorce and Rematriage in the Teaching of the New Testament*(Peabody, Mass.: Hendrickson, 1991); Andrew Cornes, *Divorce and Remarriage Biblical Principles and Pastoral Practices*(Grand Rapids. Eerdmans, 1993)을 더 읽어보라.

아이를 만져주기를 바라고 예수에게 데려온다(10:13). 제자들은 가혹한 경비원처럼 행동한다. 그들은 이 부모들을 꾸짖고 어린아이들이 예수에게 접근하는 것을 가로막는다. 또 다시 그들은 권력을 휘두르고 외부로부터 자기들의 집단으로 들어오는 다른 사람들을 저지함으로써 지배권을 행사한다. 이러한 야망을 가진 지도자들은 예수의 이름을 사용할 수 있는 사람뿐 아니라(9:38) 그분 앞에 나올 수 있는 사람까지도 결정하는 문지기들이 되기를 원한다. 예수는 어린아이들을 위하여 단호히 중재하시고, 제자들에게 하나님의 나라가 이런 자에게 속해있다고 가르쳐주신다.

참 제자는 다른 사람들을 몰아내는 감시자같이 행동하기보다 하나님의 나라를 받아들이는 어린아이와 같이 되어야 한다. 어린아이 같은이란 말은 이런 이들이 소유하고 있다고 보통 언급되는 본질적인 자질들 즉 겸손, 의존성, 투명성, 장래성, 수수함, 믿기를 잘함과 같은 것들을 여기서 가리키지 않는다(9:36-37 주석을 보라). 어린아이는 요구가 많고, 인내심이 없으며, 뾰로통하고, 고집 세고, 감사할줄 모르고, 이기적일 수 있다. 우리는 그것을 어린아이 같은 행위라고 부른다(사소한 말다툼을 하는 어린아이에 관한 비유를 보라, 마 11:16-19; 눅 7:31-35).

고대 세계에서, 어린이는 지위를 가지지 않았다. 아무도 그들을 위하여 불평을 제기하거나 싸워주지 않기 때문에 그들은 쉽게 무시당하고 출입이 금지되었다. 다른 사람들에 의해 예수에게로 이끌려온 이 어린이들은 그분을 뵙겠다고 주장할 만한 것이 없고, 가로막는 자에 대해서 스스로 항변할 수도 없다. 예수는 이런 어린아이들을 또 다시 하나의 모범으로 제시하신다. 그들의 작음은 자기들의 힘과 영향력을 주장하기를 원하는 우쭐한 제자들과 날카로운 대조를 보인다. 제자들은 작은 자들을 섬겨야 할 뿐 아니라 작은 자의 태도를 적용하는 일을 배울 필요가 있다. 작은 자들은 약하기 때문에 쉽게 옆으로 떠밀리지만, 하나님은 약한 가운데서 가장 강하게 역사 하신다.

어린아이와 같이 적절하게 작아질 때, 그리고 심령이 가난해질 때(마 5:3), 인간은 하나님의 통치를 보다 잘 받아들인다. 어린이들은 또한 어른들보다 선물을 받는 일에 더 열려있다. 성인들은 다음 장면에서 부자가 보여주는 바와 같이 가진 것을 스스로 획득하여 자랑하기를 원한다.

상황잇기

오늘날의 맥락에서, 우리는 결혼을 해체시키는 법정을 통하여 결정된 재판이란 측면에서 이혼을 생각한다. 그러나 성경 시대에는 이혼이 자기 아내를 버리기 위하여 남편이 취한 독단적인 행동이었다(아내는 재산으로 간주되었다, 출 20:17; 민 30:10-14; Sir. 23:22-27). 이혼은 삶의 정규적인 일부분으로서 너무도 잘 받아들여졌기 때문에, 이사야는 이것을 이스라엘과 하나님 사이의 깨어진 관계를 묘사하기 위한 이미지로 사용한다. 심지어 하나님도 이혼하신다. "나 여호와가 이같이 말하노라 내가 너희의 어미를 내보낸 이혼 증서가 어디 있느냐?"(사 50:1; 렘 3:8을 보라).

신명기 24:1-4에 있는 율법 조항들은 아내를 버림에 대한 승인된 유서 깊은 행실이고, 그것을 규정하기 위한 시도인 것으로 생각했다. 후대의 율법 교사들은 이혼의 근거에 관해서서만 논쟁했다. "수치 되는 일"(신 24:1; '상스러운 어떤 것' NIV)이라는 문구를 어떻게 해석하는지에 대해서 의견이 분분했다. 어떤 사람은 "일"이란 단어—어떤 일이 이혼의 근거였다는 것—를 강조했다. 다른 사람은 "수치 되는"이라는 단어—아내가 어떤 부정한 죄를 저질렀다는 것—를 강조했다(*m. Git.* 9:10을 보라). 예수 당시에, 아내들은 남편이 그들로부터 돌아섰을 때 법정에서 공의에 호소할 권한이 거의 없거나 전혀 없었다. 아내는 남편이 죽을 때나 남편이 그녀와 이혼할 때, 결혼 전에 지불한 신부 값으로 준 얼마간의 돈('케투바')을 받을 수 있을 뿐이다.

마가가 이 복음서를 기록했던 그리스-로마 시대에는 이혼이 보다 쉽고 약식이었다. 단순히 의도적으로 집을 떠났다는 것만으로 어느 한쪽이 이혼할 수 있었다. 아무런 변명이 필요치 않았다. 아내는 자신의 혼인 지참금을 지킬 수 있었지만, 어린아이는 남편의 권위 아래 있었기에 아버지와 함께 머물렀다. 그로 인해 대부분의 가정들은 다른 어머니로부터 낳은 아이들과 뒤섞여 있었다.

이혼에 관해서 예수가 말씀하시는 내용을 현재의 상황에 적용할 때, 우리가 알아야할 여러 사항들이 있다. (1) 예수가 여기서 자신을 책잡으려 하고 있는 적대적인 질문자들에게 대답하고 있다는 것이다(10:2). 그러므로 우리는 이 단락에서 이혼한 사람들에 대한 목회적 도움을 위한 지침들을 발견하려고 해서는 안 될 것이다. 예수는 이혼을 생각하고 있는 사람들, 조언을 구하는 사람들, 혹은 깨어진 관계로 인하여 고통을 당하고 격려를 필요로 하는 사람들에게 말씀하고 있지 않다. 그는 가혹한 대적자들에게 대답을 하고 있다. 예수는 이들에 대해서 이미 성경을 잘못 취급하고, 하나님의 뜻을 왜곡하고 있다고 비난한바 있다(7:6-13). 그의 대답은 결혼에 대한 하나님의 뜻을 제시하고 있다. 그는 자기 자신의 뜻을 결혼관계에 강요하기를 원하는 사람들에게 도전을 가하고 있다.

(2) 예수는 이 복음서 전체를 통하여 하나님의 통치가 우리의 세계와 삶으로 들어오고 있다는 사실을 선포하신다. 이것은 우리가 어떻게 살아야할 것인지에 대한 직접적인 암시를 가지고 있다. 우리는 더 이상 모세가 "허용하였던" 것과 협잡꾼들이 빠져나갈 구멍을 발견하려는 것에 기초하여 하나님과 씨름할 수 없다. 예수가 보여주시는 것처럼, 하나님의 뜻은 문화적으로 용인된 것과 법적으로 허용된 것을 포함하여 삶의 모든 영역에까지 침투해 들어간다. 이혼이 발생하지만, 예수는 그것을 마음이 완악해진 증상—하나님에 대한 의도적인 불순종—탓으로 돌린다. 마가복음의 이 단락에서, 예수는 제자들에게 근본적인 요구를 하신다. 그는 제자들이 다른 사람들을 섬기기 위해서 자신을 뒤에 두고, 다른 사람들을 위하여 기꺼이 희생할 것을 외치신다. 화합할 수없는 차이가 있다고 생각될지라도, 이러한 명령들은 결혼관계에도 적용해야 한다. 만일 제자들이 이웃을 자신의 몸처럼 사랑하라는 위대한 계명에 순종한다면(12:31), 그 이웃에 배우자도 포함할 것이다. 배우자를 자기 몸처럼 사랑한다면, 이혼의 가능성은 배제된다.

(3) 모세가 신명기에서 허용한 바리새인들의 질문에 관한 예수의 반응은 면책조항을 위해서 단순히 성경을 연구하거나 찾아볼 수 없다는 사실을 의미한다. 성경 말씀에서, 하나님의 뜻을 분별해 내야 한다.[6] 예수는 언제나 성경을 고차원적으로 보다 완전한 순종적인 측면에서 해석하신다. 그의 해석에는 최소한 세 가지 원리가 적용된다. ⓐ 그는 모세가 인간의 죄악됨을 제어하고 더 큰 죄를 막기 위하여 이혼증서를 율법에서 용인했다고 주장하신다. ⓑ 결혼은 하나님이 창조 시에 의도하셨던 내용, 즉 처음 결혼할 때에 대부분의 부부들이 동의한 내용에서 하나님의 뜻을 발견한다. ⓒ 결혼은 남편(혹은 아내)이 부자연스러울 때마다 취소해버릴 수 있는 일시적인 낭만적 장난이 아니라 평생의 결합이어야 한다.

(4) 이혼에 대한 합법적인 근거의 문제는 이 단락에 드러나 있지 않다. 바리새인들은 마태복음 19:3에 있는 바와 같이 "사람이 어떤 이유가 있으면 그 아내를 버리는 것이 옳으니이까?"라고 묻지 않고 "사람이 아내를 버리는 것이 옳으니이까?"라고 묻는다(10:2). 본질상 그들의 질문에 대한 예수의 대답은 "아니다, 그것은 합법

---

6. Dan O. Via Jr., *The Ethics of Mark's Gospel In the Middle of Time*(Philadelphia Fortress, 1985), 101.

적이 아니다"이며 마가의 기사는 이혼의 예외적인 문장을 포함하고 있지 않다(마 5:32; 19:9을 보라).[7] 그러므로 마가복음에서 예수가 이혼에 관하여 말씀하시는 내용이 어떤 경우에는 적용되지 않는다고 주장하려는 궤변을 삼가야 할 것이다. 예수는 이러저러한 상황이 일어나면 이혼이 허용된다고 말씀하지 않으신다. 그는 논쟁의 여지가 없는 결혼에 대한 하나님의 이상을 말씀하신다.

(5) 예수의 대적들은 결혼을 남편이 기분 내키는 대로 취소할 수 있는 계약으로 취급했다. 예수는 결혼이 육체의 결합이기 때문에 파기할 수없는 것으로 생각하신다. 그의 주장은 종이 한 장이 이 결합의 영원성에 영향을 주지 못한다는 사실을 암시한다. 그러므로 이 단락은 이혼에 관한 것보다는 결혼의 영원성에 관해서 더 많이 말하고 있다. 성적 결합은, 다른 어떤 것이 할 수없는 것처럼, 영원히 한 인간을 맺어준다(고전 6:16-18).[8] 예수는 재혼이 간음이라는 사실을 선포함으로써 결혼이 영원한 결합이라는 주장을 강조하신다.

이 마지막 진술은 이혼하고 재혼한 수많은 사람들에게 슬픔과 자기 분석을 야기해왔다. 그들은 "나는 간음을 하면서 살고 있는가?"라고 묻거나, 어떤 사람은 그들이 간음하면서 살고 있다고 비난할 수도 있다. 예수의 주장을 전달하는데 특별한 민감성을 필요로 한다. 위에서 지적한 것처럼, 이혼증서의 전반적인 요지는 "보시오, 당신은 다른 남자에게 가도 괜찮습니다"이다(*m. Git.* 9:3). 이 문서의 전체 요지는 누구든 언제나 재혼을 하더라도 간음이라는 고발을 피하도록 하는 것이었다. 이혼증서에 대해서 헬라어 본문에서 사용된 단어('아포스타시온')는 재산 포기에 대한 전문용어로 사용되었다. 남편은 이혼증서로서 아내에 대한 자신의 권리를 포기했고, 재산을 포기하고 어떤 다른 것으로 대치한 것을 죄책이 있다고 한다면 사람들은 놀랄 것이다. 말리나(Malina)는 예수의 말을 듣고 있던 청중이, 만일 그분이 우리에게 "자기 차를 팔고 다른 차를 사는 사람은 누구나 절도죄가 있다"고 말했을 때 우리가 놀랄 것처럼 놀랐을 것임에 틀림없다고 주장한다.[9] 예수의 편에서 볼 때, 그는 이러한 진술을 간음하는 사람을 정죄하기 위해서가 아니라 결혼의 영구성을 주장하기 위하여 이 진술을 하신다. 율법의 행위는 관계의 한계를 정하지만, 인간의 율법적인 정의는 언제나 하나님의 관점을 반영하고 있지 않다. 배우자는

7. 이에 대해서는 David E. Garland, *Reading Matthew. A Literary and Theological Commentary*(New York. Crossroad, 1993), 67-70을 보라.

8. Via, *Ethics*, 102.

9. Bruce J. Malina, *The New Testament World*(Atlanta: John Knox, 1981), 120.

재산이 아니라 뼈 중의 뼈요 살 중의 살이다(참조. 창 2:23).

현대 사회과학자들은 예수가 가르치신 이 진리를 꽤 다르게 인식하여 적용한다. 법정에서 취소할 수 있는 결혼이 인생에서 그렇게 쉽게 해체될 수 없다. 이혼은 두 배우자간의 언약을 끝나게 할 수 있으나 그것이 관계의 끝은 아니다. 휘태커(Whitaker)는 다음과 같이 기록한다.

> 결혼의 가장 좋은 것은 사람이 이혼할 수 없다는 것이다. 우리는 이혼이 친밀한 관계를 완전히 끊게 할 수없는 것으로 보인다. 재산을 나누고 더 이상 함께 살지 않겠다고 결심하는 것은 분명히 가능하지만, 싱글로 돌아가는 것은 불가능하다. 결혼은 양자가 벗어날 수 없고 돌이킬 수없는 성격을 가진 양어장과 같다. 이혼은 한쪽 다리를 물어뜯음으로써 덫에서 빠져나오려는 토끼와 같이 자기 뒤에 일부분을 남기는 것이다.[10]

결혼 배우자들은 너무나 많은 햇수동안 같은 화분에서 성장하여 그들의 뿌리가 서로 얽힌 두 식물과 같다. 둘을 말끔하게 완전히 분리하기는 어렵다. 설사 그렇게 한다고 해도, 그 식물은 같이 살아온 다른 식물의 존재로 말미암아 형성되었다. 이혼한 사람이 이렇게 물을 수 있다, "지난 20년간의 사진 앨범을 내가 어떻게 할 수 있는가? 지난 20년을 내 생애에서 내던져버릴 수 있나?" 배우자들은 더 이상 배우자가 아닐 수도 있으나, 그들의 자녀들의 부모로 남아있기 때문에 그들은 친족이다. 탠느힐(Tannehill)은 다음과 같이 해석한다. "한 남자와 한 여자가 행복에서보다는 고통에서 자기들이 얼마나 깊이 서로 연루되어 있는지를 발견한다. 그들의 결혼의 독성으로 그들의 일부가 죽어가고 있다."[11]

"자녀들은 어떤가?"가 이혼의 경우에 자주 등장하는 문제다. 어린아이를 돌보고 받아들이라는 예수의 관심이 있은 후에 즉시 결혼과 이혼에 관한 진술이 뒤따라온다. 도움을 받을 길이 없는 어린아이들은 이혼을 통하여 가장 영향을 많이 받은 자들이며, 연구결과에 따르면, 아무리 자녀들이 발랄할지라도, 이혼은 그들을 황폐화시키는 결과를 가져다 줄 수 있다. 부모들이 서로 자기 뜻대로 행하려고 추

---

10. C. A. Whitaker and D. V. Keith, "Counseling the Divorcing Marriage," *Klemer's Counseling in Martial and Sexual Problems*, eds. R. F. Stahmann and W. J. Hiebert, ed ed.(Baltimore: Williams and Wilkins, 1977), 71.
11. Robert C. Tannehill, *The Sword of His Mouth*(Philadelphia. Fortress, 1975), 97, Myers, *Binding*, 266에서 인용함.

구하는 동안에 그들은 쉽게 길을 잃고 헤맨다.

어린아이들을 위한 예수의 축복에 관한 문맥을 현재와 다리를 놓는 일에 있어서, 바톤(Barton)은 복음서에서 어린아이에 관한 설명을 현대인의 매혹과 감성으로 상고하지 않도록 조심시킨다. 중요한 발전단계인 어린 시절의 발견은 어린이 교육을 위한 주일학교가 그러하듯이 현대의 현상이다.[12] 고대 세계는 어린아이들에 대해 낭만적인 개념을 가지지 않았다. 어린아이들은 가정의 경제에 혹은 명예에 아무것도 더해줄 수 없었고 숫자에 넣지도 않았다. 그리스-로마 세계에서 문자 그대로 출산 시에 원하지 않는 아이를 유기함으로써 버릴 수 있었다.[13] 부도덕한 사람은 유기된 아이들을 모아서 이들을 검투사나 창기로 기르고, 또 이들을 거지로서 가치를 올리기 위하여 신체를 절단하기까지 하였다. 랍비 유대교에서 한 랍비가 많은 사람들이 공유한 생각을 발한다. 현자는 어린아이를 걱정하지 않아야 한다. "아침잠과 대낮의 포도주 그리고 어린아이들과의 대담과 무식한 사람을 사랑방 모임에 앉히는 것은 그 사람을 세상에 속한 자가 되게 한다"(*m. 'Abot* 3:11).

예수는 자신의 기질과는 반대로 힘이 없는, 즉 권리가 없고 대부분의 사람들이 하찮다고 보는 사람들과 동일시하신다. 예수가 세우시는 새로운 공동체는 힘이 없는 작은 자들을 제쳐버리거나 쫓아내지 않고 수용하신다. 그분이 작은 자들을 특별하게 보시므로, 제자들도 그렇게 해야 한다. 찰스 웨슬리의 찬송이 포착한 하나님에 대한 어린아이와 같은 의존감을 갖는 사람들은 이러한 책임을 보다 기꺼이 이루는 사람들이 될 것이다.

> 부드럽고 온유하고 따뜻하신 예수님
> 어린 아이를 보사
> 저의 순진함을 동정하시네.
> 제가 주께로 나아갈 수 있게 고통을 주소서.

어떤 해석가들은 마가복음 10:13-16을 유아세례를 정당화하기 위한 증거구절로 사용했다. "금하다"('콜루오', 10:14)란 동사가 에디오피아 내시 이야기에 나타

---

12. Stephen C. Barton, "Child, Childhood," in *Dictionary of Jesus and Gospels*, eds. Joel B. Green, Scott McKnight, and I. Howard Marshall(Downers Grove, Ill: InterVarsity, 1992), 100.
13. 주전 1세기 알렉산드리아에 사는 한 가난한 농부가 임신한 아내에게 쓴 불명예스러운 편지를 보라. 그는 그 아이가 사내아이면 간수하고 딸이면 밖에 던지라고 충고한다(*POxy* 744).

난다. "내가 세례를 받음에 무슨 거리낌이 있느냐?"(행 8:36; NIV, "왜 내가 세례를 받지 않아야 하느냐?"). 그러나 세례의 문맥에서 이 동사를 사용한 것(또한 마 3:14; 행 10:47; 11:17)이 그 동사가 다른 곳에서 나타날 때마다 세례적인 문맥으로 만들어주지는 않는다. 마가는 분명히 이것을 이런 식으로 사용하지 않는다(참조. 막 9:38-39). 지금의 단락에서 사람들은 아이들의 손을 만지시고 축복해 주시도록 하기 위하여 예수에게로 아이들을 데려온다. 마가는 예수가 세례와 관련한 어떤 일을 하고 있다고 연관시키지 않고 있다. 본문은 부모들이 세례를 받도록 자기 아이들을 데려왔다는 것이 아니라, 다만 제자들이 예수에게로 오는 아이들을 방해하거나 금하지 않아야 한다고 제기한다.

현대적 의미

결혼한 부부는 곧 결혼이 성 안에서 영원히 행복하게 살았던 아름다운 이야기가 아니라는 사실을 배우게 된다. 배우자를 서로 이끌어주는 유일한 낭만적 감정은 결혼생활이 2년도 되기 전에 재빨리 시들어진다. 인간의 마음의 강퍅함은 모세 시대 이후로 누그러지지 않았다. 우리나라에서 점차적으로 상승하는 이혼 통계치를 생각하면, 이혼 문제는 끊임없이 우리 앞에서 떠나지 않는다. 헌신한 그리스도인들 역시 이혼한다. 많은 사람들이 분노, 번민, 죄책감으로 시달리고 있다. 또 다른 사람들은 배우자와의 깨어진 관계와 자녀들과의 손상된 관계를 수월하게 뛰어넘는다. 우리 사회에서 터무니없이 높은 이혼율은 결혼을 마음대로 취소할 수 있다는 대부분의 믿음을 반영한다. 그 결과로, 1973-74년에 이혼으로 끝난 결혼숫자가 처음으로 배우자의 죽음으로 끝난 결혼 숫자를 능가했다.[14]

많은 요인들이 이혼의 증가추세에 기여한다. 다른 사람들과 분리된 친밀함이라는 섬에서 살아가려고 하는 부부들은 고통의 태풍을 맞을 때 보다 쉽게 난파된다. 가족 구성원들은 너무 멀리 있어서 도움을 주지 못하고 친구들은 너무 적다. 결혼제도는 사회경제적인 것으로부터 인격적 정서적 필요들을 충족시키기 위한 것으로 급격히 전환했다. 우리는 과거보다 결혼에서 더 많은 것을 기대한다. "우리 두 사람이 사는 동안…하기로"라는 서약은 "내 배우자가 나의 필요를 충족시켜주고 성취감을 느끼게 하는 한"으로 갱신되었다. 재정적 안정, 교우관계, 그리고 자녀들

14. Constance R. Ahrons, "21st-Century Families. Meeting the Challenges of Change," *Family Therapy News* 3(October, 1992): 16.

에 대한 갈망을 넘어서, 우리는 무조건적 사랑, 정서적 후원, 인격적 성취, 그리고 열렬한 로맨스를 기대한다.

결혼을 함께 유지하는데 더 적은 외적인 요인이 있는 시기에 우리는 이러한 고상한 기대를 가지고 있다. 일과 가정생활은 과거에 분리되지 않았었다. 지금은 남편과 아내들이 자주 일상생활 가운데서 각기 자기들의 분리된 길을 가고, 가족이 같이 식사를 하는 경우가 드물며, 두 주간의 휴가를 따로 떠난다. 부모들이 이런 저런 활동을 하다보면 자녀들은 스스로 자라간다. 이러한 상황 아래서 점점 분리되어가는 것은 이상한 일이 아니다. 언젠가 이혼에 대해 낙인찍었던 사회적 분위기는 더 이상 커플을 유지하지 못하게 하고 있다. 이혼 사유가 없어도 이혼할 수 있게 하는 이혼법의 출현은 이혼을 법적으로 쉽게 허락할 뿐만 아니라, 배우자로 하여금 손쉽게 끝을 내고 각자의 길로 가게 만든다.

많은 사람들은 한 사람에 대한 무조건적으로 위탁하는 개념을 비합리적인 것으로 생각한다. 수년간 너무나 많은 변화가 일어났기 때문이다. 만화가들은 결혼에 대해서 "당신은 오랜 결혼생활을 계획하고 있느냐?", "당신은 앞으로 2-3년 동안 내 아내가 되겠느냐?"라는 말로 비웃는다. 냉소적인 사람들은 넌지시 조소한다. "TV 프로그램의 스포츠를 시청하는 것은 한 결혼이 끝나고 다음 결혼을 하기 전에나 보는 것이다." 오늘날의 문제는 너무나 많은 사람들이 일평생 동안 서로 위탁한다는 개념이 없이 결혼관계에 들어간다는 것이다. 어떤 범주에서 이혼은 거의 예정되어 있다. 텔레비전 대담 프로그램에 초대받은 여성이 사회자에게 말한다. "만일 당신이 언제고 이혼한다면, 나에게 전화해 주세요."

우리의 세속 사회의 많은 다른 세력들은 결혼을 파괴하려고 획책한다. 브루너(Bruner)는 다음과 같이 기록하고 있다. "유혹, 간통, 간음은 유흥과 광고 산업의 핵심에 있는 성적 도구다."[15] 이러한 산업들은 우리로 하여금 최고의 것으로 만족하고, 새롭고 개선된 판(版)으로 업그레이드를 할 것을 격려한다. 우리의 문화는 보다 좋은 것을 받아들이고 더 나쁜 것(또한 평범한 것까지도) 잊어버리도록 격려한다. 결혼관계가 험한 바위산을 통과해 나갈 때, 많은 사람들이 더 좋은 대접을 받을 가치가 있다고 결심하고 그것을 찾아 나선다.

우리 문화에서의 변화에도 불구하고, 교회는 이 사회의 손쉬운 이혼의 증가추

---

15. Frederick Dale Bruner, *Matthew 13-28*(Dallas: Word, 1990), 674. 결혼에 대한 대중매체의 유해성에 대한 비판에 관해서는 Michael Medved, *Hollywood Vs America*(San Francisco: HarperCollins, 1992), 122-38을 보라.

세에 대항해야할 필요가 있다. 그리스도인들은 이 세상과 타협하지 않아야 하며, 이러한 타협에는 결혼서약에 대한 무시를 포함한다. 그러나 이혼의 죄에 너무 관대해서도 안 되고, 그것을 너무 거칠게 다루어서도 안 된다. 한편으로 결혼에 대한 하나님의 뜻은 영구적인 언약관계임을 선포하는 것을 유념해야한다. 결혼은 언제나 한편이나 쌍방이 원할 때 끝날 수 있는 일시적인, 낭만적인 연합관계가 아니다. 예수는 제자들에게 근본적인 요구를 하셨으며, 그들이 그러한 명령들을 따라 살 수 있도록 하나님이 이 세상에서 역사하고 계신다는 사실을 믿었다. 그러나 오늘날 많은 젊은이들은 종교적인 맥락에서 이혼이 틀린 것이라고 말하는 것을 듣지 않는다. 아주 많은 이혼한 사람들이 교인들의 기분을 상하게 하고 옛 상처를 소금으로 문지르지 않도록 하기 위해서 이 이슈를 제쳐두기를 원하는 목사들의 교회에 앉아 있다. 교회는 우리 문화 가운데서 받는 모든 메시지들과 균형을 맞추기 위하여 결혼의 신성함에 대한 깊은 생각을 젊은이들에게 주입할 필요가 있다.

다른 한편, 그들이 이미 상처받고 깨어졌을 때 성경으로 머리를 내려치지 않도록 민감해야 한다. 교회는 결혼에 대한 하나님의 뜻을 선언하고, 죄에 대한 하나님의 심판을 선언해야 하지만, 또한 하나님의 사죄와 죄인을 받아들이심을 선포해야 한다. 이혼은 원자폭탄과 같아서 깊은 정서적 구멍을 남기며, 주변에 있는 모든 죄없는 자들에게 낙진이 튀게 한다. 하나님이 모든 문제를 제거하기 위하여 자기 아들을 보내신 이 세상에 이혼은 격정적인 혼돈과 소외를 더해준다. 이것이 하나님이 이혼을 싫어하는 이유이며, 이혼한 사람이 주로 이혼을 혐오하는 이유다. 하나님이 이혼을 미워하시지만, 교회는 하나님이 이혼한 사람을 미워하지 않으신다는 사실을 언제나 염두에 두어야 한다. 하나님은 죄를 미워하시지만 죄인은 미워하지 않으신다. 교회는 죄인들을 하나님의 죄사함으로 인도해야 하며, 그들에게 하나님의 치유를 경험할 기회를 제공해야 한다. 이혼의 회복을 위한 그룹은 가장 도움이 필요할 때 그들을 돕는 탁월한 기회를 제공해 주고 있다.

이혼한 다음에 무엇을 해야 할 것인지를 묻기보다는 교회가 결혼문제를 강화하고 이혼을 막기 위하여 무엇을 해야 할 지를 묻는 것이 더욱 중요하다. 교회는 오늘날 결혼에 대한 곤경에 민감해야하며, 정죄의 말이든 완화의 말이든, 단순히 이혼에 관한 선포로 끝나서는 안 된다. 우리 사회에서 배우자 학대, 어린아이 학대, 간음, 그리고 이혼의 경향을 저지하기 위하여 행동을 취할 필요가 있다. 교회는 너무나 자주 심각한 위기의 상황에 처한 다음에 문제를 해결하려고 하지만, 그때는 일을 돌이키기에 너무 늦다. 그러므로 교회는 젊은이들이 스스로 결혼을 준비하는

데 도움을 주고, 이미 결혼한 사람들로 하여금 서로 위탁했던 헌신을 강화하도록 도울 예방적 조치를 취하는 노력을 기울일 필요가 있다.

존 고트먼(John Gottman)은 만일 계속 제어하지 않는다면 불가피하게 결혼의 붕괴로 이끌어갈 결혼의 경고 표식들을 추려냈다. 비판, 모욕, 방어, 담쌓기.[16] 이러한 문제들은 교회 교육 프로그램과 강단에서 즉시 다루어져야할 것이다. 사람들은 결혼한 상태를 유지하기 위해서만이 아니라 배우자와의 행복한 관계를 유지하고 실현하기 위하여 현대생활이 가져다주는 긴장을 해소할 도움을 구하고 있다. 우리는 이런 상황을 슬퍼하기보다 이혼의 많은 원인들을 해소해야 하고, 배우자들이 문제를 치유하고 함정들을 피할 수 있도록 온 힘을 기울여야 할 것이다.

내 아내는 결혼을 벽걸이를 만드는 것에 비교했다. 그녀는 그것이 어떤 것이 채워질 것을 갈구하고 있는, 단조로운 부엌 벽을 멋있게 만드는 재미있는 겨울 계획이라고 생각했다. 그녀가 이전에 벽걸이를 전혀 만들어본 적이 없었을지라도, 그녀는 이전에 어머니들이 만들었던 것과 같지 않은 어떤 아름다운 것을 마음속에 그렸다. 단순한 모양들을 잘라서 그것들을 함께 꿰매는 것이 얼마나 힘들었던가? 그녀는 어린아이들의 색연필을 빌리고 식탁아래 융탄자의 무늬에서 골라잡은 디자인을 스케치하면서 일을 했다. 그녀가 그 일을 마쳤을 때, 곧 벽걸이가 원래 계획한 것과 딴판이라는 사실을 깨달았다. 그녀가 중간의 어떤 조각들을 잘못 쟀고, 약간 잘못을 저질러서, 끝에 짜과 짝을 덧붙임으로써 중간이 부풀어 올랐다. 그녀는 잘못을 수정하기 위하여 또 다른 헝겊으로 맞추고 도안을 변경해야 했다. 틀린 것과 중간궤도의 수정이 디자인의 일부분이 되어 버렸다. 8개월 후에 그리고 원래 예상했던 것보다 훨씬 고생한 후에 벽걸이를 만드는 작업은 끝났고 그것이 벽에 걸렸다. 그것은 아내가 본래 스케치한 것과는 아주 달랐다. 그것은 벽에 평평하게 걸기에는 적절하지 않았다. 한 면이 다른 면보다 더 길었다. 아무도 그것이 벽걸이 공장에서 만든 것이라고 생각하지 않을 것이지만, 그럼에도 불구하고 우리는 그것을 좋아한다.

많은 바느질을 추가하는 과정에서 그리고 그것을 똑바로 걸도록 설득하는 과정에서 벽걸이가 결혼과 얼마나 유사한지에 대한 생각이 그녀에게 점점 더 분명해졌다. 우리는 생각하기에 부모들이 생활했던 결함 있는 결혼보다 더 나은 결혼생활

16. John Gottman, *Why Marriages Succeed or Fail. And How Can Make Yours Last*(New York: Simon & Schuster, 1994).

을 할 수 있다는 꿈을 가지고 시작한다. 우리는 미래를 위한 계획을 스케치하고, 두 삶을 한 패턴으로 만드는 과정을 상당히 과소평가한다. 우리가 부지런히 본을 뜨고 삶을 꿰매어 가면서 우리는 잘못을 범하고 상처를 야기한다. 결혼이라는 벽걸이는 그것이 죄인이라는 두 사람을 한데 묶은 것이므로 흠이 있게 된다. 우리는 그 조각들을 맞추었다고 생각할 때, 그것들은 서로 들어맞지 않으므로 낙심할 수 있다. 타협과 수선이 있어야 한다. 원래의 디자인이 변경되어야 하거나 혹은 포기하고 그것을 던져버려야 한다. 그러나 우리가 참고 견딘다면, 하나님의 사랑이 우리 안에서 또 우리를 통하여 역사 하게 만든다. 사랑과 은혜가 결점을 구속으로 변화시켜주듯이 결혼은 특별한 아름다움을 갖게 된다. 상처와 실수가 아름답지 않을 수도 있으나, 그것들을 하나님의 역사라는 더 큰 디자인 속으로 구체화시키는 사랑은 세상으로 하여금 하나님의 사랑의 치유능력을 보도록 모습을 바꾸어줄 수 있다.[17]

법적인 이혼이든 그렇지 않든, 이혼의 죄가 어떤 결혼에서든 일어날 수 있다는 사실을 전달할 필요가 있다. 많은 결혼들이 이혼법정에서 끝나지 않고, 다만 그들을 차갑고 무정한 자로 그리고 미움과 분노로 가득한 자가 되게 한다. 한 불행한 배우자가 "나는 결혼하지 않고 있고, 그렇다고 이혼하지도 않고 있다"라고 말했다. 아내와 나는 이전에 다음과 같이 결론지었다. "각자로부터 소외된 상태, 분노와 상처 가운데서 살면서 타인이 그러한 관계에 책임이 있다고 확신하고 있는 배우자들은 분명히 법적으로 이혼한 배우자만큼 오류를 범하고 있다."[18] 기자들이 자기 아내와 함께 한 50년째의 결혼축하를 하고 있는 한 남편에게 그가 언젠가 이혼을 생각했던 적이 있는가라고 물었다. 그는 솔직하게 "이혼을 결코 생각해 보지 않았소. 살인은 여러 번 생각했으나 이혼은 결단코 아니오"라고 대답했다.[19]

하나님은 연관된 율법의 정확성보다는 우리의 죄들이 다른 사람들에게 입히는 해악에 더 관심을 두신다. 결혼의 붕괴를 완성하는 이혼증서는 사망증서와 같다. 그것은 하나의 죽음이 일어났다는 사실을 증명한다. 하지만 그것은 단순한 죽음이 아니다. 그것은 충돌한 자동차들이 간선도로에 흩뿌려진 사상자들을 남겨놓은 지

17. Diana R. Garland, "Quilting and Marriage Making," *The Western Recorder*(September, 1993), 4로부터 개작함.

18. Diana S. Richmond Garland and David E. Garland, *Beyond Companionship Christians in Marriage*(Philadelphia : Westminster, 1986), 165.

19. Howard J. Clinebell and Charlotte H. Clinebell, *The Intimate Marriage*(New York : Harper & Row, 1970), 154.

오랜 후에 기록한 사고기록과도 비교할 수 있다. 따라서 결혼한 배우자들은 결혼생활 가운데서 정규적으로 일어날 수 있는 실패한 사항들을 서로 고백할 필요가 있고, 소외가 극복할 수없는 장애물이 되기 이전에 그것들을 수정하기 위한 수단들을 취할 필요가 있다.

결혼을 위한 하나님의 뜻을 선포할지라도, 우리는 이혼의 금지명령으로 실패할 결혼을 회복시킬 수 없다는 사실을 인식해야할 것이다.[20] 예수는 하나님이 이혼을 의도하지 않으시고, 이혼이 인간의 강퍅한 마음의 문제를 풀 수도 없다는 것을 가르치신다. 과거의 교회는 이혼과 재혼에 관한 주제의 예수의 가르침을 다른 말씀들과 타협할 수없는 엄격한 율법주의로 적용했다.

여기서 예수는 결혼을 위한 하나님의 의도를 말씀하시지만 바울이 고린도전서 7:10-16에서 기록하고 있는 바와 같이 언제나 상대에 따라 필요로 하는 특수한 경우들이 일어난다. 배우자들은 멍에를 함께 해왔지만, 결혼이 속박의 멍에가 될 때 그 사람은 어찌 할 것인가? 만일 바울이 불신 배우자가 그리스도인 배우자와 결혼생활을 계속하기를 거절하는 상황에서 이혼을 허용하고 있다면, 예를 들어 육체적 학대를 당한 배우자가 이미 폭력이 취해진 어떤 이상(ideal)을 이루기 위한 시도를 하면서 결혼을 계속 유지해야 한다고 주장할 수 있는가? 학대를 당한 배우자에게 결혼관계를 계속하라고 격려하는 것은 죄를 대항하고 그것을 교정하기보다 한층 더 많은 학대를 증가시키는 것으로 입증되어왔다. 가끔은 이혼이 그들의 죄의 실상과 대면하는데 가장 좋은 처방이 될 수 있다. 결혼생활이 어떤 인격적 위탁이 없는 법적인 구속에 불과할 때, 어떻게 해야 할 것인가? 결혼관계의 질이 결단으로 나타나는가? 이러한 문제를 제기하면서 우리는 악이 선하다고 가장하지는 않지만, 어느 것이 최소한의 악인지를 결정하도록 도와야할 것이다.[21]

이혼의 문제를 다루면서 우리는 깨어진 결혼생활이 너무나도 대중적이고 너무나 많은 사람들 즉 자녀들, 친척들, 커다란 사회 공동체에 영향을 미친다는 사실을 제외하고 하나님의 뜻을 이루지 못하는 죄들과 차이가 없다는 사실을 인식할 필요가 있다. 그리고 사람이 깨어진 결혼생활을 경험한 다음에 무엇을 할 것인가? 한 커플이 결혼을 위한 하나님의 뜻을 이루지 못한 다음에 주어진 하나님의 말씀은 무엇인가? 시계를 돌려놓을 수는 없지만, 이혼한 개인들이 두 번째 기회를 가질 수

---

20. Wolfgang Schrage, *The Ethics of the New Testament*(Philadelphia: Fortress, 1987), 97.
21. Cranfield, *Mark*, 320.

있는가? 예수의 말씀은 결혼이란 일단 사람이 이혼하면 결코 재혼을 할 수없는 확고한 수단이라는 것인가? 몇몇 사람들에게 그 대답은 분명히 '그렇다' 이다. 헷(Heth)과 웬함(Wenham)은 두 번째 결혼은 예수의 권위를 거부하는 것이라고 주장하고, 인정하는 아처(Archer)를 인용한다.

> 하나님이 우리를 행복하라고 부르지 않으시고 모든 신실함과 헌신으로 그분을 따르라고 부르셨다…분명히 이것은 불행한 결혼의 실망스런 우울함과 좌절감을 가지고 살아가는 것에 적용된다.[22]

그러나 이러한 질문에 답하면서, 예수가 여기서 결혼의 실패를 경험한 사람들에게 말씀하고 있지 않으셨다는 사실을 인식해야할 것이다. 그보다는 바리새인들의 시험하는 문제에 대답하고 계셨다. 이혼의 고통 속에 있는 사람들에게 말씀하셨을 수 있는 내용에 대해서는, 우리가 간음 중에 붙잡힌 여인에게 하신 주의 말씀(요 7:53-8:11)이나 다섯 남편을 가졌다가 지금 남편이 아닌 사람과 살고 있는 사마리아 여인에게 하신 말씀(요 4:4-29)으로부터 추측만 할 수 있을 뿐이다.

교회가 어떻게 깨어진 삶을 되돌려놓을 것인가? 구출과 구속의 원리가 백성들에 대한 예수의 사역을 지배했다. 베드로는 저주와 함께 예수를 부인한 후에도 한 번 이상 새롭게 시작할 기회를 가졌다. 다른 종류의 죄를 범하는 다른 사람들도 두 번째 기회를 가질 수 있다고 추정할 수 있다. 예수가 안식일과 관련한 유례들을 사용하신 원리도 적용할 수 있다. 만일 결혼을 위하여 인류가 만들어진 것이 아니라 결혼이 인류의 축복을 위하여 만들어졌다면, 그것은 결혼에 실패한 사람이 재혼할 또 다른 기회를 가져야할 것으로 보인다.[23] 특별히 자녀들과 연루될 때에 그 경력이 깨끗하게 지워진다는 것을 의미하지는 않는다. 하지만 과거의 실패를 지워버릴 수 없더라도, 그것이 우리를 지배할 필요도 없고, 하나님의 은혜 아래서 새 출발하는 우리를 가로막게 할 수도 없다.

교회가 이혼한 교인들에게 어떻게 해야 하는가? 이혼과 재혼 이후에 그리스도

---

22. W. A. Heth and G. J. Wenham, *Jesus and Divorce*(Nashville: Nelson, 1984), 96. 다른 답변에 관해서는 Myrna and Robert Kysar, *The Asundered Biblical Teachings on Divorce and Remarriage*(Atlanta. John Knox, 1978)을 보라.
23. 이혼하지 않은 사람이 재혼한 이혼자를 향하여 느낄 수 있는 도덕적 우월성은 음욕을 품고 여자를 보는 자마다 이미 간음하였느니라는 예수의 선언을 통해서 사라진다(마 5:28).

인의 삶이 있는가? 교회가 이혼한 사람을 어떤 자격으로 봉사하도록 허용해야할 것인가? 그들이 신학교에 입학하는 것을 허용해야 하는가? 그들이 성직에 임명되어야할 것인가? 어떻게 성경에 충실하고, 은혜로우며, 율법적이 아닌 사람이 될 수 있는가? 이 모든 문제는 성경을 삶의 현장에 적용하는데 중요하다.

그러나 이 단락은 우리를 보다 중요한 문제를 묻도록 이끌어갈 것이다. 예수는 제자들에게 어린아이를 칭찬하신다. 그들은 사랑으로 돌보아야할 사람이지 하찮은 사람으로 가로막을 사람이 아니다. 어린아이들의 가치에 대한 우리의 태도는 어떻게 교회에서 어린이들의 편의시설을 염려하느냐, 어떻게 예산의 상당부분을 그들을 돌보고 훈련하는데 할당하느냐, 우리가 어떻게 우리의 예배에 참여케 하는가에서 드러난다. 보다 중요한 것으로 생각하는 우리의 조용한 예배를 방해하지 않도록 어린이들은 예배 중에 노래만 부르고 그 다음에 말하는 소리가 들리지 않는 먼 곳으로 사라지기를 바라는 귀여운 순서자들인가? 예배인도자는 어린이들을 그리스도의 선교와 사역의 중요한 일부분으로 느낄 수 있도록 어린아이들을 교회의 합동예배에 참석시킬 것을 도전받는다.

더욱더 필사적인 도전, 즉 어린이를 돌보지 않는 일이 사회에 만연하고 있다. 어린이들은 계속하여 학대를 당하고 버려지고 무시당하고 있다. 어린아이들이 세계 경제활동에 종사하도록 예속되어있거나, 강제로 매춘행위를 하고 있으며, 위험스러운 인간보다 국제적인 보호를 덜 받고 있다. 오늘날 기독교인들은 어린아이들이 만드는 물품을 구입하지 말고 불매운동을 해야 하며, 그런 일들을 박멸하기 위하여 정치적인 역량을 모두 사용해야한다. 우리의 문화에서 어린이 성추행에 관한 이야기에서부터 의류를 판매하기 위한 일에서 성적인 연상을 하게 하는 광고에 어린아이로 하여금 성적인 자세를 취하게 하는 광고자들을 허용한다. 우리는 어린이와 십대들을 겨냥한 프로그램에서 폭력, 섹스, 마약을 돋보이게 하는 매체를 허용한다. 우리는 중독성이 있고 건강을 해치는 것으로 드러난 물건들을 구입하도록 어린아이들을 유혹하는 방법에 관한 심리적 연구를 행하는 산업체들을 허용한다. 여분의 판매수익을 수호하는 것이 어린이를 보호하는 것보다 더 중요한 것처럼 보인다. 부모들은 세상으로 데려온 자녀들을 위하여 재정적인 원조를 제공할 책임을 회피함으로써, 아이가 부모의 부재만이 아니라 스스로 가난에 대처하게 하고 있다. 우리는 가난한 자들, 중류급 계층, 부자, 그리고 심지어 기독교인 가정 가운데서도 일어나는 어린아이에 대한 성적 육체적 학대에 관해서 침묵해왔다. 우리는 세금을 절약할 수 있기 위하여 더욱더 경쟁화되는 세계에서 가난한 어린아이들에게 기회를 제공하기 위하여 고안된 프로그램을 중단한다.

소수의 교회들이 부모가 교인이 아닌 어린이들에게 복음을 전하려는 사역을 제공하고 있다. 이 어린이들은 위험에 처해있고, 많은 어린이들이 돌보는 어른들로부터 무조건적인 사랑과 용납을 알지 못하고 있다. 십대들은 스스로 일어서도록 홀로 남겨져 있고, 그 결과 계속되는 십대 임신의 증가는 놀랄 일이 아니다.

제임스 가바리노(James Garbarino)가 주장한 것처럼, 어린이들이 광산의 갱 안에 있는 카나리아와 같다면, 그들의 곤경은 우리와 그들이 필사적으로 깨끗하게 되어야 할 필요가 있는 유독한 환경에서 살고 있다는 사실을 우리에게 경고하고 있다.[24] 예수는 어린아이들을 사랑으로 보호하도록 우리에게 위탁하고 있으며, 교회는 어린이들을 돌보기 위한 도움과 부모들로 하여금 자녀들을 돌보도록 하기 위한 도움에 앞장서야 한다. 오늘날 어떤 사람은 어린이를 부담이 되는 자들로 생각할 수 있으나, 교회는 그리스도가 우리 가운데 있는 어린아이를 통하여 계시하셨다는 사실을 인식한다.

24. James Garbarino, *Raising Children in a Socially Toxic Environment*(San Francisco. Jossey-Bass, 1995).

마가복음 10:17-31

17 예수께서 길에 나가실새 한 사람이 달려와서
꿇어앉아 묻자오되 선한 선생님이여 내가 무
엇을 하여야 영생을 얻으리이까?
18 예수께서 이르시되 네가 어찌하여 나를 선하
다 일컫느냐? 하나님 한 분 외에는 선한 이가
없느니라
19 네가 계명을 아나니 살인하지 말라, 간음하
지 말라, 도둑질하지 말라, 거짓 증언하지 말
라, 속여 빼앗지 말라, 네 부모를 공경하라 하
였느니라
20 그가 여짜오되 선생님이여 이것은 내가 어려
서부터 다 지켰나이다
21 예수께서 그를 보시고 사랑하사 이르시되 네
게 아직도 한 가지 부족한 것이 있으니 가서
네게 있는 것을 다 팔아 가난한 자들에게 주
라 그리하면 하늘에서 보화가 네게 있으리라
그리고 와서 나를 따르라 하시니
22 그 사람은 재물이 많은 고로 이 말씀으로 인
하여 슬픈 기색을 띠고 근심하며 가니라
23 예수께서 둘러보시고 제자들에게 이르시되
재물이 있는 자는 하나님의 나라에 들어가기
가 심히 어렵도다 하시니
24 제자들이 그 말씀에 놀라는지라 예수께서 다
시 대답하여 이르시되 얘들아 하나님의 나라
에 들어가기가 얼마나 어려운지
25 낙타가 바늘귀로 나가는 것이 부자가 하나님
의 나라에 들어가는 것보다 쉬우니라 하시니
26 제자들이 매우 놀라 서로 말하되 그런즉 누
가 구원을 얻을 수 있는가 하니
27 예수께서 그들을 보시며 이르시되 사람으로
는 할 수 없으되 하나님으로는 그렇지 아니
하니 하나님으로서는 다 하실 수 있느니라
28 베드로가 여짜와 이르되 보소서 우리가 모든
것을 버리고 주를 따랐나이다
29 예수께서 이르시되 내가 진실로 너희에게 이
르노니 나와 복음을 위하여 집이나 형제나
자매나 어머니나 아버지나 자식이나 전토를
버린 자는
30 현세에 있어 집과 형제와 자매와 어머니와 자
식과 전토를 백 배나 받되 박해를 겸하여 받
고 내세에 영생을 받지 못할 자가 없느니라
31 그러나 먼저 된 자로서 나중 되고 나중 된 자
로서 먼저 될 자가 많으니라

원 의미

바리새인들이 예수를 시험하려고 할지라도, 다른 사람들은 영생을 소유하는 가장 현명한 과정에 대한 그의 전문적인 의견을 들으려고 추구한다. 한 사람이 그분에게로 달려와서 호감을 주는 존경심을 가지고 엎드려 그분을 "선한 선생님"이라고 부른다.[1] 다가오는 삶에 대한 믿음을 가진 이 신실한 유대인은 예수의 첫 반응을 통하여 당황했음에 틀림없다.[2] 사람들은 예수가 동일하게 존경하는 어투로 동양의 관습에 따라 "지극히 영예롭고 선하신 선생님"으로 반응할 것으로 예상했을 것이다. 그 대신 예수는 그에게 아무런 호칭도 붙이지 않고, 하나님 이외에 다른 사람이 선하다고 생각하는 그의 무례를 꾸짖으시면서 그의 능청스러운 아첨을 비껴가신다.[3]

이런 퉁명스러운 반응은 이 만남이 야기하는 핵심적인 문제에 도달하게 한다. 이 사람의 인사는 인간의 수단과 업적에서 선을 발견할 수 있다고 가정한다. 아마도 그는 자신을 선한 사람으로 알고 있을 것이며, 한 선한 사람이 다른 선한 사람에게 질문하고 있다. 그는 이러한 선이 어떻게 영생으로 보상을 받을 것인지를 확실히 하는 방법을 알기 원한다. 그는 예수가 이 기회에 자신이 오래 끌어온 의심을 제거해줄 수 있기를 바라고 있으며, 걱정할 필요가 있는 숨어 있는 조건들이 있다면 자신에게 알려주기를 바라고 있다. 장면이 전개될 때, 하나님의 요구가 자신이 기대한 것보다 훨씬 값비싼 방향으로 나아가고, 예수의 가르침은 또 다른 역설을 드러내준다. 선과 구원은 우리 자신의 공적으로 오지 않고 하나님의 선물로 온다.

인사를 슬쩍 받아넘긴 다음 예수는 질문자에게 그가 이미 알고 있는 십계명을 지시하신다. 순서 없이 예수는 인간들이 어떻게 다른 사람들과 관계해야 하느냐는 명령들을 살피신다. 살인, 간음, 절도, 거짓 증거, 속여 빼앗음, 네 아버지와 어머니에 대한 공경.[4] 이 명령들은 영원히 정당하며, 예수가 앞에서 바리새인들과 충돌하

---

1. 이와 비교가 되는 사건이 랍비전승 가운데 나타난다. "엘리에젤(R. Eliezer)이 병으로 누워있을 때 그의 제자들이 그를 방문하였다. 그들은 그에게 '랍비여, 다가올 세상에서 생명을 얻을 수 있는 길을 가르쳐 주십시오.' 그가 그들에게 말했다, '너희 동료들의 명예에 관해서 주의하라; 너희 아들들이 헬라어를 배우는 것을 금하고 그들을 현인들의 무릎 사이에 앉게 하라. 그리고 너희가 누구 편에 설 것인가를 알기 위하여 기도할 때, 그것으로 말미암아 너희는 다가올 세상의 생명을 얻을 것이다.'" 그 사람은 예수로부터 일종의 이런 유사한 반응을 기대했을 수도 있다.
2. 그는 마 19:20에서 "젊은이"로만 밝혀져 있고 눅 18:18에서는 "관원"으로만 밝혀져 있다.
3. 슈바이처(Schweizer, *Mark*, 211)는 다음과 같이 해석한다. "교회는 아들 안에서 하나님을 만나는데, 그 이유는 아들이 자기를 위하여서는 아무것도 구하지 않기 때문이다. 그는 자신의 생명의 어떤 국면도 자신에게 주의를 집중하지 않게 하고 모든 것이 보다 크신 분을 가리키기를 원하신다."
4. 예수는 "탐내지 말라"고 말하기보다는 "속여 빼앗지 말라"고 말씀하신다(출 21:10; 신 24:14). 부자인 이 질문자의 신원이 이 용어에 영향을 주었을 수도 있다. 고대 세계에서 많은 사람들은 자기들의 공평한 몫에서 다른 사람들을 속여 빼앗음으로써만 부를 얻을 수 있다고 믿었다. Bruce Malina, *The New Testament World Insights from Cultural Anthropology*(Atlanta: John Knox, 1981), 75-85, "Wealth and Poverty in the New Testament," *Int* 41(1987): 354-67; G. W. E. Nickelsburg, "Riches in 1Enoch 92-95," *NTS* 25(1979). 327을 보라.
부모를 공경하라는 명령은 순서에서 벗어나서 강조를 위하여 마지막에 열거되어 있다. 예수의 가르침은 로마사회라는 상황에서 너무나 중요했던 사회와 가정이라는 기본단위를 훼손하지 않으신다. 그는 이혼(막 10:1-12)과 간음을 정죄하시고 부모가 공경을 받아야한다고 주장하신다(7:8-13).

시는 가운데 도전하셨던 고리타분한 지식이 아니다. 예수는 "선하신" 하나님으로부터 나온 계명들을 손상시키지 않으신다(고전 7:19을 보라).

이 사람이 예수로부터 아무런 새로운 것을 배우지 못하여 실망했을 수도 있고, 아니면 다가올 시대에 선에 대한 그의 생각이 한 종교 전문가를 통하여 확증되었기에 기뻐하였을 수 있다. 그의 반응인 "선생님이여 이것은 내가 어려서부터 다 지켰나이다"는 방어적 반응이던가 아니면 승리감에 도취한 외침이다.[5] 그는 선한 사람이었고, 바울사도의 신실성에 못지않았을 것이다. 열심 있는 바리새인으로서 바울은 율법에 대한 순종으로는 흠이 없는 사람이었다고 주장했다(빌 3:6).[6]

통쾌한 세부적인 묘사를 위한 안목을 가지고 마가는 예수가 그 사람을 보시고 사랑하셨다고 우리에게 말하고 있다(막 10:21).[7] 예수는 율법에 순종했다는 그의 주장을 경멸하지 않으신다. 그는 그 사람이 자신의 순종에 관해서 말하고 있는 내용을 믿는다. 그러나 그 사람을 사랑하시기에, 예수는 정면으로 그에게 도전하신다. 예수는 그의 감정을 소중히 다루거나 그를 공격하는 일을 피하려 하지 않으시고 노골적으로 진리를 말씀하신다. 그 사람은 자신을 상당히 훌륭한 사람으로 보고 있으나 상당히 훌륭하게 되는 것만으로 충분하지 않다. 그는 한 가지가 부족하다. 이 진술은 계명들을 알고 그것을 신실하게 지키는 것이 영생을 보장해주지 않는다는 사실을 암시한다. 예수는 그 사람에게 특별한 한 가지가 무엇인지를 말하지 않고, 네 개의 지시를 하신다. "가서, 내가 가진 모든 것을 팔아 가난한 자에게 주고…그리고 와서 나를 따르라." 이러한 명령들은 만약 영생을 얻기 원한다면 모든 것이 예수에 대한 반응에 달려있음을 강조한다.

모든 것을 팔라는 명령은 우리에게 상당히 이치에 맞지 않는 것으로 들리지만, 고대세계에 살던 대부분의 사람들은 그것을 진지하게 헌신하고자 하는 사람들에 대한 급진적이지만 건전한 충고로 들렸을 것이다. 사해사본은 그 종파를 신봉하는 사람들에게 자기 소유를 공동금고에 바치라고 요구했다. 사도행전은 초대교회 예루살렘 기독교 공동체의 교인들이 동료 기독교인들의 필요를 돕기 위하여 같은 일을 했다고 기록한다(행 4:32-37; 5:1-11을 보라). 이교도들까지도 원리상 재산 포

5. 그는 두 번째에는 "선한"으로 예수에게 말하지 않는다.

6. 이 사람은 다른 사람들 즉 토색, 불의, 간음하는 자들 그리고 세리들의 구렁텅이로 빠지지 않은 것을 하나님에게 감사하는 예수의 비유에 나오는 바리새인들 가운데 한 사람을 생각나게 한다. 그는 금식을 하고 십일조를 바치고 기도하러 성전에 정규적으로 온다(눅 19:9-12). 비유의 결론은 바리새인의 뛰어난 선이 그를 의로운 사람으로 만들지 않았다는 놀라운 선언을 하고 있다.

7. 또한 3:34; 6:34; 8:33; 9:25; 10:23, 27.

기의 중요성을 이해했을 것이다. 세네카(Seneca)는 이렇게 기록한다. "재산을 경멸하지 않으면 아무도 하나님에게 가치가 없다…"(*Letters* 14:18). 그는 또한 다음과 같이 결론짓는다.

> 재산이 쌓여지는 곳에 그 재산이 있지 않음을 우리의 영혼이 알고 있음을 나는 너희에게 말한다. 우리가 채워야 하는 것은 돈궤가 아니라 영혼 그 자체다. 우리가 다른 모든 것들보다도 위에 놓을 수 있는 것이 영혼이며, 세상의 소유에서 신과 같이 둘 수 있는 것이 바로 그 영혼이다(*Letters* 92:32-33).

소수의 사람만이 이러한 이상을 따랐으며, 후대의 랍비들은 특별히 모든 재원을 포기하는 것을 금했다. 그들은 무일푼이 되어서 다른 사람들에게 짐이 되지 않기 위해서 최대한 20퍼센트까지만 포기할 수 있도록 한계를 정했다.[8]

그러나 예수는 가장 지혜로운 투자는 하늘의 보물창고에 이익을 증식시키는 것이라고 말씀하신다, 이 사람의 경우에, 가난한 사람들을 지원하기 위해서 자신이 갖고 있는 모든 것을 포기하는 것을 의미한다. 신명기 32:34에 따르면, 사람이 악행을 쌓아놓으면 하나님이 이것을 간수하시다가 어느 날에 보응하실 것이다. 야고보 5:3은 다가올 심판의 마지막 날에 보물을 쌓아놓은 부자에 대한 경고를 담고 있다. 예수는 하나님이 간수하시고 어느 날 보상해줄 선행의 보물창고를 적극적으로 생각하신다(눅 11:33-34). 이러한 시각은 유대인의 경건에 깊이 영향을 주었다. 예를 들면 시락서 29:8-13은 백성들에게 이러한 태도로 너그러워질 것을 권고한다.

> 그럼에도 불구하고, 비천한 상황 가운데 있는 사람에 대해 참으라,
> 당신의 자선행위를 기다리는 사람에게 지체하지 말라,
> 계명들을 위하여 가난한 자를 도우라,
> 그들이 궁핍할 때 빈손으로 돌려보내지 말라.
> 형제나 친구를 위하여 네 은을 풀어라,
> 　그것을 돌 아래서 부식되게 하거나 잊어버리지 말라[돈을 파묻음에 대한 언급].
> 너의 보물을 지극히 높으신 이의 계명들을 따라 저축하라,
> 　그것이 금보다 더 너에게 유익할 것이다.

---

8. *m 'Arak.* 8:4; *b. Ketub* 50a, 그리고 *b. Ta'an* 24a을 보라.

너의 보물창고에 자선을 쌓아두어라,
　그것이 너를 모든 재앙으로부터 구출할 것이다,
그것은 견고한 방패보다 더 낫고 튼튼한 창보다 더 낫다,
　그것이 너를 위하여 대적에 대항하여 싸워줄 것이다.[9]

마가는 이 기사의 첫머리에서 그 사람을 부자로 소개하지 않는다. 그는 어떤 식으로든 그의 정체를 밝히지 않는다. 독자는 다만 그가 예수의 말씀에 실망했다고 기록할 때, 그가 부자임을 알게 된다. "그 사람은 재물이 많은 고로 이 말씀으로 인하여 슬픈 기색을 띠고 근심하며 가니라"(10:22). 불행하게도 그가 떠난 것은 그가 예수의 인도를 따라서 영생에 들어가기를 원치 않는다는 사실을 드러내준다. 그는 아마도 두 번째 보다 융통성 있는 의견을 찾아 떠난 것으로 보인다. 그러나 예수는 그 조건을 협상하지 않을 것이다. 예수와 그 사람이 주고받은 내용들을 보고 서있던 제자들은 어안이 벙벙하였을 것이라고 상상할 수 있다. 예수는 부자의 깊은 주머니가 하나님 나라의 대의를 진척시켜 나가거나 적어도 제자들의 빈약한 공금에 활용할 수 있는 이 선한 남자를 슬쩍 떠나가게 하신다. 예수는 부자가 하나님 나라에 들어가기가 어려울 것이라고 말씀하심으로써 그들을 더욱 놀라게 한다.

유대교는 재산에 대한 양면성을 반영했다. 어떤 전승은 재산을 하나님의 축복과 동일하다고 생각했다(신 28:1-14; 욥 1:10; 42:10; 시 128; 잠 10:22). 예수의 말씀에 대한 제자들의 놀라움은 이러한 시각에서 나온 것으로 보인다. 한편으로, 유대인들은 부에 대해서 경고하기도 했다. 예를 들면, 시락서 31:5-7은 다음과 같이 진술하고 있다.

금을 사랑하는 자는 의롭다함을 받지 못할 것이다.
　돈을 추구하는 자는 그로 말미암아 타락할 것이다.
많은 사람들이 금 때문에 파멸했고,
멸망이 그들을 찾아 왔다.

---

9. 이러한 사상은 후대 기독교 문서에서 인용되었다. 허마스의 목자(*Shepherd of Hermas*), *Similitude* 1:8-9에서 이렇게 충고하고 있다. "그러므로 땅 대신 각 사람은 할 수 있다면 고통을 당한 영혼들을 사라. 그리고 과부와 고아들을 돌보고 그들을 멸시하지 말며, 네가 하나님으로부터 받은 밭들과 집들로 인하여 나오는 너의 재산과 모든 고정수입을 그러한 활동범위를 위하여 소비하라. 이러한 이유로 주님이 너를 부자로 만들었으니, 너는 그분을 위하여 이러한 직무들을 이루어야할 것이다."

돈은 탐하는 사람들에게 거치는 것이다.
어리석은 사람은 그것에 포로가 될 것이다.[10]

예수도 부에 대한 이러한 부정적 태도를 가지셨고, 돈에 관하여 좋은 말을 하지 않으셨다(막 4:19; 참조. 마 6:19-34; 눅 12:13-32; 16:1-15, 19-31; 19:1-10). 그는 완전히 하나님에게 헌신하는 것을 방해하는 거의 극복할 수없는 장애물로 소유물을 보신다. 재산은 중립적인 것이 아니고 영혼에게 유독한 것이다. 돈과 관련하여 가장 좋은 것은 빈곤한 사람을 먹임으로써 미래의 천국에 그것을 투자하는 것이다. 토빗서 4:7-11에서 이와 유사한 시각을 발견한다.

> 옳은 일을 행하는 모든 사람에게, 네가 가진 것으로 베풀라. 자선을 베풀 때에는 아까워하는 마음을 갖지 말라. 가난한 사람을 만나거든 외면하지 말라. 그리하면 하나님께서도 너에게서 얼굴을 돌리시지 않을 것이다. 네가 많은 소유물을 갖고 있다면, 비례해서 가난한 자들에게 너의 선물을 주라. 가진 것이 적다면, 네가 갖고 있는 적은 양에 따라서 주저하지 말고 베풀라. 이렇게 하는 것이 네가 곤경을 당하게 되는 날을 대비하여 좋은 보물을 쌓아 두는 게 된다. 자선은 베푸는 사람을 죽음에서 건져내고 암흑에 빠지지 않게 해 준다. 누구든지 자선을 베풀면, 그 자선은 지극히 높으신 하나님께 바치는 좋은 예물이 된다(또한 시 151:1을 보라).

그러나 차이점을 유의하라. 예수는 "몫 가운데서" 주라고 말하지 않고 네가 가진 전부를 팔아서 주라고 말씀하신다.

부자에 관한 예수의 폭탄 같은 선언에 제자들의 반응은 많은 백성들의 반응들과 어울린다. 충격과 당황이다. 돈이 행복이나 천국을 사지 못한다는 사실을 머리로 알고 있는 자들도 여전히 마음속으로는 더 많은 것을 가졌기를 바란다. 따라서 예수는 요점을 납득시키기 위하여 반복하신다. 복음서에서 처음이자 딱 한번, 그

---

10. 1 Enoch 97:8-10에 있는 의견은 한층 더 거칠다.

> 의(義) 안에 있지 않고 은과 금을 얻고, "우리는 매우 부자가 되었고 소유를 가지고 있고 우리가 바란 모든 것을 얻었다. 이제 우리가 계획한 일을 행하자. 우리가 은을 모았고 창고를 가득 채웠고, 물과 같이 많은 사람들이 우리 집의 머슴들이기 때문이다"라고 말하는 너희에게 화가 있으라. 너희의 생명이 물과 같이 흘러가 버릴 것이니, 이는 부가 너희와 함께 머물지 않을 것이기 때문이다. 그것들이 재빨리 너희로부터 사라질 것이다. 너희가 악행을 하여 모든 것을 얻었고, 또한 너희가 커다란 저주로 넘겨질 것이기 때문이다.

는 제자들을 "어린아이들"로 부르시는데(10:24), 이는 마치 그들이 하나님의 나라에 들어가려면 어린아이들처럼 되어야한다는 사실을 상기시키는 것처럼 보인다(10:15). 어린아이들은 돈에 대한 가치 개념이 거의 없다. 그러나 성인들은 돈 개념을 가지고 있는데, 그 이유는 그들이 돈이 얼마나 벌어들이기 힘들고 또한 돈으로 모든 것을 얻을 수 있다는 사실을 알고 있기 때문이다. 성인들은 쉽게 맘몬에게 먹이가 되고, 부와 소유로 생명을 얻을 수 있다고 속아 넘어간다. 많은 사람들은 가진 모든 것을 포기하기는커녕, 영원한 생명에 대한 희망을 위한 것일지라도, 작은 분량조차도 포기하기를 힘들어한다.

예수는 돈에 지배를 당하는 사람은 하나님에 의한 통치를 받을 수 없다는 점을 강조하기 위하여 풍부한 과장법을 활용하신다. 부자는 하나님의 나라에 들어가는 것(하나님의 다스림으로 들어오는 것)이 낙타가 바늘구멍으로 들어가는 것보다 더 어렵다는 것을 발견할 것이다. 바늘의 구멍은 가장 작은 것으로 상상할 수 있으며, 낙타는 팔레스타인에서 가장 큰 짐승이었다.[11] 이러한 진술로 말미암아 충격을 받고, 하나님의 나라에 들어갈 가망이 이생에서 원하는 것은 무엇이나 보통 얻는다는 사람들에게 불가능하다는 것을 생각한 제자들은 "그런즉 누가 구원을 얻을 수 있는가?"라고 묻는다.

소경 바디메오가 "그의 믿음으로 구원(치유)받았다"(10:52)는 에피소드는 이 문제를 보다 충분히 답변해준다. 예수는 다만 여기서 구원이 인간의 실현이 아닌 하나님의 실현으로부터 온다는 사실을 확인하실 뿐이다. 그는 부자의 첫 번째 질문에 들어있는 암시적인 억측을 수정해 주신다. 이 사람은 "내가 무엇을 하여야?"(10:17)라고 묻고 "이것은 내가 어려서부터 다 지켰나이다"(10:20)라고 주장한다. 그는 어떤 일을 행함으로써 영생을 얻을 수 있으리라고 생각했다. 그는 자신이 할 수 있는 어떤 일을 원했으므로 예수는 그에게 의무를 지워주셨다. 네가 가지고 있는 모든 것을 팔아서 그것을 가난한 자에게 주어라. 제자들은 이러한 부자와의 만남으로부터 단순히 예수를 선한 선생님으로 존경하고 하나님의 계명들을 순종하려는 진지한 시도만이 아니라 그 이상을 하나님이 요구하신다는 사실을 배워야할 것이다(롬 10:2-3을 보라). 이 사람은 순종에 대한 상투적인 관습에 젖어있었다. 그러나 예수의 요구는 그 사람 자신과 그가 가지고 있는 모든 것—자기 자신과 그의

11. 낙타가 모기와 비교되어 있는 마 23:24, 그리고 바늘귀를 통하여 들어가는 코끼리를 언급하고 있는 *b. Ber* 55b와 *b. B Mes* 38b를 비교하라. 코끼리는 바벨론 탈무드가 편집된 메소포타미아에서 가장 큰 짐승이었다.

세상에서의 안정, 일, 소유를 부인하는 것—을 하나님에게 드리기를 꺼려하는 그의 마음을 들추어내신다. 그는 하나님의 통치가 요구하는 한 가지가 부족하다. 하나님의 나라에 들어가기 위하여 하나님이 그 사람의 삶의 모든 분야를 다스릴 수 있도록 하나님의 통치에 굴복해야 한다.

제자들은 모든 것을 포기할 준비가 되어있어야 한다. 베드로는 재빨리 자기들이 그 일을 정확하게 했노라고 예수에게 상기시켜준다. 예수는 그들의 희생이 무가치하지 않을 것임을 약속하신다. 복음을 위하여 세상의 애착을 떠난 사람들은 백배의 보상을 받을 것이지만 "박해를 겸하여"(10:30) 받는다. 이 시대에 집이 없는 사람들은 그들을 환영하는 사람들 사이에서 집을 가지게 될 것이다(6:10을 보라).[12] 가족들을 포기하는 사람들은 생리적 인척관계에 근거하지 않은 더 큰 가족의 일원이 될 것이다(3:33-35).[13] 전토를 떠나는 사람들은 보다 큰 선교의 기회라는 영역이 주어질 것이다(마 9:37-38을 보라).

이 지점에서 많은 사람들은 예수로부터 떠나가는데, 이것이 예수를 따르는 열두 제자들과 다른 추종자들의 결단을 돋보이게 한다. 다른 사람들은 떨어져 나간다. 그들은 그리스도를 따르고 십자가를 짐으로 말미암아 닥치는 백배의 박해를 받아들일 준비가 아직 되어있지 않기 때문이다. 처음 된 자가 종말에는 나중이 될 것이고, 나중 된 자가 처음 될 것이다. 제자들은 스스로 맨 나중이 되는 법을 배워야 할 필요가 있다.

상황잇기

이 단락에 들어있는 예수의 급진적인 요구는 오늘날의 물질주의적인 문화에서 거슬리는 소리일 수 있다. 상류 사회경제학적 계층출신의 사람들 그리고 우리 문화의 물질주의적 가치를 가지고 있는 사람들에게 이 급진적인 메시지는 전달하기가 어렵다는 것을 많은 사람들은 발견할 것이다. 대부분의 회중들은 물질

12. 스테픈 바톤(Stephen G. Barton, *Discipleship and Family Ties in Mark and Matthew*[SNTSMS 80, Cambridge: Cambridge Univ. Press, 1994], 220-21)은 가족관계를 끊는 예수의 제자도로의 부르심은 선례가 없지 않은, 불합리하지 않은, 또는 제멋대로의 주장이 아니었다고 주장한다. 그것은 엄격한 유대교의 유일신론적 종교 전승 가운데서 발견되는 것이었는데, 그것은 개종자들에게 이전의 관계를 청산하도록 요구했고, 그러므로 그리스-로마 세계의 다양한 철학적 전승들 가운데서 추종자들은 고차원적인 선을 위하여 부수적인 가족관계에 대한 요구사항을 이해할 수 있었을 것이다.

13. Walter Wink, *Engaging the Powers Discernment and Resistance in the World of Domination*(Minneapolis: Fortress, 1992), 119는 아버지가 목록에 들어있지 않다고 지적한다. 아버지는 다른 사람들에 대한 권위를 주장하고 행사하는 사람이다. 그 역할은 하나님만이 가지시는 것이다.

소유에 관해서 자기들을 불편하게 만드는 설교를 듣기를 원치 않는다. 목사들 역시 회중들이 자기들에게 모범을 될 것을 기대하기 때문에 이 구절을 피하기를 원할 것이다. 예수가 우리가 갖고 있는 모든 것을 팔라는 동일한 요구를 우리에게 하지 않고 있다는 단서를 발견하려는 자연적인 유혹이 우리에게 있다. 따라서 우리는 이 단락을 적용함에 있어서 두 개의 함정을 주의해야 한다. 보다 합리적으로 만들어서 이 급진적인 요구를 삭감하려는 바람과 이것을 우리가 아닌 다른 사람에게 적용하려는 경향.

회피 작전. 본문이 우리의 방식을 겨냥하고 있는 탄알을 피하기 위한 다양한 시도가 있어왔으며, 어떤 것은 잘 알려졌다. 어떤 사람은 예수가 말씀하시는 내용이 부자들에게만 적용된다고 생각함으로써 양심을 달랬다. 그때에 부자는 우리가 가진 것보다 더 벌어들이거나 많이 갖고 있는 사람으로 생각되었다. 예수가 이 교훈을 다른 사람을 대상으로 하여 말씀하셨다고 우리 자신들을 위로할 수 있도록, 우리는 어떻게든 "부자의 위험선"이라고 생각하는 것 밑에 자신을 둔다. "얘들아 '재물을 의지하는 자는' 하나님 나라에 들어가기가 얼마나 어려운지"로 되어 있는 10:24의 이문을 가지고 예수의 명령을 완화시키고자하는 노력이 상당히 초창기부터 시작되었다. 우리는 얼마나 쉽게 재산을 의지하지 않는다고 확신하고, 이러한 위험으로부터 안전하다고 쉽게 생각하는지!

이 단락은 또한 낙타의 크기를 줄이거나 바늘귀를 늘리려는 시도를 하는 기발한 해석학적 연구의 주제가 되어왔다. 성경에 관한 것 이외에는 거의 알지 못하는 많은 사람들도 "바늘 귀"가 예루살렘 성의 낮은 문의 이름이었다는 전승을 안다. 셰익스피어는 『리처드 3세』라는 작품 가운데서 이러한 지식을 반영하면서 "바늘 귀"의 뒷문을 언급하고 있다. 그렇다면 예수의 급진적인 말씀은 평범한 비유가 된다. 낙타가 등의 짐을 벗어버리고 무릎까지 낮추면 바늘귀를 통과해 갈 수 있다. 이 교훈은 실제적인 교훈이 된다. 부유한 사람들은 단순히 낮추기만 한다면 걱정할 필요가 없다. 이러한 전승은 근거를 가지고 있지 않고, 도망갈 구멍을 찾는 부유한 교회의 꾸며낸 이야기인 것으로 보인다.[14] 보다 박식한 해석은 "낙타"가 "끈"(rope)

14. 데오필락트(Theophylact)가 처음으로 11세기에 이러한 해석을 주장했다. Paul Minear, "The Needle's Eye. A Study in Form Criticism," *JBL* 61(1942), 157-69. 막 10:25은 특별히 꿰매는 바늘들에 대하여 사용된 단어인 '라피스'를 보유하고 있는 반면에 눅 18:25은 '벨로네'란 단어를 사용하고 있다. 만일 그러한 "바늘 귀"라는 문이 언젠가 존재했었다면, 그와 같은 헬라어 단어로 밝혀졌을 것임에 거의 틀림없다.

혹은 "배의 밧줄"에 대해 사용된 아람어에 대한 오역이라고 주장한다. 어찌하여 이것이 바늘귀를 꿰어 들어가는데 더 쉬운지 이해하기 어렵다.

예수의 급진적인 말씀을 완화시키는 해석에 대해서는 언제나 의심해 보아야할 것이다. 만일 어떤 사람이 예수의 교훈을 받은 다음에 "이것은 내가 어려서부터 다 지켰나이다"라고 말할 수 있다면, 그것은 아마도 그 말씀에 대해서 적당히 물을 타서 조절하여 말한 것을 의미한다. 루이스(C. S. Lewis)는 시 가운데서 예수의 강력한 비유를 다음과 같이 생생하게 표현하고 있다.

> 모든 것들(예를 들면, 바늘귀를 통과하여 나가는
> 낙타의 여행)이 가능하고, 그것은 사실이다,
> 그러나 낙타가 어떻게 억지로 빠져나갔는지 상상해 보라
> 꼬리에서 코에 이르기까지 긴 피투성이가 된 실 가운데서.[15]

예수의 과장법을 현대의 이미지로 유사하게 표현할 수 있다. 그것은 벤츠가 지방 은행에서 야간의 동전 저장소 구멍을 통하여 빠져나가는 것이 더 쉽다.[16]

상황을 연결함에 있어서, 우리의 결론들이 우리에게 거치게 하는 것이 되고, 우리가 감정을 상하기를 원치 않는 사람들—신실하게 교회 프로그램을 도와주는 부유한 사람—의 감정을 상하게 할 수 있을 때라도 우리의 해석에 진실해야 한다. 마크 트웨인이 말한 바와 같다. "나를 괴롭히는 것은 내가 이해할 수없는 성경의 여러 부분들이 아니다, 그것은 내가 이해하는 부분들이다." 우리는 계속하여 우리를 만족케 해주는 빠져나갈 구멍을 발견하려고 하기보다는 우리가 너무나 연약하여 예수의 말씀을 따를 수 없다고 고백하는 것이 더 나을 것이다. 구원이 마치 일종의 보상인 것처럼 칭찬받을 만한 삶을 살고, 선 안쪽에 거함이, 영원한 생명을 보증하지 않는다는 진리를 우리는 회중이 직면할 수 있게 하는 것이 더 낫다.

예수와 부자와의 만남은 참된 사랑을 보여준다. 많은 사람들이 그의 혼란을 가져다주는 명령을 들을 필요가 있다. 그는 영원이라는 관점에서 우리의 매일의 가치에 관심을 갖도록 만들어주기 때문이다. 그러한 시각으로부터 보면 우리의 탐욕은 어리석어 보인다. 자기 자신, 자신의 안정, 그리고 자기 자신의 안일과 쾌락에만

---

15. C. S. Lewis, *Poems*(New York/London. Harcourt Brace Jovanovich, 1964), 134.
16. Frederick Buechner, *Wishful Thinking. A Theological ABC*(New York: Harper & Row, 1973), 81로부터 번안함.

소비하는 사람들은 나쁜 투자를 하고 있다는 사실을 알아야 한다. 율법 준수가 하나님에게 물질을 온전히 드리고자 하는 마음으로 바꾸어놓지 못할 것이다. 예수가 불구로라도 영생에 들어갈 수 있기 위하여 손, 발, 그리고 눈을 과감히 파내어 버리라고 충고하셨다면(9:43-48), 영혼을 이 세상에 단단히 묶어두고 심판의 불길에 연료만을 공급해주는 소유물은 얼마나 훨씬 더 많이 제거해야할 것인가?

부자가 하나님의 나라에 들어가는 것이 얼마나 어려운가. 많은 사람들은 모든 것을 팔아서 그것을 다른 사람들에게 나누어주라는 예수의 명령을 완전히 비이성적이고 동문서답을 하는 것이라고 제쳐버린다. 그들의 직관은 옳다. 예수는 소유물을 가지는 것을 거부하지 않으신다. 그의 처음 제자들 가운데 대다수가 소유물을 가졌었다. 몇몇 사람은 다른 제자들과 함께 우거했던 집들을 가졌었다. 핵심적인 문제는 인간의 궁극적인 충성과 관계가 있다. 이 이야기의 요점은 예수의 제자들 모두가 소유를 팔아야할 필요가 있다고 납득시키지 않고 있다. 예수는 삭개오와 함께 식사를 하기로 계획을 세우기 이전에 그로 하여금 재산 전부를 팔아서 가난한 자에게 주라고 주장하지 않으신다. 삭개오는 자원하여 재산의 절반을 포기하기로 제안하고, 또한 부정한 행위를 통하여 얻은 것이 있으면 무엇이나 네 배로 갚기로 제안한다(출 22:1; 레 5:16; 민 5:7을 보라). 모든 일을 올바르게 하려는 이러한 자원하는 마음에 대하여 예수는 "오늘 구원이 이 집에 이르렀으니 이 사람도 아브라함의 자손임이로다"라고 반응하신다(눅 19:8-9). 마가복음에 있는 부자와의 이러한 만남은 부자들(혹은 이러한 문제에 있어서 누구나)이 이렇게 하기가 얼마나 어려운지를 예증한다. 극소수만이 하나님의 통치 아래서 삶의 새로운 질로 들어가기 위하여 이생에서 자기들에게 안정을 제공하는 것이 무엇이든지 스스로 제거하려는 위험을 감수한다.

그러므로 이 본문은 다음과 같은 문제를 제기한다. 그 사람의 삶을 다스리는 것이 하나님이냐 맘몬이냐? 소유물이 섬김을 받도록 할 것이냐 아니면 그 물질들이 섬기게 할 것이냐?[17] 바울은 고린도 교인들에게 "세상 물건을 쓰는 자들은 다 쓰지 못하는 자 같이 하라 이 세상의 외형은 지나감이니라"(고전 7:31)고 권면한다. 예수는 자신을 따르라고 이 사람을 부르고 계신다. 그는 서로 물질적 필요들을 돌보아줄 믿는 사람들의 공동체에 가입하도록 그를 초청하시고 있다. 그는 빈곤한 상태에 있지 않을 것이고, 스스로 꾸려나가도록 강요받지도 않을 것이다.

17. Robert Guelich, *The Sermon on the Mount*(Waco, Tex. Word, 1982), 334.

그러나 이 부자와 예수의 만남은 우리가 비록 소유물에 마음을 빼앗기지 않을 때라도 그 소유가 위험을 초래한다는 사실을 물질주의 시대에 경고한다. 돈이 달려 있는 곳에는 항상 생명의 위협이 있는데, 그 이유는 돈이 중립적이거나 해가 없는 필수품이 아니기 때문이다. 너무나 많은 사람들이 돈을 갈망하고, 그것이 마음 가운데 경외심을 불러일으킴으로써 고압의 전류와 폭발적 에너지를 보유한다. 그 어떤 그리스도인도 맘몬의 위험으로부터 면역성을 가지고 있지 않다. 탐욕은 영혼 속에 거주지를 정하여 파멸시키는 일을 서서히 시작하는 바이러스와 같다. 소유에 대한 사랑과 자기 만족감에 대한 욕구는 자기희생을 위한 본능을 무디게 할 것이다.

더 나아가서 소유의 풍부는 안정과 풍성한 삶을 제공해준다는 생각을 갖도록 쉽게 속일 수 있다(눅 12:15). 돈 소유가 모든 것—심지어 구원까지도—을 돈으로 구입할 수 있다고 믿도록 사람을 현혹시킨다. 어리석은 부자(눅 12:16-21) 그리고 나사로가 문 앞에서 굶어 죽어가고 있는 동안 고운 베옷을 입고 화려한 식사를 하고 있는 부자(눅 16:19-31)는 예수의 비유에서 맘몬에 속임을 당한 인물들 가운데 두 실례로서 역할하고 있다. 설교자들은 소유에 대한 집착이 가져다주는 위험을 경고할 필요가 있다. 자기 생명을 구원할 사람들은 예수와 복음을 위하여 기꺼이 생명을 잃어버리고자 하는 사람들이다(막 8:35).

사랑스러운 대면. 우리가 예수의 이 명령을 희석시키지 않고 어떻게 전달할까? 부자에 대한 예수의 사랑의 언급이 이 구절의 해석을 지배해야할 사항이다. 우리는 부유한 사람을 보고 그들의 부를 부러워하며, 그들의 특권으로 인해 그들을 미워할 수 있으며, 그들의 말쑥함을 비난할 수 있다. 또한 우리와 달리 예수를 따르기 위하여 자기가 소유한 모든 것을 포기하려고 하지 않기 때문에 우리는 부자들을 호되게 꾸짖을 수도 있다. 하지만 압제받고 가난한 계층 출신인 예수는 그 부가 다른 것들을 부인하게 만드는 이 부자를 사랑하신다. 부자가 예수에게서 등을 돌렸으나 예수는 부자에게서 등을 돌리지 않으셨다. 그는 진리를 발견하도록 기꺼이 도울 정도로 그들을 사랑하셨다.

예수는 의인만큼 죄인들, 곧 지위가 높거나 낮은 외인들까지도 사랑하셨다는 사실을 잊지 않아야 한다. 예수는 이 사람이 재산을 가져오고, 자신의 복음전도 운동에 도움을 줄 수도 있었을 것이기 때문에 그 사람을 사랑하신 것이 아니다. 예수는 그 사람의 모습 그대로를 사랑하시고, 비록 그 사람이 듣기를 원치 않을지라도, 그가 들어야할 필요가 있는 내용을 정확하게 말씀해 주신다. 사랑은 잘되도록 하기 위하여 다른 사람들을 도전한다. 훌륭한 의사는 달갑지 않은 처방이나 근본적인 수술을 해야할지라도 환자에게 건강을 가져다 줄 처방을 한다. 이 사람은 그 생명을 구원하기 위하여 근본적인 수술이 필요하며, 예수를 따르는 것은 그로 하여금 모든 것을 희생하게 할 것이다. 이와 유사한 사람에 대한 우리의 보다 감상적인 사랑은 이보다 훨씬 덜한 요구—어쩌면 10퍼센트만—를 했을 것이다. 우리는 그에게 해야 할 일을 똑바로 제시했을 것이다. 회의를 기록하시오, 이것을 배격하시오, 그 조직에 가입하시오, 이 목적에 기여하시오. 결국 우리의 접근방식이 그에게 치명적인 질병을 남겨놓을 것이지만, 우리는 그렇게 한 것에 대해서 편한 마음을 가지고 그것을 사랑이라고 부를 것이다.

율법에 대한 순종과 구원. 이 만남은 또한 구원에 있어서 율법의 역할을 이해하기 위한 암시를 가지고 있다. 하나님의 뜻은 앞 단락에서 이혼에 대한 예수의 교훈이 밝혀주고 있는 것처럼 법규에 대한 기계적인 순종을 요구하지 않는다. 우리는 예수와 계명에 대한 예수의 해석을 따라야 한다. 비아(Via)는 다음과 같이 해석한다. "율법과 규칙은 하나님의 뜻과 관련한 일종의 구체적인 문제를 드러내주고 있으며, 잠정적인 방식으로 이러한 문제들에 대해서 어떻게 응답해야 하는지를 보여준다.[18] 부자는 자신의 순종이 완벽했다고 믿었고, 이를 확인하기 위하여 하나님의 나라에 대한 가르침으로 존경받는 선생으로부터 확언을 받기 원했다. 제자들은 구원을 이루는 일이 인간의 권력 너머에 있다는 사실을 배운다.

그러므로 이 장면은 그분이 자신의 생명을 많은 사람들을 위한 대속물로 제공하실 것이라는 사실을 제자들에게 선포하신 사건에 대하여 독자들을 준비시켜준다(10:45). 예수가 제시하시는 것은 개개인이 스스로 한 일에 의존하지 않고, 그들을 위하여 이루어진 일에 의존한다는 것이다. 자기 자신의 힘으로는 아무도 하나님 나라에 들어가지 못한다.[19] 누가 자기 자신을 완전히 부인할 수 있겠는가? 누가 자신이 가진 모든 것을 팔 수 있겠는가? 자기를 하나님에게 완전히 내어드린다는 것은 불가능한 것처럼 보이지만, 예수는 모든 사람이 쉬운 것으로 생각하는 일을 위해서 십자가에 죽을 필요가 없으셨다. 구원으로 인도하는 예수에 대한 따름은 인간의 가능성에 달려있지 않다. 그것은 모든 것을 가능하게 하시는 그분으로부터

18. Via, *Ethics*, 135.

19. 제자들에 대한 어떤 논쟁적인 공격으로 그들의 실패를 보려는 모든 시도들이 마가복음을 잘못 독법하고 있는 이유가 바로 이 때문이다. 삶 가운데서 새로운 능력을 폭발시켜줄 그리스도의 죽으심과 부활까지는 그들이 실패만 할 것이라고 예상할 수 있다.

온다. 불가능은 하나님의 능력이 믿음을 통하여 제자들의 삶에 주입될 때 가능하게 된다(11:22-24을 보라).

재산을 가진 사람들은 잃어버려야 할 것을 너무 많이 가지고 있다고 생각하기 때문에 하나님의 통치 아래 들어오기가 아주 어렵다고 생각할 것이다. 그러나 하나님은 모든 사람 즉, 부자와 가난한 자, 어부와 세리, 풍부한 땅 소유자와 "먹기 위하여 일할 것이다"라는 표지판을 받쳐 들고 있는 빈곤한 노동자에게 같은 것을 요구하신다. 모든 사람은 "예수를 따르기 위한 완전한 헌신과 공동체에 대한 사랑을 가로막고 있는" 것은 무엇이든지 포기해야 한다.[20] 설교자는 사람들의 삶이 위태로워지기 때문에 우리의 길을 가로막고 있는 것들을 열거하는 것을 부끄러워하지 않아야 한다. 우리가 상상할 수없는 그 이상의 보상이 예수를 따르기 위하여 사랑했던 모든 것을 포기한 사람들을 기다리고 있지만, 마가는 솔직하게 타락한 세상에서의 우리의 전망을 제공해 준다. 그 보상은 "박해"와 함께 올 것이다. 제자들은 예수의 부르심에 순종하기 위하여 생명까지도 포기할 준비가 되어 있는가?

현대적 의미

우리는 풍요로운 문화 가운데서 신앙적으로 탁월하기보다는 경제적인 성공에 관심을 보이는 경향이 있다. 대부분의 기독교인들은 제자가 되기 위해서 갖고 있는 모든 것을 팔아야 한다고 믿지 않는다. 소수의 사람들만이 교회에 십일조를 바친다. 많은 사람들은 하나님이 인원비례에 의하여 등급을 매긴다면, 단 한 가지의 결핍 정도는 충분하다고 믿는다.

오늘날의 사람들은 어떻게 하나님을 잘 섬길 수 있느냐보다 돈을 어떻게 최고조로 올릴 수 있느냐고 예수께 물을 가능성이 더 크다. 그러한 태도는 진지한 헌신을 방해하며, 많은 그리스도인을 신앙에 관한 위험한 자기만족으로 인도한다. 많은 목사들이 소유에 관한 예수의 가르침을 못 본체 지나가고, 어떤 목사들은 자기들의 은행 구좌를 두둑하게 하기 위한 탐욕적인 호소에 종교를 이용하기까지 한다. 어떻게 줌으로써 100배나 받을 수 있는지를 보여주는 성경의 공식을 새로이 발견했다는 광고들 그리고 그 비결을 입수하기 위하여 무거운 기부금을 요구하는 광고들이 생겨난다. 그들은 하나님이 다만 그들에게 예의바른 율법을 계속 이행하는 시민들이 되기를 요구하신다고 믿는다. 루코크(Luccock)는 웹스터 사전이 "그리스

20. Via, *Ethics*, 137.

도인"이라는 단어에 대한 정의를 다음과 같이 기록하고 있는 점을 지적한다. "예의 바른, 교양이 높은, 혹은 교화된 사람."[21] 랜덤 하우스 사전(Random House Dictionary)은 신약성경의 정의에 더 가깝게 정의하고 있다. "다른 사람들을 향한 사랑의 관심을 가지고 있는 사람으로서, 예수 그리스도를 따르는 자에게 있는 독특한 정신을 보이는 자."

오늘날 물질주의적 문화의 가치가 침투하여, 예수를 따르는 데 적절한 정신을 해친다. 로마의 풍자시 작가 주브널(Juvenal, A.D. 60-140)은 오늘날도 여전히 통하는 냉소적인 평가를 했다. "위엄 있는 거대한 부는 우리 신들 중에서 가장 성스럽다." 많은 사람들은 "왜 내가 힘들게 일하여 얻은 것을 다른 사람들을 위하여 포기해야 하는가?" 그들은 비록 크게 소리쳐 말하지는 않을지라도 내심 부자가 분별 있는 일을 했다고 느낀다. 종교적 헌신은 어떤 것을 희생하기는 해야 하지만, 많은 희생은 아니라고 생각한다.

우리는 교회에 침투한 유물주의 문화에 대항해야할 필요가 있다. 제임스 스튜어트(James Stewart)는 다음과 같이 썼다.

> 사람들은 언제나 종교의 엄격한 요구를 교묘히 피하는 방법과 수단들을 발견하면서도, 여전히 자신을 신앙을 따르는 자라고 부르고, 신조들에 서명하며, 계속하여 그 이름을 간직하고 다닌다. 그들은 근본적으로 타협하면서도 그 이름을 달고 다닐 권리를 가지고 있다고 스스로 확신하고, 올바른 도전을 하는 사람들에 대해서 분개할 것이다. 그들은 줄 준비가 되어있는 절반 정도의 충성으로 자기들이 보이는 관심과 후원을 통하여 사람들—하나님까지도—이 만족할 수 있다는 놀라운 자신감과 만족감을 갖는다. 너무도 합리적이고 정중한 그들의 태도가 종교를 하나의 허세로 취급하고 있다는 사실을 깨닫지 못하고 있으며, 또한 그러한 태도가 공공연한 대적들의 직접적인 공격에 의해 손상을 입는다는 사실을 깨닫지 못하고 있다.[22]

예수는 이 사건 속에 나오는 부자가 한 가지가 부족하다고 말씀하였지만, 그것이 무엇인지를 구체적으로 밝히지 않으셨다. 이 구절을 현대의 상황에 적용하면서 우리는 우리 자신들이 부족한 바로 그 점에 그가 부족했다고 상상할 수 있다. 먼저,

---

21. Luccock, "The Gospel According to St Mark: Exposition," 802.
22. James S. Stewart, *A Man in Christ. The Vital Elements of Paul's Religion*(London. Holder and Stoughton, 1963), 95-96.

이 사람은 아무것도 부족한 것이 없었다. 그러므로 그는 포기할 것이 너무나 많았다. 돈은 사람들에게 많은 것을 가져다주는데(영예, 존경, 찬사, 힘, 아름다움, 섹스 등), 이것이 돈이 그렇게도 매혹적인 이유다. 부는 한 사람을 거룩하게 하거나 영생을 얻게 하지 못하며, 또 상당한 몫을 얻었다고 생각할 때라도 깊은 행복을 제공하지 않는다.

데이빗 마이어즈(David G. Myers)는 1957년과 1990년 사이에 미국의 1인당 수입이 실제 돈의 두 배로 불어났다는 통계치를 지적한다. 그러나 "매우 행복한" 것으로 보고 된 미국 사람의 숫자는 3분의 1에서 변화가 없었다.[23] 어떤 설명이 필요할까? 현대 문화에서 사는 사람들은 살아가는 데는 풍족하지만 무엇을 위하여 사는가에 대해서는 거의 대답을 못한다. 수입이 두 배로 증가하고, 보다 많은 것을 가진 것이 행복을 만들어주지 못한다. 교회와 세상에서 많은 사람들이 생명의 원천을 이루는 어떤 것이 우리의 삶 가운데서 빠져있다는 사실을 느낀다. 물질적인 성공이 편하게 살게 해줄지 몰라도, 근본적인 영적 필요들은 충족시키지 못한다. 그들의 영적 공허감은 죽음과 사별, 걱정들과 인격적 관계의 스트레스, 혹은 자신의 영혼 가운데 있는 끈질기게 악으로 이끌어 가는 힘의 실체와 대면해야할 때 영적 굶주림의 고통이 있다. 그들은 삶에 그 이상의 어떤 것이 있는지, 그리고 이생 너머에 어떤 것이 있는지 궁금해 한다. 그러나 모든 것을 팔고 자기를 따르라는 예수의 초청을 받을 때, 세상은 주로 영생에 대한 소망이나 세상에서 의미 있는 삶보다는 소유물을 더 소중한 것으로 생각한다. 그들은 아무것도 부족한 것이 없고 그 결과로 모든 것이 결핍되어 있다.

이 사람이 부족한 두 번째 것은 신뢰였다. 하나님은 예수에 대한 단순한 존경심 이상과 열정적인 시도만이 아니라 그 이상의 것을 요구하신다. 오늘날 수많은 사람들처럼 이 부자는 하나님을 자기 자신의 방식으로 섬기기를 원했다. 그는 자신에게 어울리는 계명들을 모두 순종했지만, 삶 전체를 하나님에게 드리는 것은 거절했다. 그는 자신을 "미래의 불확실성과 불안정에 노출시키는 것을 두려워"했거나 어린아이같이 상처 입기 쉬운 사람으로 만드는 것을 두려워했다.[24] 그는 이 세상에서 자신의 삶을 보장하기 위하여 소유물을 축적했고, 다가오는 세상에서 자기의 삶을 보장받기 위하여 계명에 대한 순종을 축적했다.[25] 위탁과 모험에 신중한

23. David G. Myers, *Pursuit of Happiness Who Is Happy and Why*(New York. William Morrow, 1992), 31-46.
24. Waetjen, *Reordering*, 170.

문화에서는 소수만이 전 생애를 예수에게 걸기를 원한다. 그들은 또한 물질적인 안전망을 지키기를 원하며, 신분, 영향력, 특권을 가져다주는 것과 인연을 끊기를 거부한다. 소수의 사람들만이, 부분적으로는 우리가 돌보아주지 않기 때문에, 그들을 살펴주고 돌보아줄 믿음의 형제자매들이 있다는 사실을 신뢰한다. 생명을 소유하기 위하여 하나님을 온전히 신뢰하고 자기의 안정을 창출하려는 추구는 포기해야 한다.

셋째로, 이 사람은 다른 사람들에 대한 동정심이 부족했다. 오리겐은 "히브리인들의 복음"으로부터 발췌한 글을 인용한다.

> 그러나 부자는 자기의 머리를 긁기 시작했다. 그것이 그를 기쁘게 하지 않았기 때문이다. 그리고 주께서 그에게 말씀하셨다. "내가 어찌 율법과 선지서들을 이루었다고 말할 수 있는가? 율법에는 이렇게 기록되어 있다. 너는 네 이웃을 네 몸처럼 사랑하라. 보라. 수많은 네 형제들, 곧 아브라함의 자손들이 더러운 옷을 입고, 굶주려 죽어가고 있고, 너의 집은 수많은 좋은 것으로 가득한데, 그 가운데 어느 것이 그들에게로 나가고 있는가?"[26]

이 외경의 기록은 핵심을 찌르고 있다. 부는 우리의 도덕적 판단을 흐리게 할 수 있고, 동정심이라는 대동맥을 경직시키며, 영적 파산으로 인도한다. 그 사람은 자기가 가진 것을 다른 사람의 유익을 위하여 줄 수가 없었다. 그는 자기 자신만을 돌보고 다른 누구도 돌보지 않았기 때문이었다("'내가' 영생을 얻기 위하여 무엇을 해야 하리이까?"). 그는 오직 자기 자신의 번영을 위한 관심이라는 토굴 속에 갇혀 있었다. 이러한 태도는 인자의 자기를 주는 사랑과 완전히 대비된다. 예수는 궁중들을 긍휼히 여기시고, 그들을 먹이시며, 결국에는 많은 사람들을 위하여 자기의 생명을 내어주실 것이다(10:45). 호화롭게 살고 있는 부자와 같은 사람 그리고 다른 사람의 필요에 대해서 못본척 하는 사람이 어떻게 다른 사람들을 위하여 자기의 생명을 내주었던 분의 제자임을 고백할 수 있겠는가?

재물은 인간을 다른 인간들과 하나님에 대해서 대적하게 한다. 최근의 연구 조사는 미국인들 가운데 높지는 않지만 상당한 퍼센트의 사람들이 아직도 착취공장

25. Via, *Ethics*, 134-35.
26. Taylor, *Mark*, 429-30에서 인용함.

에서 노예처럼 일하는 노동자들이 만든 것임을 알면서도 그것을 구입한다는 사실이 밝혀졌다. 보다 싼 것이 어떤 긍휼이나 정의를 유린한다. 침팬지들에 대한 제인 구달(Jane Goodall)의 연구는 그들의 공동생활에 관한 놀라운 모습, 곧 인간이 하는 모습을 드러내 보여주었다. 보통 침착하고 협동적인 침팬지들은 제인이 그들에게 바나나를 나누어주기 시작했을 때 행실이 변했다. 그들은 즉시 다투게 되었다. 새로운 남아도는 잉여 음식이 힘있는 자들로 하여금 모든 것을 자기 자신들을 위해 간수하려고 힘쓰고, 다른 자들을 내쫓도록 만들었다. 약한 자들은 구걸을 해야 했다. 우리의 삶 가운데서 우리는 가질수록 더 많이 가지기 원하고, 약간 더 가지고 있는 사람들에 대해서 질투하게 된다는 증거를 보게 된다. 예수는 궁극적으로 교제를 파괴하고 유대감을 파괴하는, 축적하려는 이러한 야망으로부터 우리를 자유케 하려고 하신다.

사이더(Sider)는 필요와 사치 사이를 분별할 필요가 있으며, 우리는 후자에 대한 갈망과 구별을 흐리게 하려는 경향을 거부해야 한다고 주장한다. 지위를 위한 지출, 자존심, 패션에의 몰두, 지지 않으려고 허세부리는 것은 옳지 않다.[27] 하나님의 시각에서 볼 때, 이런 것들은 어리석다.

애니 딜라드(Annie Dillard)는 1845년에 불행을 가져다 준 프랭클린(Franklin)의 북극지방(Arctic)으로의 긴 여행에 대해서 말한다. 그 긴 여행은 널리 알려진 실패로 인하여 북극지방 탐험에서 하나의 전환점이 되었다. 이루어진 준비는 혹한의 북극지방보다는 잉글랜드에 있는 왕립 해군 장교클럽으로 가는 것이 더 적절했다. 탐험가들은 그들의 증기 엔진을 위한 여분의 석탄 대신 커다란 도서관, 손풍금, 차마실 공간, 세공유리 포도주 잔, 순 은으로 된 접시류를 두기 위하여 배에 방을 만들었다. 화려한 은 접시는 개인 장교의 첫머리 글자들과 가족 문장이 새겨졌다. 수색대원들은 양식이 떨어졌을 때에 도움을 구하려고 출발했던 탐험대원들은 시체들을 발견했다. 한 해골은 실크 몰이 달린 좋은 청색 의복을 입고 있었는데, 북극의 혹한으로 인하여 거의 행진해 나갈 수가 없었다. 또 다른 사람은 순 은제 접시 세트를 옮겨가려고 했던 것으로 보인다. 도움과 양식을 찾는 중에도 그가 순 은제 접시 세트를 가지려고 생각했던가?[28] 이 탐험대원들 가운데 어떤 사람이 얼어붙은 땅에서 죽음이 가까웠을 때 다음과 같이 말했다고는 생각할 수 없다. "나는 보다

27. Ronald J. Sider, *Rich Christians in an Age of Hunger*, 3d ed(Dallas. Word, 1990), 159-60.

28. Annie Dillard, *Teaching a Stone to Talk Expeditions and Encounters*(New York, Haepwe & Row, 1982), 24-26.

많은 은잔 세트를 가져가기를 원합니다." 우리가 궁극적으로 쓸모없는 것들에 매달리는 것은 확실히 어리석은 짓이다. 많은 사람들이 자기들이 소중하다고 여기는 것이 없는 삶을 상상하지 않는다. 그들은 가치 있는 유일한 생명을 상실할 위기에 처해있다.

마가복음 10:32-45

32 예루살렘으로 올라가는 길에 예수께서 그들
앞에 서서 가시는데 그들이 놀라고 따르는 자
들은 두려워하더라 이에 다시 열두 제자를 데
리시고 자기가 당할 일을 말씀하여 이르시되
33 보라 우리가 예루살렘에 올라가노니 인자가
대제사장들과 서기관들에게 넘겨지매 그들
이 죽이기로 결의하고 이방인들에게 넘겨주
겠고
34 그들은 능욕하며 침 뱉으며 채찍질하고 죽일
것이나 그는 삼 일 만에 살아나리라 하시니라
35 세베대의 아들 야고보와 요한이 주께 나아와
여짜오되 선생님이여 무엇이든지 우리가 구
하는 바를 우리에게 하여 주시기를 원하옵나
이다
36 이르시되 너희에게 무엇을 하여 주기를 원하
느냐?
37 여짜오되 주의 영광 중에서 우리를 하나는
주의 우편에, 하나는 좌편에 앉게 하여 주옵
소서
38 예수께서 이르시되 너희는 너희가 구하는 것
을 알지 못하는도다 내가 마시는 잔을 너희
가 마실 수 있으며 내가 받는 세례를 너희가
받을 수 있느냐?
39 그들이 말하되 할 수 있나이다 예수께서 이
르시되 너희는 내가 마시는 잔을 마시며 내
가 받는 세례를 받으려니와
40 내 좌우 편에 앉는 것은 내가 줄 것이 아니라
누구를 위하여 준비되었든지 그들이 얻을 것
이니라
41 열 제자가 듣고 야고보와 요한에 대하여 화
를 내거늘
42 예수께서 불러다가 이르시되 이방인의 집권
자들이 그들을 임의로 주관하고 그 고관들
이 그들에게 권세를 부리는 줄을 너희가 알
거니와
43 너희 중에는 그렇지 않을지니 너희 중에 누
구든지 크고자 하는 자는 너희를 섬기는 자
가 되고
44 너희 중에 누구든지 으뜸이 되고자 하는 자
는 모든 사람의 종이 되어야 하리라
45 인자가 온 것은 섬김을 받으려 함이 아니라
도리어 섬기려 하고 자기 목숨을 많은 사람
의 대속물로 주려 함이니라

원 의미

예수가 길에서 제자들을 앞서 가시고, 마가는 이제 그들의 목적지를 예루살렘으로 밝히고 있다.[1] 제자들과 예수는 시온으로 행진해 가고 있다. 예수는 갈릴리에 살고 있는 사람들만이 아니라 하나님의 신비로운 통치 아래로 모일 온 이

1. 거룩한 도성으로 "올라갔다."

스라엘을 초대하시는 메시야로서 그곳으로 가고 있다. 마커스(Marcus)는 마가가 이사야 35:10(또한 42:13; 59:20; 62:11을 보라)에 묘사된 승리의 행진을 아이러니한 뜻밖의 전개로 제시하고 있다고 주장한다. "제자들로 이루어진 어리둥절한 그리고 흙먼지 투성이의 작은 무리의 두려움에 찬 이동은 이스라엘의 시온으로의 귀환이며, 거기서 있을 예수의 고난과 죽음은 신적 용사의 예고된 묵시적 승리이다." 예수는 승리를 위한 군대의 출정이 아니라 죽기 위하여 예루살렘으로 가신다.[2] 그는 수난으로 나아가는 길에서 제자들을 인도해 가시며, 이와 같이 그는 부활하신 후에 갈릴리로 길을 인도해 가실 것이다(14:28; 16:7, 이 구절들에서 '프로아고'["길을 인도하다"]란 동사가 다시 나타난다).

예수는 주의 길을 개척해 가시고, 제자들은 여전히 그분 뒤에서 서열에 관해서 다투면서 뒤를 따라간다. 마가는 제자들이 놀라고 두려워했다고 말한다. 그들의 발걸음을 느리게 하는 것이 박해와 고난에 대한 두려움인가? 만약 그렇다면 그것은 마가의 첫 독자들이 잘 알고 있는 어떤 것이었다. 그렇지 않으면 그의 운명과 제자들의 운명을 가리키시는 예수를 향한 두려움과 놀람인가?[3] 만일 그렇다면 "나 같은 죄인 살리신"이라는 찬송가에 나오는 친숙한 가사가 적용된다. "큰 죄악에서 건지신 주 은혜 고마워"(영문 직역—"은혜는 내 마음에 두려워할 것을 가르쳐주었고, 은혜는 나의 두려움을 없애주었네").

그러나 예수는 그들의 두려움을 가라앉혀 주지 않으시고 세 번째로 자신의 임박한 죽음과 그 뒤에 따라오는 부활을 예고하신다. 그는 보다 구체적인 사항을 제공해 주신다. 그는 대제사장들과 율법 선생들에게 배반을 당하여 넘겨지고 그들은 그분을 죽이기로 판결하고, 또한 그는 이방인들에게 넘겨지고 이방인들은 그분을 조롱하고 침을 뱉고 채찍질하고 죽일 것이다. 메시야는 모욕을 당하고 수치스러운 죽음을 당할 것이다. 그 다음에 그는 하나님에게 넘겨지고 하나님은 그분을 다시 살리실 것이다.

예수가 그 호된 시련으로 가까이 다가가시지만, 제자들은 깨닫는 방향으로 가까이 나아가지 못한다. 매번 그는 그들에게 자기의 고난에 관해서 말씀하시지만, 그 말씀은 한 귀로 들어와서 한 귀로 나가버린다. 그의 말씀 직후에 야고보와 요한이 특별한 요구사항을 가지고 그분에게 가만히 다가온다. 제자들 사이에 있었던 지위와 서열에 관한 이전의 논쟁(9:34)이 잠잠해졌지만 완전히 사라진 것은 아니

2. Marcus, *The Way of the Lord*, 36.
3. Lane, *Mark*, 374.

었다. 이 두 사람은 그분이 영광 중에 오실 때, 각기 한 사람은 그의 오른편에 앉고 한 사람은 그의 왼편에 앉을 수 있도록 보증을 받기 위하여 예수에게 요구할 때, 재산을 노리고 청하는 뻔뻔스러운 구혼자와 같이 행동한다. 예수는 율법 선생들이 다른 사람들이 인정해주는 치하를 받고 또한 자기를 영예로운 서열을 뚜렷하게 드러내주는 첫 번째 자리에 앉기를 원한다고 대답하신다(12:38). 그러나 야고보와 요한은 그보다 더한 것을 원하고 있다. 그들은 예수와 동등한 보좌에 앉아 있는 왕세자가 되기를 원한다. 시편 110:1은 다음과 같이 진술하고 있다. "여호와께서 내 주에게 말씀하시기를 내가 네 원수로 네 발등상 되게 하기까지 너는 내 우편에 앉으라 하셨도다." 그들은 주님에게 그 오른편 자리를 얻기 위하여 로비운동을 하고 있다.

이 두 사람이 지상의 하나님의 나라가 설립될 것을 상상하고, 그것이 인간의 표준에 따라 운영된다고 예상한 점에서 베드로와 차이가 없다(8:33). 그들은 아직도 예수가 메시야가 되신다는 것이 무엇을 의미하는지를 오해하고 있으며, 그분이 새 시대를 오게 하실 때, 그의 친구들인 자기들이 특별한 특권을 얻을 것이라고 잘못 해석하고 있다. 그들이 내어다 보는 새 시대는 옛 시대의 모든 특징을 가지고 있다. 특정인만을 이롭게 하는 정부의 정책과 관직이 여전히 최고의 통치를 하고 있다. 그들은 자기 자신들을 지상 제국에서 다른 사람들을 다스리는 엘리트로 보고 있다. 그들의 환상은 버질(Vergil)이 지지한 바와 같이 로마인들의 환상과 거의 다름이 없다. "이러한 백성들을 위하여 나는 아무런 한계나 세계 혹은 기간을 정하지 않았고, 다만 끝이 없는 제국이라는 선물, 세상의 주인들, 즉 토가(toga) 제복을 입고 있는 로마인들을 만든다"(*Aeneid* I). 하나님의 나라 역시 한계가 없지만, 세상의 종들이 되고 각 나라의 십자가를 지는 그리스도인들을 통하여 주민이 이루어질 것이다.

고난에 관한 예수의 말씀은 그들이 바로 잡을 수 있는 일이거나, 재빨리 반전되는 일시적인 좌절일 뿐이라고 바랐음이 틀림없다. 아마도 그들이 들은 모든 것은 거룩한 천사들과 함께 영광 중에 오실 예수의 이전의 언급들이다(8:38). 그들이 첫 번째로 부름 받은 두 사람이었으므로 그들은 영광을 받는 중에서도 첫 번째가 되기를 원한다.

그들이 깨닫지 못하고 있는 것은 예수의 영광이 대 환난이 있은 후에야 모두에게 드러날 것이다(13:24, 26). 그들은 또한 예수와 함께 "한 사람은 오른편에 다른 한 사람은 왼편에"(15:27, 마가복음에서 이 문구가 등장하는 다른 유일한 곳) 두 강도가 십자가에 달릴 것이라는 사실을 깨닫지 못하고 있는데, 그때에 예수가 십자가에서 통치를 시작하실 것이다.[4] 그러나 세베데의 아들 형제들은 예수와 함께 십자가에 달리는 영예를 달라고 구하지 않고 있다. 그들이 실제로 기대하고 있는 것은 다른 사람들을 자기 뜻대로 부릴 수 있는 자신들의 왕국이다. 그들은 로마의 잇속만 차리는 압제 세력의 구조를 자신들의 잇속만 차리는 압제 세력의 구조로 대치시키기를 바란다. 통치자들의 이름들을 제외하고는 아무것도 바뀐 것이 없다. 압제 세력은 순환이 되고 새로운 폭군이 무대에 등장한다.[5] 꼭대기에 올라 다른 사람들을 쓰러뜨리려는 세상의 야망이 여전히 지배한다.

예수는 잘못 생각하고 있는 이기적인 요구에 대해서 다음과 같이 은혜롭게 응답하신다. "너희는 너희가 구하는 것을 알지 못하는도다." 그는 아버지께서 자신에게 하나님의 나라에서 자리를 배정하는 권한을 주지 않으셨다고 알려주신다(그는 마지막 때에 대해서도 비밀로 두어졌다고 말씀하신다, 13:32). 그러고 나서 그는 자신이 마시는 잔을 마실 수 있는지 그리고 자신이 받는 세례를 받을 수 있는지의 여부를 그들에게 물으신다. 그 잔은 고난의 은유이고(사 51:17, 22), 세례는 재난 속으로 빠져들어 가는 것에 대한 은유다(시 42:7; 69:1을 보라). 그는 약간의 고난을 가지고 흩뿌림을 받지 않을 것이다. 그는 고난 가운데 푹 담겨질 것이다. 그는 그들에게 자신의 운명을 같이 할 것인지(8:34) 그리고 고난과 시련의 물속에 담길 것인지를 물으신다. 아직 제자들에게는 그렇지 않을지라도 독자들에게는 요지가 분명하다. 그의 나라를 물려받기 위하여 우리는 그의 고난을 나누어가져야 한다(롬 8:17을 보라). 윤리와 희생이 없이 옛 권력의 가치의 보좌에 오르는 사람은 아무도 예수와 함께 다스리지 못할 것이다.

야고보와 요한은 유창하게 "할 수 있나이다"라고 대답한다. 그들은 부자가 그러했던 것처럼 자신의 능력을 자만하고 있다(10:17-22). 그들은 만일 예수가 자기들에게 능력의 자리와 직무실을 주신다면 약간의 난관을 참을 수 있을 것이라고 믿고 있다. 그들은 예수에 대한 신실한 제자도를 이기적인 목적을 위한 수단으로 이해하고 있고, 그것은 그들에게 다른 사람들에 대한 권력을 휘두르고자 하는 목표를 이루도록 도와줄 것이다. 예수가 자신의 잔을 말씀하실 때, 그들은 승리의 잔을

---

4. 어떤 십자가들은 '세딜레'라고 불린 혹은 희생자로 하여금 자신을 지탱할 수 있도록 하기 위한 자리(seat)인 작은 보강재를 가졌으므로 십자가 위에 "앉다"라고 말해질 수 있다. Martin Hengel, *Crucifiction in the Ancient World and the Folly of the Message of the Cross*(Philadelphia, Fortress, 1977), 25.

5. Myers, *Binding*, 343.

마시는 의미로 생각했을 수 있다. 특별한 은총과 이점을 예상하고 있는 그들의 태도는 십자가를 기쁘게 질 수 없을 것이다. 그러나 순종은 하나님의 아들일지라도 면제되지 않은 고난을 통하여 배우게 되어진다(히 5:8).[6] 예수는 그들에게 공동 의장직을 약속할 수 없고, 다만 그들이 고난을 당할 것이라는 사실을 약속하실 수 있다(행 12:2을 보라).

다른 제자들은 이 형제들의 대담성에 대해서 분개한다(10:41). 그들은 예수가 자신의 다가올 고난과 죽음에 관해서 숨김없이 털어놓은 다음에 야고보와 요한이 그러한 요구를 하는 것은 너무도 무감각하기 때문에 분노한 것이 아니다. 그들은 야고보와 요한이 자기들에게 일격을 가한 것 때문에 분노하고, 또한 자기들보다 우세한 유리한 지위를 가질 수도 있기 때문에 분노한 것이다. 질투가 서열문제에 소요를 일으킨다. 제자들은 십자가보다는 불평을 짊어지고 있다.

야망에 차 있는 제자들의 오해로 인하여 예수는 참된 제자도의 성격과 메시야로서 그의 역할에 대한 마지막 교훈을 주신다(10:42-45). 그는 크게 되고자 하는 그들의 바람을 겸손한 섬김으로 돌려놓으시려고 하신다. 다른 사람의 큰 종이 되어라. 게덜트(Geddert)는 제자들이 "'끝' 자리로 가려고 양보하지 않고 어떻게 첫째가 될 수 있느냐에 관심을 두고 있음이 드러났다"고 지적한다.[7] 예수는 다른 사람을 지배하려는 바람을 이교도의 특징으로 딱지를 붙인다. 즉 이방인들이 권력의 자리를 원하고, 다른 사람을 지배하는 주인이 되기를 원한다는 것이다.[8] 제자들은 이방 통치자들을 모델로 삼았지만, 그들은 예수를 모델로 삼아야 한다. 예수의 길은 자기를 주는 섬김이다. 그들은 섬김을 받는 편에 있기를 원하지 섬김을 드리는 편에 있기를 원하지 않는다.

예수는 제자들에게 자신이 죽어야 한다고 말씀하였으나, 어찌하여 자신이 죽어야 하는지에 대해서는 본문이 마가복음에서 유일한 구절이다. 그는 "자기 목숨을 많은 사람들의 대속물로 주신다." 대속물('리트론')이라는 단어는 인간의 상해(출 21:30)와 범죄(민 35:31-32)에 대한 보상으로 종이 된 친척을 돈을 지불하고 자유케 하거나(레 25:51-52), 첫 소산의 희생물의 가치에 해당하는 가격을 지불하는데(민 18:15) 사용되었다. 성경 밖의 자료 가운데서 '리트론'은 종이나 죄수를 자유

6. Brown, *Death of the Messiah*, 1.170.

7. Geddert, *Watchwords*, 153.

8. 묵시적 관점에서 볼 때, 이 세상의 실제 통치자는 사탄과 그의 종자들인데, 하나님은 이들을 공격하시고 무너지게 하실 것이다(3:22, 24을 보라).

케 하기 위하여, 담보물을 속량하기 위하여, 저당 잡힌 것을 되찾기 위하여, 지불하는 금액을 가리켰다. 출애굽기 30:12은 이 단어를 예수 당시에 백성들의 죄로 인하여 매일 희생 제사를 드리기 위하여 지원했던 매년 드리는 반세겔과 연결시킨다. 토세프타 세칼림(Tosepta Seqalim) 1:6은 반세겔 헌납을 이스라엘과 하나님간의 속죄에 직접 연결시킨다.

그러므로 대속물 개념은 가격, 대속, 속죄 개념과 연결된다. 이사야 53:10-12이 여기서 그 배경을 이루고 있는 것으로 보인다.

> 여호와께서 그에게 상함을 받게 하시기를 원하사 질고를 당하게 하셨은즉
> 그의 영혼을 속건제물로 드리기에 이르면
> 그가 씨를 보게 되며 그의 날은 길 것이요
> 또 그의 손으로 여호와께서 기뻐하시는 뜻을 성취하리로다
> 그가 자기 영혼의 수고한 것을 보고
> 만족하게 여길 것이라
> 나의 의로운 종이 자기 지식으로 많은 사람들을 의롭게 하며
> 또 그들의 죄악을 친히 담당하리로다
> 그러므로 내가 그에게 존귀한 자와 함께 몫을 받게 하며
> 강한 자와 함께 탈취한 것을 나누게 하리니
> 이는 그가 자기 영혼을 버려 사망에 이르게 하며
> 범죄자 중 하나로 헤아림을 받았음이니라
> 그러나 그가 많은 사람들의 죄를 담당하며
> 범죄자를 위하여 기도하였느니라.[9]

그러므로 예수는 이전에 제자들에게 물었던 문제에 대한 답변을 주신다. "사람이 무엇을 주고 자기 목숨과 바꾸겠느냐?"(8:37) 시편기자는 사람의 생명을 위하여서는 어떤 대속물도 사용하지 못한다고 단언한다(시 49:7-9). 만일 우리가 우리 자신을 대속물로 지불할 수 있다면 그것은 사실이다. 그러나 이 본문은 예수가 누구도 지불할 수없는 다른 사람을 위한 가격을 지불하신다고 확증하고 있다.

---

9. Peter Stuhlmacher, "Vicariously Giving His Life for Many: Mark 10:45(Matt. 20:28)," in *Reconciliation, Law, and Righteousness Essays in Biblical Theology*(Philadelphia: Fortress, 1986), 16-29을 보라.

"많은"이라는 단어는 이 은총을 받는 선택된 숫자를 암시한다. 모든 사람이 아니라 많은 사람들이다. 그러나 셈계의 관용어에서 "많은"이라는 단어는 "모든"이라는 포괄적 의미를 가질 수 있다(고전 10:17; 딤전 2:6을 보라).[10] 예수의 희생의 효과는 그것을 받아들이는 모든 사람들에게 미칠 것이다. 그러나 대속을 필요로 하는 사람과 자기의 생명을 대속물로 제공하는 사람의 행동에 강조가 주어져 있다.

상황잇기

마가는 제자들이 또 다시 첫째 자리를 놓고 다투고 있고, 세력과 유리한 지위를 얻기 위하여 앞서며 이기려고 시도하고 있음을 보여주고 있다. 그들은 섬기지 않고 지배하기를 원한다. 복음서 내러티브에서 제자들은 고난의 의미 그리고 그 고난과 변호와 승리와의 관계를 이해하지 못한다. 결과적으로 이 둘이 너무나도 깊이 연결되어 있기 때문에 그들은 비참하게도 실패한다.

제자들은 권력, 영광스러운 업적, 그리고 개인적인 야망에 대한 애착을 나타내 보여주었다. 그들은 메시야가 고난과 죽음을 초월하여 있기를 바라고, 그 다음에 자기들이 마음속에 바라는 모든 것을 제공해 주기를 원하고 있다. 그러나 마가복음에 따르면, 그의 고난의 최종적 운명에 대한 필요성을 이해하지 않고서는 그분이 어떤 분이신지를 결코 이해할 수 없다. 고난은 메시야로서 그의 역할을 두드러지게 하고, 제자로서의 우리를 두드러지게 한다. 그러므로 예수를 알고 이해하기 위해서는, 다른 사람들을 위하여 죽으시는 메시야로서의 그의 운명을 받아들이도록 요구하며, 우리 자신에 대해서는 같은 운명을 받아들이도록 요구한다. 그분을 따르는 모든 사람들은 그의 영광을 나누어 갖기 이전에 자기를 내어주는 그의 사랑과 섬김 그리고 고난이라는 최종적 운명을 나누어가져야 한다(롬 8:17을 보라). 세례와 잔의 이미지는 세례와 주의 성만찬을 상기시켜준다. 세례를 받아들이고 예수의 잔을 마시는 모든 제자들은 십자가의 패턴을 따라 살고 죽기 위하여 서약을 해야 한다.

예수는 제자들이 다른 사람들보다 더 머리가 좋거나 멋진 사람이었기 때문에 그들을 선택하지 않으셨다. 그들은 그렇지 않았다. 인간의 성품은 오랜 동안 바뀌지 않았고, 복음의 영향이 우리 마음의 교만과 영적 경쟁을 제거하지 않았다. 우리

10. 이 말씀은 4 에스라서 8:3에 있는 본문과 유사하다. "많은 사람들이 창조되었으나 극소수만이 구원을 받을 것이다."

는 여전히 교회 안에서 제자들로서의 의무들을 충족시키기 전에 자아가 필요로 하는 것들을 충족시키려는 사람들을 발견하게 된다. 십자가가 제자도의 중심에 있지만, 많은 사람들이 보다 대중적인 제자도—성취를 제공해주고 물질적인 필요들을 만족시켜주는—의 상품에 애착을 가지고, 제자도의 십자가라는 측면을 소홀히 하거나 완화시켜 판다. 그것은 이기심만을 충족시켜줄 수 있고 경쟁만을 낳을 뿐이다. 이 본문은 우리의 문화와 쉽게 연결되는데, 그것이 제자들의 편협성 가운데 비추어진 우리 자신의 편협성을 볼 수 있게 해주기 때문이다. 예수가 주려하는 모든 것에 관해서 말하고 있을지라도, 제자들은 자기들이 갖기를 원하는 쇼핑 목록을 보고 있다. 이러한 어리석은 장면은 이기적인 야망과 지위와 권세를 얻기 위한 우리의 작전에 대한 십자가의 심판을 가져다준다.

마가는 그분이 제자들을 앞서 가시는 것을 예루살렘에서 있을 운명적 죽음을 향하여 행진해 나가시는 것으로 묘사한다. 10:45에 있는 속죄 문제가 매우 중요할지라도, 예수가 따르는 자들에게 모범으로 자신을 제시하고 있음을 무시해서는 안 될 것이다. 그는 제자들에게 속죄의 이론들을 설명하기보다는 오히려 생명의 길을 보여주신다. 제자들이 예수가 요구하시는 것들을 따라 살 수 있는 유일한 방법은 그분이 앞서 가셨고, 깨어지시고, 다른 사람들이 따라오도록 닦아놓으신 것을 실현하는 것이다. 그는 여러 날 일단의 죄수들을 자유와 생명으로 이끌기 위하여 정글의 수목들을 치면서 길을 만들어 나아가고서, 도착했을 때는 기진하여 죽은 사람과 같다. 이것이 많은 사람들이 이론적으로 그리고 상징적으로 인식해야 했던 것을 의미하지는 못할지라도 그러한 사람은 "많은 사람들을 위하여" 죽은 것이다. 제자들은 이 행진을 하면서 그분과 함께 했다. 그는 그 길을 여시기에 충분히 강하신 유일한 분이시며, 그는 그렇게 하심으로써 죽으셨다.[11]

현대적 의미

이 단락은 그리스도인들이 주님을 위하여 종이 된다는 것이 무엇을 의미하는지를 반성하게 해준다. 주님이 자기 생명을 부끄러운 죽음에 내어주셨을 때, 그리스도인들이 부끄러움이 없이 영광과 영예를 추구할 수 있는가? 이 단락은 또한 사람이 크다는 것을 어떻게 정의해야 하는지를 반성하게 하고, 그것을 어떻

11. Eduard Schweizer, "The Portrayal of the Life of Faith in the Gospel of Mark," in *Interpreting the Gospels*, ed. James Luther Mays(Philadelphia: Fortress, 1981), 176.

게 얻는지를 검토하게 한다. 분명히 지위, 영예, 특권에 대한 세상의 개념은 예수를 주로 부르는 교회 내에서는 맞지 않다. 이기주의는 궁극적으로 자기를 내어주신 예수 그리스도의 희생에 기초한 교회에서는 있을 자리가 없다. 십자가의 길은 성공으로 가는 길과는 다른 방향으로 인도한다. 예수의 길을 따라 간다면, 자기 영광 추구는 부적절하다.

이 단락은 자신만만한 야망의 위험을 드러내고 있다. 스코트(Scott)는 우리의 세계가 "(그리고 교회에서까지도) 수완가, 출세주의자, 영예와 명성, 성취를 통하여 삶을 측정함, 성공에 대한 영속적인 꿈을 추구하는 야고보와 요한으로 가득하다"고 말한다.[12] 전도를 위해 사람들에게 다가가라고 설교하지 않고, 높은 곳에 다가가라거나 교회의 슈퍼스타가 되라고 설교하는 설교자들을 멀리서 찾을 필요가 없다. 현대인들은 예수에 대한 제자도를 지위와 특권의 입장에서 본다. 그들은 예수가 자기들을 위하여 어떤 일을 이루시고, 자기들에게 주인의 신분을 주신 분으로 생각한다. 토마스 아켐피스는 "악은 계속하여 그대에게 높은 것과 영예를 추구하라고 유혹하고 있다"고 기록한바 있다(Thomas à Kempis, *Little Alphabet of Monks*). 끌레르보의 버나드는 야망을 "보이지 않는 독, 악[원한]의 아버지, 위선의 어미, 거룩의 좀, 그것이 취하는 모든 것을 못 박아 죽이고 어지럽히는 광기의 원인"이라고 경고했다(Bernard of Clairvaux, *Epistle*, 126).

성경에 들어있는 모든 경고에도 불구하고, 이방 사상들은 계속하여 교회 가운데로 침투해 들어오고 있으며, 그것이 행동을 지배하고 있다. 많은 목사들이 아직도 큰 교회, 기구나 교단의 회장을 꿈꾸고 있으며 국가의 잡지들 가운데서 움직이는 사람이나 흔드는 사람으로 환호를 받으려한다. 이러한 사람들은 자신들의 단일한 목적을 어떤 대가를 치르더라도 이루려는 꿈 때문에 일을 추진해 나가지만, 다른 사람들이 그것으로 인해 얼마나 고통을 당하는지, 그것이 그리스도의 사역을 얼마나 고통스럽게 하는지를 아랑곳하지 않는다. 교회는 이방의 복잡한 세계와 아무런 차이가 없어 보이는 권력투쟁을 계속해왔다.

그러나 교회는 지도자들이 서로 권력의 위치를 차지하기 위하여 투쟁한다면 번영할 수 없다. 그러한 패턴은 분노와 미움으로 인도할 뿐이다. 아비멜렉이 왕으로서 즉위하는 것을 저지하려는 요담의 통렬한 비유가 여기에 적절하다(삿 9:7-15). 나무들이 자기들 위에 한 왕을 세우기를 원하지만 열매를 맺는 나무들, 곧 감람나

---

12. John R. W. Scott, *The Cross of Christ*(Downers Grove, Ill. InterVarsity, 1986), 286-87.

무, 무화과나무, 그리고 포도나무 등은 한결같이 인류를 위하여 섬기는 자가 되기를 거절한다. 여기서 열매를 맺지 못하는, 불이 붙고 다른 나무에게 멸망을 가져다주는, 가시나무가 권력을 잡기를 바라는 유일한 자다. 교회는 다른 사람들을 지배하려는 권력에 굶주린 사람들을 주의해야 한다. 그러한 오만한 야망은 보통 황폐화되는 결과로 이끌어간다. 아마도 이것은 열등감으로부터 유래하는 것으로 보인다. 다른 사람들을 지배하고 조종하려는 야망은 어떤 것을 만들어내기에 무능한 숨겨진 인식을 감추고 있을 수 있다.

징기스칸이 다음과 같이 말했다고 제기된다. "한 사람의 가장 위대한 업적은 자기 원수를 물리치고, 자기 앞에서 그들을 쫓아내며, 그들로부터 그들이 가졌던 모든 것을 취하며, 그들을 사랑했던 사람들의 울음소리를 들어주며, 자기의 무릎 사이에 그들의 말들을 취하여 앉고, 그들의 여인들 가운데 가장 소중한 여인네를 자기 팔로 끌어안는 것이다." 이러한 호전적인 태도가 계속하여 전 세계에 재앙을 가져다준다. 그것이 승리처럼 보이기 때문에 그러한 태도가 많은 사람들을 사로잡고 있다. 유진 오닐(Eugene O'Neill)이 '황제 존즈'(*The Emperor Jones*)의 첫 번째 장면에서 이러한 생활 스타일이 어떻게 보상받는지를 적절하게 묘사한다.

> 한 자그마한 절도로 인하여 그들은 당신을 조만간에 감옥으로 보낸다. 커다란 절도로 인하여 그들은 당신을 황제로 만들어서 당신이 죽을 때 명예의 전당으로 보낸다. 만일 침대차에서 내가 10년 동안에 배운 한 가지가 있다면 순수한 양질의 말을 듣는 것인데, 그것 역시 같은 사실이다.

예수의 생애와 가르침은 위대함과 위대한 사역에 대한 세상적인 이해에 방향을 바꾸어놓는다. 이제껏 이루어진 가장 위대한 사역은 자기 생명을 다른 사람들을 위하여 주신 그분에 의해 실현되었다. 자기를 주는 섬김은 하나님이 인정하신 유일한 위대한 일이며, 다른 사람들에게 자신을 내어주는 사람들만이 하나님과 함께 위대한 승리자가 될 것이다. 그들은 피터 드 브리스(Peter de Vries)가 말한 것처럼, "다른 사람을 위하여 기꺼이 생명을 내건다."[13] 예수는 세상이 "위대하다"고 판단하는 방법이 아니라 하나님이 위대하다고 판단하시는 방법으로 위대한 자가 되고 또 위대한 일을 하는데 자기와 합세하도록 따르는 자들을 초대하신다.

---

13. Peter de Vries, *The Mackeral Plaza*(New York: Little, Brown & Co., 1958), 5.

마틴 루터 킹 2세는 누구나 섬길 수 있기 때문에 모든 사람이 위대한 사람이 될 수 있다고 말했다.

> 당신은 섬기기 위하여 대학의 학위를 가질 필요가 없습니다. 당신은 섬기기 위하여 당신이 사용하는 말의 주어와 동사가 일치할 필요가 없습니다. 당신은 아리스토텔레스와 플라톤을 알 필요도 없습니다. 당신은 아인슈타인의 상대성 이론을 알 필요도 없습니다. 당신은 물리학에서 열역학의 두 번째 이론을 알 필요도 없습니다. 당신은 오직 은혜로 가득한 마음이 필요할 뿐입니다. 사랑에 의해 발생하는 영혼 말입니다.[14]

이러한 태도는 윌리엄 폴크너의 "수녀를 위한 진혼곡"에 나오는 낸시 만니고(Nancy Mannigoe)란 인물 가운데 예증되어 있다. 그녀는 그녀의 생애 마지막에 가서 "더할 나위 없이 좋습니다. 나는 예수를 위해서 아주 낮아질 수 있습니다. 나는 그 사람을 위해서 아주 낮아질 수 있습니다"라고 말한다. 우리의 품위가 아래로 떨어지는 것으로 판단되는 일을 하는 비천한 임무가 주어졌을 때, 우리가 어떻게 반응하느냐를 검토해 봄으로써 이러한 사실에 대한 우리의 태도를 점검할 수 있다. 삶을 바라보는 예수의 방식이 이 세상의 파괴적인 방식의 삶을 무너뜨릴 때 하나님이 참으로 통치하신다.

제자들에 대한 이러한 장면을 보고서 우리는 하나님을 향한 우리의 요구에 대해서 다시 검토해야 할 것이다. 나는 한 기도 그룹에서 하나님을 향한 그들의 간청들, 즉 요구들을 열거한 내용을 들었다. 그것은 이루어진 날짜, 응답된 날짜를 전산화하였는데, 그 요구들의 목록은 직장의 승진, 새로운 직업, 좋아하는 새 차, 더 큰 저택, 몰래 좋아했던 사람들과의 데이트를 포함하고 있었다. 만일 우리의 기도 요청들이 공개되어진다면, 우리는 수치를 모르고 금을 파내는 사람들처럼 보였을 것이다.

게데스 맥그리거(Geddes MacGregor)는 "정통으로 자처하는 기독교"의 의식을 따르고 있는 한 교회에서 드리는 전형적인 주일 오전 예배를 묘사한다. 목사가 기도한다.

> 오 사랑하는, 엄청난 믿을 수없는 체험을 주시는 놀라운 아버지여, 우리는 언제나 그러

14. *The Wisdom of Martin Luther King, Jr*, ed. Alex Ayres(New York: Meridian, 1993), 205.

한 것을 느낄 때 주께로 나아갈 수 있다는 확신을 느끼게 되나이다…또한 이제 사랑하는 주님, 우리는 아주 자연스럽게 그리고 단지 매우 솔직하게 주께 한 말씀으로 아뢰옵기는, 우리의 심령이 갈망하는 것을 우리에게 주시옵소서. 옛 이야기가 진술하고 있는 것처럼 주께서는 위로자이시며, 우리의 친구이십니다. 우리가 위로를 매우 사랑하기 때문입니다.[15]

야고보와 요한을 우리는 마치 우리의 거울을 보는 것과 같이 보고 있다. 우리는 우리 자신의 이기심을 볼 수 있으며, 마가는 우리가 얼마나 어리석어 보이는지를 깨닫기를 바라고 있다.

"속량"에 대한 예수의 말씀은 우리의 곤경과 그의 희생을 묘사하기 위하여 은유를 사용하고 있다. 그것은 우리가 노예가 되어있으며, 또한 우리 자신이 자유를 얻기 위하여 값을 지불하는 것이 불가능하다는 사실을 암시한다. 다른 어떤 사람이 지불해야 한다. 예수의 죽음은 비참한 사건이나 용기를 주는 순교가 아니라, 온 인류를 위한 최상의 희생이다. 이 이미지가 인간의 곤경과 예수의 죽음이 하나님과 인간이 갖는 상황을 올바르게 한 방식을 다 표현하지는 못할지라도, 속량이 우리 스스로 얻을 수 있는 어떤 것이 아니라는 것을 분명히 해준다. 그것은 하나님으로부터의 선물이다. 예수가 자기 생명으로 인류가 진 무한정한 빚을 청산하셨다. 그는 죄에 대한 노예 상태로부터 우리를 구원해내셨다.

그러나 한 가지 더 포착해야할 중요한 사항이 있다. 데모스테네스(Demosthenes)는 대속을 받은 사람이 그를 도피시킨 사람의 재산이 되었다는 법을 인용한다.[16] 바울은 고린도 교인들에 대한 권면에서 이 원리를 적용하여 말한다. "너희는 너희 자신의 것이 아니라 값으로 산 것이 되었으니"(고전 6:19b-20a). 그리스도로 말미암아 속량을 받은 우리는 전적으로 그분의 소유다.

---

15. Geddes MacGregor, *From a Christian Ghetto*(London: Logmans Green and Co, 1954), 95-96; Roland Mushat Frye, *Perspective on Man*(Philadelphia: Westminster, 1961), 149에서 인용함.
16. Ceslas Spicq, *Theological Lexicon of the New Testament*(Peabody, Mass., Hendrickson, 1994), 2:427에서 인용함.

마가복음 10:46-52

46 그들이 여리고에 이르렀더니 예수께서 제자
들과 허다한 무리와 함께 여리고에서 나가실
때에 디매오의 아들인 맹인 거지 바디매오가
길가에 앉았다가
47 나사렛 예수시란 말을 듣고 소리 질러 이르
되 다윗의 자손 예수여 나를 불쌍히 여기소
서 하거늘
48 많은 사람이 꾸짖어 잠잠하라 하되 그가 더
욱 크게 소리 질러 이르되 다윗의 자손이여
나를 불쌍히 여기소서 하는지라
49 예수께서 머물러 서서 그를 부르라 하시니
그들이 그 맹인을 부르며 이르되 안심하고
일어나라 그가 너를 부르신다 하매
50 맹인이 겉옷을 내버리고 뛰어 일어나 예수께
나아오거늘
51 예수께서 말씀하여 이르시되 네게 무엇을 하
여 주기를 원하느냐 맹인이 이르되 선생님이
여 보기를 원하나이다
52 예수께서 이르시되 가라 네 믿음이 너를 구
원하였느니라 하시니 그가 곧 보게 되어 예
수를 길에서 따르니라

원 의미

마가복음에 나오는 예수의 마지막 치유는 광야의 끝자락에 위치한 여리고에서 일어났다. 예루살렘으로 올라가는 길에 갈릴리의 유대인들은 요단 동편에 자리하고 있는 베레아를 통과함으로써 사마리아 지역을 우회하였을 것이다. 그들은 여리고에서 요단강을 건너 예루살렘으로 가는 가파른 길로 접어들어 여행의 마지막 길에 오른다. 거룩한 도성을 향하는 순례자들의 동정을 예상하여 한 소경이 길옆에 앉아서 구걸한다. 고대 세계에서 그러한 사람은 자선과 인도와 보호를 위해 완전히 다른 사람에 의존하여 살았다(레 19:4을 보라). 그는 사회에서 가치가 없는 사람들 가운데 하나였다.

바로 이것이 군중들이 그를 취급하는 방식이며, 사람들은 그에게 별 도움을 주지 않는다. 그가 예수에게 다윗의 자손이라고 외칠 때, 그들은 그분을 불쾌하게 만든다고 그를 꾸짖는다. 그들은 벳세다 사람들처럼 그를 예수에게로 데려오지도 않고 고쳐달라고 구하지도 않는다(8:22)—하지만 마가는 벳세다에 있었던 소경을 거지와 동일시하지 않는다. 이 군중은 예수와 같은 너무도 존귀한 인물은 도울 사람이 없는 소경 거지와 실랑이를 하기를 원치 않을 것으로 생각했음이 틀림없다(다윗의 소경에 대한 유명한 혐오증을 보라, 삼하 5:6-8). 그러나 마가는 이 거지에게 바디메오라는 이름을 붙임으로써 품위를 부여해 준다.[1]

소경은 군중으로부터 들려오는 꾸짖음에도 단념하지 않고, 더욱 필사적으로 외친다. 예수는 예루살렘으로 가는 여행의 막바지에 이르렀다. 그의 길에 크게 꾸물거리는 십자가의 그림자에도 불구하고, 그는 여전히 고통 중에 부르짖는 다른 사람들의 외침을 들으실 수 있는 분이시다. 군중은 그의 외침을 중단하게 하려고 한다. 하지만 예수는 그를 도우려 멈추신다. 군중은 보통 일을 그르친다. 예수에게서 무시해버릴 정도로 무가치한 존재는 아무도 없다. 문둥병자, 혈루증 여인, 어린아이, 그리고 여기서는 소경 거지, 이 모두가 예수의 관심의 대상이다.

바디메오는 육감을 통하여 보고 있는 이 사람이 인정을 받는 단순한 선지자요 나사렛의 기적을 행사하는 자를 초월하는 인물임을 깨닫고 그분에게 "다윗의 자손"이라고 외친다(마가복음에서 이 호칭이 여기서 단 한번 나온다). 예루살렘으로 그리고 수치스러운 죽음으로 예수가 더 가까이 나아가시면서, 메시야 곧 다윗의 자손으로서 그의 정체가 널리 퍼질 수 있다. 그러므로 바디메오의 이러한 부르짖음은 예수의 예루살렘으로의 극적인 입성을 준비해준다(11:1-11). 대부분의 사람들은 "다윗의 자손"이란 호칭은 국가적이고 군사적인 비전과 연결시켰다(솔로몬의 시 17:21-25을 보라). 예수가 작은 말을 타고 예루살렘에 도착하실 때, 그는 자신의 메시야 정체성에 대한 문제를 강하게 주장하시고, 군중은 조상 다윗의 왕국이 도래하고 있음을 환호하여 응답한다(11:9-10). 군사들은 예수가 왕으로 허세부리는 것으로 알고, 그들을 비웃는다. 빌라도는 그분을 "유대인의 왕"으로 처형하실 것이다. 지금의 이 에피소드는 다윗의 자손 예수가 폭동을 위하여 새로운 군사들을 모집하는 것이 아니라, 멸시받고 버림당한 사람을 향한 치유와 자비로운 사역을 하는 중에 왕으로서의 자신의 권위를 표현하신다. 이 다윗의 자손은 압제받은 자의 부르짖음을 들으시고, 소경에게 시력을 회복시켜 주시며, 축복과 평안을 가져다주신다.

군중들은 바디메오에게 잠잠하라고 말한다. 그러나 예수는 멈추시고 "그를 부르라"고 말씀하신다 이는 그분이 갈채를 받기 위하여 오지 않으시고 섬기러 오셨

1. 흥미롭게도, 마가는 독자들을 위하여 바디메오라는 이름의 의미("이는 곧 디메오의 아들")를 해석하는 반면에 "랍보니"라는 용어는 설명하지 않는다(10:51, NIV에서는 랍비로 번역하고 있음). 그는 그 이름이 "영예의 가치"를 의미하는 사람이 그렇게 초라하게 취급받는 아이러니를 강조하기를 원할 수도 있다.

다는 또 다른 증거다. 예수는 간절하게 도움을 요청하는 바디메오의 외침에 응답하신다. 동사 "부르다"('포네오')가 49절에서 세 번 반복된다. 예수가 군중들에게 "그를 부르라"고 하시고, 그들이 소경을 부르면서 "안심하고 일어나라 그가 너를 부르신다"고 말한다.[2] 예수는 제자들이 바닷가에 어부로 있을 때 하셨던 것처럼 그를 부르시지는 않지만, 바디메오는 첫 제자들이 그러했던 것처럼 즉시 반응한다. 그는 벌떡 일어나 예수에게로 갔고, 예수는 그에게 "네게 무엇을 하여 주기를 원하느냐?"고 물으신다(10:51).

이 질문은 소경을 향한 질문으로서는 이상하게 보이지만, 예수는 그가 진정으로 그분에게 무엇을 원하는지를 생각해보게 하고 있다. 그의 대답인 "선생님[직역: '랍보니']이여 보기를 원하나이다"는 길거리에서 구걸하는 소경(10:46; 4:4, 15을 보라)에서 길에서 예수를 따르는 사람(10:52)으로 자신을 변화시킬 것이라는 믿음을 나타낸다.[3] 그는 예수가 이사야 35:5을 이루실 수 있고, 또한 소경에게 시력을 가져다주실 수 있다는 사실을 믿는다. 전체 장면은 이사야 42:16에 있는 약속을 상기시킨다.

> 내가 맹인들을 그들이 알지 못하는 길로 이끌며
> 　그들이 알지 못하는 지름길로 인도하며,
> 암흑이 그 앞에서 광명이 되게 하며
> 　굽은 데를 곧게 할 것이라
> 내가 이 일을 행하여,
> 　그들을 버리지 아니하리니.[4]

마샬(Marshall)은 이 치유에서 "이상하게도 이적 자체의 과정…치유하는 말이나 행위, 치유의 증명, 그리고 일제히 소리를 지르는 환호에 대한 강조가 결핍되어 있다"고 주장한다.[5] 이 단락이 제자도에 관한 주제를 담고 있는 것처럼 이 이적은

---

2. 자기들이 꾸짖은 사람에 대해서 예수가 주시하실 때, 군중의 분위기가 어떻게 돌변하고 있는지 살펴보라.
3. '랍보니'라는 호칭(나의 선생님, 요 20:17을 보라)은 위대한 선생님을 향한 경의를 표하는 것일 수도 있고, 그렇지 않으면 하나님에게만 돌려지는 이러한 호칭을 사용함으로써 예수가 신적인 권위를 가지고 계시다는 사실을 암시할 수도 있다(Waetjen, *Reordering*, 178-79).
4. 마커스(Marcus, *The Way of the Lord*, 34)는 다음과 같이 기록한다. "소경의 회복이 여호와의 구속받은 사람들이 기쁨의 노래를 부르면서 시온으로 돌아오는 거룩한 길에 대한 모습과 연결되어 있다. 그러므로 광야에 꽃이 피는 것, 소경이 눈을 뜨는 것, 그리고 여호와의 길이 서로 연결된 주제들이다.

상징적 의미를 취하고 있다. 예수는 치유하셨던 다른 사람들에게 가라고 하시고(1:44; 2:11; 5:19, 34; 7:29) 그들의 믿음이 그들을 구원하였다고 말씀하셨다(5:34을 보라). 그러나 바디메오는 자기가 가고 싶은 길로 가지 않는다. 그의 눈이 보게 되어 그는 제자들이 부름을 받은 것처럼 예수를 따르기로 결심한다(8:34). 예수가 부르셨던 처음 몇 제자들처럼, 그는 자신의 이전 생활방식을 버리고, 모든 것을 떠난다. 그가 버린 외투는 많은 재산은 아닐지라도, 그가 이 세상에서 가진 유일한 재산이요 필수품이었다(출 22:26-27; 신 24:12-13). 외투는 매일 자선금을 받기 위하여 펼쳐놓은 것이었고, 밤에는 그를 따뜻하게 하는 수단이었을 것이다. 그는 예수를 따르는데 방해물을 가지지 않을 것이다. 단 하나의 외투를 버린다는 것은 가진 모든 것을 파는 것보다 더 쉬운 것으로 보일 수도 있겠지만(10:21), 그것은 소유를 가진 자가 하나님 나라에 들어가기가 얼마나 어려운지를 예수가 지적해주셨던 이유이기도 하다(10:24-25).

상황잇기

제자들은 스스로 영적 소경들임을 보여주고 있으며, 예수는 자신의 생명을 주어야 한다는 하나님의 요구와 자기 십자가를 지고 예수를 따라야 한다는 요구에 대해서 그들의 안목을 열어주려고 하신다. 이 장면은 소경의 치유를 제자도의 문제와 연결시켜 준다. 예수는 이 커다란 단락의 시작 지점과 마지막 지점에서 소경들의 눈을 뜨게 해 주신다(8:22-26). 그러므로 이 단락을 해석함에 있어서, 그것을 단지 또 다른 치유 이적으로만 취급하지 말고 제자도를 위한 암시로 인식해야 한다.

이전 사건에서의 야고보와 요한의 요구와 동일한 구절들(10:32-40)은 이러한 암시들을 밝혀주는데 도움이 된다. 야고보와 요한은 "그들이 가는 길에"(10:32) 예수에게 접근한다. 바디메오는 "길에 앉았다가"(10:46) 불쌍히 여겨달라고 소리친다. 그리고 예수가 그의 시력을 회복시켜주실 때, "길에서 따랐다"(10:52). 그 "길"('호도스')은 이 단락에서 의미심장하다(8:27; 9:33-34; 10:32). 더 나아가서 예수는 세베대의 두 아들과 바디메오 모두에게 "네(너희)게 무엇을 하여 주기를 원하느냐?"고 같은 질문을 하신다(10:36, 51). 이 질문에 대한 제자들의 대답은 자신들이 예수와 함께 보좌에 앉아서 영광 가운데 다스리는 것이다. 바디메오는 티끌에

5. Marshall, *Faith as a Theme*, 124.

앉아서 영광을 위해서는 아무것도 구하지 않지만, 비참한 가난에서 부르짖는다. 그는 오직 보기를 원한다. 제자들은 예수를 자기들에게 지배력과 영광을 가져다주는 메시야로 본다. 바디메오는 그분을 자기에게 치유와 시력을 가져다주시는 메시야로 본다. 예수는 권세를 달라는 제자들의 요구를 들어줄 수 없지만, 보기를 원하는 소경의 요구는 들어주실 수 있다.

예수는 물리적 시각장애를 고칠 수 있지만, 그보다 영적인 시각장애를 더욱 고치기를 원하신다. 문자적인 차원에서 바디메오는 문둥병자처럼(1:40-42) 자신의 육신의 시력을 찾기 원하고, 다윗의 자손 예수가 자신의 시력을 찾는 이적을 행하실 수 있다고 낙관적인 생각을 한다. 영적인 차원에서 바디메오는 모든 제자들이 보기를 원한다고 해야 하는 바로 그것을 소리친다. 예수를 따르라는 바디메오에 대한 부르심과 결단은 예수가 특별히 따르라고 부르시는 사람에게만 제자도가 제한된 것이 아니라 믿음 안에서 예수와 동일시하는 모든 사람에게 열려 있음을 드러낸다.[6] 예수를 신뢰함으로써 그리고 예수를 따르기로 결심함으로써 제자가 될 수 있다.

현대적 의미

"나 같은 죄인 살리신"의 익숙한 한 가사 "잃었던 생명 찾았고 광명을 얻었네"(I was once lost but now I am found, Was blind, but now I see, 직역: '언젠가 잃어버려진 존재였으나 이제는 찾아진바 되었고 과거에는 소경이었으나 이제는 본다네')는 회심을 소경에서 볼 수 있게 되는 것으로 이해하고 있다. 바디메오의 치유는 오늘날 우리의 영적 소경됨의 치유에 대한 전형일 수 있다. 우리는 이 사건에서 어떤 빛이 회심 가운데서 소경됨으로부터 봄으로 나아가는 변화에 빛을 던져주는지를 보게 될 것이다. 우리는 도움을 구하는 그 사람의 호소를 가로막으려는 군중의 무관심한 태도를 검토해볼 수 있을 것이다.

소경됨에서 보는 것으로. 많은 사람들이 이 소경과 예수와의 만남을 논한다. 이것은 인간의 삶에서 받은 치유의 은혜와 어울린다. 그들은 은혜를 받기 위해 구걸하는 자로서 도움을 필사적으로 부르짖으며, 다른 사람들이 자기들의 부르짖음을 중단시키거나 잠잠하게 하려고 할 때 더 크게 소리지르는, 비유적으로 자신들이 티끌에 앉아 있는 것과 같다는 것을 안다. 그들은 예수가 돌보신다는 사실을 배우는

6. Ibid.

것이 무엇과 같은지를 알고 있다. 즉 군중들의 중단시키려는 시끄러운 소리 사이로 그들의 부르짖는 소리를 충분히 들으시고, 마음을 기쁘게 하는 음성을 주시기에 충분하다는 것이다.

만일 우리가 이 치유를 오늘날 영적 시력의 회복을 위한 패러다임으로 취급한다면, 여러 가지 모티프를 깨닫게 될 것이다. (1) 치유는 예수가 고쳐주시는 사람들에게 항상 쉽게 오는 것이 아니라는 사실이다. 바디메오가 예수로부터 치유를 받기 이전에 도움을 구하는 그의 부르짖음을 억누르는 군중의 제지를 극복해야 한다. 그는 예수가 자기 이름을 부르시기까지 예수의 이름을 계속하여 불러야 했다.

우리는 이 복음서의 다른 치유의 이야기들에서 이런 집요한 결심을 보아왔다. 수로보니게 여인은 자신이 유대인이 아니고 예수가 처음에 그녀를 거절하였을지라도, 예수가 자기 딸을 치유하실 것이라 희망을 포기하지 않는다(7:24-30). 야이로는 자신의 죽은 딸을 위하여 예수가 아무것도 할 수 없을 것이라는 애곡하는 자들의 조롱을 무시한다(5:35-43). 친구들은 한 중풍병자 친구를 예수에게로 데려오기 위하여 군중을 뚫고 들어가서 지붕을 뚫는다(2:1-12). 문둥병자와 혈루증을 가진 여인은 예수의 도우심을 받기 위하여 사람을 접촉하는 것을 금하는 율법을 무시한다(1:40-45; 5:25-34). 필사적인 아버지는 제자들이 이미 실패한 고통당하는 자신의 아들을 도와줄 어떤 일을 하실 수 있다는 의심을 극복한다(9:14-29). 치유는 끈기 있는 사람들에게 오는 것이며, 가는 길에 어떤 다른 장애물로 인하여 쉽게 낙심하는 사람에게 오지 않는다. 얼마나 많은 사람들이 그러한 비전을 실현하기 위해서 군중의 혹평을 무시할 정도로 그렇게 필사적으로 보기를 원하고 있는가?

(2) 만일 치유가 끈질김을 요구한다면, 구조를 받기 위하여 예수에게 나아옴에 있어서 의지가 있어야 한다. 바디메오는 어떤 감상적인 감정주의에서 나사렛 출신의 유명한 선지자를 만나기를 원한 것이 아니다. 그는 예수가 자기를 긍휼히 여기시고 시력을 회복시켜 줄 수 있다는 사실을 믿었기 때문에 특별히 그분에게 부르짖은 것이다.

예수의 질문인 "네게 무엇을 하여 주기를 원하느냐?"는 이 소경의 곤경이 분명했으므로 어리석은 질문처럼 보일 수도 있었다. 그러나 이 질문은 두드러진 대조를 보이는, 다른 사람들이 나오는, 마가복음 10장의 문맥에서 완전한 의미를 전달한다. 바리새인들은 예수를 속여서 함정에 빠치기를 원했다(10:2). 부자는 최소한의 값을 지불하고 영원한 안정을 얻으려 했다(10:17). 야고보와 요한은 그 나라의 관리 가운데서 최고의 지도자가 되기를 원했다(10:35-36). 보통 소경은 돈만을 원하지만, 바디메오는 보기를 원한다.

"네게 무엇을 하여 주기를 원하느냐?"는 하나님이 언제나 우리에게 물으시는 가장 중요한 질문이며, 이 질문에 대해서 대부분의 사람들은 자주 잘못된 대답을 한다. 우리는 인생에서 잘못된 모든 것들을 구하고 있다. 많은 실례를 들 수 있겠으나, 마가는 두 개의 두드러진 사례를 말하고 있다. 헤롯은 춤을 춘 의붓딸에게 주님의 말씀과 본질적으로 같은 질문을 한다. "무엇이든지 네가 원하는 것을 내게 구하라"(6:22). 그녀의 대답은 "세례 요한의 머리입니다." 빌라도는 군중에게 같은 질문을 한다(15:9, 12). 그들의 대답은 "바라바요" 그리고 "예수를 십자가에 못박으시오." 이 질문에 대한 우리의 대답은 우리가 사망을 구하는지 생명을 구하는지를 드러내고, 우리가 소경의 상태에서 치유를 받기를 원하는지, 아니면 이기적으로 우리의 분부대로 하고 자신의 야망을 이루기 위하여 하나님을 이용하기를 원하는지를 드러낼 것이다.

(3) "망설이는 사람은 잃는다"란 금언이 이 상황에 적용된다. 바디메오는 이런 식으로 망설일 수 없다. "예수가 이런 식으로 다시 지나가시는 덜 붐비고 덜 열기가 고조된 시간까지 기다려보자." 마가복음에서 치유를 받은 사람들은 확고하게 행동하며, 자존심과 조심성을 벗어던지고 예수가 지나가실 때 얻은 기회를 쟁취하고자 했다. 그렇지 않으면 치유 받을 기회는 사라진다.

(4) 바디메오는 고침을 받은 다음에 행동으로 옮긴다. 마가는 처음에 이 소경을 "길가에 앉아있는 사람"으로 묘사한다. 길에 앉아있는 것은 구원에 위험할 수 있다(4:15을 보라). 다른 사람들이 선을 따라 살고 있는 때에 구경꾼처럼 사이드라인에 앉아있을 수는 없다. 쇠약하게 하는 질병으로부터 치유 받을 때, 사람들은 보통 삶을 올바르게 살아보기를 보통 원한다. 영적 시력을 얻게 될 때, 예수가 가신 길을 따라야 한다.

군중의 반응. 도움을 위한 소경의 부르짖음에 대한 군중의 부정적인 반응은 무엇인가를 필요로 하는 사람들에 대한 우리의 사랑에 문제가 있음을 야기한다. 공동체는 자신들이 도와주지 못하는 무능력을 상기시켜 주는 당황스러운 부르짖음을 잠잠하게 만들고 싶어 할 수 있다. 필사적인 부르짖음은 대부분의 사람들을 불편함을 가져다주는데, 그들이 우리들의 한가운데서 그리할 때 더욱 그렇다. 슬픈 일은 교회들이 자주 무능력한 사람들로부터 등을 돌리고, 그들을 보살피려고 노력하지 않으며, 그들이 존재하지 않은 것처럼 가장한다는 것이다. 잘 갖추고 있는 사람들은 가끔 주변에 무능력한 사람을 불편해한다. 우리가 그러한 사람들에게 잘못된 것을 말할 수 있다는 염려가 불편을 초래할 수 있다. 그런데 분명히 바디메오를 둘러싸고 있는 이 군중은 옳지 않은 것을 말하는 것에 대해서는 염려하지 않는다. 그들은 예수가 그를 특별히 주목하기까지는 소경의 필요성에 관해서 완전히 무시한다.

이 사회가 예수로부터 교훈을 터득하지 못하고, 오늘날 무능력한 사람들을 너무나 자주 따돌리고 무시한다. 나는 휠체어를 타고 예배를 드리는 몇몇 사람들이 다니는 교회에 대한 이야기를 들었다. 그들은 커다란 방이 있고 의자가 복도를 가로막지 않는 성전의 앞에서 휠체어를 대고 예배를 드렸다. 그런데 한 교인이 예배시에 그들이 앞에 휠체어를 타고 앉아 있는 것이 예배를 손상시킨다고 주장하였다. 그는 장애인들이 잘 보이는 곳에 착석하는 것이 다른 사람들이 그 교회에 합세하는 것을 방해한다고 생각했다. 그는 교회가 그들이 아주 두드러지지—"교회에 올 때 첫 번째로 보이는 곳"—않는 특별한 곳을 만들 필요가 있다고 주장했다.

나는 이 사람이 반대하는 배후의 동기를 이해하려고 했다. 아마도 그는 예배를 방해하는, 다른 사람의 개인적 고통에 동요를 일으키는, 모습을 원치 않았을 것이다. 아마도 그는 생명과 건강이 얼마나 깨어지기 쉬운지를 생각하고 싶지 않았던 것으로 보인다. 아마도 그는 질병, 재앙, 불구 등이 신앙적인 활동을 통하여 인생에서 어느 정도 피할 수 있음을 스스로 확신하려고 했던 것으로 보인다. 예수 그리스도의 교회가 되려면, 교회는 필사적으로 도움을 필요로 하는 사람들의 급박한 부르짖음을 저지하거나 백성들의 삶을 공격하는 비극들을 덮어버리는 군중들과 같이 되어서는 안 된다. 우리는 예수처럼 기꺼이 귀를 기울이고 멈추어서 반응해주어야 한다.

마가복음 11:1-11

1 그들이 예루살렘에 가까이 와서 감람 산 벳
바게와 베다니에 이르렀을 때에 예수께서 제
자 중 둘을 보내시며
2 이르시되 너희는 맞은편 마을로 가라 그리로
들어가면 곧 아직 아무도 타 보지 않은 나귀
새끼가 매여 있는 것을 보리니 풀어 끌고 오라
3 만일 누가 너희에게 왜 이렇게 하느냐 묻거
든 주가 쓰시겠다 하라 그리하면 즉시 이리
로 보내리라 하시니
4 제자들이 가서 본즉 나귀 새끼가 문 앞 거리
에 매여 있는지라 그것을 푸니
5 거기 서 있는 사람 중 어떤 이들이 이르되 나
귀 새끼를 풀어 무엇 하려느냐 하매
6 제자들이 예수께서 이르신 대로 말한대 이에
허락하는지라
7 나귀 새끼를 예수께로 끌고 와서 자기들의 겉
옷을 그 위에 얹어 놓으매 예수께서 타시니
8 많은 사람들은 자기들의 겉옷을, 또 다른 이
들은 들에서 벤 나뭇가지를 길에 펴며
9 앞에서 가고 뒤에서 따르는 자들이 소리 지
르되 "호산나" "찬송하리로다 주의 이름으로
오시는 이여!"
10 "찬송하리로다 오는 우리 조상 다윗의 나라
여!" "가장 높은 곳에서 호산나" 하더라
11 예수께서 예루살렘에 이르러 성전에 들어가
사 모든 것을 둘러보시고 때가 이미 저물매
열두 제자를 데리시고 베다니에 나가시니라

원 의미

예수의 예루살렘 입성은 군중들을 피하시고 비밀로 부치는 일을 마치시며 성전에서 대적들과의 공개적 대결을 시작하시는 전환점이 된다. 그의 수난의 일주일의 첫날은 다윗의 나라의 도래를 환호하는 군중들의 갈채와 함께 대관식 짐승 위에 올라타고 들어오시는 그의 극적인 도착을 환영하는 것으로 시작된다(11:1-10). 이 장면은 예수가 성전에 대한 짧은 순시를 하시면서 끝난다(11:11). 그 다음날은 성전에서 있었던 그의 극적인 행동으로 넘어가는데, 무화과나무에 대한 저주가 그 사이에 끼여 있다(11:12-25).

세 번째 성전 방문에서 그는 다양한 대적들의 공격적인 도전을 받아넘기신다. 대제사장들은 어떤 권세로 그러한 일들을 하는지를 묻고, 예수는 반박하는 질문과 불길한 비유로 응답하실 뿐이다(11:27-12:27). 바리새인들과 헤롯당원들은 협력하여 부담스러운 질문, 곧 하나님에게 속해있는 백성들이 가이사에게 세금을 지불하는 것이 옳은지 그른지를 가지고 예수를 올무에 걸리게 하려고 한다(12:13-17). 그 다음으로 사두개인들이 부활에 관하여 조롱 섞인 질문을 제기한다(12:18-27). 예수가 그들에게 훌륭하게 대답하실 때 이에 동의한 율법교사(서기관)가 그분에게 가장 큰 계명에 관해서 묻는다(12:28-34). 그러고 나서 예수는 도성으로 들어오실 때 흥분한 순례자들이 소리쳤던 다윗의 나라라는 주제로 방향을 돌려서 다윗의 자손에 관한 수수께끼를 내신다(12:35-37). 환호하는 군중들에게 예수는 메시야가 다윗보다 더 크시며 메시야의 나라가 다윗의 나라보다 더 크다는 사실을 공포하신다. 그러고 나서 그는 거룩으로 자신들의 불경건을 위장하고 과부들의 곤경으로부터 부당이득을 취하는 자들인 율법 선생(서기관)들을 비난하신다(12:38-40). 이 성전의 장면들은 생계유지를 위한 갖고 있는 돈 전부를 헌금 궤에 드리는 과부를 예수가 주목하시면서 끝맺는다(12:41-44).

성전을 둘러싸고 일어난 에피소드는 예수가 예루살렘 동편에 있는 감람산으로부터 이 도성에 들어오실 때 시작된다. 그는 제자들에게 한 나귀새끼를 끌고 오라고 지시하시고, 그 과정에서 제자들에게 어떤 일들이 있게 될 것인지를 정확하게 예고하심으로써 그의 초자연적 예지(豫知)를 보여주신다. 그들이 들어가는 마을 가까이에, 묶여있는, 짐을 져보지 않은 숫 나귀새끼. 그는 또한 제자들이 나귀새끼를 끌고 오려고 할 때 제지를 받을 것이라고 예언하신다. 그들이 그러한 제지에 대해서 말해줄 대답인 "주가 쓰시겠다(The Lord needs it)"는 다윗이 성스러운 떡을 먹은 것과 같은 정당성을 가진 것이다 "다윗이 자기와 및 함께 한 자들이 먹을 것이 없어 시장할 때에"(2:25). 예수는 필요로 하는 것은 무엇이나 소유하실 권한이 있는 왕으로서 짐승에 대한 권한이 있다는 인상을 풍기신다. 그러나 빼앗는 왕들과는 달리 예수는 그 짐승을 즉시 돌려보내실 것이다.[1] 제자들은 즉시 순종하고 모든 일은 예수가 말씀하신 대로 일어난다.

예수는 예루살렘으로의 거대한 입성을 계획하시는데, 이것은 마가복음서에 나오는 그의 이전의 행동방식과는 상당히 다른 모습이다. 그는 자신의 사역 기간동안 배로 호수를 건넌 몇 번의 경우를 제외하고는 어느 곳이든 걸어 다니셨다. 나귀를 타고 예루살렘으로 가시는 여행이라는 마지막 단계를 완성하시려는 결심은 "일종의 권세 있는 주장과 같아 보인다."[2] 그가 선택하시는 짐승은 결코 짐을 져보지

---

1. G. H. R. Horsley, *New Documents Illustrating Early Christianity*(North Ryde. Macquarie Univ. Press, 1981), 1:36-43을 보라.

2. Hooker, *Mark*, 257. 당나귀가 팔레스타인에서 더욱 흔하였을지라도, 나귀새끼(망아지)는 말이나 노새였

않은 것이기에 성스러운 목적에 적합하고 왕을 모시는 일에 부합한다.[3] 묶여지고 풀려지는 나귀새끼(11:2, 4)는 메시야적으로 해석되어졌던 구절들인 창세기 49:10-11과 스가랴 9:9을 암시해주고 있다. 예수는 이스라엘의 메시야로서 예루살렘으로 들어가신다.

이러한 계획된 예루살렘 도착은 자신에게 이목이 집중되는 것을 피하셨던 예수의 이전 행동과는 다르다. 사람을 끄는 힘과 그가 베푸는 기적들이 낮은 자세를 유지하려는 그의 바람을 거의 불가능하게 했다. 그럼에도 불구하고 그는 끊임없이 슈퍼스타에게 매혹된 군중들을 교묘히 피하려고 노력했다. 그들의 환호가 그의 사명을 축제로 변질시킬 수 있는 위험이 있기 때문이다. 그는 자신이 무엇을 하도록 보내심을 받았는지를 온전히 이해하지 못하고 그의 이름을 옹호하려고 힘썼던 사람들을 침묵하게 만들었다. 또한 달콤함과 영광에 대한 환상만을 바라보고, 그분이 걸어온 길의 표지들이 골고다와 십자가의 죽음을 가리키고 있다는 사실을 깨닫지 못하는 사람들의 분위기를 예수는 완화시켰다. 이제 일어나는 일은 완전한 반전이다. 예수는 선동적인 입성을 통하여 대중들이 즐거워하도록 격려하신다. 마이어즈(Myers)는 그것을 "정치적인 거리 공연"으로 부르는 데까지 나아간다.[4] 그의 행동은 군중들로 하여금 거리 모퉁이와 지붕꼭대기에서 그의 이름을 기쁨에 넘쳐서 부르도록 격려해준다. 유월절에 참석한 군중들은 애굽에서 이스라엘의 구출을 축하한 이 절기동안 좋은 것을 기대하는 경향이 있었지만, 불행하게도 그들은 예수가 어떤 군대의 쿠데타를 지휘할 것으로 잘못 기대하고 있었을 것이다.

마가는 제자들이 자기들의 옷으로 짐승에 안장을 만들어 얹었고, 군중들은 자기들의 옷을 가지고 길을 깔았다고 기록한다(군중들이 예후가 왕으로 기름부음을 받았을 때 했던 것처럼, 왕상 9:12-13). 예수를 따르는 자들과 행렬의 소동에 뒤얽힌 순례자들은 종려나무 잎과 가지들(혹은 잘려진 줄기)을 가지고 거리에 열을 지어 서서 호산나('우리를 구원하소서'를 의미함)라는 합창과 축원으로 진동한다. 이 거리의 합창은 할렐(감사) 시(시 118:25-26) 중의 하나를 노래한다. 아이러니하게도 예수는 그의 귀에 울리는 할렐과 함께 감람산으로부터 그 도성으로 들어가신다. 그는 나중에 제자들과 가진 마지막 성만찬의 끝 부분에서 할렐 찬송으로 보이는 찬양을 노래한 다음에 고통 가운데 기도하기 위하여 감람산으로 떠나가신다.

을 수 있다. 그리고 왕들은 노새를 탔었다(삼하 18:9; 왕상 1:33-48).

3. *m Sanh* 2:5에 따르면, 다른 어느 누구도 왕의 말을 탈 수 없다.

4. Myers, *Binding*, 294.

예수의 도착으로 말미암아 유발된 흥분은 단지 돌아보고 떠나기 위하여 그가 성전으로 들어가실 때 급격하게 잠잠해진다. 마가는 어떤 거대한 일이 일어날 것이라는 독자의 기대감을 야기하지만, 아무것도 일어나지 않는다. 그는 "이미 저물매"(밤; 11:11)라고 말한다. 무엇을 하기에 늦었다는 것인가? 예수가 어떤 일을 하시기 전에 시간이 다 되었다는 것인가? 아니면 성전의 문을 여는 시간이 지났다는 것인가? 예루살렘으로의 예수의 극적인 입성에 대한 이러한 특색 없는 종결은 단지 눈에 보이는 것만을 묘사하고 있지 않다. 그것은 그 다음날에 일어날 일을 위한 발판을 제공하며, 그 진정한 의미는 구약성경을 통해서만 발견할 수 있을 뿐이다. 예수는 찬란한 금, 번쩍이는 흰 대리석, 거대한 돌들에 즐기는 관광객으로서 성전을 둘러보시지 않는다.[5] 또한 그는 경건한 경외심에서 방문하지도 않는다. 그는 기도를 드리거나 희생 제사를 드리지도 않는다. 예수는 오를 것을 준비하시는 주로서 자신을 밝히신다(11:3). 그는 이제 말라기 3:1-2에 예고된 성전에 들어가시는데, 이 구절은 마가가 이 복음서의 서론에서 인용했던 구절이다(막 1:2).

> 만군의 여호와가 이르노라 보라 내가 내 사자를 보내리니 그가 내 앞에서 길을 준비할 것이요 또 너희가 구하는 바 주가 갑자기 그의 성전에 임하시리니 곧 너희가 사모하는 바 언약의 사자가 임하실 것이라
>
> 그가 임하시는 날을 누가 능히 당하며 그가 나타나는 때에 누가 능히 서리요 그는 금을 연단하는 자의 불과 표백하는 자의 잿물과 같을 것이라.

예수는 그것을 조사하기 위하여 성전에 들어가시고, 그 다음날에 일어난 사건은 그가 그 성전을 회복하기 위해서가 아니라 그곳에 임할 하나님의 심판을 선언하기 위하여 오신다는 사실을 보여준다.

상황잇기

그분이 예루살렘으로 가까이 올 때, 예수를 맞이하던 찬양하던 자들의 기쁨에 넘치는 열정과 화려한 행렬은 그의 방문에 경사스러운 출발을 제공하는 것처럼 보인다. 독자들은 예루살렘에서 예수에게 일어날 일에 관한 그의 무서운 예

5. 마가는 넋을 잃고 "둘러보는"('페리블레포마이') 것으로 이 동사를 사용하고 있지 않고 비판적으로 조사하기 위해서 이 동사를 사용한다(3:5, 34; 5:32; 10:23). 책망하는 듯하게 바라보시는 예수를 묘사할 수도 있다.

고가 어쩌면 틀리기를 바랄 수도 있다.[6] 그렇지만, 환호는 마가가 독자에게 예상하도록 준비하는 어렴풋한 대단원을 단지 일시적으로 숨기고 있다. 열광적인 기쁨은 쓰라린 통곡으로 변할 것이다. 승리의 환희는 두려움의 공포로 변할 것이다.

군중들은 환호하는 중에 오해를 하게 된다. 그들은 예수의 예루살렘으로의 입성을 승리의 입성으로 취급하고, 다윗 왕국의 권세와 영광의 회복에 관한 애국주의자의 함성을 외친다. "찬송하리로다 오는 우리 조상 다윗의 나라여!" 예수가 왕으로 오신다는 사실은 옳지만, 그들은 현세적인 제국을 건설하실 전형적인 군주를 기대한다. 이방의 통치를 종식시키고 이스라엘의 옛 영광을 회복시키기 위하여 예루살렘으로 들어오시고 있다는 그들의 잘못된 추측은 때 이른 축제로 이끌어간다. 이러한 잘못된 희망들은 그분을 잡으러오는 사람들에게 무기력하게 포박을 당할 때 산산이 부서지지만(눅 24:21을 보라), 새롭고도 더 큰 희망이 소생할 것이다.

예루살렘 입성은 승리의 입성이 아니다. 예수는 돌격자로 예루살렘에 들어가지 않으신다. 그는 일련의 전리품들을 치켜 올리시지도 않고, 포로들의 행렬이 그 뒤를 따르지도 않는다. 사실상, 그 주간에 로마의 수비대가 패배한 포로처럼 그분을 도성 밖으로 이끌어낼 것이다. 따라서 예수는 제자들이 가지고 있는 현세적 영광에 대한 공상을 가지고 계시지 않는다. 그가 세 번이나 미리 경고하셨던 것처럼 가이사를 대항하는 나라를 세우기 위해서가 아니라 고난을 당하고 죽기 위하여 도성에 나타나신다. 그는 가시로 만든 면류관을 쓰시고 십자가라는 보좌에 앉으시며 어리석은 자들의 두목으로 조롱을 받으실 왕으로 오신다. 그의 입성은 군중이 마음속에 그린 것과는 다른 종류의 승리, 어떤 다윗왕조보다도 더욱 강할 능력, 이스라엘이나 혹은 심지어 로마 제국의 협소한 국경들보다 훨씬 더 멀리 미치는 나라를 가리켜준다.

상황을 연결함에 있어서, 메시야를 기쁨으로 환영하는 것이 정당하다는 사실을 분명히 할 필요가 있는 반면에, 우리는 예수가 어떤 지상의 거대한 나라를 세우기 위하여 오지 않았다는 사실을 잊어서는 안 된다. 군중들은 그의 목적을 이해하지 못한 채, 그분을 환호하면서 맞이한다. 많은 설교들이 변덕스러운 군중들—한 순간 그분을 왕으로 환호하면서 맞이하고 그 다음에는 "저를 십자가에 못박으소서"

---

6. 이 사회를 휘젓는 예루살렘 입성에서 마가는 예수의 정체를 이스라엘의 왕으로 확립시킨다. 바일지키안(Bilezikian, *The Liberated Gospel*, 127)은 이 장면도 역시 극적인 집회에 적합하다고 주장한다. 즐거운 합창, 춤, 행진, 그리고 확신과 행복에 대한 감정적인 표현이 활동의 대 절정 직전에 나타난다. 그러나 기쁨의 폭발과 결합된 희망들은 실현되지 않을 것이다.

라고 외치는—에 대해 설파하였지만, 예수를 따르는 자들이 군중의 갈채와 열정을 자극시켰다고 보아야 할 것이다. 제자들이 가장 변덕스러운 사람들이었다는 사실을 잊어서는 안 된다. 고함을 지르는 국수주의자들의 슬로건은 예수가 그 다음날에 이루실 일과는 거의 관계가 없다. 이 장면은 아직까지도 메시야와 함께 보좌에 앉아서 다스릴 수 있는 지상의 영광스러운 하나님의 나라를 바라보고 있는 제자들을 그리고 있다.

현대적 의미

많은 교회들이 종려주일의 분주한 분위기 속에 회중 가운데서 종려나무 잎을 흔드는 어린이들과 함께 예수의 성대한 예루살렘 입성을 축하한다. 그 다음 주일에는 부활절과 죽은 자 가운데서 부활하신 예수를 축하한다. 이러한 주일 예배에 참석한 대부분의 회중들은 그 한 주간 동안에 있었던 예수의 수난 사건들을 특별히 기념하는 예배에는 참석하지 않는다. 따라서 그들은 그 사이에 들어있는 수난을 놓치고 지나간다. 그들은 기독교가 한 축일에서 다른 축일로 이동하는 것이라거나, 부활절이 "십자가를 지키기보다는 어느 정도 지워버리는"[7] 잘못된 인상을 가질 수도 있다. 다른 어떤 복음서보다도 마가복음은 예수의 엄청난 수난을 묘사한다.

저자는 귀가 멍할 정도의 박수갈채 가운데서 그분이 느끼고 있던 두려움의 고립을 기록하고 있다. 만일 우리가 예수를 환호한다면, 우리는 우리에게 영광을 가져다주기 위하여 오신 분이 아니라, 우리의 죄를 위하여 죽으려고 오시는 분으로 환호해야할 것이다. 우리는 다윗의 왕국을 세우는 자가 아닌 하나님의 나라를 위하여 자기의 생명을 주시는 분으로 그분을 환호해야 한다.

군중들은 예수가 정치적 원수들로부터 그들을 구원하러 오셨다고 생각하고서 "호산나! 우리를 구원하소서"라고 외친다. 우리가 가장 필요로 하는 것은 그분이 우리 자신으로부터 우리를 구원하시는 것이다. 인간의 성품과 열망은 오랫동안 거의 변하지 않고 있으며, 이 사건은 우리가 아직도 최소한 세 가지 것에서 구원받을 필요가 있음을 보여준다. (1) 서로에 대항하여 세운 자그마한 고립된 장소로 세상을 나누는 편협한 국수주의로부터 우리는 구원을 받아야 한다. 예수는 누군가의 정치적 의사일정을 이루기 위하여 오지 않으셨다. 우리의 재판관으로서 그분은 예

7. Fred B. Craddock, *The Gospels*(Nashville. Abingdon, 1981), 64.

루살렘의 성전에서 하셨던 것처럼 그것을 책망하실 것이다. 놀랍게도 사람들은 여전히 예수를 국수주의자의 깃발로 예쁘게 감싸면서 그가 자기들의 정치적 슬로건을 찬성하실 뿐만 아니라 그것들을 이루기 위하여 역사 하실 것이라고 생각한다. 예루살렘으로 오시는 그는 온 세상의 왕으로 오시며, 온 백성들을 위하여 죽으신다. 그의 백성은 어떤 한 국가 가운데만 있지 않다. 그의 희생적 사랑은 국경을 초월한 모든 국가들과 인종들 너머에까지 미친다.

(2) 우리는 고난이 보이기 시작하자 예수를 버리는 변덕스러운 믿음에서 구원을 받아야 한다. 예수는 암울한 겟세마네로 같이 가지 않고 기도하지 않는, 보다 더 암울한 골고다까지 그분과 함께 가지 않는, 대중들의 갈채를 환영하지 않으신다. 부활절을 둘러싸고 그 갈채가 시작될 즈음에 일년에 단 한 번 나오는 그리스도인들을 그는 전혀 사용하실 수 없다. 그는 말할 수없는 고통에 직면해 있을 때에라도 끝까지 참을 사람들을 필요로 하신다.

(3) 우리는 참으로 십자가에서 그 결과가 나타난 하나님의 능력을 깨닫도록 하기 위하여 영광에 대한 어리석은 기대로부터 구원받아야 한다. 하나님은 군대를 피비린내 나는 전장으로 보내심으로써 승리를 얻지 않으시고 자기 아들을 십자가로 보내심으로써 승리를 얻으신다. 자기 생명을 다른 사람들을 위하여 내어주시는 왕이신 예수는 세상 왕들과는 비교할 수없는 능력으로 통치하신다.

마가복음 11:12-33

12 이튿날 그들이 베다니에서 나왔을 때에 예수
께서 시장하신지라
13 멀리서 잎사귀 있는 한 무화과나무를 보시고
혹 그 나무에 무엇이 있을까 하여 가셨더니
가서 보신즉 잎사귀 외에 아무 것도 없더라
이는 무화과의 때가 아님이라
14 예수께서 나무에게 말씀하여 이르시되 이제
부터 영원토록 사람이 네게서 열매를 따먹지
못하리라 하시니 제자들이 이를 듣더라
15 그들이 예루살렘에 들어가니라 예수께서 성
전에 들어가사 성전 안에서 매매하는 자들을
내쫓으시며 돈 바꾸는 자들의 상과 비둘기파
는 자들의 의자를 둘러엎으시며
16 아무나 물건을 가지고 성전 안으로 지나다님
을 허락하지 아니하시고
17 이에 가르쳐 이르시되 기록된 바 내 집은 만
민이 기도하는 집이라 칭함을 받으리라고 하
지 아니하였느냐? 너희는 강도의 소굴을 만
들었도다 하시매
18 대제사장들과 서기관들이 듣고 예수를 어떻
게 죽일까 하고 꾀하니 이는 무리가 다 그
의 교훈을 놀랍게 여기므로 그를 두려워함일
러라
19 그리고 날이 저물매 그들이 성밖으로 나가
더라
20 그들이 아침에 지나갈 때에 무화과나무가 뿌
리째 마른 것을 보고
21 베드로가 생각이 나서 여짜오되 랍비여 보소
서 저주하신 무화과나무가 말랐나이다
22 예수께서 그들에게 대답하여 이르시되 하나
님을 믿으라
23 내가 진실로 너희에게 이르노니 누구든지 이
산더러 들리어 바다에 던져지라 하며 그 말
하는 것이 이루어질 줄 믿고 마음에 의심하
지 아니하면 그대로 되리라
24 그러므로 내가 너희에게 말하노니 무엇이든
지 기도하고 구하는 것은 받은 줄로 믿으라
그리하면 너희에게 그대로 되리라
25 서서 기도할 때에 아무에게나 혐의가 있거든
용서하라 그리하여야 하늘에 계신 너희 아버
지께서도 너희 허물을 사하여 주시리라 하시
니라
26 없음
27 그들이 다시 예루살렘에 들어가니라 예수께
서 성전에서 거니실 때에 대제사장들과 서기
관들과 장로들이 나아와
28 이르되 무슨 권위로 이런 일을 하느냐 누가
이런 일 할 권위를 주었느냐?
29 예수께서 이르시되 나도 한 말을 너희에게
물으리니 대답하라 그리하면 나도 무슨 권위
로 이런 일을 하는지 이르리라
30 요한의 세례가 하늘로부터냐 사람으로부터
냐 내게 대답하라
31 그들이 서로 의논하여 이르되 만일 하늘로
부터라 하면 어찌하여 그를 믿지 아니하였
느냐 할 것이니
32 그러면 사람으로부터라 할까 하였으나 (모든
사람이 요한을 참 선지자로 여기므로 그들이
백성을 두려워하는지라)
33 이에 예수께 대답하여 이르되 우리가 알지
못하노라 하니 예수께서 이르시되 나도 무슨
권위로 이런 일을 하는지 너희에게 이르지
아니하리라 하시니라

원 의미

성전에서의 분노의 폭발과 열매 없는 무화과나무에 대한 저주는 예상치 못한 것이며 어리둥절하게 만든다. 왜 이런 갑작스러운 극단적인 일이 터져 나왔는가? 그의 배고픔을 만족시켜 주지 못한 무고한 무화과나무를 말라죽게 하는 이러한 저주는 어떤 이유에서인가? 적기가 아니어서 열매를 맺지 못하는 무생물에게 왜 예수는 그러한 분노를 터뜨리시는가? 클라우스너(Klausner)는 이것을 "잘못이 없고 다만 자연적인 기능만을 행사하는 나무에 대한 부당한 행위"라고 일컫는다.[1] 맨슨(Manson)은 다음과 같이 해석한다. "이것은 언짢은 기분을 풀기 위하여 남발한 기적적 능력에 대한 이야기이고(왜냐하면 불행스러운 나무를 결딴내기 위하여 사용한 초자연적 힘은 적기가 아닌 때에 무화과나무에 수확을 냄으로써 보다 유익하게 사용될 수도 있었기 때문이다), 보는 것처럼 이것은 믿을 수없는 사건이다."[2]

마가의 괄호로 묶는 기술이 이러한 난 문제에 해결점을 제공해 주며, 예수가 비이성적인 기질에 굴복한 것이라는 잘못된 입장을 교정해 준다.[3] 무화과나무 사건은 성전 사건 가운데 끼어있다. 이 사건들을 따로 떼어내어 해석하는 것은 그릇된 방향으로 나아가는 것이다. 우리는 먼저 성전에서 행하신 예수의 행동을 살펴보고, 그 다음에 무화과나무에 대한 저주가 어떻게 그것이 의미하는 바를 설명하는데 도움을 주는지를 살펴볼 것이다. 이것은 성전을 정결케 하는 사건을 가리켜 준다. 그런데 무화과나무 저주는 그러한 해석에 의문을 가져온다.

성전에서의 행동(11:15-19)

성전에서 행하신 예수의 행동. 성전에서 있었던 예수의 행동을 설명하기 위하여 많은 주장들이 제기되어왔다. 어떤 사람은 지나치게 멀리 나아가서 예수가 무장폭동을 유발할 첫 번째 일격을 가하시는 반란행위를 하고 있다고 주장한다. 이러한 해석은 추천할 만한 것이 못된다. 여기서의 충돌은 다만 성전이라는 시장의 종들과의 조심스러운 충돌이고, 주로 그가 예루살렘으로 입성하시는 것과 같은 상징적 행동일 뿐이다. 만약 그렇지 않다면, 성전 맡은 군사들 혹은 안토니아 요새의 거점

1. Joseph Klausner, *Jesus of Nazareth* (London. George Allen & Unwin, 1925), 269.
2. Cranfield, *Mark*, 356에서 인용함.
3. 마가의 괄호로 묶는 기교에 대한 설명에 관해서는 막 3:20-34에 있는 논의를 보라.

지로부터 순찰하는 로마 군사들이 재빨리 개입하였을 것이다(행 21:27-36을 보라). 연루된 사람들은 아마도 그가 사용하시는 물리적 수단들을 통해서가 아니라, 그의 도덕적 분노의 기세로 말미암아 일시적으로 충격을 받았을 것이다.

대부분의 다른 해석들은 극악무도한 악습에 대한 그의 의로운 분노의 강력한 행동으로 돌린다. 그들은 예수가 성전을 개혁하는 행동을 하고 있다고 생각하지만, 그분이 정확하게 개혁하고자 하는 것이 무엇인지에 대해서는 서로 다르다. 몇몇 사람은 예수가 팔고 사는 사람들에게 대적하고 있다고 주장하는데, 그 이유는 그들이 바깥뜰에서의 이방인 예배를 방해하고 있기 때문이었다는 것이다.[4] 상인들이 가장 높은 가격을 받기 위하여 흥정하는 소란한 저잣거리에서 누가 예배할 수 있겠는가? 시끄러운 상거래가 성전을 만민의 기도하는 집이 되지 못하게 가로막는다.

건드리(Gundry)는 예수가 장사하는 공간을 단순히 기도를 위하여 사용하도록 교화시키고 있다고 청중들이 생각하였을 것이라고 주장한다.[5] 이러한 입장의 문제점은 제물 공급을 위한 작은 성전 시장이 아마도 바깥 뜰 전체 구역이 아니라 로얄 스토아(Royal Stoa, '왕의 주랑') 내부에 위치해 있었을 것이라는 점이다.[6] 또한 이 바깥뜰은 이방인들이 예배할 수 있었던 장소로 긍정적으로 간주되지 않았고, 이방인들이 그 너머로 나아갈 수없는 장소로 간주되었다.[7] 이방인들은 성전에 직접 들어갈 수 없었고, 성전을 둘러싼 난간은 이방인들이 더 이상 앞으로 나아가면 죽음을 당한다는 경고표시를 가졌다(행 21:27-30).[8] 이방인들이 앞마당에서 기도하기 위한 조용한 장소를 마련한다고 하나님이 임재하시는 성스러운 장소에 이방인들을 들어오지 못하게 하는 울타리를 제거하지는 않았을 것이다. 또한 예수는 단순

---

4. Eric M. Meyers and James F. Strange(*Archaeology, the Rabbis, and Early Christianity*[London: SCM, 1981], 52)는 뜰 전체가 75,000명을 수용하기에 충분했을 것이라고 추산한다. 이러한 숫자의 백성들이 어깨를 나란히 하여 섰을 때는 그곳이 넘쳐났을 것이다.
5. Gundry, *Mark*, 674, 676.
6. Jostein Ådna, "The Attitude of Jesus to the Temple," *Mishkan* 17-18(1992-93): 68; Benzamin Mazar, "The Royal Stoa in the Southern Part of the Temple Mount," in *Recent Archaeology in the Land of Israel*, ed H. Shanks(Washington/Jerusalem: BAS, 1984), 141-47. The Royal Stoa(described by Josephus in *Ant* 15.11.5 §§ 411-16)는 로마 황제 신전구조와 유사했고, "로빈슨의 아치형 문으로부터 시장으로 내려가는 계단을 통과하여 직접 나아갈 수 있었다.
7. 바깥뜰은 예수 당시에 "이방인들의 뜰"이라고 불리지 않았다. 그것은 현대용어다.
8. 헬라 비문을 담고 있는 두 개의 판이 발견되었다. 그 완전한 내용의 본문이 Emil Schürer, *The History of the Jewish People in the Age of Jesus Christ*, ed. and trans. Geza Vermes, Fergus Millar, and Matthew Black(Edinburgh: T. & T. Clark, 1979), 2:222, n. 85; 285, n 57에서 인용된다. 그 본문은 다음과 같다. "그 어떤 외국인이든 성전을 둘러싸고 있는 앞마당과 난간 안으로 들어가서는 안 된다. 발각되는 사람은 누구든지 죄인으로 정죄되어 죽음을 당할 것이다."

히 그의 맹렬한 저항 때문에 그 영역이 깨끗한 상태가 될 것이라고 바라시지 않았을 것이다. 후커(Hooker)가 인정하는 바와 같이, "개혁적인 열심 있는 행동으로서 그것은 실패로 판단되었을 것이다. 돈 바꾸는 사람들은 틀림없이 자기들의 동전들을 회수하고, 그 장소는 예전과 같은 질서를 되찾았을 것이다."[9]

또 다른 입장은 성전 청결에 대한 예수의 관심이 그런 행동을 유발한다고 주장한다. 그는 불경스러운 상업적 활동이 성전 경내의 성스러운 공간으로 침투해 들어와서(슥 14:21), 예배 장소의 영적 목적을 더럽혔다고 분노하신다. 앞마당이 성스러운 공간으로 간주되었다는 증거가 전혀 없다. 슈바이처(Schweizer)는 성전 앞마당은 "순례자들이 방문한 어떤 교회 앞의 광장"과 같았다고 주장한다.[10] 성전제사에서 희생 제사를 위하여 사용할 짐승과 새를 파는 시장은 제사활동에 대단히 중요했고 성소를 더럽히지 않았었다.

"강도의 소굴"이라는 문구는 예수의 행동의 배후에 있는 원인들에 대한 가장 통상적인 견해에 영향을 주었다. 그 입장은 예수가 성전이 왜곡된 사업장, 즉 예배자들을 속여 빼앗는 장소가 됨으로 인하여 저항하시고 있다고 생각한다. 대제사장 가문은 성전의 재정업무를 관장하는 권리를 통하여 재산을 벌어들였기에 그들은 부패의 죄책을 가지고 있었다. 예를 들면, 요세푸스는 대제사장 아나니아를 "거대한 돈을 모으는 자"(great procurer of money)라고 부른다(*Ant.* 20.9.2 § 205; 20.8.1. § 181; 20.9.2. §§ 206-7). 예수는 "희생제사 제도의 재정적인 측면을 운영하는 방식"을 반대하셨을 수도 있다.[11]

어떤 사람은 군중이 성전 장사꾼들에 대한 예수의 저항에 열정적으로 반응하고

---

9. Hooker, *Mark*, 264-65. 그녀(=후커)는 예수가 행하신 일은 요시아(왕하 23장)와 유다 마카베오(1Macc. 4:36-59)를 통한 성전 청결과는 비교가 되지 않는다고 주장한다.

10. Schweizer, *Mark*, 233. 샌더스(Sanders, *Jesus and Judaism*[Philadelphia: Fortress, 1985], 63)는 다음과 같이 주장한다. "성전을 그 '본래의,' '참된' 목적과 '순수한' 하나님 예배로 되돌리기를 원하는 예수의 바람에 관해서 기록하는 사람들은 성전의 1차적 기능이 희생제사의 장소로서 역할하고, 희생제사가 그에 알맞은 짐승들의 공급을 필요로 한다는 사실을 잊고 있는 것처럼 보인다." 또한 *Judaism. Practices and Beliefs 63 BCE 66 CE*(Philadelphia. Trinity, 1992), 47-76, *Jewish Law from Jesus to the Mishinah*(Philadelphia: Trinity, 1990), 49-51.

11. Richard Bauckham, "Jesus' Demonstration in the Temple," *Law and Religion Essays on the Place of the Law in Israel and Early Christianity*, ed. Barnabas Lindars(Cambridge: James Clarke, 1988), 78. 지방의 종교개혁자들의 목표는 전체 인구가 성전의 재정 번영에 직접 혹은 간접적으로 관계를 가졌던 대도시 예루살렘 거민들의 이익에 거슬러나갔다. 예루살렘은 성전 이외에 다른 사람들의 생계유지를 위한 주요 산업을 가지고 있지 않았고, 그 도시를 지나가는 상업도로도 가지고 있지 않았다. 따라서 도회지 예루살렘 거민들은 성전의 정결 유지와 현상유지를 함에 있어서 경건 이외의 다른 것들에 동기부여를 받았다. 그들은 자기들의 생계유지의 자원을 보호하는 가운데 재정적인 이익을 가졌다.

있다고 생각할지라도, 본문은 그들이 "그의 가르치심에 놀랐다"라고만 말하고 있다. "놀라다"라는 동사는 마가복음의 다른 곳에서도 나타나며(1:22; 6:2; 7:37; 10:26), 예수로 말미암아 넋을 잃은 사람들을 가리킨다. 마가는 군중들이 그 일로 인해 당황하였던 것처럼 예수가 행하신 일에 박수를 보내고 있는 것으로 묘사하고 있지 않다. 누스너(Neusner)는 그 이유를 설명하는데 도움을 준다. 물건을 파는 상들(tables)은 모든 유대인 남자들이 내야했고, 성전에서 속죄를 위한 상번제 희생 제사 자금을 확보하도록 해주었던, 매년 반세겔 세금을 받기 위하여 차려져 있었다(*t. Seqal.* 1:6). 그는 예수가 돈 바꾸는 자들의 상을 둘러엎은 사실을 다음과 같이 기록하고 있다.

> 예수의 행위는 그들을 놀라게 했을 것이다. 매일 드리는 전체 제사가 속죄에 영향을 주었고, 죄에 대한 보속을 가져다주었으며, 하나님이 토라에서 모세에게 지시하셨던 매우 단순한 사실을 예수의 행동이 의심을 품게 했을 것이기 때문이다. 따라서 매일 드리는 전체 제사에 관한 토라의 명백한 가르침을 거절한 사람 또는 마음속에 다른 상을 차려놓고 다른 목적을 가진 사람만이 상들을 뒤엎을 수 있었을 것이다. 그 행동은 부정적이고도 긍정적인 메시지를 동시에 가지고 있다. 사실상, 돈 바꾸는 사람들이 그곳에 있는 것은 모든 이스라엘 백성들의 제의 참석을 가능하게 만들어주었고, 그것은 제의에 대해 명예를 더럽히는 것이 아니라 그 완성이었다.[12]

11:15-16에는 부정직한 상업행위 혹은 부당이득을 취하는 자들에 대한 예수의 분노가 돈을 바꾸는 자들과 짐승을 파는 자들에 대한 공격을 자극한다. 그는 사는 자들과 파는 자들 모두를 쫓아내신다.

물어야할 핵심적인 질문은 예수가 어떤 심각한 고뇌도 없이 곧 파괴될 것이라고 예고하신 성전을 개혁하거나 정결하게 하려고 하셨느냐는 것이다(13:2). 가장 좋은 답변은 '그분이 성전을 개혁하려고 의도하지 않으셨다' 는 것이다. 예수는 선지자로 인정을 받아왔다. 선지자들은 단순히 선포만을 하지 않는다. 그들은 전달하기 위하여 선지자로서의 행동을 하기도 한다.[13] 예수는 성전에서 카리스마적 선

12. Jacob Neusner, "Money-Chaners in the Temple: The Mishinah's Explanation," *NTS* 35(1989): 289; 또한 "The Absoluteness of Christianity and the Uniqueness of Judaism," *Int* 43(1989): 25을 보라.
13. 선지자들의 대표적인 행위들의 실례들이 왕상 22:11; 사 20:2; 렘 19:1-15; 28:10-11; 겔 4:1-3; 행 21:11에 기록되어 있다.

지자로 나타나시고 성전제사에 대한 하나님의 거절과 다가올 멸망을 실감나게 행동으로 옮기신다. 행동이 말보다 더 크게 말할 수도 있으나, 항상 그러한 것은 아니다.

샌더스(Sanders)는 예수의 행동이 "구체적인 결과를 얻기보다는 요점을 지적하기 위하여 의도되었다"고 주장한다.[14] 예수의 시위는 성전의 정상적인 기능에 기여하는 활동들을 상징적으로 중단시키는 예언적 저항이다. 주의 이름으로 오시는 분으로서(11:9) 그는 세 가지에 대한 그의 판단을 가르치고 있다. 성전의 제정상의 토대, 희생제사의 생명력 있는 구성요소, 그리고 그 의식의 결정적인 요소이다. 돈을 거룩한 통화로 바꿀 수 없다면, 돈은 성전의 희생제사를 지원할 수 없고, 대제사장직은 끝나야 한다. 희생제물을 구입할 수 없다면, 희생제사는 끝나야 한다. 어떤 도구도 성전을 통하여 운반될 수 없다면, 모든 제사활동은 그쳐야 한다.[15] 예수는 당시의 성전 예배를 정결케 하려고 하지 않고, 상징적으로 성전의 기능 자체를 공격하고, 그 파괴를 예고하고 계시다.[16] 성전의 영광의 날은 끝나가고 있다. 사석에서 예수는 제자들에게 성전이 파괴될 것임을 예고하시고(13:1-2), 성전에 대한 그의 적대감이 그를 취조한 법정에서 고소의 내용으로 제기되고(14:58), 십자가에서 조롱거리로 등장한다(15:29).

예수가 자신의 행동에 대해서 제공해 주시는 해석은 그분이 의도하셨던 내용을 이해하는데 결정적인 역할을 한다. 이 가르침은 단순한 저항의 표명을 하나님의 심판에 대한 선언으로 변형시킨다(12:9을 보라). 제자들과 마가복음서의 독자들은 무화과나무의 저주를 봄으로써 이 사건을 이해하는데 추가된 유리한 점을 가지고 있다.

이사야서에서 인용. 이사야 56:7로부터 인용한 구절인 "내 집은 만민이 기도하는

---

14. Sanders, *Jesus and Judaism*, 70.

15. '스큐오스'("그릇": "상품," NIV)란 단어는 어떤 물건[번역에서처럼]으로 사용되는 단어가 아닐 수도 있다. 그리고 어떤 사람은 예수가 사람들로 하여금 성전을 그 도성의 다른 부분으로 가는 지름길로 사용하지 못하도록 중단하시고 있다고 주장했다(Josephus *Ag Ap* 2:8; *m Ber* 9:5). 그들은 그렇지만 중요한 문제는 질문하지 않는다. 어디로 가는 지름길인가? 본문은 예수가 성전을 하나의 지름길로 사용하는 것 혹은 성전을 통하여 어떤 것을 옮겨가는 것을 금지하고 있다고 말하지 않고, "성전을 통과하여 그릇"을 누군가 옮겨가는 것을 금하고 있다고 말한다. 이 단어를 희생제사에 사용된 진설병, 등잔을 위한 기름, 향로를 위한 성스러운 성전 그릇들을 가리키는 "그릇"으로 번역하는 것이 가장 좋다(사 52:11을 보라). 성전의 기능을 익숙하게 알고 있는 이방인 청중은 그것이 희생제사에 사용된 그릇들이라고 생각했을 것이다.

16. 예수의 행동은 도성이 멸망하기 이전에 그 도성에 대해서 저주를 선포했던 아나니아의 아들 예수(Jesus, son of Ananias)의 행동과 어느 정도 유사하다(Josephus, *J. W.* 6.1.3 §§ 300-309).

집이라 일컬음이 될 것임이라"는 하나님이 성전을 이스라엘이라는 한 나라를 위한 성전이 되도록 의도하지 않으셨다는 사실을 의미한다. 이사야 56:1-8은 하나님의 구원으로부터 배제되었다고 생각할 수 있는 모든 백성들을 위한 하나님의 축복의 약속을 담고 있다. 이스라엘 백성에게 연합한 이방인(56:3), 고자(56:4, 이들은 신 23:1의 규정에 따르면 성전에 들어올 수 없다), 그리고 이스라엘의 쫓겨난 자(사 56:8). 대부분의 사람들은 이사야 56장이 먼 훗날을 말했다고 생각했으나, 예수는 이것이 지금 실현되는 것으로 예상하고 있다.

전체 사역기간 동안에 예수는 부정하여 쫓겨난 사람들과 신체적으로 불구가 된 자들을 끌어 모으시고 심지어 이방인들에게까지 복음을 전파하셨다. 그는 성전이 이러한 포괄적인 사랑을 구현하기를 기대하신다. 그러나 성전 안에 있는 여러 가지 결례 장벽들이 그것을 가로막고 있었다. 이방인들은 성전 영역에 들어오도록 허락되지 않았다.[17] 예수는 시온산으로 모이고 바깥뜰에서 기다렸던 열국들을 생각하고 있는 것인가? 그가 하나님의 성전에서 인종차별-분리와 차별대우-을 눈감아 주시겠는가? 성전에서 예배하는 자들의 주류와 그들을 구분하기 위해서 열국들을 예루살렘으로 이끌어 들였다는 것은 어떤 종류의 표지인가?

예수 당시 성전은 이스라엘을 열국들로부터 나누기 위한 역할만을 했던 민족주의의 상징이 되었다. 만일 "만민의 기도하는 집"이 하나님이 의도하신 것이었다면, 그 벽들은 무너져야 할 것이다. 예수가 죽으실 때, 성전 휘장이 위로부터 바닥으로 찢어졌고, 이방인들은 그분이 하나님의 아들이라고 고백한다(15:38-39).

예레미야서로부터의 인용. 예수는 예레미야 7장으로부터의 말씀을 인용하심으로써 거룩한 것이 변질될 수 있다는 사실을 백성들에게 상기시켜주신다. 그는 예레미야 당시에 있었던 성전 제사를 더럽혔던 악습이 지금도 오염시키고 있다고 주장하신다. 하나님의 집인 성전을 "강도의 소굴"로 만들었다. 이러한 암시를 이해하기 위하여 예레미야 7:1-15의 문맥을 파악할 필요가 있다.

> 여호와께로부터 예레미야에게 말씀이 임하니라 이르시되 너는 여호와의 집 문에 서서 이 말을 선포하여 이르기를

17. Josephus, *Ant* 15.11.4 § 417; 4QMMT B 39-42에서 출입은 의식적으로 정결하고 신체적으로 온전한 이스라엘 사람들만 허락되었다; 4QFlor 3-4은 (불경건하거나 더럽혀진) 암몬 사람들, 모압 사람들(신 23:3), 혼혈인(혹은 사생아), 외국인, 혹은 거류자는 하나님의 거룩하신 자가 거기 계시기 때문에 그 집(성소)에 결코 들어가지 못한다고 주장한다.

여호와께 예배하러 이 문으로 들어가는 유다 사람들아 여호와의 말씀을 들으라 만군의 여호와 이스라엘의 하나님이 이와 같이 말씀하시되 너희 길과 행위를 바르게 하라 그리하면 내가 너희로 이 곳에 살게 하리라 너희는 이것이 여호와의 성전이라, 여호와의 성전이라, 여호와의 성전이라 하는 거짓말을 믿지 말라 너희가 만일 길과 행위를 참으로 바르게 하여 이웃들 사이에 정의를 행하며 이방인과 고아와 과부를 압제하지 아니하며 무죄한 자의 피를 이 곳에서 흘리지 아니하며 다른 신들 뒤를 따라 화를 자초하지 아니하면 내가 너희를 이 곳에 살게 하리니 곧 너희 조상에게 영원무궁토록 준 땅에니라 보라 너희가 무익한 거짓말을 의존하는도다.

너희가 도둑질하며 살인하며 간음하며 거짓 맹세하며 바알에게 분향하며 너희가 알지 못하는 다른 신들을 따르면서 내 이름으로 일컬음을 받는 이 집에 들어와서 내 앞에 서서 말하기를 우리가 구원을 얻었나이다 하느냐 이는 이 모든 가증한 일을 행하려 함이로다 내 이름으로 일컬음을 받는 이 집이 너희 눈에는 도둑의 소굴로 보이느냐 보라 나 곧 내가 그것을 보았노라 여호와의 말씀이니라.

너희는 내가 처음으로 내 이름을 둔 처소 실로에 가서 내 백성 이스라엘의 악에 대하여 내가 어떻게 행하였는지를 보라 여호와의 말씀이니라 이제 너희가 그 모든 일을 행하였으며 내가 너희에게 말하되 새벽부터 부지런히 말하여도 듣지 아니하였고 너희를 불러도 대답하지 아니하였느니라 그러므로 내가 실로에 행함 같이 너희가 신뢰하는 바 내 이름으로 일컬음을 받는 이 집 곧 너희와 너희 조상들에게 준 이 곳에 행하겠고 내가 너희 모든 형제 곧 에브라임 온 자손을 쫓아낸 것 같이 내 앞에서 너희를 쫓아내리라 하셨다 할지니라.

"강도의 소굴"에 대한 언급은 성전에서 있었던 상거래와 관계가 없다. 오히려 그것은 희생제사가 낳는 거짓된 안전을 고발하고 있다.

다시 말해서 강도들은 속여 빼앗는 자들이 아니라 강탈하는 자들이며, 그들은 자기들의 소굴에서 강도질을 하지 않는다. 소굴은 강도들이 범죄를 저지른 다음에 숨는 장소다. 이곳은 그들의 은신처, 안전장소요 피난처다.[18] 그러므로 성전을 강도

18. 성전은 문자 그대로 열심당원들이 로마와 전쟁을 하는 동안에 그곳에 숨어있을 때 강도들의 소굴이 되었다. 요세푸스에 따르면 그들은 모든 종류의 악행을 저질렀다. "이러한 이유로 인하여, 나는 심지어 그들의 불경건을 미워하시는 하나님이 우리의 도성으로부터 얼굴을 돌이키셨다고 생각하며, 더 이상 성전이 그분에게 정결한 집으로 판단되지 않고 로마인들을 우리에게 보내어 그 도성을 불로 깨끗하게 태워버리셨다"(*Ant* 20.8.5 § 166). 만약 원 독자들이 이러한 사실을 알았었다면, "강도의 소굴"이라는 언급은 이중적 의미를 가졌을 것이다.

의 소굴로 부르는 것은 성전에서의 어떤 정직하지 못한 행실에 대한 분노의 폭발이 아니다. 예수는 백성들로 하여금 밖에서 무슨 일을 저질렀든 간에 자기들이 사죄를 얻고 하나님과 교제를 나누고 있다고 생각하도록 만듦으로써 성전을 안전히 숨는 장소로 변질시키도록 만든 데 대해서 간접적으로 공격하고 있다. 예수의 예언자적 행동과 말씀은 성전의 희생제사 제도의 효력을 의지하는 거짓된 신뢰를 공격하고 있다. 백성의 지도자들은 과부의 집을 강탈할 수 있다고 생각하고(막 12:40), 그러고 나서 규정된 성스러운 공간에서 규정된 결례의 규정된 형태에 따라서 희생제사를 시행하고 그 다음에 모든 경고들에도 불구하고 안전하고 평안하다고 생각한다. 그들을 잘못되었다. 짐승의 제사는 거짓말을 하고 도적질을 하며 폭력을 행사하고 간음을 행하는 죄를 지은 사람들에게 하나님이 내리기로 하신 운명을 피하도록 만들어주지 못할 것이다(7:21-23을 보라).

하나님이 성결케 하신 성소는 하나님의 심판으로부터 보호를 받았다고 생각하는 강도들의 성소가 되었다. "내가 그것을 보았노라"(렘 7:11)는 문구는 "모든 것을 둘러 보셨던" 전날에 예수의 성전 방문에 관한 묘사와 어울린다(막 11:11). 그 방문은 하나의 시찰로 전환된다. 그는 백성들이 행하고 있었던 일을 이미 보셨고, 이제 하나님의 심판을 선언하신다.

무화과나무에 대한 저주(11:12-14, 20-25)

이 사건과 그 의미. 무화과나무 사건은 성전에서 일어난 사건을 괄호로 묶어주고 그것을 설명해준다. 이것은 예수가 성전을 정결케 하려고 의도하지 않으셨다는 사실을 보다 명확하게 드러내 준다. 오히려 그의 행동은 시각적으로 그 성전이 자격이 박탈되었음을 알려준다. 열매를 맺지 못한 무화과나무는 개혁되거나 정결케 되지 않고 저주를 받는다. 포도원 소작인 비유(12:1-11)는 같은 점을 지적한다. 예수가 무화과나무로부터 열매를 찾으시는 것처럼 포도원 주인이신 하나님도 포도원으로부터 열매를 찾으신다. 아무런 열매가 발견되지 않거나 그것이 아무것도 내어주지 않을 때, 멸망이 따라온다.

오직 마가만이 그 나무가 잎사귀 외에 아무것도 맺지 않고 있는데, "이는 무화과의 때가 아님이라"고 언급하고 있으며, 이것은 예수의 행동이 더욱 이상스럽게 보이도록 만든다. 어찌하여 무화과나무가 때가 아니어서 열매를 맺지 않은데 대해서 예수는 저주를 하시는가? 예수는 분명히 그때가 무화과 철이 아니라는 사실을 알고 계신다. 이러한 세부사항은 독자들로 하여금 표면적 의미를 넘어서서 그것의 상징적 의미를 보게 하는 실마리를 전달해준다.[19] 이 행동은 특별한 열매 없는 무화과나무에 관한 것이 아니라, 성전과 관계가 있다. "때"('카이로스')라는 단어는 자라나는 시기에 대한 식물학적 용어가 아니고 하나님의 나라의 때를 나타내는 1:14-15에서 발견되는 종교적 용어다(13:33을 보라). 나아가서 소작인들은 "추수 때에" 포도원의 열매를 출산해내지 않는다(12:2; 직역하면 "제 때에"). 아무것도 없는 무화과나무는 예수의 메시야적 통치를 받아들일 준비를 하지 않은 유대교의 성전의 황량함을 나타낸다.

무화과나무의 때에 아무것도 없는 것처럼(참조. 눅 13:6-9), 성전도 그러하다. 무화과나무가 열매 없이 다 지나가는 것처럼, 기도 없는 성전도 그러하다. 메시야가 온 지금 열매가 없음은 영원히 열매가 없을 것임을 의미한다.[20] 그것은 성전의 완성의 때가 아니라 소멸의 때다. 무화과나무가 열매를 맺을 수 있도록 전지하거나 비료를 주지 않고 죽도록 저주를 받았던 것처럼, 하나님에게 보다 온전한 예배를 계속 드릴 수 있도록 성전이 정화되지 않았다. 고로 성전은 곧 사라질 것이다. 이제 구원의 중심이 성전으로부터 예수에게로 그리고 그의 죽으심과 부활로 옮겨간다. 성전에서 드리는 짐승의 희생제사가 아니라 그분에 대한 믿음이 하나님에게로 나아가는 길이 될 것이다. 그러므로 예수가 죽으실 때, 성전의 휘장이 위로부터 아래로 찢어졌다.[21]

예수와 그의 제자들이 다음날에 그 나무 옆을 지나갈 때, 예수의 저주의 효력이 나타난 것을 본다. 무화과나무가 "뿌리째 말랐다." 잎사귀가 푸른 무화과나무가 하루에 완전히 마른 것은 하나의 기적이며, 이것은 성전의 유죄판결이 일시적인 방책이 아니라는 사실을 전달해준다. 그것은 영원한 것이다. 이 사건은 또한 유대교 성전의 생식불능 상태를 예수의 권세 및 능력과 대조하고 있다. 예수가 나무에게 "응답하였다"(NIV, "그가 말씀하셨다", 11:14)고 말하고 있다. 그가 응답하신 내용은 열매가 없음을 숨기고 있는 거짓으로 과장한 잎사귀이다. 나무는 그것이 먹을 수 있는 것을 가지고 있다는 인상을 주고 있는데, 그와 같이 성전도 하나님을 섬기

---

19. "잎이 우거진" 무화과나무(그것이 열매가 없을까?)가 13:28-32에 다시 나타난다.

20. Tolbert, *Sowing*, 193.

21. 건드리(Gundry, *Mark*, 674)는 이러한 해석이 마가복음의 청중에게 믿을 수 없을 정도의 요구를 하고 있으며, 생소한 내용을 본문과 문맥 속에 유입시킨다고 주장한다. 그러나 마가는 독자들에게 처음부터 끝까지 믿을 수 없을 정도의 요구를 한다. 예수의 말씀을 들었던 본래의 청중처럼 독자들은 주의 깊게 들어야 한다. 듣고, 보고, 기억하는 것(11:14, 20-21; 8:14-21을 보라)이 사건 이해에 결정적인 역할을 한다.

기 위하여 바쳐진 장소라는 인상만을 전달해주고 있다. 성전은 제사장직을 가진 권력자들에게만 유익이 되고, 하나님에게는 아무런 유익이 없다.

믿음, 기도, 사죄에 대한 말씀. 독자는 제자들이 놀랐을 때 예수가 그 나무에 일어난 일의 의미를 그들에게 설명해 주지 않고 있음을 발견하고 놀랄 수 있다. 그 대신에 그는 11:22, 24에서 믿음과 기도를 강조하신다.[22] 몇몇 주석가들은 무화과나무 사건이 기도와 죄사함의 주제에 대한 전통적으로 내려온 말을 덧붙이기 위한 버팀목으로 포함되었거나, 성전에 대한 하나님의 심판에 대한 예언적 표적으로서 무화과나무에 대한 저주의 원 의미가 교회와 직접적인 관련이 더 이상 없을 때 이 말이 추가되었다고 생각한다. 그러나 이러한 전해 내려오는 말은 순전히 문맥과 연결되어 있다. 그들은 옛것을 대신하는 새로운 질서의 본질을 드러낸다. 새로운 질서는, 넘을 수없는 차이를 극복하는(11:23), 하나님에 대한 믿음에 기초하고(11:22), 은혜로 유지되며(11:24), 사죄로 특징지어진다(11:25).

우리는 예수의 진술인 "이 산을 명하여 여기서 저기로 옮겨지라 하면"을 "믿음은 산을 움직일 수 있다"는 어려운 문제에 관한 격언으로 일반화시켜 왔다(마 17:20; 고전 13:2을 보라). 예수는 "산들"이라고 말씀하지 않고 구체적으로 "이 산"으로 말씀하신다. 마가복음의 문맥에서 그는 아마도 성전 산 즉 시온산을 가리켜 말씀하고 있을 것이다.[23] 예상과 달리 하나님의 집의 산은 높이 들어올려지지 않고(사 2:2; 미 4:1), 돼지에게 들어간 귀신들이 빠지고(5:13) 소자를 실족하게 한 사람이 빠지는(9:42) 바다로 던져질 것이다.[24] 성전의 거대한 능력과 거룩함에도 불구하고, 그것은 파괴될 것이다. 하나님의 지상의 거처가 지성소, 성전, 예루살렘, 성지였다는 널리 퍼진 신앙에도 불구하고, 성전은 더 이상 백성들에게 임하시는 하나님의 임재의 초점이 되지 못할 것이다. 예수가 무덤에 묻혀 계실 수없는 것처럼, 하나님은 더 이상 한 지점에 제한되실 수 없으시다. 하나님의 백성들은 거룩한 공간 혹은 제의 기능들이 없어도 기능할 수 있다. 제자들이 예수의 복음을 외치는 곳마다 그의 백성인 유대인과 이방인들이 모이는 곳마다 그곳은 거룩하다.

---

22. 다우드(Dowd, *Prayer, Power, and the Problem of Suffering*, 96-103)는 그것이 하나님의 능력에 대한 믿음이라고 지적한다. 산을 옮기는 것은 하나님만의 역사이며(출 19:18; 욥 9:5-6; 시 68:8; 90:2; 97:5; 114:4-7; 144:5; 렘 4:24; 나1:5), 또한 산이 평지가 되는 것은 종말론적 시대의 특징이다(시 6:2, 6; 사 40:4; 49:11; 54:10; 64:1-3; 겔 38:20; 미 1:4; 합 3:6; 슥 14:1-4; 유딧 16:15; 시락 16:19; 바룩 5:7).

23. Hooker, *Mark*, 270. "거룩한 산"이 사 56:7의 첫 부분에 언급되어 있다. 또한 시 78:54; 사 2:2-3; 10:32; 25:6-7, 10; 27:13을 보라.

24. Marshall, *Faith As a Theme*, 168-69.

대부분의 유대인들은 성전을 특별히 기도가 효과적으로 작용했던 장소로 생각했다.[25] 이 신앙은 마카베오3서 2:10에 가장 분명하게 진술되어 있다(주후 30-70년 사이의 어느 때에 기록된 것). "당신은 이스라엘 집을 사랑하므로 만일 우리가 패배를 당하고 고난이 우리를 사로잡으면, 당신은 우리가 이곳으로 와서 기도할 때 우리의 호소를 들으실 것이라고 약속하셨나이다."[26] 이 사상은 후기 유대인 전승에서도 계속된다. 시편 91:7에 대한 후대의 랍비 주석은 다음과 같이 되어 있다. "한 사람이 예루살렘에서 기도할 때, 그것은 마치 그가 영광의 보좌 앞에서 기도하는 것과 같다. 하늘의 문이 예루살렘에 있고, 그 문은 언제나 기도가 들리도록 열려 있기 때문이다. '이는 하늘의 문이로다' (창 28:17)라고 기록된 바와 같다." 다른 랍비들은 말했다.

> 성전이 파괴된 날로부터 기도의 문이 닫혀졌는데, 이는 "내가 부르짖어 도움을 구하나 내 기도를 물리치시며"(애 3:8)라고 말씀하고 있는 바와 같다…성전이 파괴된 날 이후로, 철문이 이스라엘과 하늘에 계신 그들의 아버지 사이를 갈라놓고 있다.[27]

대조적으로, 예수는 제자들에게 기도의 효력이 성전이나 희생제사와 관련이 없다고 확증하신다.[28] 그가 십자가에 죽으실 때, 하나님에게 나아가는 길이 닫히지 않고 모두에게 열렸다. 그의 죽음이 장벽이나 제한이 없는 기도의 새로운 집, 손으로 만들어지지 않은 성전을 생겨나게 한다(요 2:18-22; 고전 3:16-17; 12:27; 고후 6:16; 엡 2:20-22; 벧전 2:4-5).

예수는 "서서 기도할 때에 아무에게나 혐의가 있거든 용서하라 그리하여야 하늘에 계신 너희 아버지께서도 너희 허물을 사하여 주시리라 하시니라"는 약속으로 설명을 마친다. 하나님과의 관계는 단순히 믿음과 사죄에 기초해 있다. 만일 사람이 믿음으로 말미암아 하나님의 능력을 열 수 있고, 기도와 용서하는 심령을 통하여 사죄를 발견할 수 있다면, 성전의식은 무시되고, 강도의 소굴이 된 기도의 집은 죽은 무화과나무보다 더 쓸모없이 된다. 하나님의 능력을 이방인을 포함하여 성전

25. 삼상 1:1-28; 왕상 8:27-30, 31-51을 보라. 성전 안에서 또는 성전을 향하여 기도가 드려진다. 또한 왕하 19:14-33; 욘 2:7; 유딧 4:9-15을 보라.
26. Dowd, *Prayer, Power, and the Problem of Suffering*, 47-48을 보라.
27. *b. Ber* 32b.
28. Marshall, *Faith As a Theme*, 162-63; 또한 S. Hre Kio, "A Prayer Framework in Mark 11," *BibTrans* 37(1986): 323-28을 보라.

과는 상관없는 믿음을 가진 자들이 활용할 수 있게 될 것이다. 제사장직, 희생제사, 세금이 있는 성전은 더 이상 하나님을 만나고 죄사함을 받는 하나님의 임재의 장소가 되지 못할 것이다. 마가가 이 복음서를 기록할 즈음에 성전은 이미 포위를 당했거나 이미 파괴되었다. 그는 독자들에게 파괴된 제단이 하나님과의 화목을 손상시킨다는 사실을 전달해주기를 원한다.

대제사장들의 반응(11:18a, 27-33)

대제사장들과 율법교사들(서기관들)은 예수의 행동과 말씀의 의미를 충분히 이해하고, 그를 "어떻게 죽일까 하고" 꾀한다(11:18). 이전에도 바리새인들과 헤롯당원들이 "어떻게 하여 예수를 죽일까 의논"했었다(3:6). 이제 적절한 상황을 결정하는 일만 남았다. 그들은 자신들을 하나님의 성전을 관할하기 위하여 하늘로부터 허가를 받은 사람으로 보았고, 이제는 최근에 나타난 이 선지자에게 군중들을 다스릴 권한을 빼앗길 것을 두려워하고 있다. 외부인인 예수가 그들의 능력을 찬탈하고 있다고 생각한다. 그러나 그들은 군중 때문에 세운 계획을 수행하기를 미루고 있다. 백성들이 지지하고 있는 동안에는 그들을 흥분하지 않게 하려는 분별력을 갖고 있다. 군중들이 들고 일어날 위험성을 제거하고, 그들이 생각하기에 메시야를 가장하고 있는 예수의 가면을 폭로하기 위하여 사형선고—십자가형—를 내릴 로마 통치자의 도움을 목록에 올려놓는다.

대제사장들(성전에서 영구적인 직무를 갖는 이전의 대제사장들과 제사장들을 포함하여), 율법 교사들(지식 있는 율법 전문가들), 그리고 장로들(부유한 관료출신의 평민들)은 예수가 이전에 자기를 죽일 것이라고 예고하신 바로 그 사람들이다(8:31). 그들은 예수에게 신임장을 제출하라고 도전한다. "무슨 권위로 이런 일을 하느냐?"(11:28) 마가복음의 문맥에서 "이런 일"은 성전에서 하신 그의 행동과 관계가 있고, 이는 그의 가르침을 포함하고 있다(참조. 요 2:18). 독자들은 예수가 하나님의 권위로 행동하시고 있다는 사실을 알고 있다. 그러나 율법교사들(서기관)이 죄를 사하는 그의 권세를 받아들이지 않는다면(막 2:1-12), 제사장들은 성전을 정죄하는 그의 권세도 받아들이지 않을 것이다.[29]

마가복음에서 적대감을 가지고 예수에게 접근하는 사람들은 주님으로부터 결

29. Geddert, *Watchwords*, 287, n. 20.

코 직접적인 대답이나 명백한 증거를 받지 못한다. 예수가 구하시는 종류의 믿음을 갖기 위해서는 예수가 무엇을 하시든지 행하시고 말씀하실 권한이 있다고 생각해야한다. 습관처럼 예수는 여기서 대적들을 질문으로 받아넘기신다. 그는 그들에게 요한의 세례에 관하여 질문하시고, 그들은 그에게 "대답하라"고 두 번 요구한다(11:29, 30). 그들은 어떤 권위로 예수가 제의적 체계를 공격할 수 있는지를 묻고, 그는 세례 요한의 사역을 돌아보면서 되받아친다. 요한은 성전 제사로 기피하였던 사죄를 위한 회개의 세례를 전파하였다(1:4). 그것은 은혜였다. 마음의 회개 이외에는 아무것도 요구하지 않았다. 그 어떤 돈도 행실과 맞바꾸지 않았다. 예수는 암시적으로 요한의 사역과 제휴하고 있으며, 만일 요한의 사역이 하늘로부터 왔다면, 성전은 곤경에 처하게 된다.[30]

권세자들은 그 도전을 피하려고 하지만, 손상을 입는다. 그들은 어떤 것을 선택할지를 놓고 논쟁하고, 그들의 대답이 그들의 우월성을 파괴할 수 있다고 걱정한다. 만일 요한의 세례가 "하늘로부터"왔다고 그들이 대답한다면, 예수가 믿지 않음에 대해서 자기들을 꾸짖을 것이라고 생각한다. 이 선택은 누가 하늘로부터 위임을 받았는지 그렇지 않은지를 그들이 주시하지 않는다는 사실을 드러내준다. 그들은 자기들이 좋을 대로 행동하고 무시할 것이다. 만일 그들이 요한의 세례가 "인간들로부터" 왔다고 대답한다면, 그들은 그를 선지자로 존중해온 군중들의 분노를 자극할 것이다. 언제나 선지자들은 죽은 다음에 권위가 증가했다. 이 부패한 지도자들은 군중들의 신임을 잃기를 원치 않거나 그들로부터 소외되기를 원하지 않았다. 예수를 제거하고자 하는 그들의 계획이 수포로 돌아갈 수도 있기 때문이다. "그들이 백성을 두려워하였다"(11:32)라는 마가의 설명은 지도자들이 하늘을 두려워하지 않기 때문에 그들의 권위가 인간으로부터 나온 것임을 드러낸다. 이 지도자들은 오직 군중들 앞에서 체면을 잃을 것만을 두려워하고 있는데, 궁극적으로 그들의 영혼을 잃어버릴 것이다. 그들은 예수의 질문을 피할 수 있겠지만, 하나님의 심판은 피할 수 없다.

그들의 논리는 예수에 관한 것을 드러내주지만, 동시에 자기들에 관한 모습도 드러내준다. 한편으로, 그것은 요한과 예수의 운명이 어떻게 얽혀있는지를 강조해준다(1:14; 2:18; 6:14-29; 9:11-13을 보라). "요한의 세례"에 대한 언급과 "하늘

30. Meinrad Limbeck, *Markus-Evangelium*(Stuttgarter Kleiner Kommentaar; Stuttgart Katholisches Bibelwerk, 1984), 170.

로부터"란 문구는, 하늘이 열리고 성령이 그분에게 내려오시고, 하늘로부터 들려온 음성이 그분이 "내 아들"이라고 선포했던, 예수 자신의 세례를 상기시켜 준다. 다른 한편으로, 그들의 대답인 "우리가 알지 못하노라"는 그들이 하나님의 역사를 이해하지 못하고 있고, 따라서 권위가 없었다는 사실을 드러내준다. 그들은 하늘로부터 온 것과 인간들로부터 온 것(혹은 그 문제에 관해서 사탄으로부터 온 것인지; 3:20-21을 보라)간의 차이를 말할 수 없다는 사실을 인정해야 한다.

그러므로 이 유대인 지도자들은 성전파괴의 징조들을 인식할 수 없다. 예수는 그들에게 직접 대답하시지 않고 다만 비유로만 대답하실 것인데, 이는 그들이 외부인들이기 때문이다. 그들은 악한 소작농 비유에서 예수의 대답이 그들이 성전을 차용하고 있다는 암시적으로 위협적인 의미를 담고 있음을 이해하지만, 열매를 제공하고 사랑하는 아들을 죽이는 일과 관련한 의미는 이해하지 못한다.

상황잇기

마가복음에 나타난 마지막 이적은 생명을 주지 않고 죽음을 가져오는 유일한 이적이다. 이것은 많은 문제를 야기한다. 예수는 제자들이 어디서 어떻게 나귀새끼를 발견할 것인지를 정확하게 예고하시지만, 한 나무가 먹을 수 있는 열매를 가지고 있는지 그렇지 않은지는 멀리서 확인할 수 없으시다. 그는 백성의 생각을 파악할 수 있으시다(2:8). 그런데 어찌하여 나무는 파악할 수 없는가? 어찌하여 오천 명이나 먹일 수 있었던 분께서 한 그루의 무화과나무를 통하여 좌절을 당하셨는가? 어찌하여 그는 짓궂게도 불만을 생명이 없는 대상에 퍼부으셨는가?

현대의 독자들은 상징적 행동임을 알지 못하기 때문에 그 나무에 대한 동정심을 딴 데로 돌리려는 위험에 빠진다. 그러나 구약성경에 정통한 사람들은 나무들이 자주 상징으로 사용되고, 그 나무 주변의 도덕적 환경에 민감한 존재로 묘사된다는 사실을 안다.[31] 현대의 독자들은 열매를 맺지 못하는 나무의 죄를 인정하지 않고 예수의 비이성적이고도 참을성이 없는 것처럼 보이는 행동으로 섬뜩해지고 당황해하는 경향이 있다. 그러나 그것을 상징적인 행동으로 해석한다면(렘 7:16, 20을 보라), 무화과나무의 저주는 별스러운 것이 아니다.[32] 무화과나무에 일어난

31. 사 28:3-4; 렘 8:13; 호 9:10, 16; 욜 1:7, 12; 미 7:1; 그리고 William R. Telford, *The Barren Temple and the Withered Tree*(JSNTSup 1; Sheffield: JSOT, 1980), 161-62을 보라.

32. 안디옥의 빅토르(Victor of Antioch, 주후 5세기 성경 주석가)는 그것이 "예수가 무화과나무를 예루살렘에 임할 심판을 말씀하기 위하여 사용하신" 행동 비유(acted parable)였다고 기록했다(Cranfield, *Mark*, 356에서 인용).

일은 위로부터 아래로 찢어진 성전의 휘장에 일어난 일과 유사하다. 아무도 그 휘장이나 성전의 재산에 대해서 유감스럽다고 느끼지 않고 위원회에 회부하지도 않는다. 이 사건이 성전에 대한 심판임을 지적하고 예수의 죽음의 의미를 조명해준다고 인정한다. 같은 식으로 이 무화과나무가 하루만에 뿌리로부터 마른 것이 이 열매 없는 성전에 대한 하나님의 심판을 가리킨다.

그러므로 이 사건을 "성전청결" 사건이라는 타이틀을 붙여서는 안 될 것이다. 이것은 가장 거룩한 것들까지도 더럽히는 종교상의 부패에 대한 위협적 선언에 관한 이야기다. 성전은 이스라엘의 종교, 정치, 그리고 경제생활의 중심 기구였다. 경제적으로 성전은 예루살렘의 윤곽 그 이상을 좌우했다. 그것은 또한 중앙은행, 중앙청, 중앙금융계(wall street)로서 역할 했다. 예루살렘 성읍에 살고 있는 대부분의 사람들에게 성전은 그들의 고용의 수단이었다. 정치적으로 성전은 권력의 근거지였고, 로마 통치자 아래서 유대를 다스렸던 제사장 계급에 부의 원천이었다. 종교적으로 성전은 성과 속을 구별지어주었고, 그것은 하나님의 내주하심의 은총과 백성 가운데서의 임재의 상징이었다. 지성소는 이스라엘을 둘러싸고 있었던 악을 피하고 정결케 할 수 있는 거룩함의 핵심으로 간주되었다. 와첸(Waetjen)이 잘 진술하고 있는 것처럼, 성전은 "하늘과 땅이 하나로 결합된 장소, 곧 북극성처럼 삶 전체를 통과해 나가는 나침반으로서 그리고 하나님의 보호의 보증으로서 역할 하는 절대적인 판단기준"이었다.[33]

후대의 랍비들은 성전을 "심연이 세계를 뒤덮고 창조사역을 망쳐버리기 위해서 다시 일어나는 것을 막아주는 주춧돌로" 묘사한다.[34] 그렇게도 중요하고, 거룩하고, 거대한 것을 공격하기 위해서는 큰 용기가 있어야 했으며, 그것에 예수의 운명이 달렸다. 그러나 성전에 대한 예수의 위협적 경고의 충격이 2천 년 후에는 그 힘을 잃어버렸다. 대부분의 사람들은 성전이 부패되었고, 하나님의 심판을 받아 마땅하다고 냉정하게 생각하지만, 만약 그들이 직접 그 일을 목격했다면, 예수의 행동과 말씀에 관하여 어떻게 느꼈을 지를 상상할 수 없다. 우리의 다원론적 문화에서는 성전이 예수 당시 사람들의 삶에서 그러했던 것과 같이 지배적인 장소를 신봉하는 사람은 아무도 없지만, 다른 공동체와 신앙인들에게는 성스러운 소들(cows)이 여전히 존재하고 있다.

33. Waetjen, *Reordering*, 185.

34. *b Sukk* 53a-b: Jon D. Levenson, *The Creation and the Persistence of Evil. The Jewish Drama of Divine Omnipotence*(San Francisco: Harper & Row, 1985), 99.

그러므로 상황을 연결하기 위하여, 우리 자신의 종교적 정치적 삶 가운데서 동일한 현상을 밝혀내고 반성할 필요가 있다. 이 본문으로 우리는 신성불가침으로 생각하는 기구들을 재검토해야 할 것이다. 그것은 모두가 쇼이며 잎사귀만 있고 열매는 없는가? 그 지도자들은 자기 배를 불리는 한편 자기들의 경력을 쌓고 명성을 쌓으려는 의도를 가진 부패한 사람들인가? 이기적이고도 대중적인 의견이 지배하고 있는가? 그것이 백성들에게 거짓된 안정을 제공하는가? 그것은 사람들의 마음과 살아가는 방식에 전혀 영향을 주지 못하는 의식상의 회개로 사람들이 나아가게 하는가? 그것이 교만의 근원이 되는가? 그것이 우리를 다른 사람으로부터 분리시키고 엘리트라는 특별한 신분을 부여해 주는 어떤 것인가?

또한 우리는 우리의 성스러운 장소, 그룹, 기구, 행동방식을 가지고 있다. 이런 전체 체계가 그 중심부터 썩을 수 있지만, 경건이라는 겉치장과 거룩의 분위기가 그것을 신성한 것처럼 보이게 만든다. 그것은 마치 거대한 산과 같고, 그것을 도전하는 사람은 불가능한 일을 시도하는 것처럼 보인다. 예수는 믿음을 가진 사람들에게 "세상을 다시 만들 수 있다"고 확증하신다.[35] 그러나 이것이 기도 없이는 일어나지 못할 것이라는 사실을 기억해야 한다(9:29을 보라). 또한 조심해야 한다. 만일 종교적 혹은 정치적 부패를 건드린다면, 비싼 값을 치러야 한다. 그러한 제도들에 가담한 사람들은 누군가 자기들이 쥐고 있는 권세에 도전을 가할 때, 빈둥거리며 앉아있지 않는다. 예수는 자기의 생명을 잃는다.

예수는 그의 사역기간 동안에 성전의 기능을 행사해 오셨다. 그는 사죄를 선포하시고, 병든 자를 고치시며, 사람들을 사회로 회복시켜 주신다. 그는 예배자들이 속죄를 받기 위하여 값을 지불해야 했던 돈 바꾸는 자들의 상을, 자신의 거저 주시는 생명의 속전이 죄인들의 죄사함을 제공한다는 사실을 선포하시는 주님의 상으로, 바꾸신다. 그의 피흘림이 영원히 단번에 속죄를 위한 짐승의 제사제도 전체를 바꿀 것이다. 그의 죽음이 인류가 하나님과 화목할 수 있는 장소다.

현대적 의미

예수와 성전. 마가복음 11장에 있는 이 사건은 예수의 행동과 말씀의 종교적 정치적 효과들을 검토해보게 한다. (1) 종교적 부패를 공격하는 것은 정치적 부패를 공격하는 것만큼이나 위험하다. 감정에 골이 패인다. 사람들은 쉽게 경건

35. Myers, *Bibding*, 305.

의 모양을 통하여 현혹된다. 오늘날 사람들이 어떤 유사한 성스러운 소를 공격한다면, 같은 결과를 당할 수 있다. '교황 레오 10세에게 보내는 공개서한' (1520, 9, 6일) 가운데서 마틴 루터는 이와 유사한 부패를 질타했다.

> 언젠가 모든 종교 가운데서 가장 거룩했던 로마 교회는 가장 방탕한 도적들의 소굴, 모든 갈보 집들 가운데서도 가장 수치스러운 곳, 죄와 사망과 지옥의 왕국이 되었나이다. 그것은 너무도 악하여, 적그리스도가 온다 해도, 그 악함에 덧붙여줄 것이 없을 것으로 생각합니다.

(2) 예수의 공격은 하나님의 요구사항이 의식적인데 있지 않고 윤리적인데 있다는 사실을 분명히 한다. "나는 인애를 원하고 제사를 원하지 아니하며"(호 6:6). 희생제사 의식은 모든 것이 마음의 문제(믿음, 기도, 그리고 다른 사람들의 죄용서)이기 때문이기 때문에 쓸모가 없다.

(3) 예수는 성전을 비난하심으로써 성전이 표상하고 있는 지배체계를 비난하신다. 나우웬은 "우리 가운데 예수의 오심은 인간의 마음을 변화시키고, 인간 사회를 변화시키는 것이 따로 분리된 임무가 아니라 십자가의 두 가름대처럼 서로 연결되어있다는 것을 분명하게 밝혀주셨다"[36]라고 말한다. 성전은 지배하고 다스리고 가르치고, 사회계급에서 낮은 계층에 속한 사람들을 착취했던 고위층의 권력의 중심지가 되었다. 성전은 특권을 소수에게 베풂으로써 그리고 사회에서 하나님 나라의 변화시키는 능력을 저항함으로써 현상을 유지했다. 예수는 가난한 사람만을 도우신 것이 아니라 당시 사회에 수많은 부정의 근원자체—성전과 제사장 계급—까지 파고들어 가셨다.

마이어즈는 예수가 가난한 자의 압제를 만들어냈던 희생제사 도구들을 공격하셨다고 주장한다(비둘기들은 가난한 자들의 희생제사 제물이었다, 레 5:7; 12:8; 14:22, 30). 그는 다음과 같이 기록한다.

> (그들은) 가난한 자와 불결한 자를 이중적으로 착취했던 정치적 경제 구역에서 압제라는 구체적인 장치를 대표했다. 압제 받는 자들은 이류 시민들로 간주되었을 뿐만 아니라, 제사의식은 그들의 하위의 신분에 대한 보상을 희생제사를 통해 만들도록 강요했

---

36. Henri J. M. Nouwen, *The Wounded Healer*(Garden City. Doubleday, 1972), 20.

으며, 상인들은 그들로부터 이득을 얻었다. 여기에 나오는 예수의 행동은 "약한 자"와 "죄인들"을 차별 대우했던 사회적 상징기구의 평판을 떨어뜨리기 위하여 행하신 그의 첫 번째 노골적인 행동과 완전히 일치한다.[37]

마이어즈의 해석은 왜 예수가 희생제사 제도를 개탄하였는지에 대한 유익한 지적을 하고 있다. 희생제사 제도를 지지하는 신학은 너희가 하나님에게 범죄 했기 때문에 가난하고, 고통을 받고, 압제를 받는다고 말했다. 용서를 받기 위하여 너희는 희생제사를 드려야 한다는 것이었다. 그것은 가난한 자들의 압제에 주로 책임이 있는 사람들의 주머니를 궁극적으로 채워주었다. 예수가 하나님으로 말미암아 죄용서를 선언하셨을 때(막 2:5, 10), 그는 희생제사 제도를 무시하셨고 사회의 억압적인 요인들 가운데 하나를 타파하신 것이다. 만일 교회가 백성들을 억압하는 도구가 된다면 비난을 받아 마땅하다.

(4) 성전제도는 외국인 혐오사상과 민족우월주의 정신을 육성시켰다. 다른 그룹들에 대해서 "금지구역!"이라고 말하는 일련의 성역이라는 장벽들을 가지고 있는 성전이 있는 한, 유대인과 이방인, 남자와 여자간의 긴장은 결코 사라지지 않을 것이다(갈 3:28). 예수는 선택된 그룹에게만 기도와 희생제사가 허용된다는 배타주의의 종말을 고하신다. 슈바이처는 "기도의 장소로서 성전은 인간이 하나님에게 얻거나 드릴 것이 아무것도 없다는 태도를 보여주어야 하며, 따라서 그것은 모든 사람들에게 열려 있어야한다"라고 주장한다.[38] 하나님의 집은 이스라엘의 잃어버린 자들, 문둥병자, 혈루증 환자, 소경, 고자들, 그리고 이방인들을 포함하여 기도의 영을 가지고 들어오는 모든 사람들을 받아들인다. 만일 어떤 사람이 교회의 친교에 대해서 "어떤 사람이 교회에 받아들여지는 것이 약대가 바늘귀로 들어가는 것보다 더 어렵다"고 말한다면 교회는 비난을 받아야 한다.

(5) 예수는 다른 사람들이 하나님에게로 나아가는 것을 차단한 종교의 상업화를 공격하신다. 이익을 얻기 위하여 그리고 종교적 상품을 판다는 인상을 주기 위하여 하나님의 임재라는 이익을 합법적으로 취할 수 있는 사역은 어디에도 없다.

기도의 능력. 백성들은 성전을 기도의 장소로 보았다. 예수는 그곳을 모든 열국의 기도의 집이어야 할 것을 기대하셨지만 계속하여 성전의 멸망을 예고하셨다.

37. Myers, *Binding*, 301.
38. Schweizer, *Mark*, 233.

무화과나무가 마른 데 대한 설명에서 예수는 성전이 없는 미래를 생각하셨다. 그러나 성전의 사라짐이 효과적인 기도의 종결을 가져다주지 않는다. "거기에 새로운 기도 공동체가 있을 것이다."[39] 마샬(Marshall)이 기록하는 것처럼, "존재하고 있는 종교적 기구의 당당하고 제도화된 권력은 오직 믿음으로 하는 기도에 그 능력이 있는 하나님 나라의 공동체에게로 넘겨져야 한다."[40] 이 공동체에서 기도는 어떠해야 하는가?

(1) 공동체는 수용적으로 기도할 필요가 있다. 기도는 우리의 뜻을 하나님에게 지워드리는 것이 아니라 우리의 삶을 하나님의 뜻에 여는 것이다. 참된 기도는 하나님을 자신의 뜻에 맞게 바꾸려는 노력이 아니라, 우리 자신의 삶에서 하나님의 뜻을 이루기 위한 노력이다. 기도는 노를 젓는 사람이 닻을 내리는 장소로 선박을 끌어들이기 위하여 사용하는 배의 갈고리와 같다. 노를 젓는 사람은 해안을 자기가 타고 있는 배로 잡아당기려는 것이 아니라 정반대의 일을 한다. 그와 같이 기도에서 우리는 우리 자신을 하나님에게로 이끌려가도록 해야 하며, 하나님을 우리에게로 이끌어내려고 해서는 안 된다. 예수는 겟세마네에서 이러한 수용적인 기도의 모범을 보여주신다. 그곳에서 그는 하나님에게 담대하게 요청하시지만, 다음과 같이 결론을 내리신다. "그러나 나의 원대로 마시옵고 아버지의 원대로 하옵소서"(14:36).

(2) 사람들은 확신을 갖고 기도해야 한다. 이 본문은 요술적인 기적을 행하기를 시도하라고 요구하지 않는다. 우리는 마치 기도가 원하는 것은 무엇이든지 얻을 수 있는 요술 지팡이인 것처럼 취급해서도 안 된다. 그리스도인들은 기도가 능력을 발휘할 것이라는 확실한 믿음을 가지고 기도할 때, 예수처럼 가장 큰 압제까지도 극복할 수 있다. 불가능한 일은 없다. 하지만 기도는 하나님이 원하지 않는 일을 이루어나가는 수단은 아니다. 예수는 하나님이 우리에게 좋은 것을 이미 언제나 준비해 놓으셨다고 가르쳐 주셨다. 우리는 기도에서 하나님을 설득하거나 구걸해서는 안 된다. 이방인들은 기도가 기름을 얻는 번쩍거리는 수레바퀴인 것으로 잘못 믿었기에 그들은 관심을 얻기 위하여 가끔 마술적인 것들을 포함하여 잡다한 주문으로 힘 없는 신들에게 부지런히 구했다(왕상 18:26-29). 기도는 사랑하는 부모와 같은 하나님의 선하심에 기초해야 하며, 하나님의 자비로우심에 의존해야 한다.

---

39. Tom Shepherd, "The Narrative Function of Markan Intercalation," *NTS* 41(1995): 536.
40. Marshall, *Faith As a Theme*, 176.

그리스도인들은 예수의 이름으로 기도할 때, 하나님의 응답에 확신할 수 있다. 그러나 그들이 구하는 것은 그의 가르침, 삶, 그리고 죽으심과 조화되어야 한다. "무엇이든지 원하는 대로 구하라"(11:24)는 예수의 약속과 헤롯의 "무엇이든지 네가 원하는 것을 내게 구하라"(6:22)는 공허한 자랑과 대조해 보라. 그리스도인들은 구하지 않아야 할 것들이 있고, 하나님이 주지 않는 것들이 있다. 부모들이 자녀가 필요로 하는 것을 자신의 지혜를 따라 자녀에게 주는 것처럼, 하나님도 그러하시다. 따라서 우리는 원하지 않는 대답을 받을 수도 있고, 찾지 않은 것들을 발견할 수 있으며, 기대하지 않은 문들이 열릴 수도 있다. 바울은 육체의 가시를 제거해 달라고 세 번이나(여러 번) 기도했었다. 그것은 그가 그 가시를 품고 살아야한다는 응답으로 왔다. "내 은혜가 네게 족하도다 이는 내 능력이 약한 데서 온전하여짐이라"(고후 12:9). 그것은 그가 원하는 응답이 아니었지만, 그에게 생명을 주었던 응답이었다.

(3) 새 공동체는 기대하면서 용기를 잃지 말고 기도해야한다. 우리의 기도는 우리의 작은 세계와 가까운 미래에만 초점을 맞출 것이 아니라, 긴 기간과 거대한 스케일에 고정시켜야 한다. 얼마나 여러 번 사람들이 수세기를 거쳐서 "나라이 임하옵시며"라는 기도를 드렸던가? 그 기도는 그리스도인의 입과 마음으로부터 결코 떠나지 않아야 할 것이다. 교회는 자유에 대해서 자주 제대로 반응하지 못한다.

(4) 공동체는 용서하는 심령을 가지고 기도해야 한다. 우리가 다른 사람들에 대해 원한을 가지고 있다면 하나님과 화목할 수 없다.

마가복음 12:1-12

1 예수께서 비유로 그들에게 말씀하시되 한 사
람이 포도원을 만들어 산울타리로 두르고 즙
짜는 틀을 만들고 망대를 지어서 농부들에게
세로 주고 타국에 갔더니
2 때가 이르매 농부들에게 포도원 소출 얼마를
받으려고 한 종을 보내니
3 그들이 종을 잡아 심히 때리고 거저 보내었
거늘
4 다시 다른 종을 보내니 그의 머리에 상처를
내고 능욕하였거늘
5 또 다른 종을 보내니 그들이 그를 죽이고 또
그 외 많은 종들도 더러는 때리고 더러는 죽
인지라
6 이제 한 사람이 남았으니 곧 그가 사랑하는
아들이라 최후로 이를 보내며 이르되 내 아
들은 존대하리라 하였더니
7 그 농부들이 서로 말하되 이는 상속자니 자
죽이자 그러면 그 유산이 우리 것이 되리라
하고
8 이에 잡아 죽여 포도원 밖에 내던졌느니라
9 포도원 주인이 어떻게 하겠느냐 와서 그 농
부들을 진멸하고 포도원을 다른 사람들에게
주리라
10 너희가 성경에 "건축자들이 버린 돌이 모퉁
이의 머릿돌이 되었나니
11 이것은 주로 말미암아 된 것이요 우리 눈에
놀랍도다 함을 읽어보지도 못하였느냐?" 하
시니라
12 그들이 예수의 이 비유가 자기들을 가리켜
말씀하심인 줄 알고 잡고자 하되 무리를 두
려워하여 예수를 두고 가니라

원 의미

악한 소작농에 대한 예수의 비유는 그의 권위를 도전하는 지도자들에 대한 그의 계속되는 반응이며(11:27-33) 문제를 전면에 가져온다. 4:1-9에 있는 씨뿌리는 자의 비유와 같이 이 비유는 전반적인 줄거리를 내비추고, 독자들로 하여금 뒤따라오는 내용을 대비하게 한다. 지도자들의 적대감을 고려하면 예수에게 일어나는 일이 놀라운 일이 아니다. 그러나 이 비유는 이러한 사건들을 하나님과 이스라엘과의 오래되고 불온한 관계의 시각으로부터 파악하도록 만들어준다.

이 비유는 아주 소중히 여기는 암양 이야기를 가지고 다윗을 설정한 나단의 명석한 비유(일종의 덫)와 유사하다(삼하 12:1-15). 나단은 간음, 살인, 거짓말의 거미줄로 사로잡아 "당신이 그 사람이라"는 엄중한 말로 책망한다. 예수는 대제사장들, 서기관들, 장로들을 유사한 비유(일종의 덫)로 포착한다. 그들은 이스라엘의 대지주였고, 자연적으로 그 비유에 나오는 주인의 곤경에 공감하였을 것이다.[1] 하지만 예수의 비유가 자기들을 겨냥한 것이라는 사실을 깨달은 후에 의도적인 살인을 저지른 소작인들에 관한 이야기는 이 지주들의 분노를 일으켰을 것이다. 결국에 그들은 하나님의 포도원의 야비하고 완강하고 게으른 소작인들에 해당한다.[2] 이것은 세례 요한과 같은 하나님의 선지자들에 대한 그들의 거절과 하나님의 아들에 대한 그들의 악한 음모에 대한 실제적인 이야기를 반영하고 있다. 다윗처럼 그들은 자기들의 죄를 알고 있다. "그들이 예수의 이 비유가 자기들을 가리켜 말씀하심인 줄 알고"(12:12). 그러나 다윗과 달리 그들은 죄책과 대면했을 때 회개하지 않는다.

구약성경의 이미지들을 잘 알면, 비유에 들어있는 인물들이 환희 드러나 보이는 은유라는 사실을 파악하는데 도움이 된다. 포도원은 택하신 백성과 하나님간의 관계의 상징이며, 포도원 망대에 대한 묘사는 이사야 5:2과 뚜렷한 평행을 이룬다.[3] 산울타리, 포도주 틀, 그리고 망대가 그 이야기의 후대의 발전에서 아무런 의미를 가지고 있지 않으므로, 이 세부사항들은 이사야의 문맥을 상기시켜주기 위해서만 포함되어 있다. 이사야서의 비유적인 사랑의 노래 가운데 포도원에 하나님이 아낌없이 베푸신 사랑이 백성들의 배은망덕과 열매의 결핍이라는 이미지와 대조된다(사 5:1-7을 보라. 이 구절 다음에 일련의 화가 뒤따라오는 방식을 유의하라).[4] 포도원 주인과 소작인 간의 불화는 땅주인의 부재에 대한 실제적인 세상을 반영하지만,[5] 이 이야기는 하나님과 이스라엘과의 불화 관계에 대한 암시이다. 이는 이런 불화 관계의 절정이 가까워 오고 있음을 나타낸다(또한 3:14; 렘

1. Martin Goodman, *The Ruling Class of Judea. The Origin of the Jewish Revolt Against Rome A. D. 66-70*(Cambridge: Cambridge Univ. Press, 1987), 55-75. 한편으로, 갈릴리 농부들은 아마도 소작인들에 해당되었을 것이다.
2. 현대인들의 비유의 자극적인 질책은 종종 오랜 동안 다른 상황 가운데서 재진술 될 때 상실되었다. 조나단 스위프트의 『걸리버 여행기』와 프랭크 L. 바움(Baum)의 『오즈의 마법사』를 비교하라. 이것들은 오늘날 대부분 악의가 없는 어린이들의 이야기로 읽혀진다.
3. Klyne Snodgrass, *The Parable of the Wicked Tenants. An Inquiry into Parable Interpretation*(WUNT 27; Tübingen: J. C. B. Mohr[Paul Siebeck] 1983), 76을 보라. 또한 왕하 19:30; 시 80:8-9; 아 8:11; 사 3:14; 27:6; 37:31; 렘 2:21; 12:10(참조. 6:9); 겔 15:1, 6; 17:5-10; 19:10; 호 10:1(참조. 14:6-9)을 보라.
4. *t Me'il* 1:16과 *t Sukk.* 3:13에서 망대는 성전을 가리키고 포도주 틀은 제단을 가리키는 것으로 취급된다. *Tg.* 사 5:2, 5을 보라: 하나님은 이스라엘의 성소들을 파괴하실 것이다.
5. 플리니(Pliny, *Epistles* 10:8)의 글과 비교하라. 그는 땅 임대, 포도를 수확하는 시기, 새로운 소작인, 나쁜 추수로 인한 임대료의 인하를 말하고 있다.

12:10을 보라).

예수의 죽으심과 부활 이후의 시각에서 볼 때, 후대의 교회는 아주 자연스럽게 여기에 나오는 소작농을 이스라엘 혹은 이스라엘의 지도자들로 보았다. 그러나 예수의 원 청중들은 곧바로 그렇게 연결짓지는 못했을 것이다. 스노드그래스(Snodgrass)는 원 청중들은 처음에 하나님이 이스라엘을 잔학하게 압제하도록 허락해주었던 로마를 그 소작농으로 생각하였을 것이다.[6] 비유가 밝혀주고 있는 것처럼, 그들의 처음 생각은 잘못되었고 개정되어야 한다는 것을 인식하게 되었다.

종들의 파송과 그들의 냉담한 거절은 형세를 일변시킨다. "종"이라는 단어는 자주 구약성경에서 하나님이 백성들에게 보내신 선지자들을 가리키는 호칭이다.[7] 성전에서 있었던 그의 행동에 대한 예수 자신의 해석에서 두드러지게 묘사하고 있는 예레미야 7:25-26은 적절한 주석이다.

> 너희 조상들이 애굽 땅에서 나온 날부터 오늘까지 내가 내 종 선지자들을 너희에게 보내되 끊임없이 보내었으나 너희가 나에게 순종하지 아니하며 귀를 기울이지 아니하고 목을 굳게 하여 너희 조상들보다 악을 더 행하였느니라.

느헤미야 9:26 역시 이 주제를 반영하고 있다.

> 그들은 순종하지 아니하고 주를 거역하며 주의 율법을 등지고 주께로 돌아오기를 권면하는 선지자들을 죽여 주를 심히 모독하였나이다.

그리고 역대하 36:15-16(참조. 24:18-19)에서도 같은 주장을 발견하게 된다.

> 그 조상들의 하나님 여호와께서 그의 백성과 그 거하시는 곳을 아끼사 부지런히 그의 사신들을 그 백성에게 보내어 이르셨으나 그의 백성이 하나님의 사신들을 비웃고 그의 말씀을 멸시하며 그의 선지자를 욕하여 여호와의 진노를 그의 백성에게 미치게 하여 회복할 수 없게 하였으므로.

---

6. Snodgrass, *The Parable of the Wicked Tenants*, 77-78.
7. 왕상 14:18; 15:29; 18:36; 왕하 9:36; 10:10; 14:25; 그리고 렘 7:25; 단 9:6; 암 3:7에 있는 "나의[당신의, 그의] 종 선지자들"이란 문구를 보라.

이 비유에 들어있는 종들에 대한 대우는 선지자들에 대한 악한 대우를 상기시켜주었다. 비유에 나오는 종들에 대한 폭행은 점점 더 심해진다. 처음에는 때려서 쫓아내고(12:3), 그 다음은 머리에 상처를 내고 능욕하였고(12:4), 마지막에는 죽였다(12:5). 우리는 성경에서 비교적 두드러지지 않은 두 명의 선지자들의 운명을 알고 있는데, 곧 돌에 맞아 죽은 여호야다의 아들 스가랴(대하 24:20-22)와 칼에 죽은 우리야(렘 26:20)다. 예레미야는 매 맞고 차꼬에 채워지지만(렘 20:2), 후대의 아모스, 미가, 이사야, 예레미야, 에스겔, 요엘, 하박국과 같은 선지자들에 관한 외경의 전설들은 그들이 죽임을 당했다고 말한다. 예수 당시의 통상적으로 알려진 지혜는 선지자들이 필연적으로 거절을 당하고 순교를 당했다고 믿었다(마 5:12; 23:31-39; 눅 13:31-33; 행 7:52; 살전 2:15; 히 11:36-38). "매 맞고…머리에…" 당한 선지자들 가운데 한 사람의 운명을 묘사하기 위하여 사용된 이례적인 단어('케팔리우', 막 12:4)는 특별히 목 베어 죽임을 당한 세례 요한의 운명을 암시할 수도 있다('아포케팔리조', 6:16, 27). 예수는 요한의 권위에 관한 문제를 방금 전에 들먹였고, 지도자들은 사적으로 그에 대한 거절을 고백한다(11:30-32).[8]

이 비유는 종들이 열매를 받아내지 못한 후에 고비에 이른다. 주인은 숨겨 놓은 마지막 카드를 가지고 있다. 그는 "최후로" 아들을 보내려 한다. 그는 "그가 사랑한 아들"(이 문구는 "외아들"에 대한 관용어다)로 밝혀져 있는데, 이러한 표현은 예수를 "내 사랑하는 아들"이라고 밝히고 있는 하늘로부터 들려오는 음성을 상기시켜준다(1:11; 9:7). 이 아들은 종들과는 다른 차원에 속해 있으며, 이 주인은 소작인들이 "그를 존대하리라"[9]고 생각하였으므로 그를 보낸다. 아들의 사명은 앞에서 보냄 받은 종들의 사명과 같다. 주인은 소작인들에게 회개하고 세를 지불할 기회를 제공한다—요구했던 열매를 제 때에 자기에게 제공하도록(시 1:3을 보라). 쿰란으로부터 나온 증거물(삼하 7:11로부터 인용한 4QFlor 1:11과 시2:7에 대한 1QSa 2:11-12)은 그 아들에 대한 언급이 청중들에 의하여 메시야적으로 이해되어 왔었다는 사실을 암시해준다.

소작인들은 아들을 상속자로 알아보고 악하게도 그의 유산을 자기들의 것으로 만들기를 원한다(15:10을 보라. 빌라도는 예수에 대한 바리새인들의 질투심을 알

8. 그러나 [선지자들의 삶] 가운데서, 아모스는 아마샤에게 머리를 맞은 것으로 말해지며, 그래서 4절에 있는 언급은 일반적인 언급일 수도 있다.
9. "존대한다"는 동사('엔트레포마이')는 LXX에서 하나님의 사자 앞에서 자기들을 낮추는 사람들을 가리키기 위하여 사용되었다(출 10:3; 레 26:41; 왕하 22:19; 대하 7:14; 12:7, 12; 34:27; 36:12)을 보라.

게 된다). 교활함과 뒤섞여진 반항은 그들의 최종적인 파멸로 나타난다. 그들은 자기들의 꾀에 사로잡힌다(욥 5:13; 고전 3:19). 그들은 주인이 이제 죽었다고 잘못 생각하고, 어리석게도 상속자를 죽임으로써 포도원의 소유권이 자기들에게 주어지기를 바라고 있다.[10] 그들이 아들을 죽인 다음에 그 시체를 밖에 던져서 묻지 않은 채로 놓아두었다. 시체를 묻기를 거절하는 것은 고대 세계에서는 심각한 죄악이다.

예수는 이 비유를 예리한 질문으로 마친다. "포도원 주인이 어떻게 하겠느냐?" 그는 그 대답을 기다리지 않고 자신이 직접 대답한다. 주인은 외관상으로 무능력해 보이는 자에서 보복을 정확하게 행하는 자로 돌아선다. 종들과 아들을 죽은 소작인들을 멸망시킬 자는 이제 포도원 주인 자신이다. 그러나 주인은 철저하지는 않다. 그는 그 포도원을 다른 사람에게 줄 것이다. 진짜 상속자가 거절을 당하고 죽임을 당하기는 했을지라도 상속은 여전히 그분과 그의 공동체에 속해있다. 예수는 시편 118:25로부터 인용한 말씀으로 이 대결을 마감하고 있는데, 이 시는 예수가 도성으로 들어올 때 군중들이 부른 것이었다(막 11:9-10). 이 시편은 거절을 당하고(같은 동사 '아포도키마조'가 8:31에 있는 예수에 대한 첫 번째 예고에서 사용되었다) 죽임을 당한 그가 보호될 것임을 설명하고 있다(12:9-10; 참조. 시 118:22-23). 건축자들의 버린 돌이 새로운 건물의 모퉁이 돌 혹은 갓돌이 된다.[11] 이러한 표상은 새로운 성전을 암시해준다.[12] 마가복음을 읽는 독자들은 예수가 시편기자가 말하고 있는 거처 넘어지게 하는 돌이라고 이해할 것이다.

마지막 인용문, "이것은 주로 말미암아 된 것이요 우리 눈에 놀랍도다"(12:11)는 성전에 대한 예수의 정죄를 하나님의 사역으로 돌린다. 소작인들의 멸망, 포도원을 다른 사람들에게 대여함, 그리고 버림당한 돌이 모퉁이 돌이 되는 것은 하나님의 계획을 보는 눈을 가진 사람들에게는 놀라운 것이다. 열매가 없는 무익한 짐

---

10. "자 죽이자"라는 문구는 창 37:20a LXX에서 요셉의 형들이 사용했던 문구다(*T Sim*; *T. Seb.* 1-5; *T. Dan* 1; *T Gad* 1-2; *T Jos* 1; *T Ben* 3을 보라.

11. 갓돌(모퉁이돌)은 다른 돌들을 제 위치에 고정시키는 것으로서 건축물의 꼭대기에 있는 중추적인 V자형을 가진 돌이다. 아람어로 된 예수의 진술은 "아들"('벤')과 "돌"('에벤') 사이의 언어유희 모습을 하고 있는 것처럼 보인다. Matthew Black, "The Christological Use of the Old Testament in the New Testament," *NTS* 18(1971): 11-14을 보라. CD 4:19; 8:12에 나오는 연약한 건축자들에 대한 언급은 "건축자들"이라는 용어가 어떤 지방에서는 성전 지도자에 대한 별칭으로 사용되었다는 사실을 암시하고 있다.

12. 톨버트(Tolbert, *Sowing*, 260)는 다음과 같이 기록하고 있다. "…버림받은 돌이 정반대의 돌이 되기 위해서, 지금 세워져 있는 건물이 먼저 완전히 폐기 되고 지금 관리하고 있는 소작인들이 먼저 완전히 멸망당해야 한다. 그 다음에야 새로운 건물이 일어설 수 있고 신실한 소작인들이 임명된다."

승제사, 민족주의, 애국주의, 그리고 돌로 된 건물은 끝날 것이다. 이 지도자들이 죽일 아들은 하나님으로 말미암아 부활할 것이고, 구원의 현장이 될 것이다.

예수의 비유는 수수께끼이지만, 지도자들은 자기들이 그 목표물이 되고 있다는 사실을 깨닫기 위해서 다른 조언을 필요로 하지 않는다. 그들은 그러한 암시를 이해하지만, 그들의 죄책의 극악성만을 증가시킬 뿐이다. 예수는 예루살렘의 대제사장들과 서기관들이 자기를 죽일 것이라고 제자들에게 말씀하셨다(9:33). 이제 그는 비유에서일지라도 그 아들을 죽일 통치자들에 관해서 말씀하신다. 그들이 모의를 추진하고 있음은 그들이 고의적인 악한 의도를 가지고 그리하고 있음을 의미한다. 그들은 귀신들처럼 예수를 자기들을 멸하려온 위협적인 존재로 안식하면서도(1:24), 그분에게 복종하기보다는 헛되이 그분을 멸하려한다. 예수의 대적자들은 하나님을 두려워하기보다는 변덕스러운 군중의 반응을 두려워하므로, 그들의 때를 기다리고 있다(11:18; 12:12). 마가는 예수가 이스라엘 백성들이 아니라 백성의 지도자들에게서 멸시를 받고 버림을 받았다고 묘사한다.

이 비유는 기독론적 의미를 담고 있다. 이것은 예수가 포도원 주인과의 관계에서 자신이 아들 되심을 충분히 자각하고 있으며, 다가오는 권력자들에 의한 처형을 분명하게 알고 계셨음을 나타내고 있다.[13] 비유의 진정성을 의문하는 자들은 이 두 가지 가능성을 의문하는 경향이 있다.

상황잇기

이 비유를 해석하면서 세 핵심적인 순간에 초점을 맞출 필요가 있다. 각기 직접적인 강화로 특징지어진다. 열매를 받지 못한 땅 주인이 열매를 거두기 위하여 자기 아들을 보내기로 결심한 때, 소작인들이 자기들의 상황을 곰곰이 생각해보고 상속자를 죽이기로 결심하는 사실을 우리가 들을 때, 예수가 "포도원 주인이 어떻게 하겠느냐?"라고 묻는 때. 이 세 순간은 비유의 의미를 밝히 드러내준다.

주인의 인내. 우리는 포도원을 빌려주었지만 매 맞고 죽은 종들의 모습에서 모욕만을 거두어들인 포도원 주인의 생각의 과정에 대해서 듣는다. 그는 최종적으로 자기 아들을 보내기로 결심하면서 "(그들이) 내 아들은 존대하리라"고 생각한다. 자기 종들에 대한 잔인한 취급이 있은 후에 이러한 행동은 완전히 무모한 것은 아

13. 이 비유가 예수로부터 기원했다는 주장에 관해서는 James H. Charlesworth, *Jesus Within Judaism*(New York: Doubleday, 1988), 139-43; Snodgrass, *The Parable of the Wicked Tenants*을 보라.

니라 할지라도 무분별해 보인다. 어찌하여 주인은 자기 아들이 종들과는 다르게 취급받을 것이라고 생각하는가? 그러나 이스라엘과 하나님의 관계에 관한 비유로서 포도원 주인의 생각은 하나님의 성품을 말해주고 있다. 이것은 호세아서에 가장 예리하게 표현된 하나님의 오래 참으심과 거저 주시는 사랑이라는 구약성경의 주제를 상기시켜준다(호 2:2, 14-20; 또한 렘 3:11-14).[14] 칼스톤(Carlston)은 그것을 "복된 백치 같은 은혜"라고 부른다.[15]

이 비유는 얼마나 자주 거절을 당하든 간에 인류에 대한 하나님의 지속적인 추구를 계시한다. 자기 아들을 보내면서 생각하는 주인의 낙관적 사고는 하나님의 끝없는 희망과 죄악 된 백성들의 잘못을 깨우쳐주기 위한 지속적인 노력을 나타낸다. 하나님은 백성들이 열매를 맺을 것이라고 충분히 생각하고, 그들이 그 의무를 어길 때 인내심을 행사하며(롬 2:4; 벧후 3:9), 선지자들을 계속하여 보내고 최후에는 사랑하는 아들을 살인자들의 도당에게 보내는 극단적인 어리석음을 가진 것처럼 보이는 일을 하신다. 그러나 세상의 지혜로는 어리석어 보이는 것(고전 1:18-25; 3:18-20)이 하나님의 사랑과 지혜를 반영한다.

소작인들의 어리석음. 소작인들의 독백은 그들의 정신적인 과정을 보여준다. "이는 상속자니 자 죽이자 그러면 그 유산이 우리 것이 되리라." 그들의 어리석음은 누가복음 12:18-19에 나오는 부자 농부의 독백을 우리에게 상기시켜 주는데, 그는 다음과 같이 말한다.

> "내가 이렇게 하리라 내 곳간을 헐고 더 크게 짓고 내 모든 곡식과 물건을 거기 쌓아 두리라 또 내가 내 영혼에게 이르되 영혼아 여러 해 쓸 물건을 많이 쌓아 두었으니 평안히 쉬고 먹고 마시고 즐거워하자 하리라."

우둔한 희망들은 무모한 행동을 낳는다. 소작인들은 어리석게도 자기들이 상속자를 죽이면, 포도원이 소유주가 없게 되고, 그러면 자기들이 그것을 제멋대로 이용할 수 있다고 믿는다. 어리석은 부자처럼 그들은 하나님을 염두에 두지 않는다.

비유의 이러한 양상은 현대적인 배경으로 쉽게 연결할 수 있다. 이 비유는 삶 가운데서 모든 것의 주도권을 쥘 수 있고 삶의 현장에서 하나님을 밀어내 버릴 수

---

14. John R. Donahue, *The Gospel in Parable*(Philadelphia: Fortress, 1988), 55.
15. Charles E. Carlston, *The Parables of the Triple Tradition*(Philadelphia: Fortress, 1975), 185.

있다고 생각하는 모든 시대에 그리고 모든 삶의 처세술을 가지고 있는 사람들의 어리석은 오만에 관한 것을 말해준다. 이 소작인들은 실제로 그 아들을 죽임으로써 자기들이 포도원의 주인이 될 수 있을 것이라고 믿었는가? 외관상으로 볼 때 그렇다. 인류는 인생에서 하나님을 지워버림으로써 현세적이고도 영원한 운명까지 조종할 수 있을 것이라고 생각하고 있는가? 외관상으로 볼 때 그렇다. 이 비유는 하나님에 대한 죄악 된 반역이라는 극단적인 어리석음을 드러낸다. 또한 그것은 우리가 포도원의 종들일 뿐이지, 주인이나 소유권자가 아니라는 사실을 상기시켜준다.

주인의 분노. 예수의 결론적인 질문인 "포도원 주인이 어떻게 하겠느냐?"는 이야기의 절정이다. 이 질문에 대한 대답은 앞에 나오는 내용으로부터 명확하게 드러나지 않는다. 주인은 다소 무능하고 약한 것처럼 보인다. 아마도 소작인들이 도박을 시도한 것처럼, 그는 무능하고 아무것도 할 수 없으므로 그는 아무 일도 하지 않을 것이다. 하지만 그것은 그 주인이 이 비유에서 하나님을 나타내고 있음을 인식하도록 도와준다. 하나님은 분명히 힘이 없지 않다. 하나님은 엄청난 인내를 보이고 있을 뿐이다. 하지만 결론은 하나님이 영원히 참지 않으신다는 예언적 경고를 계시해준다.

이 비유를 이스라엘과 하나님과의 관계에 대한 더 커다란 이야기의 배경에 비추어 해석할 때, 하나님의 호의가 회개로 이끌어간다는 성경의 원리를 상기한다(롬 2:4). 이사야는 하나님의 경고를 다음과 같이 기록한다. "내가 종일 손을 펴서 자기 생각을 따라 옳지 않은 길을 걸어가는 패역한 백성들을 불렀나니 곧 동산에서 제사하며 벽돌 위에서 분향하여 내 앞에서 항상 내 노를 일으키는 백성이라"(사 65:2-3). 계속적인 반역은 확실한 심판을 당하게 될 것이다(사 65:7). 그러나 하나님은 온 이스라엘을 멸하지는 않을 것이다. 남은 자가 구원을 받을 것이다(사 65:8-16). 예수의 비유에서 포도원은 멸망당하지 않고 다른 사람들에게 주어진다. 다른 사람들이 누구인지는 분명하지 않고, 이러한 모호성은 상황을 연결시키는 과정에서 논의의 마지막 지점까지 이끌어간다.

포도원을 다른 사람들에게 주는 주인의 낙관적 사상. 이 비유를 이방 기독교회를 편들어 이스라엘의 거절을 설명하는 것으로 해석하지 않도록 해야 할 것이다. 예수는 이 비유를 죄악을 가지고 있는 대적들을 대항하고 깨우치기 위하여 사용하셨다. 이스라엘 백성들을 나쁘게 조명하기 위해서가 아니다. 동일한 방식으로 유다가 행하려는 일을 다시 생각하고 회개케 하려는 바람으로 예수가 마지막 성만찬석에서 배반의 계획을 유다에게 경고하신 것처럼(14:17-21), 그는 대제사장들과 서기관들 그리고 장로들을 경고하신다. 그는 그들이 마음속에 꾸며온 살해 계획을 아신다. 아마도 그들은 회개할 수도 있을 것이다. 마가복음의 문맥에서 이 비유는 하나님의 이스라엘에 대한 거절이 아니라 지도자들의 반항에 관한 것이다.

이 비유를 이사야 5:1-7과 비교한다면, 그것은 이스라엘의 거절을 지적하는 것으로 해석하는 함정을 피하도록 도와줄 것이다. 이 두 비유에서 하나님은 합당한 열매를 얻지 못하는 포도원의 주인이시다. 이사야서에서 주인은 포도원이 적절한 열매를 산출해내지 않았기 때문에 수확을 하지 않으신다.[16] 예수의 비유 가운데서 포도원은 열매를 산출하지만 악한 소작인들이 주인에게 주지 않고 가진다. 이사야서에서, 심판은 포도원에 떨어진다. 예수의 비유 가운데서, 심판은 소작인들에게 떨어지고 포도원은 다른 사람들에게 주어진다.

이러한 비교를 통하여 예수가 소작인들, 곧 청중들 가운데서 지도자들을 추려내고 있으며, 이스라엘 백성을 정죄하기 위하여 말하고 있지 않음을 드러낸다. 그러므로 우리는 이 비유를 선지자들을 거절하고 하나님의 아들을 죽인 악한 이스라엘에 관한 이야기로 해석하지 않도록 주의해야 한다. 예수는 이 비유를 이스라엘의 지도자들을 향하여 말씀하신다. 그들은 이 사실을 인정한다. "그들이 예수의 이 비유가 자기들을 가리켜 말씀하심인 줄 알고 잡고자 하되 무리를 두려워하여 예수를 두고 가니라"(12:12).

이 지도자들은 회개하지 않을 것이고, 그 나라의 열매를 산출해내지 못할 것이다. 오히려 그들은 스스로 하나님 나라를 얻으려고 열망한다. 그들은 성전, 하나님의 기도의 집을 자신들의 개인적인 돈벌이가 되는 상품으로 돌려놓았다. 그리고 자기들의 특권에 도전하는 사람은 누구나 박멸하기 위하여 신속하게 움직일 것이다. 대제사장들, 장로들 그리고 서기관들(율법의 교사들)은 요한과 같은 선지자들을 배격하고, 그 아들의 죽음을 획책하는 믿음이 없는 소작인들이며, 이들은 순진하고도 상처를 입기 쉬운 군중들과 대조를 이루고 있다.

예수는 군중들을 경외감으로 가득하게 하신다. 그러나 군중들은 그분이 누구인지 충분히 인식하지 못했고, 성전의 파렴치한 주인들에 의하여 쉽게 흔들린다. 수난기사 가운데서 군중들은 무의식중에 성전 지도자들의 앞잡이가 된다. 그러나 폭력은 폭력만을 낳고, 악한 소작인들은 멸망을 당할 것이다. 시편 118:22로부터 나

16. Geddert, *Watchwords*, 121.

온 결론은 하나님이 포도원 곧 이스라엘을 관리할 새로운 지도자들을 임명할 것임을 시사한다. "건축자들"과 버림당한 돌에 대한 암시적인 언급들은 예수가 성전의 파괴를 예고하신 이후에는 더욱 그 의미를 이해하게 될 것이다. "돌 하나도 돌 위에 남지 않고 다 무너뜨려지리라"(13:2). 예수는 하나님이 손으로 만들지 않은 새로운 성전을 일으키실 것임을 암시하고 있으며, 그것은 버림당한 모퉁이 돌과 연결될 것이다. 이 인용문은 단지 그것이 거룩한 차원이라는 것만을 제외하고는 신데렐라 혹은 미운 오리새끼라는 고전 소설의 줄거리와 유사하다. 아들에 대한 반응이 사람의 운명에 결정적인 역할을 할 것이다.

톨버트(Tolbert)는 "모형론은 그 성격상 보다 일반화된 적용을 장려한다. 하나님의 좋은 땅의 풍작을 방해하는 권력층의 그룹은 포도원의 악한 소작인들임을 시사한다."[17] 자주 이 비유를 다른 사람의 잘못된 부분을 지적하는 것으로 읽지만, 그것을 우리에게 더 적용할 수도 있다. 글을 읽고 듣는 자들은 이야기 가운데서 영웅들 혹은 "좋은 친구들"과 자신을 동일시하는 경향이 있다. 대부분의 사람들은 이전에 이 이야기를 들었기 때문에, 완고하게, 악의적으로, 그리고 이기적으로 모든 것을 그들 자신을 위해서 원하는 잘못된 무리들로부터 자기 자신을 멀리 둔다.

예수는 부재하고 있는 지주의 문제에 관한 이야기를 반역하는 소작인들과 연결지음으로써 청중들을 덫—그들의 실제 생활에 적용할 수 있는 것—에 걸리게 한다. 그 다음에 그는 그들이 하나님에게 추수 열매를 산출하여 드리기를 거절한 악한 소작인들이었다는 사실을 깨닫도록 역습하신다. 이 비유는 다시 상고함으로써 그것이 자기 자신들에 대해서 말하고 있다는 것을 갑작스럽게 깨달음으로써 부메랑으로 돌아온다면, 그 비유는 아주 효과적이다. 예수의 비유는 나단의 암양 이야기처럼 너무나도 확실하게 들린다. 예수는 덫을 벗겨서 듣는 자들이 죄의식에 사로잡히게 한다. "당신이 그 사람이라!" 이 비유는 약 2천 년 전에 살았던 악한 지도자들을 정죄하는 것만이 아니라 우리에게도 적용된다. 불순종하고 반역하는 백성들과 하나님과의 관계에 대한 이야기는 많이 변하지 않았다. 그들 위에 떨어질 심판은 만일 지도자들인 우리가 청지기직을 실패한다면 우리에게도 떨어질 수 있다. 그러므로 우리가 어떤 영역에서 하나님에게 열매를 맺어드리지 못하고 있는지, 어떻게 하나님의 종들을 거절하고 잘못 취급해왔는지(요삼 9-10절), 어떻게 계속하여 하나님의 아들을 거절하고 있는지(히 6:6)를 분석해야 한다.

---

17. Tolbert, *Sowing*, 238.

현대적 의미

악한 소작인 세계는 우리의 세계와 상당히 닮은 세계다. 세상은 무자비한 폭력으로 가득해 있다. 위협을 받을 때, 이 소작인들은 아무런 제약도 알지 못하고, 폭력적으로 행동한다. 그들은 원하는 것을 얻기 위하여 어떤 일도 서슴지 않는다. 태연하게 계약을 깨뜨리는 것이 이 세상이다. 그들은 어떤 규례들을 실현하기로 동의한 것을 개의치 않는다. 그들은 자기들이 기뻐하는 것은 무엇이든지 하려고 한다. 옳고 그름에 대한 인식이 없는 세계다. 그들은 목표를 이루는 일이라면 다른 사람에게 어떤 희생이 가해지더라도 그것이 옳다고 믿는다. 그러므로 그들은 자기들의 것이 아닌 것을 자기들을 위하여 탐욕스럽게 빼앗는다. 그들은 그 땅을 누가 소유하고 있는지를 알고 있으나 어떤 수단을 통해서든 자기 자신들을 위하여 인계 받으려고 한다. 그들의 탐욕은 자기들의 몫 이상의 것을 탐욕스럽게 움켜잡을 때, 한계를 알지 못한다. 이러한 권력에의 끝없는 의지는 그들로 하여금 "나의 권세, 나의 나라, 나의 영광"이라고 말하게 한다.

이 이야기는 내가 벌새 구이통을 사다 놓았던 때부터 매 여름 일어난 일을 상기시켜 준다. 한 벌새는 언제나 자기 자신이 그 구이통을 취하려고 시도한다. 그 새는 근처에 과감하게 들어오는 다른 벌새를 쫓아낸다. 그 일을 하기 위해서 지속적인 경계를 취한다. 이 벌새가 가지들을 통과하는 수십 마리의 침략자들을 내쫓으면서 또한 지저귐을 통해 난폭한 욕설을 가하면서 앞뒤로 돌진할 때, 그것은 마치 제1차세계대전 시의 전투기의 공중전을 보는 것과 같다. 그 새는 힘이 고갈하였을 때와 가끔 횃대에 앉기 위하여 그리고 자기의 "구이통"에서 음료를 마실 때만 쉰다. 그러나 그것은 "자기의" 구이통이 아니다. 그것은 내 소유다. 내가 그것을 사다 놓았다. 내가 물, 설탕에 혼합된 붉은 색깔을 가진 음식물을 준비해 주었다. 나는 이 한 마리만이 아니라 모든 벌새들을 돕기 위하여 나뭇가지에 물병을 다는 수고를 하였다.

오만한 벌새가 그리하는 것처럼 하나님의 포도원에서 많은 인간들이 그리한다. 우리의 유사한 행실은 하나님을 기쁘시게 하지 못한다. 탐욕은 인간이 갖지 않아야 하는 것을 인간이 갖기 원하게 만든다. 이 욕구를 어떤 희생을 치르더라도 채워야 한다고 생각하게 만든다. 다른 사람들은 착취할 대상이 되고, 우리의 요구는 우리의 신이 된다.

소작인들은 하나님이나 하나님의 심판을 인식하지 않는 자기중심적인 격렬한 세계에 살고 있다. 그들은 자기들의 작은 세계의 군주로 군림하려고 한다. 그들은 하나님의 포도원에서 살아가는 하나님의 피조물에 불과하다는 실상을 거부한다. 그러나 하나님이 그들의 자기도취의 계획을 가로막고 있다. 그들의 실체를 깨닫도록 하기 위하여 보낸 하나님의 사자들을 죽이는 것이 그들에게 거짓된 안정감을 제공해 주지만, 그들의 반항은 그들의 최후 멸망만을 보증한다.

그들이 상속자를 죽일 때, 그들은 승리하지 못했다. 그들은 여전히 하나님을 대면해야 한다. 오늘날 많은 사람들에게 하나님은 자기들의 삶에서 벗어나 있는 땅주인과 같이 보일 수도 있고, 쉽게 반역하고 속일 수 있는 어리석은 자로 보일 수도 있다. 이 비유 가운데서 포도원 주인은 종들과 아들을 잃는다. 겉으로 보기에는 포도원도 잃는다. 우리의 세계 가운데서 살아가는 사람들은 불의, 압제, 살인을 하면서 잘 버티어 나가고 있다. 하나님의 사자들은 계속하여 버림을 당하고, 조롱받고, 매 맞으며, 죽임을 당한다. 거기에는 죄에 대한 책임이 없어 보인다.

그러나 겉으로 드러난 것이 전부가 아니다. 하나님은 백성들을 회개로 이끌기를 바라서 종들과 아들을 보내시고(롬 2:4), 거역과 살인은 하나님을 인류와 함께 고통당하는 비극적인 인물로 드러내고 있다. 그들은 또한 악에 대한 맹목적인 어리석음을 보여준다. 백성들은 자기들이 잘해 나갈 수 있다고 생각하지만, 하나님의 심판이 불가피하게 다가올 것이다.

가끔은 역사에서 한 나라의 악한 지도자의 몰락과 함께 이 심판이 명확하게 드러나고 있음을 보게 되며, 어떤 때는 명확하게 드러나지 않는다. 이 비유는 하나님이 실패한 것처럼 보일 때라도 승리하실 것임을 확증해준다. 인생에서 하나님의 주권을 거부하고, 회개하라는 하나님의 부르심을 거절하는 사람들은 마치 성공하는 것처럼 보일지라도 언제나 실패하게 된다. 그들은 자기들의 멸망의 씨를 이미 뿌려놓았다.

이 비유는 특별히 오늘날의 교회에 적용된다. 이스라엘은 전 세계를 위한 하나님의 은혜로우신 목적들을 이루기 위하여 하나님에 의해 선택을 받았다. 하나님은 그 임무들을 이루기 위하여 그들을 구비케 하였으나 지도자들은 그 임무를 특권으로 잘못 취급하였고 하나님을 위해서가 아니라 자기 자신들을 위해서만 그 책임을 이행하기를 원했다.

만일 하나님이 오늘날 우리에게 어떤 열매를 요구하시는가라고 묻는다면, 그 대답은 이 비유의 바로 앞부분과 뒷부분에 나오는 내용으로부터 나올 것이다(12:13-17, 28-34): 하나님은 우리의 예배장소가 만국을 위한 기도의 집이 되기를 요구하신다(11:17). 하나님은 또한 우리 공동체가 용서하는 공동체가 되기를 요구하신다(11:25). 우리는 하나님에게 속한 것을 하나님에게 드려야 한다(12:17). 또한 마음을 다하고 목숨을 다하고 뜻을 다하고 힘을 다하여 하나님을 사랑해야 한다(12:30). 우리 이웃을 우리 자신처럼 사랑해야 한다(12:31). 다시 말해서, 하나님은 포도원인 하나님의 백성들이 서로 받아들이고, 기도하고 용서하며, 헌신하고, 모든 것을 하나로 묶는 한 돌이신 그의 아들을 중심으로 사랑의 친교를 이루기를 기대하신다. 교회가 그와 같지 않은 다른 것이 될 때, 그것은 하나님의 심판을 초래한다.

마가복음 12:13-17

13 그들이 예수의 말씀을 책잡으려 하여 바리새
인과 헤롯당 중에서 사람을 보내매
14 와서 이르되 선생님이여 우리가 아노니 당신
은 참되시고 아무도 꺼리는 일이 없으시니
이는 사람을 외모로 보지 않고 오직 진리로
써 하나님의 도를 가르치심이니이다 가이사
에게 세금을 바치는 것이 옳으니이까 옳지
아니하니이까?
15 우리가 바치리이까 말리이까 한대 예수께서
그 외식함을 아시고 이르시되 어찌하여 나를
시험하느냐 데나리온 하나를 가져다가 내게
보이라 하시니
16 가져왔거늘 예수께서 이르시되 이 형상과 이
글이 누구의 것이냐 이르되 가이사의 것이니
이다
17 이에 예수께서 이르시되 가이사의 것은 가이
사에게, 하나님의 것은 하나님께 바치라 하
시니 그들이 예수께 대하여 매우 놀랍게 여
기더라

원 의미

성전에서 예수에게 던진 모든 질문(참조. 11:17)은 "유대인"의 주요 이슈에 관한 것이다. 가이사에게 세금을 바치면서 여전히 하나님을 영화롭게 할 수 있는가? 부활 소망을 모세의 책으로부터 입증할 수 있는가? 하나님의 모든 계명들 가운데서 첫째 되는 계명은 무엇인가? 다윗의 아들에 관해서 성경에 나타나 있는 상충되는 내용을 어떻게 설명할 것인가? 이러한 도전들을 받아넘기는 예수의 능력은 "하늘로부터 오시는 분"으로서 그의 권위를 드러낸다(11:30).

첫 번째 도전은 대제사장들, 서기관들, 그리고 장로들의 삼두 권력층이 세심하게 준비한 함정에 예수를 빠지게 하기 위하여 바리새인들과 헤롯당원들을 그분에게 보낼 때 발생한다(11:27; 12:13). 그들은 그의 공평성을 칭찬하면서, 아첨하면서 그의 평정을 잃게 하려고 한다. 아이러니하게도 그들은 예수의 공정성을 확증할 때, 거짓으로 신실함을 꾸민다. 그는 가르치실 때, 다른 사람들에게 아첨하거나 하나님의 방식을 사탕발림하지 않는다(1:3을 보라). 그러나 한 가지 일에서 잘못되었다. 그들은 진실성이 없다. 예수는 그들의 편협성을 내보이시면서 진리를 진지하게 추구하지 않는 이들에게 직접적으로 대답을 하지 않으신다.

이 심문자들은 폭발하기 쉬운 문제, 즉 세금 문제에 관해서 가부로 답할 수 있는 문제를 질문함으로써 덫을 던진다. 유대는 사분령의 영주 가운데 한 사람인 헤롯 아켈라오가 임기를 채우지 못한 A.D. 6년 이후부터 로마의 한 지방이 되었다. 그때에 인구조사가 취해졌고, 로마는 재산과 물품에 관한 것과는 다른 세금인 인두세를 부과하였다.[1] 세금의 수립은 갈릴리의 유대인들을 하나의 폭동으로 이끌어 가도록 자극했는데, 그 이유는 로마의 세금이 하나님의 땅을 이방인들을 섬기는 일에 두도록 만들었기 때문이었다(행 5:37).[2] 예수에게 제기된 질문은 심각한 부담이었는데, 그 문제가 이스라엘의 하나님에 대한 충성의 문제를 불러일으키기 때문이다. 가이사에게 세금을 바치면서 여전히 이스라엘의 하나님에게 충성을 드릴 수 있는가? 그 땅에 대한 가이사의 지배권을 지지하였다고, 사람들은 하나님에게 반역자가 되는가?

이 대적자들은 아마도 예수를 갈릴리의 유다와 같은 호전적인 열정을 불질러줄 극단주의자로 낙인찍으려 한 것으로 보인다. 만일 공개적으로 그가 인두세를 거절한다면, 폭동을 충동질한 완고한 반역자들처럼 되어, 포박을 당할 것이다. 그러나 만일 그가 세금을 승인한다면, 로마의 통치 아래서 분노하고 있는 열심당들 가운데서 그분에 대한 지지는 훼손될 것이다. 팔레스타인에 거주하는 거의 모든 사람들이 로마인들이 희생시켰던 사람들을 알고 있었다. 이 가운데는 심지어 아버지나 형제들도 있었다. 그들은 노예로 팔려갔고(일시적으로나 영구적으로), 줄어드는 수확으로 그리고 증가하는 세금의 요구로 인해 빚에 휘말려 그 땅을 강제로 빼앗기거나, 압제에 대항함으로써 사형을 당했다. 더 나아가서 가이사에게 세금을 드리라는 대답은 메시야가 하나님의 백성을 압제한 사람들을 물러가게 하고 공의를 시행할 것을 기대했으므로 그분이 참으로 그리스도인지 아닌지에 대해서 의문을 제기할 것이다.

예수는 질문을 던진 자들의 위선을 아시고 그들의 습격을 빈틈없이 비켜나가시면서 함정을 설치하신다. 그분이 가지지 않은 한 동전에 대해서 물으심으로써 그는 그들의 포위망을 빠져나가신다. 그들은 지갑으로부터 동전 하나를 꺼내기 위하여 뒤지면서, 그의 의도에 관해서 의아심을 갖게 된다. 인두세는 은 한 데나리온으로 지불했었다. 예수 당시에 그것은 디베리안 은화였을 것이다. 고대 세계에서 동

1. 마가는 이 조세를 '켄소스'("census", 인구세)라고 말한다.
2. Josepus, *J. W.* 2.8.1 §§ 117-118, *Ant.* 18.1.1 §§ 1-9을 보라.

전은 선전효과를 위하여 사용되었다. 이 동전은 황제의 초상을 담고 있었고, 로마의 이상을 알렸다. 동전의 표면은 황제의 초상을 가졌고, 다음과 같은 표제가 기록되어 있었다. "TI[berious] CAESAR DIV[i]AUG[usti] F[ilius] AUGUSTUS"("디베리우스 케사르, 거룩한 아우구스투스의 아들 아우구스트"). 동전의 이면에는 왕좌에 앉아서 왕관을 쓰고, 오른손에 거꾸로 창을 잡고, 왼손에는 종려 혹은 감람나무 가지를 잡고 있는 여성의 모습이 새겨있다. 거기에 기록된 것은 "Pontif[ex] Maxim[us]"(대제사장)이라는 글이다. 이 여인은 여사제이거나 아우구스투스의 아내 또는 디베리아스의 어머니 리비아(Livia)였으며, 이 주화는 모든 세계를 복종시켰던 팍스 로마나(*pax Romana*)를 선전했다. 사실상, 그것은 이방의 이데올로기를 선전하는 휴대용 우상이었다.

대적들은 동전을 제시하고, 예수는 그들에게 누구의 상이 있는지 확인하라고 요구한다.[3] 그들이 "가이사의 것입니다"라고 대답할 때, 이제 그들의 질문에 답할 수 있게 되었다. 가이사의 동전은 가이사의 것이다. 그들이 가이사의 돈을 가지고 사업을 하는 일에는 양심의 가책이 없으므로, 그들은 가이사의 세금을 지불하는 편이 좋다. 그리고 그들이 가이사의 동전을 내밀고 있기 때문에, 예수는 가이사의 초상과 그의 세상 권세의 상징(emblem) 그리고 하나님의 성전에서 가이사가 신으로 가장한 것에 대해서 그들이 양심의 가책을 갖고 있지 않음을 드러내신다.[4] 그는 그들이 어리석고 불경건하게 보이게 하신다. 그들은 이미 가이사의 동전을 소유함으로써 가이사에게 일종의 공물을 지불한 것이다. 그러므로 그들은 세금으로 요구하는 공물을 가이사에게 빚을 지고 있다.[5] 사실상 예수는 "가이사로 하여금 자기의 우상들을 가지게 하라"고 말하신다.

"가이사에게 주어라"는 것은 백지위임장을 가이사에게 주는 것이 아니다. 예수는 하나님의 것을 하나님에게 드리라고 말씀하실 때 이 진술을 균형 잡는 것 그 이상을 하신다. 하나님은 가이사의 주인이시다. 사람들은 가이사의 형상과 이름을 가지고 있는 것들—돈—은 가이사에게 돌려줄 수 있다. 하나님의 형상과 이름을 가지고 있는 것은 하나님에게 돌려드려야 한다. 우리가 하나님의 형상으로 창조되

---

3. *y Meg* 1:11, 72b에 따르면, 나훔은 새겨진 상들에 관해 가진 양심의 가책으로 말미암아 가장 거룩하다고 일컬어진다. "그는 전 생애동안 한 개의 동전도 보지 않았다." 또한 *b Pesah.* 104a를 보라.

4. 로마에 대항하여 전쟁을 하는 동안 폭도들은 성전의 이미지와 종교적 축제를 담은 주화를 만들어냈다.

5. 예수가 특별히 거절하신 유일한 세금은 반세겔의 성전세금이지만, 그가 다른 사람들로 하여금 오해하지 않도록하기 위하여 그것을 지불할 것을 명하신다(마 17:24-27; David E. Garland, *Reading Matthew*[New York Crossroads, 1993]을 보라).

었으므로(창 1:26; 잠 7:3; 사 44:5; 렘 38:33; 참조. 겔 18:4) 그리고 하나님의 자녀로서 그의 이름을 가지고 있으므로, 우리 자신 전체를 그분에게 드려야 한다.[6] 정확하게 말해서, 우리가 하나님에게 의무가 있다는 사실이 한 율법사를 향한 예수의 대답에서 분명하게 드러난다. 우리는 온 심령, 혼, 마음, 힘을 다하여 하나님을 사랑해야할 의무가 있다(12:30, 33).

상황잇기

이 단락은 수세기를 거쳐서 논란이 되어온 하나님과 정부 간의 관계에 대한 중요한 문제를 일으킨다. 모든 세대와 사회에 살아가는 그리스도인들이 이 문제에 직면한다. 필자는 조심해야 하는 거짓된 대안들의 극단적인 형태를 논의할 것이다. 그러고 나서야 우리의 상황을 위하여 본문의 의미를 논의할 수 있다.

예수는 삶을 두 영역 즉, 성과 속으로 분리하지 않으신다. "가이사의 것들"은 가이사가 정치적 분야의 지배력을 가지고 있는 반면에 하나님은 종교적인 영역만을 지배한다는 사실을 의미하는 것으로 해석하지 않아야 한다. 예수는 분명히 가이사와 하나님을 상대적인 한 짝으로 간주하지 않으셨다. 세상에는 둘이 아니라 오직 한 주만 계신다(12:29). 위에서 주어진 해석은 이 문구를 기각시켜야 할 비열한 말로 취급한다. 동전은 가이사의 우상이고, 그는 그것을 다시 되돌려 가질 수 있다. 그러므로 우리는 이 구절로부터 어떤 정치적 이론을 세우지 않도록 조심해야 한다.

그러나 과거에 교회는 하나님의 이름으로 가이사(국가)에 대한 주권을 행사하기를 원했다. 예를 들면, 교황권이 절정에 달했을 때, 황제는 단지 교황의 오른팔일 뿐이라고 생각되었고, 교황은 교회의 뜻을 세속 영역에 강요했다. 누가복음 22:35-38은 교황이 "두개의 검" 즉 영적인 검과 세속의 검을 소유했다는 사실을 의미하는 것으로 풍유적으로 해석했다. 교황 보니페이스 8세가 발표한 교서 우남 쌍툼(Unam Sactum)은 다음과 같이 주장했다.

> 그러므로 두개의 검, 즉 물리적인 검과 영적인 검이 교회의 권력 가운데 있지만, 전자(= 물리적)는 교회를 위하여 사용되고, 후자는 교회에 의하여 사용된다. 후자는 사제의

6. 터툴리안은 이 구절을 이렇게 해석했다. "돈에 있는 가이사의 상을 가이사에게 주어라. 사람 안에 있는 하나님의 형상을 하나님에게 드려라. 그리하여 당신은 가이사에게 돈을 주고, 당신 자신은 하나님에게 드린다"(*On the Idolatry* 15; *Against Marcion* 4.38.3). Charles H. Gibin, "'The Things of God' in the Question Concerning Tribute to Caesar[Lk20:25; Mk12:17; Mt22:21]," *CBQ* 33(1971), 522-23.

> 손을 통하여, 전자는 왕 혹은 기사의 손을 통하여 사제의 동의로 시행된다. 사실상 한 검이 다른 검의 아래에 있어야 하고, 속세의 권위가 영적 권위에 종속되어야 한다.[7]

예수는 따르는 자들이 교회의 투사와 권능자가 되도록 계획하지 않으셨다. 존귀와 권력을 가진 교회는 언제나 도덕적 한계와 영적 활력을 모두 잃어버린다. 그것은 또한 하나님의 목적에 많은 해를 끼쳤고 하나님의 종들이 사탄의 국가가 되었다. 우리는 정치적 세력을 행사함으로써 세상을 그리스도의 정신으로 물들게 할 수 없다. 권력이 올바르게 만들 수 있다는 시각은 이교도적이다.

또 다른 잘못된 대안은 교회를 국가의 권위 아래 두어서 교회가 왕실의 시녀 역할을 하는 것이다. 전체주의 통치자들이 나치당 이념의 특권에 서약한 지도자들로 구성된 레이히비숍(Reichsbishop, 국가감독)의 권위 아래 국가 종교, 즉 "독일 기독교인들"을 이룩하려고 했을 때 나치 독일이 이러한 사실의 극단적 실례를 보여주었다. 교회는 신조, 의식, 훈련과 관련하여 국가 공무원의 지시를 순종하도록 요구를 받았었다. 로젠버그(Rosenberg)의 『제19세기 신화』(*Mythus in the Nineteenth Century*)는 다음과 같이 주장했다.

> 예수의 종교는 분명히 사랑의 복음이지만…그러나 민중의 교회가 되기를 원하는 독일 종교운동은 우리의 이웃 사랑이 국가의 명예라는 관념에 종속되어야 한다고 선언할 것이다.[8]

우리는 교회와 국가 간의 관계에 대한 이러한 극단적인 시각을 배격해야 한다.

현대적 의미

교회는 언제나 교활하고도 교묘한 질문들을 가지고 이단으로 생각된 자들을 근절시키려는 종교검찰관으로 인하여 몸살을 앓아왔다. 정치적 운동에서 불결한 책략의 포교와 선전은 새로운 것이 아니다. 이 단락에 나오는 예수의 대적들에 대한 그의 반응은 제자들의 모델로서 기능을 한다. 솔직한 심정은 아니지만, 이 대적들은 우선 하나님의 사람인 예수가 감언이설로 속이고, 다른 사람들에게 아첨

7. Joseph Lecler, *The Two Sovereignties*(New York: Philosophical Library, 1952, 60에서 인용함.
8. Charles Grant Robertson, *Religion and the Totalitarian State*(London. Epworth, 1937), 79.

하며, 실없는 이야기를 하지 않음을 증언한다. 예수는 자기의 입지를 보호하는데 관심이 없으시다. 그는 백성들이 들어야 할 하나님의 진리를 굳센 확신을 가지고 말씀하신다.

예수의 대답이 우리의 상황에 어떤 의미를 부여해 주는가? (1) 예수는 대안적 방법으로 폭력을 행사하는 것을 배격하신다. 대적들은 그러한 질문을 했을 때 예수가 선동적인 경향을 드러내는 열광적인 선지자이기를 온전히 기대했다. 그들은 예수를 로마에 대항하여 파괴적인 행동을 지휘했었던 갈릴리의 유다(14:71)와 같은 또 다른 갈릴리 혁명가로 오해했다.

압제 정권에 대한 폭력적인 전복은 전혀 변화를 시키지 못한다. 만화가 딕 트레이시(Dick Tracy)는 "폭력은 그것이 악을 무너뜨리기 위하여 사용될 때 금과 같은 것이다"라고 말했다.[9] 하지만 곤란한 문제는 특히 사람이 잔인한 힘을 사용할 때 그 악이 결코 사라지지 않는다는 점이다. 우리의 세계에 범람하고 있는 악에서 의미심장한 변화를 만들기 위해서는 훨씬 더 혁명적인 것—가치의 완전한 변화—을 필요로 한다. 윙크(Wink)는 주장한다. "폭력적인 혁명은 실패한다. 그것이 충분히 혁명적이지 않기 때문이다. 폭력은 통치자들을 바꾸지만 통치를 바꾸지 않으며, 목적을 변화시키지만 수단을 변화시키지 않는다. 구시대 정치의 가치와 억측들이 대부분 그대로 남아있다."[10] 그러나 예수는 다른 뺨을 돌려대고, 오리 이상 십리를 같이 동행해 주며, 원수를 용서하고, 그들을 위해 기도하며, 또한 자기 생명을 다른 사람들을 위하여 내어주는 과감한 사랑을 가지고 악을 대처하는 완전히 새로운 길을 제공하신다.

(2) 예수는 투쟁적인 민족주의를 배격하시지만 제자들이 사회에서 완전히 동떨어져 나오라고 제안하지도 않으신다. 그는 그들에게 정부와 전혀 관계하지 말라고 말하지도 않고, 그들을 어떤 사막의 요새로 초청하지도 않으신다(쿰란공동체가 그러했던 것처럼). 그리스도인으로서 우리는 하늘의 시민권을 가지고 있지만(빌 3:20), 이 세상에서 모범적인 시민이 되는 일을 면제받지 않는다. 예수는 우리를 세상과 관계를 끊도록 부르지 않으시며, 의무규정들을 피하게 만들어주는 어떤 특별한 신분을 부여해 주지도 않으신다. 그리스도인들은 율법으로부터 자유를 얻을 수 있으나, 질서를 장려하기 위하여 고안된 시민법으로부터는 자유롭지 못하다.

---

9. Walter Wink, *Engaging the Powers Discernment and Resistance in a World of Domination* (Minneapolis: Fortress, 1992), 19에서 재인용함.

10. Ibid., 136.

(3) 예수의 진술은 인간이 정부에 지고 있는 의무를 제한하신다. 그의 대답은 이방 통치자들의 허식을 파괴하신다. 그들 위에는 또 다른 한 주인이 계시며, 그들의 우상숭배적인 동전들은 하나님의 나라에서 아무 쓸모가 없다. 예수는 대적자들의 허를 찌르시고, 그들이 소유물 가운데 가이사의 형상을 담고 있는 동전을 가지고 있음으로 그들이 이미 가이사의 권위를 인정하고 있다는 사실을 모든 사람들에게 드러내신다. 만일 그들이 가이사와 관계가 있다면, 그들은 가이사의 규칙을 따라야 한다. 그렇지만 그의 진술은 가이사에게 권세를 부여하고 있지 않다.

사람들은 이득을 얻는 것에서 가이사에게 빚지고 있다. 초대 기독교인들은 로마의 도로체계와 비교적 안정된 평화 그리고 로마의 권력이 부과한 질서를 이용하여 복음을 전파할 수 있었다. 만일 우리가 국가의 돈을 사용하고 간선도로와 하수구를 이용하는 유익을 얻는다면, 우리는 세금을 지불할 의무가 있다. 하지만 세금은 우리가 하나님에게 빚을 졌다는 사실에 비교하면 사소한 일이다. "하나님의 것들"은 동전으로 제한되지 않는다. 그것들은 12:29-31에 규정되어 있다. 우리는 우리의 심령, 혼, 마음, 힘을 하나님에게 빚지고 있다. 우리는 또한 이웃에 대한 사랑어린 관심을 보여야할 의무를 하나님에게 지고 있다. 우리는 가시아에게 돈을 빚질 수는 있으나, 오직 하나님에게로 향해야할 사랑을 가이사에게 빚지고 있지는 않다.

정부가 합법적인 한도를 넘어서서 그리스도의 제자들의 종교적 충성을 침해할 때 문제가 발생한다. 국가는 우상숭배적인 기구가 되기도 하고, 우상숭배로 이끌어가는 세력을 존중할 수도 있다(계 13장; 17:1-19:10). 예수는 왕과 제사장 모두에 의하여 죽임을 당하셨다. 그의 제자들은 종교를 국가의 도구로 만들려는 시도에 저항해야 할 뿐만 아니라, 어떤 형태를 취하든지 간에 제사의식 속에서 경배를 받기 원하는 것으로 보이는 군주들을 저항해야 한다. 하나님의 법은 국가법보다 우세하다. 그리스도인은 가이사에게 어떤 것을 빚지고 있으나 모든 것을 빚지고 있지 않다. 국가는 하나님에 대한 책임이 있기 때문에 국가에 대한 복종은 경계심과 분별력을 가져야한다. 하나님의 요구가 무한히 더 크다. 하나님의 형상을 가지고 있고 예수의 이름이 새겨진 우리는 하나님에게 모든 것을 빚지고 있다.

(4) 초대 기독교인들은 정부의 역할에 대해서 긍정적인 입장을 취하였고, 하나님으로부터 그 권위가 나왔다고 주장했다.[11] 그들은 복종을 권장하였으나 가이사를

11. 롬 13:1-7; 딤전 2:1-2; 딛 3:1-2; 벧전 2:13-17; 1Clem. 61; Pol., *Phil* 12.3; Hustin, *Apology* 1, 17. 3; Tertullian, *Apology* 30.

존경해서가 아니었다. 사람이 가이사에게 세금을 지불할 때 그는 지상의 통치자를 존경해서가 아니라 예수의 명령을 복종해서 그렇게 한다.[12] 신약성경은 예수가 왕이시라고 선포하고 있는데, 이것은 가이사가 왕이 아니라는 것을 의미한다(딤전 6:14-16). 베드로는 예수의 말씀을 사도행전 5:29에서 "사람보다 하나님께 순종하는 것이 마땅하니라"고 말할 때 이를 적용하여 말하고 있다(참조. 4:19-20).

(5) 이 단락은 우리가 사회에서 직면하는 위험, 말하자면 국가종교의 발전에 대해 경고하고 있다. 국가 종교는 국가가 "종교적 범위를 취하거나" 혹은 종교가 국가와 동일시되거나 종교가 국가에 굴복할 때 존재한다.[13] 초대 기독교인은 가이사의 것들과 하나님의 것들 사이에서 어디에 선을 긋고, 그것이 교차되지 않는다는 사실을 파악하기 위하여 책임 있게 그리고 방심하지 않게 어디에서 행동해야 하는지를 알아야 했다. 마틴 루터는 말했다.

> 신약성경의 교회는 대 박해 중에 네로와 도미티안과 데키우스와 타협함으로써, 또는 이러한 폭군에 대항하여 혁명을 선동함으로써, 또는 페르시아 제국과 동맹함으로써 존속하려고 하지 않았다. 단지 복음의 진리를 고백하고, 구성원들이 신앙을 위하여 죽을 준비가 된 참으로 신앙을 고백하는 교회를 세우려 하였다.

교회와 국가 간의 불건전한 연합은 역사 전체를 통하여 교회와 국가 모두의 파멸이 되어왔다. 언제나 교회를 정치화하는 것을 주의해야 한다. 그것이 교회 구성원이 선한 목적을 위하여 싸우고 있을지라도, 필연적으로 교회의 본연의 사명에서 눈을 딴 데로 돌리게 하는 권력투쟁에 연루된다는 사실을 의미하기 때문이다. 그럴 경우에 교회는 단지 정치적 의사일정과 동일시되는 것이며, 사회와 정부를 초월하는 복음의 선포와는 동일시될 수 없다. 교회는 정치가들이 자기들의 정책과 예정표에 신적 권위를 부여하거나 자기들의 대적들을 본질적으로 악하거나 죄악된 것으로 낙인찍는 것을 저지해야 한다. 교회는 정치적 기구로부터 충분히 멀리 떨어져서 예언자적으로 말하여야 한다.

---

12. Martin Hengel, *Christ and Power*(Philadelphia. Fortress, 1977), 40.
13. Frank Stagg, "Rendering to Caesar What Belongs to Caesar: Christian Engagement with the World," *Journal of Church and State* 18(1976): 96-97.

마가복음 12:18-27

18 부활이 없다 하는 사두개인들이 예수께 와서
물어 이르되
19 선생님이여 모세가 우리에게 써 주기를 어떤
사람의 형이 자식이 없이 아내를 두고 죽으
면 그 동생이 그 아내를 취하여 형을 위하여
상속자를 세울지니라 하였나이다
20 칠 형제가 있었는데 맏이가 아내를 취하였다
가 상속자가 없이 죽고
21 둘째도 그 여자를 취하였다가 상속자가 없이
죽고 셋째도 그렇게 하여
22 일곱이 다 상속자가 없었고 최후에 여자도
죽었나이다
23 일곱 사람이 다 그를 아내로 취하였으니 부
활 때 곧 그들이 살아날 때에 그 중의 누구의
아내가 되리이까?
24 예수께서 이르시되 너희가 성경도 하나님의
능력도 알지 못하므로 오해함이 아니냐?
25 사람이 죽은 자 가운데서 살아날 때에는 장
가도 아니 가고 시집도 아니 가고 하늘에 있
는 천사들과 같으니라
26 죽은 자가 살아난다는 것을 말할진대 너희가
모세의 책 중 가시나무 떨기에 관한 글에 하
나님께서 모세에게 이르시되 나는 아브라함
의 하나님이요 이삭의 하나님이요 야곱의
하나님이로라 하신 말씀을 읽어보지 못하였
느냐?
27 하나님은 죽은 자의 하나님이 아니요 산 자
의 하나님이시라 너희가 크게 오해하였도다
하시니라

원 의미

사두개인들이 이 복음서에 처음으로 나타나는데, 예수의 대적으로 나타난다. 마가는 그들을 부활을 믿지 않은 사람들로 소개한다. 예수는 자신의 부활을 세 번 예고하셨다(8:31; 9:31; 10:34). 만일 부활이 없다면 예수는 하나님을 통하여 변호를 받지 못할 것이다.

사두개인들에 관해서 우리가 거의 모르고 있는 것은 그들과의 대립에 대한 기억들을 간직했었던 그들의 숙적들로부터 전부 추론한다. 그들은 기록된 유품을 남겨놓지 않았고, 로마에 대항한 대붕괴 이후에 사라졌다. 그들은 모세의 오경을 유일한 구속력이 있는 것으로 생각했던 친 제사장파였다. 그들의 보수적 성향은 그들이 오경 이외의 다른 것으로부터 유래한 것으로 간주했던 어떤 새로운 신학적 요소도 거절하는 방향으로 이끌어갔다. 부활에 대한 신앙이 그러한 범주로 분류되었다. 모세의 책들은 결코 부활을 언급하지 않기 때문이다.[1] 솔로몬의 지혜서 1:16-2:24은 불경건한 자의 냉소적인 세계관을 보여준다. 2:1-5은 사후에 대한 염세적인 주장을 담고 있다. 이러한 관점은 사두개인들의 관점과 일치할 수 있다.

> 올바른 지각이 없기 때문에 그들은 이렇게 뇌까린다.
> "우리 인생은 짧고 슬프다.
> 수명이 다하면 별수 없이 죽는다.
> 지옥에서 돌아 온 사람을 아무도 본 적이 없다.
> 우리가 이 세상에 태어난 것도 우연이었고
> 죽고 나면 태어나지 않았던 것이나 마찬가지다.
> 우리의 코로 쉬는 숨은 연기와 다름이 없고,
> 우리의 생명이란 심장의 고동에서 나오는 불꽃에 불과하다.
> 불꽃이 없어지면 우리의 육체는 재가 되고
> 영혼은 하염없이 공기 속으로 사라져 버린다.
> 때가 지나면 우리의 이름조차 잊혀진다.
> 누가 우리의 한 일을 기억해 주겠느냐?
> 우리 인생은 구름 조각들처럼 지나가 버리고 햇볕에 쫓기고,
> 열에 녹아 버리는 안개와 같이 흩어져 버린다.
> 인생의 하루하루는 지나가는 그림자,
> 한번 죽으면 되돌아 올 수 없다.
> 죽음이라는 도장이 한번 찍히면 아무도 되돌아 올 수 없다"(공동번역성서).

사두개인들은 한 남자가 자손이 없이 죽었을 때 일어날 문제를 규정해놓은 수혼법에 기초한 난 문제를 가지고 예수를 괴롭힌다. 살아있는 사람의 형제들 가운데 한 사람이 죽은 자에게 자손을 낳아주기 위하여 그 과부를 취하여야 했다(신 25:5-10; 창 38:6-26; 룻 3-4장).[2] 이 법은 일차적으로 형제의 재산을 가족 내에 보존하기 위한 바람에서 나온 것이다 "형제들이 함께 사는데 그 중 하나가 죽고 아들이 없거든 그 죽은 자의 아내는 나가서 타인에게 시집가지 말 것이요"(신 25:5). 사

1. 행 23:8; Josephus, *Ant* 18.1.4 §§ 16-17; *J. W* 2.8.14 §§ 164-65을 보라.
2. 수혼(*levirate*)이라는 단어는 형제라는 라틴어 레비르(*levir*)에서 유래한 것이다.

두개인들이 인위적으로 고안한 사례에서, 첫 번째 형제가 자기 이름을 이어갈 아이가 없이 죽었다. 다른 형제들은 각자가 수혼 제도에 따라 그 과부와 결혼하고 각기 아들이 없이 죽었고 마지막으로 불행스러운 그 여자 자신도 죽었다.[3] 재미있게도, 사두개인들은 부활에 대한 신앙을 조롱하기 위하여 고안한 허를 찌르는 문구를 느닷없이 제출한다. "일곱 사람이 다 그를 아내로 취하였으니 부활 때 곧 그들이 살아날 때에 그 중의 누구의 아내가 되리이까?"(12:23). 이러한 속임수의 배후에는 부활의 삶이 우리가 이 세상에서 경험하는 삶과 차이가 없을 것이라는 어리석은 가정이 놓여있다—이런 가정에 따르면, 아주 혼란스럽다.

예수는 적대적인 질문을 하는 자들에 공격을 가하심으로서 통상적인 그의 패턴을 따르신다. 그의 반응은 교차적 형태에 어울린다.

a. 너희가 오해하였도다('플라나오')
  b. 너희가 성경을 알지 못한다.
    c. 너희가 하나님의 능력을 알지 못한다.
    c′. [하나님의 능력이] 죽은 자들을 살리고, 죽은 자들은 천사들과 같이 된다.
  b′. [성경이 인용되었다] 가시떨기 구절에서, 아브라함, 이삭 야곱의 하나님은 산자의 하나님이다.
a′. 너희가 심히 오해하였다('플라나오')

이 구조는 문제의 핵심에 이르는 예수의 반격의 강조점을 드러내고 있다. 사두개인들은 속았다. 그들은 성경에 무식했고, 하나님의 능력을 과소평가했기 때문이다.

예수는 먼저 부활 생명에 대한 사두개인들의 시각을 교정해 주신다. 그들은 부활생명을 세상에서의 삶과 비교하지 않아야 한다. 부활은 같은 일의 연속, 곧 보다 연장된 어떤 것을 의미하지 않는다. 부활한 사람은 우리가 전에 결코 경험해보지 못한 삶의 새로운 차원으로 변화된다(9:2-3; 계 7:9-17을 보라).[4]

그 다음에 예수는 하나님을 아브라함과 이삭과 야곱의 하나님으로 밝히고 있는(출 3:6) 오경의 떨기나무 구절을 사두개인들에게 상기시켜 주심으로써 그들의 성

3. 일곱 남편들이 각기 결혼한 날 밤에 죽었던 사라 이야기와 비교하라(Tobit 3:8; 6:14).
4. 만일 부활한 자가 "천사들과 같다"면, 유대인의 전승은 그들이 먹고 마시거나(Tobit 12:19) 결혼하지 않는다(1 Enoch 15:6-7; 104:4; 2Apoc. Bar. 51:9-10)고 추측했다.

경에 대한 무지를 교정하신다.[5] 하나님이 유령과 같은 망령의 하나님이 되시거나 존재하지 않는 자들의 하나님으로 선포하셨겠는가? 살아 계시는 하나님은 자신을 시체의 하나님으로 밝히시지 않으신다. 그는 "나는 그들의 하나님이었다"고 말씀하지 않으시고 "나는 그들의 하나님이다"라고 말씀하신다. 하나님은 죽음 가운데 있는 자에게도 여전히 그들의 하나님으로 계신다. 사두개인들은 그들을 다시 살게 하시는 하나님의 능력과 하나님의 사랑을 계산에 넣지 않았다(고전 6:14을 보라). 천사들은 하나님이 죽음보다도 더 강하시다는 사실을 이 복음서의 결론부에서 증거 한다(막 16:6; 롬 4:17을 보라). 예수의 마지막 화살은 "너희가 크게 오해하였도다"는 몇몇 진리들은 논쟁이 허락되지 않는다는 사실을 확언한다.

상황잇기

고대세계에서 많은 사람들은 사후의 삶을 믿지 않았다. 고고학자들은 그들이 R.I.P(Rest in Peace, "평안히 잠들다")와 같이 요약된 너무나 통상적인 문구였던 묘비를 발굴했다. 그것들은 다음과 같이 기록되어 있다. "나는 아무것도 아니었다. 나는 있었다. 나는 없다. 나는 상관하지 않는다." 다음에 나오는 사례들은 각기 고별사를 포함하고 있다.

> 나는 존재하지 않았다. 나는 태어났다. 나는 존재했다. 나는 존재하지 않는다. 그것으로 끝이다.
>
> 만일 누군가 다른 어떤 말을 한다면, 그는 거짓말하는 것이다. 즉 나는 존재하지 않는다.
>
> 만일 당신이 의로운 사람이라면, 인사하라.
>
> 네가 떠다니지 않도록 내 자녀들이 너를 보호한다. 혀 자체는 사실상 그것이 말을 할 때마다 고통을 당하지 않는다. 그러나 그것이 실수할 때마다 많은 악을 유발한다.[6]

> 내가 삶을 막 맛보았을 때, 운명이 한 어린아이인 나를 가로채갔고, 나는 내 부친의 삶

5. 장과 절을 구분하기 이전에는, 그 구절의 독특한 특징을 묘사함으로써 성경을 인용할 수만 있었다. 롬 11:2에 보면 거기서 바울은 왕상 19장에 나오는 엘리야에 관해서 언급하기 위하여 "엘리야의 때"란 문구를 사용한다.

6. IG XIV(1890) 1201; G. H. R. Horsley, *New Documents Illustrating Early Christianity 1979*(North Ryde: Macquarie Univ. Press, 1987), 4:42에서 재인용함.

의 모범을 보지 못했다. 나는 11개월이라는 빛을 만끽한 후에 죽었고, 그 다음에 돌아갔다. 나는 더 이상 빛을 보지 못하고 무덤에 영원히 누워있다. 그러나 나그네인 당신은 은오(Eunoe)의 무덤에 올 때 이것을 읽고 슬피 운다.[7]

"나"의 사용은 "나는 상관하지 않는다"가 위조된 방랑자임을 시사한다. 그들은 죽은 다음에 계속하여 관심을 가지고 간절히 바랐으나 어떤 이치에 맞는 소망이 없는 것으로 보였다. 하지만 기독교는 다른 종교에서 제공하지 않는 부활의 약속을 제공해 주었다.

오늘날 많은 사람들은 사후의 삶에 대해서 어떻게 생각해야할지 모른다. 일부 사람들은 이 세상에서 하나님과 관계를 맺었든 그렇지 않든 간에 생후에 하나님과 복된 삶을 살 것이라고 여긴다. 많은 사람들은 인간의 영혼이 불멸이라고 가정한다. 비행기에 있는 블랙박스처럼 영혼이 죽음이라는 충격에도 살아남아 있다고 가정한다. 어떤 사람은 윤회를 믿는다. 다른 사람들은 죽음 이후에 대해서 아무것도 생각하지 않고, 아무것도 믿지 않는다. 그들은 "아마도"에서 위로를 받고, 죽음 이후에 아무런 의식이 없다고 생각하여 전체 문제를 중요하지 않은 것으로 생각한다. 대부분의 사람들은 이생과 현실에 너무나 깊이 빠져있어서 죽음 이후의 미래에 대한 생각을 전혀 하지 않는다.

예수는 회의주의자들에게 답하기 위해서 오직 성경과 하나님과의 체험에만 호소한다. 우리는 그의 모범을 따라야 하고, 추측된 과학적, 경험주의적 증거로부터 부활의 사례를 만들려는 어떤 시도도 저항해야 한다. 예를 들면, 어떤 사람의 임사(臨死, near death) 체험은 단순히 뇌 중지라는 화학적 반응으로 보일 수도 있다. 부활에 대한 믿음은 우리가 입증할 수 있는 것으로부터 유래하지 않는다. 부활에 대한 우리의 믿음은 하나님의 능력에 대한 믿음, 오직 그것에만 기초한다. 우리의 소망은 무덤 속에서 살아나기를 바라는 인간의 이기주의에 기초할 수 없고, 다만 살게 하시는 하나님에게만 기초할 수 있다. 신약성경은 우리에게 처음으로 생명을 주셨던 하나님이 이적적으로 우리에게 생명을 다시 주실 것이라는 사실을 가르쳐 준다. 존 베일리는 다음과 같이 기록한다.

---

7. IG XIV(1890) 1607 + 2171; Horsley, *New Documents Illustrating Early Christianity 1979*, 4:40에서 재인용함.

> 만일 사람이 하나님과 교제할 수 있다면, 그는 하나님에게 중요한 사람이다. 그리고 그가 하나님에게 중요하다면, 그는 하나님의 영원성을 공유한다. 하나님이 실제로 통치하고 계신다면, 그는 그의 눈에 값진 것을 폐기하시는 분으로 생각할 수 없기 때문이다.[8]

죽음이 출생과 아주 유사한 것임에 틀림없다고 추측할 수 있다. 태어나기 이전에 아기는 완전히 안전하고도 따뜻한 분위기에 둘러싸여 있고, 생명에 필요한 모든 것을 모친으로부터 얻는다. 그러나 그는 자기 어머니를 보지 못한다. 출생할 때, 그것은 그 아기에게 상당한 충격이 될 수 있다. 아기가 어머니의 자궁이라는 안전하고도 따뜻한 한계를 벗어나서, 거칠고, 밝고 차가운 세상에 들어간다. 그러나 출생 후에야 그 아기는 엄마를 볼 수 있고 안기고 입맞춤을 받게 된다. 이 세상의 삶에서 우리는 우리의 삶을 책임지고 있는 하나님에게 온전히 둘러싸여 있다. 그러나 하나님은 우리에게 보이지 않는 분으로 계신다. 죽음이 우리에게 다가올 때, 그것은 세상 체계에 대한 하나의 충격일 수도 있으나, 그 다음에 우리는 우리에게 생명을 주시고 먹여주시고 다시 생명을 주시는 하나님을 보게 될 것이다(요일 3:2).

현대적 의미

예수는 믿지 않는 사람들과 대화를 계속해 나가시는데 흥미를 갖지 않으신다. 마가는 예수의 주장에 대한 사두개인들의 행동을 기록하지 않는다. 그는 바리새인들과 헤롯당원들이 그랬던 것처럼 사두개인들이 그의 대답에 충격을 받았다고 말하지 않는다(12:17). 그들은 아마도 회의주의의 강팍한 상태로 남아있었던 것으로 보인다. 많은 사람들이 각 사람들에 대한 하나님의 돌보심 그리고 논증과 증거를 통하여 각 사람을 일으키시는 하나님의 능력을 믿으려고 하지 않는다. 그럼에도 불구하고 교회는 예수가 잘못된 입장에 반격하셨던 것처럼 교회의 신앙에 대해서 논증해야 한다.

대중매체는 인기 있는 영화를 통하여 죽을 때 어떤 일이 일어나는지에 대한 환상적인 설명을 제공한다. 그러한 이미지들은 기독교인이나 비기독교인 모두에게 막대한 잠재의식적인 영향을 준다. 교회는 이에 대한 답변을 제공해 주어야 한다. 교회는 사두개인들이 그러했던 것처럼 많은 속임을 당하는 혼란한 세상에 그 메시

8. John Bailie, *And the Life Everlasting*(Oxford. Oxford Univ. Press, 1934), 107.

지를 분명하게 선포할 필요가 있다. 바울이 인정한 바와 같이, 부활은 우리 신앙의 중심 부분이다. 만일 죽은 자의 부활이 없다면, 우리는 어리석은 자다(고전 15:17-19). 사두개인들의 도전에 대한 예수의 도전은 우리로 하여금 강조해야할 것이 무엇이고, 무시해야하는 것이 무엇인지를 파악하도록 도와준다. 그는 부활의 생명에 대한 사두개인들의 잘못된 현세적인 표상을 거부하시고, 각 사람의 하나님과의 관계를 포착하신다. 우리는 천국의 삶이 무엇과 같은지 묘사하려는 시도를 피해야 한다. 그 대신에 우리는 약속을 지키시는 하늘 아버지에게 가까이 해야 할 필요를 강조해야 한다.

다가오는 부활의 삶을 묘사함에 있어서 한 가지 위험은 우리의 표상이 현세적인 유토피아에 대한 우리의 바람에 어울리게 만들려는 경향이 있다. 사두개인들은 현세적인 용어로 부활의 삶을 그렸던 사람들로부터 예증을 이끌어냈다. 대부분의 사람들은 부활체를 물리적인 몸에 치장을 한 모습으로 상상하고, 자신의 바람에 어울리는 현세적인 용어로 천국을 마음에 상상한다. 우리는 이러한 경향을 구름 위에 떠다니면서도 세상에서 가졌던 관심에 여전히 얽매여 있는 사람들을 묘사하고 있는 현대적인 만화들 가운데서 발견한다. 영화들 역시 귀신들이 여전히 세상에 연루되어 있으면서 육신을 떠난 영혼들 주변을 목적 없이 떠돌고 있거나, 죽은 자들로부터 소환을 당하는 귀신들을 묘사하고 있다.

부활을 믿는 많은 그리스도인들도 결함이 있는 인간 중심적 관점에서 부활을 보고 있다. 그들은 사후의 삶을 가족과 친구들과의 대대적인 재회—우리의 행복을 훼방하는 모든 문제들이 없는 세상에서의 삶의 연속—로 상상한다. 이러한 진술의 진리성을 파악하기 위하여 하늘에 무엇이 일어나는지를 묘사하고 있는 복음성가들을 분석하기만 해봐도 곧바로 알 수 있다. 가족은 대부분의 사람들이 무조건적 사랑을 경험하는 장소다. 문제는 하나님을 만난다는 관념이 뒷좌석으로 밀려난다는 것이다. 그것은 세상에 사는 동안 하나님을 만나지 못한 탓일 수도 있다. 부활생명을 묘사함에 있어서 중대한 위험은 우리의 표상이 자주 현세적인 유토피아에 대한 바람과 어울리고, 인류가 하나님보다는 이생의 삶을 중심으로 한다는 것이다.

우리는 부활생명을 설명하기 위하여 이 단락에 있는 예수의 침묵으로부터 교훈을 받아야할 것이다. 그는 사두개인들이 그들의 시각에 상당한 오류를 범하고 있다고 말씀하시지만, 보다 완전한 모습을 제공함으로써 그들을 정정하지는 않으신다. 사실상, 그는 사후의 삶에 대한 아무런 묘사를 하지 않으시는데 이는 이해할 만하다. 지상의 표상만으로 우리가 그것을 어떻게 이해할 수 있겠는가? 전 생애를 북극지방의 동토 지역에서 살아온 사람에게 열대해변이 무엇과 같은지를 설명하는 것과 같을 것이다. 그러한 것들에 대한 개념을 가지고 있지 않은 사람에게 야자나무, 모래사장, 색깔을 가진 새들, 물고기, 조개 그리고 산호를 묘사하기는 어려울 것이다. 거기에 없는 것이 무엇인지—눈, 북극의 곰, 빙산, 얼어붙게 하는 바람이 없다는 것—를 그들에게 말해줌으로써 경치를 묘사하는 것이 더 쉬울 것이다. 사두개인들은 부활 생명을 자기들이 지상의 삶에서 익히 잘 알고 있는 말로 묘사했고, 그것은 자연적으로 아무런 의미가 없었다. 예수는 그들에게 다만 거기에는 무엇이 없는 지만을 말씀해 주신다. 즉 하늘에는 결혼도 없고 결혼에서 발생하는 문제도 없다.

부활에 대한 사두개인들의 조롱에 대한 예수의 답변은 천국이 지상과 유사할 것이라는 그들의 순진한 입장을 완전히 부수뜨리신다. 부활 생명은 오직 한 가지만을 제외하고는 지상에서의 삶과 다르다. 즉 개인이 하나님과 가지는 관계만 죽음 너머에까지 계속된다. 가족구성원들과 친구들 간의 친밀한 관계는 죽음을 통하여 현세적으로는 단절되지만, 그 어떤 것 즉 죽음조차도 하나님으로부터 우리를 갈라놓지 못한다. 그러므로 하나님의 자녀가 된다는 것은 어떤 덧없는 체험이 아니다. 그것은 영원히 지속된다. 그리스도인의 신앙은 개개인의 삶이 가족 단위의 일부로서가 아니라 한 개인으로서 하나님에게 중요하다는 사실을 확고히 해 준다. 처음 우리에게 생명을 주신 하나님이 우리를 새 생명으로 일으켜 세우실 능력을 가지고 계신다. 그러나 만일 사람이 현세에서 하나님과의 관계를 맺지 않으면, 그 다음에는 그 관계를 시작하기를 기대할 수 없다.

하나님을 알지 못하는 오늘날 많은 사람들은 죽은 자는 죽었고 남아있는 유일한 것은 사람의 자녀들에 대한 유산과 그 사람의 두드러진 업적이라고 믿는다. 니체, 마르크스, 프로이드는 부활에 대한 소망은 이생이라는 심각한 문제들에 관한 관심을 갖지 못하게 한다고 선언했다. 그들의 생각은 정부의 강요된 무신론에 의하여 잘못된 것임이 드러났다. 다가오는 삶에 대한 믿음과 윤리적 책임간의 직접적인 관계가 있다. 그러한 나라들 가운데 있는 시민들은 국가가 죽은 자의 부활에 대한 믿음을 빼어가 버렸으며, 백성들이 오늘을 위해서만 그리고 자기 자신들을 위해서만 살도록 가르침을 받았기 때문에 범죄와 부도덕이 필연적인 성장을 보였다고 말했다. 우리는 시민들이 실천적인 무신론자들—마치 하나님이 없는 것처럼 살아가는 사람들—인 나라들에서 동일한 사실을 보게 된다.

마가복음 12:28-44

28 서기관 중 한 사람이 그들이 변론하는 것을
듣고 예수께서 잘 대답하신 줄을 알고 나아와
묻되 모든 계명 중에 첫째가 무엇이니이까?
29 예수께서 대답하시되 첫째는 이것이니 이스
라엘아 들으라 주 곧 우리 하나님은 유일한
주시라
30 네 마음을 다하고 목숨을 다하고 뜻을 다하고
힘을 다하여 주 너의 하나님을 사랑하라 하신
것이요
31 둘째는 이것이니 네 이웃을 네 자신과 같이
사랑하라 하신 것이라 이보다 더 큰 계명이
없느니라
32 서기관이 이르되 선생님이여 옳소이다 하나
님은 한 분이시요 그 외에 다른 이가 없다 하
신 말씀이 참이니이다
33 또 마음을 다하고 지혜를 다하고 힘을 다하여
하나님을 사랑하는 것과 또 이웃을 자기 자신
과 같이 사랑하는 것이 전체로 드리는 모든
번제물과 기타 제물보다 나으니이다
34 예수께서 그가 지혜 있게 대답함을 보시고 이
르시되 네가 하나님의 나라에서 멀지 않도다
하시니 그 후에 감히 묻는 자가 없더라
35 예수께서 성전에서 가르치실새 대답하여 이
르시되 어찌하여 서기관들이 그리스도를 다
윗의 자손이라 하느냐?
36 다윗이 성령에 감동되어 친히 말하되 "주께서
내 주께 이르시되 '내가 네 원수를 네 발 아래
에 둘 때까지 내 우편에 앉았으라' 하셨도다
하였느니라
37 다윗이 그리스도를 주라 하였은즉 어찌 그의
자손이 되겠느냐?" 하시니 많은 사람들이 즐
겁게 듣더라
38 예수께서 가르치실 때에 이르시되 긴 옷을 입
고 다니는 것과 시장에서 문안 받는 것과
39 회당의 높은 자리와 잔치의 윗자리를 원하는
서기관들을 삼가라
40 그들은 과부의 가산을 삼키며 외식으로 길게
기도하는 자니 그 받는 판결이 더욱 중하리라
하시니라
41 예수께서 헌금함을 대하여 앉으사 무리가 어
떻게 헌금함에 돈 넣는가를 보실새 여러 부자
는 많이 넣는데
42 한 가난한 과부는 와서 두 렙돈 곧 한 고드란
트를 넣는지라
43 예수께서 제자들을 불러다가 이르시되 내가
진실로 너희에게 이르노니 이 가난한 과부는
헌금함에 넣는 모든 사람보다 많이 넣었도다
44 그들은 다 그 풍족한 중에서 넣었거니와 이
과부는 그 가난한 중에서 자기의 모든 소유
곧 생활비 전부를 넣었느니라 하시니라

원 의미

성전에서 예수의 대적들과의 논쟁이 계속된다. 이 단락에서 예수는 가장 큰 계명과 관련하여 서기관이 제기한 질문에 답하신다. 그 다음에 예수는 다윗의 자손에 관한 난문제를 제기하신다. 이 단락은 유대 지도자들에 대한 예수의 비난의 말씀 그리고 성전에서 과부의 헌금에 대한 그의 관찰을 제공하고 있다.

가장 큰 계명(12:28-34)

예수가 부활에 관한 논증에서 사두개인들을 잠잠케 한 후에, 그가 하신 일을 기뻐한 율법 선생, 즉 서기관이 또 다른 문제로 가지고 그에게 나아온다. "모든 계명 중에 첫째가 무엇이니이까?" 이 질문은 하나님의 율법에서 발견할 수 있는 여러 명령들 가운데서 특별한 하나를 가정한다. 후기 랍비 전승은 전체 계명의 숫자를 613개로 제시했는데, 이 중에서 248개는 긍정적인 명령이고 365개는 부정적인 금지 명령이다. 어떤 것은 더 가벼운(더 작은) 것으로 또 어떤 것은 더 무거운 것(더 큰 것)으로 간주되기도 했다.

이 율법사는 어떤 율법이 순종해야할 필요가 있으며, 어떤 것이 적당히 무시될 수 있는지를 묻고 있지 않다. 그는 "모든 개별적인 율법들이 의존하고 있는, 율법의 근본적인 전제가 무엇인가?"라고 묻고 있다. 예수는 쉐마로 알려진 이스라엘이 매일 고백하는 것에서 나온 정통적인 답변을 제시한다.[1] 이 고백은 하나님이 유일하신 하나님이고, 전인을 다하여—마음을 다하고 목숨을 다하고 뜻을 다하고 힘을 다하여—그분을 사랑해야 한다고 선언한다. 그러나 인간은 다른 존재와의 관계로부터 동떨어져서 하나님을 사랑할 수 없다. 이 때문에 예수는 하나님을 사랑하라는 명령을 이웃을 자기 몸처럼 사랑하라는 명령과 연결짓고 있다(레 19:18; 참조. 롬 13:10; 15:1-2; 갈 5:14; 약 2:8).

사랑은 우리의 행동과 관계 속에서 표현되는 하나님을 향한 우리의 내적 위탁이다. 다른 사람을 향한 사랑을 나타내 보이지 않는 사람은 하나님을 사랑한다고 말할 수 없다(요일 3:14-18; 4:8, 10-12, 20-21을 보라). 이 두 계명보다 더 큰 다른 계명은 없다는 진술은 다른 계명들은 이 두 주요한 계명들을 적용하도록 하기 위

1. 쉐마는 히브리 명령형 "들으라"다. 이 고백은 신 6:4-9; 11:13-21; 민 15:37-41로부터 나온 것이다. 미쉬나에서 논의된 첫 번째 항목은 매일 쉐마를 낭송하는 횟수에 관한 것이다(*m. Ber.* 1:1).

한 서로 다른 방식들을 단순하게 진술하고 있음을 의미할 수 있다. 그렇지 않으면 그것은 더 근본적일 수 있다. 중요한 것은 오로지 이 두 계명들이다. 미쉬나, *'Abot* 1:2의 핵심되는 구절은 다음과 같이 가르치고 있다. "세상은 세 개의 요소들을 기초로 한다. 토라, 희생제사 예배, 사랑의 표현." 예수는 사랑을 토라와 희생제사를 초월하는 것으로 설정하고 있으며, 또한 그것들을 거의 무시하고 있다.[2] 바울은 로마서 13:8에서 "남을 사랑하는 자는 율법을 다 이루었느니라"고 기록하면서 이러한 근본적인 이해를 드러내고 있다.

율법교사는 사두개인들에 대한 예수의 논박을 칭찬했었고(12:28), 이제 예수가 자기 질문에 잘 대답하였다고 확언하고 있다(12:32). 그는 그 답변을 되풀이하면서 이 두 계명들이 "전체로 드리는 모든 번제물과 기타 제물보다 나으니이다" (12:33)라는 말을 덧붙인다.[3] 이 확언은 예수가 상을 둘러엎으셨을 때(11:15-17), 그리고 성전 파괴를 선언하시기 이전(13:2)에 말씀하신 그의 성전 예배에 대한 예언자적 정죄의 문맥에 나타난다. 그러므로 이것은 예수 자신의 입장에 대한 필사자의 승인을 제공한다.

마가가 글을 썼을 당시에 성전은 잔인한 전쟁이 계속되고 있었고, 또한 도적 떼에게 점령당하고 로마 군사들에게 포위되어 있었거나, 그렇지 않으면 전쟁이 끝나고 성전이 잿더미로 변했기 때문에 예배를 드리러 들어갈 수 없었다. 서기관의 진술은 성전제사가 하나님의 가장 중요한 요구들을 이루는 것과 관계가 없었다는 것을 마가의 첫 독자들에게 강화시킨다. 백성들이 참으로 하나님과 다른 사람들에게 사랑을 나타낼 때, 그들은 하나님이 심히 기뻐하시는 희생제사를 드린 것이다. 그러한 확언은 예수가 그리스도이심을 믿는 사람들은 유대 신앙의 근본적인 핵심에서 벗어나지 않는다는 것을 마가 공동체에 보여준다.

예수는 오직 부분적으로만 율법교사(서기관)가 말한 내용을 확언한다. 그는 예수의 가르침을 판단하는 우위적인 위치를 점하고 있는 것처럼 말했었다. 율법에 대한 해석의 최종 심판자로서 더 중요한 것은 누가 하나님의 나라에서 멀리 있고 혹은 가까이 있는지를 아시는 분으로서 예수는 문제들을 적절한 관점으로 가져오신다. 이 서기관은 하나님의 나라에서 멀리 떨어져 있지 않았다. 그는 하나님 나라 안에 있지는 않지만, 즉 그는 자신을 하나님의 통치에 완전히 맡기지 않았지만, 그

---

2. Walter Grungmann, "*μέγας*," *TDNT*, 4:536.
3. 구약성경에 표현된 이와 유사한 취지가 여러 곳에 발견된다. 삼상 15:22; 시 51:16-17; 사 1:11; 렘 7:21-23; 호 6:6.

렇다고 멀리 떨어져 있지도 않다. 이러한 대답은 효과적으로 그 서기관을 잠잠하게 만든다. "하나님 나라 안에" 있기 위하여, 사람은 단순히 예수의 가르침을 인정하는 그 이상의 일을 해야 한다. 그의 권위와 인격에 완전히 복종해야 한다. 이 서기관이 그 다음 단계로 나아가서 예수를 다윗의 자손과 다윗의 주님으로 받아들일 수 있겠는가?

다윗의 자손에 관한 예수의 질문(12:35-37)

예수는 이제 다윗의 자손에 관한 수수께끼를 제공하신다. 후커(Hooker)는 예수가 성전에서 공개적으로 가르치실 때, 그는 "다른 어느 곳에서보다 자신의 정체성을 드러내는 것으로 더욱 가까이 나아가신다"고 지적한다.[4] 그는 메시야가 다윗의 자손일 것이라는 서기관들의 공식적 입장을 인용하신다.[5] 그들은 옳았지만, 부분적으로만 옳았다. 그들의 입장은 보충 받아야 할 필요가 있었다. 그들이 메시야를 위한 하나님의 계획을 충분히 이해하지 못했기 때문이다.

율법 교사들은 이스라엘에서 가르치는 권위를 가지고 있었다. 예수는 그들이 정확한 신학적 대답을 가지고 있다는 사실을 인정하시지만, 그들의 입장은 언제나 수정을 필요로 한다. 그들은 엘리야가 먼저 와야 한다고 가르쳤고, 예수는 이에 동의하신다(9:11). 그러나 그들은 예수의 권위에 복종하지 않는 한, 하나님의 나라 밖에 머물러 있다(12:28-34). 이제 우리는 유대인 지도자들이 메시야가 다윗의 자손이라는 점을 가르치고 있음을 배운다(12:35). 다윗의 자손에 관한 문제는 바디메오가 예수를 다윗의 자손으로 칭송하는 곳으로 되돌아가게 하며(10:47, 48), 예수가 예루살렘 성읍으로 들어가실 때 찬사의 부르짖음을 상기시킨다(11:10, "오는 우리 조상 다윗의 나라"). 또한 아들을 상속자로 인정했던 포도원 소작농 비유를 생각나게 하며, 예수의 재판에서 대제사장이 제기한 결정적인 질문, "네가 찬송 받을 이의 아들 그리스도냐?"(14:61)를 미리 제시해준다.

예수는 시편 110:1을 인용하여 수수께끼를 지적한다. 만일 메시야가 다윗의 자손이라면 어찌하여 다윗이 "성령으로 말미암아" 그분을 주님으로 소개하고 있는가? 조상들이 자기 자손들을 이런 식으로 소개하는 것은 관습이 아니었다. 일반적

4. Hooker, *Mark*, 293.
5. 시 18:49-50; 사 9:2-7; 11:1-9; 렘 23:5-6; 33:14-18; 겔 34:23-24; 37:24; 암 9:11-12을 보라.

으로 그 정반대로 표현한다. 그렇다면 어떻게 메시야가 다윗의 자손이 될 수 있는가? 예수는 청중들로 하여금 그 대답을 생각해볼 여지를 남겨놓고 있다. 독자들 역시 다윗이 자신이 죽은 뒤에 가문을 세웠던 자기 자손이 아닌 다른 사람을 언급하고 있다고 추측해야 한다. 메시야는 다윗보다 더 큰 사람, 자기의 정권보다 더 큰 정권을 가진 분으로 언급되어야 한다.

마가는 자주 독자들에게 질문을 던짐으로써 예수의 완전한 정체성에 대해서 보다 많이 이해하도록 도전한다(4:41; 8:29; 11:28을 보라). 이러한 도전을 가하는 사람(마가)은 "오는 우리 조상 다윗의 나라"에 대한 군중의 환희를 교정하는 역할을 한다. 군중이 외친 옛 "제국의 환상"은 수정되어야 한다.[6] 예수는 다윗의 정치적 군사적 권위를 사용하지 않으신다.[7] 하지만 그는 이스라엘의 가장 위대한 왕보다도 더 위대하시다. 그가 가져오시는 나라는 "우리 조상 다윗"의 나라보다 더 큰 나라다. 그것은 하나님 아버지의 나라다.

마가는 거대한 군중들이 예수의 말씀을 즐겁게 들었다고 기록한다. 그의 가르침에 대한 이러한 반응은 겉으로만 그러할 수 있다. 백성들은 예수가 자기들의 모든 소망을 뒤엎고 있다는 사실을 깨닫지 못하고 있다. 본문을 주의 깊게 읽는 독자는 헤롯 역시 요한의 말을 즐겁게 들었지만(6:20) 존경을 받은 이 선지자를 처형하는 일을 거절하지 않았다는 사실을 기억할 것이다. 군중(각기 다른 인격의 소유자들로 구성된)은 곧 예수를 십자가에 못 박도록 부르짖을 것이다(15:13).

서기관들에 대한 탄핵(12:38-40)

한 특별한 서기관을 칭찬하고, 다윗의 자손에 관한 유대 신학적 지도자들의 의견을 인용하신 다음에 예수는 서기관들을 도매금으로 비난하는 방향으로 나아가신다. 첫째로, 그는 독특한 옷을 입기를 바라는 야망을 가진 자로 그들을 질책하신다—그들은 긴 옷을 입고 보이기를 좋아한다. 이 긴 옷이 정확하게 무엇이었는지는 중요치 않다. 그들이 그것들을 입는 이유가 중요한데, 그들은 다른 사람들로부터 분리되고 자기들의 권위를 확대시키기 위해서다. 예수의 권위는 그의 가르치심과 연관되어 있다(1:22; 11:27). 그들의 권위는 그들의 옷과 연관되어 있다. 그것

6. Myers, *Binding*, 319.
7. Kingsbury, *The Christology of Mark's Gospel*, 102-14, 248.

은 명예와 독특성을 갈망하는 교만, 그리고 지식과 지위를 과시하는 오만을 나타낸다. 더욱 나쁜 것은 그들이 성전에서 멋지게 늘어진 긴 겉옷을 입었으므로, 그들은 자기 자신들을 여호와 하나님 앞에서 높인 것이다. 그러나 인상적인 외양을 가졌다고 해서 예수로부터 숨길 수 없다(13:1-2). 그는 그들의 거짓된 가장을 꿰뚫어 보신다.

예수는 또한 서기관들이 인간의 과찬을 바라고 있는 점을 질책하신다. 그들은 정중한 인사로 자기들을 영예롭게 하는, 신분이 낮은, 사람들이 부여하는 경의를 받으면서 행복해한다(10:18과 반대로!; 요 5:44; 12:43). 예수는 회당에서 첫 번째 자리에 앉고, 잔치에서 영예로운 자리에 앉기 위한 그들의 다툼을 공격하신다. 예수는 제자들이 그와 같은 이기적인 태도를 보였을 때, 그들 가운데서는 그 반대의 태도를 가지라고 명령하셨다(9:35; 10:31, 43-44). 그러나 서기관들의 명성에 대한 추구는 가난한 자에 대한 냉담한 멸시와 짝을 이룬다. 다른 사람들에게 존경받는 사람들은 그것을 약하고 상처 입기 쉬운 이들을 약탈하는 허가증으로 오해한다. 그들은 가장 큰 계명이 무엇인지를 알지만 그것을 실천하지 않는다. 그들은 하나님을 사랑하는 것보다 인정을 더 사랑하고, 이미 짓밟힌 사람들을 짓밟는다.

예수는 과부의 가옥들을 삼킨 서기관들을 책망하신다.[8] 과부들은 전통적으로 구약성경에서 도울 이가 없는 자들을 상징했으며, 그들을 학대하는 것은 엄중하게 비난을 받았다. 이사야(사 10:1-4에서)는 과부의 소유를 강도질한 사람들은 멸망을 받을 것이라고 경고했다.

불의한 법령을 만들며
  불의한 말을 기록하며
가난한 자를 불공평하게 판결하여
  가난한 내 백성의 권리를 박탈하며
과부에게 토색하고
  고아의 것을 약탈하는 자는 화 있을진저
벌하시는 날과

8. 이 상황은 자신의 물품들을 관리하지 않은 과부들의 재산을 부정직하게 처리한 관리와 관계가 있을 수도 있다(J. Duncan M. Derrett, "Eating Up the Houses of Widows': Jesus' Comment on Lawyers?" *NovT* 14[1972] 1-9). 그렇지 않으면, 그것은 그들이 "과부들에 대한 적선금을 등쳐 먹은 것"을 가리킬 수도 있다(Gundry, *Mark*, 727).

멀리서 오는 환난 때에
너희가 어떻게 하려느냐?
누구에게로 도망하여 도움을 구하겠으며
너희의 영화를 어느 곳에 두려느냐?
포로 된 자 아래에 구푸리며
죽임을 당한 자 아래에 엎드러질 따름이니라
그럴지라도 여호와의 진노가 돌아서지 아니하며
그의 손이 여전히 펴져 있으리라.[9]

마지막으로, 예수는 이 서기관들의 기도를 혹평하신다. 성전은 기도의 장소로 생각되었지만(11:24), 예수는 그들의 "길게 기도하는" 배후의 동기를 공격하신다. 하나님에게 드려지는 기도가 인간 청취자들로부터 찬사를 얻기 위하여 발설되었다. 그들은 자기들의 위선이 얼마나 비열한지 인식하지 못하고, 어리석게도 자기들의 경건에 대한 인간의 찬사가 하나님의 찬사와 일치한다고 믿는다.

과부의 헌금(12:41-44).

성전에서 예수의 행동은 짐승의 희생제물을 팔고 사는 사람들에 대한 정죄로 시작하여, 하나님에게 자기의 전부를 드리는 과부에 대한 칭찬으로 마친다. 그는 헌금함 맞은편에 위치해 계시는데, 이 헌금함은 아마도 어떤 특별한 구역이라기보다는 여인들의 안뜰 근처에 있었던 뿔피리로 된 궤짝들 가운데 하나를 가리키는 것으로 보인다(나팔과 같은 모양으로 된 상자, 요 8:20). "던지다"란 동사는 궤짝 속으로 던지는 것을 암시한다. 반세겔 세금에 대한 미쉬나 소책자는 뿔피리로 된 궤짝들에는 형태가 각기 다른 헌금에 대한 표지가 붙어있었다고 언급한다.[10] 과부의 소량의 헌금은 성전의 건물로 들어가는 낙헌 예물로 드려졌거나(출 35-36; 대상 29장), 제사장들이 그 가죽을 받았던 번제물로 드려졌음을 시사한다(*m.*

9. 또한 출 22:21-23; 신 10:17; 24:17; 사 1:17, 23; 10:2; 겔 22:7을 보라.
10. 그것들은 "새 세겔 세금", "낡은 세겔 세금"(남성들만 지불함), "새 헌물"(호도애[암수가 사이좋은] 비둘기의 구입을 위하여), "전제로 드리는 어린 비둘기"(집비둘기 구입을 위하여), "나무"(제단에서 태우기 위하여), "유향", "시은소를 위한 금" 그리고 "낙헌제"와 같은 다른 여섯 개의 함으로 지칭되었다(*m Seqal* 6:5-6).

Seqal. 6:6; *t. Seqal.* 3:8).

예수는 나팔에서 나는 커다란 땡그랑 소리를 통하여 주변에 알려지는, 거대한 양의 헌금을 드리는, 부자의 헌금을 경시하신다(마 6:2을 보라). 부자는 상당량의 예물을 드린 다음에도 여전히 부자다. 하지만 예수는 가냘픈 소리만 들리게 하는 과부의 예물을 선별하신다. 마가는 그녀를 단순한 과부가 아닌 "가난한 과부"라고 기록한다. 그녀가 집을 도적질을 당하였는가? 그녀의 예물은 단지 소량일 뿐이다 두 '렙돈'이다. 렙돈은 가장 작은 헬라의 주화였다(마가는 이것을 가장 작은 로마의 동전 고드란트로 번역한다). 그것은 예수 당시에 가장 작은 통화가치를 가졌다.[11] 예수는 이 여인이 "자기의 모든 소유 곧 생활비 전부"를 드린 것을 칭찬하신다. 종교 지도자들이 거대한 헌금을 좋아하는 반면에 하나님의 통화 가치에서는 그러한 것들이 순식간에 아무것도 아닌 것으로 변할 수 있다. 하나님은 돈에 관심을 두지 않으시고, 드리는 자의 심령에 관심을 두신다. 이 여인은 자신의 마음, 혼, 물질 전부를 하나님에게 드린다. 예수는 그보다 더 큰 희생 제물을 드리실 것이다.

부자가 은화를 던질 때 나는 나팔소리는 과부의 두 동전의 딸랑거리는 소리를 왜소하게 만든다. 그러나 그녀의 희생적인 헌신은 그들의 겉치레적 헌금을 무색하게 만든다. 부자는 풍성한 재물 가운데서 드리지만, 그들의 풍성함을 바치지 않는다. 이 가난한 과부는 자기의 생계유지를 해야 하는 물질, 즉 남은 것 없이 전부를 드린다. 그녀의 겸손한 경건은 앞의 비난에 나오는 서기관들의 확연한 불경건과 날카롭게 대조를 이룬다. 그녀는 필요를 공급해 주시는 하나님을 전적으로 의지하고, 그날에 남아있는 것을 모두 하나님에게 드린다.

상황잇기

마가는 세 번째로 질문을 하는 자를 "서기관 중 한 사람"이라고 밝힌다. 그도 이전에 바리새인들, 헤롯당원들, 사두개인들과 같이 예수에게 적대감을 가진 사람으로 생각할 수도 있는데, 이는 마가가 우리에게 대제사장들과 서기관들이 그를 죽일 방도를 찾고 있었다고 우리에게 말한바 있기 때문이다(11:18). 이 서기관들은 이전에도 예수에게 대적을 했고(2:6-7; 3:22), 예수가 십자가에서 고통을 당하는 동안에 그들이 대제사장들과 함께 그를 조롱할 때 그의 생명이 끝난다

11. 그것은 데나리온의 16분의 1로 추산되었던 로마의 '애즈'(as; 로마의 가장 작은 동전)의 4분의 1과 동일했다. 그러므로 그것은 포도원에서 일하는 일일 노동자 임금의 64분의 1과 동일했다(마 20:2). D. Sperber, "Mark xii 42 and Its Metrological Background," *NovT* 9(1967): 178-90을 보라.

(15:22). 그러나 대적들까지도 그 나라의 근처에 있을 수 있고, 가르침을 받을 준비가 되어 있을 수 있다.[12] 우리는 서기관들을 예수를 죽이기로 다짐한 대적들과 공통된 근거를 발견할 수 있다. 그들을 결코 누락시킬 수 없다. 예수의 사역을 지배했던 근본적인 원리들—하나님과 이웃에 대한 무조건적인 사랑—은 예수에게만 있는 독특한 것이 아니었다. 그것들은 성경으로부터 나온 것이고, 성경을 영예롭게 하는 사람은 누구나 이 사실을 인정할 수 있다. 중요한 것은 예수 자신이 성경이 제시한 이스라엘의 소망의 성취이시라는 사실을 인식하느냐에 달려 있다.

과부와 그녀의 가슴 뭉클한 두 렙돈 이야기는 희생적인 드림의 모범으로 사용되어왔다. 필자는 이 본문을 이런 식으로 유익하게 해석하는 사람에게 동의한다. 이 여인은 그녀가 가지고 있는 모든 것으로 하나님을 사랑하는 사람의 모범적 사례가 된다. 그녀는 가난하기 때문에 부자와 대조된다. 그녀는 지식인으로서 그리고 경건한 사람으로서 자기들의 신비한 매력을 한껏 즐기는 서기관들과 대조된다. 사회 안전망에서 떨어진 또 다른 희생자처럼, 여인은 이 사회에서 영예를 얻지 못하고 있다. 그러나 그녀는 여전히 하나님을 사랑하며, 하나님을 섬기기 위하여 가지고 있는 생계비 전체를 희생한다.

그녀의 모범을 통하여 세 가지 교훈을 이끌어낼 수 있다. (1) 예수는 하나님으로부터 은혜를 입기를 바라서가 아니라 하나님을 바라기 때문에 드리는 사람들을 칭찬하신다(딤전 5:5을 보라). (2) 인간이 아무것도 아닌 것으로 간주하는 소위 작은 예물이 수백만의 가치가 있는 예물들을 무색하게 할 수 있다. 과부의 초라한 예물로 이 거대한 돌들로 된 성전과 같은 웅장한 건물을 건축할 수 없다(13:1). 그러나 예수는 그녀의 예물을 가장 의미심장한 것으로 선별하신다. 그것은 아주 가난한 사람이라도 하나님에게 가치 있는 예물을 드릴 수 있다는 사실을 상기시킨다.[13] (3) 만일 부자가 자기들의 십일조를 하나님에게 드렸다고 가정한다면, 이 사건은 십일조가 갖는 문제를 드러내준다. 십일조는 우리가 얼마나 많이 바치는가에 초점이 맞추어지고, 우리가 자신을 위하여 얼마나 간직하고 있는가를 간과한다. 과부는 예수가 요구하시는 희생적 제자도의 한 모델로 역할하고 있다(10:21을 보라). 그것은 다음 강화에서 열거되는 화들을 통하여 살아가는 제자들에게 그들의 전 삶을 바치는 것을 의미할 수 있다.[14]

12. Minear, *Mark*, 114.

13. Hooker, *Mark*, 296.

14. Frederick Danker, "Double-Entendre in Mark XII," *NovT* 10(1968): 115.

이 과부가 이 도적의 소굴에 아주 희생적으로 바치고 있음을 탄식하는, 전혀 다른 방향에서 이 사건을 생각해볼 수도 있다. 이 여인을 칭찬해야 하지만, 부패하고, 영적으로 파산하고, 억압하는 성전에 희생적으로 바친 것을 한탄스러워할 수 있다.[15] 그녀는 성전, 곧 그녀를 착취하는 열매 없는 무익한 대의에 무조건적으로 헌신하고 있다. 대제사장들은 가난한 자들이 드린 헌금으로부터 자기들의 몫을 가지고 호화롭게 살아간다. 그녀의 헌금은 오용된 행동이요, 가난한 자가 부자에게 드리는 것이요, 희생자가 압제자의 주머니를 채워주는 것이다. 그러므로 이러한 돈을 함부로 쓰는 성전 운영 비용은 "가난한 자의 물자를 먹는" 일 중에 하나다.[16]

다시 말해서 성전은 과부들이 강탈을 당하는 장소가 되었다(사 1:14-17을 보라. 그곳에서 선지자들은 희생제사에 대한 하나님의 거절을 과부와 고아에게 행한 그들의 불의와 연결시킨다). 이제 그녀가 가진 모든 것을 드렸다는 것은 그녀에게 무슨 일이 일어나게 할 것인가? 성전의 성직자 제도 가운데서 누가 그녀를 도울 것인가? 그 모든 돈에 무슨 일이 일어날 것인가? 이 돈을 포함해서 어떤 것은 유다가 주인을 배반하기 위한 뇌물에 사용될 것인가? 그녀는 성전을 위하여 자기의 생활비 전부(삶)를 던졌다. 성전 군주들은 권력의 근거지를 보존하기 위하여 예수의 생명을 내던져버릴 것이다. 예수를 중심으로 한 새로운 공동체는 멸망을 당하게 될 제사의식과 웅대한 건축물이 아닌 백성에게 우선권을 부여한다. 중요한 것은 겸손한 믿음, 하나님에 대한 희생적 헌신, 그리고 가난하고 궁핍한 자에 대한 보살핌의 시행이다(딤전 5:16; 약 1:27).

현대적 의미

하나님을 향한 우리의 사랑은 우리를 향한 하나님의 사랑에 대한 반응이다. 이스라엘은 한분 참되신 하나님이 어떤 일반적인 신이 아니라 아브라함, 이삭, 야곱의 하나님이시라고 고백했다. 그리스도인들은 이 하나님이 예수 그리스도 안에서 우리를 만나시는 분이라고 고백한다. 우리의 온 심령으로 어떤 뉴 에이지 원리나 우주의 지배력을 사랑하는 것은 불가능하다. 그러나 우리는 사랑하는 아들을 보내시고 자기 생명을 우리를 위하여 주신 극적인 형태로 먼저 우리를 사랑하

15. Addison G. Wright, "The Widow's Mites. Praise or Lament? A Matter of Context" *CBQ* 44(1982):256-65을 보라. 그리고 문맥의 문제에 대한 Elizabeth Struthers Malbon, "The Poor Widow in Mark and Her Poor Rich Readers," *CBQ* 53(1991), 589-604의 답변을 보라.

16. Myers, *Binding*, 320.

신 인격적 하나님에게 우리 삶 전체를 드릴 수 있다.

하나님은 우리의 일부만을 사랑하시는 것이 아니라, 전 인격을 사랑하신다. 그러므로 우리도 우리 자신 전체로 하나님을 사랑해야 한다. 하나님은 우리의 일부만을 사랑하지 않으시므로, 우리도 우리 자신의 일부만을 하나님께 드려서는 안 된다. 예수는 다른 곳에서 종이 두 주인을 섬길 수 없기에, 우리의 충성심이 두 주인 즉 하나님과 맘몬 사이에서 나누어져서는 안 된다고 경고하신다(마 6:24; 눅 16:13). 우리는 어떤 한 존재에 의해서 다스림을 받든가, 그렇지 않으면 다른 존재에 의해서 다스림을 받는다. 이중적인 마음을 가진 사람은 불가피하게 맘몬으로 떨어져 나간다. 사람이 하나님의 뜻에 복종하는 동시에 권력, 부, 제국, 육체적인 욕구 충족을 추구할 수 없다.

일주일에 한번 교회에서 잠시 하나님께 드리는 예배에 참석하고 삶의 나머지 부분에서 직장에서, 가정에서, 활동하는 가운데서 하나님을 잊어버리는 사람은 종교적인 정신분열을 당할 것이다. 표면적인 사랑으로만 하나님을 분배하고, 세상과의 친구관계를 유지하는, 울타리에 양다리를 걸치는 사람들은 이 세상에서도 좌절을 당하고 다가오는 세상에서도 파멸을 당할 것이다. 그것은 하나님과 모든 것을 함께 하거나 아무것도 같이 하지 않는 것이다. 사랑은 돈과 같이 십일조로 드려질 수 없다. 거의 사람들은 "내게 있는 모든 것을 아낌없이 바치네"라고 진지하게 노래 부르지 않지만, 하나님은 모든 것을 요구하신다.

(1) 우리는 마음을 다하여 하나님을 사랑해야 한다. 성경에서, "마음"은 펌프작용 그 이상이다. 결정들이 이루어지고 계획이 꾸며지는 몸에 명령하는 중심부다. 그곳은 우리의 느낌, 감정, 야망, 정열을 조종하는 내적 존재의 중심이다. 마음은 종교적 위탁이 뿌리 내리는 곳이다.

우리가 하나님을 위하여 혹은 하나님을 대항하여 결정하는 곳은 우리의 가장 내적인 실체 한 가운데서다. 우리는 생각과 입술로 동의할 수 있지만, 우리의 진정한 충성을 드러내는 것은 숨길 수없는 마음(정서)이다. 동생과는 달리 형은 집에 머물면서 부친의 모든 명령을 순종하였다(눅 15:29). 그러나 그의 마음은 그곳에 없었다. 그렇지 않았다면 잃어버린 아들이 돌아왔을 때 그의 아버지의 기쁨을 시기하지 않았을 것이다. 그는 사랑하는 아들로서가 아니라 종의 심령을 가지고 자기 의무를 이행했다. 그의 깊은 내면은 아마도 역시 먼 나라로 가 있기를 간절히 바랐을 것이다. 예수는 우리 보물이 있는 곳에 우리 마음도 있다고 말씀하셨으며(마 6:21), 하나님은 우리의 속 중심을 요구하신다.

모든 사람은 서기관들을 하나님을 사랑한 사람들의 모델로 인식했다. 그러나 예수는 그들의 종교적 위선을 꿰뚫어보셨고, 그들의 마음을 시험하여 아셨다. 그들은 자기들의 자신, 지위, 재정, 그리고 종교적 성취를 사랑하고 있었다. 과부는 빈곤했고, 영예를 가지고 있지 않았지만 그럼에도 불구하고 하나님을 사랑했다.

예수도 사람을 참으로 더럽히는 것이 마음으로부터 나오는 것 곧 악한 생각, 악한 행실, 의심이라고 가르치셨다(7:21-22). 우리의 믿음과 하나님에 대한 위탁이 뿌리 내리는 곳은 마음이다. 따라서 새 피조물은 마음속으로부터 시작되어야 한다(겔 11:19). 이 말씀은 삶에서 목적 없이 이리저리 방황하는 사람들 그리고 마음을 모든 것들에 주면서도 아무것에도 주지 않는 세대에 특히 잘 들어맞는다. 마음을 완전히 하나님께 드리는 사람들은 자기 자신을 잃어버리지 않도록 언제나 영적 자석을 북극에 맞춘다.

(2) 우리는 목숨(soul)을 다하여 하나님을 사랑해야 한다. 하나님은 인간의 영혼 속에 숨을 불어넣어 주셨다. "영혼"(soul)은 삶에서 활력의 원천이다. 그것은 의지의 힘을 가져다주는 동기를 유발하는 능력이다. 마음과 함께 영혼은 행위를 결정한다. 우리가 목숨을 다하여 하나님을 사랑하라는 명령을 받았을 때, 그것은 우리 삶의 힘을 가리킨다.

사도 바울은 목숨을 다하여 하나님을 사랑하는 사람에 대한 좋은 모범을 제공해준다. 그의 에너지 모두가 그의 삶에서 하나님의 목적을 추구하는데 초점이 맞추어져 있다. 그는 다음과 같이 기록한다. "오직 한 일(을 행한다)"(빌 3:13). 그가 그리스도를 위하여 모든 일을 행하도록 몰아가고 고난을 당하게 한 것이 이 위탁이었다(고후 11:23-29을 보라). 그의 영혼(목숨)이 하나님에게 완전히 사로잡혔으므로 그는 설교하지 않을 수 없었고, 가지 않을 수 없었으며, 선한 싸움을 싸우지 않을 수 없었다. 목숨을 다하여 하나님을 사랑하는 사람들은 바울처럼 자기 에너지와 힘을 모두 그분에게 드린다.

(3) 우리는 뜻을 다하여 하나님을 사랑해야 한다. "뜻"(mind)은 우리의 의견과 판단을 지시하는 인식과 사고의 기능이다. 하나님을 향한 우리의 사랑은 정서적 반응이나 하나님의 이름으로 하는 활동의 작용 그 이상을 요구한다. 우리는 사고력을 가지고 하나님을 사랑해야 한다. "내가 그것을 규정짓는 방법을 알기보다는 양심의 가책을 느낀다"라는 진술은 정곡을 찌른 말이다. 그러나 하나님은 우리가 예배하러 들어갈 때마다 현관에서 우리 마음을 제어하기를 원치 않으신다. 우리 믿음에 관한 생각은 두려워하는 것이 아니다. 그것은 하나의 요구조건일 뿐이다.

하나님은 게으른 마음을 사용하지 않으신다.

영적인 유치원에 영원히 머물러 있는 것으로 만족하고, 신앙이 발전하지 못하고 기도에 "잠을 자는" 사람들을 데리고 하나님이 무슨 일을 하시겠는가? 초대교회 기독교인들은 강건한 사람들이었다. 그들은 대적들을 물고 늘어졌을 뿐 아니라, 그들을 정복했다. 신약성경의 글들은 그리스도인들이 대적들의 기선을 제압했다는 사실을 입증하고 있다. 그들은 읽고 연구하고 글을 쓰고 온 뜻(mind)을 다하여 하나님을 섬겼다.

오늘날 그리스도인들이 이 세상의 생각에 순응해서도 안 되지만(롬 12:2), 다른 사람들이 쉽게 그들을 무식한 사람들로 제쳐버린다면, 믿음을 거의 발전시켜 나갈 수 없다.[17] 우리는 우리의 모든 인상적인 행실의 "비결(know how)"에 대한 중요한 "이유(know why)"를 사회에 줄 수 있도록 우리 마음을 하나님에게 위탁하여야 한다.

(4) 우리는 힘을 다하여 하나님을 사랑해야 한다. "힘"은 사람의 소유를 포함하여 한 사람의 물리적 능력을 가리킨다. 과부는 이 사람의 가장 좋은 본보기를 제공해준다. 그녀는 기도문을 낭송하기 위하여 성전으로 오지 않고, 자기 생활비 전부를 드렸다. 부자는 자기들의 풍성한 재산의 꼭대기에 있는 찌꺼기를 하나님에게 드렸다. 그녀는 궁핍한 중에 드렸으며, 뒷일을 걱정하지 않았다.

(5) 우리는 이웃을 자기 자신과 같이 사랑해야 한다. 이 명령은 건강한 이기주의를 전제하며, 승화된 자기이윤을 고무시켜준다. 우리는 다른 사람들에게 우리가 가진 것에 따라서보다는 그들의 가장 높은 이상에 따라서 우리를 대우해주기를 원한다. 선한 사마리아 사람의 비유 가운데서(눅 10:25-37), 예수는 이웃의 한계를 우리가 원수로 떠넘겨버리는 사람들을 포함하는 데까지 확대시킨다. 사람은 "누가 나의 이웃입니까?"라고 물을 수 없다. 그 이유는 이 질문이 이웃이 아닌 사람이 있음을 암시하기 때문이다. 나를 필요로 하는 사람은 누구나 나의 이웃이며, 우리는 적극적인 긍휼과 정의를 가지고 사랑을 표현해야 한다.

이웃을 사랑한다는 것은 우리가 그들의 악을 대면하지 않는다는 것을 의미하지 않는다. 예수는 강력한 종교적 권력기구를 성나게 하는 일을 마다하지 않으셨다. 그는 그들의 외식과 부정을 공격하셨다. 키에르케고르는 국가가 봉급을 지불한 덴마크 성직자들을 "기생충, 사기꾼, 위선자, 식인종들, 악한 소매상인"으로 부르면

17. Mark A. Noll, *The Scandal of the Evangelical Mind*(Grand Rapids: Eerdmans, 1994)에 있는 논의를 보라.

서 공격적인 사례를 따랐다.[18] 예수는 유대 지도자들의 고안된 권위, 성공적인 정신을 상징하는 복장, 오만을 비판하셨다. 그들은 장식과 메달을 통하여 적당히 표시된 자기들의 의의 증명서로 의기양양했다.

폴 미니어(Paul Minear)는 "이러한 인정을 부여하지 않거나 그것들을 향한 야망을 격려하지 않는 사회가 어디 있는가?"라고 묻는다.[19] 예수는 교회는 그렇지 않아야 한다고 대답하신다. 야고보도 역시 이러한 위험한 태도를 질책한다(약 2:1-7). 거물이 모임에 나올 때, 그에게 특별한 대우, 아첨, 특별한 곳에 주차 허가, 그리고 앉을 특별한 소파가 주어진다. 이것은 값비싼 백화점 매장에서 받을 대우로 예상할 수 있는 방법이지, 교회에서는 그렇지가 않다. 사람들이 부자와 영예를 가진 사람에게 아첨하는 이유는 그 사람들을 사랑해서가 아니라 호의를 얻어내기 원해서다. 한편으로, 가난한 자는 경멸하는 태도로 대한다. "그들이 우리에게 무슨 유익을 줄 수 있겠는가?"라고 스스로 묻기 때문이다.

예수는 하나님의 관점에서 일들을 바라보셨다. 경건과 부라는 빛나는 평판이 도울 이가 없는 가난한 자들을 압제한 것에 의해서 더럽혀졌다. 그러나 과부는 믿음에 부요하였는데, 이것이 하나님과 계산해야하는 유일한 것이다. 그녀는 열심히 추구해야할 가치가 있는 유일한 영예를 가졌다.

그러므로 예수는 외식적인 예배와 사회적 폐습에 대한 공개적인 마지막 항의를 가지고 성전에서 자신의 할 일을 결론짓는다. 하워드 툴만(Howard Thurman)은 수많은 흑인 영가들이 저항(protest)의 노래였다고 지적한다. 그러한 저항의 노래 가운데 하나가 우리에게 익숙한 노래다.

나는 신을 가졌네, 당신도 신을 가졌네
모든 하나님의 자녀는 신을 가졌네.
우리가 천국에 갈 때
우리 신을 신고 갈 거라네
그리고 모두 하나님의 천국에서 소리칠 거라네.

18. David McCracken, *The Scandal of the Gospels Jesus, Story and Offense*(New York/Oxford: Oxford Univ. Press, 1994), 64.
19. Minear, *Mark*, 115.

툴만은 그 다음 소절 앞부분에서, 많은 세월동안 신을 신지 못했고 하나님의 땅에서 소리치거나 걷는 자유를 누리지 못했던 이 노예들이 주인이 살았던 큰집을 바라보고 노래할 것이라고 기록한다.

모든 사람들이 천국을 말하지만
모두 거기에 가는 것은 아니네.[20]

20. Howard Thurman, *Deep River: Reflections on the Religious Insight of Certain Negro Spirituals*(New York: Harper, 1955), 44.

마가복음 13:1-37

1 예수께서 성전에서 나가실 때에 제자 중 하
나가 이르되 선생님이여 보소서 이 돌들이 어
떠하며 이 건물들이 어떠하니이까?
2 예수께서 이르시되 네가 이 큰 건물들을 보
느냐 돌 하나도 돌 위에 남지 않고 다 무너뜨
려지리라 하시니라
3 예수께서 감람 산에서 성전을 마주 대하여
앉으셨을 때에 베드로와 야고보와 요한과 안
드레가 조용히 묻되
4 우리에게 이르소서 어느 때에 이런 일이 있
겠사오며 이 모든 일이 이루어지려 할 때에
무슨 징조가 있사오리이까?
5 예수께서 이르시되 너희가 사람의 미혹을 받
지 않도록 주의하라
6 많은 사람이 내 이름으로 와서 이르되 내가
그라 하여 많은 사람을 미혹하리라
7 난리와 난리의 소문을 들을 때에 두려워하지
말라 이런 일이 있어야 하되 아직 끝은 아니
니라
8 민족이 민족을, 나라가 나라를 대적하여 일
어나겠고 곳곳에 지진이 있으며 기근이 있으
리니 이는 재난의 시작이니라
9 너희는 스스로 조심하라 사람들이 너희를 공
회에 넘겨주겠고 너희를 회당에서 매질하겠
으며 나로 말미암아 너희가 권력자들과 임금
들 앞에 서리니 이는 그들에게 증거가 되려
함이라
10 또 복음이 먼저 만국에 전파되어야 할 것이
니라
11 사람들이 너희를 끌어다가 넘겨 줄 때에 무
슨 말을 할까 미리 염려하지 말고 무엇이든
지 그때에 너희에게 주시는 그 말을 하라 말
하는 이는 너희가 아니요 성령이시니라
12 형제가 형제를, 아버지가 자식을 죽는 데에
내주며 자식들이 부모를 대적하여 죽게 하
리라
13 또 너희가 내 이름으로 말미암아 모든 사람
에게 미움을 받을 것이나 끝까지 견디는 자
는 구원을 받으리라
14 멸망의 가증한 것이 서지 못할 곳에 선 것을
보거든 (읽는 자는 깨달을진저) 그때에 유대
에 있는 자들은 산으로 도망할지어다
15 지붕 위에 있는 자는 내려가지도 말고 집에
있는 무엇을 가지러 들어가지도 말며
16 밭에 있는 자는 겉옷을 가지러 뒤로 돌이키
지 말지어다
17 그날에는 아이 밴 자들과 젖먹이는 자들에게
화가 있으리로다
18 이 일이 겨울에 일어나지 않도록 기도하라
19 이는 그날들이 환난의 날이 되겠음이라 하나
님께서 창조하신 시초부터 지금까지 이런 환
난이 없었고 후에도 없으리라
20 만일 주께서 그날들을 감하지 아니하셨더라
면 모든 육체가 구원을 얻지 못할 것이거늘
자기가 택하신 자들을 위하여 그날들을 감하
셨느니라
21 그때에 어떤 사람이 너희에게 말하되 보라
그리스도가 여기 있다 보라 저기 있다 하여
도 믿지 말라
22 거짓 그리스도들과 거짓 선지자들이 일어나
서 이적과 기사를 행하여 할 수만 있으면 택
하신 자들을 미혹하려 하리라
23 너희는 삼가라 내가 모든 일을 너희에게 미
리 말하였노라
24 그때에 그 환난 후 해가 어두워지며 달이 빛
을 내지 아니하며

25 별들이 하늘에서 떨어지며 하늘에 있는 권능들이 흔들리리라
26 그때에 인자가 구름을 타고 큰 권능과 영광으로 오는 것을 사람들이 보리라
27 또 그때에 그가 천사들을 보내어 자기가 택하신 자들을 땅 끝으로부터 하늘 끝까지 사방에서 모으리라
28 무화과나무의 비유를 배우라 그 가지가 연하여지고 잎사귀를 내면 여름이 가까운 줄 아나니
29 이와 같이 너희가 이런 일이 일어나는 것을 보거든 인자가 가까이 곧 문 앞에 이른 줄 알라
30 내가 진실로 너희에게 말하노니 이 세대가 지나가기 전에 이 일이 다 일어나리라
31 천지는 없어지겠으나 내 말은 없어지지 아니하리라
32 그러나 그날과 그때는 아무도 모르나니 하늘에 있는 천사들도, 아들도 모르고 아버지만 아시느니라
33 주의하라 깨어 있으라 그때가 언제인지 알지 못함이라
34 가령 사람이 집을 떠나 타국으로 갈 때에 그 종들에게 권한을 주어 각각 사무를 맡기며 문지기에게 깨어 있으라 명함과 같으니
35 "그러므로 깨어 있으라 집 주인이 언제 올는지 혹 저물 때일는지, 밤중일는지, 닭 울 때일는지, 새벽일는지 너희가 알지 못함이라
36 그가 홀연히 와서 너희가 자는 것을 보지 않도록 하라
37 깨어 있으라 내가 너희에게 하는 이 말은 모든 사람에게 하는 말이니라 하시니라"

원 의미

성전에서 예수가 대적자들과 충돌하면서 긴장이 일어나고 있었으나, 마가복음에 나오는 이 두 번째 긴 강화로 인하여 그런 행동이 멈추어진다. 적대심을 가진 시험하는 자들은 배후로 물러나고, 예수는 성전을 떠나시고 다시는 돌아오지 않으신다. 고난을 당하시던 날 밤에 그는 자기와 제자들을 연결시키면서 제자들의 고난을 예고하신다.[1] 4장에 있는 비유 강화의 주제는 "들음"이었다. 이 감람산 강화에서의 주제는 "깨어라(주의하라)"는 것이다. 예수의 제자들은 깨어있어야 한다. 선택받은 자들을 위협할 악이 오만한 민족주의, 거짓된 종교, 신성 모독적인 상징물들로 가시화될 것이기 때문이다. 그러나 예수는 확신 있게 제자들에게, 궁극적인 승리가 대 환난과 충분한 고난을 당한 다음에 있게 될 것임을 확신시키신다. 택함 받은 사람들이 사탄에게 찢김을 당할 때라도, 하나님이 그들을 거두실 것이다.

예수가 성전의 파괴를 예고하시는 서론(13:1-4) 이후에, 이 강화는 세 부분으로 나뉜다. 거짓 선지자들과 거짓 메시야를 주의하라는 이중적 경고가 첫 번째 단위

1. Francis Watson, "The Social Function of Mark's Secrecy Theme," *JSNT* 24(1985): 61.

를 괄호로 묶고 있다(13:5-23).[2] 예수는 제자들에게 일어날 일들에 대한 세 가지 시간적인 푯말을 제공해 주신다. "난리와 난리의 소문을 들을 때에"(13:7), "사람들이 너희를 끌어다가 넘겨 줄 때에"(13:11), "멸망의 가증한 것이 서지 못할 곳에 선 것을 보거든"(13:14). 두려워하지 말라는 명령이 앞의 두 경고와 함께 등장한다(13:7, 11). 세 번째 푯말은 그들이 유대로부터 도망할 시기를 표시해준다(13:14). 그러나 이 표시는 끝의 전조는 아니다. 제자들은 거짓된 소망에 휩쓸려서도 안 되고, 거짓된 두려움에 사로잡혀서도 안 된다. 이 첫 번째 단위는 교차구조로 되어 있다.

A. 속이는 자들(13:5-6, "주의하라")
　B. 국제적 전쟁들(13:7-8, "너희가 듣거든")
　　C. 기독교인에 대한 박해(13:9-13, "주의하라")
　B′. 유대에서의 전쟁(13:14-20, "너희가 보거든")
A′. 속이는 자들(13:21-23, "주의하라")[3]

두 번째 단위는 인자의 오심을 다루고 있다(13:24-27). 그 오심은 틀림없을 것이지만, 그전에 그 오심을 준비하게 하는 전조가 있을 것이다. 우주적인 대격변이 일어날 것이다(13:24-25). "그때에" 그들이 오시는 그분을 볼 것이다(13:26). 그리고 그분이 택한 자들을 모으기 위하여 천사들을 보내실 것이다(13:27).

세 번째 단위는 싹이 트기 시작한 무화과나무의 비유(13:28-29)와 깨어있어야 할 문지기들에 대한 비유로 결론짓고 있다(13:33-37). 이 비유들은 아무도 아들까지도 그 시기를 알지 못한다는 예수의 엄숙한 선언을 둘러싸고 있다(13:30-32).

서론(13:1-4)

예수가 성전을 떠나실 때 제자들이 성전의 거대함에 위압을 당했다. 재건축된

2. "보라"는 명령('블레페테'는 13:5에서 "주의하라"로 번역되고 13:23에서 "너희는 삼가라"로 번역된다)과 속임을 당함에 대한 경고('플라나오', '아포플라나오')가 이 단위의 처음과 끝부분에 나타난다(13:5-6과 13:22-23).

3. 제자들이 다음과 같이 질문을 함으로써 이 강화가 시작된다. "우리에게 이르소서 어느 때에 이런 일이 있겠사오며…"(13:4a). 그리고 예수는 이 단위의 끝에서 다음과 같이 응답하신다. "내가 모든 일을 너희에게 미리 말하였노라"(13:23).

성전의 양식을 보았거나 성전을 묘사하고 있는 성경을 읽어본 사람들은 그 이유를 이해할 수 있다. 오늘날 도시들에서 볼 수 있는 건축물의 경이로움이 우리에게 자부심을 불러일으키는 것처럼, 태양 아래서 빛나는 이 인상적인 건물은 제자들의 경이감을 일깨워주었다. 요세푸스는 그 웅대함을 다음과 같이 기록한바 있다.

> 정면에서 보는 성전의 외양은 사람들의 마음이나 눈을 놀라게 하기에 충분했다. 그것의 모든 지붕은 엄청난 무게의 금판으로 덮여 있었다. 그리하여 태양이 떠오르자 매우 번쩍이는 광채를 반사했고, 그것을 바라보는 사람들은 마치 태양광선 자체를 볼 때에 행동하는 것처럼 눈을 다른 곳으로 돌려야 했다. 그러나 이 성전은 멀리서 있던 나그네들에게는 눈으로 덮인 산처럼 보였다. 빛이 반사되지 않는 부분에서는 그것이 매우 희었기 때문이었다…그 돌들에 대해서 말할 것 같으면, 어떤 것은 길이가 45규빗, 높이가 5규빗, 너비가 6규빗이었다.[4]

성전은 유대인들에게 안정감을 주었다. 그것이 하나님이 임재하셨던 장소였기 때문이다("이는 내가 영원히 쉴 곳이라," 시 132:14). 하나님이 어떻게 이렇게 아름다운 집을 버리시거나 파괴되게 놓아두실 수 있겠는가?

요한을 홀리게 만들었던 창기가 된 큰 성 바벨론처럼(계 17:6), 성전의 경외감을 자아내는 위용이 제자들을 전율케 했다. 그들은 규모, 아름다움, 경제적인 능력에 너무도 매료되었다. 예수는 그들이 경외감을 갖고 놀란 데 대해서 그들을 질책하신다. "네가 이 큰 건물들을 보느냐?" 예수가 그들을 보라고 말씀하실 때, 그는 큰 돌과 건물에 대한 훌륭한 모습 이외의 다른 어떤 것을 의미하신다. "보다"는 지각을 가지고 보는 것을 의미한다. 예수는 그들에게 화려한 종교성 전체를 통찰력 있게 보라고 명하신다. 그들은 아직도 성전의 황량함을 보지 못했다. 그들은 이 성전을 다스리는 자들이 제자들의 선생을 죽이기 위하여 모든 권세를 휘두를 준비를 하고 있고 나중에 이 지도자들이 제자들의 시야를 혼미하게 만들어갈 것임을 알지 못하고 있었다. 그들은 지금의 광채가 미래의 황폐를 위장하고 있다는 사실을 보지 못하고 있다. 조만간 이 거대한 돌들이 잡석 무더기가 될 것이다.

선지자 학개는 성전을 재건축하는 계획에 전환점을 일으키기 위해서 조롱 섞인 부르짖음을 읊고 있다 "너희는 오늘부터 이전 곧 여호와의 전에 돌이 돌 위에 놓이

4. *J. W.* 5.5.6 § 5.

지 아니하였던 때를 기억하라"(학 2:15). 그는 말한다. 만일 이 성전을 건축한다면, 하나님이 오셔서 백성들을 축복하실 것이다.[5] 예수는 정 반대 의견을 제기하신다. 하나님은 이 성전을 더 이상 축복하지 않으시고, 돌 위에 돌이 남아있지 않도록 무너뜨리실 것이다. 성전에서 하신 예수의 행동에 암시되어 있는 내용이 이제 분명해졌다. 그는 공개적으로 성전의 철저한 파괴를 예언하신다.[6] 성전은 구질서에 속해있고, 건축자들은 하나님의 새로운 성전에 중심이 될 그 돌을 거절할 것이다. 이 성전은 쓸모없이 되었고, 하나님은 그것을 완전히 파괴되도록 만드실 것이다.

예수는 성전을 떠나 감람산으로 가셔서, 거기서 위엄 있게 앉으신다(4:1; 14:62을 보라).[7] 그가 이전에 자신의 죽음과 부활을 예고하셨을 때, 제자들은 전혀 그 일이 언제 일어날 지를 묻지 않았다. 그러나 성전 파괴에 대한 말은 그들의 머릿속에 경고신호를 보낸다. 그들은 분명히 성전의 파괴를 세상 끝과 연결시켰다. 그들은 아직도 성전을 자기들의 좁은 우주의 중심으로 보고 있기 때문이다. 베드로, 요한, 야고보, 그리고 이제는 안드레가 정확하게 언제 이런 일이 일어날 것인지, 그리고 대재앙을 대비하고 그 공포를 피할 수 있도록 '그' 징조가 무엇인지를 알기 원한다(참조. 단 12:6-7; 4 Ezra 6:7).

예수는 아무런 징조도 제공하지 않으시고(8:11-12을 보라), 다만 혼란한 징조들, 어떤 것은 참되고 어떤 것은 거짓된, 그러나 아무것도 종말의 시기를 예견하기에는 유용하지 않은 징조들을 주신다. 종말에 대한 참된 징조들은 너무나 신속하게 오므로 그것들은 전혀 경고가 되지 못할 것이다(13:24-27). 그러므로 예수는 제자들이 원하는 뚜렷한 정보를 주지 않으신다. 다만 '그들이 필요한 것'을 주신다. 박해를 당해서도 낙심하지 말고, 전쟁에 의해 당황하지 않으며, 나타난 외양에 의하여 우둔해지거나 불확실하고 견디기 어려운 시기에 거짓 선지자들로 말미암아 배교의 길로 접어들지 않도록 하기 위하여 시기의 징조를 분간하는 방법을 가르쳐 주신다. 그들은 자기들의 작은 세계와 관계되어 있는 내용과 세계의 종말과 관계되어 있는 내용을 분별하는 통찰력이 필요하다.

---

5. Lane, *Mark*, 452이 이같이 설명했음.
6. 시 74:3-7; 렘 7:14; 26:6-9; 미 3:9-12과 비교하라.
7. 감람산은 야훼의 영광이 부패한 예루살렘으로부터 떠나가신 곳이다. "여호와의 영광이 성읍 가운데에서부터 올라가 성읍 동쪽 산에 머무르고"(겔 11:23).

성전 파괴에 관한 경고(13:5-23)

성전 파괴를 예고하신 후에, 예수는 이제 제자들에게 그 파괴로 이끌어 가는 장차 일어날 일에 관한 실마리를 제공하신다. 중심 주제는 제자들이 사건들이나 거짓 선지자들에 의하여 속지 않아야 한다는 것이다. 이러한 일들은 끝이 오기 이전에 일어나야 하지만, 그것들이 끝을 예고하지 않는다. 제자들은 마지막 시기에 열광하여 잘못되는 것을 막기 위하여 예수의 경고를 유념해야 한다. 끔찍한 사건들이 일어날 것이지만, 그것들은 다만 성전을 떠나 도시에서 도망해야 하는 것을 의미할 뿐이다. 이 사건들이 지나친 공포나 히스테리를 불러일으키거나, 소명을 회피하는 일이 없게 해야 한다.

거짓된 소망을 주는 속이는 자들에 관한 경고(13:5-6). 예수는 제자들에게 징조들을 주기보다 징조가 아닌 것들을 말씀하신다. 그는 "주의해야" 한다고 경고하시지만, 이 명령은 단순히 "경계하다"를 의미하지 않는다. 마가복음에서 '블레포' 라는 단어는 물리적 의미에 관한 관찰을 넘어서 "실체에 관한 식별"에 사용된다.[8] 거짓 선지자들이 와서 거짓된 소망을 불어넣을 것이다(렘 14:14-16; 23:21-25; 29:8-9을 보라). 제자들은 속이는 자들을 대항하기 위하여 그리고 박해라는 풍랑을 뚫고 나가기 위하여, 비상한 영적 통찰력이 필요하다. 그들은 위기 중에 잘못된 길로 빠지고 혼란의 부르짖음 속에서 길을 잃지 않도록 지혜를 간직해야 한다.

와서 "내가 그 사람이다"라고 주장하는 속이는 자들은 기독교 그룹에서 환영받을 수 없고, 그들은 예수의 대리자로 온 것이 아니다. 그들은 그 이름을 찬탈하여 당연히 예수에게만 있는 신적 권위를 자기에게 있다고 주장한다. 이 메시야라고 자처하는 사람들은 극적인 행위와 대담한 선포를 통하여 쉽게 자기를 따르는 자들을 속인다. 인간들은 하나님 편을 택하거나 아니면 대항하는 편을 택할 자유가 있으나, 자기 자신을 하나님의 권위에 귀속시키고 하나님이 위탁하신 기관과 연관을 짓는 사람들이 그 선택을 훨씬 더 어렵게 만들 것이다. 아이러니하게도 예수는 "내가 그니라"(14:62)고 선언하시지만 믿지 않는다. 메시야로 자처하는 사기꾼들은 "내가 그니라"고 말하고 많은 사람들이 그들의 발 앞에 무릎을 꿇는다.[9] 사기꾼들, 메시야인척 하는 사람들, 영광을 추구하는 자들이 끊임없이 나타날 것이기 때문에,

8. Geddert, *Watchwords*, 60, 146.

9. Hooker, *Mark*, 306.

그들의 출현이 종말의 표시가 되지는 못한다.[10] 제자들은 이러한 사기꾼들을 판단하고, 흥분한 군중의 미혹에 사로잡히지 않도록 단단히 무장해야 한다.

거짓된 두려움을 심어주는 전쟁과 지진에 대한 경고(13:7–8). 또 예수는 국제적인 동요와 자연재해에 관해서 경고하신다. 이것들 역시 과도한 불안감을 조성하지 않을 것이다. 그것들은 종말의 징조나 종말이 가까웠다는 징조도 아니다. 어떤 사람은 세상의 종말이 대대적인 학살 다음에 올 것이라고 생각했고, 많은 사람들은 전쟁의 위협이 있을 때 마지막 전쟁이 시작되었다고 공포에 떨었다. 예수의 경고는 현재 일어나는 사건들과 재난들을 종말을 알리는 것으로 파악하려는 경향을 수정하려는 것이다. 사람이 역사의 한 가운데 있을 때, 하나님의 저울에서 중요한 사건들이 무엇인지를 자칫 잘못 파악할 수 있다. 지진, 전쟁, 기근은 언제나 어디에서든 일어난다. 전쟁이 "있어야 하되"(13:7)라고 말씀하심으로써, 예수는 이러한 폭력이 하나님의 주권밖에 있는 것이 아니라고 제자들에게 확신을 심어주고 있다. 그러나 전쟁은 하나님 나라를 가져오는 것이 아니라 죽음을 가져온다. 그것들은 다름 아닌 인간의 죄악을 상징한다.[11]

예수는 이러한 일들을 "재난의 시작", 고통의 때 라고 밝히신다.[12] 세계가 그들 주변에서 붕괴될 때, 그리스도인들은 지금의 재난으로부터 구원을 얻기 위하여 안달하여 외칠 수 있다. 그러나 그들은 앞으로 나아갈 기나긴 여정을 대비해야 한다. 고난은 시작일 뿐이다. 그 수고가 얼마나 오래 걸릴지 모르고, 다만 그것이 어려운 해산일 것이라는 사실만 안다. 예수가 "재난의 시작"(직역하면 "해산의 고통의 시작")이라고 부르는 것이 그를 둘러쌀 것이며, 그 시기가 끝나는 것이 얼마나 길든 짧든 간에 예수의 제자들은 복음을 증거하고 박해를 받으며 미혹의 위기를 견디는 일이 전 기간 동안 이어질 것이다.[13] 어쨌든 해산 직전에 고통이 더욱 심해지는 역사의 산고 과정과 비교함으로써 예수는 그 고통이 소망이 없는 것이 아니라는 사

---

10. 요세푸스는 그가 주장하는 한 그룹이 난폭한 혁명가들보다 더 나쁘다고 혹평한다. "협잡꾼과 사기꾼들은 영감을 받았다고 주장하면서, 마치 귀신들린 것처럼 행동하도록 군중을 선동하고 하나님이 다가올 자유의 표시들을 자기들에게 주었다는 구실로 군중을 야만스러운 나라로 이끌어감으로써 혁명적인 변화를 이루려고 음모를 꾸몄다"(*J. W.* 2.13.4 §§ 258-60).
11. 세네카는 다음과 같이 기록했다. "존재하는 만물 중에 가장 상냥한 계층인 인간은 다른 말 못하는 짐승들과 맹수들이 다른 존재들과 평화로이 지낼 때도 다른 사람들의 피를 흘리면서 만족해하고, 전쟁을 수행하고, 자기 아들들에게 전쟁을 하라고 위탁하기를 부끄러워하지 않는다"(*Epistles to Lucilium*, 95.30-31).
12. 이 재난의 표상에 관해서는 사 26:17; 66:8-9; 렘 22:23; 호 13:13; 미 4:9-10을 보라.
13. Gundry, *Mark*, 739.

실을 전해 주신다. 종말은 분명히 있으며,[14] 고통은 선택된 자들을 하나님이 구원하시는 것으로 귀결될 것이다.

결심을 깨뜨릴 수 있는 박해에 관한 경고(13:9–13). "너희는 스스로 조심하라"(13:9)로 번역된 경고는 직역하면 "제 자신을 살펴라"다. 제자들은 "해산의 고통"이 있는 동안에 그들에게 일어날 일의 개인적인 의미를 유념해야 하며, 모든 관심을 우주적인 징조나 국제적인 전쟁에 고정시켜서는 안 된다. 제자들이 놀라지 않고 이 고통이 엄습할 때 적절하게 대응할 수 있도록 예수는 이러한 경고를 주신다.[15] 그들은 그리스도인으로서 박해를 받는 것이 무엇을 의미하는지를 파악해야 한다. 이 박해들은 앞의 재앙들과 다른 순서로 되어 있다. 13:5-8에 묘사된 재난들은 군대가 가는 길이나 지질학적 단층에 위치한 모든 사람에게 덮친다. 그러나 13:9-13에 묘사된 박해는 특별히 기독교인이라고 표적이 된다. 신실하게 주님을 따르기 때문에, 그들은 박해를 받는 것으로 선별된다(4:17을 보라).

복음을 신실하게 전파하기 때문에, 고통과 미움을 받는 일이 그리스도를 따르는 자들에게 닥친다. 그것들은 종말의 표시가 아니다. 기독교인들은 "공회"(직역하면, "산헤드린")에 넘겨지고, 회당에서 채찍질을 당하며, 왕들과 통치자들 앞에 끌려갈 것이다. 그들은 모든 사람에게 미움을 받을 것이다(13:13). 로마를 화재로 황폐케 한 죄책을 네로가 어떻게 그리스도인들에게로 덮어씌우려고 했는지에 관한 타키투스의 기록은 그리스도인들을 "혐오스러워서…민중들에게 미움을 받는 계층"으로 묘사한다.[16] "혐오"는 예수에게 헌신하는 자들에게 붙여진 이름이었다. 적대관계가 너무도 극심하여 가족들이 같은 식구들까지도 넘겨줄 것이다. 그들이 열렬하게 복음을 싫어하거나 필사적으로 박해를 피하기 위해서다.

이러한 일들이 일어날 때, 영특한 제자들은 주님이 예언하셨던 바로 그 일을 당하고 있음을 깨달을 것이다. 그들은 예수가 당하신 일을 당할 것이다. 예수는 제자에 의하여 배반을 당하셨고(14:43-45), 산헤드린 공회에 넘겨졌고(14:55), 통치자 앞에 끌려갔으며(15:1-5), 거짓 증인들의 희생자가 되었으며(14:59), 잔인하게 조

14. 4Ezra 4.40-43을 보라: "임신한 여인에게 가서 그녀의 임신한 이후 아홉 달이 찼을 때 그녀의 자궁이 태아를 더 이상 간직할 수 있는지 여부를 물어보라…아니요, 주님, 할 수 없습니다."

15. Morna Hooker, "Trial and Tribulation in Mark XIII," *BJRL* 65(1982): 86. Beasley-Murray(*Jesus and the Last Days*, 404)는 다음과 같이 해석한다. "마가는 비현실적인 동료 기독교인들로 하여금 파루시아의 암시를 보기 위하여 하늘을 바라보는 일을 그만 두라고 요청하고, 복음에 적대감을 가지고 있는 세상에서 더욱 그리스도를 증거하라고 요청한다."

16. Tacitus, *Annals* 15.44.2, 4.

롱을 당했으며(14:64-65; 15:11-14, 19-20, 29-32), 죽임을 당했다. 그는 제자들이 시련과 고난 속에서도 복음을 전파할 때 그들의 고난을 통하여 하나님의 나라가 묵묵히 진전되어 나간다는 사실을 이해하기를 바라신다.[17] 예수가 전달하고 있는 중심 되는 문제는 이제 제자들이 어떻게 외부적인 사건을 통하여 종말의 시기를 파악할 수 있는가가 아니라, 그들이 넘겨질 때 어떻게 할지를 배우는 것이다. 박해 아래서 시들어 죽어버릴 것인가? 유혹에 굴복하고 세상에서 생명을 구하기 위하여 그리스도를 단념할 것인가? 예수는 그들에게 확신을 심어주고 있다. 그들은 어떤 말을 할 것인지 걱정할 필요가 없다. 그들은 웅변적인 설득의 기술을 교육받지 않았지만, 하나님의 도움을 받을 것이다(출 4:10-12을 보라). 이 확신은 그들이 피고로서 권력자들의 법정의 능력 있는 자 앞에 설 때, 진리를 비난하는 자들에게 확신을 심어주기 위하여 어떤 말을 할 것인지만 오직 걱정할 필요가 있다는 사실을 나타낸다. 그들은 그들의 무고함을 입증하고 재판에서 빠져나가는 일을 걱정하지 않아야할 것이다. 예수는 하나님이 그들을 건져내신다고 약속하지 않으신다. 그는 복음을 전파하기 위한 하나님의 도움만을 약속하신다. 이 건져내심은 죽음 후에 그리고 마지막 날에 그분이 영광 중에 오실 때에 있게 될 것이다.

이 전쟁, 기근, 잔학한 행위, 지진, 박해, 변절이라는 냉혹한 전망 가운데서 오는 밝은 빛은 복음의 말씀을 모든 사람들에게 전파하시려는 하나님의 뜻이다(13:10). 먼저 복음이 온 세상에 전파되는 것이 필요하다. 톨버트(Tolbert)는 이 진술을 "복음을 온 열국에 전파하자마자, 그 나라가 임할 것이며 모든 고통은 끝날 것이다"를 의미하는 것으로 해석한다. 말씀전파는 "지금의 악, 압제, 고통으로 가득한 실존의 소멸을 촉진시킬 수 있는 인간의 행동이다."[18] 이러한 추론은 잘못된 것이다. 종말의 시기는 우리의 전파를 포함하는 인간의 어떤 행위에 달려있는 것이 아니라 전적으로 하나님에게 달려있다.

사실상 종말을 재촉하기 위하여 인간이 할 수 있는 것은 아무것도 없다. 예수는 세계복음화의 긴급성만을 강조하시며, 그것이 박해라는 구름 아래서 일어남을 경고하신다. 그는 제자들에게 미움과 박해가 저들의 복음증거를 잠잠케 하지 못할 것임을 확증하신다. 복음이 전 세계에 전파될 것이라는 이러한 예언은 독자들에게 부활 이전에 제자들의 소심함이 어느 정도 담대함으로 바뀔 것이라는 사실을 확증

17. Geddert, *Watchwords*, 217.
18. Tolbert, *Sowing*, 265.

해 준다. 빈 무덤은 복음의 끝이 아니라 시작일 뿐이라는 사실을 분명히 밝혀준다(1:1).

유대에서 있을 전쟁에 관한 경고(13:14-20). 이 구절들에 들어있는 경고는 특별히 예수의 제자들의 첫 번째 세대와 두 번째 세대에 적용된다. 전쟁의 결과가 성전파괴로 나타나기에 이들은 유대에서 일어날 그 전쟁을 보게 될 것이다. 유대에 살고 있지 않은 사람들에게 유대에서 피하라는 명령은 어떤 의미가 있는가? 다시 말해서, 예수는 전 세계에 영향을 미칠 마지막 때에 대해서 말하고 있지 않고 유대에 대해서만 지금 이 본문에서 말씀하고 있다. 만일 그때가 세상의 종말이라면 누가 자기의 외투나 값나가는 것을 가지러갈 걱정을 하겠는가? 그것이 겨울이든 아니든 아이를 뱄든 아니든 무슨 차이가 있겠는가? 만일 침입해 들어오는 군대의 야만성을 모면하려고 있다면, 여행이 어렵거나 불가능할 때 도망하는 사람들의 어려운 입장은 공감할 수 있다.

도망하라는 신호는 그들이 "멸망의 가증한 것"(13:14)을 볼 때 온다. 이것은 하나님이 몹시 싫어하고, 배격하시며, 인류에게 공포감과 멸망을 가져다주는 것을 가리킨다.[19] 이 단어는 다니엘서 11:31의 "군대는 그의 편에 서서 성소 곧 견고한 곳을 더럽히며 매일 드리는 제사를 폐하며 멸망하게 하는 가증한 것을 세울 것이며"에서 유래한 단어다(참조. 단 8:13; 9:27; 12:11; 또한 렘 7:30-34). 주전 168년에 이스라엘은 이미 마카베오서의 저자(1Macc. 1:54-56)가 안티오커스 에피파네스의 폭정 아래서 멸망의 가증한 것으로 말하고 있는 일을 경험했다.

> 백 사십 오년 기슬레우월 십오일에 안티오쿠스 왕은 번제 제단 위에 가증스러운 파멸의 우상을 세웠다. 또한 유다의 근방 여러 도시에 이교제단을 세우고, 집 대문 앞에나 거리에서 향을 피웠다. 율법서는 발견되는 대로 찢어 불살라 버렸다.

예수가 특별히 유대를 언급하고 있고 대적들이 성소를 더럽힌 일을 언급하고 있는 다니엘서의 한 문구를 사용하고 있으므로, 그는 성전에서 있었던 어떤 혐오스러운 사건을 묘사하고 계신다. 그러므로 그것은 성전이 여전히 세워져 있었던 시기에 적용된다.

중성명사("멸망케 하는 가증한 것")를 수식하고 있는 남성분사("서 있는")는 어

---

19. Beasley-Murray, *Jesus and the Last Days*, 411, 416.

떤 우상이 되는 물건이 아닌 한 인간을 언급하고 있음을 암시한다(살후 2:3-4, "저 불법의 사람…하나님의 성전에 앉아 자기를"). 이러한 문법적 파격은 "읽는 자는 깨달을진저"[=독자들로 하여금 이해하게 하라]"라는 권고를 설명해줄 수도 있다. 현대 기독교인들은 개인이 독자적으로 성경을 가지고 있고 따로 연구할 수 있으며, 우리는 이러한 별도의 충고가 개인 독자로 하여금 암시를 얻을 수 있도록 마가복음서를 숙고할 것을 조언하고 있다고 자연스럽게 추정하게 된다(단 12:9-10을 보라).

그러나 무엇에 관한 암시인가? 요한이 요한계시록 13:11-18에서 두 번째 짐승을 밝혀내기 위하여 도움을 주고 있는 설명 문구와는 대조적으로 마가는 독자가 이해하기 위하여 상정할 수 있는 내용에 관해서는 아무런 실마리를 제공하지 않는다. 우리가 성경읽기를 대부분 개별적으로 하고 있다고 간주하기 때문에, 대부분의 현대독자들은 마가가 복음서를 회중에게 공개적으로 읽어주는 사람을 위하여 이러한 설명을 별도로 포함시켰을 가능성을 생각하지 않을 것이다(계 1:3을 보라). 성경을 독자적으로 갖는 사본은 드물고, 이 기록은 헬라어로 읽는 사람으로 하여금 어떤 잘못된 문법적 감각에서 남성분사를 중성명사로 수정하지 않도록 지시하고 있을 가능성이 더 크다. 마가는 그것을 의도적으로 그렇게 기록했다. 남성분사는 "가증한 것"을 한 사람을 가리키도록 만든다.[20] 베스트(Best)는 이것을 이상하게 보이거나 철자가 잘못된 것으로 보이는 단어 뒤에 기록하는 현대의 sic과 같은 것으로 본다. "그러나 너희가 그것을 볼 때, 그[sic]가 있지 않아야 할 곳에 서 있는 멸망의 가증한 것…."[21]

성전의 이 끔직한 흉악스러움은 로마에 대항한 전쟁 이전, 대 붕괴 시, 혹은 패배와 성전의 파괴 이후에 일어나는 어떤 것을 가리킬 수 있다. 전쟁 전에 일어났던 일의 주요한 후보자는 주후 40년에 성전에 자신의 동상을 세우라는 황제 가이우스 칼리굴라(Gaius Caligula)의 명령이다.[22] 이러한 입장이 가지고 있는 문제는 그의 명령이 일시적으로만 위기의식을 조장했고, 그것이 시행된 적은 없었다는 사실이다. 이러한 명령이 유대인들에 의한 폭동을 촉진시킬 것을 알고서, 수리아 지방총독 페트로니우스(Petronius)는 할 수 있는 한 그 명령을 지연시켰다. 황제는 그의

20. Ernst Best, "The Gospel of Mark. Who Is the Reader?" *Irish Biblical Studies* 11(1989): 124-32.
21. Ibid., 129.
22. Josephus, *J. W.* 2.10.1 §§ 184-203; *Ant* 18.8.2-9 §§ 257-309; Philo, *Embassy to Gaius*, Tacitus, *Histories*, 5. 9을 보라.

사령관을 징벌하기 이전에 암살당했다.

만일 이것이 전쟁 동안에 있었던 어떤 것을 가리킨다면, 전쟁의 마지막 몇 년 동안에 성전 경내를 점령하고 있었던 열심당원들의 가증스러운 범죄 행위들이 첫 번째 후보자가 될 것이다.[23] 요세푸스는 다음과 같이 기록한다.

> 소동이 있고 모국인들이 하나님의 성스러운 경내를 먼저 더럽혔을 때, 전쟁의 승자는 그 도성을 함락하고 성소를 불태워 소실할 것이라는 고대의 영감 받은 사람들의 말씀이 있었다. 열심당원들은 이 말씀을 불신하지 않았으면서도, 그들이 그것을 실현시키는 도구로 이용되었다.[24]

또한 예수는 성전 파괴 이후에 발생했던 어떤 것을 가리켜 말씀하셨을 수 있다. 요세푸스는 예루살렘이 함락된 후에 로마 군사들이 성전 안에 자기들의 군기를 세우고 그것에 희생제사를 드렸다고 기록한다. 이 입장이 가지고 있는 문제는 이 일이 일어났을 때, 그 성읍을 도피해 나가는 것은 이미 너무 늦었다는 사실이다.[25]

이 암시는 복음서의 원 청중은 이해했다는 내적인 정보가 있을 수 있지만, 우리는 추측으로만 상상할 수 있다. 필자는 그것이 예루살렘을 떠나야한다는 느낌을 갖게 해준, 로마에 대한 전쟁과 관련한 어떤 특별한 1세기 현상을 가리킨다는 견해를 갖는다. 이 세상의 종말에 어떤 산에 있는 요새로 피신한다는 것은 쓸모가 없다. 가증한 것이 무엇이든, 마가는 그것을 다니엘의 예언의 성취로 그리고 출산의 고통의 시작의 한 징조로 청중들이 이해하기를 의도했다.

예수는 여기서 성전의 더럽힘에 대해서 탄식하지 않고, 다만 대격변에 사로잡힌 사람들에 대해서 동정심을 표현하고 있다. 유대인의 전쟁 동안에 많은 사람들이 도피하기 위하여 성전의 요새로 도망했다(참조. 렘 4:6). 예수는 성전에서 도망하라고 권하신다(참조. 렘 6:1; 계 18:4). 예루살렘은 도움을 주는 요새가 되지 못하고, 오직 죽음과 하나님의 심판만을 당할 용의 소굴이 될 것이다. 성전에 대한 잘못된 충성으로 인하여 또한 그곳이 하나님의 보호를 제공할 것이라는 잘못된 신앙으로 인하여 그 근처에 머무는 것은 재앙을 자초하는 것이다.

이 사건이 일어날 때, 값비싼 소유물이나 외투와 같은 필수품들을 찾아 가지고

---

23. Josephus, *J. W.* 4.3.6-10 §§ 147-92; 4.5.4. §§ 334-44.
24. Ibid., *J. W.* 4.6.3 § 388.
25. Ibid., 6.6.1 § 316.

나올 시간적 여유가 없다. 어린아이들을 돌봐야 하기 때문에 도망치는 일에 꾸물거리는 사람들은 특별히 위험한 일을 당하기 쉽다. 만일 그 일이 추운 겨울에 일어난다면, 식량 없이 넘쳐흐르는 강과 위험한 산을 지나서 피하는 것은 힘든 일이다. 요세푸스는 여리고에서 도피처를 찾고 있었던 가다라인(Gadarene) 난민들이 물이 불은 요단강을 건널 수 없게 되자 로마인들에게 살육을 당했다고 기록하고 있다.[26] 마른 땅으로 건널 수 있도록 제사장들의 발바닥이 물에 닿았을 때 요단강이 흐르는 것을 멈추었던 여호수아 때와는 달리 강들이 그들을 위하여 갈라지지 않을 것이다.

게덜트(Geddert)는 이 긴급한 순간에 제자들의 개인적인 안전을 생각하는 예수의 관심이 그들의 도피를 촉진하는 동기가 아니라고 설득력 있게 주장한다. 만일 그랬다면, 그는 고난의 첫 번째 징조 때에 마을을 급히 떠나도록 그들에게 경고했을 것이다. 선택을 받은 자는 도망을 통해서가 아니라 하나님의 개입을 통하여 보호를 받을 뿐이다(13:20). 아마도, 그들은 복음을 전파하기 위하여 가능한 한 오래 머무를 것이다. 그들이 그 성읍을 떠나가는 것은 그들이 성전을 섬기는 유대교에 충성할 의무가 없고 그곳을 안전의 근거지로 생각하지 않는다는 사실을 입증한다. 비슬리-머리(Beasley-Murray)는 복음을 위해서 순교하는 것과 성전을 위하여 죽임을 당하는 것은 다른 문제라고 언급한다.[27]

하나님이 성전이 더럽혀지고 파괴되도록 허락하실 것이므로, 성전은 더 이상 하나님의 영속적인 은총과 보호를 상징하지 않는다. 성전과 그 소중히 여김 받은 유산에 대한 경외심이나 성소가 하나님의 축복을 여전히 보장해준다는 신앙은 잃어버린 근거지에 대한 순진한 헌신에 지나지 않는다. 로마 역사가 디오(Dio)는 그것을 잘못된 충성이라고 기술한다. 그는 유대인들이 모든 것을 잃어버린 그 전쟁의 막판까지 저항한 것을 몹시 놀라워했다.

> 유대인들은 마치 자기들보다 수가 우세한 원수에 대항하여 싸우면서 죽어 가는 것이 예기치 않은 행운이기나 한 것처럼 어느 때보다 더 열성을 가지고 [Titus, 디도 장군]에게 저항했다. 그들은 성전의 일부가 불탈 때까지 굴복하지 않았다. 그때에 어떤 사람들은 자원하여 로마사람들의 칼에 달려들어 찔림을 당했고, 다른 사람들은 서로를 죽여

26. Ibid., 4.7.5 §§ 433-36.
27. Beasley-Murray, *Jesus and the Last Days*, 14, 74.

> 주었으며, 또 다른 사람들은 불길 속으로 뛰어들었다. 그들은 모두 성전과 함께 멸망하는 것이 재앙이 아니라 승리요 구원이요 행복이라고 끝까지 믿었다.[28]

성전을 숭배하는 것은 예수에 대한 신뢰와 그의 명령을 거부하는 것을 의미한다. 제자들은 멸망을 당하게 될 국가와 성전의 운명에 자신을 내맡겨서는 안 되었다.[29] 게덜트는 결론짓는다.

> 제자들은, 대적들이 행할 일을 두려워해서가 아니라, 하나님의 심판에 모든 것이 떨어지도록 운명지어졌을 때, 그들이 그곳에 있지 않기를 하나님이 바라시기 때문에 피해야 한다. 심판이 떨어질 때, 자신들의 의지와 힘, 자신들의 지도자와 자기들의 선택 또는 성전을 의지하는 모든 사람들은 그들이 주장하는 종교체계와 함께 심판을 받을 것이다. 예수와 함께 하는 사람은 모두 운명지어진 성전과 성읍으로부터 떠날 것이다.[30]

하나님이 그들 편에 계시지 않으면, 성벽, 요새 그리고 무기들이 쓸모없다(렘 38:2). 예수는 하나님이 이러한 전쟁 가운데서 그들 편에 있지 않을 것이라는 사실을 분명히 말씀하신다. 나가라![31]

예수는 또한 이러한 싸움이 유래 없는 고통으로 귀결될 것임을 경고하신다(막 13:19; 출 9:18; 단 12:1; 욜 2:2을 보라). 요세푸스는 로마가 예루살렘을 포위하고 있는 동안에, 기근, 인육을 먹음, 그리고 무차별 살육이라는 끔찍한 기사를 기록하고 있다. 그러나 예수의 경고는 위로의 원인으로 역할을 한다. 이 극심한 고통도 그날들을 감하실 수 있는 하나님의 지배와 뜻 안에 들어있다고 예수가 확신을 주시기 때문이다(삼하 24:16; 사 45:8을 보라). "모든 육체가 구원을 얻지 못할 것이

---

28. Dio, *History*, 66.6.2-3. 슬프게도 유대 백성들은 성전을 중심으로 한 자기들의 민족주의적 희망에 대한 동일한 극단적 애착을 가지고 66-70(74), 115-17, 132-5년에 로마에 대항하여 세 번의 전쟁을 치렀는데, 그 결과로 모든 유대인들이 예루살렘으로부터 완전히 추방당했다.

29. Geddert, *Watchwords*, 218.

30. Ibd., 219.

31. 유세비우스(Eusebius, *Ecclesiastical History* 3.5.3)는 전쟁 전 기독교인들의 도피를 기록하고 있다.

> 예루살렘 교회 성도들은 경건한 사람들에게 계시를 통하여 주신 신탁 가운데서 명령을 받아 그 성읍으로부터 떠나서 펠라(Pella)라고 불리는 베레아(Perea)란 성읍에 거주했다. 그리스도를 믿었던 사람들은 예루살렘으로부터 이곳으로 이주하여 왔다. 일단 경건한 사람들이 유대인들과 모든 유대로부터 완전히 떠나갔을 때 드디어 하나님의 공의가 그들을 덮쳤다. 그들이 그리스도와 그의 사도들에 대항하는 죄를 범했기 때문이었다. 하나님의 공의가 사람들 사이에서 이 불경건한 세대를 완전히 진멸했다.

거늘"(13:20)이라는 문구는 "아무도 생존하지 못할 것이다"를 의미한다(4Ezra 6:35; 7:27).[32] 따라서 그날들을 감하시는 것은 이스라엘 백성들에 대한 하나님의 자비에 대한 언급이라고 비슬리-머레이(Beasley-Murray)는 해석한다.[33]

속이는 자들에 관한 경고(13:21-23). 유대에서 있을 전쟁에 관한 단락은 이 단락이 시작되었을 때처럼 속이는 자들에 관한 경고로 마친다. 거짓 선지자들이 일어나서 이기적인 목적으로 대재앙을 이용할 것이고, 백성들에게 비참함을 더해줄 것이다. 속이는 자들과 속임을 당하는 자들이 모두 멸망할 것이다. 요세푸스는 바로 그러한 협잡꾼들에게 현혹되어 많은 사람들이 죽음을 당했다고 기록하고 있다.

> 그들은 거짓 선지자 때문에 멸망당했다. 거짓 선지자는 당시에 그 성에서 하나님이 그들에게 성전 경내로 들어가서 그들을 구원하시는 징표를 받으라고 명령하셨다고 선포했다. 실제로 수많은 선지자들이 이 당시에 백성들의 탈출을 저지하고 두려움과 경계를 초월하여 희망을 통해 용기를 얻을 수 있도록 그들에게 하나님으로부터 도움을 기다리라고 명령하였다. 선지자들이 백성들을 현혹하라고 폭군들로부터 매수를 당했기 때문이다. 역경 중에 사람들은 재빨리 설득을 당한다. 하지만 속이는 자들이 팽배해 있는 공포로부터의 탈출을 설명하고 있을 때, 고통을 받는 자들은 완전히 기대감만을 가지고 버림당한다.[34]

"이적과 기사"는 거짓선지자들과 결합되어 있는 일들이다. 표적과 징조들이 얼마나 강력하든 그리고 그들의 해석이 얼마나 설득력이 있든, 제자들은 그들의 유혹에 저항하기 위하여 방심하지 않아야 한다. 제자들은 거짓된 희망에 호소하고, 자기 자신들을 높이며, 자기들의 영향력을 확대시키는 종교지도자들을 경계해야 한다. 제자들은 하나님이 덧없는 희망, 공상, 오류를 바라보게 하는 그러한 것들을 자신들에게 주실 것을 사모해서는 안 된다. 예수는 하나님의 메시야가 이미 오셨고, 지금은 이 땅이 아닌 하늘에 계시다는 확신을 굳게 붙잡으라고 격려하신다. 그는 성전을 이러한 멸망으로부터 구출하기 위하여 오지 않으실 것이다.

---

32. Hooker, *Mark*, 316.
33. Beasley-Murray, *Jesus and the Last Days*, 420.
34. Joephus, *J. W.* 6.5.1 §§ 285-86.

인자의 오심(13:24-27)

예수의 오심에 대한 소망은 그리스도인들로 하여금 어떠한 고난도 참게 만들어 주지만, 예수는 성전이 멸망한 다음에 오게 될 종말이 얼마나 오래 걸릴 것인지에 관한 정확한 예정표를 주지 않으신다. 두 가지는 분명하다. 성전의 멸망이 종말이 오기 이전에 일어나야 하지만, 그것이 종말을 나타내지 않는다. 예수는 이 두 사건들 사이에 놓여있는 일에 관해서는 침묵하신다. 그는 단순히 "그날에 고통이 뒤따른다" 고 말씀하신다.

얼마나 오랫동안 그 고통이 뒤따르는가? 게덜트는 예수가 성전의 파괴와 13:24-27에 있는 종말 사이에 시간적 간격이 있다는 사실을 확언하거나 부정하지도 않고 있기 때문에 그는 따르는 자들이 마지막 때의 사건들의 구체적인 연대를 확인하지 않기를 바라셨다고 주장한다.[35] 어느 것이든 가능하다. 모호성은 의도적이며, 예수는 우리가 그것을 파헤치지 않기를 뜻하셨다. 그렇지 않았다면, 그는 보다 구체적인 단서를 제공해 주셨을 것이다. 그는 제자들이 어느 때이든 준비된 사람들이 되기를 기대하시고 있다. 날짜들을 계산하는데 바쁜 것은 하나님이 복음을 전하도록 하기 위하여 교회를 부르신 사명으로부터 엇나가는 쓸데없는 일이다. 하나님은 국제적 위협과 국가의 재난에 대한 학구적인 해독능력을 요구하지 않으시고, 그리스도가 언제 오시든지 이를 대비하는 영적 경계를 요구하신다.

종말이 분명히 올 것이며, 우주적인 소동이 그 사실을 모든 사람에게 알게 할 것이다. 사람들이 여기저기서 찾아보도록 종말이 비밀리에 나타나지 않을 것이다. 파루시아 때에야 인자를 비밀스럽게 숨기고 있는 베일이 모든 사람이 볼 수 있도록 완전히 들추어질 것이다. 그의 도래의 구름이 구름 가운데서 오시는 하나님의 위엄과 능력을 공유하고 계시는 그의 영광을 역시 드러낼 것이다. 어두워지는 태양, 빛을 내지 않는 달, 떨어지는 별, 흔들리는 하늘의 권능들이라는 표상은 모두 구약성경으로부터 나온 것들이다(사 13:10; 욜 2:10; 3:4, 20). 비슬리-머레이는 그것들이 우주의 해체를 묘사하고 있지 않고, "그분이 심판과 구원을 행하시러 세상 속으로 오실 때 만군의 여호와의 저항할 수없는 능력 앞에서 공포와 혼란"을 묘사하고 있을 뿐이다라고 주장한다.[36] "그분이 오시기 '때문에' 창조의 구성요소가

35. Geddert, *Watchwords*, 234-35.

36. Beasley-Murray, *Jesus and the Last Days*, 425.

혼란에 빠지고 두려워하는 것이지, 그분이 하려고 하는 표적(sign)으로서 혼란과 두려움에 빠지는 것이 아니다(예를 들면, 삿 5:4-5; 시 77:14-16; 114:1-8; 암 1:2; 합 3:3-6, 10-11을 보라)." 그 어떤 예비적인 표적도 그의 오심을 경고하지 않는다. 그러므로 이 표상은 "그 사건의 영광"을 강조한다.[37]

예수의 오심은 천사들이 택하신 자를 모으도록 보냄을 받을 때 있을 택하신 자의 구원을 의미한다(신 30:4[LXX]; 사 11:11-12; 43:5-6; 66:8; 렘 23:3; 32:37; 겔 34:12-13; 36:24). 택하신 자는 복음에 신실하게 반응한 사람들이다. 복음은 끝까지 신실하시고 하나님을 통하여 일으키심을 받은 그분과 함께 시작되고, 끝까지 신실한 사람으로 남아있는 많은 택하신 자를 모으는 것으로 끝마쳐질 것이다.

깨어있으라는 마지막 경고(13:28-37)

마지막 경고는 종말의 시기를 아무도 알지 못한다는 예수의 진지한 선언을 둘러싸고 있는 비유의 가려진 형태로 나타난다. 그런데 예수는 첫 번째 비유에서 사람이 어떤 것을 알 수 있다고 결론지으시고는("이와 같이 너희가 이런 일이 일어나는 것을 보거든 인자가 가까이 곧 문 앞에 이른 줄 알라", 13:29), 두 번째 비유에서는 "그러므로 깨어 있으라 집 주인이 언제 올는지 혹 저물 때일는지, 밤중일는지, 닭 울 때일는지, 새벽일는지 너희가 알지 못함이라"(13:35)고 결론지으신다. 필자는 13:29에 있는 "이런 일"을 인자의 오심이 아닌 멸망의 가증한 것을 이끌고 오는 사건들을 가리키는 것으로 생각한다(13:4, 8을 보라). 이것은 13:30에 있는 진술, 즉 "내가 진실로 너희에게 말하노니 이 세대가 지나가기 전에 이 일이 다 일어나리라"(13:23을 보라)를 설명해 준다. 마가복음 전체를 통하여 볼 때, "이 세대"는 예수의 악한 동시대 사람들을 가리킨다(8:12, 38; 9:19). 만일 "이 모든 일"을 인자의 오심을 가리키는 것으로 해석한다면, 예수가 오류를 범했거나 아니면 "이 세대"의 의미를 재정의 해야 한다.[38] 그러나 만일 "이 모든 일"을 성전의 파괴로 이끄는 사

37. Ibid.

38. 조지 비슬리-머레이(George Beasley-Murray, "Jesus' Apocalyptic Discourse," *RevExp* 57[1960]: 160)는 예수의 오해에 대한 가능성 있는 설명을 제공한다. "예언자의 확신의 강도와 확실성이 그들로 하여금 신속한 성취의 표현으로 표현하게 한다…예수에게 임한 종말에 대한 매우 강렬하고 날카로운 환상이 자연적으로 시간에 대해서는 전혀 계산하지 않고 오직 그것만 생각하도록 만들었다. 이는 마치 청명한 대기에서는 산들이 흐린 날씨에서 보는 것보다 훨씬 더 분명하게 보이는 것과 같다." 또 다른 표상은 선지자의 환상이 시간상으로 단축되며 두 개의 차원이 있다는 것을 암시한다. 산꼭대기에서 경치를 바라볼 때 사람은 언제나 하나의 산꼭대기와 다른 산의 꼭대기 사이에 존재하는 상당한 공간을 감지하지 못한다.

건들을 가리키는 것으로 해석한다면, 예수의 예언은 실현되었다. 로마인들이 주후 70년에 예루살렘을 공격했을 때, 예수 당시의 사람들은 피하지 못하고 멸망당했다.

문지기에 관한 두 번째 비유는 인자의 오심에 적용되며, 그 시기를 아무도 알지 못한다는 예수의 선언을 실증해준다. 그러므로 유대에서 일어난 전쟁과 성전의 파괴로 이끄는 징조를 알 수 있지만, 종말이 언제 오는지는 알 수 없다.

무화과로부터 배움(13:28-32). 무화과나무는 팔레스타인에 있는 소수의 낙엽수 가운데 하나다. 예수는 또 다른 교훈에 대해 실례로 들기 위하여 이것을 이용하신다. 그 나무에 잎사귀가 나옴은 여름을 전조한다. 여름은 문자 그대로 여름철, 여름실과의 열림을 가리키는가 아니면 여름 추수를 가리키는가? 이것은 심판 혹은 추수 이미지인가?(욜 3:13; 암 8:1-2; 계 14:14-15; 또한 막 4:26-29을 보라) 이것은 무화과나무가 여름 추수기까지 발육기의 순환을 거치는 것처럼 하나님의 심판이 당시 세대를 휩쓸고 지나간다는 것을 의미하는가? 잎을 내는 무화과나무는 뿌리로부터 말라버린 무화과나무의 대칭인가?(11:21)[39] 만일 그렇다면, 그것은 후커(Hooker)가 주장하는 것처럼 이스라엘의 부흥을 가리키는가? "겉으로는 죽은 정지상태에 있는 나무가 새로운 생명으로 움이 트고, 어린 새 잎사귀는 다가오는 여름의 약속이다. 멸망이 아니라 희망이 마지막 말이다."[40] 그렇지 않으면, 그것은 예수 주변으로 모여든 새로운 공동체가 옛 성전을 대치하는 것을 가리키는가?[41] 만일 예수가 인자의 재림을 가리키셨다면, 그는 실수를 하셨는가? "이 시대"를 의미하는 내용을 재 정의할 필요가 있는가?

너무나 많은 질문들과 대답들이 제기되어왔다. 필자가 보기에 가장 단순한 설명이 무화과나무 비유에 적용되어야 할 것이며, "이 모든 일"은 이 세대를 성전 파괴에 앞서 일어나는 저주를 가리키는 것으로서 이 세대에 닥칠 일에 대한 진술로 보인다(13:5-23). 이것은 이 단락에 있는 예수의 경고를 요약한다. 무화과나무가 잎을 내는 것이 여름이 가까이 왔다는 사실을 의미한다고 말할 수 있는 것처럼, 다가오는 예루살렘의 멸망의 증거를 확실하게 볼 수 있다는 것이다. 성전 파괴에 대한 예수의 예고는 이루어질 것이다. 인간이 우주의 중심이라고 믿는 것들이 지면

선지자처럼 예수도 가까이 보이는 종말의 도래만을 보시고, 종말이 오기 이전에 펼쳐질 역사라는 공간은 보지 않으실 수도 있다.

39. Telford, *The Barren Temple and the Withered Fig Tree*, 216-17.

40. Hooker, *Mark*, 320.

41. Geddert, *Watchwords*, 251-52.

에서 사라질 수 있다.

예수의 말씀만이 영원히 존재한다. 그 말씀들이 "교회가 감히 살아남고 용기 있게 종말이 오기 전에 임할 모든 두려움을 대할 수 있는 견고한 근거다."[42] 그러나 인자의 오심이 가까웠다는 사실을 당신에게 말해주는 경고 사인은 볼 수 없다. 예수의 다음 진술과 문지기에 관한 비유가 이것을 밝혀주고 있다(13:32-37). 다시 말해서, 성전의 파괴를 가리키는 "이 모든 일"과 인자의 오심을 가리키는 "그날과 그 때" 사이에는 질적인 차이가 있다.

알 수없는 종말의 때(13:32). 예수는 종말의 시기가 모든 인류, 하늘에 있는 천사들, 그리고 심지어 인자에게서까지도 감추어져 있다고 확언하신다. 이보다 더 분명한 사실은 없다. 씨가 어떻게 자라는지 아무도 모른다(4:27). 종말이 올 때를 아무도 모른다. 마지막 날의 시간은 하나님의 주권에 속한다(행 1:7을 보라: "때와 시기는 아버지께서 자기의 권한에 두셨으니 너희가 알 바 아니요"). 하늘 보좌의 오른 편과 왼 편에 앉도록 하는 것이 예수의 권한이 아닌 것처럼, 그도 시간을 결정하시는 하나님의 주권적 뜻에 순종해야 한다. 그 어떤 사전의 묵시적 계산도 그의 주권을 침범할 수 없다. 종말은 어떤 경고도 없이 온다. 마지막 준비를 할 시간을 어느 누구도 가질 수 없을 것이다.

문지기 비유(13:33-37). 이 문지기 비유는 인자의 오심에 적용된다. 핵심적인 요소는 그 종이 집주인이 돌아올 시간에 대한 사전 경고를 가지고 있지 않다는 점이다. 문지기는 밤 시간 내내 깨어있어야 한다. 한 순간의 잠이 침입자에게 가만히 들어오도록 기회를 주거나, 주인이 돌아와서 근무태만에 대해서 그를 책망하게 만든다. 그는 주인이 없다는 것 그리고 돌아올 시간이 불확실하다는 시험을 이겨내야 한다. 신실하게 그리고 온전하게 직무를 이행하고 있는가를 확실히 하기 위해서 주인이 끊임없이 어깨 너머로 지켜보게 만드는 종은 어떤 종류의 종이겠는가? 문지기가 얼마나 지연될 것인가를 계산하면서 시간을 보낸다면, 자기의 직무를 어떻게 이행할 수 있겠는가? 예수의 경고는 종말이 지연되는 동안에 경계하고 깨어 있는 사람들만 마지막 날에 신실한 사람으로 입증될 것이라는 사실을 확고히 해준다. 우리는 주인이 돌아오실 것이기 때문에 신실하게 일해야 하며, 또한 돌아오시는 분이 주인이기 때문에 확신 있게 일해야 한다.

이 강화는 네 명의 친밀한 제자들과 사적으로 시작했다. 그런데 마지막에는 모

---

42. Schweizer, *Mark*, 282.

든 사람들에게 이 강화가 주어진다(13:37). 종말은 믿는 자와 믿지 않은 자 모두에게 갑자기 임한다. 불신자들은 전혀 모르는 부지불식간에 임하게 되는데, 그 이유는 그들이 사건들을 지배하고 있는 영적 실상들에 대해서 눈이 어둡기 때문이다. 그러나 제자들은 고통의 성격을 이해하고 있으며, 흔들리지 않도록 참을 수 있다(살전 3:2-5).

상황잇기

이 강화에 있는 고통에 대한 암울한 예고는 마가가 기록하고 있을 당시에 대한 타키투스(Tacitus)의 처참한 묘사와 유사하다.

> 지금 내가 기록하려고 하는 역사는 재난이 많고, 전쟁으로 공포에 떨고, 국내의 걱정거리로 상처를 받고, 평화 가운데서도 두려워하던 시기에 대한 것이다. 네 명의 황제들이 칼에 죽었다. 세 번의 내란이 있었고, 그것보다 더 많은 타국과의 전쟁이 있었으며, 자주 내란과 외국과의 전쟁이 동시에 일어났다…이탈리아는 전에는 알려지지 않았던 재난 혹은 여러 시대가 경과한 후에 재발한 재난으로 말미암아 고통을 받았다.
>
> 인류에게 떨어진 여러 재난 이외에도 하늘과 땅에는 이상한 현상과 천둥번개로 말미암은 경고 그리고 기쁘고도 암울한, 불확실하고도 확실한 미래에 대한 예언들이 있었다.[43]

마가는 전 세계가 붕괴되고 있었을 때—특히 유대인 기독교인이었다면—이 복음서를 기록했다. 예수의 경고는 어떤 일이 일어나고 있었는지 이해하도록 돕는 안내자 역할을 했다.

우리는 예수가 묵시문학적 언어를 사용하고 있다는 사실을 염두에 두어야 한다. 이 강화는 유대인의 묵시문학 작품들 가운데서 발견되는 많은 용어들과 이슈들을 담고 있다. 이 이슈들은 "이 일들이 언제 있을 것인가?"라는 문제들을 포함하여 종말(13:7, 13), 해산의 고통(13:8), 핍박(13:19, 24), 종말 이전에 일어나야 하는 일들(13:7), 우주적 징조(13:24-25)에 대한 언급들이 있다. 이 강화는 다니엘의 황폐케 하는 가증한 것(13:14; 참조. 단 9:27; 11:31; 12:11; 또한 1Macc 1:54을 보라), 대환난(막 13:19; 참조. 단 12:1), 그리고 인자의 오심(막 13:26; 참조. 단 7:13)에

43. Tacitus, *Histories* 1.2-3.

대한 언급들과 상당히 유사하다.

그러나 예수의 강화는 통상적으로 묵시문학에서 발견되는 내용들과 상당히 차이가 있다. 이 강화에는 천사가 인도하는 하늘이나 지옥으로의 여행이 전혀 없고, 또한 기상천외한 표상도 없고, 하나님의 계획의 완성을 보여주기 위하여 역사를 다른 시대들로 나누는 일도 없으며, 마지막 대 전쟁에 대한 언급도 없다. 마귀의 마지막 최후의 발악도 없으며, 종말의 시간을 밝히기를 거절하고 있고, 파루시아 이후에 일어날 일에 대한 묘사도 없다. 예수는 의인이 상을 받고 악인이 징벌을 받는 최후심판에 관해서 아무런 말을 하지 않는다. 예수는 마지막 시대의 시나리오를 그리는데 필요한 그림물감으로 자신의 강화가 사용되기를 원치 않으신다.

그러나 상황을 연결시킴에 있어서 우리는 이 말씀을 얼마나 혼란스러워 하는지, 또한 어떤 이들은 관심을 갖지 않을지라도 또 다른 이들은 이 구절들에 얼마나 흥분하는지에 대해서 민감해야 한다. 이 구절들에 관심이 없는 사람들은 묵시에 대한 논의를 생소하고 혼란스러운 것—기이한 사람들과 열광주의자들의 분야—으로 간주한다. 모든 세대마다 아마겟돈이 곧 임박해있다고 경솔하게 믿어버리는 추종자들을 현혹시키는 몇몇 미혹된 지도자들이 있었다. 그들은 지방이나 심지어는 국가 대중매체의 조사대상이 되었고 그 결말이 어리석은 자들로 드러나거나 불같은 대학살로 멸망했다. 그러므로 많은 사람들은 요한복음 14-16장에 나타난 다락방에서의 예수의 조용한 마지막 고별사에 훨씬 더 많은 평안을 느낀다. 이것은 멸망의 가증한 것과 우주적 소요에 대한 불가해한 언급들이 없이, 마가복음과 동일한 주제들, 즉 회당에서의 박해, 세상으로부터의 미움, 순교, 출산의 고통, 기도, 인내, 제자들 속에서의 성령의 사역, 자기 백성을 모으러 오시는 예수의 오심 등을 담고 있다.[44]

그러나 또 다른 사람들은 종말론에 지나치게 마음을 빼앗긴다. 종말의 시기와 적그리스도의 정체를 예고하는 일련의 설교들은 아마도 산상설교에 있는 예수의 윤리적 요구보다 훨씬 더 흥미를 끌 것이다. 그러한 메시지들은 종말에 대한 시각과 조화되기도 하고, 또 이러한 가르침에 집착하는 사람들은 자기들에게 동의하지 않는 사람을 지독하게 적대하게 될 것이다. 이와 반대로, 필자는 마가복음 13장이 묵시적 열정을 누그러뜨리기 위하여 의도되었다고 믿는다. 인간들이 이 강화를 오해하여 잘못 사용하거나, 위험을 무릅쓰고 그것을 무시한다.

44. Gundry, *Mark*, 750에서 해석한 것임.

이 강화의 문제점은 해답보다 훨씬 더 많은 난 문제들을 담고 있다는 것이다. '원 의미' 항목에서 제기된 수많은 문제들은 그 대답이 항상 직설적이지 않기 때문에 좌절할 수도 있다. 마가복음 13장에 있는 모호성과 신비스러운 특징들은 오랫동안 주석가들의 마음을 사로잡아왔다. 어떤 사람은 마가를 가상의 자료, 즉 몇몇 묵시적 단편들을 충분히 조율하지 못한 서투른 편집자라고 비판함으로써 그것들을 쉽게 설명해버린다. 그러나 게덜트(Geddert)는 마가가 의도적으로 역설적인 관점을 촉진시켰다고 설득력 있게 주장한다. 그는 부주의한 사람이 아니라 명석한 사람이다. 게덜트는 마가가 "'무엇을' 알 것인가보다는 '어떻게' 알 것인가를 독자들에게 가르치는데" 더 관심이 있다고 주장한다. 결과적으로 마가복음 13장을 해석한다는 것은 그 의미들을 설명하기 위하여 모든 모호한 요소들을 설명하거나 제거해야 한다는 것을 의미하지 않는다.[45]

예수는 그들이 종말의 때에 관해서 물었을 때 그 시기를 둘러싸고 있는 비밀의 베일을 벗기려 하지 않으셨다. 우리도 그렇게 하지 않아야 한다. 마가의 메시지는 마지막 때의 도표를 만드는 사건들을 우리에게 제공하는 것이 아니라 아주 미묘하다. 그 메시지는 바로 이것이다. 하나님의 방법, 하나님의 그리스도, 그리고 하나님의 백성들은 모두가 인정하는 결정적인 방법으로 옳다고 입증을 받을 것이다. 그 시기는 아직 오지 않았다. 게덜트는 결론짓는다. "제자는 종말의 시간에 대한 자신들의 무지를 몰아내라고 부름을 받지 않았다. 제자는 종말에 대처하고 적절히 반응하도록 부름을 받았다."[46] 본문이 제시하고 있는 질문은 "고난의 시기에 어떻게 살아가느냐?"다. 종말론적 드라마는 이 장면에서 저 장면으로 정해진 과정을 따라 진행된다. 그러나 무대에 있는 배우들은 이 연극에서 정확히 자신들이 어느 지점에 서있는지에 대해서 모호한 실마리만을 가지고 있다. 오직 무대 감독만이 알고 있다. 그는 어떤 일이 일어나는 것을 볼 때, 배우들이 무엇을 해야 하고 무엇을 말해야 하는지를 지시했다. 그것이 전부다. 그들은 연극이 어떻게 끝나는지를 알지만 언제 막이 내릴지는 모른다.

만일 마가가 미래에 대한 별자리표를 제공하려고 이것을 기록하지 않고 있다면, 그 목적은 무엇이며 그것이 어떻게 적용될 수 있는가? (1) 마가는 독자들을 권면하기 위하여 그것을 사용한다. 이것은 17개의 명령형을 담고 있다. 그리스도인들은

45. Geddert, *Watchwords*, 25-26.
46. Ibid., 283, n. 53.

미리 무장할 수 있도록 경고를 받을 필요가 있다. 그들은 역경, 참담한 박해, 거짓된 경고, 그리고 나라들뿐만 아니라 심지어 자기 자신까지도 황폐케 되는 일에 직면할 것이다. 그는 "교회와 유대 민족의 다가오는 고난에 직면하여, 믿음, 인내, 소망"을 불러일으키기를 원한다.[47] 그는 또한 나약한 사람에게 확신을 주기를 원하고 있다. 박해가 그들을 놀라게 하지 않아야 한다. 박해의 폭풍우 가운데 살아갈 때, 하나님의 목적이 어떻게 이 세상에서 성취되는지를 항상 인식할 수가 없다. 마가는 독자들에게 그들이 당하는 고난이 반드시 당해야 하는 고난이라는 사실을 깨닫도록 돕고 있다. 모든 일들이 황량하고 모든 소망이 사라져버린 것처럼 보이지만, 하나님은 여전히 완전히 지배하고 계시고, 하나님의 목적은 성취될 것이다. 제자들은 어찌하여 고통을 당하는지를 이해하지 못할 수도 있지만, 그들이 주님의 발자취를 따르고 있음을 알 때에 위로를 받을 수 있다.

우리들이 박해와 세상을 뒤엎는 사회적 대격변이라는 유사한 상황 가운데서 살고 있다는 사실을 발견할 때, 이 단락을 이해하기가 훨씬 쉽다. 더 이상 참기 어려운 한계에 도달할 정도의 고통을 당하는 사람들은 이 소망의 메시지를 보다 잘 인식한다. 대부분의 사람들은 삶 가운데서 어떤 형태의 압력과 불확실성을 경험한다. 예수는 여러 모양을 한 세력들에 의해 제자들이 공격을 받을 수 있다고 경고하신다. 윙크(Wink)가 말하고 있는 것처럼, "예수를 십자가에 못 박은 세력들은 이 새로운 운동을 억압하는데 똑같은 일을 했다."[48] 예수의 경고, 확증, 그리고 권면은 그리스도인들이 당하는 어떤 고통스러운 상황에도 적용된다.

인간들은 무엇이 일어나고 있는지 그리고 왜 일어나는지를 불완전하게 깨닫는다. 그들은 그 모든 것으로 말미암아 어리둥절할 수 있다 "어찌하여 선한 사람에게 나쁜 일들이 일어나는가?" 예수는 모든 것이 하나님의 거대한 계획 가운데 들어있다는 사실을 그리스도인들이 확신해야 한다고 말씀하시는 것을 제외하고는 뚜렷한 설명을 하지 않으신다. 그 시기를 추적함으로써, 과도하게 놀라서도 안 되고, 악을 악으로 갚거나 잘못된 소망만을 제공하는 카리스마적 지도자들에 의하여 속아넘어가는 민족주의 운동에 휩쓸려서도 안 된다.

(2) 이 강화는 하나의 경고로서 역할을 한다. 한 극단적 입장에는 종말론적 열성분자들이 있다. 이들은 종말의 흥분된 분위기 속에서 모든 종류의 위협적인 징조

---

47. Bealsey-Murray, *Jesus and the Last Days*, 442.
48. Walter Wink, *Engaging the Powers Discernment and Resistance in a World of Domination*(Minneapolis. Fortress, 1992), 316.

들을 추구할 때 방향을 잃을 위험이 있다. 이 땅은 메시야가 곧 오실 것이라고 믿을 수 있는 격앙된 주장을 할만큼 충분한 고통들로 보통 들끓는다. 다른 한 극단적 입장에는 종말에 대해 냉정한 사람들이 있다. 이들은 기다림이라는 임시적인 기간에 무관심하고 태만하고 심지어는 조소적인 회의론 상태에 있다.

마가복음 13장은 종말의 추측에 관한 지나친 관심이 그리스도를 응시하지 못하게 하고, 자기 의무에 충실하지 않게 하며, 스스로 속아서 자기들이 그 시기를 해독할 수 있는 것으로 생각하지 않도록 첫 번째 그룹에 주의를 준다. 1세기의 대부분의 그리스도인들은 그리스도의 재림이 임박했다고 믿었다. 그러나 일부 사람들에게는 그 기대가 너무 과열되었기 때문에 교회생활을 혼란케 했다. 데살로니가 교인들 사이에 있었던 종말에 대한 과도한 열심의 결과를 볼 수 있다. 바울은 열광주의자들에게 "영으로나 또는 말로나 또는 우리에게서 받았다 하는 편지로나 주의 날이 이르렀다고 해서 쉽게 마음이 흔들리거나 두려워하거나 하지 말아야 한다"고 경고한다(살후 2:2). 데살로니가 교회는 하나님의 약속이 어떤 사건들 속에서 실현되었다는 바울의 확증을 교회의 고난이 끝났고 이제는 그리스도의 재림을 계산할 수 있다는 지침으로 오해했다(살전 5:2-5을 보라).

예수는 이 가르침에서 그리스도인들이 마지막 때까지 이러한 위험을 회피하지 말고 끝까지 자기 십자가를 짊어져야 한다는 것을 제자들에게 미리 경고하신다. 그는 또한 이 모든 종말론적 열정이 선교를 위한 기회를 낭비해 버린다고 미리 경고하신다. 지금의 사건들이 어떻게 마지막 때와 연결되는지에 관한 상상들은 쓸모없다. 위기 가운데 있든 고요한 가운데 있든 영적 경계와 사리분별은 유일하게 중요한 일이다. 그리스도인들은 두 가지 것에 대해서 확신을 얻을 수 있다. 주님의 오심이 확실하다는 것과 그것이 어느 때나 발생할 수 있다는 사실이다. 전조가 되는 표적을 찾는 것은 그리스도인들을 동요시키고, 가까이 있는 중요한 일에서 곁길로 나아가게 하는 것이며, 혹은 단순히 사색적인 위안자가 될 수 있다.

마가복음 13장은 종말론적 회의주의에 대한 경고로서도 기능하여, 잠에 떨어지지 않고, 흥미를 잃지 않으며, 믿음 혹은 집중을 잃어버리지 않게 한다. 많은 사람들이 스스로 이렇게 말할 수도 있다. "예수가 이러한 말씀을 하신 이후 거의 2,000년이 지나간 이때에 어찌하여 경계하라고 귀찮게 하는가?" 이러한 태도는 베드로후서 3:3-4과 상충된다(참조. 1-10절).

먼저 이것을 알지니 말세에 조롱하는 자들이 와서 자기의 정욕을 따라 행하며 조롱하여 이르되 주께서 강림하신다는 약속이 어디 있느냐 조상들이 잔 후로부터 만물이 처음 창조될 때와 같이 그냥 있다 하니.

만일 어떤 기대감을 잃어버린다면, 그 사람은 직무를 이행하면서 잠을 자고 있는 문지기와 같이 된다.

(3) 필자는 13:5-23을 첫 번째 제자들의 삶에 직접적으로 영향을 주었던 1세기의 특수한 상황—예루살렘과 성전의 파괴—을 가리킨다고 해석했다. 그러므로 유대에 있는 자들로 하여금 산으로 도망하라는 경고는 우리에게 직접적으로 적용될 수 없다. 그러나 인간 역사 가운데서 새로운 멸망의 가증한 것이 일어난다. 상황을 연결하려고 할 때, 도망하라는 권면은 우리의 배경에서는 일반적인 원리로 적용된다. 예수가 제자들에게 도망하라고 권면하실 때, 그는 사태가 험악하게 되어질 때마다 선두에서 은신처를 찾아 나아가라고 권면하고 있는 것이 아니라 잘못된 관념과 관계를 끊으라고 충고하신다. 1세기 상황에서, 그는 제자들에게 폭력적인 운동과 관계를 끊으라고 경고하신다.

이러한 지침을 뒷받침하고 있는 원리는 기독교가 어떤 민족적인 정체성과 결탁되어 있지 않다는 것이다. 사람의 충성은 전적으로 그리스도에게 드리도록 되어 있는 것이지, 어떤 종교적 민족적 관념에 충실해야 하는 것이 아니다. 성전 함락과 파괴가 많은 유대인들을 어떻게 흩어버렸는지를 우리가 이해하기는 쉽지 않을 것이다. 아마도 우리는 최근의 20세기 역사를 통하여 그것을 이해할 수도 있을 것이다. 독일의 나치 하에서 그리스도인들이 히틀러의 죄악을 보며, 그리고 그가 전쟁에서 승승장구하고, 애국적 자만심을 불어넣으며, 나라의 번영을 회복해나가고 있을 때 그것을 피하기가 얼마나 어려웠던가? 미국 남부의 그리스도인들이 성경에 이론적 근거를 두었던 반문화적인 인종차별주의를 헤쳐 나가기가 얼마나 어려웠던가? 예수가 조심할 것을 요청하실 때, 거짓된 희망을 우리가 갖고 있지는 않는지를 스스로 살펴보아야 한다.

현대적 의미

예수는 종말이 오기 전에 일어나야 하는 일을 제자들에게 말씀하여 주시지만, 그 기간이 얼마나 오랠 것이냐—정확한 날짜와 징조들—에 관해서는 말씀하시지 않는다. 하나님이 그것을 아들에게까지도 계시하지 않으셨기 때문이다(13:32). 하나님이 종말의 시간을 우리가 아는 것이 필수적이라고 생각하지 않으신다고 우리는 결론지어야 한다. 유얼(Juel)이 적절하게 해석하고 있다. "만일 예수가 하나님의 시간을 확실하게 모른다고 말씀하셨다면, 하나님만이 알고 계시는 일들을 미리 알고 있다고 자랑하는 사람들은 의심할 만한 충분한 이유가 된다."[49]

그럼에도 불구하고 오늘날 그리스도인들은 처음 제자들이 물었던 종말에 관한 같은 질문을 계속하여 묻는다. "어느 때에 이런 일이 있겠사오며 이 모든 일이 이루어지려 할 때에 무슨 징조가 있사오리이까?" 그들은 종말이 올 때를 정확히 알 수 있도록 도움을 줄 커닝 페이퍼 한 장을 예수가 자기들에게 주기를 원하고 있다. 13:32에서 예수가 부인하셨음에도 불구하고, 오늘날 어떤 사람들은 비밀을 해독할 수 있고 하나님을 대변할 수 있다고 주장한다. 그들은 분명히 자기들이 예수보다 더 많이 파악하고 있고, 모든 사건들을 시간표에 정리할 수 있다고 생각한다.

역사가 종말의 시기에 관한 헛된 예언으로 가득하지만, 그러한 추측은 지금도 계속되고 있다. 전혀 주저함 없이 사람들은 휴거 날짜를 계산하고 그리스도의 은혜로운 재림을 자주 유행시킨다. 어떤 사람은 그때가 곧 올 것이라는 가능성들을 판단하기 위하여, 모든 지진, 전쟁, 그리고 재난들을 통합해서 "휴거 색인"을 편찬한다. 그리스도인들은 전쟁, 핵 대량학살, 기근, 생태학적 재앙, 경제적 몰락, 세계도처에서 일어나는 전염병을 예고하는 수많은 책들을 양산하는 사회적 종교적 문고판 예언 서적들의 홍수에 휩싸여있다.

종교적인 책자의 저자들은 적그리스도를 자기들이 좋아하지 않는 수많은 사람들이라고 밝히고 있으며, 그들은 청중들에게 적그리스도가 자기의 먹잇감을 갑자기 덤벼들어서 먹어치우려 한다고 납득시키고 있다. 직업을 그만두고, 이웃들을 등지며, 흰 승천복을 입고 지상의 모든 걱정을 떨쳐버리고, 예수의 정하신 때를 기다리는 극단적인 그룹을 대부분의 사람들은 알고 있다. 수많은 브랜치 데비디안(Branch Davidians; '다윗가의 가지'라는 의미를 가진 이단종파 사람들을 가리킴)과 함께 죽은 데이빗 코레쉬(David Koresh)의 격렬한 죽음은 그러한 묵시적 망상과 관련한 가장 최근에 일어난 비극이다. 그들의 무모한 행동은 기독교신앙을 공개적인 웃음거리로 만들었다.

예수는 특별히 그러한 종말론적 히스테리에 대해서 경고하신다. 그리스도는 의도적으로 어떤 날짜를 정할 만한 정보를 제공해 주지 않으신다. 하지만 거짓 선지자들이 계속 일어나고, 기독교를 가장 단순화한 대답으로 축소시키고 있다. 그들

49. Juel, *Mark*, 184.

은 가난한 자와 교육을 받지 못한 자의 두려움과 취약성을 이용하여 자주 상당한 이익을 얻는다. 하나님의 가장 잘 간수된 비밀로 공시된 내용의 암호를 밝혀낼 수 있는 설교자는 계시 전달자와 진리의 중재자로서 능력이 부여된다. 그의 청중 역시 이제는 그 내용을 잘 알고 있는 사람들로 능력이 부여된다.[50] 그들은 크랜필드가 "위로의 시각에서 고통스러운 역설, 긴장, 그리고 믿음의 간접성"[51]을 보는 것을 피하고 싶은 사람들의 열망을 이용한다.

어떤 설교자들은 재림의 시간에 관한 이슈들에 초점을 맞춤으로써 믿음을 강화시키려는 의도를 가질 수도 있겠지만, 오히려 그것을 훼손시킨다. 핵심적으로 중요한 것은 그리스도인들이 "깨어있는"(압박 하서도 신실한) 일을 귀찮아하지 않아야 한다는 것이다. 나는 성취된 예언들의 긴 목록을 요약하면서 다음의 세계무대에서 일어날 것으로 생각되는 내용을 확신 있게 말하는 텔레비전 설교자를 보고 당혹해 한다. 이 텔레비전 설교자는 시청자가 더 많은 예언을 얻기 위하여 돈을 보내는 것을 제외하고는 그들이 무엇을 해야 할 것인지를 언급하지 않는다. 이것이 우리가 살아가는 방식에 어떻게 영향을 미치는가라는 윤리적 의미는 언급된 적이 없었다. 시청자들은 이것으로 단지 즐거워해야 하는가?

필자는 역사의 마지막 대 단원은 사전의 어떤 경고나 징조 없이 하나님이 정하시는 때에 올 것이라는 사실을 의미한다고 마가복음 13장을 해석하였다. 물론 예수는 어떤 일들이 일어나야 한다는 사실을 말씀하신다. 엘리야가 먼저 와야 한다(9:11-13). 그가 왔다. 인자가 많은 환난을 당하고 살아나셔야 한다(8:31; 9:31; 10:32-34). 그는 그리하였다. 성전은 파괴될 것이다. 그 일이 일어났다. 제자들이 박해를 받을 것이다. 그들이 받았다. 복음이 온 세상에 전파되어야 한다. 지금 전파되고 있다. 이러한 일들 후에 씨는 충분히 자라서 이삭을 내고 이제는 추수하는 자가 추수를 하러오는 때만 남아있다. 그렇지만 이것이 얼마나 오랜 후일지 우리는 알 수 없다. 우리는 다만 계속 준비하면서 그의 오심에 대비할 뿐이다.

그리스도인이 하라고 부름 받은 가장 중요한 일은 복음을 만국에 전파하는 것이다(13:10). 인자가 올 때, 그는 날짜에 관한 누구의 예언이 정확했는지를 알기 위해서 테스트하지 않을 것이다. 그는 우리가 무엇을 해야 하는지를 알기를 원하신다. 우리는 만민에게 복음을 전파하였는가? 신실하게 고난을 참아냈는가? 주어진

50. Barry Brummett, *Contemporary Apocalyptic Rhetoric*(New York/Westport, Conn/London: Praeger, 1991), 124.

51. Cranfield, *Mark*, 405.

임무를 수행했는가? 일을 하면서 졸거나 사명을 이행하기보다는 시간을 계산하는 일에 파묻힌 사람들은 단순히 당혹감에 사로잡히는 그 이상의 일을 당할 것이다. 그들은 심판을 받을 것이다. 그것이 바로 예수가 제자들에게 스스로 조심하라고 경고하신 이유다(13:9).

쥴즈 페이퍼(Jules Feiffer; 20세기 초반의 미국의 만화가)의 한 만화 가운데서 어떤 사람이 하늘을 쳐다보고 있을 때, 또 다른 사람이 그가 무엇을 하고 있는지를 묻는다. 그는 "난 지금 그분이 다시 오시는 것을 기다리고 있소, 그것이 내가 지금 하고 있는 일이오"라고 대답한다. 다른 사람이 반응한다. "그렇지만 그것은 어리석은 일이요. 그는 위로부터 오지 않을 것이오." "당신은 그분을 일상생활 가운데서 즉 이웃을 사랑하는 가운데서, 당신을 미워하는 사람에게 선한 일을 하는 가운데서, 진리를 위해 고난을 당하는 가운데서 발견할 것이오." 그 사람은 대답한다. "당신, 진리를 위한 고난이라고 말했소?" 마지막 장면은 둘이 모두 하늘을 쳐다보고 있는 것을 보여주고 있는데, 첫 번째 사람이 말한다. "나는 지금 이 자세가 더 편하다고 생각하오." 우리는 박해와 자연재해의 시기에 살고 있을 수 있거나, 아니면 비교적 편하고 평화로운 시기에 살고 있을 수도 있다. 그것이 어느 쪽이든, 예수는 모든 것이 평화롭고 안정된 것처럼 보이는 때일지라도, 우리가 영적으로 각성하고 있도록 끊임없는 경계를 하기를 요구하신다(살전 5:2을 보라).

고난에 대한 설명. 예수의 말씀은 박해를 받는 그리스도인이 된다는 것이 무엇을 의미하는지를 우리가 이해하도록 돕는다. 예수가 유대에서 벌어진 전쟁에 관해서 예고한 것은 종말 이전에 모든 세대의 그리스도인들에게 적용된다. 각 세대 가운데서, 극심한 고통과 환난을 당하는 그리스도인들이 있을 것이다. 예수는 하나님 나라의 진행과 하나님의 선민의 고난은 신비적으로 함께 엮어져 있다고 선언하신다. 하나님의 영광을 물려받고 선민과 함께 모일 사람들은 영광에 앞서 일어나는 고난을 기꺼이 감당해야 한다.

요한계시록 1:9에서 요한은 자신을 "너희 형제요 예수의 환난과 나라와 참음에 동참하는 자라"고 밝히고 있다. 바울과 바나바는 선교여행 동안에 세웠던 회중에게로 돌아가서 믿음을 강화시켜주고, "이 믿음에 머물러 있으라 권하고 또 우리가 하나님의 나라에 들어가려면 많은 환난을 겪어야 할 것이라"(행 14:22)고 강조한다. 게덜트(Geddert)는 이러한 사상을 올바르게 이해할 수 있도록 유익한 유추를 사용한다.

전진해나가는 하나님 나라에 대한 마가의 신학은 복음으로 인한 박해란 각 경주자들이 트랙을 돌 때 그 다음 주자에게 넘기는 바통이거나…그렇지 않으면(이것이 마가의 표상에 더 가깝다), 그것은 새로 믿는 사람들이 길릴리로부터 예루살렘으로 가는 길을 여행할 때 어깨에서 어깨로 넘겨주는 십자가다.[52]

그 바통은 세례 요한으로부터 예수에게로, 제자들에게로, 그리고 우리에게로 넘어온다. 우리는 경주의 다음 주자다. 우리는 우리가 마지막 주자로 달릴지 그렇지 않을지 모르며, 또한 그 경주 하는 방식은 차이가 없을 것이다. 경주에서 달리는 일은 자신의 모든 것을 버릴 것을 요구한다.

이러한 표상은 존 번연의 『천로역정』에서도 발견된다. 진리의 용사가 강을 건너가라고 명을 받았을 때, 그는 다음과 같이 말한다.

"나는 아버지의 집으로 가고 있습니다. 여기까지 오면서 큰 어려움을 겪어왔지만, 나는 지금 여기에 도착하기까지 있었던 모든 고통을 후회하지 않습니다. 나는 나를 뒤잇는 순례자에게 내 칼을 주고, 내 용기와 그것을 얻을 수 있는 기술을 주겠습니다. 나의 흔적들과 상처 자국들은 내게 상을 주실 자이신 그의 싸움을 내가 싸웠다는 사실에 대한 증거가 되도록 내가 가져가겠습니다."

조지 오웰(George Orwell)은 그의 작품 『1984년』 가운데서 다음과 같이 기록하였다. "만일 당신이 미래에 대한 그림을 원한다면, 인간의 얼굴에 새겨진 고난을 상상하라 영원히."[53] 예수는 또한 그 고난을 보셨지만 제자들에게 "영원히"란 부분이 잘못되었다고 확증하신다. 인자가 와서 끝까지 견딘 택하신 자를 모으기 위하여 사자들을 보내실 것이다. 그들의 고난에도 불구하고 미래는 하나님의 백성들에게 속하여 있는데, 그 이유는 하나님이 악을 영원히 파괴시키기 위하여 세상에 개입하실 것이기 때문이다. 인간은 소망을 어떤 상상적인 사회적 진보에 둘 수 없고, 하나님의 자비로운 중재에만 둘 수 있다.

불 아래서 설교. 미국에서 체포되었을 때, 사람들은 자기들의 권리를 듣게 되어 있다. "당신은 묵비권을 가지고 있다." 그리스도인들은 그러한 권리를 가지고 있지

52. Geddert, *Watchwords*, 150.
53. George Orwell, *Nineteen Eighty-Four*(New York. Harcourt, Brace, 1949), 271.

못하다. 그들은 특권이기도 한 의무, 즉 자기들을 박해하는 자들에게도 사랑을 나타내어 복음을 선포해야할 의무를 가지고 있다. 예수는 제자들이 박해의 구름 아래서 살 것이지만, 박해에 순응하여 복음 선포를 중단할 수 없다고 경고하신다. 복음전파는 고난을 경감시켜주지 않는다. 사실상, 오히려 고난을 더 가중시켜줄 뿐이다. 예수는 복음이 온 열방에 전파되어야할 것이라고 약속하시지만, 그 열방 백성들이 그것을 믿고 따뜻하게 반응할 것이라는 확증을 제공하시지 않는다. 하나님의 복음운동이 번창할 때, 마지막 날에 악의 세력이 다 소멸되고 하나님이 궁극적으로 승리하실 때까지 악의 세력으로부터 훨씬 더 큰 저항이 있을 것이라고 십자가의 메시지는 가르친다.

사도행전에서, 제자들은 지독한 반대에 직면하여서도 언제나 복음을 전파했다. 베드로와 요한은 주님을 죽이도록 판결한 산헤드린 공의회 앞에 섰다(행 4:8-12; 5:27-32). 스데반은 죄수의 피고석을 강단으로 바꾸었다(7:1-53). 바울은 예루살렘 폭도(22:1-21), 소동하는 산헤드린(23:1-11), 부패된 통치자들(벨릭스, 24:10-21; 베스도, 25:13-26:23), 그리고 왕들(아그립바, 26:1-23) 앞에 섰다. 그는 자신이 다섯 번 회당에서 매질을 당했다고 말한다(고후 11:24). 그러나 매 맞음이 그들의 마음속을 강권하시는 그리스도의 사랑을 막지 못했다. 고난이 있은 후에, 그리스도인들은 항상 동일한 내용들을 설교하기 위하여 일어섰다. 그들이 다시 일어서지 않았다면, 다른 사람들이 그들을 대신하여 나타났다. 박해는 더 많은 선언으로 이끌어갔다. 걱정하고 있는 빌립보 교인들에게 감옥에서 편지를 쓰면서 바울은 자기의 갇힘이 복음의 방해가 아니라 복음의 진보를 이루는 일이 되었다고 설명한다. 온 시위대가 이제 그리스도를 알게 되었고, 믿는 자들이 담대하게 되어 두려움 없이 복음을 전파하는 것으로 실현되었다(빌 1:12-14).

케어드(Caird)는 그리스도인의 복음 선포에 대한 저항을 초음속 제트기의 발진을 저항하는 것에 비유한다. "제트기가 소리 장벽을 뚫는 지점까지 점점 더 저항을 받는 것처럼, 성공적으로 진행하는 하나님의 목적은 점증적인 반대를 불러일으키는데, 이것은 최후의 심판 날에 가서야 최고조에 달한다. '마귀가 자기의 때가 얼마 남지 않은 줄을 알므로 크게 분내어 너희에게 내려갔음이라' (계 12:12)."[54] 모세가 하나님이 이스라엘을 바로에게서 구원하시려는 일을 행할 때에 좌절을 느꼈던 것처럼 구원에 대해 좌절을 느낄 수도 있다(출 5:23). 하나님은 다음과 같이 대

54. G. B. Caird and L. D. Hurst, *New Testament Theology*(Oxford: Clarendon, 1994), 115.

답하실 뿐이다. "이제…네가 보리라"(출 6:1). 새로운 세계질서가 인간적 기대와 가능성을 초월하여 임할 것이다. 그것은 오직 하나님의 직접적인 개입으로 말미암아 일어날 것이다. 위험한 부분은 우리가 대중의 인기를 얻고 사회가 인정하는 사람이 되기를 바란다는 점이다. 우리는 추방당한 사람으로 취급되거나 우리의 신앙으로 인하여 어리석은 사람으로 제쳐 지기를 원하지 않는다. 모든 사람으로부터 혹평을 당하고 미움을 받는 것을 좋아하는 사람은 거의 없다. 그래서 우리는 다른 사람들을 하나님의 통치 가운데 들어오도록 회심시키기보다는 다른 이들의 호의를 얻어내려고 메시지를 손질하려는 유혹을 받을 것이다. 사회인들과 대립하기보다는 사회의 표준에 맞추려는 유혹을 받을 것이다.

윌 캠벨(Will Campbell)은 앤트워프(Antwerp)에 살았던 재세례파 여인의 이야기를 한다. 그녀는 자신이 성경을 개인적으로 연구하고 같은 믿음을 가진 다른 사람들과 연구하고 논의한 가운데 이해한 대로 그리스도의 복음을 선포한다는 이유로 이전에도 몇 일간 구류를 당한 적이 있었다. 그녀는 이단이라는 이유로 성직자들의 심문을 받고 국가 당국자들의 신체적인 고문을 받았으나, 그들의 압력에 굴종하지 않았다. 6개월 후에도, 그녀는 자신이 개인적으로 성경을 읽고 깨달은 말씀을 선포하지 않겠다고 당국자들에게 약속하지 않았다. 그래서 당국자들은 자기들이 마땅히 해야 하겠다고 생각한 일을 행했다. 그들은 1573년 10월 5일에 그녀를 처형하기로 판결했다. 판결에 포함된 내용은 사형을 집행하는 사람에게 대한 규정이었는데, 곧 그녀가 불태워지는 화형주로 그녀를 끌고 갈 때 도중에 그녀가 믿는 사실을 증거하지 못하게 하기 위하여 그녀의 혀를 입천장에 나사못으로 단단히 고정시키라는 것이었다.

그날 그녀의 십대 아들 아드리엔(Adriaen)은 세 살짜리 막내 동생 한스 마테우스(Hans Mattheus)를 데리고 그녀의 죽음의 순간에 처음부터 임종시까지 곁에 있기 위하여 화형주 옆에 서있었다. 세 명의 다른 여인들과 한 남자가 그날 같은 끔찍한 죄—인정받지 못한 복음선포의 죄—로 인하여 죽도록 되어 있었다. 불길이 타올랐을 때 아드리엔은 기절했다. 그는 그 잔혹한 일을 목격할 수가 없었다. 그러나 그 일이 모두 끝나고 재가 식었을 때, 그는 그것을 면밀히 조사하여 어머니의 혀를 움직이지 못하게 했던 나사못을 발견했다. 그것이 아드리엔의 혀를 잠잠하게 하지 못했다.[55]

55. Will D. Campbell, "On Silencing Our Finest," *Christianity and Crisis* 45(1985): 340.

마가복음 14:1-11

1 이틀이 지나면 유월절과 무교절이라 대제사
장들과 서기관들이 예수를 흉계로 잡아 죽일
방도를 구하며
2 이르되 민란이 날까 하노니 명절에는 하지
말자 하더라
3 예수께서 베다니 나병환자 시몬의 집에서 식
사하실 때에 한 여자가 매우 값진 향유 곧 순
전한 나드 한 옥합을 가지고 와서 그 옥합을
깨뜨려 예수의 머리에 부으니
4 어떤 사람들이 화를 내어 서로 말하되 어찌
하여 이 향유를 허비하는가
5 이 향유를 삼백 데나리온 이상에 팔아 가난
한 자들에게 줄 수 있었겠도다 하며 그 여자
를 책망하는지라
6 예수께서 이르시되 가만 두라 너희가 어찌하
여 그를 괴롭게 하느냐 그가 내게 좋은 일을
하였느니라
7 가난한 자들은 항상 너희와 함께 있으니 아
무 때라도 원하는 대로 도울 수 있거니와 나
는 너희와 항상 함께 있지 아니하리라
8 그는 힘을 다하여 내 몸에 향유를 부어 내 장
례를 미리 준비하였느니라
9 내가 진실로 너희에게 이르노니 온 천하에
어디서든지 복음이 전파되는 곳에는 이 여자
가 행한 일도 말하여 그를 기억하리라 하시
니라
10 열둘 중의 하나인 가룟 유다가 예수를 넘겨
주려고 대제사장들에게 가매
11 그들이 듣고 기뻐하여 돈을 주기로 약속하니
유다가 예수를 어떻게 넘겨줄까 하고 그 기
회를 찾더라

원 의미

마가는 "이틀이 지나면(직역하면 '이틀 후에') 유월절과 무교절이라"고 말함으로써 예수의 죽으심에 대해 초읽기에 들어간다. 유대인의 시간계산에서 이것은 "그 다음날"을 의미할 수 있다(오늘은 한 날로 계산하고, 그 다음날은 두 번째 날로 계산한다; 8:31을 보라). 그리고 마가가 설명하고 있는 모든 것이 48시간 길이로 압축될 수 있다. NIV는 보다 나은 입장을 선택하고 있으며, 유월절 2일 전에 기름부음이 일어난다는 사실을 말하고 있다. 예수는 음모가 있고, 기름 부음이 있은 후 3일째 날에 죽임을 당하신다.

유월절 잔치 동안, 85,000명에서 300,000명으로 추산되는 순례자들이 예루살렘 성읍으로 몰려들었다. 그 성읍은 60,000에서 120,000명으로 추산된 인구를 가졌었다.[1] 그때에는 백성들과 짐승들의 무리가 내는 소리와 냄새가 그 성읍을 가득 메웠다. 예수가 성전에서 그의 부모의 뒤에 남아있었던 이야기(눅 2:41-44)는 유월절 전에 백성들이 운집함으로 말미암아 나타난 혼란을 보여준다. 이 순례자들의 대부분은 천막이나 주변의 시골 마을에서 기숙했다. 그 분위기는 국가 박람회와 아주 유사했다.

유월절 주간의 정해진 축하는 이스라엘로 하여금 그 유산을 상기시켜 주었다. 유월절은 하나님이 애굽의 장자들을 모두 죽였던 재앙을 보내심으로써 이스라엘이 애굽으로부터 자유를 얻은 사실을 기념하였다. 이스라엘 백성들은 죽은 어린양의 피로 집의 문설주와 인방에 바름으로써 생명이 보존되었다. 예수 당시의 많은 사람들은 이 첫 번째 구원을 그 나라의 마지막 해방의 모델로 삼았다. 순례자들은 메시야가 결국에는 유월절 밤 동안에 이스라엘을 이방의 압제와 경제적 빈곤에서 구출하기 위하여 오시리라는 희망과 기대로 가득하여 이 사건을 기념하러 왔다.[2]

그것이 대제사장들과 그들의 군사들에게는 특별히 신경이 쓰이는 시기였다. 폭동이 일어날 기회가 이 시기에 극적으로 증가했기 때문이다. 로마의 통치자는 일반적으로 지중해 해안의 가이사랴에 있는 지휘본부에서 열렬한 순례자들의 폭발하기 쉬운 무리들을 감시하기 위하여 예루살렘으로 이동했다.

이 단락에 있는 각 장면—유대 지도자들의 음모, 기름부음, 유다의 배반 계약—은 예수의 죽음을 예시해 준다. 마가가 대제사장들과 서기관들(율법교사들)로 밝히고 있는 유대의 지도자들은 성전에서 있었던 예수의 위협적인 행동과 군중으로부터 나오는 환호를 통하여 심히 동요하였다. 그들은 성전과 제사장 계층을 위협하는 위험스러운 민중 선동가를 처리하려는 자신들의 결정을 멋지게 이루어가기를 시작한다(11:18; 12:12; 3:6을 보라). 예수의 인기로 인해 그들은 비밀리에 그를 잡아서 죽이려고 음모를 꾸민다.[3]

---

1. Wolfgang Reinhardt, "The Population Size of Jerusalem and the Numerical Growth of the Jerusalem Church," in *The Book of Acts in Its First Century Setting Volume 4 Palestinian Setting*, ed. Richard Bauckham(Grand Rapids William B. Eerdmans, 1995), 237-65.
2. 랍비 문서에 들어있는 유월절에 대한 논의에는 이 종말론적 기대를 발견할 수 없다. 그것이 들어있지 않은 한 가지 이유는 로마에 대항한 두 번째와 세 번째 폭동이 지난 지 오랜 후에 편집된 미쉬나가 또 다시 극한 재난으로 글을 마쳤기 때문이다. 마지막 폭동은 수많은 지도급의 랍비들이 로마인의 손에 순교를 당한 것으로 그 결과가 나타났고, 예루살렘은 유대인들에게 접근이 금지된 성읍이 되었다. 주후 135년에 있었던 마지막 대 격변 이후에, 살아남은 랍비들은 마음속에 그것이 이스라엘의 서글픈 상태를 가져왔으므로 어떤 메시야에 대한 열망에도 눈살을 찌푸렸다.
3. 구약성경의 암시들에 민감한 사람들에게서, 이러한 음모는 죄 없는 희생자의 곤경을 반영하고 있으며(시

음모를 꾸민 자들은 "잔치 안에"(직역할 때) 예수를 죽이기를 원치 않는다. "잔치(축제)"란 단어는 두 가지 다른 의미를 가질 수 있다. 그것은 축제 군중을 가리킬 수도 있고(요 7:11), 유월절 시기를 가리킬 수도 있다. 만일 그것이 전자를 의미한다면, 지도자들이 모든 백성 앞에서 예수를 포박하기를 두려워했다는 것인데, 그 이유는 폭동을 촉진시킬 수 있기 때문이다(눅 22:6). 로마의 앞잡이로서 권력을 가지고 있는 자신들의 지위를 계속하여 가지기를 원한다면, 그들은 거리를 평화롭게 만들 필요가 있으며, 어떤 소란도 신속하게 진압해야한다. 그것이 왜 그들이 보다 한적한 겟세마네에서 어두운 밤에 예수를 포박했는지의 이유를 설명해준다. 만일 "잔치 안에"가 "유월절 잔치(축제) 동안"을 의미한다면, 당국자들은 이 시기에 예수를 죽이기를 원치 않는다. 그러나 유다의 변절로 인해 그들이 마음을 바꾸어 예수의 포박을 신속하게 처리하게 만든다.

어느 경우든, 예수의 문제를 처리하는 가장 좋은 방법에 대한 성전 지도자들의 은밀한 음모는 아이러니로 가득하다. 만일 그들이 유월절 잔치 동안에 예수를 포박하기를 원치 않는다면, 그들이 일어나지 않기를 바라는 바로 그 일을 한 것이 된다. 예수가 잔치 동안에 처형을 당하셨기 때문이다.[4] 그의 죽음은 그리스도인들에게 유월절의 의미를 변화시킨다. 그리스도인들은 유월절을 하나님이 애굽 땅에 있는 장자를 치시고 노예상태로부터 이스라엘을 해방시키셨을 때로 기억하지 않기 때문이다. 오히려 그리스도인들은 유월절을 온 인류를 사탄과 죄의 노예상태로부터 구원하기 위하여 하나님의 사랑하는 아들이 고통을 당하신 사실과 연관짓기 때문이다.

만일 그러한 권모술수의 주동자들이 흥분하기 쉬운 축제 분위기 속에 있는 군중으로부터 떨어져서 예수를 포박하려는 음모를 꾸몄다면, 그들은 성공적이다. 그들은 그분이 한적한 곳에서 기도할 때 포박함으로써 소동을 피하는데 성공한다. 그러나 음모의 함정은 궁극적으로는 무익한 것으로 드러난다. 모든 것이 계획대로 되어가지만, "예수를 죽이는 것이 민들레 씨에 바람을 불어서 그 씨를 멸하려고 시도하는 것과 같다"[5]는 사실을 그들은 거의 모른다. 그들은 그 실패를 의도하지 않았던 결과의 법칙으로 돌릴 수도 있겠지만, 독자는 하나님의 능력이 보이지 않게

10:7-11; 31:13; 54:3; 71:10; 86:14) 예레미야가 직면했던 사방의 공포를 반영하고 있다(렘 6:25; 11:19; 20:3, 10).

4. 세례 요한이 헤롯의 생일 파티에 죽임을 당했던 것처럼 예수도 잔치 동안에 죽임을 당할 것이다.

5. Walter Wink, *Engaging the Powers*(Minneapolis: Fortress, 1992), 143.

역사하고 계신다는 사실을 알고 있다. 유대 지도자들은 자기들이 주도권을 쥐고 있다고 생각할 수도 있지만, 그들의 뜻이 아닌 하나님의 뜻이 이루어진다.

그 다음 장면에는 예수가 문둥이 시몬의 집에서 식사를 하신다. 마가는 이 시몬이 누구인지 혹은 어떻게 해서 예수가 그의 집에 있게 되었는지를 자세히 설명하지 않는다. 그는 다만 이름 없는 여인이 남자들만 모여 있는 곳으로 들어와서 값비싼 향유를 예수의 머리 위에 부었을 때 일어난 일에만 관심을 집중하고 있다. 그녀는 순수한 나드를 담고 있는 값비싼 향유병을 깨뜨리고, 심지어 그 향유병보다 더 비싼 향유를 붓는다.[6] 마가는 그 향유의 가치를 삼백 데나리온으로 말하고 있는데, 이는 일일 노동자의 일년 분 품삯이다(마 20:4, 10). 마가복음 6:37에 따르면, 이백 데나리온은 오천 명의 사람들의 식사를 제공하기에 충분했던 것으로 보인다.

이 여인의 특이한 경배 행동은 엄청난 적개심과 한 제자의 배반 사이에 끼어 있다. 우리는 이미 성직계급의 음모, 즉 "예수를 흉계로 잡아 죽일 방도를 구하고 있는"(14:1) 것을 살펴본바 있다. 기름부음이 있은 직후, 우리는 예수를 배반하여 대제사장들에게로 넘겨주는 유다의 표리부동에 대해서 배우게 된다. "예수를 어떻게 넘겨줄까 하고 그 기회를 찾더라"(14:11). 예수를 잡고자 하는 함정이 마련되었고, 그의 운명은 결정 났다.

이 여인의 헌신은 유다의 반역과 날카롭게 대립되어 있다. 겟세마네에서 있었던 유다의 입맞춤을 제외하고 예수는 고난 중에 다른 어떤 사람으로부터도 사랑의 표현을 받아보지 못하신다. 유다는 예수를 팔아 넘길 적절한 기회('유카이로스', 14:11)를 찾고 있고, 그의 배반은 결코 잊혀지지 않을 것이다.[7] 유다는 자기를 위하여 물질적 보상을 얻으려고 기꺼이 예수를 희생시키고 있다. 한편으로 이 여인은 예수를 향한 사랑을 나타내 보일 기회를 포착하고, 그분을 위하여 자기의 값진 선물을 희생한다. 그녀의 행동도 결코 잊혀지지 않을 것이다.

항아리의 값진 내용물을 예수의 머리 위에 쏟아 부을 때, 이 여인의 마음속에 무슨 일이 일어나고 있었는가? 기름부음은 고대 세계에서의 잔치에서는 통상적인 일이었다.[8] 그녀는 특이한 사치심을 가지고 그분에게 의례적인 친절을 베풀고 있

---

6. 나드는 두 개의 식물 즉, 네팔로부터 수입해온 나달라(nadala)와 스파이크(spike, 수상 꽃차례: 한 나무줄기에 꽃이 차례로 피는 식물)로부터 추출한 값비싼 향품이었다. 그것은 가끔 스파이크나드(Spikenard)라고 불렸다.

7. 참조. 6:21, 거기서 헤로디아는 세례 요한을 죽일 "기회가 좋은 날"('유카이로스')을 찾고 있었다.

8. 눅 7:46에서 예수는 자기를 청한 주인에게 꾸짖으신다. "너는 내 머리에 감람유도 붓지 아니하였으되." 신 28:40; 룻 3:3; 시 23:5; 전 9:7-8; 겔 16:9; 단 6:15; 미 6:15을 보라.

는가? 그렇지 않으면 그녀는 그분을 그의 직무로 구별시키기 위하여, 왕으로 즉위시키는 기름으로서 메시야(기름부음을 받은 자)에게 기름을 붓고 있다고 생각하고 있는가? 구약성경에서 왕은 사석에서 기름 부음을 받았고, 가끔은 그것이 반역의 전조가 되었다(삼상 10:1; 16:12-13; 왕상 1:38-39, 45; 왕하 9:1-13; 11:12). 아마도 그녀는 이 왕과 함께 이스라엘의 사건들 가운데 하나님이 개입하실 때이기를 바랐을 것이다. 만약 이것이 그녀의 의도라면 그 상황은 얼마나 아이러니한가? 제사장이나 권위 있는 선지자가 아닌 한 여인이 문둥이의 집에서 예수에게 기름을 붓는다.

어쨌든, 예수는 이 여인을 부드럽게 수정시켜 주시면서, 그녀의 행동이 자신의 장사를 위하여 준비하는 것이라고 선언하신다. 그는 세속의 보좌에 오르시고, 대적들을 세상의 수단으로 멸하실 왕이 아니시다. 그녀는 죽으실 한 왕에게 기름을 붓고 있다. 정확하게 말해서 그는 죽으실 것이기 때문에 하나님의 참된 기름부음을 받는다. 어떤 사람은 이 여인이 예수의 가르치심의 의미를 이해하고 있는 예수의 유일한 제자라고 주장한다. 그녀는 그분이 죽을 운명에 있다는 사실을 알고, 그녀의 사랑을 표현할 마지막 기회를 붙잡아 표현하고 있다는 것이다.

우리는 이 여인이 무엇을 생각하고 있는지를 정확히 알지 못하지만, 마가는 우리에게 이 장면을 보고 있는 곁에 선 자들의 마음에 무슨 일이 일어나고 있는지를 정확하게 말하고 있다. 그들은 너무나 비싼 것을 낭비한 것에 대해서 불평을 늘어놓는다. "그 여자를 책망하는지라"는 '엠브리마오마이'를 번역하는 말인데(14:5), 이는 코를 씨근거리거나 고함을 치는 것을 의미하는데, 예를 들면 말에 대해서 사용되는 동사다. 가난한 자를 돌보는 것이 유대교의 핵심이었고, 거룩한 날들(절기)에 가난한 자를 기억하는 것은 관습이었다(느 8:12; 에 9:22). 경건한 유대인들인 불평하는 자들은 자연히 그렇게 값비싼 것을 가난한 자들을 돌보기 위하여 주는 것이 쏟아서 낭비하는 것보다 훨씬 더 나을 것이라고 생각한다. 그렇게 하면 하나님으로부터 보상을 얻게 될 것이다(잠 19:17; 눅 14:14을 보라).

그러나 예수는 이 여인의 헌신을 소중히 여기시고, 그녀가 "아름다운 일(직역하면, '선한[좋은] 일')"을 한 것이라고 변호해 주신다. 다우베(Daube)는 "좋은 일"이라는 문구가 여기서 후기 랍비들이 선행으로 열거했던 내용을 가리키는 전문적인 의미를 가지고 있다고 주장했다. 즉 자선, 나그네를 숙박시켜주는 일, 환자를 방문하는 일, 죽은 자를 장사지내는 일이 여기에 포함된다.[9] 랍비들의 논리에서 자선은 죽은 자를 장사지내는 일보다 덜 칭찬 받을 만한 일로 생각되었는데, 그 이유는 전자인 자선은 살아있는 자에게 행한 일인 반면에 후자는 죽은 자에게 베풀어지는 것이기 때문이다.[10] 자선은 아무 때나 할 수 있다. 그렇지만 죽은 자를 장사 지내는 일은 필요할 때 챙겨야 한다. 그러므로 이 여인이 행한 일은 자선을 베푸는 일보다 더 나았다고 결론지을 수 있다. 그것이 거의 죽은 자와 같았던 그분에게 행해졌기 때문이다.

예수의 죽음 후에, 그가 장사되어야 했을 때, 그 불평하던 사람들은 어디에 있는가? 세례 요한이 처형을 당한 후에 그의 시체를 달라고 요구하여 장사지냈던 세례 요한의 제자들(6:29)과 달리, 예수의 제자들은 그러한 행동을 하지 않았다. 마가복음에 따르면, 예수는 시체에 어떤 기름을 발랐다는 언급이 없이 빌린 무덤에 외부인에 의하여 신속하게 장사되었다. 그의 죽음 이전에 있었던 이 기름부음으로 충분할 것이다. 예수의 장사 이후에 기름을 바르려는 다른 여인들의 시도(16:1)는 그분이 하나님으로부터 더 큰 기름부음을 받았기 때문에 실현되지 못한다.

기름부음은 예수가 자신의 죽음과 궁극적 승리에 대한 예언자적 지식을 가지고 있음을 드러낸다. 복음은 비극적 사건을 통과하여 스며든다. 예수는 이 여인의 헌신이 전 세계에 복음이 전파되는 곳에서 기억될 것이라고 선포하신다. 백성들은 그분이 많은 사람들을 위하여 자기 피를 쏟아 부었다는 사실을 인식하게 될 때, 예수의 머리 위에 값비싼 향유를 붓는 그녀의 행동이 무엇을 의미했는지를 더욱 분명히 이해할 것이다(14:24). 예수의 선포는 또한 복음이 온 열국에 전파될 것이라는 사실을 확증한다(14:9; 또한 13:10을 보라). 다시 말해서 이 이야기는 비극이 아니다. 좋은 소식이다. 예수에 대한 신실하고도 사랑스런 행위는 잊혀지지 않을 것이다. 또한 잘못된 행위도 잊혀지지 않을 것이다. 인간들은 그분을 넘겨주려는 계획을 짜지만, 하나님이 그분을 구하시리라는 것을 알지 못한다(14:21). 그들은 그분을 죽음에 넘겨주지만, 하나님은 무덤으로부터 그분을 생명으로 일으키실 것이다.

상황잇기

이와 유사한 기름을 붓는 장면이 누가복음 7:36-50에 나타나는데, 예수의 사역 초창기에 바리새인 시몬의 집에서 있었다. 이 장면의 설명들을 문둥이 시몬의 집에서 기름 부은

9. David Daube, *The New Testament and Rabbinic Judaism* (New York: Arno, 1973; org. 1956), 315.
10. *t Pe'a* 4:9; *b Sukk* 49b을 보라.

사건으로 유입하지 않도록 주의해야할 것이다. 고대 관습은 예수가 손님으로서 한 번 이상 기름부음을 받았을 것이라는 사실을 암시한다. 가장 극적인 사실들이 기억 되고 기록되었다. 마가복음 14:3-9에 나오는 여인은 도성 장사를 하던 죄인이며, 그녀의 사랑의 행동이 회개의 표시라는 암시가 없다. 모든 관심이 그녀에게 있는 것이 아니라, 그녀의 터무니없는 행동, 곁에 선 사람들의 비난, 그녀의 행동을 자신의 죽음과 변호의 측면에서 바라본 예수의 해석에 집중되어 있다.

여인의 특이한 헌신은 그리스도를 위한 헌신과 사랑을 권면해 주고 있다. 그녀의 행동은 예수를 향한 제자의 인격적 헌신을 보이고 있으며, 그는 그녀를 변호하신다. 본문은 우리로 하여금 다음과 같은 질문을 하게 한다. 얼마큼 헌신하는 것이 그리스도에게 아주 헌신하는 것인가? 값비싼 향유라면 약간의 기름으로도 훌륭하다. 그러나 온 향유 병을 깨뜨리는 것은 지나친 사치인 것처럼 보인다.

이 사건과 과부와 두 동전 사건(12:41-44)을 비교하면 상황을 이해하는데 도움이 될 것이다. NIV는 8절의 첫 부분을 다음과 같이 번역한다. "그녀는 그녀가 해야 할 일을 행했다." 문자 그대로 번역하면 그것은 "그녀가 가진 것으로 행했다"이다. 이 두 여인들 간에 행동이 동일하다는 사실이 그 문장을 문자 그대로 직역하면 보다 분명해 진다. 과부는 자기가 가진 모든 것을 연보 궤에 던졌다(직역하면, "그녀가 가진 것은 무엇이든 모두, 그녀의 생활비 전체", 12:44). 지금 이 여인은 그녀가 가진 모든 것을 예수에게 부었다. 이 두 여인들은 남자들과 대조를 보인다. 과부는 그녀의 집을 탈취하고 번영하고 풍부한 재물 가운데서 일부만 드리는 서기관들과 대조된다(12:39-44). 이 이름 없는 여인은 제사장들이 주는 돈을 얻기 위하여 주님을 배반한 제자 그리고 가난한 자에게 주어야 한다고 말하면서 아무 행동도 하지 않는 입으로만 경건하고 인색한 사람들과 대조된다.

두 여인들은 아무것도 아까워하지 않고 모든 것을 다 헌신하는 자의 모범으로서 역할한다. 그들의 행실은 그들에게 명성을 가져다주지 않는다. 그들의 이름은 시간이 지나서 잊혀졌다. 우리는 "다만 사랑을 베풀었던 무명의 사람으로 기억하고 있을 뿐"이다.[11] 그녀의 헌금을 보았던 곁에 섰던 사람들은 자기의 생활비 전체를 희생한 과부를 칭찬했을 수도 있었다. 그것이 그녀가 가진 전부였지만, 그것은 기부금이었다. 그러나 지금의 본문에서 그들은 여인이 가치 있는 것을 잘못 쓰고 있다고 비웃는다. "어찌하여 이것을 낭비하는가?" 이것은 현금으로 바꿀 수 있는

11. Tolbert, *Sowing*, 274.

어떤 값나가는 것을 낭비하는 것에 대한 어리석은 실리주의적 관심을 반영한다.

마가복음에 나오는 제자들은 일의 가치를 계산하는 데는 매우 달통했다. 6:37에서 예수가 군중들을 먹이라고 제자들에게 말씀하실 때, 그들의 머리 속의 현금 계산기는 이백 데나리온 어치의 떡이 기억에 떠오른다. 여기서 그들은 300데나리온의 돈을 소모하고, 선행을 할 수 있는 절호의 기회를 잃어버리는 모습을 보게 된다. 그러나 어떤 것이 낭비되었다고 한다면, 그것은 풍성했지만 영적으로 빈곤한 성전의 두둑한 궤에 기부되었던 과부의 동전이라는 것을 이해하지 못한다. 과부의 헌금은 궁극적으로 부유한 성직계급의 주머니를 채웠다. 예수에게 기름을 부은 여인은 자기의 재산을 가난한 자를 섬기기 위해서 희생한 것이다.

마가의 독자들은 분개하는 질문인 "어찌하여 허비하는가?"(직역하면, "어떤 목적으로 이것을 파괴하는가?")를 다른 의미에서 이해할 수 있다. 대단히 가치가 있는 것이 14:3에서 부어졌다. 예수는 이 행동을 자기의 다가올 죽음으로 연결시킨다. 14:24에서 성찬식 제정에 대한 말씀 가운데서, 예수는 자기의 피가 많은 사람들을 위하여 흘려진다고 말씀하신다. 그것은 측량할 수없는 가치를 지니고 있다. 그것을 어떤 값으로 매길 수 없다. 다시 말해서 여인이 값비싼 향유를 부은 것은 예수가 피를 쏟으신 것의 가치를 예시한다. 예수가 십자가에서 왜 생명을 허비하시는가? 이런 질문을 하는 이유에 대한 대답을 분개하여 불평하는 사람들의 태도에서, 그 나라의 믿을 수없는 지도자들의 태도에서, 그리고 배반하는 거짓된 제자의 태도에서 발견할 수 있다. 세상은 구원을 필요로 한다. 본문은 예수를 위하여 순전한 나드가 부어지고, 많은 사람들을 위하여 피가 흘려진 것이 허비가 아니었다는 사실을 확증한다. 그것은 모두가 전 세계로 전파될 복음과 연결되어 있다.

이 이야기는 그리스도에 대한 사랑과 경배를 강조하고 있기에, 자선의 의미를 경시하는 것처럼 보일 수도 있다. 우리는 예수의 말씀, "가난한 자들은 항상 너희와 함께 있으니"를 가난한 자에게 해줄 수 있는 것이 없다는 사실을 의미하는 것으로 잘못 해석하는 경향이 있다. 한 랍비가 신명기 15:11의 "땅에는 언제든지 가난한 자가 그치지 아니하겠으므로"를 "언제나"를 의미하는 것으로 해석했다. 따라서 그는 "이방 세력이 없어질 것을 제외하고는 이 세상과 메시야의 세상 간에는 차이가 없다"(*b Ber.* 34b)고 결론지었다.

그러나 신명기서 본문을 인용하면서 예수가 빈곤이 영원히 계속되도록 하나님이 정하신 것이라는 견해를 승낙하신 것이 아니다. 냉담한 해석가들이 예수의 말씀을 자신들의 가난한 자들에 대한 무관심을 정당화하기 위하여 잘못 해석할 수 있을지라도, 예수는 빈곤을 몰아내기 위하여 행할 수 있는 일은 아무것도 없다는 의미로 말씀하지 않으신다. 예수는 가난한 자와 착취를 당한 자에게 깊은 관심을 느끼셨다(10:21을 보라). 이 세상의 물질의 복을 받은 그 어떤 그리스도인도 다른 사람에게 피할 수없는 하나님의 뜻이나 자신들의 잘못으로 빈곤을 받아들이라고 말할 수는 없다(약 2:15-16; 요일 3:17). 만일 구두가 다른 발에 신겨져 있다면, 우리는 이러한 상태를 하나님의 뜻으로 받아들이기는 훨씬 더 어려울 것이다. 복음은 그리스도인들로 하여금 궁핍한 사람들을 도우라고 요구한다. 또한 복음은 그리스도에게 끝없이 경배하는 마음을 드리도록 요구한다.

본문은 예수에 대한 전적인 헌신의 필요성을 강조한다. 그러나 만일 우리가 예수께 대하여 올바르게 반응한다면, 가난한 자를 돌볼 것이다. 이 여인이 단순한 어떤 한 개인에게 기름을 붓지 않고 있다는 사실을 기억하자. 그녀는 전적인 헌신을 요구하는 하나님의 아들에게 기름을 붓고 있다. 그녀가 어떤 다른 사람을 위하여 이 일을 행했다면, 그것은 잘못되었을 것이다.

가난한 자에 관한 예수의 말씀을 역설적인 꾸짖음으로 이해하는 것도 가능하다. 신명기 15:11의 문맥에서 하나님은 이스라엘에게 빚의 면제년에 관해서 명령하시고, 만일 그들이 순종한다면, 그 땅에 가난한 자가 없을 것이라고 말씀하셨다.

> 네가 만일 네 하나님 여호와의 말씀만 듣고 내가 오늘 네게 내리는 그 명령을 다 지켜 행하면 네 하나님 여호와께서 네게 기업으로 주신 땅에서 네가 반드시 복을 받으리니 너희 중에 가난한 자가 없으리라(신 15:4-5).

하나님은 이스라엘 백성들에게 만일 마음을 강퍅하게 하여 그들의 눈이 쏘는 눈이 되고 탐욕과 이기주의가 그들을 사로잡게 되면, 그들 가운데 가난한 자가 있게 될 것이라고 경고하신다. 그렇다면 예수가 신명기 15:11을 인용하신 것은 현재와 미래에 항상 있게 될 일에 대한 노골적인 인식이 아니라 하나의 꾸짖음이다. 만일 하나님의 백성이 하나님에게 복종했다면, 가난한 사람이 없었을 것이다. 가난한 사람의 존재 자체가 모든 사람에게 하나의 고발장이 된다. 가난한 자를 위하여 할 수 있는 것은 말만으로는 충분하지 않다. 우리는 구체적인 행동을 취할 필요가 있다. 그러나 그러한 행동을 취하려는 사람들은 예수를 위하여 근본적인 희생을 할 준비가 된 사람들이다.

예수의 말씀 가운데 세 가지 말씀이 이러한 해석을 확증해 준다. 예수는 "아무 때라도 원하는 대로 도울 수 있거니와"(14:7)라고 말씀하신다. 우리의 너그러움은 연중 어떤 절기에 국한할 필요가 없다. 그것은 단지 우리의 자발성에 달려있다. 궁핍한 사람들을 도와주려고 하지 않는 사람들은 예수를 위해서도 많이 행하지 않을 것이다(마 25:31-46). 만일 14:8에 있는 예수의 반응을 "그녀가 가진 것으로 했다"로 직역한다면, 가난한 자를 구제하는 것은 풍성함에 달려 있지 않다고 추론할 수 있다. 여인이 줄 수 있는 재량 가운데서 모든 것을 주었다. 가난한 자에게 주지 않는 자는 예수에게 줄 것을 주지 않는 것이다(10:21-22). 마지막으로, 예수는 그녀의 행동을 "복음이 전파되는 곳은 어디나"와 연결시킨다(14:9). 만일 복음이 가난한 자들을 위한 좋은 소식이 아니라면, 무엇이 복음이겠는가?(마 5:3; 11:5; 눅 4:17-19)

현대적 의미

희생적 사랑의 행위를 둘러싼 예수에 대한 악랄한 음모는 백성들이 예수를 진심으로 환영하고 있지 않고, 예수를 죽이려는 조짐을 보인다. 그분을 죽였던 사람은 종교 정치인들이었고, 예수의 가장 친밀한 사람들 가운데 한 사람이었다. 교회는 밖으로부터의 위협을 바라보고, 안으로부터 오는 위협은 무시하는 경향이 있다. 권력의 고삐를 쥐고 있는 사람들은 자기들이 하는 일이 이 땅에서 하나님의 대의에 최대한으로 관심을 가지고 있다고 솔직하게 믿는다. 그들은 목적이 수단을 정당화한다고 믿는다. 사리사욕이 그들의 말과 행동에 동기를 부여하고, 그것이 그들로 하여금 가장 큰 중죄로 이끌어간다는 사실을 보지 못한다.

이 이름 모를 여인에 대한 예수의 칭찬은 하나님 나라에서 자기 자신의 중요성이나 역할에 대해서 우리가 충분히 깨달을 수 없다는 사실을 알려준다. 이 여인은 자신의 행동이 전 세계에 미치는 의미에 대한 개념을 가지지 않았었고, 대제사장, 유다, 빌라도 역시 그러했다. 알버트 아인슈타인(Albert Einstein)은 "권력을 쥐고 있는 사람들이 자기들이 주도권을 쥐고 있다고 생각하는 것은 비극적인 오해다"라고 말했다. 또한 우리가 우리의 희생적 헌신이 쓸모없거나 의미가 없다고 생각하는 것도 오해다. 하나님이 그것을 사용하시는 방법을 누가 알겠는가?

가난한 자를 돌봄. 이 본문은 또한 그리스도에게 풍부한 드리는 일의 적절한 초점이 무엇인지를 결정하게 해준다. 어떻게 우리가 예수에게 대한 우리의 사랑을 가장 잘 보여줄 수 있는가? 교황 니콜라스 5세(Nicholas V)는 1455년 자신의 임종시에 후계자들에게, 백성들의 믿음은 "위엄스러운 건물, 잊혀질 수없는 기억, 하나님의 손으로 심겨진 것 같이 보이는 증거들"을 통하여 영감을 받고 강화될 필요가 있다고 충고했다. 이 인용문을 인용하고 있는 미(Mee)는 신랄하게 말한다. "하나님의 존재 자체가 무한하다. 어떤 영감을 주려는 목적도 어떤 돈의 목적도 그것을 이루려고 할 필요가 없다."[12] 교인들의 희생적인 돈으로 하나님의 영광을 위하여 건축한 공들인 건물들이 하나님에게 적합한 선물이 되지 못할 수 있다. 우리는 우리 자신의 자존심을 만족시키기 위해서 이러한 일들을 할 수도 있다. 이 돈을 선교를 위해 사용하거나 가난한 자를 돕거나, 아니면 최소한 우리의 문을 가난한 이들에게 식사를 제공하기 위하여 개방하여야 한다.

예수는 이 여인이 그의 장사를 위하여 기름을 자기에게 부었기 때문에 그녀의 행한 일이 선하다고 말씀하신다. 예수가 죽으시고 다시 살아나셨으므로, 그러한 선물은 이제 가난한 자를 향해서 베풀어져야 할 것이다. 우리는 다른 복음서에 있는 예수의 말씀인 "내가 진실로 너희에게 이르노니 너희가 여기 내 형제 중에 지극히 작은 자 하나에게 한 것이 곧 내게 한 것이니라"(마 25:40)를 기억해야할 것이다. 우리가 가난한 자와 관계를 가질 때, 우리는 그리스도와 관계를 가지는 것이다. 그러나 통계치를 고려하면, 교회에서 많은 사람들이 그리스도에 대한 헌신을 보이기 위하여 물질을 사용하는 방법과 씨름하지 않는다는 사실을 시사한다. 국제 선교연구 공보에 따르면, 최근 전 세계 그리스도인의 수입의 총 합계가 10.1조 달러인데, 기독교적인 목적을 위해 사용된 비용은 1,700만 달러이다. 2퍼센트 미만이다.

유다의 배반. 현대의 독자들은 일반적으로 왜 이 여인이 그렇게도 후하게 행동했는지보다는 유다가 왜 예수를 배반하였는지를 알기를 더 원한다. 마가는 배신의 동기를 전혀 제공하지 않는다. 누가는 우리에게 사탄이 유다에게 들어갔다고 말한다(눅 22:3). 마태복음에 따르면, 탐욕이 주된 동기였다. 유다는 "내가 예수를 너희에게 넘겨주리니 얼마나 주려느냐?"고 물음으로써 돈 문제를 언급한다(마 26:15). 요한복음에서 유다는 돈을 훔치는 자로 밝혀지고(요 12:6) 사탄과 한패가 된 사람으로 나타난다(13:2).

그러나 학자들은 이러한 대답들로 만족하지 않고 다른 사항들을 제기한다. 어떤 사람은 유다가 여러 가지 이유로 인해 예수에 대한 열정이 식어버린 헌신한 제자였다고 주장했다. 가장 인기 있는 주장은 유다가 열심당의 목적에 가장 매력을 느꼈고, 시간이 지남에 따라서 환멸을 느끼게 되었다고 상상한다. 그는 제자도의

12. Charles L. Mee, *White Robe, Black Robe*(New York: Putnam, 1972), 42-43.

힘든 실상을 받아들일 수 있었다. 이교도의 로마제국을 몰아내는 것은 희생을 필요했기 때문이었다. 그러나 유다는 예수가 결단력 있게 행동하지 않고, 또한 투쟁을 독려하지 않고 무기력하게 항복할 것을 넌지시 말했을 때, 더욱 불편해졌다는 것이다. 예수가 이방인을 쓸어버리는 대신에 성전을 정결하게 하고, 또한 전투적인 무기를 칼 두 자루로 제한시켰을 때(눅 22:38), 그것이 마지막 지푸라기가 되고 말았다. 유다는 성전(聖戰)을 치르기 위하여 자기 생명을 바칠 준비가 되어 있었다. 유다는 예수가 돌팔이인 것으로 보였기에, 자기에게 실망을 안겨준 분에게 보복을 취하였다. 그렇지 않으면 아마도 유다는 예수에 대항한 유대 당국자들의 행동이 예수로 하여금 최종적으로 하나님 나라의 사건을 세우기 위한 시도를 하게 할 것이라고 생각하고 유대 당국자들과 접촉하였을 수 있다. 만일 그렇다면, 그는 자기가 예수를 배반한 것이 아니라 하나님을 돕고 있다는 생각으로 어리석은 사람이 되었을 수 있다. 또는 유다가 성전의 권력을 잡은 자들의 어떤 협박으로 말미암아 겁을 먹었을 가능성이 있다. 어떤 보복을 당하지 않기 위해서 자신이 믿기에 승리하고 있는 편으로 돌아섰다는 것이다.

만일 마가복음에만 고정한다면, 마가는 배반의 분명한 동기를 제공하지 않는다. 이러한 동기가 주어지지 않은 것은 중요한 의미가 있다. 만일 열두 제자 가운데 한 사람인 유다가 어떤 뚜렷한 이유 없이 주님을 배반한 사람이 되었다면, 모든 제자들도 잠재적으로 또 다른 유다가 될 수 있다.[13]

도스토예프스키는 『백치』에서 이렇게 기록하고 있다. "인간의 행동의 목적은 그 행동에 대한 차후의 설명보다도 보통 훨씬 더 복잡하므로 거의 분명하게 식별할 수 없다."[14] 어찌하여 유다가 배반하였는지를 설명하기 위한 '그' 이유나 여러 이유를 발견하려는 시도들은 우리 자신이 배반할 수도 있는 가능성을 바라보지 못하게 한다. 만일 우리가 유다가 이러저러한 이유로 인하여 그렇게 행동했다고 스스로 설득을 당한다면, 우리 또한 이유 없이 그러한 배반의 행위에 굴종하지 않을 것이라고 스스로 믿을 수 있다. 만일 탐욕이나 사탄 이외에 그 어떤 구체적인 이유도 제공할 수 없다면, 우리는 모두 그럴 가능성이 있다. 우리 역시 우리를 유혹하는 시험으로 인해 예수를 배반할 수 있다.

---

13. Augustin Stock, *Call to Discipleship*(Wilmington: Michael Glazier, 1984), 195.
14. W. H. Vanstone, *The Stature of Waiting*(New York: Seabury, 1983), 2에서 인용함.

마가복음 14:12-31

12 무교절의 첫날 곧 유월절 양 잡는 날에 제자
들이 예수께 여짜오되 우리가 어디로 가서
선생님께서 유월절 음식을 잡수시게 준비하
기를 원하시나이까 하매
13 예수께서 제자 중의 둘을 보내시며 이르시되
성내로 들어가라 그리하면 물 한 동이를 가
지고 가는 사람을 만나리니 그를 따라가서
14 어디든지 그가 들어가는 그 집 주인에게 이
르되 선생님의 말씀이 내가 내 제자들과 함
께 유월절 음식을 먹을 나의 객실이 어디 있
느냐 하시더라 하라
15 그리하면 자리를 펴고 준비한 큰 다락방을
보이리니 거기서 우리를 위하여 준비하라 하
시니
16 제자들이 나가 성내로 들어가서 예수께서
하시던 말씀대로 만나 유월절 음식을 준비하
니라
17 저물매 그 열둘을 데리시고 가서
18 다 앉아 먹을 때에 예수께서 이르시되 내가 진
실로 너희에게 이르노니 너희 중의 한 사람
곧 나와 함께 먹는 자가 나를 팔리라 하신대
19 그들이 근심하며 하나씩 하나씩 나는 아니지
요 하고 말하기 시작하니
20 그들에게 이르시되 열둘 중의 하나 곧 나와
함께 그릇에 손을 넣는 자니라
21 인자는 자기에 대하여 기록된 대로 가거니와
인자를 파는 그 사람에게는 화가 있으리로다
그 사람은 차라리 나지 아니하였더라면 자기
에게 좋을 뻔하였느니라 하시니라
22 그들이 먹을 때에 예수께서 떡을 가지사 축
복하시고 떼어 제자들에게 주시며 이르시되
받으라 이것은 내 몸이니라 하시고
23 또 잔을 가지사 감사 기도 하시고 그들에게
주시니 다 이를 마시매
24 이르시되 이것은 많은 사람을 위하여 흘리는
나의 피 곧 언약의 피니라
25 진실로 너희에게 이르노니 내가 포도나무에
서 난 것을 하나님 나라에서 새 것으로 마시
는 날까지 다시 마시지 아니하리라 하시니라
26 이에 그들이 찬미하고 감람 산으로 가니라
27 예수께서 제자들에게 이르시되 너희가 다 나
를 버리리라 이는 기록된 바 내가 목자를 치
리니 양들이 흩어지리라 하였음이니라
28 그러나 내가 살아난 후에 너희보다 먼저 갈
릴리로 가리라
29 베드로가 여짜오되 다 버릴지라도 나는 그리
하지 않겠나이다
30 예수께서 이르시되 내가 진실로 네게 이르노
니 오늘 이 밤 닭이 두 번 울기 전에 네가 세
번 나를 부인하리라
31 베드로가 힘있게 말하되 내가 주와 함께 죽
을지언정 주를 부인하지 않겠나이다 하고 모
든 제자도 이와 같이 말하니라

원 의미

이 단락은 세 개의 장면으로 나뉜다. 제자들과 함께 할 예수의 유월절 식사를 위한 준비(14:12-16), 마지막 만찬(14:17-25), 감람산으로 가심(14:26-31). 한 주제가 각 장면을 통하여 흐르고 있다. 각 사건들에 대한 예수의 예지.

유월절 식사를 위한 준비(14:12-16)

마가는 제자들이 유월절 식사를 위한 준비를 하려고 걱정하고 있다고 설명한다.[1] 유월절 전날 밤, 니산월 14일에, 업무는 보통 정오에 마쳐지고 유월절 어린양을 잡는 일은 오후 3시경에 시작되었고, 이때에 식구들의 대표가 성전으로 그들의 짐승을 가져왔다(Jub. 49:10-12을 보라). 제사장들은 제단의 바닥에 피를 뿌렸고, 번제단에 기름진 부분을 드렸다. 짐승들은 다리가 부러지지 않은 채로 손질이 되었고, 머리는 뼈대에 붙은 채 헌제자에게 되돌려졌다. 백성들의 거대한 숫자로 인하여 짐승을 잡는 자들은 먹는 장소로부터 따로 떨어져 있어야 했다. 유일한 규정은 어린양을 예루살렘에서 먹어야 하는 것이었는데, 예루살렘 접경 지역에도 군중들이 숙박하는 것으로 더욱 확장되었다. 예배자들은 집으로 돌아가거나 늦은 저녁 식사를 먹기 위하여 외진 곳이나 틈새기를 찾아서 막대기에 어린양을 꿰어 불에 태웠다. 이것이 니산월 15일 저녁(해진 뒤), 엄격하게 말해서 무교절 첫째 날에 일어났다.

예수는 제자들에게 약속된 표식으로 그의 편에서 어떤 비밀스러운 준비를 반영하는 지시를 하신다. 보통 여인들이 물을 나르기 때문에 물 한 동이를 가지고 가는 남자는 특별한 장면이다. 어쨌든 방을 찾는 일은 11:1-6에 나오는 나귀를 찾는 일과 유사하다. 이 장면은 예수가 사전에 모든 것을 아시고 상황을 전부 주관하신다는 사실을 보여주기 위하여 의도된 것일 수도 있다(14:8을 보라).[2] 강조가 결론에 주어져 있다. "제자들이…예수가 하시던 말씀대로 만나…"(14:6). 예루살렘에 있는 가정의 주인들은 순례자들을 위하여 도성 안에서 그들의 유월절 양을 먹을 수

1. 마가는 유월절 희생 제사를 드리게 되었을 때가 무교절기의 첫날이었다고 말한다. 실질적으로 무교절기의 첫 번째 날은 유월절 이후에 시작되지만(레 23:5-6; 민 28:16-17), 1세기 유대인들은 두 절기를 결합시켜서 언급했다(대하 35:17을 보라). 이 두 날들에 대한 혼동은 유월절 어린양이 희생당하는 아침에 집을 공식적으로 조사하여 누룩을 없앴다는 사실에서 유래했으며, 그것이 무교절의 첫날로 생각되었을 수 있다.

2. Hooker, *Mark*, 335.

있도록 공간을 준비해줄 의무가 있었다.

제자들은 단지 예수를 "선생님"으로 밝힘으로써 그러한 방을 잡게 된다. "선생님"(1:22; 12:14을 보라)으로서 그의 권위는 특별한 영예를 받을 만한 분으로 만든다. 이 기사의 어법 역시 그것이 예수의 유월절이라는 사실을 강조한다. 제자들은 예수에게 "우리가 어디로 가서 '선생님께서' 유월절 음식을 잡수시게 준비하기를 원하시나이까?"(14:12)라고 묻는다. 예수는 그들이 "'내가' 내 제자들과 함께 유월절 음식을 먹을 '나의' 객실"(14:14)로 갈 것이라고 응답하신다.

마지막 만찬(14:17-25)

다락방은 바클레이(Barclay)가 적절하게 묘사하는 것처럼, "보다 큰 칸막이 방의 꼭대기에 있는 작은 칸막이 방"이었다.[3] 그것은 사랑방, 저장실, 은신처로 사용되었다. 후기 랍비 전승에 따르면, 현자들은 자기 제자들을 가르치기 위하여 다락방에서 만났다(*m. Sabb.* 1:14; *b. Menah.* 41b; 행 1:13; 20:8을 보라).

다락방에 대한 가장 인기 있는 그림은 상 주위에 제자들이 차분하게 앉아있는 것을 그리고 있다. 유다는 통상적으로 어둡고 교활한 눈을 가진 사람으로 드러난다. 이 식사에 대한 마가의 묘사는 이러한 초상화들과는 상당히 다르다. 마가가 마지막 만찬을 묘사하고 있는데 가장 어울리는 초상화는 제자들의 얼굴이 공포의 모습으로 가득하다는 것이다. 그들은 슬프고도 두려운 분위기 가운데서 먹고 마신다. 그들의 마음 가운데 자리하고 있는 중심 되는 질문은 예수의 운명이 아니라 그분을 배반할 사람이 누구이냐다.

예수는 주인으로서 섬기고 있으며, 이 장면은 그들 중에 한 사람, 곧 "나와 함께 먹는 자"가 자기를 배반할 것이라는 그의 진지한 선언으로 시작된다(14:18). 모든 제자들은 그분에게 한 사람씩 "나는 아니지요?"(14:19)라고 묻는다. 이 번역은 헬라어 '메티'의 의미를 바르게 표현하고 있는데, 부정적인 대답을 예상하는 질문이다. 즉 "저는 아니지요?"(4:21을 보라)다. 예수는 아무에게도 안심시키지 않으시고, 그들의 질문에 대해서 다만 모호한 반응만을 제공하신다. 이는 본질적으로 그의 첫 번째 선언을 반복하시는 것이다. "열둘 중의 하나 곧 나와 함께 그릇에 손을 넣는 자니라"(14:20).[4] 이러한 말씀은 새로운 정보를 추가하지 않고, 단지 배반하

3. William Barclay, *The Gospel of Mark*(Philadelphia: Westminster, 1956), 347-48.

는 자가 그들 가운데 침입해 있고 그분과 함께 식사를 하고 있다는 사실만을 반복하고 있다.

마가복음에서 공포스러운 것은 "나와 함께 먹는 자"(14:18), "열둘 중에 하나"(14:20a), "나와 함께 그릇에 손을 넣는 자"가 예수를 넘겨줄 것이라는 것이다. 어떤 이와 떡을 함께 먹는다는 것은 서로 간에 적대적인 행위들을 차단해 주었다. 식탁교제는 단순한 사회적 모임보다 유대인들에게는 더 의미심장했다. 함께 식사를 한다는 것은 평화, 신뢰, 용서, 그리고 형제애의 증거였다.[5] 떡을 자신에게 주었던 그 사람을 배반한다는 것은 무서운 행동이었다(시 41:9; 요 13:18을 보라). 예수는 죄인들을 위하여 또 다른 식사를 주최하셨으나(2:15을 보라), 이번에는 배반자에게 혹독한 저주를 퍼부으신다. "인자를 파는 그 사람에게는 화가 있으리로다 그 사람은 차라리 나지 아니하였더라면 자기에게 좋을 뻔하였느니라"(14:21). 바로 그 후에 예수는 떡과 포도주를 취하신다.

마가는 이 식사를 간단히 기록하지 않고 있는데, 그 이유는 그것이 제자들과 함께 하는 마지막 식사였기도 하지만, "예수가 기억될 만한 일을 하시고 또 말씀하셨기" 때문이다.[6] 그는 식사의 빵과 포도주를 자신의 다가올 고난과 죽음으로 연결시키신다. 예수는 자신의 죽으심을 완전히 예상하셨다. 그것은 쪼개어진 떡과 부어진 포도주가 암시하는 것처럼 처참한 죽음일 것이다. 그는 그것을 대속의 죽음으로 해석하신다(10:45). 자신과 제자들 간의 눈에 보이는 연합은 그의 죽음으로 해체될 것이지만, 예수는 보이는 연합이 안 보이는 연합으로 대치되는 상징을 제공하신다.

한 가족의 가장은 식사 때마다 먹는 떡을 취하여, 그것을 쳐들고, "땅으로부터 떡을 나오게 하시는 오 우리 주 하나님, 우주의 왕이시여, 당신을 찬양하나이다"라고 말했다. 아멘의 응답이 있은 후에, 떡이 떼어지고 나누어지며, 모든 사람에게 축복이 전달된다. 포도주에 대해서도 이같이 하였다(포도과일에 대한 축복에 관해서는 *m. Ber* 6:1을 보라). 예수는 "이것은 내 몸이니라"고 말씀하심으로써 떡에 대한 전통적인 축사에 새로운 의미를 부여하신다. 결국, 그는 "이것은 내 자신이니라"고

---

4. 우리는 아마도 공동으로 사용하는 그릇을 상정해야 한다.
5. 언약들은 식사를 통하여 확증되었다. 예를 들면, 아비멜렉과 이삭(창 26:26-31), 라반과 야곱(31:51-54), 그리고 여호야긴과 바벨론 왕(왕하 25:27-29; 렘 52:31-33).
6. Hooker, *Mark*, 338. 주의 성만찬에 관해서는 Joachim Jeremias, *The Eucharistic Words of Jesus*(London: SCM, 1966), I. Howard Marshall, *Last Supper and Lord's Supper*(Grand Rapids: Eerdmans, 1980)을 보라.

말씀하신 것이다. 셈족에게는 몸이 육신적 일부가 아니라 전인격을 포함한다.

예수의 말씀은 상징적인 말씀이었고, 예레미야가 목이 긴 오지병을 가지고 예루살렘 문밖에 나가서 선택된 장로들이 보는 가운데서 깨뜨렸을 때에 했던 것과 유사하다(렘 19:1-15). 예레미야는 "이것이 너희니라"고 말하였을 수 있다. 예수가 떡을 떼어 제자들에게 분배해 주셨을 때, 그것은 이 떡에 일어난 일이 그분 자신에게 일어나리라는 사실을 의미한다. 제자들에게 주어진 쪼개진 떡은 그의 수난이 그들에게 유익이 되고 또한 자기의 생명을 많은 사람들을 위하여 제공하심을 시연한 비유라는 사실을 상징한다. 중요한 것은 예수가 너무도 단순하고 보편적인 음식을 사용하여 앞으로는 제자들이 주님과 함께 모였던 마지막 밤을 생각하지 않고는 그들이 다시 식사를 하고, 떡을 떼고, 그것을 축복하고 뗄 수 없다는 것이다. 우리의 기억들이 떠나간 사랑하던 자와 보냈던 마지막 순간을 상기하는데서 촉발되듯이, 이 제자들은 예수가 자기들을 위하여 십자가에 행하신 일을 생각하지 않고는 또 다른 식사를 할 수가 없다.

제자들은 예수의 전 생애 기간동안 떡에 관한 바른 이해를 하지 못했다. 마지막 만찬에서 독자들은 퍼즐퀴즈의 여러 조각을 함께 짜 맞출 수 있다. 6:36에서 제자들은 예수에게 군중들을 멀리 보내어 그들이 스스로 사서 먹을 수 있게 해달라고 요구했다. 그러나 예수는 제자들이 그들에게 먹을 것을 주라고 말씀하셨다. 그들의 회의적인 반응은 "우리가 가서 이백 데나리온의 떡을 사다 먹이리이까?"(6:37)였다. 그것이 아니다. 예수가 그 떡을 공급하실 것이었다. 그는 그들로 하여금 그룹별로 앉으라고 명하시고 떡을 가지고 축사하시고 그것을 떼어 제자들에게 주시며 백성들에게 나누어주라고 하셨다(6:41). 그들이 먹고 남은 것이 열두 바구니에 가득 찼다—이것은 구원의 날에 모일 이스라엘의 열 두 지파를 생각나게 한다. 그날 늦은 시각에 예수가 바다 위를 걸어서 제자들에게 왔을 때, 그들은 두려워했다. 마가는 그들이 두려워한 것이 "이는 그들이 그 떡 떼시던 일을 깨닫지 못하고 도리어 그 마음이 둔하여졌음이러라"(6:52)고 설명한다.

호수를 가로질러서 이방 지역에서 일어난 두 번째 먹이신 이적은 같은 패턴을 따른다. 예수는 백성들을 굶주린 채로 보내지 않으실 것이었다. 그분이 제자들에게 군중을 먹이라고 요구하셨을 때, 그들은 외쳤다. "이 광야 어디서 떡을 얻어 이 사람들로 배부르게 할 수 있으리이까?" 예수는 턱없이 부족한 일곱 개의 떡을 취하여 그것들을 가지고 축사하시고 쪼개어 사람들 앞에 놓아주도록 제자들에 나누어 주셨다. 남은 일곱 바구니의 떡이 모아졌는데(8:8), 이것은 예수의 사역의 완전성 혹은 우주성을 암시한다.

예수는 이제 유대인과 이방인들을 기적적인 방법으로 먹이셨다. 8:14에서 제자들은 배에 한 떡을 가져오는 것을 제외하고는 떡들을 가져오는 것을 잊었다. 사실상 배 안에 그들에게 있는 한 떡은 예수였다. 제자들이 "우리에게 떡이 없다"(8:16)고 탄식하면서 증거했던 것처럼, 그들은 이해하지 못했다. 예수는 "너희가 어찌 떡이 없음으로 수군거리느냐 아직도 알지 못하며 깨닫지 못하느냐 너희 마음이 둔하냐 너희가 눈이 있어도 보지 못하며 귀가 있어도 듣지 못하느냐 또 기억하지 못하느냐?"(8:17-18)라고 물으심으로써 다툼을 잠재우셨다.

떡은 예수의 사역의 상징이 되었고, 제자들은 이를 이해하지 못한다.[7] 예수의 부활 후에 다시 떡을 취할 때, 그들은 가장 독특한 성격을 가진 떡을 가지고 있다는 사실을 이해할 것이다. "이것은 내 피다"는 말씀과 결합하여, 하나님이 새로운 언약을 체결하시는 그의 죽으심으로 말미암아 예수의 임재가 가능해진다.

잔의 축사 후에 예수는 그것을 제자들에게 주신다. 마가는 그들이 잔을 모두 마신 후에 예수가 "이것은 많은 사람들을 위하여 흘리는 나의 피 곧 언약의 피니라"(14:24)고 말씀하신 것을 보고한다. 교제의 식사는 오랫동안 우리에게 너무나 습관화되었으므로 우리는 이 말씀에 대해 놀라지 않는다. 1세기 유대인에게 그것이 무엇을 의미했는지를 생각해 보라. 당신이 그 잔을 마셨다. 그리고 주인은 "이것은 내 피다"고 말한다. 피에 대한 유대인의 반감은 유명하다. 창세기 9:4은 피를 마시는 것을 금했는데 이것은 모든 인간들에게 요구된 것이었고, 그러므로 십계명보다 더 보편적인 명령이었다(행 15:20, 29). 피가 곧 생명이고, 또한 피가 속죄의 수단으로서 하나님이 정하신 것이었기 때문에 피를 마시는 것이 율법으로 금지되었다. 인간이 먹기 위하여 죽인 어떤 짐승이든 모든 피를 쏟아야 했다.[8] 그러므로 피를 마신다는 것은 보편적인 계명을 깨뜨리는 것만이 아니라 거룩한 것을 모독하는 것이다.[9] 따라서 유대인 학자들은 이 말씀이 유대인의 입에서 나왔다는 것이 불가능하다고 주장했다.[10]

테일러(Taylor)는 이러한 반대에 대해서 예수가 일반적인 유대인이 아니라, 자신을 많은 사람들을 위하여 죽기로 운명지어진 하나님의 아들로 믿었던 분이라고

---

7. Senior, *The Passion of Jesus*, 58.

8. Hooker, *Mark*, 342.

9. 레 3:17; 7:26; 신 12:16, 23-25; 15:23; 삼상 14:32; 대상 11:15-19을 보라.

10. Claude Montefiore, *The Synoptic Gospels*(London: Macmillan, 1927), 1.332; Joseph Klausner, *Jesus of Nazareth*(London: George Allen & Unwin, 1925), 329; 또한 Hooker, *Mark*, 342을 보라.

제기함으로써 반박했다. 아울러 그의 말씀은 자주 신앙적인 공포심과 격한 반대를 불러일으켰다. 그리고 제자들은 오랫동안 인자가 고난을 당해야 한다는 사실을 배우면서 그리스도의 학교에서 공부했고, 복음서 전체를 통하여 그것을 이해하는 것을 힘들어했다.[11]

"이것이 내 몸이다…이것이 내 피다"는 말씀이 무엇을 의미하는가? (1) 포도주는 포도나무에서 떨어져 나와서 으깨어진 포도의 피로 생각되었다. 희생짐승들의 피는 제사장들에 의하여 백성들의 죄를 속하기 위한 속죄제로서 제단에 뿌려졌다(레 4:17, 18, 25, 30, 34). 예수가 이 말씀을 하실 때, 그는 자신의 죽음이 하나님을 향한 새로운 희생제사라는 사실을 말하고 있는 것이다. 더 이상 희생짐승을 죽일 필요가 없고, 다만 떡이 떼어지고 나누어지고, 포도주가 부어지고 나누어질 뿐이다.

(2) 마가는 각자의 잔으로 마신 것이 아니라 관습에 따라서 그들 모두가 한 컵으로 돌아가면서 마신 것으로 밝히고 있다(14:23). 누군가의 잔을 마시는 것은 그 사람과의 교제 관계로 들어간다는 것을 의미했으며, 한 사람이 그 사람의 운명, 좋은 일과 나쁜 일을 나누어 가진다는 것을 가리킨다(시 16:4-5을 보라. 이것은 다른 신이 아니라, 주님이 나의 분깃이요 나의 잔이라는 사실을 암시한다). 예수가 야고보와 요한에게 자신이 마시는 잔을 그들이 마실 수 있는가를 물으시고, 그 다음에 그들이 그렇게 될 것이라고 확신시키셨다(10:38-39). 결국에 제자들은 고난당하는 메시야에 대한 공격을 이겨내었고, 또한 그의 죽음을 많은 사람들을 위한 대속적 죽음으로 이해하기 시작했을 뿐만 아니라 그들이 주님의 길을 따름으로 있었던 공격을 극복하고 고난의 운명을 받아들였다.

(3) 피는 언약을 보증하거나 언약을 개시했었다. 출애굽기 24:3-8, 11에서 모세가 피를 취하여 백성들에게 뿌리면서 "이는 여호와께서 이 모든 말씀에 대하여 너희와 세우신 언약의 피니라"고 말했다(출 24:8; 슥 9:11; 히 9:19-20을 보라). 예수의 희생적 죽음은 언약을 체결하는 사건이다. 그것은 구속의 새로운 행위를 표시하며, 하나님과 그 백성간의 새로운 관계—옛 언약을 대신하는 것—를 시작한다. 그것은 그의 식탁 주위에 모인 새로운 공동체를 만들어낸다. 논란이 되기는 할지라도, 이사야 53:12도 "많은 사람들"을 위하여 부어진 자신의 피에 관한 예수의 말씀의 배경을 형성할 가능성이 있다. "그가 자기 영혼을 버려 사망에 이르게 하며 범죄자 중 하나로 헤아림을 받았음이니라 그러나 그가 많은 사람들의 죄를 담당

---

11. Vincent Taylor, *Jesus and His Sacrifice*(London: Macmillan,1937), 134.

하며[12] 범죄자를 위하여 기도하였느니라."

마가복음에서는 우울한 감정이 마지막 만찬을 드리고 있다. 그러나 예수는 자신의 죽음을 말씀하실 때마다 그것을 자신을 변호하는 긍정적인 분위기와 결합시키신다. 기쁨의 희미한 빛이 예수가 하나님의 나라에서 새롭게 포도나무에서 난 것을 마신다고 말씀하실 때 떠오른다. 우울한 분위기에서 시작한 만찬은 기쁨의 분위기로 마친다. 죽음, 표리부동, 도망에 직면하여 예수는 궁극적으로 하나님의 통치에 의하여 자신이 변호될 것이라는 신뢰를 나타내 보인다(14:28; 그리고 8:31; 9:31; 10:33-34을 보라).

감람산으로 가심(14:26-31)[13]

예수는 자신의 수난과 관련하여 일어날 모든 것을 예견할 수 있었다(예를 들면, 데려올 것을 명한 짐승, 물 항아리를 들고 가는 남자, 그리고 배반). 이제 그는 모든 제자들이 사방으로 흩어질 것이지만, 또한 그들을 모으실 것을 예고하신다. 동사 '스칸달리조'("아연케하다": NIV, "너희가 변절할 것이다")가 4:17에 있는 흙의 비유에 처음으로 나타났다. 돌짝밭은 피상적인 열심을 보이지만, 뿌리가 깊지 못하다. 말씀으로 인하여 박해가 일어날 때, 그들은 아연케 되어 변절한다. 다시 말하면, 예수는 제자들 모두가 돌짝밭처럼 될 것이며, 베드로는 모든 사람 가운데서도 가장 험난한 시기를 가질 것이다.

유대인들은 열국이 메시야의 능력으로 인해 패퇴를 당하여 흩어질 것임을 기대하고 있었다. 그러나 메시야인 예수는 자신이 매 맞을 때 제자들이 도망할 것이라고 예고한다. 예수는 마가의 이야기 내내 열심히 일해 오셨고, 이제 마지막에는 그것을 거의 보여주지 못하였다. 그의 작은 무리까지도 혼란 속에 빠지고, 사방으로 도망할 것이다. 그러나 스가랴서에서 인용한 말씀은 일어나는 일이 모두 하나님의 지배 가운데 있다는 사실을 계시해준다. 이러한 예고는 제자들이 실패할 것이지만 그것이 종말론적 소망이라는 성경의 정황 가운데 있음을 확인해주고 있다.

---

12. 성경의 관용어에서 "많은"은 "모든"을 의미한다(롬 5:19의 "많은 사람들이 죄인 된 것같이", 고전 15:22을 보라).

13. REB는 그들이 "유월절 찬양"을 부른 다음에 다락방을 떠났다고 번역한다. 그러나 '힘네오'는 유월절 찬양 다음에 불려졌던 할렐 찬양(시115-18)을 가리킨다고 할 필요는 없다. 브라운(Brown, *The Death of the Messiah*, 1.122-23)은 그것이 "식사 끝마칠 때 하는 기도 상황"을 전해주는 것이며, 첫 독자들은 그것을 그들이 예배 시에 자주 부르던 찬송과 연결시켰을 것이라고 주장한다.

마지막 만찬 장면은 스가랴서 9-14장에 대한 많은 암시를 담고 있다. 내 언약의 피(막 14:24/ 슥 9:11), 그날, 하나님의 나라(막 14:25/슥 14:4,9); 감람산(막 14:26/슥 14:4); 목자를 치다(막 14:27/슥 13:7); 부활과 양의 회복(막 14:28/슥 13:8-9). 마커스(Marcus)는 이러한 암시들로부터, 마가가 예수의 지상에서의 마지막 밤을 스가랴가 말한 종말론적 시험의 때로 묘사하고 있다고 결론짓는다. 하나님의 목자가 매맞음을 당할 것이며, 그의 백성은 "흩어지는 시험을 당할 것이다."[14] "나"("내가 목자를 치리니")의 사용은 예수의 죽음 배후에 있는 하나님의 주도권을 강조한다. 일어나는 일은 하나님의 주권적 지배 바깥에 있는 정의의 졸렬한 모조품이 아니다. 이러한 폭력은 우리의 모든 죄를 그분 위에 두고(사 53:6b), 양떼를 황폐케 하는 결과를 처음에 갖는다. 어떤 사람은 망할 것이지만, 남은 자는 단련되고 정화되어 하나님 백성으로 회복될 것이다(슥 13:9). 예수는 그들을 모음으로써 그 붕괴가 반전될 것이다.

예수는 다시 그들에게 격려를 주는 약속을 하신다. "내가 살아난 후에 너희보다 먼저 갈릴리로 가리라." 예수는 이 복음서에서 다섯 번째로 자신의 부활을 예고하신다(8:31; 9:9; 9:31; 10:34). 예수 운동의 미래는 제자들의 개인적인 용기에 있지 않고, 전적으로 하나님의 직접적인 관여에 달려있다.[15] 마가가 이야기를 기록하고 있는 것처럼, 제자들은 하나님이 그리스도 안에서 그의 목적을 이루시기까지 스스로 서지 못한다. 그러므로 예수는 홀로 그 길을 가셔야 한다. 그의 죽으심과 하나님에 의한 그의 부활 이후에야 제자들은 자기 십자가를 지고 그분을 따를 충분한 힘을 갖게 될 것이다.

예수는 그들 "앞서 가실" 것인데, 이것은 첫 번째로 갈릴리에 도착한다거나 길에서 그들보다 앞서서 걸어간다는 의미가 아니다(10:32을 보라). 그것은 그분이 제자들을 돌보는 역할을 다시 시작하시고, 그들을 인도하며, 그들을 함께 불러 모으신다는 사실을 암시한다.[16] 이 약속은 이 복음서의 끝 부분(16:8)을 이해하는데 열쇠가 된다. 독자들은 이 복음서에서 제자들의 실패에 대한 예수의 예언이 어떻게 사실임을 입증했는지를 읽어볼 수 있다. 또한 제자들은 사망을 이기실 것이라는 예수의 예언이 실현되었음을 빈 무덤에서 천사의 선언을 통하여 배우게 된다. 필자는 마가가 본문 가운데 기록해 놓고 있지는 않지만, 예수와 제자들과의 화해

14. Marcus, *The Way of the Lord*, 157-59.
15. Juel, *Mark*, 195.
16. Brown, *The Death of Messiah*, 1. 130.

가 예수가 약속하신 대로 발생했음을 마가복음의 첫 번째 독자들이 틀림없이 알았다고 주장하는 바이다.[17] 모든 독자들은 예수의 부활이 사망의 권세를 깨뜨릴 뿐만 아니라 인간의 실패까지도 이길 수 있다는 사실을 추론할 수 있다. 그것은 새롭게 시작할 모든 사람들에게 기회를 전해준다.

예수가 다시 자신의 죽음에 관해서 말씀하실 때, 베드로와 다른 제자들은 자신들이 신실한 상태를 유지할 수 있는 능력이 있다고 여전히 확신한다. 예수는 죽임을 당했을 때, 일으키시는 하나님의 신실성만을 확신하고 있다. 제자들의 충성에 대한 헛된 맹세(14:29-31)는 그들이 아직도 볼 것을 보지 못하고 준비가 되어 있지 않음을 드러내준다. 일찍이 베드로는 인자가 하나님의 계획에 따라서 고난을 당해야 한다는 사실을 저항했었다(8:31-33). 이제 그는 모든 제자들이 실패할 것이라는 구약성경의 말씀으로부터 인용한 예수의 말씀에 움츠러들지 않고 반박한다.[18] 베드로는 예수를 거짓 선지자로 입증하려고 하고 있으며, 그가 압력에 굴복할 것이라는 어느 주장도 강하게 비난하고 있다. 베드로는 경쟁정신으로 예수의 말씀에 대항하고, 자기 자신을 군계일학(群鷄一鶴)으로 간주하였음에 틀림없다. 베드로는 예수가 실족할 것이라고 시사하고 있는 나머지 제자들보다 자신을 믿을 수 있는 사람으로 입증할 것이라고 주장하고 있다.

"다 버릴지라도 나는 그리하지 않겠나이다"라는 경쟁적인 이기주의는 결코 자진하여 십자가로 가지는 않을 것임을 의미한다. 따라서 결정적인 순간에 베드로의 실패는 영원히 기억될 것이다. 예수는 그를 최후까지 대항하다가 영웅적으로 죽어간 용감한 호위병으로서 부르신 것이 아니다. 그는 자기 십자가를 져야 하며, 그것이 얼마나 진실하고 고상해 보일지라도, 이기적인 야망과 자기중심적 목적을 죽여야 한다. 그러므로 제자들의 흩어짐은 베드로가 다른 사람에 대해서가 아니라 자기 자신에 대해서 말할 때 이미 시작되었다. 그는 자신의 능력을 의지한다. 다른 제자들은 베드로의 인도를 따라 자기들이 결코 예수를 저버리지 않을 것이라고 저항한다. 톨버트(Tolbert)는 통찰력 있게 말한다. "그들이 그분을 배반할 것인지 아닌지를 확신하지 못하고 있다면, 어떻게 죽기까지 충성을 맹세할 수 있는가?"[19] 문제는 그들의 충성 맹세가 성숙하지 않았고, 허영에 들떠 있다는 것이다. 그들은 아직

17. 아래 622쪽을 보라.

18. Brown, *The Death of the Messiah*, 1:134. 베드로의 저항 "그러나 나는 아닙니다"는 대제사장의 염려 "명절에는 하지 말자"와 거의 유사하다.

19. Tolbert, *Sowing*, 212.

도 십자가가 실제로 연루되어 있다는 사실을 충분히 인식하지 못하고 있다.

예수는 이제 베드로가 수탉이 두 번 울기 전에 세 번 자기를 부인할 것이라고 예고하신다. 수탉은 실제 수탁이 우는 것을 가리키거나 나팔(gallicinium)을 부는 것을 가리킬 수도 있는데, 이것은 4시가 시작되었음을 알려주었다. 두 번째 수탉의 울음은 여명 혹은 태양의 솟아오름과 관련이 있었다. 예수는 단순히 "다음날 새벽 이전"이라는 의미로 말씀하였을 수도 있다.[20] 베드로의 머리가 핑 돌았을 것이다. 8:32-34에서 예수는 베드로가 자신의 수난을 받아들이지 않음으로 그를 꾸짖으셨다. 이제 베드로는 예수가 고난을 당해야 하고 자신도 그분과 함께 고난을 받을 것이라는 사실을 수용하고 있다. 그는 심지어 예수와 함께 기꺼이 죽겠다고 말한다(14:31). 예수와 함께 죽는다는 것은 필요하지만, 예수는 자기를 지켜주기 위한 용감한 기사를 필요로 하지 않으신다. "…와 함께 죽는다"는 단어('쉰아포드네스코')는 바울 서신에서 우리를 구원하시는 예수의 죽음에 우리가 참여함을 가리킨다(고후 7:3; 딤후 2:11; 또한 롬 6:8; 골 2:20을 보라). 그렇다면 이 말은 상당히 아이러니하며, 예수의 죽음의 의미에 대해서 베드로가 계속해서 무지함을 나타낸다.

상황잇기

오콜린즈(O'Collins)는 "성경 비평의 출현은 몇몇 학자들로 하여금 다가올 죽음에 대한 예수의 기대를 지극히 극소화시키도록 인도해갔다. 때때로 그들은 심지어 그의 죽음이 사전에 받아들여지고 이해됨이 없이 그에게 닥쳐온 것으로 주장하기까지 했다"고 보았다.[21] 예수가 자신의 죽음을 어떻게 이해하고 있었는지를 우리는 알 수 없고 십자가 죽음이 그의 활동의 본질적이고 필연적 결과가 아니었다는 불트만(Bultmann)의 주장을 오콜린즈는 인용한다.

> 오히려 그의 십자가의 죽음은 그의 활동이 정치적 활동으로 곡해되었기 때문에 일어났다. 그 경우에 그것은 의미 없는 죽음이었을 것이다. 예수가 어떻게 그 가운데서 의미를 발견하였는지를 우리는 말할 수 없다. 우리는 그분이 죽음의 고난을 당할 가능성을 숨길 수 없다.[22]

20. Brown, *The Death of Messiah*, 1:137.
21. Gerald O'Collins, *Interpreting Jesus*(London: Geoffrey Chapman, 1983), 80.

불트만과 여타 사람들은 마지막 만찬과 겟세마네를 간과하고, 정치적 영역과 종교적 영역 간에 잘못된 이분법을 적용한데 대해서 비판을 받을 수 있다. 큉(Küng)은 다음과 같이 묻는다.

> 예수가 최종적으로 그에게 일어났던 일에 대해 어떤 예감을 하지 못할 만큼 그렇게 우직한 사람이었던가? … 비참한 종말의 위험을 인식하는 데는 그 어떤 초자연적 지식도 필요하지 않았고, 다만 실체에 대한 인식만을 필요로 했다. 그의 급진적 메시지는 개인과 사회의 종교적 자기 신뢰 그리고 전통적 종교체계 전체에 관한 의문을 불러일으켰고, 초기부터 반대를 불러일으켰다. 따라서 예수는 종교 당국자들에게서 또한 특히 권력 중심부에 있는 정치당국자들에게서 심각한 갈등과 극렬한 저항을 받게 되어 있었다.[23]

예수는 자신의 죽음이 운명의 장난이 아니라 하나님의 섭리 가운데에 있는 목적임을 확고하게 믿었다. 그는 이 죽음이 많은 사람들을 위한 대리적 죽음으로 보았다. 그것은 인간들이 스스로 해결할 수없는 일이기에 예수는 홀로 곤경에 맞서서 그들을 위하여 이 대리적 죽음을 제공해 주셨다. 그는 자신의 죽음을 소명의 일환으로서 적극적으로 바라보시고, 구원을 인간에게 가져다주시는 하나님의 나라와 긴밀하게 연결시키신다.

오늘날 몇몇 교회들 가운데서는 고난주간의 목요일 밤에 유월절 밤 축제를 가지는 흐름이 있다. 필자의 생각에 이러한 욕구는 마지막 성만찬에 대한 마가의 진술의 의미를 오도하고 오해한 것으로 보인다. 학자들이 예수의 마지막 성만찬이 유월절 식사였는지의 여부에 관한 논쟁을 별개로 하더라도,[24] 유월절의 요소들이 식사에 대한 마가의 기사에서 무시되어 있다. 마가는 유월절 어린양, 물로 끓인 야채, 쓴나물, 무교병, 혹은 애굽으로부터의 구원에 언급이 전혀 없다. 이스라엘의 유월절이 예수 안에서 성취되었으므로, 제자들은 의식을 위한 어린양을 다시 필요로 하지 않는다.[25] 주의 성찬은 초대교회에서 연례적인 의식으로 축하되지 않았고, 다

22. Rudolf Bultmann, *Historical Jesus and Kerygmatic Christ*, eds. Carl E. Braaten and Roy A. Harrisville(New York/Nashville: Abingdon, 1964), 23; O'Collins, *Interpreting Jesus*, 82에서 인용함.
23. Hans Küng, *On Being a Christian*(London/New York: Collins, 1977), 320; O' Collins, *Interpreting*, 84에서 인용함.
24. 복합적인 주장들에 관해서는 Joachim Jeremias, *The Eucharistic Words of Jesus*(London: SCM, 1966), 1-88; Brown, *Death of the Messiah*, 2:1350-78을 보라.

만 주의 날만 축하되었다. 유월절은 그리스도의 희생의 은유가 되었다(참조. 고전 5:7). 그리스도인들이 유월절을 축하한다는 것은 그리스도의 죽음의 의미를 미묘하게 손상시키는 것이며, 이 식사에 예수가 부여한 의미까지 손상시킨다. 예수의 죽음이 성전에서 있었던 짐승의 희생 제사를 폐지한 것처럼, 주의 성만찬도 옛 것을 초월하는 모든 하나님의 백성들, 즉 유대인과 이방인들의 축제가 되었다.

유월절	주의 만찬
율법의 옛 시대에	하나님 나라의 새로운 시대에
하나님 백성의 탄생을 축하하는 대 축제의 식사	하나님 백성의 탄생에 대한 새로운 기념의 식사
구원과 옛 언약에 결합한 참여자들	구속과 새 언약에 결합한 참여자들
출애굽을 회상하고 하나님의 구원을 바라봄	구원을 가져다 준 십자가를 회상하고, 하나님 나라의 최종적인 실현을 고대함.

현대적 의미

유월절은 이스라엘에 대한 하나님의 과거의 구원에 만족을 가져다주는 추억이 되도록 의도되지 않았다. 이 축하는 각 세대가 그 사건과 교감하고, 그것을 지금의 실재로 만들기 위한 것이었다. 그것은 "하나님이 나를 위하여 행하신" 것을 축하한다(참조. 출 13:8-9). 이와 같은 방식으로, 주의 성찬은 과거와 지나간 어떤 것에 대한 기념이 아니라, 주께서 우리를 위하여 행하신 일을 상기하고 그의 죽으심과 그의 임재를 지금의 실재로 만드는 것이다. 헌터(Hunter)는 성경적 관용어 가운데 "기억"(혹은 기념, remembering)은 "한 사람의 마음속에 과거의 사건에 대한 활기 없는 사상을 품는 것이 아니라, 그 사건이 의지를 지배하고 우리의 삶에서 선이나 악을 다스릴 수 있도록 그 사건을 다시 현재의 것으로 만드는 것이다"라고 지적한다.[26]

주의 성찬은 선을 위하여 역사 한다. 그것은 우리가 누구인지, 우리의 내력이 무

25. Xavier Léon-Dufour, *Sharing the Eucharistic Bread. The Witness of the New Testament*(New York/Mahwah: Paulist, 1987), 193
26. A. M. Hunter, Jesus–*Lord and Saviour*(Grand Rapids Eerdmans, 1976), 140.

엇인지, 우리의 가치가 무엇인지, 그리고 누가 우리를 그의 소유라고 주장하고 계시는지를 우리 자신에게 상기시켜 준다. 주의 성찬에서 복음은 우리 육신의 오감을 건드린다. 우리는 우리를 위하여 그리스도가 죽으신 것이 무엇을 의미하는지를 보고, 듣고, 맛보고, 냄새 맡고 만진다. 그것은 또한 과거와 현재와 미래를 함께 묶어준다. 우리는 예수의 마지막 만찬을 되돌아보고 하나님과의 새로운 언약의 시작을 체험한다. 우리는 우리를 위한 예수의 죽음을 체험하고 사죄 받은 우리 죄의 능력을 체험한다. 우리는 모두가 예수를 주님으로 인정할 하나님 나라에서 있을 미래의 축하를 바라본다. 예수가 포도주를 제자들에게 분배하실 때, 그는 하나님에 의하여 변호를 받을 것이고 하나님 나라에서 새로운 것으로 마실 것이라고 엄숙하게 확증하신다. 그의 말씀은 "그의 고난의 시기에 같이 식탁에서 먹었던 사람들이 그의 영광의 때에도 먹을 것"이라는 암시적인 약속을 담고 있다.[27]

그러나 떡을 먹고 포도주를 마시는 것은 어떤 마술적인 의식이 아니다. 그것은 구원에 대한 자동적인 보증을 가져다주지 않는다. 어떤 의식에 참여함으로써 예수의 구속적 죽음의 은혜를 받지 못한다. 유다도 떡과 포도주에 참여하지 않았는가? 그가 성찬에 참여했을지라도, 그것이 구원의 효과를 갖지 않았다(행 1:25). 심지어 예수의 엄격한 경고까지도 직접적인 효과가 없다. 예수는 유다로 하여금 그 음모를 알게 하시며, 그로 하여금 그 과정에서 돌이키도록 마지막 기회를 주신다. 예수는 성경에 그에 대하여 기록된 대로 해나가시지만, 유다는 주님을 배반할 하나님의 필연성 아래 있지 않았다. 그는 자원하여 예수의 경고를 무시하는 편을 택하였고, 제사장들과의 협상을 성사시키기 위해 그곳을 떠나갔으며, 여전히 다른 제자들은 눈치 채지 못했다.

유다가 식사에 다른 제자들과 함께 참석했고, 본문에서 그가 참석하지 않았다는 암시가 없다고 인정한다면, 떡을 먹고 포도주를 마시는 일을 구원이 되도록 내면화시켜야 한다. 새 언약은 하나님 백성의 마음 판에 기록되어야 한다(렘 31:31-34). 주의 성찬에 대한 이러한 성례전의 견해가 고린도에서 잘못 해석되었다. 그들은 성찬이 그들을 고난과 하나님의 심판을 면제케 하는, 주의 영광에 참여하게 하는, 불멸의 음식이라고 생각했다(고전 10:3-5을 보라). 바울은 그들이 이 떡을 먹고 이 잔을 마실 때 그가 다시 오실 때까지 주의 죽으심을 선포하는 것이라고 그들

27. Albert Schweitzer, *The Quest for the Historical Jesus. A Critical Study of Its Progress from Reimarus to Wrede*(New York. Macmillan, 1968), 376.

에게 상기시켜준다(11:26). 그들은 그의 죽으심에 참여하였다. 이것은 사람들이 주의 성찬에 참여하지 않고 삶을 쉽게 살거나 희생을 하지 않았을 가능성을 암시한다.

마가는 마지막 만찬을 축복과 확신을 가져다주는 성례전이라는 인상을 주지 않는다. 고조된 긴장, 땀에 젖은 손바닥, 목구멍에 떡 한조각, 불안스러운 걱정으로 가득한 이 장면은 독자들에게 하나의 경고로서 역할 한다. 독자들은 첫 제자들이 그러했던 것과 동일한 방식으로 자기 자신들을 세밀히 돌아보아야 한다. 그들 가운데 한 사람이 예수를 배반할 것이었다. 모인 제자들은 즉시 유다를 그 죄책을 가진 사람으로 지적하지 않았다. 그들은 자기 자신들을 살펴보았다. 오늘날 각 사람은 이 제자들이 했던 것처럼 자기 자신들에게 물어야 한다. "나는 아니겠지요?"

주의 성찬이 예배의 끝 부분에 제공될 때, 사람들은 마음을 살피기보다는 시계를 보고, 이전 주간에 어떻게 예수를 배반했는가 혹은 어떻게 다음 주간에 예수를 배반하게 될 것인가보다는 그날의 저녁식사를 더 걱정할 수도 있다. 만찬에 대한 마가의 기사는 우리를 흔들어 깨운다. 각 사람은 자신의 삶을 돌아보고 주를 배반했던 모든 크고 작은 잘못된 것들을 고백하며, 약점들을 인정해야할 것이다. 만일 열 둘 중의 하나가 예수를 배반할 수 있었다면, 우리는 겸손하게 모든 그리스도인들이 그러한 가능성을 가지고 있다는 사실을 깨달아야 할 것이다. 반문(反問)에 반대되는 자기 검토 사상은 합당하게 먹는다는 개념이 들어있는 바울의 주의 성찬에 대한 설명에 보존되어 있다(고전 11:27-29). 우리가 얼마나 무가치한지를 인식하게 될 때, 주의 성찬에 참여할 자격이 있다. 또한 예수가 우리를 위하여 죽으셨고, 우리의 무가치함에도 불구하고 우리를 받아들이신다고 인정할 때, 우리는 그 능력을 느끼게 된다.

그러나 주의 성찬석에 둘러앉은 사람들에게 스며들 수 있는 자기중심주의의 위험을 조심해야 한다. 배반자가 그들 가운데 있다고 예수가 말씀하실 때, 제자들은 예수가 자기는 아니라고 확증하시는 희망을 가진다. 그가 그 확신을 가질 때 안도의 한숨을 쉴 수도 있다. 자기는 절대로 예수를 배반하지 않을 것이다. 제자들 가운데 누구도 예수가 배반을 당할 것이라는 데 대해서 어떤 관심도 표명하지 않는다. 아무도 배반자에 대한 어떤 관심을 가지지 않는다. 각 사람은 예수로부터 명확하게 확증을 얻기를 바라면서, 자기 자신에게만 관심을 가진다. 각 사람은 그러한 죄를 범하지 않을 것이라는 사실을 예수로부터 확증 받기를 원한다.

그러나 그 상 주위에 모인 사람들 가운데 한 사람은 가증스러운 배신의 죄를 지을 것이다. 혈액에 냉동수를 가진 유다는 다른 제자들과 함께 식사를 하는 가운데 내내 속인다. 그러나 제자들 가운데 누구도 나무랄 데 없는 사람은 없을 것이다. 모든 제자들이 불성실한 종임을 나타내 보일 것이다. 여기서 대조가 두드러진다. 예수는 자기 생명을 다른 사람들을 위하여 내어주고, 다만 배반자의 비참한 운명을 슬퍼한다. 제자들의 반응은 오직 자기 자신들에게만 관심을 가지고 있다는 사실을 보여준다. 이 같은 이기주의가 우리의 주의 성찬을 기념하는 가운데서 표면으로 떠오를 수 있다. 거기서 우리의 서로간의 불화, 분리, 소외가 드러난다. 이 성찬은 우리로 하여금 그리스도의 자기희생적 사랑을 닮도록 상기시켜 주며, 우리의 깨어진 관계를 치료하는 순간이 되어야할 것이다.[28]

교회 역사를 통하여 주의 성찬은 주님의 죽으심의 화해하는 효과를 선포하는 평화의 표식이라기보다는 그리스도인들 사이에 틈을 선포하는 발화점이 되어왔다. 그리스도인들은 심지어 같은 고백적 전통을 가진 교단 내에서도 준수의 형태와 방법, 얼마나 자주 준수해야 하느냐, 누가 관장하고 누가 참석할 수 있느냐에 관하여 계속해서 논쟁한다. 교단의 분열의 많은 일들이 신약성경 본문과 아무런 관계가 없는 선포와 결정에서 나온 것이다.

문제는 주의 성찬이 식사의 문맥으로부터 분리된 성례 의식으로 취급되었을 때, 그리고 그것을 관장할 수 있는 사람을 제한하도록 유도했던 교회 직분들이 발전되었을 때 시작되었다. 만일 예수가 상징적으로 그 죽음의 의미를 선포하시고 미래를 위한 확증을 제공하셨던, 예수와 제자들이 함께 하셨던, 마지막 식사인 주의 성찬의 의미를 포착하기 원한다면, 우리는 의식과 식사라는 이 둘이 통합된 식사의 정황 속에서 축하해야할 것이다(행 2:42, 46; 6:1-2; 21:7, 11).[29] 그 행위가 "그들이 먹을 때에"(14:22) 펼쳐진다.

그러나 위험은 여기에도 잠복해있다. 식사적 배경에서 주의 성찬에 대한 고린도 교인들의 기념은 분열로 둘러싸여 있었다(고전 11:18). 그들은 외관상 바울이

---

28. Theodore E. Dobson, *Say But the Word How the Lord's Supper Can Transform Your Life*(New York/Ramsey, N. J., Paulist, 1984), 5.

29. Hans Lietzmann(*Mass and Lord's Supper*[Leiden: Brill, 1953], 204-8)은 초대교인들이 별개의 두 가지 만찬 준수를 발전시켰다고 주장했다. (1) 예루살렘 형태로서, 이것은 예수가 행한 제자들과의 식탁교제에서 발전했고, 예수의 영적 임재를 축하하며 그의 재림을 고대하는 즐거운 식사였다. (2) 바울적인 형태로서, 이것은 예수의 죽으심에 대한 기념이었고 구원에 대한 의미가 강조되었다. 그러나 바울은 자신이 받은 전승을 전달해주었다고 주장하는데, 이것은 예수가 제자들과 함께 하셨던 마지막 식사로 거슬러 올라간다(고전 11:23). 주의 성찬 준수에 대한 두 가지 구분된 형태의 사례는 수립된 적이 없었다.

전승으로부터 묘사하고 있는 형식을 따랐다. 예수가 축사하시고 떡을 떼어 주셨고 '저녁식사 후에' 잔을 취하였다(11:23-25). 폐해가 만찬 중에 발생했다. 폴 윈터(Paul Winter)의 재구성에 따르면, 만찬이 모든 사람이 참여했던 떡을 떼는 것으로 시작되었다. 그 다음에 보다 부유한 고린도인들과 그 가족에 속한 사람들이 이기적으로 자기들의 식사를 마구 먹고 배불렀으며, 반면에 어떤 가족에 속하지 않은 "없는 자들"은 굶주렸다(11:21).[30] 가난한 자들은 식사 후에 잔에 참여할 때 동료 그리스도인들에게 가담했다.

바울은 고린도인들의 이기적인 취함('프로람바노', 11:21)을 예수의 떡을 취하심('람바노', 11:23)와 대조시킨다. 둘 다 취하다이다. 고린도인들은 자기 자신을 위하여 취했고, 예수는 다른 사람들을 위하여 떡을 취하셨다. 고린도인들은 이기적으로 행동했고, 예수는 다른 사람들에게 주셨다. 고린도인들은 다른 사람들의 굶주림이나 명예에 관심을 보이지 않았으므로 비난을 받았다(11:22). 그들은 상위에 있는 몸(body)은 숭배했으나 상 옆에 있는 몸은 분별하지 않았다(11:29; 상 옆에 있는 육신들은 그리스도안에서 자기들과 한 몸이었다–옮긴이). 바울은 그들에게 이기심을 극복하라고 요구하고, "서로를 받아들이라"고 요구한다(11:33). 이것은 가지지 않은 사람들과 함께 나누는 것을 수반한다.[31] 윈터(winter)는 고린도인들이 궁핍한 형제와 자매에 대한 사랑을 나타냄으로써만 하나님을 향한 그들의 사랑을 말할 수 있다고 결론짓는다.

> 이 단어의 가장 온전한 의미에서 주의 성찬('데이프논')으로 그리스도가 무한정 받아들이셨던 사람들을 거절하는 것은 모든 장벽들을 무너뜨리는 복음의 실체를 부인하는 것이며, 과거 시대에 속한 사회 경제적 구분을 새 시대의 연회에 가져오는 것이다.[32]

어떻게 고린도에서 그 일이 실패하였던가? 고대 세계의 만찬 풍습은 주인이 먹을 때 종들이 주변에 서 있는 것이 관례였기에 어떤 사람들이 아무것도 먹고 있지

---

30. Paul Winter, "The Lord's Supper at Corinth. An Alternative Reconstruction," *RTR* 37(1978), 73-82.

31. Ibid., 79. 윈터(Winter)는 '에크데코마이'라는 동사는 셈족의 식사 상황에서 "다른 사람을 위하여 기다린다"를 의미하지 않고 그들이 다른 사람들과 함께 나누어 먹는 것을 함축하면서 다른 사람을 환영하는 것을 의미한다고 주장한다.

32. Ibid., 81.

않다는 사실을 무시하기가 쉬웠다. 그러나 인간의 이기성이 또 다시 고린도 교회의 불행한 일의 저변에 깔려 있었는데, 이것이 주의 성찬이라는 미명 아래서 일어났다.

동일한 문제가 우리의 만찬에도 침투할 수 있다. 특히 우리가 부활하신 그리스도와 교제하는 것이 오직 개별적으로만 관련이 있는 것으로 강조할 때 그러하다. 빵과 포도주 가운데 있는 예수의 구원의 능력의 임재는 우리가 다른 사람과 공동으로 연합되었다는 사실을 인식할 때 나타난다. 교회는 주의 성찬과 관련한 전통을 비판적으로 신약성경의 증거와 비교해보아야 할 것이다. 아마도 그들은 그리스도의 구원하시는 능력의 임재를 새롭고도 다른 방식으로 전달하는 방식들을 발전시켜야 한다는 사실을 발견할 것이다. 우리가 식사를 나누면서 주의 성찬을 준수하는 신약성경의 관습으로 돌아간다면, 이 구원하시는 능력의 임재가 가장 잘 전달될 것이다. 우리는 진정 주님과의 교제 그리고 서로간의 교제를 기념할 수 있다.

마가복음 14:32-52

32 그들이 겟세마네라 하는 곳에 이르매 예수
께서 제자들에게 이르시되 내가 기도할 동
안에 너희는 여기 앉아 있으라 하시고
33 베드로와 야고보와 요한을 데리고 가실새 심
히 놀라시며 슬퍼하사
34 말씀하시되 내 마음이 심히 고민하여 죽게
되었으니 너희는 여기 머물러 깨어 있으라
하시고
35 조금 나아가사 땅에 엎드리어 될 수 있는 대
로 이 때가 자기에게서 지나가기를 구하여
36 이르시되 아빠 아버지여 아버지께는 모든 것
이 가능하오니 이 잔을 내게서 옮기시옵소서
그러나 나의 원대로 마시옵고 아버지의 원대
로 하옵소서 하시고
37 돌아오사 제자들이 자는 것을 보시고 베드로
에게 말씀하시되 시몬아 자느냐 네가 한 시
간도 깨어 있을 수 없더냐
38 시험에 들지 않게 깨어 있어 기도하라 마음
에는 원이로되 육신이 약하도다 하시고
39 다시 나아가 동일한 말씀으로 기도하시고
40 다시 오사 보신즉 그들이 자니 이는 그들의
눈이 심히 피곤함이라 그들이 예수께 무엇으
로 대답할 줄을 알지 못하더라
41 세 번째 오사 그들에게 이르시되 이제는 자
고 쉬라 그만 되었다 때가 왔도다 보라 인자
가 죄인의 손에 팔리느니라
42 일어나라 함께 가자 보라 나를 파는 자가 가
까이 왔느니라
43 예수께서 말씀하실 때에 곧 열둘 중의 하나
인 유다가 왔는데 대제사장들과 서기관들과
장로들에게서 파송된 무리가 검과 몽치를 가
지고 그와 함께 하였더라
44 예수를 파는 자가 이미 그들과 군호를 짜 이
르되 내가 입맞추는 자가 그이니 그를 잡아
단단히 끌어 가라 하였는지라
45 이에 와서 곧 예수께 나아와 랍비여 하고 입
을 맞추니
46 그들이 예수께 손을 대어 잡거늘
47 곁에 서 있는 자 중의 한 사람이 칼을 빼어
대제사장의 종을 쳐 그 귀를 떨어뜨리니라
48 예수께서 무리에게 말씀하여 이르시되 너희
가 강도를 잡는 것 같이 검과 몽치를 가지고
나를 잡으러 나왔느냐
49 내가 날마다 너희와 함께 성전에 있으면서
가르쳤으되 너희가 나를 잡지 아니하였도다
그러나 이는 성경을 이루려 함이니라 하시
더라
50 제자들이 다 예수를 버리고 도망하니라
51 한 청년이 벗은 몸에 베 홑이불을 두르고 예
수를 따라가다가 무리에게 잡히매
52 베 홑이불을 버리고 벗은 몸으로 도망하니라

원 의미

예수는 마지막 만찬 후에 겟세마네로 지칭되는 감람산의 한 장소로 물러가신다. 겟세마네라는 단어는 "기름을 짜다"를 의미한다.[1] 예수는 베드로, 야고보, 요한을 다른 제자들로부터 따로 데리고 기도하신다. 베드로는 예수가 고난을 당하고 심지어 그가 죽음에 이른다할지라도 자기는 예수와 함께 같이 갈 것이라고 방금 전에 장담했다(14:29). 야고보와 요한은 그가 받는 세례를 받을 수 있고, 그가 마시는 잔을 마실 수 있다고 약속했다(10:39). 예수는 그들에게 자신들의 말을 고려해 보도록 기회를 제공하신다. 이 세 제자들은 그가 야이로의 딸을 살리는 것을 목격했고 그의 영광스러운 변화를 목격했다(5:37; 9:2). 이제 그들은 그의 고뇌를 목격해야 했다. 예수의 고뇌는 이러한 다른 두 사건들만큼 중요하다.[2] 이 사건을 두 부분으로 나누어 취급할 수 있다. 예수의 겟세마네의 경험과 제자들의 겟세마네의 경험. 여기서 우리는 예수의 포박을 논의할 것이다.

겟세마네의 예수(14:32-36)

비록 예수가 베드로와 야고보와 요한의 지원과 기도를 원하고 있지만, 이 세 제자들까지도 이제 자신에게 도움이 될 수 없다는 사실을 알고 홀로 약간 멀리 더 나아가신다. 마가는 14:33에서 공포와 고난('에크담베오')의 가장 큰 등급에 해당되는 단어를 사용한다. 마가는 대담하게 우리로 하여금 예수의 육신의 고통 이전에 당하시는 정신적 고뇌를 보게 만들어주고 있다. 예수는 앞에 있는 끔찍한 전망에 직면하여 전율하는 공포에 사로잡혀있다.[3]

예수는 제자들에게 죽음에 이르는 슬픔으로 인해 상심해 있다고 말하고 있는데, 이 문구는 그의 슬픔의 한계를 묘사하는 문구다.[4] 그것이 그로 하여금 기도하게 만든다. 기도 또한 놀랍다. 예수는 자기의 고난을 냉철하게가 아니라 성경적으로 크

1. 감람산의 비탈은 로마인들이 주후 66-70년의 전쟁 동안에 공격구조물을 건설하기 위하여 수많은 나무들을 베어 가기 전에는 감람나무 숲으로 가득했다.

2. Urs Sommer, *Die Passionsgeschichte des Markusevangeliums*(WUNT 2/58, Tübingen. J. C. B. Mohr[Paul Siebeck], 1993), 105.

3. Cranfield, *Mark*, 431.

4. Sir. 37:1-2은 한 사람의 친구와 동료가 원한관계로 바뀔 때 죽을 지경으로 슬픈 것으로 묘사한다. 예수는 죽을 수 있었던 슬픔(시 42:5, 6, 11; 43:5; 116:3)이나 죽음이 더 나을 정도로 큰 슬픔(완전히 고갈된 선지자들의 애가들, 그리고 민 11:14-15[모세]; 왕상 19:4[엘리야]; 렘 20:14-18; 욘 4:3-9을 보라)으로 소진되지는 않았다.

게 애통해 하시면서 받아들이신다.[5] 마가는 또한 예수가 땅에 엎드리셨다고 기록하고 있다(14:35). 일반적으로 유대인들은 하늘을 향하여 손을 펴서 선 자세로 크게 기도했다. 그러나 어떤 사람이 특별한 곤경에 처해있을 땐, 엎드려서 얼굴을 땅에 대고 기도한다(삼하 12:16을 보라).

예수의 애통의 기도는 시편 가운데 발견되는 유명한 애가시의 패턴을 따르고 있다(시 13:1-3; 22:1-21; 31:1-24; 40:11-13; 42:5, 9-11; 43:1-2, 5; 55:4-8; 61:1-3; 116:3-4). 시니어(Senior)는 유대인의 애가 가운데서의 기도는 "완전히 제어되지도, 예의를 갖추지도 않는다. 감정, 불평 그리고 심지어 되돌아온 비난의 소용돌이에서 신자는 자기의 마음을 하나님에게 쏟아 붓는다"고 말한다.[6] 마음을 돌이켜 달라고 하나님에게 요구하는 기도자들을 반항하는 것으로 간주하지 않았고, 하나님이 기도를 들으시고 "전체적인 섭리"와 조화될 수 있는 요구를 허락해 주신다는 신뢰감을 실질적으로 드러내는 것으로 간주된다.[7]

이러한 신뢰관계는 예수가 하나님을 '아바' 라고 부르신 호칭 가운데 반영되어 있다. 유대인은 기도하는 중에 하나님을 "아버지"라고 부른다. 수년 전 구스타프 달만(Gustav Dalman)은 유대인들이 하나님을 아버지로 이해하지 않았다는 입장과 하나님과의 친밀한 관계가 신약성경의 계시가 있기까지는 알려진 바가 없다는 입장은 옳지 않다고 주장했다. 그는 다음과 같이 기록했다. "그러므로 그것은 아버지로서의 하나님의 관계가 유대 공동체 내에서 개인에게 적용되었을 때, 그것은 새로운 것이 아니었다."[8] 그들은 열심히 귀를 기울여 듣는 사랑하는 부모에게 하는 것처럼 기도했었다. 그러나 그 어떤 유대인도 기도 중에 이 같은 친밀한 호칭('아바')을 사용하지 않았다. 예수는 이러한 어린아이 같은 "아빠"[9]라는 호칭으로 경건한 관습을 산산이 부수신다. 그는 아버지와의 친밀성과 더불어 아버지가 가까이 계시고 사랑으로 돌보신다는 확신을 표현하신다.

예수는 다른 사람이 하지 않고 또한 할 수없는 방식으로 하나님을 아버지로 아신다. 그러나 "유대인에게 하나님의 아버지 되심에 함축된 첫 번째 의미는 복종에 대한 우선권"이라는 사실을 잊어서는 안 될 것이다.[10] 예수는 하나님을 아버지로

5. Schweizer, *Mark*, 311; 예를 들면, 시 55:4-6; Sir. 51:6-10을 보라.
6. Senior, *The Passion of Jesus*, 76.
7. Brown, *The Death of the Messiah*, 1:167.
8. Gustav Dalman, *The Words of Jesus*(Edinburgh: T & T Clark, 1902), 189.
9. Georg Schelbert, "Sprachgeschichtes zu 'abba,'" *Mélanges Dominique Barthélemy*, eds. P. Casetti, et al.(Orbis Biblicus et Orientalis 38; Göttingen: Vandenhoeck & Ruprecht, 1981), 395-447.

완전히 신뢰하며 복종하신다. 또한 그는 고난을 면하게 해달라는 기도에서 하나님의 전능하심을 고백한다. 그의 기도는 하나님의 목적을 대항하려는 것이 아니다. 그 한계를 빠져 나오시려는 것이 아니라 그 목적의 한계를 탐구하시는 것이다.[11] 다른 방법이 있을까? 공포의 잔을 피할 수 있는가?

그 잔은 하나님의 진노의 심판, 곧 죄악 된 인류에 대한 하나님의 심판이라는 무서운 결과를 나타낼 수 있다(시 11:6; 16:5; 23:5; 75:8-9; 116:13; 사 51:17-23; 렘 16:7; 25:15-18; 27:46, 51; 49:12; 51:7; 겔 21:31-34; 애 2:13; 4:21; 합 2:15-16; 슥 12:2; 계 14:10; 16:19; 17:4; 18:3, 6). 한편으로 잔은 단순히 예수가 당해야할 죽음과 고난을 가리킬 수 있다. 예수는 잔과 세례를 자신의 구속적 죽음의 상징으로 사용하신다(막 10:38, 45). 그는 14:35에서 잔을 시간과 연결시키신다. 그리고 14:41에서 그는 죄인들에게 넘겨질 그때가 왔다고 말씀하신다. 예수는 죽음으로 '부터' 구출 받기를 기도하시지만, 그는 죽음을 '통해서' 구출 받을 것이고, 부활로 영광을 받을 것이다.[12]

겟세마네에서 예수는 하늘의 두려운 침묵에 부딪힌다. 하늘로부터 "이는 내 사랑하는 아들이요 내 기뻐하는 자라"고 선언하시는 확증의 말씀도 없다. 비둘기도 없다. 그를 섬기는 천사도 없다. 하나님은 이미 말씀하셨고 아들은 순종해야 한다. 예수는 그 침묵을 극복하시고 자기 뜻대로 하고자 하는 인간적 유혹을 물리치시고, 기도를 통하여 하나님의 뜻에 묵묵히 따르신다. 그는 어두움 속에서 슬며시 빠져나가거나 혹은 폭력의 도움을 의지함으로써 그 잔을 피하려 하지 않으신다. 그는 광야의 돌들을 받아들이셨던 것처럼, 십자가의 못도 받아들이실 것이다.

제자들의 겟세마네(14:37-42)

마가는 기도 중에 있었던 세 번의 순간들을 포착하여 기록하고 있다. 이것은 그가 최종적으로 하나님의 뜻을 받아들이게 된 투쟁 과정의 전개를 의미하지 않는다. 예수가 세 번이나 제자들에게 오셔서 그들이 졸고 있는 것을 발견하셨으므로, 하나님의 뜻과의 씨름은 이야기 가운데서 그 일면에 지나지 않는다. 마가는 예수의 기도의 내용을 단 한번 기록하고 있지만, 그가 매 번마다 와서 졸고 있는 제자

10. G. B. Caird and L. D. Hurst, *New Testament Theology*(Oxford: Clarendon, 1994), 401.
11. Richard T. France, *Matthew*(TNTC: Grand Rapids: Eerdmans, 1985), 373.
12. Austin Farrer, *The Triple Victory. Christ's Temptation According to St Matthew*(London. Faith, 1965), 94.

들을 발견하실 때 그들에게 하시는 말씀의 내용을 기록하고 있다(14:37-38, 40, 41). 그러므로 그가 돌아가서 기도하는 것을 강조하고 있지 않고, 제자들에게로 돌아오시는 것을 강조하고 있다(14:37, 40, 41).

예수가 제자들의 기도를 살펴보신 일을 긍정적인 면에서 그리고 부정적인 면에서 해석할 수 있다. 한편으로, 예수는 양떼를 멸하려는 위협에 대항하시는, 반복적으로 그들을 돌보시는(6:34을 보라) 선한 목자로 오셔서 살펴보신다(14:27).[13] 다른 한편으로, 마가는 가장 결정적인 순간에 제자들의 실패를 강조하고 있다. 예수는 먼저 제자들에게 "너희는 여기 머물러 깨어 있으라"(14:34; '그레고레이테': 현재 명령형이며 "깨어있으라"보다 더 강한 표현이다). 그는 그들에게 대적이 근처에 있나 살펴보라거나 어떤 대적이 접근해오면 경보를 울리도록 감시자를 배치하라고 말씀하시지 않는다. 그것은 그들이 예수와 함께 감람산에 있었을 때에 그가 하신 마지막 경고를 상기시켜준다(13:36).

그러나 예수는 세 번이나 그들에게 깨어있으라고 강력하게 명령하신 다음에도 그들이 자고 있는 모습을 발견하게 된다(14:37-41). 예수는 바다에서 폭풍이 몰아치는 동안에 그 위기 가운데서 주무셨는데, 그것은 진정한 위기가 아니었다(4:37-41). 그들은 그분이 위기를 겪는 동안에 내내 잠을 잤는데, 그것이 진짜 위기였다. 이러한 결정적인 순간에 그들이 잔 것은 지금이 얼마나 결정적인 순간인지를 깨닫지 못했기 때문이다.

겟세마네에서 그때—마지막 때가 아닌 인자의 때—가 왔는데(14:35, 41), 제자들은 자고 있었다(14:37, 40, 41). 예수의 권면은 이 순간에 그들이 중대한 실패를 하였음을 강조하고 있으며, 베드로가 세 번 부인할 일을 미리 보여주신다. (1) 예수가 그들이 자고 있는 것을 첫 번째로 발견하실 때, 그는 베드로를 "시몬"으로 부르신다(14:37). 시몬은 그의 사도로서의 이름이 아니다(3:16). 그는 마가복음에서 1:16, 29, 30, 36(3:16에서는 그의 별명 앞에 언급되어 있다) 그리고 겟세마네 동산인 이곳 이외에는 어디서나 베드로로 불린다. 베드로는 단 한 시간도 깨어있지 못할 만큼 강하지 못했다. 그러나 강한 사람들에게는 의사가 필요 없다(2:17).

(2) 두 번째 돌아와서 예수는 그들이 다시 자고 있는 것을 발견하신다(14:40). 마가는 "이는 그들의 눈이 심히 피곤함이라"고 기록하면서, "그들이 예수께 무엇

---

13. David M. Stanley, *Jesus in Gethsemane: The Early Church Reflects on the Suffering of Jesus*(New York/Ramsey, N. J.: Paulist, 1980), 139.

으로 대답할 줄을 알지 못하더라"는 설명을 덧붙인다. 무거운 눈(눈이 심히 피곤함)은 육체의 연약성의 표시다("이스라엘의 눈이 나이로 말미암아 어두워서 보지 못하더라"[창 48:10]는 문구와 비교하라). 문자 그대로 볼 때, 그들이 잔 것은 육체가 탈진했기 때문이다. 그러나 영적 차원에서 볼 때, 그들은 언젠가 마음이 강퍅함으로 눈이 나빠서 보지 못한 적이 있었다. 예수는 이미 그들이 보지 못하는 눈을 가졌으므로 책망하셨다(8:18). 제자들은 이러한 질책에 대해서 어떻게 대답할지를 알지 못한다. 어떻게 말할지를 몰랐다는 것은 마가가 변화산에서의 주의 변화에 대한 베드로의 반응을 묘사했던 방식과 같다(9:6). 이 제자들은 예수의 영광을 대면하여 말문이 막혔으며, 이제는 그분의 번민에 직면하여 입이 얼어버린다. 이것은 그분에 관한 그들의 이해가 완전히 결핍되었다는 사실을 반영한다.

이와 반대로, 예수는 온전한 눈으로 바라보시면서 자신의 고난 가운데로 나아가신다. 그의 제자들은 일어나고 있는 일에 대하여 눈을 감아버리고, 그것이 슬쩍 지나가게 하며, 비록 넉 잔의 포도주(만일 이것이 유월절 식사 때 마신 잔이었다면) 대신 40잔의 커피를 마셨을지라도 그들은 실패했을 것이다. 그들은 감람나무의 싹을 살펴볼 수 있는 영적 안목을 갖지 못했다. 이 제자들은 잘못된 것들을 보고 있었다. 귀신을 쫓아낼 수 있고(9:28-29을 보라), 마귀의 공격으로부터 육신을 보호할 수 있는 기도를 그들은 하지 않았다.

(3) 예수는 세 번째 그들이 자고 있는 것을 보시고 마지막으로 서글픈 책망을 하신다. "이제는 자고 쉬라"(NIV는 "Are you still sleeping and resting?[너희가 아직도 자면서 쉬고 있느냐]"라고 번역했다-옮긴이; 14:41). 예수가 투쟁하시는 동안 그들이 잔 것은 유얼(Juel)이 말하고 있는 것처럼, 깨어 기도하는 것이 그들의 능력 밖에 있었다는 사실을 보여준다. "다른 사람들처럼 제자들은 구속과 자유를 필요로 한다."[14]

예수의 쓰라린 비탄과 하나님의 뜻에 대한 복종이 세 제자들의 몰지각한 무감각과 날카롭게 대조된다. 자신의 고난과 죽음, 열둘 중에 한 사람의 배반, 제자들의 도망, 베드로의 부인에 대한 예고에도 불구하고, 제자들은 마음에 두지 않고 잘못된 길로 나아간다. 예수가 두려운 공포 가운데서 열정적으로 기도하시는 동안 육신('샤륵스'; NIV, "body," 14:38)의 연약함이 그들을 덮쳤고, 그들은 평화롭게 잠자고 있다. 육신은 "사탄이 백성들을 하나님의 계획으로부터 빗나가게 움직이는

14. Juel, *Mark*, 197.

교두보다. 그것은 인간의 약점을 나타낸다."[15] 연약한 육체는 '강한 분'에게 대항한다. 육체는 지속적인 경계와 강한 힘을 위한 기도를 필요로 한다.

예수의 책망은 감람산에서의 그의 마지막 강화의 말씀을 독자들에게 상기시켜 준다(13:35-37).

> 그러므로 깨어 있으라 집 주인이 언제 올는지 혹 저물 때일는지, 밤중일는지, 닭 울 때일는지, 새벽일는지 너희가 알지 못함이라 그가 홀연히 와서 너희가 자는 것을 보지 않도록 하라 "깨어 있으라!" 내가 너희에게 하는 이 말은 모든 사람에게 하는 말이니라 하시니라.

때가 왔고 제자들은 졸고 있었다. 그들은 비참하게도 책임을 다하지 못했다. 한 이름 없는 여인이 예수의 친구들의 반대를 이겨내고 그의 장사를 위하여 머리에 기름을 붓는다. 곁에 있는 어떤 사람이 그의 십자가를 지고 간다. 그의 처형을 관장하는 이방인 백부장이 그가 하나님의 아들이라고 공개적인 고백을 한다. 그의 처형 판결에 가담하였던 것으로 보이는 공회의 한 관원이 그의 시체를 거두어 자기 무덤에 장사지낸다. 그가 십자가에서 죽은 것을 본 뒤따라온 여인들이 후에 그 시체에 기름을 바르기 위하여 무덤으로 나아온다. 이런 모습과 대조적으로 남성 제자들은 예수가 공포에 전율하면서 기도하는 동안에 꾸벅꾸벅 졸고 있으며, 그가 배반을 당하고 끌려갈 때 목숨을 구하려고 도망을 하며, 그가 처형판결을 받는 동안에 그를 부인한다. 그들은 깨어있지 못하고 자고 있다.

13:35과의 연관을 약술하면, '저녁에' 주께서 제자들과 함께 마지막 만찬을 먹기 위하여 가실 때, 그의 상에서 같이 먹던 열둘 중의 하나가 대적들과 서로의 이익을 도모하기로 결심하고 그를 배반한다. '밤중에' 모든 제자들이 어둠 속으로 도망한다—한 사람은 완전히 벗은 몸으로 그리고 각 사람은 주님을 대적에게 끌려가도록 내버려두고 도망한다. '수탉이 울 때', 베드로는 주님을 세 번이나 저주하면서 부인한다. '아침에' 예수는 모든 사람에게 버림당한 채 홀로 남겨져서 사형선고를 받고 자신이 예언한 바와 같이 이방인들의 손에 넘겨지신다.

겟세마네에서 예수의 기도는 그가 때가 왔다고 감지하실 때 끝난다. "그만 되었다"('아페케이', 14:41)"는 난해하다. 예수는 제자들의 잠을 가리켜 말하는 것으로

15. Brown, *Death of the Messiah*, 1:199.

보이지만, '아페케이'에 대한 이러한 용례가 거의 없다. 보다 자주 이 단어는 상업 용어로 사용되어 "충분히 지불된", "계산이 마감된"을 의미한다(마 6:2, 5, 16; 눅 6:24; 빌 4:18을 보라). 그러므로 어떤 사람은 유다가 그 동사의 주어라고 주장하고, 예수께서 유다가 자기의 돈을 받아가졌고(14:9) 그의 편에서 할 거래의 몫을 챙기게 되었다고 선언하고 있다는 것이다.[16]

그러나 인접한 문맥을 통하여 '아페케이'를 어떻게 해석해야할 것인지를 결정해야한다. 제자들은 유다가 하고 있는 일이나 유다의 대제사장들과의 악마적 협정에 관해서 아무것도 알지 못한다. 만일 예수께서 유다가 자기의 지불금을 받은 것을 가리켜 말하고 있다면, 그는 자기 자신에게 크게 말하고 있을 것이다. 그러나 지금 예수는 자기 제자들에게 말하고 있다. 이 상황에서 예수는 그들에게 깨어있으라고 부탁하신 다음에 세 번이나 졸고 있는 그들을 발견하셨다. 그들이 일어나서 가야할 때가 되었다. 그러므로 문맥은 예수께서 제자들에게 격분하신 것을 암시한다. "너희가 아직도 자면서 쉬고 있느냐? 그만 되었다 때가 왔도다." 기도(혹은 잠)의 때는 끝났다. 어둠의 권세의 시간(눅 23:53)이 시작되었다.

예수는 자신에게서 잔이 다른 곳으로 넘겨지지 않을 것이고, 자신이 죄인들의 손에 넘겨질 것이라는 사실을 아신다. 그분은 흔쾌히 자신을 위한 하나님의 뜻을 받아들이고, 기도를 통하여 앞에 놓여있는 것을 따르기로 모질게 결심하셨다. 대조적으로 제자들은 잠으로 인해 기도할 기회를 낭비해버렸다. 따라서 그들은 압력에 굴복할 것이다. 그때에 예수는 제자들로 하여금 잠에서 깨어 일어나서, 배반자와 흉악한 자들이 다가오는 그때를 당할 준비를 하라고 두 마디 예리한 명령을 하신다. "일어나라, 함께 가자." 이 명령은 제자들을 처음에 만나셨을 때 하신 말씀을 반영한다. "나를 따라 오너라"(1:17). 이것은 갈릴리에서의 첫 번째 큰 성공을 이루신 때에 그들에게 하신 말씀을 상기시켜 준다. "우리가…가자…내가 이를 위하여 왔노라"(1:38).

이것이 마가복음에서 예수가 직접 제자들에게 말씀하신 마지막 말씀이지만, 그들은 이와 같은 말씀을 그의 부활 후에 다시 듣게 된다. 무덤에서 천사가 여인들에게 지시하기를 제자들이 갈릴리로 가야 하는데 예수가 그들보다 먼저 그곳으로 가

16. 많은 다른 제안들 가운데서, 어떤 사람은 주어가 비인칭이고, "그것이 지불되었다" 즉 "시간이 왔다"를 의미한다고 주장한다. 몇몇 필사본들은 "끝"이라는 단어를 덧붙인다. 그것은 제자들을 향한 질문으로서 강조될 수도 있다. 즉 너희의 잠이 암시하는 것처럼 "끝이 멀리 있느냐?" 그렇다면 자신의 질문에 대한 예수의 대답은 "아니다, 그때가 왔다!"는 것이다.

신다고 말해준다(16:7). 겟세마네의 장면은 시간이 되었을 때, 오직 기도만이 그 부르심에 응답할 수 있다는 사실을 밝혀준다. 제자들은 기도하는 대신에 잠을 잤다. 그리고 그들이 드디어 일어설 때, 그들은 사방으로 흩어지게 된다. 하지만 예수는 그들 자신의 생명을 구하려 하는 자들을 인도하신다.

예수의 잡히심(14:43-50)

냉혹한 현실주의가 예수의 포박에 대한 마가의 기사에 나타나 있다. 잘못 인도된 오합지졸, 즉 성전관료들이 파견한 자들이 겟세마네로 검과 몽치를 가지고 침입해 들어온다(14:43). 그들은 마치 예수가 폭동을 일으키는 혁명 강도단이기나 한 것처럼 완전무장을 하고 나왔다. 그들에게는 그것이 현명한 예방책으로 보였을 수도 있다. 독자에게 그들은 다만 어리석게 보일 뿐이다. 예수는 그 어떤 무기도 없고, 숨지 않으시는 비폭력적인 교사시다. 그는 매일 그들의 코앞에 있는 성전에서 가르치셨고, 혁명을 조장하는 경향을 띤 어떤 행동도 전혀 하지 않으셨다. 그는 정당하게 그들의 어긋난 길을 책망하신다(14:48). 아이러니하게도 예수는 성전이 만국의 기도하는 집 대신에 강도의 소굴이 된데 대해서 혹평을 가하셨다(11:17). 이제 성전 강도들이 그가 기도하시는 중에 마치 강도이기나 한 것처럼 그를 포박한다.

이 결정적인 순간에 행한 예수의 제자들의 슬픈 행동이 이 장면을 지배하고 있다. 먼저 열둘 중의 하나인 유다가 예수의 한적한 기도처로 무장한 군대를 인도하여 오고, 거기서 성전을 대표하던 자들이 거의 소동 없이 예수를 포박한다. 유다는 무장한 군사들에게 표시를 해주기로 합의했다. "내가 입맞추는 자가 그이니 그를 잡아 단단히[직역하면, '확실하게'] 끌어가라." 유다는 그들이 예수를 단단히 체포하기를 원한다. 유다는 자신의 옛 주인이 도망할 것으로 오해했는가? 예수의 자발적인 순응은 모든 인간의 계획과 술책이 어리석다는 것을 보여주신다.[17]

입맞춤의 표시는 존경하는 선생에게 하는 일반적인 인사를 반영한다. 존경하는 사람에게 손에 입을 맞추거나, 혹은 자신과 동등하다고 생각하면 볼에 맞춘다(눅 7:45을 보라. "너는 내게 입맞추지 아니하였으되"). 유다는 예수에게 경어인 "랍비"라고 말하면서 그에게 입을 맞춘다. 마가가 사용하고 있는 단어('카타필레오')는 그에게 애정 어리게 입을 맞추었다고 묘사할 수 있다(돌아온 탕자에게 화합의

17. Schweizer, *Mark*, 318.

표시로 아버지가 입을 맞추는 눅 15:20을 보라; 행 20:37, 여기서는 에베소 장로들이 떠나가는 바울에게 입을 맞춘다). 그렇지 않으면 그것은 유다가 예수에게 존경의 표시로 손에나 발에 입을 맞추는 것을 암시할 수 있다(눅 7:38, 45). 그것이 어떤 것이든, 유다는 예수에게 관계가 깨어졌다는 표시를 하지 않는다. 그는 마지막까지 즉 군사들이 예수를 재빨리 포박할 때까지 모든 것이 정상으로 보이기를 원하고 있다. 그는 따뜻한 사랑의 행동 혹은 통상적인 존경의 인사를 가지고 그분을 죽음으로 넘겨주면서, 친밀과 선의의 표시를 오명과 죽음으로 돌려놓는다. 사무엘하 20:9-10에 있는 이러한 속임수의 선례를 보라.

> 요압이 아마사에게 이르되 내 형은 평안하냐 하며 오른손으로 아마사의 수염을 잡고 그와 입을 맞추려는 체하매 아마사가 요압의 손에 있는 칼은 주의하지 아니한지라 요압이 칼로 그의 배를 찌르매 그의 창자가 땅에 쏟아지니 그를 다시 치지 아니하여도 죽으니라.

마가는 예수의 어떤 반응도 기록하지 않는다. 유다는 이야기로부터 이제 자취를 감춘다. 하지만 야비한 사기꾼의 죄책을 가진 사람으로서의 기억은 사라지지 않는다.

소동을 피하려는 잘 짜여진 계획에도 불구하고, 곁에 섰던 자 중의 한 사람이 자기 칼을 빼어 내리쳤다. 마가는 그 사람을 밝히지 않는다. 만일 우리가 다른 복음서의 기사를 무시한다면—복음서들은 그 일을 행한 자를 특히 "예수와 함께 있던 자 중의 하나"(마 26:51)로, "그 중의 한 사람"(눅 22:49-50), 그리고 "베드로"(요 18:10)로 밝히고 있음—마가는 어떤 폭력적인 장면을 묘사하려고 의도하였을 수도 있다. 서둘러 칼과 몽치로 예수를 포박하고 있는 난폭한 갱 단원들 가운데 성격이 날카로운 사람이 순간의 열정으로 쳤을 수도 있다. 이 장면의 구조는 허세를 부리는 사람을 폭력배 군중 출신의 한 사람임을 암시해준다. 이 장면은 유다의 행동으로 시작하여(막 14:43-45), 포박하는 무리로 옮겨가며(46-47절), 그 다음에 예수의 반응에 초점을 맞추고(48-49절), 제자들의 흩어짐으로 막을 내린다(50-52절). 소란 가운데서 양편이 검을 두고 대치하고 있는 모습을 상상할 수 있다.

우연이든 의도적이든 대제사장의 종의 귀가 잘렸다.[18] 마태복음에서 예수는 폭

18. 누가와 요한은 그것을 오른편 귀로 밝히고 있으며, 요한은 희생 당한 자의 이름을 말고로 밝힌다.

력을 거부하는 금언을 말씀하신다. "칼을 가지는 자는 다 칼로 망하느니라"(마 26:52). 누가복음에서 예수는 자기를 동조하는 사람들의 폭력적인 방법에 대해서 보다 강력하게 책망하시며, 그 종의 귀를 치료해 주신다. 이것은 수난 이야기 가운데 기록된 유일한 이적이다(눅 22:51). 예수는 마가의 기사 가운데서 포박하는 편의 폭력적 태도만을 책망하시며, 그 다음에 성경이 이루어지고 있다는 사실을 알린다(막 14:49).

제자들은 이때에 완전히 잠에서 깨어 부끄러운 도망을 한다. 그들은 모두 그분을 버리고('아피에미') 도망하지만(14:50), 성경이 성취되었다고 예수가 말씀하시기 이전까지는 그렇지 않았다. 성경에 관한 언급은 의심할 여지없이 감람산으로 올라가면서 예수가 인용하신 스가랴서 13:7의 말씀을 가리킨다. "내가 목자를 치리니 양들이 흩어지리라"(14:27). 그러나 예수의 포박은 실현될 성경의 전반적인 범위를 형성한다. 이것은 어찌하여 복음서 전체를 통하여 그렇게도 많은 능력을 나타내 보이신 그분이 자발적으로 이 무리들에게 굴복했는가를 설명해 준다. 성경에 증거된 것처럼, 하나님의 뜻에 따라 인자가 넘겨진 것이다.

그러나 이 폭도들은 성경을 이해하지 못하고, 일어나고 있는 일의 의미를 어렴풋이 알아채지도 못한다. 대제사장들은 은밀한 계획, 비밀스러운 표시, 그리고 확실하게 해낼 수 있음을 확증하는 강력한 무기로 그 목적을 지혜롭게 이루어가고 있다고 생각하는 어리석음에 빠졌다(14:44). 그러나 예수는 하나님의 목적이 이루어지고 있고, 또한 하나님이 칼이나 몽치를 사용하지 않으신다는 사실을 확인시켜 주신다. 하나님의 능력은 약함으로 말미암아 드러난다. 예수는 하나님의 자비와 용서를 베푸시면서 죄인들과 함께 식사를 하셨다(2:15-17). 이제 그는 죄인들에게 죽임을 당하실 것이다. 그러나 그분의 죽음은 다시 죄인들을 향한 하나님의 자비와 용서의 제공을 나타낸다.

이전에 베드로는 예수를 따르기 위하여 가족, 생계 그리고 모든 것을 버렸다고 상기한바 있다(1:18, 20; 10:28-30). 이제 그들은 황급히 달아나면서 예수의 제자됨을 포기한다. 그룹으로 함께 나타난 마지막 장면에서 그들은 사방으로 흩어져서 도망한다. 미래의 복음전파는 그들에게 달려있는데, 소망이 없어 보인다. 그러나 마가는 이러한 모습에도 불구하고 하나님의 뜻이 실현될 것이라고 상기시켜주고 있으며, 예수의 부활 후에 갈릴리에서 제자들이 예수와 재회하리라는 그의 약속을 독자들은 기억해야 한다.

젊은이의 도망(14:51-52)

마가복음서만이 예수를 따랐던 사람으로 알려진 한 젊은이가 포박하는 무리들에 의하여 붙잡힘을 당하였다가 뿌리치고 도망했다는 기사를 유일하게 포함시킨다. 그는 어둠 속에서 벗은 몸으로 도망한다(14:51-52). 테일러(Taylor)는 "어찌하여 그렇게도 천박한 기사를 이렇게 엄숙한 이야기 속에 삽입하고 있는가?"라고 묻는다.[19] 이 사건은 많은 사람에게 의혹을 품게 하지만, 이 기사가 전달하고자 하는 의도는 무엇인가?

오직 마가만이 이것을 기록하고 있으므로, 많은 사람은 이 복음서의 기록자가 이 장면에 대한 실제적인 자신의 기억을 삽입하였다고 생각해왔다. 어떤 사람은 이것을 알프레드 힛치콕(Alfred Hitchcock)이 영화에서 묘사했던 자신의 무상한 모습과 유사한 마가의 양심의 가책의 징후로 간주한다.[20] 한편으로 이 필사적인 도피는 아모스 2:16을 암시할 수도 있는데, 그것은 여호와의 날에 있을 도망을 가리킨다. "용사 가운데 그 마음이 굳센 자도 그날에는 벌거벗고 도망하리라 여호와의 말씀이니라." 만일 마음이 아주 굳센 용사가 꽁무니를 빼고 달아난다면, 마음이 덜 굳센 사람들에게는 무슨 일이 일어날 것인가? 예수는 백성들이 황폐케 하는 더러운 것을 보았을 때, 유대에 있는 자들은 산으로 도망해야 한다고 경고하신 바 있다. 그들은 집으로 돌아가지 않아야 하고, 밭에 있는 자들은 자기들의 외투를 가지러 뒤로 돌아가지 않아야 한다(13:14-16). 그러나 이 남자는 잘못된 시기에 도망쳤다.

또 다른 해석은 남자가 뒤에 떨어뜨린 베옷('신돈')에 의미를 부여한다. 예수의 몸은 무덤에 장사되기 위하여 세마포('신돈', 15:46)로 싸였고, 흰 옷을 입은 한 "젊은이"는 무덤에서 여인에게 인사를 하고 부활의 메시지를 알려준다(16:5). 이 단어들의 아주 희미한 관계를 가지고 어떤 해석가들은 이 젊은이의 도망이 부활을 상징한다고 주장한다. 이 젊은이가 동산에서 자기를 체포하려는 사람들이 붙잡은 세마포 옷을 버리고 피하여 도망했던 것처럼, 예수도 자기를 싸고 있는 세마포를 벗어버리고 붙잡으려는 자 곧 죽음으로부터 피한다(참조. 요 20:6).

이와 유사한 또 다른 해석은 이 장면이 침수에 앞서서 자신의 옷을 벗고 흰옷을

---

19. Taylor, *Mark*, 561-62.
20. 어떤 사람은 마가 요한의 어머니인 마리아의 집에 다락방이 마지막 만찬이 있었던 장소였다고 상상하는 데까지 나아간다(행 12:12; 1:13). 그래서 마가 요한은 밤에 제자들을 따라갔다가 급하게 홑이불을 덮어 쓴다.

입는 후대의 침례의 관습을 반영하고 있다고 주장한다. 이러한 해석은 두 가지 난항에 부딪친다. 첫째로, 젊은이가 옷을 신앙고백 때 벗은 것이 아니라 믿음의 실패 때에 벗어버리고, 또한 그는 예수와 함께 죽지도 않는다. 둘째로, 예수는 세마포 천에 싸여 계셨다(15:46).

최근의 한 학자는 그러한 풍유적 해석을 겁이 많아 도망친 일을 잘못 강조한 "상상적인 환상의 도약"으로 이름을 붙였다.[21] 이 젊은이는 예수를 따르는 자들에게서 있었던 사고방식인 "모든 사람은 할 수만 있다면 자기 자신의 구원을 입증하라"는 것을 반영하고 있다(참조. 행 19:16). 제자들은 과거에 자랑했던 일을 실천할 좋은 기회를 가졌다. 야고보와 요한은 예수와 함께 잔을 마실 기회였고(막 10:38-39), 베드로와 다른 제자들은 예수와 함께 죽을 기회였다(14:31). 그들은 예수께서 그들이 그렇게 할 것이라고 예언하셨던 것처럼 완전히 무너져 내렸다(14:28). 포박하는 무리들이 예수를 따르려는 제자들의 결심의 마지막 파편까지도 철저하게 벗겨낸다. 살려고 도망하는 미친 듯한 질주는 결국에 알몸으로 그들의 헛된 맹세를 드러낸다. 레위기 26:36-37이 적절한 말씀이다.

> 너희 남은 자에게는 그 원수들의 땅에서 내가 그들의 마음을 약하게 하리니 그들은 바람에 불린 잎사귀 소리에도 놀라 도망하기를 칼을 피하여 도망하듯 할 것이요 쫓는 자가 없어도 엎드러질 것이라 그들은 쫓는 자가 없어도 칼 앞에 있음 같이 서로 짓밟혀 넘어지리니 너희가 원수들을 맞설 힘이 없을 것이요.

제자들의 공포에 휩싸인 도피는 십자가를 바라보고 준비하고 있었던 예수의 평온한 품위와 예리하게 대조된다. 예수는 이제 점점 더 홀로 될 것이며, 죽음의 공포를 인간의 어떤 도움도 없이 당해야할 것이다. 붙잡히고 벌거벗고 어둠 속으로 도망하는 이 젊은이의 비겁한 두려움은 도망하지 않고 잡혀서 벗겨지고 어둠 속에서 십자가에 못 박혀 계신 예수의 용기와 완전히 대조된다.

상황잇기

마가복음의 겟세마네 장면은 사복음서들 가운데서 가장 어둡다. 그는 예수의 감정을 대담하게 표현한다. 어떤 사람은 그것이 너무나 대담함으로 목격자들의 회상에서 나온 것이

21. Brown, *The Death of the Messiah*, 1:299.

라고 말했다. 또 어떤 사람은 그것이 너무나 지나치게 대담하다고 생각했다. 왓슨(Watson)은 "고대나 현대나 기독교인의 경건은 이 구절들을 모욕적이고도 불쾌한 것으로 보려는 경향이 있어왔다"고 지적한다.[22] 마태는 예수의 힘들어하는 정신적 상태에 대한 특징을 심히 놀라시며('에크담베오')보다는 단순히 슬퍼하사('뤼페오', 마 26:37)로 묘사함으로써 다소 약화시킨다. 누가는 예수의 걱정에 대한 모든 언급을 삭제한다(참조. 요 12:27).

예수의 수난은 그가 어떤 내적인 혼란으로부터 자유로워야 했다고 믿은 후대의 신학에 훨씬 더 당혹스러운 것이 되었다(Ignatius, *Polycarp* 3:2은 예수를 "고난을 당할 수없는 분"으로 묘사한다). 현대의 독자들은 예수가 치욕스러운 11시로부터 신경쇠약에 걸렸다고 걱정하기도 했다. 그는 하나님 앞에서 눈물과 통곡으로 호소하셨던가? 왓슨은 "마가의 기사가 완전히 삭막하고 위로가 없지만, 우리는 그 충격을 다른 복음서들에서 있는 완화의 모습으로 무디어지게 해서는 안 된다"고 말한다.[23] 만일 이 장면의 명예롭지 못한 충격을 경감시키려고 한다면, 마가복음서와는 다른 본문을 가지고 설교하는 것이 된다.

예수의 정신적 고통에 대한 마가의 삭막한 묘사는 설명을 필요로 한다. 기다림의 시간 동안에 있었던 예수의 정신적 고통은 진정한 시험을 보여준다. 채찍질, 못 박힘, 불, 혹은 무엇이든 간에, 그것은 육체적인 시련이다. 기다림의 걱정은 정신을 혼미하게 할 수 있다. 예수의 고통은 그가 제자들에게서 멀리 떨어져서 기도하고 하나님으로부터 평화를 찾게 했다. 켈수스(Celsus)는 예수의 신성에 관한 그리스도인들의 주장을 악평하기 위하여 겟세마네 사건에서 있었던 거의 모든 말을 응시했다. 어찌하여 예수는 자신도 그 잔으로부터 움츠려들면서, 야고보와 요한에게 자기의 잔을 마시라고 도전하셨는가?(10:38) 하나님의 아들이 고난의 두려움을 체험할 수 있는가?

그 대답은 "그렇다"이다. 정통 그리스도인들은 예수가 완전히 인간이시고 완전히 하나님이심을 고백한다. 마가복음의 장면은 예수가 인간 감정의 완전한 범위를 다 경험하셨다는 사실을 분명히 밝혀준다. 히브리서의 저자는 그것을 담대하게 "그는 육체에 계실 때에 자기를 죽음에서 능히 구원하실 이에게 심한 통곡과 눈물로 간구와 소원을 올렸고 그의 경건하심으로 말미암아 들으심을 얻었느니라"(히

22. Francis Watson, "Ambiguity in the Marcan Narrative," *Kings Theological Review* 10(1987): 14.
23. Ibid., 15.

5:7)고 말하고 있다. 스웨트(Swete)는 예수의 인간 정신이 십자가로 인해 움츠러들었고, 그러한 사실은 그분의 희생의 위대성에 대한 느낌을 더해준다고 해석한다.[24]

그러나 현대의 독자들은 무엇이 그로 하여금 죽음에 대해 움츠러들게 했던 것인지를 알기 원한다. 켈버(Kelber)는 "겟세마네에서 예수의 마음의 상태에 대한 해석은 습관적으로 예수의 마음에 대한 심리학적 독법으로 빠지게 되는 위험을 수반한다"고 경고한다.[25] 그러한 두려움에 떤 공포감을 설명하기 위하여 예수의 마음속이 어떤 상태가 되어 있었는지를 정확하게 설명하는 많은 해석들이 제공되어왔다. 어떤 사람은 예수가 자기 자신 위에 놓여질 세상의 모든 죄들을 생각했었다고 주장했지만(고후 5:21), 마가는 본문에서 이에 대한 힌트를 제공하지 않는다.

다른 사람들은 그분이 나무에 달려 저주받는 죽음을 아는 것(갈 3:13)이 그의 영혼에 고통을 가져다주었을 수 있다고 주장한다.

또 다른 사람들은 예수가 예고하신 것처럼 자신의 고난과 죽음이 제자들로 하여금 믿음을 잃고 흩어지게 할 것이라고 생각하고 떨었다고 주장한다. 그가 죽으면 그의 공생애 사역의 성공의 마지막 부분이 파손될 것이다. 예수는 하나님의 뜻을 기꺼이 받아들이기로 하셨으나, 믿는 자들의 자그마한 무리가 와해될 것을 예상하여 주춤하셨다. 자신을 부인하고 흩어지는 제자들에 대한 생각이 그의 마음을 죽이기에 충분했다. 그는 자신의 사역의 완전한 실패로 보이는 것을 잠자코 받아들이기를 원치 않으셨다고 주장한다. 그러나 그들의 실패에 대한 예고가 그들이 다시 모일 것이라는 예고와 균형이 이루어져 있다는 사실을 유념해야할 것이다(14:28). 예수는 이제껏 제자들의 회복에 대한 낙관론을 내비치셨다.

또 다른 사람들은 예수가 제자들이 하나님 나라를 전파하는 책임을 떠맡기에는 너무나 준비가 되어있지 않았다는 두려움에 의해 마음 아파했다고 주장한다. 그들은 이해하지 못했고 결코 이해할 수 없었다. 또한 예수는 하나님이 이스라엘의 지도자들을 영적인 파산으로 제외시켰다고 생각하셨을 때 떨었을 수도 있다.

예수의 마음속에 있었던 것에 관한 가설적인 심리학적 고찰은 주제 넘는 일이다. 우리 모두가 안전하게 말할 수 있는 것은 겟세마네에서 예수는 자신의 가르침을 따르고 있었다는 것이다. 그분은 제자들에게 "우리를 시험에 들게 하지 마시옵고 다만 악에서 구하시옵소서"(마 6:13)라고 기도하라고 가르치셨고, 그분은 자기

24. Swete, *Mark*, 343-44.

25. Werner Kelber, "Mark 14:32: Gethsemane. Passion Christology and Discipleship Failure," *ZNW* 63(1972): 177.

가 가르친 바를 실천하셨다. 본문이 그러한 문제들에 대해서 침묵할 때, 우리는 우리의 무지를 인정하고 이것으로부터 무엇을 배울 수 있는지를 묻는 것이 가장 좋다. 마가가 이 장면에서 가르치기를 원하는 것이 무엇인가?

다른 고대 문서 가운데 들어있는 개인적인(정신적, 내적) 독백의 의미를 살펴보는 것이 마가의 첫 번째 독자들이 이 장면을 어떻게 이해했는지에 대해서 빛을 던져준다. 톨버트(Tolbert)는 고대 문서에 있는 독백들은 "근본적으로 심리적인 것이 아니라 수사학적인 것이다"라고 설명한다.[26] 독백들은 전형적으로 한 인물이 전투나 어떤 위험스러운 모험에 직면해 있을 때와 같은 중대한 시점에 일어난다. "어찌하여 내 마음이 나와 그렇게 다투고 있는가?"(Homer, *Iliad* 11. 402[Odysseus]; 17.97[Menials]; 21.562[Agenor]; 22.122[Hector]). 톨버트는 독백이 "한 사람이 자신의 흉부[심령 혹은 마음]를 노출하는 것처럼 보이지만, 신앙 고백문으로 자기 자신을 끌어당기고…올바른 일들을 하려고 착수하는" 중대한 순간에 나타난다고 본다.[27]

그러므로 마가가 독자로 하여금 예수에게 닥쳐왔던 커다란 위기의 순간에 하신 그의 기도를 듣도록 기록할 때, 그것은 청중의 심금을 울린다. 그들은 예수의 고통과 동일시하고, 예수를 모범으로 만든다. 만일 예수가 시험과 논쟁을 초월하여 계시다면, 그는 거의 우리의 모범이 될 수 없으셨다. 사탄은 모든 인간의 마음을 사로잡으려고 애쓰고, 모든 인간은 자기 자신의 삶을 구원하기 위하여 힘쓴다. 제자들은 이러한 본능의 부정적 모범으로서 역할 한다. 유다는 승리하는 편이라고 자신이 믿고 있는 곳으로 충성의 방향을 돌린다. 다른 사람들은 살기 위하여 도망친다. 또 다른 사람은 압력에 굴복하여 주님과 연관되어 있음을 부인한다. 그러나 예수는 하나님이 자신에게 요구하시는 커다란 희생을 감당할 것을 결심하시고 순종적으로 하나님의 뜻에 엎드린다.

그렇다면 이 투쟁을 통하여 독자는 무엇을 배우는가? (1) 하나님의 뜻에 대한 예수의 투쟁은 자멸하기로 결심한 자원하는 순교자, 강제로 희생물이 된 볼모…앞에 놓여있는 위험한 것을 알고 하나님의 뜻을 행하려고 결심하는 용맹스러운 영웅이 아니라는 사실을 보여준다(3:35을 보라).[28] 십자가는 그분을 향한 하나님의 결

---

26. Tolbert, *Sowing*, 215; 그는 R. Scholes and R. Kellogg, *The Nature of Narrative*(London: Oxford Univ. Press, 1966), 177-94.을 따른다.
27. Ibid., Scholes and Kellogg, *The Nature of Narrative*, 180.에서 재인용함.
28. Tolbert, *Sowing*, 216.

정이다. 그것은 마셔야할 잔으로서 그분에게 다가온다. 그분은 순종해야하지만, 그분은 투쟁을 좋게 여기거나 죽음을 생각하는 것을 좋아하지 않는다. 예수는 고난을 열정적으로 포용한 것이 아니라, 반드시 해야 할 의무감으로 받아들인다. 예수는 제자들에게 자기 십자가를 지고 따라오라고 말씀하셨지만, 그분은 순교를 찬양하지 않는다. 죽음은 사람이 열렬히 추구해야할 어떤 것이 아니다. 어떤 일을 위해서 기도할 수 있고 또 기도해야한다. 그러나 믿음을 가지고 기도하고 구하는(11:22-24) 것들이 다 주어지지 않을 수 있다는 사실을 알아야한다. 만일 하나님의 뜻이 아니라면, 그때는 기도와 용기를 가지고서 다가오는 것을 받아들여야 한다. 다우드(Dowd)가 말하는 것처럼, 능력을 기대하면서, 고난을 수용하면서, 기도해야 한다.[29]

(2) 예수의 곤경이 맹렬한 기도로 정복되었다. 예수는 우리가 해야 하는 것과 같은 방식—기도—으로 하나님의 뜻을 받아들이신다. 제임스 몽고메리(James Montgomery)의 찬송이 이 사상을 정확하게 표현하고 있다.

> 유혹자의 힘을 느끼는 그대여
> 어두운 겟세마네로 가라,
> 그대의 구속자의 투쟁을 보라,
> 그분과 함께 쓰라린 시간을 지켜보라,
> 그분의 비탄으로부터 눈을 돌리지 말라,
> 기도하는 예수 그리스도를 배우라.

우리는 하나님에 대한 예수의 호칭, 하나님의 전능성에 대한 그의 신뢰, 주어진 시험에 대한 그의 탄원, 그리고 하나님의 뜻에 대한 그의 복종으로부터 기도하는 방법을 배우게 된다. 예수는 고통스러운 비탄을 통하여 잔을 마실 필요성에 이르렀다. 브라운(Brown)은 다음과 같이 해석한다.

> 하나님에게는 모든 것이 가능하다는 사실을 앎으로써 용기를 얻은 마가의 독자들이 시련을 당하고 그것이 너무나 지나치다고 생각할 때, 그들은 이전에 했던 헌신에도 불구하고 이 잔이 치워지기를 구하고 있는 자신들을 발견할 수도 있다. 그리고 그들은 예

29. Dowd, *Prayer, Power, and the Problem of Suffering*, 33.

수의 이름으로 그가 기도하셨던 것처럼 "나의 원대로 마시옵고 아버지의 원대로 하옵소서"라고 덧붙일 수 있다.[30]

다윗이 "여호와여 나를 살피시고 시험하사 내 뜻과 내 양심을 단련하소서"(시 26:2)라고 기도하였으므로, 어떤 랍비들은 우리의 믿음과 복종이 시험을 이기기 위하여 검증을 받는 유혹에 두어지는 것은 적절하다고 생각했다(*b. Abod Zar* 17ab). 시험은 믿는 자들을 위한 영적 근육을 만들어 주는 것으로 생각했다. 그러나 예수는 이러한 견해를 가지지 않으셨다. 우리는 항상 우리 육신의 연약성을 염두에 두고 잔이 옮겨지도록 기도해야할 것이다. 우리는 연약하다. 만일 우리가 하나님의 능력으로 강하게 되어지지 않는다면, 우리는 언제나 실패한다.

제자들의 도망은 그들의 중대한 실패를 드러낸다. 이에 대한 마가의 생생한 묘사는 첫 번째 독자들에게, "특히 실패한 사람들이 다시 한번 예수의 무리 가운데 모아질 수 있으리라는 함축된 약속이 있었기 때문에(막 14:28; 16:7) 고난(그리고 아마도 박해)을 당하는 기간 동안에 예수를 따름에 있어서 그 실패"를 이해할 수 있도록 도와주었다.[31] 벗은 몸으로 어둠 속으로 질주하여 도망한 젊은이의 정체에 대한 호기심으로 인하여 해석자들이 곁길로 빠져나가서 마가에게 너무나 중요했던 주제를 다루는 일을 방해받는다. 기도하지 않고 자기 자신의 힘을 의지하려고 하는 예수의 제자들은 무너질 것이다. 이 장면은 독자들로 하여금 그 상황에서 무엇을 했을 것인지를 상상하게 만들 것이다. "그것은 각 사람으로 하여금 헌신의 끈기를 깊이 생각해보도록" 만든다.[32] 어떤 사람은 서성이지만, 그도 역시 붙잡힐 때, 시험을 통과하지 못하고 그곳으로부터 도망한다. 이 젊은이가 누구인가를 밝히기 위하여 시도하는 것은 "그가 어찌하여 도망하는가?"라는보다 중요한 질문으로부터 방향을 돌리게 만든다. 그것은 "분노한 폭도들이 우리의 면전에 칼을 들이대거나 권총을 들이댈 때, 우리는 어떤 일을 할 것인가, 도망할 것인가라고 우리 스스로 묻지 않게 한다.

30. Brown, *The Death of the Messiah*, 1.178.

31. Ibid., 1:309.

32. Senior, *The Passion of Jesus*, 85.

현대적 의미

프레데릭 노을즈(Frederic L. Knowles)의 시 "슬픔과 기쁨"은 마가복음의 겟세마네 장면의 쓰라림을 정확하게 표현하고 있다.

기쁨은 협력이며
슬픔은 홀로 눈물을 흘린다
가나 잔치에는 많은 손님들이 있었으나
겟세마네에서는 혼자만 있다.

예수는 홀로 자신과 제자들에게 닥치는 일에 대해서 슬퍼하고 계시지만, 기도를 통하여 해답에 도달하신다. 펙(Peck)은 다음과 같이 기록한다. "일단 고통이 완전히 받아들여지면, 어떤 면에서 고통은 멈추게 된다."[33] 우리에게 고통을 줄 수 있는 것은 기다림의 시간이다.

밴스톤(Vanstone)은 이를 통찰력 있게 관찰하고 있다.

> 기다림은 모든 인간 체험—다른 무엇보다도 애착과 자기기만을 벗겨내고 또한 우리의 필요, 우리의 가치, 우리 자신의 실상을 드러내주는 체험—가운데 가장 강렬하고도 통렬한 것일 수가 있다. 기다림은 두 특별한 형태 가운데 하나 혹은 다른 것을 취할 때 가장 격렬하고도 진저리쳐 진다. 우리는 가끔 이성적 기능을 가지고, 우리가 필요로 하는 것으로 혹은 적절하거나 우리 자신에게 유익한 것으로 알고 있는 것의 발생 혹은 출현에 대해서 불안감을 가지고 기다린다. 그것은 소심한 연기자가 커튼이 올라가기를 기다리거나, 첫 도약을 해야 할 순간에 낙하산병의 기다림 그리고 많은 사람들이 치과에서 기다리는 것과 같다. 우리는 긴장, 위험 혹은 고통의 임박한 발생을 두려워하지만, 이성적 기능을 가지고 앞에 놓여있는 것이 "최선을 위한 것"임을 알게 된다. 보통 이성적인 생각이 두려움을 극복하며, 우리는 "도망치지" 않는다. 만일 도망한다면, 우리는 그것을 연약하다거나 비겁하다고 간주한다. 또한 우리가 그것을 기다리면서 앞에 놓여있는 것—"최선을 위한 것"—이 일어나지 않도록 바라거나 희망한다면 그것을 연약함이라고 간주한다. 무대에서의 연기가 취소될 수 있다는 것, 나쁜 날씨가 낙하산 점프를 방해할 수도 있다는 것, 치과의사가 너무나 바빠서 우리를 살피지 못할 수도 있다는

33. M. Scott Peck, *The Road Less Travelled*(New York: Simon & Schuster, 1979), 75.

것. 우리가 최선의 것으로 알고 있는 것이 "면제되기"를 바라고 기도하는 연약함—용서받을 수 있는 연약함이지만 그럼에도 불구하고 연약한 것이다—이 있다. 전쟁 동안에 특히 위험한 사명을 띠고 탑승하려고 하는 항공기 승무원은 가끔 자기들이 타는 항공기가 이륙하기 전에 고장 나기를 바라거나 기도할 수도 있지만, 거의 모든 승무원은 사명을 띠고 나가는 일을 승낙할 것이다.[34]

겟세마네에서 예수는 기다리고 있었음에 틀림없다. 자기에게 다가올 시간을 기다리고, 배반자가 어느 순간에 나타나기를 기다린다. 겟세마네에서 있었던 예수의 투쟁에 대한 몇몇 해석들은 그가 기다리는 동안에 육신의 연약함을 나타내 보이셨다고 주장한다. 그가 하나님의 목적이 무엇이고 무엇이 필요한지를 아시면서도 피하려고 기도하신다는 것이다. 그러나 밴스톤은 거기에는 "특별히 격렬하고도 쓰라린 기다림의 또 다른 형태가 있다"고 주장한다.

그것은 법정에 들어있는 죄수—또는 죄수의 아내나 어머니—가 배심원들이 판결문을 낭독하기를 기다리는 기다림의 태도이고, 지성을 갖춘 사람이 자신의 간의 생체검사에 대한 외과의사의 보고를 기다리는 태도이며, 탄광의 갱 안에서 폭발이 있은 후에 아내가 남편이 안전한지 여부를 들으려고 광산의 문 앞에서 기다리는 태도이다. 사람은 그러한 순간에 희망과 두려움 사이에서 번민하는 긴장, 두 극적으로 다른 예감 사이에서 거의 마음이 찢어질 것 같은 순간에서 기다린다. 지혜로운 사람은 마음을 모질게 먹고 최악의 사태에 대비할 것이다. 그러나 기다리는 긴장 자체는 희망이 여전히 존재하고 있고, 그 희망이 자주 긴급하고도 비밀스럽게 "오 하나님, 해결해 주소서"라는 기도로 불신자들 가운데서도 자주 표현된다는 사실을 보여준다. 그러한 희망과 기도는 연약함도 신경쇠약도 아니다. 이성적인 희망과 이성적인 두려움 사이에서 마음이 갈라진 사람은 당연히 최선을 위하여 기도하면서도 최악의 사태도 준비하고 있다.[35]

필자가 보기에 예수가 그러한 방식으로 기다리고 기도하셨다고 주장하는 밴스톤의 말은 옳다고 생각한다. 예수가 성전에서 행동하고 가르쳤을 때, 그는 이미 자신을 죽음에 넘겨주셨다. 그는 하나님의 통치에 대한 선포를 인간 권세의 자리에

34. W. H. Vanstone, *The Stature of Waiting* (New York: Seabury, 1983), 83-85.
35. Ibid., 85.

까지 가져오셨다. 이제 그는 행동하는 자로부터 기다리는 자와 행동을 수용하는 자로 전환해야 한다. 이러한 전환은 삶에서 받아들이기 가장 어려운 일 가운데 하나다. 능동적인 삶 이후에 다른 사람의 처분에 맡기는 수동적이 되는 것이다. 마가의 독자들은 져야하는 십자가를 피하려고 하나님에게 부르짖는 것을 부끄러워할 필요가 없지만, 예수처럼 기도를 통하여 하나님의 계획을 받아들이는 것을 배워야 한다.

"예수가 고통을 통해서 나아가셨다는 것은 고통을 당하는 백성들에게 지속적인 위로와 용기의 원천이다."[36] 우리는 예수로부터 고통과 고난을 다루는 방법을 배워야 한다. 많은 사람이 "아빠"와 같은 친밀한 언어로 하나님을 부르는 예수의 대담성을 의아해한다. 만일 어떤 사람이 교회에서 이런 식으로 하나님에게 기도했다면, 대다수의 회중은 정당한 신앙적인 예절의 한도를 벗어났다고 생각할 것이다. 만일 시편기자와 예수가 하신 것처럼 탄식하면서 하나님에게 큰 소리로 한탄했다면 대다수의 사람은 그것이 너무 거슬린다고 생각할 것이다. 이와 같은 일을 하는 것을 우리가 주저하는 것은 우리가 하나님과 거리가 있음을 나타낸다. 예수는 그렇게 친밀한 용어를 사용하심으로써 자신의 생각을 적나라하게 표현하는 것을 부끄러워하지 않으셨다 사랑하는 부모에게 울며 보채는 아픈 어린아이처럼. 그분의 기도는 우리가 하나님께 우리의 감정을 진실하게 표현할 수 있음을 보여준다.

예수는 13:33-37에서 깨어있으라고 제자들에게 말씀하실 때 의미하는 것의 모델이 되신다. 깨어있는 것은 우리가 처음에 생각하는 그런 것이 아니다. 예수는 모든 것들의 종말을 보라고 깨어있으라고 말하지 않으신다. 게덜트(Geddert)는 말한다. "예수가 신실한 깨어있는 자의 모델이 되셨기 때문에, 그는 그 '시간'의 도래를 준비하였고, '따라서' 그것이 왔음을 인식하셨다."[37] 제자들은 수많은 경고들, 나팔소리, 번쩍이는 칼, 그리고 내려오는 천사들이 있는 우주적 대격변을 예상했다. 그들은 단지 혈육의 세력이 아니라 마귀의 권세들과 싸운다는 사실을 인식하지 못했다(엡 6:10-18). 깨어있는 것은 대적을 수색하고 징조를 챙기는 것과 관계가 없고, "위기의 때에 가지고 있어야할 신실한 제자도"와 관계가 있다.[38] 문제가 되는 것은 위기가 올 때 우리가 전혀 알지 못한다는 것이다. 미니어(Minear)는 "그 어떤 행동도 객관적으로 깨어있는 것으로 꼬리표를 붙일 수 없다. 그것은 가셨다가 다

36. Ibid., 69.

37. Geddert, *Watchwords*, 99.

38. Ibid., 98.

시 돌아오시는 주인의 종들의 내적인 적응을 가리키기 때문이다"고 말한다.[39] 그것은 그들의 현재 상태와 관계가 있다.

제자들은 부정적인 사례로서 역할하고 있다. 그들이 자고 있기 때문이며, '잔다'는 불충성을 표현하는 기본적인 기독교 용어다.[40] 존 번연의 천로역정 가운데서 천국으로 가는 크리스천이 마지막으로 십자가 아래서 짐을 풀고 전진해 나아갈 때, 자기들의 발치에 차꼬를 단단히 채운 채로 잠들어있는 세 사람을 발견한다. 첫 번째 사람의 이름은 순진, 두 번째 사람은 나태, 세 번째 사람은 거만이었다. 그는 그들을 깨웠고, 그들은 각기 말을 했다. 순진이 "나는 위험을 느끼지 않는다"고 말했다. 나태가 "아직은 더 자야겠어"라고 말했다. 거만은 "각자 자기가 해야 할 일이니 참견 말라"고 말했다. 영적인 잠은 위험하고, 그리스도인의 파멸로 드러날 것이다.

(1) 잔다는 것은 기도하기를 그치는 것이다. 우리는 자주 시련의 한 가운데 있다는 사실을 인식하지 못하기 때문에 기도하지 않는다. 제자들이 분명하게 경고를 받았음에도 불구하고(13:23), 그들은 영적으로 불안정한 상태에 있었다. 깨어 준비하기 위하여 우리는 계속하여 기도해야 한다. 영적 침체기가 올 때 예수는 제자들에게 일어나 가자고 하신다. 그들은 가지만, 다른 방향으로 간다. 제자들은 일어나서 예수가 인도하시는 길을 가기 전에 먼저 기도하기를 배워야 한다(14:34, "여기 머물러 깨어 있으라"). 우리가 고통을 견딜 준비를 할 수 있는 유일한 길은 열정적인 기도를 통해서다.

(2) 잔다는 것은 시련의 발생을 인식하지 못하고, 그것을 하나님의 뜻으로 받아들이지 못하는 것이다. 제자들은 자신들이 듣기를 원하는 것만을 들었고, 고난의 필요성에 대한 가르침과 십자가를 지라는 예수의 요구를 묵살해버렸다. 그들은 교수에게 시험이 어떤 경향으로 나올지를 물어보고, 시험공부를 당일치기로 할 계획을 세워놓은 나쁜 학생들과 같다. 그들은 즉석퀴즈에게 대해서는 전혀 준비가 안 된 사람들이다.

(3) 잔다는 것은 성령이 육신의 연약성을 염두에 두지 않고 일하신다고 상상하는 것이다. 예수는 제자들이 허세부리는 것을 원치 않으신다. 그들의 허세가 그들의 허약성을 감추었고, 하나님의 도우심을 구하지 않게 했다. 따라서 그들은 내적

---

39. Paul Minear, *The Commands of Christ*(Nashville: Abingdon, 1972), 178.
40. Ibid., 159.

인 전쟁을 이길 힘이 없었다. 중요한 전쟁터는 각 사람의 마음 가운데 있으며, 대적은 쉽사리 떠나지 않는다—그리고 분명히 칼로 정복할 수는 없다. 우리가 얼마나 넘어질 가능성이 있는지를 항상 염두에 두어야 한다. 그러나 좋은 소식은 위기 때의 실패가 영구적으로 계속되지 않는다는 사실이다.

(4) 잔다는 것은 우리가 이미 도달했다고 생각하는 것이다(빌 3:12-16을 보라). 레오 톨스토이의 단편 소설 "아버지 세르지오"는 수도원 생활에서 다른 모든 사람들보다 빨리 출세했던 한 남자를 그리고 있다. 그는 영적 생활을 성취해야할 임무와 목표의 한 점검표로 보았다. 그는 그 지점에 도달했고, 자기가 모든 목표를 이루었다고 믿었다. 그는 "배워야할 것을 모두 배웠고, 획득해야 했던 모든 것을 얻었으며, 더 이상 해야 할 일이 없었다."[41] 시련의 시간의 갑작스러운 도래가 과거에 가졌던 영적 성취에 대한 거짓된 확신이 얼마나 잘못되었는지를 참혹하게 생각나게 할 수 있다.

41. Leo Tolstoy, *Great Short Works of Leo Tolstoy*, trans. Louis and Aylmer Maude(New York: Harper & Row, 1967), 512; Caroline J. Simon, "Evil, Tragedy and Hope: Reflections on Tolstoy' 'Father Sergius,'" *Christian Scholar's Review* 24(1995): 292에서 인용함.

마가복음 14:53-72

53 그들이 예수를 끌고 대제사장에게로 가니
대제사장들과 장로들과 서기관들이 다 모이
더라
54 베드로가 예수를 멀찍이 따라 대제사장의 집
뜰 안까지 들어가서 아랫사람들과 함께 앉아
불을 쬐더라
55 대제사장들과 온 공회가 예수를 죽이려고 그
를 칠 증거를 찾되 얻지 못하니
56 이는 예수를 쳐서 거짓 증언 하는 자가 많으
나 그 증언이 서로 일치하지 못함이라
57 어떤 사람들이 일어나 예수를 쳐서 거짓 증
언 하여 이르되
58 우리가 그의 말을 들으니 손으로 지은 이 성
전을 내가 헐고 손으로 짓지 아니한 다른 성
전을 사흘 동안에 지으리라 하더라 하되
59 그 증언도 서로 일치하지 않더라
60 대제사장이 가운데 일어서서 예수에게 물어
이르되 너는 아무 대답도 없느냐 이 사람들
이 너를 치는 증거가 어떠하냐 하되
61 침묵하고 아무 대답도 아니하시거늘 대제사
장이 다시 물어 이르되 네가 찬송 받을 이의
아들 그리스도냐
62 예수께서 이르시되 내가 그니라 인자가 권능
자의 우편에 앉은 것과 하늘 구름을 타고 오
는 것을 너희가 보리라 하시니
63 대제사장이 자기 옷을 찢으며 이르되 우리가
어찌 더 증인을 요구하리요
64 그 신성 모독 하는 말을 너희가 들었도다 너
희는 어떻게 생각하느냐 하니 그들이 다 예
수를 사형에 해당한 자로 정죄하고
65 어떤 사람은 그에게 침을 뱉으며 그의 얼굴
을 가리고 주먹으로 치며 이르되 선지자 노
릇을 하라 하고 하인들은 손바닥으로 치더라
66 베드로는 아랫뜰에 있더니 대제사장의 여종
하나가 와서
67 베드로가 불 쬐고 있는 것을 보고 주목하여
이르되 너도 나사렛 예수와 함께 있었도다
하거늘
68 베드로가 부인하여 이르되 나는 네가 말하는
것이 무엇인지 알지도 못하고 깨닫지도 못하
겠노라 하며 앞뜰로 나갈새
69 여종이 그를 보고 곁에 서 있는 자들에게 다
시 이르되 이 사람은 그 도당이라 하되
70 또 부인하더라 조금 후에 곁에 서 있는 사람
들이 다시 베드로에게 말하되 너도 갈릴리
사람이니 참으로 그 도당이니라
71 그러나 베드로가 저주하며 맹세하되 나는 너
희가 말하는 이 사람을 알지 못하노라 하니
72 닭이 곧 두 번째 울더라 이에 베드로가 예수
께서 자기에게 하신 말씀 곧 닭이 두 번 울기
전에 네가 세 번 나를 부인하리라 하심이 기
억되어 그 일을 생각하고 울었더라

원 의미

올리베트 제네스트(Olivette Genest)의 연구는 산헤드린 앞에서 예수의 심문(14:53-72), 빌라도 앞에서의 심문(15:1-22), 십자가에 달리심(15:23-33), 그리고 그의 죽음과 장사(15:34-47)에 대한 마가의 진술에서 흥미로운 구조적 평행을 드러낸다.[1] 각 장면에서 첫 번째 요소는 예수에게 초점이 맞추어 있다. 두 번째 요소는 예수가 누구인지를 해석하고 있고, 기독론적 호칭을 강조한다. 그들의 조롱은 아이러니하게도 예수에 관한 진리를 표현하고 있다. 예수는 선지자요, 유대인의 왕이요, 메시야요, 다른 사람들의 구세주이시다. 그러나 그는 그 이상이시다. 마지막 장면에서 백부장이 정확하게 그분을 하나님의 아들로 밝힌다. 세 번째 요소는 예수에 대한 사람들의 태도 혹은 반응을 묘사하고 있으며, 각 장면은 다음 장면으로 이끌어 가는 하나의 출구 혹은 간주(間奏)로 끝난다.

1. 산헤드린 앞에서의 심문(14:53-73)
   - a. 예수가 심문을 받으러 대제사장에게 끌려가심(14:53-64)
   - b. 예수를 선지자로 조롱함(14:65)
   - c. 베드로가 예수를 부인하다(14:66-72a)
   - d. 나감(14:72b)
2. 빌라도 앞에서의 심문(15:1-22)
   - a. 예수가 심문을 받으러 빌라도에게 끌려가심(15:1-15)
   - b. 예수를 유대인의 왕으로 조롱함(15:16-20)
   - c. 구레네 시몬이 예수의 십자가를 지고감(15:21)
   - d. 나감(15:22)
3. 십자가에 못 박힘(15:23-33)
   - a. 십자가에 못 박힘(15:23-27)
   - b. 예수를 구세주, 메시야, 이스라엘의 왕으로 조롱함(15:29-32a)
   - c. 예수와 함께 못 박힌 자들이 그를 욕함(15:32b)
   - d. 어둠이 온 땅을 덮음(15:33)
4. 죽음과 장사(15:34-47)
   - a. 예수의 죽음(15:34-38)

---

1. Olivette Genest, *Le Christ de la passion–Perspective structurale: Analyse de Marc 14.53-15, 47, des paralleles bibliques et extra bibliques*(Recherches 21; Montreal: Belarmin, 1978), 116.

b. 백부장이 예수를 하나님의 아들로 고백하다(15:39)
c. 여인들이 멀리서 바라보다(15:40-41)
d. 예수의 장사(15:42-47)

산헤드린 앞에서의 심문(14:53-65)

마가의 심문 장면은 대제사장과 산헤드린에게 예수의 죽음에 대한 일차적 책임과 주도권을 부여하고 있다. 마가가 산헤드린이 "다" 모였다(14:53)고 말하고 있을지라도, 후기 랍비 소책자가 산헤드린에 대해서 진술한 71명이 모였다고 가정할 필요가 없다(*m. Sanh.* 1:6).[2] 제1세기에 그 회의는 "회기에 정규적으로 모이는 고정된 집단"이 아니었다.[3] 아마도 대제사장이 이 늦은 밤 시간에 소집할 수 있는 사람으로 이루어진 회의를 연 것으로 보인다. 야밤의 심문은 불규칙적인 회의였고(행 4:3-5을 보라), 후대의 랍비 법 아래서는 금지되었다. 한밤중에 이루어진 심문은 두건을 쓴 린치를 가하는 폭도들의 사적 재판을 암시하고 있으나, 그것은 또한 이 지도자들이 시간적인 압박을 받고 있었음을 보여준다.

이러한 절차들은 산헤드린이 예수를 마지막 심의를 위하여 로마 통치자에게 넘겨주기 이전에 있었던 예비조사 형식을 이룬다. 학자들 가운데 논란이 계속되고 있기는 하지만, 나타난 증거는 유대 지도자들이 사형권을 가지고 있지 않았다는 사실을 강력하게 암시해주고 있다(요 18:31).[4] 분명히, 자기들이 행할 수 있는 권력 가운데 들어있었던 예수의 포박과 채찍질로는 충분하지 않았다. 주도권을 쥐고

2. 미쉬나 전승은 다른 시대와 상황에서 주후 200년경에 편집되었다. 그러나 몇몇 학자들은 마가가 산헤드린 앞에서의 심문을 로마인들로부터 유대인들에게로 허물을 돌리기 위하여 고안했다고 주장하기 위하여 이 중대 사건과 관련하여 '미쉬나 산헤드린'에 있는 법률에 호소했다. 그러나 산헤드린에게 율법은 이상화되고 이론화된 것이다. 구전을 편집했던 랍비들은 원하는 생각대로 이끌려졌고, 산헤드린과 관련한 이상적인 규정들이 결코 작용하지 못했을 수도 있다. 예를 들면, '소책자 산헤드린'은 어떤 다른 외부적인 세력에 종속되지 않은 전능한 구성단체였기나 한 것처럼 회의를 취급하고 있다. 그것은 왕과 대제사장을 판단하고 경계선을 긋고, 전쟁을 선포할 권한이 있는 것으로 가정된다(*m. Sanh* 1:5). 그것이 곧 전승의 편집자들이 생각했던 경우겠지만, 그것은 분명히 1세기에 있었던 방식은 아니었다. 그들은 서술(옛 사건을 기록하는 서술-옮긴이)이 아닌 규정을 제공했다. 따라서 이 미쉬나 소책자를 예수의 심문에 대한 마가 기사의 역사성을 판단하기 위해 사용하는 일은 조심해야 한다.

3. Brown, *The Death of the Messiah*, 1:348-49.

4. 예루살렘은 자유로운 도시라고 할 수 없었고, 또 그 나라는 로마에 충성하는 사람으로 이루어졌다고도 할 수 없었다. 유대인들은 종교적인 문제들에 관한 한 자기들의 독특한 관습을 따를 수 있도록 허락되었으며, 지방의 관리들은 경찰권을 가졌다. 그러나 그들은 자기들이 원하는 대로 범죄자를 처단할 수 없었다. 복잡한 유대는 로마로부터 사형 집행권을 허락받아야 하는 제국 내에서 유일한 곳이었다. 대제사장은 로

있던 제사장들은 그를 죽이기를 원하고 군중들 앞에서 치욕을 주기를 원한다. 그들은 예수가 위협적이었기 때문에 그의 죄를 추정해내었다. 심문은 우려하고 있는 사람들에게 그가 죽음에 처해야 마땅하다는 것을 확신시키고, 로마 통치자들에게 제시할 죄과를 마련할 것이다.

요세푸스(Josephus)는 아나니아의 아들 예수라 일컫는 한 농부 선지자와 관련한 이와 유사한 소송을 기록하고 있다(J. W. 6.5.1 § 300-309). 로마에 대항하는 전쟁이 발발하기 직전에 이 선지자가 성전 앞에 서서 신랄하고도 과격한 저주로 그 도시와 성전을 공격했다. 그의 외침으로 말미암아 분노한 지도급의 시민들이 그를 붙잡아 때렸다. 그가 밤과 낮으로 계속하여 소리침으로 지방장관들이 보다 잔인한 형벌을 주기 위하여 로마 총독 알비누스에게로 그를 끌고 갔다. 그는 그의 가죽을 벗겨서 뼈까지 드러나게 했으나 그가 계속하여 장송가를 부르자, 총독은 그를 미친 사람으로 선고하고 나가게 하였다. 당시 유대에 있었던 통치자 본디오 빌라도는 무비판적으로 승인하는 사람이 아니었기에, 로마 총독으로 하여금 그를 단순히 때려서 놓아주지 않도록 지도급의 제사장들은 신빙성 있는 논거를 제공할 필요가 있었다.

마가는 대제사장들과 율법 선생들, 그리고 장로들이 "어떻게 죽일까 하고 꾀하고"(11:18), "그를 잡을 방도를 구하려" 했고(12:12), "잡아 죽일 방도를 구했다"(14:1)고 말하고 있다. 예수를 포박한 지금 그들은 그에게 올가미를 씌어 "죽이려고 그를 칠 증거를 찾고" 있다(14:55). 율법은 일치한 두 사람 이상의 증인들의 증거만으로도 혐의를 받은 사람에 대해 유죄판결을 허락했다(민 35:30; 신 17:6; 19:15-21; Sus. 51-56을 보라). 마가는 많은 자원자들이 예수에 대항하여 증거하고, 그가 한 가지 특별한 죄목에 얽매인다고 기록한다. 어떤 사람이 "손으로 지은 이 성전을 내가 헐고 손으로 짓지 아니한 다른 성전을 사흘 동안에 지으리라"(14:58)고 말했다고 증거한다.[5]

마인들의 정치적 피임명자였다. 회의는 로마정부의 허락 없이는 소집할 권리가 없었고(Josephus, *Ant.* 20.9.1 § 202), 또한 그들은 대제사장의 의복과 장신구를 관리할 권한까지도 없었다. 의복과 장신구들은 빌라도가 소환되고 비텔리우스가 그것들을 다시 성전에 간수하도록 권한을 부여하기까지 안토니아 요새 안에 보관되었다(Josephus, *Ant* 15 § 403-8; 18.4.3 § 90-95, 20 § 6-9). 만약 마가가 로마인 청중들에게 이 문서를 기록하고 있다면, 그는 왜 유대인 법정이 유대인의 법에 규정되어 있는 방법으로 예수를 죽음에 처하도록 하지 않았는지를 설명할 필요가 없다. 그들이 이 권세를 가지지 않았다는 사실이 의심할 여지가 없는 것으로 취급되어왔을 것이다. Brown, *The Death of Messiah*, 1. 357-72에 있는 논의를 더 읽어보라.

5. 손으로 지은 것은 순전히 인간으로부터 기원한 것이고, 하나님에게 반하는 것이다. 구약성경의 용법에서 손으로 지은 것은 우상숭배와 이방신들과 연관되어 있다(시 115:4; 사 46:6; Wis 13:10).

이사야 53:3의 탈굼역과 스가랴 6:5의 탈굼역은 메시야가 새로운 성전을 건축할 것이라고 구체적으로 밝혔다. 이 전승들은 후기에 편집되었지만, 제1세기에 있었던 통속적인 기대감을 보존하였을 수도 있다. 그렇다면, 참소하는 자들은 예수가 메시야로 주장하고 있기에 그분을 고발하고 있는 것일 수 있다. 그것은 대제사장이 그가 그리스도인지 명확하게 말하라고 물을 때 했던 대제사장의 당황한 질문과 일맥상통한다(14:61).

어쨌든 마가는 증인들이 의견이 일치하지 않고(14:56, 59), 그들의 증거가 거짓되다(14:56-57)고 두 번이나 기록하고 있다. 다시 말해서 거짓 증인들은 날조하여 예수를 정죄하려 한다. 그러나 독자는 예수가 돈 바꾸는 자들과 비둘기를 파는 자들에게 과감하게 저항하시면서 인간이 만든 성전에 대하여 위협적인 말씀을 하셨다는 사실을 알고 있다. 그는 또한 따로 있을 때 제자들에게 거대한 성전이 파괴될 것이라고 예고하셨다(13:1-2). 증인들이 성전에 대한 예수의 태도에 대해서 말하는 내용이 진실에 가깝고, 또한 이러한 죄목이 예수가 십자가에 달리시는 동안 지나가는 자들이 그분을 비웃고 힐책할 때 표면적으로 나타나고 있으므로(15:29), 그들의 증거가 어떻게 거짓인가?

마가는 예수에 대항하는 어떤 증인이 거짓 증인이기 때문에(특히 그가 예수에 대한 죄목을 조작하고 있다면) 그 증언을 거짓되다고 생각할 수 있다(시 27:12; 35:11; 109:2을 보라). 마가는 아마도 그들의 증거를 기술적(technicality)인 것 때문에 거짓으로 보았을 수도 있다.[6] 예수는 결코 명확하게 자신이 성전을 파괴하고 다시 세우겠다고 말씀하지 않았다. 그러나 가장 그럴듯한 것은 증인이 주장하는 죄목에서 두 번째 요소 때문에 그들의 증거가 주로 거짓되다는 것을 마가는 강조한다. 그의 첫 번째 독자들은 메시야이신 예수가 또 다른 성전을 세우실 것이라는 희망을 가졌을 수도 있다. 성경이 다윗의 자손이 하나님의 이름을 위하여 집을 세울 것이라고 언급하고 있으므로, 어떤 사람들은 아마도 예수가 그 일을 하실 것이라고 가정하였을 것이다(삼하 7:13). 그러므로 마가는 예수가 또 다른 지상의 성전을 세울 것이라고 말씀하시지 않았으므로, 아무도 그러한 지상의 성전을 기대해서

---

6. 증인들은 또한 '나오스'라는 단어를 사용하고 있는데 그것은 하나님의 임재의 성소를 가리킨다(14:58; 15:29, 38을 보라). 그러나 마가는 시종일관 성전의 건물 전체를 가리키기 위하여 '히에론'이라는 단어를 사용한다(11:11, 15, 16, 17; 12:35; 13:1, 3; 14:49). 만일 마가가 이 두 단어를 구분하기를 원했다면 증인들의 증거는 오직 부분적으로만 옳다. 예수가 자신이 하나님의 임재하시는 성소를 파괴할 것이라고 말하거나 암시를 비치지 않았기 때문이다. Donald Juel, *Messiah and Temple*, 127-28을 보라.

는 안 될 것이라는 사실을 분명히 하고 있다. 마가의 입장에서 볼 때, 성전은 예수가 죽었을 때 파괴되었고, 대속의 희생제사는 쓸모없게 되었다. 이제 하나님이 살아 계시는 성전은 건물과는 관계가 없다(행 7:48; 17:24을 보라).

고난당하는 종과 시편의 의로운 자처럼, 예수는 거짓 고소자들 앞에서 잠잠하신다(시 38:12-15; 39:9; 사 53:7).[7] 그분의 침묵은 그들의 편의주의와 잘못된 원리에 대한 도전적인 경멸을 보여준다. 자신들의 주장을 똑바로 진술할 수 없었던 거짓 증인들은 별 도움을 제공하지 못하고, 더 이상 성전에 대항하여 말하였다는 죄목을 추구하지 않는다. 대제사장이 참소하고, 직접 예수에게 묻는다. "네가 찬송받을 이의 아들 그리스도냐?"(14:61). 대제사장은 완곡한 표현으로 하나님의 이름을 부르는 것을 경건하게 피하고 자기의 대적을 제거하기 위하여 비열한 수단을 사용한다.

마가복음서에서 처음으로 "하나님의 아들"이라는 호칭(참조. 1:1)이 이야기에서 인간의 입으로부터 나온다. 귀신들(3:11; 5:7)과 구름으로부터 들려오는 음성(1:11; 9:7)만이 지금까지 이 호칭을 말했다. 또한 본 복음서에서 처음으로(1:34; 3:11-12; 8:30; 9:9, 30-31), 예수가 공개적으로 다음과 같이 대답하심으로써 자신이 메시야라는 사실을 받아들이신다. "내가 그니라." 이 복음서의 제목은 "하나님의 아들 예수 그리스도의 복음의 시작"(1:1)이다. 이제 예수가 직접 대제사장과 그의 의회 앞에서 자신의 정체를 확고히 밝히시고, 뒤이어서 "인자가 권능자[직역하면, 권세]의 우편에 앉은 것과 하늘 구름을 타고 오는 것을 너희가 보리라"고 말씀하신다.[8]

이 드라마는 대제사장이 "신성모독"이라고 반응하고, 그 판단을 강조하기 위하여 자신의 옷을 찢음으로 고조된다. 이러한 행동은 고통, 애도, 분노를 표현하는 고대의 방법이었다(수 7:6; 삼하 1:11; 왕하 18:37; 19:1; 사 37:1; 렘 36:24; 욜 2:13; 행 14:14). 그리고 이것은 눈에 인식된 신성모독에 어울리는 반응이었지만, 또한 다른 사람들에게 자신의 행동을 보라는 시연일 수도 있다. 대제사장에게 증거는 결정적이다. 예수가 스스로 죄를 씌우셨고, 공의회는 만장일치로 그에게 유죄판결을 내린다. 그들은 그분이 사형에 해당한다고 재판한다(3:29을 보라).

---

7. 예수의 조용한 행동은 산헤드린을 위축시켰던 헤롯대왕의 무례한 호전성과 흥미롭게도 대조를 이룬다 (Josephus, *Ant.* 14.9.4 §§ 168-76).

8. 십자가에 못 박히신 예수가 하나님의 오른편에 올라가셨다는 사실은 신약성경의 중심되는 고백이다(행 2:33; 5:31; 7:55; 롬 8:34; 엡 1:20; 골 3:1; 히 1:3).

14:62에 있는 그 대답에서 무엇이 신성모독이 되는가?[9] 우리는 우리의 대답을 결정하기 위하여 신성모독에 대한 전문적인 정의를 내려서는 안 될 것이다(레 24:16을 보라). 다른 사람들이 신성모독으로 간주하는 것은 어떤 전문적인 정의에는 거의 어울리지 않는다. 어떤 사람은 예수가 메시야의 이름에 하나님의 특권을 상상하고 있기 때문에 자신이 메시야라는 예수의 공개적인 승인이 신성모독죄라고 생각했다. 그러나 대제사장의 반응은 인자가 하나님의 오른편에 앉는 것을 그들이 볼 것이라는 예수의 완전한 진술에 따른 것이다. 이 대답은 시편 110편으로부터 나온 메시야 전승을 다니엘서 7장으로부터 나온 묵시전승과 결합시키고 있다.

그 결과는 근본적이다. 메시야 전승에서 이스라엘의 왕은 하나님의 오른편에 있는 자리에 앉도록 초대되었다. 이 자리는 하나님의 권세를 왕이 일시적으로 공유하는 것을 상징했다. 왕은 시온에 세워졌고, 이 땅에서 하나님의 대리자로서 이스라엘에 대한 하나님의 왕권을 대신 차지하였다(대상 28:5; 29:23; 대하 9:8). 이 구절은 메시야적으로 해석되었지만, 구약성경의 어떤 구절도 명확하게 메시야에게 하늘에서 하나님과 완전한 동일성을 부여하지 않았다. 예수는 이전에 만일 다윗이 그를 주님으로 불렀다면 그리스도가 어떻게 다윗의 아들이냐는 질문에 대해서 시편 110:1에 호소한바 있다(막 12:35-37). 그 질문은 예수에 관련되는 한, 그리스도가 지상의 통치자인 단순한 다윗의 자손 이상의 존재가 되신다는 사실을 암시한다. 예수는 여기서 그 이미지를 다니엘서 7:13의 "하늘 구름을 타고 오시는" 분에 대한 암시를 가지고 확대하신다.

다니엘 7장의 환상은 신적 차원에서 하늘 구름 가운데서 일어난다. "인자 같은 이"는 옛적부터 항상 계신 이에게 와서 신적 권세를 받는다(단 7:14). 그러나 이 환상은 특별히 "인자"가 누구인지를 밝히지 않는다. 그가 실제 인물인가 아니면 추상적인 개념인가? 7:18에서 그는 지극히 높으신 이의 성도들을 대표한다. 그는 그들의 천사인가 아니면 그들에 대한 상징일 뿐인가? 그는 인간인가 아니면 어떤 신적 존재인가? 다니엘서 7장은 왕권적인 메시야적 어조를 가지고 있지 않고, "인자 같은 이"는 보좌를 공유하지 않는다. 예수의 대답은 이 구절들이 서로 해석을 도울 수 있도록 이 두 개의 서로 다른 전승을 결합시킨다. 한편으로, "인자 같은 이"는 더 이상 어떤 신비적 환영이 아니라 실제 인간 즉 메시야 예언이 성취되는 다윗의 자손이다. 다른 한편으로, 하나님의 오른 편에 앉은 것은 더 이상 단순히 왕적 품위

9. Joel Marcus, "Mark 14:61: 'Are You the Messiah-Son-of-God?'" *NovT* 31(1989), 125-41을 보라.

의 상징이 아니라, 천상의 차원에서 시행된 신적 권세를 나타낸다.[10]

다시 말해서, 예수는 그리스도, 찬송 받으실 분의 아들 이상이시라고 선포하신다. 그는 아들 되심을 시편 2:7과 사무엘하 7:14에서 다윗 계열의 왕으로 암시한 것 이상의 수준에서 이해하신다. 그의 확언은 메시야에 관하여 당시에 통용하던 개념을 훨씬 능가하고 있다. 그는 하나님의 권위를 가지시고 있다고 암시하고 있고, 또한 그들이 그것을 볼 것이라고 말씀하시고 있기 때문이다. 그것이 틀린 것으로 입증된다면 이러한 암시는 신성모독일 것이었다.[11] 예수가 미혹하는 신성모독자라는 말은 대제사장이 옳거나, 혹은 예수가 옳고 대제사장이 미혹하는 신성모독자일 수 있다. 대제사장은 충격을 받았다. 예수의 고백은 자신이 하나님의 아들 메시야이고 마지막 날에 하나님의 심판의 오른편에 앉을 것이라고 주장함으로써, 하나님에 대하여 오만불손한('히브리스') 언동의 죄를 짓고 있다는 자신의 의심을 확인시켜주기 때문이다. 독자는 이 인자가 이제 확실히 죽게 될 것에 충격을 받을 수 있다.

후커(Hooker)는 다음과 같이 해석한다. "'내가 그라'(13:6)고 주장하는 거짓 메시야의 주장들과는 대조적으로, 예수의 말씀은 실증될 것이다."[12] 예수는 자신을 체포한 자들에게 그들이 그 일을 볼 것이라고 확인시켜 주신다. 상위 법정이 하위 법정의 결정을 뒤엎을 때, "봄"(seeing)은 그의 변호를 증거하게 된다(사 40:5; Wis. 2:21-3:4; 5:1-2).[13] 예수는 제자들에게 그들 중 몇 사람이 하나님 나라가 능력으로 오는 것을 볼 것이라고 말씀하셨다(막 9:1). 이 지도자들이 지금 볼 수 있는 모든 것은 예수의 추종자들 가운데 한 사람이 그를 배반했을 때 쉽게 포박하였던

---

10. A. Vanhoy, *Structure and Theology of the Passion in the Synoptic Gospels*(Collegeville, Minn.: Liturgical Press, 1967), 25-27.

11. 탈무드에 있는 한 구절은 하나님을 단 7:9의 "왕좌가 놓이고"에서 나온 구절에 근거하여 한분 이상의 어떤 분으로 보는 사람들의 이론(異論)을 취급한다. "한 [보좌]는 자신의 것이고 하나는 다윗[메시야]의 것이다. 비록 다음과 같이 가르침을 받아왔을지라도 말이다. 하나는 그분 자신을 위한 것이요 하나는 다윗을 위한 것이다. 이것은 R. Akiba의 입장이다. 조세(R. Jose)는 그에게 이의를 제기했다. 아키바여, 그대는 언제까지 세키나를 모독할 것인가? [유의: 한 인간이 그분 옆에 앉음으로써] 그보다는 한 [보좌]는 정의를 위한 것이요, 다른 하나는 자비를 위한 것이다"(*b. Sanh* 38b; Donald Juel, *Messianic Exegesis. Christological Interpretation of the Old Testament in Early Christianity*[Philadelphia: Fortress, 1988], 137-38).

12. Hooker, *Mark*, 361.

13. Geddert, *Watchwords*, 212. 1Enoch 62:3-5을 보라: "심판 날에 모든 왕들, 통치자들, 고관들, 그리고 지주들이 보고 그분을 인식할 것이다 그분이 어떻게 영광의 보좌에 앉아있고, 의가 그분 앞에서 판단을 받는지…그들은 두려워하게 될 것이고 쫓겨날 것이다. 그리고 그들이 인자가 영광의 보좌에 앉아있는 것을 볼 때 고통이 그들을 사로잡을 것이다…."

갈릴리의 한 시골사람이다. 그의 작은 무리들 가운데 나머지 사람들은 순진하게도 어둠 속으로 도망했다. 이 사람을 하나님의 능력을 행사하는 사람으로서만이 아니라 하나님의 메시야로 생각하는 것은 그렇게 위험스럽게 보였다기보다는 우스꽝스럽게 보였음이 틀림없다. 예수의 십자가 주변에 모여든 사람들도 역시 아무것도 볼 수 없다. 그들은 극적인 어떤 것을 보게 해 달라고 요구하지만(15:32, 35, 36), 아무것도 일어나는 것 같아 보이지 않는다. 그들은 이 십자가 옆에서 아무것도 볼 수 없다. 그러나 다른 사람들은 그분이 죽은 후에 어떤 것을 볼 것이다. 그분이 죽는 것을 지켜보고 있던 이방 백부장이 무심결에 자신의 고백을 내뱉는다(15:39). 제자들에게, 이 봄(seeing)은 부활 후에 갈릴리에서 일어날 것이다(14:28; 16:7).

이 심문에서 드러나는 두 개의 죄목은 성격상 종교적이며, 성전(14:57-58)과 메시야와 관련이 있다(14:61-62).[14] 그것들은 십자가에서 두 개의 조롱의 말로 나타날 것이다. 15:29-30의 "아하 성전을 헐고 사흘에 짓는다는 자여 네가 너를 구원하여 십자가에서 내려오라"와 15:32의 "이스라엘의 왕 그리스도가 지금 십자가에서 내려와 우리가 보고 믿게 할지어다." 이 두 조롱에 해당하는 두 사건이 예수가 죽으실 때 일어난다. 성전의 휘장이 위로부터 아래로 찢어지고(15:38), 한 로마 백부장이 "이 사람은 진실로 하나님의 아들이었도다"(15:39)라고 고백한다.

공의를 비웃었던 산헤드린 앞에서의 이 심문은 예수에 대한 냉담한 비웃음으로 막을 내린다. 어떤 사람은 거부의 표시로서 예수에게 침을 뱉고(민 12:14; 신 25:9), 그를 둘러싸고 손바닥으로 치며, 그의 얼굴을 가리고, 예언하라고 조롱한다. 마태복음 26:68과 누가복음 22:64에 있는 평행구절들에서는 조롱이 질문으로 표현되어 있다. "누가 너를 쳤느냐?" 마가는 다만 예언하라는 조롱의 말만을 기록한다. 그들은 소경 속이는 유치한 게임을 하고 있거나, 많은 사람들이 메시야가 예언의 은사를 가졌으리라는 사실을 믿었기에 이 잔인한 공격자들이 예수로 하여금 어떤 것을 예언하기를 바라고 있는 것이다(사 11:2-4).[15]

독자는 이 모든 것의 아이러니를 파악할 수 있다. 예수의 예언들 가운데 세 가

14. Juel, *Messiah and Temple*을 보라.

15. 사 11:2-4을 인용하고 있는 탈무드의 한 구절은 메시야가 냄새를 통하여 판단할 수 있다고 주장한다. 바르-코지바(Bar Koziba, 아마도 바르 코크바에게 붙여진 이름으로 "거짓의 아들"일 것이다)는 주후 132-135에 있었던 세 번째 폭동의 지도자였다. 그는 "2년 반 동안을 다스렸고 랍비들에게 '나는 메시야다' 라고 말했다. 그들은 '메시야에 관한 글에 그는 냄새를 맡고 판단한다고 기록되어 있습니다. 자 그가 그렇게 하는지 봅시다' 라고 대답했다. 그가 냄새를 통하여 판단을 할 수 없다는 사실을 알았을 때 그들은 그를 죽였다"(*b. Sanh.* 93b).

지가 지금 이 순간에 실현되었거나 실현되고 있다. 예수는 제자들에게 인자가 "대제사장들과 서기관들에게 넘겨지매 그들이 죽이기로 결의하고 이방인들에게 넘겨주겠고 그들은 능욕하며 침 뱉으며 채찍질하고 죽일 것이나 그는 삼 일 만에 살아나리라"고 말씀하셨다(10:33-34). 이 예언이 마가의 수난 기사에서 무슨 일이 일어나고 있는지의 정확한 개요를 형성하고 있다. 그는 배반을 당하여 대제사장들에게 넘겨졌고(14:10-52) 사형판결을 받았다(14:53-64). 그는 이방인들의 손에 넘겨질 것이고(15::1-20), 그들은 그를 조롱하고 채찍질하고, 결국에 죽일 것이다(15:21-47). 그리고 삼일 후에 그는 다시 살아나실 것이다(16:1-8).

이러한 열쇠가 되는 예언 이외에도 예수는 목자를 칠 때 제자들이 흩어질 것이라고 예고하셨는데(14:27), 슬프게도 이 일이 이루어졌다(14:50). 또한 그는 베드로가 바로 그날 밤 닭이 두 번 울기 전에 자신을 세 번 부인할 것이라고 예언하셨다(14:30). 베드로의 세 번의 부인은 심문을 받고 있는 바로 그 순간에 일어나고, 오직 마가만이 베드로가 그분을 세 번 부인하였을 때 닭이 두 번 울었다고 기록하면서 그 예언이 글자 그대로 일어났다고 말하고 있다.

이러한 부정적인 예언들 모두가 실현되고 있지만, 예수는 이 장면에서 그보다 훨씬 더 엄청난 또 다른 예언을 하셨다. 그들이 인자가 권능의 오른 편에 앉아있고 하늘의 구름을 타고 오시는 것을 볼 것이다(14:62; 8:38; 13:26을 보라). 예수의 예언들이 글자 그대로 실현된 것을 보고서 독자는 이 예언이 신성모독의 말도 아니고 엉뚱한 말도 아니라는 사실을 알게 되고, 그 예언도 역시 실현될 것임을 믿을 수 있을 것이다. 예수는 부활로 그 정당함을 입증할 것이며, 압제자들을 심판하실 것이다. 그러므로 눈가리개로 가려진 예수는 괴롭히는 자들이 자신들의 증오심으로 눈이 멀어있는 동안에 모든 사태를 파악하시는 유일한 분이시다.

베드로의 부인(14:53-54, 66-72)

마가는 예수가 산헤드린 앞에서 심문 받으신 일의 배경을 소개한 직후(14:53)에, 14:54에서 베드로가 예수를 부인한 배경을 소개하고 있는데, 이는 이 두 사건이 동시적으로 발생했다는 사실을 보여주기 위해서다. 예수가 심문을 받고 계시는 동안 베드로는 안뜰의 바깥 부분에서 기다리고 있다.[16] 예수의 심문은 적대하는 당

16. 안뜰(*aule*, 14:66)은 방들이 둘러싸고 있는 열린 공간이었다. '프로아울리온'(14:68)은 안뜰로 가는 현

국자들과의 최종적이고도 결정적인 만남이다. 그는 공개적으로 자신의 정체를 인정하시고(14:61-62), 그것은 그분에 대한 판결, 조롱, 때림으로 그 결과가 나타난다. 그런 다음에 이 장면은 불(직역하면, '빛')을 쬐고 있는 베드로에게로 넘어간다. 예수가 대제사장 앞에서 담대하게 자신의 신분을 고백하고 있는 동안에 베드로는 대제사장의 계집 종 앞에서 자신이 알고 있었던 예수를 부인한다.

마가가 단순하게 예수에 대한 법정이 열리고 있는 동안 베드로가 했던 일에 관해서 사실적인 기록을 제공하는데 관심을 가졌었다하더라도, 그는 우리에게 많은 여분의 글들을 남긴다. 베드로의 부인에 대한 기록은 그가 처참하게 무너져서 밖으로 나간 후에 무슨 일이 일어났는지에 관한 어떤 암시도 없이 갑작스럽게 끝난다. 우리는 다음과 같은 의문점을 가지게 된다. 어찌하여 베드로가 신분이 밝혀졌을 때 포박을 당하지 않았는가? 그가 어떻게 빠져나갔을까? 그 다음에 그는 무슨 일을 했는가? 이 사건의 결론은 베드로가 눈물을 흘렸다는 막연한 언급을 담고 있다. 이것은 그가 회개했음을 의미하는가? 마가는 우리에게 아무 말도 하지 않고 있으며, 베드로는 수많은 질문을 뒤에 남긴 채 사도행전에서 사라진 것(행12:17)과 같은 방법으로 마가복음의 기사에서 사라져버린다.

그러나 마가는 베드로에게 어떤 일이 일어났는지를 기록하는 일에 관심이 없다. 오히려 그는 베드로의 부인이 예수의 심문과 관련하여 무엇을 의미하는 것인지로 독자를 이끌어간다. 안뜰에서 베드로에 대한 질문은 주님의 심문의 모방이다. 그는 예수와 함께 죽겠다는 자신의 경솔한 맹세를 기억하고 그분을 따르고 있지만, 예수가 포박을 당하신 후 그는 안전거리에서 따른다(14:54). 그 다음에 그는 예수의 체포자들과 함께 앉는다. 예수가 안쪽 불이 있는 곳에서 시련을 당하는 동안에 베드로는 바깥에서 불을 쬐고 있다(14:54, 66). 예수가 운명을 결정하는 거대한 압력과 적대감을 받으시면서 고백을 하고 있는 동안에 베드로는 가장 미약한 압력 아래서 항복해 버리고 자신을 구하기 위하여 거짓말을 한다.

베드로의 세 번의 부인은 겟세마네에서 세 번이나 깨어있지 못한 사실과 어울리며, 이것은 그가 씨뿌리는 자의 비유에서 얇은 흙이 덮어진 돌밭에 떨어진 씨와 아주 유사하다는 사실을 보여준다. 기쁨으로 받은 말씀은 시련이 올 때에 박해라는 호된 뜨거움 아래서 시들어지기 시작하여 떨어져 나간다(4:16-17). 그는 "예수와 함께 있었다"고 고발을 당한다(14:67). 이 장면이 발전해 나감에 따라서 우리는

관이었다.

베드로가 군중들과 함께 있었고 따뜻한 불로 아늑함을 누리고 있었다는 사실을 발견하게 된다. 그러나 기다리고 있는 폭도들은 베드로가 주님을 향한 그들의 증오심에 합세하려고 할지라도, 자기들의 그룹에 이 이방인을 받아들이기를 거부할 것이다.

첫 번째 부인에서, 베드로의 용기는 계집종의 사적인 의심 앞에서 붕괴되어버린다. 그는 회피하면서 그 계집종의 첫 번째 질문을 받아넘긴다. "나는 네가 말하는 것이 무엇인지 알지도 못하고 깨닫지도 못하겠노라"(14:68). 그는 의도하고 있는 그 이상의 말을 한다. "알지 못한다/이해하지 못한다"는 문구는 함축적인 단어다(4:12-13; 6:52; 8:17-18; 9:32). 제자들은 반복하여 깨닫지 못하고 알지 못했다는 사실을 보여주었다. 예수에 대한 베드로의 부인은 이러한 과정의 절정이다.

베드로는 빛에서 떨어져서 현관으로 옮겨간다. 그러나 한 계집종이 다른 사람들에게 베드로가 수상한 사람이라고 발설할 때 그 압력은 증가한다. "이 사람은 그 도당이라"(14:69). 베드로는 계속하여 부인하고(미완료 시제) 갈릴리의 억양으로 부인한다. 그때에 그들은 "너도 갈릴리 사람이니 참으로 그 도당이니라"고 말한다. 갈릴리 사람들은 어쩌면 대제사장 안뜰에서 언짢은 엄지손가락과 같은 위치에 있었다. 대제사장의 궁으로 들어가는 사람은 모든 갈릴리 사람들이 다같이 반역적인 하층민의 도당이라는 선입견을 가졌다.

베드로는 세 번째 부인에서 저주를 한다. "저주를 부르다"라는 동사는 헬라어 본문에서 목적어를 가지고 있지 않다. 그것은 NIV가 번역하고 있는 것처럼 자기에게 저주가 내려오기를 기원하는 것일 수도 있다. 그는 맹세로 부인하고 자기 말이 거짓이라면 자신에게 저주가 있을 것이라고 말한다. 그렇지 않다면 그는 예수에게 저주를 선포하였을 수도 있다.[17] 플리니(The younger Pliny)는 본도-비두니아(Pontus Bithynia)의 특별 행정관으로서 그리스도인이라는 혐의를 받은 사람들을 심문하였을 때 징벌을 가할 것이라는 위협과 함께 세 번 "너는 그리스도인인가?"라고 물었다고 트라얀 황제에게 보고한바 있다(110년경). 혐의를 받은 남녀들은 예수를 저주하면서 자기의 결백을 입증했다 플리니의 주장은 "진정으로 그리스도인인 사람들은 그렇게 하지 않았다"는 것이다(*Epistles* 10.96.3, 10.96.5). 이 저주는 당국자들에게 그 사람이 그리스도인이 아니라는 충분한 증거였다. 『폴리갑의 순

17. G. W. H. Lampe, "St. Peter's Denial and the Treatment of the Lapsi," in *The Heritage of the Early Church Essays in Horror of G. V. Florovsky*(Orientalia Christiana Analecta 195; Rome: Pontifical Oriental Institute, 1973), 113-33.

교』 9:3에서, 지방총독은 주교에게 말한다. "맹세하시오 나는 그대를 석방하겠소." 폴리갑은 다음과 같이 대답한다. "나는 86년간 그분을 섬겨왔고, 그는 나에게 아무런 나쁜 일도 하지 않으셨소. 내가 어떻게 나를 구원하신 나의 왕을 모독할 수 있겠소?" 저스틴 마터(Justin Martyr)에 따르면 유대의 반역 지도자 바르 코크바(Bar Kochba, 132-135)는 그리스도인들에게 죽음과 그리스도 저주 사이에서 선택하게 했다(*1Apol.* 31.6). 그러므로 그리스도에 대한 저주는 그 사람이 그리스도인이 아니라는 증거였다. 필자의 견해로는 베드로가 이러한 모독죄를 범하고 있다는 사실을 마가가 암시하고 있다고 본다. 이것은 베드로의 넘어짐을 더욱 끔찍하게 만들어 주며, 그의 회복을 더욱 두드러지게 만들어 준다.

예수가 그렇게 될 것이라고 말씀하신 대로 정확하게 모든 일이 일어난다. 베드로가 수탉이 두 번이나 울기 전에 세 번 자신을 부인할 것이다. 마가는 이제 수탉이 두 번 울었다고 우리에게 전한다.[18] 그것은 첫 번째 수탉 울음소리가 베드로에게 경고를 주었다는 사실을 암시하지만, 그는 계속하여 예수를 부인했다. 베드로의 첫 번째 부인 후 14:68에 있는 이문(異文)은 첫 번째 닭울음소리가 있었다는 본문을 가지고 있다. 어리석은 교만으로 유명한 수탉이 자신을 세 번 부인할 것이라는 예수의 예고(14:30)를 베드로에게 상기시켜주고 있다는 사실은 아이러니하다. 병아리 닭장의 왕은 닭장을 통치하며 자신이 세상의 왕이라고 생각하면서 뽐내며 걷는다. 수탉은 14:29에 있는 베드로의 뽐내는 자만심과 완전히 어울리지만, 그로 하여금 방금 전에 한 일을 정신이 번쩍 들게 만들어 주는 것은 수탉의 울음소리였다. 이것은 인간이 소위 하류의 피조물에 의하여 책망을 받는 성경의 일반적인 주제에 속한다(발람의 나귀와 요나의 벌레를 보라).[19]

어둠 속으로 베드로의 도피는 그의 부끄러운 행동으로부터 그를 구원하기에는 너무나 늦었다. 그의 슬픔의 강도가 '에피발로' 라는 동사를 통하여 강조되지만, 이것을 정확하게 번역하기가 쉽지 않다.[20] 그것은 "저버리다" 혹은 "던지다"를 의미한다. 아마도 "그가 자신을 내어 던졌"거나 "좌절하여 울었다"(NIV, NRSV) 혹은

---

18. 어떤 사람은 후기 랍비 전승으로부터 닭은 예루살렘에서 기르는 것이 금지되어 있었다고 주장했다(*m. B. Qam*, 7:7; 그러나 *m Ed* 6:1에 있는 반대 증거를 보라). 그들은 수탉이 우는 것이 로마인의 계산에 의하면 밤의 제3시(12:00-3:00)를 가리킨다고 결론짓는다(13:35을 보라, 거기서 밤의 4시가 열거되어 있다). 그것은 시간의 끝에 뿔 나팔을 부는 소리로 들렸다. 그러나 마가는 그것이 두 번째 수탉 울음소리로 생각하고 있기 때문에 그 부근 어딘가에 수탉이 있었던 것으로 밝히고 있다.

19. 욥 12:7을 보라. "이제 모든 짐승에게 물어 보라 그것들이 네게 가르치리라 공중의 새에게 물어 보라 그것들이 또한 네게 말하리라."

20. Brown(*The Death of the Messiah*, 1. 609-10)은 그것을 번역하기 위해서 아홉 개의 선택사항을 열거하고 있다.

"밖으로 뛰쳐나갔다"일 것이다(마 26:75; 눅 22:62). 그는 대제사장이 했던 것처럼 옷을 찢지는 않으나 자신의 커다란 죄에 대해서 마음을 찢는다(참조. 욜 2:12-13). 베드로가 예수를 그리스도로 고백했을 때(막 8:29), 예수는 제자들에게 "누구든지 이 음란하고 죄 많은 세대에서 나와 내 말을 부끄러워하면 인자도 아버지의 영광으로 거룩한 천사들과 함께 올 때에 그 사람을 부끄러워하리라"고 권고하셨다(8:38). 그가 예수와 결탁되는 것을 부끄러워했기 때문에 부끄러움의 물결이 이제 베드로를 삼킨다.

상황잇기

베드로의 부인은 오늘날 우리의 배경으로 쉽게 연결된다. 그러나 심문 장면에 들어있는 다른 두 현안문제도 특별히 주시해볼 필요가 있다. 첫 번째 것은 권세와 영광을 가지신 인물인 인자가 어떻게 고난과 죽음과 연결될 수 있었는가와 관련이 있다. 두 번째 것은 역사 전체를 통하여 예수의 죽음을 유대인들의 책임으로 돌리려는 기독교의 경향과 관계가 있다.

인자: 고난이 합해진 권세

예수 당시에 유대교 내에 있던 인자라는 용어의 의미는 파악하기 어려운 주제인데, 이것이 대제사장에 대한 예수의 답변에서 다시 떠오른다. 다니엘서 7장과 대중적인 묵시문학 작품인 에녹1서에서 이 수수께끼 같은 인물이 권세, 영광, 승귀, 그리고 심판과 연결되어 있으며, 그는 공동체가 겪는 일을 당하지 않는다는 점에서 의로운 공동체와 구별된다. 콜린스(Collins)는 그가 다니엘서에서 초자연적 존재라고 결론짓는다.

> 그가 그들의 고난으로부터 보호를 받는다는 사실은 그를 권세와 영광의 인물로 만들어주며, 또한 박해를 받는 의인의 소망의 이상적 구현이 되게 만든다. "인자"란 인물의 영향은 그를 그 공동체의 일원이 아닌 자로 간주하는 것을 필요로 하는데, 이는 그가 그들이 가지고 있지 않은 권세와 승귀를 소유하기 때문이다.[21]

---

21. John J. Collins, *The Apocalyptic Imagination*(New York: Crossroad, 1987), Marcus, *The Way of the Lord*, 170에서 인용함.

마가복음에서 우리는 고난과 연약성이 같이 합해진 권세가 있는 인자를 보게 된다. 예수는 군중들이 자신을 왕으로 관을 씌울 수 없을 때, 공개적으로 자신이 메시야라고 선언하신다. 그의 공적인 인정은 자신에게 주어지고 있는 소송을 인증하는 것이며, 또한 그가 죽을 것임을 확증하는 것이다. 만일 예수가 권세의 오른편에 앉으시고 하늘 구름을 타고 오실 인자라면, 우리는 메시야에 관해서 그리고 그 능력에 관해서 믿고 있는 바를 완전히 다시 생각해야 한다. 메시야이신 예수는 많은 사람들이 바랐던 것과는 다르다. 그는 다른 사람들에 대항하여 손가락 까닥 하나 하지 않으시고, 수동적으로 죽음을 수용하시기 때문이다. 메시야이신 그는 사람들이 생각했던 것보다 훨씬 그 이상의 분이시다. 그는 하나님의 능력을 행하시는 신이시기 때문이다. 그러나 하나님의 능력은 약함 가운데 드러난다. 전능한 능력의 현시, 이적적인 위업, 혹은 깜짝 놀라게 하는 예언들을 구하는 사람들은 아무것도 보지 못할 것이다. 상황을 연결하면서, 우리는 오늘날의 세계에 역사 하시는 하나님의 능력을 어디서 어떻게 볼 것이냐에 대한 우리의 기대를 점검해 보아야 할 것이다.

설정된 죄책

대제사장 앞에서 유대인의 심문은 최근 몇 년 동안 학계에서 민감한 현안문제가 되어왔다. 일부 학자들은 예수의 죽음에 대한 과실을 유대인들에게 돌림으로써 로마 당국자들의 비위를 맞추기 위한 교활한 시도로 공회 앞에서 이러한 심문을 날조한 것으로 마가를 비난했다. 이러한 해석이 많은 사람들을 설득시켰는데, 그것이 건전한 역사적 논증에 근거해서가 아니라 유대인들을 죄책으로부터 혐의를 벗겨주었기 때문이다. 수세기 동안 유대인들은 하나님을 죽인 자들이라고 저주를 받아왔으며, 이러한 비난은 그들에 대하여 저질러진 끔찍한 만행에 대한 핑계로 이용되어왔다.

예를 들면, 폴 윈터(Paul Winter)는 로마 총독이 예수의 포박을 주도권을 잡고 지휘했고, 유대인 지도자들이 주님의 판결에 연루되지 않았다는 논증을 조심스럽게 발전시켰다. 그 사람의 인생의 체험이 증거를 찾는 일과 증거를 분석하는 일에 영향을 준다. 윈터는 나치가 점령하기 이전에 체코슬로바키아에서 간신히 도망한 유대인이었다. 전쟁 말기에 그는 강제 수용소와 강제 노역 수용소로부터 자유를 얻은 사람들을 돌보는 임무를 가진 상급 연락관리였다. 그는 자신의 어머니, 누이,

그리고 다른 가까운 친척들이 대학살을 당한 유대인 수용소에서 죽었다는 사실을 알았다. 필자는 커다란 수고를 아끼지 않은 그의 연구가 심각하게 손상되었다고 믿지만, 자기 백성에게서 예수의 죽음에 대한 죄책의 오명을 없애려는 그의 관심은 정당하다.

우리는 예수의 죽음에 대한 책임을 지우기 위하여 사람들 가운데 한 그룹을 뽑아내지 않아야 한다. 그분의 죽음을 획책한데 대해 특별한 죄책을 가진 사람들은 유대인 제사장 지도자들이었다. 빌라도 앞의 법정에서, 그들은 예수를 십자가에 처형시킬 것을 요구하도록 백성들을 선동한다(15:11). 그들은 악에 사로잡힌 "이 세대의 통치자들"을 대표하며(고전 2:8; 골 2:15), 이는 어떤 한 인종이나 나라에 국한된 한 무리의 범주가 아니다. 동일한 종류의 사람들이 아주 먼 시대로부터 비밀회합 장소에서 다른 사람들에 대한 악행을 구상해왔다. 이 지도자들은 반제(Whansee; 유대인들을 대량으로 학살해야 한다고 회의를 했던 도시-옮긴이)에 모여서 유대인들을 유럽으로부터 근절하기 위한 "최종 해결책"을 구상했던 나치 관리들과 거의 다를 바 없다. 예수의 재판과 십자가 처형에 대한 마가의 기사는 유대 백성들의 죄책과 관계가 없다. 목적이 수단을 정당화한다고 생각하면서 자신들의 목적을 위하여 권력을 남용하고, 악을 경건으로 가장하는 사람들과 모두 관계가 있다.

그러므로 예수의 죽음에 대한 죄책을 어떤 한 그룹에 배분하지 않아야 한다. 이스라엘의 민족적인 종교 사당의 수탁자들이 예수를 죽음에 처하도록 주도권을 가지고 일한 것에 가장 큰 책임이 있다. 그러나 빌라도는 책임을 지지 않으려 한 책임이 있다. 기독교인들이 부끄럽게도, 예수를 죽인 죄에 대한 유대인의 집합적 책임을 강조하는 것은 너무도 쉽게 최근세기에 일어난 끔찍한 결과들과 함께 사회적, 경제적, 정치적 영역으로 전가되었다. 마태복음 27:25에 대한 주석을 하면서 클라우드 몽테피오레(Claude Montefiore)는 그것이 "끔찍한 구절, 무서운 언급… 인간의 피바다와 그치지 않는 불행과 황폐의 조류의 원인이 되어온 문구 가운데 하나였다"고 기록했다.[22] 그는 제2차 세계대전 이전에 글을 썼었다. 유대인들에 대한 기독교인의 박해의 결과는 십자가가 대부분의 유대인들을 향한 하나님의 용서하시는 사랑을 나타내는 것이 아니라 유대인 학살에 대한 결정과 정당화에 대한 오래된 비난을 나타내고 있음을 의미한다.

22. Claude Montefiore, *The Synoptic Gospels*(London. Macmillan, 1927), 2:342.

필자는 우리가 만약 그들의 입장에 있었다면, 상당히 다르게 행동했을 것이라는데 의심을 품는다. 권력의 입장에서 사람들을 다루어본 경험이 있는 사람은 종교적 세계에서든 세속사회에서든 이런 지도급의 제사장들이 했던 것과 같은 일을 할 수 있다는 사실을 알고 있다. 그들은 백성들의 삶을 파괴하려고 계획하며, 부끄러움이 없이 거짓말을 하고, 군중을 교묘하게 조종하며, 교묘한 선전으로 자기들의 더러운 일을 덮으려 한다. 이것은 새로운 것이 아니며, 이러한 횡포가 오늘날도 계속된다. 죄 없는 희생자들은 희생양이 되고, 조작되고, 고통을 당하고, 제거된다. 정의를 외치는 자는 거의 없다. 우리는 커다란 악을 하나님의 아들에게 행한데 대해서 그 죄를 덧씌울 희생양을 발견하고서 편안함을 느끼지만, 우리는 우리 자신의 죄책을 모면하지 못한다. 우리는 다른 사람들의 유죄를 확인시킴으로써 성자가 되지 못한다. 십자가는 '모든' 인류가 죄책이 있음을 드러낸다. 우리는 예수를 다시 십자가에 못 박는 우리 자신과 우리 지도자들을 보아야 한다.

현대적 의미

마가는 예수가 가장 커다란 불법행위로 고통을 당하셨다는 사실을 보여준다. 그는 거짓과 빈정거림, 음모, 짜 맞춘 배심원들의 희생물이었다. 이를 더 나쁘게 만드는 것은 예수에 대한 선고가 분별없는 열정에 의해 행해지지 않았다는 것이다. 그 땅에서 가장 지혜롭고 거룩하다고 생각되었던 사람들이 냉철하고도 이성적으로 고안한 고의적인 절차를 거쳐 예수를 죽게 했다.[23] 우리는 부당한 위법행위 때문에 그 지도자들을 혐오할 수밖에 없다. 그러나 예를 들어, 개혁적인 사상을 미워하고, 미국인의 생활 방식의 자기들의 비전을 그대로 유지하려는 일을 획책한데 대해서 하나님께 책임을 느끼는 사람들은 이스라엘의 종교지도자들과 거의 정확히 동일한 방식으로 행동했을 것이라고 우리는 알 수 있다.

법과 질서의 보존과 유대인의 생활방식을 보존할 책임을 진 전통적 귀족사회가 그 나라의 최상의 이익이라고 생각한 일을 이행하였다. 이러한 이익들은 자기들의 최상의 이익과 동시에 발생했다. 신학적으로 해석되었기는 하지만, 요한복음 11:50에 있는 대제사장의 연설은 그들의 행동에 대한 분명한 동기를 제공해준다. 그들은 예수가 군중들을 선동했더라면 나라 전체에 중대한 위험을 초래할 말썽꾸러기를 제거하고 있었던 것이다. 로마인들은 비정한 야만적 행위로 그 운동을 진

23. Schweizer, *Mark*, 331.

압하기 위하여 진군해올 것이다. 로마인들은 이 지도자들에게 평화를 유지하는 임무를 부여하였다. 만일 이 평화가 유지되지 않는다면, 그들의 권력은 위태롭게 될 것이다. 마틴 루터 킹 주니어를 제거하려고 했고, 그가 총에 맞았을 때 눈물을 흘리지 않았던 사람들과 그들은 거반 다르지 않다. 성전을 관할하면서 자기 잇속만 차리는 종교지도자들에 의하여 예수는 죽임을 당했다. 이들은 자기들의 권력만을 지키려 했다.

존 스타인벡(John Steinbeck)의 소설 『피핀 4세의 짧은 치세』에서 왕은 "권력은 부패되지 않는다. 두려움이 부패되는데, 이는 아마도 권력의 상실에 대한 두려움일 것이다"라고 말한다.[24] 유대 지도자들은 하나님이 자기들에게 하실 일보다는 로마인들이 자기들에게 할 일을 더 두려워했다. 그들은 종교적인 자부심으로 부풀어 있었고, 참된 종교 지도자의 성공을 전문적으로 시기하는 마음이 가득했다. 그들은 융성하는 힘 있는 제도에 깊은 관심을 가졌다. 이 제도들은 본래 목적을 상실할 수 있으며, 오직 자기 보존에만 관심을 가질 수 있다. 하나님에게 헌신하는 제도들이라도 악에 점령당할 수 있으며, 하나님의 뜻의 대리인으로서 봉사하기보다는 하나님의 뜻을 왜곡할 수 있다. 예수는 부패한 제도와 대결하셨으며, 그것의 존재를 위협했다. 그 다음에 일어난 일에 대해서 우리는 놀랄 필요가 없다. 오늘날 그런 것들과 대결해 보라. 그러면 어떤 일이 일어나는 것을 보게 될 것이다. 윙크(Wink)는 다음과 같이 기록한다.

> 예수를 죽였다는 것은 비종교적이 아니라 종교적이었다. 불법이 아니라 정확하게 율법이었다. 무정부가 아니라 질서의 옹호자들이었다. 하나님의 지혜가 보일 수 있도록 성육신하신 분을 십자가에 처형한 사람은 야만인이 아니라 최상의 사람들이라고 생각되던 이들이었다. 그리고 그는 죄가 없으셨을 뿐 아니라, 참된 신앙, 참된 율법, 그리고 참된 질서의 구현이셨기 때문에, 이 희생은 그들의 폭행이 무엇이었는지를 드러냈다. 사회의 옹호가 아니라, 하나님에 대한 공격이었다.[25]

예수는 고소 내용에 대해서 무죄였다. 유대인 지도자들이 죄책이 있었지만, 우리는 모든 투표를 막을 수는 없다. 종교적인 사람들의 모든 그룹은 그 가운데 교활

---

24. John Steinbeck, *The Short Reign of Pippin IV*(New York, 1957), 102.
25. Walter Wink, *Engaging the Powers*(Minneapolis: Fortress, 1992), 139-40.

하고도 파렴치한 교회 정치인, 열광적으로 의로운 인간사냥꾼, 줏대 없는 아첨꾼, 출세를 이루기 위하여 모든 생각을 승리하는 쪽에 빌붙는 변절자를 가지고 있다. 이런 1세기 종교인들만이 죄가 있는 사람들이 아니었다. 그들은 모든 종교인의 보편적 죄를 구현하고 있다. 빌라도 역시 죄책이 있다. 그는 맹목적인 상태라는 보편적 죄를 구현하고 있다. 유다 역시 죄가 있다. 그는 자기 주인을 배반했다.

필자는 이 사건에서 학계의 논문을 검토하고 이 범죄자들의 상황을 다르게 이해하려는 설교를 듣는 것에 흥미가 있다. 어떤 사람은 유대 백성들이 수세기 동안 분에 넘친 비난을 받아왔기 때문에 유대 지도자들의 결백을 증명한다. 이제 이방인들은 기독교라는 이름으로 유대인들에게 행해온 일에 대해서 죄책감을 느끼고, 유대인들을 예수의 죽음과 완전히 관련이 없는 것으로 제거하려고 한다. 그것이 빌라도가 한 일이었다. 그가 손을 뗀 것과 마찬가지로 유대인도 연루되지 않았다. 교회의 자리에 앉아 있는 신도들은 아주 흔히 빌라도의 죄를 용서하고, 그를 상황의 비극적 희생자로 간주한다. 유다의 배신에 대해서 온갖 종류의 정당성이 제기되어왔다.

필자는 이 원래의 사악한 사람들을 변호하려는 시도들이 궁극적으로 자기 자신을 변호하려는 시도라고 확신한다. 아무도 죄가 없다. 그것은 모두 하나님의 계획이다. 오직 하나님만이 책임을 떠맡게 한다. 슈바이처(Schweizer)는 다음과 같이 결론지으면서 경종을 울리고 있다. "순종에 대한 자신의 태만, 사랑에 대한 자신의 부족, 매일의 삶에서 필요로 하는 요구사항들 가운데서 자신의 마음의 무감각을 의식하는 사람은 허물을 다른 사람에게 고정시킴으로써 예수의 죽음에 대한 자신의 책임을 하나님 앞에서 회피하지 않는다."[26] 우리가 이 기사를 읽을 때, 우리도 얼마나 쉽게 교활한 대제사장이 될 수 있고, 정도를 벗어난 유다가 될 수 있고, 거짓말하는 거짓 증인들, 비겁한 베드로, 유약한 총독, 증오에 찬 분별 없는 군중, 야비한 군사, 두려움 때문에 숨어버린 제자가 될 수 있는지를 깨달아야 한다. 그렇다면 우리는 그 법정에서 예수 앞에 있었던 사람들이 곧 우리임을 깨닫게 되고, 그 법정에서 예수 편에 선 사람들이 아니었다는 사실을 알게 된다.

모래 더미로 분해 되어 버린 반석, 비극적인 베드로의 도피는 우리의 두려움과 동정을 불러일으킨다. 우리는 당국자들로부터 곤란을 겪고 있는 다른 사람들로부터 물려나려는 유혹이 있음을 잘 안다. 사석에서 우리는 "항상 우리는 당신의 뒤에

---

26. Schweizer, *Mark*, 322.

있습니다"라고 말할 수 있다. 그러고는 일반적으로 뒤에 처져 있다. 두려움 없이 신분을 고백하고, 미워하는 자들이 자행하는 압도적인 폭행을 당당히 맞서셨던 예수를 포함하여 용감한 행실을 하였던 모범자들로부터 우리는 교훈을 얻을 수 있다. 용감하게 죽음과 맞서 싸웠던 수세기를 통하여 일어난 많은 믿음의 순교자들의 사례는 우리에게 영감을 불러일으켜 준다. 그러나 베드로의 비굴한 실패에 대한 생생한 모습이 우리를 가장 잘 가르쳐 준다. 그의 서글픈 침몰의 기사는 직접 자신의 증언으로부터 나온 것이었다. 그는 다른 사람들을 돕기 위해서 자신의 실패의 이야기를 글을 쓴 사람에게 말했을 것이다. 마가복음의 독자들은 분명히 그리스도에 대한 베드로의 부인이 그의 끝이 아니라 회복되었으며(16:7), 그는 복음을 전하러 담대하게 나아갔고, 그의 믿음이 생명을 잃게 하였다는 사실을 알고 있다. 위기의 순간에 있었던 그의 부인에 대한 통렬한 아픔은 다른 사람들에게 경고와 위로가 된다.

탈락(omission)의 죄는 임무(commission)의 죄로 이끌어간다.[27] 베드로는 세 번이나 자신의 고난에 대한 예수의 선언을 이해하지 못했다. 세 번이나 그는 예수가 깨어 있어 기도하라는 긴급한 요청을 주의하지 않았다. 그는 세 번 예수를 부인했다. 동료를 라이벌로 생각하고 이기려는 오만한 죄는 그를 다른 사람들과 다르다고 생각하는 데로 이끌어갔다 "나는 그리하지 않겠나이다"(14:29). 그는 자신의 능력을 의지했기에, 다른 제자들보다 훨씬 멀리 떨어져 나갔다. 고린도교인들을 향한 바울의 경고가 여기에 적절하다. "그런즉 선 줄로 생각하는 자는 넘어질까 조심하라"(고전 10:12). 영적 자만심의 죄가 주님이 명령하셨을 때 그를 깨어있지 못하게 했다. 베드로전서 1:7에서 베드로는 불 시험을 말하면서 그리스도인에게 닥쳐올 고난의 불같은 시련에 대해서 경고한다(4:7). 그러나 우리는 언제 우리의 믿음이나 충성이 시험을 받을는지 전혀 알지 못한다. 불같은 시련이 우리에게 슬그머니 미끄러져 들어올지라도, 우리는 베드로가 그러했던 것처럼 안락이라는 불에 우리 자신을 따뜻하게 녹인다(막 14:54, 67).

오늘날 많은 그리스도인들은 초대 기독교인들에게 임했던 맹렬한 박해를 받지 않는다. 오늘날 사람들은 그리스도와 투옥 혹은 처형 사이에서 선택하도록 강요를 거의 받지 않는다. 따라서 그리스도에 대한 우리의 부인은 소심한 침묵과 같은 보다 교묘한 형태를 취할 수도 있다. 우리는 자신을 그리스도인이라고 밝히고 싶어

27. Mitton, *Mark*, 122.

하지 않을 수도 있다. 우리는 기독교를 하나의 공상(fantasy)으로 빈정거리며 제쳐 버리는 사람들에게 대항하여 말을 하지 않는다. 우리는 주님의 대적들의 무리 속으로 섞여 들어가려고 한다. 우리가 다른 사람들에 의하여 조소나 흔들림을 받기를 원치 않기 때문이다.

그리스도인의 신앙은 우리로 하여금 다른 사람들로부터 두드러지라고 요구한다. 명예의 전당 야구 선수인 미키 맨틀(Micky Mantle)이 알코올로 자기 몸을 수년 동안 남용하고 나서 죽음의 문턱에 있었을 때, 많은 친구들이 그의 마지막 가는 모습을 보려고 병원 침대의 주변에 모여들었다. 그의 침대에 다가온 이전의 한 동료는 바비 리챠드슨(Bobby Rechardson)이었다. 그리스도인인 그는 동료들의 난잡한 파티에 합세하지 않고, 경기에서 은퇴한 뒤에 목사가 되었다. 맨틀은 그를 "우유나 마시는 사람"(the milk drinker)이라고 놀려대곤 하였다. 그러나 그의 생명이 죽어갈 때, 그는 리챠드슨과 이야기하기를 가장 원했다. 조롱 가운데서 바비의 삶의 증거가 충격을 주었던 것이다.

베드로의 부인 기사에서 위로를 얻을 수 있다. 베드로는 가장 뛰어난 예수의 제자였지만, 그도 여전히 하나님의 자비가 필요한 죄인이었다. 그는 예수를 위하여 죽을 것이라고 생각했지만, 그는 그를 위하여 죽으시는 예수를 필요로 했다. 그의 실패는 마가복음 2:17에 있는 예수의 진술의 진리를 드러낸다. "건강한 자에게는 의사가 쓸 데 없고 병든 자에게라야 쓸 데 있느니라 나는 의인을 부르러 온 것이 아니요 죄인을 부르러 왔노라." 마가복음은 두 번째 기회의 복음이다. 16:7에 있는 천사의 명령인 "가서 그의 제자들과 베드로에게 이르기를"은 그의 회복에 대한 약속을 암시한다. 아마도 마가의 교회 공동체 가운데 이미 배반하여 주님을 부인한 사람들이 있었을 것이다. 만일 베드로가 주님을 부인하고 저주까지 하고 나서 회복될 수 있었다면, 같은 죄책을 가지고 있거나 그보다 더한 죄책을 가진 다른 사람들도 소망이 있었다.[28] 베드로의 후회의 눈물은 회복의 시작을 표시한다.

28. R. W. Herron, *Mark's Account of Peter's Denial of Jesus. A History of Its Interpretation*(Lanham, Md: Univ. Press of America, 1992), 143.

마가복음 15:1-20

1 새벽에 대제사장들이 즉시 장로들과 서기관
들 곧 온 공회와 더불어 의논하고 예수를 결
박하여 끌고 가서 빌라도에게 넘겨 주니
2 빌라도가 묻되 네가 유대인의 왕이냐 예수
께서 대답하여 이르시되 네 말이 옳도다 하
시매
3 대제사장들이 여러 가지로 고발하는지라
4 빌라도가 또 물어 이르되 아무 대답도 없느
냐 그들이 얼마나 많은 것으로 너를 고발하
는가 보라 하되
5 예수께서 다시 아무 말씀으로도 대답하지 아
니하시니 빌라도가 놀랍게 여기더라
6 명절이 되면 백성들이 요구하는 대로 죄수
한 사람을 놓아 주는 전례가 있더니
7 민란을 꾸미고 그 민란중에 살인하고 체포된
자 중에 바라바라 하는 자가 있는지라
8 무리가 나아가서 전례대로 하여 주기를 요구
한대
9 빌라도가 대답하여 이르되 너희는 내가 유대
인의 왕을 너희에게 놓아 주기를 원하느냐
하니
10 이는 그가 대제사장들이 시기로 예수를 넘겨
준 줄 앎이러라
11 그러나 대제사장들이 무리를 충동하여 도리
어 바라바를 놓아 달라 하게 하니
12 빌라도가 또 대답하여 이르되 그러면 너희가
유대인의 왕이라 하는 이를 내가 어떻게 하랴
13 그들이 다시 소리 지르되 그를 십자가에 못
박게 하소서
14 빌라도가 이르되 어찜이냐 무슨 악한 일을
하였느냐 하니 더욱 소리 지르되 십자가에
못 박게 하소서 하는지라
15 빌라도가 무리에게 만족을 주고자 하여 바라
바는 놓아 주고 예수는 채찍질하고 십자가에
못 박히게 넘겨 주니라
16 군인들이 예수를 끌고 브라이도리온이라는
뜰 안으로 들어가서 온 군대를 모으고
17 예수에게 자색 옷을 입히고 가시관을 엮어
씌우고
18 경례하여 이르되 유대인의 왕이여 평안할지
어다 하고
19 갈대로 그의 머리를 치며 침을 뱉으며 꿇어
절하더라
20 희롱을 다 한 후 자색 옷을 벗기고 도로 그의
옷을 입히고 십자가에 못 박으려고 끌고 나
가니라

원 의미

마가복음 15:1은 예수에 대한 대제사장의 심문에서부터 로마 총독인 본디오 빌라도에게로 이송되는 다리역할을 한다. 이 구절은 베드로가 주님을 세 번 부인하고 부리나케 도망가 버린 대제사장 안뜰로부터 공회가 심의를 마쳤던 내부의 방으로 옮겨간다. 마가는 이전의 결정을 다시 정리하기 위한 두 번째 모임을 공회가 갖기 위하여 아침 일찍이 모였음을 암시하는 것 같지는 않다. 그는 단순히 그 구역 바깥에서 베드로의 부인이 있는 동안에 그들이 도달한 판결을 재생하고 있다(14:64).[1] 그것은 한 사람에 대항하여 모인 "온 공회"였고, 그들은 그를 총독에게 보내기 전에 안전하게 포박했다. 그러한 삼엄한 조처—검과 곤봉을 찬 포박하는 일단의 사람들을 보내고 그를 단단히 결박하라는 지시, 그리고 이제는 그를 빌라도에게 보내기 위하여 묶는다—는 평화롭고 비폭력적인 선지자에게 행하기에는 우스꽝스러워 보인다. 어쨌든 그들은 예수가 자기에게 일어날 것이라고 예고하셨던 일을 실천한다(10:33).

예수에 대한 고소

로마인들은 지방 정책에서 질서를 유지하는 일 외의는 간섭하지 않았다. 그들은 각 성읍들에서 과두정치를 선호했다. 빌라도가 말을 타는 기사였으므로 그는 유사한 계급의 보좌관을 가지지 않았고, 모든 행정 업무를 적은 관료들이 처리하였다. 그러므로 정부의 일상적인 허드렛일과 행정은 지방의회와 지방장관들이 운영하였다. 그들은 체포하고 증거를 채택하고 공식적인 재판을 위하여 총독에게 기소할 목적으로 예비적인 심사를 할 권력을 가졌다. 공소는 보통 개인 당파들이 가져왔고, 일반적으로 두세 사람의 대리인을 넘지 않았다(행 24:1-9). 로마제국의 법률체계는 부유계층과 정부계층의 이익을 도왔다. 대제사장 가야바(마가복음에는 밝혀져 있지 않음)가 빌라도의 재임기간 동안에 재직했고, 고발자가 권세가 있고 재판장과 오래 관계를 맺었을 때는 공정한 판결을 기대하기가 어려웠다.[2] 예수는 가이사에게 호소할 수 없었고 하나님에게만 호소할 수 있었다.

로마 총독(주후 44년 이후에만 행정장관[procurator]라고 불렀음)은 자기 관할하의 로마인이 아닌 모든 시민들을 살리고 죽일 권한을 가졌다. 지방들에서 재판에 부쳐졌던 로마시민이 아닌 악인에 대해서는 아무런 형사상의 법전도 존재하지 않았다. 총독은 그러한 소송에서 자신이 적합하다고 보는 대로 통치하고 판단할 자유가 있었다. 소송을 받아들일지 거절할지, 자신이 선택한 형벌이 그 무엇이든간에 이유를 만들 수 있었다. 타키투스(Tacitus)와 플리니(Pliny)는 아우구스투스로

1. Brown, *The Death of the Messiah*, 1:629-32가 그렇게 주장한다.
2. 바울도 이와 유사한 상황에 처했었고, 그가 로마 시민이었기 때문에 유대 지도자들의 피의 복수를 피할 수 있었다(행 22:22-30; 24:1-23).

부터 트라얀까지 지방 총독들 편에서 위법행위를 저지른 거의 40개의 공판을 기록하고 있는데,[3] 많은 총독들이 자유재량권을 가지고 부당 이득을 취했다고 보고하고 있다. 요세푸스와 필로는 임의적인 행동과 잔인성으로 인하여 빌라도에 대한 심한 불평을 기록하고 있다.[4]

로마 총독은 단순히 유대인의 종교규례들을 어겼다고 해서 그 사람의 생명을 빼앗으려고 유대인 태생의 사람을 법정에 세우지는 않았을 것이다. 말하자면 신성모독이라는 종교적 죄목(예를 들면, 자신이 메시야라는 예수의 선언)이 빌라도로 하여금 행동을 취하도록 하기에는 충분하지 않았을 것이다(행 18:14-17). 물론 로마인들이 성전에 대한 위협에 무관심하지는 않았을지라도 말이다. 이 총독은 종교적인 문제들이 정치적인 문제가 되지 않는 한, 관심을 덜 보였을 수 있었다. 그래서 대제사장들은 로마 총독이 진지하게 이해하고 취급할 수 있는 방식으로 예수에 대한 소송을 재조정한다. 빌라도의 첫 번째 질문이 "네가 유대인의 왕이냐?"(15:2)이므로, 이것은 아마도 예수에 대한 공식적 고소내용인 것으로 보인다(또한 15:12을 참고하라. "그러면 너희가 유대인의 왕이라 하는 이"). 만일 예수가 왕이라고 선언한다면, 그는 로마의 권력에 대항하는 죄책을 가지게 된다. 밧줄로 포박하여 그분을 빌라도에게 보낸 것도 역시 그가 공공질서를 위협하는 자라는 생각을 은근히 심어준다.

마가는 복음서 전체를 통하여 예수의 더 큰 권세를 강조해왔다. 빌라도가 즉시

---

3. Collin Wells, *The Roman Empire*(Stanford: Stanford Univ. Press, 1984), 146-47.
4. Josephus, *J. W.* 2.9.2-4 §§ 169-77; *Ant* 18.2.2 § 35; 18.3.1-2 §§ 55-62; 18.4.1 §§ 85-89; Philo, *Embassy to Gaius*, 299-305. 빌라도는 10년간 그 직위에 있었다(주후 26년 혹은 27년에서 37년까지). 요세푸스(*Ant*, 18.6.5 §§ 174-78)에 따르면, 티베리아스(Tiberias)는 비꼬는 형태로 왜 그가 총독들을 그대로 남겨두었는지를 설명한다.

한번은 한 사람이 부상당하여 누워있었고 파리 떼가 그의 상처들 주위에 날고 있었다. 한 행인이 그의 심각한 곤경을 불쌍히 여기고 그가 손을 움직일 수 없다고 믿고서 옆으로 걸어가서 그것들을 쉿 하면서 쫓았다. 그러나 부상당한 사람은 그에게 더 이상 그런 일을 할 생각을 하지 말라고 요구했다. 여기서 그 사람은 어찌하여 그가 자신의 비참한 상태를 피하려 하지 않는지에 대해서 물었다. 그는 "당신이 그것들을 쫓아낸다면 당신은 나에게 상황을 더 나쁜 쪽으로 몰아넣을 것입니다. 이 파리들은 이미 피를 빨아먹어서 채웠으므로 더 이상 나를 괴롭힐 필요성을 느끼지 않을 것이고 어느 정도 한산해집니다. 그러나 만일 다른 것들이 왕성한 식욕을 가지고 날아온다면, 그것들은 나의 약해진 몸을 점거하여 실제로 나를 죽일 것입니다." 그는 또 말한다. 동일한 이유로 인하여, 그는 너무나 많은 도적들로 말미암아 쇠락한 피지배 백성들에게 계속 통치자들을 보내지 않는 경계를 취했다. 통치자들이 날파리들처럼 극단적으로 그들을 괴롭힐 것이기 때문이었다. 약탈에 대한 그들의 타고난 탐욕은 방종의 생활이 신속하게 박탈당할 것이라는 그들의 예상으로 말미암아 더 강화될 것이다. 티베리아스의 행동에 대한 기록은 그러한 일들에서 그의 유머에 대한 나의 기사를 입증해 줄 것이다. 그가 황제로 있었던 22년 동안이나 그는 유대 국가를 다스리기 위해서 오로지 두 사람 즉, 그라투스(Gratus)와 그의 후계자 빌라도(Pilate)를 보냈다.

대제사장들의 질투로 인해 예수를 자기에게 넘겨주었다고 의심한 것은 놀랄 일이 아니다(15:10). 고발된 죄수들은 자기들의 죄목에 대하여 변호할 기회를 가졌다. 만일 죄수가 침묵을 지키기로 마음을 먹었다면, 소송이 태만하게 진행되지 않도록 이전에 그의 마음을 고쳐먹을 수 있도록 직접적으로 세 번의 질문을 했다.

빌라도에게는 상당히 놀라운 일이지만, 예수는 불가해하게 그 질문에 대답하셨지만, 그 다음에는 침묵을 유지하신다(15:2-5). 예수는 "네가 유대인의 왕이냐?"라는 질문에 대해서 (직역하여) "네가 말하고 있다(네 말이 옳도다)"라고 대답하신다. 이 문구는 억양에 따라서 의미의 차이를 가질 수 있다. NIV의 "그렇다. 네가 말하는 바와 같다"(Yes, it is as you say)가 가능하다. 그러나 예수의 대답은 덜 직접적인 대답으로서 "네가 그렇게 말하고 있다"(you say so)나 "옳다, 네 말하는 것이 무엇이든"(Whatever you say)"이 보다 타당하다. 예수는 자신을 변호하기를 거절하고 있으며, 이방인의 법정에서 동료 유대인들을 연루시키지 않으신다. 그러한 소송에서 그의 침묵은 빌라도를 놀랍게 만든다. 총독은 예수를 풀어주기를 바라지만, 그러한 심각한 고소내용을 부인하기를 거절하는 사람을 풀어줄 수가 없다. 예수는 그 고소내용과 자신에게 집중되어 있는 악에 대한 대답을 제공하는 일을 하나님께 맡겨드린다. 하나님이 행동하신 후에도 많은 사람들은 진리를 깨닫지 못할 것이다.

바라바

로마 법정은 자주 공개석상에서 열렸으며, 군중들이 죄수를 위하거나 반대하기 위해서 군중들이 재판관들에게 야유하는 것은 이례적인 일이 아니었다. 지방장관들은 자주 연합된 외침에 직면했다. 유대인들은 거대하고도 떠들썩한 군중으로 로마총독과 습관적으로 맞섰다.[5] 군중이 빌라도에게 접근하여 죄수 하나를 석방시켜주는 것이 "절기에 있었던 관습"임을 그에게 상기시켜주는 것을 마가는 기록하고 있다. 마가복음서는 이러한 관습에 대해서 유일한 증거를 제공해주고 있으며, 일부 학자들은 그것이 꾸며낸 이야기라고 주장했다. 그러나 총독은 자기 마음대로 할 수 있는 특권을 가졌다. 그리고 백성들의 환심을 사기 위하여 일년에 한번 죄수 하나를 석방하는 것은 불가능한 일이 아니었다.[6] 그러나 빌라도는 군중들이 죄가

---

5. 행 24:1; Josephus, *J. W.* 2.9.4 § 175.

없는 예수 대신에 살인자 바라바를 석방하라고 소리치고 있다는 사실에 당황했다. 마가는 대제사장들이 군중을 선동했다는 사실을 제외하고는 왜 그들이 바라바를 선택하고 예수를 십자가에 못 박으라고 요구하는지에 대한 이유를 제공하지 않는다. 물론 군중들은 쉽게 조종을 당할 수 있다. 이 지도자들이 너무나 두려워했던 군중(11:32; 12:37)은 이제 그들의 자발적인 앞잡이가 되었고, 일은 추한 방향으로 돌아간다.

바라바는 폭동 중에 살인을 저지른 일로 인하여 잡혀있었다.[7] 마가는 그가 연루된 반란 혹은 폭동의 성격을 기록하지 않는다. 바라바는 로마 통치의 부패로부터 이스라엘을 구출하기 위하여 싸우는 극우파였거나 아니면 단순한 강도였을 수 있다. 사회적인 강도떼는 제국의 여러 곳을 성가시게 했다. 팔레스타인에서 빚의 소용돌이에 사로잡혔을 때 자기들의 땅을 강제로 박탈당한 농부들 중에는 소작농이거나 일용직 노동자로서 온순한 복종을 하기보다 무법자 신분이라는 좁은 길을 선택했다. 그들이 선택한 희생자들은 주로 부유한 지주들과 고용인들이었다. 강도들은 변방에서 활동했고, 언덕의 강력한 요새에 숨어 지냈다.

도시의 엘리트층으로 치우친 관점에서 글을 쓴 요세푸스는 갈릴리가 "습관적인 위법행위, 도적질, 강도질, 그리고 약탈"의 죄를 가진 무리들의 안식처였다고 기록한다.[8] 그는 많은 사람이 잡혔고 지체 없이 십자가에 처형당했다고 역시 기록한다. 그러나 부자에 대한 테러리스트는 자주 가난한 자의 로빈훗이다. 강도로 분류된 사람들의 출신인 빈궁한 일반 백성들은 그들을 압제자들에 대한 보응을 공정하게 시행하는 영웅적 인물로 보았다. 그들은 공개적으로 그들을 동정했고, 그들에게 은신처를 제공했으며, 그로 인하여 로마인들이 그들에게 공범이라는 이유로 잔혹하게 형벌을 가하는 커다란 대가를 자주 치렀다. 바라바는 군중들의 선택이 보여주는 것처럼, 그들의 눈에는 영웅으로 보였을 수 있다.

비록 군중이 바라바에게 특별사면을 바라고 있을지라도, 그러한 사실이 예수를 죄인으로 만들지는 않는다. 빌라도는 예수를 어떻게 처리할 것인가를 군중들에게

---

6. 미쉬나에 나오는 한 구절 가운데 그 증거가 나타나 있다. "그들은 그들이 감옥에서 이끌어내도록 약속했던…사람을 위하여 [유월절 양]을 잡을 수도 있다…"(*m Pesh*, 8:6). 한 파피루스 문서는 애굽의 총독 G. Septimus Vegetus가 군중에게 판결을 하라고 허락했던 재판절차를 기록하고 있다. "너는 천벌을 받아 마땅하다. 그러나 내가 너를 보다 인도적으로 다룰 것이고 사람들에게 너를 내어줄 것이다"(PFlor 61).

7. 팔레스타인에서 있었던 산적 행위에 대해서는 Richard A. Horsley, *Jesus and the Spiral of Violence Popular Jewish Resistance in Roman Palestine*(San Francisco. Harper & Row, 1987)을 보라.

8. *J. W.* 2:10.7 § 581.

물음으로써 재판장으로서 그의 책임을 군중들에게 양도한다. 군중들은 예수보다 바라바를 선택할 뿐 아니라 예수를 십자가에 못 박도록 요구한다. 빌라도가 "어찜이냐?"라고 물을 때 그들은 더욱 크게 소리칠 뿐이다.

군중의 선택은 아이러니하다. 소란이나 사회적 격변을 일으키는 일에 관심을 갖지 않았던 예수는 두 도적들 사이에서 십자가에 처형되어야 한다. 살인이라는 강도죄를 지은 바라바는 자신에게 마련된 십자가를 예수가 대신 지게 됨으로 자유를 얻는다. 군중들은 이기적인 목적을 이루기 위하여 다른 사람의 생명을 빼앗은 사람을 선택하고 하나님에게 복종하여 다른 사람들에게 생명을 주신 분을 정죄한다. 그들은 살인과 폭력으로 안락해지려는 왕을 원하고, 폭력으로 악을 저항하기를 거절하는 분을 배격한다. 그것은 치명적으로 잘못된 편견이다. 바라바와 같은 반역자들의 폭력은 결국 로마에 대항하여 전쟁을 폭발시키기까지 상승했다. 그 결과는 피할 수 없었다. 로마는 잔인한 포위공격으로 예루살렘, 성전, 그리고 대부분의 거민들을 멸망시켰다. 대제사장들은 자기들의 권력 근거지인 성전에 위협적인 존재이므로 예수를 두려워한다. 반면에 극단적인 방법으로 결국에 그 땅에 공포와 멸망을 비처럼 내리게 만든 사람의 석방을 그들은 강력하게 주장한다.

마가는 빌라도가 "백성들을 만족시키기를 원했다"는 사실을 제외하고는 빌라도의 마음의 움직임에 대한 통찰을 제공하지 않는다. 빌라도는 그들에게 그들의 죄수와 그들의 희생자를 내어줄 것이다. 대제사장들이 질투에 의하여 움직이고(15:10), 예수가 아무런 죄가 없다는 사실(15:14)을 분명히 인식했음에도 불구하고, 그는 정의를 이행해야 하는 책임에 무관심하다.

예수에 대한 채찍질과 조롱

빌라도는 예수를 십자가에 못 박도록 내어주었고, 채찍질은 관례적인 예비 행위였다. 채찍에 맞아야할 죄수들은 들보나 기둥에 묶여지고 채찍으로 내리쳐진다. 이 채찍은 단순한 채찍과는 달랐다. 그것은 뼈와 납 혹은 놋쇠로 엮어진 가죽끈으로 되어있다. 그것은 어울리게 전갈이라고 불렸다. 채찍질에 대한 숫자는 규정되어 있지 않았고, 가끔은 채찍질 그 자체가 죽음을 가져다주었다. 볼들(balls, 가끔 고리를 가지고 있음)은 살을 문자 그대로 찢어서, 피투성이의 끈이 되게 하면서 깊은 타박상을 야기했다. 상당량의 피가 흘려지게 되고, 희생자는 생명이 위태로울 정도로 약해질 수 있었다. 그 채찍질이 하도 끔찍하여 수토니우스(Suetonius)는 잔

인한 도미티안 황제조차도 그것으로 말미암아 소름이 끼쳐 했다고 주장하였다.[9]

마가는 보병대 군인들 모두(한 보병대에는 대략 600명임)가 빌라도의 관정에서 예수를 조롱하는데 가담했다고 보고한다.[10] 예수를 포박한 유대인 체포자들은 그를 거짓 메시야라고 조롱했다. 로마 군사들은 이제 거짓 왕이라고 조롱한다. 그들은 왕의 자줏빛 옷으로 그를 치장하고(15:17; 1Macc 14:43-44) 가시로 왕관을 엮어 만든다(막 15:17b). 이것은 기독교 예술에서 묘사된 하나의 고문 기구로 사용하기 위한 것이었거나 그렇지 않았을 수도 있다. 군사들은 즉석에서 손에 잡히는 것은 무엇이나 잡아들었을 수 있다. 예루살렘에서는 다양한 종류의 가시나무들을 구할 수 있다. 가시나무들은 예루살렘에서는 통상적인 야자나무 형태, 즉 난쟁이 대추야자 혹은 가시야자로 되어 있는데, 이것은 관상식물로 자라고 굉장히 많은 가시를 가졌다. 잎사귀들은 쉽게 화환으로 짜여지고 대추야자에서 나온 긴 가시들은 짜여진 관에 삽입되었다.[11] 이러한 유형의 관이 있었다는 증거는 예루살렘에 있었던 로마 주둔지에서 나온 인장들 가운데서 발견된다. 관은 단순히 모아진 가시덤불이었을 수도 있다.

군사들의 조롱 섞인 경의의 표시는 가장 무도회를 절정에 이르게 한다. 그들은 예수를 "유대인의 왕"으로 환호하고, 그 앞에 엎드린다(15:18-19). 그들의 조롱은 아마도 예수에게 하는 것 못지않게 유대인들에 대한 모욕을 표현하고 있는 것으로 보인다. 공식적으로 유대인들은 헤롯대왕이 죽은 후로 왕을 가지지 못했다. 이러한 조롱은 이 보잘것없고 연약한 인물이 그들에게 맞는 왕이라는 사실을 암시한다.

마가의 수난기사에서 예수에 대한 인식은 거의 완벽하다. 한 여인이 문둥이 집에서 그분에게 사랑하는 마음으로 기름을 부었지만, 그는 그것이 자신의 장사를 위한 것이었다고 선언하셨다(14:3-9). 대제사장들은 그가 찬송 받으실 하나님의 아들 그리스도인지 아닌지를 물었고, 그는 그렇다고 대답하셨다. 빌라도는 그를 유대인의 왕이라고 불렀고(15:17-19), 군사들은 그를 왕으로 조롱하면서 인사를 했다(15:16-19). 땅에 있는 동안 예수는 악인이 그에게 침을 뱉었고, 가시로 관을 씌웠으며, 그를 십자가에 오르도록 준비시켰다.[12] 이 시점에서 모든 사람들이 예수

9. Suetonius, *Domitian* 11.

10. 빌라도는 아마도 예루살렘으로 와서 업무를 보게 되었을 때, 헤롯대왕의 이전의 왕궁을 차지한 것으로 보인다.

11. H. St. J. Hart, "The Crown of Thorns in John 19:2-5," *JTS* 3(1952): 66-75.

12. Camery-Hoggatt, *Irony*, 170-71.

를 버렸고, 이제는 하나님만이 홀로 그를 구하실 수 있다.

상황잇기

초창기부터 빌라도는 기독교 전승 가운데서 동정적인 인물이 되었다. 외경인 『베드로의 복음』에서 빌라도는 사형판결을 언도하지 않는다. 헤롯이 언도한다. 그리고 빌라도는 후에 헤롯에게 예수의 시체를 달라고 요구한다. 터툴리안(Tertullian)은 빌라도가 황제에게 보낸 재판에 관한 완전한 기록에 대해서 말하면서, 그가 마음으로는 기독교인이었음을 암시해준다(*1 Apol.* 21:24). 외경인 『빌라도의 행전』에서 빌라도는 예수를 위하여 보다 강력한 변호를 하며, 그 후에 그의 회심이 기록되었다. 본디오 빌라도가 보낸 것이라고 주장하는 편지에서 그는 십자가 처형을 중단시키기 위하여 2,000명의 군사들을 보냈다고 제기한다. 에디오피아와 애굽 교회들에서 빌라도는 성인으로 추앙 받았다. 오늘날 많은 사람들은 빌라도를 빠져나올 수없는 상황에 사로잡힌 순진하고 당혹감에 사로잡힌 방관자로 생각한다.

우리는 빌라도의 마음 상태와 그의 이후의 삶에 대해서 상상적인 재구성을 하는 것을 조심해야한다. 또한 그를 동정적인 인물로 나타내는 것을 조심해야 한다. 마가는 분명히 그를 그렇게 생각하지 않았다. 빌라도는 질서를 유지하는 데만 관심을 갖고, 다른 사람들이 가하는 불의를 무시하는 사람임을 보여준다. 그의 죄는 이 이야기에 나오는 다른 사람들의 죄보다 더 크지도 적지도 않지만, 그는 분명히 죄가 있다. 그에 대한 조사는 우유부단으로 표시된다. 그가 책임을 갖고 있는가 그렇지 않은가? 그는 군중에게 "너희는 내가 유대인의 왕을 너희에게 놓아주기를 원하느냐?"(15:9), 또한 "그러면 너희가 유대인의 왕이라 하는 이를 내가 어떻게 하랴?"(15:12)고 묻는다. 군중이 예수의 사형을 요구할 때 그는 무기력한 변호만을 하고 있다. "어찜이냐 무슨 악한 일을 하였느냐?(15:14) 마지막으로, 그는 도덕적 소심증에 빠져 있다. 그는 원하는 대로 할 수 있는 총독이지만, 그는 유대인 지도자들과 군중의 바람을 이루게 하는 것으로 끝마친다(15:15).

예수에 대한 군사들의 조롱은 인간의 마음으로부터 터져 나오는 악임을 드러내준다. 그것은 또한 왕이 어떠한 사람이 되어야 하는지에 대한 인간의 사상을 반영한다. 군사들이 섬겼던 왕들은 다른 사람들을 지배하고 권력을 행사하는 사람이다. 이들은 다른 사람들을 희생시켜 권력이라는 환상을 유지한다(10:42-45). 예수는 그들이 알고 있는 종류의 왕의 범주에 어울리지 않는다. 사람들은 진지하게 생각하기보다는 이해할 수없는 것을 조롱함으로써 자주 회피하려 한다. 그러한 왕 앞에 절하는 것은 그들에게 우스꽝스럽고, 터무니없는 일로 보였을 것이다. 예수는 군대를 가지고 있지 않았다. 그의 허약한 추종자들은 그를 버리고 도망했다. 그는 자기를 구출하기에는 완전히 무능력했다.

그러나 유얼(Juel)이 지적하는 바와 같이 이 군사들은 아이러니하게도 "그들에게는 가려져 있는 진리를 증명하고 있다." 그는 "왕이신데, 로마에 대항하여 반역을 선동하고 이스라엘을 로마와 같은 영광스러운 나라로 회복시켜주는 왕이 아니라, 조롱을 기꺼이 참고 복종하여 자기를 죽음으로 이끌어 가는 좁은 길을 선택하는 왕이시다."[13] 왕은 자신을 마지막 자리에 두지 않고, 종의 역할을 취하지 않으며, 자원하여 죽음을 당하고 심지어 십자가에 죽는 자기 백성들을 대신해서 소외를 당하지 않는다. 그러나 여기에 그분 앞에 모든 무릎이 꿇게 되고 모든 입이 왕으로 고백하게 될 한 왕이 있다(빌 2:11). 하나님은 조롱을 실제적인 사실로 바꾸실 것이다. 마커스(Marcus)는 다음과 같이 기록한다. "그 나라는 너무나 강하므로, 그것은 미움으로 가득 찬 마음에까지 도달하며, 대적들의 원한을 품은 입술에까지 미쳐서, 보지 않고도 보는 사람들의 부지불식간에 증언으로 인도된다."[14]

현대적 의미

아무런 도덕적 나침반과 도덕적 지주도 가지고 있지 않은 사람들은 내가 무엇을 해야 하는가라고 묻는다. 그들이 주로 가지고 있는 대답은 군중을 만족시키는 것이다. 빌라도는 그렇게 하는 가운데 자신의 책임을 양도해버리고, 불의를 묵인해버리며, 다른 사람을 위하여 어떤 위험을 감수하는 일을 거절한다. 그는 어느 방식으로 바람이 부는지를 알기 위하여 바람 속에 영원히 자기 손가락을 가지고 있으면서, 자신이 어떤 대가를 치르지 않는 한해서, 다른 사람들을 위한 일을 하는 유형의 지도자다. 그는 진리나 정의를 추구하지 않는다. 그는 다만 군중을 만족시키기를 원할 뿐이다. 그가 알고 있는 군중들의 의도는 영예롭지 못하지만, 그들이 자신의 결정을 하게 만든다. 빌라도는 "내가 [예수]를 어떻게 하랴?"는 올바른 질문을 하지만, 잘못된 대답이 나왔다.

오늘날 많은 사람들은 빌라도와 같다. 그들은 질투심이 많고, 악의가 있는 대제

13. Juel, *Messiah and Temple*, 28.
14. Marcus, *Mystery*, 117.

사장들과 폭력적인 바라바보다는 예수를 더 좋아하지만, 그것은 어느 정도에 한해서 그렇다. 그들은 그분에게서 해악을 보지 않지만, 그 이외의 다른 것도 보지 못한다. 따라서 그분을 위하여 어떤 위험을 감수할 이유를 발견하지 못한다. 그들은 예수를 단순히 "유대인의 왕"으로 보고, 그분이 "왕 중의 왕"이라는 사실을 인식하지 못한다(참조. 계 19:16).

빌라도와 관련되는 한, 하나님이 죄악된 세상을 다루시는 이 결정적인 순간은 골치 아픈 유대인들을 다루는 빌라도의 재임기간에서 또 다른 특별한 날이다. 아나톨레 프랑스(Anatole France)는 『유대의 총독』이라는 그의 책에서, 나사렛 예수의 재판을 생각해 내라고 요구를 받았을 때 빌라도가 그렇게 할 수 없다는 사실을 상상한다. 커다란 악은 도덕적 무관심으로부터 온다. 이 본문에서 우리는 군중들을 자기들의 목적에 교묘하게 이용하는 교활한 대제사장들 가운데서 악이 역사하고 있음을 보게 된다. 또한 조종을 당하여 피를 요구하는 변덕스러운 군중들 가운데서 악을 보게 된다. 그리고 사디스트적인 쾌감을 가지고 명령들을 이행해 나가는 야만적인 군인들 가운데서 악을 보게 된다. 그러나 정의에 관심이 없는 우유부단한 총독은 이 악이 폭발하게 허용한다. 이러한 태도는 계속하여 다른 사람들을 잘못된 포박, 폭력적인 정의와 잔인한 취급의 희생물이 되게 만든다. 많은 사람들이 자기들의 눈을 돌려 모르는 척 할 수 있다. 거의 사람들은 "그만"이라고 말하지 않는다.

바라바의 선택은 인간의 편협한 희망들을 나타내는 사람들의 선호를 보여준다 이 특별한 경우에는 왜곡된 국수주의다. 그는 필요하다면 폭력을 가지고서라도 우리의 이익을 보호하려고 기본적 본능에 호소한다. 오늘날의 문화에서, 우리는 평화로운 사람에게 폭력적인 응답을 가하는 것을 더 좋아하게 주입받아 왔다. 대부분의 서방 어린이들은, 영웅이 더 이상 취할 수 없을 때까지 압제자들에 의해 극단적으로 억압을 당하고, 이를 보복으로 되받아 치는 텔레비전 쇼와 영화에 물들어 있다. 일반적으로 줄거리는 한 사람이 많은 사람들을 대항하여 싸우게 하고, 그는 언제나 그 싸움에서 승리하기 위하여 폭력에 의존한다—폭력이 보다 스릴이 넘칠수록 더 좋은 평가나 더 나은 흥행이 돌아온다. 터득한 잠재의식상의 교훈은 다른 사람들의 악을 다루는 유일한 방법은 그들을 죽이는 것이다. 우리의 영웅들은 문제들을 자기들이 맡아서 야만적인 힘으로 혹은 교활한 속임수로 해치우는 세상의 바라바들(Barabbas)이 된다. 만약 오늘날 투표를 한다면, 바라바가 또 다시 당선되었을 것이다. 매 맞고 조롱을 당하는, 힘이 없어 보이는 구세주의 수동적 고난보다는 무술수련자의 폭력적인 남성다움에 더 편안함을 느낀다.

다시 말해서 우리는 군중이 바라바를 환호하고 예수를 십자가에 못 박아야 한다고 요구한 이후로 거의 달라진 것이 없다. 바라바의 방법은 끝없는 순환 과정에서 더욱 폭력을 나누어줄 뿐이다. 예수의 방법은 불의, 악, 상처라는 독과 같은 압력을 빨아들이고, 사랑과 용서라는 훨씬 더 강력한 힘을 폭발시킨다. 하나님의 방법은 악에 구속적으로(redemptive) 반응하며 그것을 단절시킨다. 예수는 십자가에서 죽음이라는 아픔을 취하시고 모든 독을 빨아들이셨다. 우리가 이러한 방법을 택하지 못하는 것은 하나님을 신뢰하지 못하기 때문이다. 우리가 내세를 보증받기 위하여 하나님을 신뢰할 수 있으나, 지금 여기서 수많은 지배권을 놓아줄 만큼 하나님을 충분히 신뢰하지 않는다. 만일 고난을 당해야 한다면, 우리는 오히려 저항하고 대적들을 살해하는 이 세상의 바라바들을 신뢰할 것이다. 하지만 우리는 이러한 방법이 보다 많은 죽음과 비극으로 이끌어간다는 사실을 알아야 한다.

예수의 고난은 수많은 세기를 통하여 기독교인들에게 생생한 충격을 주었다. 이것은 특히 같은 방식으로 고난을 당한 사람들에게 의미심장하다. 남아메리카의 한 고문실에서 박해를 당한 한 사람은 모든 복잡한 기독교 교리는 사라졌다고 보고했다. 그를 지탱해 주었던 유일한 것은 예수도 잘못된 채찍을 맞았고, 예수가 자기와 함께 계셨다는 사실이었다. 힛틀러의 수용소에서 고난당한 수많은 사람들도 마찬가지였다. 척 콜슨(Chuck Colson)은 그리스도의 고난으로부터 용기를 얻은 한 사람에 대해서 말한다. 폴란드 사제인 맥시밀리안 콜베 신부(Father Maximilian Kolbe)는 "어리석고 우둔한 폴란드인들은 잠잠케 하라"는 나치의 요구에 수용하기를 거절하였다는 이유로 아우슈비츠행 판결을 받았다. 그곳 수용소에서 한 포로가 탈출하였기 때문에 신부는 다른 아홉 명의 사람들과 함께 임의적으로 선택된 다른 한 사람을 대신하여 죽기를 자청하고(수용소에서 한 사람이 탈출하면 그가 속한 수용소에서 10명이 기아로 죽어가도록 되어 있었음—옮긴이) 자신이 서 있는 열에서 앞으로 걸어나오는 커다란 용기를 보였다. 깜짝 놀란 경멸적인 지휘관은 이 제안에 동의했다. 콜베 신부는 죽음에 처하도록 모아진 사형수에 합세했다. 그들은 옷을 모두 벗도록 명령받았다. "콜베 신부는 자기의 팬티와 얇은 셔츠를 벗으면서 '그리스도께서 벗은 채로 십자가에서 죽으셨다. 그가 고난을 당하셨던 것처럼 내가 고난당하는 것은 딱 어울린다' 라고 생각했다."[15]

---

15. Charles Colson with Ellen Santini Vaughn, *The Body*(Dallas. Word, 1992), 318-27.

예수 역시 정죄 받은 사람을 대신해서 죽었다. 그는 특히 바라바를 위하여 죽기 위하여 자원하지는 않으셨지만, 하나님이 모든 죄 있는 인류를 대신하여 죽도록 그를 선택하셨다. 그는 심판의 쓴잔을 받아들이셨고, 살인자 바라바를 대신하여 그리고 모든 죄인들을 대신하여 죽으셨다.

악한 통치자의 손에 떨어져서 그들의 자비에 좌우되는 것은 힘든 일이지만, 다른 사람들의 생명에 선을 가져다주는 일을 위해서 행하는 것은 특히 더 어려운 일이다. 밴스톤(Vanstone)은 예수의 고난의 흥미로운 특징—수동성—을 지적한다. 그것은 그의 사역에서 극적인 방향전환이다.

> 그는 다니실 때 길게 뻗은 변화된 자취들과 변화된 상태들을 뒤에 남겨놓으신다—어부들은 더 이상 그물과 같이 있지 않고, 아픈 사람들은 회복되어 건강하게 되었고, 비판자들은 어리둥절해졌고, 폭풍은 잠잠해졌고, 굶주린 사람은 굶주림을 채웠고, 죽은 소녀가 살아났다. 예수의 임재는 능동적이고도 즉시 변화시키는 임재이다. 그는 어떤 장면을 단순히 관망만 하거나 사건들을 기다리시는 분이 아니라, 언제나 그 장면을 변화시키시고 사건을 일으키시는 분이시다.[16]

이 모든 것이 마가의 수난 기사에서 변한다. 예수는 더 이상 행동하지 않으신다. 그는 다른 사람의 행동에 지배를 받는다(이 기사에서 아홉 개가 동사의 주어로, 56개가 목적어로 표현되어 있다).[17] 그는 침묵하시고 아무 대답도 하지 않으시며 다만 그들이 때리는 채찍을 받아들이는 것을 제외하고 아무런 행동도 취하지 않으신다. 우리를 구원하시는 일에 하나님을 의존하면서, 평안과 은혜로 고난을 당하시는 방식을 우리는 예수로부터 배울 수 있다.

---

16. W. H. Vanstone, *The Stature of Waiting*(New York: Seabury, 1983), 17-18.
17. Ibid., 22.

마가복음 15:21-47

21 마침 알렉산더와 루포의 아버지인 구레네 사
람 시몬이 시골로부터 와서 지나가는데 그들
이 그를 억지로 같이 가게 하여 예수의 십자
가를 지우고
22 예수를 끌고 골고다라 하는 곳(번역하면 해
골의 곳)에 이르러
23 몰약을 탄 포도주를 주었으나 예수께서 받지
아니하시니라
24 십자가에 못 박고 그 옷을 나눌새 누가 어느
것을 가질까 하여 제비를 뽑더라
25 때가 제삼시가 되어 십자가에 못 박으니라
26 그 위에 있는 죄패에 유대인의 왕이라 썼고
27 강도 둘을 예수와 함께 십자가에 못 박으니
하나는 그의 우편에, 하나는 좌편에 있더라
28 없음
29 지나가는 자들은 자기 머리를 흔들며 예수를
모욕하여 이르되 아하 성전을 헐고 사흘에
짓는다는 자여
30 네가 너를 구원하여 십자가에서 내려오라
하고
31 그와 같이 대제사장들도 서기관들과 함께 희
롱하며 서로 말하되 그가 남은 구원하였으되
자기는 구원할 수 없도다
32 이스라엘의 왕 그리스도가 지금 십자가에서
내려와 우리가 보고 믿게 할지어다 하며 함
께 십자가에 못 박힌 자들도 예수를 욕하더라
33 제육시가 되매 온 땅에 어둠이 임하여 제구
시까지 계속하더니
34 제구시에 예수께서 크게 소리 지르시되 엘리
엘리 라마 사박다니 하시니 이를 번역하면
나의 하나님, 나의 하나님 어찌하여 나를 버
리셨나이까 하는 뜻이라
35 곁에 섰던 자 중 어떤 이들이 듣고 이르되 보
라 엘리야를 부른다 하고
36 한 사람이 달려가서 해면에 신 포도주를 적
시어 갈대에 꿰어 마시게 하고 이르되 가만
두라 엘리야가 와서 그를 내려 주나 보자 하
더라
37 예수께서 큰 소리를 지르시고 숨지시니라
38 이에 성소 휘장이 위로부터 아래까지 찢어져
둘이 되니라
39 예수를 향하여 섰던 백부장이 그렇게 숨지심
을 보고 이르되 이 사람은 진실로 하나님의
아들이었도다 하더라
40 멀리서 바라보는 여자들도 있었는데 그 중에
막달라 마리아와 또 작은 야고보와 요세의
어머니 마리아와 또 살로메가 있었으니
41 이들은 예수께서 갈릴리에 계실 때에 따르며
섬기던 자들이요 또 이 외에 예수와 함께 예
루살렘에 올라온 여자들도 많이 있었더라
42 이 날은 준비일 곧 안식일 전날이므로 저물
었을 때에
43 아리마대 사람 요셉이 와서 당돌히 빌라도에
게 들어가 예수의 시체를 달라 하니 이 사람
은 존경 받는 공회원이요 하나님의 나라를
기다리는 자라
44 빌라도는 예수께서 벌써 죽었을까 하고 이
상히 여겨 백부장을 불러 죽은 지가 오래냐
묻고
45 백부장에게 알아 본 후에 요셉에게 시체를
내주는지라
46 요셉이 세마포를 사서 예수를 내려다가 그것
으로 싸서 바위 속에 판 무덤에 넣어 두고 돌
을 굴려 무덤 문에 놓으매
47 막달라 마리아와 요세의 어머니 마리아가 예
수 둔 곳을 보더라

원 의미

선고를 받은 범죄자의 처형은 공개적 행사였다. 웰즈(Wells)는 다음과 같이 해석한다. "로마인들은 고도로 발달한 공적인 의식의 극적인 감각을 가졌다."[1] 개선식은 그것의 한 측면이었으며, 군사들은 예수에게 조롱의 개선식을 해주었다. 십자가 처형은 그것의 또 다른 국면이었다. 이 끔찍한 처형 수단은 두 가지 목적을 달성시켜주었다. (1) 가능한 한 오랫동안 고통을 끎으로써 죄수들에게 형벌을 가하였다. 희생자들은 십자가에 오래도록 달려 있으면서 근육 약화로 오는 기절로부터 시작하여 천천히 죽어갔다.

(2) 공개적 처형은 경고와 억제로서의 역할도 하였다. 희생자는 죄목을 알리는 꼬리표를 달고 거리를 통과해 나아가는 시위행진을 하며, 그 다음에 통행이 잦은 길옆에 전략적으로 위치한 십자가에 달렸다. 처형당하는 자의 고통은 지나가는 사람들의 마음속에 두려움을 주었을 것이다. 로마에 대한 첫 번째 폭동이 있는 동안에 음식을 찾아 나서기 위하여 포위된 예루살렘으로부터 몰래 빠져나가다가 로마인들에게 잡힌 사람들은 그 성읍의 벽 옆에 세워져 십자가에 못 박혔다. 요세푸스에 따르면, 로마 총사령관 디도(Titus)는

> 그 광경이 아마도 유대인들로 하여금 항복하도록 자극할 수 있으리라고 바랐다. 계속된 저항이 그들을 비슷한 운명에 빠뜨릴 수 있으리라는 두려움 때문이었다. 분노와 미움으로부터 군사들은 죄수들을 여러 다양한 자세로 못을 박음으로써 자기들의 증오심을 풀었다. 그리고 그들의 수가 너무 많아서 십자가를 세울 공간도 시체를 달 십자가도 없었다.[2]

골고다로

보통, 선고받은 자는 패티블룸(Patiblum), 즉 십자가 들보를 처형당할 곳으로 끌고 갔고, 이미 땅에 고정되어 있는 수직 말뚝의 줄기에 단단하게 묶여졌다. 핼리카나수스(Halicarnassus)의 디오니시우스(Dionysius)는 처형에 앞서 있었던 예비적인 야만적 행위를 다음과 같이 기술하고 있다.

1. Collin Wells, *The Roman Empire*(Stanford. Stanford univ. Press, 1984), 53.
2. *J. W.* 5.11.1 §§ 449-51.

> 확실한 신분의 한 로마 시민이 자기 종들 가운데 한 사람을 사형에 처하도록 명령하고 나서, 그의 동료 종들에게 그를 끌고 가도록 명령했다. 그의 형벌을 모든 사람들이 볼 수 있도록 채찍질을 가하였고, 광장(Forum)과 모든 사람이 똑똑히 볼 수 있는 곳을 통과하여 끌고 가도록 지시했다…형벌을 위하여 그 종을 끌고 가도록 명령받은 사람들은 그의 양팔을 펴게 하고 그의 손목을 가슴과 어깨에서 최대한 멀리 펴게 하여 나무에 단단히 묶고 나서, 그를 채찍으로 벌거벗은 몸을 내리쳤다. 그러한 잔인한 행위를 당한 죄수는 고통으로 말미암아 처량하게 부르짖었을 뿐만 아니라, 채찍질로 인해 몸을 비비 꼬았다.[3]

마가는 어찌하여 예수가 자기 십자가를 지고 가지 않았는지를 말하고 있지 않지만, 쉽게 상상할 수 있다. 그가 너무 약해졌거나 잔인한 채찍질로 인하여 걸음이 느려졌기에, 군사들은 십자가 빔을 끌고 가도록 무죄한 구경꾼을 징용했다.[4] 질(Gill)은 다음과 같이 해석한다. "기독교의 의미심장한 역설 가운데 하나는 자기 십자가를 짊어지고 갈 수 없었던 사람(15:21)이 우리로 하여금 우리의 십자가를 지고 갈 수 있게 해준다는 사실에서 발견된다."[5]

예수가 첫 제자들(1:16)과 레위(2:14)를 부르셨을 때 길을 지나가고 계셨던 것처럼, 시몬도 "지나가고" 있다. 시몬은 시골로부터 혹은 들판으로부터 성읍으로 들어오고 있다. 그는 군사들이 예수를 처형하기 위하여 성읍 밖으로 끌어갈 때, 가던 길과는 반대방향으로 돌아서야 했다. 마가는 시몬을 북아프리카에 있는 구레네 출신으로 그리고 루포와 알렉산더의 아버지로 밝히고 있다.[6] 가장 그럴듯한 사실은 그가 후에 그리스도인이 되었기 때문에 그의 이름이 기억되었다는 것이다. 마가는 그의 두 아들들의 이름을 언급하고 있다(본 줄거리에서서는 묘사되지 않은 사람). 그들이 이 복음서의 첫 독자들에게 알려져 있었기 때문이다. 바울은 로마서 16:13에서 루포를 언급하고 있다(또한 폴리갑의 '빌립보교인들에게 보낸 편지 9:1'을 보라). 시몬, 루포, 알렉산더라는 이름들은 각기 히브리식, 라틴식, 헬라식 이름이

---

3. *Roman Antiquities* 7.69.1-2.
4. "억지로"('앙가류오')는 한 사람이나 재산을 징발하는데 사용되는 전문 용어다(마 5:41을 보라).
5. Athol Gill, *Life on the Road. The Gospel Basis for a Messianic Lifestyle*(Scottdale, Pa.: Herald, 1992), 63.
6. 시몬은 후에 스데반의 포박과 죽음을 선동했던 구레네 사람들의 회당(행 6:8-15)과 어떤 연관을 가졌을 수도 있다. 그가 행 13:1에 언급되어 있는 니게르라고 불린 시몬이었는가? 마가는 시몬과 그의 가족에 대해서 말하고 있지 않고 예수에 관해서 말하고 있다. 따라서 이들에 관한 모든 것은 단지 추측에 지나지 않을 뿐이다.

며, 문화를 넘어서서 땅 끝까지 이르는 복음의 보편성을 암시해준다.

그 행진은 골고다라고 불려진 장소에서 끝나는데, 마가는 헬라권 독자들을 위하여 "해골의 곳"이라고 해석한다.[7] 이 명칭은 해골과 유사한 바위의 돌출부 모양, 해골의 발견, 혹은 이곳에 있는 해골들을 가리킬 수 있었고, 그렇지 않으면 이곳이 처형 장소였음을 가리킬 수 있었다. 마가는 예수를 십자가에 못 박음에 대한 자세한 사항—그가 어떻게 십자가에 매여졌는가, 어떤 형태의 십자가가 사용되었는가, 십자가에 못 박음이 얼마나 고통스러웠는가(excruciate 이 단어는 "십자가로부터"를 의미하는 라틴어 *'excruciatus'* 로부터 유래되었다)—을 묘사하지 않는다. 고대 세계에서는 거의 모든 사람들이 십자가에 못 박음이 어떠한지를 알고 있었고, 그것은 공포감을 진술하려는 목적으로 기능하지 않는다.[8] 마가가 선별한 세부사항들은 신학적인 의미를 가지고 있다.

"그들"—이들은 아마도 예수를 끌고 갔던 사람들(15:22)과 같은 사람들일 것이다—은 마취성을 가진 쓸개 탄 포도주를 예수에게 준다(15:23). 이러한 행동은 고통을 다소 완화시키기 위한 동정일 수 있다.[9] 그러나 처형하는 자들이 예수를 조롱하고 채찍질을 한 후에 지금은 애정을 표시하고 있을 것 같지 않다. 그들은 다만 이 기진맥진한 희생자가 더 오래 고통을 받도록 하기 위하여 그에게 에너지를 공급해주기만을 원했을 수도 있다. 예수가 포도주의 제공을 거절하신 이유를 추측할 수 있다. 그는 성만찬석에서 자신이 하나님의 나라에서 새것을 미시기까지 포도의 열매에서 나온 것을 마시지 않을 것이라고 서약하셨다(14:25). 그는 인간의 잔이 아니라 하나님의 잔을 마시도록 운명지어져 있었고(10:38; 14:36),[10] 또한 그는 고난을 받아들이면서 혹독한 최후순간까지 완전한 의식을 유지하기를 원하셨을 것이다. 예수는 겟세마네에서 제자들이 잠을 잤던 것처럼 십자가에서 잠을 자지 않을 것이다.

사형을 당한 사람들이 가진 마지막 조그만 물건을 나누는 것은 사형집행인들의

---

7. 이와 유사한 단어 "갈보리"는 해골을 의미하는 헬라어 '칼바리아'(Calvaria)로부터 유래했다.

8. Martin Hengel, *Crucifixion in the Ancient World and the Folly of the Message of the Cross*(Philadelphia. Fortress, 1977); Brown, *The Death of the Messiah*, 2:945-52; Pierre Barbet, *A Doctor at Calvary*(New York: P. J. Kennedy & Sons, 1953)을 보라.

9. 후기 유대 전승에 따르면(*b. Sanh* 43a), 잠 31:6-7에 의하여 자극을 받은 예루살렘 여인들이 처형의 고통을 경감시키기 위하여 사형판결을 받은 사람들에게 마취제를 제공했으나 그것은 포도주와 유향을 가리킨다.

10. Frank J. Matera, *Passion Narratives and Gospel Theologies*(New York/Mahwah, N.J.: Paulist, 1986), 42.

관습이었다.[11] 시편 22:18에서 그것이 옷을 나누는 것으로 나타나 있기는 하지만, 마가는 이러한 세부사항을 언급하지 않았다. 이러한 결합은 독자로 하여금 예수의 절대적인 비하의 순간이 하나님의 뜻과 완전히 일치한다는 사실을 깨닫게 한다. 예수의 옷은 이 복음서에서 이전에 언급된바 있다.[12] 예수의 옷은 사람들이 그 옷가를 만졌을 때 백성들을 고치는 큰 능력의 상징이었다(6:56; 5:27-31을 보라). 변화산에서 그의 옷이 인간이 희게 할 수 없을 정도로 희어졌고(9:3) 하나님의 아들이신 다가올 그의 영광의 상징이었다. 군사들은 예수로부터 의복을 취하고 홍포를 입게 함으로써 그를 거짓 왕이라고 조롱했다 이 장면은 비하하신 왕을 묘사하고 있는 장면이다. 이제 그의 옷이 다시 벗겨지고, 십자가 발치에서 제비에 뽑혀진다. 이것은 예수의 극단적인 치욕을 보여준다. 능력 있는 치유자요 변모하신 하나님의 아들이 공개적으로 치욕을 받는 인간으로서 죽어간다.

메시야 예수는 갈릴리에서 있었던 사역 동안에 모든 정치적 압제들에 대항하셨지만, 그의 이러한 반전으로 인하여 따르는 자들이 실망했을 것이다. 아이러니하게도 그는 정치적 메시야로 처형을 당했다. 십자가 위에 기록된 글은 예수의 모든 죄를 선언한다. 그는 유대인의 왕이다. 무장한 군사들은 마치 그가 강도인 것처럼 예수를 포박하러 왔다. 이제 그들은 그를 두 강도들 사이에 못 박는다. 독자는 야고보와 요한이 그리스도가 영광 중에 오실 때, 오른편과 왼편에 앉게 해달라고 요구하였을 때, 그들이 구하는 것이 무엇인지를 알지 못한다고·예수가 왜 말씀하셨는지를 보다 분명하게 이해할 수 있다(10:37). 그 미결정의 영예는 다른 사람들을 위하여 보존되었다. 예수는 생애를 죄인들 가운데서 보내셨다. 그는 두 죄인들 가운데서 죽는 것이 어울린다.[13]

마가는 예수가 십자가를 지고 계시는 동안 시간을 알려준다. 그가 십자가에 못 박히실 때는 제3시(오전 9시)다. 제6시(정오)에 어두움이 그 땅을 덮는다. 그리고 예수는 유대인의 기도 시간인 제9시에 큰 소리로 부르짖으신다(15:34-35). 어떤 사람은 날을 나누는 이러한 세 시간의 길이가 하나님의 계획을 따르고 있는 규칙을 지적하고 있다고 주장한다.[14]

---

11. Justinian, *Digest*, 48.20.6.
12. Tolbert, *Sowing*, 280, Gundry, *Mark*, 945.
13. 이문(異文)은 사 53:12의 한 인용문을 삽입함으로써(막 15:28) 이러한 사실을 강조한다.
14. Matera, *Passion Narratives*, 42.

조롱(15:28-33)

십자가 처형의 희생자는 관례적으로 모욕적 욕설의 과녁이 되었다. 잘못된 이유로 인하여, 어떤 사람들은 다른 사람의 고통을 보는 것을 즐기며, 거기에 덧붙이기를 좋아한다.[15] 예수와 함께 십자가에 못 박힌 천한 죄인들로부터 자기들의 승리를 흡족하게 바라보기 위하여 모인 대제사장들에 이르기까지 사회의 모든 계층의 사람들이 예수에게 모욕을 가했다. "아하"(NIV는 "So")가 어떤 시편들 가운데서(시 35:21; 40:15; 70:3) 하나의 조소하는 소리로 나타난다. 머리를 흔드는 것 역시 모욕의 행위다(왕하 19:21; 욥 16:4; 시 22:7; 109:25; 사 37:22; 렘 18:16; 애 2:15). 도울 자가 아무도 없이 십자가에 달려있는 예수를 볼 때, 대적들은 그가 완전히 패배한 사람처럼 보이기에 자기들이 이겼다고 생각한다. 이 장면은 비웃는 자들이 소경된 관점에서 조롱을 내뱉을 때, 자기도 모르게 예수에 관한 진리를 선언하고 있다는 점에서 아이러니로 가득하다.

지나가는 사람들은 "예수를 모욕하는 말을 퍼부었다." 마가가 단순히 "조롱하다"를 의미하기 위하여 이 동사('블라스페메오')를 사용할 수 있으나, 대제사장이 예수의 첫 번째 심문의 결론에서 그에 대해서 내린 신성모독죄와 아이러니한 대조를 의도하였을 수도 있다(14:64). 대제사장은 자기 입장에서 볼 때 예수가 가엾은 천박한 인간일 뿐이었는데, 예수가 찬송 받으실 자의 아들 하나님의 메시야라고 주장하셨기에 하나님의 권세를 조롱하였다고 유죄판결을 내렸다. 독자는 누가 신성모독을 한 자인지를 결정해야 한다—예수인가 아니면 목격자들인가(2:7; 3:29). 독자는 예수가 하나님의 뜻에 복종하는 분이심을 알고 있다. 지나가는 자들은 무의식적으로 십자가에서 내려옴으로써 하나님의 뜻을 좌절시키도록 그에게 도전하고 있다.[16] 예수는 하나님이 계획하신 과정으로부터 자신을 빗나가게 하려고 베드로가 시도했을 때, 그를 "사탄"이라고 불렀다. 고문하는 자들은 그 욕설이 사탄적 신성모독 죄에 가깝다는 사실을 깨닫지 못한다.

예수의 방식을 겨냥한 조롱은 대제사장과 공회 앞에서 제기되었던 고소내용을 상기시켜 준다. 그들은 예수를 거대한 성전을 파괴하고 삼일 안에 다시 세우는 자

15. 한 랍비 이야기는 자기 삼촌이 십자가에 못 박혔을 때 욕설을 퍼부었던 악한 사람에 대해 말한다. 그는 말을 탔으나, 그날은 안식일이었고 그래서 조롱했다. "내 주인이 나에게 타게 한 내 말을 보시오 그리고 내 주[하나님]께서 당신으로 하여금 그것에 앉게 하시는 당신의 말을 보시오"(*Gen. Rab.* 65:22).

16. Matera, *Passion Narrative*, 44.

라고 조롱한다(15:29-30; 14:58을 보라). 십자가 위에 묶여진 이 미약하고도 기진맥진한 인물을 보는 것은 자연히 그러한 자랑이 우스꽝스러워 보이게 한다. 그러나 그들의 조롱은 그들의 시야를 넘어서 진리를 입증한다. 예수의 죽음은 손으로 만든 성전을 파괴하고, 손으로 만들지 않은 새로운 성전을 건설하는 것이다. 이 새 성전은 어떤 지리적 위치와 연결되지 않는다. 이 새 성전은 예수가 죽음으로 조롱하는 흉악한 세상의 죄를 짊어지셨다는 사실과 하나님이 죽은 자 가운데서 다시 일으키심으로써 그의 정당함을 입증하셨다는 사실을 믿는 예배자들의 새로운 공동체로 구성된다. 그의 죽음은 더 많은 성전 희생제사의 필요성을 완전히 폐지하고, 하나님이 예수의 부활을 통하여 벽돌이 없는 새 성전을 곧 세울 것이다.

대제사장들과 율법 선생(서기관)들은 덧붙여 말한다. 그들은 예수가 남은 구원하였으되 자기는 구원할 수 없다고 조롱한다. 다른 사람의 구원에 대한 언급은 예수의 치유에서 사용된 동사를 상기시켜 준다('소조'; 참조. 3:4; 5:23, 34; 6:56). 그러므로 이 지도자들은 베드로가 후에 설교했던 "그가 두루 다니시며 선한 일을 행하시고 마귀에게 눌린 모든 사람을 고치셨다"(행 10:38)는 사실을 인정하고 있는 것이다. 그렇지만 그들은 하나님이 예수에게 "성령과 능력으로" 기름을 부으셨다는 사실과 "하나님이 그와 함께 하셨기 때문에"(10:38) 다른 사람들을 구원하셨다는 사실은 인정하기를 거절한다. 이 경멸의 무기력한 대상은 형체도 아름다움도 없었기에, 구세주로서는 터무니없어 보였다. 그들은 십자가에서 버림받고 고통을 받는 사람과 하나님이 어떻게 함께 하실 수 있는지를 전혀 깨달을 수가 없다. 만일 그가 구세주라면, 그들의 이성적인 판단으로 볼 때, 그는 자신을 구원할 수 있어야 한다.

그들의 비웃음은 마가의 요지를 강조한다. 그는 다른 사람들을 구원하셨으나—바다의 폭풍 가운데서 제자들, 혈루증 여인—진실로 자신을 구원할 수 없다. 만약 자신을 구원하신다면, 폭풍과 질병보다 훨씬 더 심각한 것에서 다른 사람들을 구원하실 수 없다. 못은 그를 십자가에 단단히 고정시키지 못한다. 하나님의 사랑이 그를 십자가에 고정시켜 놓는다. 그는 자신의 생명을 구원하려는 사람은 누구든지 궁극적으로 생명을 잃을 것이라고 가르치셨다(8:35). 그를 비난하는 자들은 생명에 대한 그의 사고방식을 이해할 수 없다. 그들은 그가 많은 사람을 위한 대속물로서 죽고 있다는 사실을 깨닫지 못하고 있으며, 그의 육체가 찢겨지고, 그의 피가 흘려지는 것이 많은 사람을 위한 것임을 깨닫지 못한다(14:22-25).

그들이 그 사실을 깨달을 수 없기 때문에, 그들은 기적을 요구한다. 그들은 자기들이 보고 믿도록 예수가 십자가에서 내려오기를 원한다. 그들은 어떤 기적적인 능력의 현시 혹은 기적적인 도피가 결국 자기들을 믿게 할 수 있을 것이라고 주장하지만, 그들은 단지 그의 무능을 조롱하고 있을 뿐이다. 그 조롱은 그들의 왜곡된 신학을 보여준다. 마샬(Marshall)이 진술한 것처럼, "그들은 하나님의 능력을 순전히 인간적으로, 이기적인 면에서, 자기들의 관습의 표준을 따라서만 평가한다" (11:18; 12:1-9; 14:43, 48-49).[17] 그것은 그들이 그러한 능력을 가졌다면, 그렇게 하였을 것임을 나타낸다. 그러나 예수는 제자들에게 십자가를 내려놓는 것이 아니라, "지라"고 가르치셨다. 자신의 기적적인 구원은 그가 슈퍼맨일 뿐 하나님의 아들 메시야는 아니었다는 사실을 입증하였을 것이다. 하나님의 임재를 만져서 알 수 있을 만한 증거를 원하는 사람들은 그 어떤 것도 볼 수 없다.

그 다음에 어두움이 6시부터 9시까지(정오에서 오후 3시까지) 세 시간 동안 온 땅을 덮었다. 그러한 결정적인 순간에 일어나는 어두움은 여러 가지 사실을 상징할 수 있다.[18] (1) 어두움은 고대에 슬픔과 연결되었다(렘 4:27-28; 2 Apoc. Bar. 10:12). 이것은 위클레멘타인(Pseudo-Clementine)의 '인식'(Recognitions) 1:41에서 해석된 방식이다. "그가 고난을 당하는 동안, 온 세상이 그분과 함께 고난을 당했다. 태양이 어두워졌기 때문이다." 어두움은 태양이 예수의 죽음을 슬퍼 했음을 의미한다. (2) 어두움은 또한 위대한 사람들의 죽음과 관련되었다. 이방인과 유대인 독자들은 어두움을 왕의 죽음을 동반한 우주적인 징조로 이해할 수 있었다.[19] (3) 여기에 더하여, 어두움은 하나님의 심판의 징조였다(출 10:21-23; 사 13:9-13; 렘 13:16; 15:19; 욜 2:10; 3:14-15; 암 5:18, 20). 아모스 8:9-10에서 아모스는 다음과 같이 선언한다.

> 주 여호와의 말씀이니라 그날에
> 　내가 해를 대낮에 지게 하여
> 　백주에 땅을 캄캄하게 하며

17. Marshall, *Faith As a Theme*, 206.
18. Dale C. Allison, Jr., *The End of the Ages Has Come. An Early Interpretation of the Passion and Resurrection of Jesus*(Philadelphia: Frotress, 1985), 27-30을 보라.
19. 버질(Virgil)은 다음과 같이 기록한다. "…태양은 당신에게 징조들을 줄 것이다. 누가 감히 태양이 잘못되었다고 말할 수 있는가? 그것은 불가능하다, 태양은 자주 깊어가는 어두움이 위협을 주고 있다는 사실 곧 배신과 감춰진 전쟁들이 부풀어 오르고 있다는 사실을 우리에게 경고해준다. 아니, 시이저가 시야에서 사라진 후에 태양이 그의 빛나는 얼굴을 희미한 어둠 속에 덮고, 신을 믿지 않은 시대가 영원한 밤을 두려워했을 때, 그 태양은 로마를 불쌍히 여겼다"(*Georgics* 1.463-68).

너희 절기를 애통으로,
  너희 모든 노래를 애곡으로 변하게 하며
모든 사람에게 굵은 베로 허리를 동이게 하며
  모든 머리를 대머리가 되게 하며
독자의 죽음으로 말미암아 애통하듯 하게 하며
  결국은 곤고한 날과 같게 하리라.

(4) 예수는 어두움이 여호와의 큰 날을 알릴 것이라고 말씀하셨다(막 13:24). 그러므로 그 땅에 임한 어두움은 그날이 새로운 시작이 밝았다는 사실을 상징할 수 있다(창 1:2; 욥 38:17; 시 74:12-20).[20] (5) 어두움이 하나님의 부재를 암시하지 않는다는 사실을 유념하라. 성경의 여러 구절들은 하나님이 어두움 속에서도 일하신다고 말씀한다. 그는 깊은 어두움 가운데 거하시기로 결정하셨으며(왕상 8:12; 대하 6:1) 어두움 가운데서 율법을 주셨다. "모세는 하나님이 계신 흑암으로 가까이 가니라"(출 20:21). 하나님은 전쟁하시려고 어두움 가운데 임하셨다(삼하 22:10; 시 18:9-11).

이 모든 표상들은 어두움 속에서 있었던 예수의 십자가 사건을 이해하는데 배경을 이룬다. 바리새인들은 이전에 하늘로부터 오는 징조를 구했고, 예수는 "어찌하여 이 세대가 표적을 구하느냐"(8:12)라고 말씀하면서 거절하셨다. 이 저주 공식 문구는 완성되지 않은 채 남아있다. 보통 그것은 "하나님이 나를 쳐서 죽이시기를"과 같은 문구로 끝마쳤을 것이다. 뒤늦게 이 지도자들은 하늘로부터 오는 표적을 받지만, 그것은 그들이 원하거나 파악할 수 있는 표적이 아니다.

십자가에서 부르짖음(15:34-37)

제9시에 예수는 십자가에서 큰 소리로 부르짖으신다. 마가가 "부르짖다"('보아오')라는 동사를 사용한 유일한 다른 경우는 본 복음서의 처음 구절들에서다. 이사야의 예언은 세례 요한, 즉 주의 길을 예비하기 위하여 광야에 있었던 "소리"의 음성에 적용되었다(1:3). 이제 그 길이 곧게 펴졌고 예수가 부르짖으신다.

---

20. Gundry(*Mark*, 947, 964)는 또 다른 주장을 덧붙인다. 어두움은 십자가의 수치를 덮는다. "하나님은 자기 아들을 신성모독을 하는 자들의 심술궂은 눈길로부터 숨기신다." 그러나 예수는 세 시간 동안 보도록 공개되어왔다.

예수의 섬뜩한 외침은 "나의 하나님, 나의 하나님, 어찌하여 나를 버리셨나이까?" 로서 이 복음서에서 그가 말하신 마지막 말씀이다. 이는 계속 그리스도인들을 혼란케 하는 말씀이다.[21] 이 부르짖음은 많은 해석을 낳았고, 해석자들은 기록된 말씀만(시편 22:1로부터 인용한)을 생각해야할 것인지, 아니면 옹호에 대한 승리의 희망으로 마치고 있는 애가시인 이 시편 전체를 상고해야할 것인지로 나누어진다. (본문을 연결해 나가면서 이러한 선택사항들을 논의할 것이다.) 어쨌든 어떤 사람들은 이 부르짖음을 죽음의 부르짖음으로 해석하는데, 예수의 죽음은 세네카의 용맹한 『헤라클레스』(*Hercules Oetaeus*)에서 죽어가는 헤라클레스의 부르짖음과 현저한 대조를 이룬다. 자기에게 부여된 열 두 개의 임무들을 완료한 후에 헤라클레스는 씁쓸하게 죽음에 직면하고 우주의 붕괴를 알리는데, 이것이 주피터(Jove = 제우스)의 주권을 흔들 것이다.

> "그래요, 아버지[생식자]여, 당신의 공중의 전체 영역이 나를 죽음의 위협으로 몰아갈 것입니다. 그 다음에 당신은 머지않아 결국에 하늘을 탈취할 것이며, 나를 폐허된 온 세상의 밑에 묻으실 것입니다. 당신이 파괴하기로 정한 하늘을 흩으소서"(1148-1150).[22]

예수의 죽음은 생명을 많은 사람의 대속물로 주기 위하여 사랑하는 아들을 보내시는 하나님의 주권을 세운다.

예수가 잡히셨을 때, 그는 (직역하여) "그러나 이는 성경을 이루려 함이니라"(14:49)고 말씀하셨다. 그는 문장을 미완성인 채로 남겨놓는다. 우리는 그것이 성경을 이룬다는 사실을 이해함으로써만 십자가의 수치를 극복할 수 있고, 하나님의 뜻이 예수의 죽음 가운데서 어떻게 역사하는지를 깨닫게 된다. 예수의 종말은 비극적인 실패가 아니라 하나님이 메시야에게 부여하신 운명에 대한 영광스러운 성취다. 마커스는 의로운 고난자에 대한 시편의 언급들이 어떻게 마가의 수난 기사를 이해하게 하는 두드러진 배경을 이루는지를 요약하고 있다.[23]

---

21. 우리는 누가복음과 요한복음에서 완전히 다른 분위기를 발견한다. 누가복음에서, 우리는 하나님의 뜻과 보호에 대한 체념의 부르짖음을 듣는다(23:46). 요한복음에서 우리는 승리자의 승리의 부르짖음을 듣는다(19:30). 외경 베드로의 묵시록은 이 부르짖음을 "나의 힘이여, 나의 힘이여, 어찌하여 당신은 나를 버렸나이까?" 로 급격하게 바꾸어 놓았다.

22. Bilezikian, *The Liberated Gospel*, 129에서 인용함.

마가복음	시편
14:1 흉계로 그를 죽이려함	10:7-8
14:18 나와 함께 먹는 자	41:9
14:34 매우 슬퍼함	42:5, 11; 43:5
14:41 죄인들의 손에 넘겨짐	140:8
14:55 그를 죽이려함	37:32; 54:3
14:57 거짓증인들을 세움	27:12; 35:11
14:61 비난하는 자들 앞에서 잠잠함	38:13-15; 39:9
15:4-5 비난하는 자들 앞에서 잠잠함	38:13-15; 39:9
15:24 옷을 찢음	22:18
15:27 강도들이 행악하는 자들에게 둘러싸임	22:16
15:29 조롱, 머리를 흔듦	22:7
15:30-31 네 자신을 구하라!	22:8
15:32 욕함	22:6
15:34 버림에 대한 부르짖음	22:1(11, 19-21)
15:36 마시게 하는 신포도주	69:21
15:40 멀리서 바라봄	38:11

마커스는 또한 15:20b부터 이 복음서의 끝부분까지 세부사항에서 마가의 기사가 어떻게 시편 22편의 과정을 따르고 있는지를 보여준다.[24]

시편 22편	마가복음15-16장
1-21절 고난	15:20b-27 예수의 못 박히심
27절 이방인의 경배	15:39 백부장의 고백
28절 하나님의 나라	15:43 요셉은 하나님의 나라를 바라보는 자다
29-30절 부활	16:6 예수의 부활
30-31절 하나님 백성에게 선포	16:7 제자들에게 말하라는 명령

23. Marcus, *The Way of the Lord*, 174.

24. Ibid., 182. 매테러(Matera, *The Kingship of Jesus*, 130)는 부활하신 그리스도의 관점에서 히 2:12에서 시 22:22, 계 11:15에서 시 22:18, 계 19:5에서 시 22:23을 사용한 것은 예수의 고난과 함께 하나님의 종말론적 승리를 묘사하기에 그것이 적절한 수단이었다는 사실을 의미한다고 주장한다.

조롱하는 자들은 예수의 마지막 기도를 오해하거나 아니면 그분의 말씀을 최후의 웃음거리로 의도적으로 왜곡시킨다. 그들은 예수가 십자가상에 있는 자신을 구하도록 엘리야를 부르고 있다고 생각한다. 사람들은 엘리야가 다른 일들 중에서도 위기 가운데 있는 자를 돕는 자, 잃어버린 대의를 찾는 후원자라고 믿었다. 군중 가운데 있던 어떤 사람이 스펀지에 신포도주를 적시어주려고 달려간다. 그것은 엘리야가 도착하기까지 예수가 죽음을 지연할 수 있는 에너지를 발생할 수 있도록 하기 위해서 의도한 것인가? 몸에 십자가를 박는 결과에 대한 의학적 논거는 술을 마시는 것은 질식을 통하여 죽음의 과정을 재촉할 뿐이라는 사실이 드러났다.

다른 사람들이 신포도주를 주려는 사람을 말리며, 엘리야가 불 병거를 타고 와서 기적적인 구원을 하는가 기다려보자면서 조롱한다(왕하 2:11). 그들의 "가만 두라 엘리야가 와서 그를 내려 주나 보자"라는 조롱은 예수의 절망적인 부르짖음을 비정한 농담으로 돌려버린다. 그러나 이 농담은 아이러니로 가득하다. 결국, 독자는 엘리야가 이미 왔고, 그들은 그에 대해서 기록된 대로 행하였다는 사실을 알고 있다(9:12-13). 엘리야(즉, 세례자 요한)는 이미 죽음을 당했고, 예수를 구원하려고 돌아오지 않을 것이다. 게다가 이 조롱하는 자들은 어떤 것을 보기를 원하지만, 스스로 아무것도 볼 수없는 사람임을 드러내고 있다.

이 마지막 조롱과 함께 예수는 큰 소리로 부르짖으시고, "마지막 숨을 쉬셨"('에크프뉴오')는데, 이것은 죽음에 대한 완곡어법이다. 십자가에 못 박힌 사람들은 일반적으로 힘이 완전히 소진되어 숨을 쉬지 못하고 죽었으므로 큰 소리는 이례적이다. 건드리(Gundry)는 그것이 초자연적 힘이라고 표현하고,[25] 그것이 뒤따라오는 사건들에 영향을 준다고 주장한다.

성전휘장의 찢어짐과 백부장의 고백(15:38-39)

마가는 예수가 죽으실 때 성전 휘장이 위로부터 바닥까지 찢어졌다고 기록함으로써 선명한 신학을 제공하고 있다. 그 휘장은 성소와 지성소 사이를 가로막았다(출 26:31-35; 27:16-21; 30:6; 40:21; 레 4:17; 16:2, 12-15; 21:23; 24:3; Josephus, *Ant.* 8.3.3 §§ 71-72).

예수의 생애의 마지막 장면은 그가 세례 받으시는 첫 장면과 평행을 이룬다(막

25. Gundry, *Mark*, 947-48.

1:9-11). (1) 예수의 세례에서 요한은 엘리야의 복장을 입고 나타나고(1:6), 후에 엘리야와 동일시된다(9:13). 십자가에 못 박히실 때, 곁에 섰던 사람들은 예수가 자기를 구하도록 엘리야를 부르는 것으로 생각한다.

(2) 이 두 사건들 역시 거룩한 곳의 분리를 기록하고 있다("갈라지다"란 동사가 마가복음서에서 이 두 장면에만 나온다).[26] 세례 시에 예수가 물에서 올라오실 때, 이사야가 휘장이 "찢어져 열렸다"(사 40:22)고 비유하고 있는 그 하늘을 보셨다. 성전 휘장은 하늘과 유사했다. 요세푸스는 헬라-로마 독자들을 위하여 성막이 동등한 세 부분으로 나뉘어져 있었다고 기록하고 있다. 뜰과 성소는 땅과 바다와 유사한데, 이는 인간이 들어갈 수 있는 곳이다. 세 번째 부분인 지성소는 하늘을 나타내는데, 이는 하나님만이 들어가시는 곳이다.[27] 그는 휘장을 80피트 높이를 가진, "공교한 기술로 엮은 것으로서, 청색의 세련된 아마포와 주홍색과 자주 빛의 자수를 놓은 바벨론 사람의 비단으로 묘사하고 있다. 그것은 신비적 의미가 있는 재료들의 혼합이었다. 그것은 우주를 상징했다." 그것은 12궁도의 상징들을 포함하여, "하늘들의 전체 모습(Panorama)"을 담은 비단이었다.[28]

(3) 예수의 세례 시에 하나님의 임재가 비둘기처럼 그 위에 내리시고, 하늘로부터 "너는 내 사랑하는 아들이라 내가 너를 기뻐하노라"(1:11)는 음성이 들려온다. 백부장이 하늘로부터 들려온 음성을 답습한다. "이 사람은 진실로 하나님의 아들이었도다"(15:39).

(4) 세례 장면 당시에 하늘의 천이 찢어지는 것이 예수 개인에게만 계시된 반면에—오직 "그가 보셨다"('에이덴', 1:10)—십자가는 모두에게 보이는 공개적인 계시였다. 처음으로 인류는 하나님이 계시하기로 의도하신 내용을 완전히 볼 수 있다.

예수가 그렇게 수치스럽게 죽으실 때, 대제사장들과 서기관들은 예수의 죽음이 그의 주장을 거짓인 것으로 입증하였다고 생각한다(Wis. 2:17-20을 보라). 이 사건들은 하나님이 예수를 보내지 않았다는, 하나님이 메시야를 이런 식으로 죽도록 절대로 허락하지 않을 것이라고 생각하는 그들의 편견을 확증해준다. 그러므로 사형을 집행했던 부대의 지도자에게서 나온 고백은 놀라운 것이다. 백부장으로서 그는 예수를 동정할 이유가 없는 험난한 전투를 통해 지금의 자리에 오른 사람이다. 그러나 마가는 우리에게 백부장이 "그분이 어떻게 죽었는지를" 보았으며—무기력

26. David Ulansey, "The Heavenly Torn Veil: Mark's Cosmic Inclusio," *JBL* 110(1991): 123-25.
27. Josephus, *Ant.* 3.6.4 § 123; 3.7.7 § 181.
28. Josephus, *J. W.* 5.5.4 §§ 212-14.

한 죽음이지만 힘찬 부르짖음—"이 사람은 진실로 하나님의 아들이었도다"(15:39)고 인정하였다고 말하고 있다.[29] 이 고백은 예수의 완전한 정체가 그분의 죽으심과 불가분 연결되어 있다는 사실을 의미한다. 그것이 시편 22:27의 성취의 시작임을 표시한다. "땅의 모든 끝이 여호와를 기억하고 돌아오며 모든 나라의 모든 족속이 주의 앞에 예배하리니." 사실이 되어가고 있는 예수의 죽음으로 독자는 "만민의 기도하는 집"(11:17)이 될 새로운 성전을 보기 시작한다.

장사되심(15:40-47)

갈릴리로부터 예수를 따라왔던 슬퍼하고 있는 어두운 모습의 여인들이 멀리서 예수의 처형을 바라보고(15:40), 그의 장사되시는 모습을 목격한다(15:47).[30] 제자들과는 달리 이들은 그 장면에서 사라지지는 않지만, 자기들의 사랑과 후원을 입증하기 위하여 가까이 있지는 않다. 멀리 서 있음은 미묘한 감정을 보여준다. 그들은 가까이서 그의 벗은 몸을 보지 않는다. 그러나 그들의 위치는 자신의 제자 됨을 위장하기 위하여 예수를 "멀리서" 따라왔던 베드로의 행동과 같다(14:54). 그들은 그의 죽음을 목격하지만, 백부장처럼 고백하지는 않는다. 마가는 그들의 과거의 섬김을 칭찬한다. 그들은 갈릴리에서 따라왔고, [예수]의 필요들을 돌보아주었고, 그와 함께 예루살렘으로 올라왔다. 그의 필요를 돌보아주었던 유일한 사람들은 천사들(1:13), 베드로의 장모(1:31), 그리고 그가 죽을 때 필요한 것을 제공해 줄 이 여인들이다.

아리마대 요셉(아마도 욥바의 동쪽 라마다임 출신으로 보임, 삼상1:1)은 예수의 시신을 장사하는 일을 주도한다. 그는 대적들의 진영으로부터 나오는 세 번째 예외적 인물이다. 첫 번째 인물은 예수가 하나님의 나라에서 멀지 않다고 칭찬하셨던 서기관 출신이었고(12:28-34), 그 다음은 예수가 하나님의 아들이었다고 고백한 백부장이었다(15:39). 이제 아리마대 요셉이 용기 있게 예수의 시신을 요구

29. "하나님의 아들"은 무관사이며(정관사가 없음) 단순히 그가 신의 아들이었다는 사실을 의미할 수 있지만, 같은 무관사 용법이 1:1에도 나타나며, 이는 분명히 "하나님의 그 아들"을 의미한다. Gundry, *Mark*, 951에 편집된 증거를 보라.

30. 마리아는 통상적인 이름이다. 15:40에 거론된 마리아는 작은 야고보의 아내, 어머니, 딸과 요세의 어머니, 혹은 마리아로 거명된 두 여인들—한 사람은 작은 야고보의 아내, 어머니, 혹은 딸이고 다른 사람은 요세의 어머니—을 가리킬 수도 있다. 최선의 선택은 그 이름이 한 여인을 가리킨다고 보는 것이다. "어린 야고보와 요세의 어머니 마리아."

하여 자기의 비용을 들여서 장사한다(행 8:2; 13:29). 외지인 시몬이 예수를 처형할 십자가 나무를 끌고 갔다. 또 다른 외인이 예수의 장사를 위하여 십자가로부터 그의 시체를 끌어내린다.

마가는 요셉을 "존경받는 공회원"으로 기술하고 있다. 그는 자기 마을의 공회의 일원이었을 수도 있으나, 독자는 자연스럽게 신성 모독죄로 예수를 판결했던 공회의 일원으로 생각했을 것이다(14:64). 마가는 또한 그를 강조하여 "하나님의 나라를 기다리는 자"였다고 기술한다. 이 문구는 그를 경건한 사람으로(눅 2:25, 38에 있는 시므온과 안나를 보라) 말하고 있는데, 이것은 시체를 달라는 그의 동기를 설명할 수도 있다. 그는 "당돌히"("대담하게 나아갔다," NIV) 빌라도에게 시체를 달라고 요구했다는 사실을 말하고 있기 때문에, 위험을 감수했다. 로마인들은 여러 날 동안 시체들을 십자가 위에 달아놓는 일을 주저하지 않았다. 호레이스(Horace)는 한 노비에게 "너는 까마귀의 먹이가 되도록 십자가에 달릴 것이다"라고 말한 사람을 언급한다.[31]

신명기 21:23은 죄수들의 시체를 묻어야하고, 대적들까지도 그들이 죽은 당일에 묻어야 할 책임을 가졌다는 유대인의 신앙에 기초를 이루었다. 필로(Philo)는 이 본문을 제멋대로 십자가에 달린 살인자들에게 적용하여 번역하고, 다음과 같이 의역한다. "십자가에 달려있는 채로 해가 지게 하지 말고 해가 지기 전에 그들을 땅에 장사하게 하라."[32] 일반적으로, 가족이나 친구들이 시체를 내어달라는 용기를 가졌지만(세례 요한의 제자들을 보라, 막 6:29), 예수의 가족과 친구들은 이 일을 하지 않는다.

대역죄로 인하여 사형을 당한 사람의 시체를 요구한다는 것은 그 사람과 공감하는 것으로 보일 수 있었기에, 같은 운명을 당할 수도 있었다. 그러나 예수를 사형에 처하도록 판결한 공회의 일원으로서 요셉은 의심을 받지 않는다. 빌라도의 유일한 관심은 예수가 이미 죽었는지를 확인하는 것이다. 예수를 하나님의 아들로 고백한 백부장이 예수가 실제로 죽었다고 확인해준다. 예수의 신속한 죽음(15:44)은 그를 참소하는 자들 앞에서 그가 잠잠했던 것에 놀란 것만큼 빌라도를 또 놀라게 만든다(15:5). 빌라도가 즉시 그 시체를 요셉에게 허락한 것은 예수를 반역 죄인으로 심각하게 생각하지 않았거나, 그가 기꺼이 유대인의 민감성에 동의하고 있

31. *Epistles* 1.16.48.

32. *On the Special Laws*, 3.151-52.

다는 사실을 암시한다.

마가는 수난의 기간과 십자가에 못 박힌 동안의 시간을 알려주었다. 수난은 예수가 마지막 만찬을 하기 위하여 제자들과 함께 있었던 저녁에 시작되어(14:17), 밤에 그가 묻히시면서 끝난다. 이미 예비일(안식일 전날)의 밤이었다는 15:42의 진술은 요셉이 행한 일의 배후의 동기를 제공한다. 시체는 해가 진 다음까지 나무에 달려있지 않게 해서 그 땅을 더럽혀지지 않아야 했다(신 21:23). 그러나 첫 번째 별이 빛나기 시작하는 안식일에 장사하는 일은 금지되었을 것이다. 마가는 요셉(종들의 도움을 받았을 것이라고 생각됨)이 새로 구입한 세마포로 예수의 시체를 싸서 바위를 판 무덤에 그를 즉시 장사지냈다고 말한다.

상황잇기

마가가 묘사한 예수의 십자가 처형 기사는 제9시까지 그 땅을 덮었던 어두움만큼 침울하다. 예수는 제자들에게 배신당하고 버림당하고 부인당하고 극단적인 고독 가운데서 죽음에 이른다. 그는 그를 죽이라고 아우성쳤던 자기 백성들로부터 거절을 당하셨다. 조롱을 당하고 매 맞고 손바닥으로 침을 당한 후에 예수는 모든 인류로부터 소외된 채 홀로 십자가에 못 박힘을 당하셨다. 그 어떤 (다른 복음서에서 출현하는) "좋은 강도도" 그의 억압을 경감시키는 말을 하지 않았다. 가까운 친구나 혹은 친척들도 그를 보기 위하여 가까이 서 있지 않았다. 주를 따르는 일단의 여인들이 절망에 직면하여 신실하게 그곳에 서 있었으나 그들은 멀리서 바라보았다. 예수는 차분하게 "아버지여, 내 영혼을 아버지 손에 부탁하나이다"(눅 23:46)라고 기도하지 않으셨다. 또한 그는 승리에 대한 마지막 한마디 말을 하지도 않으셨다. "다 이루었다"(요 19:30). 그가 아들이라고 확언하는 구름으로부터 나오는 음성 대신에 왜 그를 버렸는가라고 묻는 십자가로부터의 고뇌에 찬 부르짖음을 우리는 듣는다. 악이 십자가에 있는 예수를 삼켜버렸다. 우리는 이 삭막한 모습을 어떤 오도된 감상적인 생각으로 경감시키려고 해서는 안 된다.

이것은 하나님의 아들에 대하여 잔인하게 저질러진 인간 소경됨의 극치요 죄악이다. 그것은 뒤죽박죽된 세상을 보여준다. 예수는 사회의 무법한 죽음에 의해 죽으신 왕이다. 예수는 구원하러 온 백성들에게 거절당한 메시야이시다. 예수는 그 능력을 자기를 위하여 사용하지 않으신, 외관상으로 무기력하게 죽으신 능하신 하나님의 아들이시다. 모든 전통적인 상징들이 뒤집어졌다. 약함은 강함의 표시다. 죽음은 생명으로 가는 수단이다. 하나님의 저버리심이 하나님과 화해로 이끌어간다. 예수를 처형했던 흉악한 자들은 하나님의 뜻을 시행하고(execute는 '시행하다'와 '사형시키다'란 의미를 동시에 가진다-옮긴이) 있었다는 사실을 깨닫지 못하였고(14:36), 예수는 하나님의 순종하는 아들로서 기꺼이 복종하셨다(10:45). 그들은 또한 이 죽음이 그의 끝이 아닐 것이라는 사실을 깨닫지 못했다. 오히려 그것은 그들의 전체 질서의 종말을 의미했다. 그들은 어떻게 그와 같이 무능력한 죽음이 하나님의 성품과 능력을 드러낼 수 있는지를 헤아릴 수 없었다.

이 단락으로부터 세 가지 신학적 이슈가 발생한다. 예수의 부르짖음의 의미, 성전 휘장의 찢어짐, 그리고 백부장의 고백. 우리는 각기 순서대로 이 부분을 살펴볼 것이다.

십자가에서 부르짖음

많은 사람은 저버리심에 대한 예수의 부르짖음의 의미로 분류한다. 우리는 먼저 이 부르짖음의 배후에 있는 비밀을 헤아릴 수 없음을 인정해야 하겠지만, 중요한 선택 사항들을 추론할 수 있다.

우리가 마가가 인용하고 있는 말씀만을 해석하고, 문맥은 무시해야 한다고 주장하는 사람들은 그 말이 의미하는 내용에서 일치를 보지 못한다. 어떤 사람은 이 부르짖음을 하나님의 거룩한 진노의 관점에서 그리고 죄인을 하나님으로부터 갈라놓은 죄의 성격이라는 관점에서 설명한다(사 59:2). 예수는 우리가 마땅히 받아야 했던 죄에 대한 심판에 직면하여 그가 바라바의 자리를 대신하였던 것처럼, 십자가에서 우리를 대신하여 하나님의 쓰라린 진노의 잔을 마셨다. 바울은 "하나님이 죄를 알지도 못하신 이를 우리를 대신하여 죄로 삼으신 것은 우리로 하여금 그 안에서 하나님의 의가 되게 하려 하심이라"(고후 5:21; 또한 갈 3:13을 보라)고 기록하고 있다. 땅을 덮었던 어두움은 하나님의 심판을 상징하며, 예수는 그 심판의 자리에 있었다. 죄인들을 대신하는 그는 우리가 받아야할 징계를 받으셨고, 하나님과 분리되셨을 때 심각한 공포를 표현하셨다. 그는 인간 안팎에 있는 악과 만나셨으며, 그가 십자가 위에서 죽으실 때 그 악으로부터 돌아서시는 하나님을 깨달았을 때 부르짖으셨다(신 21:23; 갈 3:13). 그 두려움의 시간에 예수는 의식 속에서 극단적인 형벌을 당하셨고, 하나님에 의해 두려운 음부로 내던져졌을 때 부르짖으셨다. 칼빈은 다음과 같이 설명했다. "만일 그리스도께서 육신으로만 죽으셨다면, 그것은 효력이 없었을 것이다…그의 영혼이 형벌을 공유하지 않으셨다면,

그는 육신만의 구속자가 되었을 것이다."[33]

많은 사람은 이러한 해석을 "속죄하시는 예수의 사역 가운데서 나타난 하나님의 사랑과 아버지와의 목적의 하나 됨과 모순된" 것으로 의문시한다.[34] 만일 고린도후서 5:21을 인용한다면, 5:19도 인용할 수 있다. "하나님께서 그리스도 안에 계시사 세상을 자기와 화목하게 하시며." 인간에게 배반을 당하고, 버림당하고, 고소당하고, 부인당하고, 발가벗겨지고, 조롱당하신 예수가 그 처참한 시간에 하나님에게 버림을 당했다는 사실을 어떤 이들은 받아들이기 어려움을 발견한다. 우리는 인자가 극단적인 비하를 당할 것이지만, 이것이 하나님의 궁극적인 유기를 수반하지 않았다는 분명한 암시를 가지고 있다. 마가복음 어디서도 하나님의 거룩한 진노가 하나님이 죄로부터 돌아서셔야 했음을 요구했다는 암시를 가지고 있지 않다. 그러므로 다른 사람들은 예수의 이 말씀을 패배와 소외에 직면하여 인간적 절망의 부르짖음으로 해석한다. 예수의 사역 전체를 통틀어서 예수가 유지하셨던 신뢰가 갑자기 그에게서 무너졌다.

알버트 슈바이처(Albert Schweitzer)는 예수가 다가올 하나님의 나라를 기대했다고 적으면서, 정확히 이런 식으로 예수의 죽음을 해석했다.

> 예수는 모든 일반적인 역사에 마감을 가져올 마지막 혁명으로 나아갈 세상의 수레바퀴를 쥐고 계신다. 그런데 그것이 돌기를 거부하기에 예수는 그 자신을 그것에 내던지신다. 그때에 세상의 수레바퀴는 돌고, 그를 짓이긴다.[35]

따라서 그는 예수가 "새 하늘과 새 땅을 가져옴을 절망하면서 큰 소리와 함께"[36] 십자가에서 죽으셨다고 주장했다. 그 땅을 덮었던 어두움이 이제 그의 심장을 관통했다.

또 다른 사람들은 예수가 하나님께서 그의 기대를 저버렸거나 아니면 그가 어떤 면에서 하나님의 기대를 저버렸다는 사실을 믿었을 수도 있다고 주장했다. 하나님의 나라는 오지 않았고, 그의 고통이 아버지와의 관계를 혼란시켰을 때, 저버

---

33. John Calvin, *Institute*, 2.16.10, 그리고 12 ; John R. W. Stott, *The Cross of Christ*(Downers Grove, Ill. : InterVarsity, 1986), 81.

34. Taylor, *Mark*, 594.

35. Albert Schweitzer, *The Quest for the Historical Jesus. A Critical Study of Its Progress from Reimarus to the Wrede*(New York : Macmillan, 1968), 370-71.

36. Ibid., 255, 285.

림을 느꼈다. 예수는 하나님에게 완전히 버림을 당했다고 느꼈지만, 그는 개의치 않고 "나의 하나님"이라고 부르짖었다. 브로더스(Broadus)는 다음과 같이 기록한다.

> 그가 어떻게 버려짐을 어떻게 느꼈을지를 묻는다면, 인간의 영혼뿐 아니라 인간의 몸이 여기서 고통당하고, 어떤 크고 압도적인 슬픔에 있을 때, 다른 경건한 영혼들의 행위와 같이 심리적으로 같은 인간의 한계 내에서 생각하고 느끼고(막 13:32) 있었다는 것을 기억해야 한다.[37]

인간의 증오와 폭력 속에서, 하나님이 부재하시다고 느낄 수도 있었을 것이다. 그러나 예수가 죽으실 때, 그 어느 때보다도 더 충만하고 힘 있게 하나님이 내재해 계셨다. 하나님은 저버리시는 하나님이 아니시다.

왓슨(Watson)은 더 나아가서 예수의 실존적 절망—예수가 버림당했다고 느꼈을 뿐이라는 것—을 완화시키려는 시도에 대해서 도전한다. 그는 마가복음에 나오는 십자가 사건은 하늘 아버지에 의한 사랑의 돌보심으로 떠받쳐지는 세상이라는 순진한 견해를 깨뜨린다고 주장한다. 그는 다음과 같이 기록한다.

> 언젠가 즐거이 "아바"로 호칭되셨던 하나님은 이해할 수 없을 정도로 얼굴을 돌리시고 얼굴을 감추셨다. 당황과 통찰의 순간에 세상의 특징으로서 하나님의 저버리심의 실체가 인식된다. 문제에 대한 아무런 해결책도 제공되지 않는다. 유일한 질문인 "어찌하여…?"와 동일하게 웅변적일지라도 말은 없으신 예수가 죽으실 때 부르짖은 "큰 소리만 있다."[38]

왓슨에게 그 부르짖음은 "하나님의 저버리심"이 "피할 수없는 실체의 모습"이라는 사실을 의미한다. "여기서 예수의 이야기는 더 오래된 욥의 이야기와 같은 요지를 만들어준다. 세상은 합리적이고도 사랑스러운 섭리적 돌보심을 모호하게 알려주며, 우리는 이러한 사실을 솔직하게 받아들여야 한다.

후커(Hooker)는 "이 말씀은 인간과 같이 되신 예수에 대해서 그리고 인간의 절망을 완전히 공유하시는 그의 죽음의 의미에 대해서 심오한 신학적 설명을 제공한

37. John A. Broadus, *The Gospel of Matthew*(Philadelphia. The American Baptist Publication Society, 1886), 574.

38. Francis Watson, "Ambiguity in the Marcan Narrative," *Kings Theological Review* 10(1987), 15.

다."[39] 불안정을 경험하고 버림당했다는 느낌을 받았던 첫 독자들은 이러한 절망에 공감했을 것이다. 톨버트는 다음과 같이 주장한다.

> 십자가에서 예수의 부르짖음, 하나님으로부터 버림받음에 대한 그의 표현은 상상할 수 있는 최악의 외로움, 우주적인 소외감을 신실하게 견딜 수 있는 제자들에게 하나의 보증으로 서 있다. 하나님의 아들이 하나님에게서 버림을 받았을 때 초시간적 무(nothingness)의 순간에 비하여 가족과 분리 그리고 친구들로부터 배신과 부인은 어떠한가?[40]

다른 해석가들은 예수의 마지막 말씀이 예수 자신을 통하여 형성되지 않았고 시편기자에 의하여 형성되었다고 강조한다(시 22:1). 만일 이것이 개인의 곤경에 대한 실존적인 부르짖음이었다면, 어찌하여 예수가 겟세마네에서 그가 말했던 것처럼 아바라는 호칭을 사용하지 않았을까? 한 가지 대답은 기도에 응답하지 않았던 아바로부터의 소외를 느꼈기 때문이었을 수 있다. 보다 그럴듯한 대답은 예수가 성경을 잘 알고 있음이 고통에 대한 고전적 표현이었던 이 특별한 애도로 그를 이끌어갔을 것이라는 점이다.

성경말씀으로 살았고, 자신이 성경 말씀을 이루고 있었다고 믿었던(14:49) 예수가 절망적인 곤란 가운데 있었을 때 위안을 얻기 위하여 성경으로 돌아갔으리라는 것은 타당하다고 필자는 생각한다. 마가는 예수가 부르짖었을 때, 그때가 제9시 즉 유대인의 기도의 때였다는 사실(참조. 행 3:1)과 예수가 하나님의 보호를 완전히 신뢰하는 의로운 고난자의 기도를 드리셨다고 우리에게 말하고 있다. 그가 조롱을 받았고(시 22:7-9), 그의 힘이 소진했고(22:15-16), 그의 손과 발이 찔렸고(22:16), 그의 옷이 나누어졌으므로 인하여(22:18) 시편 22편이 자연적으로 마음속에 떠올랐다. 그러므로 예수는 단순히 고통에 대한 괴로운 부르짖음을 내뱉은 것이 아니라, 고통의 표현으로부터 하나님의 구원에 대한 신뢰로 이동하는 이 애가를 의도적으로 인용하셨다. 하나님이 실로 그곳에 계시고 그를 구원하실 수 있다고 믿지 않았다면, 예수가 왜 부재하신 하나님에게 외치셨는가? 시니어(Senior)는 다음과 같이 주장한다.

---

39. Hooker, *Mark*, 375.

40. Tolbert, *Sowing*, 286-87.

사실상 이 말씀은 겟세마네에서 있었던 기도의 마지막 부분이다. 그곳에서 그는 애통 속에서 다가오는 죽음에 대한 온전한 공포를 느끼면서도 아버지에 대한 깨어지지 않은 신뢰를 확증했다(14:32-42).[41]

어떤 사람은 타당성 있게, 예수가 시편 22편의 끝을 암시하고 있었다면, 어찌하여 그가 시편 22편의 시작부분을 인용하지 않았는가를 묻는다. 모든 숨을 고통스럽게 헐떡이면서 전체 시를 낭송하는 십자가의 승리를 기대할 수는 없다. 히브리 성경에서 장과 절의 구분 없이, 자주 특별한 단락이 첫 절이나 혹은 열쇠가 되는 구절들로 낭독되었다. 예수가 "모세의 책 중 가시나무 떨기에 관한 글"을 통하여 특별한 구절을 언급하셨을 때인 마가복음 12:26에 있는 실례를 볼 수 있다. 핵심 어구를 언급함으로써 이 특별한 단락을 암시하고 있다. 예수 당시의 유대인들은 현대인들이 텔레비전과 영화에 몰두했던 방식으로 성경에 몰두했고, 그들은 시편 22편이 절망으로 시작하고 있으나 승리의 논조로 마친다는 사실을 알았을 것이다.

다시 말해서, 예수는 시편 22편을 사용하심으로써 자신의 고난과 비극에 관해서 큰 소리로 부르짖으려고 하셨을 것이지만, 그것을 넘어서서 의로운 자를 옹호하시는 하나님에 관한 신뢰를 표현하셨을 것이다. 예수는 시험의 고통을 느끼시는 의로운 고난자와 자신을 동일시하시지만, 하나님과의 그의 친밀성이 그로 하여금 솔직하게 불평을 말하게 하고 구조를 요청하게 한다. 그는 그의 죽음에서 하나님의 개입이 있을 것을 신뢰하면서 고난을 받아들인다. 만일 이 부르짖음을 기도로 이해한다면, 하나님은 즉시 그것에 답하신다. 어두움이 6시로부터 9시까지 계속되고, 뒤따라오는 사건들이 하나님의 옹호에 대한 신뢰의 소망이 잘못되지 않았다는 압도적인 형태를 드러난다. "그는 곤고한 자의 곤고를 멸시하거나 싫어하지 아니하시며 그의 얼굴을 그에게서 숨기지 아니하시고 그가 울부짖을 때에 들으셨도다"(시 22:24).

마가는 예수의 수난기간 동안에 행동을 그를 따르는 자들의 모델로 제시한다. 극단적인 고통에 직면했을 때, 예수는 기도하셨다. 당국자들에게 끌려가서 생명을 좌우하는 재판정에 섰을 때 그는 두려움 없이 증언하셨다. 때리고 비웃을 때, 욕하지 않고 고통을 참으셨다. 우리는 그가 죽으신 방식을 통하여 죽음과 고난을 대처하는 방법을 배워야한다. 그러므로 마가는 예수의 죽음을 단순히 하나의 거래로

41. Senior, *The Passion of Jesus*, 124.

제시하지 않는다. 그는 예수의 믿음이 나중에 흔들렸고, 아연실색한 절망 중에 죽었다고 독자들이 생각하기를 확실히 원치 않는다. 예수는 제자들이 믿음이 없음으로 인하여 책망하셨고(4:40) 환난 중에서와(9:23) 엄청난 곤란에 직면했을 때도 믿음을 가지라고 다른 사람들을 격려하셨다(11:23-24). 백부장이 "한 사람이 극단적인 유기로 죽는 것을 보았기 때문에" 고백하지 않았다.[42] 예수는 그 잔을 마셔야 한다는 하나님의 뜻을 고통스럽게 받아들이셨다. 제자들과 달리 그는 십자가의 필요성을 완전히 이해했고, 하나님으로부터 어떤 다른 것을 기대하지 않으셨다.

마가의 첫 독자들은 고난과 환난을 알았다. 그들은 예수가 그렇게 되셨던 방식으로 자기 십자가를 지고 죽게 되는 문자 그대로의 가능성에 직면했었다. 그들이 예수의 죽음에 대한 기록으로부터 깨달을 수 있었던 것은 그분이 하나님을 신뢰하셨기 때문에 죽음까지 순종하셨다는 점이다. 고통의 호된 파도소리가 우리 삶 속으로 들어올 때, 하나님은 우리로 하여금 어떤 슬픔에도 아무런 감정이 없는 스토아주의자가 되라고 부르지 않으셨고, 또한 "어떤 인간처럼" 약을 먹으라고 요청하지도 않으신다. 우리는 우리의 감정을 하나님께 토해낼 수 있고, 큰소리로 호소할 수 있다는 사실을 배운다. 신약성경의 많은 다른 본문들은 청중들에게 속죄에 대한 관점을 가르치기 위해서 사용될 수 있다. 이 본문은 쓰라린 고통과 손실을 당하고, 삶에서 하나님과의 거리를 매정하게 느끼는 사람들을 돕는데 가장 잘 사용될 수 있다.

성전 휘장이 찢어짐

마가는 어떤 고루한 관심 때문에 성전 휘장이 위로부터 아래로 찢어졌다고 기록하고 있지 않다. "찢어진 휘장은 죽으신 그리스도의 신비에 관한 것을 드러내준다."[43] 현대의 청중들은 그 의미를 충분히 이해하기 위하여 성전 설계의 도형에 도움을 받을 필요가 있으나, 그렇게 할지라도 마가가 이 시간을 어떻게 이해했는지가 분명하지 않다. 게덜트(Geddert)는 네 개의 기본적인 범주 아래 약 30개의 견해를 열거한다.[44] 이러한 해석들 가운데 몇 가지는 서로 배타적이지 않고, 숙고해 볼 만한 가치가 없다. 매테러(Matera)는 성전휘장의 찢어짐이 긍정적이고 부정적인

42. Matera, *The Kingship of Jesus*, 137.
43. Gérard Rossé, *The Cry of Jesus on the Cross*(New York/Mahwah: Pulist, 1987), 20.
44. Geddert, *Watchwords*, 141-43.

양 측면의 풍부한 이미지가 있다고 생각한다.[45] 휘장이 찢어질 때, 어떤 것은 파괴되었지만 이전에 감추어졌던 어떤 것은 열려서 보게 되었다. 휘장이 찢어진 사건의 긍정적이고 부정적인 이미지는 예수의 죽음이 긍정적이고도 부정적인 영향력을 가지고 있다는 사실을 암시한다.

긍정적인 면에서, 휘장이 찢어진 사건은 새로운 계시를 상징한다. 하나님의 영광이 거주하시는 지성소를 가리고 있었던 휘장이 찢어졌다. 비밀의 휘장이 걷히어졌고, 예수의 죽음으로 모든 사람이 하나님의 모습과 하나님의 사랑을 볼 수 있게 되었다. 인간들은 하늘로부터 이미 선포된 것(1:11; 9:7)과 귀신들에게만 열려져 있었던 것을 알고 이제 고백할 수 있게 되었다. 죽기까지 복종하시고, 죽기까지 십자가에 계셨던 예수는 하나님의 아들이시다. 이방세계의 대변자라고 할 수 있는 무뚝뚝한 백부장까지도 이러한 사실을 인정하였다. 영화 '오즈의 마법사'의 끝 부분에서, 두려운 마법을 감추고 있던 휘장이 필사적으로 지래들을 당김으로써 걷히어지고 무기력한 사기임이 드러난다. 마법사의 허풍 떨던 힘은 연기와 거울에 지나지 않았다. 하지만 예수가 십자가에 죽으셨을 때 둘로 갈라진 휘장은 전능하시고 무한한 사랑이신 하나님을 계시한다.

두 번째 견해는 찢어진 휘장이 어떤 것을 드러내준다는 것으로 이해한다. 하나님의 영광은 차가운 돌로 이루어진 한 민족의 성전 안에서 갇혀 있을 수 없었고, 이제 온 세상으로 나아간다. 예수가 세례를 받으실 때 하늘이 갈라지고 그 위에 성령이 오신 것처럼, 어떤 것이 지성소로부터 나와 온 세상을 가득 채우는 것을 상상할 수 있다. 하나님의 보호의 임재는 대제사장만이 일년에 한번씩 들어갈 수 있는 한 골방에 더 이상 갇혀 있지 않는다.

세 번째 견해는 휘장의 찢어짐이 하나님과 인간 사이에 장벽이 걷히어졌다는 사실을 상징한다고 제기한다. 그것은 속죄가 하나님과 인간 사이에 직접 가능해졌음을 생생하게 드러낸다. 제사장들이 이제 더 이상 하나님을 다른 사람들로부터 가로막을 수 없다. 이 사상이 히브리서의 저자를 통하여 산문체로 표현되어 있다(히 6:19-20; 9:3, 7-8, 12, 24-28; 10:19-20). 그러므로 찢어진 휘장은 이제 모두가 아들로 하여금 많은 사람들을 대신하여 죽도록 허락하신 은혜로우신 하나님에게 직접 나아갈 수 있게 되었다는 사실을 암시한다. 이전에는 성소에도 가까이 접근하는 것이 금지되었던 이방인들까지도 지성소에 들어갈 수 있다. 이방인 백부장의

45. Matera, *The Kingship of Jesus*, 139.

고백은 이방인들이 예수의 죽음이 제공한 구원에 포함될 것임을 상징한다.

네 번째 견해는 찢어진 휘장이 옛 질서의 종말을 표시한다는 것을 이해한다. 휘장이 열려지지 않고 위로부터 아래로 둘로 갈라졌는데, 이는 휘장의 파괴를 의미한다. "위로부터 아래로" 찢어짐은 하늘로부터 심판을 풀어놓으시는 하나님을 묘사하고 있으며, 하나님이 성전제사를 폐기하고 있음을 나타낸다. 성전과 희생제사 제도는 이제 해체되었고, 불필요하다. 궁극적으로 하나님은 예수를 버리신 것이 아니라, 이 성전을 버리셨다. 예수는 부활하실 것이다. 성전은 파괴되고(막 13:2), 그 역할은 심판을 받고 폐지될 것이다. 이 장엄한 건물 내에 거룩한 곳은 아무것도 없다. 그러므로 휘장의 찢어짐은 성전에 대한 예수의 말씀을 확증해준다(13:1-2; 14:58; 15:29).

백부장의 고백

예수가 십자가에 죽으실 때, 하나님에게 대담하게 "어찌하여?[어떤 이유로]"(15:34)라고 물으셨다. 백부장의 고백이 한 가지 대답을 제공한다. 그의 죽음은 다른 사람을 변화시키고, 그들이 믿음을 갖게 한다.[46] 이방인 군인은 옆에 서 있는 사람들과 같이 큰 소리를 들었고, 그는 왜 고백했고, 다른 사람들 같이 조롱하지 않았던가? 그는 예수의 이적을 보지 못했고, 그의 죽음이 무엇을 의미하는지에 대한 해석을 들어본 적이 없다. 그에 대한 조롱과 그의 죽음만을 보았을 뿐이다. 그러한 사람이 예수가 죽었던 방식을 보면서 그가 하나님의 아들이라는 사실을 믿었다면, 그 누구도 믿을 수 있다. 예수의 죽음은 가이사와 가이사의 세계가 세워놓은 모든 가치들이 위기에 처했다는 사실을 의미한다. 그것은 마가의 첫 독자들과 오늘날의 독자들에게 기적적인 능력의 역사가 아닌 죽음으로의 충실한 복종이 사형 집행자도 변화시킬 수 있었다는 사실을 드러내준다. 그리스도인들은 폭력을 가지고 불신자들을 구원하는 것이 아니라, 하나님을 향한 사랑과 복종을 통하여 세상을 구원할 수 있다.

이러한 고백을 한 백부장은 자기의 전 생애를 점령했던 근본적인 것들에 대한 인식을 변화시켰다. 백부장인 그는 황제에 대한 충성을 맹세했고, 로마 제국의 권세를 대변한다. 로마인에게서 "권력의 개념은 신에 대한 정의(正意)의 중심이었

46. Geddert, *Watchwords*, 302, n. 103.

고",[47] "하나님의 아들"이란 호칭은 로마의 위엄을 구현했던 황제에게만 해당되었다. 독특하게도 이 군인은 이 호칭을 방금 처형당한 한 유대인에게 사용한다. 그는 예수에 관해서 뿐 아니라, 하나님의 아들이 무엇을 의미하는지에 대해서도 마음을 고쳐먹었을 것이다. 신은 더 이상 제국의 영광과 군대의 힘과 연결되어 있지 않았다. 신은 외적인 영광이나 능력이 없는 곳에 존재했다.[48]

그러므로 백부장은 위대한 어떤 능력의 증거를 보기를 원했던 사람들과 완전히 대조적인 위치에 있다. 하나님이 세상적인 표준에 적합한 명확한 증거를 제공해 주지 않으면 믿지 않겠다는 것은 믿음과 반대된다. "우리에게 보여주면 믿겠다"고 말하는 태도는 아무리 많은 것들을 보아도 믿지 않는다. "믿음은 믿기 위하여 보는 문제가 아니라 죽음의 시점까지 신뢰하는 문제다."[49] 기적적인 현시가 아니라, 약함, 낮아짐, 굴욕, 십자가의 무능력 가운데서 하나님이 귀신과 인류를 주관하시는 능력을 나타내신다는 사실을 여기서 정확하게 깨달을 수 있어야 한다.

이러한 고백을 고려할 때, 백부장은 자신의 능력에 대한 이해를 완전히 바꾸었음에 틀림없다. 로마가 보여주었던 능력은 위압적인 것이었다. 그것은 다른 사람들에게 복종하든가 그렇지 않든가를 강요했다. 예수의 무력한 죽음은 백부장이 다른 사람들에게 보여주고 사용했던 것과는 다른 능력을 발휘한다. 백부장은 십자가에 나타난 진정한 능력은 위압적이고 착취적이고 속임수가 아니라는 사실을 인정했다. 그가 섬겼던 능력은 다른 사람을 짓밟고 살아있는 사람을 죽였다. 십자가의 능력은 자기를 다른 사람들에게 주고 죽음을 생명으로 변화시켰다.

예수의 죽음에 관한 한 가지는 백부장으로 하여금 그의 마음을 바꾸라고 요구하지 않았고, 다만 그의 이전의 인식을 보강시켰을 뿐이다. 군인으로서 그는 절대적 복종의 필요성을 이해하고 깨달았다(마 8:9을 보라). 그는 예수의 죽음 가운데서 사명을 실행하는 일에 충실한 사람을 보았다. 우리는 현대의 구경꾼들이 갖고 있는 신과 능력의 본질에 대한 잘못된 견해를 교정하고, 순종에 대한 그들의 이해를 보강할 수 있도록 이끌어 주어야한다.

47. J. R. Fears, "Rome: Ideology of Imperial Power," *Thought* 55(1980): 106.
48. Lightfoot, *The Gospel Message of St. Mark*, 58.
49. Matera, *Passion Narrative*, 44.

현대적 의미

예수의 십자가 고난에 대한 마가의 묘사는 냉혹하지만, 선정주의를 피하고 있다. 그의 침착하고도 간결한 기록은, 그가 비록 예수의 육체적인 고통에 대한 생생한 묘사를 제공하지 않을지라도, 놀라운 능력을 전달한다. 그의 기사는 감상적인 생각을 피하고 있으나, 동시에 가해자들에 대한 증오심을 일으키지도 않는다. 더 심오한 것은 단지 소름끼치는 처형만이 일어나고 있는 것이 아니라, 마가는 예수의 죽음에 대한 신학적인 의미에 초점을 두고 있다. 십자가는 하나님에 대항하는 인간성의 분별없는 맹위가 격렬하게 폭발하고, 그것이 무엇인지를 보여준 곳이다. 복음서 이야기는 예수를 이 십자가에 못 박는 수많은 죄들을 묘사하고 있다. 오만, 시기, 질투, 배반, 잔인, 탐욕, 무관심, 소심, 살인. 우리는 그 목록을 완성하기 위해서 우리 자신의 수많은 죄들을 덧붙일 필요가 있다.

십자가의 장면은 하나님의 마음에 상처를 가하는 종교적인 것들과 비종교적인 것들을 보여주고 있다. 예루살렘의 가장 높은 종교 당국자들은 십자가에 몰려와 앙심을 가지고 상처에 모욕을 더하였다. 군인들은 자기들 앞에서 일어나는 일들이 무엇인지를 무시했고 그의 소유를 가지려고 제비를 뽑는데 혈안이 되었다. 그들은 그날의 일에서 여분의 이득을 얻는 데만 관심이 있었다. 이러한 종류의 속 좁은 탐욕은 인간의 마음에서 떠나지 않는다. 유대인 사형 수용소의 직원들이 사형 당한 유대인 죄수들로부터 수집했던 귀금속, 옷, 머리털 더미의 모습을 기억할 필요가 있다.

두 강도들은 예수가 죄인들을 위하여 그 생명을 제공하고 계신다는 사실을 인식하지 못했고, 그들은 그를 욕하는데 가담한다. 다른 사람들이 희롱하려고 십자가 주변으로 모여들었다. 그들은 판결이 이미 내려졌고, 예수는 대패했다고 생각했다. 이러한 사람들은 왜 어떤 사람이 다른 사람을 구원하기를 원했는지를 깨달을 수가 없었다. 옛 영가의 "거기 너 있었는가 그때에 주가 그 십자가에 달릴 때?" 란 질문의 대답은 "그렇다"가 되어야 한다. 그러나 우리는 찬양을 부르기 위해서 충실한 지지자로서 거기에 있지 않았다. 인류는 여전히 악의 속박으로부터 구원받아야 한다. 우리가 주변의 세계를 바라보았을 때, "공의가 여전히 왜곡되었고, 진리가 여전히 교수대에 달려있고, 옳지 못한 것이 보좌에 있는 것을 보게 된다. 착한 사람들의 저항은 말 못하는 벙어리가 되었다. 두려움 없이 십자가에 서 있는 자는 거의 없다.[50]

(1) 십자가는 인류에 관한 진리만이 아니라 하나님의 놀라운 능력도 보여준다.

하나님의 능력은 예수에 대한 악의에 찬 침 뱉음을 복음의 선포로 바꾼다. "저가 다른 사람은 구원하였으되, 자기는 구할 수 없도다." 만일 비석이 있었다면, 이 비웃음이 적절한 비명(epitaph)이 되었을 것이다. 하나님의 능력은 인간의 죄와 증오라는 독소를 흡수하여, 매우 사랑하시고 이런 방식으로 일하시는 하나님을 신뢰하는 모든 사람들에게 베풀어지는 구원으로 그것을 바꾸신다. 복음은 세상의 이해를 아주 추하고 그리고 아주 아름답게 만드는 유일한 것이다. 참혹한 대 학살 후에 한 유대인 회의론자는 그가 믿을 수 있었던 하나님만이 유대인 어린아이가 산채로 묻히는 것이 어떠하며, 한 유대인 어머니가 자기 아들이 죽어 가는 것을 보는 것이 어떠한지를 친히 아시는 분이었다고 말했다. 십자가는 하나님이 이러한 비극을 직접 보셨고, 그것을 세상을 구원하기 위하여 사용하신다는 사실을 드러낸다. 그러한 끔찍한 죽음이 세상에 그렇게도 큰 축복을 가져다주는지를 누가 믿을 수 있었겠는가?

(2) 십자가는 하나님의 말로 다 할 수없는 사랑을 드러낸다. 우리는 십자가에서 부르짖으시고 영광으로 일어나신 하나님의 아들을 볼 때, 그리고 죄사함의 제공이 더욱 크게 울리는 것을 들을 때, 하나님이 어떤 분이신지를 참으로 깨닫게 된다. 키플링(Kipling)의 시의 "차가운 강철"(Cold Iron)에서 왕을 배반한 한 남작이 자신의 병기고를 "강철, 차가운 강철이 모든 사람의 주인이다"고 자랑한다. 그가 패배를 당했을 때, 승리한 왕은 보복을 가하는 대신에 그에게 연회를 배설했다.

> 그는 포도주 잔을 취하여 축복했다. 그는 빵을 축복하고 그것을 떼었다. 그는 직접 자신의 손으로 그것들을 제공했고, 그는 말했다. 보시오, 내 성읍 밖에서 그들이 못 박은 이 손들을. 철을 보이시오—모든 사람들의 주인이 된 차가운 강철을.

이 시는 "강철—차가운 강철—은 모든 사람들의 주인이다. 갈보리의 철 못들은 모든 사람들의 주인이다"라고 결론짓는다.[51]

(3) 십자가는 사물들이 이 세상에 보이는 대로가 아니라는 사실을 드러낸다. 마치 하나님이 존재하지 않는 것처럼 보인다. 그러나 헨리 나우웬(Henri Nouwen)은 다음과 같이 기록하고 있다. "하나님의 부재가 가장 크게 표현된 곳에 하나님의 임

---

50. E. M. Blaiklock, *The Young Man Mark*(Exeter: Paternoster, 1963), 19.
51. Rudyard Kipling, *Complete Verse*(New York: Doubleday, 1989), 507-8.

재가 가장 의미심장하게 드러났다."[52] 대제사장이 이긴 것처럼 보인다. 예수는 죽었고 장사되었고, 그들은 로마의 진노를 폭발시킬 수 있는 백성들의 소동을 돌려놓았다(14:2). 교활한 계략을 통하여 정치적 승리를 기뻐하는 사람들은 아들을 죽임으로써 자기들이 포도원의 소유권을 가졌다고 생각한 악한 농부들처럼 이겼다고 생각할 수도 있다. 실상은 부패한 지도자들이 실패했다. 예수는 죽어 장사된 채로 머물러있지 않았다. 부활로 말미암아 폭발된 하나님의 능력이나 성령의 인도를 받는 믿는 사람들의 운동을 그들은 진압할 수 없었다. 또한 그들은 권력의 근거지인 성전의 파괴를 낳았던 로마의 거대조직에 대항한 불행한 폭동을 막을 수 없었다. 하나님은 여전히 다스리고 계시며, 창조 시부터 계획하신 하나님의 목적을 이루신다.

(4) 십자가는 하나님의 사랑과 능력이 이전에 전혀 꿈꾸지 않았던 사람들이 복음에 반응하도록 설득할 수 있음을 드러낸다. 예수를 처형한 백부장의 행동과 예수를 처형하도록 판결한 존경받는 부유한 공회원인 요셉의 행동은 대적자들도 구원의 대상에서 제외할 수 없음을 의미한다. 복음의 능력은 너무나 커서 그리스도인들을 핍박하는 사람들까지도 믿음으로 끌어들일 수 있다. 백부장은 예수의 보잘것 없는 소유물을 얻기 위해 제비뽑는 일에 가담하였을 수 있지만, 그는 이 처형으로부터 무한정으로 값있는 것을 얻었다. 그는 예수가 무죄한 사람이었다고 그러한 끔찍한 최후를 맞기에 합당치 않았다고 말하지 않았다. 그는 교회가 세워진 반석적인 말씀을 고백했다. 요셉은 하나님의 나라를 찾고 있었다. 그가 예수의 부활을 알았을 때, 하나님의 나라를 발견하였을 것이라고 가정할 수 있다.

(5) 십자가는 인간 상황의 고통을 드러낸다. 하나님의 아들은 우리의 인성을 취하시고 세상의 모든 쓰라린 고통과 근심을 흡수하셨다. 악으로 말미암아 궁지에 처하였을 때, 그는 기도하셨다. 유대인의 전통에 의하면, 기도는 열 개의 이름을 가지고 있다. 그 목록의 첫 번째는 "부르짖음"이다.[53] 부르짖음은 하나님이 우리 편에 있다는 아무런 암시도 볼 수 없을 때, 하나님이 잠잠하신다고 느낄 때에 나온다. 때때로 인간으로부터 그리고 하나님으로부터 소외를 느끼지 않고 삶을 헤쳐 나가는 사람은 아무도 없다. 위로할 길이 없는 슬픔에 잠겨있을 때, 우리가 완전히 버림을 당했다고 느낄 때, 우리는 무엇을 해야 하는가? 패배가 우리로 하여금 하나님에

---

52. Henri J. M. Nouwen, *Reaching Out. The Three Movements of the Spiritual Life*(Garden City, N. Y.: Doubleday, 1975), 91.

53. *Sipre* 신 3:23 § 26; Brown, *The Death of the Messiah*, 2:1044, n. 34.

대한 믿음을 포기하도록 유혹할 수도 있지만, 십자가에서 예수의 부르짖음은 모든 고통 중에 가장 커다란 고통이 쇄도해 들어오더라도 하나님에게서 떠나가지 않는 믿음을 보여준다. 그는 애통해 하신다.

성경의 애가는 곤경 가운데서 하나님의 이름을 부름으로 시작하고, 그분에 대한 불평에 대한 솔직한 표현으로 시작한다. 애도자는 곤경을 대략적으로 진술하고, 대적들의 승리로 보이는 일에 대하여 당혹감을 표현하며, 긴급하게 구해 달라고 기도한다. 애가는 신뢰, 감사, 그리고 하나님이 들으셨다는 확신으로 끝난다. 오늘날 많은 그리스도인들은 하나님께 크게 부르짖는 것이나 도움을 얻지 못했을 때 애통하며 부르짖기를 부끄러워한다. 어떤 사람들은 분노를 포함하여 하나님을 향한 적나라한 진실한 감정을 제시할 수 없다고 느낀다. 그들은 그러한 진실이 믿음의 결핍이나 신성모독적인 증오심을 반영한다고 느낀다. 이러한 소심증은 사실상 하나님으로부터의 거리감이나 소외감을 반영할 수 있다. 고통의 순간에 지나치게 불평한다면 하나님이 자기들을 버리시지 않을까하는 두려움 때문이다. 그러나 어린 아이가 어떻게 부모들에게 불평하는 일을 주저하지 않는지를 보라. 어린이들이 학대를 당할 때만, 부모가 자기들을 돌보지 않는다고 느끼기 때문에, 고통을 억제하려고 한다. 악과 고통이 엄습하였을 때 하나님을 향한 절망의 부르짖음은 하나님과의 커다란 친밀감의 표시요 강건한 믿음이다.

그것이 우리의 귀에 이상하게 들릴 수도 있지만, 예수의 기도는 구약성경에 친숙한 사람들에게 전혀 충격이 되지 않을 것이다. 윙크(Wink)는 "성경적 기도는 뻔뻔스럽고 고집스럽고 부끄러운 줄 모르는 버릇없는 기도다. 그것은 교회의 정중한 독백보다는 동양의 저잣거리에서 옥신각신하는 것에 더 가깝다."[54] 예를 들면, 모세는 하나님에게 다음과 같이 부르짖었다(출 5:22-23).

> 주여, 어찌하여 이 백성으로 학대를 당케 하셨나이까 어찌하여 나를 보내셨나이까? 내가 바로에게 와서 주의 이름으로 말함으로부터 그가 이 백성을 더 학대하며 주께서도 주의 백성을 구원치 아니하시나이다.

여호수아는 다음과 같이 불평하였다(수 7:7-9).

54. Walter Wink, *Engaging the Powers Discernment and Resistance in a World of Domination* (Minneapolis. Fortress, 1992), 301.

> 슬프도소이다 주 여호와여 어찌하여 이 백성을 인도하여 요단을 건너게 하시고 우리를 아모리 사람의 손에 붙여 멸망시키려 하셨나이까? 우리가 요단 저편을 족하게 여겨 거하였더면 좋을 뻔 하였나이다 주여 이스라엘이 그 대적 앞에서 돌아섰으니 내가 무슨 말을 하오리이까? 가나안 사람과 이 땅 모든 거민이 이를 듣고 우리를 둘러싸고 우리 이름을 세상에서 끊으리니 주의 크신 이름을 위하여 어떻게 하시려나이까?

기도온은 다음과 같이 저항했다. "나의 주여 여호와께서 우리와 함께 계시면 어찌하여 이 모든 일이 우리에게 미쳤나이까 또 우리 열조가 일찍 우리에게 이르기를 여호와께서 우리를 애굽에서 나오게 하신 것이 아니냐 한 그 모든 이적이 어디 있나이까 이제 여호와께서 우리를 버리사 미디안의 손에 붙이셨나이다"(삿 6:13).

욥은 하나님이 자기를 버리셨다고 씁쓸하게 애통해했다(욥 29-31장을 보라).

그리고 예레미야는 다음과 같이 애가를 부르면서(14:8-9) 하나님이 백성들을 속이셨다고(렘 4:10) 한탄했다.

> 이스라엘의 소망이시요
>   곤란한 때의 구원자시여
> 어찌하여 이 땅에서 거류하는 자 같이,
>   하룻밤을 유숙하는 행인 같이 하시나이까?
> 어찌하여 놀라 벙벙하는 자 같으시며
>   구원치 못하는 용사 같으시니이까
> 여호와여 주는 오히려 우리 중에 계시고
>   우리는 주의 이름으로 일컬음을 받는 자이오니
>   우리를 버리지 마옵소서.

이스라엘 예배의 중심 부분이었던 이러한 애가들이 우리의 기도와 예배 가운데서 사라졌다. 우리는 삶의 유해한 측면을 감출 수 없다. 하나님께 대담하게 외치는 성경적 기도를 가르치는 것은 커다란 슬픔으로 인해 고통당하는 사람들을 목회적으로 돌보는 도움을 줄 수 있다. 우리는 단순히 외치기 위해서 밑바닥에서 부르짖는 것이 아니다. 하나님이 우리를 구원하실 수 있고, "어찌하여?"라는 질문에 응답하실 수 있는 유일한 분이시기 때문에 부르짖는다.

(6) 십자가는 삶의 새로운 길을 보여준다. 예수를 비웃었던 사람들은 능력을 가

진 자는 생명을 위협하는 상황에서 자신을 탈출케 하기 위하여 그 능력을 사용할 것이라고 생각했다. 제자들이 밤에 도망했을 때 자기 자신을 구하라는 소리를 마음에 두었다. 베드로가 예수를 세 번 부인했을 때 그는 그것을 마음에 두었다. 대제사장은 신속하게 이 위협적인 선지자적 인물을 제거하려고 했을 때, 그것을 마음에 두었다. 빌라도는 정의를 지키기 위하여 불의와 맞서기를 거절했을 때, 그것을 마음에 두었다. 예수는 자신의 가르침을 따라 사신다. 자기 생명을 구원하려고 하는 자는 그것을 잃을 것이다. 자기 생명을 포기하는 사람은 그것을 얻고, 자기 생명을 다른 사람들에게 줄 것이다.

마가복음 16:1-8

1 안식일이 지나매 막달라 마리아와 야고보의
어머니 마리아와 또 살로메가 가서 예수께
바르기 위하여 향품을 사다 두었다가
2 안식 후 첫날 매우 일찍이 해 돋을 때에 그
무덤으로 가며
3 서로 말하되 누가 우리를 위하여 무덤 문에
서 돌을 굴려 주리요 하더니
4 눈을 들어본즉 벌써 돌이 굴려져 있는데 그
돌이 심히 크더라
5 무덤에 들어가서 흰 옷을 입은 한 청년이 우
편에 앉은 것을 보고 놀라매
6 청년이 이르되 놀라지 말라 너희가 십자가에
못 박히신 나사렛 예수를 찾는구나 그가 살
아나셨고 여기 계시지 아니하니라 보라 그를
두었던 곳이니라
7 가서 그의 제자들과 베드로에게 이르기를 예
수께서 너희보다 먼저 갈릴리로 가시나니 전
에 너희에게 말씀하신 대로 너희가 거기서
뵈오리라 하라 하는지라
8 여자들이 몹시 놀라 떨며 나와 무덤에서 도
망하고 무서워하여 아무에게 아무 말도 하지
못하더라

원 의미

예수를 따르는 여인들이 예상치 못하게 이야기 맨 끝부분에서 두드러진다. 예수가 십자가에 못 박히시고 장사되시기 전에 예수가 따르는 여인들을 두셨다는 암시가 이 복음서에 나타나 있지 않다. 이제 그들이 기독교 신앙의 기초가 되는 사건들—예수가 죽으시고 장사되시고 부활하셨다는 사실(고전 15:3-4)—의 가장 중요한 증거자들로 떠오른다. 그들이 중요한 증거자들로 떠오른 사실은 마가가 기록하고 있는 진리성을 기묘하게 입증한다. 교회가 그러한 사건들의 증거를 제공하기 위하여 한 작은 그룹의 여인들을 일부러 꾸며냈다는 것은 지극히 그럴듯하지 때문이다.[1]

1. 후기 유대인의 법은 예외적 상황들에서 어떤 예외의 진리를 입증하기 위하여 두 명의 남자 증인들을 요구했고(*m Yebam* 16:7; *m. Ketub* 2:5; *m 'Ed* 3:6), 이 법률이 1세기에 적용될 수 있었다고 결론짓는 것이 타당하다. 믿음에 결정적인 사건을 위하여 존중할 수 있는 사람들의 증거를 원했을 것이다(행 4:13과 비교하라).

마가는 15:40, 47; 16:1에서 그들의 이름들을 일관성이 없이 열거한다. 이러한 차이들은 "단조로운" 반복을 피하기 위한 형태상의 변화 탓일 수도 있다(Adela Yarbro Collins, *The Beginning of the Gospel.*

마가의 수난기사는 한 여인의 깊은 헌신을 표현하기 위하여 그녀가 아낌없이 예수에게 기름을 붓는 것으로 시작했고, 예수는 그것을 자신의 장사를 위한 준비로 해석했다. 또한 마가의 수난기사는 예수의 장사 후에 그에게 기름을 부으려는 주를 사랑하는 헌신한 여인들로 마친다. 그들은 잔인하게 죽은 시체에 자기들이 가져온 연고를 바르려고 죽은 자를 위한 물품을 가지고 온다. 그들은 예수에 대한 충성심으로 말미암아 무덤으로 왔다. 베드로가 대제사장의 관정에 왔던 것처럼 주님에 대한 마지막 봉사를 하려고 결심했던 것이다. 그러나 그들은 베드로가 근심에 사로잡혀서 어두움 속으로 달아났던 것처럼 무덤 앞에서 두려움에 사로잡혀서 도망했다. 그들의 진정한 충성심에 의문이 던져진다. 마가는 그들이 천사들의 명령, "가서, 말하라"는 말씀을 무시하였다고 기록하고 있기 때문이다. 그들은 누구에게도 아무 말도 하지 않았다.

여인들이 무덤에 도착한 기사는 예수의 장사에 대한 기사와 평행을 이룬다. 각 장면은 시간에 대한 언급으로 시작하며, 교차대구법을 이룬다.

시간에 대한 언급: 준비일, 곧 안식일 전날 저녁이 왔을 때(15:42).

A. 존경받는 공회원이요 하나님의 나라를 기다리는 요셉이 빌라도에게 와서 당돌하게 예수의 시체를 달라고 요구한다(15:43).

B. 빌라도가 예수가 벌써 죽었을까 하고 이상히 여겨 백부장과 함께 확인하고(15:44), 요셉에게 시체를 내어준다(15:45).

C. 요셉이 세마포를 사서 예수를 내려다가 그것으로 싸서 바위 속에 판 무덤에 넣어 두고 돌을 굴려 무덤 문에 놓는다(15:46).

D. 마리아 막달라와 요세의 [어머니] 마리아가 예수가 누우신 곳을 보았다(15:47).

시간에 대한 언급: 안식일이 지나가고…주의 첫날 매우 일찍이 해 돋을 때(16:1-2)

D′. 막달라 마리아와 야고보의 [어머니] 마리아(16:1)가 무덤에 가려고

Probings of Mark in Context[Minneapolis: Fortress, 1992], 130이 이같이 말한다). 두 번째 이름만이 다르다. 첫 번째 언급(15:40)에서 그녀는 작은 야고보의 어머니와 요세의 어머니로 완전하게 묘사되어 있다. 두 번째 언급은 이것을 요세에 대한 언급으로 축소한다(15:47). 세 번째는 야고보에 대한 언급으로 축소한다(16:1).

결심한다.

C′. 그들이 시체에 바르기 위하여 향품을 사서 무덤으로 가면서 "누가 우리를 위하여 무덤 문에서 돌을 굴려 주리요?" 하며 걱정한다(16:3).

B′. 그들이 큰 돌이 굴려진 것으로 보고(16:4), 십자가에 못 박히신 나사렛 예수가 죽어있지 않고 살아나셨다고 알리는 한 젊은이를 보고 놀란다(16:5-6).

A′. 여인들이 두려워 떨면서 도망하고 두려워했기 때문에 예수가 그들보다 앞서서 갈릴리로 가신다고 제자들에게 전하지 못한다(그들은 담대하지 않았다).

예수 부활에 대한 기록

시간의 통지-"준비일"(이것은 안식일 전날임; 15:42)과 "안식일이 지났을 때"(16:1)-는 왜 여인들이 곧바로 예수에게 기름을 바르지 않았는지를 설명해준다. 그들은 안식일에 향품을 살 수 없었고, 여행할 수도 없었다. 하지만 안식일이 끝나자 할 수 있는 한 빨리 행동으로 옮긴다. 그들은 분명히 예수의 부활을 예상하지 못했다. 또한 사흘만에 살아나실 것이라고 하는 예수의 예고가 성취되었는지를 확인하려고 무덤으로 온 것도 아니다. 마가는 그들이 더 일찍 올 수 없기 때문에 제삼일에 갔다고 분명하게 설명한다.

태양의 떠오름이 십자가에 못 박히신 동안 온 땅을 덮었던 어두움을 몰아낸다(16:2). 이 주간의 시작은 인류의 새로운 시작의 여명을 표시한다. 성경에서 하나님의 도우심은 특히 아침에 고난당한 사람에게 찾아온다. "저녁에는 울음이 깃들일지라도 아침에는 기쁨이 오리로다"(시 30:5; 그리고 59:16; 90:14; 143:8을 보라).[2]

여인들은 아직도 슬픔의 충격에서 벗어나지 못하고 있었음에 틀림없다. 그들이 출발하기 전에 세워놓은 돌을 어떻게 옮길 것인지를 생각하지 못했기 때문이다. 그러나 돌에 대한 그들의 근심은 내레이터가 그 돌의 크기를 강조하게 만든다. 그것은 쉽게 굴릴 수가 없다. 기적만이 그것을 옮길 수 있다. 여인들은 희망감을 가지고 무덤으로 오지 않고 있기에 그들의 돌에 관한 고민은 극적인 긴장감을 조성한다. "그들이 보았을" 때, 그들은 이미 열린 무덤을 들어가는 일로 걱정했음을 깨닫

---

2. Gnilka, *Markus*, 2:341.

게 된다.[3] 돌이 옮겨진 것을 발견했을 때조차도, 그들은 그것이 무슨 소식을 의미하는지를 들을 준비가 되어있지 않았다. 그들은 그 돌을 어떻게 옮길 수 있는지 염려하면서 무덤으로 다가오고, 그 돌이 어떻게 옮겨질 수 있었는지를 의아해한다. 그들은 예수의 시체에 기름을 바르기 위하여 무덤으로 나아오고 예수가 하나님으로부터 더 고차원적 기름 부으심을 받았다는 사실을 알게 된다.

마가는 그 돌이 어떻게 옮겨졌는지를 말하는데 관심이 없다. 무덤은 여인들이 들어가서 예수가 거기에 계시지 않는다는 사실을 볼 수 있도록 열려있다. 그러나 그 무덤은 비어있지 않았다. 무덤을 들여다보면서 여인들은 한 젊은이가 흰옷을 입고 길한 징조를 나타내는 은총의 편인 오른편에 앉아있음을 발견한다. 독자들로 하여금 이 젊은 사람이 누구인지 스스로 상상하도록 본질적으로 남겨져 있지만, 이 젊은이를 자신의 세마포 옷을 벗어 던지고 도망했던 젊은이와 연결시키는 최근의 해석은 정당성이 없다.[4] 그는 전형적인 천사들의 어투를 사용하면서 "놀라지 말라"고 말하는 천사다(16:6; 참조. 단 8:17-18; 10:8-12).[5] 기독교 예술품은 커다란 날개와 후광을 가진 천사들을 상상하도록 만들어주었다. 이 천사는 폭풍 가운데서 환하고 불의 번쩍임을 보이면서 에스겔에게 다가왔던 환상 중의 "네 생물"과 같지 않다(겔 1:4-14). 다른 천사들에 대한 성경의 묘사는 그들을 인간과 아주 유사한 존재로 묘사한다(창 18:2; 19:1-11; 단 8:15-16; 9:21; 10:5).[6]

마가복음은 하나님이 하려고 하시는 일을 알리는 하나님의 사자로 시작하고(1:2-8), 하나님이 행하신 일을 알리는 하나님의 사자로 마친다. 두 사자들의 옷이

---

3. 바위무덤의 구조에 관해서는 R. H. Smith, "The Tomb of Jesus," *Biblical Archaeologist* 30(1967): 80-90을 보라.

4. 예를 들면, Robin Scroggs and Kent I. Groff("Baptism in Mark: Dying and Rising with Christ," *JBL* 92[1973]: 542)는 이 젊은이를 세례 시에 자기 옷을 옆에 놓고 알몸으로 물 속에 내려갔다가 흰옷을 입고 올라오는 세례 개시자인 젊은이와 동일시한다. 모든 것을 벗은 젊은이는 이제 회복이 되고, 빛나는 옷을 입고 오른 편에 앉는데, 이는 사 40:30-31의 성취다. 이러한 해석은 극단적으로 알레고리화 한 경우이다.

5. 흰옷은 관례적으로 천상적 존재의 복장이다. 단 7:9; 2 Macc. 11:8-10; 행 1:10; 10:30; 계 4:4을 보라. 그리고 변화산에서 예수의 옷에 대한 묘사를 보라(막 9:3).

6. 스랍들만이 날개를 가졌으며, 그들은 여섯 날개를 가졌다(사 6:2). 그룹들은 짐승이며 인간모습을 가졌다. 2 Macc. 3:26, 33에서, 천사들은 "아주 건장하고, 대단히 아름답고, 화려하게 옷을 입은 두 다른 젊은이들"로 묘사되어 있다. Tob 5:4-21에서 천사 라파엘이 한 인간으로 나타난다. *Bib. Ant* 9:10에 따르면, "세마포 옷을 입은 한 남자"가 꿈에 미리암에게 나타났다. 그리고 64:6에서 사울이 엔돌의 신접한 자에게 사무엘을 불러올리라고 요구했을 때, 그녀는 사울이 자기에게 신적 존재를 요구하고 있다고 응답한다. "보시오 그의 모습은 인간의 모습이 아니요. 이는 그가 그 위에 덮은 망토와 함께 긴 흰옷을 입고 있고 있기 때문입니다. 그리고 두 천사가 그를 인도하고 있습니다." 요세푸스는 삿 13:13에서 마노아의 아내에게 나타난 천사를 한 아름다운 젊은이를 닮은 존재로 묘사한다(*Ant* 5.8.2 § 277).

묘사되어 있다. 선지자의 거친 털옷은 천사의 긴 흰옷과 대조가 된다. "길"이 양 장면에서 나타나 있다. 첫 장면에서는 그 길이 준비되어야 한다. 마지막 장면에서는 그 길이 준비되었고 제자들이 좇아서 예수가 그들 앞에 가신 갈릴리로 가야한다.

그러나 16장에서 천사들의 메시지는 선지자 요한의 메시지보다 더 중대하다. 신적 존재만이 정상적인 인간의 체험과 지식 너머에 있는 신적 진리를 발표할 수 있기에, 천사는 빈 무덤의 의미를 설명한다. 천사는 또한 여인들이 새로운 추구를 할 수 있도록 조정한다. 미니어(Minear)가 잘 진술한 것처럼, "하나님은 사람들을 어떤 임무에 가담케 하지 않는다면, 부활의 사실을 알리지 않는다."[7] 천사의 인사는 그들이 올바른 무덤에 있음을 확인시켜준다. "보라 그를 두었던 곳이니라." 그들은 실수하지 않았다. 천사는 그들이 찾는 자를 "나사렛 예수"(1:24; 10:47; 14:67)로, 십자가에 못 박히시고 부활하신 분으로 밝히고 있다. 예수 부활에 대한 그의 간결한 선언, "그가 살아나셨다"는 그의 못 박히심에 대한 마가의 묘사와 유사하다. "그들이 그를 십자가에 못 박다"(15:24). 부활은 "나사렛"이란 이름과 연관된 경멸적인 표현과 십자가에 못 박히는 것과 연관된 불명예스러운 표현을 지워버린다. 하나님은 예수의 비참한 지상의 운명을 역전시켜서 다시 살아날 것이라는 그의 예고를 이루신다(8:31; 9:31; 10:34).

복음서 전체를 통하여, 예수는 활동해 오셨고, 그의 부활 후에도 바뀌지 않았다. 그는 여인들이 매달리고 얼싸안도록 무덤 안에 계시지 않는다. 하지만 그 이야기는 기쁨의 재회로 끝나지 않는다. 부활이 전 세계에 퍼져나가야 하는 복음의 시작일 뿐이기 때문이다. 여인들은 갈릴리로 가야하는 제자들에게로 가야한다. 이 명령은 예수를 따르는 자들이 그에 관해서 무엇인가를 말하라고 들은 처음 명령이다. 그러므로 십자가에 못 박히심과 부활은 하나의 전환점이다. 이제는 침묵하거나 비밀을 지킬 필요가 없다(9:9을 보라). 마커스(Marcus)가 지적하는 바와 같이, "이전에 예수가 그러한 사건들을 비밀에 부쳐두라고 명령하셨기에 공개적인 선언이 불순종이었던 반면에, 이제는 공개적인 선포를 명령하고 있으며, 비밀에 부쳐두는 것이 불순종이다."[8]

베드로가 특별히 이 명령에 발탁되고, 그에 대한 이 마지막 언급은 일종의 인클루시오를 형성하고 있다. 그는 이 복음서에서 언급된 첫 번째 제자이자 마지막 제

7. Minear, *Mark*, 134.
8. Joel Marcus, "Mark 4:10-12 and Marcan Epistemology," *JBL* 103(1984): 573.

자다(1:16; 16:7). 부활은 죽음과 멸망을 무효화시키며, 죄를 무력화시킨다. 베드로에 대한 이러한 특별한 언급은 그의 믿음이 손상을 입었음에도 불구하고, 그가 완전히 회복될 것임을 암시한다. 예수는 제자들의 실수가 얼마나 크든, 그들의 잘못이 얼마나 많든 간에, 이들을 포기하지 않으신다.

"그분이 너희보다 먼저 가고 계신다"는 소식은 "그가 예기 계시지 않다"는 말씀만큼 중요하다. 여기서 사용된 동사('프로아고')는 단순히 예수가 제자들보다 앞서서 가셨다는 사실을 의미하지 않는다. 투키디데스(Thucydides)는 이 동사를 군대를 앞으로 인도하는 것에 사용하고 있으며, 폴리비우스(Polybius)는 이 동사를 앞서 나가는 사령관에 대해서 사용한다.[9] 일찍이 예수는 그들 앞서 갈릴리로 갈 것이라는 약속을 목자 이미지와 연결시켰다(14:27-28). 예수는 자기 양무리를 먹이시고(6:34) 그들을 위하여 자기 생명을 내놓으셨는데, 이것이 그들을 흩어지게 하였다. 주께서 부활하시면서, 그는 그들을 양 우리 안으로 다시 모으실 것이다. 지상에 계시는 동안 예수가 놀란 제자들을 앞서 가시면서 그들을 예루살렘으로 인도해 가셨던 것처럼(10:32), 부활하신 예수는 여전히 그들 앞서 가시면서 교회를 인도하신다.

갈릴리로 돌아간다는 것은 무엇을 의미하는가? 많은 사람들은 이러한 언급을 신학적인 위치와 문자적인 위치를 가리키는 것으로 이해한다. 어떤 사람은 그것을 갈릴리 선교로의 상징적 부름으로 취급한다. 그러나 마가는 결코 갈릴리를 마태가 언급하는 것처럼 "이방의 갈릴리"(마 4:15)로 언급하지 않는다. 만일 마가복음에서 이방 선교를 상징한다면, 그것은 예수의 갈릴리 밖으로의 행보다. 다른 사람들은 "보다"(see)라는 동사("너희가 그를 볼 것이다")가 부활보다는 재림(파루시아)을 가리킨다고 해석한다(막 13:26; 14:62을 보라). 그들은 이 명령을 제자들(그리고 마가의 독자들)이 갈릴리에 모여서 종말론적 절정을 기다려야 한다는 사실을 의미하는 것으로 설명한다. 그러나 마가는 갈릴리를 파루시아와도 연결시키지 않는다. 14:28에 있는 갈릴리에 대한 언급은 분명히 그것을 파루시아와 연결시키지 않고, 예수의 부활과 연결시킨다("내가 살아난 후에"). 그러므로 "보다"라는 동사는 부활하신 주님을 보는 것을 가리킨다(요 20:18, 25, 29; 고전 9:1).

갈릴리로 가라는 명령은 한 가지 사실을 분명히 한다. 예루살렘은 하나님의 운

9. Thucydides, *Hist* 7.6.1; Polybius, *Hist* 3.60.13; 3.72.8; 4.80.3; 5.7.6; 5.13.9; 5.48.12; 5.57.6; 5.70.12; 9.18.7; 11.20.4; 12.17.3; 27.16.3; 31.17.5.

동의 중심지가 아니다. 제자들의 미래는 다른 곳에 놓여 있다. 예루살렘은 열매 없는 멸망의 성전이 있는 도성, 복음에 강력하게 적대하는 요새, 예수를 야만적으로 처형한 곳이 되었다. 마가복음서에서, 갈릴리는 부르심, 믿음, 동정, 치유 능력, 권세의 장소가 되었다. 예수가 계실 갈릴리로 돌아감으로써 제자들은 새 출발을 하게 된다. 그들은 거기서 다시 모여서, 제자의 길을 다시 시작한다.

갈릴리에서 제자들은 물리적으로 예수를 볼 것이지만, "보는 것"은 영적인 안목과 관련이 있다(2:5; 4:12; 8:18; 15:39)—이것은 복음서 이야기에서 자주 제자들을 곤란케 했던 부분이다. 또한 그들은 "그분의 정체에 대한 참된 통찰력을 획득한다는 의미에서 그분을 볼 것이다."[10]

예수는 자신이 누구인지, 그의 삶과 죽음이 무엇을 의미하는지, 이제 그를 어떻게 따라야 하는지를 제자들이 완전히 이해할 수 있도록, 그들의 소경됨을 치유하실 것이다. 예수의 생애 마지막 주간 동안에 있었던 제자들의 초라한 행동은 그들이 죄인임을 드러내주었다. 이제 자기들의 십자가를 지고 예수를 따르면서, 하나님의 사탄과 죄와 죽음을 이기신 승리를 선포하는 새 백성으로서 예수는 그들을 다시 모으실 것이다. 그들의 눈과 귀가 열릴 것이다. 그들은 이 길이 어디로 가는지를 더 잘 알게 될 것이다.

마가복음서의 결론

가장 초기의 믿을 만한 필사본들 가운데는, 이 마가복음서가 8절로 끝난다. 이러한 갑작스러운 중단은 수세기 동안 독자들을 당황하게 만들었다. 많은 사람들은 마가가 자신의 기록을 미해결 상태로 남겨놓지 않았을 것이며, 그 다음에 일어난 보다 완전한 모습을 계속하여 기록했음이 틀림없다고 주장한다. 그들은 이러한 마침이 여러 문제를 지니고 있다고 지적한다. (1) 그것이 헬라어에서는 불가능하지 않을지라도, 한 책을 접속사 "이는"('에포분토 갈', "이는 그들이 두려워함이었더라")으로 단락을 마치는 것은 이상해 보인다. (2) 이 이야기를 여인들이 두려워서 천사들이 하라고 명한 것을 이행하지 못한 것으로 마치는 것은 이상해 보인다. (3) 부활하신 후에 예수의 출현이 처음부터 기독교 가르침의 기본적인 요소였으므로, 마가가 예수와 제자들과의 재회 기사를 포함시키지 않는다는 것은 이상해 보인다(고

10. Marshall, *Faith As a Theme*, 40.

전 15:5을 보라).

그러나 이러한 반대의견들은 결정적인 요소가 되지 못한다. 그 문법은 영어 문장을 전치사로 마치는 것처럼 품위가 없게 생각되지만, 마가는 품위 있는 스타일을 가진 것으로 알려져 있지 않으며, 8절은 완성된 사상이다.[11] 마가복음 사본의 보다 짧거나 긴 마감 글들은 여인들이 제자들에게 자기들이 본 것을 알리는 내용을 가지고 있는데, 이것은 "그들이 아무에게도 아무 말도 못하였더라"는 진술과 상충된다. 내러티브의 이 마지막 차이에 대해서 후커(Hooker)는 마가복음서 전체의 기록 방식이 "독자들로 하여금 믿음에 대한 결정적인 단계를 결정하도록 여지를 남겨놓는" 방식이라고 말한다.[12] "흩어진 제자들"의 회복은 복음서 내러티브 밖에서 일어난다.

신빙성 있는 논증들은 마가복음의 원래 종결로서 보다 긴 끝마침을 갖는 것(16:9-20)과 배치된다. 두 개의 가장 오래된 필사본들은 많은 역본들과 함께 이 부분을 가지고 있지 않으며, 초대교회 교부들은 그 부분이 있었는지에 대해서 알지 못하고 있었던 것으로 보인다. 긴 종결부분의 어휘와 스타일은 마가복음의 다른 부분에서 발견되는 것과는 현저하게 다르고, 즉시 식별된다. 16:8과 16:9간의 전환도 어색하다. 16:8에서는 여인들이 주어다. 그 주어가 갑자기 16:9에서는 예수로 바뀌어진다.[13] 그때에 예수가 다른 두 여인은 완전히 무시하고 막달라 마리아에게 나타나신다. 막달라 마리아는 특별히 예수가 일곱 귀신을 쫓아낸 여자로 밝혀져 있으나(눅 8:2), 그녀는 이미 15:40, 47, 16:1에서 어떤 설명도 없이 소개된 바 있다. 어찌하여 막달라 마리아에 대한 네 번째 언급이 갑자기 이러한 배경에서 소개되는 것일까? 그것은 다른 전승에 의존한 후대의 서기관이 이 단락을 추가했다는 암시로서 기능한다.

더구나, 16:9-20에 있는 모든 자료는 다른 세 복음서에서 발견되는 기사들로부터 모아진 것으로 보인다. 막달라 마리아에게 나타나심(16:9-11; 참조. 요 20:14-

---

11. 많은 학자들은 문장들이 '가르'로 끝나는 사례들을 발견했다. Peter W. van der Horst, "Can a Book End with *gar*?" *JTS* 23(1972): 121-24. 또한 마가의 '가르' 용법을 보라. "(이는) 그들이 어부였음이라"(1:16), "(이는) 나이가 열두 살이라"(5:42), "이는 그들이 몹시 무서워하므로"(9:6), "(이는) 그를 두려워함일러라"(11:18), "(이는) 그 돌이 심히 크더라"(16:4). 또한 사라가 "두려워하였으므로" 자신이 웃었다는 사실을 부인한 창 18:15을 보라.
12. Hooker, *Mark*, 392.
13. NIV와는 대조적으로, "예수"의 이름이 언급되어 있지 않다. 우리는 '아나스타스라'는 분사가 남성형이기 때문에 동사의 주어가 예수임에 틀림없다는 사실만을 안다.

18), 시골에서 두 실망한 제자들에게 나타나심(막 16:12-13; 참조. 눅 24:13-35), 제자들에 대한 위탁(막 16:14-16; 참조. 마 28:16-20), 방언을 말함(막 16:17; 참조. 행 2:4-11; 10:46; 19:6), 뱀을 잡음(막 16:18a; 참조. 눅 10:19; 행 28:3-6), 안수(막 16:18b; 참조. 행 3:1-10; 5:12-16; 9:12, 17-18; 약 5:14-15), 예수의 승천(막 16:19; 참조. 눅 24:50-53; 행 1:9-11). 후대의 서기관이 마가복음에 대한 정통적이고 만족할 만한 결론을 제공하기 위하여 다른 복음서에서 이 인용문들을 편집했다는 것은 가장 타당성 있는 설명이다. 가장 긴 종결을 갖는 텍스트도 수선하였다. 제자들에 대한 예수의 꾸지람을 기록하고 있고, 종말론적 계획의 윤곽을 말하고 있는 텍스트의 16개의 구절은 고대 단편에서는 16:14에 부록으로 붙어있다.

더 짧은 종결을 갖는 것은 다른 서기관들이 거칠고도 결론적이지 않는 종결로 생각된 내용의 엉성한 마감 구절들을 탄탄하게 묶어주려고 손질을 가했음을 암시한다. 이 텍스트는 소수의 후대 필사본들 가운데서만 나타난다. "영원한 구원에 대한 성스러운 불멸의 선포"란 문구는 분명히 후대의 어휘와 스타일의 낌새를 가지고 있다.

현존하는 마가복음에 대한 두 개의 주요한 종결 텍스트는 몇몇 초창기 독자들이 모든 것을 열어놓는 본문의 종결을 인정하지 않았다는 사실을 입증한다. 인간은 자연적으로 이야기가 마쳤다는 느낌을 제공해 주기를 원하며, 또한 향상시켜주고 재확인 시켜주는 것으로 종결을 포장해주기를 원한다. 필자의 의견에는 이 두(더 짧은 종결과 더 긴 종결-옮긴이) 이문들은 벌거벗은 인물들을 담고 있는 그림에 그들의 옷을 그려줌으로써 교황 예배실에 있는 미켈란젤로의 명작을 덧씌우려고 했던 후대의 예술가들처럼, 주님이 명확하게 하지 않았거나 너무 명확하게 한 내용을 수정하려 한 미숙한 손질의 사례다.

이 복음서의 현존하는 마침 부분을 가짜인 것으로 판단하는 몇몇 학자들은 이 복음전도자가 어떤 이유로 그 복음서를 결코 완성하지 않았는지를 추측한다.[14] 여러 가지 추측에 의한 설명들이 제공되어왔다. 아마도 마가가 자기의 글을 기록하는 일을 마치기 전에 순교했을 수도 있다. 복음서의 종결부분이 어떤 방법으로 파손되었거나 소실되었다. 두루마리의 끝 부분에 있는 한 두 칼럼이 우연히 찢겨졌거나 자주 사용함으로 말미암아 너덜해졌을 수 있다. 만일 그것이 사본이었다면, 뒷부분의 첫 번째 장이 손상되었다고 상상할 수 있다. 마가복음은 끝부분과 같이

14. Cranfield, *Mark*, 471; Schweizer, *Mark*, 366; Gundry, *Mark*, 1009-12가 그렇게 주장한다.

시작부분도 갑작스럽게 시작된다. 아마도 탄생기사가 부활기사와 함께 사라졌을 것이다. 그러나 만일 오랫동안 사용하여 마지막 장이 소실되었다면, 누군가가 그 끝부분을 기억하여 회복하고 다른 사본들을 존재하게 할 정도로 오랫동안 충분히 사용되었을 것이다. 그렇지 않다면, 그 소실은 그 글의 기록과 함께 즉시 발생했을 것이다.

이러한 추측에 반대하여 후커는 "우연적인 손실이 최소한 마가가 중단하려고 의도했음을 적어도 주장할 수 있는 사례를 만들 수 있는 지점에서 일어나야 했었다는 것은 주목할 만하다"고 말한다.[15] 오늘날 많은 사람들은 복음서의 갑작스러운 종결에 들어있는 문학적인 재주에 관심을 두고, 그 예술적 효과를 인정한다. 이 복음서가 우연하게 정확히 옳은 단어로 끝났을 것 같지 않고,[16] 대 본문비평학자 커트 알랑드(Kurt Aland)는 손실된 종결부분을 재생하려는 시도는 매혹적인 것이기는 하지만 "도깨비불"에[17] 지나지 않는다고 특징짓는다. 필자의 의견에는, 마가가 여인들이 두려워했기 때문에 아무에게도 말하지 않았다는 깜짝 놀랄만한 발표로써 이 복음서를 완전히 마치려고 의도했었다고 본다. 마그네스(Magness)는 고대 세계에서 그 사건들을 실질적으로 서술하지 않고, 본문에 서술된 것들 이후에 일어난 잘 알려진 사건들을 넌지시 암시하는 것이 표준적인 문학적 관습이었다고 주장한다.[18] 피터슨(Peterson)은 "이야기 시기"와 "구성한 시기"를 구별한다.[19] 고대의 문장가 데메트리우스(Demetrius)는 서술 이야기에서 틈을 남겨놓으라고 충고한다. "어떤 것들은 표현되지 않을 때 보다 의미심장해 보이며", 빠뜨린 것들이 "표현을 보다 강력하게 만들 것이다."[20]

요컨대, 종결부분은 독자들이 반응하도록 자극한다. 우리는 복음서를 "구성한 시기"에는 아닐지라도, "이야기 시기"에 제자들이 예수와 재회하고 있다고 가정해야 한다. 그렇지 않았다면, 이 복음서는 결코 기록되지 않았을 것이다. 우리는 이제 복음의 참여자가 되어야 한다. 마가가 여태까지 제공한 단서에서 서술하지 않은 사건들을 우리가 채워 넣어야 하기 때문이다. 이러한 종결부분을 제공했을 때, 우

---

15. Hooker, *Mark*, 383.
16. Bilezikian(*The Liberated Gospel*, 136)은 다음과 같이 주장한다. "예술적인 노력들 가운데, 운 좋은 발견은 우연이 아니라 근면의 결과다."
17. Kurt Aland, "Die wiedergefundene Markusschluss," *ZTK* 67(1970) : 3-13.
18. J. L. Magness, *Sense and Absence*(Semeia Studies ; Atlanta : Scholars, 1986), 30-31.
19. Norman R. Peterson, *Literary Criticism for New Testament Critics*(Philadelphia : Fortress, 1978), 49-80.
20. *On Syle*, 119-20 ; Gerd Theissen, *The Miracles Stories of the Early Christian Tradition*(Philadelphia : Fortress, 1983), 167에서 인용함.

리는 다음과 같이 물어야 한다. "무엇이 일어났는가? 무엇이 일어날 것인가?" 우리는 예수에게로 가야하고, 그의 부활에 대해서 말해야 할 뿐 아니라, 이 전체 이야기를 시작부터 말해주어야 한다.

여인들의 두려움

마가의 종결부분의 결론은 여인들이 무덤에서 떠난 일과 그들의 두려움의 성격에 관해서 의문점을 일으킨다. 그들이 두려움과 큰 기쁨을 가지고 무덤으로부터 빨리 달려가서, 예수의 제자들에게 말해주었을 것이라고 예상할 수 있겠지만(마 28:8처럼), 마가는 그들이 모순된 침묵 속에서 달려갔다고 기록한다. 그들이 도망하고 침묵한 것이 무기력과 불순종 때문인가, 아니면 긴급함과 경외심 때문인가? 그들의 침묵을 그 소식의 깜짝 놀랄 만한 성격으로 인한 일시적 무능력으로 이해해야할 것인가, 아니면 예수를 따르는 자들이 범한 또 다른 비참한 실패의 서글픈 사례로 이해해야할 것인가?

일부 사람들은 여인들의 침묵이 하나님의 능력과의 조우로 인한 놀람의 결과로 묘사한다. 예수는 제자들에게 "하나님 나라의 비밀을 너희에게 주었다"(4:11)라고 말씀하셨지만, 가끔 비밀의 경이적인 성격은 너무나 커서 이해하기 어렵다. 여인들의 두려움은 하나님의 현존과 행위 앞에 서 있는 사람에게 해당하는 경외심(시 2:11을 보라)—마가의 결론을 덜 엄격하게 만드는 설명—으로 해석될 수도 있다. 예수가 죽은 자 가운데서 부활하신 일은 너무나 놀라워서 사람이 그것을 완전히 파악할 수 없고, 여인들은 자기들의 생각을 정리하는데 시간이 필요했다. 그들이 무덤으로부터 도망쳐 나올 때, 그들의 긴급한 감정이 그들로 하여금 길에서 아무에게도 말하지 못하게 만든다(눅 10:4; 참조. 왕하 4:29). 마가복음서 주석에 대한 미니어(Minear)의 시적 결론은 여인들의 도망에 대한 이러한 해석을 가장 잘 요약해주고 있다.

> 여인들의 놀람(5절)이 떪, 놀람, 두려움, 도망, 침묵으로 변한다. 이 모든 것들은 성경에서 하나님의 나타나심, 하나님으로부터 보냄을 받은 사자, 하나님의 능력이 나타난 사건에 대한 인간의 적합하고도 정상적인 반응으로 간주되었다. 선지자들은 모두가 이러한 두려움과 떨림을 경험했다(예를 들면, 사 6장). 그들은 모두가 하나님의 부르심을 받은 사람들의 말로 표현할 수없는 무능력을 체험했다. 두려움은 하나님의 능력과 영

광의 실체를 강조한다. 도망(예수의 포박 당시에 도망했던 것과는 전혀 다른 도망임)은 하나님의 임재의 감당할 수없는 성격을 강조한다. 침묵은 하나님의 말씀하심과 어울리며, 하나님 말씀의 엄청난 충격에 어울린다. 그분이 나타나실 때 누가 설 수 있겠는가? 그분이 말씀하실 때 누가 감히 말할 수 있겠는가? 그가 사명을 주실 때 누가 조용히 있을 수 있겠는가? 여인들은 최소한 그럴 수 없었고, 아마도 제자들도 자기들의 새로운 사역을 시작하게 하는, 여인들로부터 메시지를 전해 들었을 때 그렇게 할 수 없었을 것이다.[21]

그러나 이것이 가능한 유일한 해석은 아니다. 인간들은 마가복음서 내내 두려움으로 반응한다. 제자들은 바다를 잔잔케 하시는 압도하는 능력을 보았을 때 두려움에 압도당했다(4:41). 거라사인들은 군대귀신을 쫓아내고 그 사람을 온전한 정신을 갖도록 회복시켜주자 예수의 능력을 두려워했다(5:15). 한 여인이 단순히 그분의 옷자락만을 만짐으로써 자기의 질병이 치유되었을 때 두려워했다(5:33). 제자들은 예수가 바다 위로 걸으시고(6:50) 변화되시고(9:6) 십자가를 지시는 자신의 운명을 향하여 서슴지 않고 행진해 나가시는 것(10:32)을 보았을 때 두려움으로 가득했다. 인간들은 복음서 이야기 내내 하나님의 영광 앞에서 귀가 막히고 말을 못해 했다. 어찌하여 우리는 이 여인들이 무엇보다도 가장 능력 있는 하나님의 행위, 곧 예수가 죽은 자 가운데서 부활하신 사실과 마주쳤을 때 이와 동일한 반응을 예상하지 않아야 할 것인가?

유얼(Juel)은 여기에 "큰 아이러니"가 있음을 지적한다. "주를 따르는 자들이 마침내 예수에 관해서 말하도록 들었을 때, 그들은 아무에게도 말을 하지 못한다."[22] 그러나 이 놀라운 일이 오랫동안 침묵으로 지켜질 수 있다고 생각하는 것은 불합리하다. 이 여인들이 그 즉시 아무 말도 하지 않았다는 것은 그들이 오랜 동안 아무 말도 전혀 하지 않았다는 것을 의미하지 않는다. 그들의 침묵은 제한된 기간뿐이다.[23] 복음서 처음부터 끝까지 그리스도의 엄청난 이적들을 잠잠히 간직하고 있는 것은 불가능했다. 이 특별한 일은 감추어질 수 없다.

---

21. Minear, *Mark*, 136.

22. Juel, *Mark*, 45.

23. 사무엘은 엘리에 대한 자신의 환상을 말하기를 두려워했으나(삼상 3:15) 결국에는 말했다. 다니엘이 자기 머릿속으로 받은 환상에 관해서 침묵을 지켰으나, 결국에는 그것들을 알게 했다(단 7:28)(Pesch, *Das Markusevangelium*, 2:536이 이같이 설명함).

다른 한편으로, 여인들의 두려움을 부적절한 반응으로 해석할 수 있고, 그들이 혼미하여 침묵한 사실을 불순종으로 해석할 수 있다.[24] 주님의 변화에 대한 베드로의 잘못된 반응이 두려움과 연결되었다. "이는 그들이 몹시 무서워하므로 그가 무슨 말을 할지 알지 못함이더라"(9:6). 예루살렘으로 예수를 따라 가는 제자들의 두려움은 주님의 개별적인 지도에도 불구하고, 그들이 약했고 이해하지 못했다는 표시다(9:32; 10:32). 제자들이 예수의 포박 당시에 달아날 때(14:50-52), 멀리서 그분을 따라갔을 때(14:54), 그리고 다른 사람들 앞에서 그분을 부인했을 때(14:66-72) 실패했던 것처럼, 여인들도 그분이 십자가에 달려 있는 동안 자기들의 신앙을 고백하지 않고 멀리 서 있음으로써 실패했다(15:40). 그리고 그들은 무덤에서 도망하고 기쁜 소식을 말하지 않음으로써 또 다시 실패한다.

그들의 입을 막은 것은 닫힌 마음의 불신앙이 아니다. 그러했다면, 복음의 능력을 소진하였을 것이다(6:3-5을 보라). 오히려 그 원인은 순수하고도 단순한 두려움이다. 두려움은 십자가를 지기 전과 부활 후에 예수를 따르는 자들 사이에서 나타난다. 부활은 이제 모든 사람이 올바르게 되었고, 모든 사람이 언제까지나 행복하게 살 것이라는 사실을 의미하지 않는다. 전쟁(13:7), 핍박(13:9), 배반(13:12-13), 환난(13:19), 속임(13:21-22)이 계속 있을 것이다. 만일 그들이 복음을 선포한다면, 그들이 모든 사람들에게 미움을 받을 것이라고 예수가 약속하셨다(13:13). 많은 사람들이 여인들이 가졌던 것과 같은 두려움을 경험할 것이며, 침묵 가운데 숨으려고 할 것이다. 제자들은 그들을 구원하기 위하여 자기들의 생명을 잃는 것을 배워야할 것인데 이것은 자기들의 두려움을 잃어버리는 것을 의미한다.

복음의 시작은 예수의 시험 이야기에서 종결이 없는 것과 마찬가지로 종결이 없다. 독자는 결과에 대해서 듣지 못한다. 예수는 광야에 남아계시고 천사들의 수종을 받는다. 그 다음 단락을 시작하는 장면은 예수가 갈릴리에 계시면서 복음을 선포하시는 것을 보여준다. 그러므로 독자는 종결을 잠재의식적으로 준비하게 된다. 예수는 십자가에서 악의 세력과 싸우셨고, 빈 무덤을 통하여 죽음을 정복하셨다. 그 다음 장면은 갈릴리에서 회합이 있을 것이라고 가정하고 있는데, 거기서 다시 승리의 복음이 울려 퍼질 것이다. 이번에는 더 크고 결정적인 승리가 있을 것이다.

24. Andrew Lincoln, "The Promise and the Future: Mark 16:7, 8," *JBL* 108(1989): 286-87.

상황잇기

그 어떤 정경 복음서도 부활에 관한 기사를 자세히 설명하지 않는다. 부활은 사전에 예고되고, 변화산의 사건 가운데서 예시되었으며, 그 사건이 있은 후에 선포되었다. 마가는 오늘날 회의주의자와 경건한 사람 모두가 밝혀내고자 제기하는 질문에 답변을 주지 않는다. 언제 그가 살아나셨는가? 어떤 수단으로 살아나셨는가? 어떤 모습으로 살아나셨는가? 무슨 증거로 우리가 확신을 얻을 수 있는가?[25] 부활은 우리의 원시 역사와 과학적 방법을 통하여 알 수 있는 윤곽과는 상관없다. 마가는 또한 부활의 증거로서 빈 무덤을 제공하지 않는다. 그는 무덤이 비어 있기 때문에 부활하셨음에 틀림없다고 주장하지 않는다.

의심할 여지없이 무덤은 비어있지만, 제 1세기 다른 사람들은 그 사실로부터 아주 다른 결론을 이끌어냈다. 마태는 당대의 지도자들이 제자들이 밤에 와서 시체를 도적질해 갔다는 소문을 전하기 시작했다(마 28:11-13). 그러므로 빈 무덤은 아무런 결정적인 증거를 제공하지 않는다. 그 대신에 마가는 다음과 같이 주장한다. 예수가 부활하셨다, 그러므로 그는 여기에 계시지 않는다.[26] 예수는 하나님이 자신을 죽은 자 가운데서 일으키실 것이라고 약속하셨고, 천사가 하나님이 그렇게 하셨다고 선포한다. 믿음이 부활의 선언하는 것과 그분을 만나러 가는 것에 놓여있다. 이것이 우리를 보다 중요한 문제로 이끌어간다. 그는 어디에 계시고, 우리는 어떻게 그를 발견할 수 있는가?

마가복음은 혼란시키는 기록으로 마친다. 빈 무덤, 예수의 부활을 신비로운 젊은이가 선언하면서도 증거는 제공하지 않음, 예수가 제자들보다 앞서(혹은 그들을 인도하여) 갈릴리로 가신다는 약속, 그리고 여인들이 너무 두려워서 아무 말도 하지 않음. 이 특이하고도 불만족스러운 종결부분은 좋은 소식으로 생각되는 이야기에는 어울리지 않는 것처럼 보인다. 승리와 기쁨 대신에 우리는 혼란과 공포와 마주친다. 우리는 여인들이 커다란 돌이 굴려진 것을 보았을 때, 어떤 좋은 일이 일어나려 하고 있음을 예상하지만, 그런 일은 일어나지 않는다. 천사는 "놀라워라! 그분이 여기 계신다!"라고 선포하지 않고 "그가 여기 계시지 아니하니라"고 선포한

25. Minear, *Mark*, 134.

26. A. Lindman, "Die Osterbotschaft des Markus. Zur theologischen Interpretation von Mark 16:1-8," *NTS* 26(1980). 305. 예수의 부활의 증거에 대한 탁월한 평가에 관해서는 William Lane Craig, "Did Jesus Rise from the Dead?" in *Jesus Under Fire Modern Scholarship Reinvents the Historical Jesus*, eds을 보라. 보다 대중적인 취급에 관해서는 Murray J. Harris, *Three Critical Questions About Jesus*(Grand Rapids. Baker, 1994), 31-64을 보라.

다. 여인들은 무덤으로부터 떠나가지만, 그들은 천사가 자기들에게 지시한 대로 가서 말하지 않는다. 천사는 재확인하기 위하여 그들을 추적하지 않으며, 그 임무를 완수하도록 그들을 채근하지도 않는다.

다시 말해서, 마가의 종결부는 종결이 없는 것으로 이끌어간다. 마가가 예수가 갈릴리에서 제자들과 가진 회합을 기록하고 있지 않으므로, 그가 이 복음서에서 말하고 있는 마지막 말은 이것이다. "나의 하나님, 나의 하나님 어찌하여 나를 버리셨나이까?"(15:34). 독자들은 이 지점에서 약간의 버려진 감을 느낀다. 신실한 제자들의 남은 자들과의 웅대한 승리의 재회, 예수의 부활 사실에 대한 더 많은 증거들, 그리고 보다 구체적인 지시와 확증에 대한 예상은 이러한 갑작스러운 종결로 말미암아 산산이 부서진다.

그것은 마치 아무도 그 다음에 일어난 일을 배우지 못하고 발견할 수 없으리라는 것이 아니다. 우리는 이 복음서의 첫 청중들이 너무나 고린도서를 잘 알고 있었으므로 부활 후 예수의 나타나심의 기사를 잘 알고 있었다고 상상할 수 있다(고전 15:3-10). 사실상, 마가복음의 종결부분은 고린도전서 15:3-5에 있는 교의(教義)적인 문구를 따르고 있다.

고린도전서 15장	마가복음 16장
그리스도께서 우리 죄를 위하여 죽으시고(3절)	너희가 십자가에 못 박히신 나사렛 예수를 찾는구나(6절)
장사 지낸 바 되셨다가(4절)	보라 그를 두었던 곳이니라(6절)
사흘 만에 다시 살아나사(4절)	그가 살아나셨고 여기 계시지 아니하니라(16:6)
게바에게 보이시고 후에 열두 제자에게와(5절)	가서 그의 제자들과 베드로에게 이르기를 예수가 너희보다 먼저 갈릴리로 가시나니 전에 너희에게 말씀하신 대로 너희가 거기서 뵈오리라 하라(7절)

마가는 어찌하여 부활 후에 예수의 나타나심에 대한 세부사항들을 모두 제공하지 않은지를 생각해보도록 여지를 남겨놓고 있다. 그가 예수의 인성을 강조하기를 원한 것인가? 그래서 부활한 천상의 존재이신 그분의 출현 기록을 회피하였는가? 첫 번째 청중들은 몇몇 사람들만을 선택하는 예수의 사적인 출현을 바라보고 있지 않았고, 예수가 만민에게 하나님의 아들로 나타내시고 모든 무릎이 그분 앞에 꿇게 되는 마지막 시대를 바라보고 있었다. 마가는 제자들이 예수를 만나본 다음 시기가 큰 권능과 영광을 가지고 구름을 타고 돌아오셔서 사방으로부터 자기의 택하신 자를 모으기 위하여 사자들을 파송하신 때였다는 사실을 강조하기를 원했던가?(13:26-27)

최근의 독자들의 반응적인 비평은 미해결된 이 결론에 가장 유익한 설명을 제공하는 것으로 보인다. 마가는 독자를 이 기사로 이끌어가기를 원한다. 그는 예수의 부활기사에 대해서 이미 익히 알고 있는 그리스도인들을 위하여 기록하고 있다. 그들은 "오, 복음을 전혀 말하지 않은 어리석은 여인들이여! 이제 아무도 일어난 일을 모를 것이다!"라고 안달하지 않는다. 그들은 선포된 소식을 알고 있다. 독자들은 이것을 본문으로부터 추론할 수 있다. 베드로, 야고보, 요한만이 보았던 변화에 관한 소문이 어떻게 알려졌는가? 예수는 그들에게 "인자가 죽은 자 가운데서 살아날 때까지는"(9:9) 일어난 일을 말하지 말라고 명령하셨다.

한 세속적인 문학 비평가는 마가복음의 종결부분을 다음과 같이 해석했다. "이 결론은 용납할 수 없이 서투른 것이거나, 아니면 믿을 수 없을 정도로 명석한 것이다.[27] 필자는 그것이 믿을 수 없을 정도로 명석하고, 따라서 믿을 수 없을 만큼 힘이 있다고 주장하는 바이다. 이것은 우리로 하여금 그 틈을 메워가도록 하기 위하여 내러티브로 되돌아가도록 강요하며, 우리는 예수의 말씀이 이 지점까지 일어난 모든 것에서 글자 그대로 이루어졌다는 사실을 보게 된다. 우리는 예수의 말씀이 믿을 만하다는 사실을 알고 있으며, 그의 약속들은 이루어질 것이다. 예수는 그들이 흩어질 것이라고 말씀하셨고, 그들보다 먼저 갈릴리로 갈 것이라고 말씀하셨다(14:28). 우리는 그들이 이 내러티브에는 없는 기사들로부터 한 일을 알고 있으나, 이 복음서는 예수의 비유들 중의 하나처럼 우리로 하여금 스스로 이 일들을 이루게 한다.[28] 그러므로 이 미완성 종결부분은 그리스도가 여전히 자기를 따르는 자들

---

27. Frank Kermode, *The Genesis of Secrecy*(Cambridge, Mass.: Harvard, 1979), 68.
28. Best, *The Gospel as Story*, 132-33.

로 하여금 오라고 갈릴리에서 상징적으로 기다리고 계심을 보여주고, 우리로 하여금 그를 만나기 위하여 거기에 가야할 것인지의 여부를 묻게 만든다. 그것은 또한 우리의 두려움과 침묵을 반성하도록 촉구한다.

현대의 독자들이 다른 복음서들의 보다 광범위한 끝부분에 익숙히 알고 있기 때문에 우리는 이 복음서 끝부분에서 보다 많은 것을 기대한다. 설교자들이 자주 부활절 예배를 위하여 자기들이 사용하는 본문들을 선택하므로 많은 사람들은 다른 복음서들이나 혹은 마가복음서의 긴 종결부분을 사용하기를 더 좋아한다. 그들은 마가복음의 종결부분을 믿을 수 없을 정도로 서툴고, 완전히 부적절하며, 혹은 아주 불만족스러운 것으로 간주한다. 이 끝부분은 그들이 찬양하는 부활절 찬양과는 상당히 어울리지 않는다. 그러므로 이 끝 부분의 놀라운 미묘함과 능력은 다루어지지 않는다. 그것은 어설프지만 이 갑작스러운 종결이 의미하는 내용을 숙고함으로써 우리는 큰 유익을 얻을 수 있다.

(1) "그가 살아나셨고 여기 계시지 아니하니라 보라 그를 두었던 곳이니라." 거기에는 기쁨의 눈물을 흘리면서 온몸으로 감싸 안는 예수의 친근한 지상의 모습과의 재회가 없다. 예수는 죽음에 붙잡혀있을 수 없고, 돌에 막힐 수 없다. 그는 죽음으로부터 해방되시고, 지상적 존재에서 변화되시고, 세상의 속박에서 풀려나신 분이시다. 우리는 그가 누워계셨던 곳에서 그를 만날 수 없다. 그의 무덤은 다윗의 무덤처럼 성지(행 2:29), 선지자들의 가꾸어진 무덤(마 23:29-31), 혹은 오늘날 지도자들의 무덤이 되지 않을 것이다. 죽은 자 가운데서 살리시는 하나님은 세상적인 추억을 간직하기 위한 용도로 무덤을 주시지 않는다. 무덤의 돌은 통곡의 벽이 되지 않을 것이다. 하나님은 성지에 매장된 죽은 자의 하나님이 아니라 산자의 하나님이시다.

(2) 우리가 예수의 부활의 기사를 읽을 때, 예수의 부활에 관하여 믿고 있는 것이 더 혼란스러운 문제들을 제기하기보다 완전히 믿을 만한 확증을 찾는다. 마가는 우리를 실망시키지 않는다. 그는 그의 복음서를 예수의 정체, 사명, 그리고 권위를 입증하는 하늘로부터 들려오는 음성으로 시작했다. 끝부분은 우리가 천사라고 말할 수 있는 한 젊은이의 증거와, 무효가 된—여인들의 침묵—것으로 생각되는 여인들의 목격으로 끝마쳐지고 있다. 마가가 진술하고 있는 바와 같이 부활은 과학적 증거의 법칙에 따라서 공식적으로 입증할 수 없다. 마가는 그 젊은이가 예수가 말씀했을 내용을 정확하게 반복하고 있다는 사실을 제외하고는 그 젊은이의 메시지가 참이라는 증거를 제공하지 않는다(14:28). 그러므로 독자는 예수의 약속이

라는 순수한 말씀과 함께 긴장 상태에 놓이게 된다.

우리는 마가복음으로부터 사도행전이 기록하고 있는 내용을 기대한다. "그가 고난 받으신 후에 또한 그들에게 확실한 많은 증거로 친히 살아 계심을 나타내사"(행 1:3). 그러나 오늘날 부활이 일어났다는 사실에 대한 의심의 그늘을 넘어서게 하는 사실을 과학적으로 입증할 수 없다. 부활이 일어났다는 믿음은 논리적 추리다. 바르 코크바와 같은 다른 메시야적 인물들이 죽었을 때, 그들의 추종자들은 그들의 부활의 이야기를 고안해냄으로써 실망스러운 죽음의 문제를 해결하지는 못했다. 그들은 주님이 십자가에 못 박히신 후에 엠마오로 가던 제자들이 했던 것과 같은 방식으로 반응했다. "우리는 이 사람이 이스라엘을 속량할 자라고 바랐노라 이뿐 아니라 이 일이 일어난 지가 사흘째요"(눅 24:21). 십자가에 못 박히신 사건으로부터 부활을 논리적으로 추론해내지 않는다. 하나님이 예수를 죽은 자 가운데서 살리셨다는 첫 그리스도인들의 확고한 신앙은 오직 어떤 일이 실제로 일어난 사실에서 생겨날 수 있다.

그러나 복음서들은 실제로 "우리가 보고 믿게 할지어다"(15:32)라고 말하는 사람들을 위하여 증거를 제공해 주지 않는다. 우리가 마가복음서 본문을 가지고 선포할 때, 다른 입증할 만한 증거를 수집하여 그 기사에 덧붙이지 않아야할 것이다. 우리가 가지고 있는 모든 것은 예수가 살아나셨다는 소식이다. 만일 어떤 사람이 직접 예수를 보기 원한다면, 그들은 무덤을 떠나서 그분이 인도하시는 곳—갈릴리, 즉 처음으로 돌아가서 다시 그분을 따르기를 배워야 한다—으로 가야한다. 만일 우리가 그리스도께서 어디 계시냐고 묻는다면, 마가의 대답은 그는 언제나 우리 앞에 계시며 우리를 새로운 땅으로 인도하고 계신다는 것이다. 예수는 오늘날 그의 명령에 대한 순종 가운데서 발견될 것이다.

(3) 마가는 부활의 신학적 의미에 대해서 길게 논하지 않는다. 독자는 예수의 부활이 그의 치욕적인 십자가 사건이라는 수치와 비하를 반전시키고 있다는 사실을 발견할 수 있다. 이스라엘을 바다에서 이끌어내신(사 63:11) 하나님이 예수를 무덤에서 이끌어내셨다. 그의 부활은 능력의 오른 편으로의 승귀를 위한 단계를 마련해주고 있다. 지금 그는 그 능력의 오른편에서 다스리고 계시며, 심판하러 오셔서(막 8:38; 14:62) 택하신 자들을 모으실 것이다(13:26-27). 독자는 예수의 부활이 야이로의 딸을 살리신 것과는 질적으로 다르다는 사실을 추측할 수 있다. 그의 부활은 그를 죽은 가운데서 살아난 사람들의 맏아들로서 영원히 올릴 뿐만 아니라 그를 하나님의 아들로 고백하고 순종하며 따르는 모든 사람들에게 구원사건이 된

다. 하나님은 여인들이 했던 "누가 우리를 위하여 무덤 문에서 돌을 굴려 주리요?"—예수의 무덤으로부터 뿐만 아니라 우리의 무덤으로부터도—라는 질문에 대해서 결정적으로 대답하셨다. 예수의 부활은 누구도 굴려낼 수없는 거대한 돌처럼 보이는 인류 위에 군림하고 있는 죽음의 권세를 파괴한다. 예수의 부활의 메시지는 소망 없는 종말을 끝없는 소망으로 변화시킨다.

현대적 의미

(1) 마가복음의 종결부분은 부활 후에도 그리스도인들이 여전히 모호한 신앙 가운데 살아야 한다는 사실을 가르쳐 준다. 우리는 복음서가 승리와 환호에 대한 기록으로 끝나기를 원하지만, 그것은 마가가 처한 상황이 아니었다. 죽음이라는 아픔은 그렇게 쉽게 누그러지지 않는다. 그는 예수의 육체적인 임재를 전혀 경험해보지 못한 사람들을 위하여 글을 쓰고 있다. 그는 밤이라는 어두운 시간 동안 자그마한 보트를 타고 바람과 맞서서 고생하면서, 예수가 육신적으로 만질 정도로 거기에 계시면서 확신의 말을 주지 않기 때문에 심각한 번민을 느끼고 있는, 제자들과 같이 느낀다. 압도적인 박해라는 배경 가운데서 일들이 명확해 보이지 않는다. 부활하신 예수가 우리 가운데서 육체로 나타나시지 않는다. 천사들은 기록된 보고들에 대해서 확신을 주기 위하여 내려오지 않는다. 우리는 소문의 증거에 근거하여, 즉 여인들이 "그가 살아나셨다"고 들었던 것과 같은 보고에 근거하여, 예수의 부활을 믿어야 한다. 링컨(Lincoln)은 다음과 같이 기록하고 있다. "하나님의 계시가 예수의 부활로 발생한 후에도 신비, 두려움, 그리고 실패가 있다."[29]

예수의 부활 소식이 들려올 때, 다른 복음서에서도 혼란이 저들을 지배한다. 마태복음에서, 몇 사람은 예수가 열한 사도들에게 언제 나타나셨는지를 의심한다(마 28:19-20). 엠마오로 가는 길에 두 친구는 부활하신 예수를 나그네로 오인한다(눅 24:13-21). 그들의 눈은 예수가 그들과 함께 떡을 뗀 다음에야 열린다. 요한복음에서 막달라 마리아는 부활하신 예수를 동산지기로 착각한다(요 20:11-18). 그녀의 절망은 예수가 그녀의 이름을 부르실 때 누그러진다. 부활이 사람들의 몽롱한 시야나 그들의 죄악됨을 완전히 변화시키지 못한다. 백성들은 여전히 예수에 관해서 거짓된 것을 말할 것이며, 그의 사자들은 여전히 매를 맞고 죽임을 당할 것이다. 그를 따르는 자들은 여전히 혼동을 경험할 것이다. 마지막 날에 인자가 자신의 모든

29. Lincoln, "The Promise and the Failure," 298.

영광을 나타내 보이실 때에야 모든 모호한 점들이 제거될 것이다.

이 복음서의 첫 번째 청중들처럼 우리는 부활을 확인하기 위하여 과학적 증거가 아닌 눈으로 본 증인들의 보고만을 가지고 있다. 그들이 말한 것이 진실하다는 사실을 우리는 어떻게 확실히 알 것인가? 우리는 우리의 삶을 그 진리에 기꺼이 걸 것인가? 우리는 우리 자신을 헌신하기에 앞서서 하나님으로부터 더 많은 어떤 것을 요구할 것인가? 마가의 결론은 역사적 질문인 "그것이 사실이었는가?"는 보다 결정적인 질문인 "그것은 사실인가?"를 무시하고 있다는 사실을 보여주고 있다. 믿음을 유발시키기 위해서는 경건한 사람이 매 부활절마다 무덤 옆에서 촛농을 떨어뜨리면서 그것이 비어있다는 사실을 보려고 들여다 보는 것과는 다른 것을 필요로 한다.

(2) 이 복음서의 끝부분은 예수가 말씀하신 마지막 장면이 십자가에서였다는 사실을 의미한다. 마가복음에서 십자가에서 역사하시는 하나님의 능력을 가장 생생하게 볼 수 있다. 그러므로 이 종결부분은 십자가의 고난을 무시하고서는 아무도 부활의 영광을 선언할 수 없다는 사실을 의미한다. "이 사람은 진실로 하나님의 아들이었도다"(15:39)는 고백은 빈 무덤에서가 아니라 예수가 십자가에서 죽으실 때 나온다.

(3) 이 종결부분은 오류가 있는 인간은 실패와 함께 살아야 한다는 문제를 다룬다. 제자의 길은 버터를 자르는 뜨거운 칼과 같이 세상을 뚫고 나가는 승리의 행진이 아니다. 그것은 인격의 실패를 거듭하는 길이다. 마가가 여인들이 성공적으로 사명을 이행한다고 기록하고 있지 않기 때문에 복음서가 비관적인 기록으로 마치고 있는 것처럼 보일 수도 있다. 그러나 마가복음의 이야기는 제자들의 어리석음과 실패에 관한 것이 아니다. 복음은 인간의 역기능과 실패를 정복하는 하나님의 능력에 관한 것이다. 우리는 예수의 부활이 선포되었고, 예수가 말씀하신 것처럼 지금 전 세계에 복음이 전파되고 있음을 알고 있다. 이것은 하나님의 뜻과 예수의 약속이 인간의 불순종에도 불구하고 실현되어왔다는 사실을 의미한다. 예수는 14:28에서 제자들에게 그들보다 먼저 갈릴리로 갈 것이라고 말씀하셨고, 천사는 16:7에서 그 약속을 반복한다. 마가만이 16:7에서 그 약속을 기록해 놓았다. 그가 세부사항을 우리에게 말하지 않기로 했을지라도, 그 일이 일어났음을 알았기 때문이다. 레인(Lane)은 통찰력 있게 해석한다. "인간의 부적합성, 이해력의 결핍, 그리고 연약성을 보는 것은 하나님의 행동과 그 의미를 두드러지게 한다."[30]

그러므로 마가복음의 종결부분은 이야기의 성공적인 결론이 "인간의 행위에 의존"할 수 없다는 사실을 드러내준다.[31] 맥도날드(McDonald)가 "이 종결부분이 인간의 연약함 가운데서 역사하시는 하나님의 계속된 능력과 임재를 전달해 주고 있으며, 그러므로 희망과 미래의 기대를 전달해주고 있다"고 바르게 지적한다.[32] 이 여인들이 남자들보다 더 신실하고 강한 것처럼 보이고, 십자가를 바라보고 예수의 시체를 돌보려고 왔을지라도, 그들의 두려움이 그들로 하여금 끝까지 밀고 나가지 못하게 한다. 약속이 실현되었다는 사실을 알고 있는 독자는 하나님이 인간의 실패와 불순종을 지배하셨기 때문에 이루어졌다고 추정할 수 있다.[33] 그러므로 하나님과 함께 하는 우리의 실패는 치명적이지 않다는 사실을 배우게 된다. 그러나 우리는 기뻐 뛸 수 없고, 스포츠의 이기는 팀이 구성원들이 하는 것처럼 또 다른 하이파이브를 할 수 없다. 우리는 끊임없이 실패한다. 우리는 겸손히 그리고 항상 도움을 구하기 위하여 하나님에게로 향해야 하며, 실패가 하나님의 능력으로 말미암아 승리로 바뀔 때 영광을 하나님에게만 돌려야 한다.

갈릴리로 가리라는 약속의 성취는 예수의 또 다른 약속들도 역시 성취되었음을 암시해 준다.

- 요한은 자기 뒤에 오시는 이가 성령으로 세례를 줄 것이라고 예언했다(1:8). 마가는 이 예언의 성취를 서술하고 있지는 않지만 청중들은 그것이 실현되었다는 사실을 알고 있는데, 그 이유는 그들이 친히 이러한 세례를 체험했기 때문이다.
- 예수는 베드로와 안드레에게 사람을 낚는 어부로 만들어주실 것이라고 약속하셨다(1:15).
- 예수는 베드로에게 자신을 따르기 위하여 희생한 사람은 백배나 더 받고, 오는 시대에 영생을 얻을 것이라고 예고하셨다(10:29-30).
- 예수는 야고보와 요한에게 자신이 받는 세례를 받고 자기의 마시는 잔을 마실 것이라고 약속하셨다(10:39).
- 예수는 끝이 오기 전에 복음이 온 열방에 전파될 것이라고 약속하셨다(13:10).

---

30. Lane, *Mark*, 592.
31. Juel, *Mark*, 234.
32. J. I. H. McDonald, *The Resurrection Narrative and Belief*(London: SPCK, 1989), 52.
33. Lincoln, "The Promise and the Failure," 292-93.

- 예수는 자신의 장사를 위하여 한 여인이 아낌없이 기름을 부은 사실을, 복음이 전 세계에 전파되는 곳은 어디서나 기억할 것이라고 약속하셨다(14:9).
- 예수는 제자들에게 몇 사람이 죽기 전에 하나님의 나라가 능력으로 임하는 것을 볼 것이라고 약속하셨다(9:1).
- 예수는 제자들에게 자신이 하나님의 나라에서 새로이 포도나무의 열매를 마실 것이라고 확증하셨다(14:25).
- 예수는 대제사장과 산헤드린 공회원들에게 인자가 전능하신 자의 오른 편에 앉아있는 것과 하늘 구름을 타고 오는 것을 볼 것이라고 약속하셨다(14:62).

다가올 일에 대한 예수의 예지가 입증되었으므로, 우리는 그가 말한 내용이 인간의 실수와 사탄의 방해에도 불구하고 그의 첫 번째 제자들의 삶에서 뿐만 아니라 오늘날의 사람들의 삶에서도 역시 성취될 것임을 신뢰할 수 있다.

그러므로 이 마지막 말씀은 궁극적으로 모든 것을 이루실 하나님에게 속해있다. 자라나는 씨처럼, 농부는 어떻게 자라는지 모르지만(4:27), 예수의 약속들은 우리가 그 방법은 알지 못하지만 성취될 것이다. 게덜트는 그것을 잘 진술한다.

> 예수가 물위를 걸으시든지(6:49), 아니면 갈릴리로부터 예루살렘으로 가는 먼지가 일어나는 길을 걸으시든지(10:32) 예수가 열두 명의 동료들과 떡을 나누든지(14:22), 혹은 오천명과 함께 점심을 드시든지(6:39-44) 아침에 기도하시러 일찍이 일어나시든지(1:35), 혹은 부활하신 주님으로서 영원 가운데 계시든지(16:1-8) 그 나라는 비밀리에 진행해 나간다. 우리는 다만 그 예언들의 성취가 인간의 능력이 아니라 그 명령을 효과적으로 이행하시는 하나님의 능력에 달려있다는 사실을 알 뿐이다. 하나님 나라의 감추어진 잠재력은 완전한 선언으로 갑자기 나타날 것이다.[34]

이 진리는 복음서에서 깨닫고(6:52; 8:17-18), 귀신을 쫓아내고(9:14-29), 불같은 시험에서 예수와 함께 견디고, 부활을 알리지 못한 제자들의 실패에 새로운 빛을 던져준다. 실패는 제자도의 종말이 하나님의 목적의 패배를 의미하지 않는다. 예수의 말씀은 실패하지 않을 것이며, 그의 약속은 제자들의 서투름과 의무에 대한 태만을 극복할 것이다.

34. Geddert, *Watchwords*, 202.

브라운은 마가와 그의 독자들이 베드로와 그의 제자들을 "거룩한 증인들"로서 간직했을 것이라고 말한다. 그는 계속하여 다음과 같이 말한다.

> 그러나 마가는 그러한 예수에 대한 증거가 쉽게 오거나 제자들의 추진력으로 오지 않았다는 사실을 강조하기 위하여 이 복음서를 사용한다…마가는 예수의 가장 이름난 제자들의 첫 번째 실패에 근거하여 희망의 교수법과 그들을 위한 두 번째 기회를 제공하고 있다. 그는 처음에 실패하였거나 십자가에 대한 사상으로 말미암아 낙심한 독자들을 염두에 두고 있을 수도 있다. 그는 수치를 당하고 믿음에서 떨어져 나갈 위험성과 자만에 대항하려고 이 권고적인 경고를 발하고 있다.[35]

따라서 마가는 어떤 모델로 제자들을 제시하고 있지 않다. 남자든 여자든, 예수를 따르는 모든 자들이 비틀거린다. 액트마이어(Achtemeier)는 다음과 같이 말한다.

> 만일 제자들이 예수의 죽음을 감수할 수 없었기 때문에 불성실했다면, 여인들은 엄밀하게 말해서 예수의 죽음을 감수하였기 때문에 불성실했음이 드러났다. 그가 더 이상 죽은 사람이 아니라는 소식이 그들을 불안하게 했다. 그들은 그의 존재를 감당할 수 없었다.[36]

제자도는 예수의 부르심으로 수립되고, 하나님의 은혜와 능력으로만 유지될 수 있다. 우리가 불가피하게 사명에서 실패할 때, 이러한 사실로부터 위로를 받을 수 있다. 모든 것이 우리가 아닌 하나님에게 달려있다. 그러므로 우리가 성공해 나갈 때 하나님에게 영예를 돌려야 한다.

(4) 이 종결부분은 마가복음의 표제와 어울린다. "하나님의 아들 예수 그리스도의 복음의 시작이라"(1:1). 예수의 장사되심과 부활에 대한 소식으로 내러티브가 끝나지만, 부활은 이야기의 끝이 아니고, 시작일 뿐이다. 이야기를 어떻게 그런 식으로 끝낼 수 있는가? 유얼(Juel)은 "무덤이 예수를 가두어놓을 수없는 것처럼, 마가의 이야기도 예수를 가두어놓을 수 없다."[37] 부활은 아직 끝나지 않고 해결되지

35. Brown, *The Death of the Messiah*, 1:141.
36. Achtemeier, "Mark," 4:556.
37. Juel, *Mark*, 235.

않은 새로운 이야기를 태동해 나간다. 그것은 모든 선민들이 땅 끝으로부터 모여들기까지는 완성되지 않을 것이다(13:27). 그 다음에 일어나는 내용은 믿는 우리들에게 달려있다.

우리는 부활의 사건을 앨범에 두고서 일 년에 한 번씩 꺼내 보고서 감탄하는 소중한 기억이 되게 하거나 그것을 시들게 놓아둘 수는 없다. 종결부분은 우리로 하여금 그 이야기 속으로 들어가게 한다. 우리는 그 다음 장에 등장한다. 만약 우리가 그 엄청난 소식을 알려주었던 그 첫 번째 여인들이었다면, 우리는 어떻게 했을까? 그렇다면 그 질문은 여인들이 무엇을 할 것인가—그들이 얼마나 오랫동안 침묵할 것인가—가 아니라, 우리가 들은 이 소식을 지금 어떻게 할 것인가가 되어야 한다. 두려워서 도망하고 침묵할 것인가? 그 이야기는 우리의 죽음으로 사장될 것인가? 순종하여 예수를 따라 갈릴리로 갈 것인가 아니면 안전한 보호막 안에서 쭈그리고 앉아 있을 것인가?

마가복음은 우리에게 땅 끝까지 복음을 전해야할 미완의 임무를 남겨놓고 있다. 종결부분(그것은 종결이 아니다)은 경주에 합세하여 그 소식을 전파하도록 넘겨진 바통처럼 결코 끝나지 않는 이야기다. 마가의 멋진 종결부분은 의문점을 불러일으킨다. 누가 그 이야기를 전할 것인가? 그의 복음서는 복음의 시작의 기사다. 우리는 지금 그 복음의 계속되는 사역에 참여할 것인가?

많은 사람들이 새로운 부활주일 예배에 예수가 살아나셨다는 소식을 듣고 하나님을 찬양하는 찬송을 부를 것이다. 그 다음에 너무나 많은 사람들이 부활주일 저녁식사를 하러 조용히 집으로 돌아가서, 대개 그 소식에 아무런 감동이나 영향을 받지 않고 일상생활로 돌아갈 것이다. 그들은 경외심으로 충만하지도 않고 자기들이 알고 있는 내용에 대해서 누구에게도 말하지 않는다. 이 복음서 저자 이외의 어떤 사람이 그 이야기를 전할 것인가? 알려지는 것을 무엇이 가로막고 있는가? 우리는 제자들이 겟세마네에서 폭력적인 무장군인에 의하여 가로 막혔을 때, 베드로가 대적의 영역에서 적대적인 군중에 둘러싸였을 때, 이 여인들이 이 놀라운 소식을 접하고서 사망으로 가득한 세상에 전하라는 말을 들었을 때보다도 두려움에 더 민감하다. 예수는 앞서 가시지만 우리는 아무 말도 하지 못하게 하는 두려움에 사로잡혀 우리의 궤도에서 얼어붙을 수 있다.

하나님의 위대한 사역의 시작에서 인간들은 자주 두려움에 주춤한다. "두려워 말라"는 명령이 성경 전체를 통하여 울려 퍼지고 있다. 우리는 이러한 말씀을 반복하여 들어야 한다. 하나님은 언제나 예상치 못한 일을 행하시고, 사람들이 가장 가기를 싫어하는 곳으로 이끌어 가시기 때문이다. 하나님이 아브라함과 언약을 체결하신 그때(창 15:1)부터 시작하여, 하나님은 아브라함 자손을 위한 위대한 계획을 세우셨다. 그는 야곱에게 애굽으로 내려가기를 두려워 말라고 하신다(46:3). 하나님은 큰 민족을 이루게 할 거대한 계획을 가지고 계신다. 하나님은 이사야를 통하여 대적들이 사라질 것이라고 약속하신다. " 두려워하지 말라 내가 너를 도우리라" (사 41:13), "너는 두려워하지 말라 내가 너를 구속하였고"(사 43:1).

베드로는 묻는다. "또 너희가 열심으로 선을 행하면 누가 너희를 해하리요?"(벧전 3:13). 제1세기의 대답은 "많습니다"였다. 대적들이 사방에 있었고, 그들의 위협은 자연히 두려움을 발생시키고, 증거 하는 일을 방해했다. 예수를 죽인 종류의 사람들이 예수를 따르는 자들을 죽이려고 여전히 활보하고 있었다. 아무도 미움을 받고 박해받는 것을 좋아하지 않는다. 속마음을 다른 사람들에게 내비치는 것보다 잠잠히 앉아서 이 모든 일들을 마음속에 간직해 두는 것이 더 안전할 것이다(눅 2:51). 그러므로 박해를 받는 사람들이 왜 말하기를 삼가는지를 이해할 수는 있지만, 모든·삶의 안락함과 예배의 자유를 누리는 사람들은 어떤 변명을 할 것인가?